南闸志

《南闸志》编纂委员会 编

广陵书社

图书在版编目（CIP）数据

南闸志 / 《南闸志》编纂委员会编. -- 扬州 ：广
陵书社，2021.06
ISBN 978-7-5554-1606-7

Ⅰ．①南… Ⅱ．①南… Ⅲ．①乡镇－地方志－江阴
Ⅳ．①K295.35

中国版本图书馆CIP数据核字(2020)第248086号

书　　名	南闸志
编　　者	《南闸志》编纂委员会
责任编辑	孙语婧　郭玉同

出版发行　广陵书社

　　　　　　扬州市维扬路 349 号　　　　　邮编　225009
　　　　　　（0514）85228081（总编办）　85228088（发行部）
　　　　　　http：//www.yzglpub.com　　E-mail：yzglss@163.com

印　　刷	无锡海得印务有限公司
装　　订	无锡西新印刷有限公司
开　　本	889 毫米 ×1194 毫米　1/16
印　　张	60.25
字　　数	1605 千字
版　　次	2021 年 6 月第 1 版
印　　次	2021 年 6 月第 1 次印刷
标准书号	ISBN 978-7-5554-1606-7
定　　价	360.00 元

《南闸志》编纂委员会

（2017年8月—2019年8月）

主　任：李志浩

副主任：袁　飞

委　员：（以姓氏笔画为序）

　　　　王　熹　朱富强　许铁军　杨迎彬　吴志裕

　　　　张　纲　陆　慧　陈　熙　金　莉　顾丰良

　　　　钱昇贤　曹其龙

编纂委员会办公室主任：顾丰良

　　　　　　　　　副主任：蒋　峰

《南闸志》编纂人员

主　　编：张树森

编纂人员：（以姓氏笔画为序）

　　　　邓兴成　吴菊琴　宋建才　张树森　陆金林

　　　　谢洪德

图片编辑：宋建才

摄　　影：陶兴元　邓文龙　居宏达

文字录入：周宇琴　陈伟力　刘雪薇

《南闸志》审查验收单位

江阴市史志办公室

《南闸志》审稿人员

一、党工委、人大、工委办事处领导

李志浩　袁　飞　曹其龙　顾丰良　沈晓锋　张　纲

严　枫　杨迎彬　张　琼　金　莉　倪树峰　窦艳成

顾　承　李志钰　蒋　峰

二、部分老领导、各界人士（以姓氏笔画为序）

肖晓岗　何本度　陈生泉　陈国平　金国锦　周锡仕

耿田生　耿国萍　顾小玉　徐华文　童桂莲　缪林泉

三、街道部门负责人（以姓氏笔画为序）

吕惠琴　许建春　吴洪玉　何伟忠　宋志刚　陆建兴

陈建生　陈海兴　金　瑾　周国宏　徐小昌　陶文辉

四、行政村、社区领导（以姓氏笔画为序）

王　梁　邓耀官　花雷成　吴克平　金顺才　徐　锋

曹国洪　蒋中平　谢兴福　谢金华　薛建忠

五、特邀审核（以姓氏笔画为序）

王景芝　许中新　张　薇　陈祥娟　薛栋成

《南闸志》资料提供人员

一、街道机关

何志敏　卢国平　陈建生　陈　怡　陈进维　张之洪
李义兵　黄晓珏　贾鹏程　黄国华　刘　蕾　赵　印
金　瑾　史瑞东　蒋　岚　许建春　禄建阳　陈　娟
魏本军　沈小红　王　正　吴慧群　解　骏　蒋晓萍
何伟忠　陈　奇

二、村、社区

殷建龙　邓荣官　王建国　吴春明　陈建昌　王丽娟
刘晓艳　任兴华　袁达成　吕星寅　花　铭　张　毅
高　燕　陆惠忠　王洪华　施岳江　倪　军

三、街道企事业单位

邓汝惠　耿烨龙　陶　忠　张利平　吴国英　俞娟云
王雍浩　王　芳　徐忠新　陆栋学　王文娅　曹　峰
刘建平　缪付君　王　琳　李仕龙　陈俊华　刘益民
许和明　黄海峰　王炜玉　束仕祥　潘丽莉　顾立民
施春涛　吴少平

四、部分街道退休老同志

周锡仕　丁炳才　周建荣　徐华文　邢荣祖　何本度
许才元　许中新　吴洪玉　顾小玉　缪林泉　耿田生
张兴才　童桂莲　黄阿妹　王才兴　蒯美芬　缪炳元

五、部分村、企业退休老同志

邓宏官	王树才	居文兴	缪洪伟	焦虎兴	朱光才
缪正荣	郭良英	周志潮	任建中	蒋才元	胡根法
蒋富仁	蒋银启	蒋志兴	黄铁山	吴根云	蒯士良
蒋泉龙	刘耀康	许兴富	吴法金	耿光玉	顾林坤
花文兴	蒋祥发	吴兴国	陆仕平	金一清	戈正荣
许建中	袁娅华	顾勋朝	张林贤	吴福泉	张少泉
倪梅娣	袁菊海	徐海泉	陈忠兴	陈玉中	金耀良
蒋金国	高伯清	徐德金	查银玉	薛仕千	刘汝泰
陆银坤	张汗昌	马顺林			

《南闸志》资料提供单位

市档案局、市史志办、市民政局、市教育局、市气象局、国税所、地税所、工商南闸分局、南闸国土所、南闸供电所、南闸派出所、南闸交管所、南闸粮管所、南闸供销合作社、南闸电信局、南闸邮政局、南闸广电站、南闸城管中队、南闸交警中队、南闸消防中队、江南水务南闸营业所、农行南闸支行、农商行南闸支行、建行南闸支行、工行南闸支行、中行南闸支行、南闸实验学校、南闸中心小学、南闸中心幼儿园、南闸成人教育中心（党校）、南闸医院、南闸粮库、南闸农机站、爱晚庭爱心护理院、南闸环卫所、南闸社区卫生服务中心、南闸污水处理有限公司、南闸殡仪馆、南闸各行政村（社区）、各企事业单位、街道机关各部门

全国环境优美镇

国家环境保护总局
二〇〇六年六月五日

江苏省无锡市南闸镇
Nanzha Town of Wuxi City, Jiangsu Province

国家卫生镇
National Healthy Town
(2010-2013)

全国爱国卫生运动委员会
National Patriotic Health Campaign Committee

全 国
最佳经济效益乡镇企业
中华人民共和国农业部
一九九四年

2003—2004年度
江苏省文明乡(镇)
Civilized Township (Town) in Jiangsu Province
江苏省精神文明建设指导委员会
JIANGSU PROVINCIAL STEERING COMMITTEE
FOR IDEOLOGICAL AND ETHICAL ADVANCEMENT

江苏省无锡市南闸镇
国家卫生镇
(2018—2020)
全国爱国卫生运动委员会

江 苏 省
特色文化之乡
江苏省文化厅
二〇一〇年八月

江 苏 省
执行标准优秀乡镇
江苏省质量技术监督局

江苏省体育强镇(乡)
江苏省体育局
二〇〇八年一月

《南闸志》编纂委员会成员合影

前排左起：严 枫 沈晓锋 曹其龙 李志浩 袁 飞 顾丰良 张 纲
后排左起：顾 承 倪树峰 张 琼 杨迎彬 金 莉 窦艳成 李志钰

从左至右：吴菊琴 陆金林 谢洪德 邓兴成 张树森 宋建才

2019年，街道党工委书记李志浩（右一）、副书记顾丰良（右三）
与来南闸寻根问祖的联合国前副秘书长沙祖康（中）合影

1996年3月28日，全国人大常委会副委员长费孝通（中）视察金三角装饰城

1995年5月30日，国务院副总理田纪云（中）在无锡市和江阴市领导的陪同下视察蝶美集团

2009年6月25日，国家环保部部长周生贤（右二）视察南闸街道

今日南闸

《过蔡泾闸》

過蔡涇閘

客行涇口
上危橋北
望城闉十
里逸江漢
不宽三尺
水宾舟航全
藉雨省潮
轟苗　起
京迷眠難

2007年，全国供销合作总社党组书记周声涛（左三）视察南闸街道泗河村社区服务中心

2014年，江苏省委书记罗志军（右三）来南闸街道曙光村调研考察

2014年6月12日，江阴市委书记周铁根（中）来南闸街道视察重点在建工业项目建设情况

2019年5月10日，无锡市常委、江阴市委书记陈金虎（右一）在南闸街道党工委书记李志浩（右二）陪同下，至细河村调研农村人居环境整治工作

2020年3月9日，无锡市副市长、江阴市委书记王进健（前排右一）赴南闸街道观山村调研经济社会发展情况

2020年11月23日，无锡市委常委、江阴市委书记许峰到南闸街道调研指导

南闸街道办事处

南闸街景

江阴市南闸街道人大代表之家、政协委员活动之家

南闸街道政务服务中心

南闸街道新时代文明实践所

南闸客运站

南闸医院

爱晚庭（敬老院）

金三角广场家居村

金三角商业街

称心阁小区

紫金小区

白玉新村

碧桂园小区

嘉福花园

宏基国际

滨河公园

如意滩公园

紫金公园

紫金广场

海港大道

霞客大道

海港大道秦望山隧道

夜幕中的紫金路

白玉路

锡澄路

云南路

南焦路

工农路

原锡澄运河

黄昌河

花山河

跃进河

新锡澄运河（原夏港河南闸段）

陆镇大桥

璜观桥

焦山大桥

邵庄桥

江苏省南农高科技股份有限公司

江阴南工锻造有限公司

江阴联通实业有限公司

江苏安科瑞电器制造有限公司

江苏锦明工业机器人自动化有限公司

江阴圆方机械制造有限公司

江阴市圣曼不锈钢线棒品有限公司

江阴德耐特重工科技有限公司

江阴宇杰制衣有限公司

江苏日新印染机械有限公司

丰收在望

机械收割

大棚种植

螃蟹养殖

鱼水灰罗圩

乡村风光

由里（花山）晴峰

秦望晓烟

观山叠翠

白石（山）秋色

狮山映像

丁果湖湿地公园

卓远果园

竹 林

桃　园

茶　场

南闸中心幼儿园

南闸中心小学

南闸实验学校（原南闸中学）

南闸街道党校、成教中心（原陆金标科技学校）

南闸图书馆

图书馆内景

送戏进城

送戏下乡

市民大舞台

送春联

许达获奖书法作品选

陶兴元获奖摄影作品选

沙仲华获奖摄影作品选

南闸街道首届全民运动会开幕式

花山滑翔基地

南闸中心小学体艺中心

乡村健身设施

2008年北京奥运会男子蹦床冠军陆春龙

2009年全运会自行车冠军汤科蓉

《重修蔡泾闸》碑记

宋代紫金桥（江苏省文物保护单位）

明代横沟庙桥

明代司徒桥

放螺池匾额

抱鼓石

无尾螺

上马石

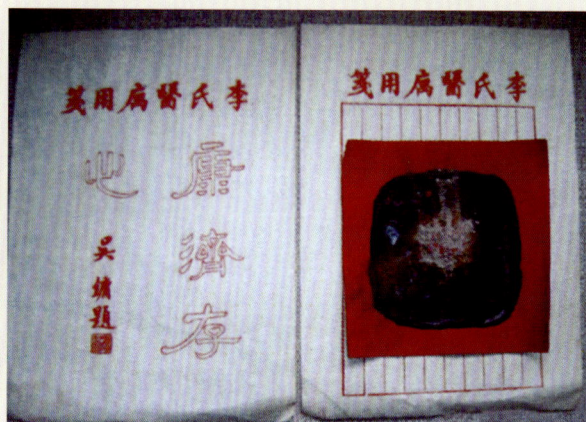

李一之李氏医寓用笺

原蔡泾闸旁老西街

民国初海军爱国将领吴煦泉故居

原蔡泾闸旁老东街

中医世家吴氏故居

原蔡泾闸旁高家大院

江苏名中医李一之故居

鸟窠禅院遗址

放螺池

九莲禅寺

山居庵遗址

三茅道馆

古村落

古坛

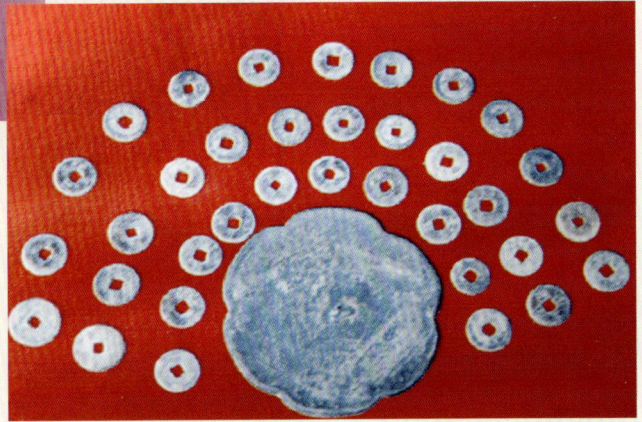

古钱币

古石器

古玉印

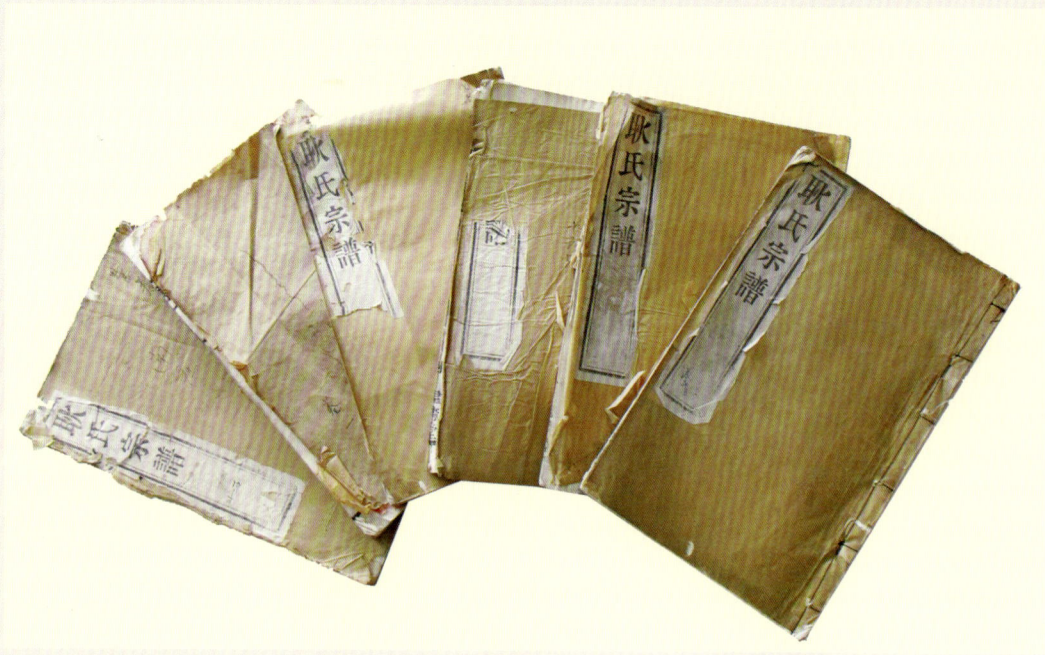

民国《耿氏宗谱》

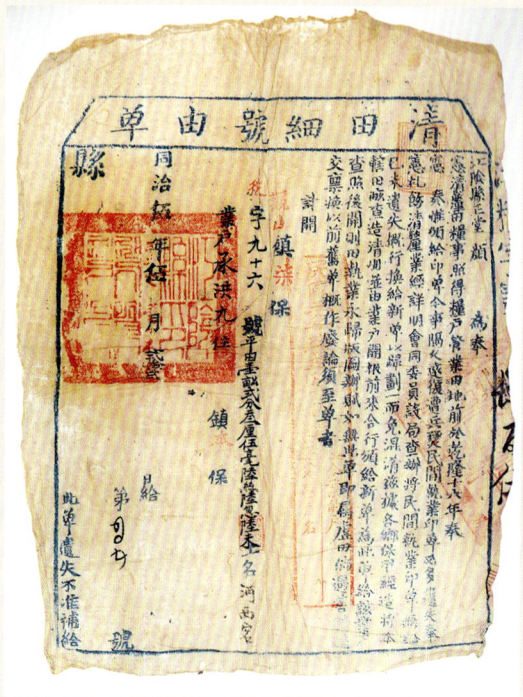

清代田亩由单

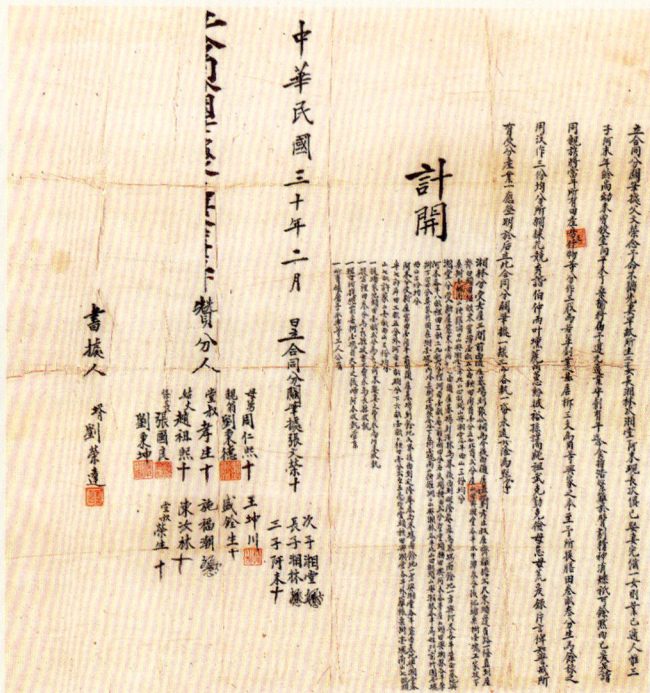

民国分关笔据

谢氏马蹄酥

南闸扣肉

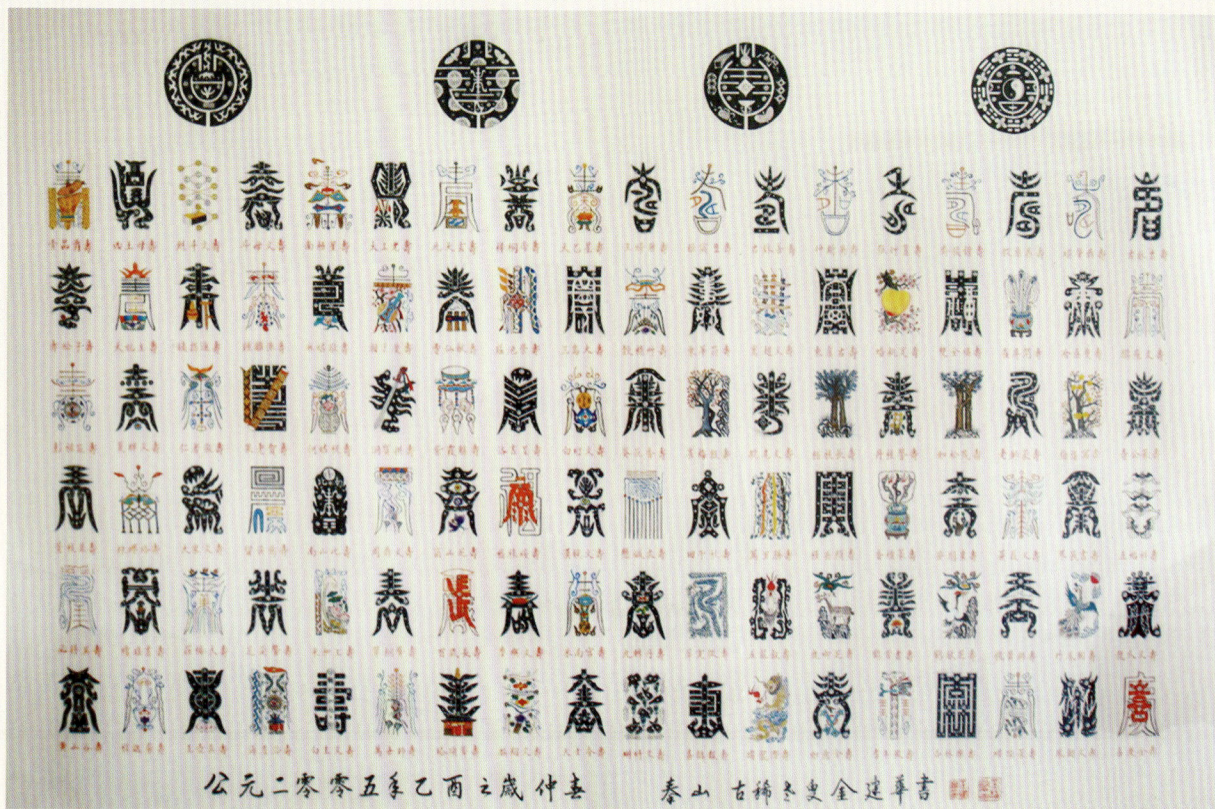

《百寿图》

留青竹刻

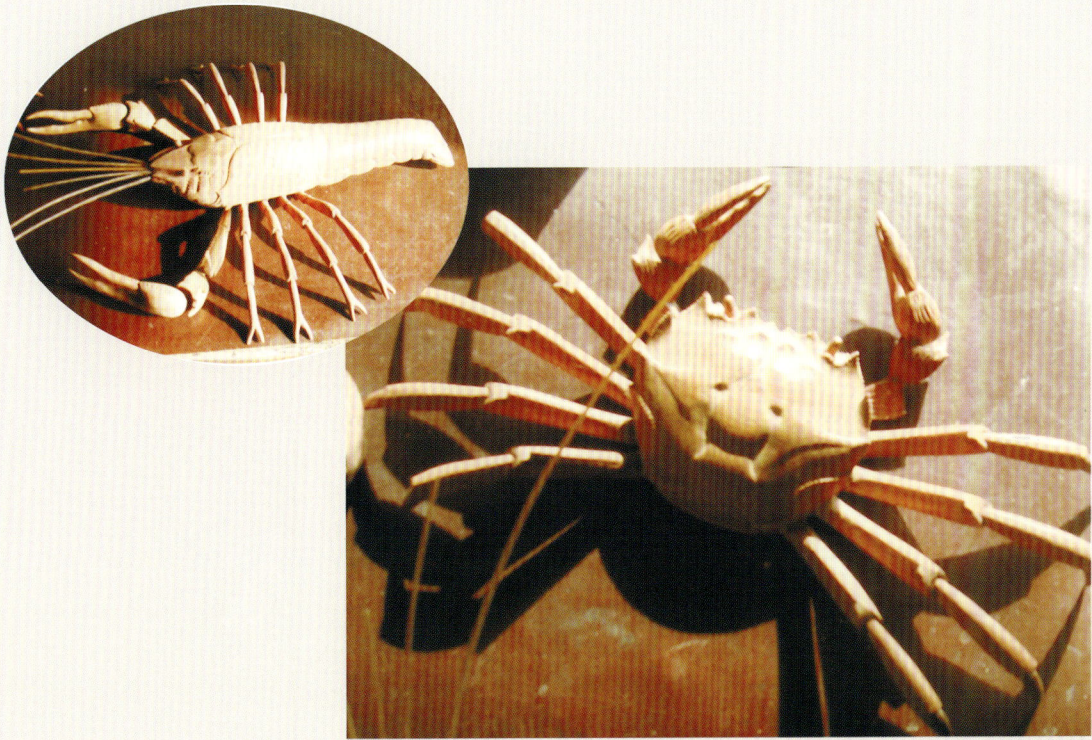

木　雕

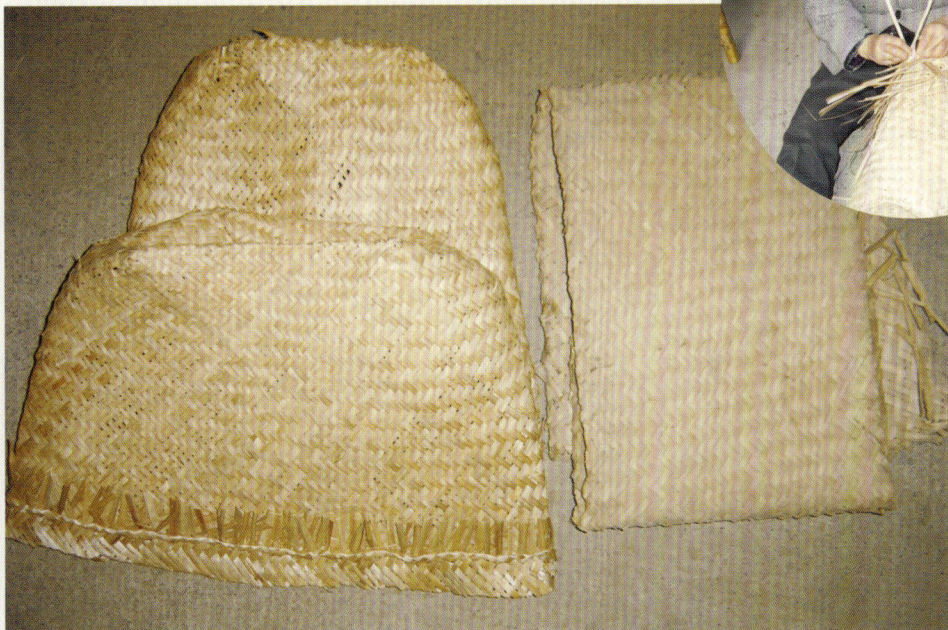

蒲草编织

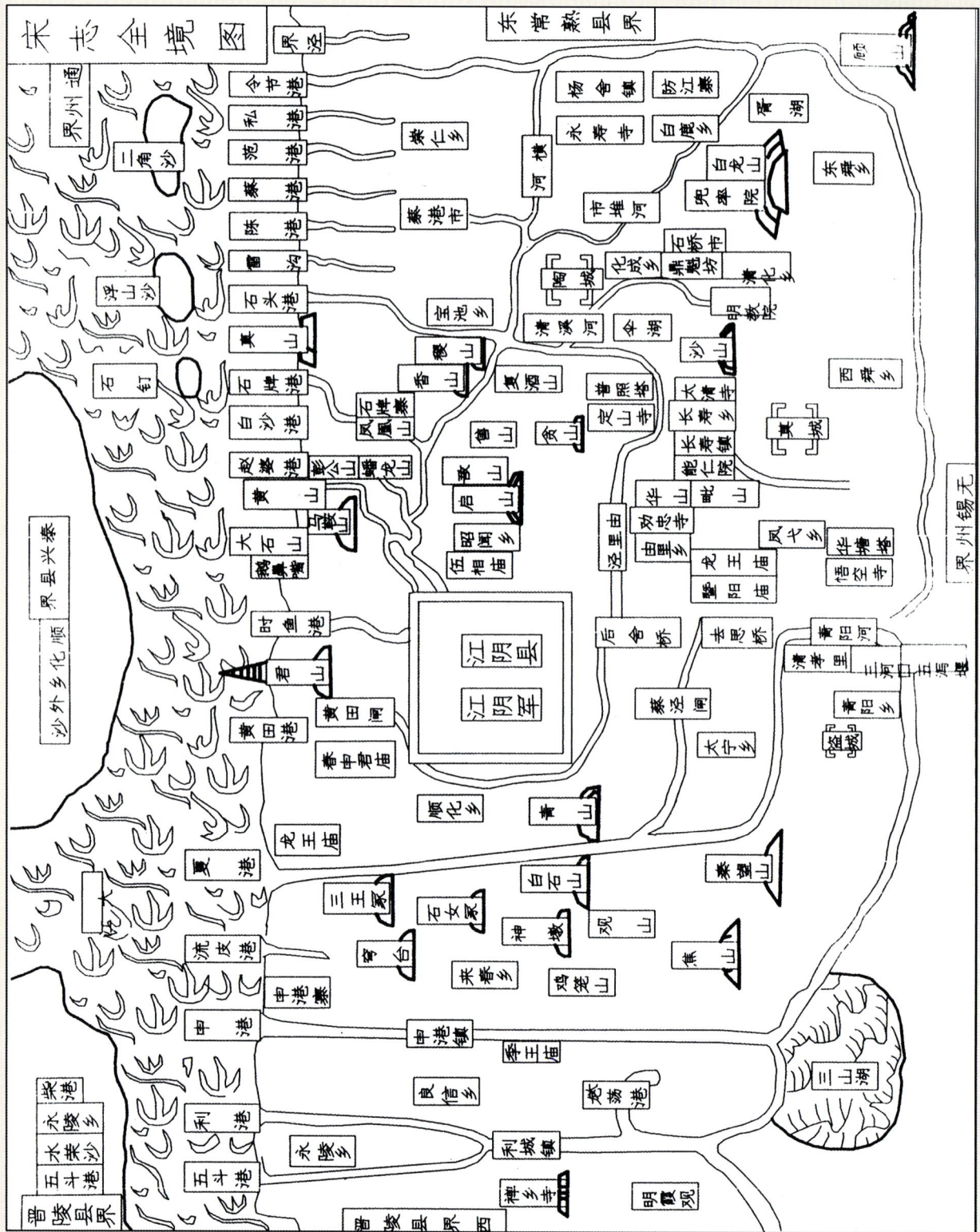

宋志全境图

东常熟县界

界泾　　　　　　　所

通州界

三角沙　　令节港　　私港　　梅舍镇　　防江寨
　　　　　蔡港　　陈港　　永寿寺　　白鹿乡　　青湖
浮山沙　　留沟港　　河横　　　　　白龙山　　东舜乡
　　　　　石头港　　市堆河　　　　兜率院
石钉　　　真山　　秦港市　　　　　石桥市
　　　石牌港　　宝池乡　　化成乡　鼎熊坊　　清化乡
　　　白沙港　　稷山　　陶城　　　　　　　　明教院
　　　戚婆港　　香山　　夏港　　清溪河　伞湖　　沙山
黄山　　石牌寨　　　　普照塔　　　　　　西舜乡
　　　凤凰山彭公山　鲁山　定山寺　大演　长寿乡
大石山鹅鼻嘴　乌嵊　敔山　　贡山　能仁院长寿镇　真城
　　　　昭闻乡　启山　　华效乡　　毗山
时鱼港　　伍相庙　　　　由里泾　由墨乡　龙王庙　凤七乡华塘
　　　君山　　　　　　　　　　　璧阳庙　悟空寺
黄田闸　黄田港　　江阴县　　后舍桥　去思桥　青阳河
春申君庙　　　　　江阴军　　　　　　里　溪　青阳乡
　　　　　　　　　　　　　　蔡泾闸　　三河口五马堤　盛城
　　　　顺化乡　　　　　　　　大宁乡
龙王庙　青山
夏港　　　　　白石山　　秦望山
三王冢　　石女冢　观山
望台　　　神教　　　
流皮港　　来春乡　鸡笼山　焦山
申港寨
申港　　申港镇
　　　　　良信乡　季王庙
利港　　　　　　　　感应港
永陵乡　　　永陵乡　利城镇
五斗港　　　　　　　神乡寺　明观观
　　五斗港　　　　　　　　　　　三山湖
永陵乡茶港
晋陵县界　　　晋陵县界西

沙外乡化顺　秦兴县界

宋志全境图

南闸街道区划地名图

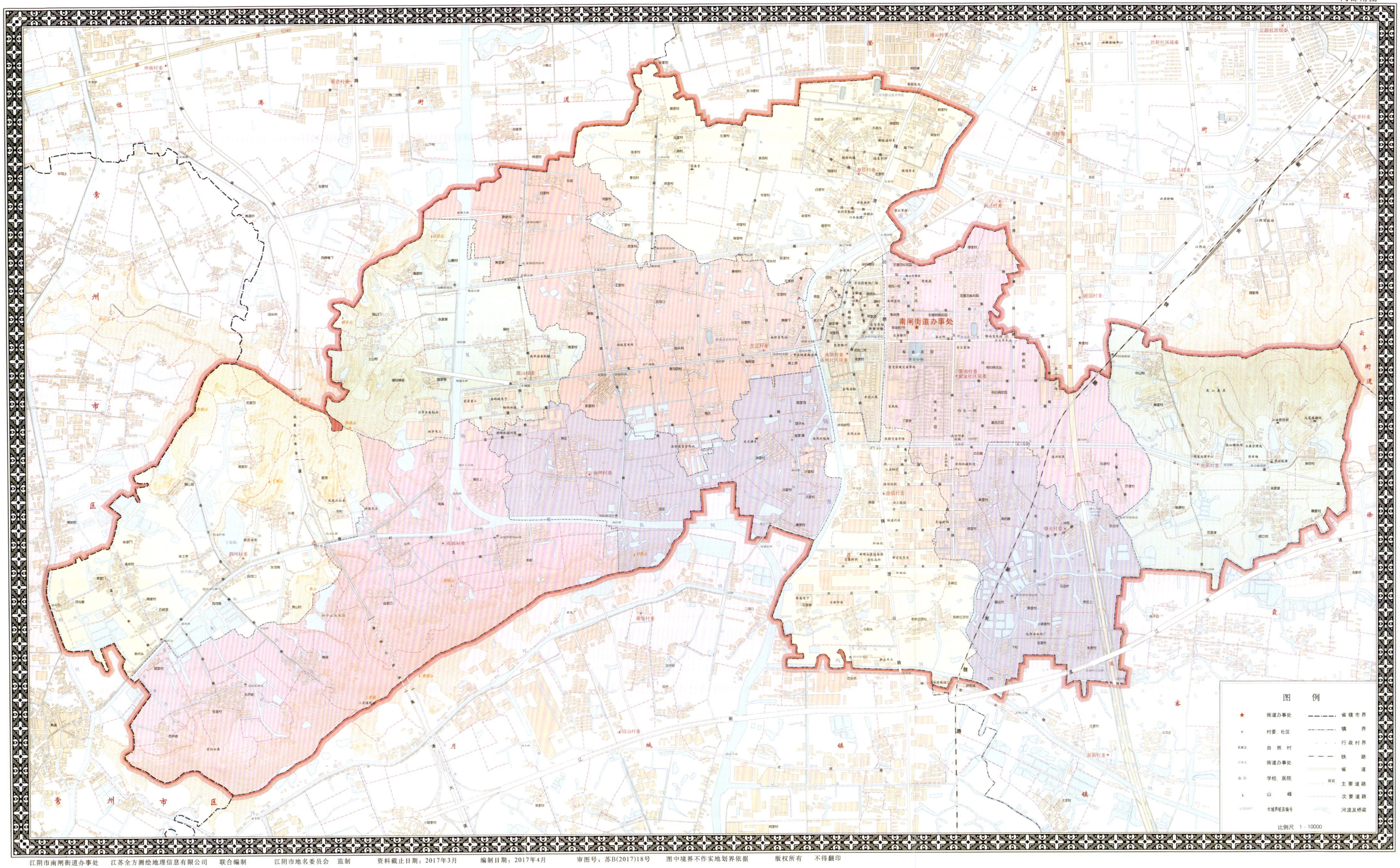

江阴市南闸街道地名办公室
江苏全方微机地理信息有限公司 联合编制
江阴市地名委员会 监制
资料截止日期：2017年3月
编制日期：2017年4月
审图号：苏归2017J18号
图中境界不作为划界依据
版权所有 不得翻印

比例尺 1:10000

序 一

前不久，南闸街道的领导，委托我老家的亲戚与我联系，要我为《南闸志》写一篇序言。我想，无论从哪方面讲，这都是父老乡亲对我这个游子的牵挂和抬爱，自当义不容辞，以尽绵薄之力。

故乡南闸，位于长江下游之阴，距曾被北宋名相王安石所吟诵的"黄田港"十华里。黄田港建有黄田闸，亦称北闸，我的故乡原叫蔡泾闸，因在黄田闸之南，故称南闸，建制已逾千年。虽没有那些历史文化名镇珠光宝气，华光四射，但地理位置的优越决定了它的富庶繁华。特别是改革开放以来，古镇南闸焕发出了现代文明的青春。

从编委会提供的《南闸志》条目来看，全志凡23编87章298节，洋洋百万余字，涉及政治、经济、文学、艺术、语言、科技、宗教乃至社会风习，可谓条分缕析，卷帙浩繁，不失为一部具有存史、资治、教化意义的乡土信史，同时也让我对焚膏继晷搦管操觚、废寝忘食爬梳编写的编委们的责任担当肃然起敬。

"乡愁是人生之胎记"，诚哉斯言！少小离家，漂泊四海，根系南闸，乡音未改的我，虽长期置身于自然科学、社会科学诸领域探索研究，但偶有闲暇，乡愁便会悄然升起。儿时，母亲经常会带着我到离家仅百步之遥、建在蔡泾闸遗基上的夏港桥上，凭栏眺望，远山近水，尽收眼底。已经过去七十多年了，每每想起，光景如昨，故乡让人思念的程度可想而知。

1992年8月，我借去南方调查考察之机，取道江阴，在市委领导的陪同下，回了一趟南闸，家乡的沧桑巨变，几使我这个老南闸人不识归途，感慨之余，久蓄之乡愁总算得到了些许慰藉。二十多年弹指一挥间。目前，南闸人民在党的坚强领导下，把建设"强富美高"新南闸作为总目标，正凝心聚力、团结拼搏，撸起袖子加油干，我坚信这个目标很快就能实现。届时，我将与故乡的父老乡亲们举杯同庆！是为序。

滕 藤

2018年2月22日于北京

序 二

　　南闸，地处延陵古邑之南，南挹太湖，北达长江。北宋政和元年，为防江水倒灌引发洪灾，江阴在夏港河上设置蔡泾闸，在黄田港河（现称锡澄运河）设置黄田闸（现称定波闸），因一南一北，故蔡泾闸又称南闸。

　　千秋南闸，物华天宝，人杰地灵。域内山青水绿，人善景美，花山、秦望山矗立东西，黄昌河、工农河碧水长流。绿色盛景，俯拾皆是，秦望晓烟，美不胜收；狮山映像，惟妙惟肖；花山滑翔，极目长空。地理位置，得天独厚。紧靠城区，紧邻枢纽，高铁轻轨，站点汇集，四通八达，交通便利。工商兴镇，古今传承，唐宋时期，涂镇即成集市，往来商贸兴盛，于江阴一时无二。而今，实体经济兴旺，商业繁荣，高端装备、精密制造、专业市场，业态多元，文旅融合助力乡村振兴。民间文化，源远流长，马蹄酥、竹刻、百寿图非遗技艺亮出文化自信。

　　盛世修志，志载盛世。《南闸志》起笔于二〇一五年五月，几经修改、调整、完善，于二〇二一年五月定稿。本志载先辈功业，传承精神；激奋进动力，不负今日；汲经验教训，垂鉴未来。千百年沧桑巨变，激荡人心；四十余载改革发展，励精图治；新时代再启征程，接续奋斗。值此《南闸志》即将付梓之际，愿与南闸人民一道，以史为鉴，同心同德，开拓进取，向着建设"美丽宜居南花园、产城融合示范区、幸福和谐魅力城"奋斗目标，砥砺前行！

　　真诚感谢各界人士为《南闸志》的编纂和出版给予的大力支持！

南闸街道党工委书记　李志浩

南闸街道办事处主任　袁　飞

目　录

第三编　人　口

第四编　农　业

第五编 水 利

第六编 工 业

第七编　建筑业·房地产业

第八编　商贸服务业

第九编　交通运输

第十编　邮电·电信·供电·供水·供气

第十三编 政权·政协

第十四编 军　事

第十五编 公安·司法

第十六编 劳动·民政

第十七编　教　育

第十八编　文化·体育

第十九编　科技·卫生

第二十编　人民生活

第二十一编　宗教·宗族·民俗·方言

凡 例

一、本志记事，立足于现在的行政区划，涵盖全境，全面系统地反映自然和社会的历史与现状。上限至可溯之年，下限至2015年12月31日，也有少量超限的重大事项作适当延伸，以保持其完整性；《大事记》则延伸至2020年12月。

二、本志运用述、记、志、传、表、录等表述形式，表随文设。文体采用记叙式，以叙为主；大事记以编年体为主，辅以纪事本末体。全志按主题分为23编，编以下一般分章、节、目三个层次，图表随文，个别章节设有附文。

三、本志人物，记载古今地方精英，分传略和事略。人物传略记载历史上有较大影响的已故人物和革命烈士，包括长期生活、工作在南闸的外地籍人物；人物事略记载在科技、经济、政治、军事、文教、体育、卫生等领域作出一定贡献的各界人物。

四、本志行文，以国家颁布的语言文字规范和江苏省地方志编纂委员会办公室2000年颁行的《江苏省地方志行文规范》为准则；词语使用《现代汉语词典》第7版为标准；文字和标点使用以国家公布的《简化字总表》和《标点符号用法》为标准。

五、本志记事纪年，以中华人民共和国成立为界，此前沿用旧纪年，括注公元（限括在自然段中首次出现者）；此后用公元纪年。凡用旧纪年，其日月皆系农历，一律用汉字，凡用公元纪年的一律用阿拉伯数字。

六、地名、政权机构和官职，皆沿用原称谓，后有变更的，或加夹注，或在记述中说明。

七、本志采用的计量单位以国家出版物规定为标准。中华人民共和国成立前资料的计量单位未做改动，一般括注换算标准；中华人民共和国成立后资料一般用公制单位，农田水利等部分的面积依照农村习惯仍用市制"亩"为计量单位。

八、本志数据，采用政府统计部门公布数字以及经主管部门核实的数字，其中百分比项数据采用四舍五入，其总和可能略大于或小于100%，不另做说明。

九、本志贯通南闸历史，旨在存史垂鉴，留先人活动轨迹与后人。

十、本志史料，取之历代档案文献、志书、谱牒、报刊、专著及有关人士回忆录等，凡经考证鉴别后采用，一般不注出处。

总 述

打开江阴宋志全境图，在这幅上千年的古地图上，很容易找到两座水闸，一座在县城以北，名叫黄田闸，一座在县城之南，名叫蔡泾闸。按照上北下南的地理方位，黄田闸被称为上闸、北闸，蔡泾闸则被称为下闸、南闸。明万历年间，因江苏学政署衙驻扎在江阴，江阴遂增设南闸、月城、青阳、石幢四铺为驿站，南闸之名遂见于史书，后沿用为地名。自此以后，虽辖区或分或合，面积或大或小，但南闸作为地名却从未更改。

南闸位于江阴城南，北距县城5公里，南离无锡市区30公里，东接云亭街道，东南与徐霞客镇相连，南与月城镇以冯泾河、秦望山为界，西邻常州市郑陆镇焦溪社区，西北与申港、夏港街道错壤，东北紧挨江阴市政府所在地澄江街道，总面积45平方公里。2015年末，有户籍人口48245人，其中男性24469人，女性23776人；暂住人口21429人，其中男性12367人，女性9062人。有蒙古族、苗族、回族、壮族、彝族、土家族、朝鲜族等17个少数民族共183人，其余为汉族人。

地开洪荒 建制千年

南闸历史悠久。1963年冬，茶岐村退休职工张廷一在秦望山北麓和观山南麓，从挖掘的泥炭中发现一把石锛和三把有肩石斧，据考证属新石器时代使用的工具，距今已有五千多年。三皇五帝中的舜帝，南巡时曾到过观山西部的高山，并在此生活过一段时间，留有舜过山、舜井、舜庙、舜田等地名与遗址。据民国二十五年（1936）武进名儒吴卓铭校点复刻的《毗陵高山志》记载："舜田，在长山岭之南丁谷山（今名丁果山）之西，有八亩廿三区，翠塍云接，春雨秋烟，颇得山农雅致。"长山岭、丁果山均在南闸境内，舜帝曾在此教民耕作，其遗址被称为"舜田"，就在今泗河村花家凹一带。20世纪90年代末，在南闸与云亭交界处花山东南麓发现了佘城文化遗址，并出土了一大批珍贵的陶器。遗址综合了马桥、湖熟、龙山等多种文化因素，其范围之广实属罕见。由此表明，早在虞舜时期，我们智慧的先民就已经聚居在南闸这块土地上繁衍生息，并依山傍水，用原始的生产工具从事渔猎和农耕，开始种植水稻，同时掌握了制陶、织麻等手工技术。春秋时期，吴王寿梦第四子季札受封于延陵，南闸地区属其采邑。据史书记载，芙蓉湖西马鞍山（又名马凹。《毗陵高山志》说："即长山岭之腰伏也，取像名之。山下雨，傍各有小池若镫云。"）下，就是当年季札为避王位"弃其室而耕"的地方。战国时期，楚相春申君黄歇受封于延陵，故江阴有"延陵古邑"之称，南闸属于延陵辖区。

宋元明清时，南闸境内东部为太宁乡（亦称太凝乡、翔湾乡），西部为来春乡（耿家村之东为太宁乡，耿家村及耿家村之西为来春乡）。明代，乡以下设都图，太宁乡统都四，来春乡统都三。清康熙三年（1664），废乡都，建镇保，南闸地区包括蔡泾镇7个保，观山镇9个保，以及谢园镇南部4个保。民国元年（1912），江阴划为1个市36乡，南闸地区包括蔡泾、观山两乡和谢园乡南部4个保。1949年4月23日，江阴解放，南闸地区有南闸镇和观山、忠义两个乡。南闸镇属澄南区，观山乡属澄西区，忠义乡属花山区。中华人民共和国成立后，南闸镇划分为南闸、蔡泾两个乡，隶属于江阴县花山区；观山乡划分为观东、观西、观山3个乡，隶属于夏港区；忠义乡划分为谢南、谢北、皮弄、花山4个乡，隶属于花山区。1957年9月，观山乡并入南闸乡，辖21个大队，隶属要塞区。迄今，南闸区域未变。1958年9月，南闸乡改建为南闸人民公社，辖21个大队、168个生产队。1983年3月，经国务院批准，江苏省实行市管县体制，撤销苏州专区，江阴县改属无锡市管辖，南闸隶属于无锡市江阴县。1984年3月，南闸公社改称为南闸乡，生产大队改称行政村，生产队改称村民组，南闸乡辖24个行政村、352个村民组、1个市镇居民委员会、10个居民小组。1987年4月，江阴撤县建市，南闸乡隶属于江阴市。1988年8月，南闸撤乡建镇，称南闸镇。2009年12月18日，南闸撤镇建街道，称南闸街道，辖11个行政村、2个社区。

军事要隘　忠义之乡

南闸西部并列着东西走向的秦望山、观山、白石山三座山脉，秦望山与观山南北双峰对峙，最狭处仅里许，但其间却横卧着两条交通要道。其一为水路黄昌河，古称龙章河，亦名北山塘河，向西，可直通江南重镇常州；向东，汇入锡澄运河；由涂镇南折，可抵无锡江南大运河；北折，经九里河至江阴县城，过蔡泾闸进夏港河则可入长江。另一为陆路，西达常州，东连江阴。故此处历来为军事要隘，兵家必争之地。观山与白石山，虽不如秦望山高耸险峻，却是长江南岸的第二道防线，素来被兵家看重。再看南闸东部，花山横卧，西截锡澄线，东控澄杨路，为江阴要塞南屏。南闸素称"江阴南大门"，锡澄公路穿境而过，锡澄运河南连吴会，北通长江，故南闸又有"长江南下第一站"之称，实为江阴之咽喉。江阴历史上战事频繁，很多战事关乎国运民生，南闸因毗邻城区，不可能置身事外，南闸人民也不可能漠然旁观，故留下了许多浅浅深深的参与痕迹和斑斑点点的历史记录。

发生在南闸境内的兵事，首次见之于史书的，当属元末朱元璋与张士诚的秦望山争夺战。《明史》记载："张士诚兵据秦望山，良攻夺之。"明清两朝，都曾在南闸设立军营，派兵驻防。秦望山东首的寨里村，观山南麓的陈家营，都是当年屯兵之所。而观山之西名叫"寨基"的兵营，《毗陵高山志》记载得更为详细："寨基，长山岭东上，乌塔岭西下。国初，二吴侯驻兵以御伪吴。至今积垒犹存，形胜如故。"

春秋时，江阴属季札封地。季札当时被称作"南方第一圣人"，也被后人称为中国南方第一位儒学大师。大史学家司马迁称赞季札是"见微而知清浊"的仁德之人。季札生前与南闸隔山而居，死后葬于申港，并建有季札祠。他的宽厚、诚信、礼让、睿智深刻地影响了南闸人民，因此形成了讲信义、崇正气的民风，爱国家、爱家乡的美德以及反侵略、反压迫的优良传统。明嘉靖年间，倭寇为患，南闸受害最烈。知县钱錞倡举义兵，南闸响应者甚众，后塍徐家村等民众集资筑土城抗击倭贼，执锄耙，狙杀小股倭寇。嘉靖三十四年（1555），倭寇2000余人屯居蔡泾闸。嘉靖《江阴县志》记载，倭寇"每日分支四出，大肆劫掠，山坳水溢，靡所不到。小民瓶罂之储，茅茨之盖，鲜一存者。夜光尽赤，皆为贼火。妇女被淫污，溺水死者不可胜纪，凶虐如此"。钱錞不忍百姓遭此荼毒，带兵与贼激战于九里湾，力竭战死。南闸义勇数十人同赴国难。清顺治二年（1645），江阴人民抗清守城81天，歼灭清兵75000余人，江阴人民殉节10万余人。清兵为绝城内军民外援，掠夺民财，南闸紧挨城区，十室九空，死伤尤为惨烈。事后，南闸义民又冒死入城收尸，在白石山及秦望山北麓鲍庄之东筑义冢，埋尸数千。

在中国共产党的领导下，南闸人民前赴后继，积极参加反帝、反封建、反官僚资本主义的新民主主义革命，谱写了惊心动魄的历史篇章。早在1927年7月，中国共产党就在南闸建立了支点村和支点户，中共江阴地方组织领导人茅学勤、蒋云、庄祖方等经常来南闸指导农运工作，领导农民暴动。南闸地区最早参加革命活动的耿家村人耿清华，就是在1928年由蒋云在支点村梅阿里开展农运工作时介绍入党的。从大革命时期到新中国成立，党在南闸建有梅阿里、东场2个支点村和宋锡初等9个支点户。这些支点村和支点户，为革命的胜利作出了贡献，有些同志在党的教育下直接参加了革命工作，有些同志为革命献出了宝贵的生命。

民国二十年（1931）"九一八"事变后，中国人民爱国热情空前高涨，江阴南菁中学学生组织"抗日救国会"，发动抵制日货、抗日救亡运动，支援东北抗日义勇军。这年冬天，南闸慎源布厂老板暗中向日商购买了一批日纱，由长江运回南闸。工人获知消息后，悄悄进城告知南菁"抗日救国会"，抄获了日纱1117包，将其运回校内封存。国民党县党部常务委员任生祥接受慎源厂老板巨额贿金后，玩弄两面派手法，竟将封存日纱发还厂方。"抗日救国会"强烈反对，立即向社会揭发任生祥的丑行。第二天，县中、征存中学、励实中学师生示威声援，社会各界群情激奋，学生冲进县党部揪出任生祥，将其推进为惩治奸商而设置的木笼内，抬着游街示众。国民党县党部对学生的爱国行动束手无策，在舆论压力下，只得将丢尽脸面的任生祥解职了事。民国二十四年（1935）十二月，南闸镇的公益、勤康、汇丰等七厂800多名女工，为反对资本家延长工时和降低工资及银圆兑换率，爆发了震惊江阴的七厂800女工大罢工。罢工在地下党组织的指导下，最后取得了胜利。当时的《澄江日报》和《正气报》均以醒目大标题"南闸镇七厂女工八百人大罢工"进行了报道。国民党江阴县政府为了防止这一行动波及全县，敦促各厂同意工人要求，并限时付诸实施。民国二十六年（1937），东北军1000余人，分驻在南闸花山一线。在大洋桥和花山阻击战中，经过三天三夜激战，歼敌600余人后，全部壮烈牺牲。其间，附近民众箪食壶浆，冒着枪林弹雨，支援守军。民国二十八年（1939）七月二十八日深夜，新四军老二团200余人西撤途经南闸。参谋长王必成得到可靠消息，无锡日军警备队当夜有军需物资车队来到江阴运送物资，当即在大洋桥设伏。翌日拂晓，伏击战打响，全歼日寇16人，缴获大量军用物资，武装了部队的装备，极大地鼓舞了军民的抗战斗志，沉重地打击了日寇的嚣张气焰。民国三十三年（1944）七月，江阴日伪政权在南闸设立田赋征收处，并派伪警察下乡催收。中共澄西县政府指示三区区长俞迺章发动群众抗征田赋。澄西区县大队警卫班班长胡兆金带领战士胡兆生、观山乡民兵正中队长高志银、副中队长何阿朝混在交税的农民中闯进征收处，缴下征收处主任的短枪，并一把火烧毁了所有的田赋征收单。直到抗战胜利，日伪政府再也不敢下乡征收田赋了。抗日战争时期，中国共产党在无锡、武进、江阴成立抗日民主政权，南闸地区属澄西县三区。抗战胜利后，国民党发动内战，妄图利用长江天堑，做垂死挣扎，澄西三区武工队在队长曹荣金的领导下，开展地下活动，先后镇压了反动乡长张廷基、反动地主缪荣生、反动分子吴乃宗、反动特务邵祺等。曹荣金的机智勇敢，使国民党在南闸、观山两乡的征兵征粮计划严重受挫，也为动员群众迎接解放军渡江南下工作创造了有利条件。国民党县党部视曹荣金为大敌。民国三十七年（1948）九月十九日深夜，曹因会议后留宿八房村，被敌发觉而遇害，年仅27岁。同时牺牲的还有警卫员陈荣坤和支点户主宋锡初。

在土地革命战争、抗日战争、解放战争时期，南闸地区的工农群众和青年学生踊跃参加八路军、新四军、中国人民解放军。1949年至1950年两年中就有19人自愿加入中国人民解放军。抗美援朝期间，南闸地区共有60多人参加志愿军赴朝参战，其中4位献出了年轻的生命，长眠于异国他乡。

山清水秀　鱼米丰饶

南闸地理环境优越，山环水绕，物产丰富。境内，花山、秦望山、观山、白石山、焦山、丁果山，群山环抱，林木萧森；马泾河、斜泾河、九里河、锡澄运河、夏港河、龙游河、黄昌河，诸河交汇，烟波浩渺。景色秀丽而气势磅礴，实乃形胜之地。人民勤劳勇敢，安居乐业，民风淳厚笃诚，乐善无求，素称"礼仪之乡"。

南闸以山多著称，有大小山脉10余座，山地面积10779.28亩。山中蕴藏丰富的石英质砂岩、白泥和紫泥。山坡广植树木，山麓遍栽瓜、果、树、竹、茶。20世纪80年代，南闸山地造林8742.8亩，占山地总面积的80%以上，其中经济林1606.3亩。

南闸地势东高西低，中部为广阔平原，土地肥沃。境内属亚热带季风气候，温和湿润，四季分明，日照充足，雨量充沛，无霜期长。优越的自然环境为发展农业提供了良好的条件。

自公元前21世纪舜帝南巡教民耕作后，南闸人便掌握了较为先进的耕作技术，原始农业获得长足发展。春秋战国时期使用铁制农具和牛耕，农业生产得到初步发展。隋唐以后开始稻麦两熟制和水车灌溉，宋明推广，清代盛行，沿用至民国时期和新中国成立后的50年代初。清同治七年（1868），蔡泾人吴煊从浙江湖州引进优质桑苗、蚕种，试种试育成功，并著有《蚕桑捷效书》，加以推广。河岸两旁和山地上的荒地，一变而成桑田。南闸地区几乎家家种桑，户户养蚕。南闸建有茧行三家，仅顺昌茧行一家就有烘灶48台，农民收入大增，生活得到改善。养蚕业的发展极大地活跃了当时南闸的农村经济，许多农民从中得到实惠。民国《江阴续志》记载说："是时，岁有百十万多或二百余万之款散注民间，小民生计实力赖焉。"一直以来，南闸地区东部农村以种桑养蚕、纺纱织布为副业，西部农村则以种桑养蚕、编织蒲包为副业。封建时代，男耕女织、吃穿自给的小农经济长期占支配地位。

晚清至民国时期，由于封建土地制的长期束缚，生产条件落后，战事频繁，水利失修，旱涝交替，农副业生产萎缩不前。中华人民共和国成立前，农民生活艰苦，生产技术落后，难以抗御自然灾害，粮食产量低而不稳，正常年景，水稻单产150公斤左右，三麦亩产不满50公斤。抗战期间，丝厂倒闭，茧价骤降，蚕茧养殖一落千丈。

中华人民共和国成立后，南闸进行了土地改革和农业合作化运动，生产关系变革，生产力得到提高。通过推广科学种田，大搞农田基本建设，逐步改善水利设施，粮食产量逐渐上升。1957年，粮食单产平均350多公斤。1958年以后的"大跃进"和人民公社化运动违背了客观经济规律，加上天灾人祸，粮食连年歉收。人民公社至"文化大革命"期间，片面强调"以粮为纲"，种植结构单一，林牧副渔靠边站。20世纪60至70年代，推行三熟制，致使成本提高，产量虽有所增加，但米质低下，农民劳动强度大，经济收入降低。1969年，南闸种桑养蚕达到高潮，全社有桑田2015亩，育蚕3670张，蚕茧产量11.42万斤，创历史最高。1972年后，开展农业学大寨运动，改桑种粮，桑田面积逐渐减少。中共十一届三中全会后，实行家庭联产承包制，产业结构调整，农林牧副渔得到全面发展。20世纪80年代中期，恢复种植单季稻。随着发展电力灌溉，引进优良品种，重视先进技术推广利用和农机具设备的应用，连年高产稳产。利用山地、空地种植竹、木、果、茶，大力发展林木业，至1988年年底，已造林10349.5亩，其中有用林8742亩，经济林1605.3亩。灯塔大队第一、第三林场的茶叶远销上海等城市，观西陶湾林场的茶叶获江苏省金奖。水域广为利用，养鱼、育蚌采珠，取得较好的经济效益。1983年起，全乡掀起养殖高潮，涌现养猪大户。是年有母猪2183头，仔猪125588头，肥猪6831头。1982年，涂镇村农民蔡夏正承包养兔场，自繁自育，圈存达2007只。1988年，全乡养殖家禽110600只。养鸭是南闸的传统副业，施元村施元场是远近闻名的养鸭专业村，7个生产队的350户人家有养鸭专业户160户，全年收入100余万元。同年，境内水稻亩产488公斤，三麦亩产277公斤，主粮亩产达765公斤。当年农副业总产值7021.82万元。

1988年以后，南闸农村经济从单一的粮食生产向与第二、第三产业协调发展的方向转变，经济持续快速发展，加快了农业现代化建设的步伐。农业体制的改革，带来了农村多种经营的新格局，逐渐向科学致富、经济效益高的档次发展。全镇建立了奶牛、生猪、青虾、养鸡、养鸽、养鸭、养鱼、葡萄种植、花卉种植、蔬菜种植、牧草种植等11个养殖种植基地，有养殖、种植专业大户180户。镇水产养殖场已建成奶牛、特种水产、苗木种植示范基地。全镇已建成蔡泾、南闸、龙运三个蔬菜基地，其中蔡泾蔬菜基地占地面积1600亩，是江阴市"510"重点工程之一。2008年总投资1600万元，邀请南京农业大学进行规划设计，总体规划建设大棚蔬菜1000亩、露天蔬菜600亩，分为大棚示范区、防虫网生产区、农事体验区、湿地生态环境保护区、基本服务区等6个区。2015年，加快农业结构调整，发展现代、高效、生态农业，高效农业面积1234.33公顷，其中蔬菜565公顷，林果苗木497.93公顷，水产171.4公顷，各类专业大户807户。全街道农林牧渔四业总产值达35440.3万元。

水陆要津 工贸繁荣

南闸水陆交通便利，锡澄公路、霞客大道、江阴大道、海港大道穿境而过，是沟通苏北、沪、宁等地的主干道。南焦路可经焦溪直达常州。云南路与霞客大道相交，南达无锡，东通常熟、张家港及澄东地区各乡镇。锡澄运河联结长江、太湖水系，是南闸农田主要引排河道。夏港河，古名夏浦河，相传为夏禹所开凿，史称江阴"百渎之宗"。古时由长江入内河之舟楫，皆由此河而进，故又有"长江南下第一站"之美誉。南宋《开禧重建蔡泾闸记》碑文中这样记载："然黄田为港狭隘，巨舰艰入。蔡泾水道宽广，荆蜀之舟，自江入河者，率由此而进。故蔡泾视黄田，抑又有纲运之利焉。"南闸水陆交通便捷，有利于工商业发展。

南闸手工业、商业起步较早。早在唐代，涂镇已形成市集。到了宋代，更为繁华。据历史记载，涂镇街旧时店铺林立，南北杂货应有尽有，是江阴县城南郊的商贸重镇。涂镇的繁华缘于优越的地理位置。涂者，道也，明时所建驿道穿街而过，镇西紧挨运粮河，尤其是进了蔡泾闸后的荆蜀之舟，必定要经过涂镇，或者就在涂镇停泊，把商品销售给商栈后，再带回所需商品返航。宋元明时，朝廷都在涂镇设有税场，派有税官。其时，镇西的泾河（又称运粮河，今称锡澄运河）内，舟舶星聚，帆影云展，交通的便捷成就了涂镇数百年的商贸繁华。据嘉靖《江阴县志》卷五《食货记第四（上）》记载："宋都税务，租额三万二千四百七十二贯四十三文，茶村（即现涂镇村）税务租额六千七十二贯四文。"涂镇的税收占到江阴军全年税收的18.7%，可见当时涂镇在江阴的经济地位是何等重要。到了清代嘉庆年间，沟通东西陆路交通的龙津桥突然倒塌，夏港河改道，蔡泾闸被废，涂镇因交通受阻和商店搬迁而迅速衰落。这时，在它北面一里多路的南闸，成为江阴南郊农、副、手工业产品的主要集散地，替代涂镇逐渐繁荣起来，到抗战前，已有各类商店154家。南闸西部的泗河口也形成了有20余家商店的小集镇。抗日战争爆发，南闸沦陷，店铺焚烧殆尽。抗战胜利后，商业一度复兴。不久，国民党政府发动内战，通货膨胀，大部分商店歇业，市场萧条。中华人民共和国成立后，人民政府建立供销合作社，平抑了物价。此后又完成了对私营商业的社会主义改造，物价长期稳定，各类商品基本满足工农业生产和人民生活需要。改革开放后，允许个体经商，市场繁华兴旺。据1982年统计，有集镇个体商业288户、农村个体商业305户，社会商品零售额达3384.84万元，农副产品收购额达1182万元。

在很长的历史时期中，棉纺织业曾是南闸地区的传统手工行业。明代以后，小土布成为农村传统产品，自产自销，衣被苍生。据民国《江阴续志》载："小布，阔九寸，长二丈，向以南闸产最著名。"清光绪年间，"洋纱""洋布"倾销，土纱土布业遭受打击。南闸实业家为挽回利权，于宣统元年（1909），蔡东小庄上夏恩华投资1万银圆创办美伦织布厂，有职工100人。南闸纺织业由此迅速发展，至民国二十六年（1937）日寇占领南闸之前，集镇上已拥有布厂12家，职工1200余人，产量占当时县内三分之一，产品除销售全国各地外，还远销南洋群岛，故有"小无锡"之称。沦陷后，除纬丰布厂留存部分厂房外，其余11家全部被日军焚为废墟。新中国成立初，南闸仅有1家国营纬丰布厂和1家个体采石场，手工业34户，从业人员94人。1958年，公社开始办工业，以采矿业为主。1976年起，社队办企业渐盛。至1988年，已形成初具规模的纺织、机械、建材、化工、皮革、印刷、针织服装等行业。全镇有镇办工厂15家、村办工厂98家、校办工厂21家，职工12103人，占全镇总劳力的49.2%；工业总产值18755.44万元，占农工商三业总产值的92.25%。江苏蝶美集团的前身江阴市毛纺织染总厂，创建于1981年，经过发展，至90年代初已形成集精纺、粗纺、织染、织针为一体的大型毛纺专业企业，是中国500家最大乡镇企业之一和无锡市重点骨干企业。总资产6.8亿元，占地面积12万平方米，员工1800余人，拥有工程技术人员300余人。"蝶美牌"羊毛衫、精纺呢绒分别获"中国唯尔佳杯"一等奖和"江苏省纺织新产品奖"。公司享有自营出口权。1992年3月7日，山西省昔阳县大寨大队书记郭凤莲访问毛纺织染厂，达成联办"大寨牌"羊毛衫厂的协议。同年11月28日，江阴毛纺织染厂与中国大寨羊毛衫厂在北京首都宾馆举行联合新闻发布会，中共中央政治局委员、国务院副总理田纪云到会讲话。

20世纪80年代中期，南闸乡工业经济开始吸纳外资，并实施外向型经济带动战略。1986年，南运特种灯泡厂、南闸纺织皮件厂、南闸美华皮鞋厂3家企业的优质名牌产品成功打入国际市场，全年销售总额达200万元。1992年，镇外向型经济工作迈出大步，域内成立了首个外资企业——江阴通永礼品有限公司，同时创办中外合资企业5家。全镇外贸供货总值达3070万元。

20世纪90年代初，南闸的第三产业迅速崛起。1989年，南闸工业供销公司职工何云柏带领十几个农民工创办金三角建材专业市场，经过多年拼搏，至1995年，"金三角"发展成了一个以经营建筑材料为主的大型企业集团，员工500余人，总资产2.5亿元，年销售超过5亿元。在上海、南京、杭州、无锡、苏州、常州等地设有12家连锁经销公司，在北京、广州设有办事处。集团在江阴南郊建造了占地面积20万平方米、年成交额达11亿元的国家级装饰材料市场——金三角装饰城。同年，又在香港设立了金三角集团香港股份公司，为集团与国际市场接轨迈出了重要一步。1996年荣获"全国最佳效益乡镇企业"以及"全国乡镇企业销售系统先进集体"称号。著名社会学家、全国人大常委会副委员长费孝通先生先后5次视察"金三角"，并题词"人民生活住为首，供应建材为人民"。1997年，改制后的金三角建材市场有限公司管理更规范，成交额达12亿元。南闸镇的第三产业得以迅速发展，至2015年，形成了一批市场群体，有金三角市场有限公司、华东有色金属交易市场、废旧金属交易市场、油漆市场、木材市场、灯具市场等六大市场，年销售突破100亿元。

至20世纪90年代末期，南闸企业纷纷转制，建立有限责任公司、股份合作制企业、私营企业等。2000年至2002年，南闸先后建立泾西工业园、锦南工业园、东盟工业园三大工业集中区，引进项目74个，进区企业投资总额15.2亿元，2003年荣获"江阴市工业集中区建设成效明显奖"。

2015年，园区累计有企业100余家，惠尔信、南农高科、南工锻造、双宇电工、锦明工业机器人、安科瑞、日新印染、塞特精密、东泽铝业、圆方机械、宝得换热等一批科技含量高、产业优势强的企业进驻工业园区。南闸完成工商业开票销售收入169.49亿元，其中工业开票销售89.92亿元，商业开票销售79.56亿元。

孕灵育秀　人才辈出

元代浙江湖州太守朱德润曾游览南闸，事后在《游江阴三山记》一文中赞叹说："嗟夫！一元之气，融融于亘古，归气于山泽，而有孕灵育秀。"诚如先贤所赞，南闸的确凝聚了天地间的灵气，孕育了众多的优秀儿女。

唐代高僧鸟窠禅师曾长期担任南闸芦岐庵住持，最后圆寂于该庵。其因终生主张并践行"道法自然，天人合一"的自然观而被誉为唐代僧人中的大哲学家。自宋以后，境内诞生了许多敢于直谏、为民请命、才干出众、勤政爱民的清官廉吏。来春乡泗河村蒋静，宋元丰二年（1079）进士，历任国子监祭酒、中书舍人、显谟阁待制，知寿州、郓州、江宁府，终显谟阁直学士、通议大夫，赠少师。《宋史》有传。著有《寂昭堂集》。耿家村耿氏家族为江阴名门望族，科甲连绵。耿与文，宋哲宗绍圣元年（1094）登毕渐榜进士，出任河南卢氏县知县。耿秉，宋高宗绍兴三十年（1160）年进士，官至兵部侍郎、焕章阁待制。在安徽广德任知军时，曾冒死"矫旨开仓放粮"，赈救灾民数以万计。刻《史记》，有声艺林。致仕后，主持首刻唐异僧草书《心经碑》。耿秉之孙耿轸、耿角，博古通今，理学、经济俱堪名世，以孝闻，世称"耿氏双孝"。耿庆，元英宗时乡试解元。耿勋，清康熙戊午副贡，其子耿人龙为杨文定所赏拔。太宁乡牌楼下人何澄，明永乐元年（1403）举人，历任袁州知府、吏部郎中、给事中，著名书画家，与耿秉、高宾并称为"南闸三御史"。明弘治年间，来春乡观山高家村庠生高相，以耕读传家，所生三子高宾、高贯、高赞，均进士及第。长子高宾，官至江西布政司右参议；二子高贯，任浙江按察司副使；三子高赞，为宁海州学正。时称"兄弟三进士，一门皆清廉"，亦有人赞誉高氏三昆仲为"江东三凤"。

物换星移，近现代南闸更是人才辈出，代表人物有：追随孙中山先生为民主革命献身的国民党海军中将吴煦泉；留学日本，宁死不当汉奸的爱国知识分子居林才；只身奔赴延安参加革命，历任新华社山东分社社长、新华社总社编委、地方部副部长的孤鸿；民族工商业巨子袁国梁；香港江阴同乡会会长、东南亚轴承大王陆镇；著名实业家王鼎荣；曾任浙江农大副校长兼教务长、中国农学会理事的小麦专家陈锡臣；留学德国，长期担任吉林省科学院院长，为发展我国催化化学作出重大贡献的吴越；江苏省中医名家吴德琴、吴卓耀、苏月坡、李一之。当代的代表人物有：毕业于清华大学，留学于苏联，历任清华大学副校长、中国科技大学校长、中国社会科学院副院长、国家教委副主任、中共中央宣传部副部长等职的滕藤；核工业专家蒋云清；北京理工大学导弹战斗部教研室主任、无人飞行器学会战斗部专业委员会主任蒋征浩；著名历史学家、博士生导师、南京大学图书馆馆长计秋枫；著名影视女明星袁立；奥运会冠军陆春龙以及亚运会冠军汤科蓉等。

改革开放后，据不完全统计，自费及公费出国的留学生达30多人，其中不乏杰出人才。南闸村许宝成、耿珍娣夫妇的三个孩子许卫华、许英姿、许小华，先后留学日本并取得硕士、博士学位；观西村徐产兴留学美国，现为美国宝多药物公司创办人兼总裁；花果村陈凯1994年应邀去瑞典、德国、美国和加拿大从事国际合作科研项目，被美国政府评选为具有超众才能的国际杰出科学家，现任加拿大联邦政府环境部高级政策顾问。

南闸虽为乡村，却因紧挨县城，受其尚文重教影响，历来重视教育事业。自宋以后，大村长巷都设有私塾，一些名门望族则注重家教、追求功名，更有富户乡贤，出资创办义学。2007年出土的明代成化年间南庄村乡贤耿昰的墓志铭，就记载了他办义学的事迹。来春乡高家村高贯，在外地为官，却出资在老家创办义学。光绪五年（1879），南闸集镇创办育英学堂。民国初年，先后开办13所国民学校和2所改良私塾。民国二年（1913），育英学堂立案公办。民国二十五年（1936），经县批准为完全小学，改名为南闸镇中心国民学校。民国三十四年（1945），有18所小学校，学生总数1869人。

中华人民共和国成立后，南闸教育事业迅速发展。1949年，中心国民学校改名为南闸中心小学。1959年，被批准为县重点小学。1960年，名列全县教学质量第一、勤工俭学第一、上交学费第一，被评为县先进学校，教师王素云代表学校参加省群英会。1978年，被评为苏州地区教育先进单位。改革开放后，教育事业更是蓬勃发展。1993年，由香港锦达五金集团公司董事长陆镇投资的"陆金标科技学校"正式开学，建校后为社会培养了1000多名中等技术人才，为高校输送了56名学生。1983年，南闸成立成人教育中心，当年即被评为县业余教育先进单位。2011年，南闸中心小学成功创建为省教育现代化示范学校，2016年获"全国学校体育工作示范学校"称号。南闸中学创建于1953年9月，初为文化补习班，1954年，定名为南闸乡民办初级中学。1956年，改名为江阴县南闸初级中学。1958年9月观山初级中学成立，1965年9月扩建高中部，改名为江阴县观山中学。1982年观山中学高中停办，南闸初级中学成为全日制完全中学，改名为江阴市南闸中学。1988年，全镇有完全中学1所，初级中学3所，其中初中42班，学生1959人；高中5班，学生246人。教职员工172人。2000年，观山中学与南闸中学合并。2012年，南闸中学改称南闸实验学校。该校有51个班，学生2200名，教职员工230人，高级教师、一级教师比例占80%以上，历年来荣获"全国青少年文明礼仪教育示范基地""全国艺教先进学校""江苏省实施素质教育先进学校"等称号。2016年，被无锡市教育局确定为新优质学校。

20世纪90年代至21世纪初，南闸地区社会经济高速发展，社会主义文化事业建设获得新的推动力。南闸大力加强村、社区文化建设，家庭读书工程活动成果丰硕，馆藏图书、家庭藏书丰富，并涌现出一批分别在文学、故事、书法、摄影等领域有所专长的"特色文化之家"。镇内有影剧院1所，图书馆1所，书场4所，书画社2个，博物馆2个。有国家级文联协会会员3名，省文联协会会员10名。文艺创作成果显著，发表小说、散文、故事、戏曲、诗歌等文学作品1000余万字。青年书法家许达屡获国家级大赛金奖，南闸中心小锡班演出的节目录像连续5次在中央电视台戏曲频道播放，小锡班组团去韩国进行文艺交流演出。"市民大舞台活动"成为南闸群众活动的特色文化。境内有归档的非物质文化遗产12个，其中"百寿图"为江阴市非物质文化遗产；马蹄酥为无锡市非物质文化遗产，2010年被评为中国十大名点之一。南闸先后被评为江阴市、无锡市、江苏省书画之乡。1992年，南闸被评为省文化工作先进镇。2008年，南闸文化中心被评为"江苏省文化建设先进集体"。群众体育活动尤为活跃，有篮球协会、乒乓球协会、太极拳协会、中国象棋协会、柔力球协会、石锁协会和老年门球协会等。镇内有篮球场11个，灯光球场2个，游泳池1个，多功能体育馆1个。连续

20年举办春节"振南杯"系列体育比赛。南闸体育人才辈出,民国二十四年(1935)9月,花果村吴家埭吴福元与同村顾玉才、吴子元、顾宝芳等6位村民代表江阴县参加江苏省第四届运动会,在决赛中吴福元和顾玉才分别获得摔跤和举重冠军,吴子元获摔跤第三名;2008年北京奥运会上,南闸籍运动员陆春龙勇夺男子蹦床冠军;2010年,原南闸中心小学田径队队员汤科蓉,在全国十运会女子场地自行车计分赛中力克群芳,为江苏队夺得首金;南闸籍江苏舜天足球队队长陆亿良,退役后担任中国U15女足主教练,带领U15女足在亚洲锦标赛中夺冠。中央电视台体育频道著名足球女记者陆幽,与陆春龙同为南闸观西村东芦岐人。南闸卫生事业发展较快,医疗设施不断完善,医疗卫生网络健全。境内有卫生院1所,卫生分院1所,工厂保健站和农村卫生室34个。2000年7月,南闸卫生院实行产权制度改革。改制后,全院职工由120人增加至359人,其中大、中专学历占70%,病区由原来的3个拓展到14个。2016年4月,创建为国家二级甲等综合医院。

城南花园　宜人宜居

南闸山明水秀,物阜人安,历史上很多文人墨客为之倾倒,赞不绝口。元代江阴诗人邱元镇,曾登上蔡泾闸上的济川桥,写出了"蚕苗半起桑迷眼,稚穀深藏麦到腰"的名句,诗句传诵至今,留下了一幅农耕时代南闸绿野平畴、恬静秀美的青春相片。元代的书画家、诗人朱德润在《游江阴三山记》中对南闸作了描述:"其间民居辏集,屋瓦参差,稻秸堆委,连衢比巷,如塸如栉;风俗熙熙,翁呼儿荛,妇饷姑汲;牛羊在山,犬豕在圈,鸟噪于林,鸡登于屋,蔼然太平丰稔之象,若古朱陈村焉。"清代著名史学家、诗人赵翼在《瓯北集》中,多次记下了他路过南闸时的心情:"秦望山边路,冬寒水落槽。蒲编包笼贱,石筑堵墙牢。过箭船搔背,烧荒地燎毛。乡村淳朴象,真可隐东皋。"

南闸由于紧挨县城,每当江阴发生战事,无不累及南闸,至中华人民共和国成立前夕,南闸已是满目疮痍,民不聊生。据南闸旧志记载,民国二十五年至三十七年,靠讨饭度日的有261人,外出当雇工、用人的有741人,弃婴75人,典当器物度日的有465户,鳏寡孤独268人。

中华人民共和国成立后,20世纪50年代起,农村建立集体所有制经济,农业生产逐步发展,农民收入不断增加。1956年,人均收入96元,人均口粮237公斤。70年代起,社队办企业迅速发展。至1978年,人均收入208元,人均口粮314公斤。1988年,农民进社队办工厂,全镇职工达12103人,占全镇劳动力的49.2%,全年工资收入总额2042.3万元,人均工资1630元,人均收入1062元,人均口粮301公斤。改革开放以来,南闸经济和社会发展取得了长足进步,1985年成为超亿元乡。2015年,人均可支配收入达到25957.36元。经济的快速增长,推动了各项社会事业的发展。1993年,农村全面实施合作医疗制度。1996年,南闸建立农村社会养老制度,逐步完善农村养老保险及社会保障相关制度。1997年,全镇投保人数达5300多人,投保金额90余万元,同年建立农村最低生活保障制度。一系列的社会保障制度,对于保证人民身体健康、促进经济发展、维护社会稳定发挥了积极作用,农村社会的文明程度得到提高。2001年,南闸镇通过了省卫生镇验收以及无锡市"九亿农民健康教育"先进镇验收,成为省环境与经济协调发展示范镇。2007年以来,南闸先后投入近亿元资金,实施农村道路硬化、环境整治、改水改厕、长江自来水饮用、绿化亮化、生态环境等工程。整治清理河道500多条,新增污水管网10公里,总长28公里,工业污水处理率达75%以上;长江自来水普及率达99.6%;绿化面积达59万平方米,绿化覆盖率达35.1%;11个行政村全部建成省卫生村。2009年6

月25日，时任环保部部长周生贤视察南闸生态治理复修工程，重点视察了紫金花园小区花山河水环境整治现场，充分肯定了南闸良好的生态环境，以及在环境保护、水污染治理方面所取得的成绩。2011年，南闸建成"江苏省绿色家园示范镇""国家卫生镇"。

2014年，南闸观西村境内的"秦望晓烟""狮山映象"，花果村境内的"九莲禅寺"和曙光村境内的"鱼水灰罗圩"4个景点入选江阴百景。2015年，结合秦望山体育休闲基地、丁果湖湿地公园建设，在街道西部地区发展集餐饮、会议、垂钓、水果采摘、休闲观光为一体的生态旅游业。

南闸集镇老街用地集中在锡澄运河与锡澄公路相抱的1平方公里范围内，在这两条省级干线的"挟持"下，集镇发展受到了"门槛"的限制。为此，南闸镇政府在1989年8月至11月，与南京大学城市规划专业共同组成南闸集镇建设规划组，编制了《南闸镇区规划总图（1989—2010）》。规划采取新老并重的建设方案，即一方面继续完成老区改造，以反映集镇的历史延续性；另一方面向东部和南部拓展建设新集镇。集镇拓建规划越过老锡澄公路向东，南至花山河，北至站西路，东至霞客大道西侧，西至锡澄运河。1995年6月，南闸镇被列为全国小城镇综合改革试点。镇党委和政府全面贯彻落实国家体改委等11个部委《关于小城镇综合改革试点指导意见》，并以此为契机，高起点、高标准地制定"综合体制改革""国民经济发展"和"城镇建设"3个跨世纪试点方案。1996年7月21日，国家体改委等11个部委联合发出《关于江苏省江阴市南闸镇综合改革试点方案的批复》，小城镇综合改革试点全面启动。1996年5月28日，总投资550万元，连接南闸东西的交通枢纽南闸陆镇大桥开工，同年年底竣工通车。1997年，集镇基础设施迈出新步伐，完成锡澄路和跃进中路拓宽改造工程，铺设彩色道板，安装路灯，植树绿化，老锡澄路、西家浜路步行街改造一新。小城镇户籍改革全面展开，共受理申请1020余户计3240余人，其中870户共2895人次已办理小城镇户口。2001年全年完成涂镇绿岛一期工程、跃进东路和金三角商住楼2.2万平方米绿化工程，工商分局大楼移建新区等10项重点工程。同年，投资760万元新建东区小学一期工程、南闸中学教学楼等重点建设，通过省教育现代化工程调研。

2002年，南闸镇集镇东区建设框架全面拉开，站西路、环镇东路、跃进东路东区小学延伸段、南焦公路等集镇主干道工程全面竣工；锡澄公路绿化带改造工程顺利完成；锦南花苑别墅一期工程、教师新村6000平方米商住楼、小商品市场改造工程基本结束；集镇东区市民绿化广场、镇行政大楼工程开工建设。2003年，总投入1.2亿元的1.2万平方米别墅一期工程、政府行政大楼相继竣工使用；白玉路、站西路、南焦路、环镇西路等主干道路建设全面完成；完成东区小学教学楼及中心幼儿园教学楼扩建工程。2004年10月1日，南闸集镇集健身、休闲、景观于一体的标志性建筑紫金广场竣工并投入使用。广场占地2公顷，投入资金600余万元，成为南闸集镇建设和生态建设新亮点，提升了集镇的人居环境和品位。至2009年，累计投入9300万元用于新市镇建设。中国农业银行南闸支行、南闸电信局、南闸土管所、南闸派出所等办公大楼，陆续在紫金大道北面建成并投入使用。紫金路延伸段建成通车，完成紫金路、白玉路两侧房屋店面改造和白玉新村安置房10万平方米店面改造工程。南闸中心幼儿园、滨河公园、如意滩公园、白玉路公建房、南闸交警中队、城管中队等一批城市功能配套工程建成投用，全市首个"爱晚庭"爱心护理院建成，实施了云南路、谢南路、公交首末站、紫金路美化工程、南闸中心小学（东区）改扩建工程。至2015年，建成便民服务中心，并有如海、吉麦隆、太平洋、金龙等4个大型超市。中关村商业广场落户南闸，占地3.7亩的农贸市场顺利建成。是年，新集镇主干大道紫金路被评为江阴市唯一的省市容管理示范路。随着城市化进程的加快，南闸镇有不少农户面临拆迁，施元场、王庄村、邵庄、汤天村、刘芳村、南居村等整个村庄被拆迁，丁家塘、北后塍、河屯基、花家凹等部分农户被拆迁。自2000年至2015年，共拆迁农户1585户。为妥善安置拆迁户住房，已建成白玉1村、称心阁、紫竹园等3个拆迁安置住宅小区，累计建成2906套，建筑面积25万平方米。同一时期，商品房开发迅猛发展，共建成碧桂园、名城花园、明珠花园、绿城锦园、紫馨园、宏基国际、紫金花园、嘉福花园等商品房11处，累计建筑面积744725平方米。中央华府、中梁房产、碧桂园和长江房产等一批实力企业，开始进驻南闸，进行高品质的商品房开发。很多江阴市区和周边乡镇的居民及外来人员前来购买新房，入居南闸。至此，南闸作为江阴"城市南花园"的形象深入人心，南闸人"住在南闸镇，就是城里人"的多年梦想终于成真。

中华人民共和国成立后，特别是改革开放以来，南闸发生了翻天覆地的变化，社会主义物质文明建设日新月异，政治文明、精神文明建设硕果累累。进入新时代，南闸人民在江阴市委市政府、南闸街道党工委办事处的领导下，正在不断谱写着"强富美高"新南闸建设的精彩篇章。

大事记

新石器时代

1963年11月，秦望山北麓、观山南麓发现了石锛、石斧，证明距今约5000多年前，先民已在南闸境内渔猎农耕，繁衍生息。

春 秋

周灵王二十五年（前547）

季札被封于延陵，南闸属其封邑。

战 国

楚考烈王十六年（前247）

楚相春申君黄歇受封于江东吴地，南闸属其封邑。

秦

秦王政二十六年（前221）

江阴地属会稽郡延陵乡，南闸属延陵乡。

汉

汉高祖十二年（前195）

延陵乡改置毗陵县，南闸属毗陵县暨阳乡。

晋

西晋太康二年（281）

划吴县沙中和无锡县部分土地入暨阳乡，置暨阳县，南闸属暨阳县。

南北朝

绍泰元年（555）

废暨阳县，置江阴郡，领江阴、梁丰、利城三县，南闸属江阴县。

永定元年（557）

陈霸先受梁禅，封梁主萧方智为江阴王，在江阴郡建立江阴国，南闸属江阴国。

隋

开皇九年（589）

隋灭陈，江阴国除，废江阴郡，置江阴县，南闸属江阴县。

唐

武德三年（620）

置暨州于江阴县，下设暨阳、利城、江阴三县，南闸属江阴县。

武德九年（626）

废暨州，复并暨阳、利城二县入江阴县，南闸属江阴县。

乾符年间（874—879）

江阴隐士、诗人魏璞与晚唐著名诗人皮日休、陆龟蒙至南闸秦望山寻访鸟窠禅院遗迹，并留下《陪皮袭美陆鲁望重过鸟窠迹》诗。

五 代

南唐升元中（937—943）

置江阴军，领江阴县，南闸属江阴县。

北 宋

淳化元年（990）

江阴废军为县，属常州，南闸属常州江阴县。

淳化三年（992）

复置江阴军，领江阴一县，南闸属江阴军江阴县。

皇祐六年（1054）

知军葛闳开凿九里河。

元丰二年（1079）

蒋静中进士，历任国子监祭酒、中书舍人、显谟阁待制，知寿州、郓州、江宁府，终显谟阁直学士、通议大夫，赠少师。

绍圣元年（1094）

耿与文中进士，任河南卢氏县知县。

政和元年（1111）

正月，县丞于溥重建蔡泾闸。

南 宋

绍兴三十年（1160）

耿秉中进士，历任县令、知军、秘书监、兵部侍郎，授焕章阁待制。

乾道二年（1166）

漕臣姜诜与知军徐葳修蔡泾闸。

淳熙八年（1181）

耿羽（耿秉子）中进士，官至太常博士。

开禧二年（1206）

知军叶延年在夏港河重建蔡泾闸。

元

至元十五年（1278）

耿庆于浙江中乡试第一名（解元）。

天顺元年（1328）

涂镇跨锡澄运河建石级拱形单孔龙津桥，又名涂镇桥。

至正十七年（1357）

六月，朱元璋遣赵继祖攻取江阴，败张士诚军于秦望山。

明

洪武二年（1369）

旱，六月大雨涨溢。是年，先旱后涝，淹没水稻，农业歉收。

永乐三年（1405）

南闸大水。

宣德九年（1434）

夏，南闸大旱，百姓摘草为食。

正统元年（1436）

江南巡抚周忱重建蔡泾闸，并建跨夏港河的石级拱形单孔济川桥，俗称夏港桥。

景泰五年（1454）

正月八日，大雪深及丈余，冰柱长尺余，积阴连月，菜麦多为冻死。

景泰七年（1456）

南闸集镇建跨九里河的石级拱形单孔集善桥，俗称老桥。

成化二年（1466）

华秉彝中进士，官至礼部郎中。

成化十五年（1479）

五月初十，南闸地震。

弘治八年（1495）

高宾、高贯兄弟二人同时中举。

弘治九年（1496）

高宾中进士，官至江西布政司参议。

弘治十二年（1499）

高贯中进士，官至浙江按察使司副使。

弘治十四年（1501）

十月十七日，南闸地震。

弘治十八年（1505）

九月十三日，地震。

正德五年（1510）

七月，江阴大水。自涂镇西至武进界，浸淫三月，炊烟几绝。

嘉靖五年（1526）

江阴知县张集重修蔡泾闸。第二年二月，张集调离江阴，新任知县刘钦顺于四月续修竣工。

嘉靖二十三年（1544）

六月至九月，南闸久旱不雨，百姓多有饿死或致疫病。

嘉靖三十一年（1552）

后塍村由地方绅士建义城，以防倭寇，村名即源于此。

嘉靖三十四年（1555）

江阴知县钱錞抗击倭寇，战死于九里河畔磨盘墩。

万历七年（1579）

大水，地震。

万历十八年（1590）

二月初二，地震。

万历三十五年（1607）

蒋瑾（蒋静后裔）中进士，仕至江西布政使参政。

万历四十三年（1615）

江阴因院道（学政府）驻扎，增设南闸、月城、青阳、石幢四铺，南闸因此而见之于史志。

清

顺治八年（1651）

夏，淫雨六昼夜，低田禾苗尽淹。

顺治九年（1652）

夏秋大旱，溪河干涸，禾苗尽枯。

顺治十五年（1658）

五月二十三日，南闸地震。

五月二十七日，疾风拔树，暴雨如注，饥民食观音土。

康熙三年（1664）

南闸地区设蔡泾镇、观山镇、谢园镇。

康熙十八年（1679）

夏，大旱，河塘干涸，蝗虫伤害庄稼，百姓食草根、树皮。

乾隆八年（1743）

南闸集镇跨锡澄运河建石级拱形单孔万安桥，俗称新桥。

乾隆二十年（1755）

八月，降霜伤谷。米价四千一石，麦价三千一石。百姓大饥，食黑土。

乾隆五十年（1785）

春夏，久旱不雨，河港皆涸，蝗虫肆虐，颗粒无收，百姓大饥。

嘉庆元年（1796）

龙津桥倒塌，涂镇市集由此渐衰成村。

嘉庆九年（1804）

春夏，淫雨，舟行雨中，庄稼受损，米价昂贵。

嘉庆十九年（1814）

夏，大旱，河水干涸，百姓饥饿，又致大疫，饿殍载道。

道光三年（1823）

夏秋，连续大雨，水深数尺，禾苗淹没，房屋倒塌，百姓多有溺死。

道光十九年（1839）

九月初六，南闸地震。

道光二十九年（1849）

夏港河海潮回溢，禾苗淹没，饥民遍地。

咸丰六年（1856）

南闸大旱，三个多月无雨，锡澄运河河底干裂，庄稼颗粒无收。

咸丰十年（1860）

四月十二日夜，太平军将领黄文金率十万余众，从常州途经观山、蔡泾，十三日占领江阴城。

同治年间

观庄义民沈文尧自龙游河小桥向东买田疏凿接通黄昌河。

同治七年（1868）

蔡泾镇吴烜从湖州带回的良种蚕桑试种成功，并大力推广。

光绪五年（1879）

江阴县在王家村设观山镇义塾。

光绪六年（1880）

泗河口村镇董、秀才倪宝光出资浚黄昌河。

光绪二十年（1894）

镇董赵琲等捐资重浚黄昌河。

光绪二十四年（1898）

里人吴声倬、吴漳合资续浚黄昌河。

光绪二十九年（1903）

缪小春，原蔡西赵家村人，中清末文举人。

张观澜，原灯塔茶岐村人，中清末文举人，曾任内阁中书等职。

蒋慕莲，南闸河西街人，中清末科武举人，曾任江阴县警务长，1917年参加缪荃荪任主编的《江阴续志》的编纂工作。

宣统元年（1909）

小庄上夏恩华在家开办织布厂，聂家村缪玉如在丁家村开设曹桥茧行，蔡泾镇在河东南弄城隍庙内设育英小学。

宣统三年（1911）

秋末，暴雨成灾，平地水涨三尺，低田颗粒无收。

中华民国

民国二年（1913）

改镇为乡，称蔡泾乡、观山乡、谢绮花乡。

民国三年（1914）

锡澄运河北起磨盘墩，南至小青阳断坝疏浚，数千名淮北农民开挖，历时一个多月，翌年3月31日开坝。

民国四年（1915）

9月，江阴招商一局开辟锡澄班轮船航线，南闸设轮船码头。

民国十四年（1925）

1月22日（农历小年夜），军阀齐燮元和卢永祥开战，波及观山、蔡泾。24日（农历大年初一），双方又激战于秦望山、白石山一带，附近人民生命财产损失惨重。

6月初，上海"五卅"惨案发生后，南闸学校师生上街游行，抗议帝国主义屠杀中国人民的暴行。

民国十五年（1926）

12月，国共合作时，国民党江阴县党部派蒋伊文和申蕴珍等六人去武汉参加党务训练班学习。此后，蒋、申二人又参加了武昌妇女运动训练班学习，并加入中国共产党。

民国十六年（1927）

7月，茅学勤、庄祖方等先后来南闸农村从事农运工作。梅鸭里是"农暴"时期朱杏南、陈宗全、庄祖方等人活动的重要地区。

是年，南闸集镇成立商团组织，队员由青年店员担任。

民国十七年（1928）

耿家村耿清华由蒋云介绍加入中国共产党。

民国十八年（1929）

4月3日，锡澄公路举行开工典礼，两年后竣工通车。

7月，连降暴雨587毫米，江水猛涨，观山、蔡泾1万多亩农田被淹。

民国十九年（1930）

谷雨前后，突降大雪，压倒三麦，致歉收。

秋，飞蝗成群，越过舜山飞掠而去，一时遮天蔽日。

民国二十年（1931）

11月1日，锡澄公路全线通车，南闸境内设张家桥、南闸汽车站。

民国二十一年（1932）

冬，南菁中学学生在南闸慎源布厂查出日纱1117包，运校封存。国民党县党部玩弄手段，发还厂主，激起南菁中学师生义愤，列队上街游行，县中、征存、励实师生齐起声援。国民党县党部常委任生祥被关进木笼，游街示众。

民国二十四年（1935）

3月9日，锡澄运河自黄田港至泗河口大浚，以工代赈，招募民工27000名，6月4日竣工，完成土方67.03万方。

9月12日，原花山乡吴家埭（今属南闸花果村）村民吴福元、顾玉才、吴子元、顾宝芳等六人代表江阴县参加第四届江苏省运动会，吴福元获中量级摔跤第一名，顾玉才获举重第一名，吴子元获摔跤第三名。

是月，河西街烈帝庙开设南闸镇职工子弟学校。

10月，南闸7家染织布厂的800多名女工大罢工。

11月，农村开办民众夜校。

民国二十六年（1937）

11月27日，日军入侵南京。驻军东北军57军112师334旅667团1营坚守大洋桥三日二夜，消灭日军300余人，因无后援，全营官兵壮烈牺牲。

11月29日，日军五路炮火集中轰击花山南麓营房，驻军57军112师336旅700余名官兵，浴血奋战，全部殉难。是役，日军死亡300余人。

民国二十八年（1939）

农历七月二十九日晨，新四军老二团在大洋桥设伏，摧毁日军汽车3辆，消灭日军30人，活捉日本妇女一人。翌日，南闸集镇日军烧毁房屋100余间。

民国二十九年（1940）

7月，观东、观山、观西三乡成立农抗、青抗、妇抗会群众组织，属澄武锡三县边区抗敌委员会领导。

民国三十年（1941）

1月，澄西县抗日民主政府成立，观东、观山、观西三乡属三区，并建立中共刘斗埭党支部和后塍党支部。

民国三十一年（1942）

2月13日（农历小年夜），日军残暴杀害璜村村民13人。

民国三十二年（1943）

1月17日，日军"清乡"，在观庄村许氏宗祠杀害无辜村民18人。

民国三十三年（1944）

南闸集镇群众集股开设中南大戏院于河东南弄。

是年，成立观东、观山、观西三乡抗日民主政府，开展"锄奸反霸"斗争，属澄西县三区领导。

民国三十四年（1945）

8月14日，共产党领导的五分区司令韦永义率部会同澄西县大队，攻打澄西日伪各据点，迫使申港、南闸、月城等日伪军撤回江阴城。

8月15日，日军无条件投降，国民党江阴县政府恢复区乡政权。南闸镇、谢园乡属城区，观山乡属申港区。

民国三十五年（1946）

南闸镇、观山乡相继成立自卫队组织。

民国三十六年（1947）

冬，观山乡公所从南闸河南迁至璜村张氏宗祠办公。

民国三十七年（1948）

9月20日，澄西县三区代区长曹荣金在八房村壮烈牺牲。

民国三十八年（1949）

4月21日，中国人民解放军横渡长江天堑，22日南闸解放。

5月，南闸镇、忠义乡、观山乡分别成立农民协会。

7月10日，连日暴雨，长江水位陡涨，低田被淹。人民政府立即动员党政军民，全力进行抢险、抢排，开展生产救灾、节约救灾等活动。

中华人民共和国

1949年

10月，划区建乡，设南闸、蔡泾、谢南、观东、观山、观西六乡，同时废除保甲制，设行政村。观山乡孙家弄、傅家村、山下村划归夏伍乡，汤沟、西牌楼、田头村、戚家村划归景贤乡。

1950年

2月，破获"忠义反共救国军挺进中队"反革命组织（观西乡）。

3月，南闸、蔡泾、谢南、观东、观山、观西六乡分别成立农村信用合作社。

7月15日，南闸供销社成立。

10月初，县派出土地改革工作队进驻南闸地区六个小乡指导土地改革。

1951年

1月，至1952年南闸地区六乡60名青年参加志愿军入朝参战，地方组织"抗美援朝"捐款、捐物活动。

4月，大张旗鼓开展"镇压反革命运动"，在无锡市揪出隐匿的原国民党南闸乡乡长郭云鹏。

7月，成立南闸工商业联合会。

12月，企事业单位开展"三反"运动（反贪污、反浪费、反官僚主义），翌年6月结束。

1952年

2月，工商界展开轰轰烈烈的"五反"运动（反行贿受贿、反偷税漏税、反盗窃国家财产、反偷工减料、反盗窃国家经济情报）。

5月1日，由王寿康等4名医生组成南闸第一联合诊所，设在东弄小菜场；下半年由名医李一之为首组成第二联合诊所。

6月，南闸斜桥头、灯塔大队、璜庄上村分别成立常年互助组。

9月，经江阴、武进两县同意，由江苏省苏南行政公署批准，江阴观西乡所辖的焦溪东下塘与武进县舜山乡所辖的河屯基、是家门对调，河屯基、是家门划江阴，东下塘划焦溪。

1953年

4月，观山、观东、观西三乡分别建立乡党支部。

是月，南闸、谢南、蔡泾、观东、观山、观西六乡分别召开首届人民代表大会。

6月30日，南闸地区六个小乡分别开展第一次人口普查，至翌年3月结束。

9月，南闸集镇在蒋氏宗祠开办初中补习班，12名学生，一位教师，成为南闸中学的起点。

11月，南闸乡寨里村率先成立"新联"农业初级合作社。翌年冬，共建初级社29个，入社农户2065户，占农户总数的30%。

12月25日，全县取缔粮油市场，实现粮油统购统销，城镇居民实行粮油计划供应。

1954年

1月，南闸、蔡泾、谢南三乡建立乡党支部。

7月，花山区人民政府移居南闸河东南弄，至1956年9月撤区。

9月，棉花、棉布实行计划供应，每人发布票。

1955年

3月，发行新人民币，以1：10000收购旧人民币。

7月，开展肃清暗藏的反革命分子运动。

1956年

1月，首次实行义务兵役制。

3月，谢南乡并入南闸乡，蔡泾乡划归通运乡，观东、观西、观山3个小乡合并为观山乡，2个大乡分别召开第二届人民代表大会。同年建立中共南闸乡、观山乡党总支委员会。

4月5日，全面拓浚锡澄运河，6月底完工。南闸段另辟新河1.2公里，截弯改道0.6公里。

6月，农村掀起小社并大社、初级社转高级社的高潮，共有22个高级社，入社农户6111户，占农户总数的99.77%。

7月，南闸乡接管采石厂，成为第一个乡办工厂。

11月6日，南闸邮政营业所升为邮电支局。

11月17日，张和林被评为全国粮食先进工作者，并出席第一次全国粮食先进工作者代表大会，受到毛泽东等中央领导的接见。

1957年

9月，观山乡并入南闸乡，蔡泾乡划归南闸乡，同时召开首届党员代表大会，成立中共南闸乡委员会，王道群任南闸乡党委书记。

12月25日，在大洋桥北垛东侧高岗上建江阴县火葬场。

1958年

9月，南闸人民公社成立，改名南闸人民公社委员会，下辖21个工区，实行营连制度，并大办食堂、托儿所、幼儿园，推行"吃饭不要钱，每月3元零用钱"。

是月，由江阴县文教局批准，在观山大队璜村开设观山初级中学，招收初一新生2个班。

是月，公社成立钢铁指挥部，土法上马，大炼钢铁，发动城镇居民、教师、学生参加。

是月，南闸公社召开第三届人民代表大会。

是月，全社130名鳏、寡、孤、独老人实行"五保"。

10月，大搞秋种深翻、密植，劳动力实行"组织军事化、行动战斗化、生活集体化"，吃住在田头，刮起"摆擂、打擂"和"放卫星"的浮夸风。

是月，南闸公社文化站成立。

12月，南闸公社组织1.5万民工拓浚黄昌河。

是月，南闸公社组织600名民工参加太浦河工程，1600名民工参加西横河水利工程。

是月，江阴县广播站线路接通各大队。

是年，在河东大队南弄蒋家创办南闸师范学校，设幼师、初师各一个班，一年后停办。

1959年

3月，公社组织1500名民工开拓张家港河。

4月，公社动员首批120名社员到新疆落户，建设边疆。

是月，中共南闸公社委员会召开第二次党员代表大会。

是月，葛佐章任南闸公社党委书记。

6月，成立南闸商业合作总店。

12月，公社组织民工3040名开拓应天河。

1960年

3月，公社组织4000名民工支持应天河水利拓浚工程。

1961年

5月，贯彻执行中共中央《农村人民公社工作条例》（修正草案），退赔社员平调物资。

8月，南闸公社召开第四届人民代表大会。

1962年

3月，新庄、曙光、花果3个大队建立第一批电力排灌站。

3月，确立"三级所有，队为基础"的农村经营管理制度。

9月，中共南闸公社委员会召开第三次党员代表大会。

1963年

3月27日，南闸公社召开第五届人民代表大会。

8月，重建广播网络，各小队通广播喇叭。

11月，秦望山北麓、观山南麓发现新石器时代磨制的石锛、石斧，距今有5000多年。

1964年

2月，中国农业银行江阴支行南闸营业所挂牌成立。

3月，公社广播放大站设立。

6月30日，开展第二次人口普查，全社有8011户、34477人。

11月，南闸大队新建灯光篮球场，是全县农村之首创。

1965年

2月，全社开展"社教运动"清政治、清经济、清组织、清思想的"四清"运动。

4月，全社成立贫下中农协会，至1978年停止并解体。

9月，观山中学增设高中班，是南闸公社第一所完全中学。

1966年

1月12日，南闸公社召开第六届人民代表大会。

4月，中共南闸公社委员会召开第四次党员代表大会。

4月，南闸集镇21位居民下放吴县落户务农。

是月，曹琪生任南闸公社党委书记。

8月，掀起"文化大革命"浪潮，各大队、单位相继响应，陆续成立"造反派"，破"四旧"（旧思想、旧文化、旧风俗、旧习惯），文物古迹被破坏，有些人被抄家。大批"走资派""当权派"被批斗，横扫"一切牛鬼蛇神"。

1967年

3月，成立"文攻武卫"指挥部，党政机关瘫痪，被迫停止办公。

4月，由公社人民武装部负责全面工作，大队、单位由民兵营长"拿总"。

1968年

1月1日，花果村吴家埭等村与峭岐夏家村、陈子村发生大规模宗族械斗。

3月，成立南闸人民公社革命委员会。

6月，全面进行清理阶级队伍。

7月，文教、卫生的70天学习班，揪"五一六"反革命集团等，百余人被关"牛棚"审查，1人被迫害致死。

9月，公社革委会在跃进大队召开"三忠于"现场会。全社大办"忠"字室、"忠"字台，推行"早请示""晚汇报"，跳"忠"字舞。

1969年

2月5日，县革委会组织军宣队、工宣队进驻公社，进行第一批路线教育。

8月，各生产大队成立合作医疗卫生室，有1至3名"赤脚医生"值班巡回出诊。

12月，全社10余名教师、干部下放基层参加农业劳动，接受再教育。

1970年

10月，中共南闸公社委员会召开第五次党员代表大会。

是月，中小学贯彻"五七"指示，开展学工、学农，请工人、农民上讲台，当兼职教师。

是月，赵鸿庆任南闸公社党委书记。

12月，开展"一打三反"（打击现行反革命，反对贪污盗窃，反对投机倒把，反对铺张浪费），公社派工作队，进驻有关村、企。

1971年

1月15日，南闸公社召开第七届人民代表大会。

4月，南闸公社集镇32人下放滨海农场务农，9人到连云港灌云农场务农。

10月，开始实行计划生育，提倡晚婚晚育。

1972年

2月，下放教师、干部回原单位工作。

10月，江阴县城16名知青到花果知青点落户务农。

1973年

10月，河南街新建南闸影剧院，占地1533平方米，有楼上楼下1000多个座位。

11月，发动民工3000人在锡澄公路两旁平整土地，格田成方。

12月，抽调民工2560人开拓新沟河。

1974年

10月，江阴县城52名知青，被分配到花果、灯塔、泗河3个知青点落户。

11月，公社组织24个大队的1万多人开挖花山河，挖土方26.5万方。

12月，开展"批林批孔""评法批儒"运动及党的基本路线教育。

1975年

11月，公社组织民工5000人拓浚冯泾河，完成土方5万方。

12月，开展所谓"批邓"反击右倾翻案风。

1976年

1月8日，周恩来总理逝世，群众沉痛哀悼。

7月6日，朱德委员长逝世，乡人深切哀悼。

8月19日，公社动员全社群众防震抗震，搭简易帐篷，在室外居住10多天。

9月9日，毛泽东主席逝世，全社人民沉痛哀悼。公社在影剧院设灵堂，组织群众吊唁。

10月，召开粉碎"四人帮"（江青反革命集团）庆祝大会，十年"文化大革命"宣告结束。

是月，河东南弄蒋家设立合作医疗管理委员会。

11月，公社组织民工3000人开挖跃进河，挖土方18.02万方；组织民工5000人，开挖夏港河，挖土方23.2万方。

1977年

1月1日，成立南闸交通管理所。

是月，降雪14天，积雪13天。31日最低温度达-14.2℃，蔬菜大部分被冻死，三麦最低亩产22公斤。

3月，组织揭发"四人帮反党集团"罪行。

5月，成立南闸农科站。

1978年

3月，南闸塑皮厂创办，厂址北新街，厂区面积2400平方米。

5月，严林度任南闸公社党委书记。

9月15日，南闸公社召开第八届人民代表大会，决定恢复南闸人民公社委员会。

9月24日，南闸公社召开第六次妇女代表大会。

10月，由花泽炜、张树森编导的小喜剧《还差得远》代表苏州地区参加江苏省小戏调演，获创作、演出二等奖，并被收入《1949—1979江苏小戏选》。

是年冬，公社组织民工6000人开挖工农河，挖土方21.3万方。

是年，公社成立落实政策办公室，平反"文化大革命"期间的冤假错案。

1979年

5月，南运大桥建成通车。该桥横跨锡澄运河，净跨50米，宽5.5米，是南焦路上桁架式桥梁。

7月，插队、落户知识青年全部被调离农村，由政府安排于企事业单位工作。

是月，对地主、富农、反革命、坏分子全部摘除"帽子"，地、富子女的家庭成分被定为社员。

1980年

4月，成立南闸公社、计划生育办公室，党委作出一对夫妇只生育一个孩子的决定。

5月，使用邮政编码，南闸公社为214405。

11月，开始推行家庭联产承包责任制。

1981年

1月，江阴县毛纺织染厂创办，厂址北新街东首，占地85959平方米。

3月，全社开展"五讲"（讲文明、讲礼貌、讲卫生、讲秩序、讲道德）、"四美"（心灵美、语言美、行为美、环境美）活动。

5月，南闸人民公社革命委员会改称南闸人民公社管理委员会。

9月，全社进行土壤普查。

11月5日，全面拓浚锡澄运河，公社组织民工1500人，完成6万土方的任务。

12月26日，南闸人民公社召开第九届人民代表大会。

是年冬，公社组织民工1.5万人拓浚花山河，挖土方35.3万方。

1982年

6月，开展第三次人口普查，全社有11813户42936人。

9月，全社进行第二次土壤普查。

是月，观山中学高中停办，改名为江阴县观山初级中学。南闸初级中学成为全日制完全中学，改名为江阴县南闸中学。

1983年

2月，成立南闸公社成人教育中心。

9月17日，成立江阴县个体劳动者协会南闸乡分会。

是月，成立南闸公社个体劳动者分会。

10月，全社推进农业生产联产承包责任制。

是年，成立江阴县归侨、侨眷联合会南闸小组。

是年，设立中国保险公司南闸代理处。

1984年

3月，南闸公社改名为南闸乡，生产大队改名为行政村。

3月30日，南闸乡召开第十届人民代表大会。

是月，徐黑南任南闸乡党委书记，免去严林度南闸乡党委书记职务。

4月8日，成立中共南闸乡党校。

9月1日，成立南闸农贸市场管理委员会。

1985年

1月1日，成立江阴县公安局南闸派出所。

3月8日，南闸镇召开第七次妇女代表大会。

7月，建立南闸修志领导小组，组成乡志编写小组。

9月10日，庆祝首届教师节，召开表彰先进大会。

是月，全乡推广"板茬"秧麦。

秋，蔡东村划出416亩地辟为蔬菜基地。

1986年

2月17日，南闸镇召开1985年度先进集体、先进个人表彰大会。

5月2日，涂镇村农民任阿汉发现了三国和东晋时期的古钱60多枚及铜镜1面。

5月8日，南闸乡召开第十届人民代表大会第三次会议。

是月，成立江阴县退休教师协会南闸乡分会。

是月，北弄拓宽街道，拆迁民房136间，乡财政拨款63万元。

9月7日，在上海丁香花园召开同乡会。

10月1日，南华商场落成开业。

10月10日，璜村林场发生火灾，火烧面积101.1亩，烧毁林木、竹子53932株，柴草约一千担，直接经济损失30820元。

是月，美华皮鞋厂生产的美牌皮鞋在全国同行业评比中获第1名，创部优。

11月28日，中共中央宣传部副部长滕藤偕同江阴县委宣传部的同志，一起视察南闸中学和部分乡镇企业，并欣然题匾。

12月25日，南闸乡召开第六次党员代表大会。

1987年

2月5日，南闸乡召开1986年度先进表彰大会。

是月，南焦公路东段2公里铺浇柏油路面，乡投资12万元。

3月11日，南闸乡召开第十一届人民代表大会第一次会议。

3月19日，南闸中学新校舍落成，建筑面积达5600平方米，乡投资150万元。

4月15日，原南闸中学旧校舍进行修建后，南闸中心小学全体师生搬迁至修建后的校舍。

5月1日，南闸供销社第一商场开张营业。

是月，省批准南闸为对外开放乡镇。

8月，南闸镇文化站录像放映点被评为"江苏省录像放映点"。

10月3日，原南闸中心小学二层教学大楼进行修建后，全体乡党委委员于当天上午搬迁新大楼办公。

12月30日，南闸邮电支局新建邮电大楼落成，建筑面积671平方米。

1988年

1月1日，成立江阴市公安局南闸交通警察队、南闸乡法律服务所。

1月18日，南闸乡政府办公大楼破土动工。

2月6日，南闸乡党政领导向观东村百岁老人张阿大祝寿。

2月24日，南闸乡召开1987年度先进表彰大会。

4月12日，南闸乡召开第十一届人民代表大会第二次会议。

8月1日，南闸撤乡建镇，在南闸影剧院召开1000多人的庆祝大会，江阴市市长许祖元到会祝贺。

是日，南闸邮电支局迁至新楼办公，全镇改装自动电话，直通江阴、无锡。

8月30日，在南闸影剧院召开800多人的追悼会，隆重悼念在对越自卫反击战中牺牲的陈洪清烈士。

9月10日下午，南闸镇首届文化艺术节举行。

10月1日，南闸供销社第二商场落成开业。

10月19日，南闸镇召开老年代表座谈会，庆祝第一个"敬老日"，并成立南闸镇老龄委员会。

12月31日，南闸镇16周岁以上的公民发居民身份证。

1989年

2月23日，黄林德任南闸镇党委书记，免去徐黑南南闸镇党委书记职务。

3月1日，水香楼酒家落成开业。

3月8日，南闸镇召开第八次妇女代表大会。

3月10日，南闸镇全体机关干部到花山河植树。

3月20日，南闸镇召开党员代表大会。

3月25日，南闸镇召开第十一届人民代表大会第二次会议。

4月，南闸镇投资17.47万元，拓宽南新街，垫铺水泥路面。

5月4日，南闸镇召开共青团第十次代表大会。

7月1日，南闸镇敬老院新舍落成，首批接受38名五保老人入院。

9月，国家体委主任庄则栋在市体委领导的陪同下，莅临曹桥小学指导体育工作。

10月，锡澄公路南闸境内北起大洋桥、南至涂镇村裁弯改道2.2公里，并新建黄土金四孔板梁桥一座，设计载荷15吨，翌年10月通车。

1990年

1月18日，江阴自来水接通南闸集镇。

1月22日，市、镇和蔡东村三级领导慰问宋家村百岁老人吴度妹。

2月8日，南闸镇召开揭批严重刑事犯罪活动大会，7000多人参加大会。

2月16日，南闸镇被命名为江阴市第1个灭鼠先进镇。

2月24日，南闸镇召开第七次党员代表大会。

2月27日，南闸镇召开第十二届人民代表大会第一次会议。

3月11日，南闸镇全体机关干部，到镇敬老院和马泾河两岸参加义务植树，植树总数近8000棵。

6月30日，南闸镇开展第四次人口普查。

9月21日，南焦公路和璜观大桥落成通车。

9月25日，南闸镇成立老干部协会。

1991年

1月10日，南闸镇成立计划生育协会。

是月，南闸镇实施六年制义务教育，通过江阴市政府验收。

2月22日，南闸镇在南闸影剧院召开1990年度先进集体及个人表彰大会。

3月3日，南闸镇召开第十二届人民代表大会第二次会议。

3月10日，南闸镇召开"三八"国际劳动妇女节表彰大会。

3月12日，全镇进行植树活动。

4月23日，中共无锡市委书记刘济民视察江阴市金三角建材总公司，并题词："江阴金三角，威名振中华。"

4月25日，无锡市委副书记陈璧显视察金三角建材总公司。

6月30日至7月3日，南闸镇连降暴雨，圩田尽淹，受灾面积达16500亩，倒塌房屋有112间。镇党委、政府及时组织干群抢险、排险，市政府对镇减免当年农业税29万元，发放赈灾费5.5万元。

7月14日，在台湾的张学良将军和他夫人赵一荻亲笔给茶岐村少女张静华复信并附寄合影一张，以答谢对他90寿辰的祝愿。

10月1日，位于南新街的南闸中心幼儿园新大楼动工。

10月15日，著名歌唱家葛军和市委副书记王伟成参加中外合资无锡大力胶带有限公司开业典礼。

是日，毛纺织染厂厂庆10周年。

10月28日，江阴市抗旱保苗现场会议在南闸镇召开。

11月，江阴市水利工程新夏港河拓宽，开挖接通黄昌河。

1992年

1月23日，毛泽东儿媳邵华、孙毛新宇参观毛纺织染厂，毛新宇题词："锦上添花。"

是月，南闸镇实施九年制义务教育，通过江阴市政府验收。

2月8日，国家建材局局长王燕谋视察金三角建材公司，并题词："流通建材，誉满天下。"

2月11日，南闸镇召开1991年度先进表彰大会。

3月7日，昔阳县常委、大寨乡党委书记郭凤莲参观毛纺织染厂，并达成联办"大寨牌"羊毛衫厂协议。

3月8日，南闸镇召开第九次妇女代表大会。

3月18日，南闸镇召开第十二届人民代表大会第三次会议。

3月25日，投资280万元的金三角建材总公司新建仓库破土动工。

4月24日，全国人大常委会副委员长费孝通，全国人大常委委员、民盟中央副主席冯之竣，全国政协常委黄垦中一行10人，视察金三角总公司。

是日，山西省大寨村的11名男女青年来毛纺织染厂，接受为期一年的技术培训。

4月25日，南闸镇召开共青团第十一届代表大会。

4月30日，中外（意大利）合资无锡富奇皮件有限公司开业，中共无锡市委副书记陈璧显到会祝贺。

5月10日，位于南新街的中国农业银行南闸营业所信用社新大楼落成开业。

5月20日，江阴籍旅港同乡会会长、香港锦达五金集团公司董事长陆镇为家乡捐资200万港币，建造江阴市陆金标科技学校，并在江阴长江宾馆举行捐资仪式。

6月8日，投资1800万元的江阴纺织皮件厂新建厂房奠基。

6月9日，国家进出口商品检验局局长王久安、江苏省商检局局长姜荣、无锡市商检局局长许国清视察中外合资无锡富奇皮件有限公司。

7月1日，南闸镇隆重举行七一纪念大会，全镇全体党员和先进积极分子参加大会。

8月1日，江阴市陆金标科技学校破土动工。

8月17日，江阴市毛纺织染厂投入1000万元，扩建8000平方米精纺大楼，新增精纺设备4000锭。

8月23日，国家教委副主任滕藤在市委书记翟怀新的陪同下，视察了南闸中学、金三角建材总公司等单位。

9月8日，南闸镇中心幼儿园大楼落成。

9月18日，南闸镇成立老年协会。

10月20日，无锡市委、市政府组织一市三县（市）、郊区、马山区及各乡镇领导300余人，在泾西村召开秋播流动现场会。

10月29日，美国驻沪领事馆总领事腾祖龙在江阴市副市长孙福康的陪同下，参观了毛纺织染厂和无锡富奇皮件有限公司。

11月28日，江阴市毛纺织染厂、中国大寨羊毛衫厂在北京首都宾馆举行联合新闻发布会。中共中央政治局委员、国务院副总理田纪云到会讲话。

是月，曹忠兴任南闸镇党委书记，免去黄林德南闸镇党委书记职务。

1993年

1月30日，南闸镇召开1992年度先进表彰大会。

是月，南闸镇召开党员干部冬训大会。

是月，南闸镇召开南闸籍在江阴工作领导春节团拜会。

2月8日，南闸镇召开第十三届人民代表大会第一次会议。

2月14日，南闸镇召开第八次党员代表大会。

是月，疏浚工农河，全长3717米，清泥45500立方米。

5月1日，新建的占地2500平方米的南闸汽车站在锡澄公路与南焦公路相接处南侧落成。

7月22日，江阴市金三角建材总公司经江苏省经济体制改革委员会批准成立江苏金三角建材集团公司。

7月30日，南闸镇召开股份合作制工作会议。

8月，南闸集镇区统一编设路牌、门牌。

9月8日，南闸镇举行陆金标科技学校落成典礼。

9月29日，南闸镇工会暨机关工会召开成立大会。

11月6日，南闸镇敬老院举办江阴敬老院系统蝶美菊展。

12月，江苏金三角建材集团公司一期工程投资4000万元建金三角装饰城，于次年5月1日开业。

12月，江阴市纺织皮件厂分别荣获农业部乡镇企业协会联合颁布的"首次中国乡镇企业行业最大经营规模100家"和"首次中国乡镇企业最佳效益100家"第16名和第18名。

是年，江苏金三角建材集团公司荣获江苏省十大专业市场称号。

1994年

1月6日，南闸镇召开1993年度党员干部冬训大会。

是月，环镇西路拓宽动工，全长1000米，路宽9米，完成路基3800土方。

2月18日，南闸镇召开1993年度先进表彰大会。

2月20日，江阴市毛纺织染厂荣获国家统计局评比颁发的"中国500家最大乡镇企业"荣誉称号。

2月28日，南闸镇召开第十三届人民代表大会第二次会议。

3月，南焦东路破土动工，全长664米，路宽34米，完成路基13613土方。

是月，疏浚跃进河，全长2992米，清泥29208立方米。

3月18日，江阴市陆金标科技学校名誉校长陆镇先生和家眷一行25人来校进行视察。

3月25日，经江苏省经济体制改革委员会批准，江阴市毛纺织染厂成立江苏蝶美集团。全国人大常委会副委员长王光英为企业挥毫题名。

5月，环镇东路破土动工，全长1572米，路宽20米，完成路基16487立方米。

5月18日，中共中央委员苏静视察江苏蝶美集团。

7月18日，南闸镇召开1994年上半年度先进表彰大会。

9月10日，南闸镇在陆金标科技学校召开第十个教师节庆祝表彰大会。

10月9日，几百名工人、学生为创建文明卫生集镇，冒雨在路旁清除杂草垃圾。

10月18日，南闸镇农贸市场举行奠基典礼。

是日，江阴市锦南建筑集团开业典礼隆重举行。

11月22日，南闸南运孙家村陈良荣在池塘内捉到一条娃娃鱼，鱼长42厘米，重约2公斤，有4条腿，鱼背呈灰褐色。后被无锡唐城水产馆收养。

11月28日，南闸镇观西村秦望河工程全线开工，长1700米，总土方11万方。

12月6日，总投资180万元、长4.2公里的花山柏油公路铺浇竣工。

12月28日，南闸镇隆重举行江苏蝶美集团成立大会。

1995年

1月25日，无锡市、江阴市民政局和南闸镇领导去敬老院、曙光村走访慰问五保户和特困户。

2月9日，南闸镇召开1994年度先进表彰大会。

2月21日，南闸镇召开第十三届人民代表大会第三次会议。

5月30日，全国人大常委会副委员长田纪云在无锡市和江阴市领导的陪同下，视察了江苏蝶美集团，并题词"把江苏蝶美公司建设成为高科技的现代化企业"。

是日，南闸镇举办小学生"从小画家乡，长大建家乡"百人绘画活动。

6月1日，中华人民共和国经济体制改革委员会确定南闸镇为全国小城镇综合改革试点镇。

9月11日，陆镇先生回乡为考入大学的学生和辅导老师颁发奖金。

11月，袁秋中任南闸镇党委书记，免去曹忠兴南闸镇党委书记职务。

12月30日，无锡市在金三角集团召开南闸镇国家级小城镇综合改革试点现场服务会议。

1996年

1月3日，南闸镇召开党员干部冬训大会。

1月27日，南闸镇召开第十四届人民代表大会第一次会议。

1月30日，南闸镇召开第九次党员代表大会。

3月28日，全国人大常委会副委员长费孝通在无锡市委书记洪锦炘、市长于广州的陪同下，视察了金三角建材市场。

5月23日，省委副书记许仲林、副省长姜云荣、无锡市委书记洪锦炘、无锡市副市长杨惠菊、江阴市委书记翟怀新，以及省有关部门领导和省、市明星企业代表参观了金三角建材市场。

5月28日，南闸陆镇大桥开工典礼暨陆镇先生捐资仪式在南闸农业银行隆重举行。

7月1日，南闸镇召开纪念中国共产党诞生七十五周年大会。

7月5日，南闸镇召开"严打"斗争再动员暨公开处理大会。

7月10日，共青团江阴市委、《江阴日报》等领导来南闸龙游村慰问残疾姐妹吕娟和吕营，并赠送了一台新型轮椅。

是日，谢南村的胡发银为南闸大桥捐资1万元。

7月18日，江阴市纺织皮件厂研制开发的"高强"牌系列花导带，通过了江苏省纺织总会的产品鉴定验收。

7月21日，国家体改委批准《关于南闸镇小城镇建设综合改革试点方案》，小城镇综合改革试点全面启动。

8月19日，江阴市委副书记吴振法、副市长梅振铨率南闸镇综合改革领导小组成员在南闸镇召开协调会议。

12月25日，南闸镇召开两级干部会议。

1997年

1月8日，南闸陆镇大桥完工通车。

是日，金三角装饰城二期工程奠基。

1月20日，南闸镇施元村周正平智斗持枪歹徒，被武警浙江总队记二等功一次，同年被温州武警支队评为优秀战士。

是日，南闸镇召开党员代表大会。

2月，由陆镇先生投资的商业大厦落成。

3月5日，南闸镇召开第十四届人民代表大会第二次会议。

4月23日，南闸镇被命名为江阴市文明卫生镇。

7月，金三角建材集团公司爆发集资款挤兑现象，后经市政府协调，金三角建材集团公司由江阴市工商行政管理局接收。

10月18日，由城中特种水产市场和南闸水产批发市场合并成立的江阴市水产品批发市场在谢南村开张营业。

是年，以私营经济为主体，大、中、小项目并举的锦南工业区建成。

1998年

1月7日，南闸镇召开党员干部冬训大会。

2月8日，南闸镇召开1997年度先进表彰大会。

2月14日，南闸镇召开第十四届人民代表大会第三次会议。

3月14日，南闸镇妇联召开庆"三八"国际劳动妇女节暨先进表彰大会。

5月26日，无锡市环管委副主任唐喜泉、爱卫办副主任席春荣一行对南闸镇创建无锡市卫生镇进行考核验收。

是月，国家卫生部正式批准由南闸卫生院生产的春笋儿童保健液为保健品，成为全省第一个健字号儿童保健品。

6月28日，南闸镇举行光缆联网暨加密频道开通仪式。

7月24日，南闸防火阻燃材料厂通过ISO9002质量体系认证，成为南闸首家通过国际质量体系认证的企业。

8月1日，南闸镇召开拥军优属座谈会。

8月20日，中昌实业有限公司为抗洪救灾捐款2万元。

8月27日，南闸观西花炮厂发生爆炸事故，炸毁厂房200多平方米，造成4人死亡，4人受伤。

9月28日，南闸交通管理所举行落成典礼。

10月22日，南闸镇召开第十一次妇女代表大会。

10月26日，南闸镇召开第十一个敬老日表彰大会。

12月6日，南闸镇召开电信局乔迁、电话镇表彰大会。

1999年

1月21日，南闸镇召开第十次党员代表大会。

1月27日，南闸镇召开第十五届人民代表大会第一次会议。

1月29日，南闸镇召开行政工作会议。

2月28日，南闸镇召开1998年度先进表彰大会。

5月14日，国能江阴煤炭运输销售有限公司在中昌实业有限公司挂牌成立。

7月26日，南闸镇通过"江苏省执行标准优秀乡镇"创建活动验收。

9月25日，南闸镇召开工会第一次代表大会。

10月10日，香港电话录音系统有限公司总经理赵聚度回母校（观山中心小学），并捐赠电脑等价值2万余元教学用品，市委统战部等领导参加捐赠仪式。

10月15日，南闸镇召开第十二个敬老日表彰大会。

10月18日，中国农业银行南闸办事处投入200万元的新大楼落成。

11月12日，江苏省全国小城镇综合改革试点镇座谈会在南闸镇举行，国务院体改委、江苏省体改委等部门负责人出席会议。

12月8日，由市场开发公司和市能源开发总公司共同投资2000多万元，建筑面积1.2万平方米的江阴国际建材城隆重开张。

2000年

1月5日，南闸镇召开党员干部冬训大会。

1月28日，南闸镇召开第十五届人民代表大会第二次会议。

2月18日，南闸镇召开工业"双增"流动现场会暨九九年度先进表彰大会。

2月28日，南闸镇召开行政工作会议。

6月30日，南闸镇召开建党79周年纪念大会。

7月12日，南闸镇召开共青团第十二次代表大会。

8月8日，金三角木材市场二期工程竣工开业。

9月27日，江苏省卫生镇调研考核组对南闸镇创建卫生镇工作进行验收，确认南闸已达到卫生镇考核标准。

9月29日，江苏省环保局对南闸镇创建省环境与经济协调发展示范镇工作进行验收。

10月9日，无锡市健康教育考核组对南闸镇创建健康教育先进镇工作进行验收。

12月5日，江阴市政府下发设立南闸镇工业园的批复。

是月，南闸镇南新村被江苏省爱卫会评为"江苏省卫生村"。

2001年

1月4日，南闸镇召开党员干部冬训大会。

2月5日，台湾伍立实业股份有限公司在南闸镇投资项目签约仪式在江阴市政大厦举行。

3月2日，第一期工程占地53亩，投资1500万元的华东金三角有色金属交易市场奠基。

3月3日，南闸镇召开2000年度先进表彰大会。

3月18日，南闸镇召开第十五届人民代表大会第三次会议。

4月20日，南闸镇召开第十次党员代表大会。

4月29日，南闸镇召开纪念五四运动82周年暨团先进表彰大会。

6月28日，南闸镇党委组织新党员赴无锡革命陈列馆参观。

10月18日，伍立通联福（江阴）纺织科技染整有限公司奠基，市委书记王伟成、副书记刘建国等参加了奠基仪式。

11月8日，南闸镇机构改革实施，农技站、多服、水产站、林业站撤并为农业服务中心，乡镇企业管理服务站、经营管理站、人才服务站撤并为农村经济服务中心，劳动管理服务所、农村社会养老保险管理所撤并为劳动和社会保障管理服务所，文化站更名为文化服务中心。

是月，南闸镇被江苏省爱国卫生委员会评为"江苏省卫生镇"。

12月5日，南闸镇召开第十二次妇女代表大会。

是月，私营业主刘明贤、刘士良各出资2000元，为当年新兵家庭赠订2002年度的《江阴日报》和其他党报。

是月，南闸镇被江苏省精神文明指导委员会评为"江苏省文明镇"。

是月，南闸镇被江苏省环境保护委员会评为"江苏省环境与经济协调发展示范镇"。

2002年

1月11日，南闸镇召开第十一次党员代表大会。

1月15日，南闸镇召开第十六届人民代表大会第一次会议。

2月26日，龙游村残疾人员吴洪伟捐款10000元，翻建巨轮二号桥。

3月18日，市政府同意南闸镇行政村区划调整方案，由24个村民委员会和1个居民委员会合并为15

个村民委员会和1个社区居民委员会。

5月8日，南闸镇政府办公大楼奠基。

6月8日，锦南花苑别墅奠基。

是日，金三角油漆涂料市场试营业。

7月18日，费平任南闸镇党委书记，免去袁秋中南闸镇党委书记职务。

7月29日，南闸镇召开两级干部会议。

10月1日，南焦公路建设开工。

10月28日，江阴市委组织各镇党委书记视察南闸园区建设。

2003年

1月2日，南闸镇召开党员干部冬训大会。

1月21日，南闸镇召开骨干企业"抢抓机遇、加速发展"谋略会。

1月28日，南焦公路竣工通车。

2月10日，南闸镇召开第十六届人民代表大会第二次会议。

2月18日，南闸镇工商分局挂牌暨大楼落成。

3月12日，金三角建材精品厅成立，市委副书记刘建国到场祝贺。

是月，东盟科技工业园开工建设。

是月，南闸镇观西村63岁的史仲生，用70多万元的积蓄，成立江阴市天协养殖有限公司，从陕西首批引进9头"北京大白花"优良奶牛，并产下小牛。

4月22日，南闸镇召开预防"非典"紧急会议，严密部署，动员全镇上下抗击"非典"。

5月5日，南闸镇党委、镇政府为切实堵住"非典"输入，按照市政府要求，在泗河医院设立了"双集中"居住点，对从非典病例发生地返回的在外务工人员、学生及探访亲戚，要求必须及时送至"双集中"居住点进行集中居住、集中观察。

6月1日，南闸镇撤销了"双集中"居住点。

7月8日，南农高科兽用生物制品项目在南闸锦南工业园奠基，无锡市委书记王荣、江阴市委书记王伟成等参加奠基仪式。

7月25日，南闸镇成立第一届商会。

9月，南闸镇人民政府修葺千年古桥——紫金桥。

10月12日，南闸中学举行建校50周年庆祝大会，省教育厅发来贺电，历届校友代表和上级领导500余人参加盛会。

10月16日，伍立通联福纺织科技染整有限公司基建开工。

12月21日，南闸镇谢南村、涂镇村、蔡泾村被江苏省爱卫会评为"江苏省卫生村"。

2004年

4月，南闸镇花果村、观西村被江苏省爱卫会评为"江苏省卫生村"。

5月18日，江阴市人民政府同意批复无锡市环境科学研究所编制的《江阴市南闸镇环境保护规划》。

6月，全镇54个石宕全部关闭。是年，完成复垦复种面积111.53公顷。

10月1日，集健身、休闲、景观于一体的标志性建筑——南闸紫金广场竣工并投入使用。

12月7日，花果、观西村通过省卫生村考核验收。

是年，南闸镇政府为农民缴农业税97万元，向农民发放粮食直补资金37余万元。9个村56个组7079

位失地农民被纳入基本生活保障。

是年，13个行政村完成52公里村级道路硬化。

2005年

1月4日，南闸镇花果村被省爱卫会评为"江苏省卫生村"。

10月20日，南闸镇观西村东芦岐陆春龙在南京举行的第十届全运会蹦床比赛中夺冠。江苏省省委书记李源潮与他合影留念。

12月30日，南闸镇龙运村被江苏省爱卫会评为"江苏省卫生村"。

是年，秦望山、狮子山、花山、凤凰山等5个复垦区共复垦面积88.67公顷，占全市复垦任务的50%，居全市第一，均通过江阴市国土资源局质量验收，被评为无锡市、江阴市矿山复垦优质工程。

是年，南闸镇农业机械化程度进一步提高，引进40台东洋牌手扶插秧机，推广机插秧面积666.67公顷，被江苏省农林厅列为无锡地区万亩机插秧推广镇。

是年，工农路、环镇西路安装路灯。

是年，霞客大道搬迁工程取得阶段性成果。

2006年

1月，南闸镇龙游、泗河两个农村社区服务中心通过江苏省三星级农村社区服务中心示范社验收。

3月，南闸镇国防和爱国主义教育基地——南闸镇烈士陵园揭牌落成。烈士陵园位于花山南侧，面积3330平方米。

是月，南闸镇创建"江阴市书画之乡"，通过江阴市精神文明建设指导委员会验收。

4月28日，南闸镇龙游村社区服务中心被全国供销合作总社评为"全国供销合作社系统文明服务示范单位"。

4月29日，南闸镇召开第十二次党员代表大会。

是月，金建华的《百寿图》参加由江苏省文联、民间文艺家协会、无锡市政府举办的"吴地风韵"历史文物与民间工艺精品展，被省文联、无锡市政府授予银奖，并被列入江阴市非物质文化遗产。

6月5日，南闸镇被国家环境保护总局评为"全国环境优美镇"。

6月30日，南闸镇卫生院成为全市首家股份制卫生院。

11月，全镇全部开通数字电视。

是月，南闸司法所获"全省司法行政系统先进集体"。

12月，南闸镇花果、蔡泾、南运、南闸、龙游、观山、泗河等7个村全部通过江苏省三星级农村社区服务中心验收。

是年，花果、蔡泾、南运、南闸、龙游、观山、泗河7个村全部通过江苏省三星级农村社区为农服务中心验收。占全市总数的25%。

是年，全镇8个农村社区服务中心建成。

2007年

1月1日，南焦线、工农线开通镇村公交车。

4月24日，江阴市首个镇级行业商会——江阴市金三角建材业商会成立。

6月，吴芳任南闸镇党委书记，免去费平南闸镇党委书记职务。

7月21日，南闸中学被中宣部、教育部等八部委授予"全国青少年文明礼仪教育示范基地"。

8月，观山村被评为"江苏省生态村"。

11月，南闸司法所获"全省司法行政系统先进集体"。

12月8日，召开南闸街道第十七届人民代表大会。

12月18日，由15个行政村撤并成11个行政村。

是年，南焦公路西侧绿色景观绿化工程完工。跃进河全面清淤、驳岸工程完工，成为镇样板河。村级完成722213平方米主干道路硬化建设。

是年，南闸镇通过江苏省体育强镇考核验收。

是年，南闸镇便民服务中心落成。

2008年

4月21日，南闸镇观山村、曙光村被江苏省爱卫会评为"江苏省卫生村"。

6月2日，江阴市首个以村级企业为主的行业商会——江阴市南闸印染机械制造业商会在谢南村成立。

6月8日，观山村成立南闸镇第一个村党委会。

8月19日，南闸镇观西村运动员陆春龙在北京举行的第29届奥运会蹦床比赛中夺得冠军，中共无锡市委、市政府发来贺信。

10月，南闸镇聘请奥运冠军陆春龙担任镇形象大使。

12月，南闸镇文化服务中心被省文化厅评为"文化站建设先进集体"。

是月，观山村被江苏省计划生育协会评为"先进村（居）协会"。

2009年

1月8日，南闸镇召开党员干部冬训大会。

1月10日，江阴市人大常委会副主任倪颖伟一行，走访慰问南闸镇扶贫村、贫困户。

1月14日，南闸镇泗河村被江苏省爱卫会命名为"江苏省卫生村"。

是月，"文化进村，欢乐农家"活动启动仪式暨第20届"振南杯"文体大赛，在紫金广场举行。

2月1日，江阴市领导吴崇翟、须振宇来南闸镇走访江阴市圆方机械有限公司等企业。

2月7日，召开南闸镇安全生产工作会议。

2月23—27日，南闸镇党委书记吴芳带领三套班子到南闸村、谢南村、观山村、龙云村、南新村，开展"学华西、保增长、优发展"督查调研活动。

3月1日，南闸镇妇联组织有关家属外出学习，集中开展廉洁教育，纪念"三八"妇女节。

3月6日，南闸镇举行"姐妹互助，信访共创"启动仪式暨百星争辉表彰大会。

3月7至16日，南闸镇党委书记吴芳带领三套班子到涂镇、蔡泾、花果、观西、泗河等村开展"学华西、保增长、优发展"督查调研活动。

3月10日，"310"工程项目紫馨苑住宅区、白玉苑小高层实居工程启动，并举行紫馨苑、白玉苑开工典礼和工程奠基仪式。

5月8日，江阴市政协主席、统战部部长曹恩华，在南闸镇党委书记吴芳、副书记周建荣的陪同下，参加宏基名城花园开盘仪式。

5月24至26日，江苏省锡剧团演员季春艳回家乡，在南闸影剧院举行了精彩演出，赵志刚、倪同芳、小王彬彬、周东亮等戏剧名家也同台献艺。

6月5日，创建国家卫生镇江阴市调研评估组来南闸镇检查。

6月25日，国家环境保护部部长周生贤、江苏省副省长黄莉新在南闸镇党委书记吴芳的陪同下视察南闸的生态建设。

7月20日，江阴市委书记朱民阳一行检查南闸镇新市镇建设情况。

8月20日，南闸镇全面启动工人阶级先进性教育活动。

8月25日，江阴市委书记朱民阳一行督查南闸镇经济转型情况，并视察了嘉鑫风电轴承有限公司。

9月10日，江阴市人大常委会副主任倪颖伟及南闸镇三套班子领导出席南闸中心幼儿园竣工典礼。

9月12日，江阴市人大常委会副主任倪颖伟一行来南闸镇视察新市镇新农村建设。

9月30日，南闸镇召开第三批学习实践科学发展观活动动员大会。

是月，南闸司法所获"江苏省优秀司法所"。

10月20日，南闸镇汤科蓉在全运会自行车女子场地记分赛中勇夺冠军。

11月7日，南闸镇计划生育协会召开第四次会员代表大会。

11月14日，南闸镇举行十七届四中全会精神辅导报告会。

12月18日，南闸镇举行撤镇改街道揭牌仪式。江阴市委组织部部长蔡叶明、副市长钱文琴一行参加揭牌仪式。

是月，吴芳任南闸街道党工委书记。

是年，观山村被省精神文明建设指导委员会评为"2007年—2009年度江苏省创建文明村工作先进村"。

2010年

1月8日，南闸街道举行2009年度先进集体和先进个人表彰大会。

1月20日，南闸街道举办"全国健身月"及迎新春文体活动。

2月4日，南闸街道举行各界人士迎春座谈会暨敬老院落成典礼。

2月8日，南闸街道全面启动以"迎世博，讲文明，树新风"为主题的市民文明素质提升工程，市委宣传部副部长刘峰及街道党工委书记吴芳等三套领导班子参加。

3月6日，南闸街道在华西村召开"学习华西勇创新，融入城市快转型"主题活动动员大会。

3月7日，南闸街道召开2010年拆迁工作动员大会，全体机关工作人员及相关村干部参加会议。

3月31日，江苏省省长罗志军来南闸街道视察街道城市建设情况。

4月4日，影视演员袁立回家乡南闸扫墓并参观。

4月27日，南闸街道举行"五一"暨工人阶级先进性教育总结表彰大会。

5月12日，江阴市委书记朱民阳检查南闸街道城乡一体化建设情况。

是月，南闸街道开展全国第六次人口普查。

6月4日，市人大常委会主任吴崇翟一行，在党工委书记吴芳的陪同下，参观街道爱晚亭爱心护理院和南闸中心幼儿园，了解南闸街道集镇配套功能建设和社会事业建设情况。

6月10日，全市"6·10"工程项目之一，市限价商品房建设在南闸街道隆重奠基，市人大常委会副主任倪颖伟出席开工典礼，街道党工委书记吴芳讲话。

6月16日，南闸街道开展义务献血活动，全街道339人参加义务献血。

7月1日，南闸街道隆重纪念建党89周年，表彰2009年度优秀共产党员，街道200多名党员干部参加会议。

7月14日，江阴市委书记朱民阳等领导来南闸开展推进南闸新市镇规划建设工作主题调研。

7月17日，南闸街道召开历次被征地农民并轨城保工作会议，党工委书记吴芳在会上讲话。

8月31日，南闸街道11个村（社区）党组织班子换届，通过"公推直选"大会，差额选举产生新一届村党总支（党委）书记、副书记、委员。

是月，南闸街道被江苏省文化厅命名为"江苏省特色文化之乡"。

9月3日，南闸街道通过江苏省三星级档案室复查。

9月9日，南闸街道在南闸中学召开教育发展恳谈会，庆祝第26个教师节。

9月15日，江阴市人大常委会副主任倪颖伟视察南闸街道文体事业发展情况。

9月16日，无锡市委副书记姚建华一行来南闸街道调研生物农业产业。

9月17日，市委常委、副市长高佩一行，在街道领导吴芳、周建荣的陪同下，实地查看南农高科。

是日，全市"9·10"重大项目之一的如意滩项目正式开工建设，江阴市人大常委会副主任倪颖伟、街道三套领导班子出席项目开工仪式。

9月30日，街道11个村村委会（第九届）换届选举，（社区）居民委员会（第八届）换届选举，通过"公推直选"大会，差额选举产生新一届村委会主任、副主任、委员。

10月9日，南闸少儿锡剧班正式开班，江阴市政协主席黄满忠，南闸街道党工委书记吴芳，国家一级演员、江苏省锡剧团常务副团长周东亮出席开班仪式。

10月10日，南闸老镇区步行街改造工程开工。

10月11日，市政协主席黄满忠一行，在街道党工委书记吴芳的陪同下，参观调研街道爱晚亭护理院、如意滩建设项目、金三角建材市场等。

10月14日，江阴市市长王锡南、副市长钱文琴走访看望南闸街道贫困老人、独居老人、百岁老人。

11月，观山村被江苏省人口和计划生育委员会评为"江苏省新农村新家庭计划示范村（居）"。

12月28日，南闸街道召开党员冬训大会。

是月，居红宇荣获国家人力资源和社会保障部"全国纺织工业劳动模范"。

是月，南闸街道被全国爱国卫生委员会命名为"国家卫生镇"。

2011年

1月20日，南闸街道召开安全生产工作会议，部署2011年安全生产工作。

2月10日，市人大常委会主任吴崇翟，市委常委、副市长高佩一行走访了街道南工锻造、双宇电工。

2月12日，南闸街道隆重召开2010年度表彰大会，表彰先进集体、先进个人，部署2011年工作。

是月，南闸街道被无锡市文化广电新闻出版局命名为"无锡市特色文化之乡"。

3月5日，市委常委、副市长高佩一行，调研南闸新市镇建设情况。

3月7日，南闸街道召开纪念"三八"国际妇女节101周年大会，表彰2010年度涌现出来的巾帼文明岗、创业示范基地、"五好家庭"（文明之星、廉洁之星、创业之星、敬业之星、慈善之星）。

3月8日，市委常委、纪委书记孙英一行，视察南闸廉政建设和民生工程建设情况。

3月9日，南闸街道在龙运村举行春季造林绿化启动仪式。

3月10日，市委常委、人武部政委陈佩民一行，督查街道"3·10"重点重大项目开工建设情况。

3月22日，市委书记朱民阳一行，督查南闸创先争优"比转型、赛发展"结对竞赛活动情况。

3月30日，南闸街道全面启动大学生村官争先创优活动及"青春点亮南花园"行动。

4月8日，第十届全国政协副主席张怀西，在无锡市政协副主席王锡南、章一中，江阴市政协主席黄满忠，南闸街道党工委书记吴芳等陪同下，实地视察了南闸医院，并出席上海中山医院江阴协作医院南闸医院揭牌仪式。

4月29日上午，南闸街道召开廉政教育会议，全面启动"学习实践勤廉标准、争当执政为民表率""勤廉为民、从我做起"主题教育活动。

是月，观山村党委书记吴克平参加江苏省劳动模范表彰大会。

5月7日，南闸街道团委在紫金广场隆重纪念五四运动92周年，来自村（社区）、企业的50多名青年参加。

5月30日，副市长费平，街道领导吴芳、周建荣参加街道商业步行街奠基仪式。

6月11日，市政法委书记须振宇一行，在街道领导吴芳、周建荣的陪同下，检查南闸中心小学改扩建工程竣工投运情况。

6月13日，南闸街道党工委召开党员代表会议。

6月19日，华西村老书记吴仁宝率领华西村考察团来南闸考察，市人大常委会主任吴崇翟、市委副书记高佩、市委宣传部部长吴芳、市人大常委会副主任赵国权陪同考察。

6月30日，南闸街道组织机关、各村、企事业单位的600多名党员干部赴华西参观了华西高科技农业示范园、龙东湖、龙西湖、别墅区、60周年纪念馆、新农村大楼等。

是日，南闸街道在华西新市村召开纪念建党90周年大会，表彰一年来在各条战线上做出优异成绩的先进基层党组织、优秀党务工作者和优秀党员。

是月，陈文斌任南闸街道党工委书记，免去吴芳南闸街道党工委书记职务。

8月9日，市委、市政府在南闸召开全市生猪生产和屠宰工作推进会。

10月18日，由市委宣传部、市文联、南闸街道党工委联合主办的许达、常秦书法展在市博物馆开幕。江阴市委常委、宣传部部长吴芳，市人大常委会副主任倪颖伟，南闸街道党工委书记陈文斌出席开幕式，并为展览剪彩。

10月19日，南闸街道召开征兵工作会议。

10月21日，市委常委、政法委书记孙小虎一行来街道调研政法工作。

10月26日，江阴市委书记蒋洪亮一行在街道党工委书记陈文斌的陪同下检查街道在建项目开工建设情况。

11月15日，街道党工委召开领导干部会议，学习江苏省委书记罗志军在省第十二次党代会上的讲话。

11月18日，南闸街道召开党务、村务公开推进会。

11月21日，南闸街道召开"五五"普法总结表彰暨"六五"普法动员大会。

12月2日，全市定兵工作会议在南闸召开。无锡市军分区司令员吴建齐，江阴市领导蔡叶明、陈佩民，以及街道领导周建荣参加会议。

12月7日，南闸街道召开市人大代表换届选举工作会议。

12月31日，南闸城市管理服务中心建成。

是年，观山村被江苏省人口和计划生育委员会评为"人口和计划生育基层群众自治示范村（居）"。

2012年

1月6日，南闸街道召开2011年度党员干部冬训大会暨先进表彰大会。

1月7日，南闸街道第三届宜居南花园杯乒乓球比赛在紫金社区活动中心举行，来自街道机关、各村及驻街道单位的众多乒乓球爱好者参加了本届比赛。

1月11日，街道领导陈文斌、周建荣、曹其龙走访慰问了曙光村、观山村、龙运村困难户，向他们送去了慰问金及慰问品。

1月17日，街道领导陈文斌、周建荣、曹其龙分别走访慰问武警江阴中队、市武装部，给他们送去了慰问金和节日的问候。

1月30日，无锡市市长朱克江来南闸街道走访企业，江阴市及街道领导曹佳中、沈建、高佩、费平、陈文斌、周建荣陪同走访。

2月11日，南闸街道召开2012年度拆迁动员大会，街道三套班子全体领导、全体机关干部、各村（社区）负责人及驻街道相关单位负责人参加了此次会议。

2月15日，全市乡镇（街道）首个数字化城管二级平台正式启用。

2月16日，南闸街道召开"宜居南花园"城市建设研讨会。市人大常委会巡视员沈文华，街道领导陈文斌、周建荣以及规划局、建设局、国土局、房管局、园林旅游局等相关受邀单位负责人参加了会议。

2月20日，南闸街道召开化工企业安全生产工作会议，全面开展危化品安全专项整治。

2月25日，街道41442名选民在6个选区的流动投票站和中心会场投下庄严一票，分别从22名市人大代表正式候选人中，选举产生了16名市十六届人大代表。市人大常委会副主任倪颖伟、副市长费平以及街道党工委书记陈文斌、办事处主任周建荣等分别以普通选民的身份，到各选区参加投票选举。

3月5日，全市首批15名新疆籍普通高校毕业生来澄岗位实习工作在南闸启动，他们将在南闸街道开展为期6个月的岗位实习。副市长虞卫才、街道党委书记陈文斌出席启动仪式。

3月15日，市委常委、宣传部部长袁秋中，在街道领导陈文斌、周建荣的陪同下，到中昌实业有限公司进行调研。随后，陈文斌、陈峰又陪同市政协副主席张英毅到南华冶金机械制造有限公司调研。

3月30日，市政协主席薛良在街道党工委书记陈文斌的陪同下实地视察了称心阁安置小区、如意滩、华贸商业步行街以及敬老院等地。

是月，"三亲"史料《紫金流虹》由上海古籍出版社出版。

4月13日，市委常委、副市长计军一行，来南闸视察了金三角城市综合体和华贸·南闸商业步行街。

4月18日，市委常委、副市长吴芳带领村庄环境整治考核验收组来南闸街道实地考核谢南张塘村等村。

4月19日，南闸街道召开"企业服务月"活动对接协调会，为企业排忧解难，街道党工委书记陈文斌、办事处主任周建荣参加会议。

4月20日，南闸街道举行公务员宣誓仪式，街道领导、机关、国土所、城管中队的全体公务员和行政事业人员参加宣誓仪式。

4月25日，江苏省发改委副主任樊洪海一行实地看望了在街道实习的新疆籍高校毕业生。

是日，由南闸街道党工委、办事处和江阴职业技术学院主办的"情系霍城，感恩江阴"——新疆籍大学生走进社区文艺演出在紫金广场隆重举行。

是月，非遗项目谢氏马蹄酥被中国烹饪协会评为"中国名点"。

5月3日起，南闸街道为企业退休人员进行第四轮免费健康体检，2300名企业退休职工享受免费体检。

5月7日，2012年度南闸街道青年基层干部培训班在市委党校正式开班，来自街道机关各部门、行政村的共45名一线青年干部参加培训。

5月12日，由市农林局和江阴电视台新闻中心联合举办的"周末赶大集，乡村看农业"首站活动在街道蔡泾蔬菜基地举行。市委常委、副市长吴芳以及街道领导陈文斌、周建荣等参加首站活动启动仪式。

5月16日，由南闸街道南农高科技股份有限公司承办的第六届南京农业大学畜牧兽医学术年会在华西召开，市委常委、副市长吴芳，南京大学副校长戴建君参加年会开幕式。

是日，江阴市委副书记、新疆伊犁州常委、霍城县委书记王进健来南闸便民服务中心视察新疆籍高校毕业生实习工作情况。

5月22日，无锡市副市长吴建选来南闸视察"两路一河"工程南闸段拆迁工作情况。

是日，市政协协理员黄满忠来南闸调研文艺团队建设情况，街道党工委书记陈文斌陪同。

5月28日，南闸街道成人教育中心暨社区教育中心正式揭牌。

5月29日，街道领导检查各村村庄环境整治工作。

6月9日，南闸街道召开文明创建工作动员大会，贯彻落实江阴市创建全国文明城市动员大会精神，全面部署文明创建三年行动计划。街道领导陈文斌讲话，周建荣主持会议。

6月19日，江阴市镇（街道）少儿锡剧班艺术教学交流会在南闸中心小学举行。市政协协理员黄满忠一行，观看了南闸中心小学锡剧班的汇报演出。街道领导陈峰、曹其龙陪同。

6月21日，新疆霍城县爱国宗教人士考察团来南闸看望首批15名新疆籍高校毕业生在南闸岗位实习情况。

6月26日，首批15名在南闸参加岗位实习的新疆籍普通高校毕业生圆满完成实习任务，副市长虞卫才、街道党工委书记陈文斌参加结业典礼并讲话。

6月27日，街道纪检委组织机关、行政村等相关负责人到无锡市预防职务犯罪教育基地，观看了无锡市预防职务犯罪图片展和警示教育片。

是日，南闸街道在华西村召开纪念建党91周年暨"七一"表彰大会，街道机关干部、村干部等近300人参加会议。

是月，南闸街道为2.8万多名新型农村医疗合作保险的参保农民在南闸卫生院免费进行健康体检。

7月12日，市委副书记高佩带领"看城市发展新亮点"学习小组来街道参观考察。

是日，南闸街道召开"两路一河"拆迁总结暨延伸工程动员大会，副市长封晓春、街道党工委书记陈文斌、街道办事处主任周建荣参加会议。

7月26日，街道领导陈文斌、周建荣、曹其龙等分批走访慰问市人武部和武警江阴中队，向他们送去了慰问金和慰问品，并向他们表示节日的问候。

7月31日，街道领导陈文斌、钱昇贤等带领街道工会部门，相继走访了环卫所、金三角城市综合体、安置房、圆方机械、三鑫钢管、双宇线缆、东泽铝业等建筑工地和相关企业，慰问和看望坚守岗位的一线工人。

8月3日，江阴市委书记蒋洪亮一行视察中关村数码广场建设工地。

是日，第29届北京奥运会男子蹦床冠军、南闸街道观西村的陆春龙获得伦敦奥运会男子蹦床铜牌。

8月7日，无锡市总工会副主席、党组书记张帆代表省委组织部、省总工会及无锡市委组织部向街道园区工会争创省"四统筹一创争"示范片区进行授牌。

8月18日，南闸街道第三届"宜居南花园杯"游泳比赛在南闸中学游泳馆举行，来自街道的17个代表队的100多名选手参加比赛。

8月20日，南闸街道召开村庄环境整治现场推进会，传达市村庄环境政治会议精神，落实街道村庄环境整治各项目标任务。街道党工委书记陈文斌参加会议并讲话。

8月29日，南闸街道召开座谈会，向载誉归来的陆春龙表示祝贺。

9月4日，南闸街道召开决战全年目标动员大会，进一步贯彻落实全市工业企业决战全年目标动员大会精神，街道全体班子成员参加，街道党工委书记陈文斌讲话。

9月10日，南闸街道在南闸中心小学召开教师节座谈会，庆祝第28个教师节。

9月19日，无锡市副市长刘霞来南闸街道调研南农高科技股份有限公司。

9月21日，南闸街道总工会召开第二次代表大会，选举产生了街道总工会新一届的领导集体。

10月11日，南闸街道召开征兵工作会议，全面启动今冬征兵工作，街道办事处主任周建荣参加会议。

10月12日，南闸街道召开房产专题投资说明会，邀请19家房地产商参加会议。市委常委、副市长吴芳，街道领导陈文斌、周建荣参加会议。

10月26日，南闸卫生院隆重举行新住院大楼落成启用仪式。市委常委、宣传部部长袁秋中，副市长龚振东，街道党工委书记陈文斌为南闸卫生院新大楼落成剪彩。

是月，南闸敬老院（爱晚庭）落成。

10月30日，南闸街道召开2012年度秋收秋种工作会议，街道党工委书记陈文斌讲话。

11月2日，市政协主席薛良带领政协第八次主席会成员在街道党工委书记陈文斌的陪同下，视察了锦明玻璃技术有限公司、南闸医院新住院大楼、金三角广场项目、曙光村灰罗圩西村和祥西村村庄整治项目。

11月8日，无锡市常委、市纪委书记周铁根一行来南闸调研了曙光村灰罗圩村庄环境整治现场。

11月23日，在市人大常委会主任赵国权的带领下，市人大党委一行来街道视察秦望山隧道建设情况，街道领导陈文斌、周建荣陪同。

11月27日，由市食安办、商务、卫生、工商、质监等部门组成的验收组，对南闸街道创建市食品安全示范街道进行考核验收，南闸街道顺利通过。

11月28日，南闸中学举行南闸实验学校揭牌仪式。

是日，省住建厅检查组来街道检查省级市容管理示范路创建工作，街道领导陈文斌、周建荣、朱富强出席汇报会。

11月29日，由省政府督学和无锡市政府教育督导室督学处组成的验收组，对南闸中心小学创建江苏省义务教育现代化学校进行了评估验收。

12月2日，南闸街道宏基国际举行开盘典礼，江阴市人大常委会副主任倪颖伟、街道党工委书记陈文斌、街道办事处主任周建荣出席开盘典礼。

12月3日，南闸街道在白玉楼开展无偿献血活动，各村（社区）、相关企事业单位以及爱心人士积极响应号召，踊跃参加。

12月8日，南闸街道召开"两路一河"工程施工协调工作指挥部成员会议，全面部署"两路一河"工程南闸段施工协调工作。

12月12日，市委常委、政法委书记孙小虎来街道检查戒毒（康复）工作。

12月14日，南闸街道召开护林防火工作推进会，安排部署今冬明春护林防火工作。街道办事处主任周建荣参加会议。

12月17日，南闸街道召开党风廉政建设责任制暨惩防体系建设情况报告会。机关干部、行政村（社区）书记、驻街道单位负责人参加会议。

是日，无锡市检查组对街道农村管理进行考核测评，南闸顺利通过无锡市农村公路管养护及安保工程示范镇考核。

是月，南闸街道召开第四届残联换届选举会议，选举产生新一届残联主席团委员。

是月，观山村被江苏省档案局评为"江苏省档案工作"先进。

是年，南闸街道观山村被江苏省精神文明建设指导委员会评为"2010年—2012年度江苏省文明村"。

2013年

1月6日，国务院防艾办多部门联合督察组在江阴市副市长龚振东的陪同下，来南闸医院调研艾滋病救助和医院建设情况。

是日，南闸街道召开党工委中心组学习会，贯彻落实党的十八大和市委十二届三次全体（扩大）会议精神。江阴市委常委、政法委书记孙小虎旁听学习会。

1月15日，江阴市行政审批服务中心领导来街道走访慰问扶贫挂钩村曙光村。

1月22日，市人大常委会副主任倪颖伟一行来到街道泗河村，看望了低保户金德、黄国清和袁鹤兴家庭，向他们送去了慰问金和新春的祝福。

1月23日，南闸街道召开党员干部冬训大会，总结2012年各项工作，研究部署2013的工作。

1月25日，南闸街道在紫金广场举办第四届"宜居南花园"杯拔河比赛暨少儿书法展和送春联活动。来自街道机关、企业、村（社区）、学校等单位参加。

1月28日，街道领导陈文斌、周建荣、曹其龙，走访慰问了蔡泾村、南新村、观西村困难户周林珍、何德如和吴泉海，向他们送去了慰问金和慰问品。

2月2日，街道领导周建荣一行走访慰问爱晚庭爱心护理院的老人们，向他们送去了党和政府的温暖和新春祝福。

是日，南闸街道在便民服务中心举办第四届"宜居南花园杯"象棋比赛。

2月18日，市领导孙小虎、吴芳、封晓春一行来到江苏安科瑞电器有限公司，了解企业复工复产情况。

2月19日，南闸街道召开2012年度先进表彰大会，街道党工委、人大工委、街道办事处三套班子全体领导、全体机关、村干部等200多人参加会议。

2月21日，南闸街道在紫金广场举办2013年春季城乡联动大型招聘会。

2月25日，江阴市市长沈建率领市农村工作会议与会人员来到街道曙光村灰罗圩、祥西村考察环境整治工程。

3月6日，南闸街道召开"三八"国际劳动妇女节103周年纪念大会，街道党工委书记陈文斌、副书记朱富强参加会议。

3月7日，无锡市委书记黄莉新来南闸街道调研金三角城市综合体、江苏南农高科技股份有限公司。江阴市市长沈建以及街道领导陈文斌、周建荣等陪同调研。

3月14日，南闸街道组织司法、社保、工商、计生等部门联合在紫金广场，开展以"营造和谐消费环境，促进经济又好又快发展"为主题的消费者权益日活动。

3月15日，南闸街道召开环境整治百日行动动员大会，贯彻落实市城乡环境综合整治百日行动动员会议精神。

3月25日，南闸街道召开护林防火工作会议，街道办事处护林防火指挥部成员等相关单位负责人参加了会议。

3月26日，南闸街道召开两级干部学习会，传达全国两会精神和习近平总书记在参加十二届全国人大一次会议江苏代表团审议时的重要讲话精神。

3月29日，南闸街道召开2013年度党建工作会议，认真总结2012年的党建工作，研究部署今年的党建工作。

3月30日，南闸街道召开便民服务中心建设推进会，进一步推进行政村（社区）便民服务中心建设。

4月12日，南闸街道召开经济运行分析会，全面总结一季度经济运行情况，研究下阶段经济运行走势。街道党工委书记陈文斌参加会议并讲话。

4月15日，南闸街道召开科技和人才会议，总结当前街道科技人才工作形势，研究部署街道科技人才工作。

4月27日，南闸街道召开重点企业经济转型发展恳谈会，街道领导陈文斌、周建荣、钱昇贤参加会议。

5月2日，南闸街道组织两级干部赴华西新市村参观学习华西新市村博物馆。华西新市村党委书记吴协恩介绍了吴仁宝老书记的先进事迹并陪同参观。

5月8日，南闸街道在中心小学举办少儿故事演讲比赛，来自街道小学的19名学生参赛。

5月10日，南闸街道召开精神文明建设工作推进会，街道党工委副书记朱富强参加会议。

5月16日，浙江安吉县党政代表团一行在街道办事处主任周建荣的陪同下，实地参观街道曙光村，详细了解了曙光村村庄整治情况。

5月25日，南闸街道在紫金社区召开专题学习会，学习贯彻党的十八大和第十八届中央纪委第二次全会精神，深化市委"百场讲座送基层、千名书记讲党课、万民党员争先锋"活动，街道、村干部共200余人参加学习会。

5月27日，南闸街道亲子早教体验馆正式建成投运。

5月31日，市政协主席薛良一行来到金三角城市综合体建设现场，详细了解项目建设情况。

6月5日，南闸街道召开夏收夏种工作会议，全面部署夏收夏种、禁止秸秆焚烧等工作。

是日，南闸街道开展"我身边的共产党员"主题演讲比赛，来自街道各单位的23名选手参加。

6月9日，南闸街道召开村（社区）"两委"换届选举工作会议，部署村（社区）两委换届选举工作。

6月13日，南闸街道紫金锡剧团正式成立，街道办副主任曹其龙出席揭牌仪式。

6月15日，南闸街道安监所联合消防中队、司法所、社保所、交警中队、建管所等8个安委会成员单位，在紫金广场开展"安全生产月"宣传咨询活动。

6月19日，南闸街道在南闸中心小学召开市人大代表、政协委员联系选民座谈会，认真听取选民的意见和建议，为群众排忧解难。

6月25日，江阴市委书记蒋洪亮一行视察金三角城市综合体建设现场，详细了解项目建设情况。

7月5日，江阴首个乡镇美术馆"两江画院美术馆"正式开馆，市人大常委会副主任倪颖伟出席揭牌仪式。

7月11日，南闸街道召开秋季征兵工作会议，全面部署秋季征兵工作任务。街道领导周建荣、曹其龙参加会议。

7月17日，南闸街道召开纪念建党92周年暨半年度工作会议，会议表彰了2012年度优秀党员。街道各单位干部党员，共200余人参加会议。

7月29日，街道领导陈文斌、周建荣走访慰问了市人武部和武警江阴中队，向他们表示节日的问候。

8月2日，南闸街道召开防范经济金融风险工作会议，街道领导陈文斌、周建荣参加会议。

8月8日，南闸街道启动全民健身节活动，通过开展一系列丰富多彩的体育健身活动，丰富市民群众的文体生活，街道办事处副主任曹其龙参加启动仪式。

8月19日，由中家文化公司主办的"京津、长安画派艺术家交流笔会"在南闸街道南山会所举行，市人大常委会副主任倪颖伟、江阴书法家协会主席许建铭参加交流会。

8月22日，南闸街道举行2013年度慈善助学金发放仪式，61名贫困学子受到了社会各界人士和爱心企业的资助。

8月31日，南闸街道举办"百场讲座送基层"南闸专场暨媒体沟通与应对专题讲座。街道机关中层以上干部、全体村干部、驻街道单位负责人、全体新闻发言人、助理及网络发言人共120余人参加了讲座。

9月5日，金三角家居村正式开业。

9月26日，市人大常委会副主任倪颖伟、副市长费平，在开展的"生态文明建设·大气污染防治"活动中，视察了南闸街道江苏日新、南工锻造、锦明玻璃等企业。街道领导陈文斌、朱富强陪同视察。

9月27日，省扶贫"两会"调研组一行来南闸调研经济薄弱村曙光村脱贫致富情况。

10月15日，江阴市工商联执委学习交流会在街道南农高科技股份有限公司召开，市政协副主席、工商联主席黄丽泰，街道党工委书记陈文斌以及企业家代表参加了交流会。

10月11日，街道党工委、办事处领导一行先后走访慰问了街道百岁老人、孤寡老人、贫困老人和"爱晚庭"的老人们，向他们送去了党和政府的温暖。

10月14日，央视戏曲频道编导组一行在市政协协理员黄满忠、街道领导曹其龙的陪同下，观看了南闸中心小学锡剧班学员们的汇报演出。

10月18日，南闸街道举行房地产投资推介暨重点产业项目集中签约活动。江阴市人大常委会副主任倪颖伟应邀参加，街道党工委书记陈文斌致辞。

是日，街道召开民主评议基层站所大会，以无记名投票的方式对南闸财政所、文化服务中心、农机站、社保所进行评议。

10月19日，中国建筑陶瓷博物馆江阴分馆在南闸街道金三角城市综合体独立馆开馆。江阴市委常委、宣传部部长袁秋中为中国建筑陶瓷博物馆江阴分馆揭牌，街道领导陈文斌、周建荣等参加开馆仪式。

是日，南闸街道举办依法行政法制讲座，街道党工委副书记朱富强主持讲座。

10月24日，江阴市人大常委会主任赵国权一行来南闸街道视察"菜篮子"工程建设情况。

11月10日至12日，南闸医院开展"卫生进社区，健康伴我行"大型义诊活动，定点为过往群众提供免费医疗咨询服务。

11月22日，南闸街道召开党的十八届三中全会精神学习会议，专题学习十八届三中全会精神。街道主要干部参加学习。

12月5日，江阴市委组织部来南闸对街道领导干部进行考察测评，街道中层干部、村书记主任、企业负责人代表、市人大代表、市党代表、市政协委员以及老干部代表等参加测评。

是日，南闸街道召开护林防火火灾防控、森林防火工作推进会，全面部署今冬明春护林防火工作。街道办事处主任周建荣、护林防火指挥部成员参加会议。

是日，南闸街道召开"万人评议机关"集中测评大会，街道班子成员、主任科员、企业代表、各级党代表、人大代表、政协委员、各村（社区）书记、主任、大学生村干部共计364人参加集中测评大会。

12月10日，王立人一行视察了街道金三角家居村广场家居村项目，详细了解了该项目的建设运营情况。

是月，缪慧任南闸街道党工委书记，免去陈文斌南闸街道党工委书记职务。

2014年

1月8日，江阴市委书记周铁根来南闸街道视察服务业发展情况。

是日，副市长吴芳来到南闸街道曙光村走访慰问困难群众。

1月15日，南闸街道召开称心阁花园小区二期安置房分房大会，269户拆迁户代表喜抽拆迁安置房。

1月17日，南闸街道召开2013年度党员干部冬训大会暨先进表彰大会。

2月8日，市领导孙小虎、吴芳、虞卫才一行走访了南闸部分企业。

2月18日，南闸街道召开拆迁动员大会。

3月5日，南闸街道召开党的群众路线教育实践活动动员大会。

3月19日，许达书法作品展在江苏省美术馆开展。

4月8日，市政协主席薛良来南闸街道视察经济社会发展情况。

4月18日，南闸街道发出首张"单独两孩"生育证。

4月25日，南闸街道工会在华西村举行"庆五一，学华西"培训暨先进表彰大会。

5月5日，南闸街道部分企业家和青年创业者们成立"创业先锋之家"。

5月7日，江阴市委书记周铁根调研南闸街道党的群众路线教育实践活动。

是月，许达获第五届中国书法"兰亭奖"佳作奖。

6月12日，江阴市委书记周铁根来南闸街道视察重点在建工业项目建设情况。

6月18日，江苏省省长李学勇来南闸街道曙光村调研考察。

6月25日，江阴市青少年禁毒教育馆正式揭牌启用。

6月27日，江阴市人大代表视察南闸街道重点工业项目推进情况。

6月30日，南闸街道召开纪念建党93周年表彰暨半年度工作会议。

7月21日，南闸街道召开重点优抚对象座谈会，并成立优抚之家。

7月28日，市领导吴芳、黄耀清、封晓春、喻伟力、费晓忠一行来南闸督查重大开工产业项目建设情况。

8月8日，南闸街道召开党的群众路线教育实践活动推进会。

9月10日，南闸街道隆重举行第30个教师节庆祝大会。

9月17日，南闸街道开展市人大代表视察评议"水环境整治"活动。

10月15日，南闸街道"千名书记讲党课"示范观摩会在南闸中学举行。

10月22日，南闸街道召开党的群众路线教育实践活动总结大会。

10月31日，南闸街道金三角建材市场工会联合会正式成立。

11月12日，无锡市妇联主席夏晓春一行来南闸街道调研妇儿之家的建设情况。

11月22日，无锡市委常委、江阴市委书记周铁根来南闸视察重点产业项目建设情况。

11月25日，南闸街道召开2014年度"万人评议机关"集中测评大会。

是日，江阴市总工会主席刘文红一行来南闸街道调研职工之家建设情况。

12月3日，"秦望晓烟"（秦望山）、"狮山映象"（狮子山生态园）、"九莲禅寺"（花山）、"鱼水灰罗圩"（曙光村灰罗圩西村）入选"江阴百景"。

12月13日，南闸街道举行南京大屠杀死难者国家公祭日活动。

12月19日，南闸街道科技技术协会召开第六次代表大会。

2015年

1月8日，市委常委、副市长吴芳来街道检查考核落实党风廉政建设"两个责任"情况。街道党工委书记缪慧介绍了南闸落实党风廉政建设责任制的情况。

是日，南闸街道在华西村召开2014—2015年度党员干部冬训大会，街道党工委、人大工委、街道办事处三套班子领导、主任科员；机关中层以上干部；全体村干部、各村联队长及党员代表；驻街单位负责人、企业党支部书记等共计700余人参加。

1月23日，副市长虞卫才一行来南闸视察职工之家建设情况。

1月28日，由街道组织、纪检、宣传、统战武装、工会等部门联合组成的检查组，对各村（社区）、驻街单位、企业2014年度党务工作进行了全面检查，推进了街道精神文明建设再上新台阶。

1月30日，南闸街道召开村（社区）书记抓党建工作述职评议会议，推动各基层党组织特别是村（社区）书记认真履行抓党建的重大责任，切实加强基层党建工作。

2月11日，南闸街道召开2015年度安全生产工作会议，回顾总结2014年全街道的安全生产状况，全面部署2015年安全生产工作。

2月26日，市领导孙小虎、吴芳、虞卫才一行在街道领导缪慧、周建荣等陪同下，来到江阴东泽铝业科技有限公司，深入了解企业的复工复产情况。

2月28日，南闸街道召开2015年度先进表彰大会。

是月，南闸首个千亩玫瑰园在街道观西村开建。

3月12日，在街道领导缪慧、周建荣的陪同下，市委常委、副市长吴芳带领农林局下属单位的40多名员工，来到街道花果村金桃山庄生态园开展义务植树活动。

3月13日，南闸街道在便民服务中心举办寻找"最美家庭"风采展示大赛，集中展示了街道丰富多彩的家庭文化生活。

3月25日，南闸街道隆重举行"文明南闸，志愿先行"志愿服务行动启动仪式，街道党工委书记缪慧、宣传部副部长薛建国参加启动仪式，街道党工委副书记朱富强主持活动仪式。

3月27日，江阴市市场监督管理局南闸分局揭牌成立。

4月13日，南闸街道召开全国文明城市创建暨环境综合整治动员大会。街道党工委书记缪慧出席并讲话，街道办事处主任周建荣对创建工作做动员部署。

4月17日，南闸街道第二期"文明大讲堂"如期开讲，江阴市中医院副院长、副主任中医师、副教授夏建忠围绕春夏养生作了精彩讲座。

4月21日，市政协主席薛良来街道督察全国文明城市创建工作。

是日，街道召开《南闸志》编写动员暨资料员培训会议。《南闸志》编纂委员会成立。街道党工委书记缪慧任主任，办事处主任周建荣任副主任，党政办主任金莉任办公室主任。聘请张树森为主编，聘请市史志办主任吴海英为特约审稿人，并由邓兴成、宋建才、吴菊琴、张树森、陆金林、谢洪德6人组成编纂组。街道党工委副书记朱富强，各相关部门、村（社区）和驻街单位的资料员参加会议。

4月24日，南闸街道召开"六五"普法考核验收动员大会。

5月3日，江阴首届汉文化青年集体婚礼在南闸金三角广场举行，16对新人依照传统婚礼习俗喜结连理。

5月7日，南闸街道召开农村土地承包经营权确权登记颁证工作推进会，街道班子全体成员、街道确权领导小组、包村干部以及全体干部参加会议。

5月10日，南闸街道在成教中心举办了第四届全民诗歌朗诵大赛，来自街道各村各学校的12名选手参赛。

5月13日，南闸街道召开文学艺术界联合会第二次代表大会，市文联主席王敏、街道党工委副书记朱富强参加会议。选举产生了街道文联第二届委员会主席、秘书长和理事会成员，选举王熹为文联主席。

5月17日，市领导周铁根、赵国权、钱文琴、龚振东一行在街道领导缪慧、周建荣等陪同下，看望了部分残疾人，向他们送上了节日的问候和祝福。

5月18号，2015年全国科技活动周暨江阴市第二十七届科普宣传周活动在街道紫金广场正式开幕。副市长张继文、街道办事处主任周建荣参加开幕式。

5月29日，南闸街道召开全国文明城市创建工作推进会。

5月29日，南闸街道召开二季度安委会成员（扩大）会议，通报上半年街道安全生产情况，部署下阶段安全生产工作。街道办事处主任周建荣及安委会成员参加会议。

5月30日，街道文明大讲堂第三期"德音雅乐，净化心灵"专题讲座在街道成教中心开讲。来自张家港的国学讲师通过歌曲和舞蹈诠释了"德音雅乐"的深刻内涵。

6月3日，南闸街道召开夏收夏种工作暨秸秆禁烧工作会议，街道办事处主任周建荣参加会议。

6月16日，南闸街道召开2015年关工委工作会议。

7月1日，南闸街道召开纪念建党94周年暨半年度工作会议，街道党工委书记缪慧、街道办事处主任周建荣在会上发表讲话。会议表彰了2014年在各条战线上涌现出来的"五好"党组织、优秀党组织书记和优秀共产党员，街道党工委副书记朱富强主持会议。

7月2日，江阴市民族团结促进会南闸分会成立，选举邱波为会长，吴春明、张凤英为副会长，王莉勤为秘书长。

7月10日，南闸街道召开城乡环境综合整治现场观摩推进会，街道党工委书记缪慧带领各专项组、各村书记主任深入11个村（社区），检查了村庄环境综合整治情况。

7月21日，南闸街道举行2015年征兵工作会议，全面部署今年征兵工作任务。

7月22日，南闸街道双拥办联合"爱在南花园"义工队集中走访看望了街道的复员军人们，向他们表示慰问。

7月28日，南闸街道召开了商会三届一次会员大会，会议总结了街道商会第二届大会以来商会工作的成绩和经验，选举产生了街道商会领导班子。

7月29日，南闸街道领导缪慧、李志浩、王熹带领武装部、民政科人员走访慰问了市人武部、武警江阴中队、市消防大队，向他们送去了慰问金、慰问品和节日的问候。

8月4日，南闸街道组织开展机关干部学习交流会，街道全体领导、机关中层干部、各村（社区）书记、主任等参加了此次学习交流会。

8月5日，南闸街道召开2015年食品安全工作会议。街道办事处主任王熹，相关部门及各村社区负责人参加会议。

8月10日，南闸街道召开南闸村邵庄拆迁工作会议，街道南闸村邵庄拆迁工作领导小组成员、拆迁后勤保障组成员、工作指导组成员以及南闸村拆迁工作组成员参加会议。会上，街道办事处副主任顾丰良部署了拆迁具体工作。

8月19日，南闸街道召开安委会成员扩大会议，深刻吸取"8·12"天津港事故的沉痛教训，安排部署街道安全生产工作。

8月20日，南闸街道召开党工委（扩大）会议，学习贯彻市委第十二届七次全体（扩大）会议精神，部署街道当前工作。

8月28日，街道领导李志浩、钱昇贤带领安监、消防、用电等部门人员，实地检查了圆方机械、南工锻造等企业，详细了解企业安全生产情况。

9月1日，南闸街道召开城乡环境综合整治现场观摩推进会，街道党工委书记缪慧带领各专项组成员、各村书记主任深入11个村（社区），检查了村庄环境综合整治情况。

9月2日，南闸街道召开环境保护工作会议，街道班子全体成员，各村、社区负责人，相关部门和企业负责人参加此次会议。

9月8日，南闸街道召开2015年度入伍新兵欢送会，全街道29名新兵顺利穿上绿色军装，应征入伍。

9月10日，南闸街道召开教育发展恳谈会，进一步研判当前教育形式，部署下阶段教育工作重点，并对先进进行了表彰。

9月15—17日，南闸街道安监所联合市安监局在成教中心举办安全生产培训班。217名企业业主、安管员接受安全培训。

9月23日，市委常委、副市长吴芳，在街道领导缪慧、李志浩的陪同下，督察资金社区文明城市创建工作。

10月8日，南闸街道召开四个文明交通创建工作推进会。街道办事处主任李志浩，党工委副书记朱富强，相关部门、村（社区）、企业和学校的负责人参加会议。10月20日，南闸街道举行2015年重点工业项目集中开工仪式，赛特精密、安科瑞、德耐特重工、久和机械四个重点工业项目集中开工建设。市委常委、宣传部部长袁秋中，南闸街道全体班子成员参加开工仪式。

10月20日，南闸街道举行在建工业项目暨转型发展恳谈会，协调解决企业面临的困难和问题。街道领导缪慧、李志浩、曹其龙、朱富强、钱昇贤、顾丰良，相关村、部门负责人以及企业家代表参加会议。

10月22日，市委常委、常务副市长孙小虎，在街道领导缪慧、李志浩的陪同下，看望了街道蔡泾村5户困难户和残疾人家庭。

是月，南闸中心小学被评为第一批"全国学校体育工作示范学校"。

11月9日，南闸街道召开全国文明城市测评迎检推进会，街道领导缪慧、曹其龙、朱富强以及各村和相关部门负责人参加会议。

11月11日，南闸街道东盟园区民企联合关工委正式成立。

12月3日，南闸街道在紫金广场举行"文明南闸，法治引领"主题活动启动仪式。市委副书记、政法委书记蔡叶明，街道党工委书记缪慧出席启动仪式并启动"平安南闸"微信上线，来自街道的机关干部代表、村（社区）干部代表、企业家代表、驻街执法单位代表、村民代表、学生代表近300人参加启动仪式。

12月5日，"澄江耿氏"祠堂在街道揭匾开祠，街道党工委书记缪慧参加开祠仪式并为祠堂揭匾。

12月11日，创维集团惠民工程在街道启动，来自街道的120名贫困人员、残疾人、优抚人员代表参加了启动仪式并收到了创维集团的爱心慰问品。

2016年

1月1日，在街道领导缪慧、李志浩等人陪同下，无锡市委常委、江阴市委书记陈金虎来南闸金三角广场调研，详细了解市场发展情况。

1月22日，南闸街道召开2015—2016年度党员干部冬训暨先进表彰大会，街道全体领导、全体机关干部、全体村干部、部分老干部、重点骨干企业负责人、企业党支部书记、驻街道单位负责人、部分先进代表参加会议。街道党工委副书记朱富强主持会议。街道党工委书记缪慧做了题为《新起点上开启新征程，新常态下推动新发展，为加快推进"强富美高"新南闸建设而努力奋斗》的冬训报告。

2月2日，街道领导李志浩、王熹带领民政科分别走访慰问武警江阴中队、市武装部、消防大队，向他们送去了慰问金和节日的问候。

2月15日，在街道领导缪慧、李志浩等人陪同下，市领导孙小虎、吴芳、虞卫才一行来到江苏宝得换热装备有限公司，深入了解企业的复工复产情况。

2月25日，南闸街道召开2016年度安全生产工作会议，回顾总结2015年街道的安全生产状况，全面部署2016年安全生产各项工作。

2月26日，南闸街道举办领导干部党课大讲堂，街道党工委副书记朱富强为与会人员解读了2016年中央一号文件精神，街道办事处副主任顾丰良解析了城市工作会议。

3月8日，南闸街道举办纪念"三八"国际劳动妇女节106周年大会暨"崇德向善，文明南闸"主题活动。

3月25日，南闸街道召开护林防火工作会议，全面部署清明期间护林防火工作。街道办事处主任李志浩、护林防火指挥部成员、各山区村村干部以及驻街相关单位负责人参加了会议。

是日，在街道召开的退伍军人座谈会上，24名退伍士兵喜领安置补助金和自主就业证书。街道办事处副主任王熹参加会议。会议传达了全市退役士兵安置政策。

4月19日，南闸街道召开2016年关工委工作会议，会议回顾总结2015年教育关工委工作，部署2016年教育关工委重点工作。

4月20日，在街道领导缪慧、李志浩的陪同下，无锡市委常委、江阴市委书记陈金虎来到江苏安科瑞电器制造有限公司用户端智能控制配电柜研发及产业化项目和塞特精密整厂搬迁扩能项目建筑工地，详细了解了两个项目的建设情况。

4月25日，"文化走基层、服务进万家"南闸街道2016文化惠民文艺演出活动在花果村启动。

4月26日，创建"正版正货"示范街区暨知识产权联合执法行动在街道金三角广场家居村启动。副市长唐仲贤、余新泉，街道党工委书记缪慧以及市公安局、司法局、商务局、文广新局、市场监督局等部门参加启动仪式。

4月29日，南闸街道召开"两学一做"学习教育工作座谈会，传达学习习近平总书记重要指示和省、市委会议精神，对街道开展"两学一做"学习教育进行动员部署。

是日，江阴市侨联南闸街道分会正式成立，江阴市侨联主席刘锋、街道党工委副书记朱富强参加成立仪式，选举产生了南闸侨联分会主席、副主席和秘书长。

5月8日，南闸街道在成教中心举办了第四届全民诗歌朗诵大赛。此次比赛在不断提升全民文化素养的同时，进一步营造了全民读书的浓厚氛围。

5月22日，江阴首届"狮山湖"杯秦望山定向越野赛在南闸街道狮子山生态园开赛。街道领导李志浩、曹其龙、王熹等参加开幕式。

5月23日，南闸街道召开2016年度创建全国文明城市工作推进会，总结去年的创建工作，分析当前的创建形势，安排2016年的推进任务。街道全体班子成员，机关部门负责人，各驻街单位负责人，村（社区）书记、主任参加会议。

5月25日，南闸街道开展"两学一做"暨党风廉政教育专题讲座。街道机关全体党员干部，各村、社区两委成员，各驻街单位负责人参加了此次活动。

是日，街道举办第四届"两江画院杯"少儿绘画书法现场比赛，来自街道学校的20多名小选手参加了此次比赛。

6月2日，南闸街道召开生态文明建设会议。街道办事处主任李志浩在会上要求全街道各级各部门要认清形势，切实加强生态文明建设的思想和行动自觉。街道办事处副主任张纲总结回顾了一年来生态文明建设取得的成绩，详细部署了今年下半年生态文明建设的重点工作。

6月3日，南闸街道召开夏收夏种工作会议，街道办事处主任李志浩参加会议。街道办事处副主任严枫部署了夏收夏种和禁止秸秆焚烧等工作。

6月7日，街道召开二季度安委会工作会议，分析研判事故隐患，安排部署街道安全生产工作。街道办事处主任李志浩及安委会成员参加了会议。

6月11日，南闸街道文化服务中心在南闸实验学校举行了工艺"百寿图"非遗传承进校园系列主题活动，传承和普及"百寿图"中所蕴含的博大精深的中华传统文化。街道办事处副主任王熹和"百寿图"传承人金建华为江阴市非物质文化传承示范点揭牌。

6月28日，在街道领导李志浩、朱富强等陪同下，市委常委、副市长吴芳来街道走访困难党员和老党员，给他们送上了节日的祝福和亲切的问候。

6月29日，南闸街道召开党员代表会议，选举产生南闸街道出席市党代会的代表。街道领导李志浩、朱富强以及街道各界的99名党员代表参加了此次选举。

7月1日，南闸街道召开纪念建党95周年暨半年度工作会议，街道三套班子全体领导、机关中层以上干部、全体村干部、老干部代表、驻街单位党组织负责人、企业党组织负责人、各类先进代表参加了会议，会议表彰了2015年在各条战线上涌现出来的"五好"党组织、优秀党组织书记和优秀共产党员。

7月16日，"文化走基层，服务千万家"文艺演出在紫金广场上演。

7月19日，南闸街道在成教中心举办党工委书记上党课活动。街道全体机关干部、全体村干部和驻街单位负责人共计200余人参加报告会。街道党工委书记缪慧作了题为《马克思主义——与时俱进的科学真理》党课报告。

7月26日，街道领导缪慧、李志浩、王熹带领武装部、民政科走访慰问了市人武部、武警江阴中队、市消防大队，向他们送去了慰问金、慰问品和节日的问候。

7月29日，中国农业科学院蚕业研究所产学研基地在南闸街道东岳生态农业科技发展有限公司挂牌成立，街道办事处主任李志浩为中国农业科学院蚕业研究所产学研基地揭牌。

8月5日，在街道党工委书记缪慧的陪同下，无锡市委常委、江阴市委书记陈金虎来南闸街道惠尔信机械在建项目工地进行了现场观摩，详细了解了惠尔信机械在建项目的进度和建设情况。

9月5日，南闸街道召开慈善工作座谈会，街道全体领导、慈善冠名企业家代表、受捐助者代表参加了会议。街道办事处主任李志浩通报了2015年街道慈善分会工作开展情况。

9月8日，南闸街道召开创建全国文明城市工作推进会，街道全体班子成员，街道机关部门负责人，各驻街道单位负责人，村（社区）书记、主任参加会议。

9月20日上午，南闸街道举行项目建设暨转型发展恳谈会。市委常委、市纪委书记余银龙，街道领导缪慧、李志浩、曹其龙、顾丰良、张纲，相关村、部门负责人以及重点企业家代表参加会议。会议介绍南闸项目建设情况，面对面协调解决企业面临的困难和问题，进一步加强联系、加强合作、互利共赢、共同发展。

9月21日，南闸街道开展村庄环境长效管理集中检查，街道人大工委主任曹其龙带领创建办、建管所、环卫所、城管中队等部门负责人、各村主任一行深入11个村（社区），实地检查了环境整洁村的长效管理情况。

9月23日，南闸街道开展市人大代表视察"城乡环境综合整治"工作。在街道领导李志浩、曹其龙的带领下，市人大代表南闸小组成员和街道无锡市人大代表先后视察了称心阁三期、白玉一村小区改造，丰收路、施元路改造，有机垃圾处理中心，观山村农村生活污水接管、河道整治及排涝站建设等。

9月28日，江阴市委第二巡查组巡查南闸街道工作动员会在街道召开。市纪委副书记陈明波、街道领导班子全体成员、各村（社区）以及驻街相关单位负责人参加了此次会议。市纪委副书记陈明波做了巡查动员，街道党工委书记缪慧对关于落实党风廉政建设责任制情况做了汇报。

10月9日，在街道领导缪慧、李志浩、王熹等人陪同下，江阴市领导陈金虎、赵国权、虞卫才来街道开展敬老日走访慰问活动，向街道老年人送上节日的祝福和亲切的问候。

10月11日，南闸街道召开市人大代表换届选举工作会议，研究部署街道市人大换届选举工作，确保市人大换届选举工作顺利有序。街道班子全体领导、机关部门负责人，村（社区）书记、会计，驻街单位负责人，企业支部书记和负责选举工作的人员参加会议。

10月14日，在街道领导缪慧、李志浩等陪同下，无锡市委常委、江阴市委书记陈金虎来街道走访调研结对挂钩经济薄弱村南闸街道蔡泾村、龙运村，详细了解村级经济发展、民生实事推进等方面的情况。

10月18日，在街道党工委书记缪慧的陪同下，市人大常委会主任赵国权实地视察南工控股国机金属江苏有限公司在建项目和江阴德耐特重工在建项目，详细了解了项目建设情况。

10月31日，南闸街道相继召开村委会、居委会换届选举大会，通过投票站和中心会场选民投票的形式，采取一票制、二票制和选民代表选举方法，全面完成了第十一届村委会和第六届社区居委会换届选举工作。

11月2日，南闸街道召开秋收秋种暨畜禽污染治理推进会，街道领导李志浩、严枫，各村（社区）及相关部门负责人参加会议。

11月5日，江阴首届全澄欢乐跑南闸街道"狮山湖"站开赛，街道领导王熹参加开幕式。来自全市的300多名参赛选手参加了比赛。

11月21日，南闸街道召开2016年度"万人评议机关"集中测评大会，街道党代表、人大代表、政协委员、市管干部、村干部、大学生村干部、企业代表参加集中测评大会。

11月22—23日，南闸街道联合江阴市红十字血站在街道成教中心开展无偿献血活动。

11月29日，南闸街道南苑书社揭牌成立。中国书法家协会理事、江苏省书法家协会副主席、江苏省书法院院长李啸和市文联主席王敏为南苑书社揭牌。

11月30日，街道4万多名选民在6个选区的流动投票站和中心会场，选举产生了16名市十七届人大代表，市人大代表换届选举南闸选区投票选举工作全面结束。

12月4日，南闸街道在狮子山生态园举办首届"宜居南花园·狮山湖杯"大美南闸摄影比赛颁奖典礼暨美丽狮子山"摄影创作基地"挂牌仪式。街道办事处副主任王熹、市摄影家协会主席共同为基地揭牌。

12月16日，在街道党工委书记缪慧的陪同下，无锡市委常委、江阴市委书记陈金虎来街道实地视察江阴六和机械生产冶金机械、钢结构和机械零部件项目和江阴悦喜玫瑰综合开发项目，详细了解在建项目的进度和建设情况。

12月26日，由市16个部门组成的精神文明建设考核组，对南闸2015年度精神文明建设进行了检查考核。街道党工委书记缪慧介绍了南闸精神文明建设情况。

12月27日，南闸街道举行2016年度冬训理论培训，街道全体领导班子成员，全体机关干部，村（社区）书记、主任以及驻街单位负责人参加了培训。无锡市委党校教授张鸣年应邀作了题为《全面加强党内监督，严肃党内政治生活，学习贯彻党的十八届六中全会精神》的报告。

12月28日，南闸街道第二届"清乐杯"书画展在成教中心开幕，街道办事处副主任王熹出席开幕式。本次书画展共展出书画作品100多幅，并对获奖者进行了颁奖。

2017年

1月3日，南闸街道开展市人大代表南闸小组会前调研视察活动，助推街道经济建设、生态文明和民生事业各项工作再上新台阶。市委常委、市纪委书记余银龙，街道领导缪慧、李志浩、曹其龙以及市人大代表南闸小组其他成员先后视察了爱晚亭敬老院、南闸中心小学、曙光村、惠尔信机械、狮子山生态园和丁果湖湿地公园等地。

1月16日，南闸街道召开2016—2017年度党员干部冬训暨先进表彰大会，街道全体领导、主任科员、全体机关干部、全体村干部、部分老干部、重点骨干企业负责人、企业党支部书记、驻街道单位负责人、部分先进代表参加会议。

1月20日，南闸街道召开2016年度村（社区）党组织书记抓党建、党员领导干部述职述廉会议。街道三套班子领导、主任科员、机关中层干部、各村（社区）书记、各村（社区）主任、各企事业单位党组织负责人参加会议。街道办事处副主任顾丰良以及曙光村、观西村、农机站、中心幼儿园党总支和支部书记进行了述职述廉。

2月27日，南闸街道召开2017年度创建全国文明城市工作推进会，总结去年的创建工作，分析当前的创建形势，部署今年创建工作重点。街道全体班子成员、街道机关部门负责人、各驻街道单位负责人、村（社区）书记、村（社区）主任参加了会议。

3月7日，在街道领导缪慧、曹其龙的陪同下，江阴市委常委、市纪委书记余银龙来街道督察全国文明城市创建工作。

3月10日，南闸街道召开"连心富民、联企强市"大走访活动动员大会。街道党工委领导班子全体成员、主任科员、街道机关全体中层干部、各村（社区）两委全体成员、驻街单位党组织负责人等参加会议。

3月16日，南闸街道举办"文明南闸，道德讲堂"领导干部讲核心价值观活动，街道全体班子成员、机关全体干部、驻街单位负责人、各村（社区）书记、各村（社区）主任等干部听取了此次党课。

3月25日，在街道领导缪慧、李志浩等人陪同下，江阴市副市长郁秋皓一行，来到花果村、花山公墓、登仙公墓等地，检查护林防火工作，实地了解市民扫墓情况。

3月31日，南闸街道全体党政领导、主任科员和机关全体工作人员，来到花山革命烈士陵园，祭扫革命烈士。

4月7日，南闸街道召开党建工作会议，深入贯彻落实市十三次党代会和十三届二次全会精神，总结回顾2016年街道党建工作，全面部署安排2017年的党建工作任务。街道党工委书记缪慧、各村（社区）书记、主任、副书记，驻街单位党组织负责人、机关中层干部参加会议。

4月17日，无锡市委常委、江阴市委书记陈金虎率全市各相关部门一行，在街道领导陪同下，实地视察了江阴市三和重工钢制品有限公司直缝埋弧焊管自动化生产线技改扩能项目，以及江阴圣曼不锈钢线棒有限公司不锈钢线技改扩能项目。

4月27日，南闸街道召开暴露垃圾集中清理专项工作会议，贯彻落实文明城市创建和"263整治行动"工作要求，全面部署街道暴露垃圾集中清理整治工作。街道办事处主任李志浩，以及机关相关部门负责人、各村主任、相关驻街单位负责人参加会议。

4月28日，南闸文化藏品馆开馆。江阴市文广新局副局长严文华、街道办事处副主任王熹参加开馆仪式，并为文化藏品馆揭牌。

5月9日，南闸街道在南闸实验学校召开"一学一做"教育实践推进会暨纪念建团95周年表彰大会，团市委副书记居琳，街道党工委副书记顾丰良，街道各村（社区）团支部书记、大学生村干部、团员青年代表参加了大会。

5月19日，南闸街道举行"唱响村歌、记住乡愁，争创文明美丽乡村"村歌大赛，江阴市领导袁秋中、余银龙，街道领导缪慧、李志浩参加活动。共有10多首村歌参赛。

5月20日，"南闸泗河甄殿杯"FJBL篮球赛在街道泗河周家村开赛。本届篮球赛从5月20日开始，至11月28日结束，为期6个月，共有14支球队参加角逐。

5月24日，南闸实验学校开展"我的青春，我的梦"离队入团暨十四岁青春仪式主题活动，450名初二学生在庄严的仪式中告别童年，迈进青春期大门。江阴市政协副主席陈兴初、南闸街道党工委书记缪慧、全市初中分管校长以及南闸实验学校初二全体学生及家长代表等1000多人参加了此次活动。

5月25日，南闸街道在泗河村召开南闸体育协会第二届会员大会。街道办事处副主任王熹参加会议。会议通过讨论审议第一届委员工作报告和章程修改稿，选举产生了第二届体育协会理事会会长、副会长、秘书长，并成立了乒乓球、太极、篮球、象棋、广场舞、游泳等单项分会。

5月27日，南闸街道联合江阴慈善总会、江阴臻殿集团举办"把爱带回家——聆听孩子的呼唤"慈善拍卖活动，拍卖所得善款用于资助街道贫困学子。街道办事处主任李志浩及30多名企业家和社会各界爱心人士参加了活动。

6月5日，街道召开"两学一做"学习教育常态化制度化工作座谈会，进一步贯彻落实"两学一做"学习教育常态化制度化工作目标要求，深入推进落实基层党建工作各项任务。街道领导班子全体成员、机关中层、村（社区）负责人以及驻街单位、企业负责人参加了会议。

6月10日，南闸实验学校在市图书馆开展"百寿图"展暨非物质文化遗产进校园活动。活动现场展出了由南闸实验学校学生创作的72幅"百寿图"作品，街道办事处副主任王熹出席活动。

6月15日，南闸街道举办第二期"文明南闸，道德讲堂"领导干部讲核心价值观活动，街道全体班子成员、机关全体干部、驻街单位负责人、村社区"两委"干部听取了此次讲课。街道宣传委员周宏对社会主义核心价值观中的"自由"进行了解读。

6月30日，市领导孙小虎来街道走访慰问生活困难党员，向他们致以节日的问候。

7月6日，市委副书记、统战部部长袁秋中来到南闸街道，为全体党员干部上了题为《旗帜鲜明讲政治，忠诚务实勇担当》的专题党课。

7月7日，南闸街道领导干部分批深入各片区开展讲党课活动，扎实推进街道"两学一做"学习教育常态化制度化。

7月26日，南闸街道召开村级医疗互助推进会，努力推动村级医疗互助慈善项目全覆盖。街道办事处主任李志浩、各村（社区）书记及相关部门负责人参加了此次会议。

7月31日，南闸街道召开专题学习会，学习贯彻市委第十三届三次全体会议精神，街道班子全体领导、机关中层正职干部、各村（社区）两委班子成员、驻街单位负责人参加会议。

8月2日，南闸街道举行2017年征兵工作会议，全面部署今年征兵工作任务，街道办事处主任李志浩参加会议。

8月10日，南闸街道召开河长制工作推进会，全面部署河长制各项工作，街道全体班子成员、街道机关相关部门负责人、村（社区）书记、主任以及各相关部门负责人参加会议。

8月29日，南闸街道召开全国文明城市创建第8次推进会暨创建工作业务部署会，进一步对照标准，查找问题和差距，落实举措和办法，扎实推进全国文明城市创建各项工作。街道党工委副书记顾丰良、相关部门负责人、村（社区）主任及驻街单位负责人参加会议。

8月31日，南闸街道召开行政管理体制改革动员大会暨街道三大平台揭牌仪式，进一步严格落实《江阴市行政管理体制改革方案》明确的改革任务，街道党工委全体领导、主任科员，各村（社区）书记、主任，驻街单位负责人参加会议。

9月，李志浩任南闸街道党工委书记。

9月14日，南闸街道召开农村集体"三资"管理自查自纠专项行动部署会。街道领导顾丰良、严枫、张琼，相关职能部门负责人，各村（社区）书记、会计参加了会议。

9月22日，南闸街道举行金三角城市综合体商住项目开工仪式。江阴市委常委、市人武部政委尹平以及街道领导李志浩、顾丰良等参加开工仪式。

9月29日，南闸街道开展市人大代表政协委员视察"两减六治三提升"专项行动，充分发挥人大代表在助推生态保护和环境治理中的积极作用。在街道领导李志浩、顾丰良的带领下，市人大代表南闸小组成员实地视察了南闸医院、祥源印染废弃处理装置、兴达染整废弃处理装置、餐厨垃圾处理中心、污水处理厂、如意滩防涝泵站、久鑫生态养殖园拆除现场、丁果湖等地，详细了解了南闸的"263"专项行动整治情况。

10月12日，无锡市委常委、江阴市委书记陈金虎一行，在街道领导李志浩的陪同下，来街道实地视察了惠尔信机械有限公司和金三角城市综合体国际家居品牌馆项目。

10月18日，中国共产党第十九次全国代表大会于北京人民大会堂召开，街道党工委书记李志浩、办事处主任袁飞及全体机关党员干部一起收看了十九大开幕式盛况。

10月27日，在街道办事处副主任严枫的陪同下，无锡市农业社会化服务工作现场推进会成员实地参观了街道泗河村网上双代店、农资实体店、江阴市建荣现代农业综合服务中心。

10月30日，南闸街道召开学习贯彻党的十九大精神暨党工委中心组理论学习（扩大）会议。街道党工委全体领导，各村（社区）党组织书记、主任，机关中层负责人参加会议。

10月31日，南闸街道残疾人联合会第六次代表大会选举产生了新一届残联班子。街道党工委书记李志浩、市残联副主席蒋万春，以及街道各行各业的48名残疾人代表参加了会议。

11月1日，"喜庆十九大，共筑中国梦"2017年江阴市群众文艺优秀节目巡演首场演出在南闸街道紫金广场开演。市宣传部副部长薛建国、街道办事处主任袁飞观看了演出。

11月4日，江阴市空竹协会成立五周年展示活动在南闸中心小学举行，来自全国各地的21支代表队齐聚一堂，进行了空竹展示。

12月1日，南闸街道召开贯彻党的十九大精神宣讲工作会议，街道党工委副书记顾丰良以及各村、社区和相关单位负责人参加会议。

12月5日，在街道领导袁飞、王熹等陪同下，无锡市常委、市委书记陈金虎来街道看望"阳光扶贫"结对户，详细了解实际情况。

是日，南闸街道召开"阳光扶贫"和农村集体"三资"监管工作会议，街道领导袁飞、顾丰良以及全体机关干部、村干部参加会议。

12月14日，在街道办事处主任袁飞的陪同下，省护林防火检查组先后视察了街道花山、秦望山山区护林防火工作，详细了解火情监测点、护林防火队伍建设、灭火装备配备和护林防火责任落实等情况。

12月20日，无锡市委常委、江阴市委书记陈金虎一行实地视察了江阴赛特精密工具有限公司二期工程项目和江苏帅锦电机科技有限公司项目。

12月26日，南闸街道开展市人大代表南闸小组政协委员会前调研视察活动。街道领导李志浩、袁飞、曹其龙、顾丰良以及市人大代表南闸小组全体成员、市政协南闸小组委员先后视察了紫金路拓展项目、宏晟机械热处理、惠尔信、苏家村污水管网建设、政务服务中心等处。

12月27日，南闸街道党工委书记李志浩赴曙光村宣讲十九大精神，李志浩为曙光村全体村干部、党员代表、村民代表作了《认真学习贯彻党的十九大精神，努力在新时代开启新征程续写新篇章》的报告。

2018年

1月3日，南闸街道召开2017年度村（社区）党组织书记、党员领导干部述职暨述责述廉会议，街道党工委书记李志浩听取了述责述廉报告，并进行了点评。

1月8日，南闸街道举行中国中产主义青年团第二次代表大会，选举产生了共青团江阴市南闸街道第二届委员会委员。江阴团市委书记居琳、街道领导李志浩、顾丰良参加大会开幕式。

1月10日，南闸街道曙光村召开集体经济股份合作社成立会议，街道党工委书记李志浩出席会议，并为曙光村集体经济股份合作社揭牌。

1月16日，南闸街道召开2017年度党员干部冬训暨先进表彰大会，深入学习贯彻党的十九大精神和习近平总书记视察江苏重要讲话精神，回顾总结2017年的各项工作，研究部署2018各项目标和工作举措，隆重表彰街道2017年各行各业、各条战线涌现出来的先进集体和先进个人。街道党工委书记李志浩作了题为《以党的十九大精神为引领奋力谱写新时代南闸改革发展新篇章》的冬训报告。

1月29日，在街道领导李志浩、袁飞陪同下，无锡市委常委、市委书记陈金虎领相关部门入街道经济薄弱村和贫困户家庭开展走访慰问。

1月31日，南闸街道召开2018年全街道安全生产工作会议，总结去年安全生产工作情况，研究部署2018年各项目标任务。

2月4日，江苏省书法院创作基地在街道泗河村丁果湖生态公园揭牌。市委常委宣传部部长程政和省书法院院长李啸共同为江苏省书法院创作基地南闸丁果湖站揭牌。

2月11日，市委常委、宣传部部长程政来我街道走访慰问"中国好人"田小猛。

2月9日，南闸街道召开领导干部警示教育大会，街道党工委班子全体领导；各村（社区）两委成员；驻街单位负责人；机关部门负责人参加会议。

2月11日，南闸街道在紫金广场开展科技2018年文化科技卫生"三下乡"活动。

2月23日，在街道领导李志浩、袁飞等陪同下，市领导袁秋中、余银龙、赵亮亮、王庆春一行来到江阴惠尔信机械有限公司，深入企业车间，了解复工复产和企业发展情况。

3月6日，南闸街道召开"聚焦新时代女性，服务高质量发展"南闸街道纪念"三八"国际劳动妇女节108周年大会，街道党工委副书记顾丰良，机关全体女干部，各村（社区）、驻街单位妇代会主任，女企业家代表，受表彰先进个人及单身贫困母亲参加了此次活动。

3月29日，南闸街道举办第一期南闸大学堂活动，街道党政班子成员、机关全体工作人员、村（社区）两委班子成员，以及驻街单位主要负责人聆听了讲座。

4月2日，副市长郁秋皓来街道视察护林防火工作，街道领导李志浩、袁飞陪同。

4月12日，无锡市委常委、江阴市委书记陈金虎率全市各相关部门一行，对南闸街道两处产业项目进行现场观摩。街道领导李志浩、袁飞陪同。

4月12日，在街道办事处主任袁飞的陪同下，东部战区、江苏省军区考察团一行来街道中强科技有限公司参观考察。

4月24日，南闸街道召开党建工作会议，街道党工委书记李志浩、各村（社区）书记、主任、副书记，相关部门及驻街单位党组织负责人参加会议。

4月25日，南闸街道2018年文化惠民首场演出活动在泗河村启动。

4月26日，在街道党工委书记李志浩，街道办事处副主任严枫的陪同下，市政协副主席韩民来街道视察水利工程建设情况。

4月28日，南闸街道召开2018年度国家卫生城市复审迎检推进会。街道办事处主任袁飞，党工委副书记顾丰良，迎检领导小组全体成员，相关部门及社区负责人参加了会议。

5月15日，在街道党工委书记李志浩的陪同下，无锡市委常委、江阴市委书记陈金虎来街道走访调研结对挂钩经济薄弱村，同时，看望慰问结对贫困户。

5月21日，南闸街道团委举办庆祝改革开放40周年暨纪念五四运动99周年活动，街道党工委书记李志浩、团市委书记居琳、街道办事处主任袁飞及其他全体领导班子成员、各村（社区）书记、部分单位和团组织负责人参加活动。

5月18日，南闸街道举办文艺创作工作座谈会暨文艺期刊《南花园》首发仪式。街道党工委副书记顾丰良、街道文联各协会代表、文艺创作骨干、各村（社区）代表等30余人参加座谈会。

5月30日，南闸街道举办"清风满南闸，廉洁咏流传"——南闸街道崇德倡廉诗文朗诵会。街道领导班子全体成员、机关全体党员干部、各村（社区）及相关驻街单位负责人参加了此次活动。

6月1日，农业农村部副巡视员孙邦群带领省农工委、无锡市农工办领导一行赴街道曙光村调研农村工作。江阴市政法委书记吴芳、南闸街道党工委书记李志浩陪同调研。

6月1日，南闸街道召开生态环境综合整治工作推进会，街道党工委、办事处全体领导，各村书记、主任、网格员，部分驻街单位负责人参加会议。

6月8日，市委常委、市纪委书记、市监委主任余银龙来到联系点南闸街道，专题调研解放思想大讨论活动开展情况。街道领导李志浩、曹其龙陪同调研。

6月19日，市人大常委会副主任龚振东来我街道视察黄昌河综合整治情况，街道办事处主任袁飞陪同视察。

6月15日，在街道领导李志浩、袁飞、曹其龙的带领下，南闸街道组织市人大代表开展生态环境专项整治督查活动，进一步助推生态保护和环境治理工作。

7月3日，市委副书记袁秋中来到街道观山村看望了村党委书记吴克平，向他送去亲切问候和崇高敬意。

7月4日，南闸街道召开纪念建党97周年暨半年度工作会议，街道党工委班子领导、主任科员，机关中层，全体村干部，驻街单位党组织负责人，企业党组织负责人，部分老干部，各类先进代表等参加会议。

7月5日，南闸街道科学技术协会召开第七次代表大会，全面总结回顾了五年来科协工作取得的成绩，明确了今后五年科协事业的奋斗目标和主要任务，选举产生了街道科协第七届委员会委员。市科协主席孔晓燕和街道领导李志浩、张纲参加会议。

7月13日，南闸街道召开国家卫生城市复审迎检工作推进会。街道领导袁飞、许铁军，机关各相关科室主任，相关村（社区）书记、主任及有关单位负责人等30余人参加会议。

7月23日，南闸街道召开夏季百日安全生产专项行动动员部署会暨"散乱污"企业专项整治工作推进会，街道党工委、办事处全体领导，各村书记、主任，街道机关干部，部分驻街单位负责人和部分重点企业负责人参加了此次会议。

7月30日，街道召开无锡市第一提级巡察组巡察江阴市南闸街道工作动员会。无锡市委第一提级巡察组组长徐炯明，江阴市委常委、纪委书记余银龙，街道全体班子成员、主任科员、三年来退休老领导，街道中层正职干部，各村（社区）书记、主任，驻街道单位负责人共计80余人参加会议。

8月8日，无锡市委常委、江阴市委书记陈金虎带队赴南闸街道现场督导全市"散乱污"企业整治情况，街道办事处主任袁飞陪同。

8月24日，市人大常委会主任、锡澄运河市级河长孙小虎带领有关职能部门，实地督查锡澄运河沿线水环境整治工作进展情况，街道党工委书记李志浩陪同巡查。

9月19日，南闸街道召开2018年度网格化工作推进会暨网格化工作培训会。街道领导袁飞、顾丰良，网格长、全体网格员、联络员、指挥中心全体人员等参加会议。

9月21日，市人大代表南闸小组集中视察集成改革工作进展情况。无锡市人大代表、市人大代表南闸小组全体成员、政协委员和相关街道领导参加活动。

10月12日，南闸街道隆重庆祝第31个敬老日，街道领导袁飞、顾丰良、许铁军等参加庆祝活动。

10月27日，南闸首届全民运动会在街道实验学校隆重开幕，副市长许晨、街道党工委班子全体领导参加开幕式。

11月2日，无锡市政协主席周敏炜一行来到南闸街道走访调研无锡市政协委员企业江苏南农高科技股份有限公司生产运营情况，江阴市委书记陈金虎，市政协主席徐冬青、副主席张英毅陪同调研。

11月12日，无锡市委第一提级巡察组在街道召开巡察南闸街道情况反馈会议。无锡市委常委、江阴市委书记陈金虎，无锡市委巡察工作领导小组成员、市纪委副书记、监委副主任刘葱葱，无锡市委第一提级巡察组组长徐炯明，江阴市委常委、纪委书记、监委主任余银龙等，以及街道全体班子成员出席会议。

11月9日，南闸街道花果村党委正式揭牌成立。市委组织部副部长、两新党工委书记马忠洪，街道领导李志浩、顾丰良、沈晓锋等参加成立大会，并为花果村党委授印揭牌。

11月12日，南闸街道召开"扫黑除恶"动员部署会，街道领导李志浩、曹其龙、顾丰良等，各村（社区）书记、主任，各职能部门负责人，以及相关驻街单位负责人参加会议。

11月17日，江阴第三届全澄欢乐跑南闸街道"丁果湖"站开赛。街道办事处副主任许铁军参加开幕式。来自街道的500多名参赛选手参加了此次比赛。

11月28日，南闸街道召开2018年度"民主评议机关"集中测评大会，党代表、人大代表、政协委员、市管干部、全体村（社区）两委干部、大学生村官、企业代表、社区群众等参加集中测评大会。

11月26日，南闸街道举办"翰墨书改革，丹青绘变化"纪念改革开放40周年书法比赛暨"清乐杯"书画作品展。

12月5日，南闸街道召开安委会成员扩大会议，街道领导袁飞、张纲等，街道安委会各成员单位，各行政村主任，街道规模以上企业负责人，以及危化品生产、经营、使用、运输企业负责人参加会议。

12月7日，南闸街道电工钢行业企业科协联盟成立大会在狮山湖举行。市科协主席孔晓燕，街道领导袁飞、张纲等出席成立仪式，并为南闸电工钢行业企业科协联盟揭牌。

12月20日上午，无锡市人大常委会主任徐一平来街道，视察南闸村产业扶贫项目推进情况。江阴市人大常委会主任孙小虎，街道领导李志浩、曹其龙等陪同视察。

12月29日，南闸街道召开2018年度村（社区）党组织书记、党员领导干部党建述职暨述责述廉会议。街道领导李志浩、袁飞、曹其龙、沈晓锋等、街道机关全体党员、村两委班子成员、驻街单位党组织负责人和部分企业党组织负责人参加会议。

12月26日，南闸街道召开新时代文明实践所（站、点）建设部署推进大会。街道领导李志浩、袁飞、曹其龙、顾丰良、沈晓锋等，部分驻街单位、机关部门负责人，各村（社区）书记等参加会议。

2019年

1月7日，金三角市场举行金三角市场党建联盟成立暨金三角市场党群服务中心启用仪式。市委常委、组织部部长邵文松，无锡市委组织部"两新"办主任徐水辉，街道全体班子成员，街道党员代表，金三角市场党员，以及个体工商户代表等参加了成立大会，并为金三角市场党建联盟和金三角市场党群服务中心揭牌。

1月16日，在街道领导李志浩和袁飞的陪同下，无锡市委常委、市委书记陈金虎带领相关部门深入街道经济薄弱村和贫困户家庭开展走访慰问。

1月15日，南闸街道召开2018—2019年度党员干部冬训暨先进表彰大会，回顾总结2018年工作，谋划2019年目标任务，隆重表彰街道2018年各行各业、各条战线涌现出来的先进集体和先进个人。街道全体班子成员、主任科员，全体机关干部，全体村干部，部分老干部，部分重点骨干企业负责人，驻街道单位负责人，以及部分先进代表，共200余人参加会议。街道党工委副书记顾丰良主持会议。

1月22日，江阴市副市长、市公安局局长王庆春带领市安监部门、消防部门等，来街道检查节前安全生产工作。街道党工委书记李志浩陪同检查。

1月30日，南闸街道召开党员干部警示教育大会，街道班子全体领导、各村（社区）两委成员、驻街单位负责人、机关部门负责人参加会议。

2月11日，在街道领导李志浩、袁飞等陪同下，市领导袁秋中、靳佳高一行来到江阴市赛特精密工具有限公司，深入企业车间，了解复工复产和企业发展情况。

2月26日，南闸街道召开"扫黑除恶"专项斗争工作推进会。街道领导袁飞、顾丰良等，相关部门负责人，各村主任，以及学校、派出所等负责人参加会议。

3月6日，南闸街道召开"贯彻新思想·建功新时代"纪念"三八"国际劳动妇女节109周年大会，街道领导顾丰良、沈晓锋、严枫等，以及各界妇女代表、受表彰的先进代表等参加会议。

3月22日，无锡市委常委、江阴市委书记陈金虎来南闸调研黑臭水体整治工作，市领导郁秋皓、张少波，街道党工委书记李志浩参加调研。

3月28日，南闸街道召开生态环境保护会议，全体党政领导，机关部门中层以上人员，相关职能部门全体工作人员，各村（社区）书记、主任，驻街单位负责人，环保重点监管企业负责人参加会议，办事处副主任张纲主持会议。

4月22日，江阴市图书馆南闸分管正式揭牌开馆，市政协副主席陈兴初、市委宣传部常务副部长、市文明办薛建国主任、街道党工委书记李志浩出席揭牌仪式，并为江阴市图书馆南闸分馆揭牌。街道办事处主任袁飞主持揭牌仪式。

5月6日，南闸街道在紫金广场举行庆祝新中国成立70周年主题宣讲活动启动仪式暨首场宣讲。街道领导顾丰良、沈晓锋、严枫等参加启动仪式。

5月10日，无锡市委常委、江阴市委书记陈金虎来到街道泗河村调研农村人居环境整治工作。市领导吴芳、郁秋皓，街道党工委书记李志浩陪同调研。

5月30日，无锡市委常委、江阴市委书记陈金虎来南闸街道督导专业市场扫黑除恶专项斗争开展情况。市委常委、政法委书记吴芳，副市长王庆春，街道党工委书记李志浩陪同督导。

6月4日，无锡市常委、市委书记陈金虎来南闸街道走访慰问"阳光扶贫"结对户吴成龙，街道党工委书记李志浩陪同。

5月30日，市人大常委会副主任龚振东来南闸街道视察黄昌河综合整治情况。街道领导袁飞、曹其龙等陪同视察。

5月31日，中共江阴市委第一巡察组召开南闸街道村（社区）巡察工作动员会。江阴市委第一巡察组全体人员、街道班子成员、各部门负责人、各村（社区）两委班子成员、近三年来退休的两委班子人员、党员代表、村民代表、主要企业负责人代参加会议。南闸街道办事处主任袁飞主持会议。

6月18日，无锡市委常委、江阴市委书记陈金虎来南闸金三角市场调研基层党建"四项工程"建设工作。市委常委、组织部长邵文松，街道领导李志浩、袁飞等陪同调研。

7月1日，街道举行纪念建党98周年暨半年度工作会议，总结上半年工作，部署下半年任务。街道党工委班子领导、主任科员，机关中层干部，各村（社区）全体两委成员，驻街单位党组织负责人，企业党组织负责人，部分老干部，各类先进代表等参加了会议。

7月9日，江阴市农村人居环境整治提升推进会在南闸召开，市领导蔡叶明、吴芳、张少波等参加会议。

7月17日，市人大常委会领导来南闸街道视察企业智能制造发展情况。市人大常委会主任孙小虎，副主任唐仲贤、龚振东、朱敏，党组成员陈佩民、顾金辉、蒋和兴参加视察。副市长杨云、市政府党组成员张少波，街道领导李志浩、袁飞陪同视察。

7月22日，副市长张韶峰来南闸检查集成改革情况，街道领导李志浩、顾丰良陪同检查。

7月22日，市人大代表南闸小组第五选区的2名代表在人大代表之家开展了代表述职评议和集中学习活动。街道人大工委主任曹其龙、部分市人大代表、部分选区的选民代表参加代表述职评议活动。

8月6日，无锡市委常委、江阴市委书记陈金虎赴南闸街道调研经济社会发展情况。副市长郁秋皓参加调研活动。南闸街道党工委书记李志浩陪同调研。

8月20日，无锡市人大常委会主任徐一平来南闸街道，视察南闸村产业扶贫项目推进情况。江阴市人大常委会主任孙小虎和街道领导李志浩、曹其龙等陪同视察。

8月20日，省生态环境厅太湖处副处长黄卫一行来街道调研水环境修复保护情况。街道办事处主任袁飞陪同视察。

8月27日，市人大常委会副主任龚振东率领市司法局、生态环境局、水利局、农业农村局、公共事业局等部门负责人视察了街道境内的黄昌河综合整治情况。街道领导袁飞、曹其龙等陪同视察。

8月27日，南闸街道召开大气污染防治工作推进会，总结今年以来相关工作推进情况，部署安排下阶段大气污染防治重点工作。街道领导任袁飞、张纲等，机关单位，各村（社区）主任、网格员，以及相关企业负责人参加会议。

8月29日，无锡市委常委、江阴市委书记陈金虎率队调研街道中心幼儿园食材配送工作。市领导靳佳高、郁秋皓、张少波，以及街道领导李志浩、袁飞陪同调研。

9月2日，市委常委、市纪委书记、市监委主任靳佳高带领相关部门负责人，对街道实验学校食堂食材配送、环境卫生等进行了检查。街道领导李志浩、严枫等陪同检查。

9月24日，市政协主席徐冬青在街道领导李志浩、顾丰良的陪同下走访慰问了街道老复员军人，向他们致以亲切的问候和崇高的敬意。

9月23日，南闸街道召开"不忘初心，牢记使命"主题教育动员部署会议。街道党工委书记李志浩做动员部署。无锡市委第一巡回指导组成员韩慧、江阴市委第一巡回指导组副组长冯正兴、江阴市委第一巡回指导组相关成员到会指导。街道领导袁飞、顾丰良等出席会议。

9月30日，市长蔡叶明来南闸街道走访慰问了养老机构和高龄老人代表，向他们致以节日的问候和良好的祝愿。街道党工委书记李志浩陪同走访。

9月29日，江阴市委第一巡察组在街道召开巡查南闸街道所辖村（社区）党组织情况反馈会。市委第一巡察组组长袁金英，副组长沙雪蓉、刘丽渊，市第四派出监察员办公室以及江阴市委第一巡察组相关成员出席会议。街道党工委全体班子成员，街道中层正职干部，各村（社区）全体两委班子成员、近三年来退休的两委班子人员、党员代表、村民代表，各村（社区）辖区内主要企业负责人代表等参加会议。

9月27日，市人大代表南闸小组集中开展了"履职活动周"活动，无锡市人大代表、市人大代表南闸小组全体成员、政协委员和相关街道领导参加活动。

10月10日，江阴市委常委、宣传部部长程政来南闸街道调研指导街道新时代文明实践所（站、点）建设情况。街道党工委书记李志浩的陪同调研。

11月6日，市人大代表南闸小组组织开展了铁路枢纽中心建设情况定向视察活动。市人大常委会副主任唐仲贤、街道党工委书记李志浩参加活动。

11月11日，南闸街道召开深化全国文明城市建设工作推进会。南闸街道党工委副书记顾丰良、相关部门负责人、各村（社区）负责人出席会议。

11月14日，省残联副理事长胡乃亮一行来南闸街道紫金社区调研社区康复工作。街道办事处副主任严枫陪同调研。

是月，南闸街道观西村被评为无锡市"2019年度美丽乡村示范村"。

12月10日，南闸街道召开党工委中心组学习会，围绕安全生产进行集中学习、集中研讨。市委常委、市纪委书记、市监委主任靳佳高出席会议并讲话。学习会由街道党工委书记李志浩主持，街道党工委班子全体成员参加。

12月24日，南闸街道召开2019年度警示教育大会，街道党工委班子全体领导；各村（社区）部分两委成员；驻街单位负责人；机关部门负责人；机关、村（社区）干部代表等参加会议。

12月24日，南闸街道召开2019年度村（社区）党组织书记、党员领导干部党建述职暨述责述廉述法述意识形态会议。街道党工委班子领导、主任科员，机关中层干部，各村（社区）书记、主任、副书记，各驻街单位党组织负责人等参加会议。

2020年

1月2日，南闸街道召开2019年度领导班子和领导干部考核考察暨"一报告两评议"测评会。全体街道领导、主任科员，部分党代表、人大代表、政协委员，各村（社区）书记、主任，驻街道单位党组织书记，骨干企业代表，老干部代表，街道机关中层干部参加会议。

1月5日，江阴市太极拳协会南闸分会在南闸中心小学体艺中心宣布成立。江阴市老年人体育协会主席吴崇翟、南闸街道党工委书记李志浩出席成立仪式，并共同为江阴市太极拳协会南闸分会揭牌。

1月6日，市委宣讲团成员、市政法委副书记顾培植到南闸街道紫金社区宣讲党的十九届四中全会精神。紫金社区工作人员以及部分党员代表、居民代表聆听了宣讲。

1月8日，江阴市副市长王庆春一行深入南闸街道挂钩经济薄弱村龙运村开展走访慰问，为村级经济发展出谋划策。街道党工委书记李志浩、办事处副主任金莉等陪同走访慰问。

1月14日，市人大常委会主任孙小虎带领相关部门负责人，来街道走访慰问了"中国好人"和家庭困难群众，为他们送上新春祝福。街道党工委书记李志浩的陪同走访慰问。

1月16日，无锡市政府副市长、江阴市委书记王进键来街道走访慰问贫困户吴成龙，给他送去了党和政府的关爱。市领导程政、虞卫才、韩民参加走访慰问。街道党工委书记李志浩陪同走访慰问。

1月17日，南闸街道召开2019—2020年度党员干部冬训暨先进表彰大会，回顾总结2019年工作，全面部署2020年任务，隆重表彰街道2019年各行各业、各条战线涌现出来的先进集体和先进个人。街道党工委全体班子成员、主任科员，机关中层副职以上干部，全体村干部，部分老干部，部分重点骨干企业负责人，驻街道单位负责人，以及部分先进代表，共200余人参加会议。街道办事处主任袁飞主持会议。

1月20日，南闸街道召开"不忘初心，牢记使命"主题教育总结大会。江阴市委第一巡回指导组副组长佘晓萍出席会议。街道全体班子成员、主任科员，全体机关中层副职以上干部，全体村两委成员，驻街单位党组织负责人，重点企业党组织负责人，街道主题教育领导小组办公室全体成员和联络组全体成员参加会议。

1月27日，南闸街道召开党工委（扩大）会议暨新型冠状病毒感染的肺炎疫情防控工作推进会。街道党工委班子全体成员，各村书记、主任，驻街单位参加会议。

是月，在"爱国敬业诚信友善"——第六届"德耀江阴·十佳江阴好人"颁奖典礼上，南闸街道居兰娣获得了"十佳江阴好人提名奖"。

2月2日，市委副书记袁秋中来南闸街道，以座谈及现场走访的方式，检查新型冠状病毒感染的肺炎疫情防控工作落实情况。街道党工委书记李志浩陪同走访。

2月5日，市委常委、政法委书记吴芳来到南闸街道，指导疫情防控工作，看望防控一线工作人员。街道党工委书记李志浩，街道办事处主任袁飞、副主任金莉陪同。

2月10日，江阴市委常委、宣传部部长程政带领相关部门负责人来到南闸街道，检查疫情防控工作开展情况并慰问困难群众和防控一线工作人员。街道党工委书记李志浩陪同检查。

3月23日，南闸街道召开2020年度宣传思想文化工作会议，街道宣传委员顾承主持会议并讲话。街道各驻街单位、部门负责人，各村（社区）副书记、通讯员参加会议。

3月27日，南闸街道召开污染防治攻坚大会，总结去年街道污染防治攻坚工作情况，明确下一阶段生态环境保护工作任务。街道党工委、办事处全体领导，机关各部门、有关驻街道单位负责人，各村（社区）党总支（委）书记、主任，以及重点企业负责人参加会议。

4月15日，全市举行2020年一季度产业项目现场观摩活动。市长蔡叶明率全市各相关部门、镇街（园区）负责人来南闸，观摩江阴市华瑞德玻璃制品有限公司整厂搬迁扩能项目。市领导孙小虎、徐冬青等参加现场观摩活动。街道党工委书记李志浩和办事处主任袁飞陪同观摩。

5月8日，南闸街道召开2020年度党建工作会议，正确分析当前党建工作形势，全面部署今年党建工作任务。街道全体党政领导，各村（社区）书记、分管党务的副书记或支委，驻街单位党组织负责人，机关中层负责人，企业党组织负责人参加会议。

5月9日，2020年南闸街道"一城两园追梦人"年轻干部素质提升行动正式启动，街道党工委副书记蔡晓华参加启动仪式，并作动员讲话。

5月16日，由南闸街道党工委、办事处、科技局、残联、职业技术学院联合开展的"大力弘扬江阴精神，确保蝉联全国文明城市"志愿服务活动启动。街道党工委书记李志浩、街道办事处主任袁飞出席并启动活动，街道党政班子成员，街道机关、科技局、残联、职业技术学院、村（社区）和南花园爱心志愿联盟志愿者代表参加活动。街道党工委副书记蔡晓华主持活动。

5月14日，南闸街道召开第七次全国人口普查工作推进会议，回顾总结今年以来街道人口普查准备工作、"三落实"前期工作等情况，动员部署下一阶段工作。街道办事处主任袁飞、相关条线党政领导、各相关部门负责人、各村（社区）书记以及街道人口普查办公室全体工作人员参加会议。

5月24日，江阴市副市长许迎春和街道党工委书记李志浩来到街道称心阁小区，作为普通志愿者参加志愿服务。

5月26日，无锡市委书记黄钦来南闸街道调研"三农"工作，深入了解南闸街道在百企建百园方面的工作亮点和成效。无锡市委副书记徐劼、无锡市政府副市长、江阴市委书记王进健陪同调研。

6月10日，江阴市人大常委会主任孙小虎来南闸走访挂钩联系村南新村和泗河村，深入调研指导村级集体经济发展、社会治理、党建等工作。市自然资源规划局、公共事业局主要负责人和街道党工委书记李志浩陪同调研。

6月12日，江阴市农村人居环境整治提升现场督查推进会在南闸街道召开。在街道领导李志浩、袁飞等陪同下，江阴市委常委、市政法委书记吴芳带领市农业农村局、市政协民主监督组、各镇街分管领导实地督查了街道蔡泾村蒋家组村、龙运村王家村两个自然村农村人居环境整治现状，详细了解街道农村人居环境整治提升工作推进情况。

6月16日，南闸街道召开"推进'五联'党建，决胜脱贫攻坚"誓师大会。街道党工委书记李志浩，街道脱贫攻坚领导小组相关成员，相关村、企业负责人和包村干部参加会议。李志浩为街道脱贫攻坚红色服务队授旗，并向经济薄弱村发放决胜脱贫攻坚目标责任书，街道12家企业与4个经济薄弱村进行村企党建结对，助力脱贫攻坚签约。

6月30日，江阴市委副书记袁秋中来街道走访困难党员和老党员，给他们送上了节日的祝福和亲切的问候。街道党工委书记李志浩陪同走访慰问。

7月1日，南闸街道举行纪念建党99周年暨半年度工作会议，总结上半年工作，部署下半年任务，表彰在推动南闸改革发展各项事业中涌现出的优秀共产党员、优秀党务工作者和先进基层党组织。街道党工委班子全体成员、退职领导，机关中层干部，全体村两委干部，驻街单位党组织主要负责人，企业党组织主要负责人，部分老干部代表，各类先进代表等参加会议。

7月7日，副市长许晨来南闸调研基层社区卫生服务中心运行情况。街道领导袁飞、金莉陪同调研。

7月6日，由无锡市编办体改处、政府办政务公开处、行政审批局审批管理处和质标院4个部门组成的调研组来南闸调研基层政务公开标准化规范化工作。街道党工委副书记蔡晓华以及相关条线领导、各部门负责人参加调研会。蔡晓华向调研组汇报了街道基层政务公开标准化规范化工作。

7月8日，江阴市委常委、市纪委书记、市监委主任靳佳高深入南闸街道开展"村村到"走访调研活动。市纪委副书记、市监委副主任朱佳虎，街道党工委书记李志浩等陪同走访。

7月14日，市人大代表南闸小组开展安全生产执法检查。市人大代表南闸小组全体代表、无锡市人大代表、市政协南闸小组委员一行先后实地视察了宏晟机械和宝得换热，详细了解企业安全生产工作的措施与做法。街道办事处主任袁飞汇报上半年街道安全生产工作情况。

7月26日，市委书记许峰带领有关部门主要负责人来到南闸，走访调研重点骨干企业惠尔信。市委常委、常务副市长费平参加调研，街道党工委书记李志浩陪同调研。

7月27日，"决胜全面小康，建设'一城两园'"南闸街道年轻干部素质提升行动在街道成教中心举行。市委常委、宣传部部长程政，市委组织部常务副部长谢映军，街道党工委书记李志浩，街道办事处主任袁飞，市委宣传部副部长姜浩等出席活动，并共同开启南闸街道年轻干部践行"四力"调研实践活动。

8月5日，市人大常委会主任孙小虎、党组成员顾金辉来南闸街道，调研督办今年市十七届人大四次会议上代表提出的关于加快推动工业绩效成果应用的建议。副市长赵强以及街道党工委书记李志浩等陪同调研督办。

8月11日，无锡市人大常委会农业农村工委主任朱伟一行来南闸街道检查调研农村人居环境整治推进情况。市人大常委会副主任张光伟、党组成员顾金辉，以及街道党工委副书记蔡晓华陪同调研。

8月14日，市人大常委会主任、锡澄运河（江阴段）河长孙小虎带领市公用事业局负责人来到南闸街道，督查锡澄运河南闸段水环境整治工作。街道党工委书记李志浩、办事处主任袁飞陪同督查。

8月20日，无锡市人大常委会主任徐一平来到南闸街道，走访调研薄弱村扶贫项目。江阴市人大常委会主任孙小虎，南闸街道党工委书记李志浩、办事处主任袁飞陪同调研。

8月19日，常州市经济开发区代表团来南闸街道学习考察农村人居环境整治工作和美丽乡村建设方面的经验与做法。副市长郁秋皓、街道办事处主任袁飞以及党工委副书记蔡晓华陪同考察。

8月31日，市委副书记袁秋中来到南闸街道，围绕"深入学习习近平总书记关于安全生产重要论述、全面推进安全生产治理体系和治理能力现代化"主题开展安全生产专题宣讲。街道党工委领导班子全体成员，机关中层副职以上干部，各村（社区）书记、主任，街道安全生产监督管理科全体人员和辖区安全生产重点监管企业主要负责人聆听了宣讲。街道党工委书记李志浩主持会议。

8月26日，江阴市关工委主任孙福康一行，来南闸街道调研市青少年禁毒教育馆，街道办事处副主任金莉陪同调研。

9月16日，市委常委、政法委书记吴芳带领市住房和城乡建设局、自然资源和规划局、农业农村局分管领导以及全市14个农房建设试点镇街分管领导等来到南闸街道，现场观摩并调研了观山村农房建设试点工作，了解项目建设进展情况。街道党工委书记李志浩、办事处主任袁飞陪同调研。

10月18日，"南闸杯"2020年江苏省滑翔伞俱乐部联赛（江阴花山站）在国家级航空飞行营地——江阴花山滑翔伞基地开赛。江苏省航空运动协会常务副会长吕卫东，江苏省体育总会副秘书长徐志胜，街道领导李志浩、袁飞、蔡晓华、金莉等出席开幕式并观看了滑翔伞趣味飞行表演。

10月20日，在街道领导袁飞、蔡晓华的陪同下，市委常委、市政法委书记吴芳带领市农业农村局、各镇街分管领导实地督查了街道观西陶湾自然村农村人居环境整治现状，详细了解南闸农村人居环境整治提升工作推进情况。

10月24日，江阴市委书记许峰来南闸街道走访慰问了养老机构——爱晚亭爱心护理院。市领导孙小虎、许晨以及街道领导李志浩、袁飞、金莉等参加慰问活动。

10月21日，江阴市市长蔡叶明率全市各相关部门、镇街（园区）负责人来南闸街道，观摩江阴澄茂机械制造有限公司年产4000套精密零部件项目。市领导孙小虎、徐冬青，街道党工委书记李志浩和办事处主任袁飞陪同观摩。

10月30日，"南闸书声起，文明人心来"南闸街道全民阅读主题活动启动仪式在紫金广场举办。无锡市政府副秘书长、办公室主任相江，江阴市委常委、宣传部部长程政，无锡市政府办公室副主任郭平，以及街道党政领导班子成员等参加活动。

11月18日，副市长许迎春来南闸街道检查文明城市建设工作。街道领导李志浩、蔡晓华等陪同检查。

11月23日，江阴市委书记许峰来南闸街道调研经济社会发展情况。市领导张少波，市委办、发改委、工信局、资规局、住建局、交通运输局、消防大队等相关部门主要负责人参加调研。街道党工委书记李志浩，办事处主任袁飞等陪同调研。

11月19日，江苏省人大常委会副主任、党组副书记王燕文率队来南闸街道调研残疾人社区康复示范点工作。无锡市和江阴市领导沈建、王国中、许峰、孙小虎、虞卫才，街道领导李志浩、袁飞、金莉陪同调研。

12月17日，无锡市委宣讲团成员、无锡市委宣传部一级调研员商波涛来南闸街道宣讲党的十九届五中全会精神。街道党政领导，各村（社区）书记、主任，机关中层副职以上干部听取了宣讲。

12月18日，南闸街道召开村（社区）两委换届工作推进会，街道领导蔡晓华、金莉等，街道村（社区）两委换届工作联络指导组全体成员，以及各村（社区）书记、主任、各村（社区）换届工作者参加会议。

第一编　建置·区划

第一章 沿革区划

第一节 位置境域

南闸街道，地处太湖平原北端，苏锡常腹地，位于江阴市中部偏西，距市区5公里，是江阴南郊古老的水乡名镇。地理坐标居于东经150°15′，北纬30°51′。街道东西长12.8公里，南北最宽处7.2公里，总面积为45平方公里。东与云亭街道以花山顶峰为界，东南与徐霞客镇峭岐社区接壤，南与月城镇以冯泾河、秦望山分界，西邻常州市武进区焦溪社区，西北与焦溪查家村阡陌相连，北接澄江街道、夏港街道、申港街道，东北则与澄江街道谢园村绣壤交错。

宋、元、明代，南闸地区东部属太宁乡，西部属来春乡（以耿家村为界，之东为太宁乡，之西包括耿家村为来春乡）。太宁乡北界离县城1里，南界离江阴县城30里。来春乡东界离江阴县城10里，西界离县城35里。明代，乡以下设都图，太宁乡统21都、22都、23都、24都，其中22都、23都和24都属南闸地区；来春乡统8都、9都、10都，其中9都、10都属南闸地区。

清康熙三年（1664），江阴县清丈田亩，废乡都，建镇保，将全县17个乡划分为36个镇，各镇领保，全县共444保。南闸地区包括蔡泾镇7个保、观山镇9个保以及谢园镇南部4个保。

民国元年（1912），江阴县划为1市36乡，南闸地区包括蔡泾乡、观山乡以及谢园乡南部4个保。

中华人民共和国成立以后，南闸境域与邻近县市乡镇有过调整。与武进县的调整：1952年9月，南闸境内的东下塘划给武进县焦溪乡，武进县舜山乡的河屯基村和是家门村划给南闸。与夏港街道和申港街道的调整：1949年10月，南闸境域内观山乡的孙家弄、傅家村、山下村划入夏港境内的夏伍乡，同时将汤沟、西牌楼、田头村、戚家村划入申港境内的景贤乡。与澄江街道的调整：1956年3月，澄江境域内谢园乡的施元场、缪家村、王庄村并入南闸乡；南闸境域内的蔡泾乡划给通运乡。1957年9月，原划给通运乡的蔡泾乡，仍划归南闸乡。自此迄今，南闸境域未变。

第二节 建置沿革

商末，周太王之子泰伯、仲雍让国南奔荆蛮，建句吴，南闸地属句吴。

周武王十一年（约公元前1056），封仲雍曾孙周章为吴王，南闸地属吴国。

春秋时，周灵王二十五年、吴王余祭元年（前547），封季札于延陵，南闸属其封地。

战国时，周元王三年（前473），越灭吴，南闸属越。

周显王三十五年（前334），楚灭越，南闸属楚。

楚考烈王十五年（前248），楚相春申君黄歇迁封于江南吴地，南闸属其采邑。

秦王政二十四年（前223），灭楚，置会稽郡，南闸属会稽郡延陵乡。

汉高祖五年（前202），改置延陵乡为毗陵县，南闸属毗陵县暨阳乡。

三国时，孙氏据吴，建置袭汉旧。

西晋太康二年（281），改毗陵县为郡，置暨阳县，南闸地属暨阳县。永嘉五年（311），改毗陵郡为晋陵郡，南闸属晋陵郡暨阳县。南北朝梁敬帝绍泰元年（555），废暨阳县建江阴郡，设江阴、梁丰、利城三县，南闸属江阴县。

隋开皇九年（589），废江阴郡，并梁丰、利城入江阴县，南闸地属江阴县。

唐武德三年（620），置暨州与江阴县，南闸属暨州江阴县。武德九年（626），废暨州，南闸仍属江阴县。

宋时，江阴分设17个乡，南闸地区为太宁、来春二乡。

元承宋制。

明代，全县分设个17个乡，辖50都374图，南闸地区境域为太宁、来春二乡，下辖5都46图。

清康熙三年（1664），全县分17乡36镇444保，南闸地区有蔡泾、观山、谢园3镇21保。

民国元年（1912）颁行市乡制，江阴县划为1市36乡，南闸地区包括蔡泾、观山2乡20保。民国二十三年（1934）实行保甲制，江阴划并为7个区，辖128个乡镇（其中镇36个、乡92个），南闸境域划分为南闸镇、谢南乡（属一区），观东乡、观山乡、观西乡（属七区）。民国二十六年（1937），江阴沦陷，日本侵略军侵占南闸，次年建立日伪政权，全县设8个区，辖36个乡镇，南闸镇改称蔡泾乡，属一区；观东、观西并入观山乡，属七区；谢南乡并入谢绮花乡，属一区。

民国二十九年（1940）下半年，中国共产党在江阴乡区建立抗日民主政权，南闸境内锡澄运河以西，属澄西县第三区；锡澄运河以东，属江阴县峭岐区。

民国三十一年（1942）日伪"清乡"后，划区分乡。蔡泾乡更名南闸镇，属一区；观山分为观东、观山、观西3个乡，属七区；谢南、谢北又从谢绮花乡分出设乡，属一区。

民国三十四年（1945）8月，抗战胜利。11月，国民党江阴县政府将全县划分为7个区、125个乡镇（其中镇38个、乡87个）、1418保、14828甲。南闸镇、谢南乡、谢北乡、谢绮花乡属一区，观山乡、观东乡、观西乡属七区。

民国三十六年（1947）7月，江阴合并部分乡镇。全县划为7个区、67个乡镇（其中镇31个、乡36个）、735保、10259甲。谢南、谢北合并为谢园乡，一部分划归南闸镇，属一区；观东、观西并入观山乡，属七区。

民国三十七年（1948）5月，划区并乡，全县合并为42个乡镇（其中镇21个、乡21个）、545保、8446甲。谢园、绮花合并为谢绮花乡，同年10月改称忠义乡，乡公所设在陈皮弄，辖21保、307甲。南闸镇公所设在河东城隍庙，辖25保、146甲。观山乡公所设在璜村张氏宗祠，辖13保、199甲。

1949年4月23日，江阴解放，南闸镇、忠义乡属江阴县城南区，观山乡属江阴县澄西区。

1949年10月，南闸镇划分为南闸、蔡泾2个乡，隶属于江阴县花山区；忠义乡划分为谢南、谢北、皮弄、花山4个乡，隶属于花山区；观山乡划分成观东、观山、观西3个乡，隶属于夏港区。南闸乡人民政府设在河东南弄，辖2街、14个行政村；蔡泾乡人民政府设在东前头，辖11个行政村；谢南乡人民政府设在祥西村，辖11个行政村；观东乡人民政府设在观庄村，辖9个行政村；观山乡人民政府设在山嘴村，辖10个行政村；观西乡人民政府设在焦山村，辖9个行政村。同年，观山乡的孙家弄、傅家村、山下村划归夏伍乡，汤沟、西牌楼、田头村、戚家村划归景贤乡。

1951年8月，谢南、谢北2个乡分为谢南、谢园、谢北3个乡，隶属于花山区。

1952年9月，观西乡的东下塘划给武进县焦溪乡，武进县舜山乡的河屯基、是家门划给观西乡。

1956年3月，谢南乡和谢北乡的施元场、缪家村、王庄村并入南闸乡；蔡泾乡划归通运乡；观西、观东并入观山乡；南闸乡属花山区，辖2街、11个农业合作社；观山乡属澄西区，辖10个农业合作社。

1957年9月，江阴县划为6个区，辖4个县属乡镇、35个乡。观山乡并入南闸乡，原划给通运乡的蔡泾乡，仍划归南闸乡，辖21个大队，隶属于要塞区。自此迄今，南闸区域未变。

1958年8月，区被撤销，仍按原范围划为6个片。9月，建立人民公社，实行政社合一，南闸乡改建为南闸人民公社，辖21个大队、168个生产队，隶属于要塞区。

1958年9月，陶湾大队从观西大队分出，南闸辖22个大队。

1961年9月，江阴县重建6个区，南闸隶属于青阳区，辖22个大队，共203个生产队。

1974年4月，马泾大队从曙光大队分出，璜村大队从观山大队分出，南闸辖24个大队。

1983年3月1日，经国务院批准，江苏省实行市管县体制，撤销苏州地区，江阴划归无锡市领导，南闸隶属于无锡市江阴县。

1984年3月，体制改革，南闸公社改称南闸乡，生产大队改称行政村，生产队改称村民组。南闸乡辖24个行政村、352个村民组和1个市镇居民委员会、10个居民小组，隶属于要塞区。

1987年4月23日，江阴撤县建市，南闸乡隶属于江阴市。

1988年8月1日，南闸乡撤乡建镇，改称南闸镇，隶属于江阴市。辖24个村民委员会、76个联队、352个村民小组和1个市镇居民委员会、13个居民小组。

2009年12月18日，南闸镇撤镇建街道，改称南闸街道，辖11个行政村、2个社区。直至2015年未有变动。

光绪《江阴县志》全境图

光绪《江阴县志》蔡泾镇图

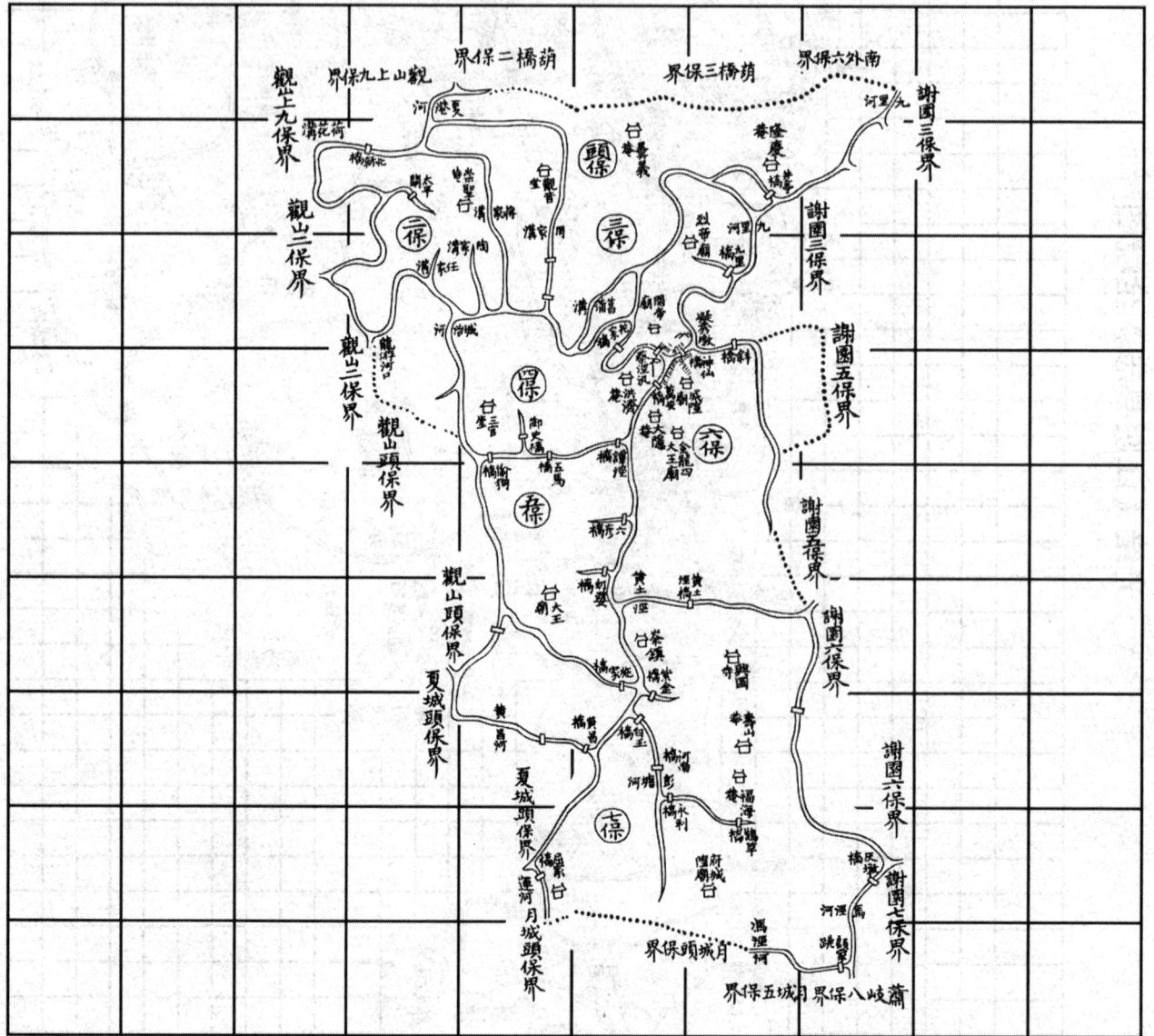

观上九保界　界保九上山观　界保二橘葫　界保三橋葫　界保六外南　谢圉三保界

观山二保界　夏荷花潭　新北桥　紫将军　太平　观音堂　隆庆巷　曼义巷　谢圉三保界

观山二保界　河泾城　清客任　葛蒲潭　烈帝庙　河里九里桥　谢圉五保界

观山头保界　龙游河　三显堂　御史桥　衡桥　大王庙　金龙王庙　蔡江汉　洪潭巷　紫阳　斜桥　六保　谢圉五保界

观山头保界　五马桥　潭泾　彭桥六　如婴桥　黄土泾　黄土桥　谢圉六保界

观山头保界　夏城头保界　大王庙　蔡镇紫桥　蔡镇桥　奇台　韩圉台　谢圉六保界

夏城头保界　黄昌河　白桥　杨家桥　河塘　彭永利桥　桥福　福澤翠桥　华山台　谢圉六保界

夏城头保界　紫台　运河月城头保界　城隍府庙台　谢圉七保界

界保五城月　界保头城月　界保八岐蕭　冯泾河　反马　河泾聖跌　谢圉七保界

光绪《江阴县志》观山镇图

光绪《江阴县志》谢园镇图

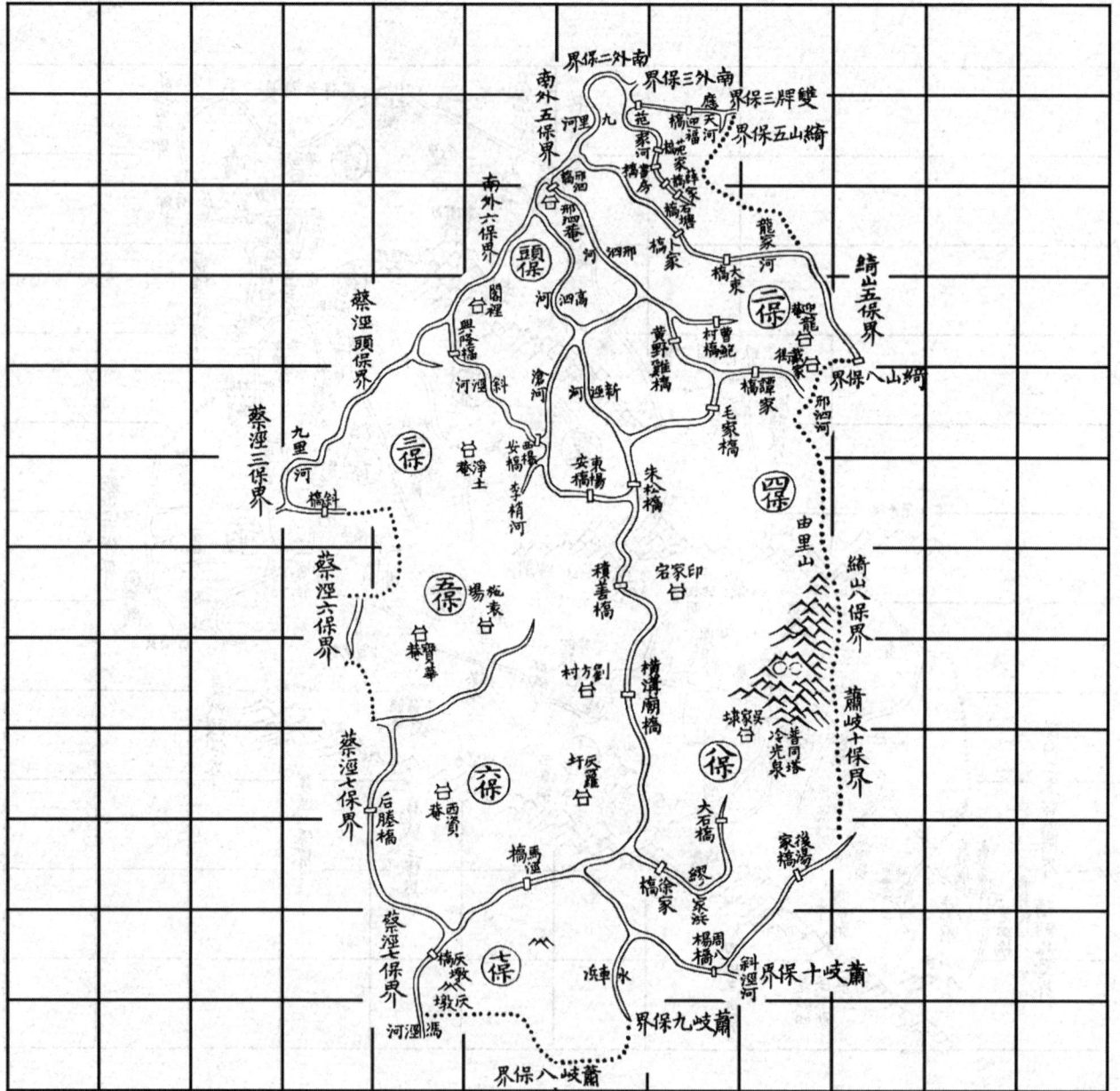

第三节　行政区划

宋元时实行乡里制，南闸地区有二乡四里，分别为太宁乡昭贤里、就日里，来春乡青山里、时亨里。明代，乡承宋制，乡统都图。太宁乡统4都（21都、22都、23都、24都，其中22、23、24都属南闸境域）27图。21都下辖6图，地名：双桥村、连州村、上下村、善村、赵村。22都下辖4图，地名：冯泾村、谢园、月城桥东。23都下辖12图，地名：马泾村、横塘泾、后城村、净寺村、顾家大、后舍村、三里店、磨盘墩、青山村、胡桥村。24都下辖5图，地名：白岸里、曹桥村、九里村。来春乡统3都（8都、9都、10都）19图。8都下辖6图，地名：高庄、严村、张家村、曹家村、西寨朱家村、东寨塘头村、荡里、榨头村、牌头村、虞门村、曹家大。9都下辖7图，地名：邵家圩、横塘、史巷、缪庄桥、李庄、黄村、道士湾、观山门。10都下辖6图，地名：卢岐村、陶湾村、焦山村、殳桥村、观庄、夏店村、茶岐村、鲍庄、邵庄、黄庄、蒋家村、高湾村。

清康熙三年（1664）废乡都，建镇保，南闸地区包括蔡泾镇7个保、观山镇10个保以及谢园镇南部4个保，共132个自然村。蔡泾镇，头保：庄基村、袁落村、刘都埭、蒯家村、东前头、徐家村、杨家村、吴家村、埠下村。二保：聂家村、陈家村、丁家村、八房村、赵家村、曹沈村、黄家村。三保：尤家村、俞家村、吕家村、冯家村、蒋家村、何家村。四保：花家村、秦蒋村、河头村、花家桥、孙家村、梅鸭里、牌楼下、湾里、小庄上。五保：陆家沟、团子头、寨里、戈家村、许家村、沙家村、唐家村。六保：斜桥头、下村、吴家场、何家场、薛家岗、汤家村、季家村。七保：涂镇、谢巷村、崔家埭、金家岗、前新庄、东新庄、西新庄、任前头、石家塘。观山镇，头保：耿家村、观庄、邵庄、鲍庄、馒头村、袁沟世村、南庄、小观庄。二保：菱塘沟、吕家村、东场、焦家塘、闵家村、一薄刀村。三保：璜村、上璜村、山嘴上、高家村、陈家塘、观山门、上山、陆家巷。四保：汤沟村、西牌楼下、田头村、戚家村。五保：泗河口、外湾、里湾、东村、陈市岸、周家村、孟岸岩、石岐里、花家凹、野山嘴、陈家门。六保：焦山、陶湾、东芦岐、西芦岐、张家村、顾家岩、下塘。七保：殳桥、盛家凹。八保：茶岐、璜庄上、南高。上九保：孙家弄、傅家村、山下。下九保：夏店、王家村、龙沟口、小龙沟口。谢园镇南部四保（三保、五保、六保、七保）自康熙三年（1664）至宣统三年（1911），属南闸地区。三保：缪家村、王庄村、施元场。五保：丁家塘、北后塍、南居村、刘芳村、张塘村、苏家村。六保：徐家村、吴家村、祥西、灰罗圩。七保：老庄上、焦家村、马泾桥村、张家村、朱家村、小徐家村、上村、下村。

1949年4月23日江阴解放时，南闸镇辖25个保、146个甲；观山镇辖13个保、199个甲；忠义乡辖21个保、307个甲。9月，废除保甲制。

1949年10月，南闸镇分为南闸、蔡泾2个乡，隶属于花山区；忠义乡分为谢南、谢北、皮弄、花山4个乡，隶属于花山区；观山乡分为观东、观山、观西3个乡，隶属于夏港区。南闸乡人民政府设在河东南弄，辖2街14个行政村；蔡泾乡人民政府设在东前头，辖11个行政村；谢南乡人民政府设在祥西村，辖11个行政村；观东乡人民政府设在观东村，辖9个行政村；观山乡人民政府设在山嘴村，辖10个行政村；观西乡人民政府设在焦山村，辖9个行政村。同年，观山乡的孙家弄、傅家村、山下村划归夏伍乡，汤沟、西牌楼、田头村、戚家村划归景贤乡。

1951年8月，谢南、谢北2个乡分为谢南、谢北、谢园3个乡，隶属于花山区。

1952年9月，观西乡的东下塘划给武进县焦溪乡，武进县舜山乡的河屯基、是家门划给观西乡。

1956年3月，谢南乡和谢北乡的施元场、缪家村、王庄村并入南闸乡；蔡泾乡划入通运乡；观西、观东并归观山乡，南闸乡隶属于花山区，辖河南、河东西街11个农业合作社；观山乡隶属于澄西区，辖10个农业合作社。

1957年9月，观山乡并入南闸乡，原并入通运乡的蔡泾乡仍划归南闸乡，辖21个生产大队，隶属于要塞区。自此迄今，南闸区域未变。

1958年9月，政社合一，南闸乡改称人民公社，辖21个生产大队、168个生产队，属要塞区。

1969年9月，南闸公社辖22个生产大队、203个生产队，属青阳片。

1984年3月，体制改革，改称南闸乡，辖24个行政村、352个村民小组和1个市镇居民委员会、10个居民小组，属要塞区。24个行政村中，花果村所辖自然村有：魏家村、曲立、吴家埭、知青队、范家埭、南潭村、坎家村、中村。谢南村所辖自然村有：苏家村、张塘村、刘芳村、南居村、北后塍、丁家塘。马泾村所辖自然村有：老庄上、焦家村、马泾桥村、张家村、朱家村、小徐家村、上村、下村、副业村。曙光村所辖自然村有：灰罗圩、祥西、南后塍、吴家村、徐家村。施元村所辖自然村有：施元场、缪家村、王庄村。新庄村所辖自然村有：东新庄、西新庄、前新庄、任前头、石家塘。涂镇村所辖自然村有：涂镇、谢巷村、崔家埭。南新村（原名河东大队）所辖自然村有：季家村、汤家村、何家场、下村、斜桥头。泾西村所辖自然村有：东前头、杨家村、吴家村、峰下村、刘都埭、六房村、冯家村、徐家村、高家村、俞家村、吕家村、蒯家村。南闸村所辖自然村有：寨里村、许家村、沙家村、唐家村、团子头、戈家村、陆家沟、金家岗。南运村（原名河南大队）所辖自然村有：上河、牌楼下、梅鸭里、孙家村、秦蒋村、花家桥、花家村。蔡东村所辖自然村有：西弄、湾里、小庄上、何家村、宋家村、蒋家村、河头村、袁落村、庄基村。蔡西村所辖自然村有：丁家村、黄家村、曹家村、沈家村、陈家村、聂家村、赵家村、八房村。菱塘村所辖自然村有：菱塘沟、焦家塘、吕家村、东场、闵家村、一薄刀村。观东村所辖自然村有：邵庄、观庄、小观庄。跃进村所辖自然村有：南庄、袁沟史村、耿家村、馒头村。龙游村（原名巨轮大队）所辖自然村有：龙沟口、小龙沟口、虞家村、夏店、王家村。璜村村所辖自然村有：璜村、袁家村。观山村所辖自然村有：陆家巷、上山、观山门、陈家塘、高家村、山嘴上。灯塔村所辖自然村有：茶岐、璜庄村、南高、𠆤桥、盛家凹。泗河村所辖自然村有：东村、里湾、外湾、东河南、西河南、陈市岸、泗河口、周家村、花家凹、野山嘴、焦山。陶湾村所辖自然村有：陶湾村。观西村所辖自然村有：东芦岐、西芦岐、张家村、顾家岩。孟岸村所辖自然村有：新桥头、石岐里、孟岸、陶家村、是家门、陈家门、河屯基。

1987年4月23日，江阴撤县建市，南闸乡隶属于江阴市。

1988年8月1日，撤乡建镇，改称南闸镇，辖24个村民委员会、76个联队、352个村民小组和1个市镇居民委员会、13个居民小组。

2002年4月，曙光与马泾合并，村名为曙光村；谢南与施元合并，村名为谢南村；涂镇与新庄合并，村名为涂镇村；泾西与蔡东合并，村名为蔡泾村；南运与跃进合并，村名为南运村，龙游与菱塘合并，村名为龙游村；观山与璜村合并，村名为观山村；南闸与观东合并，村名为南闸村；泗河与孟岸合并，村名为泗河村；观西与陶湾合并，村名为观西村。南闸居委并入南新村，改名为南新村（社区）。南闸镇辖15个行政村、1个社区。

2007年11月，谢南与施元合并，村名为谢南村；蔡泾与蔡西合并，村名为蔡泾村；南运与龙游合并，村名为龙运村；观西与灯塔合并，村名为观西村。10月，紫金社区成立。南闸镇辖11个行政村、2

个社区。

2009年12月18日，南闸镇撤镇建街道，改称为江阴市南闸街道，辖11个行政村、2个社区。至2015年未有变动。

1949—1988年南闸行政区域沿革一览

表1-1

时　间	镇（乡、公社）	下　辖	备　注
1949.10 — 1956.2	谢南乡	吴家、南谭、中山、灰罗、后塍、马泾、上下、朱张、张塘、南居、丁家塘等11个行政村。	1952年5月，观西乡第四村划给武进县焦溪乡，同时武进县舜山乡第四村划归观西乡。
	谢北乡	施元、缪家、王庄等3个行政村。	
	南闸乡	河南街、河东街。新庄、任石、谢崔、涂镇、集中、何下、唐家、沙家、寨许、陆家、孙梅、秦花、河南、牌楼等14个行政村。	
	蔡泾乡	杨吴、尤徐俞、吕蒯、刘东、西湾、宋何、河蒋、袁庄、丁黄、陈曹沈、赵聂八等11个行政村。	
	观山乡	1至10十个行政村。	
	观东乡	1至9九个行政村。	
	观西乡	1至9九个行政村。	
1956.3 — 1957.8	南闸乡	河西街、河东街、曙光三社、拥宪社和1至8社。	1956年3月，谢南和谢北3个自然村并入南闸乡，观东、观西并入观山乡，蔡泾划给通运乡。
	观山乡	巨轮三社和1至9社。	
1957.9 — 1958.8	南闸乡	集镇居民委员会和花果、曙光、谢南、向阳、新庄、涂镇、河东、南闸、泾西、蔡东、蔡西、观山、菱塘、巨轮、跃进、观东、灯塔、泗河、观西、孟岸等21个大队。	1957年9月，观山乡并入南闸乡，原蔡泾乡归属南闸乡。
1958.9 — 1984.2	南闸人民公社	集镇居民委员会，下辖10个居民小组。花果、曙光、马泾、谢南、向阳、新庄、涂镇、河东、南闸、河南、泾西、蔡东、蔡西、观山、璜村、菱塘、巨轮、观东、灯塔、泗河、孟岸、观西、陶湾、跃进等24个大队，下辖352个生产队。	1958年9月，陶湾大队从观西大队分出。1974年4月，马泾大队从曙光大队分出，璜村大队从观山大队分出。
1984.3 — 1988.7	南闸乡	集镇居民委员会，下辖13个居民小组。原24个大队区域不变，改称村民委员会，下辖76个联队、352个村民小组。	1984年4月，向阳改称施元，河东改成南新，河南改称南运，巨轮改称龙游。
1988.8 — 1988.12	南闸镇	集镇居民委员会和24个村民委员会名称及区域不变。	1988年8月1日，撤乡建镇。

续表1–1

时 间	镇（乡、公社）	下　辖	备　注
1988.8 — 2009.11	南闸镇	1988年8月至2002年2月，有24个行政村、1个居民委员会。2002年3月至2007年11月，有1个居民委员会、15个行政村。2005年7月，南闸居民委员会改称南新社区。2007年11月，有1个社区、11个行政村。2008年1月，成立紫金社区。2009年11月，有2个社区、11个行政村。	1988年8月1日，撤乡建镇。 2002年3月，曙光与马泾合并为曙光村，涂镇与新庄合并为涂镇村，蔡西与蔡东合并为蔡泾村，南闸与观东合并为南闸村，南运与跃进合并为南运村，龙游与菱塘合并为龙游村，观山与璜村合并为观山村，观西与陶湾合并为观西村，泗河与孟岸合并为泗河村。 2005年7月，南闸居民委员会与南新"村社合一"，一套班子、两块牌子。 2007年11月，谢楠与施元合并为谢南村，蔡泾与泾西合并为蔡泾村，南运与龙游合并为龙运村，观西村与灯塔合并为观西村。 2008年1月，成立紫金社区，与谢南村一套班子、两块牌子，"村社合一"。
2009.12 — 2015.12	南闸街道	11个行政村、2个社区（村社合一）。	2009年12月18日，撤镇建街道。

南闸地区行政区划沿革图

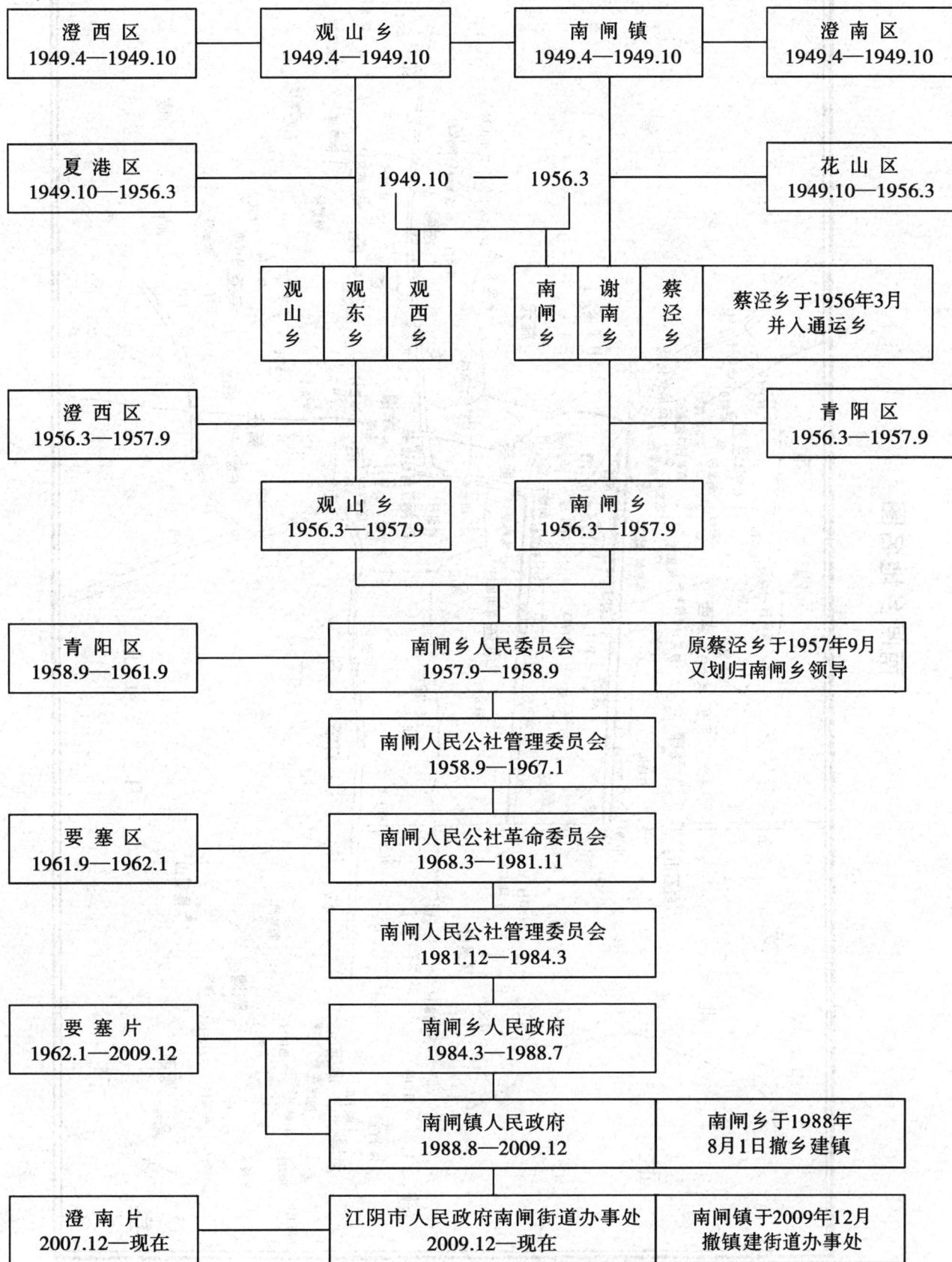

澄西区 1949.4—1949.10	观山乡 1949.4—1949.10	南闸镇 1949.4—1949.10	澄南区 1949.4—1949.10

夏港区 1949.10—1956.3	1949.10 —— 1956.3	花山区 1949.10—1956.3

观山乡	观东乡	观西乡	南闸乡	谢南乡	蔡泾乡	蔡泾乡于1956年3月 并入通运乡

澄西区 1956.3—1957.9	青阳区 1956.3—1957.9

观山乡 1956.3—1957.9	南闸乡 1956.3—1957.9

青阳区 1958.9—1961.9	南闸乡人民委员会 1957.9—1958.9	原蔡泾乡于1957年9月 又划归南闸乡领导

南闸人民公社管理委员会
1958.9—1967.1

要塞区 1961.9—1962.1	南闸人民公社革命委员会 1968.3—1981.11

南闸人民公社管理委员会
1981.12—1984.3

要塞片 1962.1—2009.12	南闸乡人民政府 1984.3—1988.7

	南闸镇人民政府 1988.8—2009.12	南闸乡于1988年 8月1日撤乡建镇

澄南片 2007.12—现在	江阴市人民政府南闸街道办事处 2009.12—现在	南闸镇于2009年12月 撤镇建街道办事处

南闸乡地名图

第二章　集镇·行政村

第一节　集　镇

一、南闸集镇

南闸集镇为南闸街道办事处机关所在地，是该地区的政治、经济、文化中心。

南闸本是蔡泾闸的别称。蔡泾闸始建于唐长庆年间（821—824），为江阴古代水上要津。据嘉靖《江阴县志》记载，由长江入夏港河过蔡泾闸的船只，"帆樯相属，横亘数里，盖上游之入闽越者，必经舶焉"。因此，自宋代开始，官府就派员在这里征收过闸费和各种税金。于是，民聚而居，交易其所，逐渐形成市集，至元朝，已具相当规模。明万历年间，蔡泾闸仅用于闸名，而南闸则正式成为集镇的名称了。

南闸集镇地处江阴南郊，交通便捷，区域优势明显，商业发达，市场繁华。尤其在清末至民国二十六年（1937）这30多年中，南闸集镇的民族工业发展迅猛，镇区拥有染织布厂12家，职工近2000人，产量占江阴全县的三分之一，产品除销售全国各地外，还远销南洋群岛，时称"小无锡"。南闸是澄南门户，军事屏障，历史上曾因战事频繁而屡遭重创，最严重的两次几近毁灭。第一次是在明朝嘉靖三十四年（1555）五月，倭寇盘踞蔡泾闸，临逃窜时一把大火几乎将集市上的建筑物烧光。第二次是在1937年11月日军侵占南闸时，镇上除纬丰染织布厂留存部分厂房外，其余11家布厂全部被日军焚为废墟。抗战胜利后，商业曾一度复兴，但不久国民党政府发动全面内战，通货膨胀，商店歇业。至中华人民共和国成立前夕，南闸集镇仅有商店141家、茧行2家、戏院1家、宰牛场1家。

20世纪40—50年代南闸集镇街、弄一览

表1-2

街、弄名称	位置起讫	街、弄名称	位置起讫
河东街	三岔堂口至唐家弄口	北弄街	三岔堂口至李家弄
河南街	新桥至上河	李家弄	北弄街至斜桥头
河西街	老桥至湾里	西弄	河西街至西弄
南弄街	三岔堂口至新桥	大弄	河东街至何家场
小弄	河东街北至斜桥头	唐家弄	河东街底至老汽车站
牛屎弄	十间头至吴家场	汤家码头弄	汤家码头至蒋家侧门

1949年到20世纪60年代末，南闸集镇布局基本没有变化。直到20世纪70年代初，随着工商业的发展，集镇才逐步进行改造。1970年8月，大洋桥至北弄的九里岗，新辟北新街1条，长386米，

路面宽15米，为工业区。1973年10月，位于河南街占地面积1533平方米，可容纳1200人的影剧院竣工并投入使用。1985年，把老运河西岸北起农具厂，南达万安桥（新桥），长200米，路面宽7米的地方，辟为农贸市场。1986年5月，拓宽南弄、北弄，合称中心街。中心街长280米，路宽22米，为商业中心区。10月，拓宽东弄，称东新街，长66米，路面宽15米，属商业区。1988年秋，北起中心街，南到南焦路，新辟南新街。街长304米，路面宽12.6米，属商业区。所有街道，垫铺水泥路面，架设路灯，安装自来水，并建造企事业单位办公楼26座、居民点3个、敬老院1所。至1988年年底，南闸集镇设有1个居民委员会，下辖13个居民小组，共1006户2214人，其中非农业人口1958人。集镇上有毛纺织染厂等10家镇办企业以及4家村办企业，职工4023人，产值7182万元，占全镇工业总产值的41%。集镇商业集中于中心街。1988年供销合作社有33个门市部，商业合作社有20个门市部，另有个体商业288户。镇东有工业供销公司，镇南有多服公司，镇西有农服公司，农贸市场位于镇中。

南闸集镇老街用地集中在锡澄运河与锡澄公路相抱的1平方公里范围内，发展空间受限，为拉开城市框架，南闸镇政府在1989年8月至11月，与南京大学城市规划专业共同组成南闸集镇建设规划组，编制了《南闸镇区规划总图（1989—2010）》。规划采取新老并重的建设方案，即一方面继续完成老区改造以反映集镇的历史延续性，另一方面向东部和南部拓展建设新集镇。1995年6月，南闸镇被列为全国小城镇综合改革试点。镇党委和镇政府全面贯彻落实国家体改委等11个部委《关于小城镇综合改革试点指导意见》，并以此为契机，高起点、高标准地制定"综合体制改革""国民经济发展"和"城镇建设"3个跨世纪试点方案。1996年7月21日，国家体改委等11个部委联合发出《关于江苏省江阴市南闸镇综合改革试点方案的批复》，小城镇综合改革试点全面启动。1996年5月28日，总投资550万元、连接南闸东西的交通枢纽南闸陆镇大桥开工，同年年底竣工通车。1997年，集镇基础设施迈出新步伐，完成锡澄路和跃进中路拓宽改造工程，铺设彩色道板、安装路灯、植树绿化；老锡澄路、西家浜路步行街改造一新。小城镇户籍改革全面展开，共受理申请1020多户计3240余人，其中870户共2895人次已办理小城镇户口。2001年全年完成涂镇绿岛一期工程、跃进东路和金山角商住楼2.2万平方米绿化工程、工商分局大楼移建新区等10项重点工程。同年，投资760万元的新建东区小学一期工程、南闸中学教学楼等重点建设，通过省教育现代化工程调研。

集镇拓建规划越过老锡澄公路向东，南至花山河，北至站西路，东至霞客大道西侧，西至锡澄运河。2002年，南闸镇集镇东区建设框架全面拉开，站西路、环镇东路、跃进东路东区小学延伸段、南焦公路等集镇主干道工程全面竣工；锡澄公路绿化带改造工程顺利完成；锦南花苑别墅一期工程，教师新村6000平方米商住楼、小商品市场改造工程基本结束；集镇东区市民绿化广场，镇行政大楼工程开工建设。2003年，总投入1.2亿元，1.2万平方米别墅一期工程、政府行政大楼相继竣工使用；白玉路、站西路、南焦路、环镇西路等主干道路建设全面完成；完成包括紫金白玉广场在内的3.8万平方米绿化工程；完成东区小学教学楼及中心幼儿园教学楼扩建工程。2004年10月1日，南闸集镇集健身、休闲、景观于一体的标志性建筑紫金广场竣工并投入使用。广场占地2公顷，投入资金600余万元，成为南闸集镇建设和生态建设新亮点，提升了集镇的人居环境和品位。2007年，南闸镇综合服务中心大楼竣工并投入使用。该中心在2006年年底规划设计建设，总投资1000万元，建筑面积6800平方米，中心设"六中心一室"：社区管理中心、文化活动中心、老年活动中心、就业指导服务中心、医疗卫生服务中心、党员管理服务中心和社区警务室。至2009年，累计投入9300万用于新市镇建设。中国农业银行、南闸电信局、南闸土管所、南闸派出所等办公大楼，陆续在紫金大道北面建成投入使用。紫金路延伸段建成通车，完成紫金路、白玉路两侧房屋店面改造和白玉新村安置房10万平方米店面改造工程。南闸中心幼儿园、滨河公园、白玉路公建房、南闸交警中队、城管中队等一批城市功能配套工程建成投用。全市首个爱心护理院"爱晚庭"建成，云南路、谢南路、公交首末站、紫金路美化工程、南闸中心小学（东区）改扩建工程相继竣工。至2011年，如海超市、吉麦隆超市、太平洋超市、金龙超市等大型商场先后建成投入使用；建成一个占地3.7亩的农贸市场，居民1村、居民2村、教师新村共3个居民区。是年，新集镇主干大道紫金路被评为江阴市唯一的省市容管理示范路。2012年，集镇建设总投入达8.5亿元，如意滩公园、华贸步行街、中关村数码广场投入使用。2013年9月，占地面积24.67公顷，总投资38亿元，总建筑面积70万平方米，配套设施齐全完备，集经商、住宅、娱乐、休闲、餐饮为一体的大型现代化城市综合体的南闸金三角广场家居村开业。2014年，全面完成如意滩南侧道路、丰收路、开泰路西延工程、开运路西延工程道路建设。2015年，切实完善人防技防措施，实施大巡防机制，开展24小时不间断巡逻；集镇主要道口等要害部位全部实现实时电子监控，全年新装监控探头130个；网格化服务管理全面铺开；学校、网吧、公园等公开场所安保措施有效加强，流动人口管理更加规范，平安南闸建设不断深入。

二、涂镇集镇

涂镇原名耿庄，后名茶村镇，现名涂镇村，位于南闸集镇南约1.5公里。宋代以前，茶村镇为军事要地，是江阴的"南大门"。这里早在唐代就有集市贸易，有南北平行的街道2条，新中国成立初期仍保持原貌。中华人民共和国成立后，农民生活逐步改善，大部分原有平房已移向翻建楼房，原街道消失殆尽。古代，涂镇境内有紫金桥（建于宋代，2004年由市文化局和南闸镇政府出资修葺，现为江阴市历史文物保护单位）、白玉桥、黄土金桥以及横跨锡澄运河的石级拱形龙津桥。龙津桥又名耿庄桥，亦叫涂镇桥，是东来西往的交通要道。龙津桥于清嘉庆元年（1796）倒塌，因此交通受阻，集市逐步北移至南闸。镇南原有福海庵，又称南庵，民国十七年（1928），涂镇国民小学创建于此。镇东有寿山庵，毁于清初兵燹。镇西有真武庙，1937年日军占领时焚毁。镇北有规模宏大的观音院，宋咸淳三年（1267）建，元季废，明洪武九年（1376）重建，更名为兴国寺。全盛时，寺内有僧人40余名，直至新中国成立时，尚有僧人4名。日军占领时，庙宇被毁，仅存5间正房和1间侧房。镇中有宝塔1座，塔身已废，塔基尚存。光绪二十二年（1896），涂镇街南梢设昌顺公茧行，有灶48具，是当时江阴最大的茧行之一。民国二十四年（1935），六合染织布厂开办于此，附近有数家小店，并安装路灯。民国二十六年（1937），日军占领涂镇，厂房全部被焚毁，集市从此消失。涂镇现为涂镇行政村村委会驻地。

三、泗河集镇

泗河口位于南闸街道西部，距南闸集镇6公里，因黄昌河、陈墅河、正隆河交叉于此，形成"十"字形，故名泗河口。清末民初即形成集市。民国期间，有百货、南货、饮食、打铁、豆制品、理发、染坊、布庄、中药等店铺20余家。有圆通庵、观音堂、关帝殿、猛将堂等寺院道观。街东梢圆通庵内设有九丰茧行，镇中有菜行。1937年，日军占领时，商业凋零，大部分商店歇业，部分西迁焦溪，集市随之衰落。1955年，仅有南闸供销社在此设收购供应站，收购蒲包及供应生活用品。九丰茧行于1956年停业。1958年拓浚黄昌河，北岸的街道全部被拆除。之后，为了方便西片群众，沿黄昌河北岸，逐步设立店铺。1988年，泗河集镇有南闸供销社泗河分社、南闸信用社泗河分社、南闸卫生院泗河分院，以及饭店、理发、钟表修理等个体商户10余家。街东有观山采矿场，街西有泗河小学、泗河初中，并设有江阴水位测量站、邮政代办所。进入21世纪后，随着采矿场停止开采，学校、医院、信用社等单位迁移，集市逐渐消失。泗河集镇成为泗河口自然村，现属泗河行政村，是村委会所在地。

1988年南闸集镇地名图

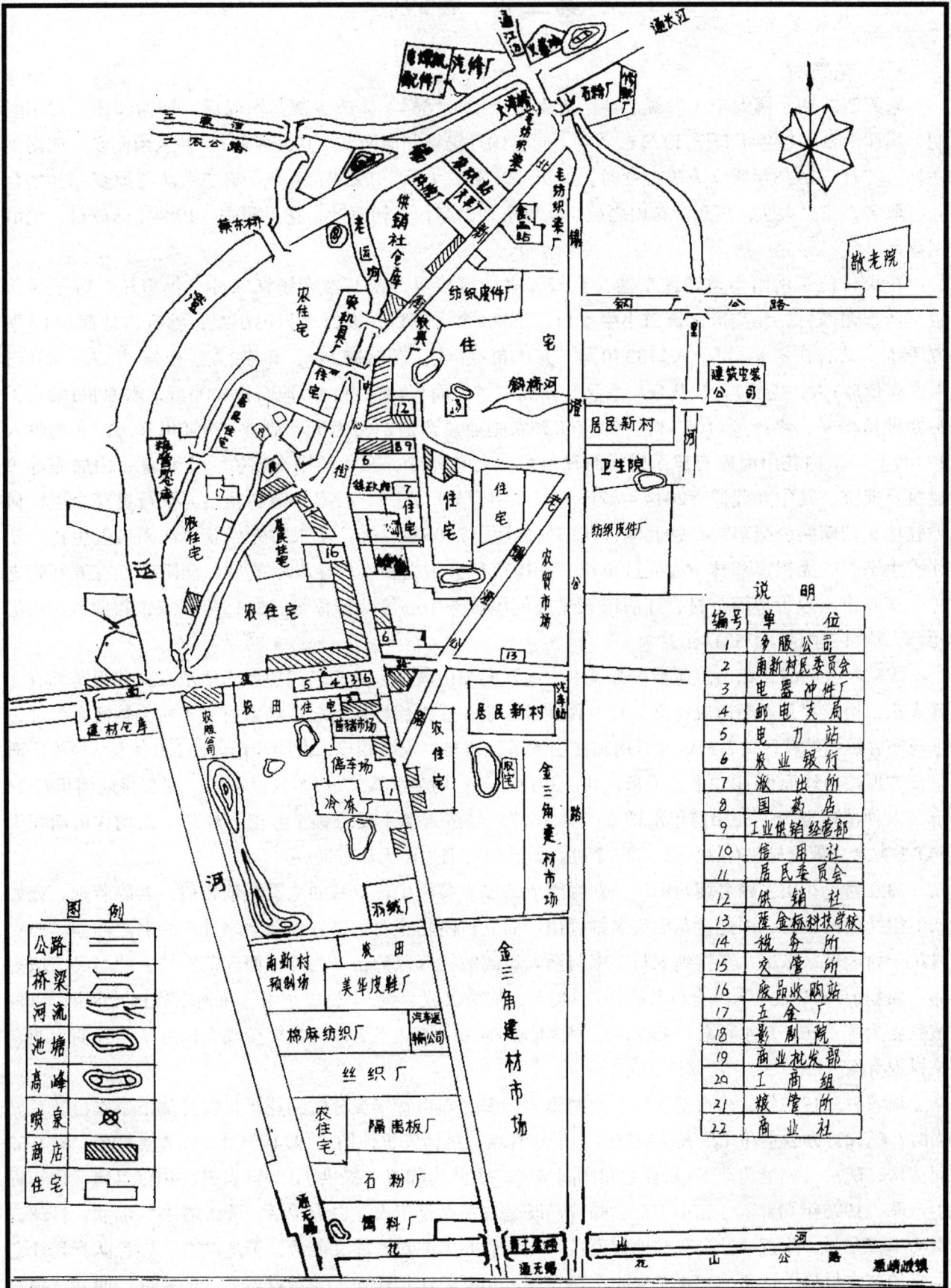

图例

公路	
桥梁	
河流	
池塘	
高峰	
喷泉	
商店	
住宅	

说明

编号	单 位
1	多服公司
2	南新村民委员会
3	电器冲件厂
4	邮电支局
5	电力站
6	农业银行
7	派出所
8	国药店
9	工业供销经营部
10	信用社
11	居民委员会
12	供销社
13	厍金标科技学校
14	税务所
15	交管所
16	废品收购站
17	五金厂
18	影剧院
19	商业批发部
20	工商组
21	粮管所
22	商业社

第二节 行政村

一、花果村

宋元明时期，属太宁（太凝）乡。清康熙三年（1664），改乡都为镇保后，属谢园镇。民国时期，属谢南乡。1949年4月，改属忠义乡，同年10月仍划归谢南乡。1956年3月，并入南闸乡，属南闸一社、二社。1958年成立人民公社时，属第一、第二大队。1959年第一、第二大队与原乡办林场合并，取名为花果大队，寓意为花山之麓，从村寨到山巅，千树万叶，花果飘香。1984年队改村，仍沿用花果村名。

花果村位于南闸街道辖区东端，东与云亭街道接界，南与霞客镇江家冲、汤家桥、陈子村接壤，西连谢南村，北交澄江街道小缪家村。下辖8个自然村，设21个村民小组，辖区占地面积4.1平方千米，共有住户943户，人口3370人，其中苗族6人、朝鲜族2人、彝族2人、土家族1人、侗族1人、布依族1人、羌族1人，其余均系汉族。拥有耕地面积1802亩，山地面积3000亩，水面积168亩，主要种植稻麦，年产量1105.4吨。2015年，农副业总产值2482万元，副业产值440万元，人均收入27147元。境内花山南麓有建于宋代的葛母坟、九莲禅寺，明代的横沟庙桥、张衮墓、山居庵等古建筑及遗迹，其中九莲禅寺2014年被评为"江阴百景"之一。云南公路和花山河平行贯穿全境，村委驻地在云南路公交车终点站北侧，花山河之阴。2005年以来，花果村先后获得江阴市卫生村、江苏省生态村、无锡市森林防火先进单位、无锡市社会主义新农村建设示范村、江阴市五有五好先进村、江阴市土地管理模范村、江阴市五星级便民服务中心等荣誉称号。2015年开票销售收入0.12亿元，人均可支配收入25814元。

魏家村 旧时，花山南麓被称为风水宝地，向阳山坡上多处为名门望族之祖茔。这些祖茔都有守墓人家，历经岁月逐渐形成村落，其中魏姓者居多，遂以魏姓定村名。魏家村位于村委辖区东南部，东与霞客镇峭岐社区钓台村毗邻，南临江阴大道，西与吴家埭相连，北距云南公路200余米。村落平面呈长方形，占地面积0.012平方千米，共计37户65人，均为汉族。设1个村民小组。现有耕地面积73.24亩，以种植稻麦为主，2015年水稻总产44.96吨。经济来源主要依赖于务工、经商。人均住房面积为64.8平方米。魏家村现有徐、邢、邓3个姓，魏姓何时消失已无从考证。

曲立村 花山主峰名朝西山，由双峰组成，晨雾暮霞中，双峰曲立，相依相偎，若隐若现，宛如亲似姐妹的两妯娌，因此，花山又名妯娌山。曲立村刚巧正对妯娌双峰曲立之处，故名之曲立。曲立村位于村委辖区东部，东接魏家村，南与霞客镇峭岐社区以钓台河为界，西连范家埭，北与吴家埭为邻。面积0.042平方千米，全村共有79户340人，均为汉族，设2个村民小组。耕地面积157.58亩，以种植稻麦为主，2015年水稻总产95.75吨。人均住房面积为52.9平方米。主要劳动力以务工、经商为业。该村现有徐、邢、吕、邓、刘5个姓。

新农村 1973年，来自澄江镇、南闸镇的50多名知识青年被分配到花果村接受贫下中农再教育。当时，镇知青办公室和花果大队决定搞一个知青点，集体安置他们。1974年5月，知青点建成，共有32间住房，随后又相继建造了8间食堂和20间猪舍。大队为知青点提供了100亩农田、40亩旱岗，称知青生产队。1975年知青队办起小工厂，知青们既是农民又是工人，白天干活，晚上看书、唱歌、打球，生活丰富多彩。附近的社员夸奖他们说："知青们亦工亦农，能文能武，劳逸结合，知青队真是社会主义的新农村！"从此，知青点被叫作新农村。20世纪80年代初，知青返城后，吴家埭、曲立、魏家村部分村民搬迁至新农村居住，仍沿用新农村村名。该村位于村委辖区东北部，东与霞客镇接界，南临云南路，花山河止于村西，北距九莲禅寺仅百米之遥。占地面积0.022平方千米，有住户20家，人口72人，设1个村民小组。2015年有水稻面积51.62亩，总产31.68吨。主要劳动力以务工为业。人均住房面积为63.3平方米。该村有邓、顾、吴、黄、徐5个姓。

吴家埭 相传古时，此处水网纵横，每当大雨滂沱时，花山山洪暴发，致使河水泛滥成灾。于是，先民们在河流中水浅之处，修筑土堤拦水，这种土堤被称为埭。历经沧桑，埭周围逐渐冲积成陆地，人们在此筑室居住，聚落成村，又因村中吴姓居多，遂以吴姓定村名，故称吴家埭。吴家埭历史上崇尚武术，20世纪20年代曾成立国术团，练武强身。1934年，村民吴福元、顾玉才等人代表江阴县参加江苏省第四届运动会，分别勇夺摔跤中量级冠军和轻量级举重冠军。因此，吴家埭以武术而闻名遐迩。该村位于村委辖区东部，东、南接魏家村，西为花果路，北临云南路。总面积为0.156平方千米，住户262户，人口968人，其中苗族5人、侗族2人、朝鲜族2人，其余均为汉族，设7个村民小组。农作物以种植稻麦为主，现有可耕地面积482.63亩，2015年水稻总产296.33吨。主要劳力从事打工、经商。人均住房面积为61.7平方米。吴家埭有吴、顾、邓、王、黄、戈、徐7个姓。

范家埭 因范姓先居该村而定名。范家埭位于村委辖区南部，平面呈长方形，东连曲立村，南与霞客镇陈家冲、顾家村隔钓台河相望，西临花果路，北与南谭村相连。占地面积0.054平方千米，有住户118户，人口451人，均系汉族，设2个村民小组。全村拥有可耕田面积253.6亩，农作物以种植稻麦为主，2015年水稻总产125.51吨。村民以经商、务工为业。人均住房面积为53.7平方米。有范、邹、周、徐、陆、蒋、朱7个姓。

南谭村 在花山南面，因谭姓而得名，又因花山北面谢北乡有一北谭村，故名南谭村。该村位于村委辖区南部，东临花果路，南连范家埭，西傍斜泾河，北依云南路，占地面积0.133平方千米。共有住户190户，人口652人，其中彝族2人、土家族1人、苗族1人，其余均为汉族，设4个村民小组。拥有可耕田面积382.97亩，2015年水稻总产235.33吨。主要劳动力以务工、经商为业。人均住房面积为66.4平方米。该村有谭、花、吴、高、胡、陶6个姓。

阚家村 阚家村坐落在花山西麓，以阚姓先居而定村名。平面呈长方形，东西长，南北狭，占地面积0.08平方千米。位于村委辖区西北部，东起花果路，南距花山河百米之遥，西傍斜泾河，北接中山村。设2个村民小组，有住户97家，人口385人，均属汉族。农业生产以种植稻麦为主，2015年拥有可耕田面积152.84亩，水稻总产94.24吨。主要劳动力以打工、经商为业。人均住房面积为57.6平方米。该村有阚、奚、施、李4个姓。

中山村 曾名袁家村。据嘉靖《江阴县志》记载，花山东南西北四面皆为9华里，故又名九里山。中山村位于花山西麓，至北山嘴及南山嘴均为4.5华里左右，处花山西麓的中间位置，故称中山村。1954年，江阴县文教局为纪念孙中山先生，曾于此设立中山小学。中山村地处村委辖区西北部，东临花果路，南连阚家村，西傍斜泾河，北与澄江街道的北谭村和小缪家村接界。全村占地面积0.094平方千米，设2个村民小组，住户134户，人口521人，其中布依族1人、羌族1人，其余均为汉族。现拥有可耕田面积234.26亩，农作物以种植稻麦为主，2015年水稻总产143.84吨。主要劳力以务工、经商为业。人均住房面积为59.4平方米。该村有殷、杜、陈、居、袁、单6个姓。

二、谢南村（紫金社区）

宋元明时期属太宁乡，清代属谢园镇，民国期间属谢南乡。1949年4月，改属忠义乡；同年10月，忠义乡撤销，仍划归谢南乡。1956年3月至1958年6月，属南闸乡第四生产合作社。1958年9月，为南闸人民公社谢南大队。1984年，改名为谢南村。2007年12月，施元村并入谢南村；同年10月，紫金社区成立，与谢南村委一起办公，两块牌子、一套班子（村居合一）。

谢南村委辖区位于南闸街道集镇东部与北部附近，村委办公驻地设置在街道便民中心二楼。该村东临斜泾河，与花果村隔河相望，南面与曙光村为邻，西面依傍新锡澄公路，北面与澄江街道谢泾村接界。辖区占地面积2.83平方千米，下辖5个自然村，设18个村民小组，共有住户1011户，人口3464人，其中壮族5人、苗族1人、土家族4人、维吾尔族1人，其余均为汉族。村以工业经济为主，拥有江苏日新印染、福海机械、长江印机、永兴印染、科达机械等5家骨干企业，2014年工业销售收入5.4亿元。2014年拥有耕地面积605.98亩，农作物以种植稻麦为主，2014年水稻总产301.8吨，农副业总产值863.24万元，人均收入26981元。谢南村（社区）境内，南北纵向公路有霞客大道、锦鑫路、金三角路、施元路、白玉路、锡澄公路，东西横向有云南路、紫金路、谢南路、站西路。区域内还有7路、27路、42路市公交车道，其中7路公交车设有锦南工业园、北后塍、谢南、苏家村4个站点。新长铁路南北穿越，花山河东西流经，交通发达，为水陆要津。村（社区）2015年开票销售收入5.83亿元，人均可支配收入28000元。

历年来，谢南村先后获得江苏省卫生村、江苏省生态村、无锡市民主法治村、无锡市建设社会主义新农村示范村、无锡市管理民主示范村等荣誉称号。2009年6月25日国家环境保护部部长周生贤，2010年3月30日江苏省省长罗志军，先后视察了谢南村的环境综合治理情况，并给予高度评价。

丁家塘 丁氏先人在水塘边筑室居住，称呼水塘为丁家塘，岁月更迭，渐成村落，遂以丁家塘为村名。该村位于村委辖区西南部，东靠紫金花园，南临花山河，西傍锡澄公路，北交钢材市场。聚落平面近似三角形，地势平坦。全村占地面积0.018平方千米，有住户100家，人口357人，均为汉族，设4个村民小组。历史上丁家塘因离南闸集镇较近，烘大饼、炸油条、煮豆腐花当早点卖是其传统副业，至今仍占领南闸早点市场。耕地被征用，村民领取市失地农民基本生活保障金，主要劳力以务工、经商为业。人均住房面积为63.8平方米。该村有陈、张、居、吴、刘、王、邓、戈8个姓。

北后塍 明代嘉靖年间，为免受倭寇之害而筑土城自保，故名后塍。又因其南有南后塍，遂称北后塍。位于村委辖区南部，东与曙光村阡陌相接，南与南后塍紧挨，西临锦南工业园，北傍云南路。占地面积0.022千米，有住户76家，人口278人，均系汉族，设2个村民小组。已无耕地，村民领取市失地农民基本生活保障金。花山河、云南路傍村而过，交通便利。主要劳力以务工、经商为业。人均住房面积为62.6平方米。该村有居、蒋、戴、吴、陆、陈、刘7个姓。

张塘村 该村在大洪池北，村东、村西各有一条河浜直通大洪池。每当雨季，河浜之水涌入大洪池，池水暴涨，致使附近大片农田受涝，故先民们在大洪池周围构筑堤岸拦水，古人称堤岸为塘。张姓、谢姓等先人相继移居大洪池堤岸北面，聚落成村，又因张姓居多，遂以张塘村为村名。村西河浜为船舫浜，村东河浜则以谢姓为名叫谢家浜。张塘村位于村委辖区东南部，左接苏家村，右临霞客大道，前傍大洪池，后依云南路。占地面积0.048平方千米，设3个村民小组，共有住户106户，人口382人，除维吾尔族1人外，其余均系汉族。农作物以种植稻麦为主，2015年种植水稻70亩，总产42.98吨。主要劳动力以打工、经商为业，其中第五村民小组村民领取市失地农民基本生活保障金。人均住房面积63平方米。该村有谢、夏、胡、吴、方5个姓，张姓何时消失已无法考证。

苏家村 以姓氏为村名。曾与曙光村的灰罗圩、祥西同属大河村，后灰罗圩、祥西归属曙光合作社，苏家村归属谢南三社，大河村才成为历史。苏家村位于村委辖区东南部，占地面积为0.08平方千米，东与花果村南谭自然村隔斜泾河相望，南面紧挨曙光村灰罗圩，西接张塘村，北距云南路200余米。设3个村民小组，住户91家，人口334人，其中壮族2人，其余均为汉族。农作物以种植稻麦为主。2015年有耕田面积258.7亩，水稻总产155.74吨。主要收入来源于务工、经商。人均住房面积为62.1平方米。该村有李、梅、邓、丁、吴、苏6个姓。

缪家村 以缪姓定村名。缪家村旧时属谢园镇，中华人民共和国成立后先后隶属于谢绮花乡、忠义乡、谢园乡、皮弄乡。1956年3月，并入南闸乡施元大队；1976年，施元大队更名为向阳大队；1987年，撤队建村称施元村；2007年12月，缪家村随施元村并入谢南村。位于村委辖区北部，东靠澄江街道海陆集团，南临站西路，西依天鸿钢结构有限公司，北与澄江街道斜泾村交界。占地面积0.062平方千米，设6个村民小组，住户130家，人口477人，其中壮族2人，其余均为汉族。该村因地处街道近郊，随着集镇建设用地不断增加，全村已无耕地，村民领取市失地农民基本生活保障金，主要劳力以务工、经商为业。人均住房面积为62.1平方米。该村有陈、王、刘、周、江、邢6个姓。

紫金社区 社区与谢南村委两块牌子、一套班子，一起办公。办公地点设于南闸街道白玉路259号便民（党员）服务中心二楼。社区成立于2007年10月，下辖10个居民小区。辖区面积0.878平方千米，住户1623户，人口4875人，其中蒙古族2人、回族3人、侗族2人、布依族2人，其余都为汉族。南闸街道办事处、南闸派出所、南闸交警中队、南闸城管中队、江阴市工商管理局南闸分局、南闸土地管理所、南闸电信局、南闸供电所、南闸中心小学、南闸中心幼儿园、南闸实验学校东校区、南闸医院、南闸爱晚庭、中国农业银行南闸支行、中国建设银行南闸支行、中国银行南闸支行等单位均在其辖区内。社区自成立以来，先后获得全国创建学习型家庭示范社区、江苏省综合减灾示范社区、江苏省和谐社区、江阴市文明社区、江阴市星级红旗社区等荣誉称号。

居民一村 建于1984年，因老镇改造拆迁而安排的第一个居民点。1997年2月，商业新村并入，统称居民一村。原属南闸社区居委会，2007年10月划归紫金社区管辖。位于社区驻地西北部，西临锡澄公路，南接南闸医院，北傍站西路，东邻南山饭店。占地面积0.016平方千米，现有264户，人口804人，其中布依族2人，其余均为汉族。

紫金花园一期别墅 2001年建成，位于社区辖地西北部，东面与紫金花园紧挨，南首对面为金三角金属市场，西与紫金路3号金三角交界，北面是紫金路。占地面积0.01平方千米，有30户人家，均系汉族。原属南闸社区居委会，2007年划归紫金社区。

紫金花园二期别墅 2004年经南闸镇政府批建的居民点。位于紫金广场东首，社区辖区西北部，东靠白玉路，南傍花山河，西连金三角有色金属交易市场，北挨紫金路。占地面积0.28平方千米，共有住户1207户，其中多层636户、高层279户、别墅282户，人口2958人，均系汉族。西临紫金路、白玉路的底层均为店面房。

紫金路3号院 2003年经镇政府批建的居民点。因处于紫金路3号地段，与金三角另两个居民点联在一起，故称紫金路3号院。位于社区辖地西部，东接紫金花园一期别墅，南为金三角有色金属交易市场，西靠锡澄公路，北临紫金路。占地面积为0.019平方千米，共有78户405人，均为汉族。楼层为住房，底层为商店门面房。

白玉一村 原是2004年经镇政府批建的安置房，后又建商品房出售，其中安置房面积0.11平方千米，商品房0.0125平方千米。因在白玉路附近，故称白玉一村。有住户1286户，人口3858人，其中回族3人、蒙古族2人、苗族2人，其余均系汉族。位于社区南部，四面环路，东南西北分别为施元路、云南路、白玉路、紫金路。

称心阁花园 2009年4月兴建的住宅小区。位于社区东南部，西为施元路，北为谢南路。占地面积

0.493平方千米，有4幢10层，1幢9层，1幢1层，建筑面积9.95万平方米，共762套房。入住730户，人口2190人，均系汉族。

紫馨苑 2009年兴建的住宅小区。占地面积0.026平方千米，在社区辖地西北部，东靠街道办事处，南临紫金路，西傍锡澄公路，北与南闸医院隔墙为邻。建筑面积29516平方米，多层住宅，共236套。入住229户，居民人数681人，均系汉族。

宏基明珠花园 江阴宏基房地产开发有限公司开发的第一期房产。占地面积0.0554平方千米，建成高层176套、多层260套、低层30套、商铺房13套。入住465户，人口1395人，均为汉族。东为白玉路，南靠街道办事处，西临紫馨路，北濒丰收河。

宏基名城花园 占地面积0.081平方千米，建筑面积0.122平方千米，共43幢、1200户。现入住950户2850人，均系汉族。小区东临施元路，南濒丰收河，西傍白玉路，北靠站西路。

嘉福花园 2010年4月兴建的住宅小区。位于社区东南部，东金三角路，南花山河，北称心阁路，西施元路。小区占地面积0.71平方千米，建筑面积0.15平方千米，共825套房，其中高层440套、花园洋房288套、低层60套、店面商铺37套。现入住230户共690人，均系汉族。

紫竹苑 2012年3月兴建的住宅小区。位于社区西北部，东距白玉路500余米，南濒丰收河，西靠紫馨路，北临站西路。占地面积3.996万平方米，建筑总面积0.0512平方千米，共7幢高层，其中安置房面积1.0319万平方米，176套；商品房面积4.0894万平方米，408套。现入住362户，人口1086人，均为汉族。

三、曙光村

清代属谢园镇，民国初属谢南乡，1949年改属忠义乡，同年10月仍划归谢南乡。1955年成立拥宪社。1956年成立曙光高级合作社。1958年并入南闸人民公社，称曙光大队。1984年改大队为村，称曙光村。直至2002年马泾村并入，仍沿用曙光村村名。当时翻身的农民把高级农业合作比作一轮初升的太阳，企盼它光芒万丈，照耀合作化道路愈走愈宽广，帮助他们实现共同富裕的愿望。曙光村位于南闸街道东南部，村委驻地在灰罗圩西村。辖区东至徐霞客镇与陈子村接界，南至徐霞客镇与新街村为邻，西与涂镇村阡陌相连，北与谢南村北居、张塘、苏家等自然村错落相交，面积3平方千米。2014年，拥有骨干企业5家，工业销售收入2028万元。拥有耕地面积1570亩，以种植水稻、三麦、油菜为主要作物。境内水网密布，水面积达500余亩，另有山地面积242亩。农副业总产值2602.34万元，人均收入25913元。2014年，种植水稻190亩，总产量116.6吨。共有14个自然村，设32个村民小组，住户1106户，人口4036人，其中土家族7人、侗族6人、壮族4人、蒙古族2人、苗族1人、瑶族1人，其余均为汉族。主要劳动力以经商、务工为业。历年来，曙光村先后获得了江苏省卫生村、江苏省三星级康居乡村、无锡市美丽乡村、无锡市民主法治村、无锡社会主义现代化新农村建设示范村、江苏省民主法制村、江阴市十佳美丽村庄等荣誉称号。2014年，辖区内灰罗圩西村被评为"江阴百景"之一。2014年6月18日，江苏省省长李学勇在江阴市市长沈建和街道领导缪慧、周建荣的陪同下实地参观了曙光村的环境整治和经济发展情况，给予充分肯定。2015年，村级开票销售收入1.83亿元，人均可支配收入22000元。

南后塍 明嘉靖年间，倭寇从东南沿海入侵并深入内地，江阴乡村深受其害。时任江阴知县钱锌，一面积极组织民众抗倭，一面号召各地有实力的村庄可筑城自保。该村士绅及村民踊跃响应，有钱出钱，有力出力，终于筑成土城一座。因北面先建有土城，故称后城，然而因该村不属城市，不能称城，而"塍"与"城"不仅音同且意同，遂改"城"为"塍"，名后塍。为区别两个后塍村，遂将北面的叫北后塍，南面的叫南后塍。该村位于村委辖区西部，新长铁路环东、南两面，西连徐家村，北接吴家村。占地面积约0.116平方千米，设4个村民小组，共有164户552人，其中土家族4人、壮族1人，其余均为汉族。农作物以种植水稻、三麦、油菜为主，该村第1村民小组、第4村民小组原有耕地在建造新长铁路时被征用，村民领取市失地农民基本生活保障，主要劳动力从事打工、经商或办企业。人均住房面积67.7平方米。该村共有邢、王、缪、陆、俞、邓、陈、周、孙、刘10个姓。

徐家村 在南后塍西，又叫南后塍西村，因徐姓先居其村亦叫徐家村。位于村委辖区西部，东接南后塍，南临新长铁路，西靠白玉路，北依开锦路。占地面积0.098平方千米，设4个村民小组，住户134户，人口480人，均系汉族。历史上以种植水稻、三麦为主要农作物，该村第1、4村民小组原有耕地已被征用，村民领取市失地农民基本生活保障金，主要劳力以务工、经商为业。人均住房面积63.6平方米。该村仅有徐、孙2个姓。

吴家村 以吴姓得村名，因明时筑土城时也在范围之内，故也叫后塍吴家村。位于村民委员会驻地西北部，东接南后塍，南连徐家村，西临白玉路，北交谢南村北后塍。占地面积0.034平方千米，设1个村民小组，共有54户180人，其中有回族2人，其余均为汉族。历史上以种植水稻、三麦为主要粮食作物。村民以外出打工和经商为主要经济来源。人均住房面积约66平方米。吴、徐、黄为该村3个姓。

祥西村 古时有祥西寺，以寺名定村名，历史上亦因与苏家村、灰罗圩三村环列在大河池东西南三面而统称大河村。1956年成立高级农业合作社时，祥西村属曙光高级社，因才从大河村分出故仍叫祥西村。位于村委驻地附近东侧，东至霞客大道，南连灰罗圩西村，西临曙光路，北交谢南村。占地面积约0.045平方千米，设2个村民小组，共有45户133人，均为汉族。以种植水稻、三麦为主要农作物，村民以打工、经商为业。人均住房面积约为67平方米。该村有邓、瞿、承3个姓。

灰罗圩 以自然环境而定村名，故取名灰罗圩。灰罗圩位于村委辖区东南部，曾与谢南苏家村、本行政村的祥西统称大河村。东至斜泾河，与南谭村隔河为界，南首濒临马泾河，西靠曙光路，北接祥西村。面积0.075平方千米，共设6个村民小组，288户1000人，其中蒙古族2人、侗族1人、土家族1人，其余均为汉族。捕鱼是该村的传统副业，目前尚有少数年老村民不时外出捕鱼，聊补家用。主要劳动力以经营水产为主，也有以打工为业。2015年，水稻面积90亩，总产55.26吨。人均住房面积约57.6平方米。2006年5月，修筑霞客大道时，将村庄一分为二，大道东面的称灰罗圩东村，西面的称灰罗圩西村。2014年，西村被评为"江阴百景"之一。该村有吴、金、蔡、承、胡5个姓。

张家村 以张姓定村名。位于村委会辖区南部，村落平面呈长方形，地势平坦，占地面积0.056平方千米，东至朱家村，南至江阴大道，西至下村，北至小徐家村。设2个村民小组，共有78户241人，其中侗族1人，其余均系汉族。农作物以种植水稻、三麦、油菜为主，可耕地已出租，村民以收取土地租金为经济来源，主要劳动力从事打工、经商。人均住房面积约为64.7平方米。该村有张、顾、刘、李、谭、赵6个姓。

焦家村 以焦姓先居而定村名。位于村委会辖区南部，东与老庄上接壤为邻，南至小徐家村阡陌相连，马泾河绕西北而过。占地面积0.048平方千米，设2个村民小组，共有83户266人，其中侗族2人、土家族1人，其余均为汉族。历史上农作物为水稻、三麦，原有耕地已出租他用，村民收取租金，村中主要劳动力以打工、经商为业。人均居住面积为62.3平方米。焦家村以焦姓为主，另一姓为贾姓。

老庄上 据传此地本是一富豪家的老坟场，后富豪家因子孙不贤而败落，祖茔变作荒地。若干年后有人在此定居，逐渐成村，取名老庄上。位于村委会辖区东南部，占地面积0.02平方千米，东临霞客大道，南交朱家村，西接马泾桥，北濒马泾河。设2个村民小组，共有42户160人，其中瑶族1人，其余均为汉族。历史上以种植稻麦两熟农作物为主，现田地已租作他用，村民以租金为收入，主要劳力从事打工、经商。人均住房面积57.75平方米。该村有黄、金、徐、高4个姓。

上村 村附近有一古老之土墩，名唤灰墩，因在其上首，故叫上村，当地人也称其为灰墩上村。位于村委会辖区南部，占地面积0.034平方千米，东与徐霞客镇新街村交界，南与冯泾河相傍，西濒马泾河，北与下村紧挨。设2个村民小组，共有50户168人，均系汉族。农作物以种植水稻、三麦为主，2015年种植水稻面积45亩，产量27.63吨，产值85653元。主要劳动力以打工、经商为业。人均住房面积约59.5平方米。该村有徐、黄、谭3个姓。

下村 因在一灰墩下首，故名下村，亦称灰墩下村。位于村委会辖区南部，东至张家村，南与上村相连，马泾河绕于村西、村北。占地面积0.02平方千米，设2个村民小组，共39户152人，其中有壮族2人，其余均为汉族。以种植稻麦为主，2015年种植水稻面积50亩，总产31.4吨，产值9.72万元。其余耕地已出租，村民以土地租金为收入，主要劳动力从事打工、经商为业。人均住房面积56.4平方米。该村有王、谭2个姓。

马泾桥 明万历年间于马泾河上建桥，桥以河名命名为马泾桥。该村在马泾桥南堍附近，遂以桥名为村名，叫马泾桥。位于村委会辖区南部，东至霞客大道，南至老庄上，西至焦家村，北至马泾河。占地面积约为0.01平方千米，设1个村民小组，共23户，人口115人，其中侗族1人、苗族1人，其余均为汉族。以种植稻麦粮食作物为主，原有农田已出租另作他用，村民收取租金。主要劳动力以打工、经商为业。人均住房面积为45.7平方米。该村有承、焦2个姓。

朱家村 以朱姓为村名。位于村委会辖区南部，聚落平面呈长方形，地势平坦。东面临近霞客大道，南面正对江阴大道，西面交邻张家村，北面接壤老庄上。占地面积约为0.099平方千米，设3个村民小组，共有117户438人，其中少数民族有壮族1人、侗族1人，其余均为汉族。主要农作物有水稻、三麦，耕田已出租或被交通建设征用，村民部分经济收入来源于收取土地租金，其余则来自打工或经商所得。人均住房面积约为60.9平方米。该村有朱、张、刘、缪、承、顾6个姓。

小徐家村 以徐姓定村名，因其北面有比它大得多的徐家村，故称小徐家村。相传明正统年间，小徐家村有个读书人叫徐晞，因平叛有功官至兵部尚书。徐晞是位忠臣，因得罪了朝中宦官王振，愤而致仕回乡。后王振以莫须有的罪名陷害徐晞，欲将其满门抄斩。徐家除徐晞被害，其余人均远逃他乡再也没有回来。从此，小徐家村没有了徐姓。但人们为了纪念这位忠臣，仍将小徐家村的村名沿用至今。该村位于村委辖区南部，东至霞客大道，南接张家村，西濒马泾河，北连焦家村。面积0.027平方千米，设1个村民小组，有24户78人，均为汉族。农作物以稻麦为主。原有农田已不种植农作物，主要劳动力以打工、经商收入为经济来源。人均住房面积61.5平方米。该村共有贾、金、邱、朱、陈、张6个姓。

副业村 解放初，有两只放鸭船从马泾河放鸭至此，在岸边搭棚定居，称鸭墩上。1958年成立人民公社时，鸭墩上属曙光大队，并将其改建为副业队，斗转星移，村落逐渐扩大，于是命名为副业村。该村位于村委辖区西南部，面积约0.009平方千米，马泾河绕村东、村南而过，西靠新长铁路，北与南后塍阡陌相交。设1个村民小组，有17户69人，均为汉族。主要劳力以打工为业。人均住房面积50.7平方米。该村都姓许。

四、涂镇村

古名耿庄，嘉靖《江阴县志》卷二《桥梁》载："龙津桥，在荼村镇，旧名耿庄。"亦称荼村镇、荼村。后因"荼"与"茶"字形相似而容易混淆，遂将"荼"改成"塗"，明末清初时又将

"塗"换成"涂"，简称涂镇。涂镇在唐代时已村肆略具，至北宋时，其市集已具相当规模。当时，荆、蜀、湖、广等地的商船均由长江进入夏港河过蔡泾闸而经涂镇去往闽越等地，江阴知军在涂镇设立税场向过境商船征收税金。永乐《常州府志》称："塗村镇，县南十八里，酒税、茶、盐务，监镇一员。旧经已载，其来久矣。"因此，涂镇集市在北宋时已颇为繁荣了，民间有云：先有涂镇，后有南闸。可见其历史之悠久。

涂镇在宋元明时期属太宁乡，清属蔡泾镇。中华人民共和国成立后属南闸乡。1955年成立涂镇初级社和谢巷村初级社，1956年两社合并为涂镇高级社。1958年成立人民公社，属南闸公社涂镇大队。1984年撤队改村，称涂镇村。2002年新庄村并入，仍称涂镇村。位于街道辖区南部约1.5公里处，面积3平方千米，东接曙光村徐家村，南与月城镇月城村相交，西濒锡澄运河，北与南新村接壤。下辖7个自然村，设29个村民小组，共有887户3134人，其中土家族6人、蒙古族1人、苗族1人、羌族1人，其余均为汉族。2014年拥有骨干企业3家，工业产值5.27亿元，人均收入26734元。街道所属锦南工业园区在其境内。1到14村民小组已无耕地，村民领取市失地农民基本生活保障金；部分耕地已出租他用，村民收取土地出租金。2014年尚有耕地面积639.5亩，种植水稻593.4亩，总产量为334.37吨，农副业总产值1251万元。村中保存有宋代古桥紫金桥，为江阴历史最久之桥梁，属市文物保护单位，2019年入选建筑类省历史文物保护单位。1998年，南闸镇在辖区内设有工业集中区。历年来，涂镇村获得了江苏省民主法治示范村、无锡市管理示范村、科普示范村、绿色家园示范村、江阴市党员示范工程先进单位、"十五"人口与计划生育工作示范村、尊师重教先进集体、民主法治村、文明村、五星级村（社区）便民服务中心、"新农村新家庭建设"示范村、综治平安建设先进集体、土地管理模范村等荣誉称号。2015年开票销售收入5.75亿元，人均可支配收入26850元。

涂镇村 是南闸地区最古老的村庄之一，唐代已有集市，宋代为水陆要津，商业繁荣，后因蔡泾闸废圮，夏港河淤塞，政府所设酒、盐、茶等税场撤离，再加上南闸集市的崛起，涂镇遂由集镇衰落为村。该村位于村委辖区中部，东至锡澄公路，南至江苏南农高科厂区，西至锡澄运河，北至花山河。占地面积0.182平方千米，设14个村民小组，共有436户1550人，除土家族1人外，其余均为汉族。所有耕地已被征用，村民领取市失地农民基本生活保障金，主要劳力以务工、经商为业。村民平均住房面积为56.3平方米。村内保存有建于宋代的紫金桥，属江阴市历史文物保护单位。该村由涂镇、崔家埭、谢巷三个自然村合并而成。其姓氏分别为涂镇的陈、胡、谢、钱、蔡、计、金、高、刘、周、崔、张、黄、沈、毛15个姓，崔家埭的崔、任、陈、蒋、徐5个姓和谢巷的郭、任、袁、崔4个姓。

涂镇新村 原为涂镇大队第11生产队。1974年，南闸公社征用该队农田建造农业种子场。1979年起，11生产队部分村民在种子场周围建造新房安家落户，逐渐形成村落，先定名为小村上。后来村落渐渐扩大，改称涂镇新村。位于村委辖区西北部，东临老锡澄公路，南濒花山河，西傍锡澄运河，北交南新村。面积0.007平方千米，设1个村民小组，有18户75人，均为汉族。农作物以水稻、三麦为主，已基本不种植农作物，主要劳动力以打工、经商收入为经济来源。人均住房面积约为52.8平方米。该村共有崔、徐、谢、周4个姓。

任前头 传说这里原是谢巷村任姓二房的农田。夏季任姓到此望田头，每每遭遇阵雨，因离家太远而被淋湿衣衫，以致染病，遂决定在此建便房数间，作避雨之所。后来其他人也在此建房，若干年后形成村落，先叫任田头。因任田头在谢巷村前，后改称任前头。位于村委辖区西南部，东面临近锡澄公路，南面濒临冯泾河，西面连接石家塘，北面靠近开运路。面积0.09平方千米，设4个村民小组，共有133户505人，其中1人为蒙古族，其余均系汉族。农作物以种植水稻、三麦为主，2015年种植水稻面积173亩，总产106.22吨，产值32.92万元。主要劳动力以务工、经商为业。人均住房面积57.9平方米。任前头历来有任、刘、徐、陈、林、张、蒋、顾8个姓。

前新庄东村 新庄村有3个小村，因该村在东南面，故叫前新庄东村。该村位于村委辖区东南部，东与曙光村的灰墩、上村隔马泾河相望，南与月城镇以冯泾河为界，西与前新庄西村为邻，北与东新庄相接。占地面积0.04平方千米，设2个村民小组，共有68户295人，其中苗族1人，其余均为汉族。传统种植以稻麦为主，2015年种植水稻面积85亩，总产52.19吨，产值16.18万元。主要劳动力以务工、经商为业。人均住房面积50.7平方米。该村有奚、周、谢、任、胡5个姓。

东新庄 在新庄东北面，故称东新庄。位于村委辖区东南部，东与曙光徐家村接壤，南连前新庄东村，西至锡澄公路，北临开来路。占地面积0.028平方千米，设2个村民小组，共有68户295人，均属汉人。农作物以种植稻麦为主，2015年种植水稻面积106.37亩，总产65.31吨，产值20.25万元。主要劳动力以务工、经商为主要经济来源。村民住房人均面积约为50.7平方米。东新庄仅有一陈姓。

前新庄西村 在前新庄西边，故称前新庄西村。位于村委辖区东南部，东傍窑滨河，南至冯泾河，西依锡澄公路，北临新庄路。占地面积0.071平方千米，设3个村民小组，共有125户398人，其中土家族5人、羌族1人，其余都是汉族。农作物以种植稻麦为主，2014年种植水稻面积132.33亩，水稻总产量80.75吨，产值25.03万元。主要劳动力以打工、经商为业。人均住房面积62.8平方米。该村有谢、花、杨、陆、缪5个姓。

石家塘 以石姓先居而定村名。该村位于村委辖区西南部，地势平坦，村落平面呈长方形，东与任前头相交，南面临近冯泾河，西面依傍锡澄运河，北面靠近开运路。占地面积0.043平方千米，共有住户76户，人口262人，均为汉族。农作物以水稻三麦为主，2014年种植水稻面积99.53亩，总产61.11吨，产值18.94万元。主要劳动力以打工、经商为业。人均住房面积58平方米。该村自建村以来拥有石、陈、曹、刘、王、汪、胡7个姓。

五、蔡泾村

因境内古时有蔡泾河而定名。宋元明时期属太宁乡，清属蔡泾镇，中华人民共和国成立后属南闸乡。1956年划入通运乡，泾西为通运乡5社，蔡东为通运乡6社，蔡西为通运乡7社。1957年仍划归南闸乡。1958年成立人民公社，称蔡泾大队。1962年，分设蔡西、蔡东、泾西大队。1984年撤队改村，分别为蔡西村、蔡东村、泾西村。2002年4月，蔡东、蔡西村合并为蔡泾村。2007年12月，泾西村并入，仍称蔡泾村。

蔡泾村位于南闸街道西北部，东至锡澄运河，南至工农河（西弄、湾里村在锡澄运河之南，紧挨集镇），西至龙运村，北接澄江街道红光村。占地面积4.7平方千米，下辖28个自然村，设52个村民小组，共有1968户6700人，其中土家族11人、壮族2人、回族1人、苗族1人，其余均系汉族。拥有10家骨干企业，2014年工业总产值5.7141亿元，2015年开票销售收入5.23亿元，人均可支配收入25142元。历史上以种植稻麦等农作物为主。

境内有江阴职业技术学院以及泾西工业集中区、供销合作社、农机水利站、环卫所等企事业单位。锡澄公路穿境而过，锡澄运河绕村而行，工农河、工农路贯穿东西，交通便捷，堪称水陆要津。

历年来，蔡泾村先后获得了江阴市明星村、江阴市绿色家园示范村、江阴市"十一五"残联工作先进单位、江阴市十佳幸福村争创工作先进村、江阴市第三次全国经济普查先进集体、江阴市兴农富民工程示范村、无锡市民主法治村、无锡市社会主义新农村建设示范村、江苏省卫生村等荣誉称号。

东前头 位于刘都埭之前偏东方位，故称东前头。中华人民共和国成立后蔡泾乡政府、泾西村村委办公驻地曾设于此。占地面积0.07平方千米，位于村委辖区北部，东至锡澄公路，南至尤家村，西至刘都埭，北至泾北路。设4个村民小组，共有107户345人，均为汉族。历史上以水稻、三麦为传统农作物，现以种植蔬菜为主。原有耕田均被征用为蔬菜基地，村民按规定领取市失地农民基本生活保障金。主要劳动力以务工、经商为业。人均住房面积62平方米。村内有刘、吕、冯3个姓。

刘都埭　以刘姓定村名。位于村委辖区北部，东接东前头，南至泾西路，西临蒯家村，北连冯家村。占地面积为0.087平方千米，该村分刘都埭前村和后村，共设4个村民小组，共有136户478人，其中土家族7人，余者均属汉族。清宣统三年（1911），该村曾有人创办协裕布厂，1937年毁于日寇战火。农业以种植稻麦为主，原有出租给菜农种植蔬菜，村民收取土地租金。主要劳动力以打工、经商为业。村民人均居住面积约为56.9平方米。村内有刘、周、卞、戴4个姓。

冯家村　以冯姓居多而定名。位于村委辖区北部，村落平面近似长方形，地势平坦，东至江阴职业技术学院，南至刘都埭前村，西至刘都埭后村，北至江阴职业技术学院。占地面积0.022平方千米，设1个村民小组，有40户139人，均为汉族。以水稻、三麦为传统农作物，现属蔬菜基地。原有农田均被征用，村民按规定领取市失地农民基本生活保障金。主要劳动力以务工、经商为业。人均住房面积约为57.55平方米。冯家村有冯、周、陈、石、童、吴、毕、刘8个姓。

徐家村　清末有毛姓者在此开办工厂并建庄园，曾名毛家庄。后工厂被毁，庄园败落成废墟，有徐姓入居，遂改名为徐家村。位于蔡泾村委北部，东挨江阴职业技术学院，南、西两面俱与刘都埭相交，北至江阴职业技术学院。占地面积0.007平方千米，设1个村民小组，有17户52人，均为汉族。历史上以种植稻麦为主要农作物，自蔡泾村建成蔬菜基地后，原有耕地均种植蔬菜，村民按规定领取市失地农民基本生活保障金。主要劳动力以务工、经商为业。人均住房面积约为65.3平方米。该村有徐、许、张3个姓。

高家村　以高姓村民居多而定村名。位于村委辖区南部，占地面积0.027平方千米，东临锡澄公路，南濒工农河，西连俞家村，北至泾南路。设1个村民小组，有64户212人，均系汉族。农业以稻麦为传统农作物，现以种植蔬菜为主，村民收取土地租金。主要劳动力以务工、经商为业。人均住房面积60.3平方米。该村有高、吴、周、蒋、陈、吕、王、冯等8个姓。

俞家村　以姓定村名。位于村委辖区南部，村落平面似长方形，地势平坦，占地面积0.039平方千米。东与高家村为邻，南傍工农河，西连袁落村，北交蒯家村。设1个村民小组，有43户138人，其中土家族1人，余者均系汉族。传统农作物为稻麦，现以种植蔬菜为主。农田基本租给种菜大户种植各类蔬菜，村民以收取土地租金为经济来源之一。主要劳动力从事打工和经商。人均住房面积62.3平方米。村内有俞、冯、高3个姓。

吕家村　以吕姓先居定村名。位于蔡泾村委辖区南部，占地面积0.04平方千米，东临锡澄公路，南接俞家村，西连蒯家村，北靠泾西路。设2个村民小组，共有72户256人，其中土家族1人，其余均为汉族。历史上以种植稻麦为主，耕地现已建立蔬菜基地，其中第47村民小组已撤队，村民按规定领取市失地农民基本生活保障金；第50村民小组土地出租给蔬菜种植大户，村民收取出租土地租金。主要劳动力从事打工、经商为业。人均住房面积56.2平方米。历史上吕家村有吕、顾、吴、冯4个姓。

蒯家村　以姓定村名。蒯家村位于蔡泾村委辖区西部，原属泾西村，2007年并入蔡泾村。东与吕家村为邻，南与俞家村接壤，西与袁落村相连，北至泾西路。占地面积0.043平方千米，设2个村民小组，共有住户65家，人口253人，均系汉族。传统农业以种植稻麦粮食作物为主，现属蔬菜基地，原有农田已大部分出租给蔬菜专业户，村民收取租金。主要劳动力以务工、经商为业。人均住房面积51.4平方米。该村有蒯、冯2个姓。

尤家村 以尤姓定村名，亦名尤家埭。位于村委东北部，东挨锡澄公路，南傍泾西路，西至刘都埭，北至泾北路。占地面积0.015平方千米，设1个村民小组，共有住户28户，人口101人，均系汉族。传统农业以种植稻麦为主，耕地现为蔬菜基地，村民按规定领取市失地农民基本生活保障金。主要劳动力以务工、经商为业。人均住房面积为63.6平方米。尤家村自建村以来，共有尤、张、徐、蒋、吴、赵6个姓。

杨家村 以杨姓先居而定村名。杨家村位于村委辖区东北部，东濒锡澄运河，南接吴家村，西至锡澄公路，北至澄江街道通运村。占地面积0.029平方千米，设1个村民小组，有49户154人，均系汉族。传统农作物为稻麦，现农田基本上出租给人种植蔬菜，村民收取土地租金。主要劳动力以务工、经商为业。人均住房面积约为64.2平方米。村内有杨、张2个姓。

吴家村 以姓定村名，也有人把它与杨家村连在一起叫杨吴村。位于蔡泾村委辖区东北部，占地面积0.027平方千米，锡澄运河流经村东，埻下村临近村南，锡澄公路贯穿村西，杨家紧挨村北。设1个村民小组，有42户139人，除1人为土家族外，其余都是汉族。以种植稻麦为主，农田已被征用，村民领取市失地农民基本生活保障金。主要劳动力以务工、经商为业。人均住房面积60.4平方米。村内有吴、杨、李3个姓。

埻下村 锡澄运河古称九里河，亦叫泾河，历代疏浚时挑起的泥土在两岸堆成了高岗，该村坐落在高岗之下，故名埻下村。位于村委辖区东北部，东傍锡澄运河，南至联通实业公司，西临锡澄公路，北连吴家村。占地面积0.063平方千米，设2个村民小组，有84户266人，均为汉族。属农业经济，历史上以养殖老母猪为特色家庭副业，现农田已被征用改种蔬菜，村民按政策领取市失地农民基本生活保障金。主要劳动力以务工、经商为业。人均住房面积约为63.2平方米。村内有黄、李、吴、陆4个姓。

庄基村 古时为一财主的庄园，历经沧桑，庄园废毁仅剩屋基，后有人移居此地，遂名庄基村。原属蔡东村，2002年4月并入蔡泾村。位于村委辖区西北部，占地面积0.045平方千米，东至刘都埭，南交袁落村，西接赵家村，北与澄江街道红光村阡陌相连。设2个村民小组，共有78户276人，均为汉族。农业经济，主产稻麦，成立蔬菜基地后，原有农田出租种植大棚蔬菜，村民收取土地出租金。主要劳力外出打工，或出门经商。人均住房面积为56.5平方米。该村有蒋、刘、韩、王4个姓。

袁落村 以袁姓先居而定村名。位于蔡泾村委辖区西北部，原属蔡东村。东与蒯家村相连，南与宋家村相接，西与八房村交界，北至庄基村。占地面积0.041平方千米，设3个村民小组，共有80户293人，其中土家族1人，余者均为汉族。农业经济，主产稻麦，自蔡泾村建为蔬菜基地后，该村农田基本出租改种蔬菜，村民收取土地出租金。主要劳动力以务工、经商为业。人均住房为54.8平方米。袁落村内有袁、王、丁、唐、蒯5个姓。

何头村 该村坐落在老夏港河口头，故取名为河头村，后将"河"改为"何"，称何头村。位于村委辖区西南部，东至花家村，南接秦蒋村，西连蒋家村，北至宋家村。占地面积0.019平方千米，设何头村民小组，有38户123人，其中回族1人，其余均为汉族。传统农作物为稻麦，原有农田基本出租种植蔬菜，村民收取土地出租金。主要劳动力以务工、经商为业。人均住房面积61.8平方米。村内有花、吕、缪、蒋4个姓。

蒋家村 以姓定村名。位于蔡泾村委辖区西南部，地势平坦，村落平面呈长方形，东与何头村接界，南面濒临工农河，西面依傍蔡西路，北面与何家村阡陌相连。占地面积0.04平方千米，设蒋家村民小组，有77户240人，均系汉族。农业经济，以种植稻麦为主，原有农田基本出租种植蔬菜，村民收取土地出租金。主要劳动力以打工、经商为业。人均住房面积为64.1平方米。村内有蒋、沈、庞、徐4个姓。

宋家村　以宋姓居多而定村名。位于蔡泾村委辖区西部，东至俞家村，南傍工农河，西交何头村，北接袁落村。占地面积0.048平方千米，设宋东、宋西（第10、11）两个村民小组，共有92户328人，均为汉族。农业经济，生产稻麦，自蔡泾村建成蔬菜基地后，以种植蔬菜为主，原有农田基本出租，村民收取土地出租金。主要劳动力以打工、经商为业。人均住房面积为56.1平方米。村内有宋、陈、周、苏、刘、王、陆、李8个姓。

何家村　以何姓定村名。位于蔡泾村委辖区西部，东与宋家村为邻，南接蒋家村，西至黄家村，北与宋家村西首阡陌相连。占地面积0.032平方千米，设何家（第6）村民小组，共有住户77家，人口277人，均为汉族。传统农业以种植三麦等粮食作物为主，现为蔬菜生产基地，原有农田已出租种植蔬菜，村民收取土地出租金。主要劳动力从事务工、经商。人均住房面积为55.6平方米。该村有宋、蒋、吕3个姓。

湾里村　坐落在老夏港河的拐弯里，故称湾里村。位于蔡泾村委辖区南部，东、南与南新村（南闸社区）相交，西靠锡澄运河，北与西弄紧挨为邻。占地面积0.016平方千米，设第1、第2两个村民小组，共有97户296人，均系汉族。因靠近街镇，农业经济为主之外，部分村民平时也至集市上设摊做早市，或自产自销蔬菜瓜果，或贩卖日用杂品。建为蔬菜基地后，原有农田被征用，村民按政策领取市失地农民基本生活保障。主要劳动力或务工或经商。人均住房面积为65.4平方米。该村共有何、王、赵、闻、吴、徐、许、蒋8个姓。

西弄村　因紧靠南闸集市西弄而得名。位于蔡泾村委辖区南部，东起南新村（南闸社区），南面紧连湾里村、西濒锡澄运河，北接南闸集市西弄。占地面积0.043平方千米，设弄东、弄西（第3、第4）两个村民小组，共有109户365人，均为汉族。因靠近街镇，历史上村民亦工亦商，现为蔬菜基地，原有农田均被征用种植蔬菜，村民按政策领取市失地农民基本生活保障。主要劳动力从事务工、经商。人均住房面积为59.7平方米。该村有陆、孙、蒋、崔4个姓。

花家村　以花姓先居而定村名。位于村委辖区南部，村东濒临锡澄运河，村南与龙运村接壤，村西与何头村相连，村北紧靠工农路。占地面积0.009平方千米，设花家（第5）村民小组，有39户148人，汉族聚居。传统农业为稻麦，该村原有农田均出租给蔬菜专业户，村民收取土地出租金。主要劳动力以打工、经商为业。人均住房面积为57.8平方米。村内有花、赵、吴、缪、闻5个姓。

陈家村　以姓定村名。1955年到1956年属通运乡第7农业合作社，1957年划归南闸乡，属蔡西村。该村位于蔡泾村委辖区西部，东至蔡西路，南接曹沈村，西与龙运村交界，北至八房村。占地面积0.051平方千米，设第23、24、25三个村民小组（又称陈东、陈中、陈西村民小组），共有101户349人，均为汉族。农业经济，生产稻麦，现土地已租给蔬菜专业户种植蔬菜，村民以收取土地出租金为经济来源，主要劳动力则从事打工或经商。人均住房面积为57.8平方米。该村有陈、缪、吴、叶4个姓。

八房村　由陈氏第八子分居于此而得名。位于蔡泾村辖区西部，东与庄基村相接，南与陈家村连壤，西至龙运村，北与聂家村为邻。占地面积0.041平方千米，设第26、27两个村民小组（又称八东、八西村民小组），共有83户275人。原属农业经济，主产稻麦。原有农田出租种植蔬菜，村民收取土地出租金，主要劳动力在私营企业打工或从事经商。人均住房面积为60.3平方米。村内有陈、宋、缪、蒋4个姓。

聂家村 始建于明初洪武年间，村中缪姓居多，聂姓人虽少却早于缪姓50年在此居住，故以聂姓定村名。历史上该村以"好读书，善读书"而名闻闾间，自明永乐至清末400多年间，共出了十三个半秀才（所谓半个，是因为当年该村考中秀才的是全县最后一名）。据传该村前有"砚台池"河塘一个，后有"毛笔筒"土岗一座，风水极佳，主出文人。然文人虽多，村民们生活却很清贫，时人戏称该村为"穷秀才村"。聂家村位于蔡泾村委辖区西北部，东与澄江街道张沙堡村接界，南与八房村为邻，西与临港新城夏港社区夏南村相交，北与临港新城吴家岩阡陌交错。占地面积0.117平方千米，全村125户418人，汉族聚居，设第28、29、30三个村民小组（亦称聂东、聂中、聂西村民小组）。历史上属农业经济，以种植稻麦为主。原有农田基本出租种植蔬菜，村民收取土地出租金。主要劳动力以打工、经商、办企业为业。人均住房面积为59.8平方米。村中仅聂、缪2个姓。

黄家村 以黄姓先居而定村名。原属蔡西村，后并入蔡泾村。位于蔡泾村委辖区西部，东与何家村为邻，南与丁家村相连，西临蔡西路，北至赵家村。占地面积0.021平方千米，设第17、18两个村民小组（也称黄东、黄西村民小组），共有46户155人，均系汉族。传统种植以稻麦等粮食作物为主，现以种植蔬菜为主。原有农田均已出租，村民收取土地出租金。主要劳动力或在私人企业中打工，或自行经商。人均住房面积为59.4平方米。该村有黄、陈、沈、汤4个姓。

丁家村 以姓定村名。位于蔡泾村委辖区西部，原属蔡西村，2002年与蔡东村合并，2007年又与泾西村合并，统称蔡泾村。清宣统元年（1909），曾有聂家村人缪玉如在此办过曹桥茧行。丁家村占地面积0.011平方千米，设第19、20、21三个村民小组（亦称丁东、丁中、丁西村民小组），共有89户319人，汉族聚居。该村东至蔡西路，南濒工农河，西与龙游闵家村接界，北接曹沈村。农业经济，生产稻麦。现以种植蔬菜为主，原有耕地业已出租种植蔬菜，村民收取出租土地金。主要劳动力以打工、经商为业。人均住房面积为55.8平方米。村内有丁、缪、沈3个姓。

赵家村 以赵姓先居而得村名。位于村委辖区西北部，村落平面呈长方形，东西长、南北窄，地势平坦，汉族聚居。原属蔡西行政村，后随行政村并入蔡泾村。占地面积0.021平方千米，东至庄基村，南接八房村，西与八房村后村为邻，北与澄江街道张沙堡村交界。设第31村民小组，也称赵家村民小组，有34户119人，均为汉族。历史上以种植粮食作物为主，现为蔬菜基地，原有农田均已出租，村民收取土地出租金。主要劳动力或打工或经商。人均住房面积57.2平方米。赵姓不知何时消失，现有缪、徐、刘、傅4个姓。

曹沈村 历史上曾为曹家、沈家两村，1958年，因两村村小人少且相距甚近，遂合而为一称曹沈村。位于村委辖区西部，东至蔡西路，南接丁家村，西连闵家村，北至陈家村。占地面积0.027平方千米，设第22村民小组（亦称曹沈村民小组），有56户181人，汉族聚居。农业经济，生产稻麦。现为蔬菜基地，村民出租土地收取租金。主要劳动力以打工、经商为业。平均住房面积61.8平方米。村中有陈、沈、缪3个姓，曹姓不知何时消失，已无从考证。

六、南新村（南闸社区）

宋元明时期属太宁乡，清代属蔡泾镇，民国期间为南闸乡。1956年为南闸乡8社。1958年为南闸人民公社第8大队。1961年与涂镇大队合并称河东大队。1980年，因与县内其他乡镇的大队名称重复而改名南新大队。2002年3月8日，南新村委与南闸居委合并为南新村委，称南新村民委员会和南闸社区居民委员会（村居合一）。

南新村辖区环绕南闸集镇南、西及东北部，与集镇商店犬齿相交。东临锡澄公路，南与涂镇村交界，西濒锡澄运河，北至站西路。下辖5个自然村，设9个村民小组。村、居总面积约3.2平方千米。南新村共有住户264户838人，其中回族2人、苗族1人，其余均为汉族。拥有骨干企业2家，2014年工业销售7510万元，人均收入26635元。辖区内原有农田均因城乡一体化建设被征用，村民领取市失地农民基本生活保障金。

南闸社区居民委员会原为南闸居民委员会，成立于1959年3月，辖区为南闸集镇老区范围。中华人民共和国成立前夕，南闸集镇有河东街（南弄、北弄、东弄之总称）、河南街、河西街和西弄、大弄、小弄、牛屎弄、唐家弄、李家弄。镇上有店铺141家、茧行2家、宰牛场1家、戏院1家。历来是镇（乡、公社）政府所在地。1984年辖区设13个居民小组，共有1006户2114人，其中非农业人口1958人。2002年3月8日，与南新村合并称南闸社区居民委员会，现辖区有13个居民小组，共有1123户2949人，其中壮族1人、土家族2人，其余均系汉族。

历年来，南新村和南闸社区居民委员会先后被评为江苏省档案工作二星级单位、无锡市绿色家园示范村、无锡市民主示范村、无锡市科普文明社区、无锡市社会主义现代化新农村建设示范村、无锡市人口综合服务工作示范社区（村）、江阴市和谐示范社区创建先进社区、十佳幸福村、争创工作先进村。村（社区）2015年开票销售收入0.66亿元，人均可支配收入24000元。

斜桥头　位于南闸集镇老区东首，村西与老集镇之间有斜泾河相隔。清乾隆三年（1738），官府在河上修建隆兴闸，节制河水，闸上可行人，人们亦称其为桥，因桥面与河岸相交成斜状，故称斜桥。以桥定村名，故名斜桥头。斜桥头位于村委辖区东北部，东临锡澄公路，南与夏村连接，西傍南闸老集镇李家弄，北至站西路。占地面积0.04平方千米，有住户62户，人口212人，均系汉族，设1个村民小组。原有耕地因城乡一体化建设被征用，村民领取市失地农民基本生活保障。主要劳动力以务工、经商为业。人均住房面积64.3平方米。斜桥头共有蒋、花、周、沈、杨、许、刘、王等8个姓。

夏村　因在何家场后面，又叫下村，历史上曾与何家场合称为何下村。1992年改叫夏村。位于村委辖区东北部，东靠锡澄公路，南接何家场，西交南闸集镇大弄，北连斜桥头。占地面积0.012平方千米，设夏南、夏村2个村民小组，有住户105户，人口368人，均系汉族。原有耕田因城乡一体化建设而被征用，村民领取市失地农民基本生活保障金。主要劳动力以务工、经商为业。人均住房面积为62.7平方米。村内聚居有陈、陆、唐、邱、吴、沈、孙、蒋8个姓。

何家场　相传南闸形成市集后，在其南面有一块空旷的荒地。荒地杂树野草丛生，后有何姓先民于此定居，历经多年，不惜体力，除野草、砍荆棘、刨丘、填坑，终于将荒地修成平坦的场地，遂将村名定为何家场。位于村委辖区东部，东傍锡澄公路，南临南焦路，西靠碧桂园小区，北与夏村相接。占地面积0.041平方千米，设何东、何西2个村民小组，住户129户，人口461人，其中回族1人，其余均为汉族。原有耕地在城乡一体化建设中已全部被征用，村民领取市失地农民基本生活保障金。主要劳动力从事务工、经商、办企业。人均住房面积为61.56平方米。该村有何、蒋、吴、李4个姓。

汤家村　该村位于锡澄运河（古称九里河，今称市河）转弯的河谷处，又名汤家谷，以汤姓先居及地理位置而定村名。地处村委驻地北部，东临南新街，南靠南焦路，西与龙运村新上河自然村隔市河相望，北连薛家岗。该村紧靠南闸市集，南闸街道的主要交通要道自村前通过，锡澄大运河流经村西，交通顺畅，地理位置优越。村落占地面积0.021平方千米，设汤南、汤中、汤家3个村民小组，共有126户466人，均为汉族。历史上以种植粮食作物为主。原有耕地已在城乡一体化建设中被征用，村民领取市失地农民基本生活保障金。主要劳动力以务工、经商、办厂为业。人均住房面积约为59.5平方米。村中居住汤、徐、吴、蒋、季5个姓。

季家村　在南闸集镇南面，原是块荒地，季姓先于他姓在此建宅居住，故以季姓定村名，亦称季家埭。季家村位于村委辖区南部，东与居民二村为邻，南为金三角建材市场老区，西距锡澄运河300余米，北为南焦路。地势平坦，村落平面呈正方形，占地面积约为0.011平方千米。设1个村民小组，有66户221人，其中苗族1人、回族1人，其余均为汉族。历史上以种植水稻、小麦、油菜为主，也有少数农户种植芹菜。原有耕地因拓展市镇建设被征用，村民领取市失地农民基本生活保障金。因靠近街镇，且交通便利，故主要劳动力多数以打工或自办商店作为主要经济来源。人均住房面积约59.7平方米。季家村共有季、谭、陈、高、耿、蒋、吴、胡等8个姓。

薛家岗 原为锡澄运河河岗，薛姓先居于此，形成村落后约定称薛家岗。位于南闸社区北部，东起南新街，南接汤家村，西濒市河（原老锡澄运河），北至中新街。村落东西弯向南北，成"T"形，占地面积0.024平方千米，有49户147人。

东新街 原称东弄，1986年10月进行旧镇改造时，将东弄250米西段改为水泥路面，1988年又向东拓展250米左右改建水泥路，2011年改建为沥青路面，从1986年始改称东新街。占地面积约为0.005平方千米，位于社区北部，东起锡澄公路，南交何家场，西接中新街，北靠夏村。街宽20米，长500余米，有个体药店1家及零星摊位。2014年年底，共75户，有居民262人，均为汉族。

河南街 位于老夏港河南面，故称河南街。1985年春，在老运河（今称市河）西岸北起农具厂、南达万安桥（又称新桥）修建了一条长200米、宽8米的水泥路，辟为农贸市场。1990年，在影剧院前修建了一条长100米、宽8米的水泥路，仍叫河南街。街区位于社区北部，全长300米，面积约0.01平方千米，东至汤家村，南至南焦路，西至老上河，北至河西街。现共有171户614人，均为汉族。

河西街 位于九里河（即老运河，今称市河）疏浚时淤泥堆成的土岗上，后有蒋姓先人将其平整而筑室居住，逐渐形成村落，定名为蒋家岗。位于社区北部，东至南新街，南至汤家村，西濒市河，北接中心街。面积0.024平方千米，水泥路面。2015年，共有49户147人，均为汉族。

居民二村 1986年南闸镇政府规划建造的第二个居民点，居民大多为中小学教师家庭以及旧镇改造时的拆迁户，均为自建房。位于社区东部，占地面积0.024平方千米，东至锡澄公路，南至原金三角建材市场，北至南焦路，西接季家村。2014年，共有223户835人，其中土家族2人、壮族1人，其余均为汉族。

北新街 1958年后，随着工商业特别是社办工业的发展，集镇范围逐步扩展。1970年8月，自大洋桥南堍到北弄的九里岗，开辟了一条长386米、宽15米的水泥路，两边先后建造了毛纺厂、天平厂、皮件厂、食品站、标牌厂、供销社物资公司等单位，形成了一条新街，命名为北新街。北新街位于社区东北部，东至锡澄公路，北濒锡澄运河，南邻斜桥头，西至老桥头。改革开放后，随着企业改制，原在北新街的企业均先后搬迁，现已成为如意滩景观区、宏基国际居民点及商业区。2014年有居民30人，均系汉族。

碧桂园 2013年9月新建的住宅区，是碧桂园房地产开发有限公司在江阴开发的首个项目。位于社区北面，门牌为南新街52号。东靠步行街、何家场，南至南焦路，西傍南新路，北濒市河，由原南闸镇政府和南闸中心小学搬迁后所留原址及拆迁何家场部分住房而建。占地面积0.04平方千米，高层4幢，多层2幢，住宅519套，沿街商铺59套。2015年3月竣工，2015年年底有少数住户装修入住。

南新街 位于社区北部，离社区驻地50余米。1988年秋，北起中心街，南达南焦公路，新建长304米、路面宽12.6米的新街，起名南新街。南新街西为汤家村，临街为店铺房，街东为碧桂园居民小区。2015年有居民56人。

步行街 位于社区北部偏东，东靠原陆金标科技学校、南闸农贸市场，南至南焦路，西至碧桂园，北靠新锡澄公路。在原老锡澄公路两边和西家浜路建成，为商业区，有居民465人。

中心街　1986年5月，拓宽南弄、北弄，合称中心街，长280米，路面宽22米，为商业中心区。东至东新街，南靠原南闸镇政府大院，西至老桥（古名集善桥），北交北新街。南闸镇供销社、商业大楼、工业公司、工业供销公司等企事业机构及各大商店均集中于此。2015年有居民50人。

七、南闸村

南闸村由原来的南闸村与观东村合并而成。宋元明时期，南闸村属太宁乡管辖，观东村属来春乡管辖。清代及民国时期，分属蔡泾乡（南闸村）和观山乡（观东村）。中华人民共和国成立后，南闸村属南闸乡，观东村属观山乡。1955年至1956年，南闸村为南闸乡六社，观东村为观山乡五社。1958年成立南闸人民公社，南闸村为南闸大队，观东村为观东大队。1984年撤社建乡，生产大队改称行政村，南闸大队改称南闸村，观东大队改称观东村。2004年4月，南闸村与观东村合并，保留南闸村村名。南闸村位于街道辖区西部偏南，东面濒临锡澄运河，南面自东至西与月城镇、本街道观西村隔黄昌河为邻，西面与观西璜庄村和观山东盟工业集中区相连，北面与龙运村阡陌相接。占地面积3.2平方千米，下辖9个自然村、24个村民小组，共有1062户3536人，其中苗族3人、土家族3人，其余均为汉族。2014年有骨干企业4家，工业销售收入1.5亿元。南闸村为江阴市蔬菜基地，2014年有蔬菜面积1550亩，产值1550万元。

历年来，南闸村先后被评为江阴市民主法治村、江阴市示范村工会、江阴市人口计生工作示范村。2015年开票销售收入1.21亿元，人均可支配收入25447元。

唐家村　以唐姓先居而定村名，又因位于黄昌河交汇锡澄运河的入口处，亦名黄昌河口。1956年，属南闸乡六社。1958年，属南闸公社南闸大队。1984年，属南闸村委第1生产队。唐家村在南闸村委会辖区东部，东傍锡澄运河，南挨黄昌河，西至南闸村路，北与沙家村为邻。占地面积0.043平方千米，设村民小组1个，有66户224人，除土家族1人外，其余均为汉族。有耕地面积110亩，以种植稻麦为主，2010年建为蔬菜基地，耕地出租给专业种植户，村民收取土地租金。主要劳动力以务工、经商为业。人均住房面积58.92平方米。该村现有任、黄、王3个姓，唐姓消失时间，已无从考证。

沙家村　以沙姓定村名。1956年，属南闸六社。1958年，撤社建乡，属南闸乡南闸村第2生产队。沙家村位于南闸行政村辖区东南部，东至南闸村路，南接唐家村，西临水产场，北与寨里村绣壤交错。占地面积0.018平方千米，设第2村民小组，共有50户168人，除1人为苗族外，其余均属汉族。以种植稻麦为主，有耕地面积90亩，2010年建成蔬菜基地后，耕地转让给承包者种植蔬菜，村民每年收取土地租金。主要劳动力以务工、经商为业。人均住房面积59.52平方米。村中有沙、章、耿3个姓。

戈家村　以戈姓定村名。1956年属南闸六社，1958年属南闸公社南闸大队第3生产队，1984年属南闸村第3村民小组。戈家村位于南闸村辖区东南部，东濒锡澄运河，南交唐家村，西临南闸村路，北连许家村。占地面积0.026平方千米，设第3村民小组，共有56户190人，均为汉族。有耕地面积90亩，传统农作物以稻麦为主，自2010年建为蔬菜基地后，耕地转让给种菜专业户，村民每年收取土地租金。主要劳动力以务工、经商为业。人均住房面积为58.94平方米。该村有戈、张、耿、王4个姓。

许家村　以许姓为村名。位于南闸村委会辖区东南部，东濒锡澄运河，南连戈家村，西临南闸村路，北邻金家岗。占地面积0.048平方千米，设第4村民小组，共有47户131人，有土家族2人，其余均为汉族。有可耕地面积70亩，传统农作物为水稻、三麦，自2010年后，改种蔬菜，耕地转让给蔬菜种植户，村民收取土地租金。主要劳动力以务工、经商为业。人均住房面积64.58平方米。村内有许、戈、高3个姓。

寨里 东有锡澄运河，西依秦望山，进能攻，退可守，古时乃军事之要冲，历代为军队屯兵之地。后兵营迁徙他处，王姓、许姓、杨姓等先民遂于此建村，定村名为寨里。寨里村位于村委辖区东部，占地面积0.073平方千米，设第5、6、10、11村民小组，共有150户511人，均为汉族。农作物以种植稻麦为主，自2010年始，南闸村建为蔬菜基地，该村原有350亩耕地全部出租给蔬菜专业户，村民收取土地租金。主要劳动力以务工、经商为业。人均住房面积58.71平方米。寨里有王、许、杨、陆、刘、梅、任、吴8个姓。

团子头 相传该村先民以做团子为副业，所做团子闻名十里八乡，故以团子头为村名。团子头位于村委辖区东部，东濒锡澄运河，南接金家岗，西临南闸村路，北连陆家沟。占地面积0.07平方千米，设第7、12村民小组，共有60户220人，均为汉族。原以稻麦为主要农作物，现为蔬菜基地，自2010年之后，全村可耕地135亩全部出租，村民收取土地租金。主要劳动力以务工、经商为业。人均住房面积为54.55平方米。村内有陆、沈2个姓。

陆家沟 陆氏先民开凿河沟，建村于河沟两边，命名河沟为陆家沟，亦以此为村名。陆家沟位于南闸村委会辖区东北部，东傍锡澄运河，南接团子头，西临南闸村路，北至跃进河南岸牌楼下。占地面积0.091平方千米，设第8村民小组，有49户153人，均为汉族。稻麦为主要农作物，2010年该村90亩农田全部出租种植蔬菜，村民收取土地租金。主要劳动力以打工、经商为业。人均住房面积57.64平方米。村内仅有一陆姓。

金家岗 该村紧依锡澄运河，历次疏浚运河，村前村后堆积成高岗，村中居民以金姓为主，故称金家岗。金家岗在锡澄运河之东，后运河裁直而居于西，原属涂镇村，后属南闸村。位于村委辖区东部，东濒锡澄运河，南与许家村毗邻，西临南闸村路，北交团子头。占地面积0.006平方千米，设第9村民小组，有27户86人，均为汉族。原以种植稻麦为主，2010年建蔬菜基地后，45亩耕田出租种植蔬菜，村民收取土地租金。主要劳动力以务工、经商为业。人均住房面积62.79平方米。全村有金、陆、邓3个姓。

观庄 原属观东乡，1956年并入观山乡，属观山五社。1958年为南闸公社观东大队。1984年撤社建乡，属南闸乡观东村。观庄曾是观东村村委驻地，2004年并入南闸村后，仍为南闸村村委驻地。东起观东路，南濒黄昌河，西交璜庄上，北临东盟科技工业集中区。占地面积0.18平方千米，设第15、16、17、18、19、20、21、22、24村民小组共9个，共有481户1466人，其中有苗族2人，其余均为汉族。传统农作物以稻麦为主，2010年建成蔬菜基地后，原有800多亩农田均种植各类蔬菜，村民收取土地租金。其中第24村民小组已撤队，村民领取市失地农民待遇。主要劳动力以务工、经商为业。人均住房面积65.62平方米。观庄是南闸最大的自然村之一，共有许、沈、陈、程、符、周、吴、张、耿等9个姓，许氏为该村第一大姓。

八、龙运村

由原来的南运、跃进、龙游、菱塘4个行政村合并而成。南运村在宋元明时期属太宁乡；清代康熙三年（1664），改都图为镇保，属蔡泾镇。中华人民共和国成立前后，属蔡泾乡。1956年，属南闸乡七社。1958年，属南闸公社河南大队。1984年，撤社建乡，改大队为村时，正值江阴市进行地名普查，因与他地同名而改称南运村。跃进村，古属来春乡。清代，属观山镇。中华人民共和国成立前后，属观东乡。1956年，为观山四社。1958年，为南闸公社跃进大队。1984年，改称跃进村。龙游村，清之前属来春乡，之后属观山镇。民国时，属观山乡。1956年，属观山巨轮三社。1958年，为南闸公社巨轮大队。1984年，改称龙游村。菱塘村，在宋元明时期属来春乡。中华人民共和国成立前后，属观山乡。1955年至1966年时，属观山二社。1958年，属南闸人民公社菱塘大队。1989年，撤社建乡，属南闸乡菱塘村。2002年3月18日，菱塘与龙游合并，仍称龙游村，跃进村与南运村合并，仍称南运村。2007年12月7日，龙游村与南运村合并，各取一字为村名，称龙运村。龙运村位于街道辖区西北部，东接南闸街区，南与南闸村绣壤相错，西与观山村阡陌相连，北与蔡泾村毗连。占地面积5平方千米，下辖21个自然村，设50个村民小组，共有1747户5757人，有少数民族22人，其中壮族7人、土家族6人，藏、彝、侗族各2人，羌、苗、布依族各1人，余者均为汉族。2014年工业产值2.6亿元，可耕地面积3384亩，2010年建立蔬菜基地后，耕地以种植蔬菜为主。人均收入23889元。

龙运村历年来获得的荣誉有：无锡市新建企业工会规范化建设先进单位、无锡市安全文明村、无锡市民主法治村、无锡市农村党员科技示范基地、无锡市社会主义新农村建设示范村、江阴市文明村、江阴市关心下一代五有五好先进村。2015年开票销售2.34亿元，人均可支配收入25090元。

新上河　1956年4月5日，锡澄运河拓浚工程中裁弯改道，拆除上河村部分民居，迁移重建村庄，定村名为新上河。该村位于龙运村委会辖区东南部，东临锡澄运河，南接陆家沟，西至南闸村路，北傍跃进河。占地面积0.028平方千米，设第1村民小组，有23户80人，均为汉族。农作物以稻麦为主，2010年龙运村建立蔬菜基地后，原有35.75亩耕地转让改种蔬菜，村民收取土地流转金。主要劳动力以务工、经商为业。人均住房面积57.5平方米。有薛、陆、许、杨、耿5个姓。

老上河　原在锡澄运河上首，称上河，后锡澄运河疏浚时裁弯改道，该村部分村民拆迁另建新上河村，于是称老上河。位于村委辖区东部，东起河南街，南濒市河（老锡澄运河），西至陆镇大桥，北傍锡澄运河。占地面积0.026平方千米，设第2村民小组，有22户64人，均为汉族。传统农作物为稻麦，因建立蔬菜基地，原有耕田40.21亩转让给承包者种植蔬菜，村民收取土地流转金。主要劳动力以务工、经商为业。人均住房面积68.75平方米。有詹、许、杨、陆、梅、薛6个姓。

牌楼下　明朝永乐年间，有何澄者致仕后定居于此。何澄原为江西袁州知府，担任过吏部给事中，人称何御史。天顺年间，皇帝为了表彰他对朝廷的贡献，给他敕赐建牌楼一座。因该村位于牌楼下首，故称牌楼下。该自然村位于村委辖区东部，东傍锡澄运河，南至跃进河，西临河西路，北交花家村。占地面积0.075平方千米，设第3、4、10村民小组，共有128户399人，均为汉族。农作物以稻麦为主，2010年建立蔬菜基地后，原有153.61亩耕田全部转让给蔬菜种植专业户，村民收取土地流转金。主要劳动力以打工、经商为业。人均住房面积为64.16平方米。建村至今，聚居有蒋、刘、何、许、梅、薛6个姓。

花家村　以花姓居住而得名。花家村位于龙运村辖区东北部，东滨锡澄运河，南与牌楼下相连，西与秦蒋村交接，北与花家村毗邻。占地面积0.018平方千米，设第6村民小组，有27户88人，均为汉族。原农作物以稻麦为主，龙运村建立蔬菜基地后，38.14亩耕地转让改种蔬菜，村民收取土地流转金。主要劳动力以务工、经商为业。人均住房面积61.36平方米。全村有花、蒋、戴3个姓。

花家桥　村民以花姓为主，古时村前夏港河上有花家桥，桥以花姓定名，村随桥名为花家桥。位于村委会辖区东北部，东滨锡澄运河，南接花家村，西至河西路，北与蔡泾花家村为邻。占地面积0.024平方千米，设第5村民小组，有47户156人，均为汉族。2010年起，原有86.4亩农田由种植稻麦改种蔬菜，村民收取承包者的土地流转金。主要劳动力以务工、经商为业。人均住房面积60.25平方米。全村仅有花、居2个姓。

秦蒋村　以村中秦姓、蒋姓定村名。位于龙运村辖区北部，地势平坦，村落平面呈正方形，东邻花家桥，南接孙家村，西临校西路，北靠工农路。占地面积0.025平方千米，设第7村民小组，有

32户103人，均系汉族。2010年建立蔬菜基地后，原有60.02亩耕田转让由承包者改种蔬菜，村民收取土地流转金。主要劳动力以打工、经商为业。人均住房面积62.13平方米。有秦、刘2个姓，蒋姓已消失。

孙家村　以孙姓先居而定村名。位于龙运村辖区北部，村落平面呈正方形，东至河西路，南临南焦路，西傍校西路，北连秦蒋村。占地面积0.052平方千米，设第8村民小组，有59户172人，均为汉族。农作物以稻麦为主，2010年龙运村建立蔬菜基地后，原有100.79亩耕地转让种植专业户改种蔬菜，村民按土地面积收取土地流转金。主要劳动力以务工、经商为业。人均住房面积68.60平方米。村内有孙、吴、唐、陈4个姓。

梅阿里　以梅姓先居而得名，又因建村时仅有5户人家，故又名小村上。梅阿里自1927年起，就是中共地下党活动的"支点村"，直到中华人民共和国成立，长达20多年。其间，茅学勤、蒋云、庄祖芳、朱杏南、陈忠金等江阴地下党领导人多次来村里进行革命活动。该村位于村委会辖区南部，东至南闸村路，南临南庄路，西交南庄村，北濒跃进河。占地面积0.02平方千米，设第9村民小组，有18户58人，均为汉族。原种植稻麦的48.74亩农田，转让种植蔬菜，村民收取土地流转金。主要劳动力以务工、经商为业。人均住房面积62.06平方米。村中有耿、蒋2个姓。

耿家村　以姓定村名。史传宋大中祥符间（1008—1016），陕西扶风耿冕字有爵者，仰慕杭州隐士林和靖名，自扶风负笈访之，移居江阴秦望山下之鲍庄里，后分支建村于此。民国《江阴续志》称其历史上曾与葛氏、邱氏为江阴三大望族。耿家村位于村委会辖区西部，东至原南闸镇水产场，南与观庄阡陌相接，西与璜村相交，北与夏店毗连。占地面积0.192平方千米，设14、15、16、17、18、23、24、25共八个村民小组，共有227户703人，除土家族2人外，余者均为汉族。农作物以种植稻麦为主，2014年，第23、24二个村民小组种植水稻面积119.03亩，年产量73.08吨，产值226561元；其余六个村民小组累计耕田面积361.17亩，均承包转让种植蔬菜，村民收取土地流转金。主要劳动力从事务工、经商。人均住房面积64.58平方米。建村以来，聚居有耿、王、李、丁、韩、袁、刘7姓。

南庄　明朝嘉靖年间（1522—1566），耿氏第十四世耿证，于耿家村迁居于此建村，因在耿家村南，遂称南庄。南庄位于村委会辖区西南部，东接梅阿里，南至南庄路，西临水产场，北交袁沟西村。占地面积0.057平方千米，设第13、19两个村民小组，共有83户266人，除2人为侗族外，余者均为汉族。2010年前以种植稻麦为主，后因建立蔬菜基地，全村164.69亩耕田均承包转让种植蔬菜，村民收取土地流转金。主要劳动力以务工、经商为业。人均住房面积为62.41平方米。村内有耿、徐、张3个姓。

馒头村　耿家村耿氏十一世孙思敬，从耿家村携子嗣迁居于此建村。因村基地势隆起，高出周边村庄数尺，形如馒头，故名馒头村。该村位于龙运村辖区西部，东至校西路，南临南焦路，西接耿家村，北连龙沟口。占地面积0.067平方千米，设第11、20、21三个村民小组，共有95户301人，其中土家族2人，余者均为汉族。农作物以稻麦为主，2010年建立蔬菜基地后，全村170.09亩耕田转让给蔬菜种植户，村民收取土地流转金。主要劳动力以打工、经商为业。人均住房面积63.12平方米。村中仅有耿、丁2个姓。

袁沟西村　袁姓在此建村，村东有沟，以袁冠其名为袁沟，因村在沟西，故称袁沟西村。该村位于村委会辖区西南部，东与梅阿里接壤，南与南庄毗邻，西与耿家村阡陌相交，北濒跃进河。占地面积0.04平方千米，设第12、22两个村民小组，共有49户176人，均为汉族。拥有耕地面积84.22亩，2010年建立蔬菜基地之前，以种植稻麦为主，之后流转给蔬菜种植户，村民收取土地流转金。主要劳动力以务工、办企业为经济收入来源。人均住房面积55.68平方米。该村有袁、张、莫、陆、徐5个姓。

王家村　以王姓先居定村名。位于龙运村辖区西部，村落地势平坦，地形近似正方形，东与龙沟口交界，南与耿家村毗连，西与夏店相接，北与虞家村为邻。占地面积0.06平方千米，设第33、34两个村民小组，共有71户244人，均为汉族。农作物以稻麦为主，2010年建立蔬菜基地，114.68亩耕地出租给种植专业户，村民收取土地流转金。主要劳动力以务工、经商为业。人均住房面积58.19平方米。村内有王、刘、吕3姓。

龙沟口　因坐落于龙游河口而得名，原来还有一个小龙沟口村，自开工农河后，两村合而为一，统称龙沟口村。该村位于龙运村辖区西部，东至校西路，南交馒头村，西连王家村，北靠工农路。占地面积0.132平方千米，设第26、27、28、29、30、31六个村民小组，共有212户676人，除藏族、彝族各2人外，其余均为汉族。农业以稻麦为主要作物，全村拥有可耕地面积355.56亩。2014年，种植水稻面积91.07亩，总产55.91吨，产值17.33万元。其余耕地自2010年建立蔬菜基地后，流转给专业户种植蔬菜，村民收取土地流转金。主要劳动力以打工、经商为业。人均住房面积62.72平方米。全村共有吴、戚、倪、徐、李5个姓。

虞家村　以虞姓定村名。位于村委会辖区西北部，东接龙沟口，南交王家村，西至曹桥，北与丁家村交界。占地面积0.006平方千米，设一个村民小组，有46户136人，苗族1人，其余均为汉族。有耕田面积61.33亩，主产稻麦，2010年起改种蔬菜，农户将耕地流转给种植户，收取土地流转金。主要劳动力以务工、经商为业。人均住房面积67.64平方米。村内有虞、吴2个姓。

夏店　以夏姓于此建村而定名，又称夏垫。清代道光年间，夏店已初具乡村市集规模。据道光《江阴县志》卷二记载："观山镇……市走蔡泾（即南闸——编者注）或焦店，本镇之夏垫村肆略具。"夏店位于龙运村辖区西部，东濒龙游河，南接耿家村，西交璜村，北临工农路。占地面积0.126平方千米，设8个村民小组，共有320户1054人，其中土家族2人、布依族1人，余者均为汉族。农业经济，主产稻麦。2014年，有5个村民小组种植水稻面积277.29亩，总产170.25吨，产值527775元；其余3个村民小组的244.89亩耕地转让给蔬菜种植专业户，村民收取土地流转金。主要劳动力以务工、经商为业。人均住房面积60.72平方米。建村至今，村内共聚居刘、吕、华、李、卞、高、雍、印、蒋9个姓。

菱塘沟　村中有一沟塘，盛产菱角，因名菱塘沟，村以河名。菱塘沟位于龙运村委辖区西北部，东接闵家村，南连焦家宕，西濒新夏港河，北至吕家村。占地面积0.121平方千米，设3个村民小组，共有133户410人，均为汉族，纯农业人口。主产稻麦，2010年建立蔬菜基地后，全村194.68亩可耕田均承包转让给蔬菜种植户，村民收取土地流转金。主要劳动力以务工、经商为业。人均住房面积64.87平方米。全村有刘、顾、李、徐4个姓。

闵家村　清康熙年间，夏港河上新建一石桥，因此桥是从老曹桥原址移建于此，故称为新曹桥。其间，有闵姓者在新曹桥北面定居，自称新曹桥为闵家桥，村名则定为闵家村，亦称曹桥村。该村位于村委辖区西北部，东至黄家村，南交丁家村，西接吕家村，北接曹沈村。占地面积0.022平方千米，设有第50村民小组，有44户129人，均为汉族。本以种植稻麦为主，2010年龙运村建立蔬菜基地后，全村原本种植稻麦的92.48亩耕田改种蔬菜，承包转让给蔬菜专业户，村民收取土地流转金。主要劳动力从事打工、经商。人均住房面积68.21平方米。革命烈士曹荣金出生于该村。现有闵、曹、秦、丁4个姓。

东场　该村在山下村东面，原为打谷场，后在此建村，故称东场。位于村委辖区西北部，东接曹沈村，南连吕家村，西傍新夏港河，北与夏港孙家弄交界。占地面积0.068平方千米，设2个村民小组，共有100户332人，除4人为壮族外，余者均为汉族。农业经济，主产稻麦，2010年起改种蔬菜，全村原种植稻麦的228.4亩农田，均承包转让种植大棚蔬菜，村民收取土地流转金。主要劳动力或务工或经商。人均住房面积60.24平方米。村内有顾、沈2个姓。全面抗日战争起至解放，该村为中共澄西区所设"支点村"。

吕家村 以吕姓定村名。吕家村位于龙运村辖区西北部，东接闵家村，南交菱塘沟，西傍新夏港河，北与东场毗连。占地面积0.026平方千米，设1个村民小组，有26户65人，均为汉族。农作物以稻麦为主，2010年起，原种植稻麦的57.21亩农田转让给蔬菜种植户种植蔬菜，农户收取土地流转金。主要劳动力以务工、经商为业。人均住房面积72平方米。村内仅吕、顾2个姓。

焦家塘 以焦姓定村名。焦家塘位于龙运村委会辖区西北部，东至曹桥，南至工农路，西濒新夏港河，北接菱塘沟。占地面积0.037平方千米，设1个村民小组，有51户167人，其中壮族2人，其余均为汉族。农业经济，主产稻麦。2010年起改种蔬菜，原种植稻麦的116.38亩耕田全部承包转让种植蔬菜，农户收取土地流转金。主要劳动力以务工、经商为业。人均住房面积61.07平方米。全村仅一焦姓。

九、观山村

境内有观山，以山名为村名。宋元明属来春乡，清代属观山镇，民国时期属观山乡。民国二十九年（1940），中国共产党在江阴农村建立抗日民主政权，该村属澄西县第三区观山乡。中华人民共和国成立初属观山小乡。1955年观东、观西并入观山乡，观山村属观山乡一社。1958年属南闸公社观山大队。1959年秋，观山大队曾与菱塘大队合并，1961年春又分开为两个大队。1973年观山分为观山大队和璜村大队。1984年改生产大队为行政村，分别为观山村、璜村村民委员会。2002年4月，观山与璜村合并，仍称观山村。2012年12月南闸镇撤镇建街道，观山村隶属不变。观山村于2008年建立党委，是南闸街道目前仅有的村级党委。境内建有东盟科技工业园。

观山村位于南闸街道辖区西部，东与龙运村绣壤相接，南与观西村、南闸村自东至西犬齿相错，西与申港街道申南村交界为邻，北与龙运村阡陌相连。占地面积3.5平方千米，下辖8个自然村，设24个村民小组，共有912户3172人，其中少数民族11人，分别为壮族5人、土家族3人、彝族2人、苗族1人，余者均为汉族。2014年，工业销售34.7亿元；拥有耕地面积1120.02亩，山地面积700亩，农副业总产值2015.93万元，人均收入26938元。自2013年起，村委每年对60周岁以上老人发放生活补贴，总额达100余万元。

历年来，观山村获得江苏省文明村、卫生村、先进村、生态村等8个省级荣誉称号，获得无锡市文明村、先进基层党组织、江阴市文明村、"五好"基层党组织等12个荣誉称号，连续六年被南闸镇（街道）评为标旗单位。2015年开票销售收入53.05亿元，人均可支配收入29247元。

袁家村 以姓定村名，在璜村东首，历史上亦称作上璜村。传说500多年前，有一袁姓烧窑人一担挑着三个儿子来此落户建村，忙时种田，闲时挖土烧窑，现在村中心的一只大池塘就是当年挖土烧窑形成的。袁家村位于村委会辖区东部，东起龙游路，南靠南焦路，西连璜村，北交夏店。占地面积0.064平方千米，设2个村民小组，共有76户252人，除1人为彝族，其余均为汉族。有水稻面积111.28亩，2015年年产水稻68.32吨，产值211810元。主要劳动力以办企业、务工为业。人均住房面积60.31平方米。全村仅有袁、张2个姓。

璜村 相传璜村古时以谢姓为主。民谚云："谢半村，何一角，张姓不沾边，吴姓没有份。"谢姓以大姓旺族而横行闾里，时人愤而称其为横村。后谢姓衰落，势单力薄。村民自此相亲相爱，敬老爱幼，民风淳朴，遂改"横"字为"璜"字，璜者，玉器也。璜村位于观山村辖区中部，为村委会驻地。东连袁家村，南交观庄、璜庄上，西傍新夏港河，北临工农路。占地面积0.341平方千米，设第3至第12村民小组10个，共有445户1474人，均为汉族。第9、第10村民小组村民因建工业园区成失地农民，领取市失地农民基本生活保障金。农作物以稻麦为主，2015年种植水稻面积415.1亩，年产254.48吨，产值790101元。主要劳动力从事打工、办企业。人均住房面积为58.21平方米。璜村为南闸最大自然村之一，建村以来，共有吴、张、戴、高、何、宫、陆、赵8个姓。

陈家塘　以姓定村名。陈家塘还有荷叶村之别名，一说该村呈荷叶状；又说古往今来，尽管该村地处低洼，却从无受洪涝之灾，传说陈家塘犹如一片荷叶，随水势浮动，水涨村升，水退村降。该村位于观山村委会辖区西北部，东濒新夏港河，南接陆家巷，西连观山门，北靠工农路。占地面积0.014平方千米，设第13村民小组，有27户105人，除1人为壮族外，其余均为汉族。以种植稻麦为主，2015年种植水稻面积46.55亩，年产28.58吨，产值88603元。主要劳动力从事打工、办企业。人均住房面积56.57平方米。村内有陈、俞、顾3个姓。

陆家巷　陆家巷建村时仅6户人家，故称陆家巷。位于观山村辖区西部，东傍新夏港河，南至观山东麓工业集中区，西依观山，北连陈家塘。占地面积0.040平方千米，设1个村民小组，有39户136人，均为汉族。主产稻麦，2015年种植水稻面积41.63亩，年产量25.56吨，年产值79238元。主要劳动力以务工、经商为业。人均住房面积57.35平方米。有陈、曹、高3个姓。虽村名为陆家巷，历史上却从未有过陆姓。

上山村　在观山主峰北麓的山坡上，是上观山的必经之路，故取名上山村。该村位于村委会辖区西部，东接陈家塘，南依观山，西与临港新城交界，北连观山门。占地面积0.050平方千米，设第15村民小组，有58户210人，除土家族1人外，其余均为汉族。纯农业人口，以种植稻麦为主，2015年种植水稻面积91.52亩，年产量56.19吨，年产值174199元。主要劳动力从事打工、经商。人均住房面积55.24平方米。全村仅一顾姓。

观山门　观山门坐落在观山北麓。据光绪《江阴县志》载："山顶如屏，东西分峰，谚称观山。山顶上玉屏风者也，其前两峰矗立一道，中通，曰'观山门'。"观山门之名由此而来。该村位于村委会辖区西北部，东接陈家塘，南与上山村毗连，西与申港街道申南村交界，北至高家村。占地面积0.053平方千米，设第16、17、18三个村民小组，共有90户298人，均为汉族。主产稻麦，2015年种植水稻面积140.68亩，总产量86.37吨，产值26.7万元。主要劳动力从事打工、经商。人均住房面积58.06平方米。高、徐、李、朱、刘为村中5个姓。

高家村　又名石皮场北高。北高，是相对它的南面二里许有一个南高的村庄而言。至于石皮场，则缘于明朝弘治年间，高家村出了兄弟三个进士，哥哥高宾官至江西布政司右参议，人称高御史。致仕后，皇上念他对朝廷有功，恩赐他在老家建造一座御史厅，厅前石阶下用3000多块一尺见方的金石山铺设场地，时称石皮场。高家村自然村位于观山村委会辖区西北部，东接山嘴村，南与观山门阡陌相连，西依狮子山，北靠白石山。占地面积0.065平方千米，设3个村民小组，共有73户272人，其中壮族2人、苗族1人，余者均为汉族。主产稻麦，2015年种植水稻面积113.05亩，总产69.41吨，产值215179元。主要劳动力以务工、经商为业。人均住房面积53.67平方米。建村至今，纯一色为高姓。

山嘴村　该村坐落在白石山东南的山口处，故称山嘴村。位于观山村委会辖区西北部，东傍新夏港河，南临陈家塘，西连高家村，北依白石山。占地面积0.092平方千米，设3个村民小组，共有107户363人，另有几户因拓浚新夏港河而迁居至新夏港河与工农河东北交汇处。除彝族2人、壮族1人外，其余都是汉族。农作物以稻麦为主，2015年种植水稻面积160.21亩，总产98.36吨，产值30.5万元。主要劳动力从事打工、经商。人均住房面积58.95平方米。全村有顾、陈、江、秦、陶5个姓。

十、观西村

因在观山之西，曾经有观西乡，故名。宋代至清初，属来春乡。清康熙三年（1664），属观山镇。民国时期，属观山乡，后从观山乡分出建观西乡。民国二十九年（1940）1月，澄西抗日民主政府成立，观西乡属澄西三区。1956年3月并入观山乡，为观山6社（其中陶湾为9社，灯塔为3社）。1957年9月，观山乡并入南闸乡。1958年9月，南闸镇社合一，改称南闸人民公社，观西与陶湾合并为观西大队。1959年，观西大队又分为观西与陶湾两个大队。1984年撤队改村，为观西村与陶湾村。2002年4月，陶湾村与观西村合并。2007年12月，灯塔村并入，仍称观西村。

观西村位于南闸街道辖区西部，东接南闸村，南依秦望山，西与常州市焦溪为邻，北与泗河村、观山村连阡接陌。下辖10个自然村，42个村民小组，占地面积5.3平方千米，共有1429户5017人，其中苗族3人、回族2人、壮族1人、布依族1人，其余为汉族。2014年有骨干企业4家，工业产值1.32亿元；有耕地面积3083亩，农作物以稻麦为主；有旱地1160亩，山地2817亩，水面积578亩。农副业总产值3177.53万元，人均收入26849元。

观西村依山傍水，风景秀丽，境内有"秦望晓烟"、"观山叠翠"、"茶林夕照"、鸟窠禅院、放螺池、秦望山道教圣地等名胜古迹遗址，以及狮子山、卓远果园两处规模型休闲中心。"秦望晓烟""狮山映象"被列入"江阴百景"。省市级河道锡澄运河、夏港河以及镇级黄昌河、镇主干道南焦路、市级公路海港大道贯穿境内，水陆交通便捷。

观西村近年来获得的荣誉有：江苏省卫生村、无锡市社会主义现代化农村建设示范村、无锡市民主法治村、江阴市文明村、市关心下一代工作五好单位、市"十佳党员"活动先进村、市农机安全村以及市新农村信息化建设示范村等。2015年，开票销售收入1.19亿元，人均可支配收入28021元。

茶岐村 秦望山东段名茶岐山，古时山坡上遍种茶树，茶岐村在茶岐山北麓，村名由山名而得，史传"南闸八景"之"茶林夕照"即在茶岐山上。该自然村位于村委辖区驻地东南附近，东至邵庄桥，南依秦望山，西接爻桥村，北傍黄昌河，占地面积0.24平方千米。设有10个村民小组，共有292户1249人，其中苗族5人、土家族3人、壮族3人、羌族2人、白族、布依族各1人，其余均为汉族。传统作物为稻麦，2015年栽种水稻面积387亩，总产量217.68吨，总产值67.5万元。主要劳动力以务工、经商为业。人均住房面积54.2平方米。茶岐是南闸地区最大自然村之一，村中有张、徐、耿、薛、谢、黄、李、刘、丁9个姓。

璜庄上 据传王、黄两姓同时在此定居，且两姓实力旗鼓相当，各自坚持以己姓定村名而争执不休。后经人相劝，将王、黄两字合而为"璜"，称璜庄上。位于村委北部偏东，东与观庄村阡陌相连，南与茶岐村隔黄昌河相望，西至新夏港河，北至东盟工业集中区。占地面积0.141平方千米，设有6个村民小组，共有202户716人，其中土家族3人、壮族2人，其余均为汉族，以稻麦为主要农作物，2015年种植水稻162亩，总产量99.47吨，总产值30.8万元。主要劳动力以打工、经商为业。人均住房面积56.4平方米。全村有黄、王、陈、顾、孟、刘、杨、吴、赵、朱、马、施、叶13个姓。

南高村 简称南高，因在观山之南，全村均为高姓，故名南高。又因村北二里许有北高，遂称南高。该村位于观西村委辖区北部偏西，东至新夏港河，南至黄昌河，西至卓远农庄，北至凤凰山。占地面积0.025平方千米，设1个村民小组，有66户198人，均为汉族。传统农作物为稻麦，2015年种植水稻125亩，总产75.75吨，总产值237925元。人均住房面积为66.6平方米。主要劳动力以务工、经商、办企业为业。全村仅一高姓。

殳桥村 村西黄昌河上有桥名殳桥，遂以桥名为村名。该村早在明初即无殳姓村民。元末江阴为张士诚所据，后朱元璋派兵进攻江阴，在秦望山战斗中打败张士诚守军。殳桥村民因曾相助守军而结怨于明军，战后遭遇屠村，殳姓村民或遇害，或逃离，从此殳桥没有了姓殳的人。朱元璋建立明朝后，官府移民至殳桥村定居。至解放初，殳桥不足百户人家，却有张、刘、蒋、俞、施、史、周、马、王、朱、袁、翁等姓，是南闸姓氏最多的自然村之一。虽无姓殳之人，但村名一直未变，沿用至今。殳桥位于观西村辖区西部，东与茶岐、璜庄上、南高为邻，南至秦望山，西与盛家凹、焦山村、东村阡陌相连，北至凤凰山。占地面积0.114平方千米，设有4个村民小组，共有191户620人，除回族2人外，其余均为汉族。农业经济，主产稻麦，2015年种植水稻面积304.65亩，总产量187.06吨，总产值579886元。狮子山、卓远农庄生态园均在该村。主要劳动力以打工、经商为业。人均住房面积61.6平方米。

盛家凹 古称盛家村，后因该村在秦望山支脉马鞍山与金岗大头山凹间，遂改称盛家凹。位于村委辖区西部偏南，东与殳桥接壤，南傍秦望山，西依海港大道，北至焦山。占地面积0.042平方千米，设1个村民小组，有63户219人，均为汉族。以种植稻麦为主，2015年种植水稻82.72亩，总产量63.9吨，总产值19.8万元。主要劳动力以打工、经商为业。人均住房面积64.9平方米。村内有盛、陈、施、张、蒋5个姓。

陶湾村 陶湾村历史上并无姓陶的人。清代嘉庆五年（1800），江阴诗人戚昂曾游秦望山，路经陶湾，被其秀色所迷，文兴大发，当即赋《游秦望山自桃湾归》诗一首，诗曰："上山苦行迟，下山苦行速。迟速分险夷，上下总局促。家山近可攀，图画日在目。偶然得兹游，径路犹未熟。山北松苍苍，山南木濯濯。一径入桃湾，缘磴循山麓。松阴五里深，涛声渲寒绿。遂忘足力疲，不觉路迂曲。回首暮烟横，岩际白云宿。"诗中提到的是"桃湾"，而不是"陶湾"。至于后来因何"桃"成了"陶"却无从考证了。陶湾村位于观西村辖区西南部，2002年之前为行政村，后与观西村合并。东起狮山湖，南依秦望山，西与东芦岐相交，北至焦山。占地面积0.127平方千米，设7个村民小组，共有199户660人，均为汉族。稻麦为主要农作物，2015年种植水稻面积319.61亩，总产量196.24吨，总产值60.83万元。主要劳动力以务工、经商为业。人均住房面积66.3平方米。全村共有周、吴、刘、陆、许、李、张、肖8个姓。

东芦岐 明洪武三年（1370），华士墙东村农民陆宏遂与妻子迁徙至秦望山北麓西段开荒定居，因所居之地南面是秦望山从仙人墩由南向北延伸过来的支脉，而且当时山下河塘中到处长着芦苇，陆宏遂便把自己所居之地称为"芦岐"，把支脉称为芦岐山。后来逐渐形成村落，因在芦岐山东面，就定名为东芦岐。该村位于观西村委辖区西南部，东至陶湾村，南至芦岐山，西与张家村相交，北至黄昌河。占地面积0.135平方千米，设8个村民小组，共有249户804人，均为汉族。农作物以稻麦为主，2015年种植水稻面积303亩，总产量186.042吨，总产值57.67万元。主要劳动力以务工、经商为业。人均住房面积61.9平方米。全村有陆、莫、沈、徐4个姓。

张家村 以姓定村名，因所居之地在芦岐山山滩上，故又名张家山滩。位于村委辖区西南部，东与东芦岐毗邻，西与西芦岐相交，南至芦岐山，北与顾家村接壤。占地面积0.024平方千米，设第5村民小组，有26户69人，均为汉族。2015年种植水稻面积24亩，总产14.74吨，产值4.56万元。主要劳动力以务工、种植为业。人均住房面积75.3平方米。村内有张、沈、朱3个姓。

顾家村 位于黄昌河南岸，原与北岸的新桥头为一个村。中华人民共和国成立后，北岸的属孟岸村，仍称新桥头，而南岸的属观西村，因村中顾姓居多，于是改称顾家村。顾家村位于观西村辖区西部，东至观西路，南接张家村，西与武进焦溪交界，北至黄昌河。占地面积0.024平方千米，设第6村民小组，有30户109人，均为汉族。2015年种植水稻面积28亩，总产17.19吨，产值5.32万元。主要劳动力以务工、经商为业。人均住房面积55.9平方米。村中有顾、是2个姓。

西芦岐　因在芦岐山之西，故名西芦岐。西芦岐是南闸街道最西端的一个自然村，东至张家村，南至秦望山，西与武进焦溪镇交界，北至黄昌河。西芦岐是南闸最古老的村庄之一，村中有史家祠堂、三仙阁、史家码头等古建筑，前两处已于20世纪90年代末被拆除，而建于宋代的史家码头仍完整地埋藏在村西路基下面。西芦岐占地面积0.081平方千米，设3个村民小组，共有111户373人，其中苗族3人，壮族与布依族各1人，其余为汉族。2015年种植水稻面积62亩，总产量38.07吨，产值11.80万元。主要劳动力从事打工、经商。人均住房面积59.5平方米。建村至今，共有史、高、查、徐、陆、吴、杨、是8个姓。

十一、泗河村

因黄昌河、正隆河、陈墅河交汇于此形成"十"字形，故称泗河村。古时属来春乡，中华人民共和国成立前曾属观山乡，后属观西乡。1956年并入观山乡，为观山六社。1957年为泗河大队。1958年属南闸公社。1959年与孟岸大队（原为观西七社）合并为泗河大队，1960年又与孟岸分开各自为大队。1984年撤队建村，为泗河村、孟岸村。2002年4月18日，孟岸村与泗河村合并，仍称泗河村。位于南闸街道西约8公里，占地面积5.1平方千米，东至殳桥村，南与东芦岐、陶湾相交，西濒新沟河，北与焦溪查家村阡陌相接。下辖18个自然村，设36个村民小组，全村有1230户4542人，其中土家族5人、布依族2人，壮族、回族和彝族各1人，其余均为汉族。2014年工业产值5000万元。2014年拥有耕地面积2153亩、山地面积1996亩、水面积1246亩，农副业总产值3177.93万元，人均收入23600元。中华人民共和国成立前，泗河境内地势低洼，河塘沟渠内遍长蒲草，被称为"蒲塘里"，几乎家家都编织蒲包，聊补家用。1951年，南闸供销社曾在泗河、新桥头专设蒲包收购站，每年收购蒲包70多万只。直到20世纪80年代塑料袋、蛇皮袋等工业包装品的兴起，蒲包才退出了历史舞台。黄昌河海港大道贯穿全境。

历年来，泗河村获得了江苏省卫生村、江苏省百佳为农服务社、江苏省百佳农家书屋、江苏省档案工作二级单位、无锡市新建企业工会规范化建设先进单位、无锡市社会主义现代化新农村建设示范村、无锡市弱村强化发展先进单位、江阴市关心下一代工作先进集体、江阴市安全文明村等荣誉称号。2015年开票销售收入0.42亿元，人均可支配收入25920元。

东村　由外湾金姓分居于此建村，地处外湾之东，故名东村。东村位于泗河村辖区东部偏北，东至卓远农庄，南濒黄昌河，西至海港大道，北靠凤凰山。占地面积0.020平方千米，设1个村民小组，有28户104人，均为汉族。农业以种植稻麦为主要作物，2015年种植水稻44.7亩，总产27.45吨，总产值8.50万元。主要劳动力以打工、经商为业。人均住房面积57.69平方米。村民俱姓金。

里湾　位于观山与丁果山拐弯处，故称里湾。里湾位于泗河村辖区东北部，东至凤凰公墓，南与东村田陌相连，西至海港大道，北靠凤凰山。占地面积0.075平方千米，设2个村民小组，有75户278人，除土家族1人外，其余均为汉族。农业以种植稻麦为主，2015年种植水稻面积112.5亩，总产69.08吨，总产值21.41万元。主要劳动力以种植、务工、办企业为经济来源。人均住房面积54.17平方米。全村仅吴、刘2个姓。

外湾　位于观山与丁果山拐弯处，因在里湾村之前，离拐弯处较远，故称外湾。在泗河村辖区东北部，东起海港大道，南傍黄昌河，西接泗河口，北依凤凰山。聚落平面为椭圆形，南北长，地势北高南低，占地面积0.083平方千米。设有4个村民小组，共有156户576人，其中土家族、布依族各2人，回族1人，其余为汉族。农作物以稻麦为主。2015年种植水稻面积375.52亩，总产230.569吨，总产值71.48万元。主要劳动力从事种植、打工、办企业。人均住房面积54.17平方米。有金、陈、唐、高4个姓。

东河南　因在黄昌河南岸，又在东面，故称东河南。位于泗河村辖区南部偏东，东至焦山河，南与焦山村阡陌相接，西连西河南，北傍黄昌河。占地面积0.017平方千米，设1个村民小组，有44户162人，均为汉族。2015年种植水稻面积100.15亩，总产61.49吨，产值19.06万元。主要劳动力以务工、经商或办企业为主。人均住房面积53.1平方米。村内聚居着许、倪、曹、顾、赵、庄、高7个姓。

西河南　在黄昌河之阴，正隆河之西，故称西河南。位于村委辖区西南部，占地面积0.012平方千米，东接东河南，南交陶湾村，西临秦望河，北傍黄昌河。设1个村民小组，有21户76人，均为汉族。2015年种植水稻面积119.12亩，总产73.14吨，总产值22.67万元。主要劳动力以务工、经商为业。人均住房面积59.6平方米。村中有倪、赵、张3个姓。

泗河口　黄昌河、正隆河、陈墅河在此交汇成"十"字形，故名泗河口。旧时为集镇，民国期间，有百货、南货、饮食、理发、染房、布庄、药店等店铺20余家。集镇上有圆通庵、观音堂、关帝殿、猛将堂等，镇东有九丰茧行。日本占领期间，商业凋零，大部分商家迁往焦溪。中华人民共和国成立后商业逐渐恢复，1958年拓浚黄昌河，街道被拆除。1988年，为方便群众，南闸镇政府在此设供销社分社、信用社分社、卫生院分院、观山采矿场、泗河初中以及水位测量站和邮政代办所，同时有个体工商户10余家。现为泗河村村委驻地。东至倪家沟，南傍黄昌河，西交石岐里，北连陈墅岸。占地面积0.069平方千米，设3个村民小组，共有77户285人，均为汉族。2015年种植水稻面积91.37亩，总产56.10吨，产值17.39万元。主要劳动力有的打工，有的务农，有的以经商办企业为业。人均住房面积51.9平方米。建村以来，聚居着倪、赵、金、陆、吴、徐6个姓村民。

焦山村　坐落在秦望山支脉焦山西麓，以山名为村名。1959年曾从泗河大队划出并入陶湾大队，1960年又从陶湾划归泗河大队。焦山村位于泗河村辖区南部，东依焦山，西傍正隆河，南连陶湾村，北濒黄昌河。占地面积0.03平方千米，设2个村民小组，共有50户185人，均为汉族。制作"莲花糖"是焦山村的传统独门土特产，被列入江阴市非遗名录。农作物以稻麦为主，2015年水稻种植面积为172.8亩，总产106.12吨，产值32.89万元。主要劳动力从事打工、务农或经商办企业。人均住房面积54.05平方米。村民均姓袁。

陈墅岸　亦叫作陈市岸。《毗陵高山志》（清名士吴卓铭主编）载："舜河……经孙恭桥，桥稍北有支流东行，北灌野山嘴、花家湾等处，分流南入龙沟（即黄昌河——编者注）者，陈墅河也。"陈墅河是舜河（新沟河——编者注）的支流，陈墅岸在其西岸，故名。陈墅岸位于村委辖区西北部，东至泗河路，南交泗河口，西至孟岸岩，北接野山嘴。占地面积0.051平方千米，设2个村民小组，共有72户268人，均为汉族。2015年种植水稻面积193.35亩，总产118.72吨，产值368022元。主要劳力以种植、打工、经商为业。人均住房面积57.73平方米。该村仅金、刘2个姓。

周家村　以周氏先居而得名。位于泗河村辖区北部，东依凤凰山，南与泗河口阡陌相连，西与野山嘴隔白洋河相望，北连花家凹。占地面积0.085平方千米，设2个村民小组，共有73户270人，除1人为彝族外，其余均为汉族。村庄有私营企业家捐资建造的灯光篮球场和老年活动室。2015年种植水稻面积139.7亩，总产85.78吨，产值26.59万元。主要劳动力以种植、务工、办企业为经济来源。人均住房面积58.33平方米。全村只有周一个姓。

花家凹 位于观山中段牛腿山与野猫山交界处的山凹中，又以花姓居此，故得名花家凹。因地处山弯中，古称孔弯。相传舜帝曾于此耕种，附近有"舜田"。北宋蒋阁学叔明公葬于牛腿山上。花家凹在泗河村辖区北部，三面环山，东依凤凰山（即观山），南接周家村，西傍牛腿山，北靠野猫山。占地面积0.008平方千米，设1个村民小组，有22户78人，均为汉族。农作物以稻麦为主，2015年种植水稻52.86亩，总产32.46吨，产值10.06万元。主要劳动力以种植、打工、经商为业。人均住房面积51.28平方米。该村有是、顾、杨3个姓。

野山嘴 位于观山中段牛腿山嘴口的山坡下，地处荒野，四周村落较少，故名野山嘴。在泗河村辖区西北部，东至花家凹，南至陈墅岸，西至陈家门，北傍牛腿山。占地面积0.148平方千米，设3个村民小组，共有128户470人，除2人为土家族外，其余均为汉族。2015年种植水稻面积323.8亩，总产198.81吨，产值61.63万元。主要劳动力以种植、务工、经商为业。人均住房面积54.5平方米。该村聚居有徐、苏、黄、施、耿、吴、吉7个姓村民。

孟岸宕 "孟"在汉语中意为第一，居首位的；"岸"是水边高起的地方；"宕"通"荡"，广大的意思。该村地势低洼，四周河塘密布，水面荡漾，圩岸高大；且该村以金姓为主，村大族众，故以孟岸宕为村名。位于泗河村辖区西部偏北，东交陈墅岸，南接陶家村，西连是家门，北至陈家门。占地面积0.128平方千米，设6个村民小组，共有210户778人。编织蒲包为该村的传统副业。农业以稻麦为主要农作物，2015年种植水稻面积629.41亩，总产386.45吨，总产值119.80万元。主要劳动力从事养殖、种植、打工、办企业。人均住房面积约为53.98平方米。为金姓聚居地。

石岐里 明初，江阴守备陈崇，字九皋，见江阴西南边境芙蓉、马家诸湖汪洋沉浸，秦望、凤凰诸山盘旋耸峙，民风秀美淳朴，遂于龙溪（即黄昌河，古称龙章河）之滨、丁国山之右，卜地筑室，举家聚居，名其村为"石畸"（"畸"通"岐"）。石岐里位于村委辖区西部，东至陈墅岸，南傍黄昌河，西交新桥头，北接孟岸宕。占地面积0.046平方千米，设2个村民小组，共有72户267人，均为汉族。该村为农业经济，主产稻麦，2015年种植水稻面积430亩，总产264.62吨，产值82.03万元。主要劳动力以务工、经商为业。人均住房面积55.67平方米。全村有陈、徐2个姓。

新桥头 清光绪年间，黄昌河疏浚，拆除原来的木桥另建新桥，该村在新桥西面不远处，故名新桥头。新桥头位于泗河村辖区西部，东至中心河排涝站，南临黄昌河，西与焦溪镇焦溪村阡陌相连，北接孟岸宕。占地面积0.014平方千米，设1个村民小组，有42户155人，均为汉族。20世纪50年代，南闸供销合作社曾在新桥头设供销分社以及收购站。收购站收购蒲包，从水路运往上海等大中城市。农作物以种植稻麦为主，2015年种植水稻麦249.83亩，总产量153.40吨，总产值47.55万元。主要劳动力以种植、务工、经商为业。人均住房面积54.19平方米。村内有陈、包、徐3个姓。

陈家门 清乾隆年间，石岐里陈氏第十一世孙在此建村，为不忘自己是陈氏后裔子孙，遂定村名为陈家门，意为来自陈氏家门。陈家门位于泗河村辖区西北部，东至陈墅岸，南接孟岸宕，西交河屯基，北与焦溪查家湾交界。占地面积0.016平方千米，设1个村民小组，有28户102人，均为汉族。农作物以稻麦为主，2015年种植水稻57.44亩，总产35.27吨，产值10.93万元。主要劳动力以打工、务农、经商为业。人均住房面积54.90平方米。村内有陈、金2个姓。

陶家村 以陶姓建村而得名。陶家村位于泗河村委会辖区西部，东至陈墅岸，南接石岐里，西交孟岸宕，北连是家门。占地面积0.016平方千米，设1个村民小组，有42户155人，均为汉族。主要种植稻麦，2015年种植水稻面积90.25亩，总产量55.41吨，总产值17.17万元。主要劳动力以打工、经商为业。人均住房面积54.19平方米。村内有陶、金、殷3个姓。

是家门 以是姓建村于此而名。古属阳湖县大宁乡，后属武进县舜山乡，1952年与河屯基一起划归江阴县观西乡。该村位于泗河村辖区西北部，东、南两面均与孟岸宕相交，西连河屯基，北与焦溪横岸宕交界。占地面积0.012平方千米，设1个村民小组，有28户103人，均为汉族。以种植稻麦为主，2015年种植水稻面积58.53亩，总产35.94吨，产值11.14万元。主要劳动力以务工、经商为业。人均住房面积54.36平方米。全村均姓是。

河屯基 古属阳湖县大宁乡，中华人民共和国成立前后属武进县舜山乡。1952年9月，经江阴、武进县人民政府批准，江阴县观西乡的东下塘划给武进县焦溪乡，武进县舜山乡的河屯基划给江阴县观西乡。河屯基位于村委辖区西北部，东交是家门，南傍黄昌河，西依新沟河，北与焦溪横岸宕交界，与观西村西芦岐为南闸街道最西端的两个自然村。占地面积0.032平方千米，设2个村民小组，共有62户230人，均为汉族。种植稻麦为主，2015年种植水稻面积102.42亩，总产62.89吨，总产值19.49万元。主要劳动力以务工、经商为业。人均住房面积59.30平方米。村内有徐、是、仇3个姓。

附：消失的自然村

1950年代末至1980年代初，南闸区域内少数村庄由于生产关系或隶属关系的变化，有的举村搬迁并入他村，有的改变地名与附近生产队合并，成为消失的自然村。进入21世纪，因为国家交通建设、城乡一体化建设、工业集中区建设等原因，一些村庄整村拆迁，从南闸的版图上永远消失。本志对这些消失的自然村一一存记，以牢记乡愁，永作怀念。

小观庄 原属观东村，位于观庄村西南约1华里处黄昌河与大沟井（也叫头沟井）的河谷里，由观庄沈氏后裔在此建村，故名小观庄，又称沈家谷。小观庄坐北朝南，仅一排房屋10余间，村前紧挨黄昌河与茶岐隔水相望，东至观庄村农田，西边紧傍大沟井，北距观庄1华里许。占地面积约0.002平方千米。中华人民共和国成立前后属观东乡，1955年属观山乡，1956年属观山乡五社。1958年并入南闸乡，9月，政社合一，改称南闸人民公社，小观庄隶属观东大队第六生产队。当时，该村仅有沈姓、陈姓5户，不足20人。其所属第六生产队主要劳动地点在观庄村，小观庄人因往返于两村之间而颇觉诸多不便，遂于1959年至1960年间举村移居观庄村，小观庄村从此消失。

小庄上 原属蔡东村，小庄上自然村原址位于南闸街道西北部，离集镇约2公里。东距锡澄运河400米，南距花家村300米，西离花家桥约250米，北傍工农河约150米。相传该自然村原是一吴姓富户的庄园，后形成村落，因规模较小，故称小庄上，也有人称其为花家村。清宣统元年（1909），村民夏恩华曾投资1万银圆开办美伦织布厂，有职工100余人，民国二十六年（1937）日寇占领南闸时被焚毁。中华人民共和国成立前属蔡泾乡，中华人民共和国成立后曾划入通运乡，属通运乡六社。1958年划归南闸乡。成立人民公社后，属南闸人民公社蔡东大队花家生产队。1984年撤社建乡到1988年撤乡建镇后，属蔡东村花家村民小组。2002年蔡东村与蔡西村合并，改称蔡泾村。2009年泾西村并入蔡泾村，仍称蔡泾村，小庄上所属村民小组仍隶属于蔡泾村。小庄上自然村占地面积约0.003平方千米，呈长方形，东西长200米，南北宽150米，可耕地面积5亩。有9户40人，其中男性21人，女性19人，共6个姓，分别为吴姓2户，闻姓2户，赵姓2户，蒋、王、花各1户。主要种植稻麦。1960年代末，搬迁至花家村，原址虽还留有住户，但小庄上的村名从此消失了。

唐家山滩 原属灯塔村，坐落在观山东麓的唐家山滩上，故名。村落坐西朝东，东临南长池，南距璜庄上约1.5华里，西靠观山东麓，北离陆家巷约1华里。唐家山滩自然村仅有1户人家，俗称独家头村，户主姓杨，一家六口，有厅屋三间，柴房两间，男耕女织，持家节俭，是一户小康人家。但因兵荒马乱，加上地处偏僻荒远，不时遭到歹人抢劫。中华人民共和国成立后，治安环境逐渐改善，杨家过上了安定的生活。1958年成立人民公社后，唐家山滩属南闸人民公社灯塔大队第12生产队。1976年冬，南闸公社开挖夏港河，杨家住所在河床范围内而被拆迁，杨家被安排到璜庄上建新舍定居。唐家山滩村名从此消失。

一薄刀村　原属菱塘村，位于南闸街道集镇西北约3公里处，东面是曹沈村，相距200米；南西两面都是闵家村，相距300米；北面是陈家村，相距600米。该自然村明清时期已经存在，因其形状类似菜刀（俗称薄刀），村子又小，就像菜刀砍下的一角，故称一薄刀村。1958年前属观山乡。1958年成立人民公社后，属南闸人民公社菱塘大队一薄刀生产队。1984年改乡和1988年撤乡建镇后，属菱塘村。2002年4月，菱塘村并入龙游村。2007年11月，龙游村与南运村合并，改称龙运村。2009年12月，撤镇建街道，其间，该村先后隶属于龙游村、龙运村。

一薄刀村占地面积0.0012平方千米，呈长方形，东西长100米，南北长120米，可耕地面积6亩。6户人家共有40人，其中男性25人，女性15人。共2个姓，分别为秦姓3户、吴姓3户。历史上以种植为业，作物以水稻、三麦、油菜为主，传统副业为制作麦芽糖。1980年12月因并队而拆迁，所有村民迁入闵家村，原址已栽种树木成绿化地。

吴家场　原属河东村，位于南闸街道驻地西北面0.5公里处。东面紧挨夏村，相距仅3米，南面是老锡澄公路，距离15米，西面与何家场相隔3米，北面与东新街相连。吴家场先后隶属于蔡泾乡、南闸乡，1958年属南闸公社河东大队第4生产队。1982年5月河东大队更名为南新村，吴家场与何家场合并，统称为何家场，吴家场村名自此消失。

1644年清兵入关，六月，兵临江阴城下，江阴人民在阎应元领导下奋起抗清，守城81天。城破后遭清兵屠城3天，城乡受害者逾15万人。时局稍为稳定后，南闸人民开始重建家园，时有安徽吴氏兄弟携子嗣迁徙至何家场东面安家落户，取名为吴家场。该自然村消失前占地面积约为0.028平方千米，平面呈长方形，东西长120米，南北长230米，可耕地面积约142亩。村民以务农为业，主要种植水稻、三麦、油菜。

村民吴纯生于1923年，1944年参加新四军，1950年参加志愿军入朝作战，光荣牺牲，被评为烈士。

吴家场在1982年5月与何家场并队，大部分村民仍居住原址，耕田已被征用，村民领取市失地农民基本生活保障金。

南居村　南居自然村属谢南行政村，位于南闸街道东偏45度，距离集镇约2公里。东面与刘芳村为邻，相距300米，南面距张塘村500米，隔花山河相望，西南距北后塍800米，西面与白玉一村为邻，相距1200米，北面与澄江街道北焦家村相隔1300米，东北是花果中山村，相距2100米之遥。

清顺治年间（1644—1661），有居姓祈福者，率子孙从常州高墅桥举家搬迁至此，因其北面有北居村，遂名南居村。1955年6月，南居村成立遵宪初级农业生产合作社。1956年3月，随谢南乡并入南闸乡，属第三高级农业生产合作社4队。1958年，属南闸人民公社谢南大队第10、11生产队。1984年撤社建乡，1987年撤乡建镇，大队改称谢南村，南居村为第10、11村民小组。

南居村消失前占地面积0.09平方千米，村落平面呈长方形，东西长265米，南北长342米，可耕地面积约260亩。共有住户77户，共有3个姓，居姓72户，胡姓3户，任姓2户，总共280人，其中男性144人，女性136人，均系汉族。农业以种植水稻、三麦、油菜为主，特色农业为种植芹菜，家庭副业主要为养老母猪。南居村第11生产队原为谢南大队样板生产队。1980年有队办五金厂，主要产品生产无锡小天鹅洗衣机配件，年产值30余万元，生产队农民生活水平从每年78元增至278元，工价由0.48元增加到1.70

元。1984年五金厂并入镇农服公司。

1958年至1966年，南居村设有南闸卫生院南居分院。1956年至1997年，南闸商业合作社曾在该村设有双代店。

2005年5月，因城乡一体化建设需要而被拆迁，从此村落消失。村民被安置在集镇的白玉小区和称心阁，村民领取市失地农民基本生活保障金。原址已建成金三角广场家居村。

谢巷村 以谢姓先居而定村名。东与曙光村阡陌相交，南与任前头村交界，西接涂镇街，北与崔家埭为邻。地形南北长，东西窄，呈长方形，地势平坦，锡澄公路穿村而过，占地面积0.08平方千米。有农户152户共580人，设5个村民小组，耕地面积400余亩，农作物以稻麦为主。2005年南闸派出所在换第二代身份证时，为方便管理，并入涂镇自然村，谢巷村从此消亡。谢巷村共有郭、任、袁、崔4个姓。

崔家埭 以崔姓定村名。东与谢南村交接，南接谢巷村，西交涂镇街，北傍花山河。地形呈直角三角形，地形平坦，占地面积0.028平方千米。全村有60户241人，设2个村民小组，农田面积280余亩，农作物以稻麦为主。2005年，南闸派出所在换第二代身份证时，为方便管理，与谢巷村同时并入涂镇村，崔家埭自然村从此消亡。崔家埭共有崔、任、陈、蒋、徐5个姓。

刘芳村 原属谢南村，刘芳村消失前属谢南行政村，距离南闸街道2.3公里，偏东南40度。东面与花果村以斜泾河为界，相距1300米；南面以花山河为界与张塘村隔水相望，仅距500米；东南面与苏家村相距800米，离横沟桥900米；西面与南居村相距300米为邻；西北面离施元场1000米；北面是澄江街道焦家村，间距1300米。

清康熙年间建村，因斜泾河从村东流过，称流芳村。康熙十一年（1672），刘氏兆禄定居该村，更名为刘芳村。1956年属南闸乡第三高级农业生产合作社3队。1958年属南闸人民公社谢南大队第7、8、9、17生产队，原生产队改称村民小组，刘芳村原7、8、9、17生产队改称为7、8、9、17村民小组。

刘芳村占地面积0.115平方千米，村落平面类似汉字的"士"字，东西长292米，南北长397米，拥有可耕地面积320亩。农业以种植业为主，主要作物有三麦、水稻、油菜。

刘芳村以传统副业制作、加工石器闻名乡里。1975年筹建谢南石器厂，产品主要销售给常州自行车厂、戚墅堰机车车辆厂，年产值达50万元。1992年停产转行。

1965年8月，筹建刘芳村小学。1990年8月撤并于谢南小学。2001年，谢南村办公大楼建于该村，从此，刘芳村成了村委办公室、商店、医疗卫生室、幼儿园、老年活动室的集中地。

旧社会时，刘芳村因田少人多，村民在农闲时搞石器副业聊补家用。1949年新中国成立时，全村有80多名石匠，其中朱林朝、朱和林、朱小胖技艺高超。朱小胖之徒刘仕荣现今仍从事石匠工作，江阴文庙棂星门（石牌坊）、青石桥、泮池石雕、南菁中学老校门、荷花池、市中广场地坪、江阴体育馆台阶和石柱门、江阴南门天主教堂石柱及马镇青龙桥栏杆，均出自其手，深受业界赞誉。刘芳村石雕现被列入江阴市非物质文化遗产名录。

2010年6月，刘芳村被整体拆迁，从此消失。村民已被安置至南闸集镇的白玉小区，原址已建成新长铁路、霞客大道。该村尚存可耕田175亩，2014年水稻总产107.45吨。

施元场 原属施元村，在南闸街道东南0.5公里处，东面距金三角路10米，南距花山河450米，西面是白玉路，相距100米，北面紧傍紫金路仅10米。旧属太宁乡、谢园镇，中华人民共和国成立后，先后隶属于谢绮花乡、忠义乡、谢园乡、皮弄乡。1956年3月并入南闸乡。1958年属南闸人民公社施元大队。1987年撤队建村，称施元村。2007年随施元行政村并入谢南行政村。施元场自然村共有第19、20、21、22、23、24、25七个村民小组。

古时候，施元场西北面有条相传为大禹带领江阴先民开挖的夏港河，河上建有节制长江潮汐涨落的蔡泾闸。每当打开闸门时，江水汹涌而入内河，常有落水溺死者的尸体被潮水经黄土泾河冲到施元场的岸滩上，暴尸荒野而成为无名尸。明朝时，江阴县衙应百姓要求，派兵丁驻扎于此打捞尸体，待溺死者家属前来认领。时间长了，驻扎于此的兵丁在此建房造屋，繁衍生息，加上其他迁移来的居民，逐渐形成村落，定名为尸元场。后因"尸"字不吉利，遂改名为施元场。

施元场占地面积0.216平方千米，平面基本呈正方形，东西长480米，南北宽450米。住户共有263户1073人，其中男性551人，女性522人，其中有壮族1人、苗族1人、土家族1人，其余均为汉族。村中共有13个姓：张氏59户，李氏60户，缪氏52户，沈氏30户，孙氏22户，顾氏19户，周氏7户，陆氏3户，王氏4户，杜氏3户，施氏2户，查氏1户，曹氏1户。

施元场拥有耕地面积720亩，农业经济，主产稻麦。养殖业以养鸭为主，1992年有87户养鸭，专业户出售19万羽肉鸭，全年收入超100万元。1996年在市场肉鸭处于饱和状态时，施元场养鸭户立足市场开展综合经营，走养、宰、烧、制、销一条龙专业加工之路，所产盐水鸭、板鸭销往张家港、无锡、苏州等城市。10多户养鸭专业户因养鸭而致富，最多的养鸭户全年出售肉鸭2.5万羽，获利5万多元。

20世纪30年代施元场利用该村张家祠堂开办施元场学堂，中华人民共和国成立后改名施元场小学，2001年9月并入南闸中心小学东区。2010年，施元村因城乡一体化建设被拆迁，村民领取市失地农民基本生活保障，村民已被安置到白玉小区称心阁居住。

王庄村 原属施元村，位于南闸街道驻地北面100多米处。东面距离白玉路30米，南距街道办事处办公大楼100余米，西面是紫馨路，相距200米，北面为站西路，距离10米。宋元明时期属太宁乡，清代属谢园镇，中华人民共和国成立后先后隶属于谢绮花乡、忠义乡、谢园乡、皮弄乡。1956年3月，王庄并入南闸乡施元大队。1976年，施元大队更名为向阳大队。1987年，向阳大队撤队建村改称施元村。2007年12月，施元村并入谢南村，属32、33村民小组。

明代崇祯年间（1628—1644），王氏先祖王宗谌自夏店王家村迁徙而来建村，随后，蒋、张、何、周等也先后在此定居。因王氏繁衍迅速，子孙众多，遂以王庄村为村名。王庄村占地面积0.078平方千米，东西长290米，南北长265米，呈长方形状，可耕地面积约388亩。有158家住户、550人，男性290人，女性260人，其中土家族1人，其余均为汉族。村中共有5个姓：蒋姓1户，张姓1户，何姓7户，周姓25户，王姓124户。

王庄村以种植水稻、三麦、油菜为主。历史上传统副业为制作饴糖。农村过春节，家家户户都要自制糖果，如花生糖、芝麻糖、炒米糖、黄豆糖等。这些糖果必须用饴糖为主要原料，用王庄村生产的饴糖所制作的糖果，清脆爽口，香甜遗齿，深受周边村民喜爱。

2011年5月，王庄村被整体拆迁，大部分村民已迁入南闸街道紫竹苑。村民领取市失地农民基本生活保障金。

邵庄 原属观东乡，1956年并入观山乡，为观山五社。1958年成立人民社属观东大队。1984年撤社建乡，撤大队为行政村，属观东村。2004年随观东村并入南闸村。邵庄位于村委会辖区东南部，东至原南闸镇属水产场，南傍黄昌河，西至观东路，北临水产场路。占地面积0.084平方千米，设3个村民小组，共155户411人，均为汉族。以种植稻麦为主，南闸村建为蔬菜基地后，原有可耕地265亩均出租种植蔬菜，村民收取租金。主要劳动力以务工、经商为业。人均住房面积67.88平方米。邵庄建村至今共有耿、陈、符、邹、孙、许、吴、缪8个姓。2015年，因江阴市建设秦望山产业园邵庄被整体拆迁，2016年，拆迁户均被安置到称心阁三期安置小区。

汤天村 清乾隆年间，南闸集镇附近的汤家村有汤姓村民搬迁至此建村。此人因财大气粗，人称"汤百万"。汤百万自命天下第一，故将村名定为汤天村。汤天村又称后新庄，东距东新庄约30米，南距前新庄200米，西距锡澄公路100米，北距工业园区30米。清代属蔡泾乡，中华人民共和国成立后属蔡泾乡、南闸乡。1958年成立人民公社后，属新庄大队。1984年撤队改村属新庄村。2002年新庄村并入涂镇村，属涂镇村第10村民小组。占地面积0.011平方千米。有耕地面积135亩，全村35户共有125人，其中谢姓1户、汤姓5户、周姓29户。因南闸工业园区拓展而拆迁，原地建惠尔信企业，村民均被安置在称心阁居民小区。

第二编　自然环境

第一章 地质·地貌

第一节 地 质

南闸属于江阴所在的扬子江地层区江南地层分区。第四系覆盖层下的地层，自老至新，有古生界泥盆系、古生界石炭系、古生界二叠系、中生界三叠系、中生界侏罗系、中生界白垩系和新生界第四系。南闸地层处于古生界泥盆系上下统茅山群，境内几乎所有山体皆由此构成，为三角洲相—陆相的紫色、肉色、灰色细粒石英砂岩及夹泥质粉砂岩沉积。地层厚度大于1500米。

上统五通组是境内花山、秦望山、白石山等山体的构成部分，为陆相含砾石英砂岩、石英砂岩、粉砂质泥岩、泥岩等碎屑沉积，与茅山群地层呈平行不整合接触。地层厚度大于100米。

古生界石炭系，地表未露出，分布于花山等地，为灰白色、深灰色生物灰岩水质纯灰岩。地层厚度大于150米。

中生界侏罗系，上统火山岩，分布在定山南坡和花山南面。为浅紫红色、灰白色凝灰岩和凝灰质熔岩，地层厚度较小。邻区则在1000米以上。

新生界第四系，广布于域内山间谷地和平原。为沙砾层、亚砂土、粉砂、细砂、粗砂、亚黏土、黏土。沉积厚度平原区厚，山谷间薄，在150米—200米。

华夏系构造为形成南闸地区地质构成的主要因素。震旦纪，南闸所在的扬子江断块下降成海盆，自此形成一整套从震旦系列到三叠系海陆相交替沉积地层。三叠纪晚期，在印支运动影响下，形成一系列北东向50°—60°的褶皱，伴有走向断裂和横向断裂。少部分地区伴有火山喷发活动。境内有南闸—山观向斜及花山—绮山—定山背斜。背斜核部地层多为泥盆系砂岩，向斜核部地层则为三叠系青龙群灰岩。华夏系构造是控制境内地貌的主要构造。印支活动行程的凹陷断裂接了侏罗系、白垩系极厚的红色砾岩和粉砂岩的沉积。

第二节 地 貌

南闸境内东部地势较高，地面高程6.6米至8.7米；中部为广阔平原，地面高程4.5米左右；西部除低山丘陵之外，属低洼地区，地面高程不足4米。地表厚度2米至16米，土壤压缩模量值每平方厘米120公斤至240公斤，地基承载力每平方米18吨以上，地震烈度属五度区。地下有两层含水层。其第二层在地表下60米至90米处，水层厚度有10米至40米。

南闸地处长江老三角洲冲积平原，位于长江古堤内侧，同时处于太湖水网平原的圩区平原，部分地区典型土壤有粉沙壤土、粉沙土，偏碱性，PH酸碱度8左右，成土早，是稻棉混作区。部分地区典型土壤有黄泥土、薄层黄泥土、乌山土，竖门乌山土属脱潜型水稻田，常见乌泥层和泥炭层，质地重，是稻麦两熟制地区。

境内分布有太湖水网平原、长江三角洲平原和低山丘陵，三者相互渗杂，成土复杂，以受太湖沉积母质影响为大，受长江冲积影响为次。

一、平原

太湖水网平原 位于境内花山、白石山之南，秦望山以北地区，主要分布在斜泾河、马泾河以北，锡澄运河、黄昌河两岸，夏港河南岸，由太湖沉积而成，以黄泥土、乌山土、竖门乌山土为主，属脱潜型水稻田。其次为黄昌河西段圩河区平原，以乌泥层和泥炭层为主，乌黄土为次，集中分布于泗河、观西村。其余太湖水网平原分布在花果、曙光部分自然村。

长江老三角洲平原 位于夏港河以北，长江右堤内侧，受长江冲积而成。成土早，由沙性逐步向壤性过渡，以黄泥土和黄白土为主，以及少量的粉沙土，分布于蔡泾村偏北部分自然村。

二、低山丘陵

南闸东部和西部分布着花山、秦望山、观山（凤凰山）、白石山、丁果山、焦山6座东西走向的山脉，山地总面积10800亩，占土地总面积的15.8%。

境内山丘孤立于平野之中，互不相连，与茅山山脉形成于同一地质运动时期，山体走向基本与地层一致。山顶一般为岩石，极少风化，呈残积物，土层薄。山坡，特别是中坡，残积物或坡积物较多，土层较厚，是中层粗骨土和砂性原层黄土的分布段。植皮以马尾松、火炬松、湿地松、松木等用材林为主。山麓为风化堆积物，土层深厚，土壤肥沃，宜茶、果、毛竹等经济作物生长。

花山 古称由里山，位于南闸镇东约3公里处，地界南闸、澄江、云亭、徐霞客等镇（街道）交界处。原指由里山东嘴小峰，今包括由里山在内统称花山。山地总面积7305.19亩，南闸境内2371.94亩，植有六角松、杉木、毛竹等。主峰高241.2米。

花山山顶古有白龙洞与龙王庙，现已毁。南麓有葛母坟、张衮墓、山居庵等遗迹，今建有江南弥陀村、九莲庵等寺庙，以及江阴市殡仪馆、公墓、南闸烈士陵园。20世纪70年代至21世纪初，因开矿采石致使植被损毁，多处山体塌陷。2004年，江阴市人民政府发文禁止采石，并逐步复垦复绿。2014年，九莲庵被评为"江阴百景"之一。

秦望山 位于南闸集镇西南约3公里，南闸、月城交界处。相传因秦始皇南巡登山观望而得名，别称峨耳山、秦履山、卧龙山、小茅山。高189.3米，山地总面积7280亩，南闸境内4476亩。

古时，秦望山是道教圣地，山顶建有真武殿、三茅殿、玉皇殿等道观。1958年，道观被毁。20世纪60年代起，秦望山多处办有采石场，山体满目疮痍。2004年停止开采后，复垦复绿，成效显著。

2014年，海港大道穿越秦望山隧道直达无锡。同年，"秦望晓烟"入选"江阴百景"。

观山 在南闸集镇西4公里，南闸、申港街道分界处。高149.9米。相传吴王曾游观于此，故名。观山在南闸境内山地面积4017亩。2007年，女企业家张梅娟利用废弃的采石场，创建面积达500亩的卓远农庄，带领村民们谱写增收创富、同奔小康的新篇章。

白石山 因产白土如石，可制陶瓷器，故名。在南闸集镇西北4公里，为观山北延支脉的一个主峰，高85.2米。山腰原有白土洞，广达10多米，深约百米，20世纪采石时被毁。顶峰是南闸、申港、夏港的分界岭，南闸境内山地面积1270亩。

丁果山 在南闸集镇西偏南5.5公里处，古名丁国山。为观山中部西南支脉，高115米。20世纪40年代即开矿采石，2004年停止采石时，山体已几乎被夷为平地。2016年，由泗河村与企业家周国清共建丁果湖湿地公园，已投入使用。

  焦山　嘉靖《江阴县志》记载："在观山南，本名樵山，讹今名。"位于南闸集镇西南5公里处，为秦望山中部向北的一支山脉，高66.4米。1984年开矿采石，至2004年，焦山被削平，只剩下一段山体，因焦山村民宅建于其麓而免遭被夷。此段残留下来的山体，形如卧狮，故而名其为狮山。2005年经过复垦复绿后，利用地下开采时留下的一个山塘，进行人工开挖，扩大成一湖，取名狮山湖。同年，在政府的支持下，规划建成了狮子山生态园。2014年12月，以"狮山映象"的美景获"江阴百景"称号。

南闸地质图
1：100000

选自《江阴县第二次土壤普查工作汇总资料》（江阴县土壤普查办公室供稿）

南闸地貌图

1:100000

长 江

靖 江 市

张 家 港 市

武 进 市

无 锡 市

图 例

砂 质 河 漫 滩
高二级阶地冲积平原
低二级阶地冲积平原
低 山 丘 陵
丹 区 平 原
高 夫 平 原
湖荡洼区平原

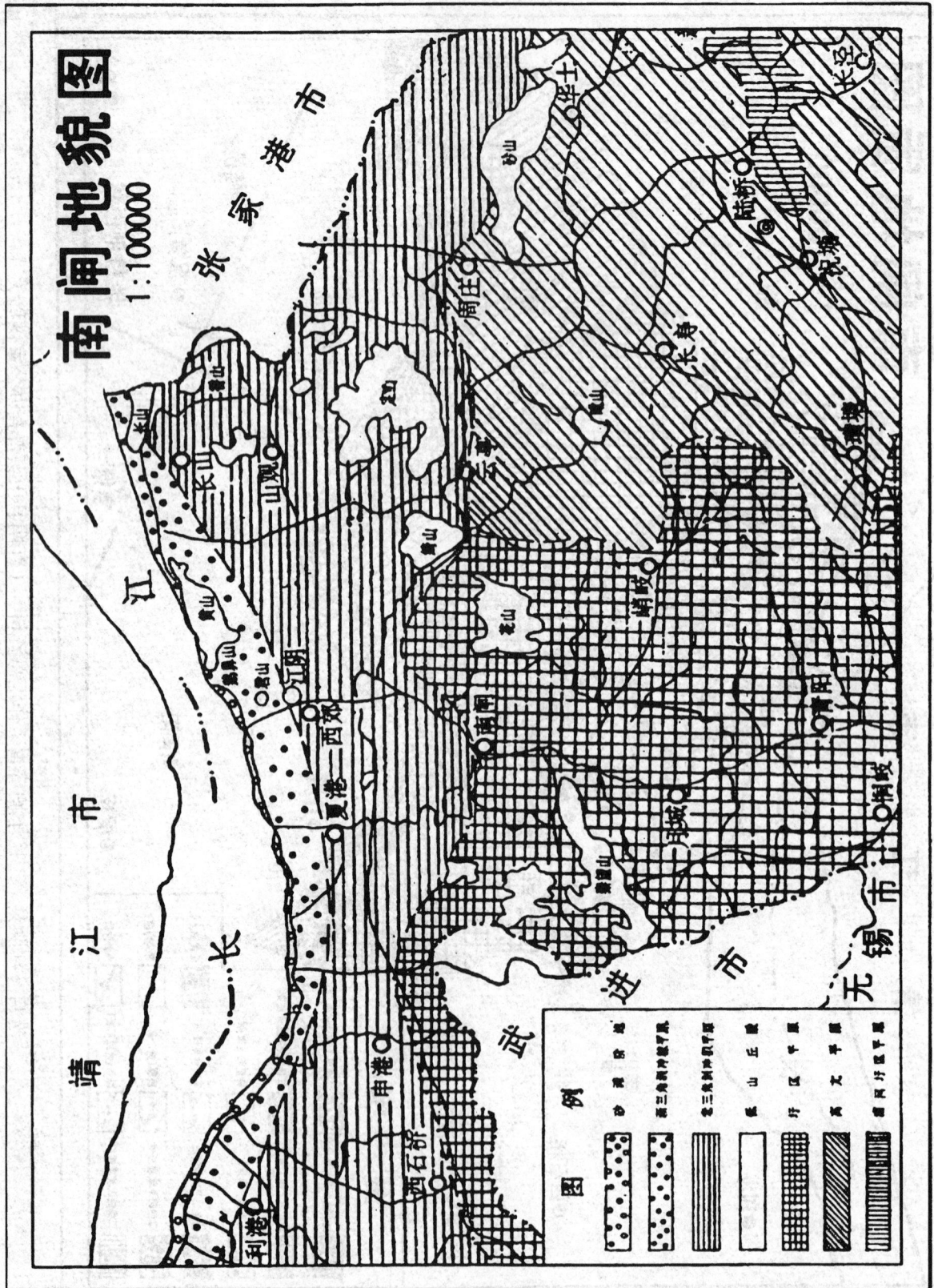

选自《江阴县第二次土壤普查工作汇总资料》（江阴县土壤普查办公室供稿）

第二章　气候·物候

第一节　气　候

一、四季

南闸属于北亚热带季风湿润气候，四季分明，光照充足，雨量丰沛。春季温和，夏季炎热，秋季凉爽，冬季寒冷。冬季最长，夏季次之，春季稍短，秋季最短。20世纪80年代后期，随着工业经济的快速发展，工业废气大量排入，致使空气质量日趋恶化，导致年平均气温升高，极端天气增多。

春季　自3月26日至5月31日，共67天。初春，从节气而论，约在惊蛰与春分之间。时因冷暖气团活动频繁，乍暖还寒，阴晴不定。这时草木返青，冬眠动物开始苏醒，候鸟纷纷回归。白天时间延长，黑夜时间缩短。有些年份还会出现寒潮、霜冻，菜麦等农作物易遭受冻害。4月中旬至5月中旬为春季连绵阴雨集中期，农作物易受涝害。春夏之交，会出现冰雹、龙卷风等灾害性天气。

夏季　自6月1日至9月20日，共112天。在芒种前后，最高气温可上升到20℃，水稻茁壮生长，万木葱茏。6到7月为梅雨期，平均入梅为6月中旬，出梅在7月中旬。梅雨期长短不一，雨量明显增多，有时滴雨不下，出现空梅现象。梅雨结束即进入盛夏。夏至日，白天最长，黑夜最短。在此期间，因受副热带高压控制，除发生台风和雷阵雨外，有时会出现伏旱。极端最高气温可达39.5℃。

秋季　自9月21日至11月21日，共62天。初秋，时值白露之后、秋分之前，台风活动较频繁，降水量亦较集中。中后期，副热带高压后撤，暖空气逐渐减弱，冷空气日趋加强，秋高气爽，风轻雨少，日照充足，易形成秋旱。有些年份还会出现高温，俗称"秋老虎"。秋季降温明显，10月平均气温降至20℃以下。有些年份10月末会出现初霜、寒潮，还可能出现连绵阴雨，从而影响秋收秋种。11月平均气温降至10℃左右。

冬季　自11月21日至次年3月25日，共125天。初冬正值立冬与小雪之间，南方暖湿空气影响显著减弱，北方冷空气逐渐加强南下，气温继续下降。这时大多数农作物和草木已停止生长，阔叶树纷纷枯萎脱落。有些年份会出现霜冻或早雪。入冬以后，白天缩短，黑夜增长，冬至日，白天的时间比夏至日少达4个小时。12月气温明显下降，日平均气温4.8℃，最低气温可达-9.5℃，雨水偏少。1月份为全年最冷期，月平均气温2.3℃，极端最低气温-14.2℃。2月份气温开始回升，月平均气温3.8℃。1954至2002年间积雪深度在10厘米以上的有3年。20世纪后，由于生态环境遭受破坏，全球年平均气温逐年上升，冬季下雪年份不多，即使下雪，积雪也不厚。冬季常出现积雪及强寒潮大幅度降温天气，对农作物等造成严重冻害。

二、日照

1957年至1987年，年平均日照2097.7小时，年均日照率为44.3%，最多年为1967年的2426.7小时，最少年为1960年的1879.2小时，最多和最少年日照差值547.5小时。年内正常年份日照夏多冬少，春、秋各占24.2%和24.9%，另外夏季占30.2%，冬季占20.7%。全年以8月最长，平均日照为227小时，2月最少，平均日照121小时。

1988至2007年，域内年均日照时数1957小时，年均日照率为44%，日照1900小时以上年份占60%。最多年为1988年的2236.5小时，日照率为50%；最少年为1999年的1622.1小时，日照率为37%。日照年际差值614.4小时，日照率年际差13%。夏季日照时数最多，光照强度最强，春、秋次之，冬季日照时数最少，光照强度最弱。7月日照时数最多，平均为202.6小时；1月日照时数最少，平均为124.4小时。日照率10月最高，平均为50%；6月最低，平均为37%。与1954至1987年相比，年平均日照时数减少135.6小时，年均日照率下降3%。1993至2014年，域内年均日照数为1849.25小时，年均日照率为43.2%。日照1900小时以上年份占55%，日照数最多年为2013年的2263.7小时，日照率为51%；日照数最少年为1999年的1622.1小时，日照率为37%。与1988至2007年相比，年平均日照数减少107.8小时，平均日照率下降1%。

1957—1988年日照时数（小时）一览

表2-1

年　份	1957	1958	1959	1960	1961	1962	1963	1964	1965	1966
日照总时数（小时）	1834.7	1989.4	2047.7	1879.2	2028.5	2248	2396.5	2341.5	2307.3	2359.3
年　份	1967	1968	1969	1970	1971	1972	1973	1974	1975	1976
日照总时数（小时）	2426.7	2382	2102.4	1880.1	2277.2	1894.8	2139	2135.3	2093	2235.6
年　份	1977	1978	1979	1980	1981	1982	1983	1984	1985	1986
日照总时数（小时）	1878.1	2221.1	2145.7	1950.3	1986.3	1888	2041.5	1932.1	1858.6	2007.6
年　份	1987	1988	—	—	—	—	—	—	—	—
日照总时数（小时）	1972	2236.5	—	—	—	—	—	—	—	—

1993—2015年日照时数（小时）一览

表2-2

单位：小时

年份	1月	2月	3月	4月	5月	6月	7月	8月	9月	10月	11月	12月	全年
1993	128.9	138.5	148.8	174.7	152.1	181.6	113.3	98.5	204.9	182.9	114.8	171.5	1810.5
1994	129.3	97.3	165.6	93.3	232.6	195.4	313.2	270.9	211.1	191.0	119.6	76.5	2095.8
1995	165.3	159.8	193.4	141.2	184.4	123.7	222.5	242.8	197.9	170.5	179.2	177.8	2077.8
1996	132.1	160.3	85.0	208.4	188.5	122.5	171.9	240.2	201.6	159.5	96.6	41.2	1807.8
1997	108.0	125.4	117.1	152.5	199.9	153.0	157.7	143.9	200.7	170.1	115.2	73.4	1716.9
1998	100.9	96.9	82.6	152.4	118.1	146.3	198.5	226.6	196.7	194.1	187.8	148.1	1859.0
1999	129.8	169.9	74.2	164.9	182.9	101.7	121.4	96.8	171.1	99.4	122.3	187.7	1622.1
2000	100.7	147.6	180.9	212.7	212.1	168.3	250.0	204.1	167.8	94.0	106.6	117.4	1962.2
2001	101.0	105.7	223.5	166.2	185.7	133.8	246.6	187.0	204.6	164.6	171.6	118.8	2009.1
2002	184.8	157.1	148.5	114.5	104.5	176.7	214.7	183.8	201.3	185.7	168.8	100.9	1941.3
2003	173.8	101.3	151.6	128.9	147.8	174.9	164.2	154.3	183.0	181.1	145.3	160.0	1866.2
2004	139.1	168.4	170.8	206.7	185.3	174.4	240.4	236.0	171.6	223.0	183.3	126.7	2225.7
2005	148.0	98.9	207.6	235.7	201.7	187.1	180.2	167.8	161.7	162.7	133.5	190.6	2076.3

续表2-2

年份	1月	2月	3月	4月	5月	6月	7月	8月	9月	10月	11月	12月	全年
2006	102.0	100.3	214.3	178.0	184.3	158.7	149.0	235.1	142.4	158.5	116.6	153.8	1893.0
2007	131.2	149.6	145.9	181.5	196.7	100.3	112.9	225.5	142.4	146.0	156.2	100.4	1788.6
2008	79.0	192.1	203.1	149.7	213.2	84.8	208.5	170.4	126	111.1	148.2	179.8	1865.9
2009	158.7	59.0	139.1	221.2	237.2	165.3	194.3	148.1	128.4	219.6	106.1	136.1	1913.1
2010	173.4	101.2	132.9	149.6	174.8	156.4	175.3	244.2	174.0	162.3	189.3	200.9	2034.3
2011	177.4	131.9	211.4	239.8	224.4	106.4	151.1	122.7	162.1	154.1	130.7	153.6	1965.6
2012	111.8	93.1	138.8	187.4	202.0	132.1	232.7	203.8	186.8	204.6	172.8	131.7	1997.2
2013	137.8	112.3	191.1	251.4	167.1	124.1	276.6	257.5	175.8	203.9	182.2	183.9	2263.7
2014	185.3	89.2	194.7	160.2	218.9	123.4	147.4	103.0	103.7	230.0	136.3	201.4	1893.5
2015	123	118.1	134.5	193.7	176.6	103.1	153.2	212.2	189.3	175.9	72	115.9	1767.5

1957—2013年平均日照时数（小时）一览

表2-3

项　目	1月	2月	3月	4月	5月	6月	7月	8月	9月	10月	11月	12月	全年
平均日照数（小时）	139.7	129.7	151.1	168.5	185.8	164.7	212.9	224.4	172.4	179.3	155.2	154.2	2036
平均日照率（%）	39	41	40	44	43	37	47	49	48	50	49	45	44

三、气温

1954—1987年，域内年平均气温15.1℃。最高为1961年，年平均气温16.2℃；最低为1954年，年平均气温14.1℃，年际变幅2.1℃，68%的年份在15℃以上。一年中最热月为7月，平均气温27.6℃；最冷月为1月，平均气温2.3℃，年较差为25.3℃。1959年8月22日，极端最高气温38℃。1977年1月31日，极端最低气温-14.2℃。

1957—1988年，年平均地温17.5℃，1978年年平均地温最高，达19.7℃，1957年年均最低地温15.7℃。

1988—2007年，域内年平均气温为16.4℃，最高为2007年，年均气温为17.6℃；最低为1992年、1993年、1999年，年均气温为15.4℃，年际变幅2.2℃。70%的年份年均气温在16℃以上。一年中最热月为7月，平均气温28.5℃，最冷月为1月，平均气温3.8℃，年较差为24.7℃。出现极端最高气温为39.4℃，为2003年8月2日，是1954年以来南闸地区气温的最高值，45%的年份极端最高气温≥38℃。极端最低气温为-10.0℃，出现于1991年12月29日，90%的年份极端最低气温≥-7℃。≥35℃高温日数年均有15.5天，1994年为高温日数最多年份，有33天；1991年、1992年为高温日数最少年份，高温日数只有1天。1988—2007年，年均寒潮次数3次，1992年最多，一年有寒潮7次；最少年份，三年仅有1次。48小时最低气温最大降温幅度14.0℃（2002年1月）。无霜期有235.1天。

1988—2007年与1954—1987年相比，年均气温升高1.3℃。年均≥35℃高温日数增加10.6天，年极端最低气温≤-7℃的年份减少73.9%，无霜期延长10.1天。

1957—1988年南闸气温、地温统计一览

表2-4

年 份	年均气温（℃）	最高气温			最低气温			年均地温（℃）
		温度（℃）	月	日	温度（℃）	月	日	
1957	14.5	36.2	7	17	−9.1	2	12	15.7
1958	15.0	35.5	5	31	−10.1	1	16	16.5
1959	15.6	38.0	8	22	−8.2	1	17	17.4
1960	15.6	36.5	7	14	−7.5	12	30	16.9
1961	16.2	36.4	7	24	−8.0	1	1	18.2
1962	15.2	36.2	7	29	−7.2	1	28	17.1
1963	15.1	35.4	7	14	−9.9	2	4	16.7
1964	15.6	35.7	7/9	10/4	−5.8	2	3	17.1
1965	15.1	35.1	7	13	−8.0	1	12	17.0
1966	15.3	37.5	8	7	−7.8	12	27	17.8
1967	15.1	36.4	8	23	−9.8	1	16	18.6
1968	15.2	33.9	6	8	−8.0	2	20	18.4
1969	14.6	35.4	7	24/31	−11.4	2	6	17.8
1970	14.8	35.4	7	24	−9.6	1	5	17.4
1971	15.2	37.2	7	31	−7.6	1	5	18.7
1972	14.7	35.0	7	7/8	−6.0	1	28	16.9
1973	15.3	35.7	8	5	−9.1	12	26	17.9
1974	15.0	35.3	7	22	−6.2	2	25	17.6
1975	15.5	34.5	8	31	−4.8	12	23	18.2
1976	14.6	36.7	7	5	−7.5	12	30	17.5
1977	15.2	36.7	8	6	14.2	1	31	17.8
1978	15.6	37.1	7	10	−6.4	2	2	19.7
1979	15.4	36.3	7	4	−8.8	2	1	18.9
1980	14.5	35.2	7	27	−9.3	1	30	16.2
1981	14.9	35.0	7/23		−8.7	1	3	16.9
1982	15.2	34.6	7	13	−9.6	1	19	17.3
1983	15.1	36.6	8	3	−8.3	2	19	17.3
1984	14.8	35.3	7	27	−8.0	1	23	16.8
1985	15.1	35.1	7/8	16/7	−6.7	1	31	17.0
1986	15.1	36.3	7	30	−8.6	1	5	17.4
1987	15.3	35.0	6	5	−7.7	1	14	16.9
1988	15.4	37.5	7	17	−6.7	12	17	17.0

2008—2014年，域内年平均气温达16.78℃。最高年份为2013年，年平均气温为17.4℃，高温日数年平均24.8天，2013年大于35℃高温日数达50天。2014年高温日数最少有11天，年平均寒潮次数2次。

2013年，由于西太平洋副热带高压偏强，7月和8月出现持续高温天气。大于35℃高温日数达50天，其中7月23日至8月18日连续27天高温。7月26日最高气温达39.6℃，突破7月最高气温的历史记

录。8月6日至10日，连续5天最高气温超过40℃。8月6日最高气温达到41.3℃。持续高温给人民生产生活带来较大的不利影响。

1988—2014年平均气温一览

表2-5　　单位：℃

年份	1月	2月	3月	4月	5月	6月	7月	8月	9月	10月	11月	12月	全年
1988	3.9	3.1	6.7	14.8	19.6	24.0	29.5	26.5	22.2	17.7	10.8	5.8	15.4
1989	4.3	4.4	8.9	14.3	19.0	23.8	16.4	26.5	22.7	17.6	11.1	6.2	15.4
1990	3.4	4.7	10.7	14.2	20.3	25.9	29.6	28.9	23.3	17.7	13.3	5.6	16.5
1991	3.7	5.3	7.7	13.6	19.5	24.2	27.6	26.6	23.2	17.5	11.3	5.7	15.5
1992	3.2	5.8	7.6	15.0	20.4	23.4	28.6	26.9	23.2	16.5	10.5	6.8	15.7
1993	2.1	6.1	8.4	14.8	18.9	25.1	26.4	25.7	23.5	17.5	12.2	4.6	15.4
1994	4.0	4.7	8.7	15.9	22.7	25.0	30.9	29.1	23.9	18.1	14.4	7.9	17.1
1995	3.7	5.2	10.1	14.0	19.9	23.3	28.3	28.9	24.3	18.5	11.1	5.1	16.1
1996	3.4	3.8	7.8	14.1	20.1	24.9	27.0	27.8	24.7	18.8	11.6	6.0	15.8
1997	2.7	5.6	10.2	15.4	22.7	25.4	27.9	27.6	23.0	18.9	12.5	6.5	16.5
1998	3.3	6.9	9.1	17.7	20.6	24.1	29.5	29.6	24.1	19.6	14.7	7.5	17.2
1999	5.3	6.9	9.4	15.4	21.0	22.8	25.7	26.3	25.6	18.7	11.7	6.1	16.2
2000	3.3	3.8	10.7	16.5	21.7	25.2	29.2	28.2	24.0	18.8	11.5	7.7	16.7
2001	4.6	6.2	10.8	15.4	22.0	24.4	30.0	27.0	24.2	19.4	12.3	5.8	16.8
2002	6.1	8.1	12.5	16.7	19.5	25.9	28.5	27.1	24.5	18.8	11.8	6.2	17.1
2003	2.9	6.1	9.5	15.1	20.0	24.9	28.3	28.1	25.1	17.8	12.4	5.5	16.3
2004	3.5	8.2	9.6	16.3	20.8	24.6	29.5	28.4	23.5	18.2	13.7	7.8	17.0
2005	2.3	3.4	8.9	17.9	21.0	27.2	29.2	27.7	25.5	17.9	14.5	4.6	16.7
2006	4.8	4.8	11.3	16.6	21.1	26.4	29.1	30.1	22.9	21.1	14.1	6.8	17.4
2007	4.6	9.0	11.7	16.0	23.2	25.1	28.9	29.4	24.4	19.1	12.5	7.8	17.6
2008	2.6	3.3	11.6	16.2	22.2	23.9	30.1	27.8	25.1	20.0	12.2	6.6	16.8
2009	3.2	8.1	10.3	16.6	22	26.5	28.6	27.7	24.4	20.6	10.2	5.4	17
2010	4.3	6.6	8.8	12.8	21.1	24.5	28.8	30.3	25.4	18.0	12.6	6.9	16.7
2011	0.5	5.3	9.2	16.3	21.9	24.6	28.8	27.3	23.6	18.2	15.7	5.1	16.4
2012	3.6	3.5	9.2	17.8	21.9	25.2	29.7	28.8	23.2	19.0	11.0	4.8	16.5
2013	3.7	6.0	10.9	15.7	21.8	24.5	32.0	31.5	24.7	19.2	12.7	5.5	17.4
2014	6.0	5.4	11.4	16.1	22.3	24.2	27.4	25.9	23.7	19.4	13.6	4.9	16.7

1988—2014年最高气温统计一览

表2-6　　单位：℃

年份	气温	1月	2月	3月	4月	5月	6月	7月	8月	9月	10月	11月	12月	全年
1988	最高值	12.1	16.9	25.0	30.2	30.5	36.0	37.5	33.1	29.5	25.7	24.5	19.1	37.5
	日期	3/17	4	13	30	17	8	17	19	6	11	15	7	7月17日
1989	最高值	13.1	13.9	22.8	25.6	28.5	33.2	34.5	35.0	31.5	26.5	22.3	20.2	35.0
	日期	6	12	31	17	30	7	14	12	24	25	3/4	3	8月12日

续表2-6

年份	气温	1月	2月	3月	4月	5月	6月	7月	8月	9月	10月	11月	12月	全年
1990	最高值	16.9	14.4	23.6	29.4	33.0	35.5	37.4	36.7	31.5	27.1	24.9	21.3	37.4
	日期	28	21	23	28	10	20	24	15	8	6	17	10	7月24日
1991	最高值	12.8	15.2	22.4	26.3	35.3	35.0	36.5	34.4	34.0	26.7	23.0	20.0	36.5
	日期	16	26	19	25	25	1	23	25	4	1	3	6	7月23日
1992	最高值	19.2	26.0	19.9	28.7	34.1	34.3	38.1	35.6	32.6	29.3	22.3	19.5	38.1
	日期	28	29	1	28	29	9	31	1	6	2	18	5	7月31日
1993	最高值	14.1	25.1	21.9	30.2	33.8	35.8	36.6	34.1	33.0	27.6	25.6	15.6	36.6
	日期	2	6	31	23	12	28	12	24/25	16	9	5	25	7月12日
1994	最高值	13.4	16.2	29.5	32.4	35.5	36.0	38.1	38.0	35.7	32.0	28.8	21.7	38.1
	日期	16	22	21	30	31	8	31	22	4	4	1	27/28	7月31日
1995	最高值	15.5	16.1	25.2	24.1	31.7	33.3	38.0	37.2	37.8	28.1	21.6	13.8	38.0
	日期	8	27	22	22	9	19	20	13	7	2	12	10	7月20日
1996	最高值	15.3	23.6	23.6	29.0	30.8	35.3	36.5	35.1	32.3	28.8	22.2	17.1	36.5
	日期	5	13	6	26	21	15	24	7	12	5	4	14	7月24日
1997	最高值	14.5	19.3	23.7	31.5	34.7	37.3	35.9	34.8	34.8	31.1	23.8	14.2	37.3
	日期	13	20	9	29	4	5	21	7/8	1	20	10	18	6月5日
1998	最高值	13.6	24.9	24.2	22.5	32.8	32.5	36.8	37.8	32.4	30.3	26.5	19.4	37.8
	日期	2	12	29	19	1	3	14	10/11/15	7/8	2	14/15	21	8月10/11/15日
1999	最高值	15.9	18.5	22.7	25.1	32.0	31.3	34.5	33.2	36.0	32.0	21.0	16.4	36.0
	日期	22	17	17	20	27	3	23	1	10	1	7	10	9月10日
2000	最高值	15.8	11.9	26.1	27.4	34.0	34.6	37.7	34.4	34.7	28.9	23.6	18.0	37.7
	日期	4	11	31	13	21	26	21	6	2	11	6	9	7月21日
2001	最高值	12.7	15.5	25.4	29.7	31.9	36.7	38.5	34.4	29.9	26.6	21.4	14.7	38.5
	日期	3	18	14	19	19	30	2	23	4	2	1	31	7月2日
2002	最高值	20.7	17.6	25.5	30.7	30.3	35.1	38.5	37.1	35.5	33.3	24.4	17.7	38.5
	日期	14	12	20	29	26	12	15	23	2	4	11	15	7月15日
2003	最高值	15.6	19.6	28.8	26.5	30.8	33.9	37.9	39.4	35.1	29.6	28.8	18.2	39.4
	日期	13	21	30	18	31	30	29	2	5	10	2	24	8月2日
2004	最高值	14.2	19.3	26.4	34.3	33.3	35.8	38.0	36.5	32.2	27.8	26.7	22.9	38.0
	日期	3	21	10	21	27	12	24	8	17	10	8	3	7月24日
2005	最高值	9.6	14.4	24.3	34.3	32.9	36.4	37.2	37.0	35.8	29.5	25.7	16.5	37.2
	日期	28	22	10	28	31	30	3	16	20	1	3	1	7月3日
2006	最高值	17.9	19.4	22.7	32.8	32.5	38.2	37.3	38.4	33.6	29.2	27.2	16.3	38.4
	日期	29	14	5/27	30	21	21	31	14	1	11	9	6/25	8月14日
2007	最高值	13.1	24.5	29.6	30.6	34.3	36.9	39.1	38.6	33.8	31.1	21.3	16.1	39.1
	日期	31	6	29	20	27	27	29/31	1	27	3	7	1	7月29/31日
2008	最高值	14.7	19.2	23.9	29.9	33.4	33.4	38.9	35.8	33.4	28.8	25.5	23.2	38.9
	日期	6	22	11	29	22	20	6	17	22	18/21	5	10	7月6日
2009	最高值	15	26.8	26.8	29.4	35.6	36.3	37.9	37.6	33.3	29	27.4	15	37.9
	日期	28	12	18	15	11	25	20	19	5	31	8	7	7月20日

续表2-6

年份	气温	1月	2月	3月	4月	5月	6月	7月	8月	9月	10月	11月	12月	全年
2010	最高值	18.6	22.6	26.7	24.7	33.4	35.9	37.8	39.2	36.2	26.8	23.9	22.2	39.2
	日期	20	24	19	30	3	30	1	12/13	8	17	13	5	8月12/13日
2011	最高值	7.6	21.0	21.8	32.0	36.3	38.1	38.1	35.6	35.1	27.3	26.3	14.5	38.1
	日期	8	24	31	26	20	9	25	15	15	8	4	6	6月9日7月25日
2012	最高值	9.9	10.1	25.4	30.2	33.6	35.0	38.6	36.5	33.0	27.9	20.6	15.5	38.6
	日期	31	22	27	23/28	7	29	5	14/18	2	21	3	13	7月5日
2013	最高值	17.4	18.9	30.4	32.6	33.2	37.6	39.6	41.3	34.0	30.3	26.9	18.1	41.3
	日期	30	28	9	15	13	18	26	6	10	10	9	3/8	8月6日
2014	最高值	20.8	23.3	24.8	27.7	36.1	34.5	37.0	36.8	31.0	30.2	22.8	16.0	37.0
	日期	31	1	17	10	30	14	22	5	2	20	23	30	7月22日

1988—2014年最低气温统计一览

表2-7
单位：℃

年份	气温	1月	2月	3月	4月	5月	6月	7月	8月	9月	10月	11月	12月	全年
1988	最低值	-4.5	-4.7	-4.0	2.4	11.4	16.1	21.0	18.8	12.4	5.1	-2.6	-6.7	-6.7
	日期	24	12	7	8	8	2	27	24	27/28	30	29	17	12月17日
1989	最低值	-3.9	-3.0	-1.9	5.8	12.0	16.3	18.7	20.6	15.7	6.5	-1.8	-2.3	-3.9
	日期	15	4	8	10	25	23	6	30	30	18	30	9	1月15日
1990	最低值	-6.0	-7.9	0.9	2.6	10.2	17.3	21.1	22.7	13.3	7.2	1.7	-3.8	-7.9
	日期	31	1	6	5	5	1	2	22	19	26	22	3	2月1日
1991	最低值	-4.9	-3.3	0.5	0.8	7.4	18.1	20.6	20.3	14.3	5.1	1.6	-10	-10
	日期	9	24	1	2	2	3	12	29	30	29	12	29	12月29日
1992	最低值	-4.7	-3.3	0.4	4.9	9.1	16.1	19.6	21.8	13.4	4.7	-1.5	-4.0	-4.7
	日期	15	1	18	16	10	7	3	19	30	25	21	24	1月15日
1993	最低值	-6.4	-3.0	-0.4	2.5	10.7	16.6	19.7	19.2	15.2	6.5	-3.4	-4.5	-6.4
	日期	17	2	2	5	10	5	22	18/19	30	31	24	22	1月17日
1994	最低值	-3.6	-1.3	0.2	8.3	12.3	17.6	24.4	24.2	15.7	7.5	6.1	-1.5	-3.6
	日期	19	10	2	9	18	3	15	21/28	25	12	19	22	1月19日
1995	最低值	-1.6	-4.4	-0.5	1.5	10.0	17.1	20.2	22.9	16.9	10.0	0.7	-2.3	-4.4
	日期	14	5	1	3	5	10	5	26	18	25	24	25	2月5日
1996	最低值	-4.6	-5.2	0.4	2.4	10.7	15.9	18.9	19.5	17.9	8.6	2.9	-1.9	-5.2
	日期	9/10	18	2	1	5	5	9	30	30	27	18/30	6/19	2月18日
1997	最低值	-4.6	-2.1	1.7	6.7	10.9	16.5	19.9	22.9	14.8	7.9	-0.5	-1.5	-4.6
	日期	6/8	12	3/24	5	9	2	6	21	28	31	17	10	1月6/8日
1998	最低值	-6.1	-1.7	-1.3	4.1	14.0	16.2	22.7	21.1	16.7	11.5	6.4	0.4	-6.1
	日期	19	5	20	2	4	7	4	27/28	22	28	18	10	1月19日
1999	最低值	-3.3	-2.2	0.3	5.2	12.5	16.3	20.1	20.7	15.0	9.7	0.7	-6.2	-6.2
	日期	10	4	9/22	3	6	9	14	23	24	18	27	22	12月22日

续表2-7

年份	气温	1月	2月	3月	4月	5月	6月	7月	8月	9月	10月	11月	12月	全年
2000	最低值	-6.5	-4.2	0.8	5.0	11.3	18.0	21.2	22.7	17.8	10.2	3.1	0.5	-6.5
	日期	26	9	1	6	7	5/13	11	20	16	30	13	14	1月26日
2001	最低值	-5.4	-1.5	0.1	5.1	12.1	17.4	22.4	17.9	17.7	10.0	4.1	-4.0	-5.4
	日期	15	8	9	1	2	1	16	11	26	30	15	25	1月15日
2002	最低值	-2.1	1.1	3.2	7.3	12.9	20.3	21.8	21.3	17.0	7.8	1.0	-4.1	-4.1
	日期	8	3	6	8	7	29	2	10	23	27	27	26	12月26日
2003	最低值	-6.0	-2.5	1.0	7.0	9.6	16.7	21.9	20.1	16.6	9.6	2.6	-3.5	-6.0
	日期	5	13	4	5	9	4	18	13	26	16	13	20	1月5日
2004	最低值	-5.9	-2.9	-0.6	3.8	10.0	13.7	20.6	19.6	14.6	9.1	1.4	-5.1	-5.9
	日期	25	6	7	4	4	1	3	31	22	28	27	31	1月25日
2005	最低值	-6.1	-4.1	-1.8	7.2	12.3	18.3	22.2	19.8	19.4	6.4	4.2	-5.1	-6.1
	日期	1	20	5	4	7	5	6	26	26	31	25	18	1月1日
2006	最低值	-5.1	-4.2	-0.2	5.2	12.8	16.6	22.5	23.9	16.1	12.7	4.3	-4.5	-5.1
	日期	8	4	13	13	3	3	1	20/21	12	27	29	18	1月8日
2007	最低值	-2.8	-3.4	-1.6	5.8	12.3	18.6	23.2	22.1	19.3	8.7	1.6	-2.0	-3.4
	日期	9	2	6	3/18	10	2	4	14/30	18	20	28	31	2月2日
2008	最低值	-5.1	-5	1.4	6.2	12.1	18.3	24.1	20.2	16.9	12.3	0.6	-6.4	-6.4
	日期	31	4	20	1	14	5	3	29	27	24	30	22	12月22日
2009	最低值	-6.9	1.3	0.4	2.1	11	16.8	21.1	19.5	18.8	10.6	-0.8	-3.8	-6.9
	日期	24	18	14	2	4	6	1	30	19	18	18	28	1月24日
2010	最低值	-7.0	-3.9	-2.4	2.9	11.4	16.1	21.4	23.0	13.8	7.1	2.5	-3.0	-7.0
	日期	14	13	10	16	7	3	14	26	30	31	26	31	1月14日
2011	最低值	-6.6	-6.1	0.2	3.6	11.3	16.3	21.7	19.4	13.4	8.2	1.3	-5.4	-6.6
	日期	16/31	15	2	5	23	1	14	24	24	26	24	17	1月16/31日
2012	最低值	-5.7	-6.1	-2.8	6.5	14.4	16.5	22.0	22.5	13.5	7.4	0.3	-5.5	-6.1
	日期	26	3	12	4	20	2	15	22/23	30	18	27	24	2月3日
2013	最低值	-5.5	-4.6	-2.0	1.6	9.5	15.4	23.4	22.1	16.3	7.6	-2.4	-4.7	-5.5
	日期	18	10	3	7	1	3	6	31	27	27	28	28	1月18日
2014	最低值	-4.8	-3.9	-0.2	3.9	8.7	19.0	20.6	19.4	17.9	8.1	3.7	-4.2	-4.8
	日期	22	10	7	6	5	11	5	17	20/25	15	14	22	1月22日

1957—2013年南闸平均、最高、最低气温一览

表2-8　　　　　　　　　　　　　　　　　　　　　　　　　　　　　　单位：℃

项目		1月	2月	3月	4月	5月	6月	7月	8月	9月	10月	11月	12月	全年
平均气温	平均值	3.8	5.6	9.5	15.5	20.7	24.8	28.5	27.8	23.9	18.4	12.4	6.3	16.40
	最高	6.1	9.0	12.5	17.9	23.2	27.2	30.9	30.1	25.6	21.1	14.7	7.9	17.60
	年份	2002	2007	2002	2005	2007	2005	1994	2006	1999	2006	1998	1994	2007
	最低	2.1	3.1	6.7	13.6	18.9	22.8	25.7	25.7	22.2	16.6	10.5	4.6	15.40

续表2-8

项　目		1月	2月	3月	4月	5月	6月	7月	8月	9月	10月	11月	12月	全　年
平均气温	年份	1993	1988	1988	1991	1993	1999	1999	1993	1988	1992	1992	1993 2007	1992 1993 1999
极端最高气温	极值	20.7	26.0	30.4	34.3	36.3	38.2	39.6	41.3	37.8	33.3	28.8	23.2	41.3
	年份	2002	1992	2013	1998 2004	2011	2006	2013	2013	1995	2002	1979	2008	2013
	日期	14	29	9	20 28	20	21	26	6	7	4	1	10	8月6日
极端最低气温	极值	-14.2	-11.4	-7.5	-1.0	3.8	11.7	15.5	17.1	9.3	1.3	-4.6	-10.0	-14.2
	年份	1979	1969	1958	1962	1961	1969	1976	1968	1972	1986	1971	1991	1979
	日期	31	6	3	4	5	6	5	30	29	30	30	29	1月31日

四、无霜期

1954—2010年，年平均无霜期255天，最长为1998年的277天，最短为1955年的180天。平均初霜日期在11月11日，其中最早为1955年的10月19日，最晚为1980年的12月4日。平均终霜日期在3月28日，其中最早为1977年的3月6日，最晚为1954年的4月28日。

1957—1988年、2004—2014年南闸霜期情况一览

表2-9

年份	初霜期（下半）		终霜期（上半）		无霜期天数	年份	初霜期（下半）		终霜期（上半）		无霜期天数
	月	日	月	日			月	日	月	日	
1957	11	5	3	15	235	1979	12	22	4	5	241
1958	10	27	3	29	211	1980	12	4	4	15	233
1959	11	14	3	17	241	1981	11	24	3	10	258
1960	11	27	4	2	239	1982	11	12	4	10	216
1961	11	5	4	16	203	1983	11	13	3	18	245
1962	11	5	4	14	205	1984	11	23	3	8	243
1963	11	26	3	24	216	1985	11	10	3	24	230
1964	11	12	3	26	230	1986	10	30	3	24	220
1965	11	27	4	11	230	1987	10	30	4	15	209
1966	10	28	3	29	212	1988	11	8	4	8	214
1967	11	13	3	24	233	2004	11	25	3	10	239
1968	11	10	3	9	237	2005	11	16	4	4	225
1969	11	7	3	17	234	2006	11	15	3	29	230
1970	10	30	4	5	209	2007	11	2	3	12	234
1971	11	17	3	23	238	2008	11	19	3	20	243
1972	11	21	3	13	252	2009	11	3	4	2	214
1973	10	29	3	22	221	2010	11	9	4	16	206
1974	11	19	4	2	231	2011	—	—	—	—	229
1975	11	22	4	2	234	2012	—	—	—	—	228
1976	11	15	3	22	237	2013	—	—	—	—	221
1977	10	19	3	6	227	2014	—	—	—	—	221
1978	10	30	4	3	211						

五、降水

1923年至1937年，年平均降水量为1040.7毫米；1957年至1988年，年平均降水量为1029.8毫米；1988年至2007年，年平均降水量为1128.7毫米；2008年至2014年，年平均降水量为1176.7毫米。年降水量最多的年份是1991年，年降水量为1914.4毫米；年降水量最少的年份是1978年，年降水量为583.9毫米，差值达1330.5毫米。年降水量在1000毫米以上的年份占75%。年内降水量，春季占23%，夏季占47%，秋季占17%，冬季占13%。以7—8月份的汛期降水量最为集中，月降水量均在100毫米以上。这两个月的总降水量占全年降水量的55%，其中梅雨占20%，台风雨占9%。月降水量最多的是7月份，为190.7毫米；月降水量最少的是12月，为33.8毫米。

年均降水天数（日降水量≥0.1毫米）为121天，最多降水天数年份是1977年，为145天；最少降水天数年份是1995年，98天无雨。最长连续降雨是1992年3月14日至28日，连续降水15天；最长连续无雨是1973年11月9日至12月31日，连续53天无雨。暴雨年连续下雨年均3.4天；大暴雨年连续下雨年均0.7天。1991年7月连续下暴雨8天，下大暴雨3天，7月份降雨481.7毫米。2011年8月，月降水量达552毫米。

1962年9月6日，日最大降水量达219.6毫米。

1975年9月13日14时5分至15时5分，一小时内最大降水量为93.2毫米。

1988—1992年期间，降水量偏多，年平均降水量1269.6毫米。最多的是7月份，降水量为200.3毫米；最少降水量的是12月份，降水量为28.6毫米。

1991年，全年降水量为1914.4毫米，比常年多846毫米。

1994年10月9日11时34分开始，12小时内最大降水量达194.9毫米。

1999年，全年降水量为1599毫米，比常年多531毫米。

2014年全年降水量为1348.9毫米，比常年多280.9毫米。7月27日，日降水量达105.2毫米。

2015年6月29日上午8时至12时，4小时内倾盆大雨，降水量达180毫米，日降水量达220.1毫米，为百年历史罕见，造成小区、菜场、街道路面严重积水。

1957—1988年南闸降水情况一览

表2-10

年份	年降水总量（毫米）	一年间			最长连续降雨					最长连续无降雨				
		日最大雨量（毫米）	月	日	日数	起 讫				日数	起 讫			
						月	日	月	日		月	日	月	日
1957	1211.6	67.6	8	9	10	7	25	8	3	25	8	21	9	14
1958	1145.2	50.2	7	7	14	8	19	9	1	37	11	15	12	21
1959	838.4	57.8	6	28	9	5	4	5	12	16	9	25	10	10
1960	1100.9	52.4	7	29	7	2	29	3	6	17	11	30	12	16
1961	1275.0	106.5	8	31	10	8	31	9	9	16	12	18	1	2
1962	1017.3	219.6	9	6	8	7	20	7	27	24	12	21	1	13
1963	1042.9	69.7	6	27	8	7	29	8	5	38	12	31	2	6
1964	1032.6	81.7	6	10	8	4	3	4	10	23	11	6	11	28
1965	1145.1	65.1	8	29	8	2	15	2	22	39	12	14	1	21
1966	771.6	42.6	8	11	12	12	4	12	15	19	7	23	8	10
1967	844.8	83.7	7	5	4	4	16	4	19	26	11	30	12	25
1968	964.2	74.0	9	5	13	12	2	12	14	21	2	15	3	6

续表2-10

年份	年降水总量（毫米）	一年间			最长连续降雨					最长连续无降雨				
		日最大雨量（毫米）	月	日	日数	起		讫		日数	起		讫	
						月	日	月	日		月	日	月	日
1969	962.2	98.5	7	15	10	7	3	7	12	21	10	2	10	22
1970	1117.1	108.5	7	13	9	2	19	2	27	23	10	27	11	18
1971	743.2	47.8	6	19	7	2	20	2	26	44	11	10	12	23
1972	1154.9	66.1	11	9	7	1	30	2	5	24	11	17	12	10
1973	920.9	59.6	8	28	10	8	28	9	6	53	11	9	12	31
1974	1304.2	104.1	7	31	6	10	1	10	6	39	12	6	1	13
1975	1342.5	113.6	9	13	8	7	10	7	17	22	12	10	12	31
1976	883.4	60.2	8	5	8	6	16	6	23	41	12	10	1	19
1977	1106.9	107.2	9	11	10	4	30	5	9	19	10	8	10	26
1978	583.9	72.1	7	20	6	7	29	8	3	21	8	19	9	8
1979	1010.7	60.9	6	25	9	7	14	7	22	35	9	26	10	30
1980	1195.8	125.9	7	31	11	8	12	8	22	29	12	3	12	31
1981	990.6	56.5	6	27	9	6	24	7	2	34	12	3	1	5
1982	945.0	65.1	7	19	12	7	14	7	25	20	12	12	12	31
1983	993.6	66.7	7	4	8	10	15	10	22	23	11	21	12	13
1984	1096.6	73.4	9	2	6	12	13	12	18	28	11	16	12	13
1985	1262.8	81.8	6	22	7	6	22	6	28	14	12	19	1	1
1986	905.6	125.8	7	7	5	7	3	7	7	25	1	19	2	12
1987	1337.6	78.1	8	25	12	7	17	7	28	33	11	29	12	31
1988	1052.5	96.3	5	19	7	7	22	7	28	36	11	29	1	3

1957—2015年南闸各月降水情况一览

表2-11

年份	1月	2月	3月	4月	5月	6月	7月	8月	9月	10月	11月	12月	全年
1957	55.8	59.4	41.9	80.1	107.8	20.03	262.6	187.7	108.1	27.0	59.4	21.5	1211.6
1958	20.2	29.9	57.2	181.3	45.4	117.1	120.6	173.2	261.6	116.0	13.6	9.1	1145.2
1959	24.7	87.7	39.6	81.4	82.9	156.3	28.1	48.5	84.1	5.4	88.3	111.4	838.4
1960	39.6	23.7	102.2	87.7	94.0	236.5	86.0	184.2	135.4	11.4	92.6	7.6	1100.9
1961	30.2	26.3	60.7	36.2	81.5	134.5	98.7	345.3	197.7	189.1	63.6	11.5	1275.0
1962	14.4	44.0	13.7	125.0	57.8	54.3	166.7	137.3	280.8	20.3	71.2	31.5	1017.3
1963	0.0	19.4	55.2	133.5	234.8	142.5	76.8	242.6	27.1	47.3	44.8	18.9	1042.9
1964	59.7	69.6	50.9	172.8	162.1	195.2	35.3	136.0	58.0	66.4	9.3	17.0	1032.6
1965	6.2	64.2	24.2	142.8	68.9	76.9	213.6	254.8	20.3	164.2	96.3	12.5	1145.1
1966	43.3	20.7	110.8	75.5	74.9	127.2	55.7	68.6	76.6	12.7	41.6	63.8	771.6
1967	11.1	22.6	80.3	164.1	74.3	102.2	149.4	55.4	9.7	12.3	162.8	0.6	844.8
1968	43.5	5.2	59.6	72.3	75.2	78.0	171.2	39.2	102.2	21.6	35.8	90.4	864.2
1969	64.5	44.6	77.8	97.3	83.7	34.3	333.9	82.0	96.7	2.8	47.0	3.6	962.2
1970	12.1	69.7	79.8	71.7	163.8	53.6	308.1	93.6	169.1	58.6	22.3	14.7	1117.1
1971	26.9	56.5	41.7	38.8	126.1	165.9	8.8	87.3	87.3	50.1	15.9	31.8	743.2

续表2-11

年份	1月	2月	3月	4月	5月	6月	7月	8月	9月	10月	11月	12月	全年
1972	22.3	81.7	101.8	55.3	81.5	224.0	74.3	160.8	108.2	94.0	99.2	51.8	1154.9
1973	37.6	76.2	70.5	124.6	104.2	172.7	69.8	93.5	161.4	9.6	0.8	0.0	920.9
1974	49.7	63.4	46.3	39.4	101.2	217.4	414.0	134.1	32.6	68.1	46.0	92.0	1304.2
1975	40.4	90.3	21.9	137.3	61.5	217.5	257.7	35.3	196.0	139.9	57.1	33.6	1342.5
1976	10.8	73.3	44.9	115.4	100.4	140.4	54.1	135.7	71.6	80.4	30.8	19.6	883.4
1977	48.7	14.9	86.3	95.2	206.5	106.5	159.6	93.5	165.1	32.7	45.8	52.1	1106.9
1978	37.3	38.5	53.5	29.8	89.7	42.1	117.6	9.5	69.6	33.3	64.0	17.0	583.9
1979	17.3	32.3	94.3	128.7	103.0	228.3	154.8	75.9	95.9	0.8	19.9	59.5	1010.7
1980	45.7	23.4	95.1	46.9	33.9	187.8	342.0	266.0	97.8	32.0	23.5	1.6	1195.8
1981	41.2	43.6	56.1	91.8	89.8	136.2	195.5	77.4	63.4	94.4	99.4	1.6	990.6
1982	34.1	45.7	73.4	76.6	41.8	77.9	290.7	133.6	46.7	14.5	96.6	13.4	945.0
1983	41.8	32.8	32.7	82.9	101.7	184.4	210.0	12.2	101.6	170.9	10.0	12.6	993.6
1984	46.1	28.1	43.3	63.4	92.0	150.3	150.5	195.4	209.1	69.0	26.1	72.5	1096.6
1985	20.1	67.8	91.5	43.1	202.6	244.2	147.4	86.9	77.0	204.9	57.5	23.7	1262.8
1986	13.0	12.6	73.9	48.0	59.4	224.6	309.0	68.3	20.5	24.2	28.4	23.7	805.6
1987	34.2	68.5	169.1	123.6	85.2	113.5	332.9	205.4	84.2	63.3	57.7	0.0	1337.6
1988	13.9	85.9	115.2	31.7	188.4	110.9	268.4	69.4	140.3	20.6	5.2	2.6	1052.5
1989	56.8	77.1	50.6	106.9	118.9	132.2	151.4	245.0	94.7	6.8	116.4	33.4	1190.2
1990	34.0	119.4	74.6	97.0	73.5	133.3	69.2	84.3	281.2	47.3	97.3	42.1	1153.2
1991	49.4	104.9	206.7	166.5	76.8	374.8	481.7	228.4	132.3	24.5	24.7	43.7	1914.4
1992	33.2	16.6	189.0	61.5	81.6	218.8	30.9	244	97.5	36.6	6.7	21.1	1037.5
1993	96.8	53.4	132.1	35.3	93.8	234.5	146.2	248.3	115.1	52.6	70.4	19.5	1298.0
1994	37.4	55.8	28.8	96.1	104.6	98.8	23.0	45.7	27.0	223.1	33.2	28.5	801.5
1995	64.3	18.6	58.8	45.7	100.5	175.5	127.6	116.2	4.5	45.1	0.0	12.8	769.5
1996	64.8	18.0	135.3	31.5	60.5	160.8	224.3	66.9	25.1	72.1	74.9	10.4	944.6
1997	39.5	24.0	108.6	28.2	69.8	121.0	59.1	148.8	1.4	17.9	85.5	81.8	785.6
1998	129.4	61.0	153.2	97.8	76.8	176.5	308.1	41.0	69.6	36.5	11.7	43.6	1205.2
1999	32.1	24.2	98.0	65.6	135.8	391.6	187.5	468.8	40.8	116.3	34.7	3.6	1599.0
2000	79.3	39.3	53.0	36.9	173.4	173.2	93.3	196.4	58.8	112.1	103.5	10.5	1127.7
2001	131.3	58.8	19.6	45.9	44.4	258.8	139.6	368.9	32.7	24.4	44.0	89.6	1257.7
2002	32.1	32.0	113.6	95.4	249.5	255.4	70.6	102.0	66.2	77.7	19.4	93.8	1207.7
2003	44.6	58.1	103.8	98.1	22.6	159.7	407.4	49.2	33.1	35.4	42.8	24.6	1079.4
2004	74.2	37.4	41.0	92.9	93.2	297.4	179.8	62.2	30.5	3.7	81.7	49.4	1043.6
2005	46.0	84.3	32.0	59.7	126.7	84.2	122.4	175.1	110.9	53.5	39.9	19.1	953.8
2006	136.8	73.6	22.6	109.7	69.7	63.2	310.0	13.0	79.9	16.7	110.7	9.3	1015.2
2007	31.1	35.6	68.7	54.1	67.4	66.7	413.8	102.2	172.6	67.9	20.7	36.9	1137.7
2008	111.2	22.4	33.1	57.3	150.6	162.3	163.7	218.5	80.2	42.7	49.9	18.6	1110.5
2009	42.1	106.6	46.1	53.8	70.9	206.7	230.1	172.3	126.8	6.6	105.8	68.3	1236.1
2010	19.3	109.4	114.1	136.7	72.7	19.2	283.3	175.5	90.5	42.1	3.6	29.8	1096.2

续表2-11

年份	1月	2月	3月	4月	5月	6月	7月	8月	9月	10月	11月	12月	全年
2011	9.9	21.4	41.6	21.0	46.7	275.3	402.2	552.0	18.2	26.9	29.3	27.9	1472.4
2012	28.3	63.3	99.3	75.4	56.0	54.1	176.7	271.5	62.6	32.8	87.3	90.1	1097.4
2013	13.5	105.8	36.3	24.3	141.1	150.8	73.6	87.2	66.1	153.0	13.6	13.1	878.7
2014	16.8	147.6	55.9	138.5	56.5	132.8	335.7	249.5	117.7	14.1	75.9	7.9	1348.9
2015	37.4	50.8	112.8	133.3	76.3	868.4	143.8	177.4	140.4	37.8	110.3	40.2	1928.9

1957—2013年南闸降水情况一览

表2-12

项　目		1月	2月	3月	4月	5月	6月	7月	8月	9月	10月	11月	12月	全年
降水量（毫米）	平均	43.5	51.6	74.0	82.2	99.1	160.5	184.9	148.5	94.1	58.6	51.0	33.5	1079.4
	最多	136.8	119.4	206.7	180.9	249.5	391.6	481.7	552.0	281.2	223.1	162.3	110.0	1914.4
	年份	2006	1990	1991	1958	2002	1999	1991	2011	1990	1994	1967	1959	1991
	最少	13.90	5.2	13.3	21.0	22.6	19.2	8.8	9.5	1.4	0.4	0.0	2.6	581.8
	年份	1963	1968	1962	2011	2003	2010	1971	1978	1997	1979	1995	1973 1987	1978
降水日数（天）	平均	9.7	9.8	11.9	10.7	11.8	12.1	12.8	12.5	8.3	6.9	7.4	7.4	121
	最多	14	20	21	17	19	18	20	23	14	14	14	17	139
	年份	1991 1998	1990	1992	2002	2002	1991 1998	1993	1999	1991 1998	2000	1993 1999 2000	2001	1993
	最少	5	4	4	6	6	7	4	5	2	1	0	1	98
	年份	2002	1998 1992 1995	2001	1997 2001	2007	1994 2006	1994	2006	1997	1995 1997	1995	1999	1995

六、风

1949—1987年的39年中，除1953年、1969年无台风影响外，其余37年中有台风93次，平均每年2.4次，1984年最多，达5次。时间最早的是1961年5月下旬，最晚是1952年11月下旬。有88%的台风集中在7—9月。39年中，受灾害程度达中等以上的台风有17次，五年二遇；其中受灾害严重的有4次，十年一遇。

1988—2007年的20年中，域内风向最多的为南南东、东北东，频率11。4—7月以偏南风为主，11月到次年2月盛行偏北风。年均风速2.7米/秒，3月的平均风速最大，为3米/秒，10月、12月最小，为2.4米/秒。年均大风日数为3天，2005年最多大风日数为6天。2005年9月12日3时3分，极大风速达29.6米/秒，风向东北东。年均台风影响1.6个，2000年最多，有5个。台风影响集中在7—9月，占影响台风的90%。最早发生在3月，最迟发生在9月。以7月、8月最多，5—6月次之。境内未有造成严重损失之记载。龙卷风年均发生0.3个。

2008—2015年的8年中，年均风速2.4米/秒，下降0.3米/秒，年均大风日数4.5日，台风、大风强度增强。年均台风影响1.8个。2012年8月9日至15日，台风持续7天，极大风速22.7米/秒。2014年7月24日至25日，9月23日至24日，出现8至10级台风。

1957—1988年南闸风力情况一览

表2-13

年 份	最大风速			八级以上大风天数
	米/秒	月	日	
1957	16	1 12	22 17	8
1958	14	4天		14
1959	16	1	16	21
1960	20	8	2	3
1961	16	5	3	5
1962	16	6天		23
1963	16	7	19	26
1964	14	8	18	15
1965	14	6天		25
1966	14	1	17	17
1967	14	1	15	8
1968	12	5天		10
1969	16	11	29	4
1970	14	4	3	3
1971	12	3天		4
1972	15	8	17	2
1973	14	12	8 12	4
1974	16	7	26	2
1975	14	4	31 20	2
1976	17.4	4	22	1
1977	18	9	11	1
1978	13.5	1	15	1
1979	15	2	16	1
1980	13.7	12	23	3
1981	13.7	5	2	3
1982	13	5	3 18	6
1983	14.3	4	28	6
1984	15	8	1	6
1985	13.7	7	6 17	5
1986	13.7	5	2	2
1987	15	2	15	4
1988	12	4	5	2

1988—2007年南闸风力情况一览

表2-14

项 目	1月	2月	3月	4月	5月	6月	7月	8月	9月	10月	11月	12月	全年
平均风速（米/秒）	2.50	2.70	3.00	2.90	2.90	2.80	2.70	2.80	2.70	2.40	2.50	2.40	2.70

续表2-14

项　目	1月	2月	3月	4月	5月	6月	7月	8月	9月	10月	11月	12月	全年
最多风向	北静北西风	东北东	东南北南东东	南南东	南南东	南南东	南南东	东南北南东东	东北东	东北东	静风	北静北西风	东南北南东东
频率（%）	12	14	12	18	16	16	20	14	17	13	12	12	11
最大风速（米/秒）	9.70	10.10	11.90	12.00	12.70	11.70	12.30	16.00	16.20	9.50	11.80	10.00	16.20
风向	北北东	西北西	南南东	东北东	北	北北东	东北	东	东北东	北	北北西	北北东	北北东
日期	4	7	18	5	11	3	3	7	12	1	7	11	12
年份	1998	2000	1998	1988	1994	1988	2004	2005	2005	2004	1995	1990	2005

第二节　物　候

一、植物候

蜡梅花盛开：11月下旬。

桃花盛开：一般在4月上旬。

刺槐花开：一般在5月上旬。

女贞花开：一般在6月下旬。

野菊花开：10月下旬。

杨柳展叶：一般在3月中旬。

桑树展叶：一般在4月上旬。

苦楝展叶：一般在4月中旬。

单季稻：5月中旬播种，6月下旬移栽，9月上旬抽穗，10月下旬成熟收割。

小麦：11月上旬播种，次年2月上旬返青，3月中旬拔节，4月下旬抽穗，5月中旬乳熟，6月上旬前期成熟收割。

油菜：9月下旬播种，11月上旬移栽，次年2月下旬抽薹，4月上旬开花，5月下旬成熟收割。

二、动物候

燕始见：一般在4月上旬。

蛙始鸣：一般在4月中旬。

布谷鸟始鸣：一般在5月上旬。

蝉始鸣：一般在6月下旬。

蟋蟀始鸣：一般在8月上旬。

三、气象候

霜：秋季初霜年均为11月14日，早年为10月29日，迟年为12月4日。春季终霜年均为3月22日，早年为2月24日，迟年为4月12日。

结冰：初结冰年均为11月27日，早年为11月10日，迟年为12月14日。终结冰年均为3月7日，早年为2月11日，迟年为3月30日。

雪：冬季初雪年均为12月22日，早年为11月21日，迟年为1月17日。春季终雪年均为2月25日，早年为1月11日，迟年为4月4日。

积雪：初积雪年均为1月23日，早年为11月27日，迟年为3月20日。终积雪年均为2月10日，早年为1月1日，迟年为3月22日。

雷：初雷年均为3月18日，早年为1月1日，迟年为4月21日。终雷年均为9月28日，早年为8月21日，迟年为11月17日。

第三章 河 道

南闸河流属太湖流域水系，境内河汊纵横，河圹密布。冯泾河、黄昌河、花山河、工农河诸水入锡澄运河；夏港河南接黄昌河，北入长江。

第一节 市级河道

锡澄运河 俗称运粮河，又名漕河、泾河。晋文帝年间（317—322）开凿。嘉靖《江阴县志》载："自石幢引五泻堰，过青阳北，至上塘河口接夏港。"光绪《江阴县志》载："运河一名经河，南自四河口引五泻河水过渟塘河、漕港河口；北至青阳、月城，塌水港自西来会；更北过崇沟河、涂镇桥、蔡泾镇（其支流为蔡泾河，北流入于夏港，旧有闸，今废）；再北为九里河，经五里亭（支流为高泗河、新泾河），历五云桥（支流为郑泾河），其直达城濠者曰南潮河。自锡邑至此，长四十五里，为漕船来往之经途，通邑河渠此为要汇。"锡澄运河北入长江，南达太湖，全长37.01千米，为太湖水系澄锡虞地区主要通江引排航运河道之一。南从新庄村入境，北经涂镇、南闸、南运等村，再经南闸集镇、蔡东村，由泾西村出境。境内长7.5千米。

黄昌河 又名崇沟、龙章河、北山塘河。嘉靖《江阴县志》载："自三山石堰东行二十里达夏港。"光绪《江阴县志》载："绕鸡笼、秦望、芦岐等山之阴，向南行至焦垫接三山石堰之水，又分支东通运河者为龙章河，俗呼黄昌河。"黄昌河是新沟河（在武进焦溪境内）与锡澄运河之间的横向调节河道，东起锡澄运河，经南闸、观东、灯塔、泗河、观西等村，西至武进焦溪镇。全长8.25千米，境内长7.5千米。

冯泾河 嘉靖《江阴县志》载："冯泾河在由里山南，东通长寿河，西通泾河。"光绪《江阴县志》载："冯泾河自月城桥北分运河水东行至峭岐（分支北出者为马泾河），历皋岸北过周泗桥与长寿河汇；南行过丁岸桥与横塘河汇。"全长13.4千米，境内长3.3千米。冯泾河是沟通江阴中部和东部水系的横向河道。

夏港河 旧名夏浦。嘉靖《江阴县志》载："自秦望山东南三河口引经河，东过涂镇，北转出蔡泾闸。"光绪《江阴县志》载："夏港传为夏禹所凿，故名。（南引五泻堰过青阳北至山塘河口，折而东过涂镇，出蔡泾闸北入江，迤逦七十五里，介县境而中分之，盖江阴百渎之宗。经浙西列郡之喉舌，洪荒以来，禹迹所及，固已有之，非若申、蔡诸港，智创而力为，是故志河渠者，必于是乎先焉。）今运河西岸蔡泾废闸为入口处，西行折北十余里入江。（其支河西行者北为菱宕沟，又北曰吴泾河；在葫桥镇东出者曰聂家沟，北曰南沟，又曰陈皮沟，曰横塘沟；分支南行者为崇沟河，一名龙游河。）"夏港河全长12千米，南闸境内长5千米。

第二节 镇级河道和村级河道

镇级河道总长度为18.3千米，河道总面积为41.11万平方米。

南闸镇级河道情况一览

表2-15

编号	河道名称	流经行政村	土壤类型	河道长度（米）	河口宽度（米）	河底宽度（米）	河底高程（米）	坡顶高程（米）	边坡	河道面积（万平方米）	硬化护岸长度（米）	沿线闸站（座）
								河道特性				
1	花山河	花果、谢南、曙光、涂镇	黏土	4500	35	10	1	6.5	1：1.5	15.82	3	—
2	跃进河	龙运、观山	黏土	3500	25	5	1	5.8	1：1.5	8.80	3	—
3	工农河	蔡泾、龙运	黏土	3700	25	6	1	6	1：1.5	9.31	2.5	—
4	丰收河	谢南村	黏土	2200	10	2—4	1.5	5	1：1.5	2.30	2	1
5	向阳河	谢南村	黏土	800	12	4	1.5	5	1：1.5	0.95	4	1
6	斜泾河	花果、谢南、曙光	黏土	1300	8—15	1.5	1.5	5.8	1：1.3	1.05	—	—
7	老市河	南新社区	黏土	1000	9—15	6—8	1.5	4	1：1.2	0.93	0.8	1
8	澎洞河	涂镇村	黏土	1300	8—18	4	1.5	4.5	1：1.3	1.95	1	3

南闸镇级河道工程定位情况一览

表2-16

编号	河道名称	起点		终点	
		经度	纬度	经度	纬度
1	花山河	东E120° 17′ 01.10″	N31° 50′ 19.93″	西E120° 14′ 18.30″	N31° 50′ 43.97″
2	跃进河	东E120° 14′ 07.11″	N31° 51′ 14.05″	西E120° 12′ 00.60″	N31° 51′ 00.87″
3	工农河	南E120° 14′ 18.62″	N31° 51′ 46.33″	北E120° 13′ 03.89″	N31° 52′ 33.73″
4	丰收河	南E120° 15′ 14.21″	N31° 51′ 24.48″	北E120° 14′ 40.75″	N31° 51′ 35.34″
5	向阳河	东E120° 15′ 04.43″	N31° 50′ 13.94″	北E120° 15′ 01.97″	N31° 51′ 05.97″
6	斜泾河	南E120° 16′ 06.89″	N31° 50′ 04.33″	北E120° 15′ 56.72″	N31° 51′ 20.34″
7	老市河	南E120° 14′ 10.04″	N31° 51′ 15.71″	北E120° 14′ 19.94″	N31° 51′ 40.56″
8	澎洞河	东E120° 15′ 10.02″	N31° 50′ 11.26″	西E120° 14′ 08.96″	N31° 50′ 11.06″

村级河道总长度为98.01千米，河道总面积为156.815万平方米。

2015年南闸村级河道统计一览

表2-17

所属村别	河道名称	长度（千米）	所属村别	河道名称	长度（千米）
花果村	袁家浜	0.8	花果村	柳河稍	0.3
	玉带河	1		魏家村排水河	0.15
	中村排水河	0.08		孙家浜	0.7
	火叉浜	0.5		汤家浜	0.25

续表2-17

所属村别	河道名称	长度（千米）	所属村别	河道名称	长度（千米）
花果村	后塘浜	2	龙运村	陈氏河	0.65
	九亩浜	0.16		黄鳝沟	1
谢南村	缪介村河	0.12		林塘中心河	1.1
	东浜河	0.1		支边河	1
	西浜河	0.1		老夏港河	2.5
	刘芳村引水河	0.6	南闸村	大头沟	0.49
	芦塘里	0.1		北高田河	1.2
	蚕桑河	0.38		大寨河	1.83
曙光村	沙沟河	0.4		大沟端	0.78
	鲤鱼塘	0.25		毛毛端	0.18
	大寨河	0.65		观音梢头	0.36
	大洪池	0.35		金家巷河	1.5
	工字河	1		沙头河	1.15
	沈家浜	0.3		陈氏河	0.47
	王家浜	0.15		观庄中心河	0.72
	油车河	0.3		煤场河	0.3
	西浜	0.25	观山村	杨沟河	0.85
	西七亩	0.5		王氏岸沟	0.37
	马泾河	3		戗里	0.48
	外湾泾	0.3		麒家沟稍	0.28
涂镇村	任前头河	1.22		西长沟河	1.71
	前新庄河	0.64		璜村穿村河	0.4
	石家塘河	0.15		孟岸中心河	1.2
	涂镇中心河	0.25		第一横河	0.6
南新村	南新排水河	0.3		第二横河	0.4
蔡泾村	环村河	3.1		里北湾	0.7
	东前头河	8.8		边沟河	0.8
	蔡东中心河	1.8		翻耳河	0.85
	蒋家沟	1.3		西沟河	0.3
	花家村河	0.2		长沟河	0.6
	蔡西中心河	1.5	泗河村	大边河	0.7
	陈家村河	0.8		南边河	0.45
	俞家村河	0.3		是家门河	0.35
龙运村	刘斗埭河	0.5		北塘河	0.55
	杨吴中心河	0.7		东边河	0.55
	花家河	0.4		陈氏河	1.2
	丰产河	1.5		黄家河	1.1
	龙游河	1		白洋河	1
	南沟头	0.06		周家村河	0.9

续表2-17

所属村别	河道名称	长度（千米）	所属村别	河道名称	长度（千米）
泗河村	花家凹河	0.25	观西村	陶湾河	2
	南山河	0.15		南河头	0.4
	张家河	0.5		焦山河	1.1
	刘家河	0.85		了沟河	0.5
	大家河	0.35		潮河	0.2
	虎丘河	0.6		石桥河	0.25
	丁果湖	0.5		殳桥河	0.8
	倪家河	0.55		杨家沟	1
	外湾西沟河	0.25		田桥沟	1
	外湾东沟河	0.18		八圣岸	0.3
	外湾长沟河	0.8		老远沟	0.3
	王邻河	0.55		老黄昌河	1
	焦山河	1		灌塘河	0.3
	高头上河	0.45		西横家沟	0.4
	李家河	0.2		新河	0.8
	仙家河	0.15		直挺河	0.3
观西村	幸福河	0.8		香信河	0.5
	北头河	0.3		黄家河	0.25
	后州河	1		圩家河	0.25
	燎沟河	0.25		东沟	0.5
	安沟头	0.25		二山河	0.15
	施家河	1.3		湾沟头	0.8
	秦望河	2.5		抄耙沟	0.8

南闸村级河道工程定位情况一览

表2-18

编号	河道名称	起点		终点	
		经度	纬度	经度	纬度
1	环村河	东E120° 14′ 45.24″	N31° 51′ 55.89″	西E120° 14′ 53.04″	N31° 52′ 24.02″
2	东前头河	东E120° 14′ 32.35″	N31° 52′ 16.12″	西E120° 14′ 27.94″	N31° 52′ 28.20″
3	蔡东中心河	南E120° 13′ 47.72″	N31° 51′ 44.71″	北E120° 13′ 35.48″	N31° 52′ 23.64″
4	蒋家沟	南E120° 13′ 38.04″	N31° 51′ 43.61″	北E120° 13′ 50.29″	N31° 51′ 53.43″
5	花家村河	南E120° 13′ 56.68″	N31° 51′ 40.35″	北E120° 13′ 58.52″	N31° 51′ 45.21″
6	蔡西中心河	南E120° 13′ 10.67″	N31° 51′ 40.94″	北E120° 13′ 13.05″	N31° 52′ 24.57″
7	陈家村河	南E120° 13′ 12.27″	N31° 52′ 12.24″	北E120° 12′ 43.74″	N31° 52′ 09.87″
8	俞家村河	南E120° 14′ 20.54″	N31° 51′ 57.27″	北E120° 14′ 03.35″	N31° 52′ 04.06″
9	刘斗埭河	东E120° 14′ 25.54″	N31° 52′ 21.31″	西E120° 14′ 14.19″	N31° 52′ 18.99″
10	杨吴中心河	东E120° 15′ 01.11″	N31° 52′ 20.01″	西E120° 14′ 46.15″	N31° 52′ 12.52″
11	袁家浜	东E120° 16′ 10.56″	N31° 51′ 04.11″	西E120° 15′ 57.11″	N31° 51′ 07.61″
12	玉带河	东E120° 16′ 15.54″	N31° 50′ 47.24″	西E120° 16′ 05.56″	N31° 50′ 45.16″
13	中村排水河	南E120° 15′ 58.66″	N31° 51′ 12.55″	北E120° 15′ 56.60″	N31° 51′ 12.63″

续表2-18

编号	河道名称	起点		终点	
		经度	纬度	经度	纬度
14	火叉浜	南E120° 16′ 12.43″	N31° 51′ 15.30″	北E120° 15′ 56.74″	N31° 51′ 20.29″
15	柳河稍	南E120° 17′ 00.92″	N31° 50′ 12.49″	北E120° 17′ 02.69″	N31° 50′ 23.13″
16	魏家村排水河	南E120° 17′ 13.38″	N31° 50′ 20.12″	北E120° 17′ 10.56″	N31° 50′ 18.53″
17	孙家浜	南E120° 16′ 50.92″	N31° 50′ 08.51″	北E120° 17′ 116.51″	N31° 50′ 16.45″
18	汤家浜	南E120° 16′ 35.78″	N31° 50′ 05.36″	北E120° 16′ 31.96″	N31° 50′ 31.27″
19	后塘浜	东E120° 16′ 35.83″	N31° 50′ 19.57″	西E120° 16′ 07.82″	N31° 50′ 24.91″
20	九亩浜	东E120° 16′ 10.60″	N31° 50′ 23.75″	西E120° 16′ 07.82″	N31° 50′ 24.91″
21	花家河	东E120° 14′ 04.89″	N31° 51′ 27.57″	西E120° 13′ 58.17″	N31° 51′ 25.15″
22	丰产河	南E120° 13′ 28.07″	N31° 50′ 41.71″	北E120° 13′ 12.75″	N31° 51′ 07.41″
23	龙游河	南E120° 12′ 53.68″	N31° 51′ 01.71″	北E120° 12′ 49.35″	N31° 51′ 36.92″
24	南沟头	南E120° 13′ 18.54″	N31° 51′ 08.39″	北E120° 13′ 18.23″	N31° 51′ 11.12″
25	陈氏河	南E120° 13′ 33.01″	N31° 51′ 23.78″	北E120° 13′ 31.73″	N31° 51′ 42.10″
26	黄鳝沟	东E120° 13′ 10.53″	N31° 51′ 17.95″	西E120° 12′ 50.75″	N31° 51′ 31.17″
27	林塘中心河	南E120° 12′ 22.41″	N31° 51′ 36.10″	北E120° 12′ 25.96″	N31° 52′ 09.42″
28	支边河	东E120° 12′ 46.30″	N31° 51′ 53.41″	西E120° 12′ 25.75″	N31° 52′ 09.26″
29	老夏港河	东E120° 13′ 25.75″	N31° 51′ 42.73″	西E120° 12′ 04.77″	N31° 51′ 54.62″
30	大头沟	东E120° 13′ 24.75″	N31° 50′ 31.78″	西E120° 13′ 14.67″	N31° 52′ 21.75″
31	北高田河	东E120° 13′ 17.82″	N31° 50′ 33.93″	西E120° 12′ 59.20″	N31° 50′ 33.05″
32	大寨河	南E120° 13′ 47.72″	N31° 51′ 44.71″	北E120° 13′ 35.48″	N31° 52′ 23.64″
33	大沟端	南E120° 12′ 27.53″	N31° 50′ 25.07″	北E120° 12′ 31.48″	N31° 50′ 43.11″
34	毛毛端	南E120° 12′ 22.80″	N31° 50′ 32.56″	北E120° 12′ 22.68″	N31° 50′ 26.61″
35	观音梢头	南E120° 12′ 59.33″	N31° 50′ 41.35″	北E120° 12′ 45.83″	N31° 50′ 42.01″
36	金家巷河	南E120° 13′ 54.71″	N31° 50′ 18.87″	北E120° 14′ 00.24″	N31° 50′ 58.85″
37	沙头河	南E120° 13′ 58.10″	N31° 50′ 23.15″	北E120° 13′ 39.39″	N31° 50′ 31.27″
38	陈氏河	东E120° 13′ 39.39″	N31° 50′ 31.27″	西E120° 13′ 41.35″	N31° 50′ 50.19″
39	观庄中心河	东E120° 12′ 58.26″	N31° 50′ 30.09″	西E120° 12′ 31.60″	N31° 50′ 34.22″
40	煤场河	东E120° 14′ 07.89″	N31° 50′ 43.47″	西E120° 14′ 13.12″	N31° 50′ 53.40″
41	缪介村河	东E120° 15′ 12.69″	N31° 51′ 44.26″	西E120° 15′ 08.73″	N31° 51′ 43.64″
42	东浜河	南E120° 16′ 02.92″	N31° 50′ 22.89″	北E120° 16′ 02.04″	N31° 50′ 26.07″
43	西浜河	南E120° 15′ 57.08″	N31° 50′ 21.17″	北E120° 15′ 56.38″	N31° 50′ 23.29″
44	刘芳村引水河	东E120° 15′ 58.66″	N31° 50′ 53.21″	西E120° 15′ 48.44″	N31° 50′ 44.81″
45	芦塘里	南E120° 15′ 46.99″	N31° 50′ 58.44″	北E120° 15′ 49.36″	N31° 51′ 01.08″
46	蚕桑河	南E120° 15′ 42.79″	N31° 50′ 22.26″	北E120° 15′ 36.07″	N31° 50′ 31.23″
47	南新排水河	东E120° 14′ 23.50″	N31° 51′ 03.68″	西E120° 14′ 13.80″	N31° 51′ 01.65″
48	任前头河	南E120° 14′ 22.45″	N31° 49′ 34.79″	北E120° 14′ 25.96″	N31° 49′ 51.79″
49	前新庄河	南E120° 14′ 51.83″	N31° 49′ 33.34″	北E120° 14′ 53.26″	N31° 49′ 54.15″
50	石家塘河	东E120° 14′ 00.13″	N31° 49′ 50.37″	西E120° 13′ 54.95″	N31° 49′ 49.83″
51	涂镇中心河	东E120° 14′ 31.33″	N31° 50′ 28.66″	西E120° 14′ 19.72″	N31° 50′ 28.87″
52	幸福河	东E120° 10′ 31.13″	N31° 49′ 27.56″	西E120° 10′ 14.00″	N31° 49′ 21.87″
53	北头河	东E120° 10′ 41.98″	N31° 49′ 31.08″	西E120° 10′ 31.34″	N31° 49′ 27.60″
54	后州河	南E120° 10′ 17.40″	N31° 49′ 18.15″	北E120° 10′ 02.70″	N31° 49′ 33.55″
55	燎沟河	南E120° 10′ 16.62″	N31° 49′ 27.96″	北E120° 10′ 11.64″	N31° 49′ 37.53″
56	安沟头	南E120° 10′ 21.77″	N31° 49′ 29.83″	北E120° 10′ 13.77″	N31° 49′ 43.50″

续表2-18

编号	河道名称	起 点		终 点	
		经 度	纬 度	经 度	纬 度
57	施家河	东E120° 10′ 09.58″	N31° 49′ 15.79″	西E120° 09′ 53.10″	N31° 49′ 23.83″
58	秦望河	南E120° 10′ 55.92″	N31° 49′ 13.77″	北E120° 10′ 25.21″	N31° 49′ 53.80″
59	陶湾河	南E120° 11′ 09.07″	N31° 49′ 30.06″	北E120° 10′ 32.24″	N31° 50′ 00.23″
60	南河头	南E120° 10′ 46.59″	N31° 49′ 19.82″	北E120° 10′ 38.03″	N31° 49′ 20.09″
61	焦山河	南E120° 11′ 00.66″	N31° 49′ 43.90″	北E120° 10′ 54.82″	N31° 49′ 09.55″
62	了沟河	南E120° 10′ 44.72″	N31° 49′ 31.22″	北E120° 10′ 45.63″	N31° 49′ 47.25″
63	潮河	东E120° 10′ 52.98″	N31° 49′ 49.51″	西E120° 10′ 46.21″	N31° 49′ 47.93″
64	石桥河	东E120° 11′ 31.92″	N31° 50′ 06.85″	西E120° 11′ 28.16″	N31° 50′ 05.25″
65	殳桥河	南E120° 11′ 28.61″	N31° 50′ 15.32″	北E120° 11′ 34.77″	N31° 50′ 06.19″
66	杨家河	南E120° 11′ 31.88″	N31° 49′ 57.18″	北E120° 11′ 28.61″	N31° 50′ 15.32″
67	田桥沟	南E120° 11′ 51.33″	N31° 49′ 58.07″	北E120° 11′ 41.66″	N31° 50′ 06.59″
68	八生岸	南E120° 11′ 48.84″	N31° 50′ 05.60″	北E120° 11′ 43.86″	N31° 50′ 10.12″
69	老袁沟	南E120° 11′ 39.27″	N31° 50′ 01.31″	北E120° 11′ 41.79″	N31° 50′ 06.53″
70	沿河	东E120° 11′ 42.60″	N31° 50′ 11.68″	西E120° 11′ 35.38″	N31° 50′ 06.05″
71	灌塘河	南E120° 11′ 32.37″	N31° 50′ 00.85″	北E120° 11′ 33.53″	N31° 50′ 05.82″
72	西横家沟	南E120° 11′ 57.92″	N31° 50′ 04.37″	北E120° 11′ 48.90″	N31° 50′ 15.76″
73	新河	南E120° 12′ 13.99″	N31° 50′ 07.79″	北E120° 12′ 12.16″	N31° 50′ 18.35″
74	直挺河	东E120° 12′ 13.99″	N31° 50′ 07.79″	西E120° 12′ 08.76″	N31° 50′ 07.48″
75	黄家河	南E120° 12′ 33.30″	N31° 50′ 14.32″	北E120° 12′ 26.87″	N31° 50′ 13.29″
76	圩家河	南E120° 12′ 34.43″	N31° 50′ 08.82″	北E120° 12′ 34.7″	N31° 50′ 14.79″
77	东沟	南E120° 12′ 51.37″	N31° 50′ 16.42″	北E120° 12′ 37.04″	N31° 50′ 15.76″
78	二山河	南E120° 12′ 51.71″	N31° 50′ 14.34″	北E120° 12′ 51.72″	N31° 50′ 16.08″
79	湾沟头	南E120° 12′ 18.17″	N31° 50′ 22.88″	北E120° 12′ 09.91″	N31° 50′ 33.79″
80	草爬沟	南E120° 11′ 53.63″	N31° 50′ 18.37″	北E120° 11′ 42.87″	N31° 50′ 26.07″
81	沙沟河	南E120° 15′ 09.84″	N31° 50′ 11.58″	北E120° 15′ 06.62″	N31° 50′ 19.91″
82	鲤鱼塘	东E120° 15′ 22.37″	N31° 49′ 56.11″	西E120° 15′ 13.65″	N31° 49′ 56.63″
83	大寨河	南E120° 15′ 29.34″	N31° 50′ 00.76″	北E120° 15′ 33.77″	N31° 50′ 14.18″
84	大洪池	东E120° 15′ 51.60″	N31° 50′ 22.62″	西E120° 15′ 39.75″	N31° 50′ 19.37″
85	工字河	东E120° 15′ 46.42″	N31° 50′ 10.18″	西E120° 15′ 33.68″	N31° 50′ 08.35″
86	沈家浜	南E120° 15′ 44.21″	N31° 49′ 53.58″	北E120° 15′ 43.29″	N31° 50′ 02.08″
87	王家浜	南E120° 15′ 24.03″	N31° 50′ 19.18″	北E120° 15′ 22.02″	N31° 50′ 23.36″
88	油车河	南E120° 15′ 55.65″	N31° 50′ 03.37″	北E120° 15′ 55.81″	N31° 50′ 11.66″
89	西浜	东E120° 15′ 58.66″	N31° 50′ 20.90″	西E120° 15′ 52.21″	N31° 50′ 22.26″
90	西七亩	东E120° 15′ 30.33″	N31° 49′ 47.79″	西E120° 15′ 23.00″	N31° 49′ 48.91″
91	马泾河	东E120° 16′ 35.06″	N31° 50′ 02.22″	西E120° 15′ 05.90″	N31° 49′ 30.13″
92	外湾泾	南E120° 15′ 53.70″	N31° 49′ 29.57″	北E120° 15′ 51.54″	N31° 49′ 37.74″
93	孟岸中心河	南E120° 10′ 11.39″	N31° 49′ 43.16″	北E120° 09′ 54.35″	N31° 50′ 14.42″
94	第一横河	东E120° 10′ 08.06″	N31° 49′ 48.37″	西E120° 09′ 47.75″	N31° 49′ 41.33″
95	第二横河	东E120° 10′ 09.55″	N31° 50′ 01.50″	E120° 09′ 57.72″	N31° 49′ 57.56″
96	里北湾	东E120° 10′ 12.58″	N31° 50′ 19.12″	E120° 09′ 57.35″	N31° 50′ 09.35″
97	边沟河	东E120° 10′ 25.37″	N31° 50′ 09.49″	E120° 09′ 59.43″	N31° 50′ 05.55″
98	翻身河	南E120° 10′ 22.51″	N31° 49′ 53.78″	E120° 10′ 08.78″	N31° 50′ 17.06″
99	西沟河	E120° 09′ 53.18″	N31° 50′ 03.43″	E120° 09′ 55.04″	N31° 50′ 12.41″

续表2-18

编号	河道名称	起点		终点	
		经度	纬度	经度	纬度
100	长沟河	E120° 10′ 03.68″	N31° 49′ 51.17″	E120° 09′ 57.26″	N31° 50′ 04.12″
101	大边河	E120° 09′ 54.67″	N31° 49′ 55.90″	E120° 09′ 38.11″	N31° 49′ 50.35″
102	南边河	E120° 09′ 49.38″	N31° 49′ 37.05″	E120° 09′ 43.26″	N31° 49′ 49.07″
103	是家门河	南E120° 09′ 46.99″	N31° 50′ 00.35″	E120° 09′ 44.69″	N31° 50′ 09.51″
104	北塘河	东E120° 09′ 55.14″	N31° 50′ 12.86″	E120° 09′ 35.57″	N31° 50′ 07.15″
105	东边河	南E120° 09′ 45.99″	N31° 49′ 59.91″	E120° 09′ 35.54″	N31° 50′ 07.04″
106	陈氏（泗河）	南E120° 10′ 31.00″	N31° 50′ 01.00″	E120° 10′ 24.73″	N31° 50′ 31.24″
107	黄家河	南E120° 10′ 37.69″	N31° 50′ 05.12″	E120° 10′ 21.30″	N31° 50′ 35.29″
108	白洋河	北E120° 10′ 37.21″	N31° 50′ 54.41″	E120° 10′ 26.14″	N31° 50′ 29.38″
109	周家村河	E120° 10′ 45.05″	N31° 50′ 33.55″	E120° 10′ 41.65″	N31° 50′ 44.71″
110	花家凹河	东E120° 10′ 42.65″	N31° 50′ 56.01″	E120° 10′ 37.52″	N31° 50′ 54.82″
111	南山河	东E120° 10′ 30.73″	N31° 50′ 12.14″	E120° 10′ 25.86″	N31° 50′ 09.93″
112	张家（泗河）	东E120° 10′ 33.36″	N31° 50′ 38.60″	E120° 10′ 25.59″	N31° 50′ 32.67″
113	刘家河	南E120° 10′ 17.25″	N31° 50′ 21.89″	E120° 10′ 00.60″	N31° 50′ 30.62″
114	大家河	南E120° 09′ 56.76″	N31° 50′ 18.56″	E120° 10′ 04.69″	N31° 50′ 26.86″
115	虎丘河	南E120° 09′ 54.52″	N31° 50′ 14.98″	E120° 09′ 4694″	N31° 50′ 30.34″
116	丁果湖	南E120° 10′ 35.52″	N31° 50′ 10.16″	E120° 10′ 37.06″	N31° 50′ 26.36″
117	倪家河	南E120° 10′ 43.89″	N31° 50′ 08.20″	E120° 10′ 46.77″	N31° 50′ 24.42″
118	外湾西沟河	南E120° 10′ 53.15″	N31° 50′ 12.27″	E120° 10′ 51.58″	N31° 50′ 20.34″
119	外湾东沟河	南E120° 11′ 00.34″	N31° 50′ 21.80″	E120° 10′ 56.50″	N31° 50′ 25.01″
120	外湾长沟河	南E120° 11′ 01.24″	N31° 50′ 12.49″	E120° 10′ 58.55″	N31° 50′ 35.28″
121	王邻河	南E120° 11′ 21.55″	N31° 50′ 16.22″	E120° 11′ 12.19″	N31° 50′ 24.71″
122	焦山河	南E120° 11′ 00.86″	N31° 49′ 43.87″	E120° 10′ 54.61″	N31° 50′ 09.79″
123	高头上河	东E120° 10′ 54.49″	N31° 49′ 59.66″	E120° 10′ 37.68″	N31° 49′ 55.51″
124	李家河	东E120° 10′ 52.57″	N31° 49′ 49.56″	E120° 10′ 46.28″	N31° 49′ 48.01″
125	仙家河	南E120° 10′ 44.17″	N31° 50′ 00.53″	E120° 10′ 42.68″	N31° 50′ 04.56″
126	杨沟河	南E120° 12′ 26.10″	N31° 51′ 14.35″	北E120° 12′ 23.74″	N31° 51′ 35.67″
127	王氏岸沟	东E120° 11′ 58.53″	N31° 51′ 15.55″	西E120° 11′ 45.52″	N31° 51′ 13.21″
128	戗里	南E120° 11′ 57.55″	N31° 50′ 58.51″	北E120° 11′ 40.85″	N31° 50′ 59.13″
129	麒家沟稍	E120° 12′ 12.30″	N31° 51′ 02.25″	E120° 12′ 12.19″	N31° 51′ 07.88″
130	西长沟河	E120° 12′ 01.21″	N31° 51′ 34.13″	E120° 11′ 26.84″	N31° 51′ 20.75″
131	璜村穿村河	E120° 12′ 16.24″	N31° 51′ 16.13″	E120° 12′ 01.56″	N31° 51′ 14.56″

第四章　土　壤

第一节　土壤种类

南闸境内土壤肥沃，种类较多。东部和中部为黄土母质风化，比较黏性；北部和西部圩区成土母质，比较沙性。1959年至1984年，有关部门先后3次进行土壤普查，查明境内土壤共分2个土类、6个亚类、7个土质、11个土种。有耕地面积31358.14亩，均为水稻土；山地面积10718.42亩，均为黄棕壤。

1984年南闸土壤种类及分布面积一览

表2-19

土　类	亚　类	土　质	土　种	面积（亩）	占土类面积%	合计面积（亩）
水稻土	潴育型水稻土	黄泥土	黄泥土	5737.83	18.29	31358.14
			薄层黄泥土	1888.31	6.02	
	漂洗型水稻土	白土	上位白土	570.90	1.82	
			中位白土	10.50	0.03	
			黄白土	2321.47	7.40	
	脱潜型水稻土	乌山土	乌山土	8786.81	28.02	
			竖门乌山土	143.36	0.46	
			乌黄土	1932.31	6.16	
	渗育型水稻土	水耕灰色土	粉沙壤土	7707.93	24.58	
			粉沙土	1858.02	5.93	
黄棕壤	粗骨黄棕土	粗骨土	薄层粗骨土	2395.80	22.35	10718.42
			中层粗骨土	2655.44	24.77	
	普通黄棕壤	砂性黄土	砂性厚层黄土	385.00	3.59	
		黄刚土	山黄土	5282.18	49.28	

南闸街道土壤组合分布图

《江阴县第二次土壤普查工作汇总资料》（江阴县土壤普查办公室供稿）

南闸各行政村（场）土壤种类分布面积一览（一）

表2-20

村 名	总面积（亩）	黄泥土层			
		黄泥土		薄层黄泥土	
		面积（亩）	%	面积（亩）	%
合计	31358.14	5737.83	18.29	1888.31	6.02
花果	2184.81	642.64	29.41	441.61	20.21
谢南	1446.00	—	—	—	—
施元	1509.50	898.42	59.52	—	—
曙光	1539.40	456.70	29.67	—	—
马泾	1146.77	702.15	61.20	—	—
新庄	1524.90	743.04	48.73	—	—
涂镇	1245.10	—	—	299.90	24.09
南新	878.26	55.50	6.32	—	—
泾西	1842.50	—	—	—	—
南闸	1149.40	264.00	22.97	—	—
南运	717.18	—	—	—	—
龙游	1384.23	—	—	442.20	31.95
跃进	1123.70	—	—	200.90	17.88
蔡东	1250.10	22.80	1.98	—	—
蔡西	1208.66	—	—	—	—
菱塘	850.60	—	—	—	—
观山	982.40	181.00	18.42	—	—
璜村	1072.31	—	—	257.21	23.99
观东	1656.00	377.89	22.82	174.93	10.56
灯塔	1802.03	599.00	33.24	45.40	2.52
泗河	1910.90	36.80	1.93	—	—
孟岸	1349.90	179.20	13.28	—	—
观西	968.68	578.69	59.74	—	—
陶湾	523.90	—	—	—	—
种子场	90.91	—	—	26.16	28.78

南闸各行政村（场）土壤种类分布面积一览（二）

表2-21

村 名	总面积（亩）	白 土 层					
		上位白土		中位白土		黄白土	
		面积（亩）	%	面积（亩）	%	面积（亩）	%
合计	31358.14	570.90	1.82	10.50	0.03	2321.47	7.40
花果	2184.81	—	—	—	—	—	—
谢南	1446.00	54.50	3.77	—	—	849.10	58.72
施元	1509.50	30.00	1.99	—	—	284.45	18.84

续表2-21

村　名	总面积（亩）	白　土　层					
		上位白土		中位白土		黄白土	
		面积（亩）	%	面积（亩）	%	面积（亩）	%
曙光	1539.40	353.90	22.99	—	—	—	—
马泾	1146.77	—	—	—	—	—	—
新庄	1524.90	77.40	5.08	—	—	—	—
涂镇	1245.10	30.00	2.41	—	—	361.60	29.04
南新	878.26	—	—	—	—	244.70	27.86
泾西	1842.50	—	—	—	—	—	—
南闸	1149.40	—	—	—	—	—	—
南运	717.18	—	—	—	—	—	—
龙游	1384.23	—	—	—	—	—	—
跃进	1123.70	—	—	10.50	0.93	—	—
蔡东	1250.10	—	—	—	—	—	—
蔡西	1208.66	—	—	—	—	—	—
菱塘	850.60	—	—	—	—	—	—
观山	982.40	—	—	—	—	160.00	16.29
璜村	1072.31	—	—	—	—	193.60	18.05
观东	1656.00	—	—	—	—	—	—
灯塔	1802.03	—	—	—	—	—	—
泗河	1910.90	25.10	1.31	—	—	—	—
孟岸	1349.90	—	—	—	—	—	—
观西	968.68	—	—	—	—	24.13	2.49
陶湾	523.90	—	—	—	—	203.89	38.92
种子场	90.91	—	—	—	—	—	—

南闸各行政村（场）土壤种类分布面积一览（三）

表2-22

村　名	总面积（亩）	乌　山　土　层					
		乌山土		竖门乌山土		乌黄土	
		面积（亩）	%	面积（亩）	%	面积（亩）	%
合计	31358.14	8786.81	28.02	143.36	0.46	1932.31	6.16
花果	2184.81	773.06	35.38	—	—	248.30	11.36
谢南	1446.00	113.30	7.84	—	—	304.50	21.06
施元	1509.50	291.33	19.30	—	—	—	—
曙光	1539.40	435.70	28.30	—	—	246.50	16.01
马泾	1146.77	444.62	38.77	—	—	—	—
新庄	1524.90	684.10	44.86	—	—	—	—
涂镇	1245.10	301.10	24.18	—	—	—	—
南新	878.26	12.70	1.45	—	—	—	—

续表2-22

村 名	总面积（亩）	乌 山 土 层					
		乌山土		竖门乌山土		乌黄土	
		面积（亩）	%	面积（亩）	%	面积（亩）	%
泾西	1842.50	—	—	—	—	—	—
南闸	1149.41	596.30	51.88	—	—	—	—
南运	717.18	—	—	—	—	—	—
龙游	1384.23	152.20	11.00	—	—	—	—
跃进	1123.70	—	—	—	—	21.00	1.87
蔡东	1250.10	—	—	—	—	—	—
蔡西	1208.66	—	—	—	—	—	—
菱塘	850.60	—	—	—	—	—	—
观山	982.40	111.40	11.34	—	—	—	—
璜村	1072.31	62.29	5.81	—	—	—	—
观东	1656.00	1001.10	60.45	—	—	28.03	1.69
灯塔	1802.03	921.40	51.13	—	—	236.23	13.11
泗河	1910.90	1205.60	63.09	—	—	643.40	33.67
孟岸	1349.90	1069.60	79.24	—	—	101.10	7.49
观西	968.68	329.50	34.02	—	—	—	—
陶湾	523.90	216.76	41.37	—	—	103.25	19.71
种子场	90.91	64.75	71.22	—	—	—	—

南闸各行政村（场）土壤种类分布面积一览（四）

表2-23

村 名	总面积（亩）	水耕灰色土				混层土属	
		粉沙壤土		粉沙土		混层土	
		面积（亩）	%	面积（亩）	%	面积（亩）	%
合计	31358.14	7707.93	24.58	1858.02	5.93	400.70	1.28
花果	2184.81	79.20	3.63	—	—	—	—
谢南	1446.00	—	—	—	—	81.60	5.64
施元	1509.50	—	—	5.30	0.35	—	—
曙光	1539.40	—	—	—	—	46.60	3.03
马泾	1146.77	—	—	—	—	—	—
新庄	1524.90	—	—	—	—	20.00	1.31
涂镇	1245.10	—	—	—	—	252.50	20.28
南新	878.26	418.68	47.67	146.68	16.70	—	—
泾西	1842.50	1842.50	100.00	—	—	—	—
南闸	1149.41	10.00	0.87	279.10	24.28	—	—
南运	717.18	638.38	89.01	78.80	10.99	—	—
龙游	1384.23	789.83	57.06	—	—	—	—
跃进	1123.70	891.30	79.32	—	—	—	—

续表2-23

村 名	总面积（亩）	水耕灰色土				混层土属	
		粉沙壤土		粉沙土		混层土	
		面积（亩）	%	面积（亩）	%	面积（亩）	%
蔡东	1250.10	1127.30	98.02	—	—	—	—
蔡西	1208.66	834.40	69.04	374.26	30.96	—	—
菱塘	850.60	—	—	850.60	100.00	—	—
观山	982.40	530.00	53.95	—	—	—	—
璜村	1072.31	472.29	44.04	86.92	8.11	—	—
观东	1656.00	74.05	4.47	—	—	—	—
灯塔	1802.03	—	—	—	—	—	—
泗河	1910.90	—	—	—	—	—	—
孟岸	1349.90	—	—	—	—	—	—
观西	968.68	—	—	36.36	3.75	—	—
陶湾	523.90	—	—	—	—	—	—
种子场	90.91	—	—	—	—	—	—

第二节 土壤养分、等级

一、养分

根据江阴县第二次土壤普查土样分析，南闸境内水田土壤有机质平均含量为2.36%±0.44%，其中含量在3.36%的占4.55%，2.64%的占28.98%，2.28%的占32.28%，1.71%的占34.19%。全氮平均含量0.126%±0.128%，其中含量在0.249%的占3.39%，0.177%的占7.73%，0.119%的占70.80%，0.091%的占8.96%，0.059%的占9.12%。碱解氮平均含量96±13.64浓度（百万分之一），其中含量139浓度的占15.62%，100浓度的占52.43%，77浓度的占31.94%。全磷平均0.121%±0.019%，其中含量在0.168%的占15.45%，0.138%的占13.99%，0.112%的占42.21%，0.087%的占28.35%。速效磷平均含量11.1±4.5浓度，其中含量在27.2浓度的占7.31%，15.5浓度的占7.35%，11.0浓度的占39.04%，7.7浓度的占42.53%，3.6浓度的占3.76%。速效钾平均含量84±17.9浓度，其中含量在120浓度的占24.7%，66浓度的占70.98%，50浓度的占4.32%。

南闸地片样养分含量分级汇总一览

表2-24

项 目		有机质 %	全氮（N）%	碱解氮（N）浓度	全磷(P_2O_5）%	速效磷（P）浓度	速效钾（K）浓度	PH 酸碱度（水）
I	平均	3.36	0.249	—	0.168	27.2	—	7.8
	面积（亩）	1428.21	1062.3	—	4843.49	2293.69	—	24503.79
	占%	4.55	3.39	—	15.45	7.31	—	78.14
II	平均	2.64	0.177	139	0.138	15.5	120	—
	面积（亩）	9088.58	2424.12	3337.03	4388.53	2305.95	7745.3	—
	占%	28.98	7.73	15.62	13.99	7.35	24.70	—

续表2-24

项 目		有机质 %	全氮（N）%	碱解氮（N）浓度	全磷(P_2O_5)%	速效磷（P）浓度	速效钾（K）浓度	PH 酸碱度（水）
Ⅲ	平均	2.27	0.119	100	0.112	11.0	66	—
	面积（亩）	10121.59	22201.06	11198.39	13236.63	12243.75	22259.26	—
	占%	32.28	70.80	52.43	42.21	39.04	70.98	—
Ⅳ	平均	1.71	0.091	77	0.087	7.7	50	5.2
	面积（亩）	10719.76	2810.35	6822.72	8889.49	13337.06	1353.58	581.62
	占%	34.18	8.96	31.94	28.35	42.53	4.32	1.85
Ⅴ	平均	—	0.059	—	—	3.6	—	7.9
	面积（亩）	—	2860.31	—	1177.69	—	—	6272.73
	占%	—	9.12	—	3.76	—	—	20.00
合计	面积（亩）	31358.14	31358.14	21358.14	31358.14	31358.14	31358.14	31358.14
	平均含量	2.36	0.126	96	0.121	11.1	84	7.2
	S（±）	0.44	0.128	13.64	0.019	4.5	17.9	—

注：等级分析样品数25份。

南闸土壤耕作层、犁底层深度分级一览

表2-25

		耕作层（A）	犁底层（P）
面积（亩）		31358.14	31358.14
观察剖面数		157	157
平均厚度（厘米）		11.78	10.31
>17.0厘米	平均厚度（厘米）	18	8.29
	面积（亩）	116.76	16430.38
	%	0.37	52.4
15.1—17.0厘米	平均厚度（厘米）	16.6	11.68
	面积（亩）	1586.65	9593.63
	%	5.06	30.59
13.1—15.0厘米	平均厚度（厘米）	14.53	14.46
	面积（亩）	5262.37	3371.14
	%	16.78	10.75
10.1—13.0厘米	平均厚度（厘米）	11.97	16.17
	面积（亩）	16288.93	1289.99
	%	51.94	4.11
<10.0厘米	平均厚度（厘米）	9.43	20.3
	面积（亩）	8103.43	673
	%	25.84	2.15

南闸各行政村（场）土壤养分含量一览

表2-26

村　名	有机质%		速效磷（P）浓度		速效钾（K）浓度	
	变幅	平均值	变幅	平均值	变幅	平均值
花果	0.80—3.00	1.80	7.0—27.0	12.8	32.0—79.0	37.7
谢南	1.30—3.20	2.3	9.0—28.0	13.8	46.0—110.0	67.3
马泾	1.50—3.40	2.4	5.0—20.6	9.5	41.0—76.0	53.0
曙光	1.70—3.80	2.7	8.0—35.0	16.9	51.0—156.0	81.9
施元	1.90—3.50	2.9	5.2—21.0	9.0	49.5—350.0	129.0
新庄	1.00—4.20	2.5	4.3—9.0	5.7	26.0—92.0	39.8
涂镇	0.90—2.80	1.9	11.0—48.0	18.2	41.0—51.0	55.0
南新	1.40—2.70	2.0	5.0—11.3	7.3	59.0—124.0	87.1
泾西	1.40—2.70	2.0	5.0—11.3	7.3	59.0—124.0	87.1
南闸	1.10—3.60	2.6	7.2—20.0	10.4	41.0—67.0	48.1
南运	1.80—3.17	2.6	5.5—22.0	8.6	34.0—46.0	38.6
蔡东	2.10—3.20	2.7	11.0—23.3	15.3	43.8—127.0	70.8
蔡西	1.10—2.93	1.9	5.5—15.0	8.5	37.0—55.0	42.0
观东	1.30—3.50	2.0	11.0—42.8	14.5	38.0—94.5	51.2
龙游	1.20—2.90	2.0	9.6—32.5	14.1	45.0—11.8.0	59.0
跃进	1.40—3.53	2.4	7.5—33.2	10.5	62.0—127.0	91.3
璜村	1.40—3.50	2.4	6.0—39.0	9.2	43.5—79.0	58.2
观山	1.20—3.10	2.2	6.2—18.0	9.7	37.0—59.0	48.4
菱塘	1.60—2.90	2.0	9.4—21.8	13.3	45.0—95.0	56.0
灯塔	1.53—4.30	2.4	4.5—28.5	10.8	46.0—140.5	56.7
陶湾	2.10—2.70	2.5	6.5—10.5	8.1	44.0—50.5	47.1
泗河	1.43—3.15	2.4	6.0—10.5	8.9	64.5—172.0	88.2
观西	1.60—2.80	2.4	6.5—40.0	13.3	36.0—41.0	39.4
孟岸	1.60—3.90	2.7	4.0—16.5	7.0	38.0—82.0	46.1

二、等级

根据江阴县第二次土壤普查划定的养分的五级分类标准，境内各类土种合计面积21313.49亩，其中符合一级标准的有2174.5亩，占10.2%；符合二级标准的有5925.76亩，占27.8%；符合三级标准的有9569.75亩，占44.9%；符合四级标准的有3259.85亩，占15.3%；符合五级标准的有383.6亩，占1.8%。

南闸主要土种等级情况一览

表2-27

面积（亩）\级别\土种	一	二	三	四	五	合 计
黄泥土	930.8	1564.1	2696.8	516.09	30.4	5738.19
薄层黄泥土	180.5	547.2	867.7	271.10	19.8	1886.30
上位白土	—	54.5	259.9	255.9	20.6	590.90
中位白土	—	—	7.5		3.0	10.50
黄白土	179.3	491.6	1041.2	608.07	46.3	2366.47
乌山土	807.7	2158.7	4273.65	1302.77	245.99	8788.81
竖门乌山土	76.2	75.1	373	305.95	17.5	847.25
乌黄土	—	1034.56	50.00			1084.56
合 计	2174.5	5925.76	9569.75	3259.88	383.59	21313.48
占%	10.20	27.80	44.90	15.29	1.80	—

第三节　土种特性

一、黄泥土

分布在花果、谢南、曙光、涂镇、南闸、观西、泗河等村，面积有5738.19亩，占水稻土面积的18.3%。分布在地面高程4.7—9.4米，旱作季节有机质平均含量为2.17%±0.39%，全氮0.132%±0.027%，全磷0.099%±0.013%，速效磷7±3浓度，速效钾96±19浓度，土壤呈微酸性反应。渗育层发育良好，厚度一般在30厘米以上，多灰色胶膜，垂直节理明显。淀积层紧实，多铁锰结核。土质肥沃，养分含量较高，缓冲性能大，保肥、供肥性能好，土性暖，肥料易分解。通气爽水，保水性强。水、肥、气、热协调，稻麦生长皆宜，产量高而稳。黏性较重，耕性较差。黄泥土中以蟮血黄泥土和近村黄泥土最好。僵黄泥、死黄泥、铁屑黄泥养分贫瘠，土壤僵、板、硬、死，生产性能差。

二、薄层黄泥土

分布在花果、涂镇、龙运、观山、南闸等村，面积1886.31亩，占水稻土面积的6%。分布在地面高程7.5—8.6米，旱作季节，地下水位在0.8米左右，各层次紧实，重壤质地。耕作层浅薄，厚度20厘米左右。养分尚可，有机质平均含量2.17%±0.37%，全氮0.135%±0.02%，全磷0.122%±0.043%，碱解氮106±17浓度，速效磷8±3.5浓度，速效钾83±41浓度。耕作层和犁底层下为死黄泥，紧实板结，总孔隙度40%左右。养分贫瘠，有机质含量显著下降，土壤容量增高，达1.62±0.11克/立方厘米，精粒明显增加，保水保肥性能强，渗透性差。薄层黄泥土土性暖，通气透水性差，营养体积小，适宜种水稻、荸荠、慈姑等浅根作物和生育期短的作物生长。

三、上位白土

分布在谢南、曙光、涂镇、泗河等村，面积590.9亩，占水稻土面积的1.8%。该土属黄土状母质，分布在地面高程8.2—8.7米，耕作层或紧接犁底层出现白土层，厚度都超过10厘米，与黄泥土层分界明显。由于白土层出现在上部，故名上位白土，群众亦称白土头。该土养分含量低，是典型的低产土壤。平均有机质含量为1.94%±0.33%，全氮为0.117%±0.018%，全磷0.102%±0.028%，碱解氮113±36.98浓度，速效磷8.9±5.3浓度，速效钾79±24浓度。该土壤对肥料的吸收少，可容量性差，保水保肥力差，吃不得也饿不得，有"馋嘴头白土"之称。土壤经雨淋易板结，通气透水性差，作物后期容易发生早衰现象，难以获得高产。

四、中位白土

分布在龙运村，面积10.5亩，占水稻土面积的0.03%，分布在地面高程5.5米左右。白土层在30—60厘米的土体内出现，位置在剖面中部，故名为中位白土，俗称白土心。白土层与黄泥土层之间的界线较分明。该土壤肥力不高，养分偏低。耕层有机质平均含量1.93%±0.33%，全氮平均含量0.124%±0.21%，全磷平均含量0.096%±0.024%。该土生产性能优于上位白土，但仍属于低产土壤。

五、黄白土

分布在谢南、涂镇、观山、观西村，面积有2366.47亩，占水稻土面积的7.51%。黄白土由黄土母质发育而来，分布在地面高程6.6—6.7米。境内的黄白土形成原因多数是由于在平整土地上，挑高填低打乱了原来的白土层，因此该土种白土层与黄泥土层上下界线不明显，呈逐渐过渡形式，重壤质地，比较爽水通气，保水保肥性能较好。有机质含量为2.04%±0.76%，全氮0.138%±0.025%，全磷平均含量0.108%±0.014%，速效磷、钾含量不高，PH酸碱度6.53±0.72。稻麦易高产。

六、乌山土

南闸分布最广、面积最大的土种，面积有8788.81亩，占水稻土面积的28%，也是低田、圩田地区最普遍的土种，分布在地面高程3.6米左右。由于地势较低，向下挖0.5—0.7米就会出现地下水。1米以内有泥炭或乌泥埋藏层。渗育层发育不好或刚开始发育，土壤结构为大棱块状，脱水后易垂直开坼，质地重壤。有机质平均含量2.64%±0.28%，是水稻土中有机质含量最丰富的土种。全氮平均含量0.155%±0.033%，全磷平均含量0.133%±0.044%。潜在养分含量都比较高。由于分布地势低洼，地下水位高，土壤处于嫌气条件，微生物活动力弱，有利于有机质的积累，不利于有机质的分解。矿化速率低，养分转化释放缓慢，有效养分含量少。加上乌山土结构差，易漏水漏肥，有效养分更低。

七、竖门乌山土

分布地势低洼，一般被称为圩区"锅底田"。面积847.75亩，占水稻土面积的2.7%。其基本特性与乌山土相仿，分布在高程3米左右。该土潜在养分高，在效养分少。该土为棱块状或棱柱状结构，易垂直开坼。当开河、挖潭、开沟时，土体稍干就会收缩开裂，常可看到该土像门板似的倒塌下来，故名竖门乌山土。由于该土处于特别低洼处，有"冷性土"之称。有机质平均含量2.91%±0.31%，全氮平均含量0.190%±0.05%，全磷平均含量为0.122%±0.01%，速效磷、速效钾含量并不高。该土易漏水漏肥，生产上要注意勤灌水，不宜重搁田。施肥宜少量多次，避免流失。宜稻不宜麦。

八、乌黄土

分布在花果、谢南、曙光、南闸、观西、泗河等村，面积1084.56亩，占土类面积的3.46%，分布在高程4米左右。地势适中，在圩区沿河较高地带，土壤接近黄泥土，有利于爽水通气。干湿交替明显，氧气还原作用强烈，渗育层发育良好。土壤结构好，水、肥、气、热较为协调。养分含量高，保水保肥能力较好。耕层均为中壤质地，土壤特性接近黄泥土，通气爽水，栽稻、麦皆宜。

九、粉沙壤土

分布在南新、蔡泾、龙运、观山、南闸村，面积7807.93亩，占土类面积的24.9%。分布在地面高程4.6米左右，为沙土向黏土逐步过渡的地带。质地为中壤至重壤，沙、黏比例适中。耕作层较深厚，渗育层发育良好。土壤养分储量丰富，有机质平均含量为2.56%±0.54%，全氮平均含量0.159%±0.037%，全磷平均含量0.161%±0.064%，碱解氮136±38浓度，速效磷10.2±10.1浓度，速效钾86±31浓度，PH酸碱度7.4±0.05，中性至微碱性反应。通气爽水，水、肥、气、热比较协调。除用来种植水稻效果较差外，麦、棉等作物的生长情况良好，产量较高。粉沙壤土可耕性一般。

十、山黄土

分布在南闸境内山区，面积5282.18亩，由堆积、坡积黄土母质发育而成。重壤质地，土层深厚，熟化程度高，具有一定的保水保肥能力。养分含量低，不协调，土壤有机质平均含量1.12%，全氮平均含量0.074%，碱解氮71浓度，全磷平均含量0.078%，速效磷1.1浓度，速效钾42浓度，PH值5.7，呈酸性反应。灌水条件较差。可种植果、竹、木、茶、山芋等旱作物，部分山地也可种植水稻。

第四节 土地管理

在封建土地所有制的旧中国，无土地执法监察可言。中华人民共和国成立后，经过土地改革、农业社会主义改造确立了土地公有制，土地无偿调拨使用，但土地法制建设相对滞后。20世纪六七十年代，村镇建设由乡（公社）一名副乡长（副社长、副主任或增设的生产建设助理）负责。1984年3月，南闸乡村镇建设土地管理办公室成立，由乡政府领导，办公室设在乡政府内，高德生任主任，并配有5名工作人员，具体负责土地管理的调查研究、审核工作。1986年2月，南闸乡村镇建设土地管理办公室更名为南闸乡土地管理办公室，高德生连任主任。各大队由一名支委或副职主要干部负责土地管理工作。大队建立土地建房管理小组，实施公社、大队区域内的土地建房管理。1986年6月，《中华人民共和国土地管理法》颁布，标志着我国土地管理工作被纳入法制管理的轨道，为依法管理土地提供了依据。根据中共中央、国务院【1986】7号文件及省人民政府《关于非农业用地清理处理意见的决定》，乡土地管理办公室把检查清理非农业用地作为农村土地管理的一项重要任务。1988年8月，南闸乡土地管理办公室更名为南闸镇土地管理办公室，负责南闸地区土地审批业务。1989年6月30日，江阴市编制委员会发文，成立江阴市南闸镇土地管理所，作为江阴市土地管理局的派出机构，主管南闸区域内的土地调整、登记、统计工作，组织有关部门编制土地利用总体规划，具体承担土地管理业务、技术等方面工作。1995年，由江阴市土地管理局垂直管理。1996年12月，江阴市南闸镇土地管理所更名为江阴市南闸镇国土管理所。同年，国土管理所办公室迁至南新村大楼。2000年6月21日，又迁至跃进东路新大楼。2001年10月，江阴市南闸镇国土管理所更名为江阴市南闸镇国土资源所。

南闸土地管理领导成员情况一览

表2-28

名　称	职　务	姓　名	任职时间
南闸乡村镇建设土地管理办公室	主　任	高德生	1984.03—1986.02
南闸乡土地管理办公室	主　任	高德生	1986.02—1988.01
南闸乡土地管理办公室	主　任	时仁才	1988.01—1988.08
南闸镇土地管理办公室	所　长	时仁才	1988.08—1989.06
南闸镇土地管理所/南闸镇国土管理所	所　长	时仁才	1989.06—2001.10

续表2-28

名　称	职　务	姓　名	任职时间
南闸镇土地管理所/南闸镇国土管理所	副所长	陆富强	1989.06—2001.10
南闸镇国土资源所	副所长	刘建英	2001.10—2003.11
南闸镇国土资源所	所　长	刘建英	2003.11—2007.03
南闸镇国土资源所	所　长	陈　宇	2007.03—2009.02
南闸镇国土资源所	所　长	赵丽忠	2009.02—2013.07
南闸镇国土资源所	所　长	俞银海	2013.07—2015.08
南闸镇国土资源所	所　长	张伟清	2015.08—

第五章　自然资源

第一节　土地资源

南闸辖区土地总面积为68274亩，各类土地实际占用情况随经济和社会发展而变化。

1957年，南闸境内有可耕地35017亩。1982年第二次土地资源普查，南闸有水稻田33288亩，占总面积的48.76%；山地10800亩，占总面积的15.8%；水域8764亩，占总面积的12.8%；沟渠3727.8亩，占总面积的5.5%；交通用地2713.8亩，占总面积的4%；园林1258亩，占总面积的1.84%；厂矿用地2117亩，占总面积的3.1%；村镇用地5605.4亩，占总面积的8.2%。1995年土地利用现状情况调查，境内面积为43.4080平方公里（65705.3亩），其中可耕地34958亩，果园地993.3亩，林地5342.8亩，水域7711.2亩，交通用地2053.1亩，居民村镇用地12261.7亩，未利用土地1791.9亩。2001年耕地面积为34125亩。2015年耕地面积为22397亩。

2001年南闸镇各村农作物播种面积一览

表2-29

村　名	耕地面积（亩）	村　名	耕地面积（亩）	村　名	耕地面积（亩）
花果	2011	泾西	1137	观山	1456
谢南	1597	南闸	1201	璜村	1345
施元	1384	南运	736.5	观东	1671
曙光	1680	龙游	1775	灯塔	1885
马泾	1780	蔡东	1488	泗河	1821
新庄	1745	蔡西	1432	孟岸	1326
涂镇	960	菱塘	1138	观西	1012
南新	162	跃进	1543	陶湾	418
				合计	32703.5

1950年9月至1951年9月，进行土地改革，废除封建土地所有制，没收、征收土地分给无田少地的农民。1953年起，组织农民走合作化道路。1956年完成农业社会主义改造，实现农村土地权属从农民土地私有制到集体所有制的转变。1969年，宣布城镇土地属国家所有。至此土地公有制全面确立，为工农业生产及城乡建设创造了良好条件。土地集约经营、规模开发，得到了综合利用。土地公有、城乡建设用地实行无偿调拨。20世纪70年代，乡镇工业异军突起，农村开始规划建造居民新村。20世纪80年代，在各项建设发展中，惜土观念相对趋于弱化。加上土地法建设滞后、土地分散管理，难以有效遏制乱占、滥用土地现象。乡镇企业违章用地，农户建房违章占地现象屡见不鲜。1987年4月，江

阴撒县建市，贯彻实施《中华人民共和国土地管理法》，注重了城乡土地统一集中管理。1989—1992年，着手清理非农业建设用地。1992年完成城镇及农村居民宅基等用地的调查，通过勘丈、确权，颁发集体土地建设用地使用证、宅基地使用证。1995年，以村为单位重新丈量土地，完成土地利用调查，结束了长期以来土地资源"家底"不清的局面。

改革开放带来了经济和社会事业的快速发展，但是土地亮起了"红灯"，"吃饭"与"建设"的矛盾开始凸现，地减人增趋势加剧。南闸地区和江阴全市情况一样，土地矛盾日趋尖锐，土地负载越来越重，人均占有耕地不断减少。

1995年，土地利用现状调查情况：南闸辖区总面积43.8035平方公里，合算为65112亩。其中耕地面积34958亩；园地面积993.3亩；林地面积5342.8亩；居民用地面积12261.7亩；交通用地面积2053.1亩；水域面积7711.2亩；未利用土地1791.9亩。人均耕地0.66亩。1995年，南闸镇划定基本农田一级保护区25718亩，其中水稻田22154亩；二级保护区9276亩，其中水稻田1909亩。1989年至1995年，改造中低产田1300亩，复垦土地486亩。1995年获无锡市农田保护区工作先进镇称号。

南闸地区土地负载情况一览

表2-30

年　份	人口密度（人/平方公里）	人均耕地（亩/人）	年　份	人口密度（人/平方公里）	人均耕地（亩/人）
1949	623	1.34	1995	1155	0.66
1964	754.4	1.12	1996	1209	0.63
1984	988	0.78	2002	—	0.462
1991	1065	0.76	2007	—	0.455

1985—1995年南闸地区土地分布情况一览

表2-31　　　　　　　　　　　　　　　　　　　　　　　　　　　单位：亩

年　份	耕地面积			自留地	内外河水面面积	山地面积
	合　计	全民集体				
		水　田	旱　地			
1985	33201	27618.3	2013.7	3569	8764	10800
1986	32594.4	27075	2003.5	3515.9	8764	10800
1987	32462.5	26539	2406.3	3517.2	8764	10800
1988	32448.15	26520	2354.15	3574	25187	10800
1989	32565.15	26637	2354.15	3574	25187	10800
1990	32135	26212	2349	3574	25187	10800
1991	32102	26163	2364	3575	25187	10800
1992	31557.5	25740	2287.5	3530	25187	10800
1993	31265	25517	2218	3530	25187	10800
1994	31265	25517	2218	3530	25187	10800
1995	31265	25517	2218	3530	25187	10800

第二节 矿产资源

一、泥炭

分布在全境各天然河浜周边和低洼地区，埋于地表1—3米以下，蕴藏丰富。20世纪50年代末至70年代，村民广为采掘，晒干后用作燃料。南闸公社曾成立泥炭营，组织劳力开挖，后因毁坏良田而终止。

二、砂石

境内花山、秦望山、观山、白石山属古生界泥盆系五通阻，为陆相夹泥质泥岩沉积，储量丰富。1956年观山支脉丁果山率先开采。所产石料多作公路基石和建筑用料。20世纪80年代，境内掀起了一波开矿采石的高潮，几乎所有的山体资源都遭到了大量开采，砂石资源急剧减少。

第三节 水资源

一、地表水

境内地表水资源丰富，常年平均降水量为1056.9毫米，最多的1991年达1914.4毫米。地表水年径流总量较大。外来水源充足，长江水源由锡澄运河沟通境内大小河道水系，旱能灌，涝可排，确保农田作物旱涝保收。

二、地下水

南闸为长江下游冲积平原，结构松散，导水性较好，并受长江水流补给，地下水量丰沛。

浅层地下水储量极丰，境内平原处任择一地，破土开挖1—3米即有水渗涌。居民挖井一般深5—8米，单井可满足2—3户居户常年用水。

深层地下水储量丰富，埋藏深度在75—118米，静止水位46—60米。2003年，全面禁止地下水开采，所存深井全部被封闭。

第四节 动、植物资源

一、植物

主要有菌类、蕨类、裸子、被子等植物，其中有许多种是珍贵的中药材。它们分布于境内山峦、石隙、河边、溪沿、田间及宅前屋后空地。

（一）菌物 马勃、灵芝、松蕈、天菜、野木耳、蘑菇。

（二）蕨类植物 卷柏、江南卷柏、问荆、节节草、瓶尔小草、阴地蕨、紫萁、芒萁、海金沙、细毛碗蕨、边缘鳞盖蕨、圆盖阴石蕨、凤尾蕨、刺齿凤尾蕨、虎尾铁角蕨、延羽卵果蕨、渐尖毛蕨、狗脊、贯众、苹、槐叶苹、满江红。

（三）裸子植物 马尾松、黑松、雪松、火炬松、杉木、水杉、池杉、柏木、扁柏、刺柏、龙柏、桧、蜀桧柏、银杏。

（四）被子植物

1.双子叶植物 垂柳、杞柳、河柳、黄柳、小叶杨、山杨、枫杨、榆树、朴树、榉树、桷树、楝树、槐树、盘槐、柏树、杨树、桑、茶、香椿、香樟、木槿、泡桐、法国梧桐、女贞、黄杨、紫藤、紫荆、紫薇、枫香、红枫、青枫、香山红叶、垂阳木、喜树、栾树、广玉兰、白玉兰、紫玉兰、樱桃、蜡梅、红梅、山茶、杜鹃、杜英、月季、深山含笑、东昌含笑、蔷薇、野蔷薇、葡萄、桃、梨、梅、柿、枇杷、无花果、野草莓、玫瑰、大丽菊、瓜叶菊、翠菊、白菊、黄菊、大蓟、石榴、牡丹、芍药、凌霄、迎春花、六月雪、美人蕉、芭蕉、绣球花、一串红、木槿花、花桃、凤仙花、金钟花、紫丁花、夹竹桃、长春花、夜来香、白薇、喇叭花、茑萝（五角星花）、秋海棠、四季海棠、虎刺梅、木芙蓉（芙蓉花）、三色堇（蝴蝶花）、爬山虎（爬墙虎）、紫罗兰、虞美人、曼陀罗、三白草、蕺菜（鱼腥草）、葎草（割人藤）、百蕊草、杜衡（灵芝草）、马兜铃、蚂蚁草、水蓼（辣蓼）、何首乌、虎杖（活血龙）、羊蹄、地肤（落正）、青葙（野芝麻）、刺苋、土牛膝、莲子草、空心莲子草、马齿苋（浆瓣头）、卷耳（棉花草）、蝇子草、麦瓶草（灯笼草）、萍蓬草、芡、金鱼藻、天葵、威灵仙、毛茛（老虎脚迹草）、菌菌丝、石龙芮、木通、木防己、紫堇、延胡索、水田碎米荠、碎米荠、荠菜、瓦松、景天三七、垂盆草、虎耳草、野山楂、金樱子、龙牙草、地榆、山莓、覆盆子、蛇莓、合欢、山合欢、含羞草、苦参、草木樨、野大豆、野豇豆、箭舌豌豆、田皂角、山蚂蝗、鸡眼草、酢浆草（酸蘆蘆）、老鹳草、蒺藜、臭椿、地锦（粪怪草）、泽漆、铁苋菜、野梧桐、乌桕、算盘子、乌蔹莓（老鸦眼睛藤）、地耳草（田基黄）、黄海棠、贯叶连翘、紫花地丁、野菱、菱、常春藤、五加、天胡荽、山芹菜、蛇床（野胡萝卜）、羊踯躅、点地梅、菟丝子、马蹄金、牵牛、打碗花、马鞭草、海州常山、筋骨草、半枝莲（牙刷草）、藿香、活血丹、夏枯草、益母草、野芝麻、丹参、紫参、薄荷、紫苏、龙葵、枸杞、阴行草、婆婆纳、直立婆婆纳、车前、白花蛇舌草、蓬子菜、猪殃殃（毛子子草）、接骨木（扦扦活）、忍冬、败酱、栝楼、葫芦、桔梗、南沙参、一枝黄花、苍耳（野茄子）、苍术、茵陈蒿、青蒿、牛蒡、薄英、苦苣菜、山蒿苣、苦荬菜、万寿菊、南天竺、萝卜、白菜、青菜、油菜（芸薹）、花椰菜（花菜）、卷心菜、土三七、粉皮革、石莲花（宝石花）、木瓜、紫云英（红花草）、苜蓿（金花菜）、蚕豆、绿豆、豇豆、菜豆（四季豆）、长豆、扁豆、大豆（黄豆）、花生、甜瓜（香瓜）、丝瓜、苦瓜、南瓜、黄瓜、西瓜、北瓜、冬瓜、笋瓜、面瓜、葫芦、马铃薯、番薯（山芋）、茄子、辣椒、番茄、莴苣、代代花、佛手、香橼、金豆、蓖麻、天明晴（臭花娘）、芹菜、香芹、平地木、山药、向日葵。

2.单子叶植物　淡竹叶、芦苇、牛筋草、狗尾草、白茅、牛毛毡、香附、菖蒲、石菖蒲、半夏、压路草、火柴头、水竹叶、鸭舌草、灯芯草、野灯芯草、百合、山慈姑、细叶韭、小根蒜、薤、天门冬、牛尾菜、土茯苓、玉竹、黄花菜、萱草、吉祥草、石蒜、水车前、苦草（鞭子草）、甘蔗、水稻、三麦、雀麦、毒麦、野燕麦、玉米、高粱、芦粟（糖高粱）、稗草、小旱稗、江竹、淡竹、毛竹、燕竹、慈孝竹、棒头草、野牛草、看麦娘、野古草、毛马唐（蟋蟀草）、马唐（马板筋草）、茭白、金茅（山箭子草）、龟背竹、大藻（水浮莲）、马蹄莲（水芋）、浮萍、谷精草（癫痫头草）、胡葱、洋葱、凤尾兰、绵枣儿（老鸦蒜）、野荸荠、郁金香、万年青、一叶兰、文竹、吊兰、玉簪（白鹤仙）、水仙、君子兰、葱莲（葱兰）、兰（兰花）、荸荠、棕榈、棕竹、香蒲（蒲草）、芭蕉、姜（生姜）、苋科、三棱根。

（五）植物资源中的中药材

车前草（打官司草）、地丁草、连钱草、垂盆草、小蓟草、扁蓄草、老鹳草、佛耳草（棉花草）、浮萍草、益母草、旱莲草（猪牙草）、半边莲、荠菜花、野蒿、功劳叶、土大黄、土牛膝、大蓟、马兰头、马齿苋、马鞭草、乌蔹莓、凤尾草、天名精（癫团草）、天胡要、毛茛、水蓼、牛蒡、半夏、白茅、白毛藤、风加花、白花蛇舌草、菖蒲、龙葵、仙鹤草（脱力草）、地锦、地耳草、麦冬

（沿阶草）、半枝莲、忍冬、苍耳、杠板归、青木香、青葙子、泽兰、虎杖、蕺菜、枸杞、牵牛、茅莓（麦明子）、荭草（稻穗头花）、络石藤、荔枝草、夏枯草、鸭跖草、野菊花、野蔷薇、蛇床、蛇莓（蛇果果）、商陆、犁头草、萝藦（婆婆针线包）、猪殃殃、黄花蒿（臭蓬头）、黄毛耳草、紫苏、葎草、酢浆草、蒲黄、蒲公英、薜荔（鬼馒馒）、芦根、薄荷。

二、动物

分布于境内的动物有无脊椎动物（环节动物、软体动物、节肢动物）和脊椎动物（鱼类、两栖类、爬行类、鸟类、哺乳类）。

（一）无脊椎动物

1.环节动物 蚯蚓、水蛭等。

2.软体动物 三角帆蚌、背角无齿蚌、蛳螺、田螺、旱钉螺、背包蜒蚰、蛞蝓（蜒蚰）。

3.节肢动物 蜈蚣、甲虫、地鳖虫、蝎子、蜻蜓、螳螂、稻蝗、稻叶蝉、蓟马、稻飞虱、稻苞虫、蚜虫、麦蛾、麦蚜虫、纺织娘、蟋蟀、蝼蛄、炸蝉（知了）、黑翅红娘子、白蜡虫、九香虫、黄刺蛾、高粱条螟、大头金蝇、双斑黄虻、三星龙虱、金铃子、天牛、长脚黄蜂、胡蜂、竹蜂、蜜蜂、黑蚁、白蚁、萤火虫、蝴蝶、七星瓢虫、蟑螂、蚊子、草蛛、河蟹、螃蜞、糠虾、沼虾、龙虾、水蚤、蝇虎。

（二）脊椎动物

1.鱼类 鲤鱼、黑鱼、鲫鱼、红鲫、金鱼、鳊鱼、鲢鱼、鳙鱼（花鲢）、青鱼、草鱼、鳜鱼、翘嘴红鲌、鲈鱼、横鲇、鳑鲏、餐条鱼、鲇鱼、黄颡鱼（昂公）、鳗鲡、黄鳝、塘鳢、泥鳅。

2.两栖类 中华大蟾蜍（癞团）、青蛙、金钱蛙、虎蚊蛙（田鸡）、无斑雨蛙（小绿蛙）、牛蛙、泽蛙。

3.爬行类 乌龟、鳖（甲鱼）、蝮蛇（秃灰蛇）、火赤链、乌梢蛇、水蛇、黑眉锦蛇（秤心蛇）、竹叶青蛇、虎斑游蛇、蜥蜴（四脚蛇）、壁虎。

4.鸟类 鸢（老鹰）、雉（野鸡）、鹌鹑、斑鸠、鹁鸪、布谷鸟（大杜鹃）、杜鹃、猫头鹰、猴面鹰、啄木鸟、云雀（叫天子）、翠鸟、黄鹂、八哥、乌鸦、喜鹊、画眉、黄雀、白头翁、白鹭、灰鹭、苍鹭（青庄）、麻雀、山雀、家燕、鸡、鹅、鸭。

5.哺乳类 刺猬、蝙蝠、黄鼬（黄鼠狼）、田鼠、仓鼠、家鼠、华南兔（野兔）。

第六章 自然灾害

第一节 水 灾

据不完全统计，东晋太和六年（371）至清宣统三年（1911）共发生水灾113次，民国元年（1911）至1987年共发生水灾14次，其中严重水灾4次。

东晋太和六年（371）六月，大水，稻稼荡没，黎庶饥馑。

宋绍兴四年（1134）八月，大水。

宋隆兴二年（1164）七月，大水，阴雨月余，舟行街市。

元大德四年（1300）七月，飓风，水暴溢，民胥漂溺。

明洪武二年（1369）六月，大雨涨溢，先旱后涝，淹没水稻，农业歉收。

明洪武二十年（1387），大雨水涨，淹没水稻。

明永乐三年（1405），大水，米贵。

明宣德九年（1434）秋，大水，百姓受饥，只能吃树叶、草根。

明正统八年（1443）秋，大水。

明景泰五年（1454）五月，大水伤稼，民乏食。

明成化七年（1471），水旱两灾，禾田皆荒。

明成化十七年（1481）七月，大风雨，大水平地泛滥。八月十五日，大雨如注，淹没民居，人多溺死。是岁大祲，民饥。

明弘治五年（1492），淫雨大水，太湖泛滥。

明弘治七年（1494）七月，大雨。

明弘治十二年（1499），苏、杭、常、镇大雨弥月，房屋倒塌，屋庐淹没，人畜死伤无数。

明正德元年（1506）三月二十日，大雷、雨、雹。

明正德五年（1510）春夏，淫雨三月，大水浸浮三月，涂镇以西至武进，舟行农田，炊烟几绝。民乏食，饿殍满路，积尸盈河。

明正德十年（1515），大水。

明正德十二年（1517），大雨杀麦，夏大水。

明正德十五年（1520）九月，大水，房屋倒塌，人畜死伤无数。

明嘉靖八年（1529）六月，蝗灾，秋大雨，田禾淹没。

明嘉靖十六年（1537），大雨伤稼。

明嘉靖二十年（1541），夏旱，秋大水。

明嘉靖二十八年（1549），大水。

明嘉靖三十八年（1559），六、七月大水，民间讹传妖魔入夜，惊惶逾旬始息。

明嘉靖四十年（1561），雨雹大如蚕，大水深及丈，平地成川，浸没田亩，十月水始平。

明隆庆元年（1567）八月，淫雨六昼夜，水暴涨多日，禾尽秕。

明万历十五年（1587），七、八月大水，民食草根，树皮殆尽。

明天启四年（1624）四月，淫雨积旬。五月十九日，淫雨五昼夜，麦禾尽没，三麦绝收，人畜淹死无数。七月，雨复连三昼夜，稻禾复淹没。

明崇祯三年（1630），五、六月大雨，禾、菜尽伤。八月大雨，苗不实。

清顺治八年（1651）夏，淫雨六昼夜，低田禾苗全淹。

清顺治十七年（1660），淫雨六昼夜，平地水深三尺，民房多坏。

清康熙九年（1670）五月，连雨不绝，蔬菜尽没。

清康熙十六年（1677）五月，大雨，雹损麦苗。六月大雨，禾苗尽没。平地水高数尺，没庐舍，民死者不可计数。

清康熙十九年（1680），六月大水，连雨数十天。

清雍正十年（1732）七月十六日晚，黄云盖天，飓风大作，拔木毁屋，江潮泛滥，连下暴雨不休，平地积水数尺，禾稼连根扫荡，为数百年未见之灾。

清雍正十二年（1734）六月，淫雨五昼夜。六日雷电大作，风雨聚至，低田成灾。

清乾隆元年（1736），夏、秋淫雨，低田成灾。

清道光三年（1823），南闸大水，低田行舟。被淹之家，小舟泊于屋内，食宿其中。九月水始退。

清道光二十四年（1844），大雨，马家、芙蓉圩破，一片汪洋，民不聊生。

清道光二十九年（1849），夏港河海潮四溢，田禾淹没，饥民遍地。

清光绪十五年（1889）夏，大雨42天，淹没农田无数。

清光绪三十二年（1906）六月中旬，大雨水。

清宣统三年（1911）秋，暴雨三昼夜，平地水涨三尺，夏港河水漫溢圩堤，淹及境内各村，1.5万亩农田颗粒无收。

民国四年（1915）6月，大雨瓢泼，圩田被淹。

民国十年（1921），夏、秋大水，八月九日降雨412.4毫米。梅雨秋潮，台风叠煽，沿江破堤决围，江水内灌。

民国十八年（1929）7月，连续暴雨587毫米，江水猛涨，观山、蔡泾一万亩农田被淹。

民国二十年（1931），大雨成灾，半夜洪水进屋，天明一片汪洋，田地尽淹，颗粒无收。

民国三十八年（1949）6月下旬至7月上旬，淫雨不停，阴雨14天。7月10日，一夜暴雨，河水猛涨，沿山地区暴发山洪，低洼地区一片汪洋，受害严重的境内有3670亩，粮食严重减产。

1954年5月至7月，淫雨56天，降雨量847.1毫米，低田5次受涝，夏熟作物减产四成，秋熟作物减产三成。

1956年，雨涝，大元麦登场，损失严重。

1961年，麦收时节连日阴雨，三麦、油菜籽严重霉烂。

1962年9月上旬，14号台风过境，伴降大雨，多处民宅进水。

1983年4月至5月，水灾，阴雨连绵，三麦赤霉病大发。

1990年8月31日至9月5日，连续受台风影响，日降水量达119毫米至168毫米。

1991年6月12日至16日、6月30日至7月3日，连续暴雨，总降水量达728毫米。江河水位猛涨，太湖洪水已不能从黄田闸排泄，圩田一片茫茫，是百年未遇的特大洪涝。受灾面积16500亩，倒塌房屋112间。

1994年10月9日，暴雨成灾，圩田皆淹，内河水位与1991年特大洪涝接近。

1997年12月26日至1998年1月18日，出现长达24天的连续阴雨，雨量161.6毫米，为历史罕见，造成田间严重积水，三麦减产六成以上。

1999年，受"拉尼娜"现象影响，6月27日至28日24小时之间，雨量达150.6毫米，农副业生产遭受极大损失。

2002年4月5日至5月15日，出现历史上罕见的连续阴雨，不利于小麦抽穗、灌浆、成熟，赤霉病大发生，小麦早衰枯死，产量大减。

2007年7月3日至4日，大暴雨，南闸12小时降雨量达153.5毫米，农作物受淹，部分道路、厂区、小区、菜地低洼地区积水。

2014年7月27日，暴雨，日降雨量105.2毫米，短时间强降雨，多处道路、小区出现积水，部分民居进水。

第二节　旱　灾

南朝陈太建四年（572）至清宣统三年（1911）共发生旱灾80次，民国元年（1912）至1987年共发生旱灾11次，其中严重旱灾5次。

宋绍兴四年（1134），冬旱，至绍兴五年夏，民饥食草木。

宋绍熙五年（1194），大旱，民食草木。

宋开禧三年（1207），夏、秋大旱，飞蝗蔽天。

明洪武二年（1369），春、夏大旱。

明洪武四年（1371），旱年。

明洪武二十五年（1392），旱年。

明洪武二十九年（1396）夏，大旱，水竭，禾苗枯干死。

明宣德四年（1429），旱年。

明正统三年（1438），大旱。

明正统五年（1440），旱灾。

明正统十二年（1447），旱年。

明景泰四年（1453）秋，大旱。

明景泰六年（1455），旱、蝗，连续大旱，三月无雨，民大饥，疫死者甚众。

明景泰七年（1456）旱，秋蝗。

明成化四年（1468）六月，水涸，运河绝流，河内无水，不能行船。

明成化十七年（1481），春、夏旱。

明弘治十六年（1503），夏、秋旱。

明正德七年（1512），大旱。

明嘉靖元年（1522），夏、秋旱。

明嘉靖二年（1523）夏，旱，湖涸，河湖无水，干涸，水稻田龟裂。

明嘉靖五年（1526），大旱。

明嘉靖十五年（1536），大旱，农家掘井灌禾。

明嘉靖二十四年（1545），大旱，人以榆皮为食，树木焦枯，一望火色。

明万历十七年（1589），大旱，河底龟裂，疫死者载道。

明崇祯二年（1629），九月至十一月不雨，江河干涸。

明崇祯十三年（1640），夏旱，五至七月不雨，飞蝗蔽天，民多疫，人相食。

明崇祯十四年（1641），大旱，蝗疫，江河干涸，饿殍载道。

明崇祯十五年（1642），河涸，大疫，三月雨如赤血，六月稻生虫旋。

清顺治九年（1652），夏、秋大旱，溪河干涸，禾苗尽枯。

清康熙七年（1668），夏大旱，酷暑，渴死者众。

清康熙十年（1671），五至七月无雨，亢旱成灾。

清康熙十八年（1679），旱疫，大饥。夏大旱，河塘干涸，蝗伤稼，民食草根树皮。

清康熙四十六年（1707），夏、秋大旱，河港皆涸，米谷涌贵，岁饥。

清康熙六十一年（1722），五至七月无雨大旱。

清雍正元年（1723）夏，大旱，江湖干涸。

清乾隆二十年（1755），夏、秋大旱。

清乾隆三十三年（1768），夏、秋大旱。

清乾隆五十年（1785），春不雨，夏大旱，河港皆涸，河塘龟裂，颗粒无收。

清嘉庆十九年（1814），大旱，遍及太湖流域，河水涸绝，地生毛，野蚕食松叶几尽，禾歉收。

清咸丰六年（1856）夏，3个多月无雨，土地龟裂，运河断水，禾苗枯萎，颗粒无收。

民国十三年（1924），干旱，年降水量比常年少37%，大河水浅，小河干裂，粮食减产五成。

民国二十三年（1934），大旱，1至6月雨量比常年同期减少41%。夏一个多月无雨，连续80天未下透雨，运河河底可行人。高田无法移栽，改种黄豆、芝麻，大部分没有出苗。是年大荒。

民国二十七年（1938）夏，久旱无雨，侵华日军堵塞黄土金河，施元场400多亩水田无水灌溉，全部枯死。

民国三十一年（1942），干旱，入冬后，气候乍热，雨水稀少，土地龟裂，河道干涸，居民水井断水。

1950年，5月至6月间35天无雨，境内2万多亩农田受旱。

1953年7月，连续40天无雨，境内农田受旱灾，粮食少收四成。

1959年，夏大旱，沿山高田旱情严重，500余亩田未能移栽水稻。

1967年，夏旱连秋旱，7月中旬始少雨，中、下旬雨量仅为常年同期的25%，8月至10月雨量比常年同期少23%。干旱严重，秋粮减产21%。

1978年，干旱，年降水量583.9毫米，比常年少44%。8月份雨量仅为9.5毫米，比常年同期少92%，旱象严重。

1979年5月15日至6月8日，25天无雨，内河水位降至2.63—2.73米，最低时2米，农田受旱。8月，再度出现旱情，沿山高亢地区，无水灌溉。

2013年7月下旬至8月上旬，大于35℃的高温日数达50天，8月6日最高气温达41.3℃，出现了百年未遇的特大干旱，给人民生活带来灾难，给庄稼造成极大伤害，大豆、花生等农作物和很多花草树木枯萎，甚至枯死。

第三节　风　灾

元大德四年（1300）至清宣统三年（1911），共发生风灾32次。民国元年（1912）至1987年共出现风灾28次，其中严重风灾5次。

元大德四年（1300）七月，飓风起，水暴溢，民、畜漂溺。

明正统四年（1439），大风，拔树杀稼。

明正统九年（1444）七月，大风，大树被风吹倒。

明成化八年（1472）七月，大风雨，拔树木。

明弘治七年（1494）七月，大风雨。

明隆庆元年（1567）八月初二，大风拔木，历六昼夜。二年正月朔，风沙，昼尽晦。六月，大风。

明万历四十年（1612）秋，大风，禾豆损。入冬晴暖，柳敷叶，桃作花。

明崇祯六年（1633）六月，风灾，是日骤雨倾注，房屋逢飞，人畜死伤无数。钟楼倾铲，陷入地五寸。

明崇祯十一年（1638）四月十九至二十四日，大风，损麦过半。

清康熙二十六年（1687），大风，发屋拔木。

清雍正二年（1724）七月十九日夜，飓风作，海潮溢。

清雍正十年（1732）七月十六日，黄云盖天，飓风大作，继以暴雨不休，民舍皆坏。

清道光十三年（1833）七月，大风。

民国二十八年（1939）7月，台风，很多树木、草房被吹倒。

民国三十二年（1943）7月，大风，潮水大涨，圩岸决口，曙光、孟岸等圩区所有田地房屋均遭淹没，损失甚巨，民无以为生。

民国三十七年（1948）7月，台风过境，吹坏房屋，稻田尽成泽国，庐舍为墟。

1949年7月25日，6号台风过境，河堤决口80多处，农田被淹近2万亩，倒塌房屋58间。

1956年7月31日，12号台风过境。

1957年9月5日，26号台风过境。

1970年7月，龙卷风。

1971年7月24日，龙卷风。

1974年6月4日，龙卷风，伴有冰雹。

1974年8月，13号台风过境。

1976年4月22日，泾西村遭到12级龙卷风袭击，重伤3人，倒塌房屋10间。

1977年6月，龙卷风。

1996年9月12日15时50分，南闸发生龙卷风，南闸第二砖瓦厂砖窑倒塌，死4人，伤6人。

2012年8月11日，台风"海葵"过境，风速极大为22.7米/秒，造成严重灾害影响。

第四节 其他灾害

自明清以来，发生地震、雹、雪、冻灾害49次，疫病、虫灾30余次，较严重的有：

明景泰五年（1454）正月，大雪，平地深三尺。

明成化十五年（1479）五月初十，地震。

明弘治十四年（1501）十月十七日，地震。

明正德六年（1511）夏，瘟疫。

明正德十四年（1519）正月，地震。

明嘉靖三年（1524），春地震。

明嘉靖十一年（1532）五月，蝗飞蔽天，林竹岸草皆残。

明嘉靖十五年（1536）四月，大雨冰雹，平地积雹寸余，三麦死。

明嘉靖二十四年（1545），蝗灾。

明万历七年（1579），地震。

明万历十八年（1590）二月初二，地震。

明万历三十五年（1607）正月二十五日，地震。七月，青虫食禾。

明万历三十九（1611）八月，黑虫如蚕，食穗有声。

明万历四十一（1613）五月初七，雷震。

明万历四十五（1617），飞蝗集聚数里。

明天启三年（1623）十二月二十二日申时，地震。

明天启六年（1626）正月，雪，大雷电。春、夏雨，无麦。闰六月，大旱，蝗灾。七月，大风雨拔木、偃禾。

明天启七年（1627）正月，大雨连下十八昼夜，十九日至二十一日，风雨雷电大雪雹，二十二日浓雾四塞，鸟雀多冻死。三月，青虫食麦苗。秋，蝗伤稼。

明崇祯十一年（1638）八月，飞蝗蔽天。

明崇祯十五年（1642）正月，大雪，民饥，多疫死。

清康熙七年（1668）六月十七日，地震。

清康熙十一年（1672），飞蝗蔽天。

清康熙五十一年（1712）冬，地震。

清雍正元年（1723）八月，飞蝗四塞成灾。

清乾隆二十年（1755）秋，虫食禾。八月，早霜早降，禾苗尽枯。

清乾隆二十一年（1756），大疫。

清乾隆二十九年（1764）五月，地震。

清乾隆三十一年（1766）四月，大风、雨雹，石坊被吹倒，大树被拔起。

清乾隆三十三年（1768）三月，大雨雹，雹积地盈寸。

清嘉庆元年（1796）正月，大雪，极寒，冰柱接地，树木皆冻死。

清道光十九年（1839）夏，雨雹损麦。九月初六，地震。

清咸丰五年（1855），大疫，死人无数。

清咸丰六年（1856）春，地震。

清同治三年（1864）正月至四月，大疫。

清光绪八年（1882），飞蝗蔽天，禾豆、草、粮被食殆尽。

清光绪十九年（1893）冬，严寒，最低气温达-12.5℃。

民国七年（1918）农历正月初三午后，地震，碗橱皆动，历时3分钟。

民国十九年（1930）秋，飞蝗成群，越过舜山飞掠而去，一时遮天蔽日。

民国二十年（1931），全境发生螟虫危害，粮食严重减产。

民国二十三年（1934）8月，大批蝗虫经过秦望山、茶岐，沿山3亩水稻顷刻被吃光。

民国三十一年（1942），严重霜冻，蔬菜、三麦全部冻死。

1952年11月底，极端低温。12月3日，寒流袭击，气温骤降至-12.5℃，三麦、蔬菜受到冻害，河中冰厚可行人。

1956年，白叶枯病成灾，水稻减产五成，出米率甚低。

1960年6月，菱塘沟到夏店村一线，遭遇冰雹袭击，50多亩三麦颗粒无收。

1964年2月16日至19日，大雪，公路交通受阻。

1967年夏，稻飞虱肆虐，水稻损失二至三成。

1973年4月至5月，小麦赤霉病暴发，发病率近50%。

1977年1月31日，大雪，气温降至-14.2℃，大雪14天，雪厚14厘米，积雪13天，冻土厚16厘米。冬寒，蔬菜大部分冻死，夏熟减产，平均亩产53.2公斤。

1984年1月17日、18日，大雪，积雪深18厘米。17户的社员住房倒塌，倒塌房子16间；造成危房112户，房子182间。社员猪舍倒塌19户24间。有12个生产队的集体猪舍倒塌，有房子33间。有14个生产队的集体仓库倒塌，有房子21间。山区毛竹折断5757根，杉木折断728根，果树折断75根。全乡造成断桥3座，危桥3座；高压电线断杆17根，断线21条；低压电线断杆393根，断线2611条；广播线及电话线断杆173根，断线1784条。

1988年7月29日，马泾村农民许福兴遭雷击身亡，年仅36岁。

1991年6月30日，连降暴雨，圩田尽淹，受灾面积16500亩，倒塌房屋112间。

1993年2月7日，受强寒潮侵袭，降温17.7℃。

1999年2月4日、13日、20日，三次低温袭击下，三麦主茎穗冻死率达19.66%。

2001年3月6日14时至3月7日14时，24小时降温10.3℃，降至4.2℃，对早春作物、蔬菜均有不同程度影响。

2008年1月大雪，几十年难遇，积雪深处达50厘米，农作物损失严重。

2013年2月18日晚至19日，出现雨夹雪转至暴雪天气的过程，19日8时积雪深度达12厘米，100多公顷蔬菜大棚和2000多平方米养殖棚舍受灾。同年出现≥35℃的高温日数50天，其中7月23日至8月18日连续27天高温。7月26日最高气温达39.6℃，突破历史记录。8月6日最高气温达到41.3℃，再次突破历史记录。8月6日至10日连续5天最高气温超过40℃。持续高温给生产、生活带来了严重的不利影响。

第七章　环境保护

　　南闸境内的自然环境原处于自我净化和自我平衡状况，至20世纪五六十年代仍处于原始状态。随着农业生产的发展，农药、化肥的大量使用，环境开始受到影响。1970年以后，社队办企业兴起，所产生的废水、废气、噪声及固体废弃物污染了环境。加之植树造林被忽视，大批山地被盲目开采，围地建厂，南闸山地减少三分之一，由10800亩减至7200亩，绿山青水变为黄山浊水，自然环境遭到严重污染，生态平衡受到较为严重的影响。

　　1979年县成立环保机构，各乡镇环保组织相继成立，基本形成了环保工作管理网络，环境问题日益引起了人们的关注。20世纪末，中央出台了《中华人民共和国环境保护法》，环境保护被列入了政府的重要工作日程。

第一节　环境监管监测

一、环保监管

　　1979年前，环境保护意识相对淡薄，环保工作无专职管理机构，环境保护工作由县计委兼管。1979年8月成立县环境保护办公室，1981年10月改建成县环境保护局，为环境保护工作专职机构。是年，南闸乡设专职环保员1名，负责全乡环境保护工作。1988年起环保工作被列入江阴市年度目标管理体系。1989年南闸镇增设环保助理。1990年起南闸镇政府与江阴市政府签订环境保护责任书，并逐步建立和健全了"领导重视、层层了解、级级负责、定期检查考核"的工作机制。1995年8月，南闸镇成立车鞯管理环境保护建设领导小组，由镇长任组长，环保助理具体负责，加强对全镇环境保护、环境建设的管理和监管。2002年成立环境保护管理所，有专职环保人员2名，环保助理任所长。是年起，全镇实施"一把手亲自抓环保工作""环境保护一票否决权"和"环境保护第一审批制度"，环境保护的监管管理得到进一步加强。

二、环境监测

　　1991年12月，江阴市环境监管局成立。1995年起南闸每年定期请江阴市环境监测站人员到境内进行废气、废水、烟尘、噪声监测，通过监测数据，组织开展污染防治工作。

第二节　环境污染

　　1980年以后，南闸新增建材、冶炼、化工、纺织企业较多，至2003年污染企业达37个，其中采矿建材企业15个、印染8个、冶炼3个、化工8个、电镀1个、皮件2个。农业上，规模养殖户迅速掀起，2003年鸡鸭鹅专业户达7025户，均没有环保设施设备，严重污染周围环境。当年，南闸被列为江阴地区环境污染重点乡镇。

一、大气污染

20世纪70年代，社队工业锅炉、砖瓦窑燃烧的废气增多，大气污染加剧。80年代起，乡村工业发展迅速，各类工厂星罗棋布，村村点火，处处冒烟。12家砖窑厂及15台工业锅炉，年耗煤1.8万吨，均无防污染装置，煤油等燃烧物燃烧过程中释放的烟尘、二氧化硫、氮氧化合物等飘散在空气中，严重污染大气环境。曙光、向阳等化工企业的废气以及日益增多的摩托车、拖拉机、汽车等机动车排放的尾气均造成大气环境污染。1996年市环境监测站监测显示，大气环境中悬浮微粒年日均浓度值为每立方米0.176毫克，二氧化硫年日均值为每立方米0.043毫克，氮氧化物年日均值为每立方米0.043毫克。

二、水污染

20世纪60年代前，境内河水比较清洁，是居民的饮用水源。60年代起，农业生产中化肥、农药使用量逐年增多，田间积水流入河道，地表水中氮磷含量增高。80年代，境内化工厂、毛纺厂、印染厂、电镀厂等企业的大量工业污染废水流入河道，水体污染严重，鱼虾绝代，居民饮用水大部分改用井水。90年代，境内河塘多年没有疏浚清理，河床污泥淤积，杂草丛生，生活垃圾，工农业生产的污水直排河道，河水变黑变臭，进一步造成地表水、地下水的污染，居民饮用水逐渐改用长江自来水。1988年，锡澄运河南闸大洋桥断向水质进行监测，有机污染溶解氧为零，水黑味臭，表现出富营养化，高锰酸盐、氨氮悬浮物严重超标。1996年，锡澄运河南闸水质整体劣于五类。

1980—1995年，境内共发生了10次内塘鱼类死亡事故，其中3次为企业排污所致，7次为农田作物受害污染所致。因受害面积不大，经过及时处理，危害程度不高。

三、噪声污染

据2001年监测，镇区主要有交通、社会和工业噪声，三种噪声污染。所测噪声在工业园区部分区域超过60分贝。大部分区域均达到"城市区域环境噪声标准"的居住、商业、工业混杂区Ⅱ类标准。

第三节　环境污染防治

20世纪80年代中期以后，工业"三废"和村镇生活垃圾污染日趋严重。环境污染防治、保护生态成了社会进步、经济发展、人民生活的头等大事。国家颁布《中华人民共和国环境保护法》后，1988年，环境保护被纳入镇政府目标管理，逐级签订环保目标责任状，村、企业单位分级管治，各尽其责，境内开始设法减少粉尘、烟尘、工业废气、固体废物。1997年，开始截污控源，提高环保准入门槛，严格执行建设项目环境影响评价，实施环境治理设施与主体工程同时设计、同时施工、同时投产运用的"三同时"制度。1998年，结合企业改制，着力结构优化促转型，淘汰落后、污染严重的企业，形成东盟、锦南、泾西三大工业园区，以机械、电子为主的产业，具有污染少、附加值高的特点。至2002年，环评"三同时"执行率100%，杜绝了新污染。同年，贯彻落实江阴市人大十二届四次会议《关于进一步加强环境保护的方案》，实行环保推动强化监督管理，与水利部门联合开展水环境整治，与工商部门联合"白色污染"整治，与卫生部门联合检查医疗废物处理，与建管部门联合治理建筑噪声，与农业部门综合禁止秸秆焚烧，开展畜禽养殖业粪便综合利用。每年都要进行一次工业"三污"专项治理。2003年，关闭化工企业8家、电镀厂1家，停止了21种严重污染产品的生产。2004年，全面停止开山采石。2005年后，逐年加大农村环境综合整治，以治脏、治乱、治差为重点，针对死角，开展环境卫生专项整治，健全村庄环境长效管理办法，落实村庄长效管理，打造美丽乡村。广泛开展绿化造林，建设生态园。2005年至2014年，南闸境内新建了紫金公园、如意滩公园、滨河公园、丁果湖湿地公园等一批公益性园林，全街道森林覆盖率达26%，人均绿地面积达35平方米，街村环境较大提升，体现了人在景中、树在林中的自然美。2015年制定了《南闸街道环境保护重点工作实施方案》，共关闭4家"三高二低"企业，取缔了一批废品回收站，以及2个铝作坊、6个高污染个体户，限期整改11家企业。全年共减排COP26.5吨、氨氮4.5吨。

2005年南闸镇森林覆盖情况统计一览

表2-32

序 号	单 位	土地总面积（亩）	森林面积（亩）	森林覆盖率（%）
1	花果	6214	2586	41.62
2	谢南	2513	221	8.79
3	曙光	4450	405	9.10
4	涂镇	4761	496	10.42
5	南新	1846	392	21.24
6	施元	2347	214	9.12
7	泾西	2997	244	8.14
8	蔡泾	4351	380	8.73
9	南运	3365	392	11.65
10	龙游	4147	287	6.92
11	南闸	5132	452	8.81
12	观山	4968	1378	27.74
13	灯塔	5799	2417	41.68
14	观西	4196	1986	47.33
15	泗河	8029	2405	29.95
合 计		65115	14255	21.89

一、废气治理

1990年开始烟尘控制。1993年全镇关闭12个村级小砖窑。1996年关闭2个镇办砖瓦厂，群众称为推倒2条"黑龙"。2000年，对全镇15个"老虎灶"开水房进行专项整治，至2003年全部关闭。工业园区锅炉全部实行技术改造和配套治理，饮食服务业及企事业单位的食堂炉灶全部改造为气、油两用灶，或用电加热。2004年，镇工业集中区铺设蒸汽管道8公里，11个企业利用澄星热电厂的蒸汽生产。同年，镇启动矿业专项整治，5月，全镇12个采矿企业全部被关停，同时开始复垦复绿。至2006年，总投资9500万元，复垦复绿面积2500亩，占全市的50%，名列全市第一。在复垦的废矿山区，建造了占地1300亩的狮子山生态园、占地600亩的秦望山生态园和占地500多亩的卓远农庄。经检测，南闸地区大气总悬浮微粒日均浓度值为每立方米0.07毫克，符合国家大气质量二级标准。2015年，东盟园区铺设蒸汽管道15公里，15个企业利用苏龙发电厂的蒸汽加热生产，先后共取缔56座锅炉。目前，仅剩3家消烟除尘合格企业、3座燃油工业窑炉，黑度不大于林格曼一级标准，达标率为92%。每逢农忙季节，街道专门发文严禁农村秸秆焚烧。

2005年南闸镇空气质量现状（G1点）检测结果一览

表2-33

测点名称	检测日期	采样时间	检测结果（毫克/立方米）		
			二氧化硫（SO_2）	氮氧化物（NO_2）	可吸入颗粒物（PM10）
南闸镇政府	2005.02.21	07:00—07:45	0.029	0.017	0.075
		10:00—10:45	0.026	0.026	
		14:00—14:45	0.023	0.029	
		19:00—19:45	0.034	0.021	
	2005.02.22	07:00—07:45	0.035	0.034	0.095
		10:00—10:45	0.031	0.019	
		14:00—14:45	0.025	0.022	
		19:00—19:45	0.020	0.030	
	2005.02.23	07:00—07:45	0.027	0.026	0.112
		10:00—10:45	0.032	0.032	
		14:00—14:45	0.044	0.037	
		19:00—19:45	0.021	0.020	
	2005.02.24	07:00—07:45	0.019	0.033	0.081
		10:00—10:45	0.028	0.031	
		14:00—14:45	0.017	0.042	
		19:00—19:45	0.022	0.024	
	2005.02.25	07:00—07:45	0.034	0.021	0.103
		10:00—10:45	0.021	0.032	
		14:00—14:45	0.030	0.036	
		19:00—19:45	0.024	0.030	

2005年南闸镇空气质量现状（G2点）检测结果一览

表2-34

测点名称	检测日期	采样时间	检测结果（毫克/立方米）		
			二氧化硫（SO_2）	氮氧化物（NO_2）	可吸入颗粒物（PM10）
龙游	2005.02.21	07:00—07:45	0.032	0.037	0.072
		10:00—10:45	0.039	0.046	
		14:00—14:45	0.036	0.053	
		19:00—19:45	0.028	0.031	
	2005.02.22	07:00—07:45	0.027	0.030	0.098
		10:00—10:45	0.030	0.024	
		14:00—14:45	0.038	0.027	
		19:00—19:45	0.041	0.022	
	2005.02.23	07:00—07:45	0.024	0.038	0.067
		10:00—10:45	0.031	0.043	
		14:00—14:45	0.036	0.052	
		19:00—19:45	0.020	0.047	

续表2-34

测点名称	检测日期	采样时间	检测结果（毫克/立方米）		
			二氧化硫（SO$_2$）	氮氧化物（NO$_2$）	可吸入颗粒物（PM10）
龙游	2005.02.24	07:00—07:45	0.033	0.032	0.108
		10:00—10:45	0.028	0.038	
		14:00—14:45	0.039	0.026	
		19:00—19:45	0.035	0.045	
	2005.02.25	07:00—07:45	0.026	0.035	0.083
		10:00—10:45	0.047	0.048	
		14:00—14:45	0.034	0.041	
		19:00—19:45	0.030	0.033	

2005年南闸镇空气质量现状（G3点）检测结果一览

表2-35

测点名称	检测日期	采样时间	检测结果（毫克/立方米）		
			二氧化硫（SO$_2$）	氮氧化物（NO$_2$）	可吸入颗粒物（PM10）
泾西	2005.02.21	07:00—07:45	0.017	0.025	0.081
		10:00—10:45	0.026	0.013	
		14:00—14:45	0.033	0.021	
		19:00—19:45	0.024	0.017	
	2005.02.22	07:00—07:45	0.025	0.036	0.064
		10:00—10:45	0.016	0.029	
		14:00—14:45	0.036	0.018	
		19:00—19:45	0.019	0.026	
	2005.02.23	07:00—07:45	0.041	0.027	0.069
		10:00—10:45	0.022	0.031	
		14:00—14:45	0.034	0.022	
		19:00—19:45	0.027	0.014	
	2005.02.24	07:00—07:45	0.030	0.041	0.077
		10:00—10:45	0.038	0.032	
		14:00—14:45	0.021	0.019	
		19:00—19:45	0.025	0.023	
	2005.02.25	07:00—07:45	0.028	0.015	—
		10:00—10:45	0.016	0.023	
		14:00—14:45	0.020	0.026	
		19:00—19:45	0.023	0.024	

2005年南闸镇空气质量现状（G4点）检测结果一览

表2-36

测点名称	检测日期	采样时间	检测结果（毫克/立方米）		
			二氧化硫（SO$_2$）	二氧化硫（SO$_2$）	可吸入颗粒物（PM10）
东新庄	2005.02.21	07:00—07:45	0.039	0.024	0.093
		10:00—10:45	0.025	0.032	
		14:00—14:45	0.028	0.039	
		19:00—19:45	0.023	0.043	
	2005.02.22	07:00—07:45	0.018	0.031	0.075
		10:00—10:45	0.026	0.034	
		14:00—14:45	0.030	0.048	
		19:00—19:45	0.022	0.025	
	2005.02.23	07:00—07:45	0.033	0.034	0.119
		10:00—10:45	0.031	0.022	
		14:00—14:45	0.025	0.016	
		19:00—19:45	0.043	0.028	
	2005.02.24	07:00—07:45	0.026	0.032	0.106
		10:00—10:45	0.020	0.043	
		14:00—14:45	0.032	0.056	
		19:00—19:45	0.035	0.023	
	2005.02.25	07:00—07:45	0.026	0.017	0.087
		10:00—10:45	0.037	0.025	
		14:00—14:45	0.045	0.038	
		19:00—19:45	0.036	0.030	

2005年南闸镇农作物秸秆综合利用率汇总一览

表2-37

序号	单位	水稻总面积（亩）	总量（万公斤）	利用数量（万公斤）	其中				综合利用率（％）
					粉碎还田	过腹还田	用作燃料	其他	
1	花果	1630	107	107	34.4	—	69.1	3.5	100.00
2	谢南	708	47.5	47.5	9.7	6.5	30.6	0.7	100.00
3	曙光	1612	106	106	16.8	—	68.4	20.8	100.00
4	涂镇	992	67	67	17.7	—	43.2	6.1	100.00
5	南新	30	2	2	0.7	—	1.3	—	100.00
6	施元	313	24	24	-4.1	12.6	15.5	—	100.00
7	泾西	528	37	37	11	—	23.9	2.1	100.00
8	蔡泾	1802	118	118	32.5	—	76.1	9.4	100.00
9	南运	1275	84	84	9.9	9.8	54.2	10.1	100.00
10	龙游	1872	122	122	37	—	78.7	6.3	100.00
11	南闸	1960	127	127	42.4	—	81.9	2.7	100.00
12	观山	1240	32	32	7.7	—	20.6	3.7	100.00

续表2-37

序号	单位	水稻总面积（亩）	总量（万公斤）	利用数量（万公斤）	其中				综合利用率（%）
					粉碎还田	过腹还田	用作燃料	其他	
13	灯塔	1456	95	95	25.9	3.6	61.3	4.2	100.00
14	观西	1031	68	68	16.9	7.2	43.9	—	100.00
15	泗河	2190	145	145	43.9	—	93.5	7.6	100.00
合计		18639	1181.5	1181.5	302.4	39.7	762.2	77.2	100.00

二、废水治理

1998年，参加太湖流域达标排放专项治理，实现所有工业企业达标排放，同时开始农村河道包括家河的逐条清淤和疏浚整治。各村设有河长及河道水环境专管员，立章建制，清除水面漂浮物及岸边杂草。2003年，镇政府投资120万元，启动老运河调水工程，疏浚河道1.5公里，彻底解决了黑臭水沟难题。2004年投资1200万元，2014年投资1000万元，两次对工农河综合整治。2007年，投资1100万元对跃河进行全线整治，关闭了沿河电镀厂等3家水污染企业，对沿河全面进行绿化改造，营造了"水景观""水文化"的特色品牌。2008至2009年，投资3000万元先后对丰收河、向阳河、花山河进行综合整治，新建泵站3座，沿河建设滨河公园，设灯光夜景。2004年建造南闸综合污水处理有限公司，日处理污水1万吨。2005年，锦南工业园、泾西工业园区治污水处理有限公司铺设排污管道15公里，建设排污提升泵站1座。至2015年，共建排污管道总长25公里，排污提升泵站5座，两园区共削减排污口155个，所有企业实行了污水全处理。2014年东盟园区铺设排污主管道7公里，2015年铺设管道8公里接通所有企业。2015年，全街道共削减排污口215个，工业废水处理实现了全覆盖。对纺织等废水产生较多的企业，安装了COD在线仪，实行了远程监控，确保了处理设施运转率达100%。镇工业集中区（包括11个居民小区）铺设排污管道20公里，排污管网覆盖率98%。农村35个自然村实行集成式生活污水处理。一系列控源截污措施，改善了南闸地区河道水质，监测结果表明均达到了《地表水环境质量标准》四类标准。

2004年南闸镇镇区污水集中处理情况一览

表2-38

序号	单位名称	居民数	日排放量(吨)	接入污水厂量(吨)	路径	备注
1	居民一村	532	79.8	79.8	居民一村→丰收河	
2	居民二村	368	55.2	55.2	中昌→紫金路	
3	紫金花苑	472	70.8	70.8	紫金路→丰收河	
4	白玉小区	455	68.25	68.25	白玉路→紫金路	
5	菜场新村	483	72.45	72.45	北新街→丰收河	
合计		2310	346.5	346.5		

2005年南闸镇地表水质量现状监测断面布设一览

表2-39

水体名称	断面编号	位置
锡澄运河	S1	工农河与锡澄运河交汇口
	S2	跃进河与锡澄运河交汇口
	S3	黄昌河与锡澄运河交汇口

2005年南闸镇地表水质量现状监测断面布设一览

表2-40

断面编号	检测日期	位　　　置		
		COD（毫克/立方米）	氨氮（毫克/立方米）	总磷（毫克/立方米）
S1	2005.02.21	18	1.11	0.24
	2005.02.22	16	1.03	0.20
S2	2005.02.21	23	1.08	0.21
	2005.02.22	19	1.16	0.17
S3	2005.02.21	17	1.13	0.19
	2005.02.22	16	1.21	0.21

三、噪声管理

1996年，南闸划定噪声功能区，建设单位必须进行环境影响评价和履行环保审批手续。工业企业生产设施如产生环境噪声扰民，必须予以管理整改；治理无效的，严格执行停产或搬迁。居民住宅楼内禁止开办如饭店、歌舞厅、不锈钢制品加工点等对周围环境有影响的项目。禁止任何单位和个人在商业经营活动中使用高音喇叭招揽顾客。2001年至2015年加强建筑等单位夜间施工作业管理，禁止产生噪音作业。

2005年南闸镇声环境质量现状监测结果一览

表2-41

点位编号	点位名称	环境噪声分贝（A）	点位编号	点位名称	环境噪声分贝（A）
A4	蝶美集团	57.1	E3	南闸幼儿园	49.3
A5	洪茂特钢	57.8	E4	何家场47号	54.2
B3	北新街26号	49.2	E5	南闸卫生院	51.6
B4	北新街19号	46.7	E6	南闸卫生院东	49.0
B5	伍联通公司	56.9	F1	汤财宝元作店	53.4
C1	花家桥	48.3	F2	老南闸交管所	54.8
C2	粮管所	44.5	F3	阿平超市	56.8
C3	南华商场	52.4	F4	陆金标科技学校	5.2
C4	斜桥98号	51.7	F5	锦南大酒店	52.5
C5	教师新村	53.1	F6	镇政府	47.1
C6	老建筑站	49.8	G1	南闸中学校办厂	57.2
D1	河南街8号	49.1	G2	邮电局	53.9
D2	河南街37号	50.3	G3	金山源休闲中心	57.4
D3	南闸镇老年活动中心	41.8	G4	中昌大厦	56.3
D4	夏村53号	48.1	G5	鲤鱼门酒店	57.4
D5	居民一村	48.3	H2	老多服公司	51.7
D6	居民新村	46.9	H3	居家村32号	49.3
E1	汤家村48号	48.2	H4	锡澄路88号	58.6
E2	华联超市	49.4	H5	华东金属市场	57.7

续表2-41

点位编号	点位名称	环境噪声分贝（A）	点位编号	点位名称	环境噪声分贝（A）
I2	美华皮鞋厂	53.5	K3	金三角市场环南路6号	52.5
I3	金三角广州西路8号	49.9	K4	金三角南门	54.4
J2	江阴市电缆桥架厂	50.1	K5	木材市场	58.3
J3	金三角江苏路8号	50.3	L3	花岗岩加工场西	55.2
J4	金三角中门	56.3	L4	花岗岩加工场东	57.3
K2	金三角蓄电有限公司	51.7			

四、固体废物治理

2005年，镇建立压缩垃圾中转站一个，日清日运，垃圾被统一运送至江阴市生活垃圾焚烧发电厂集中处理。2012年前，医疗、危险废弃物被运送到江阴市固废处理中心。2012年后，医疗、工业固废被送至周边有资质的固废处理中心处理，集中处理率100%。

2004年南闸镇镇区生活垃圾处理情况统计一览

表2-42

月　份	产生量（吨）	处理量（吨）	处理方式	无害化处理率（％）
1	300	300	填埋	100
2	380	380	填埋	100
3	350	350	填埋	100
4	350	350	填埋	100
5	300	300	填埋	100
6	350	350	填埋	100
7	350	350	填埋	100
8	350	350	填埋	100
9	350	350	填埋	100
10	380	380	填埋	100
11	350	350	填埋	100
12	350	350	填埋	100
合　计	4160	4160	填埋	100

第四节　环保创建活动

一、生态镇创建

1988年初，省政府提出了《江苏省关于建设环境与经济协调发展示范镇》的要求，1999年初南闸镇被列为环境与经济协调发展示范镇先期建设单位。镇党委、政府按照环保责任刚性目标，将环境保护环境建设27项指标分解到各有关部门和基层单位，加大环保投入，加强日常环境监管和监测，开展节能减排、截流控污专项整治及植树造林等活动。社会经济发展、城镇建设分别达到国家统计局制定的小康标准和江苏省建委制定的新型小城镇建设指标体系要求，2001年12月通过江苏省环境保护委员会考核验收，被命名为江苏省环境与经济协调发展示范镇。

2002年7月，国家环保总局下发《关于深入发展创建全国环境优美乡镇活动的通知》。2003年，南闸镇启动创建工作。2004年，南闸镇委托无锡市环境科学研究所编制环境保护规划，通过江苏省环保厅专家评审，并由江阴市政府批准实施，创建工作全面展开。遵循生态经济学原理，坚持以人为本防治污染与生态保护并严格执行产业政策，产业结构主要向高效低耗，低能结构型、科技型方向发展，南闸形成了以机械、电子产业为主的工业经济，进一步提高环保准入门槛，坚决把污染项目拒之门外；严格执行建设项目环境影响评价和"三同时"制度；严格执行环保法律法规，对企业建立一厂一档；加强执法检查，严格检查治理设施情况；杜绝黑烟喷吐，提高大气质量，加强污水管网铺设进程，减少排污口数量，确保重点污染企业污水接入污水处理厂集中处理。严格执行《城市规划法》，杜绝乱堆乱放、乱设摊点、乱倒垃圾、占道经营等现象。加快农村改厕步伐，全面取缔露天粪坑。开展河道环境卫生专项整治，继续推进"家河"工程，河道管理实行"河长负责制管理"。农作物合理、科学使用农药。环境质量明显改善，空气环境质量达到国级二级标准，地表水水质、声环境质量全面达到适用功能区标准，饮用水水质达标率100%。污染控制水平明显提高，工业废水达标率90%，二氧化硫排放达标率92%，烟雾排放率90%，生活垃圾无公害处理率100%，清洁能源适用率95%。生态环境保护取得明显成效，人均公共绿地面积11平方米，主要道路绿化普及率95%。农村、集镇无脏乱差现象，卫生厕所普及率达国家卫生镇标准。2005年8月，通过江苏省环保厅专家组现场考核。经国家环保总局专家资料评审和现场抽查，南闸镇于2006年1月被评为全国环境优美镇。

二、生态村绿色学校创建

2005年结合生态市和优美乡镇创建，围绕"碧水、蓝天、宁静、绿色、家园"五大目标，广泛开展"生态村""环境友好企业""绿色社区"等活动。2005年施元村、南运村开展生态村创建工作，年内全部通过考核验收，被命名为江苏省生态村。2006年，生态村创建提高到新的层次，年内南闸村各项硬件指标全部达标，被命名为江苏省生态村。结合农村环境综合整治和社会主义新农村建设，生态村建设由"要我创建"向"我要创建"转变，清洁水源、清洁村庄、清洁生产、完善机制、长效管理，绿树多了，村庄整洁了，环境改善了，社会安定了，经济发展快了。观山村于2007年、花果村于2008年、观西村于2009年、泗河村于2010年，先后被评为江苏省生态村。江阴市南闸中学于2010年、南闸中心小学于2012年，先后被评为无锡市绿色学校，南闸实验学校于2013年被评为江苏省绿色学校。2015年，公众对生态环境满意率达98%。

第三编　人　口

第一章　人口规模

第一节　人口总量

宣统三年（1911），南闸境内共有户籍3518户，人口总数为18159人。其中蔡泾镇1806户9680人；观山镇890户3948人；谢园镇南部4保822户4531人。（以上资料据民国《江阴续志》卷五"宣统三年编查户口"所载。）

1949年，南闸境内共有5867户25228人，其中男13308人，女11920人。1953年，南闸共有6527户27475人，其中男14108人，女13367人。1964年，南闸共有7973户33950人，其中男17528人，女16422人，非农人口1467人。1974年，南闸共有10045户41097人，其中男21172人，女19925人，非农人口1292人。1988年，南闸共有12724户44491人，其中男23207人，女21284人，非农户1026户，非农人口2214人。

1990年，南闸共有13142户45680人，其中男23786人，女21894人。2000年，南闸共有14618户49261人，其中男25598人，女23663人。2015年年末，南闸户籍总数为14160户，人口总数为48245人，其中男24469人，女23776人，有外来暂住人口21429人，其中男性12367人，女性9062人。

1949—2015年南闸地区人口、户籍统计一览

表3-1

年份	户数（户）	总人口（人）	男（人）	女（人）	非农户（户）	非农户人口（人）	外来暂住人口（人）
1949	5867	25228	13308	11920	—	—	—
1953	6527	27475	14108	13367	—	—	—
1964	7973	33950	17528	16422	—	1467	—
1973	9875	40683	20896	19787	—	1300	—
1974	10045	41097	21172	19925	—	1292	—
1975	10415	41765	21514	20251	—	1225	—
1976	10707	42288	21814	20474	—	1246	—
1977	11062	42863	22163	20700	—	1250	—
1978	11260	43252	22510	20742	—	1250	—
1979	11231	43059	22475	20584	—	1414	—
1980	11420	43091	22339	20752	—	1338	—
1981	11773	43101	22576	20525	—	1546	—
1982	11126	42936	22469	20467	—	1562	—
1983	11695	43213	22618	20595	—	1547	—

续表3-1

年份	户数（户）	总人口（人）	男（人）	女（人）	非农户（户）	非农户人口（人）	外来暂住人口（人）
1984	11712	43203	22582	20621	—	1586	—
1985	11816	43227	22602	20625	—	1631	—
1986	12257	43530	22699	20831	—	1945	—
1987	12386	43995	22968	21027	1151	1993	—
1988	12724	44491	23207	21284	1026	2214	—
1989	12998	45162	23634	21528	1179	—	—
1990	13142	45680	23786	21894	1159	—	—
1991	13407	46277	24168	21109	1152	—	—
1992	13588	46285	24207	22078	1142	—	—
1993	13630	46537	24356	22181	1168	—	—
1994	13647	46661	24469	22192	1181	—	—
1995	13754	46970	24668	22302	1618	—	—
1996	14798	47267	24743	22524	1465	6549	—
1997	14874	47214	24721	22493	—	—	—
1998	15050	47512	24895	22617	2148	4306	—
1999	14599	48016	25157	22859	—	9233	—
2000	13786	49261	25598	23663	2263	—	—
2001	14573	47937	25161	22776	—	7600	—
2002	14739	47128	24688	22440	—	6797	—
2003	14134	47072	24596	22476	—	13906	—
2004	13639	48551	—	—	—	13058	10109
2005	13930	50290	—	—	—	—	11678
2006	14152	51824	26853	24971	—	—	13087
2007	14201	51020	26440	24580	—	—	14086
2008	14239	50018	25770	24248	—	—	13864
2009	14222	49443	25430	24013	—	—	16240
2010	14275	48824	25165	23658	—	—	17860
2011	14189	47979	24770	23209	—	—	23630
2012	14131	47454	24396	23058	—	—	23630
2013	14071	47213	24216	22997	—	—	29312
2014	14141	47674	24345	23329	—	—	23714
2015	14160	48245	24469	23776	—	—	21429

第二节　人口密度

　　南闸是全市人口密度较高的乡镇。1964年，南闸乡的人口密度是786人/平方公里，江阴县的人口密度是783人/平方公里；1982年，南闸公社的人口密度是994人/平方公里，江阴县的人口密度是1027.1人/平方公里；1990年，南闸公社的人口密度是1063人/平方公里，江阴市的人口密度是1127.6人/平方公里。

1964—2015年部分年份南闸地区人口密度一览

表3-2   单位：人/平方公里

年　份	常住人口密度	外来人口密度	平均人口密度	暂住人口（人）
1964	786	—	—	—
1982	994	—	—	—
1990	1063	17	1079	734
2000	1116	122	1238	5284
2009	1145	496	1641	21422
2010	1131	446	1577	19232
2011	1111	585	1696	25273
2012	1099	639	1738	27610
2013	1094	450	1544	19476
2014	1104	579	1683	25013
2015	1117	581	1698	21429

第三节　人口分布

1953年，南闸乡有6527户，总人口27475人，其中男14108人，女13367人。

1964年，南闸公社总人口33950人，下设22个生产大队，农业人口32417人，1个街道居民委员会，1477人；1个船户（集体户），56人。

1982年，南闸公社有42936人，分布在24个生产大队，1个居委会，1个集体户。

1990年，南闸镇总人口为45680人，分布于24个生产大队，1个居委会。

2000年，南闸镇总人口为49261人，分布于24个生产大队，1个居委会。

2010年，南闸街道总人口为60768人，分布于11个行政村，1个社区。

2015年，南闸街道总人口为69674人，分布于11个行政村，2个社区。

1982年南闸镇人口分布一览

表3-3   单位：人

单位名称	户数（户）	总人口	男	女	户均人数
南闸公社	11126	42936	22469	20467	3.86
花果大队	703	2809	1539	1270	4.0
谢南大队	475	1864	990	874	3.9
施元大队	416	1695	889	806	4.1
曙光大队	482	1873	993	880	3.9
马泾大队	368	1422	789	633	3.9
新庄大队	392	1560	803	757	4.0
涂镇大队	395	1517	761	756	3.8
南新大队	405	1329	669	660	3.3
南闸大队	430	1641	839	802	3.8
泾西大队	637	2282	1166	1116	3.6

续表3-3

单位名称	户数（户）	总人口	男	女	户均人数
南运大队	317	1116	567	549	3.5
龙游大队	530	1982	1037	945	3.7
蔡东大队	574	2121	1082	1039	3.7
蔡西大队	398	1680	884	796	4.2
林塘大队	323	1176	618	558	3.6
跃进大队	380	1411	741	670	3.7
观东大队	471	1912	1002	910	4.1
璜村大队	425	1620	866	754	3.8
观山大队	309	1356	694	662	4.4
灯塔大队	685	2799	1495	1304	4.1
泗河大队	628	2594	1330	1264	4.1
孟岸大队	370	1608	807	801	4.3
观西大队	321	1293	671	622	4.0
陶湾大队	175	712	365	347	4.1
居民委员会	497	1066	563	503	2.1
集体户	20	498	309	189	2.5

第四节　人口普查

遵照中央国务院的统一部署，境内组织力量，分别于1953年、1964年、1982年、1990年、2000年和2010年进行了6次全国性的人口普查工作。

一、第一次人口普查

1953年5月7日，在江阴县选举委员会的领导下，结合选民登记，进行人口调查工作。

这次人口调查登记项目有户籍、人口、性别等3项。南闸境内共有6527户27475人，其中男14108人，占总人口的51.3%；女13367人，占总人口48.7%。

二、第二次人口普查

1964年7月1日为第二次人口普查时间。这次人口普查设户籍、人口、性别、年龄、文化程度和民族等6个项目。普查工作从7月1日起至7月31日止，历时1个月。南闸公社由李仁清负责。全社有7973户，总人口33950人，其中男17528人，女16422人。农村22个大队32417人，船户56人，1个街道1477人；汉族33949人，回族1人。

三、第三次人口普查

1982年7月1日为第三次人口普查时间。这次人口普查设户籍、人口、性别、年龄、文化、职业、民族、婚姻等8个项目。普查工作从7月1日起至31日止，历时1个月。南闸公社由王永才负责。全社24个大队、1个居委会、1个集体户；总户数11126户，总人口42936人，其中男22469人，占总人口的52.3%，女20467人，占总人口的47.7%，性别比为109.8，均为汉族。

四、第四次人口普查

1990年7月1日为第四次全国人口普查时间。南闸乡成立人口普查办公室，副乡长许忠新任办公室主任。全乡成立25个人口普查小组，普查工作从1990年1月上旬开始至11月结束，历时10个多月。这次人口普查设户籍、人口、性别、年龄、文化程度、民族、职业行业、婚姻状况等8个项目。据统计，全乡13142户，总人口45680，其中男23786人，女21894人，分布于24个村1个居委会。其中汉族45659人、苗族4人、壮族7人、侗族1人、土家族9人。

五、第五次人口普查

2000年11月1日为第五次全国人口普查时间。南闸镇成立第五次人口普查领导小组，副镇长王国中任组长，下设办公室，有普查指导员、普查员各28名。这次人口普查设户籍、人口、性别、年龄、文化程度、民族、职业行业、婚姻状况、住房、家庭等10个项目，使用计算机数字处理，历时近5个月。全镇分设24个大队，1个居委会，共有13786户，总人口49261人，其中男25598人，女23663人，有汉族49116人，少数民族145人。其中蒙古族6人、回族6人、藏族1人、维吾尔族3人、苗族18人、侗族11人、白族7人、彝族2人、壮族14人、土家族65人、水族3人、土族1人、羌族2人、布依族6人。

六、第六次人口普查

2010年11月1日为全国第六次人口普查时间。南闸街道成立第六次人口普查领导小组，由钱昇贤任主任，吕惠琴任副主任。本次普查包括本镇常住人口和外地人员常住本镇人口。据统计，南闸街道11个村1个社区总户数17527户（含2802户外地户籍），总人口60768人，其中男31679人，女29089人，性别比是108.9。汉族人口60590人，少数民族178人，其中蒙古族2人、回族24人、藏族1人、维吾尔族1人、苗族47人、彝族20人、白族2人、土家族33人、哈尼族1人、壮族26人、布依族6人、朝鲜族1人、侗族3人、瑶族1人、畲族1人、羌族9人。

第二章　人口变动

第一节　自然变动

　　中华人民共和国成立前，境内人民受封建传统观念影响，早婚、早育、多生成为社会风气，但由于战乱，社会动荡不安，生活环境恶化，医疗条件差，新生婴儿成活率低，人口增长缓慢。

　　中华人民共和国成立后，社会安定，生产发展，人民生活水平提高，医疗条件改善，出生率高，人口增长快。1950年至1960年，境内人口数量增长较快，形成了第一次人口高峰。

　　1960—1963年，国民经济困难，自然灾害严重，人民生活和健康水平下降，人口增长势头减缓。1965年以后，国民经济复苏，农副业生产连年丰收，人口增长势头加大，形成了第二次人口高峰。1971年，国家提倡计划生育，控制人口增长，人口自然增长率逐步下降。1991年以后，计划生育、优生、优育观念被人民群众普遍接受，人口增长速度得到进一步控制。2000年以后，人口自然增长率甚至出现负增长。

1964—2015年部分年份南闸地区人口自然增长情况一览

表3-4　　　　　　　　　　　　　　　　　　　　　　　　　　　　　　　　　　　　　　单位：人

年份	人口总数	出生数	出生率‰	死亡数	死亡率‰	自然增长人数	自然增长率‰
1964	33950	582	17.1	185	5.5	397	11.69
1977	42863	947	22.10	357	8.33	590	13.78
1978	43252	946	21.87	334	7.72	612	14.15
1979	43059	745	17.30	305	7.08	440	10.22
1980	43091	514	11.93	306	7.10	208	14.83
1981	43101	576	13.36	326	7.56	250	5.80
1982	42936	567	13.21	309	7.20	258	6.01
1983	43213	381	8.82	344	7.96	37	0.86
1984	43203	281	6.50	233	5.39	48	1.11
1985	43227	450	10.41	311	7.19	139	3.22
1986	43531	616	14.15	296	6.80	320	7.35
1987	43995	818	18.59	307	6.98	511	11.61
1988	44491	896	20.14	394	8.86	478	10.74
1989	45162	908	20.11	307	6.80	601	13.31
1990	45874	434	9.50	151	3.29	283	6.17
2000	48179	780	16.19	375	7.79	405	8.41
2003	47331	391	8.26	354	7.48	37	0.78

续表3-4

年份	人口总数	出生数	出生率‰	死亡数	死亡率‰	自然增长人数	自然增长率‰
2007	51107	245	4.79	337	6.59	-92	-1.8
2010	48824	378	7.74	352	7.21	26	0.53
2013	47315	401	8.48	354	7.48	47	0.99
2015	48279	449	9.30	383	7.93	96	1.99

第二节　机械变动

南闸历史悠久，距今约4000多年前的新石器时代，已有先民在境内渔猎农耕，繁衍生息。唐末、五代及南宋初，北方战乱，人口大规模南迁。如江阴望族葛氏，原为扬州人氏，唐天祐年间（904—907）迁至江阴，民国《江阴县续志》记载："葛氏世居淮南广陵郡，后避孙杨之乱渡江至江阴荼镇（即今南闸涂镇——编者注），遂占籍焉。"元末农民起义，南闸是朱元璋和张士诚的主战场，两军曾在此展开多次激烈战斗，致使人口有所减少。明嘉靖三十五年（1556）元月，倭寇盘踞蔡泾闸长达半月，每日分党四出杀人放火，周围十几里内，村民离乡背井，几乎十室九空。清顺治二年（1645），江阴人民抗清守城81天，城外死难者7.5万余人，南闸紧挨县城，死者尤众。咸丰、同治年间，太平军和清兵在南闸展开拉锯战，人口大批死伤和外逃，加上水旱灾害，居民死亡甚众，由此人口锐减。日军侵华期间，南闸居民被杀害428人。

中华人民共和国成立后，境内人口变动主要是婚迁，干部、职工及其家属调动，参军、升学、招工等。人口迁移规模最大的是1958年，有大批农民进城务工。1959年4月，120名农村社员到新疆寄台县红旗公社落户务农。1960年10月，142名农村社员到新疆乌鲁木齐务工务农。1956年8月，集镇居民16人到新疆和田专区新园农场务农。1960—1963年，压缩城镇人口，精简下放职工，南闸公社接收下放职工及其家属69人。还有部分学校解散，学生回村务农。1968—1976年，城镇知识青年516人插队落户南闸，其中插队知青280人，回乡知青236人。20世纪70年代初，南闸公社先后在花果村、灯塔村以及泗河村设立知青点，安置澄江镇知青179人，其余知青分别安置到各生产小队。1966年4月，集镇知青132人到吴县藏书公社落户务农。1971年4月，集镇知青32人到滨海农场务农，9人到连云港灌云农场务农。20世纪60年代，老棉织社下放职工59人。

1976年起，下放职工和回乡插队知青逐步返回城镇安置就业。1979年7月，除父母退休由插队的子女顶岗外，其余插队知青全部调离农村，由政府安排在企事业单位工作。

1980年代，随着实行家庭联产承包制，农村剩余劳动力流向城镇，与此同时，由于社队办工业的高速发展，外地务工人员大量进入境内，加上历年来有相当数量的外地、外省女子婚嫁域内，使南闸人口发生较大的机械变动。

1964—2015年部分年份南闸地区人口迁移一览

表3-5　　　　　　　　　　　　　　　　　　　　　　　　　　　　　　　　　　单位：人

年份	迁入		迁出		年份	迁入		迁出	
	省内	省外	省内	省外		省内	省外	省内	省外
1964	189	—	217	—	1985	136	62	246	64
1982	311	—	330	—	1986	238	110	296	63

续表3-5

年 份	迁 入		迁 出		年 份	迁 入		迁 出	
	省 内	省 外	省 内	省 外		省 内	省 外	省 内	省 外
1987	238	102	316	71	2004	2048	143	657	51
1988	504	115	515	56	2007	1170	84	1945	51
1989	455	153	489	49	2008	990	102	2060	73
1990	227	161	320	64	2009	1125	194	1733	126
1991	158	127	224	55	2010	822	114	1490	91
1993	168	122	278	45	2011	346	75	1154	93
1994	123	97	321	49	2012	198	128	798	63
1995	228	115	305	57	2013	151	129	371	59
1996	416	133	549	41	2014	243	222	139	52
1998	111	106	195	37	2015	231	246	99	49
1999	665	114	156	51					

南闸出国留学或移居国外人员一览

表3-6

序号	姓名	性别	出国（境）时间	留学国家	留学学校及学历学位	家庭住址
1	许卫华	男	1989.09	日本	日本国立电气通信大学硕士	南闸村许家村
2	许英姿	女	1993.07	日本	日本明治大学	南闸村许家村
3	焦国芳	男	1994.06	美国	—	龙运村焦家塘
4	吕 锋	男	1999.08	新加坡	新加坡国立大学	蔡泾村吕家村
5	许小华	男	2004.08	日本	日本国立电气通信大学硕士	南闸村许家村
6	耿旸洋	男	2006.09	英国	华威大学	龙运村耿家村
7	刘 菲	女	2007.08	德国	蒂宾根大学	蔡泾村刘斗埭
8	居新峰	男	2008.09	英国	华威大学	紫金花园小区
9	刘雁冰	男	2010.08	美国	密歇根大学	蔡泾村东前头
10	宋舸威	男	2011.08	美国	谢菲尔德大学	蔡泾村何家村
11	孙 超	男	2011.08	日本	东京大学	龙运村
12	张 柯	男	2011.08	美国	密歇根州立大学硕士	观山村璜村
13	李 燕	女	2011.08	爱尔兰	塔拉理工学院	称心阁小区
14	吴卫花	女	2013.07	澳大利亚	墨尔本皇家理工大学	观山村璜村
15	许天烨	女	2014.09	英国	纽卡斯尔大学	金三角建材市场
16	华明玉	女	2014.09	澳大利亚	卧龙岗大学	龙运村
17	徐成飞	男	2014.08	美国	爱荷华州立大学硕士	观山村观山门
18	耿建洪	男	2002.04	瑞士	洛桑大学	龙运村耿家村
19	陈 凯	男	—	加拿大	—	花果村
20	吕芳华	女	—	日本	—	—
21	徐产兴	男	1986	新西兰、美国	美国哈佛大学	观西村茶岐村
22	吴秋英	女	1992	加拿大	博士	观山村璜村
23	张雪芬	女	1998	日本	—	观山村璜村

第三章 人口结构

第一节 民族·姓氏

一、民族

1953年，全国第一次人口普查显示，境内基本上是单一的汉族聚居。1964年，全国第二次人口普查显示，境内总人口33950人，其中1人是回族，33949人是汉族。

1982年，全国第三次人口普查显示，境内总人口42936人，全部是汉族。随着乡镇企业的发展，来自全国各地的外来人员涌入本地，一些外地女青年和单身妇女与本地男子婚配或有外地人员举家迁入本地，少数民族逐步增多。

1990年，全国第四次人口普查显示，境内总人口45680人，其中汉族45659人，苗族、壮族、侗族、土家族、回族等少数民族21人。外来人口898人。

2000年，全国第五次人口普查显示，境内总人口49261人，其中汉族49116人、蒙古族6人、回族6人、藏族1人、维吾尔族3人、苗族18人、彝族2人、壮族14人、布依族6人、侗族11人、白族7人、土家族65人、水族3人、土族1人、羌族2人。

2010年，全国第六次人口普查数据显示，境内总人口60768人，其中汉族60590人、蒙古族2人、回族24人、藏族1人、维吾尔族1人、苗族47人、彝族20人、白族2人、土家族33人、哈尼族1人、壮族26人、布依族6人、朝鲜族1人、侗族3人、瑶族1人、畲族1人、羌族9人。

二、姓氏

根据姓氏谱牒查考，本镇户籍来源大多为宋、元、明、清各代从河南、陕西、山东等地迁移而来。1985年年底统计，境内共有姓氏148个，11816户，43227人。

1985年南闸乡姓氏统计一览

表3-7

姓氏	户数（户）	人数（人）	姓氏	户数（户）	人数（人）	姓氏	户数（户）	人数（人）
丁	111	495	仇	4	21	何	123	434
于	2	7	尤	26	93	苏	32	108
山	1	1	江	11	61	沙	15	60
万	1	1	邢	46	192	宋	88	271
马	15	41	吴	838	3027	时	1	3
方	7	21	沈	177	684	严	4	9
戈	35	130	杨	105	398	杜	15	61
计	4	11	庞	23	83	汪	3	8

续表3-7

姓氏	户数（户）	人数（人）	姓 氏	户数（户）	人数（人）	姓 氏	户数（户）	人数（人）
王	429	1605	桑	1	2	候	1	2
卞	15	67	聂	11	31	胥	2	5
邓	95	322	孟	8	35	姜	1	1
石	15	53	浦	2	6	宦	1	1
冯	32	138	秦	12	45	咸	1	1
卢	1	3	顾	490	1683	闵	10	36
史	73	290	高	322	1174	查	5	17
印	2	7	陶	22	84	秘	1	1
包	4	10	曹	39	135	徐	620	2248
刘	685	2495	肖	3	7	耿	535	1921
单	33	127	李	190	669	郭	23	95
郁	1	1	余	13	44	袁	193	706
居	132	495	坎	63	217	莫	7	32
罗	3	8	邹	10	55	奚	40	164
范	4	10	洪	2	2	唐	35	129
花	167	634	邵	3	7	殷	23	68
郑	3	7	叶	3	10	蔡	30	108
壮	1	6	邱	14	55	缪	284	973
胡	79	276	陆	436	1658	谭	171	600
俞	18	70	张	552	2064	樊	1	2
施	43	144	陈	681	2593	潘	4	7
赵	131	458	金	424	1693	毅	1	5
是	41	161	承	50	180	黄	155	619
闻	8	31	屈	13	44	梅	30	101
任	200	782	於	1	3	崔	38	164
汤	92	324	宗	1	1	章	24	85
孙	46	164	周	252	974	眭	1	1
吕	180	611	林	6	16	龚	1	2
毕	7	14	季	6	25	屠	1	2
许	455	1652	蒯	54	187	盛	38	157
吉	2	11	詹	1	6	娄	1	1
华	49	164	虞	32	107	符	7	27
庄	4	14	翁	1	5	戚	2	4
朱	152	533	鲍	1	3	童	2	6
夏	48	189	雍	1	7	谢	144	542
倪	65	241	祝	2	4	程	10	32
钱	12	47	姚	2	9	景	1	5
贾	42	155	宫	5	14	韩	8	28
席	1	3	柳	1	2	葛	2	6

续表3-7

姓 氏	户数（户）	人数（人）	姓 氏	户数（户）	人数（人）	姓 氏	户数（户）	人数（人）
傅	2	9	薛	116	418	瞿	6	25
焦	93	310	戴	55	205	合计	11816	43227
蒋	302	962	鞠	1	1			

三、部分姓氏来源

1.吴姓（3027人）：黄帝后裔，11世纪前，古公亶父封地在西岐，大儿泰伯为让王位，率弟仲雍到苏州、无锡一带，断发文身与当地土著结合，将中原文化带至当地，不断发展后成吴国，并以国为姓而延续至今。境内吴姓分布在花果村、曙光村、谢南村、泾西村、龙运村、观山村、泗河村、观西村等。吴姓村民都是仲雍、季札后代（泰伯无子，仲雍子承嗣）自吴姓诞生至今，世代名人辈出，特别是在宗族文化上有许多鲜明个性特色。吴氏有泰伯三让王位、季札四让王位的忠厚谦让优良传统，有积极进取的开拓精神、尊奉先贤的宗族规范，用书香传家的重教礼仪等激励后人，繁衍生息不止。

2.陈姓（2593人）：舜帝后裔，封为陈侯，以封地建立陈国。祖地在河南淮阳，建国三年大庆，以国为姓为陈氏，主要在中原地区发展繁衍，后向四周迁播。境内东部的居民是从本市峭岐镇陈家冲迁来，西部的是从武进双庙迁来。陈姓兴旺发达，名人辈出，具有悠久的宗族文化，一是长幼尊卑的伦理观念；二是宗族家训族规；三是耕读传家教育后人；四是爱国尊奉先贤。

3.刘姓（2495人）：尧帝后代，祖源在河南偃师。西汉王朝时，刘姓人口大量发展，支派繁衍。历史上刘姓人口兴旺昌盛，名人辈出。境内刘姓从山东省东营市和武进县新安迁来，分布在花果村、涂镇村、泾西村、曙光村、谢南村、龙运村、灯塔村、泗河村、观西村等村。

4.徐姓（2248人）：祖地徐城（今江苏泗洪）。西周穆王时（公元前976—前922年），东部有个徐国，国都在徐城。国君嬴偃感念徐国九百年昌盛江山，以国为姓，族人以徐相认。徐姓自周朝诞生后，世代繁衍发展，形成望族，名人层出不穷。境内徐姓从本市夏港镇、祝塘镇迁来定居至今，分布在观西茶岐村、花果村、谢南村、曙光村、泗河村、观山村等村。

5.张姓（2064人）：黄帝后裔。距今约五千年前，部落族人过着刀耕火种的生活，颛顼帝的弟弟挥为了抵抗外敌的侵犯，和妻子月利用柳枝制成弓，利用动物皮割成绳拴成弦，把石头磨成箭头，制成弓箭，射杀野兽，抗御外敌。为表彰挥的功绩，颛顼帝把"弓"和"长"合成一个"张"字赐给挥为姓。境内张姓在北宋末年随康王南渡至江阴，先是定居灯塔茶岐村，后散居至其他村庄。张姓历史名人灿若群星，他们都是中华民族的优秀儿女，为中华民族文明进步做出了贡献。

6.耿姓（1921人）：原籍陕西扶风，始迁祖耿冕，字有爵，宋真宗大中祥符中（1013年前后）进士，派到江阴来当了十几年县官，深得民心。致仕后，在来春乡置了田产，先是寄居在茶岐村，后来在鲍庄村定居。耿氏在江阴历史上氏族中的地位显赫，与江阴葛氏、邱氏并列为江阴望族的前三名。据1994年镇志统计，耿氏535户1921人，是南闸大姓之一。境内邵庄、南庄、茶岐、梅鸭里、沙家村、上河、戈家村、馒头村、耿家村等村都有耿氏后代。

7.金姓（1693人）：西汉武帝时，匈奴休屠王之子日磾离开匈奴降汉，因其原在匈奴专事供奉"金人"祭祀天神，汉武帝赐其姓"金"，长期居住在朝中，供奉"金人"，修善行事。金姓从金日磾开始，子孙后世繁衍兴旺。境内泗河村、曙光村、南闸村有金姓后代。

8.顾姓（1983人）：史料载夏商时期，颛顼后代昆吾氏有子孙封于顾国，君主称顾伯。顾国在夏末被商王族所灭，顾姓人氏在顾国被商灭之时以国为姓，历经风雨沧桑，世代繁衍，发展于江浙一带，成长壮大，人丁兴旺。境内花果村、观山村、龙运村、观西村有顾氏后代。花果顾姓从云亭大园里顾姓入赘而来（本姓王）。

9.陆姓（1658人）：黄帝后裔，陆氏是中华民族汉族中的望族之一。第一位以陆为姓氏者，就是全国陆氏宗亲所一致尊崇供奉的第一世祖——陆通。陆氏世代繁衍兴旺，遍布全国。境内南闸村陆家沟村、观山村璜村、观西村芦歧村等都有陆氏后代。

10.许姓（1652人）：许姓源于炎帝后裔，出于姜姓，姜姓源于炎帝。南闸许姓祖籍汴梁许州（现河南许昌），自宋朝至今900多年，繁衍生息，成为江阴名门望族，名人辈出。境内许姓分布在观庄、寨里村、许家村、上河村、南运村、泗河村、陶湾村等村。

第二节 性别·年龄

一、性别

1953年第一次人口普查，男14108，女13367，性别比105.5；

1964年第二次人口普查，男17528，女16422，性别比106.7；

1982年第三次人口普查，男22469，女20467，性别比109.8；

1990年第四次人口普查，男23786，女21894，性别比108.6；

2000年第五次人口普查，男25598，女23663，性别比108.2；

2010年第六次人口普查，男31679，女29089，性别比108.9。

1982年南闸公社总户数、总人口数和性别比例统计一览

表3-8

单位名称	总户数（户）	总人口数（人）			占总人口的百分比（%）		性比例（女=100）
		合计	男	女	男	女	
南闸公社	11126	42936	22469	20467	52.3	47.7	109.8
花果大队	703	2809	1539	1270	54.8	45.2	121.2
谢南大队	475	1864	990	874	53.1	46.9	113.3
施元大队	416	1695	889	806	52.4	47.6	110.3
曙光大队	482	1873	993	880	53.0	47.0	112.8
马泾大队	368	1422	789	633	55.5	44.5	124.6
新庄大队	392	1560	803	757	51.5	48.5	106.1
涂镇大队	395	1517	761	756	50.2	49.8	100.7
南新大队	405	1329	669	660	50.3	49.7	101.4
南闸大队	430	1641	839	802	51.1	48.9	104.6
泾西大队	637	2282	1166	1116	51.1	48.9	104.5
南运大队	317	1116	567	549	50.8	49.2	103.3
龙游大队	530	1982	1037	945	52.3	47.7	109.7
蔡东大队	574	2121	1082	1039	51.0	49.0	104.1
蔡西大队	398	1680	884	796	52.6	47.4	111.1
林塘大队	323	1176	618	558	52.6	47.4	110.8
跃进大队	380	1411	741	670	52.5	47.5	110.6

续表3-8

单位名称	总户数（户）	总人口数（人）			占总人口的百分比（%）		性比例（女=100）
		合 计	男	女	男	女	
观东大队	471	1912	1002	910	52.4	47.6	110.1
璜村大队	425	1620	866	754	53.5	46.5	114.9
观山大队	309	1356	694	662	51.2	48.8	104.8
灯塔大队	685	2799	1495	1304	53.4	46.6	114.6
泗河大队	628	2594	1330	1264	51.3	48.7	105.2
孟岸大队	370	1608	807	801	50.2	49.8	100.7
观西大队	321	1293	671	622	51.9	48.1	107.9
陶湾大队	175	712	365	347	51.3	48.7	105.2
居民委员会	497	1066	563	503	52.8	47.2	111.9
集体户	20	498	309	189	62.0	38.0	163.5

二、年龄

中华人民共和国成立前经济落后，人民生活贫困，常有天灾人祸，境内人口平均寿命较低，能活到60岁的人就算长寿，活到70岁的人很稀少，因此，民间有"人生七十古来稀"的说法。

中华人民共和国成立后，社会安定，经济发展，人民安居乐业，生活质量不断提高，医疗技术水平提高，人民的平均寿命不断提高。1964年全国第二次人口普查，南闸90岁以上的户籍老人有6人。1982年全国人口第三次普查，90岁以上的户籍老人有22人。2010年全国人口第六次普查，90岁以上的户籍老人有113人。2015年年底，南闸90岁以上有191人，超过100岁的户籍老人有7人。

1982年南闸公社人口年龄构成一览

表3-9

单位：人

岁　数	男	女	岁　数	男	女	岁　数	男	女
0	356	254	16	597	488	32	510	429
1	297	194	17	556	545	33	411	375
2	374	263	18	500	492	34	388	361
3	463	363	19	481	527	35	389	318
4	459	370	20	308	311	36	303	307
5	463	389	21	215	201	37	300	285
6	400	354	22	313	307	38	280	240
7	415	355	23	347	274	39	215	198
8	460	315	24	415	369	40	259	232
9	438	379	25	396	289	41	265	254
10	461	370	26	406	300	42	244	239
11	544	472	27	465	417	43	277	294
12	497	399	28	436	402	44	206	211
13	532	435	29	435	343	45	145	166
14	488	414	30	526	381	46	229	236
15	488	439	31	425	372	47	205	162

续表3-9

岁 数	男	女	岁 数	男	女	岁 数	男	女
48	125	128	65	134	141	82	17	38
49	155	154	66	99	150	83	20	35
50	148	160	67	113	98	84	5	32
51	156	154	68	96	130	85	4	22
52	180	190	69	95	111	86	4	20
53	181	173	70	85	125	87	3	14
54	177	184	71	80	116	88	1	5
55	150	150	72	63	95	89	1	2
56	161	167	73	82	95	90	2	11
57	204	141	74	58	77	91	1	3
58	177	150	75	50	76	92	0	1
59	175	165	76	47	76	93	1	2
60	128	161	77	40	57	94	0	0
61	141	125	78	29	74	95	0	0
62	150	153	79	23	48	96	0	1
63	140	148	80	25	52			
64	122	134	81	29	34			

第三节　家庭·婚姻

一、家庭

中华人民共和国成立前，境内富有人家都为多口的大家庭，四代同堂。一般人家多数为父母子女二代同堂或祖孙三代同堂。

中华人民共和国成立后，旧式大家庭体制逐渐被打破。随着时代的发展，家庭规模逐渐缩小，以3—5口之家为主。年轻人另立成家，老年夫妇相伴为生，单身老人独立生活的也占一定比例。

1973—2015年南闸镇户平均人口统计一览

表3-10

年 份	总户数(户)	总人口(人)	平均数	年 份	总户数(户)	总人口(人)	平均数
1973	9875	40683	4.12	1983	11695	43213	3.69
1974	10045	41097	4.09	1984	11712	43203	3.69
1975	10415	41765	4.01	1985	11816	43227	3.66
1976	10707	42288	3.95	1986	12257	43530	3.55
1977	11062	42863	3.87	1987	12386	43995	3.55
1978	11260	43252	3.84	1988	12724	44491	3.50
1979	11231	43059	3.83	1989	12998	45162	3.47
1980	11420	43091	3.77	1990	13142	45680	3.48
1981	11773	43101	3.66	1991	13407	46277	3.45
1982	11126	42936	3.86	1992	13588	46285	3.41

续表3-10

年 份	总户数（户）	总人口（人）	平均数	年 份	总户数（户）	总人口（人）	平均数
1993	13630	46537	3.41	2005	13930	50290	3.61
1994	13647	46661	3.42	2006	14152	51824	3.66
1995	13754	46970	3.42	2007	14201	51020	3.59
1996	14798	47267	3.19	2008	14239	50018	3.51
1997	14874	47214	3.17	2009	14222	49443	3.48
1998	15050	47512	3.16	2010	14275	48824	3.42
1999	14599	48016	3.29	2011	14189	47979	3.38
2000	13786	49261	3.57	2012	14131	47454	3.36
2001	14573	47937	3.29	2013	14071	47213	3.36
2002	14739	47128	3.20	2014	14141	47674	3.37
2003	14134	47072	3.33	2015	14160	48245	3.41
2004	13639	48551	3.56				

2010年南闸镇家庭户规模一览

表3-11 单位：户

地 区	一人户		二人户		三人户		四人户		五人户	
	户数	比重	户数	比重	户数	比重	户数	比重	户数	比重
南闸街道	1876	11.40	4029	24.47	4597	27.92	2730	16.58	2450	14.88
紫金社区居委会	120	6.75	355	19.98	760	42.77	301	16.94	181	10.19
花果村村委会	97	10.28	188	19.92	252	26.69	184	19.49	155	16.42
谢南村村委会	135	11.61	309	26.57	315	27.09	175	15.05	170	14.62
曙光村村委会	75	7.54	182	18.29	253	25.43	188	18.89	222	22.31
涂镇村村委会	136	11.94	334	29.32	293	25.72	155	13.61	155	13.61
南新村村委会	133	13.73	224	23.12	304	31.37	145	14.96	120	12.38
南闸村村委会	93	8.60	277	25.60	285	26.34	201	18.58	181	16.73
蔡泾村村委会	494	18.21	828	30.52	619	22.82	368	13.56	317	11.68
观山村村委会	127	12.85	248	25.10	259	26.21	161	16.30	159	16.09
泗河村村委会	87	7.63	206	18.07	298	26.14	261	22.89	208	18.25
观西村村委会	134	10.14	336	25.42	362	27.38	223	16.87	208	15.73
龙运村村委会	245	10.98	542	24.29	597	26.76	368	16.49	374	16.76

地 区	六人户		七人户		八人户		九人户		十人及以上户		合计户数
	户数	比重	户数	比重	户数	比重	户数	比重	户数	比重	
南闸街道	647	3.93	89	0.54	35	0.21	6	0.04	4	0.02	16463
紫金社区居委会	48	2.70	8	0.45	3	0.17	1	0.06	—	—	1777
花果村村委会	59	6.25	8	0.85	1	0.11	—	—	—	—	944
谢南村村委会	50	4.30	4	0.34	3	0.26	1	0.09	1	0.09	1163
曙光村村委会	62	6.23	12	1.21	1	0.10	—	—	—	—	995
涂镇村村委会	49	4.30	15	1.32	2	0.18	—	—	—	—	1139
南新村村委会	29	2.99	9	0.93	3	0.31	1	0.10	1	0.10	969
南闸村村委会	36	3.33	4	0.37	5	0.46	—	—	—	—	1082
蔡泾村村委会	78	2.88	6	0.22	3	0.11	—	—	—	—	2713

续表3-11

地 区	六人户		七人户		八人户		九人户		十人及以上户		合计户数
	户数	比重	户数	比重	户数	比重	户数	比重	户数	比重	
观山村村委会	29	2.94	1	0.10	3	0.30	—	—	1	0.10	988
泗河村村委会	68	5.96	7	0.61	4	0.35	1	0.09	—	—	1140
观西村村委会	54	4.08	5	0.38	—	—	—	—	—	—	1322
龙运村村委会	85	3.81	10	0.45	7	0.31	2	0.09	1	0.04	2231

2010年南闸镇家庭户、集体户统计一览

表3-12

地 区	户数（户）			人口数（人）			
				合 计			
	合 计	家庭户	集体户	合 计	男	女	性别比（女=100）
南闸街道	17527	16463	1064	60768	31679	29089	108.90
紫金社区居委会	1806	1777	29	5688	2933	2755	106.46
花果村村委会	958	944	14	3187	1635	1552	105.35
谢南村村委会	1239	1163	76	3900	2065	1835	112.53
曙光村村委会	1002	995	7	3546	1828	1718	106.40
涂镇村村委会	1195	1139	56	3717	1987	1730	114.86
南新村村委会	1078	969	109	3558	1865	1693	110.16
南闸村村委会	1091	1082	9	3542	1783	1759	101.36
蔡泾村村委会	3313	2713	600	14196	7561	6635	113.96
观山村村委会	1005	988	17	3300	1719	1581	108.73
泗河村村委会	1147	1140	7	4004	2026	1978	102.43
观西村村委会	1326	1322	4	4194	2130	2064	103.20
龙运村村委会	2367	2231	136	7936	4147	3789	109.45

2010年南闸镇家庭户、集体户男女和性别比统计一览

表3-13

地 区	人口数（人）								每户家庭平均人数
	家庭户				集体户				
	合计	男	女	性别比（女=100）	合计	男	女	性别比（女=100）	
南闸街道	51774	26512	25262	104.95	8994	5167	3827	135.01	3.14
紫金社区居委会	5596	2882	2714	106.19	92	51	41	124.39	3.15
花果村村委会	3158	1616	1542	104.80	29	19	10	190.00	3.35
谢南村村委会	3619	1844	1775	103.89	281	221	60	368.33	3.11
曙光村村委会	3524	1809	1715	105.48	22	19	3	633.33	3.54
涂镇村村委会	3493	1813	1680	107.92	224	174	50	348.00	3.07
南新村村委会	2953	1486	1467	101.30	605	379	226	167.70	3.05
南闸村村委会	3495	1756	1739	100.98	47	27	20	135.00	3.23
蔡泾村村委会	7598	3976	3622	109.77	6598	3585	3013	118.98	2.80

续表3-13

| 地 区 | 人口数（人） | | | | | | | | | 每户家庭平均人数 |
| | 家庭户 | | | | 集体户 | | | | | |
	合计	男	女	性别比（女=100）	合计	男	女	性别比（女=100）		
观山村村委会	3054	1544	1510	102.25	246	175	71	246.48		3.09
泗河村村委会	3975	2000	1975	101.27	29	26	3	866.67		3.49
观西村村委会	4183	2122	2061	102.96	11	8	3	266.67		3.16
龙运村村委会	7126	3664	3462	105.83	810	483	327	147.71		3.19

二、婚姻

中华人民共和国成立前，男婚女嫁应由双方父母做主，为子女选择年龄相近、门当户对的对象，即"父母之命、媒妁之言"的包办婚姻。还有的是指腹为婚，摇篮里攀亲的娃娃亲，也有亲上加亲的姑表、姨表亲。

中华人民共和国成立前，境内的乡绅大户人家大多娶妻纳妾，小康人家有妻不育或不生儿子者也有纳妾的。个别贫困者也有通过"抢亲"结为夫妻；也有兄长结婚后早亡，弟与嫂结为夫妻的"叔接嫂"；也有弟亡，哥与弟妇结为夫妻的"伯接妇"；也有因贫困无力娶妻而孤独一生的"孤身汉"。年轻丧偶的妇女，受封建礼教束缚从一而终、终身不嫁的称为"寡妇"。也有将女孩送到男方家里去做童养媳，待成年后"圆房"。

中华人民共和国成立后，随着《中华人民共和国婚姻法》的颁布，人民生活的全面改善，婚姻状况发生了重大变化，男女青年到了法定年龄后自由恋爱、自主择婚。新婚姻法严禁男子娶妾，严格实行一夫一妻制。1982年南闸地区有配偶20100对，丧偶2248人，离婚76人。1986年以后，随着改革开放的深入，从外省进入本地区婚配的人数逐渐增多，据镇妇联1990年3月的统计，南闸地区已有16个省市的700余名外地妇女到本地婚配，组成家庭。

第四节　文化·职业

一、文化

中华人民共和国成立之前，境内大户人家设有私塾。清光绪五年（1879），域内有义学1所，学生20人。民国八年（1919），南闸有国民学校8所，学生431人。民国二十一年（1932），南闸有初级小学10所，入学学生768人，其中男生674人，女生94人，女生占学生总数的12.2%。

中华人民共和国成立后，人民政府在农村广泛开展扫盲运动，开办夜校、冬校、识字班，效果显著。1954年，江阴县指派扫盲干部倪兴华，在观山璜村的张公祠，开办了以扫盲识字为主的南闸观山民校，每天晚上为村民上课。随后在南闸境内推广。1955年年底，县组织扫盲工作大检查，南闸被评为扫盲先进单位。

1964年第二次人口普查，境内文盲9534人，占总人口的28.1%。初等教育5195人，占总人口的15.3%；初中2375人，占总人口的7.0%；高中451人，占总人口的1.3%；大专以上27人，占总人口的0.08%。2010年第六次人口普查，在6岁及以上人口中，境内文盲1536人，占总人口的2.53%；小学14937人，占总人口的24.58%；初中24676人，占总人口的40.61%；高中8829人，占总人口的

14.53%；大学专科7449人，占总人口的12.75%；大学本科867人，占总人口的1.43%；研究生45人，占总人口的0.07%。

1964年南闸人口文化程度普查统计一览

表3-14 单位：人

地区	合计	12岁以下不在校儿童		不识字		初识字		初小		高小	初中	高中	大学	文化程度不详
		小计	7—12岁	小计	13—40岁	小计	13—40岁	小计	13—40岁					
总计	33950	7385	1444	9534	3274	796	485	8179	3697	5195	2375	451	27	8
花果	2067	491	116	547	190	155	113	539	299	252	78	5	—	—
谢南	1464	386	110	404	154	84	57	340	202	199	49	2	—	—
曙光	2495	662	177	854	383	60	49	601	337	240	69	9	—	—
施元	1319	283	69	385	138	19	8	355	184	194	67	16	—	—
新庄	1183	298	89	391	148	1	—	262	148	168	54	8	1	—
涂镇	1179	240	23	316	97	31	30	313	144	204	63	10	2	—
河东	1031	212	35	283	79	11	6	217	90	159	125	24	—	—
南闸	1282	253	38	349	88	34	17	322	140	196	114	14	—	—
河南	848	156	24	234	64	32	13	174	62	161	77	14	—	—
泾西	1869	327	76	500	116	28	12	501	199	381	107	24	1	—
蔡东	1611	320	56	496	161	11	8	366	158	279	125	13	—	1
蔡西	1357	314	82	381	120	22	12	339	152	186	106	7	2	—
巨轮	1711	359	48	455	137	40	17	417	161	290	131	19	—	—
菱塘	992	232	42	266	92	44	23	251	127	137	57	5	—	—
观山	2443	553	80	705	262	56	28	532	223	396	174	27	—	—
跃进	1132	213	36	308	70	41	21	261	120	203	99	7	—	—
观东	1482	279	53	444	156	32	15	322	121	256	129	20	—	—
灯塔	2109	458	56	546	191	6	3	570	250	353	158	18	—	—
泗河	2060	469	79	528	215	40	19	550	218	305	148	19	—	1
孟岸	1260	319	62	389	150	16	17	282	120	170	72	9	3	—
观西	964	225	43	328	140	—	—	247	120	108	49	7	—	—
陶湾	559	108	25	154	42	5	4	124	47	96	63	2	1	6
街道	1477	212	16	244	65	21	11	289	73	261	261	172	17	—
船户	56	16	9	27	16	7	5	5	2	1	—	—	—	—

1982年南闸人口文化构成统计一览

表3-15 单位：人

6岁及以上人口数	大学毕业	大学肄业或在校	高中	初中	小学	文盲、半文盲	
						人口数	其中6—11岁
38697	43	9	2699	9937	18030	7979	884

2010年南闸人口文化程度普查统计一览

表3-16
单位：人

地 区	6岁及以上人口			未上过学			小 学			初 中		
	合计	男	女	小计	男	女	小计	男	女	小计	男	女
南闸街道	58339	30391	27948	1536	274	1262	14937	6878	8059	24676	13576	11100
紫金社区	5337	2750	2587	80	13	67	991	484	507	2074	1050	1024
花果村	3035	1553	1482	60	10	50	1101	513	588	1293	691	602
谢南村	3743	1992	1751	136	18	118	1072	533	539	1769	1006	763
曙光村	3380	1746	1634	141	34	107	1100	533	567	1455	771	684
涂镇村	3548	1898	1650	141	21	120	1097	523	574	1687	990	697
南新村	3400	1785	1615	82	27	55	752	353	399	1715	942	773
南闸村	3414	1721	1693	92	17	75	963	387	576	1668	907	761
蔡泾村	1808	7353	6455	194	33	161	2885	1398	1487	4552	2550	2002
观山村	3185	1653	1532	144	20	124	853	352	501	1400	799	601
泗河村	3838	1934	1904	83	13	70	930	372	558	1653	866	787
观西村	4062	2063	1999	180	36	144	968	431	537	1706	908	798
龙运村	7589	3943	3646	203	32	171	2225	999	1226	3704	2096	1608

地 区	高 中			大学专科			大学本科			研究生		
	小计	男	女	小计	男	女	小计	男	女	小计	男	女
南闸街道	8829	5122	3707	7449	4001	3448	867	510	357	45	30	15
紫金社区	1168	640	528	705	378	327	305	175	130	14	10	4
花果村	464	272	192	96	55	41	21	12	9	—	—	—
谢南村	572	327	245	141	77	64	51	30	21	2	1	1
曙光村	522	317	205	119	64	55	42	26	16	1	1	—
涂镇村	441	263	178	137	81	56	43	19	24	2	1	1
南新村	586	316	270	189	99	90	74	47	27	2	1	1
南闸村	538	329	209	118	56	62	34	25	9	1	—	1
蔡泾村	854	516	338	5221	2792	2429	85	52	33	17	12	5
观山村	595	369	226	123	70	53	66	41	25	4	2	2
泗河村	989	584	405	150	83	67	33	16	17	—	—	—
观西村	996	566	430	174	101	73	37	20	17	1	1	—
龙运村	1104	623	481	276	145	131	76	47	29	1	1	—

二、职业分布

中华人民共和国成立前，南闸地区绝大多数人务农，少数人经商。贫苦人家子女10岁左右就外出做童工，当学徒，成年男性外出当长工、打短工，成年女性也有外出当工人、做佣人的。农闲时有手艺的做瓦工、木工、裁缝等，也有编竹篮、编蒲包、编芦花靴、织土布等，以补贴家用。

中华人民共和国成立后，无地农民分到了土地，除少数人从事小手工业外，大部分人从事农业生产。十一届三中全会以后，社队工业迅速发展，农村劳动力大量转移，社会职业人口发生很大变化。据乡经济管理站统计，全乡1987年总劳动力24431人，乡办企业职工6614人，村办企业职工5819人，合计12433人，占总劳动力一半以上。1994年农业劳动力5242人，工业劳动力7116人，建筑业1270人，运输邮电429人，商饮食业412人，物资供销100人，卫生体育66人，教育文化广播114人，金融保险房地产10人，镇村经济管理服务业108人，其他劳动力2205人。

1981—1988年南闸公社（乡、镇）在业人员劳动行业分布情况一览

表3-17　　　　　　　　　　　　　　　　　　　　　　　　　　　　　　　　　　　　　　　单位：人

年 份	农 业		林牧副渔业		工 业		建筑业	
	数 量	%	数 量	%	数 量	%	数 量	%
1981	14136	60.30	1584	6.76	5278	22.52	913	3.89
1982	13506	56.87	1481	6.24	5967	25.13	1042	4.39
1983	10390	46.99	1731	7.83	6540	29.58	1052	4.76
1984	7909	34.39	2949	12.82	7871	34.22	895	3.89
1985	6729	27.95	3259	13.54	8760	36.38	878	3.65
1986	6462	26.56	2458	10.10	9932	40.82	1126	4.63
1987	5595	22.90	2354	9.64	10262	42.00	988	4.04
1988	5724	23.27	2685	10.91	10385	42.21	816	3.32

年 份	交通邮电业		商饮服务业		其 他		县以上全民集体单位		合 计 劳动力
	数 量	%	数 量	%	数 量	%	数 量	%	
1981	591	2.52	54	0.23	568	2.42	318	1.36	23442
1982	929	3.91	68	0.29	175	0.74	579	2.44	23747
1983	1206	5.45	70	0.32	287	1.30	834	3.77	22110
1984	1324	5.76	174	0.76	497	2.16	1379	6.00	22998
1985	805	3.34	210	0.87	1185	4.92	2251	9.35	24077
1986	658	2.70	217	0.89	2587	10.63	893	3.67	24333
1987	802	3.28	238	0.97	3066	12.55	1126	4.61	24431
1988	621	2.52	237	0.96	2967	12.06	1166	4.74	24601

第四章　人口管理

第一节　管理机构

　　1962年12月，南闸公社为了落实中共中央国务院《关于认真提倡计划生育》的指示，在全公社范围内宣传和提倡计划生育，节制生育，提倡男扎。由于大部分群众受旧的传统观念影响，认识模糊，计划生育未能落实。"文化大革命"期间，计划生育一度无人管理。1971年起，公社明确规定各生产大队、各企事业单位均由妇代会主任负责计划生育工作，公社由妇联主席负责，由党委副书记分管。1973年，公社配备一名计划生育宣传员，在全社宣传提倡晚婚晚育，提出一对夫妇生一个孩子嫌少，两个孩子正好，三个孩子绝对不要，并动员育龄妇女采取节制生育措施。1979年提倡一对夫妇只生一个孩子好，控制、有计划地生育二胎，坚决杜绝三胎，鼓励、奖励领取"独生子女证"。1980年，公社配备专职计划生育干部一名。1980年9月，中共中央发出《关于控制我国人口增长问题致全体共产党员、共青团员公开信》后，公社成立计划生育领导小组，由公社革命委员会副主任任组长，下设计划生育领导办公室，配专职干部3—4人，各生产大队、企事业单位均配备妇女干部，分工搞计划生育工作。对已生二个孩子和二个孩子以上的夫妇免费做男女结扎手术。

第二节　计划生育

一、计划生育

　　中华人民共和国成立前，境内居民早婚早育情况普遍。已婚的育龄妇女虽然已生育3—5个女儿，但不生到儿子不罢休，思想上从没有过"计划生育"的概念。当时由于医疗条件和保健条件差，所以婴儿出生率高、成活率低，人口增长率低。

　　中华人民共和国成立后，境内人民的生活条件逐步好转，医疗和保险条件好转，人口出生率逐步提高，人口增长过快。1957年，全国开始进行"控制人口增长"的宣传。1962年12月，中共中央国务院发出《关于认真提倡计划生育的指示》，计划生育工作从此成为政府工作的一项重要内容，被称为国策。20世纪70年代，随着计划生育工作的深入开展，提倡一对夫妇只生一个孩子，逐步推广"少生、优生、优育"的政策。1982年，南闸乡政府组织妇联、计生办、医院对未婚青年进行婚前教育和婚前体检。1982年，南闸卫生院对产妇发放保健卡，凭卡定期检查，对孕妇进行围生期保健。1982年，南闸卫生院对新生儿实行系统护理，新生儿出生后满1个月进行第一次月检，3个月后进行第二次健康检查，以后满6个月、9个月、12个月、1岁半、2岁、3岁、4岁、5岁、6岁、7岁各检查1次。全社贯彻"预防为主"的医疗卫生政策，对全体少年儿童免费接种卡介苗。新生儿主要接种牛痘、麻疹、精白破、小儿麻痹、流脑、百白破、乙脑等疫苗，接种率达100%。据南闸医院资料显示，本地区从

1953年起无一例天花患者；1981年至今无一例白喉患者；1983年至今无一例小儿麻痹症患者。儿童满3周岁，即进入幼儿园进行3年学前教育，入园率达100%。儿童满6周岁，进入小学学习。

二、生育政策

1953年贯彻《中华人民共和国婚姻法》，规定结婚年龄男20周岁、女18周岁。1971年贯彻执行国务院提出的"晚婚、晚育、少生、优育"政策，提出1对夫妇只生2个孩子，落实各项节育措施，并对实行晚婚、晚育的夫妻增加婚假和产假。1979年提倡1对夫妻只生1个孩子，凡夫妻终生只要一个孩子的由夫妻双方提出申请，经政府批准，发给独生子女证，享受独生子女待遇。按法定年龄推迟3年以上结婚为晚婚，妇女24周岁以上生育为晚育。为了调节生育高峰，政府对已领结婚证的新婚夫妻分批下达生育指标，领取结婚证的夫妇领到生育证后才能生育孩子。符合晚婚条件者，增加婚假一个星期；符合晚育条件者，增加产假1个月；采取节育手术者也给予假期照顾和手术费用报销。政府为了搞好计划生育工作，把计划生育工作作为基本国策。南闸镇政府自1984年开始，专门发了1号文件要求各生产大队、企事业单位参照执行。到1996年为计划生育工作发了8个文件，作为继续抓好计划生育工作的补充规定。

南闸医院各类疫苗接种情况统计一览

表3-18

疫苗 年份	卡介苗	乙肝	脊灰	百白破	麻疹	麻腮风	流脑	乙脑	甲肝	水痘	HIB	轮状	白破
1996	284	566	489	426	7	—	358	604	—	—	—	—	—
1997	511	1573	1637	1633	522	—	353	731	—	—	—	—	—
1998	404	1269	1769	1767	467	1	662	872	24	—	—	—	—
1999	342	1310	1598	1532	491	112	395	1063	203	—	—	—	—
2000	386	1249	1695	1444	538	196	486	1095	226	—	—	—	—
2001	350	1451	1652	1355	675	246	589	1251	239	—	—	—	—
2002	367	1466	1913	1304	760	310	750	1387	418	—	—	—	—
2003	517	1880	2119	1745	792	349	1097	1563	349	249	278	9	—
2004	725	2324	2698	2179	882	363	1334	1677	403	296	302	21	—
2005	771	2531	2980	2587	1018	622	1335	2106	584	485	582	8	—
2006	807	2379	2853	2815	1810	521	1639	1875	852	636	684	1035	—
2007	931	2599	3177	2971	1514	409	1672	2159	1042	456	546	637	—
2008	1098	2319	3631	3837	1040	653	2562	2201	1315	934	1875	727	—
2009	1118	2727	3583	4040	1634	1317	2463	1691	1040	824	3826	1490	—
2010	1115	2821	3562	4171	2626	1055	2150	1948	1446	905	3674	1857	119
2011	1273	2814	3928	4351	1125	907	2688	1727	1387	914	3627	1945	331
2012	1215	2707	4319	4278	1824	898	3403	1916	1636	864	3241	1765	639
2013	845	2093	3146	3673	1052	1010	2987	1974	1963	914	2936	627	327
2014	733	1908	3198	3611	914	922	2906	2045	1952	681	2191	349	337
2015	630	1626	3198	3029	860	855	3156	1830	1672	683	2088	802	572

第三节　老年人管理

一、老年人管理组织机构

1989年，南闸镇成立老年人协会。老年人协会由15人组成。镇党委、政府成员分别担任分管领导，民政、妇联、共青团、工会、敬老院等有关部门负责人为协会会员。南闸镇第一任老年人协会会长由吴其康担任。各行政村相应成立由5—7人组成的老年人协会，设正、副会长。村村设有老年活动室，供老年人活动。

1992年，南闸镇退休干部协会成立，第一任会长由王国强担任。老年人协会和退休干部协会负责人组织每月活动一次，服务、研讨、交流、管理全镇老年人工作，团结全镇老年人为两个文明建设作贡献。

2003年南闸镇60周岁以上老人和老年协会情况一览

表3-19

村、社区	60岁以上老人（人）	男（人）	女（人）	老年协会会长	副会长	老年活动室面积（平方米）
花果村	438	189	249	吴永才	—	190
谢南村	315	154	161	居德兴	—	155
曙光村	512	242	270	缪兴荣	丁玉珍	180
施元村	255	125	130	王富春	—	150
涂镇村	467	208	259	郭良英	陈绪坤	200
南新村	161	63	98	蒋才元	—	—
南闸社区	516	305	211	陆金磊	—	150
泾西村	347	150	197	蒯仕良	—	150
蔡泾村	580	255	325	庞海荣	缪惠荣	100
龙游村	529	218	311	卞永祥	丁炳元	150
南运村	396	185	211	耿生洪	—	200
南闸村	502	227	275	戈增荣	—	200
观山村	477	214	263	张少泉	高荣春	150
灯塔村	465	213	252	徐德勤	—	—
泗河村	633	250	383	黄荣兴	金沛成	150
观西村	296	147	149	顾产汉	周鹤寿	180

二、尊老敬老活动

1988年，南闸镇政府认真贯彻实施《江苏省保护老年人合法权益条例》，把条例翻印成小册子分发到户。利用首届敬老日，动员全镇开展尊老敬老活动，镇政府利用重阳节为全镇60周岁以上老人送重阳糕。各村为老年人做好事、办实事、送温暖、关心老年人生活。按月或按年给老年人发放生活补贴、营养费、压岁钱等。经济条件比较好的10个村为60周岁以上的农村老人发放养老金。1991年，南闸镇党委、政府筹集15万元作为老年人活动基金。

观山村2004年开始为全村60周岁以上老人交新农合保险费（国家正式退休人员不享受）。2007年新建村大戏台后，每年都请江阴市锡剧团、无锡市锡剧团、江苏省锡剧团进村为老年人演出戏曲5—7场。2011年开始对户籍在本村的70周岁以上的农村老人发生活补贴。70—79周岁每人每月发放120元，

80—89周岁每人每月发放150元，90周岁以上每人每月发放200元。2013年1月1日开始对全村满60周岁的农村老人发放生活补贴。规定60—69周岁每人每月120元，70—79周岁每人每月150元，80—89周岁每人每月180元，90周岁以上每人每月250元。

附：2016年统计百岁老人简介

陈翠娥，女，104岁，出生于1912年3月3日，观山村璜村人。育有3子1女，与小儿子一起生活至今。老人性情温和、为人善良、待人和气、乐观开朗。平时讲究卫生、不喜喧闹、按时作息，喜欢吃小馄饨、农家新鲜蔬菜。

李阿凤，女，101岁，出生于1915年11月11日，龙运村夏店人。有4子4女，现已四世同堂。老人性情豁达开朗，善良温和，与人和睦相处，处处为他人着想，深受大家尊敬。虽然年事已高，但力所能及的事情还是自己独立完成。日常饮食从不挑剔，对蛋类和素食有所偏好，还喜欢喝茶。睡眠也很有规律，每天睡眠在10个小时左右。老人现在和儿子一起生活，平时受到儿女们的悉心照料，生活得非常开心。

乔玉珍，女，103岁，出生于1913年6月6日，泗河村野山嘴村人。17岁时嫁于黄福良为妻，育有3子1女。为人友善，豁达大度，从不与别人吵闹，和邻居相处融洽。至今只是有点耳背，但生活仍能自理，平时喜欢坐在门口晒太阳。

陈三妹，女，102岁，出生于1914年10月，南闸观庄村人。育有4儿1女。中华人民共和国成立前，老人以接产为生。中华人民共和国成立后，当过幼儿老师和村妇代会主任。平时喜食鱼肉，少量蔬菜。目前生活尚可自理。

周玉秀，女，102岁，出生于1914年3月18日，南闸陶湾村人。育有1子1女。丈夫体弱多病，公婆年迈，她种田养蚕，勤俭持家，悉心照顾丈夫，孝顺公婆，为人称道。老人生性善良，性格开朗，从不与人计较，与邻里相处和睦，深受村民尊敬。1982年，丈夫因病去世，她随儿子到杭州生活。至今虽已102岁高龄，但生活尚能自理。

徐清泉，男，101岁，出生于1915年4月24日，观西村茶岐村人，中共党员，初小文化。1933年结婚，有2子3女。1955年加入中国共产党，曾担任过农会干部、生产队会计、队长等职务。几十年来，以共产党员的标准严格要求自己，大公无私，始终把集体利益放在第一位，多次被评为优秀共产党员。生活勤俭节约，喜喝自家酿的米酒。现与小儿子一起生活，生活尚能自理。

蒋巧凤，女，102岁，出生于1914年8月8日，蔡泾村何家村人。育有2子3女，现已四世同堂。老人性情豁达，遇事总能妥善处理，处处为他人着想，使整个大家庭处在团结和谐的氛围中。现虽年事已高，但还能做些力所能及的家务事。日常饮食从不挑剔，无抽烟喝酒嗜好，睡眠也有规律，一般午睡1小时左右。早晨还坚持跑步。喜欢坐在门口晒太阳、听评书、与邻里聊家常。现与二儿媳妇一起生活。

2015年南闸街道老年人情况统计一览

表3-20 单位：人

村 名	常住人口总数	老年人总人数	老年人占总人数百分比	其 中		60—69岁			70—79岁		
				男	女	人数	男	女	人数	男	女
花果村	3365	773	22.97%	368	405	439	222	217	228	102	126
谢南村	4225	975	23.08%	484	491	572	293	279	299	147	152
曙光村	4059	908	22.37%	477	431	514	286	228	264	128	136
涂镇村	3425	840	24.53%	423	417	493	268	225	243	111	132

续表3-20

村　名	常住人口总数	老年人总人数	老年人占总人数百分比	其　中		60—69岁			70—79岁		
				男	女	人数	男	女	人数	男	女
南新村	5684	836	14.71%	396	440	467	224	243	271	130	141
蔡泾村	6705	1712	25.53%	839	873	1005	530	475	480	229	251
龙运村	5449	1669	30.63%	848	821	934	497	437	517	262	255
南闸村	3615	994	27.50%	482	512	578	303	275	283	130	153
观山村	3070	735	23.94%	376	359	425	239	186	232	111	121
泗河村	4480	1029	22.97%	503	526	627	334	293	271	122	169
观西村	5103	1305	25.57%	672	633	772	418	354	355	183	172
合计	49180	11776	23.94%	5868	5908	6828	3614	3212	3443	1655	1788

村　名	80—89岁			90—98岁			99岁			百岁		
	人数	男	女	人数	男	女	人数	男	女	人数	男	女
花果村	75	41	34	12	4	8	—	—	—	—	—	—
谢南村	92	42	50	12	2	40	—	—	—	—	—	—
曙光村	115	60	55	15	3	12	—	—	—	—	—	—
涂镇村	89	34	55	14	5	9	—	—	—	1	1	—
南新村	84	38	46	14	4	10	—	—	—	—	—	—
蔡泾村	177	66	111	48	14	34	—	—	—	1	—	1
龙运村	178	73	105	36	16	20	1	—	1	1	—	1
南闸村	112	44	68	20	5	15	—	—	—	1	—	1
观山村	64	20	44	14	6	8	—	—	—	—	—	—
泗河村	117	45	72	13	3	10	—	—	—	2	—	2
观西村	151	62	89	26	9	17	—	—	—	1	1	—
合计	1254	525	729	224	71	153	1	—	—	7	2	5

第四节　外来人口管理

一、暂住人口管理

　　1988年5月27日江阴市政府颁布《江阴市暂住人口管理暂行办法》规定，凡外来人口拟暂住3日以上的，需到居住地公安机关进行暂住登记，拟住3个月以上的应申领"暂住证"。南闸镇政府对本地区内的建筑业、建材业、运输和采矿企业加强宣传，认真贯彻执行。南闸派出所与企业紧密联合，对外来务工人员坚持"谁用工，谁负责"的原则，进行集中登记，集中办证，集中管理。1989年，为728名外来务工人员办理了"暂住证"。对企业中未按规定办理用工手续和"暂住证"手续的外来务工人员动员劝返回乡。1990年。为716名外来务工暂住人员进行登记造册，逐个办理"暂住证"。为了严格管理，有效提升对流动人口的管控能力，镇政府组织80多名专职户口信息员采集常住人口信息，对全镇村民发放了14880份公开信，对私房出租户进行全面整顿，发放私房出租许可证。对入住的外来人员采集人口信息，切实加强外来人口基础管理。2005年，镇政府投资6万余元，建立流动人口管理服务中心，配备民警1名，工作人员3名。建立泾西村、涂镇村、南新村、施元村等村级流动人口管理服务站，全镇形成以村为站，以镇为中心的管理模式。各村、企业都有一支抓管理流动人口的队伍，共同加强对流动人口落脚点的管理，努力提高流动人口的质效，探索综治、调解、治保会、协管员、社区警务站共同开展对流动人口管理的"五位一体"模式。

二、流动人口管理

贯彻《无锡市流动人口计划生育管理条例》，加强流动人口计划生育管理，南闸镇2004年印发了5000份小册子到各村、各单位进行宣传，加强婚育证的办理和查验，分别与流出的61名婚龄妇女和流入的967名育龄妇女签订了计划生育管理合同。

随着南闸经济的发展，小城镇建设规模的扩大，流动人口落户政策的放开，流动人口迅速增长。1993年流动人口为8000人，2000年为9300人、2010年为17860人，2014年因购房、工作等原因落户的外来人口为202人，登记在册的为25989人。

加强对流动人口的计划生育管理，镇公安、劳动社保、计生等部门配合协调，按照"谁用工，谁负责""谁主管，谁负责""谁出租，谁负责"的原则，根据《流动人口计划生育管理办法》，推动健全流动人口现居住地管理工作机制，规范对流动人口婚育证明的查验，2006年全镇共查验流动人口婚育证明13450人次，签订计划生育管理合同8652份。泾西村村民共有744户，其中有512户村民将空余房子租赁给在江阴食品城和周边企业打工的流动人口居住。2007年7月，江阴全市流动人口计划生育管理服务专项活动现场推进会在南闸镇召开。

2005—2015年南闸境内外来人口统计一览

表3-21

年 份	外来人口数（人）	男（人）	女（人）
2005	11678	7058	4620
2006	13087	7822	5265
2007	14086	8172	5914
2008	13864	7895	5969
2009	16240	9432	6808
2010	17860	10449	7411
2011	23630	13786	9844
2012	29550	17539	12011
2013	29312	17580	11732
2014	23714	14076	9638
2015	21429	12367	9062

第四编　农　业

第一章　生产关系变革

第一节　封建土地私有制

一、土地占有情况

中华人民共和国成立之前，南闸地区的土地大多为地主、富农占有，广大贫苦农民缺田少地。1950年土地改革时调查，南闸境内有耕地33517亩，时有地主48户，占有土地2610亩，每户平均占地54.4亩，人均占地12.08亩。富农38户，占有土地638亩，每户平均占地16.8亩，人均占地3.61亩。祠堂、庙宇公产占有土地1260亩。以上共计土地4508亩。境内地主、富农占人口总数的2.5%，占土地总面积的13.66%。而贫苦农民人均占地仅1.05亩。全境5872户中有1779农户为无田和缺田户，地主人均占地面积是贫、雇农的11.5倍。

二、地主剥削方式

地主主要靠出租土地、收取地租剥削农民。

时租　这是最为普遍的地租，每年夏秋两季粮食收割后交租，租额一般每亩交麦3—4斗（1斗折合7.5公斤），交米6—10斗。

承种租　每年租种前先向地主交稻谷3—4担（1担折合50公斤）作为承种租，预交的承种租金不计利息，如果欠租则以承种租抵扣，扣完后地主收回土地。承种租一般每亩收大米8斗左右，熟年收十成，歉年收九成。

榷租　租额与承种租相仿，但榷租高于承种租租额，每亩须交稻谷6—7担，不计利息，欠租从榷租中扣算，榷租一般规定了佃农耕种年限，到期地主赎收。

包担租　俗称包三担，不论年景丰歉，一般每亩每年交稻谷3担，麦子3斗。

份种田　由地主和佃农议定按当年每亩产量分成，一般是对半分成，也有四六分成或六四分成的。

搁田　贫雇农把自己的田契押给地主或富农，以借得白米数担，不写卖契，但土地的使用权归地主或富农，贫雇农可以赎回土地。

死头活尾巴　贫雇农把自己的田契押给地主或富农，以借得白米数担，土地仍归自己耕种，每年向地主或富农交白米4—5斗，但田契不能赎回。

地主除地租剥削外，还采用多种方式进行额外剥削。剥削方式有：

大斗重秤收租，小斗轻秤出借收租用大于标准斗1—3升，放债用斗小于标准斗1—3升；收租用秤重于标准秤1.5—2.5公斤，最多重5公斤以上；农民借粮时则用"小秤"，轻于标准秤1.5—2.5公斤，进出相差10余公斤。

虚报田亩数 以小收多，9分照1亩收租，甚至1亩照2亩收租。地主在买活契田时，以欺骗手段，多给农民算几亩田价，收租时，照多报的田亩收租，农民回赎时，按原价赎回。地主还利用米麦登场、农产品季节差价，向农民盘剥。

雇工剥削 地主、富农的土地租给无地、少地农民耕种外，留下的雇佣长工、忙工、短工耕种。长工就是常年雇用在家的劳动力，每年按合同付款，也有用粮抵。地主、富农规定雇工农历正月初六上工，腊月二十四歇工，一年之中只有过年、端午、中秋及庙会方可休息。平时生病要自请替工，否则要扣工钱或解雇。长工工资一般为每年大米300公斤左右，最低为150公斤，最高为750公斤。短工或日工工资平均为每日大米2.25公斤左右，闲时每日大米1.13公斤，忙时3.75公斤。也有未成年的男孩受雇于地主富农家放牧耕牛，全年工资一般为大米50公斤到90公斤之间。

第二节 土地改革

1949年10月，南闸地区各乡（镇）开展了清匪反霸斗争和减租退押运动，建立了农村基层政权、农民协会和民兵组织，为开展土地改革准备条件。1950年6月，中央人民政府委员会颁布《中华人民共和国土地改革法》，10月，境内各乡（镇）在苏南农村土改工作和江阴县土改工作队的指导下，土改工作在谢南乡吴家埭、蔡泾乡庄基村、观东乡观东村、观西乡东芦岐等村作为第一期试点，随后全面开展。整个土地改革工作过程分为思想发动、划分阶级、没收征收分配土地、检查总结四个阶段。在运动中，土改工作根据"小心谨慎逐步开展，大胆前进"的方针和坚决执行"依靠贫农、雇农，团结中农，孤立富农，打击地主"的阶级路线，彻底废除封建土地所有制，实现耕者有其田的理想。南闸地区在土改期间共召开反封建斗争会48次，参加者达38950人次，逮捕惩处不法地主和恶霸分子15人，依法没收地主阶级的土地、耕畜、农具、家具、多余的粮食和房屋，先由乡农会统一接管，再以行政村为单位，在原耕地基础上，按土地数量、土质状况及其位置远近，用抽补调整的方法，按人口进行统一分配，使原来无地、少地的农民分得了土地。时南闸地区6乡的雇农、贫农、中农1779户，共分得了土地2315亩，并领到土地证，彻底废除了地主阶级的封建土地所有制。地主亦按人口分得同等的一份土地。庙宇、祠堂的土地，一律作为公户。对工商者、半地主式富农、小土地出租者出租的土地，实行征税。经过土地改革，雇农、贫农还分得耕牛19头、大型农具若干件、粮食3万余斤、房屋201间。1951年9月，土改完成后，根据《中华人民共和国土地改革法》和政务院《关于划分农村阶级成分的决定》，对土地改革进行复查，发现有错划成分的，均按照规定，予以纠正。

附一：土改时的观山乡

1949年5月，成立观山乡农民协会，农会主任吴景生，璜村人。1950年10月，上级派一名工作队员到村发动农民积极投入土地改革，指导员王慕良、乡长华金潮，先后召集农会主任、行政村村长、农民代表，开展土地改革。观山乡包括璜村、袁家村、陆家巷、陈家堂、上山村、高家村、观山门、山嘴村等8个自然村。观山乡在土改时人均有土地1亩。

附二：土改时的谢南乡

民国三十七年（1948）10月称忠义乡，乡公所设在陈皮弄，辖21保，307甲，1949年4月解放。1949年5月，忠义乡成立农民协会，简称农会。1949年10月，划区建乡成立谢南乡。谢南乡农会主任袁炳根，中山村人。1950年10月，土改工作队进驻，开展土地改革。谢南乡大河村土改时，人均土地有1.2亩。大河村包括：祥西、灰罗圩、苏家村等自然村。大河村村农会主任承阿七，村长吴阿苟。

第三节 农业合作化

一、生产互助组

土地改革后，贫农、雇农和部分下中农分得了土地，摆脱了封建剥削，致力于精耕细作，生产热情高涨。但农民因刚刚获得翻身，经济基础薄弱，生产资料不足，加之受个体经济的限制，无力抵拒各种自然灾害，农村中又出现了雇工、放债和买卖土地两极分化等现象。1951年春，为了发展生产，引导农民组织起来，南闸地区各乡人民政府按照"自愿互利，等价交换，民主管理"的原则，积极引导农民走互助合作的道路。南闸地区有13%的农户参加临时性互助组。1952年春，贯彻中共中央《关于互助合作的决议（草案）》，各乡农村掀起了互助合作和爱国增产的热潮，推广常年的农副业生产结合的互助组。1952年7月，观西乡璜庄上村在农会主任黄金贵的带领下组建了"金贵"互助组，首先办起了常年性互助组。32户农民自愿加入生产互助组，有土地105亩、耕牛2头、牛车2副、犁2张。土地、农具、田中收获的粮食归农民各自所有，实行劳力互助、农活互助，劳力少的农户按工付钱。璜庄上村民顾官生家有田2.6亩，可家中只有一个劳动力，互助组种田以后，他身体虽然有病，但保证了农活不误季节，粮食获得较好收成。该村60多岁的王大娘年事已高，儿子在上海当工人，中华人民共和国成立前是请人种田，而互助组帮她解决了种田之忧，她高兴得逢人就说："互助组真是好，农忙农闲不愁了。"1952年秋至1953年春，常年互助组成燎原之势，在南闸6个小乡同时展开。谢南乡的范家埭、观山乡的夏店村、南闸乡的斜桥头、涂镇的谢崔自然村等村先后组织农户成立了境内第一批互助组，为互助合作、爱国生产起到了示范作用。1953年，贯彻"积极领导，稳步前进，宁缓勿急"的方针，坚持自愿互利的原则，清工结账，改进评工记分的方法，调整了组织。谢巷村任正才互助组有一套好的生产经验：采用按田按件定分，按劳得分的方法，稻麦产量比周围互助组高，在群众中有一定影响。到1953年末，南闸地区6个乡成立常年互助组220个，入组农户3245户，占总户数的55%，其中少部分互助组并不巩固。互助组实行土地所有权及种植收获都归农户各自所有，耕牛、大型农具或作价归公，定期付款，公用公管，耕牛在组内使用评分，农具使用保本保值，损坏赔偿；或农户私有，采用使用租金制。在农业生产互助组中，普遍推行按田按件定分、按劳得分的方法，也有采取记工评分的方法，互相帮工换工。有按件记工，按人得分，按时记分等形式。

二、初级农业生产合作社

互助组的建立，增强了农业抗拒自然灾害的能力，但在组内由于各户生产资金、肥料水平的不同，粮食产量仍有较大的差距，有些生产能力较弱的农户要求土地入股，成立农业生产合作社。1953年冬，开始贯彻党在过渡时期的总路线，观山乡寨里村王荣度互助组、王掌宝互助组首先以土地入股，耕牛和大型农具折股的形式自发转为初级社，分别命名为"新联一社""新联二社"，成为南闸地区第一个明为互助组，实为"自发社"的初级农业生产合作社。继而谢南乡范家埭徐玉福互助组办了"五星社"，南居村居金宝互助组办了"遵宪社"，马泾朱家村缪小胖互助组办了"拥宪社"，南后塍村王满才互助组办了"同心社"，南闸乡谢巷村任正才互助组办了"星明社"，观西乡东芦岐陆国全互助组办了"胜利社"。南闸地区由互助组自发转为初级社的有12个。初级社实行生产统一经营，劳动评工记分，收益按土地和劳力统一分配，在抗拒自然灾害和促进生产的发展过程中，显示出它的优越性，对广大农民有很大的吸引力。1954年1月中共中央《关于发展农业生产合作社的决议》发布后，南闸6个小乡掀起了办社热潮，同年5月，各乡派办社骨干参加县委党校培训。回来后，人们自觉学习寨里村"新联社"的办社形式。初级社实行统一经营，劳动评工记分，收益按土地和劳力统一分配，在抵御自然灾害和促进农业生产发展中，显示出优越性，对广大农民产生了很大的吸引力。1954年冬，南闸6个小乡初级农业合作社发展到29个，入社农户2065户，占总农户的35%。

办初级社的政策原则是自愿报名，自由结合，土地根据土质好坏评级入股，大型农具（水车、船、耕牛）折价入社，每6—8元为一股；统一生产经营，划分作业组，采用定额包工或小段包工的方式，实行田头评工记分，收益按"田五劳五"或"田四劳六"的原则分配。"田五""田四"是指土地大型农具等生产资料折成的股份分别占收益分配的50%、40%，"劳五""劳六"指付出的劳动占分配总额的50%、60%，保留了农户的土地所有权。

初级社建立后普遍实行包责任制，采取定任务、定时间、定质量、定工分的办法，把农活包给小组或个人，有常年包工、季节包工、阶段包工。秋收大忙季节，大部分采用包工到组，责任到人，定额到田，验收记工的方法。初级社开始打破个体田块的界限，开始小型农田水利建设，实行土地、劳力都有分红，妇女参加劳动，解放妇女劳动力。初级农业生产合作社，生产关系的初步变革促进了生产发展，但保留社员土地所有权，拥有一部分生产资料，属于半社会主义性质的集体经济组织。

初级社仍保留农民土地私有权，实现"土劳分红"，按入股土地和劳动工分四六比例分配。

南闸地区初级农业生产合作社一览

表4-1

自然村	创办时间	初级农业生产合作社名称	社　长
范家埭	1954年春	五星初级社	徐玉福
中山村	1954年夏	新宪初级社	居永汝
南居村	1954年春	遵宪初级社	居金宝
丁家塘	1954年夏	宪达第一初级社	居阿宝
北后塍	1954年夏	宪达第二初级社	居志明
朱家村	1954年春	拥宪初级社	缪小胖
南后塍	1954年春	同心初级社	王满才
新庄村	1954年春	新农初级社	陈宝荣
谢崔村	1954年春	星明初级社	任正才
寨里村	1953年冬	新联第一初级社	王荣度
寨里村	1953年冬	新联第二初级社	王掌宝
戈家村	1954年夏	新华初级社	戈永高
何夏村	1954年夏	共耕初级社	何遗根
季家村	1954年夏	勤丰初级社	谭阿六
施元顾家村	1954年冬	红新初级社	顾阿锡
施元张家村	1954年春	星联第一初级社	张格泉
耿家村	1954年夏	群先初级社	袁洪初
璜村	1954年春	兴龙初级社	张云生
何头村	1954年冬	新武初级社	花阿泉
新老上河牌楼下	1954年春	新谊第一初级社	许阿金
花家村秦蒋村	1954年冬	新谊第二初级社	秦金度

续表4-1

自然村	创办时间	初级农业生产合作社名称	社 长
孙家村梅鸭里	1954年冬	新谊第三初级社	吴泉宝
璜庄上	1954年春	灯塔初级社	黄金贵
东芦岐	1954年夏	胜利初级社	陆国泉
龙沟口	1954年冬	龙游初级社	吴阿苟
杨吴村	1954年冬	杨吴初级社	杨小琴
菱塘沟	1954年冬	菱塘初级社	刘福堂

附：灯塔农业生产初级合作社名称由来

在农业合作化浪潮的推动下，1954年春，观西乡璜庄上村的黄金贵正在为如何给组建的初级合作社取一个好听而响亮的名字而大伤脑筋，当时，在璜庄上村小学的一位老师正在用铁笔刻钢板，蜡纸上方的一个光芒四射的灯塔图案引起了他的注意，识字不多的黄金贵忽然茅塞顿开，他说："好，灯塔光芒四射，社会主义光芒四射，就叫灯塔初级合作社。"于是，灯塔社就此诞生。

灯塔初级农业合作社从互助组的32户发展到34户，并将原陈家祠堂的5亩公田收归初级社耕种，分配方式按劳动力与土地入股的6：4分成计算。新的分配方式实行以后，初级社靠一年的积累买了一头耕牛、一架水车，平时单干户难以种熟的山田，初级社靠人多力量大与大型农具的优势，翻6度车水插秧。初级社的水稻单产从每亩300公斤增加到350公斤，社员口粮普遍增加。灯塔初级合作社1954年出售余粮3000多公斤，为集体增加积累1000多元人民币。该村60多岁的陈惠莲一时不愿入社，社长黄金贵组织社里的青壮年劳力，带上社里的牛、水车都他家灌水、耙田、插秧，使陈惠莲感激不已。此举受到江阴县、夏港区两级政府的嘉奖。

三、高级农业生产合作社

1955年10月，观山、涂镇首先自创高级农业生产合作社。社员的土地无代价地为合作社集体所有，取消土地分红，实行按劳分配，耕畜、大型农具等主要生产资料按照自愿互利的原则折价入社。1956年1月，县委作出了"大办高级社"的部署，各区进行试点。同时，在落实县委"大办高级社"部署的过程中，县委特派中共江阴县委副书记肖国衡和农工部长钟鸣两位同志到谢南乡试办高级农业合作社进行蹲点。两位领导听乡里同志说，祥西、灰罗圩西面有个鲤鱼塘草滩，面积400多亩，可改造成良田，于是带领工作队进驻谢南乡马泾村、灰罗圩、祥西村、南后塍村召开各种会议，就取消土地分红，实行按劳分配，其他生产资料折价入社工作，进行调查动员，听取多方面意见，试办高级农业生产合作社。经过2个多月的努力，将拥宪社、同心社2个初级社和13个自然村的729户组织起来，组成了曙光第三高级农业生产合作社。2月20日，专门召开了曙光第三高级农业生产合作社成立大会，组织了社员庆祝活动。大会选举产生了高级社农业生产合作社管理委员会，由承阿七任党支部书记，邢凤裕任社长，缪兴荣任主办会计。建有14个生产小队，拥有耕地2680亩。1956年2月，观山乡时为澄西区管辖，澄西区在观山乡龙游村试点，成立了巨轮第三高级农业生产合作社。在合作化加速发展群众运动中，许多刚建立的初级社及单干户热情高涨，纷纷要求"并大社、争高产"。南闸地区很快形成了"快办社、并大社、争高产"的农业合作化运动高潮。1956年6月，南闸乡办了10个高级社，观山乡办了9个高级社，通运乡办了3个高级社，南闸境内共建高级社22个，入社农户6111户，占总农户99.77%；单干农户14户，占农户的00.23%。基本完成了对个体农业的社会主义改造。1957年2月，根据中共中央《整顿农业生产合作社》的指示，贯彻"勤俭办社，民主办社"的方针,开始整社,改善经营管理,广泛开展大生产运动,高级社在整顿中,实行统一经营,统一分配,合作化道路越走越宽,高级社组织得到巩固。高级社以队为生产单位,实行"四固定""三包一奖"生产责任制,即固定劳力、固定土地、固定耕牛、固定农具,包产量、包成本、包工分,超产奖励,减产赔偿,一般采用奖六赔四的方法。农业合作化的实现不仅改变了几千年来所形成的以土地为主的生产资料私有制,而且改造了农民头脑中根深蒂固的封建主义小农经济思想,极大地解放和发展了农村社会生产力,促进了生产力,促进了生产的发展,从而改善和提高了农民的生活,通过合作化生产推广科学种田,大搞农田基本建设,逐步改善水利建设,农业产量大幅度上升。1956年,粮食平均单产350多公斤,农民人均分配收入50.35元,广大贫苦农民生活水平已达到和超过土改时中农的生活水平。

高级社取消土地分红,实行按劳分配,多劳多得,在可分配收入中提取5%—10%的公积金用于扩大再生产,提取1%—3%的公益金用于集体福利事业。

1955年10月—1956年6月南闸地区高级农业生产合作社一览

表4-2

高级农业生产合作社名称	创办时间	社 长	范围区域	备 注
南闸第一高级农业生产合作社	1956年3月	谭金初	南谭村、吴家埭、范家埭、魏家村、曲立村	
南闸第二高级农业生产合作社	1956年3月	居永汝	中山村、坎家村	
南闸第三高级农业生产合作社	1956年3月	居金宝	刘芳村、南居村、苏家村、张塘村、丁家塘、北后塍	
曙光第三高级农业生产合作社	1956年2月	邢凤裕	南后塍、祥西、灰罗圩、朱家村、焦家村、老庄上、下村、上村、马泾桥、徐家村	
谢园第二高级农业生产合作社	1956年3月	张林才	施元场、王庄村、缪家村	1956年10月改为皮弄七社
南闸第四高级农业生产合作社	1956年3月	奚文宝	新庄村、任前头、石家塘	
南闸第五高级农业生产合作社	1955年冬	陈文中	涂镇、谢巷村、崔家埭	
南闸第六高级农业生产合作社	1956年3月	王荣度	寨里、许家村、沙家村、唐家村、团子头、戈家村、陆家沟、金家岗	
南闸第七高级农业生产合作社	1956年3月	许阿金	花家村、牌楼下、孙家村、梅鸭里、花家桥、新上河、秦蒋村	
南闸第八高级农业生产合作社	1956年3月	谭阿六	何夏村、汤家村、季家村	
巨轮第三高级农业生产合作社	1956年2月	王汉荣	王家村、夏店、小龙沟口、龙沟口、虞家村	
通运第五高级农业生产合作社	1956年4月	李协清	东前头、杨吴村、尤家村、刘斗埭、蒯家村、俞家村、高家村、徐家村、冯家村、吕家村	
通运第六高级农业生产合作社	1956年3月	花阿泉	宋家村、河头村、蒋家村、袁落村、何家村、花家村、庄基村、小庄村	

续表4-2

高级农业生产 合作社名称	创办时间	社 长	范围区域	备 注
通运第七高级农业 生产合作社	1956年3月	缪根宝	陈家村、八房村、聂家村、黄家村、 丁家村、赵家村、曹沈村	
观山第一高级农业 生产合作社	1955年10月	张阿苟	璜村、袁家村、陈家塘、高家村、 观山门、上山村、陆家巷、山嘴村	
观山第二高级农业 生产合作社	1956年3月	刘福堂	菱塘沟、闵家村、东场、吕家村、焦家塘	
观山第三高级农业 生产合作社	1956年3月	张铨坤	茶岐、璜庄上、南高、殳桥	
观山第四高级农业 生产合作社	1956年3月	耿秉鸿	耿家村、南庄	
观山第五高级农业 生产合作社	1956年3月	许相初	观庄、邵庄、馒头村、袁沟西村	
观山第六高级农业 生产合作社	1956年3月	陆兴林	东芦岐、西芦岐、张家村、顾家村、陶湾	
观山第七高级农业 生产合作社	1956年3月	金荣锡	孟岸宕、河屯基、石岐里、陶家村、 新桥头、陈家门、是家门	
观山第八高级农业 生产合作社	1956年3月	黄荣兴	泗河口、陈士岸、野山嘴、周家村、 花家凹、里湾、外湾、东村、焦山村	

第四节 人民公社化

　　1958年在贯彻建设社会主义总路线和"大跃进"高潮中,江阴县委根据中共中央《关于在农村建立人民公社问题的决议》,开始以乡为单位组建人民公社。9月13日,南闸乡召开第三届人民代表大会,成立南闸人民公社。原有22个高级农业生产合作社合并为一个公社,农户100%入社。10月,下设21个工区。南闸第一、第二高级社合并为一个工区,观山第一、第二高级社合并为一个工区,观山第六高级社陶湾分出单独成立一个工区。翌年,撤销工区,全公社建立21个生产大队,168个生产队。人民公社实行政社合一,工、农、商、学、兵五位一体,在全社范围内统一核算,统一分配。

　　人民公社建立初期,实行统一经营,公社一级核算,废弃生产责任制,按照《人民公社示范章程(草案)》实行组织军事化、行动战斗化、生活集体化的劳动体制,将农村劳动力变成班、排、连、营,以大兵团作战形式从事工农业生产,大炼钢铁,深翻密植和水利建设,劳力统一调配,物资无偿调用。社员的自留地、家畜、果树、竹林等被收归公社集体所有,农村小商小贩、集市贸易、家庭副业都作为"资本主义尾巴"加以割除。在极"左"思潮影响下,盲目追求"一大二公",生产上搞高指标,提出了"人有多大胆,地有多大产"口号,大刮浮夸风,大搞"深翻三尺""万担肥料万担粮",瞎指挥和强迫命令。生活上大办公共食堂、托儿所、幼儿园,实行"吃饭不要钱",提倡"放开肚皮吃饭,鼓足干劲生产"。分配上实行穷队、富队拉平分配,名为发挥公社"一大二公"的优越性,实为刮起"一平二调""共产风"。1959年冬至1960年春,在发展社有经济的鼓动下大办养猪事业,大搞工具改革,再次刮起"共产风",拆民房,砍树木,占用自留地，平调物资、劳力。广大干部群众虽有尽快改变"一穷二白"面貌的愿望，为实现"大跃进"不辞劳苦地战天斗地，在大规模兴修水利和兴办社队企业等方面取得了一些实际成果，但公社化运动实行的"一大二公""大跃进"及许多做法违背了客观经济规律，急于求成，随之盛行的浮夸风、生产瞎指挥风、强迫命令风、干部特殊化风和"共产风"挫伤了干部和群众的积极性，使生产力遭到严重破坏，粮食生产产量下降。与1957年相比，耕地减少1800多亩，耕牛减少120头，遗失、损坏中小型农具13000多件，社员口粮从每人每年原粮260公斤下降至198公斤，人均经济收入从58.8元下降至47.3元。

中央及时发现农村出现的问题，着手纠正"左"的错误。1959年3月，南闸公社贯彻中共中央《关于人民公社若干问题的决议》《关于人民公社管理体制的若干规定（草案）》等一系列文件精神。1959年3月，公社下辖工区改称生产大队，将公社核算改为生产大队核算。开展纠正"一平二调"（平均主义、无偿调动劳动力、无偿调用物资）的"共产风"。农村恢复社员自留地，允许社员饲养家禽家畜，鼓励社员利用"十边"空地种植庄稼、树木，归己所有。1960年12月至1961年3月，南闸公社贯彻中共中央《关于农村人民公社当前政策问题的紧急指示信》即12条，开展整风整社，纠正"一平二调"，实行公社、大队、生产队三级核算，彻底退赔。揭批人民公社初期出现的"五风"（即"共产风"、浮夸风、命令风、干部特殊化风、生产瞎指挥风），对错误进行揭发。1961年4月，南闸公社贯彻党的八届九中全会精神，国民经济实行"调整、巩固、充实、提高"的方针，执行《农村人民公社条例》，明确生产大队为基本核算单位，是实施生产和生活的组织单位；生产队是组织生产的基层单位，允许小部分资产归生产队所有。同年12月21日，贯彻江苏省委发布的关于实行以生产队为基本考核单位的指示，执行"三级所有，队为基础"的方针，把以大队为核算单位改为以生产队为核算单位。生产队除完成国家的粮食征购任务和上交大队一定数量的公积金、公益金、管理费、劳动积累和机动粮外，其余产品和收入以生产队为单位进行分配，生产资料归生产队所有。此后，人民公社进入比较稳定的时期。为了有利于生产管理，公社调整了部分生产大队，合理调整了生产队之间的"插花地"。1961年4月，观山大队分成观山大队和菱塘大队。由于农业体系的改革作了政策性决定，1963年农业生产开始回升。

1964年，毛泽东主席发出"农业学大寨"的号召。同年2月，《人民日报》发表社论《用革命精神建设山区的好榜样》，南闸公社在"农业学大寨"运动中开展了大规模平田整地、改土治水的农田水利基本建设。1965年，中共江阴县委派出工作组，确定南闸公社涂镇大队为全县农业生产样板。涂镇人民在大队党支部的带领下，以大寨自力更生、艰苦奋斗的精神为动力，在1280亩土地上科学种地、精耕细作，涂镇大队的水稻长势好于一般大队。1966年，省农业厅厅长俞克多次到涂镇样板方进行水稻测产，据了解，涂镇大队水稻丰产方从最初的水稻亩产450公斤增加到600多公斤。1964—1966年，全大队每年上缴公粮39万公斤，取得了全县瞩目的成绩。连续多年，江阴县委在涂镇大队召开农业生产样板现场会。1967年7月，华东局第一书记魏文伯来涂镇大队考察；国务院副总理谭震林亲临涂镇大队视察水稻长势；1967年8月，越南民主主义共和国农业考察团来涂镇参观考察，对涂镇的农业生产给予了良好的评价。1965年"四清"（清政治、清经济、清组织、清思想）运动中，由于片面强调"以阶级斗争为纲"和"以粮为纲"，许多有利于发展农业生产、搞活农村经济和改善农民生活的举措被指责为"资本主义倾向"，抑制了农业生产的发展和农民生活的全面提高。"文化大革命"运动中，批判了"三自一包"（即自留地、自由市场、自负盈亏和包产到户），"割资本主义尾巴"。1970年，全面执行"大寨式"评工记分，以"自报公议"取代定额管理计算劳动报酬。1973年，开展学大寨、赶华西的群众运动，全社推行包工责任制。1975年11月至1976年12月，贯彻两次全国农业学大寨会议精神，掀起了以开河筑渠、平整土地为重点的农田基本建设热潮。

1983年1月2日，中央1号文件《当前农村经济政策的若干问题》中指出："人民公社的体制要从两方面进行改革。这就是实行生产责任制，特别是联产承包制，实行政社分设。"同年10月，党中央正式决定废除人民公社，建立乡政府为基层政权。1984年3月30日，体制改革实行政社分设，南闸人民公社改称南闸乡人民政府，以社建乡，以大队建村。

从人民公社化开始至家庭联产承包责任制前，每年进行两次分配。第一次夏季预分，第二次秋季决分。分配项目有现金、粮食和柴草。

人民公社初期，全社范围内统一分配，实行公社、大队两级核算，按劳分配，多劳多得。1961年冬，改为以生产队为基本核算单位，生产队除完成国家的征购任务和上缴生产大队一定数量的公积金、公益金、管理费和机动粮以外，对其余产品和收入进行按劳分配。由生产队产量的高低，经济收入的多少，计算出工价，计算收入。南闸公社一般高的工价为每工1.5/元左右，低的工价每工为0.3/元左右。正常年景，一个劳动力300—400个工，年收入200—450元。1981年秋，实行联产承包责任制后，以承包合同为主要分配方式。合同结算时，兼顾国家、集体、个人三者利益，正确处理工业和农业、积累和消费、企业和乡村三方面关系。承包者依法完成粮食征购任务和缴纳农业税、水电费、管理费、公积金、公益金后，多收多得。

在实施承包责任制前，户口在生产队的社队办职工实行厂队结算。工资汇队，生产队提取5%—8%的公积金，余款归户，农副产品与在队社员同等分配。"五匠"指有手艺的社员，实行交钱记工，按同等劳力记工分，靠工参加分配。承包制后，不再汇队、交钱记工。

社员投肥　社员的人粪、猪灰、农杂肥投给生产队通常按担计算。母猪以生产队评定等级结算，肥猪、苗猪按体重、饲养天数采取"斤天结合"的方法计算投肥金额，纳入生产队统一分配。实行承包责任制后，这种投资形式自然结束。

粮柴分配　粮食分配分为口粮、劳动粮、饲料粮三部分。1962年起，口粮实行按人分配，生产队根据产量高低，在完成国家征购任务和集体留存后，按照本队人口数进行平均分配，称之为"平均粮"，中学生、民办教师、亦工亦农人员吃生产队的平均口粮，再把"平均粮"按二八开分成劳动粮和基本口粮。基本口粮按年龄大小分成若干等级。1—3岁吃基本口粮的30%，4—7岁吃基本口粮的70%。两成劳动粮加上折算后的基本口粮中的余粮，按劳动工分及投肥数额核算，故又称"以工带粮""以肥带粮"。社队办职工，工资汇队，按同等劳动力靠工结算，参加以工带粮。亦工亦农人员提取公积金，余额归户，吃平均口粮。整劳动力出勤一天，10分工即1个工，妇女出勤一天7—9分工，刚参加劳动的青工，劳动一天为3—5分工。"以工带粮""以肥带粮"加上基本口粮，人均分配粮食一般在520—600斤左右。

饲料粮是指社员饲养的母猪、肥猪、苗猪分配的粮食。开始以猪的头数计算，每头母猪200斤，生猪100斤，苗猪20斤。力了鼓励发展生猪，后来实行了以出栏净重斤量计算，1斤猪1斤粮。

柴草按粮食比例随粮分配。以上粮食、柴草分配在实行承包责任制后自然停止。

第五节 农业经济体制改革

一、家庭联产承包责任制

1978年12月，中共中央十一届三中全会以后，根据《关于加快农业发展若干问题的决定》，农村产业结构调整，确立了产业以工业为主，所有制结构以乡镇村集体为主，经济运行以商品经济为主，最终实现共同富裕的"三为主，一共同"的农村经济发展思路。1979年，部分生产队开始建立"小段包工、定额计酬""农、工、副三业分开""专业承包、联产计酬"等形式的生产责任制。

1980年冬，推行"农、工、副三业分开"，"专业承包、联产计酬"责任制。生产队实行统一经营，即统一生产计划和作物布局，统一劳力安排，统一使用公共生产资料，统一财务管理，统一收益分配。采用大组联产、分组联产、联产到劳、大包干形式进行承包。对组或个人定面积、定劳力、定产量、定成本、定工分、定奖赔，签订承包合同。农机、电工、植保等专业人员以大队为单位组织专业队根据工作效果计算报酬。至于副业（牧、渔、副、运输、建筑、商业），生产队按照经营项目的不同特点和社员的不同特长，分别建立专业组、专业户、专业工，采取"定产、定本、定工、定奖赔""定净收入""定净上交"等形式，承包各业生产、联产计酬。社队企业实行"定人员、定设备、定产值、定利润、定报酬、定奖赔"的联产计酬责任制。

1981年，全公社实行"三业分开，专业承包，联产计酬"的有28个生产队，占全社的8%，实行"小段包工、定额计酬"的有169个生产队，占全社的48%，实行"联产计酬"责任制的有155个生产队，占全社的44%。

就在1980年冬，孟岸大队第三生产队队长金汉文，受中央推行安徽"放宽政策""休养生息"的方针试行包产到组、包产到户、包干到户的"农业生产责任制"启发，经过与队委充分酝酿、反复商量，决定带领全队24农户分田到户，并签订了协议。1981年，孟岸三队税收单产最高的农户亩产达500公斤，平均单产比集体时增产20%，在全社第一个完成了秋购任务。

附：
我是南闸第一个敢吃"螃蟹"的生产队长

金汉文口述　陆福和整理

我叫金汉文，今年56岁。回顾我30年前在南闸公社第一个走联产到劳、分田到户的经过，感到有些自豪。

我生长在南闸街道泗河孟岸宕村，2002年前任孟岸大队第三生产队的队长。说起来话长，1980年，我们大队是全公社的落后大队，而我们孟岸3队呢，是全大队有名的后进队，队长这个兵头将尾的"官"，三年换二头，实在无人肯当。1978年，大队党支部找我谈话，让我出来当队长，我顾虑重重，因我是大队的专职电工，放着轻松的活不干，来当这个烦恼的"官"干吗。可又想到大队也有难处，就这样走马上任了。算来拨去，我也搞不清自己是第几任队长，因为有的只任了半年就不干了，自己也只能硬着头皮上。

寄给《新华日报》的一封信

1979年年终结算，我队会计预算方案一出，全队社员顿时感到寒心，年终每个劳动日单价0.15元，有的社员打趣说："一个工价抵一斤盐钱，值！"社员的打趣刺痛了我的心。大呼隆的生产，社员们"上工像蚯蚓，收工似射箭"，出工不出力，回家抢蒲包；大呼隆割稻种麦懒洋洋没劲，回家做蒲包干劲十足。作为小队长，我对这种现象不太理解。

秋种结束以后，我利用一天的晚上，在灯光下翻报纸，《新华日报》2版的"江苏新闻"栏目中，报道了宝应县一个公社一个大队推行的联产到劳出高效的文章，引起了我的注意。报纸的具体标题我已记不起来了，我看完以后，眼睛一亮，感到这种情况与我们相同。我立即找来纸笔，连夜把自己的想法写成书信，第二天一早，我就上附近的武进县焦溪邮局寄出了信。当时，我参加公社的三级干部会议，听到了原省委书记许家屯关于江苏不主张分田到户的某种说法，心想，我的信是不是要捅娄子，闯大祸？当时心中吓势势。

过了几天，公社党委叫文书打电话给大队，通知叫我到公社去。我借了一辆自行车，沿着坑坑洼洼的石砂路，心里七上八下地赶往南闸，边走边想："是祸躲不过，大不了撤了我这个队长，况且我也不愿当。"我壮着胆，到了公社，文书叫我到党委书记办公室去，不想进门以后，党委严林度书记笑盈盈地对我说："你写给《新华日报》的信转到我们公社，你不要急，这事我们要慎重讨论，才能给你答复。你喝口茶回家吧。"到这时，我才放下心。几天以后，大队接到公社的电话，说要慎重，可以作一下尝试。我感到，公社党委实际上是默认了我的想法，可以行动了。

17条规定与24户的协议合约

为分田到户，我接连开了几次队委会，并态度鲜明地提出联产到劳，队委会说："好是好，就怕社员要反悔。"经反复商量，生产队队委会提出了17条规定，其中详细内容我记不清了，大概意思是分田是大家自愿分的，不是一个人说了算，其他还有一些村规民约的内容。为了慎重起见，我们小队队委决定，开一个民主的社员会议，开诚布公地向大队说明情况，采取了少数服从多数的办法，让大家来决定分还是不分。哪知一开大会，大家异口同声赞同分田。我见"火候"已到，立即表态："分田是好是坏，我不敢打包票，但现在要与各户签订合同。"当场，我把起草的17条队规，按协议书的形式，与24户户主签了约，鲜红的生产队领导小组公章与24户户主的私章盖在下方，协议书一式三份，生产队、大队、户主各执一份。1981年春，孟岸三队社员就种上了自己的责任田，往年夏种移栽，生产队的几十亩地，10天半月，牛牵马帮，弄到全大队最后一个结束。分田以后，仅3天时间，24户农户就早早洗脚吃晚饭。我深深地感到，生产关系的变革推动了生产力的发展，家庭联产到劳这一改革充分调动了农民种田的积极性。1981年秋收，每户农户的单产比集体增产了20%。一位老农秋收后，乐呵呵地对我说："汉文啊，我种的3亩地，稻子收了3000多斤，这在集体生产时想都不敢想啊！"我说："我们走了一条新路，是符合生产队社员想法的路。"1982年夏收时，全公社24个大队全面实行联产到劳。

公社党委、政府看到孟岸大队第三生产队分田到户的效果突出后，及时进行了总结推广。1982年夏，江阴县委根据《全国农村工作会议纪要》，在全县全面推行家庭联产承包责任制。至1983年3月，全社实行家庭联产承包责任制的生产队250个，占全社总数的75%。10月，南闸全面实行家庭联产承包责任制。当年，全社双季稻面积减少，年总产达1944.54万公斤，比上年增长9.3%。随着粮食的增产，农民收入得到了提高。是年，全社人均收入428.70元，比上年增长39.3%。1984年春，贯彻《中共中央关于农村工作的通知》继续稳定完善家庭联产承包责任制，对土地划分过于零星的进行调整；人口增减变化，从粮食征购任务中进行调节，土地不再变动；延长土地承包期为15年，并发给土地使用证。农民获得了土地经营权和分配自主权，生产热情高涨，促进了农村经济的蓬勃发展，全社的农业总产值逐步上升。1986年，全社继续实行家庭联产承包责任制。是年，总产值达1652.29万元，粮食总产13723吨。随着家庭联产的深入，粮食产量逐年呈递增趋势。1991年，农业总产值3394.24万元，粮食总产量12202.6吨；1992年，农业总产值4382.15万元，粮食总产量12719.1

吨。家庭联产承包责任制的积极影响显而易见,不仅充分调动了农民种田的积极性,提高了生产效率,而且大大缩短了农活作业时间。

与此同时专业户和经济联合体也应运而生。全社拥有养鱼、种植、运输、小五金、建筑、烧窑等专业户100多个。专业户以家庭为经营单位,从事商品生产,其收入在家庭收入中占主导地位。经济联合体有几户农户联合的,有以自然村为单位联合的,也有跨村联合的。农民自愿结合,自筹资金,自立经营,自负盈亏,自己确定分配关系。1982年冬,江阴根据中央精神,在农村全面推行家庭联产承包责任制,以户承包土地面积核定产量和农业税费上交任务,期限15年。涂镇大队首先在全大队实行农户家庭联产承包责任制,第一次发放农村集体土地承包经营权证书。至1983年3月,全社实行家庭联产土地承包责任制的生产队有250个,占全社总数的75%。集体山林、水面也承包给专业组和个人经营。当年,全社双季稻种植面积比上年减少近1万亩,但年总产达到1944.54万公斤,比上年增长9.3%,粮食增产,农民收入同步增长。1983年农民人均收入428.7元,比1982年307.7元增长了39.3%;1984年达到544元。1981年6月,生产队会计实行联队制,进行联队核算。实行这种责任制,只是生产关系的调整,土地所有制不变。农村经济体制的改革,使大量剩余劳动力转向工业、副业、服务业。在实行家庭联产承包责任制中,由于发展迅速,尽管乡政府强调保护生产队集体财产,但还是出现了拆掉集体仓库、猪舍以及拖拉机等集体财产失散问题,使生产队集体财产遭受到一定损失。

1983年10月,全社推行农业生产连队承包责任制,24个大队,100%承包农户与江阴县签订承包合同,承包期为15年,第一次领取了江阴县人民政府颁发的集体土地承包经营权证书。1984年,生产队实行联队制。建立以农业家庭联产承包责任制为基础的统分结合的双层经营机制。土地使用权归村民小组集体所有,由村委会代表村民小组包给农民分户经营。农民按政策规定向集体上交乡统筹和村提留,向国家上交农业税和定购粮。各村划好劳分责任田,人分口粮田,猪分饲料田。

推行家庭联产承包责任制后,依据承包合同进行核算为主要分配形式。分配依据合同核算时,兼顾国家、集体、个人三者利益,妥善处理了工业和农业、积累和消费、企业和乡镇三方面关系。在保证上交国家任务,完成集体提留的前提下,其余产品及收入全部归承包户所有。

二、适度规模经营

农村家庭联产承包责任制的实施,调整了产业结构。农村经济突破了以种植业、养殖业为主的格局,走上了农、林、牧、副、渔全面发展,工、商、建、运、服综合发展的道路。同时,激发了农民的生产积极性,生产效率显著提高,农活作业时间大大缩短。随着乡、村工业的发展,大量农村劳动力向工业企业转移,出现了家庭联产承包后的务农人员老龄化、兼职化,部分农户因劳动力不足,出现了"种田难"的问题。为了鼓励农民种好商品粮农田,1984年起南闸乡在观东村进行试点,扩大经营规模,实行"两田制",把耕地面积分为了口粮田面积及责任田面积。实施农业适度规模经营,逐步扩大土地规模经营,把商品粮的种植向种田大户集中。观东村、南运村扩大商品粮的适度规模经营,积极试行"农工一体化",为稳步发展农业起到了积极作用。1988年,乡政府在全乡提出了强化农业服务体系建设,实行优惠和补贴商品粮生产政策,建立了统分结合、家庭联产到劳与种田大户双层经营体制。1990年全镇农田专业承包户23户,承包土地1992亩。1993年南闸镇24个村均建有标准化农业综合服务站、实行供种、育种、植保、机耕"四统一"。1995年9月,南闸镇因势利导,印发《关于推行农业适度规模经营的意见》的文件,指出推行农业规模经营是巩固、提高和发展农业的必由之路，是加快农业现代化建设的必要条件，是农业第二次改革的必然趋势。提出了规模经营的原则和要求。坚持以联产承包责任制为基础的原则，坚持两田分开，依法调整土地的原则，口粮田连片，商品粮成方。口粮田标准原则上为人均0.45亩。因征用等人均不满0.45亩的按照实际数不再平调。坚持土地承包经营规模适度的原则，原则上劳均20亩，户均50亩，实施规模经营，以小农场为主，面积在100—150亩左右。善于经营管理的种田能手直接承包经营，不允许转包，只要符合条件，本地和外来承包户均可承包。1995年，全镇规模经营面积1118亩。其中村办农场5个，经营面积332亩；厂办农场2个，经营面积120亩；种田大户19户，经营面积234亩；蔬菜规模经营面积432亩。1997年境内新庄、南闸、泾西、蔡西、观西、观山、观东、泗河等村种田大户78户承包土地3250亩。1998年，贯彻落实江苏省委、省政府《关于进一步稳定和完善农村土地承包关系的通知》，坚持"明确所有权，稳定承包权，搞活经营权"。至10月，基本完成土地确权及证书颁发工作。明确延长土地承包期，承包期自1999年1月1日至2028年12月31日，30年不变。

南闸镇24个行政村，352个村民小组，12120户农户，农业人口45095人，承包集体耕地23359.85亩，承包耕地登记表应签字9734户，实签8974户。确权发证288个村民小组，占总个数的81.8%。确权发证8974户，占总户数的73.8%，确权发证人口36554人，占农业总人口的81%。确权发证耕地18533.85亩，占实存耕地的79.3%。调整土地实际511户，农户调进土地397.05亩，502户农户调出土地406.51亩，放弃承包权38户58人，土地29.61亩。商品粮田土地规模经营，承包给21个种田大户，土地面积为1280.45亩，花果村留有机动田面积23.6亩、谢南村2.19亩、泾西村53.08亩、龙游村112.11亩、跃进22.02亩、陶湾村10.26亩，全镇共预留机动田面积222.42亩。位于重大项目征地范围，暂缓确权发证的有32个村民小组，1140户农户，人口4089人，土地2107.03亩。位于小城镇规划范围，暂缓确权发证的16个村民小组，574户农户，人口2206人，土地952.18亩。不确权发证的有14个村民小组，547户农户，人口1963人，土地264.22亩，人均不足2分土地。没有耕地的有村民小组2个，农户100户，人口282人。

2005年，按照市委市政府《关于组建农村土地股份合作社的意见》和《关于加快发展农民专业合作经济组织的意见》，组建了南闸镇涂镇村第29村民小组股份经济合作社，南闸镇第15村民小组股份经济合作社。2011年12月20日，龙运村场西村民小组成立土地股份合作社。2008年，成立江阴市南闸蔡泾村蔬菜专业合作社，2009年，被江阴市命名为县级"四有"农民专业合作示范社。2011年，南新村成立股份经济合作社。在家庭承包经营基础上以从事专业生产的农民为主体，按照合作前方式进行生产、经营、分配和管理，提高了组织化程度和抵御市场风险的能力，推动了农业就业化经营。2012年南闸街道着力推进"三农"工作，大力发展现代高效农业，投入2700万元。2015年，南闸街道农用地总面积23018亩，境内规模经营面积18445亩，占农用地总面积的80.13%。其中粮油经济作物规模经营面积4127亩，蔬菜规模经营面积5966亩，果树规模经营面积2275亩，茶叶规模经营面积125亩，花卉规模经营面积698亩，水产规模经营面积1126亩，其他规模经营面积195亩。

2015年农业适度规模经营情况一览

表4-3

村名	合计						粮油及经济作物			蔬菜				
	总面积（亩）	其中规模经营				规模经营占%	总面积（亩）	其中规模经营		总面积（亩）	其中规模经营			
		面积（亩）	15—50亩	50—100亩	100亩以上			面积（亩）	50—100亩		面积（亩）	5—50亩	50—100亩	100亩以上
合计	23018	18444	4279	2122	11775	80.1	4420	208	3919	6543	5966	1336	—	4546
花果	2348	2290	937	258	1095	97.5	1143	48	1095	238	238	—	—	—
谢南	642	478	30	—	448	74.5	448	—	448	12	12	—	—	—
曙光	1583	1583	1018	190	375	100	90	90	387	287	287	—	—	—
涂镇	803	702	252	154	196	87.4	280	70	329	246	162	—	—	—
蔡泾	2871	2435	268	151	2016	84.8	—			2437	1901	—	—	1901
龙运	3485	2525	230	465	1730	72.5	100	—	—	1648	1648	38	—	1610
南闸	2239	1818	303	150	1365	81.2	127			1035				1035
观山	1955	949	540	169	270	48.5	270			262	262	—	—	—
泗河	2642	2486	416	300	1770	94.1	1065			—				
观西	4450	3178	285	285	2510	71.4	897			137	137			

村名	果树茶叶					水产				
	总面积（亩）	其中规模经营				总面积（亩）	其中规模经营			
		面积（亩）	10—50亩	50—100亩	100亩以上		面积（亩）	10—50亩	50—100亩	100亩以上
合计	2404	2400	1114	636	650	2085	2025	1156	554	345
花果	306	306	249	57	—	284	284	224	60	—
谢南	—	—	—	—	—	60	—	—	—	—
曙光	220	220	155	65	—	457	457	227	125	105
涂镇	50	46	46	—	—	144	144	144	—	—
蔡泾	23	23	23	—	—	144	144	144	—	—
龙运	155	95	60	—	—	169	169	—	49	120
南闸	291	291	111	80	100	157	157	157	—	—
观山	277	277	108	169	—	—	—	—	—	—
泗河	216	216	156	60	—	560	560	260	180	120
观西	866	866	171	145	550	140	140	—	140	—

第二章 农业政策及服务

第一节 产业结构调整

境内农村素以种植稻麦为主，兼有养猪、养蚕、捕鱼、打蒲包等副业。中华人民共和国成立后，农业生产产业结构单一，强调"以粮为纲"，实行稻麦生产两熟制，兼种少量油菜、大豆、蚕豆等杂物，种植业品种单一，仅有新庄、谢南等村部分农户种植芹菜上市销售。后来国家鼓励农民在加强粮食生产的同时，发展各项副业生产，以增加农民收入。农业以粮为主，林、牧、副、渔开始逐步发展。1957年，种植水稻3517亩，旱芹菜地55亩，荸荠地25亩，桑田1815亩，内塘水面2223.6亩。农民年均纯收入达53.7元。1958年，产茧4.58万公斤，成鱼约10万公斤。20世纪60年代中期，由于把发展副业当作"重副轻农""金钱挂帅"的资本主义进行批判，集体副业、家庭副业遭到禁止，农副业生产受到很大破坏。1974年，为增加粮食生产，部分桑田、河塘被改为水稻田。1976年，公社组织下乡知识青年，在南闸、观东、跃进三个大队交界的低洼地，开荒种地35亩，办起了公社种子场。1978年起，开挖鱼池，共建鱼池2918亩。虽然各大队先后办起猪桑场，蚕桑生产稍有恢复，但农业生产结构仍然十分单一。中共十一届三中全会以后，贯彻执行"调整、改革、整顿、巩固"的八字方针，全民发展农、副、工业生产，逐步调整农村经济结构和作物布局。1983年开始调整农业产业结构，扩大经济作物种植面积。1984年，扩大公社种子场，开挖扩大鱼池，建造猪舍、鸡棚、鸭棚，占地面积180亩。其中，养鱼水面85亩，南闸公社种子场改称南闸公社水产场。1984年，农民种植自主权增大，经济作物种植面积扩大。1986年，南闸地区生产总值1.3亿元，其中农业生产总值1652.29万元，占12.7%。种植业产值占农业总产值的48%；林业占11.64%；畜牧业占14.5%；副业占32.8%；渔业占3.9%。从事农、林、牧、副、渔的劳动力占农村总劳力的17%。1988年，粮食作物与经济作物比例为8∶2。1988年秋，粮食种植全部改双季稻为单季稻。1995年，蔡东村建立432亩蔬菜基地，全镇全年上市蔬菜15852吨。1998年，农业结构调整，全社减少三麦面积3000亩，扩种油菜1340亩，绿肥902亩。南闸镇水产场进行改制。2007年，镇政府投资1000余万元，建立了2个千亩农业生产园。进一步调整农业产业结构，粮食作物与经济作物种植面积比为6∶4。种植水稻18092亩，亩产541.3公斤；种植三麦3735亩，亩产290.1公斤；种植油菜1699.5亩，亩产98.5公斤。农业总产值1.36亿元，其中多种经营产值1.18亿元，实现农业增加值0.81亿元，占全镇地区生产总值的2.6%。有苗木、茶叶、水产、畜禽专业种、养殖大户265户。2008年，蔡泾村优质蔬菜基地被列为江阴市政府"510"工程建设项目之一。同年8月，成立南闸镇蔡泾村蔬菜基地土地股份合作社，入股土地520亩，入股农户390户，人员1250人。2009年，蔡泾村投资2000多万元，建设标准大棚示范区、防虫网生产区、湿地生态环境保护区、基地服务区。2010年，蔡泾村建有1500亩大棚区，蔬菜现代化生产基地全面建成。

1985—2015年南闸农业经济结构农民人均纯收入一览

表4-4

年份	工农业生产总产值（亿元）	农业总产值（万元）	粮油生产产值（万元）	多种经营					农民人均纯收入（元）
				林业生产产值（万元）	畜禽生产产值（万元）	渔业生产产值（万元）	副业生产产值（万元）	合计产值（万元）	
1985	1.01538	1163.37	661.36	35.3	164.24	55.64	246.85	502.03	696
1986	1.30119	1652.29	786.17	16.92	261.39	77.10	510.71	866.12	825
1987	1.71387	1565.39	754	24.97	222.66	79.35	484.95	811.93	902
1988	2.33291	1577.47	758.09	11.64	227.80	61.66	518.28	819.38	1062
1989	2.14065	1633.31	751.69	23.25	224	72.67	561.70	881.62	981
1990	2.33549	1733.29	1773.29	18.51	257.80	52.62	632.28	961.21	951
1991	3.16961	3394.24	169.11	38.11	870.84	136.24	464.94	1510.13	943
1992	5.09089	4382.15	1742.48	20.82	1866.77	125.21	626.87	2639.67	1600
1993	8.00039	4462.84	1684.15	28.23	2077.32	192.64	480.50	2778.69	2258
1994	11.6486	5333.25	1713.02	23.54	2179.98	195.24	1221.49	3620.25	3004
1995	14.0801	6093.26	1689.17	20	2272.3	157.4	1719.9	4169.6	3336
1996	14.4748	6714.4	1831.87	71.36	4175.2	192.5	1698.1	6137.16	4802
1997	14.562	7010.3	1834.68	22.8	3594.7	155.7	1723.4	5496.6	4577
1998	10.61	7108.2	—	—	—	—	—	—	5055
1999	9.812	7200	—	—	—	—	—	—	5212
2000	10.52	7500	—	—	—	—	—	—	5412
2001	11.25	14300	—	—	—	—	—	—	5812
2002	12.45	7700	—	—	—	—	—	—	6160
2003	14.75	7832.5	1425.4	136.9	3364.5	301.3	2604.4	6407.1	6780
2004	17.1	9139.4	1678.3	167.6	3697.9	587.5	3407.7	7860.7	6922
2005	20.82	11134.4	1814.4	352.2	3807.9	605	4554.6	9319.7	8543
2006	28.25	11980.1	1771	575.7	3648.4	636.4	5348.6	10209.1	9577
2007	31.12	13633.2	1824.4	730.7	3547.5	706.6	6824	11808.8	1082
2008	36.3	15664.3	1787.8	1219.8	4056.5	771.5	7829.4	13877.2	12110
2009	41.07	16096.1	1837.8	1518.7	3902.8	833.2	7993.6	14248.3	13465
2010	45.99	20175.1	2301.83	1983.58	3894.4	1106.9	10888.6	17873.48	15020
2011	52.00	24160.88	2278.67	3331.01	5500.9	1172.5	11877.8	21882.21	17620
2012	55.6	32001.8	2601.8	5229.05	6235.13	1383	16552.1	29399.28	19701
2013	60.8	34509	2378.49	5408.59	6228.2	1313.5	18270	31220.29	27447
2014	58.3	35027.54	2471.32	6372.14	5707.5	1330	19146.58	32556.22	30077
2015	62.16	37179.3	1739.4	7283	6110.4	1443.9	20602.7	35440	32469

2003—2015年南闸农业生产种植专业户情况一览

表4-5

年份	合计		1.果树		2.粮食品种		3.蔬菜		4.花卉苗木		5.食用菌	
	户数	面积（亩）	户数	亩	户数	亩	户数	亩	户数	亩	户数	亩
2003	44	1573	1	52	9	652	19	344	3	195	12	330
2004	120	1955	1	53	12	968	85	604	4	230	18	100
2005	224	2222	63	120	15	1168	111	607	4	210	31	117
2006	90	4452	4	71	12	1042	55	1221	19	2118	—	—
2007	126	5632	6	751	15	1050	59	1510	21	2110	25	211
2008	405	6531	56	1583	8	725	326	2595	15	1628	—	—
2009	128	5380	21	1304	6	640	82	1475	19	1961	—	—
2010	535	8033	25	1558	3	340	486	4069	21	2066	—	—
2011	655	9701	83	2077	5	628	534	4497	33	2499	—	—
2012	665	9976	75	2126	7	708	543	4254	40	2888	—	—
2013	562	9952	8	2101	8	620	508	4367	38	2864	—	—
2014	753	12078	124	2473	11	2120	571	4355	47	3130	—	—
2015	697	12153	53	2407	9	2407	588	4438	47	2901	—	—

2003—2015年南闸养殖专业户情况一览

表4-6

年份	合计户数	1.水产		2.牛		3.猪		4.羊		5.兔		6.禽	
		户数	亩	户数	头	户数	头	户数	头	户数	头	户数	万羽
2003	125	44	985	11	178	36	15717	1	100	1	220	32	27.1
2004	124	44	985	11	179	36	15707	1	100	—	—	32	26.9
2005	167	62	1010	7	113	48	13287	4	240	—	—	46	18.7
2006	126	15	471	6	171	69	17200	—	—	—	—	36	31.2
2007	98	12	681	5	154	60	18080	—	—	—	—	21	40.75
2008	—	—	—	—	—	—	—	—	—	—	—	—	—
2009	92	19	806	4	115	54	20650	—	—	—	—	15	32.5
2010	77	11	733	4	118	49	15920	—	—	—	—	13	34.7
2011	86	29	1077	4	95	45	20550	—	—	—	—	8	36
2012	75	31	1302	3	85	36	22250	—	—	—	—	5	27.5
2013	87	34	1404	3	102	41	15150	—	—	—	—	9	29
2014	92	41	1405	3	110	42	15750	—	—	—	—	6	18.2
2015	170	107	1373.6	3	117	54	14088	—	—	—	—	6	18.74

1970—1989年南闸乡（镇）农村留粮一览

表4-7

年份	留粮总数（万公斤）	种子数（万公斤）	饲料数（万公斤）	口粮		储备粮（万公斤）	其他用粮（万公斤）
				口粮总数（万公斤）	人均数（公斤）		
1970	1203.06	137.80	58.62	991.44	261	—	15.20
1971	1389.36	155.97	91.00	1090.97	283	35.12	16.30
1972	1312.27	141.56	104.99	1053.38	271	1.82	10.52
1973	1319.43	137.59	90.66	1075.49	273	15.69	9.84
1974	2050.63	136.79	100.06	1780.11	275	21.82	11.85
1975	1939.18	162.40	110.32	1645.99	272	0.27	20.20
1976	1459.99	170.43	122.89	1132.44	276	13.23	21.00
1977	1380.12	154.92	95.42	1129.78	272		13.27
1978	1802.54	161.39	231.51	1323.29	314	72.06	14.29
1979	1717.52	155.04	285.47	1258.49	300	3.35	15.17
1980	1541.94	121.89	232.41	1178.70	282	—	8.94
1981	1423.15	114.37	169.56	1130.10	271	—	9.012
1982	1605.16	116.02	165.18	1313.63	313	—	10.23
1983	1647.89	113.20	148.33	1383.03	335	0.07	30.26
1984	1810.25	95.23	142.30	1552.31	374	—	20.41
1985	1517.90	76.92	142.63	1277.14	309	—	21.21
1986	1969.09	66.63	162.79	1337.55	324	—	402.12
1987	1754.48	69.21	156.60	1233.38	299	—	108.22
1988	1539.62	73.00	148.23	1279.02	300	—	39.28
1989	1484.5	66.50	146.5	1238.01	298	—	92.01

第二节　推广新品种、新农艺、新肥药

　　1988—2015年，镇（街道）党委、政府在加快农业结构调整，大力发展多种经营的同时，继续抓紧抓好科技农业，大力推广、应用新品种、新农艺、新肥药，提高了农业综合生产能力。

　　推广粮食新品种　水稻新品种有宇叶青、老来青、黄壳早廿日、武育粳2号、武运粳7号、武运粳15号、常优一号等；小麦新品种有扬麦四号、扬麦五号、扬麦158号、扬麦12号、鉴二等。

　　推广新农艺　重点推广轻型栽培技术、合式秧田、小麦免耕板连麦、套播麦，油菜为套播和直播，水稻为小苗直栽，抛秧、宽窄行栽插，肥床旱育秧，机插秧。2006年大田实施测土配方施肥技术。2015年全镇播麦耕作实现全程机械化。

　　推广新肥料　大田肥料推广氮磷钾三元素复合肥、生物钾肥。秧田肥料推广应用"早秧宝""壮秧剂"，叶面追肥推广应用"丰产灵""富利素"等。

　　推广新农药　麦田除草推广应用"绿麦隆""麦田净"高渗异丙隆，水稻秧田除草使用"扫弗特""直播宁"，水稻大田除草使用"稻无草""稻草畏""水中花"；水稻浸种防止恶苗病使用

"浸种灵""使百克";防治稻虱使用"扑虱灵""呲虫灵";防治卷叶虫使用"杀虫双""杀虫单""虫杀手"等。

第三节　惠农补贴

1988年以来，从中央到地方各级给予了一系列的惠农政策及措施。1996年，粮食定购任务改为粮食订购任务。1999年，取消粮食订购任务。2000年，花果村、观东村、南闸村、涂镇村由村出资为农户缴纳农业税、水电费，免费为农户机耕、机插秧。2003年，国家免征农业税、农业特产税。2004年，由政府对种粮实施直补政策，给种植水稻每亩补贴20元。2006年以后，又新增农资综合补贴每亩80元，种植小麦良种每亩补贴10元，种植水稻良种每亩补贴15元，油菜良种每亩补贴10元，对能繁育的母猪每头补贴100元，后备母牛每头补贴500元。农民的收入有了较大的提高。

2011年南闸街道粮食、农资、牲畜补贴一览

表4-8

行政区划	补贴合计金额（元）	粮食直补、农资补贴金额（元）	粮食直接补贴		农资综合补贴		小麦良种补贴金额（元）	油菜良种补贴金额（元）	能繁母猪补贴金额（元）
			面积（亩）	金额（元）	面积（亩）	金额（元）			
南闸街道	317326.46	102993.07	1014.71	20294.2	1014.71	82698.87	50530.9	1480	57300
花果村村委会	2410	0	0	0	0	0	210	600	1600
谢南村村委会	10799.8	0	0	0	0	0	10399.8	0	400
曙光村村委会	2520	0	0	0	0	0	1750	170	600
涂镇村村委会	5785	0	0	0	0	0	4085	0	1700
南新村村委会	0	0	0	0	0	0	0	0	0
南闸村村委会	9510	0	0	0	0	0	8310	100	1100
龙运村委会	242233.56	102993.07	1014.71	20294.2	1014.71	82698.87	4218	0	30000
蔡泾村委会	2400	0	0	0	0	0	0	0	2400
观山村村委会	13239.1	0	0	0	0	0	11792.1	447	1000
泗河村村委会	8823	0	0	0	0	0	870	53	7900
观西村村委会	19606	0	0	0	0	0	8896	110	10600

2015年南闸街道粮食、农资补贴一览

表4-9

行政区划	补贴合计金额(元)	农资综合补贴(元)	粮食直补		水稻良种补贴		小麦良种补贴		油菜良种补贴	
			面积(亩)	全额(元)	面积(亩)	全额(元)	面积(亩)	全额(元)	面积(亩)	全额(元)
南闸街道	976556.18	664509.38	8025.48	160509.6	8025.48	120382.2	3095.5	30955	20	200
花果村	223410.69	149230.19	1802.3	36046	1802.3	27034.5	1110	11100	0	0
谢南村	75984.44	50175.14	605.98	12119.6	605.98	9089.7	460	4600	0	0
曙光村	22704	14904	180	3600	180	2700	150	1500	0	0
涂镇村	73767.33	49179.08	593.95	11879	593.95	8909.25	380	3800	0	0
南新村	0	0	0	0	0	0	0	0	0	0
南闸村	85843.77	70421.27	850.5	1710	850.5	12757.5	75.5	755	20	200
龙运村	65290.07	45540.07	550	11000	550	8250	50	500	0	0
蔡泾村	0	0	0	0	0	0	0	0	0	0
观山村	57473.43	38499.48	464.97	9299.4	464.97	6974.55	270	2700	0	0
泗河村	162497.96	114217.56	1379.44	27588.8	1379.44	20691.6	0	0	0	0
观西村	194284.49	132342.59	1598.34	31966.8	1598.34	23975.1	600	6000	0	0

第四节 农业服务

一、农业科学技术推广站

1966年3月，江阴县各公社配备了1名国家专职农业技术员，何本度任南闸公社技术员。1966年4月，在南闸公社涂镇大队3队驻地办起了南闸公社民办农业技术推广站（简称农技站），何本度任农技站负责人。耿炳元、任福宝、焦金如3人为民办农技员，报酬为记工加补贴。后因"文化大革命"冲击，1967年4月解散。1970年3月以后，执行"抓革命，促生产，备战备荒为人民"政策，恢复了南闸公社农技站。何本度连任站长，王富荣、蒋炳文、耿炳元、王才兴、金祖康5人为民办农技员。河东1队为基地，开展科学实验。1977年3月，公社确定在涂镇大队11队，建立南闸公社农业科学实验基地，设有实验室、仓库、400平方米的水泥场，农田80余亩，成为江阴全县首个名副其实的示范农科站。何本度继续担任站长，新增陈凯、张克俭、任美芳3名民办农技员，农技员队伍增至9人。下设栽培、种子、植保、土肥4个专业组，各组由专人负责。1979年，农科站的房子先后转让给了南闸菌种厂。1981年8月，农科站迁至东新街。1979年1月，蒋炳文任公社农科站站长。1984年3月，王才兴任农科站站长。1985年5月，何本度任农科站站长。2001年11月，农科站因机构改革撤销。

二、农业服务公司

1984年3月，成立南闸乡农业服务公司（简称农服公司）。南闸乡经济委员会副主任蒋炳文任农服公司经理，含农科站人员，公司成员9人。对境内农业生产开展组织协调、技术指导服务等工作。1985年5月，何本度兼任农服公司经理。2011年11月，因机构改革而撤销。

三、多种经营服务公司

1958年，南闸人民公社成立副业办公室。1965年5月，陈骏福任办公室主任。1981年5月，更名为多种经营办公室，主管境内林、牧、副、渔生产，陈骏福任办公室主任。1984年3月，成立南闸乡多种经营服务公司，主管多种经营技术服务工作。陈骏福任多服公司经理。1987年10月，刘仲春任多服公司经理。1995年4月，谢建刚任多服公司经理。多服公司下设蚕桑、林业、畜牧、水产、渔业、蔬菜（包括食用菌）、民办小工业（包括生产队及个体工业）等七条线，共有行政及专业人员23人，先后创办木材门市部、木材加工厂、副食杂货店、堆货场、预制场等经济实体。1998年，企业转制为私营经济。2001年11月，多服公司因机构改革而撤销。

四、农业服务中心

2001年11月，南闸镇机关实行机构改革，农业科学技术推广站、农业服务公司、多种经营服务公司合并，成立南闸镇农业服务中心，承担全镇农业、多种经营的各项管理服务职能。谢建刚任南闸镇农业服务中心主任至2005年5月。2006年10月至今，宋志刚先后任南闸镇、南闸街道农业服务中心主任。

五、畜牧兽医站

1958年，南闸公社在东弄租赁的私人药店成立畜牧兽医站，站长周岳祥，有兽医4人，由公社副业办公室主管。1963年3月，成立南闸人民公社兽医站，站长周岳祥。兽医服务费的20%上交公社副业办公室，其余为个人报酬。1965年，国家定兽医站为全民事业单位，实行固定工资制，自收自支，不足公助。1968年，兽医站搬迁至南闸西河南街，各大队配备防疫员1人，配合兽医站开展生猪、家禽的防病防疫。1974年起，种猪繁殖由自然配种改为人工配种，成功率90%以上。1982年起，为家畜、家禽注射防疫针，控制猪、鸡、鸭瘟。1983年后，开展农贸市场家禽检疫和食品站屠宰检疫工作。2012年，国家定兽医站为全民事业单位，财政统一拨款。

六、孵禽场

1959年，南闸公社在南闸大弄口筹建孵坊，有孵化摊床4张。1960年，迁至河南街，改制平箱4只。居志明、花阿泉、金国银任负责人。1979年3月，成立南闸禽孵场，蒋泉龙任场长。更换电孵箱10只，全年出苗33.05万只。1986年，迁至黄土金桥，有职工24人，电孵箱增加至18只，全年出苗77.25万只，年产值51.9万元。是年5月，创办禽羽系列化实业公司。1989年12月停业。

第三章 粮油生产

第一节 耕作制度

稻麦两熟制为南闸地区传统的耕作制度。中华人民共和国成立前，大多数地区为一年两熟的稻麦水旱连作制，夏熟进行轮作，有绿肥、小麦、元/大麦、油菜的3年轮作和绿肥、小麦、小麦、元/大麦、油菜的4年轮作。秋熟的水稻以中稻为主，中、晚稻并存。1954年，推广籼改粳，境内种籼稻约3成。至1957年全部籼改粳。1960年，引进晚粳农垦58号。1963年，全公社单季稻全部改种晚稻。1964年，试种双季稻获得成功以后逐年推广。1970年，涂镇、观西大队全面改种双季稻，双熟制面积达到100%。1976年，全公社种植双季稻面积70%左右。为了及时进行双季稻移栽，夏熟推广757早熟元麦和早熟3号大麦。1979年以后，双季稻种植面积逐年减少。1985年，实行联产承包责任制后，农民有种植自主权，双季稻被淘汰，单季晚稻种植得到恢复。

第二节 水 稻

一、面积产量

稻米是南闸境内的主要粮食作物。中华人民共和国成立前，由于技术落后、资金缺乏、水利条件差等因素，产量低而不稳。正常年景，水稻亩产150—200公斤，少数田块在丰收年景，亩产达250公斤。20世纪50年代，旱田改水田，扩大水稻面积。中华人民共和国成立后至1959年，水稻种植面积稳定在35000余亩。籼稻改粳稻，推广中稻良种。1957年，全地区种植粳稻，种植面积35017亩，平均亩产380公斤，总产1330.65万公斤。1964年试种双季稻，1966年境内种植水稻33171亩，其中双季稻7280亩，占水稻总面积的21.9%，平均亩产430公斤，总产1426.35公斤。1970年，涂镇、观西大队增加水稻复种指数，百分百种植双季稻。全大队水稻平均亩产上升到700公斤。1976年，大幅度扩种双季稻，全公社种植双季稻平均亩产455公斤，总产1440.35万公斤。1978年，减少双季稻种植面积。双季稻种植22014亩，占水稻种植面积的76%左右，平均亩产553公斤，总产1768.05万公斤。1979年后，双季稻种植面积逐年减少，恢复单季稻种植。1986年，南闸乡全部改种单季稻。是年种植水稻27689亩，平均亩产495.5公斤，总产1371.99万公斤。1998年，种植水稻24050亩，平均亩产604公斤，总产1452.62万公斤。2013年，种植水稻11939亩，平均亩产610.4公斤，总产728.76万公斤。

1957—2015年南闸水稻种植面积与产量一览

表4-10

年份	水稻			双季前作稻			双季后作稻			单季晚稻		
	面积（亩）	亩产（公斤）	总产（万公斤）	面积（亩）	亩产（公斤）	总产（万公斤）	面积（亩）	亩产（公斤）	总产（万公斤）	面积（亩）	亩产（公斤）	总产（万公斤）
1957	35017	380	1330.65	—	—	—	—	—	—	—	—	—
1958	35117	316	1109.70	—	—	—	—	—	—	—	—	—
1959	35015	256	896.38	—	—	—	—	—	—	—	—	—
1960	34982	234	818.58	—	—	—	—	—	—	—	—	—
1961	34982	181	633.17	—	—	—	—	—	—	—	—	—
1962	34175	278	950.01	—	—	—	—	—	—	—	—	—
1963	34070	295	1005.07	—	—	—	—	—	—	—	—	—
1964	33878	368	1246.71	—	—	—	—	—	—	—	—	—
1965	33280	379	1261.31	—	—	—	—	—	—	—	—	—
1966	33171	430	1426.35	7460	—	—	7280	—	—	25891	—	—
1967	33171	397	1316.89	7520	—	—	7310	—	—	25861	—	—
1968	32965	385	1269.15	7530	—	—	7380	—	—	25585	—	—
1969	32547	387	1259.57	76340	—	—	7450	—	—	25097	—	—
1970	31532	354	1116.23	7784	—	—	7510	—	—	24022	—	—
1971	31877	462	1472.72	19187	—	—	22404	—	—	9473	—	—
1972	31877	403	1284.64	20110	—	—	23276	—	—	8601	—	—
1973	31877	456	1453.59	14419	—	—	17033	—	—	14844	—	—
1974	32025	435	1393.09	15222	—	—	17714	—	—	14311	—	—
1975	31656	410	1297.90	16105	—	—	18849	—	—	12807	—	—
1976	31656	455	1440.35	25304	—	—	31656	—	—	—	—	—
1977	31608	412	1302.25	24170	—	—	28823	—	—	2785	—	—
1978	31972	553	1768.05	22014	—	—	29946	—	—	2026	—	—
1979	31109	497	1546.12	20411	—	—	27708	—	—	3401	—	—
1980	30642	378	1158.27	19802	—	—	24179	—	—	6463	—	—
1981	30501	359	1094.99	11714	—	—	20355	—	—	10146	—	—
1982	29683	464	1377.29	12159	—	—	13265	—	—	16418	—	—
1983	29674	494	1465.90	7423	—	—	8446	—	—	21228	—	—
1984	29672	515.7	1530.19	2021	—	—	2383	—	—	27289	—	—
1985	27409	441	1208.74	—	—	—	297	—	—	27112	—	—
1986	27689	495.5	1371.99	—	—	—	—	—	—	27689	—	—
1987	27376	475.5	1301.73	—	—	—	—	—	—	27376	—	—
1988	26950	466	1255.87	—	—	—	—	—	—	26950	—	—
1989	26708	484	1292.67	—	—	—	—	—	—	—	—	—
1990	26489	490	1297.96	—	—	—	—	—	—	—	—	—
1991	26470	461	1220.27	—	—	—	—	—	—	—	—	—

续表4-10

年份	水 稻			双季前作稻			双季后作稻			单季晚稻		
	面积（亩）	亩产（公斤）	总产（万公斤）	面积（亩）	亩产（公斤）	总产（万公斤）	面积（亩）	亩产（公斤）	总产（万公斤）	面积（亩）	亩产（公斤）	总产（万公斤）
1992	26058	488	1271.63	—	—	—	—	—	—	—	—	—
1993	25322	517	1309.15	—	—	—	—	—	—	—	—	—
1994	25627	530	1358.23	—	—	—	—	—	—	—	—	—
1995	25415	521	1324.12	—	—	—	—	—	—	—	—	—
1996	24677	518	1278.27	—	—	—	—	—	—	—	—	—
1997	24211	522	1263.81	—	—	—	—	—	—	—	—	—
1998	24050	604	1452.62	—	—	—	—	—	—	—	—	—
1999	23810	511	1216.69	—	—	—	—	—	—	—	—	—
2000	23660	537	1270.54	—	—	—	—	—	—	—	—	—
2001	21169	546	1155.83	—	—	—	—	—	—	—	—	—
2002	21409	554	1186.06	—	—	—	—	—	—	—	—	—
2003	17150	516	884.94	—	—	—	—	—	—	—	—	—
2004	18635	563	1049.15	—	—	—	—	—	—	—	—	—
2005	18999	481	913.85	—	—	—	—	—	—	—	—	—
2006	18092	541.8	980.22	—	—	—	—	—	—	—	—	—
2007	18079	541.3	978.62	—	—	—	—	—	—	—	—	—
2008	16348	555.3	907.80	—	—	—	—	—	—	—	—	—
2009	15341	555.8	852.65	—	—	—	—	—	—	—	—	—
2010	15319	588.6	901.68	—	—	—	—	—	—	—	—	—
2011	12553	595.6	747.66	—	—	—	—	—	—	—	—	—
2012	12862	597.8	768.89	—	—	—	—	—	—	—	—	—
2013	11939	610.4	728.76	—	—	—	—	—	—	—	—	—
2014	11901	609.5	725.37	—	—	—	—	—	—	—	—	—
2015	8025	595	477.49	—	—	—	—	—	—	—	—	—

二、品种布局

中华人民共和国成立前，早、中粳有早杂稻、黄壳早、洋早十日、处暑黄、芦花白、太湖白、凤凰稻、大洋稻等；晚粳有大黄稻、铁粳青、晚牛毛黄、晚百个头等；籼稻有早洋籼、杜子细、火烧洋籼等；糯稻有金坛糯、粳谷糯、落霜青等。1952年，推广黄壳早二十日和洋早十日，以及早木榔球、昆山籼、中农4号、黄粳籼等水稻高产品种。1954年后，引进老来青、八五三、苏稻1号、常熟黄等晚粳品种。1958年，中稻品种以黄壳早二十日、短芒早十日为主。晚稻推广八五三、老来青、晚牛毛黄、晚野稻等品种，淘汰易遭螟害的凤凰稻、荒三石、太湖青等中秋稻品种。1959年，引进试种中粳良种农垦57号。1962年，晚稻品种有老来青、八五三、常熟黄、牛毛黄。1963年，推广农垦58号，取代老来青等品种；中稻以农垦57号、农林36号为主。1966年，双季稻前季稻品种以矮脚南特号为主，搭配莲塘早、团粒早等；后季稻品种有农垦58号、桂花黄、虹糯等。此后，品种布局实行早、中、晚合理搭配，前季稻以矮南早1号等早熟品种为主，搭配辐矮二十等中熟品种，并种植二九南2号等特早熟品种；后季稻以桂花黄、虹糯、京引十五等中粳中糯品种为主，搭配沪选十九、武农早等中晚熟品种。1973年，前季稻推广早熟品种二九青和中熟品种珍圭、圭六矮；试种晚熟品种广陆矮4号；后季稻推广江丰3号（糯）、宇红2号等中晚熟品种。单季稻品种淘汰种性退化的农垦58号，种植宇红1号、宇红2号、江丰3号和晚粳华西6号、苏粳2号。1976年，前季稻品种有二九青、矮南早等早熟品种，中秆早、原丰早等中熟品种和广陆矮4号晚熟品种；后季稻品种有宇红3号和双丰4号等中晚粳品种，桂花黄、复虹糯等中粳中糯品种，双丰1号、华西6号等晚粳品种以及籼稻"早翻早"。1978年，引进过南优3号，油优3号等杂交水稻，但病害重、产量低，又是籼稻，试种1年即淘汰。1978、1979年，前季稻中熟品种以中秆早、原丰早当家；后季稻以宇红3号、6029当家，搭配苏粳7号。单季稻品种主要有加农762、苏粳2号、昆农选6号、昆稻2号等。1980年，开始扩大单季稻种植面积，品种由农户各自引换。1983年，单季稻品种以"3017"、武复粳、昆农选16和紫金糯等当家，搭配昆稻2号、桂农12等。1985年，全部种植单季稻，当家品种增加宇叶青、单23和早单8等高产优质粳稻品种，引进香粳、香糯。1986年，淘汰种性退化的武复粳、"3017"、昆农选16等粳稻品种，种植宇叶青、单23以及早单8，保存紫金糯品种，引进水稻新品种82-12。1987年，糯稻品科"80-4"和"鉴22"，引种武育粳2号粳稻品种。1988年后，以武育粳2号晚粳稻为当家品种。1993年，扩大新品种"89-15"等示范面积，糯稻推广新品种"86-119""86-120"。1994年，扩大水稻新品系"91-57""91-387""9-92""89-15"种植面积。1996年，单季粳稻高产良种"9-92"（武育粳5号），播种面积占水稻总面积的76.6%，引种武运粳7号。1997年，仍以"9-92"为单季粳稻当家品种，同时还有香粳"9325"，糯稻扩大推广银香糯21。1998年后，单季粳稻以优良品种武运粳7号当家。2001年，引进水稻99-15新品种。2003年，仍以水稻新品种99-15为当家品种，推广杂优粳稻常优1号和9998-3，繁育和示范5356、86优8等水稻新品系。2004年，水稻以99-15品种为主，占种植面积的90%；引进品种9998-3。2005年，以5356和9998-3品种为粳稻主要种植品种。2014—2015年以武运粳23、武运粳31、南粳5055品种为主要种植品种。

三、栽培技术

中华人民共和国成立前，农民习惯露地水播水育，清明浸种，谷雨播种；晚稻夏至移栽，稀植，每亩1万穴左右。中华人民共和国成立后开始推广合式秧田，秧板宽4尺，每畦有沟，沟宽7—8寸。单季稻早、中粳在4月20日前后，晚粳在5月20日前后播种。1950年起，推广陈永康"一钱三谷"的稀落谷方法，每亩秧田播种量为75公斤。中稻移栽一般在5月20日前后开始至月底结束，晚稻在6月上旬开始至6月20日前后结束。推行小株密植，每亩2万—2.4万穴。1958年片面强调密植，每亩在3万穴以上，致水稻病害倒伏。1961年，贯彻合理密植。1964年，晚稻在5月下旬至夏至移栽。20世纪70年代，双季稻育秧分期分批，前季稻4月上、中旬播种，塑料薄膜棚盖或平盖育秧；后季稻6月上、中旬播种。前季稻5月10日前后至6月上旬移栽，芒种前结束；后季稻7月20日后开始至8月上旬移栽，立秋前结束。每亩3万—4万穴。1970年前后，前季稻推广旱做秧田，称"半旱秧田"，亦称"通气秧田"。1974年，后季稻采用旱播水育的"两段育秧"方法，秧田、寄秧田和大田的面积比例为1∶3∶10左右，每亩小秧田播种量150—175公斤，播后25—30天左右寄秧，寄秧龄15天以上。1978年前后，后季稻秧田推广抽条留苗，按大田基本苗的要求，将秧苗抽条成行，不再拔秧移栽，每亩留苗35万株左右。1980年，前季稻推广条寄育秧，水秧田薄膜育小苗，秧田、寄秧田和大田的比例为1∶3∶15，每亩秧田播种250公斤左右，3叶期前后铲秧条寄，条距4.5寸左右，每市尺寄苗不超过100株。后季稻水播水条寄改为旱播小苗条寄，利用场地旱播，薄膜覆盖保湿，培育小苗，每亩播种400—450公斤，秧田、寄秧田和大田的比例为1∶8∶40，小秧龄8—10天、秧苗2叶1心开始铲秧条寄，条距4.5—5寸，每市尺寄苗80株左右。1982年，单季稻秧田改种元、大麦，推广旱播条寄育秧，利用场地旱播育小苗，元、大麦茬作寄秧田，秧田、寄秧田和大田的比例为1：12：70，每亩场地播种400公斤左右。小秧龄6—8天、1叶1心至2叶期铲秧条寄，条距6寸，每市尺寄苗60株左右。同年前季稻推广"地膜"覆盖育秧。1992年推广抛秧轻型栽培技术。1995年，推广水稻肥床旱育新技术和水稻推广宽行条栽群体质量栽培技术，行距23厘米左右，株距12厘米左右，每亩栽秧2.4万穴左右。1996年，宽行条栽3000余亩。1998年，推广水稻新品种95-2种子1.7万亩，水稻肥床旱育秧面积7000亩，为水稻的优质、高产奠定了基础。1999年，肥床旱育秧面积占85%，水稻全面推广模式栽培技术，宽行条栽面积占90%。2001年，肥床旱育秧技术推广面积100%。2003年后，增加基本苗数。是年机插秧面积500亩，翌年增至5000多亩。推广降氮增磷补钾技术，纯氮使用量每亩下降2.5公斤。2005年，引进40台东洋牌手扶插秧机，机插秧面积达10000亩。推广补钾技术。

四、田间管理

对于水稻田间管理，南闸农民素有精耕细作的传统。中晚稻的加工，经"耥、板、耘、捞"等工序进行除草。水浆管理以浅水勤灌为原则，浅水发棵，足水孕肚，薄水扬花，湿润灌浆，干湿交替，不过早断水。稻田用水由电灌站统一管理，按农技栽培要求进行灌水、搁田、脱水。

20世纪60年代中期，稻田治草主要采用两耥两耘4道工序，起到松泥土、除草芽、促新根的作用。通过耥，使杂草脱离泥层浮起，同时起到松土作用，通过耘，把耥坏板平，把杂草捞去，塞入泥内，使其腐烂为肥料。改种双季稻后，由于行、株距缩小，不适宜耥稻，改用手耘2次，去除田间杂草。在水稻中后期，主要是进行人工除草。20世纪80年代后期，推广田间化学除草，稻苗活棵后，每亩用25%除草醚粉剂500克拌尿素7—10公斤混撒，保水3—5天，既除草又施肥。

五、病虫草害防治

虫害防治 危害水稻的害虫主要有蝗虫、螟虫、稻飞虱、纵卷叶虫、稻蓟马等，此外还有稻苞虫、稻叶蝉、稻象甲、稻蟓象等。中华人民共和国成立前，采取耕翻灭卵、灌水浮卵聚歼、扑打蝗蛹、挖坑驱赶掩埋、熏烟防降落等方法防治蝗虫危害。20世纪50年代，采用挖除稻根、采卵捕蛾、冬耕灭蛹、剪枯心苗等方法进行人工防治螟虫危害。1955年开始用25%二二三和六六六药剂治螟害。20世纪60年代，用苏化203、有机氯混合粉防治螟虫；用乐果防治稻蓟马。20世纪70年代，用杀螟松、苏化203、甲胺磷高效农药防治螟虫；用苏化203、六六粉等农药大水泼浇或手动高压泵喷粗雾防治稻飞虱；用敌百虫、4049乳剂防治纵卷叶虫；用呋喃丹防治稻蓟马。1975年，推广滴油（柴油）扫杀稻飞虱。以后几年推广混灭威、速灭威撒粉或喷粉防治稻飞虱；推广长效高效内吸剂杀虫脒防治纵卷叶虫。20世纪80年代，结合防治其他病虫害，用甲胺磷、乐胺磷、混灭威等高效农药防治稻飞虱和纵卷叶虫。1992年，推广低毒高效的扑虱灵防治稻飞虱。2000年，淘汰高毒农药甲胺磷，推广生物农药纹霉净。2002年，采用"浸种灵+使百克+吡虫啉"的配方浸种防治稻飞虱。2005年，水稻褐飞虱大暴发，为20世纪90年代以来危害较严重的一次，采用毒死蜱等新药防治。水稻产量比2004年有所下降。

病害防治 水稻病害主要有纹枯病、白叶枯病、稻瘟病、细菌性基腐病，此外还有恶苗病、小球菌核病、褐条病、干尖线虫病和稻曲病。20世纪50年代，适时搁田，以预防为主，药剂为辅的方法防治纹枯病；用盐水选种、西力生浸种、西力生石灰粉防治稻瘟病。1958年，通过建立无病留种田，选换无病抗病品种，推广昇贡药剂浸种，秧田和大田喷施西力生及石灰粉等措施，控制白叶枯病病害。1960年用喷射石硫合剂防治纹枯病。1964年，试用苏化911毒土或喷雾防治纹枯病；用石灰水和赛力散浸种防治稻瘟病。1966年，推广6401、稻脚青毒土防治纹枯病。20世纪70年代，用"402"、多菌灵浸种防治稻瘟病；采取"水控药治、综合防治"方式，用井冈霉素兑水泼浇防治纹枯病。20世纪80年代，井冈霉素改用低容量喷雾并与治虫农药混用兼治纹枯病；推广秧田、大田施用敌枯双、叶枯净农药防治白叶枯病；使用稻瘟净、异稻瘟净、富士1号等农药防治稻瘟病。1992年，推广线菌清浸种，控制水稻恶苗病和干尖线虫病。1997年，应用新药剂"浸种灵"处理种子，控制恶苗病。2004、2005年，条纹叶枯病大发生，采取吡虫啉复配浸种、秧田锐劲特加吡虫啉复配防治、大田前期灰飞虱防治、小苗化栽培等方法进行综合防治，基本控制病害。

草害防治　稻田杂草有稗草、三棱草、牛毛毡、矮慈姑、异形莎草等50余种。20世纪50年代，采取种子处理和轮作、深耕、晒垡、有机肥腐熟下田、及时耘耥加工等综合措施防治。60年代中期，放萍灭草，有效控制草害，同时达到增肥改土的效果。20世纪70年代，用精选机剔除稗子，稻田用除草醚防除牛毛毡，用二甲四氯防除莎草科和阔叶杂草，均有显著效果。20世纪80年代起，大田普遍使用化学除草。出现了"稻田净""扫菲特""新草畏"第一批新型除草剂，而且除草效果明显。2004年10月，首次发现"加拿大一枝黄花"，开展统一清除活动。

第三节　三　麦

一、面积产量

三麦（小麦、元麦、大麦）是南闸境内除水稻之外的重要粮食作物。中华人民共和国成立前，一般年景下亩产50公斤，高的达75公斤。中华人民共和国成立后，三麦种植面积稳定，产量逐年提高。1957年，种植三麦24278亩，总产251.43万公斤，亩产117公斤；1960年，种植三麦23830亩，总产286.07万公斤，亩产120公斤。20世纪70年代扩种双季稻，增加绿肥面积，压缩三麦播种面积。1976年，三麦播种面积11577亩，总产357.73万公斤，亩产309公斤。1985年后，逐年恢复稻麦两熟制，种植早熟晚粳单季稻，扩大三麦播种面积。1986年，播种三麦21677.1亩，总产541.06万公斤，亩产249.6公斤。

1970—2015年南闸种植三麦面积与产量一览

表4-11

年份	三　麦			小　麦			元/大麦		
	面积（亩）	亩产（公斤）	总产（万公斤）	面积（亩）	亩产（公斤）	总产（万公斤）	面积（亩）	亩产（公斤）	总产（万公斤）
1970	22672	130.76	296.46	16977	—	—	5699	—	—
1971	21021	176	369.97	12215	—	—	9806	—	—
1972	22218	126.6	281.28	11401	—	—	10817	—	—
1973	22512	115.5	260.01	12480	—	—	10032	—	—
1974	22588	168.4	380.38	13410	—	—	9178	—	—
1975	21157	157.7	333.65	12607	—	—	8550	—	—
1976	11577	309	357.73	9577	—	—	2000	—	—
1977	14665	80.5	118.05	10640	—	—	4025	—	—
1978	16846	258	436.63	12177	—	—	4669	—	—
1979	17762	299.4	531.79	11411	—	—	6351	—	—

续表4-11

年份	三 麦			小 麦			元/大麦		
	面积 （亩）	亩产 （公斤）	总产 （万公斤）	面积 （亩）	亩产 （公斤）	总产 （万公斤）	面积 （亩）	亩产 （公斤）	总产 （万公斤）
1980	19623	220.3	432.29	11187	—	—	8436	—	—
1981	16518	208.9	345.06	11510	—	—	5008	—	—
1982	19528	265.6	518.66	11484	—	—	8044	—	—
1983	19752	241.7	477.41	11424	—	—	8328	—	—
1984	19398	246.1	477.38	12876	—	—	6522	—	—
1985	20286	220.9	448.12	13863	—	—	6423	—	—
1986	21677.1	249.6	541.06	16155.8	256.8	415.2	5521.34	227.3	125.88
1987	21015.5	201.1	422.62	15753.2	217	342.45	5262.3	190.5	100.3
1988	20761.3	212.8	441.80	15937.3	216.5	344.95	4824	203.6	97.0
1989	20618.9	176.4	363.72	16831.9	160	270.46	3787	167	63.325
1990	20978	194	406.97	17751	195	347.03	3227	186	60.135
1991	20805	221.5	460.83	18754	227	419.2	2051	204	41.8
1992	20567	255.28	525.03	18977	263	498.25	1590	225	35.8
1993	19523	252.6	493.15	18297	253	463.4	1226	244	29.9
1994	18992	243.7	462.84	18301	243	445.32	691	230	15.92
1995	19001	253.8	482.25	18357	254	466.8	644	239	15.6
1996	19122	266.8	510.17	18545	268	520.5	597	248	18.1
1997	19009	261	496.13	18482	262	484.46	527	222	11.686
1998	16010	144.1	230.70	—	—	—	—	—	—
1999	18296	265.3	485.39	—	—	—	—	—	—
2000	13500	233	314.55	—	—	—	—	—	—
2001	8083	201.3	162.71	—	—	—	—	—	—
2002	7608	132.7	100.96	—	—	—	—	—	—
2003	4100	166.5	68.27	—	—	—	—	—	—
2004	4300	219.1	94.21	—	—	—	—	—	—
2005	3700	207	76.59	—	—	—	—	—	—
2006	3650	261.6	95.48	—	—	—	—	—	—
2007	3735	290.7	108.58	—	—	—	—	—	—
2008	2950	281	82.90	—	—	—	—	—	—
2009	2230	281	62.66	—	—	—	—	—	—
2010	2873	279	80.16	—	—	—	—	—	—
2011	1930	293.7	56.68	—	—	—	—	—	—
2012	3157	298.9	94.36	—	—	—	—	—	—
2013	3089	302.4	93.41	—	—	—	—	—	—
2014	3050	303	92.42	—	—	—	—	—	—
2015	3376	315	106.34	—	—	—	—	—	—

二、品种布局

中华人民共和国成立前，小麦种植以长棋白壳、火烧头、超黄梅、菜子黄等品种为主，大麦种植则有老脱芒、有芒头等品种。

1955年，小麦品种有白壳长稍、红壳长稍、菜子黄、老头麦、超黄梅、方六柱、抢水黄、白露占、火烧头、玉皮麦、南京红、南大2419、野鸡红、毛小麦、杜小麦、四柱头、车间子、黄梅青、有芒早小麦、红梗晚小麦、二肥八〇、中界黄、铜柱头等；大麦品种有六柱头、四柱头、老脱芒、江北麦等；元麦品种有六柱头、四柱头、紫皮元麦、有芒元麦等。1958年，改种单季晚稻后，小麦以中熟品种方六柱为主，搭配早熟品种华东6号、菜子黄和耐迟播品种南大2419，以及抗立枯病较强的早洋麦和吉利。1965年，试种"澄麦1号"和"长征1号"等小麦新品种。1966年，小麦种植矮秆红、矮立多、西农、内乡5号、万年2号、望麦15、望麦17、望麦19、阿夫、吉利、山农205等；元麦种植品种有立夏黄、矮脚早；大麦种植有矮白洋。1969年，小麦推广"671"（扬麦1号），元麦推广"757"。到1973年，基本以这两个品种当家。1974年，为适应双三制，小麦扩种早熟品种武麦1号，淘汰万年2号、阿夫等；元麦品种主要为"757""立新1号"。同年，引进浙114元麦品种和早熟3号大麦品种。1975年后，扩大大、元麦种植面积，缩小小麦种植面积。1976年，三麦改两麦，停种元麦；大麦种植早熟高产、抗逆性强、耐迟播的早熟3号品种；小麦由武麦1号早熟品种取代"671"晚熟品种。1979年，扩大小麦品种扬麦2号、扬麦3号的播种面积。1982年后，随着单季稻面积的逐步扩大，扩大元麦，压缩小麦面积，小麦品种逐步压缩成扬麦3号，引种扬麦4号。1984年，小麦品种以扬麦4号当家。1985年，推广小麦新品种扬麦5号。1987年，扩大扬麦5号播种面积。1993年，小麦以扬麦5号为主要品种，试种新品种扬麦158播种面积；元麦推广新品种通麦6号。1998年，试种优质高产小麦"苏麦6号"250亩，繁殖种子6万公斤。1999年，全面推广种植优质白皮小麦苏麦6号。2004、2005年，小麦以扬麦158、扬麦12唱主角。2015年，以扬麦16号、20号为主种植。

三、栽培技术

中华人民共和国成立前，麦田整地粗放，耕深3.5寸左右，垅宽3—4尺，沟宽1尺余，垅形呈"鲫鱼背"。10月上旬开始播种，有撒播、点播、条播等多种方式。由于耕作粗放，产量较低。

1953年，提倡平垅落堡、匀播密植。1955年，推广清耕阔垅，垅宽4.5尺，撒播密植，每亩播种3—5公斤。1957年垅宽8尺，落堡种麦。1958年深翻密植。20世纪60年代，三麦宽垅密植，薄片深翻，增施肥料；推广元/大麦、苜蓿、蚕豆三夹种。20世纪70年代，重视"三沟"（垅沟、腰沟、中心沟）配套，治理麦田地面水、浅层水和地下水，垅宽8—9尺，沟宽5—6寸，沟深6—7寸。1976年，推广条播麦。1980年后，推广省工、省本、高效栽培技术，应用叶龄模式栽培指导生产。1984年，推广浅耕灭茬种麦。1986年，推广免耕板茬麦。90年代，建立三麦百亩丰产方，示范推广三麦群体质量栽培技术。1999年，三麦免耕技术面积100%。2004、2005年，推广套播麦和条播麦。

四、病虫草害防治

虫害防治 危害三麦的害虫主要有黏虫和麦蚜。中华人民共和国成立前后，农民习惯撒草木灰防治麦蚜。20世纪50年代中期，用六六六粉或可湿性粉剂喷雾防治麦蚜，用二二三药剂防治黏虫。20世纪60年代，用在田间放置糖醋毒盆诱蛾、插草把灭卵等方法防治黏虫。1967年，使用有机磷、有机氯混合粉拌草糠或白泥粉撒施防治黏虫。1975年起，用乐果喷雾防治麦蚜。1993年后，用"抗蚜威"防治麦蚜。

病害防治 三麦病害主要有赤霉病、白粉病、纹枯病和大元麦黄花叶病。20世纪50年代中期，用西力生、赛力散、二硝散等农药防治赤霉病。1966年推广富民隆，用手动背包式喷雾机或高压泵植保机喷雾防治赤霉病。1975年以多菌灵取代汞制剂防治赤霉病。20世纪70年代，结合防治赤霉病兼治白粉病。1979、1980年大/元麦黄花叶病普遍发生，发病后，补施速效氮、磷肥，促进恢复生机。1983年使用井冈霉素喷雾防治纹枯病。1984年推广高效内吸治疗剂"粉锈宁"防治白粉病。1992年应用防霉宝2号新农药防治赤霉病、白粉病。

草害防治 麦田草害以看麦娘为主，其次有繁缕、猪殃殃，部分地区还有碎米荠、蓼草、巢菜等。20世纪70年代前，用锄草、拔草、撩沟压泥灭草等传统措施防止草害。1972年起推广除草剂"绿麦隆"防除看麦娘。1981年使用二甲四氯防除巢菜等阔叶杂草。1992年应用高效超低量麦田除草剂"绿黄隆"取代"绿麦隆"，提高除草效果。1993年起应用"麦草宁""骠马""绿骠合剂""麦田净"以及"恶唑灵"等除草剂，防除麦田草害。

第四节 油 菜

一、面积产量

中华人民共和国成立后，人民政府号召种植油菜。1970年，南闸公社种植油菜2640亩，总产24.29万公斤，亩产92公斤。此后根据国家统购任务和城乡人民食油的需要，实行计划种植。1979年，油菜种植面积2820亩，总产31.02万公斤，亩产110公斤。1985年，油菜籽实行综合价收购不封顶，调动起农民积极性。1988年，种植油菜2698亩，总产26.54万公斤，亩产112公斤。2001年，种植油菜1497亩，总产14.2万公斤，亩产98公斤。2002年，种植油菜2500亩，总产22.8万公斤，亩产91公斤。2007年，种植油菜1700亩，总产16.8万公斤，亩产98.5公斤。2013年，种植油菜526亩，总产5.7万公斤，亩产109公斤。

若干年份南闸油菜种植面积与产量一览

表4-12

年 份	面积（亩）	亩产（公斤）	总产（万公斤）	年 份	面积（亩）	亩产（公斤）	总产（万公斤）
1970	2640	92	24.29	2003	800	95	7.60
1976	1549	80	12.39	2004	1000	90	9.00
1979	2820	110	31.02	2005	1600	96.9	15.50
1984	3858	102	39.35	2006	1700	98	16.67
1988	2698	112	30.22	2007	1700	98.5	16.75
1990	1417.5	84	11.91	2008	377	100	3.77
1991	1380	82	11.32	2009	502	102	5.12
1992	888	92	8.17	2010	470	103.2	4.85
1997	1350	83	11.21	2011	481	105	5.05
1998	1340	80	10.72	2012	260	108	2.81
1999	1345	80	10.76	2013	526	109	5.73
2000	1396	85	11.87	2014	83	107	0.89
2001	1497	98	14.67	2015	110	110	1.21
2002	2500	91	22.75				

二、品种布局

中华人民共和国成立前后，品种多为白菜型土油菜。1955年，种植抗病、抗冻、耐肥、高产的甘蓝型品种胜利油菜。1960年，胜利油菜为当家品种。20世纪70年代，选用早、中熟品种，先后引进试种军农1号、新华1号、宁油5号、宁油7号等品种。1976—1986年，分别以宁油7号、"3036"、宁油5号等高产品种当家。1999年，推广"双低"油菜新品种苏油1号、宁油10号、宁杂1号和宁杂3号。2004、2005年，以苏油1号、史力丰等为主要品种。

三、育苗移栽

大多以旱坟地做苗床，育苗移栽。20世纪60年代，耕翻打宕移栽。70年代，扩大油菜秧田，减少播量，种秧田与大田比为1：5—1：6，每亩秧田播种0.5—0.6公斤，培育矮壮塌棵无病虫秧苗。移栽时采用耕翻劈沟条栽方式。80年代，板茬免耕种菜，南北向条栽，株距4—5寸，行距1.2尺，每亩0.8万—1万株，坎坎开沟。1999年，推广套直播油菜。2004、2005年，以移栽、直播为主。

四、病虫草害防治

虫害防治　危害油菜的害虫主要有菜蚜、菜青虫和潜叶蝇。20世纪50年代，用六六六粉和25%二二三等农药防治虫害。1963年，开始用苏化203。1964年后，改用乐果防治菜蚜。20世纪70年代前，推广晶体敌百虫、乐果等防治蚜虫。1975年以后，常结合防治蚜虫，用乐果兼治潜叶蝇。1986年，试用菊酯类农药防治蚜虫。

病害草害防治　油菜病害主要有菌核病、病毒病。1975年开始，用多菌灵在盛花期防治菌核病，同时实行轮作，开沟降湿，春季中耕培土，消灭土表菌源。20世纪70年代末，改用"宁油7号"等甘蓝型抗病品种后，菌核病发生概率降低。草害防治的传统方法为中耕松土除草。1985年，推广移栽前在板茬上喷施绿麦隆防除看麦娘。以后推广使用新型除草剂"稳杀得"。

第五节　其他杂粮

杂粮主要有大豆、蚕豆、甘薯等。大豆，又称黄豆，是境内传统重要农作物。嫩豆可作菜用，成熟后是重要的油料作物，中华人民共和国成立前，主要食油是"豆油"。大豆又可培育"豆芽菜"，"豆芽菜"是本地居民喜食用的常规菜。20世纪50、60年代，农民在田埂路边广为种植。1974年，集体耕地始种大豆61亩，总产0.71万公斤，亩产115公斤。1975年，是全社种植大豆最多的一年，计1549亩，总产12.39万公斤，亩产80公斤，自此逐年减少。1988年，种大豆605亩，总产6.17万公斤，亩产102公斤。至2003年，境内种植300亩左右。

蚕豆，是传统的秋播作物，栽培面积较小，分布散而广，岸边渠旁到处可见。主要采摘青蚕豆作蔬菜用，至2015年，南闸境内种植面积100亩左右。

甘薯，又名山芋。常种植于山麓和旱坟。三年困难时期期间广泛种植，为重要的代粮作物。1975年，境内种植山芋271亩，总产48.68万公斤，亩产1800公斤。1983年，种植山芋1441亩，总产12.39万公斤，亩产2200公斤，最高亩产2600公斤。1988年，种植山芋558亩，总产111.6万公斤，亩产2000公斤。2001年11月，龙游村村民夏国林在晒麦场上堆土种山芋，收获的山芋中最大的一只重达9公斤。2005年11月，又收获一只重达10.7公斤的特大山芋。

第四章 多种经营

第一节 发展概况

南闸地区的农民素以饲养家畜、家禽，种植茶树、水果、瓜菜及从事编织、木匠、泥瓦匠、裁缝等行业为传统副业，此外还有养蚕、放菱、养鱼等副业。中华人民共和国成立后，养殖业、小手工业逐步发展，特别是1978年十一届三中全会以后，农村实行体制改革，根据经营项目的不同特点和社员的不同特长，分别建立了专业组、专业户、专业工，激发了农民的生产积极性，集体副业、家庭副业迅速发展。

1984年3月，南闸乡成立了多种经营服务公司，对多种经营实行产、供、销一条龙服务，促进了林、牧、副、渔的稳步发展。1988年后，南闸镇党委、政府认真贯彻落实农业产业结构调整精神，把发展多种经营作为提升地方经济总量的重要策略，充分利用南闸得天独厚的区域条件，发展多种经营生产，形成了以奶牛生产，虾、蟹等特种养殖，鹌鹑、蛋鸡、肉鸭等禽类生产，茶叶、花卉、苗木、果树种植，试行推广形成大棚西瓜、大棚蔬菜等特色农业产业。1989年，全镇多种经营收入881.62万元，比1985年的502.03万元增379.59万元，增长75.6%。全年生猪饲养量26064头，年末圈存量16066头；养羊3964头，羊毛产量达180公斤；家禽存栏10.6万羽；养蜂115箱；种植茶树面积431亩，茶叶产量达19.4吨。1995年，全镇多种经营产值1.24亿元，多种经营收入4207.14万元。其中，家畜家禽专业户235户；渔业专业户103户；各种形式的经济联合体30个，参加农户78户，从业人员385户。1998年，多种经营稳步发展，完成产值2.12亿元，多种经营收入达1.25亿元，有种养专业大户190户。2002年，初步建成以水产养殖场为中心的产业化示范基地，全镇有奶牛养殖、特种水产养殖10个基地，各类养殖专业户310户，全镇多种经营产值1.02亿元，收入1.56亿元。2003年，调整农业产业结构，镇水产养殖场面积发展为200亩。全镇建成花卉、苗木、茶叶、特种水产10个基地共2000亩，各类种植专业户169户，经纪人40名。观西村史仲生投资70万元建成天协养殖公司，从陕西引进9头"北京大白花"优良奶牛，精心养殖，当年产下小牛5只。观山、灯塔300亩茶场，生产的"赛露牌"茶叶，经江苏省农林厅认定为无公害优质茶叶，茶场为无公害茶叶生产基地。全镇乳养奶牛215头，产牛奶771吨。生猪年末存量30415头，山羊720头，鸡19.7万羽，鸭27.1万羽，鹅4.5万羽，产鸡蛋45吨，兔毛400公斤，生产蔬菜20308吨，产茶叶4吨。2005年，各类种养大户扩大到181户，进一步提升花卉、特种水产的种养水平，培育示范基地200亩。

2007年，沼气地、杂品保鲜冷库、果林配套作业等现代高效农业机械得到落实和推广。南闸成立第一个养猪协会，培育农村经纪人42名，扶持重点种养殖大户135户，狮子山生态园新增果树350亩，望湖生态园被列为无锡市科技富民示范项目。2008年，以"菜篮子""果篮子""茶罐子""村园子"为特色的都市生态休闲农业逐步形成，粮食和经济作物比例渐趋合理。蔡泾千亩蔬菜基地、狮子山生态建设被列入市政府"510"工程，多种经营收入达1.2亿元。2014年，高效农业面积达14610亩，其中蔬菜7358亩，林果苗木5600亩，茶叶、水产、食用菌1652亩，各类专业大户882户。南闸、龙运、蔡泾三个蔬菜基地生产蔬菜29276吨。龙运食用菌产业园建设质量进一步提升。南闸蔬菜配送中心建成，服务范围不断扩大，确立了面向全市的城市"菜篮子"品牌。全街道多种经营收入达3亿多元。

第二节 林木、桑蚕

一、林木

境内山地面积10779.28亩，山林面积8317.7亩。1921年10月，在观山东麓串珠墩成立江阴苗圃，面积45亩，培育刺槐、苦楝、松、榉等树苗，有职工20余人。1928年，串珠墩造林试验区100多亩。1937年日军入侵，苗圃遭破坏。境内山区成片林木品种大多为马尾松。中华人民共和国成立后，政府实行封山育林和人工造林。1955年，山地全部归集体所有。1958年，公社组织大批劳力在花山西南坡植树造林，首先建立花果林场。1959年，全公社先后建立10个林场，由大队管理，林业人员500多人。1962年，解放军总参谋长罗瑞卿大将视察江阴备战情况，指示江阴要做好秦望山、舜过山的封山育林工作。1964年，公社成立花山、秦望山护林联合委员会，划定封山育林区域，山林面积有较大发展。1965年，以大队为单位，所属生产队以山地入股，以股投劳，成立林业专业队，实行统一规划种植，开始在山路栽植果树。1972年，公社号召种植杉木、毛竹，种苗无偿提供。每种一亩杉木、毛竹，分别补贴10元、15元。花果、观山、观东、灯塔、观西、泗河等大队增配1名副业主任，专管林业生产。1973年，全社种植杉木195.7亩、毛竹186.1亩、刚竹51.7亩、淡竹39.8亩，种植茶树、桃树、梨树等621.2亩。1976年，种植杉木515.7亩、毛竹328.3亩。1980年，引进国外松，种植面积16.4亩。党的十一届三中全会全面落实林业生产责任制，加速了林业生产发展。至1988年底已造林10349.1亩，其中用材林8742.8亩、经济林1606.3亩，林业产值35.64万元。20世纪80年代，部分山林被开山采石毁坏。至2003年末，山地面积约7200亩，减少了三分之一。2004年5月，全镇所有采矿企业全部被关停，并开始复垦复绿。2005年，完成南闸村头山、二山矿区354亩，灯塔凤凰山360亩，南闸建材厂狮子山300亩，观西秦望山90亩，花果花山矿30亩，观山龙游村白石山180亩，泗河黄家山200亩，共计1514亩废矿山复垦工程。2006年，完成龙游观山白石山矿180亩、凤凰山观山矿区250亩、泗河南山矿区66亩、灯塔凤凰山225亩、秦望山西矿43亩，共计764亩复垦工程。至2007年，总投入9500万元，共复垦复绿2500亩，并在复垦废矿山区建造了占地1300亩的狮山湖生态园和占地600亩的秦望生态园。2015年，建造防护林10962亩，林地总面积16977亩。

南闸山地面积统计一览

表4-13   单位：亩

山 名	所属村名	总面积	宜林面积	非林面积
花 山	花果	2371.94	2065.3	306.64
秦望山	观东	264.45	136	128.45
	灯塔	1772.53	1627	145.53
	泗河	224.97	200	24.97
	陶湾	755.04	702.8	52.24
	观西	1194.19	868.3	325.89

续表4-13

山 名	所属村名	总面积	宜林面积	非林面积
观　山	泗河	2066.66	1502.8	563.86
	灯塔	742.2	268.2	474
	璜村	551.65	489.8	61.85
	观山	724.74	439	285.74
	菱塘	112.91	18.5	94.41
合　计		10781.28	8317.7	2461.58

注：观山包括白石山、狮子山在内。

1973—1988年南闸山地用材林面积统计一览

表4-14　　　　　　　　　　　　　　　　　　　　　　　单位：亩

年 份	杉木	毛竹	刚竹	淡竹	杂树	国外松	合 计
1973	195.7	186.1	51.7	39.8	67.9	—	541.2
1974	440.0	—	—	—	—	—	440
1975	790.4	77.7	8.3	—	—	—	876.4
1976	515.7	328.3	20	—	—	—	864
1977	113.5	1500	—	—	—	—	1613.5
1978	61.9	—	—	—	—	—	61.9
1979	810	20	—	—	—	—	830
1980	406.3	66.7	—	—	—	16.4	489.4
1981	258.6	—	—	—	10	373.9	642.5
1982	—	—	—	—	—	383.5	383.5
1983	—	—	—	—	18	616.3	634.3
1984	12	—	—	—	25	577.8	614.8
1985	—	—	—	—	—	161	161
1986	—	—	—	—	—	143.3	143.3
1987	—	—	—	—	—	200	200
1988	10	—	—	—	—	237	247
合计	3614.1	2178.8	80	39.8	120.9	2709.2	8742.8

1973—1988年南闸山地经济林面积统计一览

表4-15　　　　　　　　　　　　　　　　　　　　　　　单位：亩

年 份	茶叶	桃树	梨树	桑树	李树	苹果	葡萄	玫瑰	合 计
1973	122.4	141.8	219.2	97.4	3.0	37.4	—	—	621.2
1974	20	15	—	—	—	—	—	—	35
1975	27	13	5	—	—	—	—	—	45
1976	28.5	35	21	—	—	—	—	—	84.5
1977	1.5	15	—	—	—	—	—	—	16.5
1978	33	14	—	—	—	—	—	—	47
1979	125	55	—	—	—	—	—	—	180

续表4-15

年 份	茶叶	桃树	梨树	桑树	李树	苹果	葡萄	玫瑰	合 计
1980	61	10	—	—	—	—	—	—	71
1981	38.5	72	33	—	—	—	—	10	153.5
1982	—	—	—	—	—	—	—	—	—
1983	88.6	30	—	—	—	—	—	—	118.6
1984	—	10	—	—	—	—	—	—	10
1985	10	73	17	—	—	—	—	—	100
1986	—	—	23	—	—	—	21	—	44
1987	10	10	—	—	—	—	—	—	20
1988	10	20	—	30	—	—	—	—	60
合计	575.5	513.8	318.2	127.4	3	37.4	21	10	1606.3

1973—1988年南闸林业生产发展情况一览

表4-16

年 份	毛 竹			水 果			茶叶(担)
	成竹(根)	蓄积(根)	砍伐(根)	桃(担)	梨(担)	李(担)	
1973	31176	31176	—	—	—	—	—
1974	9592	50768	5716	—	—	—	4
1975	17284	48929	6284	1966.5	519	—	11
1976	17707	56828	5958	2296	367	—	22.3
1977	23597	71476	9099	1932	373	18	41.3
1978	16563	78940	11772	2152	369	—	62.4
1979	7571	74759	8447	2089	1141	—	69.94
1980	19757	86068	9695	2411.5	1340	—	91.5
1981	33316	119348	7331	983	799.5	—	115.78
1982	16849	115264	13863	2438	1258	—	176.6
1983	18832	121480	12616	825.3	540.4	—	178.9
1984	28422	133779	16123	1452.0	510	—	218.83
1985	11881	139054	6606	1334.8	807	—	181.45
1986	18114	149157	7993	1895	1296	—	270
1987	12320	153504	8485	1124	250	—	350
1988	36420	180439	12544	1533	279	—	396

注：每担折合公制50公斤。

1985—1994年南闸林业生产发展情况一览

表4-17

年 份	林地面积(亩)	果园面积(亩)	水果产量(吨)	茶园面积(亩)	茶叶产量(吨)	其 中		
						红茶(吨)	绿茶(吨)	特茶(吨)
1985	8990.1	382	114.9	405	9.11	—	—	—

续表4-17

年 份	林地面积（亩）	果园面积（亩）	水果产量（吨）	茶园面积（亩）	茶叶产量（吨）	其 中		
						红茶（吨）	绿茶（吨）	特茶（吨）
1986	9090.33	412	100.5	450	12.785	—	—	—
1987	9889.61	538	56.28	450	16.89	—	—	—
1988	7065.36	555.02	91.59	380	19.83	—	—	—
1989	6765.89	645.35	79.35	431	19.4	—	—	—
1990	6739.53	260	95.65	253	20.75	—	—	—
1991	6924.53	193	35.2	252	18.51	—	—	—
1992	6924.53	306.3	48.7	262.6	20.295	—	—	—
1993	6946	370.1	62.4	292.8	18.4	2.4	9.1	6.9
1994	7408	306.3	115	255	13.2	1.2	8.2	3.7

2003—2015年南闸林业生产情况一览

表4-18

年份	林地总面积（亩）	其 中			农田林网面积（亩）	营林情况			竹木采伐	
		用材林（亩）	防护林（亩）	其他林（亩）		造林面积（亩）	成林抚育（亩）	零星植树（百株）	木材（立方米）	毛竹（根）
2003	6907	6757	—	150	13774	—	—	460	100	1500
2004	7441	6861	580	—	19800	385	290	450	130	1500
2005	7986	—	545		19800	545	470	460	150	600
2006	8816	—	1936	638	17031	2234	3383	365	45	1200
2007	10317	—			17031	1501	4896	780	60	1500
2008	11767	—			14894	1610	3045	779	—	1900
2009	13399	—	—		14541	16322	32254	807		3000
2010	14775	—			13791	1503	3505	615	10	2000
2011	15345		10212	5133	12549	1120	2971	480		5000
2012	15935		10522	5413	12549	550	5962	480		4000
2013	16615		10862	5753	12549	680	6372	480		2000
2014	16847		10862	5985	11939	232	6584	500		—
2015	16977	—	10962	6015	11939	130	6584	480		2000

2003—2015年南闸茶叶、水果生产情况一览

表4-19

年份	茶园面积（亩）	茶叶产量（吨）	其 中			果园面积（亩）	水果产量（吨）	桃 子		葡 萄		梨		其 他	
			红茶（吨）	绿茶（吨）	特茶（吨）			面积（亩）	产量（吨）	面积（亩）	产量（吨）	面积（亩）	产量（吨）	面积（亩）	产量（吨）
2003	105	4.7	0.7	3.08	0.92	157	234.5	—	—	105	134.5	—	—	52	100
2004	110	4.3	0.8	2.6	0.9	163	2220.5	6	—	105	157.5			52	63
2005	117	3.778	0.9	1.32	1.558	120	426	13	18	105	405	2	3	—	—
2006	129	3.377	0.58	1.933	0.864	199	543	53	18	144	522	2	3	—	—

续表4-19

年份	茶园面积(亩)	茶叶产量(吨)	其中			果园面积(亩)	水果产量(吨)	桃子		葡萄		梨		其他	
			红茶(吨)	绿茶(吨)	特茶(吨)			面积(亩)	产量(吨)	面积(亩)	产量(吨)	面积(亩)	产量(吨)	面积(亩)	产量(吨)
2007	129	3.90	1.2	1.7	1.0	1032	797	183	225	368	568	10	4	471	
2008	129	3.863	0.46	—	3.403	1440	1152	198	42	506	1105	265	5	471	—
2009	129	3.55	0.415	—	3.135	1715	1642	358	133	506	1494	340	15	511	
2010	149	3.15	0.56	2.59	—	1881	1848	353	43	612	1648	345	157	571	
2011	149	3.155	0.45	2.705	—	2146	3095	468	775	679	1810	428	510	571	
2012	128	3.46	0.36	2.03	1.07	2326	3570	548	825	779	1980	428	765	571	
2013	128	2.55	0.25	1.34	0.96	2341	4216	548	835	779	2380	428	991	586	10
2014	128	3.40	0.40	1.84	1.16	2210	3750	379	840	1126	1871	373	991	332	48
2015	117	2.90	0.35	1.4	1.15	2247	4145	394	1021	1148	2060	373	964	332	100

1995—2015年南闸林业生产发展情况一览

表4-20

年份	人造林木						竹木采伐	
	造林(亩)	育苗(亩)	幼林抚育(亩)	成林抚育(亩)	零星植树(万株)	当年建果茶园(亩)	木材(立方米)	毛竹(根)
1995	—	—	—	—	—	—	—	—
1996	—	—	—	—	—	—	—	—
2000	—	—	—	—	—	—	—	—
2003	—	—	—	—	4.6	—	100	1500
2004	385	30	—	—	4.5	—	130	1500
2005	545	—	470	—	4.6	86	150	600
2006	2234	—	3883	—	3.65	52	45	1200
2007	1501	—	4896	—	7.8	845	60	1500
2008	1610	—	3045	—	4.2	—	—	1900
2009	1632	—	3145	—	4.2	—	—	3000
2010	1503	—	3505	—	6.15	170	10	2000
2011	1120	115	2971	—	4.8	—	—	5000
2012	550	110	5962	—	4.8	—	—	4000
2013	680	205	—	6372	4.8	—	—	2000
2014	232	106	6584	—	5	—	—	2000
2015	1000	—	6584	—	5.05	30	—	—

年份	水果					茶叶			花卉(万株)	苗木(万株)
	桃子(吨)	梨(吨)	葡萄(吨)	草莓(吨)	其他(吨)	红茶(吨)	绿茶(吨)	特茶(吨)		
1995	55.4	7	—	—	—	1.3	8.2	2.5	—	—
1996	115	—	—	—	—	0.9	7.5	2.9	—	—
2000	75	2	33.2	—	—	0.75	5.3	1.2	—	—
2003	—	—	134.5	—	100	0.7	3.08	0.92	—	—

续表4-20

年份	水 果					茶 叶			花卉（万株）	苗木（万株）
	桃子（吨）	梨（吨）	葡萄（吨）	草莓（吨）	其他（吨）	红茶（吨）	绿茶（吨）	特茶（吨）		
2004	—	—	157.5	—	63	0.8	2.6	0.9	—	—
2005	18	3	405	—	—	0.9	1.3	1.6	—	4
2006	18	3	522	—	—	0.58	1.933	0.864	—	4.2
2007	25	4	568	58	—	1.2	1.7	1	—	—
2008	42	5	1105	—	—	0.5	3.4	—	—	—
2009	133	15	1494	—	—	0.415	—	3.135	—	—
2010	43	157	1648	28	390	0.56	2.59	—	—	—
2011	775	510	1810	56	—	0.45	2.705	—	—	—
2012	825	765	1980	100	60	0.36	2.03	1.07	5.5	1
2013	835	991	2380	90	—	0.25	0.3	—	12	—
2014	840	991	1871	106	48	0.4	1.84	1.16	20	3
2015	1021	946	2060	122	100	0.35	1.4	1.15	20.6	3

二、桑蚕

种桑养蚕，历来是江南农户主要的养殖副业之一，也是农民重要的经济来源之一。南闸在历史上是桑蚕业较为发达的乡镇，大小农户都栽桑养蚕。

清同治前，农户大多以野桑叶和榨树叶养蚕，桑叶、蚕种质次量低，蚕茧出售困难，以自用为主。清同治七年（1868），蔡泾乡（现南闸集镇）人吴烜从浙江湖州引进桑苗和蚕种，种桑产叶，养蚕缫丝，并著有《蚕桑捷效》一书，加以推广。清光绪五年（1879），鲜茧价每担（50公斤）折合银洋七八十元。农民竞相栽桑养蚕，境内蚕桑业有较大发展。原锡澄河、夏港河、龙游河、黄昌河两岸的旱坲竹林变成了桑田。20世纪20年代，引进了桐乡春、湖桑32、湖桑7号等优良的桑树品种，扩展种桑规模，当时境内有桑田1500亩。至抗战前夕，家家种桑、户户养蚕。抗战期间，丝厂倒闭，茧价下降，蚕桑业一落千丈。

中华人民共和国成立后，人民政府重视蚕桑事业，引进新品种，推广新技术，促进蚕桑生产发展。桑田面积2000亩，年产蚕茧5万公斤。1957年，南闸乡设蚕桑技术指导员，增养夏蚕、桂花蚕。1958年，全社桑田1815亩，育蚕2560张，产茧4.58万公斤。1960年，巨轮大队的蚕桑业名列全县先进行列。第3生产队养春季蚕20多张，单产每张30公斤，年产茧600多公斤，列全县单产第一。全大队种桑树100多亩，养春蚕230张，产茧4750公斤，占全大队农业收入的50%。1960年5月，阿尔巴尼亚蚕桑代表团前来参观学习，高度赞扬南闸的蚕桑业。1963年，茧价提高1—2级，鲜茧每百斤奖励化肥50公斤或原粮150公斤或布票10米，农民种桑育蚕的积极性普遍提高。

1964年，各大队成立蚕桑副业队，建立养蚕专业技术队伍。公社党委确定1名管副业的委员，指派1—2名专业干部主管。把发展蚕桑业放在农业生产的重要位置，研究工作不忘蚕桑业、布置工作不忘蚕桑任务、检查工作不忘蚕桑情况、总结工作不忘蚕桑经验的"四不忘"经验，在全县大会上多次交流发言。公社因蚕桑产业被列为省、地区、县先进单位。1969年，种桑养蚕达到高潮，全社有桑田2015亩，比1958年增加200亩；育蚕3670张，蚕茧产量11.42万公斤。1972年后，开展"农业学大寨"运动，坚持以粮为纲，改桑扩粮，桑田面积逐年减少。1983年，大队蚕桑副业队解散，蚕桑养殖承包到户，蚕茧生产量下降。1988年，桑田面积285亩，育蚕283张，蚕茧产量1.02万公斤。1995年，秋蚕收购价从1994年的每公斤19.6元下降到每公斤7.92元，蚕桑业进一步萎缩。至1997年，全镇停发蚕种，养蚕业宣告结束。

1959—1995年南闸栽桑育蚕情况一览

表4-21

年 份	桑田面积（亩）	育蚕数（张）	蚕茧产量（万公斤）	年 份	桑田面积（亩）	育蚕数（张）	蚕茧产量（万公斤）
1958	1815	2560	4.58	1977	625	542	1.84
1959	1815	2825	5.33	1978	520	418	1.04
1960	1802	2539	5.63	1979	515	645	1.86
1961	1593	2360	4.62	1980	427	877	2.75
1962	1546	1892	3.73	1981	478	1057	2.86
1963	1419	1679	4.57	1982	691	1047	3.22
1964	1407	1805	5.06	1983	539	871	2.70
1965	1400	2275	6.95	1984	492	761	2.49
1966	1400	3007	8.23	1985	465	655	2.14
1967	1846	3072	7.78	1986	429	581	1.61
1968	2045	3482	11.01	1987	384	321	0.73
1969	2015	3670	11.42	1988	285	283	1.02
1970	2000	3533	11.21	1989	280	281	1.20
1971	1800	3410	9.52	1990	275	285	1.265
1972	1650	3230	10.58	1991	265	278	1.358
1973	2000	3153	9.41	1992	250	272	1.217
1974	2000	2589	8.66	1993	157	134	0.689
1975	2000	1798	5.67	1994	58	51	0.283
1976	1200	939	3.05	1995	55	50	0.3

第三节　家畜饲养

一、养猪

南闸地区家庭养猪较为普遍，是一项传统的副业。中华人民共和国成立前，无论公猪、母猪、肉猪都是黑猪，品种多数是传统的"二花脸"。中华人民共和国成立后，引入"约克夏"白色公猪，与本地黑母猪交配形成白色的杂交一代肉猪。这种肉猪具有"约克夏"公猪体型大、生长快的特点，所以很快得到了全面推广。由于"二花脸"母猪有产仔多、奶水足、性情温和、抚养仔猪成活率高等优点，在当地仍然保留"二花脸"母猪。1986年，县种猪场推广人工授精技术，更新引进"大约克""杜洛克"公猪，对母猪采用自然交配和人工授精两种方法，为了方便，基本采用人工授精方法。

　　中华人民共和国成立后，人民政府积极鼓励农户养猪，1953年农村粮食实行统购统销后，养猪留饲料粮、猪肥作价、以价记工，调动了农民养猪积极性，生猪饲养量逐年上升。1958年人民公社化后强调公养为主，集体养猪场迅速发展，养猪饲料也归集体，家庭私养急剧下降。当时集体养猪饲料不足，管理不善，疫病流行。"三年困难"时期，饲料紧缺，生猪饲养量大幅下降。1961年贯彻"公养、私养并举，以私养为主"的方针，实行按农业人口定养猪的派养、派购政策，规定每2人交售肉猪1头，每3—4人交售2头；每出售肉猪1头，奖售饲料粮20公斤或奖励布票1.33米。家庭私养量开始增多，生猪生产量逐年回升。1966年"文化大革命"开始后，把社员家庭养猪作为资本主义批判，苗猪出售限价，社员家庭养猪趋于低潮。20世纪70年代初，贯彻"积极发展集体养猪，继续鼓励社员养猪"的方针，提倡公社、大队、生产队三级办猪场，恢复出售肉猪奖励和猪肥作价等办法，生猪生产又有较快的发展。1970年，全社饲养母猪2032头，年末生猪圈存16698头，出栏上市7826头。1975年，饲养母猪3096头，年末生猪圈存22262头，出栏上市17916头。1979年，生猪收购价格提高24.6%，是年出栏上市肉猪22257头，年末圈存27715头。1980年后，多数农民翻建新房，形成了正屋住人、副房养猪的特色。把原来有泥草猪灰的热圈改为用水冲入粪池的冷圈，极大地降低了饲养压力，增加了农民收入。一头母猪一年毛收入3000元左右，一般农户家养肉猪5—6只，年收入1000元左右。1980年年末，全社生猪圈存26497头，出栏上市24205头。1983年，农业实现家庭联产承包责任制，生产队集体养猪停止，个体养猪得到发展，涌现了一批规模养殖户。1986年，南闸镇政府实行养猪补贴，每头肉猪补贴10—18元，母猪补贴50元，发展养猪专业大户，由此，养猪从家庭副业转入商品生产轨道。1988年，全镇全年饲养生猪23109头，出售肥猪8725头；年末圈存母猪1653头、肥猪3619头、仔猪9107头、公猪5头，圈存合计14384头。境内养猪大户82户，出售肉猪4387头，占50.3%。2014年，肉猪出栏上市15960头，其中规模化养殖户出栏上市13335头，占83.6%；年底圈存14724头，养殖户存栏13761头，占93.5%。2015年，年末存栏生猪25826头，出售肉猪15167头。

二、养牛

耕牛 中华人民共和国成立前，农村所养耕牛主要是水牛，用于耕田、戽水、做砻、碾米等。1958年，人民公社成立，耕牛全部折价归公，共有耕牛385头。20世纪60年代初实行机器灌溉，耕牛逐渐被淘汰。20世纪80年代，随着农业机械化程度的提高，耕牛已不复存在。20世纪90年代后，逐渐涌现奶牛养殖专业户，施元村等地尚有极少量菜牛养殖户。

奶牛 1998年，南闸多服公司实行改制，在南闸镇水产场建立了奶牛饲养中心场，饲养奶牛61头。为了拓展奶牛养殖发展空间，公司与南京卫岗奶牛集团合作投资150万元，建成乳制品公司，进行乳品的加工和销售，解决了全镇奶牛养殖户的后顾之忧。2000年，孟岸、灯塔、施元、南闸、谢南等村不少农户养起了奶牛。2003年，因牛粪处置量大，给养殖带来了困难，中心奶牛饲养场被关闭。全镇养殖奶牛150多头，全年产牛奶510吨。2003年，全镇共有乳牛215头，产牛奶771吨。2004年后，乳牛饲养量减少，产奶量下降。2012年，养乳牛85头，年产牛奶425吨。

三、养羊

　　养羊业是南闸地区的一项传统副业，品种有山羊、绵羊，以山羊为主。长期以来皆为农户散养，以青草为主要饲料，成本低，境内长期保持一定的饲养量。1965年，政府鼓励养羊，出售羊皮可以奖励化肥、布票，调动了社员的养羊积极性。1970年养羊2584只，1971年养羊3155只，1972年有3201只，1987年年末存栏3741只，1988年高达3941只，1995年的山羊年末存量为4755只。进入21世纪，养羊农户逐渐减少，主要是一些生态园专业户饲养。2014年，全境存栏山羊1030只。

四、养兔

中华人民共和国成立前，少数人家养草兔。农业合作化后，引进安哥拉长毛兔，开始出售兔毛。20世纪70年代，养兔业成为农户的主要家庭副业之一。1973年，引进日本大耳兔、青紫蓝兔等良种，全乡掀起了一股养兔热。1973年养兔5644只，1974年养兔8650只，1977年养兔10581只。1980年起，南闸公社副业办公室引进西德纯种兔和杂交兔，供销社设立收购站及良种交配站。1981年，璜村大队在观山东麓办起了养兔场。1982年，涂镇村蔡夏正承包了璜村养兔场，养兔2007只。1983年，全乡养兔5725只。1987年，圈存兔3820只，产兔毛465.5公斤。1988年，圈存兔3336只，产兔毛683公斤。1991年以后，养兔农户递减。

1970—1988年南闸镇家畜生产情况一览

表4-22

年 份	生猪（头）					羊（只）	兔（只）
	母 猪	仔 猪	肥 猪	公 猪	合 计		
1970	2032	7230	7426	10	16698	2584	2327
1971	2280	8284	9839	15	20418	3155	3721
1972	2685	11506	10179	21	24391	3201	4219
1973	2633	10237	9459	16	22345	2145	5644
1974	2406	8576	8528	17	19527	2264	8650
1975	3096	9583	9569	14	22262	2394	7847
1976	2791	9865	10487	12	23155	2591	9448
1977	1912	6500	9955	8	18375	2183	10581
1978	2213	10248	12083	5	24549	2249	9965
1979	2744	12398	12565	8	27715	2850	7990
1980	2386	13368	10737	6	26497	2557	6027
1981	2056	12322	7849	7	22234	2755	5778
1982	2449	13334	7647	6	23436	2498	6305
1983	2183	12578	6831	6	21598	2141	5725
1984	2027	11960	4963	5	18955	1823	4301
1985	2507	11769	5275	6	19557	2101	3847
1986	2391	21491	6254	4	30140	2926	3820
1987	1543	9183	5870	2	16598	3741	3336
1988	1653	9107	3619	5	14384	3941	2097

1985—1994年南闸家畜生产发展情况一览

表4-23

年 份	牛		生 猪			羊		兔	
	年末存栏（头）	牛奶（吨）	年饲养量（头）	年末存量（头）	55公斤以上苗猪（万只）	年末存栏（头）	羊毛产量（公斤）	年末存量（只）	兔毛（公斤）
1985	—	—	11333	19557	—	2725	25.6	3345	412.5
1986	—	—	22223	30149	—	2936	29.5	3820	465.5
1987	—	—	25506	16598	—	3741	60.4	3336	683

续表4-23

年份	牛 年末存栏（头）	牛奶（吨）	生猪 年饲养量（头）	生猪 年末存量（头）	55公斤以上苗猪（万只）	羊 年末存栏（头）	羊毛产量（公斤）	兔 年末存量（只）	兔毛（公斤）
1988	—	—	23105	14384	—	3941	200	2097	363.5
1989	—	—	26064	16066	—	3964	180	2120	390
1990	—	—	29136	16470	—	3884	165	1743	636
1991	—	—	—	20168	—	3216	—	420	180
1992	—	—	—	25553	—	3809	—	460	22.5
1993	—	—	—	29300	—	3350	—	260	36
1994	—	—	—	21026	—	3040	—	110	—

1995—2015年南闸家畜生产发展情况一览

表4-24

年份	牛 年末存栏（头）	牛 年奶产量（吨）	猪 年末存栏 母猪（头）	猪 年末存栏 苗猪（头）	猪 年末存栏 肉猪（头）	猪 年内出栏 母猪（头）	猪 年内出栏 苗猪（头）	猪 年内出栏 肉猪（头）	猪 年内出栏 肉猪产量（吨）	羊 存栏（头）	羊 出栏（头）	兔 饲养量（只）	兔毛（公斤）
1995	—	—	—	—	—	—	—	—	—	—	—	—	—
1996	—	—	—	—	—	—	—	—	—	—	—	—	—
2000	—	—	—	—	—	—	—	—	—	—	—	—	—
2002	—	—	—	—	—	26780	4078	1528	480	750	—	—	—
2003	215	771	1525	9370	8990	26450	3965	1506	460	720	220	400	—
2004	179	716	1480	7510	10350	—	16900	1850.6	420	400	220	110	—
2005	113	452	1490	7880	10620	—	17800	1785.2	680	470	220	110	—
2006	161	640	1490	7573	9900	—	18200	1609.2	640	560	220	110	—
2007	154	625	641	9542	9237	—	17500	1440	1120	810	—	—	—
2008	115	430	1080	9650	6843	—	14645	952	880	1120	—	—	—
2009	119	435	816	8510	5845	—	16374	1064.3	790	880	—	—	—
2010	97	485	816	10935	7182	—	9780	635.7	830	790	—	—	—
2011	89	445	573	9210	8354	—	14992	974.5	945	830	—	—	—
2012	85	425	521	7875	8479	15030	15440	1980.6	960	945	—	—	—
2013	102	510	730	10950	12685	16700	13864	1986.7	1030	960	—	—	—
2014	110	550	489	7335	13330	9780	14724	1957.1	1050	1030	—	—	—
2015	117	385	627	10032	15167	9726	15167	1618	1050	1050	—	—	—

1980年观山村养猪存栏统计情况一览

表4-25　　　　　　　　　　　　　　　　　　　　　　　　单位：头

队别	合计	集体 母猪	集体 肉猪	集体 苗猪	合计	社员 母猪	社员 肉猪	社员 苗猪
1	26	3	3	20	160	28	12	120
2	23	3	2	18	130	25	20	85
3	37	4	5	28	181	32	19	130
4	32	4	3	25	235	40	25	170

续表4-25

队 别	合 计	集 体			合 计	社 员		
		母 猪	肉 猪	苗 猪		母 猪	肉 猪	苗 猪
5	41	6	5	30	260	50	30	180
6	23	3	2	18	190	32	28	130
7	24	3	3	18	112	20	12	80
8	27	3	4	20	132	22	20	90
9	26	4	2	20	180	30	20	130
10	34	5	4	25	235	40	25	170
11	41	5	6	30	220	40	20	160
12	34	5	4	25	220	40	30	150
13	26	4	2	20	165	30	15	120
14	29	4	5	20	208	35	13	160
15	34	5	4	25	255	45	30	180
16	20	3	2	15	162	30	12	120
17	18	2	—	16	120	20	20	80
18	23	3	2	18	125	25	15	85
19	25	3	2	20	128	25	13	90
20	14	3	1	10	100	20	10	70
21	23	3	5	15	135	30	15	90
22	41	5	6	30	200	40	20	140
23	23	3	2	18	110	20	10	80
24	20	3	2	15	157	30	22	105
南林场	18	3	—	15	0	—	—	—
北林场	35	5	—	30	0	—	—	—
总计	717	96	77	544	4120	749	456	2915

第四节 家禽饲养

1949年，南闸地区有家禽2520羽。1958年，公社在河南街办建孵坊，有平箱4只。1959年，增设孵化摊床4张，出苗5万多只，促进了家禽发展。1970年，集体养禽兴起，各大队办起了养殖场。鸡、鸭、鹅由散养逐步改为棚养。1971年，全社年末存棚家禽10827羽。1978年，年末存棚31905羽。1979年，南闸孵坊更换电孵箱10只，全年出苗33.05万只，集体饲养减少，白洛克、来克亨饲养专业户兴起。1983年，全乡饲养种禽专业户25户，全乡年末存棚家禽21.25万羽，年产鲜蛋165.1吨。1988年，为控制鸡、鸭瘟，对10万余只家禽进行防疫。是年，全镇年末出棚家禽11.06万羽，年产鲜蛋181.1吨。1994年后，家禽养殖专业户转为规模养殖户，规模日趋扩大。2003年，全镇家禽规模养殖户32户，出棚51.3万羽，产蛋45吨。2007年，规模养殖户21户，出棚40.75万羽，产蛋288吨。

一、养鸡

养鸡为农户传统副业，一般户养3—5羽，自繁自育，以产蛋食用为主。品种有草鸡、三黄鸡、鹿苑鸡等。1970年，引进良种白洛克，由南闸孵坊繁育供种，各大队兴起集体养鸡。1977年，花果养殖场全年饲养白洛克3000多羽，全公社饲养白洛克12000羽。1990年后，开始出现养鸡专业户，并逐年增多。1992年，全镇养鸡14.7万羽，产蛋238.2吨。1995年，全年养鸡万羽以上的有21户，全镇饲养鸡79.82万羽，产鸡蛋212.1吨。1996年，全镇养鸡85.27万羽，产鸡蛋215.8吨。2000年后，有所减少，养鸡33.3万羽，产蛋63.5吨。2003年，养鸡19.7万羽，产蛋42吨。

二、养鸭

中华人民共和国成立前，有少数外地及南闸农户因没有田地，以养鸭为业，成天赶着数百只鸭子在河边及荒草地觅食。马泾桥、北后塍两个自然村就有10多家农户以养鸭为生，全年养鸭500羽左右，鸭种为绍兴鸭和绵鸭。也有少数农户零星散养，一般养鸭3—5羽。1980年，由于市场的刺激，谢南村、刘芳村、施元村的施元场等地一批养鸭户应运而生，由散养改为棚养，养鸭品种改为康贝鸭。北后塍的刘美林、居云才，施元场的缪孔祥等增加养鸭数量，扩大养殖规模。在他们的影响下，施元村的施元场掀起了养鸭热，缪生祥、缪满祥还经营鸭苗，引进了"樱桃谷"肉用鸭新品种。1988—1989年，施元场7个生产队，共250户人家，每户每年养鸭800—5000羽。1992年，仅施元场就有养鸭专业户110户，村民纷纷在家前屋后、自己的责任田里建起了鸭棚。农民缪民发建鸭棚占地5亩，全村形成了"鸭棚林立，鸭声嘎嘎"的特色，成为全镇有名的养鸭村。江阴电视台还进行了专题报道。至1996年，一批有经验的养殖户又加大投资，购置设备，走上了"养、宰、制、销"一条龙加工之路。生产的盐水板鸭成了南闸及周边地区的抢手货。20多户养殖大户年收入都在5万元以上。2007年，全镇饲养鸭34.65万羽，2010年饲养鸭31.9万羽。养鸭业作为南闸地区经济收入的重要来源，至今长盛不衰。

三、养鹅

1980年前，鹅的饲养量较少，品种均为本地白鹅，以散养为主。1985年后，少数农户开始规模养鹅，数量有所增加。1995年以后，不少农户只种一熟水稻，以致出现大片冬春休闲田，为养鹅提供了较好的条件。开春后，休闲田中青草茂盛，是鹅的主要饲料，适当搭配精料饲养，一般60天即可出栏，深得农户青睐。养鹅户有所增加，规模不断扩大。2003年，全镇出栏肉鹅4.5万羽。2006年，出栏肉鹅8.3万羽。

1970—2015年南闸家畜生产发展情况一览

表4-26

年份	合计		鸡		鸭		鹅		鹌鹑		野鸡	野鸭	蜂		梅花鹿	
	数量	蛋									(只)	(只)	数量	蜂蜜	数量	鹿茸
	万羽	吨	数量(万羽)	蛋(吨)	数量(万羽)	蛋(吨)	数量(万羽)	蛋(吨)	数量(万羽)	蛋(吨)			(箱)	(公斤)	(只)	(公斤)
1986	12.61	192.65	—	—	—	—	—	—	—	—	—	—	114			
1987	14.22	179.85	—	—	—	—	—	—	—	—	—	—	115			
1988	11.06	181.1	—	—	—	—	—	—	—	—	—	—	115			
1989	10.06	78.55	—	—	—	—	—	—	—	—	—	—	115			
1990	10.06	240.35	—	—	—	—	—	—	—	—	—	—	120			
1991	12.19	234.46	—	—	—	—	—	—	—	—	—	—	115			
1992	14.7	238.2	—	—	—	—	—	—	—	—	—	—	105			
1993	19.63	252.8	—	—	—	—	—	—	—	—	—	—	110			
1994	77.31	196.2	—	—	—	—	—	—	—	—	—	—	95			
1995	—	—	79.82	212.1	—	—	—	—	—	—	—	—	85			
1996	—	—	85.27	215.8	—	—	—	—	—	—	—	—	85			
2000	—	—	33.3	63.5	—	—	—	—	—	—	—	—				

续表4-26

年份	合计		鸡		鸭		鹅		鹌鹑		野鸡	野鸭	蜂		梅花鹿	
	数量 万羽	蛋 吨	数量（万羽）	蛋（吨）	数量（万羽）	蛋（吨）	数量（万羽）	蛋（吨）	数量（万羽）	蛋（吨）	（只）	（只）	数量（箱）	蜂蜜（公斤）	数量（只）	鹿茸（公斤）
2003	51.3	45	19.7	42	27.1	3	4.5	—	—	—	—	—	—	—	—	—
2004	33.4	288	7.9	288	20	—	5.5	—	—	—	—	—	—	—	—	—
2005	37.3	456	7.2	456	24.4	—	5.7	—	—	—	—	—	—	—	—	—
2006	32.9	384	5.3	384	19.3	—	8.3	—	—	—	—	—	30	1500	—	—
2007	40.75	288	1	288	34.65	—	5.1	—	—	—	—	—	60	2000	60	—
2008	38.6	396	3.4	396	31.9	—	3.3	—	—	—	—	—	60	3000	55	25
2009	32.7	276	3.9	276	27.8	—	1	—	—	—	—	—	60	3000	55	30
2010	37.8	336	5.9	336	31.1	—	0.8	—	—	—	110	150	—	—	—	—
2011	34	312	5.3	312	27.5	—	1.2	—	—	—	—	—	—	—	—	—
2012	27.9	430.5	2.3	430.5	24.4	—	1.2	—	—	—	—	—	—	—	—	—
2013	20.5	438	2.8	348	16.3	—	0.9	—	3	90	—	—	—	—	—	—
2014	16.5	312.2	2.6	3122	13.3	—	0.6	—	2.3	69	—	—	—	—	—	—
2015	18.28	300	2.5	300	15.6	—	0.18	—	3	90	—	—	—	—	—	—

第五节　渔　业

一、养鱼

农业合作化前，境内各村河塘归当地农民合伙养鱼，鱼的品种主要有青鱼、草鱼、鲤鱼、鲢鱼、鳊鱼、鲫鱼等家鱼。养殖规模小，面积少，产量低。1950年，境内养鱼850亩，年产成鱼5.1吨，平均亩产6公斤。农业合作化后，各村河塘归所在生产队集体放养。1954年，南闸寨里村在村西8亩低洼田开挖鱼池8个，办起了鱼苗养殖场。1975年出产鱼苗35万尾，并远销黑龙江双鸭山、牡丹江等地。1976年，养殖场被公社种子场接收，停止鱼苗养育。1958年，境内养鱼1250亩，年产成鱼57.5吨，平均亩产46公斤。20世纪70年代，贯彻"以粮为纲"方针，大搞填河塞浜，扩大粮田，河塘面积锐减，成鱼产量随之下降。1978年，公社种子场有鱼池面积29.18亩，年产成鱼7.3吨，亩产成鱼250公斤。同年，公社增设了水产技术员，加强对渔业生产的辅导和渔政管理，渔业生产有了发展。1984年，调整农村产业结构，各大队先后开挖鱼池，全乡开挖面积278亩，年产成鱼74吨。1988年，对鱼塘进行大规模改造，改普养为精养。改良鱼种，提高质量，以放养草鱼、鳊鱼为主，兼养鲫鱼、鲢鱼，主攻单产，增加总产。运用科技手段养鱼，重视鱼塘消毒，加强对病鱼的防治，并在放养密度高、水面面积大的鱼塘里，安装增氧泵，提高水的含氧量。全镇有精养鱼塘1293.6亩，年产成鱼485.26吨。2004年，水产养殖面积1410亩，年产成鱼565吨。2010年，水产养殖面积1660亩，精养鱼塘亩产突破500公斤，年产成鱼686吨。2013年，水产养殖面积1915亩，年产成鱼529吨。2015年，养殖面积1952亩，新增养殖面积37亩，年产成鱼539吨。是年，曙光村实施流水养鱼，共开3只槽，每只槽82.45平方米，共有面积247.35平方米。分别放养黄颡鱼和鲫鱼3万尾，年产量2.5吨。

二、蚌珠

1964年，南闸大队和涂镇大队第1生产队首先开始人工培育蚌珠，先后采用褶纹冠蚌和三角帆蚌。1971年，公社全面推广人工培育蚌珠，副业办公室专门设立育珠领导小组，配有专职育蚌技术人员3人，负责辅导全社的育珠技术。1981年，曙光大队育蚌面积30亩，蔡西大队育蚌面积70亩，出售蚌珠26公斤。1993年起，河塘由私人承包，出现了繁育小蚌及育珠的专业户，跨村跨队连片承包河塘，开始大规模经营。全镇有52户承包户，养蚌面积580亩，年产珍珠370.3公斤。1994年，年产珍珠302公斤。1995年后，随着水环境的恶化和珍珠市场的饱和，珍珠价格大跌，养蚌育珠生产渐处停滞状态。

三、特种水产

甲鱼 2010年，甲鱼养殖水面有10亩，年产2000公斤。

虾 1998年，泗河村2户养殖户，混养罗氏沼虾和青虾120亩，年产360公斤。2006年，泗河、龙游、南闸3村青虾养殖220亩，年产7吨。

蟹 2003年，泗河村养殖河蟹120亩，年产5吨。2015年，境内养殖河蟹830亩，年产河蟹57吨，其中曙光村养殖河蟹75亩，年产6吨；龙运村养殖河蟹133亩，年产8吨；南闸村养殖河蟹52亩，年产5吨；泗河村养殖河蟹545亩，年产35吨；观西村养殖河蟹25亩，年产3吨。

鳜鱼 2002年，境内开始在鱼池内放养鳜鱼，与蟹虾实行套养，并养殖成功。2008年，泗河村放养鳜鱼120亩，年产鳜鱼2吨。

龙虾 2005年，南闸村养殖龙虾18亩，年产2吨。2009年，全镇养殖龙虾120亩，年产龙虾13吨，其中龙运村养殖60亩，年产5吨；泗河村养殖30亩，年产5吨；南闸村养殖30亩，年产3吨。

大鲵 2010年，境内的观山北坡成立了江阴市大鲵驯养繁殖有限公司，同年取得了养殖大鲵的中华人民共和国水产野生动物驯养繁殖许可证。公司拥有水产养殖专业高级工程师1人、工程师3人、普通员工15人、技术员1人，经营状况良好，储备了一定规模的大鲵亲本与成鲵商品鱼。后因场地变化等原因，于2013年停办。

1984—2015年南闸渔业生产情况一览

表4-27

年份	水产养殖面积（亩）	成鱼产量（吨）	特种水产养殖情况												
			蟹		虾		甲鱼		鳜鱼		龙虾		蚌珠	
			面积（亩）	产量（吨）	面积（亩）	产量（吨）	面积（亩）	产量（吨）	面积（亩）	产量（吨）	面积（亩）	产量（吨）	面积（亩）	产量（吨）
1984	—	74	—	—	—	—	—	—	—	—	—	—	—	—
1985	—	425	—	—	—	—	—	—	—	—	—	—	—	20
1986	—	598.27	—	—	—	—	—	—	—	—	—	—	—	28.75
1987	—	601.9	—	—	—	—	—	—	—	—	—	—	—	36.55
1988	1293.6	485.26	—	—	—	—	—	—	—	—	—	—	—	12
1989	—	530.53	—	—	—	—	—	—	—	—	—	—	—	22
1990	—	386.18	—	—	—	—	—	—	—	—	—	—	—	18
1991	—	320.63	—	—	—	—	—	—	—	—	—	—	—	21.6
1992	—	298.7	—	—	—	—	—	—	—	—	—	—	—	8.1
1993	—	350.6	—	—	—	—	—	—	—	—	—	—	—	370.3
1994	—	378	—	—	—	—	—	—	—	—	—	—	—	302
1995	—	348	—	—	—	—	—	—	—	—	—	—	—	—
1996	—	365	—	—	—	—	—	—	—	—	—	—	—	—

续表4-27

年份	水产养殖面积（亩）	成鱼产量（吨）	特种水产养殖情况												
			蟹		虾		甲鱼		鳜鱼		龙虾		蚌珠	
			面积（亩）	产量（吨）	面积（亩）	产量（吨）	面积（亩）	产量（吨）	面积（亩）	产量（吨）	面积（亩）	产量（吨）	面积（亩）	产量（吨）
2000	—	282	—	—	—	—	—	—	—	—	—	—	—	—
2003	994	369	120	5	120	2	—	—	120	0.9	—	—	—	—
2004	1410	565	120	5	120	2	—	—	120	0.9	—	—	15	25
2005	1410	542	120	7	120	3	—	—	120	1	18	2	15	30
2006	1341	557	220	6	220	7	—	—	120	1	18	2	—	—
2007	1562	609	250	7	250	13	—	—	120	1	18	2	—	—
2008	1562	602	250	9	250	10	—	—	120	2	60	10	—	—
2009	1590	657	250	8	250	13	20	—	120	1.5	120	13	—	—
2010	1660	686	330	15	250	5	10	2	120	1	—	—	—	—
2011	1610	637	447	22	—	9	—	—	—	—	—	—	—	—
2012	1710	642	602	53	—	7	—	—	—	—	—	—	—	—
2013	1915	529	805	53	—	12	—	—	—	—	—	—	—	—
2014	1915	540	780	53	—	12	—	—	—	—	—	—	—	—
2015	1952	539	830	57	—	13	—	—	—	—	—	—	—	—

第六节 蔬 菜

　　1985年，蔡东村在江阴市蔬菜公司的支持下，将413亩水稻责任田辟为蔬菜基地。1988年，开始架大棚、铺地膜，种下番茄、黄瓜、长豆、茄子等反季节蔬菜，提前供应上市。每亩蔬菜可收入3000多元，年收入可达万元以上。1995年，全镇蔬菜种植面积4857亩，生产蔬菜15852吨。2008年8月，成立了南闸镇蔡泾村蔬菜基地土地股份合作社，入股土地520亩，入股农户390户。蔡泾村蔬菜基地被市评为"四有"优质示范蔬菜基地，被列为江阴市政府"510"工程建设项目之一。2009年，蔡泾村投资2000多万元建设标准大棚示范区、防虫网生产区、湿地生产环境保护区、基地服务区。至2010年，全面建成现代化的千亩蔬菜基地。2010年，全镇蔬菜种植面积6970亩，其中钢架大棚面积1908亩，蔬菜产量达27880吨。

1985—2015年蔬菜、特种作物生产情况一览

表4-28

年份	蔬菜			瓜类		草莓		藕		茨菇	
	面积（亩）	钢架大棚面积（亩）	产量（吨）	面积（亩）	产量（吨）	面积（亩）	产量（吨）	面积（亩）	产量（吨）	面积（亩）	产量（吨）
1985	—	—	—	—	281.1	—	—	—	—	—	—
1986	—	—	—	—	476.8	—	—	—	—	—	—
1987	—	—	—	—	330.1	—	—	—	—	—	—
1988	—	—	—	—	152.3	—	—	—	—	—	—
1989	—	—	—	—	183.05	—	—	—	—	—	—

续表4-28

年 份	蔬 菜			瓜 类		草 莓		藕		茨 菇	
	面积（亩）	钢架大棚面积（亩）	产量（吨）	面积（亩）	产量（吨）	面积（亩）	产量（吨）	面积（亩）	产量（吨）	面积（亩）	产量（吨）
1990	—	—	—	—	14.1	—	—	—	—	—	—
1991	—	—	—	—	—	—	—	—	—	—	—
1992	—	—	—	—	—	—	—	—	—	—	—
1993	—	—	—	—	—	—	—	—	—	—	—
1994	—	—	—	—	—	—	—	—	—	—	—
1995	4857	—	15852	—	—	—	—	—	—	—	—
1996	4860	—	15499	—	—	—	—	—	—	—	—
2000	4881	—	16868	—	—	—	—	—	—	—	—
2003	5077	—	20308	—	—	—	—	—	—	—	—
2004	4827	—	18308	—	—	—	—	—	—	—	—
2005	4827	—	19308	—	—	—	—	—	—	—	—
2006	5710	—	22840	—	—	—	—	—	—	—	—
2007	5790	—	23160	250	1130	—	—	—	—	—	—
2008	6080	280	24320	270	1350	28	84	—	—	—	—
2009	6450	991	25800	178	890	—	—	—	—	—	—
2010	6970	1908	27880	90	450	14	28	—	—	160	480
2011	7320	2716	29280	165	660	28	56	—	—	—	—
2012	7320	2593	29280	159	795	50	100	—	—	30	60
2013	7360	3222	29360	133	665	10	20	—	—	40	80
2014	7358	3370	29276	128	640	53	106	35	70	43	86
2015	7707	3122	30758	137	548	49	122	35	70	—	—

第七节　食用菌

1972年，南闸供销社组织发展蘑菇生产供外贸出口，供销社供应树棍、石膏、铝丝、元钉等生产资料，并规定每收购合格蘑菇0.5公斤，奖售化肥2公斤，积极鼓励农民发展蘑菇生产。1973年，涂镇、巨轮、陶湾、泗河等大队的部分生产队栽培蘑菇，均在800平方米左右。1977年，全公社有24个生产队栽培蘑菇，面积3800平方米，年产蘑菇4000公斤，产值7000元。1980年，公社在农科种子场成立菌种场，供应全社的蘑菇菌种。1981年，有178个生产队栽培蘑菇，面积达25000平方米，生产蘑菇39.5吨，产值83400元。1983年，引进平菇、香菇、草菇、金针菇。1984年，栽培发生转变，由主体栽培变为个体栽培。有承包户115户，栽培食用菌面积38000平方米，共产食用菌57.9吨。1988年，栽培食用菌面积57500平方米，食用菌总产68.725吨，其中蘑菇10.35吨、香菇0.5吨、平菇56.94吨、草菇0.935吨。1993年，有外来户在龙游、南运、蔡东等村租地搭建大棚栽培平菇，每年栽培10亩左右，年产平菇7吨左右。1998年，蔡东、泾西、龙游等村建立食用菌栽培基地，栽培食用菌20.1万平方米，产量220.2吨。2008年，全镇栽培面积8.4万平方米，年产食用菌2243吨。

1984—2015年食用菌栽培面积及产量一览

表4-29

年份	合计		蘑菇、金针菇		草菇		香菇		平菇		其他	
	面积（万平方米）	产量（吨）	面积（万平方米）	产量（吨）	面积（万平方米）	产量（吨）	面积（万平方米）	产量（吨）	面积（万平方米）	产量（吨）	面积（万平方米）	产量（吨）
1984	3.8	57.9	—	—	—	—	—	—	—	—	—	—
1985	3.7	55.0	—	—	—	—	—	—	—	—	—	—
1986	3.85	60.1	—	—	—	—	—	—	—	—	—	—
1987	3.02	38.5	—	—	—	—	—	—	—	—	—	—
1988	5.75	68.725	—	10.35	—	0.935	—	0.5	—	56.94	—	—
1989	6.83	97.2	—	—	—	—	—	—	—	—	—	—
1990	6.1	71.59	—	—	—	—	—	—	—	—	—	—
1991	6.12	77.58	—	—	—	—	—	—	—	—	—	—
1992	7.58	86.44	—	—	—	—	—	—	—	—	—	—
1993	7.89	135.57	—	—	—	—	—	—	—	—	—	—
1994	8.21	142.04	—	—	—	—	—	—	—	—	—	—
1995	9.15	139.5	—	—	—	—	—	—	—	—	—	—
1996	2.5	173.2	—	—	—	—	—	—	—	—	—	—
1997	15.8	181.5	—	—	—	—	—	—	—	—	—	—
1998	20.1	220.2	—	—	—	—	—	—	—	—	—	—
1999	20.3	219.5	—	—	—	—	—	—	—	—	—	—
2000	21.5	215	—	—	—	—	—	—	—	—	—	—
2001	21.8	220	—	—	—	—	—	—	—	—	—	—
2002	22.1	225	—	—	—	—	—	—	—	—	—	—
2003	22.83	250	3.1	36	2	40	0.33	—	17.3	166	0.1	8
2004	34.5	307	4.5	45	4.5	45	5	—	19	190	1.5	27
2005	7.79	1262.2	0.35	215	1.51	149.2	—	—	4.08	713	1.85	185
2006	6.31	1425	0.2	205	0.49	149	—	—	5.1	881	0.52	190
2007	7.75	1363	0.45	135	1.45	108	0.1	—	4.05	850	1.7	270
2008	8.4	2243	1.1	484	1.1	89	0.2	—	4.8	1650	1.2	20
2009	7.65	2338	1.1	390	1.1	127	—	—	4.2	1736	1.0	85
2010	4.3	1639	0.45	240	0.45	128	—	—	2.7	1170	0.7	101
2011	6.7	1231	0.65	220	0.6	91	—	—	4.35	850	1.1	70
2012	4.7	1339	0.45	220	0.45	89	—	—	3.0	950	0.8	80
2013	4.76	1410	0.4	180	0.4	74	—	—	3.1	1090	0.86	66
2014	8.36	1410	0.4	160	0.4	75	—	—	3.1	1090	4.46	230
2015	7.15	1264	0.4	200	0.4	42	—	—	2.25	820	4.10	202

第八节 特色家庭副业

一、蒲包

南闸地区的观西、孟岸、泗河等村的农户，很早以前就开始编制蒲包、蒲席、蒲扇等各类蒲草制品，其中尤以蒲包为最。嘉靖《江阴县志》曾记载："通邑小民生理单薄，凶年糠豆不赡，短褐不完，夫妇相守，以死有焉。良信等乡，辟蒲编芦自活。"编制蒲包，虽然艰辛，但也可以此为生。清朝光绪年间，有个叫金寿岩的人还写了一首《打蒲歌》，描述做蒲包的艰辛。中华人民共和国成立后，观西、孟岸、泗河等村有200余亩低洼圩田，年产蒲草2000多担。孟岸2队、4队，观西6队，泗河2队，90%以上的农户都编织蒲包。年产50多万只，每只蒲包售价0.25元，总产值12.5万元。1951年，南闸供销社在新桥头设立收购站，经营蒲包购销业务，定期由水路运送到上海、无锡等城市。1962年蒲田改为水旱田后，蒲草主要靠从苏北等地购进，成本变高，加上包装用品被塑料等产品所取代，20世纪70年代中期，蒲包生产基本被淘汰。

二、草包

20世纪70年代前，域内编织草包风行，草包编织遍及各村。草包原料为稻草，开始用手工编织，1960年后改用木结构的草包编织机编织，每台编织机日产40只左右草包。草包主要用于灌土筑堤防洪，也用于其他工事，如为水泥建筑制品遮阳保温。农民利用农闲时编织，由供销社收购站收购或个人上门收购。1980年后，由于草包逐渐被聚丙烯编织袋所代替，草包编织趋于停止。

三、焦山莲花糖

莲花塘是泗河村焦山自然村的特产，已有200多年历史。中华人民共和国成立前，每年三月初一庙会的前夕，他们用糯米、黄豆、芝麻、麦芽糖、爆米花等原料，精心制作成颜色洁白、香甜可口、形如莲花的食品，名"莲花糖"，然后在庙会上出售，成为庙会最受欢迎的食品之一。中华人民共和国成立后，随着庙会集场被取缔，人民生活水平的提高，他们不用再靠做莲花糖为生，莲花糖也就逐渐消失了。

四、手工纺织

旧时手工纺纱织布是域内谢南、曙光、新庄、观山等地部分农家的传统副业，很多还是继承祖业，基本上是自纺自用。1964—1969年期间，利用废棉花加工成粗纱，曾在农村风行一时。先由供销社收购站发放废棉，然后回收棉纱，支付农户加工费。

五、刘芳村石匠

南闸东乡有一个顺口溜："苏家村木匠多，张塘村瓦匠多，刘芳村石匠多。"刘芳村石匠的石刻石雕在江阴地区闻名遐迩，出现过众多石匠高手，其中朱小胖、刘仕荣尤为突出。朱小胖凿制的石磨，1斤黄豆能磨出12斤豆浆，做出的豆腐又白又细腻。刘仕荣不仅会浮雕、沉雕，还会用于古典装饰的圆雕。他们利用石刻手艺在大队开办石器厂，还到外地承包工程，取得了较高的经济效益。

六、其他副业

境内袁洛村、庄基村制作的"豆斋饼""豆芽菜"等豆制品远近闻名，两村从事豆制品制作的农户在80%以上。汤家村，人称"宰羊村"，每到冬季，大部分农户都要卖羊肉和羊汤。陆家沟、金家垾培育瓜果种苗已有100多年的历史，而且品种优良，享誉周边地区。刘斗垾是境内纺纱摇车制作生产的专业村。

第五章　农业机具和管理

第一节　农业机具

一、耕作机具

传统耕翻农具多数为钉耙，部分是牛拉木犁。水稻中耕除草用大耥、小耥，三麦用锄头。1958年推行绳索牵引双轮双铧犁，绞关犁地。1966年春，涂镇大队率先购置了4台12马力的手扶拖拉机，用拖拉机耕田、耙田、场头脱粒。1966年夏，南闸公社购买了4台8马力手扶拖拉机，配双铧犁、旋耕机，耕翻土地。1966年后，手扶拖拉机逐步普及各大队。1980年，全社有中型拖拉机2台、手扶拖拉机253台，100%使用手扶拖拉机耕田、耙田。有机动脱粒机360台、插秧机6台、磨料机48台、碾米机65台、饲料粉碎机24台，以及水泥船246艘、木船53艘。1985年，全镇有中型拖拉机5台、手扶拖拉机508台。1991年，有三麦条播机6台、盖麦机17台。1997年，全镇有中型拖拉机46台。2004年，有大型拖拉机10台、"东洋"机动插秧机22台。2005年，引进"东洋"手扶插秧机40台，更新12台中型脱粒机，推广机插秧面积10000亩，被江苏省农林厅列为无锡地区万亩机插秧推广镇。2006年，南闸镇被评为江苏省农机先进镇。2007年，有手扶机动插秧机124台。2008年，水稻插秧使用高速机动插秧机，有高速机动插秧机17台。

二、排灌机具

1950年，排灌以人力、牛力水车为主。民国二十五年（1936），有了以内燃机为动力的戽水机船，后逐年增多。1954年，大面积使用机器灌溉、排涝。1962年，新庄、曙光、花果3个大队建有电力灌溉站。1965年，发展电力灌溉，先后建有蔡东站、蔡西站、观东东风站、灯塔西站、茶岐站。1970年，电力灌溉普及全公社。1988年，全镇有电灌站67座、电力排涝站15座。2014年，有电灌站134座、排涝站53座、灌排结合两用站15座。

三、收获机具

常用的收割农具有平口镰刀，1978年起，割稻改用锯齿镰刀。传统脱粒农具为稻床，20世纪40年代中期开始，水稻脱粒用木质稻床、铁木结构的脚踏机，三麦脱粒用搁板或宽阔的木凳，打秸秆用连枷，利用自然风扬谷。1960—1964年，逐步使用柴油脱粒机及鼓风扬谷机。1968年，农村通电后，陆续改用电动脱粒机及电动风扇扬谷。1979年，全公社有机电脱粒机351台。1985年，全镇有机电脱粒机958台、排风扬谷机162台。1990年，有机电脱粒机1146台、扬谷机697台。2000年，有机电脱粒机2471台、扬谷排风机2478台、自走式收割机10台、悬挂式收割机2台。2014年，有联合收割机17台。

四、运输工具

传统田间运输工具有扁担、担绳、络索、簸箕和农船。1978年起，逐步改用胶轮手拉板车装运农作物和灰杂肥。1980年后，少数农户用拖拉机运送作物。1985年，大部分农户使用拖拉机及货运汽车运送作物。1988年，全镇有胶轮手拉板车1324辆、中型拖拉机5辆、手扶拖拉机653辆、农用运输车5辆、机动运输船72艘。1999年，全镇有农用运输车39辆、方向盘式运输车38辆、小型运输车212辆、机动运输船7艘。

五、植保机具

1956年起，用人力单杆式喷雾器防治粮食、油料作物病虫害。1958年，公社开始推广杠杆式2人揿压植保机，每个大队1台，可喷700多亩。1971年，使用背负式机动植保机、横式喷雾粉机。1980年起，各大队使用汽油植保机。1988年，全镇有汽油机动植保机88台、人力喷雾粉器2585台。2000年，全镇有机动植保机81台、人力喷雾粉机3662台。2016年5月，南闸街道种田大户陆建荣花30万元购买了一架小型植保无人机。飞机载药量15公斤，每小时喷洒农药面积达80—100亩，以4—6米/秒的速度匀速飞行，具有飞行高度低、漂移少的特点，有助于增加对农作物的穿透性，使叶片正反面都能着药，大大提高了防治效果和农药利用率。

六、饲料加工机器

中华人民共和国成立前，农民用石臼、石磨舂米、打粉、磨面粉，也有人用戽水机船轧米。中华人民共和国成立后，逐步淘汰旧式加工机具，陆续推广机动轧米车。20世纪60年代，公社部分大队开始办饲料加工厂，用电力轧米、粉碎饲料。20世纪70年代，饲料加工厂普及各大队，并用电力磨粉。1988年，全镇有电力轧米机72台、磨粉机58台、饲料粉碎机25台。2000年，有轧米机54台、饲料粉碎机25台。

七、农业机械化

1986年，江阴县农机化试点扩大到观东村，首次引进日本洋马农机株式会社生产的TC2710EX联合收割机1台，推广2ZT-935型机动插秧机配套插秧。1987年，观东村进入江阴市13个农机化先行村行列。1988年，观东村引进了无锡县柴油机厂生产的太湖1350型联合收割机。1999年，南闸镇认真贯彻无锡市《关于加大投入率先基本实现农业现代化的通知》，拓宽资金渠道，提高农机装备和农机作业水平。2000年，全镇稻麦生产主要环节机械化水平达到85%以上，基本实现农业机械化。2005年，农业机械化程度继续提高，引进40台东洋牌手扶插秧机，更新12台中型脱粒机，推广机插秧面积达10000亩，被江苏省农林厅列为无锡地区万亩机插秧推广镇。2006年，南闸镇率先成为江阴市水稻移栽全部机械化作业镇。

1979—1990年南闸镇（乡、公社）农业机械拥有量一览

表4-30

机械名称 \ 年份	1979	1980	1981	1982	1983	1984	1985	1986	1987	1988	1989	1990
农机总动力（万千瓦）	—	—	—	—	—	2.207	—	—	—	—	—	—
中型拖拉机（台）	1	2	2	2	2	2	5	5	5	5	5	4
手扶拖拉机（台）	199	253	271	288	345	390	508	456	622	653	842	738
固定水泵（台）	—	—	—	—	—	—	120	120	155	160	142	163
农排泵（台）							145	134	159	176	133	124
农用水泵（台）	—	—	—	—	343	150	—	—	—	—	—	—
机电脱粒机（台）	351	360	370	405	567	749	958	829	912	972	1079	1146

续表4-30

年份 机械名称	1979	1980	1981	1982	1983	1984	1985	1986	1987	1988	1989	1990
联合收割机（台）	—	—	—	—	—	—	—	1	1	3	3	3
机动植保机（台）	—	—	—	—	—	4	49	20	85	88	118	154
人力喷雾粉机（台）	57	56	47	109	102	—	1323	1337	2060	2585	2623	2765
排风机（台）	—	—	—	—	—	—	162	508	536	557	643	697
插秧机（台）	6	6	25	86	—	—	—	—	—	—	—	—
机动插秧机（台）	—	—	—	—	—	—	—	1	1	1	4	5
磨粉机（台）	50	48	78	70	94	62	62	58	58	58	57	56
碾米机（台）	65	65	67	189	71	59	59	111	93	72	75	72
饲料粉碎机（台）	24	24	24	20	19	32	32	28	28	25	25	24
饲料打浆机（台）	10	2	3	6	—	—	—	—	—	—	—	—
水泥船（艘）	271	246	213	42	139	67	—	—	—	—	—	—
木船（艘）	26	53	54	58	62	13	—	—	—	—	—	—
机动运输船（艘）	—	—	—	—	187	138	139	139	64	72	90	84
农用运输车（辆）	—	—	—	—	—	—	2	5	4	5	5	4
方向盘式运输车（辆）	—	—	—	—	—	—	—	—	—	—	—	—
小型运输车（辆）	—	—	—	—	—	—	—	—	279	496	516	759	634

1991—2002年南闸镇（乡、公社）农业机械拥有量一览

表4-31

年份 机械名称	1991	1992	1993	1994	1995	1996	1997	1998	1999	2000	2001	2002
农机总动力（万千瓦）	2.26	—	—	—	—	—	—	3.08	3.11	2.65	1.91	1.91
中型拖拉机（台）	4	4	8	8	12	40	46	46	46	46	50	51
手扶拖拉机（台）	708	691	648	541	354	289	248	289	289	107	110	118
固定水泵（台）	165	174	174	175	176	178	178	178	178	206	—	—
农排泵（台）	146	146	151	125	125	128	128	128	128	88	—	—
农用水泵（台）	—	—	—	—	—	—	—	—	—	—	—	—
机电脱粒机（台）	1157	1216	1230	1230	2065	2480	2480	2480	2480	2471	2470	2470
联合收割机（台）	4	4	7	7	6	16	24	41	50	48	45	47
机动植保机（台）	130	119	119	112	85	81	81	81	81	81	—	—
人力喷雾粉机（台）	3691	3691	9121	9121	3662	3662	3662	3662	3662	3662	3660	3658
排风机（台）	707	710	780	780	1866	2479	2479	2480	2480	2478	—	—
插秧机（台）	—	—	—	—	—	—	—	—	—	—	—	—
机动插秧机（台）	5	5	5	5	5	5	5	5	5	5	5	6
中型旋耕机（台）	3	—	8	7	13	2	46	46	43	43	—	—
小型旋耕机（台）	220	212	208	218	208	254	254	254	254	28	—	—
双铧犁（台）	220	212	210	218	208	254	254	254	254	28	—	—

续表4-31

机械名称＼年份	1991	1992	1993	1994	1995	1996	1997	1998	1999	2000	2001	2002
机引犁（台）	—	3	3	3	4	5	—	—	—	—	—	—
中型开沟机（台）	1	1	1	1	10	4	4	8	8	9	9	9
小型开沟机（台）	71	74	74	62	40	40	40	40	40	39	38	38
磨粉机（台）	—	—	—	—	—	—	—	—	—	—	—	—
碾米机（台）	64	63	63	61	55	52	52	52	52	54	32	30
磨面机（台）	—	—	—	—	—	—	—	—	—	23	—	—
饲料粉碎机（台）	24	11	15	25	20	25	25	25	25	25	25	25
水泥船（艘）	—	—	—	—	—	—	—	—	—	—	—	—
木船（艘）	—	—	—	—	—	—	—	—	—	—	—	—
机动运输船（艘）	79	48	48	18	19	7	7	7	7	—	—	—
农用运输车（辆）	4	3	7	34	36	39	39	39	39	29	—	—
方向盘式运输车（辆）		35	47	30	39	38	38	38	38	—	—	—
小型运输车（辆）	607	607	607	319	308	212	212	212	212	179	—	—
水田驱动耙（台）	3	3	3	2	30	35	35	42	42	42	40	38
盖麦机（台）	17	13	13	16	15	15	15	15	15	15	12	11
条播机（台）	6	7	7	4	4	5	—	—	—	—	—	—
圆盘犁（台）	—	3	—	—	2	35	35	9	2	2	—	—
磨浆机（台）	—	—	—	—	—	—	—	—	—	10	—	—
榨油机（台）	—	—	—	—	—	—	—	—	—	7	—	—
自走式收割机（台）	—	—	—	—	—	—	—	—	—	10	—	—
悬挂式收割机（台）	—	—	—	—	—	—	—	—	—	38	38	40
增氧机（台）	—	—	—	—	—	—	—	—	—	4	4	4
机动渔船（艘）	—	—	—	—	—	—	—	—	—	4	4	4
变形运输车（辆）	—	—	—	—	—	—	—	—	—	9	10	12
推土机（台）	—	—	—	—	—	—	—	—	—	4	4	4
挖掘机（台）	—	—	—	—	—	—	—	—	—	6	6	6
河道疏浚机械（台）	—	—	—	—	—	—	—	—	—	6	6	6

2003—2014年南闸镇（乡、公社）农业机械拥有量一览

表4-32

机械名称＼年份	2003	2004	2005	2006	2007	2008	2009	2010	2011	2012	2013	2014
农机总动力（万千瓦）	1.52	1.49	1.25	1	8.817	9.018	9.215	9.35	9.485	10.58	11.17	11
中型拖拉机（台）	16	17	15	23	28	30	33	36	37	41	41	39
大型拖拉机（台）	2	10	17	5	5	6	8	7	7	5	5	6
手扶拖拉机（台）	125	103	81	75	75	72	70	70	67	67	67	67
固定水泵（台）	—	—	—	—	—	—	—	—	155	157	165	169

续表4-32

机械名称＼年份	2003	2004	2005	2006	2007	2008	2009	2010	2011	2012	2013	2014
农排泵(台)	—	—	—	—	—	—	—	—	48	50	50	52
机电脱粒机(台)	—	—	—	—	—	—	—	—	—	—	—	—
联合收割机(台)	2	6	8	7	13	15	18	6	7	13	16	17
机动植保机(台)	—	—	—	—	—	—	—	—	81	84	86	86
人力喷雾粉机(台)	82	75	60	48	39	28	—	—	—	—	—	—
排风机(台)	—	—	—	—	—	—	—	—	—	—	—	—
手扶机动插秧机(台)	9	31	71	85	124	—	—	—	—	—	—	—
高速机动插秧机(台)	—	—	—	—	—	17	26	32	33	39	38	23
中型旋耕机(台)	14	21	18	29	35	38	41	52	54	69	71	72
小型旋耕机(台)	9	11	23	25	25	26	32	29	31	31	35	35
双铧犁(台)	—	—	—	—	—	—	—	—	—	—	—	—
圆盘犁(台)	12	17	21	25	—	—	—	—	—	—	—	—
中型开沟机(台)	—	—	—	—	—	—	—	—	15	15	15	17
小型开沟机(台)	—	—	—	—	—	—	—	—	—	—	—	—
碾米机(台)	17	15	12	28	33	29	55	75	85	85	85	86
饲料粉碎机(台)	—	—	—	—	—	—	—	—	2	2	2	2
农用运输车(辆)	—	—	—	—	—	—	—	—	—	—	—	—
机动运输车(辆)	—	—	—	—	—	—	—	—	—	—	—	—
水田驱动耙(台)	13	18	18	26	30	36	42	49	54	68	68	68

第二节　农机管理

一、业务管理

1954年3月，成立了以内燃机为动力的戽水机船联营小组，组长缪勇。1956年4月，成立了戽水机船澄西联合组南闸小组，缪勇连任组长。1958年12月，南闸小组由南闸公社管理，属全民性质。1963年3月，建立了南闸农机站，站长孙敬钟。1969年1月，更名为南闸水利农机站，站长袁洪初。从1975年起，南闸水利农机站负责南闸公社（乡、镇）区域农机具的业务管理，设农机供配、供油门市部，集农机管理、维修、培训、推广、配件供应、综合经营和安全生产管理于一体。2001年，南闸水利农机站更名为南闸水利农机管理服务站，隶属江阴市水利农机局。

二、管理网络

江阴市水利农机局是江阴市政府主管农机的行政职能部门。乡镇农机管理由乡镇人民政府分管农业的副乡（镇）长主管，并配备1名水利农机助理（水利农机科长）。乡镇水利农机管理服务站和农业服务公司协助分管副乡（镇）长，指导水利农机服务站工作，抓好水利农机工作。村级农机管理是由村民委员会分管农业的副主任负责。各村成立农机队或农机服务专业合作社，具体业务由村农机队长负责。农机队的具体业务由农机专管员或兼职管理员负责。这样就形成了镇、村两级水利、农业管理网络。

三、管理制度

20世纪70年代，全面推行耕作机械由大队统一领导、统一调度、统一维修、统一结算的"四统一"管理制度。1980年实行单机核算制度，推行"五定"奖赔责任制。一是定人员。根据农忙开机、农闲从事农副业生产的原则，在保证安全生产、劳逸结合、合理分配劳动力的前提下，农机操作驾驶以机定人、定位分工。二是定任务。根据各机组情况，核定每台机组全年作业量，并确定作业区范围。三是定质量。农机作业必须符合要求，实行质量验收制度，凡不符合验收标准的均要返工。四是定成本。按油料费、劳动报酬、维修费、固定资产折旧、大修理提成、管理费用六项费用结算定单机成本。五是定报酬。根据各尽所能、按劳分配的原则，按照同时同期工资制定合理的定额报酬。对有技术的农机人员给予技术补贴，标准为同等劳动力的5%—15%。奖励分单项奖和综合奖，单项奖又分节约奖、超产奖、技术革新奖3个项目。赔偿，一般金额为超支部分的5%—10%。各村都有1名农机管理员，其主要职责是协助村民委员会协调全村农机具，为本村农业生产服务，负责与农机户签订农机作业合同，按农机作业核定农用柴油的供应量，检查督促农机户加强机务管理，监督农机作业质量和收费标准，抓好农机安全生产和统计工作。

2007年7月1日，《中华人民共和国农民专业合作社法》正式颁布实施。2010年，南闸地区建立了36个农机服务专业合作社。龙运农机服务专业合作社、花果农机服务专业合作社被评为江阴市三级农机服务专业合作社。

1954—2008年南闸农机管理领导成员情况一览

表4-33

名 称	职 务	姓 名	任职时间
南闸戽水机船联营小组	组 长	缪 勇	1954.03—1956.03
戽水机船澄西联合组南闸小组	组 长	缪 勇	1956.04—1957.08
戽水机船澄西联合组南闸小组	组 长	徐初培	1957.09—1960.01
戽水机船澄西联合组南闸小组	组 长	包镜明	1960.01—1962.01
戽水机船澄西联合组南闸小组	组 长	孙敬钟	1962.01—1963.03
南闸农机站	站 长	孙敬钟	1963.03—1968.12
南闸水利农机站	站 长	袁洪初	1969.01—1971.01
南闸水利农机站	站 长	陈道行	1971.01—1979.01
南闸水利农机站	站 长	王荣祥	1979.01—1991.10
南闸水利农机站	站 长	宋卫洪	1991.10—1997.03
南闸水利农机站	站 长	王新云	1997.03—1998.11
南闸水利农机站	站 长	许国林	1998.11—2001.01
南闸水利农机管理服务站	站 长	许国林	2001.01—2004.04
南闸水利农机管理服务站	副站长	夏世民	2003.11—2004.04
南闸水利农机管理服务站	站 长	夏世民	2004.04—2008.12
南闸水利农机管理服务站	副站长	顾荣涛	2008.01—
南闸水利农机管理服务站	站 长	蔡建华	2008.02—

2010年南闸农机服务合作组织情况一览

表4-34

组织名称	法 人	地 址	固定资产（万元）	库房面积（平方米）	农机总量（台、套）	作业总面积（亩）	服务总收入（万元）	净收入（万元）	服务农户数（户）
林塘农机服务专业合作社	闵国良	龙运村闵家村	50	0	14	2500	18	8	1000
建刚农机服务专业合作社	徐建刚	花果范家埭13号	70	150	11	4470	40	15	1000
福才农机服务专业合作社	吴福才	曙光村	40	180	11	1450	12.8	4.5	1200
建荣农机服务专业合作社	陆建荣	观西东芦岐182号	111	180	18	6800	50.3	20	1800
国良农机服务专业合作社	闵国良	龙游龙沟口164号	39	180	4	3000	18	8	1000
赵龙农机服务专业合作社	赵 龙	观山璜村365号	23	50	11	8050	11	3.5	1100

第五编　水　利

第一章　河道建设

南闸境内河流纵横，沟塘密布，经过历代的努力，建成了三大水系，分别是：以冯泾河为主，包括斜泾河、花山河、马泾河的东部水系；以运粮河（锡澄运河）为主的中部水系；以夏港河、黄昌河为主，包括跃进河、工农河的西部水系。三大水系既有分割又有联系，形成了南闸的水利格局和特色。

中华人民共和国成立前，境内各村的河道大多狭窄，部分地段淤塞，流水不畅，水系紊乱，严重影响农田灌溉及水上交通。大雨大灾，小雨小灾，十年九涝的现象屡见不鲜。20世纪50年代开始，党和政府以民生为重，大搞水利建设。加固险要圩堤，疏浚淤浅河道，开浜引水入腹，全面整治骨干河道。实施治水改土，实行山、水、田、林、路的综合治理，做到了沟、渠、河道的基本配套，形成了一定规模的水利网络。

1964年至1987年，开挖、疏浚村级河道24条，共挖土方154.87万立方米，总长37.61公里，受益面积达13900亩。南闸地区形成了能挡、能排、能灌、能调节的防洪、排涝、灌溉、田间配套工程；形成了村村河道通大河，水道交通成网，水利设施布局合理的完整的水利工程体系。1988年开始，不断更新、改造防洪排涝设施，提高防洪标准。镇村河道疏浚被列为每年农田水利建设的重要项目。2005年起，镇村河道实行长效管理，成立南闸镇农村河道长效管理领导小组，镇长任组长，下设办公室。实行属地管理，镇与各村村主任签订责任状。村级河道都由专人管理，建立了河长制及专职管理队伍。河道管理标准化，达到河底无淤泥、河面无杂物、河水无污染、河岸有绿化。新建防洪闸、套闸、分级闸29座，达到百日无雨保灌溉、日雨200毫米两天排出不成灾的标准。

第一节　河道状况

一、历史河道

锡澄运河　古称运粮河，又名漕河、泾河，晋元帝年间开凿，至今已有近1700年的历史，为全镇农田主要的引排河道。北起长江，南连太湖，跨江阴、无锡两县（市），相交于京杭大运河（高桥）。全长37.01千米，南闸境内7.5千米。东由横向支流冯泾河、花山河、老市河（原九里河）等贯通市东南地区水系，西由横向支流黄昌河、跃进河、工农河等沟通澄西诸河港，与常州、武进、天宁等地区河道相通，为南闸通往外界的主要骨干河道。

锡澄运河古为运粮漕河，河水浑浊，泥沙沉积，河床易淤浅，历代均重视此河的疏通。宋至清疏浚37次，民国期间疏浚3次。1949年后又多次拓浚、疏浚。1981年又全面拓浚。1988年，河道两边建成5.5千米高标准的护岸、护坡。2010年，实施河道整治，航道标准由五级提高到三级，并使河流改道经黄昌河接新夏港河入长江。

黄昌河 旧称崇沟、龙章河，又名北山塘河，西起新沟河，向东经观西、泗河、南闸等村流入锡澄运河，全长8.25千米，境内7.5千米。清光绪至民国年间，疏浚3次。1953年至1957年，疏浚2次。1958年冬，裁弯改道2.3千米，组织民工2.15万人，挖土94.8万立方米，河底宽由4米增至10米。1983年冬又全面疏浚，投入民工1.5万人，挖土43万立方米，底宽增至15米。2010年，为消除防洪隐患，针对部分河段堤防坍塌，实施抢险工程建设。抢险河段3300米，回填土方1.17万立方米，抛填块石0.58万立方米，砌筑石方5100立方米，浇筑砼358立方米。抢险后的河道堤防恢复了原有标准。

冯泾河 位于境内东南部，是沟通江阴中部和东部水系的横向河道。西起锡澄运河，东至长寿河，全长13.68千米，境内3.3千米。清代疏浚6次，1951年至1975年疏浚3次。2002年，对西起锡澄运河、东至白屈港的8.4千米河段进行拓浚。2003年，又投资4834.3万元继续拓浚，开挖土方78.8万立方米，河底宽增至20米，河底高程吴淞零米，边坡1:2.5。拓浚后的冯泾河，对调节锡澄运河、白屈港的水位，改善江阴中部地区河道水质，提高船只航运以及河道两侧圩区防洪排涝能力等均产生了十分明显的效益。

夏港河 旧名夏浦，为江阴以西第一条通江河道，相传为夏禹开凿。夏港河分为老夏港河和新夏港河。老夏港河北起长江，南经夏港镇、葫桥、观山，折东经蔡泾入锡澄运河，全长12千米，境内5千米。运河口设闸，旧名蔡泾闸（又名南闸）。1956年春，锡澄运河拓浚时，南闸段裁弯改道，堵塞了夏港河入锡澄运河的口子，蔡泾闸遂废。老夏港河自清康熙至同治的100多年间共疏浚13次，平均每10年疏浚1次。1951年至1955年，疏浚2次。1957年冬，全河拓浚。河底宽增至9米。1975年，为支持澄西船厂建厂需要，夏港河改道西移，从黄泥沟进口，向南另开辟新河直达黄昌河。新河改称新夏港河。1976年冬，新夏港河南闸段拓浚。投入民工5000人，挖土23.2万立方米，拓浚河段4.2千米。1991年，新夏港河被列入武、澄、锡重点引排工程，继续实施拓浚。拓浚后，河道全线贯通，全长9.3千米，境内4.5千米。2012年，投资1.55亿元拓浚新夏港河南闸段，璜庄上村至邵庄村改道开挖新河，拓浚长度7.5千米。拓浚后河面宽70米，河底宽45米，河底高程黄海标高−2.39米，航道水下边坡1:6。

二、新开和拓浚的镇级河道

为了确保农业生产旱涝丰收，多年来大兴水利建设，境内东部新开花山河，中部新开跃进河、夏港河、丰收河、向阳河，拓浚了工农河、马泾河。目前南闸镇级河道8条，总长度18.3千米，河道总面积41.11万平方米。

工农河 1972年冬开凿，东起锡澄运河，西至新夏港河，全长3.7千米。1978年冬，全社组织民工3500人拓浚工农河，开挖土方21.3万立方米，河底宽4米，河底高程0.5米，边坡1:1.5。向东延伸2.6千米，经过观山、菱塘、龙游、蔡东、蔡西5个村，接通锡澄运河。

跃进河 1976年冬开凿，东起锡澄运河，西接夏港河，全长3.6千米，河底宽3米，河底高程吴淞零上0.5米，边坡1:1.5。

丰收河 1998年冬开挖，全长1.2千米，河底宽1米，河底高程吴淞零上1米。由于年久失修，其功能日趋退化。为充分提高其排涝能力，改善人居环境，美化集镇面貌，镇政府于2008年1月开始对该河道进行整治，共开挖土方2.1万立方米；全线砌筑石驳岸长2380米，驳岸顶高程4.7米，驳岸间口宽8—11米，两岸绿化8500平方米。同时，新建排涝站1座，安装ZLB700机泵2台，并建2.5米×5米过路箱涵2座。全部工程于当年5月竣工。

花山河 1974年冬开挖，西起锡澄运河，东至花山，流经花果、谢南、曙光、施元、涂镇5个村，全长4.8千米。1981年冬拓浚花山河，公社组织民工1万人，开挖土方35.3万立方米，河道河底宽8米，河底高程为0米，边坡为1:2。

向阳河 1976年冬开挖，全长700余米，河底宽2米，河底高程1.5米。

三、新开和拓浚的村级河道

1964年至1966年，花果村新开中村和魏家村排水河，谢南村新开刘方村引水河，曙光村新开工字河、大寨河，南新村新开西新河、北新河、杨吴中心河。全乡共开挖16条村级河道，开挖土方136万立方米，总长24.64千米，受益面积6400亩。

1967年至1987年，开挖拓浚了南闸中心河、焦山河、龙游河等8条村级河道，共挖土方18.87万立方米，总长10.97千米，受益面积7500亩。1993年开始采用"泥浆泵"水力，通过冲淤泥疏浚河浜。到2010年为止，冲淤河浜158条，长度146.6千米，土方226.89万立方米。2010年后，逐年安排对村级河道进行疏浚。

据2015年统计，南闸村级河道131条，河道总长度为98.01千米，河道总面积156.815万平方米。

1967—1987年南闸新开和拓浚村级河道一览

表5-1

施工年份	河名	所在村	工程性质	长度（公里）	完成土方（万立方米）	合计（万元）	县补（万元）	自筹（万元）	河底宽（米）	河底高程（吴淞米）	边坡
1967	南闸中心河	南闸	新开	1.45	2.30	0.89	—	0.89	2	1.0	1:1.5
1972	焦山河	泗河	新开	0.88	1.49	0.22	—	0.22	2	1.5	1:1.5
1975	蔡西中心河	蔡西	新开	1.3	2.90	2.65	0.5	2.15	2	1.0	1:1.5
1977	芦岐村后河	观西	新开	1.85	3.23	1.55	0.3	1.25	2	0.5	1:1.5
1978	龙游河	观东跃进	新开	2.35	3.55	2.73	0.45	2.28	2	0.5	1:1.5
1980	菱塘中心河	菱塘	新开	1.05	2.42	1.42	0.6	0.82	2	1.0	1:1.5
1983	蔡东中心河	蔡东	新开	1.55	1.88	1.84	0.3	1.54	2	1.0	1:1.5
1987	尖岸河	泾西	拓浚	0.54	1.1	2.3	—	2.3	4	0.5	1:2

南闸村级河道情况一览

表5-2

编号	河道名称	流经行政村	河道特性							沿线闸站（座）
			土壤类型	河道长度（千米）	河口宽度（米）	河底宽度（米）	河底高程（米）	坡顶高程（米）	边坡	河道面积（万平方米）	
1	环村河	蔡泾村	黏土	3.1	14—35	3	1.9	4.5	1:1.5	5.12	1
2	东前头河	蔡泾村	黏土	8.8	3—5	—	—	—	1:1.5	2.64	—
3	蔡东中心河	蔡泾村	黏土	1.8	8—12	4	1.8	4.2	1:1.5	1.95	1
4	蒋家沟	蔡泾村	黏土	1.3	3—8	2	1.7	4	1:1.5	1.10	1
5	花家村河	蔡泾村	黏土	0.2	2—6	2	1.8	4	1:1.5	0.12	—
6	蔡西中心河	蔡泾村	黏土	1.5	10—15	4	1.8	4.3	1:1.5	2.15	1

续表5-2

编号	河道名称	流经行政村	土壤类型	河道特性								沿线闸站（座）
				河道长度（千米）	河口宽度（米）	河底宽度（米）	河底高程（米）	坡顶高程（米）	边坡	河道面积（万平方米）		
7	陈家村河	蔡泾村	黏土	0.8	3—8	2	1.9	5	1∶1.5	0.95		—
8	俞家村河	蔡泾村	黏土	0.3	2—8	5	1.8	4	1∶1.5	0.58		—
9	刘斗埭河	蔡泾村	黏土	0.5	3—6	5	1.9	4	1∶1.5	0.62		—
10	杨吴中心河	蔡泾村	黏土	0.7	5—10	3	2.1	4.5	1∶1.5	0.56		1
11	袁家浜	花果村	黏土	0.8	10—30	1.8	1.8	4.5	1∶1.5	1.6		—
12	玉带河	花果村	黏土	1	8—15	1.5	1.5	4.5	1∶1.5	1.2		—
13	中村排水河	花果村	黏土	0.08	5—8	2	2	4.5	1∶1.5	0.42		—
14	火叉浜	花果村	黏土	0.5	8—20	2	2	4.5	1∶1.5	0.51		—
15	柳河稍	花果村	黏土	0.3	5—8	1.7	1.7	4.5	1∶1.5	0.22		—
16	魏家村排水河	花果村	黏土	0.15	3—7	2.2	2.2	4.5	1∶1.5	0.25		—
17	孙家浜	花果村	黏土	0.7	5—12	1.9	1.9	4	1∶1.5	0.86		—
18	汤家浜	花果村	黏土	0.25	4—10	2.1	2.1	4.5	1∶1.5	0.35		—
19	后塘浜	花果村	黏土	2	10—50	1.9	1.9	4.5	1∶1.5	0.72		1
20	九亩浜	花果村	黏土	0.16	25—40	1.8	1.8	4.5	1∶1.5	0.56		—
21	花家河	龙运村	黏土	0.4	5—8	1.8	1.8	5.5	1∶1.5	0.32		—
22	丰产河	龙运村	黏土	1.5	8—12	2	2	4.5	1∶1.5	1.20		1
23	龙游河	龙运村	黏土	1	10—15	1.5	1.5	6	1∶1.5	1.31		1
24	南沟头	龙运村	黏土	0.06	10—30	1.5	1.5	6	1∶1.5	0.39		—
25	陈氏河	龙运村	黏土	0.65	2—5	1.9	1.9	4	1∶1.5	0.43		—
26	黄鳝沟	龙运村	黏土	1	6—8	2	2	4.5	1∶1.5	0.60		—
27	林塘中心河	龙运村	黏土	1.1	10—15	1.5	1.5	5	1∶1.5	0.89		1
28	支边河	龙运村	黏土	1	8—12	1.7	1.7	4.5	1∶1.5	0.95		—
29	老夏港河	龙运村	黏土	2.5	8—12	1.9	1.9	4.5	1∶1.5	2.3		—
30	大头沟	南闸村	黏土	0.49	20—40	8	1.5	5.5	1∶1.5	10.89		—
31	北高田河	南闸村	黏土	1.2	7—10	3	2	4.5	1∶1.5	0.96		—
32	大寨河	南闸村	黏土	1.83	8—12	4	1.5	4.5	1∶1.5	1.8		1
33	大沟端	南闸村	黏土	0.78	10—25	5	2.1	4	1∶1.5	0.86		—
34	毛毛端	南闸村	黏土	0.18	5—7	2	2.2	4	1∶1.5	0.11		—
35	观音梢头	南闸村	黏土	0.36	8—12	4	2	4	1∶1.5	0.36		—
36	金家巷河	南闸村	黏土	1.5	7—12	5	1.9	4.5	1∶1.5	1.51		1
37	沙头河	南闸村	黏土	1.15	8—12	4	1.5	4	1∶1.5	1.26		—
38	陈氏河	南闸村	黏土	0.47	5—10	3	2.1	4	1∶1.5	0.37		—
39	观庄中心河	南闸村	黏土	0.72	3—8	2	1.9	4	1∶1.5	0.36		1
40	煤场河	南闸村	黏土	0.3	25—35	2	1.6	4.6	1∶1.5	0.65		—
41	缪介村河	谢南村	黏土	0.12	3—7	2	1.8	4.5	1∶1.5	0.18		—
42	东浜河	谢南村	黏土	0.1	3—7	2	2	4.5	1∶1.5	0.71		—

续表5-2

编号	河道名称	流经行政村	河道特性								沿线闸站（座）
			土壤类型	河道长度（千米）	河口宽度（米）	河底宽度（米）	河底高程（米）	坡顶高程（米）	边坡	河道面积（万平方米）	
43	西浜河	谢南村	黏土	0.1	4—8	3	1.9	4	1∶1.5	0.75	—
44	刘芳村引水河	谢南村	黏土	0.6	8—12	5	1.5	4	1∶1.5	0.81	—
45	芦塘里	谢南村	黏土	0.1	5—10	2—5	2	4	1∶1.5	0.72	—
46	蚕桑河	谢南村	黏土	0.38	8—15	3—6	2.1	4.5	1∶1.5	0.57	—
47	南新排水河	南新村	黏土	0.3	5—10	3—5	1.5	4	1∶1.5	0.28	1
48	任前头河	涂镇村	黏土	1.22	9—15	4	1.5	4	1∶1.5	1.69	1
49	前新庄河	涂镇村	黏土	0.64	5—10	2—5	1.9	4	1∶1.5	0.59	1
50	石家塘河	涂镇村	黏土	0.15	5—8	4	2.2	6.5	1∶1.5	0.23	—
51	涂镇中心河	涂镇村	黏土	0.25	5—10	4	2	4.5	1∶1.5	1.75	—
52	幸福河	观西村	黏土	0.8	3—8	2	1.9	4.5	1∶1.5	0.23	—
53	北头河	观西村	黏土	0.3	5—8	2	1.6	4.6	1∶1.5	0.21	1
54	后州河	观西村	黏土	1	5—8	3	1.8	4.5	1∶1.5	0.59	—
55	燎沟河	观西村	黏土	0.25	5—12	2—6	2	4.3	1∶1.5	0.26	—
56	安沟头	观西村	黏土	0.25	3—10	2—5	1.6	4.5	1∶1.5	0.27	1
57	施家河	观西村	黏土	1.3	5—12	4	1.9	4.8	1∶1.5	0.87	—
58	秦望河	观西村	黏土	2.5	15—25	10	1.5	6.2	1∶1.5	5.12	—
59	陶湾河	观西村	黏土	2	8—15	4	2.1	4.5	1∶1.5	2.8	1
60	南河头	观西村	黏土	0.4	3—8	2	1.9	4.3	1∶1.5	0.31	1
61	焦山河	观西村	黏土	1.1	25—40	8	1.6	6	1∶1.5	4.15	—
62	了沟河	观西村	黏土	0.5	8—15	4	2.2	4.2	1∶1.5	0.76	—
63	潮河	观西村	黏土	0.2	10—30	6—15	1.8	4.3	1∶1.5	0.59	—
64	石桥河	观西村	黏土	0.25	8—12	4	2.1	4.6	1∶1.5	0.26	—
65	殳桥河	观西村	黏土	0.8	5—15	2—6	1.8	5.8	1∶1.5	1.18	1
66	杨家河	观西村	黏土	1	8—15	4	1.8	5.8	1∶1.5	1.08	—
67	田桥沟	观西村	黏土	1	5—10	4	2.2	4.5	1∶1.5	1.02	—
68	八生岸	观西村	黏土	0.3	5—10	3	2.3	4.8	1∶1.5	0.26	—
69	老袁沟	观西村	黏土	0.3	5—12	4	2	5	1∶1.5	0.31	—
70	沿河	观西村	黏土	1	6—15	2—8	2	4.3	1∶1.5	0.97	—
71	灌塘河	观西村	黏土	0.3	5—15	2—6	1.9	5	1∶1.5	0.32	—
72	西横家沟	观西村	黏土	0.4	5—10	3	2	4.5	1∶1.5	0.39	—
73	新河	观西村	黏土	0.8	8—15	4	2.2	4.5	1∶1.5	1.03	—
74	直挺河	观西村	黏土	0.3	10—20	5	1.9	6.3	1∶1.5	0.31	—
75	黄家河	观西村	黏土	0.25	15—30	5—15	1.5	6	1∶1.5	0.69	—
76	圩家河	观西村	黏土	0.25	10—20	6	1.8	6	1∶1.5	0.48	—
77	东沟	观西村	黏土	0.5	5—15	2—6	2	6	1∶1.5	0.73	—
78	二山河	观西村	黏土	0.15	5—10	5	1.8	5.8	1∶1.5	0.17	—

续表5-2

编号	河道名称	流经行政村	土壤类型	河道长度（千米）	河口宽度（米）	河底宽度（米）	河底高程（米）	坡顶高程（米）	边坡	河道面积（万平方米）	沿线闸站（座）
										河道特性	
79	湾沟头	观西村	黏土	0.8	5—8	2	1.9	5.5	1：1.5	0.61	1
80	草爬沟	观西村	黏土	0.8	5—8	2	2	5.9	1：1.5	0.62	1
81	沙沟河	曙光村	黏土	0.4	6—30	2—15	2.1	4	1：1.5	1.12	—
82	鲤鱼塘	曙光村	黏土	0.25	6—18	2—8	1.8	4	1：1.5	0.43	—
83	大寨河	曙光村	黏土	0.65	6—18	3	1.6	4	1：1.5	1.17	1
84	大洪池	曙光村	黏土	0.35	28—175		1.9	4	1：1.5	4.15	—
85	工字河	曙光村	黏土	1	25—40	20	2.1	4	1：1.5	3.12	—
86	沈家浜	曙光村	黏土	0.3	18—25	12	1.2	4	1：1.5	0.58	—
87	王家浜	曙光村	黏土	0.15	25—28	15	1.9	4.3	1：1.5	0.41	—
88	油车河	曙光村	黏土	0.3	32—40	25	1.9	4	1：1.5	1.21	—
89	西浜	曙光村	黏土	0.25	8—25	3—10	2	4.5	1：1.5	0.51	—
90	西七亩	曙光村	黏土	0.5	23—45	12	2	4.2	1：1.5	2.08	—
91	马泾河	曙光村	黏土	3	12—25	4—10	1.5	5.8	1：1.5	0.03	1
92	外湾泾	曙光村	黏土	0.3	10—12	5	2.1	4.5	1：1.5	0.35	—
93	孟岸中心河	泗河村	黏土	1.2	8—13	4	1.8	4	1：1.5	1.53	1
94	第一横河	泗河村	黏土	0.6	5—7	2	1.9	4	1：1.5	0.42	—
95	第二横河	泗河村	黏土	0.4	5—7	2	2.1	4.2	1：1.5	0.39	—
96	里北湾	泗河村	黏土	0.7	6—40	2—20	2	4	1：1.5	2.47	—
97	边沟河	泗河村	黏土	0.8	8—38	4—20	1.9	4	1：1.5	2.81	—
98	翻耳河	泗河村	黏土	0.85	3—5	2	2.1	4.3	1：1.5	0.41	—
99	西沟河	泗河村	黏土	0.3	8—50	3—35	2.2	4.2	1：1.5	1.32	—
100	长沟河	泗河村	黏土	0.6	8—30	3—22	1.9	4	1：1.5	1.63	—
101	大边河	泗河村	黏土	0.7	18—45	10—28	2	4	1：1.5	2.79	—
102	南边河	泗河村	黏土	0.45	15—30	8—18	1.9	4	1：1.5	1.35	—
103	是家门河	泗河村	黏土	0.35	15—30	6—15	2	4.2	1：1.5	1.01	—
104	北塘河	泗河村	黏土	0.55	6—18	3—8	2	4	1：1.5	0.94	—
105	东边河	泗河村	黏土	0.55	8—18	4—8	2	4	1：1.5	0.99	—
106	陈氏河（泗河）	泗河村	黏土	1.2	6—10	2—4	1.8	5.5	1：1.5	1.08	—
107	黄家河	泗河村	黏土	1.1	18—35	8	1.2	6	1：1.5	3.52	—
108	白洋河	泗河村	黏土	1	20—35	10	1.3	6	1：1.5	3.02	1
109	周家村河	泗河村	黏土	0.9	10—25	6—12	2.1	4.5	1：1.5	2.16	—
110	花家凹河	泗河村	黏土	0.25	15—25	6—10	1.9	4.3	1：1.5	0.63	—
111	南山河	泗河村	黏土	0.15	8—10	4	2	4	1：1.5	0.14	—
112	张家河（泗河）	泗河村	黏土	0.5	10—15	6	1.9	4.3	1：1.5	0.67	—
113	刘家河	泗河村	黏土	0.85	5—15	5	2.1	4.5	1：1.5	1.27	—
114	大家河	泗河村	黏土	0.35	6—12	4	2.2	4.5	1：1.5	0.38	—

续表5-2

编号	河道名称	流经行政村	河道特性								沿线闸站（座）
			土壤类型	河道长度（千米）	河口宽度（米）	河底宽度（米）	河底高程（米）	坡顶高程（米）	边坡	河道面积（万平方米）	
115	虎丘河	泗河村	黏土	0.6	5—50	2—30	2.1	4.3	1：1.5	2.67	—
116	丁果湖	泗河村	黏土	0.5	8—300	—	—		1：1.5	6.23	—
117	倪家河	泗河村	黏土	0.55	16—20	8	1.8	6	1：1.5	0.98	—
118	外湾西沟河	泗河村	黏土	0.25	8—15	4	1.5	4.2	1：1.5	0.365	—
119	外湾东沟河	泗河村	黏土	0.18	10—20	6—10	1.6	4.3	1：1.5	0.32	—
120	外湾长沟河	泗河村	黏土	0.8	8—15	4—8	1.8	4.5	1：1.5	0.95	1
121	王邻河	泗河村	黏土	0.55	5—8	2	1.6	4.5	1：1.5	0.39	—
122	焦山河	泗河村	黏土	1	20—25	8	1.8	6	1：1.5	2.41	—
123	高头上河	泗河村	黏土	0.45	5—8	2	2.1	4.5	1：1.5	0.31	—
124	李家河	泗河村	黏土	0.2	10—15	4		4.5	1：1.5	0.27	—
125	仙家河	泗河村	黏土	0.15	10—15	6	1.6	4	1：1.5	0.23	—
126	杨沟河	观山村	黏土	0.85	5—15	2—5	1.9	4.5	1：1.5	1.01	1
127	王氏岸沟	观山村	黏土	0.37	5—8	3	1.5	4.2	1：1.5	0.26	1
128	戗里	观山村	黏土	0.48	8—16	2—8	1.8	6	1：1.5	0.69	—
129	麒家沟稍	观山村	黏土	0.28	6—25	2—10	1.9	4.6	1：1.5	0.64	1
130	西长沟河	观山村	黏土	1.71	8—12	5	1.5	4.5	1：1.5	1.72	—
131	璜村穿村河	观山村	黏土	0.4	8—10	6	1.8	6.2	1：1.5	0.35	1

第二节　河道整治

一、镇级河道整治

工农河　20世纪80年代初开始，外地拾荒者逐渐汇集于该河道两侧，在岸边搭简易房并长期居住，有百人之多。岸边垃圾堆积成山，脏物堵塞河道，脏水污染河水，沿河农田灌、排水受到严重影响，居民反响强烈。2004年，南闸镇政府对该河进行综合整治。新辟15亩荒滩地，组织迁移、安置62户拾荒者，处理46条破旧水泥船，拆除30多间违章简易房屋。同时，实施河道整治工程，清除淤泥4.8万立方米，拆建、新建桥梁9座，在沿河新建垃圾收集房15个。2010年，投资1200余万元再次对该河道进行整治。清除河道内淤泥9万立方米，河道两侧砌筑石驳岸5.7千米，南侧驳岸顶高程5.5米，北侧驳岸顶高程4.5米，两驳岸间口宽15米。河边新建亲水平台3个，改建跨河桥梁1座，翻建小型灌溉泵站11座。

跃进河　2007年3月，市、镇两级政府对跃进河进行全线整治。采取筑坝抽干河水的方法进行施工，共清除河道淤泥8.5万立方米，新建石驳岸及生态护坡6.4千米，河岸绿化4万平方米。同时对沿河6千米长的南焦路进行绿色通道建设，共拆除违章建筑2500平方米，关闭跃进电镀厂，进行房屋立面改造5万平方米，回填土方6万立方米，路边绿化5万平方米。按照"一桥一名一景一品"的标准对桥梁进行全面改造。

丰收河　2008年1月，镇政府投资500余万元，对丰收河进行整治，共计开挖土方2.1万立方米，全线砌筑石驳岸长2380米，驳岸顶高程4.7米，驳岸间口宽8—11米，两岸绿化8500平方米。同时，新建排涝站1座，有ZLB700机泵2台，并建2.5米×5米过路箱涵2座。

花山河 2008年，市、镇两级政府投资1500余万元对花山河进行综合整治。整治工程分两期进行：一期工程整治东起徐霞客大道桥、西至老锡澄路黄土金桥的2380米长的河段。截污水封堵排污口，清理河底淤泥及土方开挖5.6万立方米，砌筑石驳岸长5750米，南、北驳岸高程分别为5.5米、5米，河口宽20米，并建1500平方米的亲水平台2个，两岸绿化1.2万平方米。二期工程主要对剩余河段的河道两侧进行绿化和对局部淤塞河段进行清淤。2009年，镇政府又投入800多万元，对花山河水环境进行综合治理，在花山河的北侧建造了滨河公园。

向阳河 2008年，镇政府投资300余万元对向阳河进行了全面整治，整治内容包括：雨污分流、河底清淤、河床整修、加装护栏、铺设闲步林道、两岸绿化造景等。共开挖土方2.4万立方米，砌筑石驳岸长1600米，并在两岸绿化造景2万平方米。

老市河 位于南闸街道集镇区，自锡澄运河改道后，成为南闸老镇区一条以排水为主的河道。该河全长1.5公里，因年久失修，河道淤塞严重，杂草丛生，垃圾成堆，环境恶化，基本丧失了河道功能，对周边群众的生活造成了极大的影响。2003年5月，南闸镇人民政府投资120万元，启动老运河调水工程，疏浚河道1.5公里，完成土方2.8万立方米；修建石驳岸0.8公里；改建桥梁1座；新建换水站1座，配备了苏Ⅲ型水泵；新建3.5米节制闸1座。2008年，对老市河又进行综合整治改造，回填土方1.7万立方米，铺设管道320米。改造使镇区的环境面貌得到了较大改善，周边群众的生活质量得到了提高。

二、村级河道整治

20世纪80年代起，农村不再罱河泥积肥，加上农田混水排放，以及垃圾随意抛扔等原因，造成河道淤积严重，水环境被严重破坏，水质严重恶化。河道引水困难，汛期集中降雨时排水不畅，常形成内涝。20世纪80年代末，开始对镇、村级河道进行整治，采用泥浆泵施工和挖泥船疏浚，河面较宽的河道结合圩堤加固加高。1989—1992年，全镇疏浚村级河道51条，完成土方135万立方米。1993—2010年，疏浚村级河道158条次，长度146.6千米，完成土方226.89万立方米。

1993—2010年南闸镇、村河道疏浚情况一览

表5-3

年 份	疏浚河道（条）	投资（万元）	长度（公里）	完成土方（万立方米）
1993	9	65	5.1	35
1994	8	36	6.3	12
1995	12	68	7.2	38
1996	12	62	8.6	30.5
1997	17	12.5	5.2	14
1998	3	9.8	3.3	2.1
1999	7	10.2	4.1	3.5
2000	11	10.1	4.7	3.2
2001	3	8.5	2.6	1.6
2002	4	15.8	3.9	2.8
2003	3	22	4.2	3.4
2004	5	29.3	6.3	4.5
2005	5	88.2	10.6	12.3

续表5-3

年　份	疏浚河道（条）	投资（万元）	长度（公里）	完成土方（万立方米）
2006	12	128.4	21.9	23.1
2007	10	68.9	17.7	11.5
2008	11	138.9	11.2	11.29
2009	13	64	11.2	10.5
2010	13	64.8	12.5	7.6
合计	158	902.4	146.6	226.89

第三节　援外河道工程

南闸公社在1958年至1978年间，先后组织民工1.37万人，自带工具、粮草，援助县内外河道开挖和疏浚工程7次，完成土方16.5万立方米。

1958—1978年南闸支援外地水利工程情况一览

表5-4

河　名	开挖时间	参加民工（人）	完成土方（万立方米）
太浦河	1958年12月	600	2.40
西横河	1958年12月	1600	0.48
张家港河	1959年春	1500	0.45
应天河	1959年冬	3040	3.00
应天河	1960年冬	4000	3.37
新沟河	1973年12月	2560	5.40
太浦河	1978年冬	400	1.40

第二章 圩区建设

第一节 圩堤建设

南闸西部的孟岸、泗河两村地势低洼，平均高程3.5米左右。东部的灰罗圩村、鲤鱼塘圩地面高程2.5—3.0米。圩内有4个自然村，村民2000余人，每遇洪水、淫雨，2700亩圩田一片汪洋，村庄半淹，村民苦不堪言。1955年，曙光大队开始了圩区建设，筑堤3.2千米。1970年冬，孟岸、泗河两大队加大圩区建设力度，扩筑大堤6.8千米。1976年，公社投入大量人力、物力，大规模地加固、加高圩堤11.5千米，堆筑土方15万立方米。1984年，各村先后进行了加宽、加高修筑圩堤工程，共完成土方11.9万立方米、石方3.5万立方米。至1987年底，建成千亩以上圩区14只，二百亩至千亩圩区8只，全镇共筑圩堤28.85千米。圩区经受了1991年、1999年两次大水的考验，受益面积达23178亩，但不少圩区遇到灾情时也暴露出防洪圩堤标准偏低、工程未达标的缺陷。2000年起，南闸镇加大了圩区建设力度，提高标准，建设新圩区，联圩和并圩，增加了千亩大圩，减少了零星小圩、半高田圩。锡澄运河、黄昌河防洪石驳岸工程也告完成。至2010年，共建成大小联圩区15只，其中千亩圩11只、千亩以下圩4只，圩堤长度达29.1千米。新建和翻建了26座排涝站，排涝流量达22.95立方米/秒，受益面积23282亩。

1987年南闸千亩圩区面积统计一览

表5-5

圩区名称	总面积（亩）	耕地面积（亩）	圩区名称	总面积（亩）	耕地面积（亩）
跃进圩	1415	1180	河南圩	1218	1130
后塘圩	1182	1040	茶岐圩	1062	920
灰罗圩	1470	850	年圩、雪家宕圩	1613	1013
盆塘圩	1079	920	翻身圩	2020	1870
锦家圩	1567	1367	正隆圩	2657	2420
蔡东圩	1838	1238	菱塘圩	1125	967
蔡西圩	1661	1248	合 计	22235	18250
刘斗圩	2328	2087			

1987年南闸二百亩至千亩圩区面积统计一览

表5-6

圩区名称	总面积（亩）	耕地面积（亩）	圩区名称	总面积（亩）	耕地面积（亩）
外湾圩	793	680	南北圩	501	422
殳桥圩	574	500	中山圩	509	410

续表5-6

圩区名称	总面积（亩）	耕地面积（亩）	圩区名称	总面积（亩）	耕地面积（亩）
观山圩	935	760	阿塔圩	971	835
孙家圩	930	866	合　计	5756	4928
鲤鱼塘圩	543	455			

2010年南闸千亩圩区情况一览

表5-7

圩区名称	总面积(亩)	耕地面(亩)	圩堤总长(千米)	排涝站(个)	排涝流量（立方米/秒）
正隆圩	2840	2100	4.9	5	3.9
锦家圩	2300	1500	2.0	1	2.0
蔡东圩	1838	1238	1.6	3	2.4
蔡西圩	1660	1240	1.2	1	1.4
刘斗圩	2166	350	2.6	2	2.4
跃进圩	1550	925	0.8	2	1.3
茶岐圩	1080	810	2.5	2	1.4
年圩、雪家宕圩	1613	1000	1.9	1	1.4
翻身圩	1650	1000	2.2	2	1.5
灰罗圩	1470	650	1.8	2	1.5
盆塘圩	1350	750	1.5	1	1.0
合　计	19517	11563	23	22	20.2

2010年千亩以下圩区情况一览

表5-8

圩区名称	总面积(亩)	耕地面(亩)	圩堤总长(千米)	排涝站(个)	排涝流量（立方米/秒）
后塘浜圩	730	500	1.5	1	1.0
鲤鱼塘圩	750	430	1.5	1	1.0
河南圩	885	400	1.8	1	0.5
中山圩	400	340	1.3	1	0.22
合　计	2765	1670	6.1	4	2.75

第二节　防洪闸建设

1962年5月，泗河大队自筹经费，在泗河口建防洪外闸1座。至1970年5月，增建内闸1座。1964年5月，新庄村在窑登浜建防洪闸1座，孟岸村在新桥头自建万隆套闸1座。20世纪60年代，全公社共建套闸、单闸5座。20世纪70年代，全公社共建套闸、单闸20座，其中，1977年10月，在袁苟史村建起吊式跃进套闸1座；1978年10月，在蔡东村滩基河口建推拉杆式工农套闸1座。1984年6月至8月，水位长期维持在吴淞零上4.6米左右，但由于防洪闸的健全，圩区未出现险情。1987年7月17至28日，连续降雨

12天，水位在吴淞零上4.5米左右。这时防洪闸起到了重要作用，由于排涝及时，稻苗均免遭灾害。至1988年底，全镇共建套闸6座、单闸23座、分级闸2座。

1962—1982年南闸圩区套闸、防洪闸、分级闸建设一览

表5-9

所在圩名	坐落村名	闸　名	类　别			孔径（米）	闸门形式	闸底高程（米）	建成年月
			套闸	防洪	分级				
蔡东圩	蔡东村	工　农	套闸	—		4.9	一字门	0.7	1978.10
蔡东圩	蔡东村	蔡　东	—	防洪	—	3.4	一字门	1.3	1971
中山圩	花果村	元家浜		防洪	—	3.66	一字门	1.5	1974.04
南北圩	花果村	杨家浜		防洪		3.7	一字门	1.5	1973.04
灰罗圩	曙光村	工字河		防洪	—	3.7	一字门	1.5	1971.05
盆塘圩	新庄村	摇墩浜		防洪	—	3.7	一字门	1.6	1981.05
南北圩	涂镇村	彭洞闸		防洪	—	3.7	一字门	1.4	1964.05
盆塘圩	新庄村	新庄老闸		防洪	—	3.5	一字门	1.5	1964.05
孙家圩	河南村	河　东		防洪	—	3.4	一字门	1.5	1972.02
锦家圩	南闸村	唐家闸		防洪	—	3.6	一字门	1.5	1967
锦家圩	南闸村	滩基河闸		防洪	—	3.6	一字门	1.5	1978.05
锦家圩	南闸村	分级闸		—	分级	3.6	一字门	1.5	1981.05
刘斗圩	泾西村	尖岸闸		防洪	—	3.6	一字门	1.5	1968.07
蔡西圩	蔡西村	蔡西闸		防洪	—	3.9	一字门	1.5	1976.06
跃进圩	跃进村	永隆闸		防洪	—	3.0	一字门	1.5	1972.02
跃进圩	跃进村	耿家闸		防洪	—	3.4	一字门	1.5	1971.06
跃进圩	跃进村	跃进套闸	套闸	—	—	4.9	一字门	0.7	1977.10
年圩、雪家宕圩	观东村	小桥闸		防洪	—	3.6	一字门	1.4	1976
年圩、雪家宕圩	观东村	龙游闸	套闸			3.6	一字门	1.4	1982.05
年圩、雪家宕圩	观东村	邵庄闸	—	防洪		3.6	一字门	1.5	1973.04
茶岐圩	灯塔村	茶岐西闸		防洪	—	3.6	一字门	1.4	1977.04
茶岐圩	灯塔村	茶岐东闸		防洪	—	3.5	一字门	1.5	1966.02
正隆圩	泗河村	正隆闸	套闸	—		3.9	一字门	1.5	1962.05
正隆圩	泗河村	后嘴沟闸		防洪	—	3.5	一字门	1.5	1978.04
翻身圩	孟岸村	万隆闸	套闸			3.5	一字门	1.5	1964.05
翻身圩	孟岸村	孟岸闸	—	—	分级	3.5	一字门	1.5	1976.05
翻身圩	孟岸村	永隆闸		防洪		3.5	一字门	1.5	1963.05
阿塔圩	泗河村	阿塔闸	套闸	—		3.5	一字门	1.5	1973.05
外湾圩	泗河村	外湾闸	—	防洪		3.5	一字门	1.5	1973.05
后塘浜	泗河村	范家闸	—	防洪	—	1.5	一字门	1.7	1973.05
殳桥圩	灯塔村	殳桥闸	—	防洪	—	2.0	一字门	1.5	1972.05

圩区排涝面积及设备情况一览

表5-10

圩区名称	站别	受益面积（亩）		灌排或单排	机泵设备										流量（立方米/秒）	排涝亩数	建成年份
		总面积	耕地		电动机		柴油机		水泵（台/英寸）								
					台	千瓦	台	马力	苏Ⅱ	苏Ⅲ	苏Ⅳ	轴流	混流	离心			
跃进	跃进南站	1415	1180	单排	1	45	—	—	—	—	1	—	—	—	1.0	7.0	1977
后塘浜	南谭	1182	1040	单排	1	40	—	—	—	—	1	—	—	—	1.0	8.44	1973
灰罗圩	曙光	1470	850	单排	—	—	—	—	—	—	1	—	—	—	1.0	6.8	1981
盆塘圩	新庄	1079	920	单排	—	—	1	45	—	—	1	—	—	—	1.0	9.25	1978
锦家圩	南闸	1567	1367	单排	1	45	—	—	—	—	1	—	—	—	1.0	6.38	1978
蔡东圩	蔡东	1838	1238	单排	1	37	—	—	—	—	1/32	—	—	—	1.0	5.43	1987
蔡西圩	蔡西	1661	1248	灌排	1	30	—	—	—	—	1/14	—	—	—	0.28	1.7	1965
刘斗圩	泾西	2328	2087	单排	—	—	1	100	1	—	—	—	—	—	2.0	8.6	1978
河南圩	河南	1218	1130	灌排	1	28	—	—	—	—	1/20	—	—	—	0.44	3.6	1971
茶岐圩	茶岐	1062	920	灌排	2	42	—	—	—	—	2/28	—	—	—	0.56	5.28	1977
薛家塘	观东	1613	1013	单排	1	37	—	—	—	—	1	—	—	—	1.0	6.2	1973
翻身圩	孟岸	2020	1870	单排	1	55	—	—	—	1	—	—	—	—	1.5	7.42	1971
正隆圩	观西	2657	2420	单排	2	92	—	—	1	—	1/32	—	—	—	3.0	11.3	1972
孙家圩	河东	935	866	单排	1	37	—	—	—	—	1/32	—	—	—	1.0	10.7	1986
鲤鱼塘	马泾	543	455	灌排	1	28	—	—	—	—	1/20	—	—	—	0.47	17.3	1971
鲤鱼塘	鲤鱼塘	—	—	单排	—	—	1	45	—	—	—	—	1/20	—	0.47		1974
南北圩	谢南	501	422	灌排	—	—	1	25	—	—	—	—	1/12	—	0.20	4.0	1982
中山圩	中村	509	410	灌排	1	15	—	—	—	—	—	—	—	1/12	0.20	3.92	1974
阿塔圩	阿塔	971	835	单排	—	—	1	45	—	—	1	—	—	—	1.0	10.3	1981
外湾圩	外湾	793	680	单排	1	28	—	—	—	—	1	—	—	—	1.0	12.5	1973

2015年南闸街道农村水闸工程基本情况一览

表5-11

编号	水闸名称	所属镇（街道）	所属行政村（街道）	建设时间改造时间（年份）	资金来源	水闸类型	孔数/单孔净宽（米）
1	魏家村排涝站的水闸	南闸街道	花果村	2011	白屈港	涵洞式	0.5×2.5
2	沈家浜站的水闸	南闸街道	花果村	2005	自筹	胸墙式	1.5×2
3	花果排涝站的水闸	南闸街道	花果村	2012	白屈港	胸墙式	2×2
4	紫金排涝站的水闸	南闸街道	谢南村	2009	自筹	涵洞式	2×2.5
5	向阳河排涝站的水闸	南闸街道	谢南村	2013	自筹	胸墙式	2.5×3
6	金三角排涝站的水闸	南闸街道	谢南村	2014	自筹	涵洞式	2.5×2.5

续表5-11

编号	水闸名称	所属镇（街道）	所属行政村（街道）	建设时间改造时间（年份）	资金来源	水闸类型	孔数/单孔净宽（米）
7	外湾泾排涝站的水闸	南闸街道	曙光村	2004	自筹	胸墙式	1×1.5
8	灰罗圩排涝站的水闸	南闸街道	曙光村	1997	自筹	胸墙式	1.5×1.5
9	油车河灌排站的水闸	南闸街道	曙光村	1975	自筹	胸墙式	1×1
10	马泾河排灌站的水闸	南闸街道	曙光村	1975	自筹	胸墙式	1.5×2
11	鲤鱼塘灌排站的水闸	南闸街道	曙光村	2010	白屈港	胸墙式	1.5×2
12	南新排涝站的水闸	南闸街道	南新村	2008	自筹	胸墙式	1.5×2.5
13	老金三角排涝站的水闸	南闸街道	南新村	1991	自筹	涵洞式	1.5×2
14	老市河换水站的水闸	南闸街道	街道办事处	2003	自筹	胸墙式	2.5×2
15	丰收河排涝站的水闸	南闸街道	街道办事处	2010	自筹	胸墙式	2×2
16	污水提升泵站的水闸	南闸街道	街道办事处	2004	自筹	胸墙式	2×2.5
17	澎洞河排涝站的水闸	南闸街道	街道办事处	2012	自筹	胸墙式	2.5×2.5
18	任前头排涝站的水闸	南闸街道	涂镇村	2008	自筹	胸墙式	2×2.5
19	蔡东排涝站的水闸	南闸街道	蔡泾村	2012	自筹	胸墙式	2.5×2
20	蒋家沟排涝站的水闸	南闸街道	蔡泾村	2009	中央财政	胸墙式	1.5×2
21	蔡西排涝站的水闸	南闸街道	蔡泾村	2012	自筹	开敞式	3×2.5
22	泾西排涝站的水闸	南闸街道	蔡泾村	2014	自筹	胸墙式	1.5×2
23	杨吴村排涝站的水闸	南闸街道	蔡泾村	1988	自筹	涵洞式	1×2
24	跃进南站的水闸	南闸街道	龙运村	2012	自筹	胸墙式	1×1
25	耿家村排涝站的水闸	南闸街道	龙运村	2013	自筹	胸墙式	1.5×1.5
26	王家村排涝站的水闸	南闸街道	龙运村	1979	自筹	胸墙式	2.5×2
27	菱塘排涝站的水闸	南闸街道	龙运村	2014	自筹	开敞式	2.5×2

续表5-11

编号	水闸名称	所属镇（街道）	所属行政村（街道）	建设时间改造时间（年份）	资金来源	水闸类型	孔数/单孔净宽（米）
28	唐家村排涝站的水闸	南闸街道	南闸村	2015	自筹	胸墙式	1×1.5
30	观东排涝站的水闸	南闸街道	南闸村	2014	自筹	胸墙式	2.5×3
31	东风站的水闸	南闸街道	南闸村	2014	自筹	胸墙式	1×2.5
32	杨沟河排涝站的水闸	南闸街道	观山村	1978	市财政补助	胸墙式	1.5×2.5
33	璜村6队排涝站的水闸	南闸街道	观山村	2013	市财政补助	胸墙式	2.5×2
34	王氏岸灌溉站的水闸	南闸街道	观山村	1990	市财政补助	涵洞式	1.5×1.5
35	山嘴村排涝站的水闸	南闸街道	观山村	1993	市财政补助	胸墙式	2.5×3
36	茶岐西排涝站的水闸	南闸街道	观西村	1995	自筹	涵洞式	1×1.5
37	璜庄排涝站的水闸	南闸街道	观西村	2013	市财政补助	涵洞式	1.5×1.5
38	南高排涝站的水闸	南闸街道	观西村	1990	自筹	涵洞式	1×1.5
39	殳桥排涝站的水闸	南闸街道	观西村	1993	自筹	涵洞式	1×1
40	南河头站的水闸	南闸街道	观西村	1995	自筹	涵洞式	1×1
41	北河头站的水闸	南闸街道	观西村	2013	自筹	涵洞式	1×1
42	顾家村排涝站的水闸	南闸街道	观西村	2005	自筹	胸墙式	1.5×2
43	外湾排涝站的水闸	南闸街道	泗河村	2010	自筹	胸墙式	1.5×1.5
44	白杨河闸的水闸	南闸街道	泗河村	2013	自筹	胸墙式	1×1
45	陈士岸闸	南闸街道	泗河村	2012	自筹	涵洞式	2×2
46	孟岸闸	南闸街道	泗河村	2001	自筹	开敞式	2.5×3
47	正隆闸	南闸街道	泗河村	1984	自筹	胸墙式	1.5×1

2015年南闸街道农村水闸工程管理情况一览

表5-12

编号	水闸名称	管护责任单位	管护人员数量（人）	工程养护费用（按年度计，万元）					管护人员工资
				合计	水闸建筑物养护费用	闸门养护费用	启闭设施养护费用	附属设施养护费用	
1	魏家村排涝站的水闸	花果村村民委员会	1	0.27	0.02	0.02	0.02	0.01	0.2

续表5-12

编号	水闸名称	管护责任单位	管护人员数量（人）	工程养护费用（按年度计，万元）					
				合计	水闸建筑物养护费用	闸门养护费用	启闭设施养护费用	附属设施养护费用	管护人员工资
2	沈家浜站的水闸	花果村村民委员会	1	0.27	0.02	0.02	0.02	0.01	0.2
3	花果排涝站的水闸	花果村村民委员会	1	0.27	0.02	0.02	0.02	0.01	0.2
4	中村排涝站的水闸	花果村村民委员会	1	0.27	0.02	0.02	0.02	0.01	0.2
5	紫金排涝站的水闸	谢南村村民委员会	1	0.3	0.03	0.03	0.03	0.01	0.2
6	向阳河排涝站的水闸	谢南村村民委员会	1	0.3	0.03	0.03	0.03	0.01	0.2
7	金三角排涝站的水闸	谢南村村民委员会	1	0.3	0.03	0.03	0.03	0.01	0.2
8	外湾泾排涝站的水闸	曙光村村民委员会	1	0.27	0.02	0.02	0.02	0.01	0.2
9	灰罗圩排涝站的水闸	曙光村村民委员会	1	0.27	0.02	0.02	0.02	0.01	0.2
10	油车河灌排站的水闸	曙光村村民委员会	1	0.27	0.02	0.02	0.02	0.01	0.2
11	马泾河排灌站的水闸	曙光村村民委员会	1	0.27	0.02	0.02	0.02	0.01	0.2
12	鲤鱼塘灌排站的水闸	曙光村村民委员会	1	0.27	0.02	0.02	0.02	0.01	0.2
13	南新排涝站的水闸	南新村村民委员会	1	0.3	0.03	0.03	0.03	0.01	0.2
14	老金三角排涝站的水闸	南新村村民委员会	1	0.3	0.03	0.03	0.03	0.01	0.2
15	老市河换水站的水闸	街道办事处	1	0.3	0.03	0.03	0.03	0.01	0.2
16	丰收河排涝站的水闸	街道办事处	1	0.3	0.03	0.03	0.03	0.01	0.2
17	污水提升泵站的水闸	街道办事处	1	0.3	0.03	0.03	0.03	0.01	0.2
18	澎洞河排涝站的水闸	街道办事处	1	0.3	0.03	0.03	0.03	0.01	0.2
19	任前头排涝站的水闸	涂镇村村民委员会	1	0.3	0.03	0.03	0.03	0.01	0.2
20	蔡东排涝站的水闸	蔡泾村村民委员会	1	0.3	0.03	0.03	0.03	0.01	0.2
21	蒋家沟排涝站的水闸	蔡泾村村民委员会	1	0.27	0.02	0.02	0.02	0.01	0.2
22	蔡西排涝站的水闸	蔡泾村村民委员会	1	0.3	0.03	0.03	0.03	0.01	0.2
23	泾西排涝站的水闸	蔡泾村村民委员会	1	0.27	0.02	0.02	0.02	0.01	0.2
24	杨吴村排涝站的水闸	蔡泾村村民委员会	1	0.27	0.02	0.02	0.02	0.01	0.2
25	跃进南站的水闸	龙运村村民委员会	1	0.27	0.02	0.02	0.02	0.01	0.2
26	耿家村排涝站的水闸	龙运村村民委员会	1	0.3	0.03	0.03	0.03	0.01	0.2
27	王家村排涝站的水闸	龙运村村民委员会	1	0.3	0.03	0.03	0.03	0.01	0.2
28	菱塘排涝站的水闸	龙运村村民委员会	1	0.3	0.03	0.03	0.03	0.01	0.2
29	唐家村排涝站的水闸	南闸村村民委员会	1	0.27	0.02	0.02	0.02	0.01	0.2
30	观东排涝站的水闸	南闸村村民委员会	1	0.3	0.03	0.03	0.03	0.01	0.2
31	东风站的水闸	南闸村村民委员会	1	0.3	0.03	0.03	0.03	0.01	0.2
32	杨沟河排涝站的水闸	观山村村民委员会	1	0.3	0.03	0.03	0.03	0.01	0.2
33	璜村六队排涝站的水闸	观山村村民委员会	1	0.3	0.03	0.03	0.03	0.01	0.2
34	王氏岸灌溉站的水闸	观山村村民委员会	1	0.3	0.03	0.03	0.03	0.01	0.2
35	山嘴村排涝站的水闸	观山村村民委员会	1	0.3	0.03	0.03	0.03	0.01	0.2
36	茶岐西排涝站的水闸	观西村村民委员会	1	0.27	0.02	0.02	0.02	0.01	0.2

续表5-12

编号	水闸名称	管护责任单位	管护人员数量（人）	工程养护费用（按年度计，万元）					
				合计	水闸建筑物养护费用	闸门养护费用	启闭设施养护费用	附属设施养护费用	管护人员工资
37	璜庄排涝站的水闸	观西村村民委员会	1	0.27	0.02	0.02	0.02	0.01	0.2
38	南高排涝站的水闸	观西村村民委员会	1	0.27	0.02	0.02	0.02	0.01	0.2
39	殳桥排涝站的水闸	观西村村民委员会	1	0.27	0.02	0.02	0.02	0.01	0.2
40	南河头站的水闸	观西村村民委员会	1	0.27	0.02	0.02	0.02	0.01	0.2
41	北河头站的水闸	观西村村民委员会	1	0.27	0.02	0.02	0.02	0.01	0.2
42	顾家村排涝站的水闸	观西村村民委员会	1	0.27	0.02	0.02	0.02	0.01	0.2
43	外湾排涝站的水闸	泗河村村民委员会	1	0.3	0.03	0.03	0.03	0.01	0.2
44	白杨河闸的水闸	泗河村村民委员会	1	0.27	0.02	0.02	0.02	0.01	0.2
45	陈士岸闸	泗河村村民委员会	1	0.3	0.03	0.03	0.03	0.01	0.2
46	孟岸闸	泗河村村民委员会	1	0.3	0.03	0.03	0.03	0.01	0.2
47	正隆闸	泗河村村民委员会	1	0.27	0.02	0.02	0.02	0.01	0.2
48	合　计			13.41					9.4

第三节　重点圩区整治

灰罗圩　位于南闸镇东部，北以花山河、东以斜泾河、南以马泾河、西以马泾路为界，圩内有自然村4个，居民2000余名。由于圩区地面高程仅2.5—3.0米，圩堤年久失修，1999年大水时，近千亩农田受淹，部分农户家中进水，损失严重。当年11月启动整治工程，加高加固圩堤2.87千米，高程达6.2米，新建石驳岸108米，疏浚河道2.15千米，新开挖集水河1千米，改造防洪闸4座，新建500ZLB-125排涝站1座。

第三章　农田水利

第一节　农田建设

一、拦洪蓄洪

境内沿山耕地，水田高程吴淞10—20米，旱地高程在吴淞12米以上。20世纪50年代，沿山各村有计划地治理山区，实施拦洪蓄洪的山㳇工程。在山区与圩田及平坦耕田分界处开挖等高沟，连接支河塘坝，将山上雨水拦于支河排出或拦蓄于塘内灌溉坡田，防止山洪威胁山下农田。观西大队、陶湾大队置山㳇3500米；泗河大队置山㳇4500米；外湾村置山㳇1500米；花果大队置山㳇3500米；灯塔大队置山㳇4000米。1958年秋，南闸乡组织民工2000人，奋战10天，平整花山山坡土地1500亩，山腰以下建成梯田40余块，种植杉木、毛竹、果树、茶叶、桑树保水保肥。1974年春，南闸公社在花果大队花山西坡劈山造梯田，把50余亩果木、桑树地改造成水稻田，同时建造高扬程泵站2座，修筑环山渠道。当年夏季栽上水稻，但由于水肥流失严重，产量不高，有的田块水停即干，稻苗枯死。翌年仍恢复旱地，改种黄豆、山芋。

二、平整土地

20世纪50年代中期成立农业初级合作社后，打破了个体农业田块界限，开始了小型农田建设，逐步平整荒坟及部分高低田块，对荒芦、围圩进行垦荒，挖渠造田。在人民政府"向荒滩要田，向蒲塘要粮"的号召下，孟岸村、泗河村开垦蒲田，种植水稻，至1959年，分别围圩造田250亩和150亩；曙光、马泾鲤鱼塘芦苇田改种水稻400多亩。1964年1月，贯彻"农业学大寨"精神，在"以粮为纲"思想的指导下，各地开始小规模填河平垰，平整土地。1970年全国北方会议后，境内平整土地，农田基本建设进一步展开。1972年10月，公社结合秋收秋种，组织开展平整土地、格子成方、沟渠配套等农田建设。是年冬季起，涂镇大队花2年时间整田平地，堵塞废河浜8条，平迁坟墓120座，筑田岸250条，开排水渠15条，扩种水稻面积120亩。1973年，公社响应县委"改土治水，大搞平整土地"的号召，制定了农业基本建设方案，各大队按照农业机械直达每块田而不从别的田块经过的要求，开始规划、修筑机耕道路。1975年，推广周庄公社、华西大队经验，制定了全公社农田建设标准，统一规格，田块一般为南北向，两端配套沟渠，一端灌水，一端排水。每块2—2.5亩，长80米，宽15—20米。20亩为一方，百亩左右为一个作业区。1975年冬至1976年冬为平整土地高峰期。新庄、涂镇、南新3个大队沿锡澄公路两旁的土地，地势高低不平、水系紊乱、田块零星、垰地错杂，涝则低田成灾，旱则高田龟裂，水旱灾害频繁，农业产量低而不稳。公社决定在公路片进行改土治水，创建平整土地示范片，成立了公路片平整土地指挥部。调集全公社24个大队、企事业单位7000人进行大会战。观山采矿厂调集各工程200多个壮劳力，动用了50多辆手推车昼夜奋战20天，填平了"老虎潭"的池塘，增加了10多亩面积。从1975年11月20日至12月20日，锡澄公路两旁移墩塞塘、挑高填低，填掉了"老虎浜""王家浜"两个大池塘,完成土方41.56万立方米,格田成方2246.3亩。1975年秋种后,全公社各大队自订平整规划,格田成方。1975年至1978年,以大队、生产队组织专业队大搞建设,进行大面积土地平整。全公社格田成方1.42万亩,完成土方262.6万立方米。

1981年开始,根据中央调整时期的治水方针,农田建设的重点转为田间配套工程。1987年,南闸平整土地14597亩,按农田水利建设六条标准,有旱涝保丰收面积6800亩。实行沟、渠、路、田综合治理,闸、站、桥、涵全面配套,排设暗渠9.5公里,筑机耕路10.1千米,建成配套面积20800亩。为加强对耕地资源的保护,从20世纪80年代中期开始,对境内小土窑进行整顿,至1990年年底,南闸境内的小土窑全部被关闭。2003年,全镇关闭所有采石厂,关停了58个采石工段,以及267台轧石机。2004年全面启动复垦复绿工程。复耕后的土地根据调整农业产业结构、提高经济效益的要求,绝大部分被改造为生态林,发展种植业,一部分被改造成静养鱼塘。至20世纪90年代,南闸90%的良田成格成方,98%的良田灌排分开。2015年,南闸地区沟渠畅通,铺设管道长19.99千米,衬砌长74.07千米,筑机耕路15.2千米。

三、专项工程

2007年,南闸镇加快农田专业化、规模化、现代化建设。农业项目投入3270万元,新增高效农业用地170公顷。其中以花果村为例,是年,南闸花果村投资125.17万元建设成江阴市小型优质水源工程建设示范区,10月开工,2008年5月完工,共建设涵管式渠道0.8千米、防渗渠道10.09千米,预制砼板排水沟0.38千米,建设灌溉泵站2座。2008年,投资320万元实施蔡泾蔬菜基地建设一期工程,完成砼路面道路建设1.3千米,砌筑各类沟渠2.2千米,铺设暗渠800米,疏浚区内河道土方2.5万立方米,新建轴流泵排涝站1座。2009年,蔡泾蔬菜基地实施二期工程,投资250万元,新砌沟渠3千米。建设农田水利专项工程,新建蒋家沟排涝站、宋家村灌溉站。宋家村灌溉站新建防渗砼预制管地下渠道1.1千米,其中直径600毫米涵管250米,直径800毫米涵管500米,直径1000毫米涵管350米,新建预制板防渗沟渠4.5千米。蒋家村排涝站新建预制砼板排水渠450米。是年,农业项目投入2148万元,以"菜篮子""果盘子""茶罐子""村园子"为特色,建设都市生态农业,建成高效农业面积1200亩。2010年,蔡泾、南闸、龙运3个村共建蔬菜基地5000亩,全街道高效农业面积达15000亩,村村都有高效农业示范方。

2015年,全街道共有泵站150座,渠道共长196.86千米;山戗6条,共长6.45千米。各高效农业示范方都由村民委员会主任负责,各泵站、渠道都配备管护人员,由村委负责组织渠道维修、渠道清理。2015年,全街道工程养护维修费用61.47万元,清理维护费用20.49万元,护理人员工资费用达97.5万元。

2015年南闸街道渠(沟)道工程基本情况一览

表5-13

编号	渠(沟)道名称	长度(千米)	所属行政村(社区)	建设/改造时间	资金来源	渠(沟)类型(千米)			附属设备	
						管道	衬砌	土质	窨井及分水井(个)	放水口(个)
1	知青东站渠道	0.6	花果村	1991	自筹	0.1	0.5	—	1	2
2	花山河一号桥站渠道	0.35	花果村	1991	自筹	0.05	0.3	—	—	1
3	花山河二号桥站渠道	0.35	花果村	1991	自筹	0.05	0.3	—	—	1
4	吴家埭东站渠道	4.5	花果村	2012	白屈港	0.5	4	—	3	7

续表5-13

编号	渠（沟）道名称	长度（千米）	所属行政村（社区）	建设/改造时间	资金来源	渠（沟）类型（千米）			附属设备	
						管道	衬砌	土质	窨井及分水井（个）	放水口（个）
5	魏家村排涝站渠道	0.2	花果村	2011	白屈港	—	0.2	—		1
6	沈家浜站渠道	3.1	花果村	2005	自筹	0.1	3	—	2	4
7	曲立站渠道	0.25	花果村	1991	自筹	0.05	0.2	—		1
8	南谭南站渠道	0.1	花果村	2001	自筹	—	0.1	—		1
9	南谭西站渠道	0.2	花果村	2012	自筹	—	0.1	—		1
10	南谭北站渠道	1.3	花果村	2010	白屈港	0.3	1	—		1
11	坎家村站渠道	1.3	花果村	1998	自筹	0.3	1	—		1
12	中村站渠道	2.5	花果村	2009	自筹	0.5	2	—		2
13	缪家村站渠道	0.6	谢南村	1983	自筹	0.3		0.3		
14	谢南南站渠道	1.05	谢南村	1998	自筹	0.05	1	—	3	3
15	谢南北站渠道	0.5	谢南村	1983	自筹	0.2	0.3	—		1
16	刘芳村灌排站渠道	2	谢南村	2014	自筹	—	2			4
17	油车河灌排站渠道	0.23	曙光村	1975	自筹	0.08	—	0.15	—	—
18	大洪池灌溉站渠道	0.1	曙光村	1992	自筹	—	—	0.1		
19	祥西灌溉站渠道	0.1	曙光村	1988	自筹	—	—	0.1		
20	工字河灌溉站渠道	0.1	曙光村	1992	自筹	—	—	0.1		
21	马泾河排灌站渠道	0.3	曙光村	1975	自筹	—	—	0.3		
22	徐家村灌溉站渠道	0.2	曙光村	2002	自筹	0.2				2
23	花山河灌溉站渠道	0.98	曙光村	2007	自筹	0.58		0.4		5
24	鲤鱼塘灌排站渠道	0.78	曙光村	2010	白屈港	0.38		0.4		4
25	焦家村灌溉站渠道	0.1	曙光村	1991	自筹	—		0.1		—
26	朱家村灌溉站渠道	0.69	曙光村	2004	自筹	0.62		0.07		6
27	上下村灌溉站渠道	0.47	曙光村	2001	自筹	0.23		0.24		2
28	里河稍灌溉站渠道	0.05	曙光村	2013	自筹	0.05				3
29	石家塘站渠道	2	涂镇村	1991	自筹	—		2	—	3
30	新庄新站渠道	1.7	涂镇村	2004	自筹	0.2	—	1.5	1	4
31	新庄东站渠道	3	涂镇村	1993	自筹	—		3		4
32	窑浜河站渠道	1	涂镇村	1989	自筹	—		1		2
33	宋家村灌溉站渠道	10.86	蔡泾村	2008	中央财政	0.8	10.1		6	22
34	蔡东一号桥灌溉站渠道	0.6	蔡泾村	2011	自筹	0.1	—	0.5		2
35	黄家村灌溉站渠道	2.3	蔡泾村	1976	自筹	0.3		2	2	6
36	八房桥灌溉站渠道	0.4	蔡泾村	2003	自筹	—		0.4		1
37	八房村灌溉站渠道	0.7	蔡泾村	1983	自筹	—		0.7	1	3
38	聂家村灌溉站渠道	0.6	蔡泾村	1985	自筹	0.1		0.5		4
39	曹沈村灌溉站渠道	0.3	蔡泾村	1976	自筹	—	—	0.3		2

续表5-13

编号	渠（沟）道名称	长度（千米）	所属行政村（社区）	建设/改造时间	资金来源	渠（沟）类型(千米)			附属设备	
						管道	衬砌	土质	窨井及分水井(个)	放水口(个)
40	河头湾灌溉站渠道	0.5	蔡泾村	2012	自筹	—	—	0.5	—	1
41	杨吴村排涝站渠道	0.1	蔡泾村	1988	自筹	0.1	—		—	—
42	高家村灌溉站渠道	1	蔡泾村	2011	自筹	0.3	—	0.7		2
43	刘斗埭灌溉站渠道	0.4	蔡泾村	1988	自筹	—	—	0.4		1
44	蒯家村灌溉站渠道	1	蔡泾村	1983	自筹	0.7	—	0.3	2	5
45	河南站渠道	1	龙运村	1986	自筹	—	—	1		3
46	河南南站渠道	1	龙运村	2008	自筹	—	—	1		4
47	孙家村灌溉站渠道	0.4	龙运村	1994	自筹	—	—	0.4		3
48	跃进北站渠道	5.2	龙运村	2011	自筹	0.2		5		8
49	跃进南站渠道	1.8	龙运村	2012	自筹	0.3		1.5		6
50	南庄灌溉站渠道	1	龙运村	1986	自筹	—		1		5
51	袁沟西村灌溉站渠道	1	龙运村	1986	自筹	—		1		7
52	耿家村东站渠道	0.3	龙运村	1986	自筹	0.1		0.2		3
53	耿家村菜场站渠道	0.6	龙运村	1986	自筹	0.1		0.5		6
54	耿家村西灌溉站渠道	0.5	龙运村	1986	自筹	0.1		0.4		7
55	耿家村南站渠道	1.5	龙运村	1991	自筹	—		1.5		7
56	龙沟口北站渠道	1.5	龙运村	2011	自筹	—		1.5	1	6
57	王家村南站渠道	2.5	龙运村	2012	自筹	—		2.5		8
58	王家村北站渠道	1.5	龙运村	2011	自筹	—		1.5		7
59	虞家村站渠道	1.5	龙运村	1985	自筹	—		1.5		6
60	夏店北站渠道	5	龙运村	1985	自筹			5	5	16
61	夏店南站渠道	4.5	龙运村	1985	自筹			4.5	3	13
62	九队北站渠道	3	龙运村	2011	自筹			3		9
63	九队南站渠道	2	龙运村	2011	自筹			2	1	6
64	焦家宕灌溉站渠道	3.5	龙运村	1984	自筹			3.5	—	11
65	菱塘中心站渠道	3.5	龙运村	2008	自筹			3.5	1	19
66	夏港河灌溉站渠道	2.5	龙运村	2013	市财政补助	—		2.5	—	13
67	东场北站渠道	1.5	龙运村	1983	自筹	—		1.5	—	7
68	闵家村站渠道	2	龙运村	1984	自筹	—		2	—	6
69	寨里南站渠道	1.8	南闸村	1979	自筹	0.3	—	1.5	5	9
70	寨里北站渠道	1.2	南闸村	1981	自筹	0.2	—	1	2	5
71	芦场田灌排站渠道	0.6	南闸村	1982	自筹	—	—	0.6	—	3
72	邵庄站渠道	0.4	南闸村	1982	自筹	—	—	0.4	—	1
73	果园场站渠道	0.4	南闸村	1986	自筹	—	—	0.4	—	1
74	薛家宕站渠道	0.8	南闸村	1983	自筹	0.2	—	0.6	2	2
75	南高站渠道	1.4	南闸村	1983	自筹	0.4	—	1	1	8
76	东风站渠道	2.3	南闸村	1979	自筹	0.3	0.5	1.5	3	15

续表5-13

编号	渠（沟）道名称	长度（千米）	所属行政村（社区）	建设/改造时间	资金来源	渠（沟）类型（千米）			附属设备	
						管道	衬砌	土质	窖井及分水井（个）	放水口（个）
77	观音宕站渠道	0.7	南闸村	1983	自筹	—	—	0.7	2	7
78	璜村电灌站渠道	5.27	观山村	1993	自筹	1.41	—	3.86	15	67
79	工农路电灌站渠道	2.31	观山村	2011	自筹	0.59	0.4	1.32	7	19
80	璜村6队电灌站渠道	0.96	观山村	2013	自筹	0.18	—	0.78	2	11
81	璜村11队电灌站渠道	1.23	观山村	2014	市财政补助	0.03		1.2	2	17
82	王氏岸灌溉站渠道	1.05	观山村	2014	市财政补助	0.05		1	1	23
83	王氏岸沟灌溉站渠道	6.32	观山村	2012	自筹	0.15		6.17	4	78
84	上山村电灌站渠道	1	观山村	2005	自筹	—		1		3
85	高家村电灌站渠道	1	观山村	2013	自筹	—		1		3
86	菊家沟电灌站渠道	1	观山村	2004	自筹	—		1		5
87	璜村河西电灌站渠道	1.13	观山村	2014	市财政补助			1.13	—	12
88	观山桥电灌站渠道	0.71	观山村	2011	自筹	0.05		0.66	1	8
89	山嘴村河东电灌站渠道	0.55	观山村	2013	自筹	0.05		0.5	1	2
90	园区排涝站渠道	4.07	观山村	2013	自筹	3.83	0.24		45	7
91	观山门电灌站渠道	1.37	观山村	2003	自筹	0.14		1.23	3	26
92	茶岐东站渠道	4.06	观西村	1970	自筹	0.53	2.98	0.55	9	6
93	茶岐南站渠道	0.5	观西村	1970	自筹	0.4	0.1		3	2
94	茶岐西站渠道	0.5	观西村	1970	自筹	—	—	0.5		6
95	西高田站渠道	0.35	观西村	1993	自筹		0.35		1	—
96	野大场站渠道	0.6	观西村	1988	自筹	—		0.6	—	3
97	谢家塘站渠道	0.3	观西村	1993	自筹	—		0.3	—	1
98	璜庄排涝站渠道	1.3	观西村	2013	市财政补助	—	0.7	0.6	1	2
99	璜庄北站渠道	1.3	观西村	2014	市财政补助	0.35	0.45	0.5	8	2
100	南高田站渠道	0.8	观西村	1987	自筹	—	0.8	—	1	3
101	南高排涝站渠道	2.95	观西村	1990	自筹	0.05	1.4	1.5	4	4
102	殳桥南站渠道	0.18	观西村	1970	自筹	—	0.1	0.08	—	1
103	殳桥西站渠道	4.01	观西村	2013	自筹	0.21	3.05	0.75	3	6
104	北焦里站渠道	0.51	观西村	1993	自筹	0.11	—	0.4	2	5
105	盛家凹站渠道	0.8	观西村	1970	自筹	0.2	—	0.6	1	3
106	盛家凹小站渠道	0.3	观西村	1975	自筹	—		0.3		2
107	陶湾站渠道	1.9	观西村	2004	自筹	0.5	0.4	1	4	9
108	陶湾西站渠道	1.7	观西村	1994	自筹	0.2		1.5	3	7
109	陶湾东站渠道	3	观西村	1994	自筹	—	1	2	1	1

续表5-13

编号	渠（沟）道名称	长度（千米）	所属行政村（社区）	建设/改造时间	资金来源	渠（沟）类型（千米）			附属设备	
						管道	衬砌	土质	窨井及分水井（个）	放水口（个）
110	陶湾河东站渠道	0.5	观西村	1994	自筹	—	0.2	0.3	1	1
111	陶湾河西站渠道	3	观西村	1994	自筹	—	1	2	1	1
112	高基站渠道	3.25	观西村	2012	自筹	0.45	2.8	—	3	3
113	南河头站渠道	0.06	观西村	1995	自筹	0.06	—	—	2	2
114	北河头站渠道	0.08	观西村	2013	自筹	0.08	—	—	1	1
115	秦望河南站渠道	0.18	观西村	1995	自筹	0.03	0.15	—	2	1
116	东芦岐站渠道	3.6	观西村	2000	自筹	0.6	3	—	3	3
117	秦望河站渠道	2	观西村	1995	自筹	—	2	—	1	1
118	张家村站渠道	0.7	观西村	1983	自筹	—	—	0.7	1	2
119	窝尖圩站渠道	1.6	观西村	1976	自筹	—	1.6	—	2	2
120	西芦岐上村站渠道	0.4	观西村	1985	自筹	—	—	—	—	1
121	顾家村站渠道	0.5	观西村	1985	自筹	—	—	0.5	—	2
122	张家村北站渠道	0.4	观西村	1985	自筹	—	—	0.4	—	1
123	秦望河北站渠道	0.5	观西村	1985	自筹	—	—	0.5	—	2
124	观西山㳛	1.45	观西村	1991	自筹	—	1.45	—	—	—
125	陶湾山㳛	1.2	观西村	1991	自筹	—	1.2	—	—	—
126	殳桥山㳛	1	观西村	1991	自筹	—	1	—	—	—
127	东芦岐山㳛	1.2	观西村	1993	自筹	—	1.2	—	—	—
128	西芦岐山㳛	0.6	观西村	1988	自筹	—	0.6	—	—	—
129	凤凰山山㳛	1	观西村	1987	自筹	—	1	—	—	—
130	东村南站渠道	0.6	泗河村	2013	自筹	—	—	0.6	—	1
131	外湾东站渠道	0.7	泗河村	2013	自筹	—	0.7	—	—	1
132	外湾西站渠道	0.9	泗河村	1999	自筹	—	0.9	—	—	1
133	外湾北站渠道	0.6	泗河村	2013	自筹	—	0.6	—	—	1
134	野山嘴东站渠道	0.7	泗河村	1986	自筹	—	0.7	—	—	1
135	野山嘴西站渠道	1.2	泗河村	1986	自筹	—	1.2	—	1	5
136	野山嘴南站渠道	1	泗河村	2015	自筹	—	1	—	—	3
137	野山嘴北站渠道	0.6	泗河村	1986	自筹	—	0.6	—	—	2
138	陈士岸站渠道	1.5	泗河村	2012	自筹	—	1.5	—	1	5
139	西河南西站渠道	0.4	泗河村	1975	自筹	—	0.4	—	—	1
140	西河南南站渠道	0.6	泗河村	1975	自筹	—	0.6	—	—	1
141	西河南北站渠道	0.4	泗河村	1986	自筹	—	0.4	—	—	1
142	泗河口南站渠道	0.6	泗河村	1975	自筹	—	—	0.6	—	2
143	泗河口北站渠道	0.5	泗河村	1986	自筹	—	0.5	—	1	1
144	焦山站渠道	0.9	泗河村	1997	自筹	—	0.9	—	1	1

续表5-13

编号	渠（沟）道名称	长度（千米）	所属行政村（社区）	建设/改造时间	资金来源	渠（沟）类型（千米）			附属设备	
						管道	衬砌	土质	窖井及分水井（个）	放水口（个）
145	东河南站渠道	0.8	泗河村	1986	自筹	—	0.8	—	1	1
146	阿垱圩站渠道	1.9	泗河村	2010	自筹	—	—	1.9	2	9
147	花家凹东站渠道	0.4	泗河村	1986	自筹	—	—	0.4	—	—
148	花家凹西站渠道	0.3	泗河村	1986	自筹	—	0.3	—	—	—
149	石岐里西站渠道	1.5	泗河村	1986	自筹	—	1.5	—	5	11
150	孟岸电站渠道	1.6	泗河村	2010	自筹	—	1.6	—	3	9
151	河屯基站渠道	1.3	泗河村	2015	自筹	—	1.3	—	3	6
152	陈家门站渠道	1.3	泗河村	2015	自筹	—	1.3	—	2	8
153	孟岸东站渠道	1.4	泗河村	2001	自筹	—	1.4	—	3	7
154	石岐里东站渠道	0.4	泗河村	1986	自筹	—	—	0.4	1	1
155	周家村山河	0.8	泗河村	1991	自筹	—	—	0.8	—	—
156	里湾山河	0.6	泗河村	1989	自筹	—	—	0.6	—	—

2015年南闸街道渠（沟）道工程管理情况一览

表5-14

编号	渠（沟）道名称	管理现状			工程养护费用（按年度计，万元）			
		管护责任单位	管护责任人	管护人数	合计	渠道维修费用	渠道养护费用	管护人员工资
1	知青东站渠道	花果村村民委员会	谭兴成	1	0.74	0.18	0.06	0.50
2	花山河一号桥站渠道	花果村村民委员会	谭兴成	1	0.65	0.11	0.04	0.50
3	花山河二号桥站渠道	花果村村民委员会	谭兴成	1	0.65	0.11	0.04	0.50
4	吴家埭东站渠道	花果村村民委员会	谭兴成	1	2.30	1.35	0.45	0.50
5	魏家村排涝站渠道	花果村村民委员会	谭兴成	1	0.58	0.06	0.02	0.50
6	沈家浜站渠道	花果村村民委员会	谭兴成	1	1.74	0.93	0.31	0.50
7	曲立站渠道	花果村村民委员会	谭兴成	1	0.61	0.08	0.03	0.50
8	南谭南站渠道	花果村村民委员会	谭兴成	1	0.54	0.03	0.01	0.50
9	南谭西站渠道	花果村村民委员会	谭兴成	1	0.58	0.06	0.02	0.50
10	南谭北站渠道	花果村村民委员会	谭兴成	1	1.02	0.39	0.13	0.50

续表5-14

编号	渠（沟）道名称	管理现状			工程养护费用（按年度计，万元）			
		管护责任单位	管护责任人	管护人数	合计	渠道维修费用	渠道养护费用	管护人员工资
11	坎家村站渠道	花果村村民委员会	谭兴成	1	1.02	0.39	0.13	0.50
12	中村站渠道	花果村村民委员会	谭兴成	1	1.50	0.75	0.25	0.50
13	缪家村站渠道	谢南村村民委员会	陈建昌	0	0.00	0.00	0.00	0.00
14	谢南南站渠道	谢南村村民委员会	陈建昌	1	1.74	0.92	0.32	0.50
15	谢南北站渠道	谢南村村民委员会	陈建昌	1	1.35	0.70	0.15	0.50
16	刘芳村灌排站渠道	谢南村村民委员会	陈建昌	1	1.4	0.30	0.60	0.50
17	油车河灌排站渠道	曙光村村民委员会	徐国刚	1	1.16	0.59	0.07	0.50
18	大洪池灌溉站渠道	曙光村村民委员会	徐国刚	1	1.07	0.54	0.03	0.50
19	祥西灌溉站渠道	曙光村村民委员会	徐国刚	1	1.07	0.54	0.03	0.50
20	工字河灌溉站渠道	曙光村村民委员会	徐国刚	1	1.07	0.54	0.03	0.50
21	马泾河排灌站渠道	曙光村村民委员会	徐国刚	1	1.21	0.62	0.09	0.50
22	徐家村灌溉站渠道	曙光村村民委员会	徐国刚	1	1.14	0.58	0.06	0.50
23	花山河灌溉站渠道	曙光村村民委员会	徐国刚	1	1.68	0.89	0.29	0.50
24	鲤鱼塘灌排站渠道	曙光村村民委员会	徐国刚	1	0.81	0.23	0.08	0.50
25	焦家村灌溉站渠道	曙光村村民委员会	徐国刚	1	0.54	0.03	0.01	0.50
26	朱家村灌溉站渠道	曙光村村民委员会	徐国刚	1	0.78	0.21	0.07	0.50
27	上下村灌溉站渠道	曙光村村民委员会	徐国刚	1	0.7	0.15	0.05	0.50
28	里河稍灌溉站渠道	曙光村村民委员会	徐国刚	1	0.53	0.02	0.01	0.50
29	石家塘站渠道	涂镇村村民委员会	袁达成	1	1.30	0.60	0.20	0.50
30	新庄新站渠道	涂镇村村民委员会	袁达成	1	1.18	0.51	0.17	0.50
31	新庄东站渠道	涂镇村村民委员会	袁达成	1	1.70	0.90	0.30	0.50

续表5-14

编号	渠（沟）道名称	管理现状			工程养护费用（按年度计，万元）			
		管护责任单位	管护责任人	管护人数	合计	渠道维修费用	渠道养护费用	管护人员工资
32	窑浜河站渠道	涂镇村村民委员会	袁达成	1	0.90	0.30	0.10	0.50
33	宋家村灌溉站渠道	蔡泾村村民委员会	王瑛	1	4.85	3.26	1.09	0.50
34	蔡东一号桥灌溉站渠道	蔡泾村村民委员会	王瑛	1	0.74	0.18	0.06	0.50
35	黄家村灌溉站渠道	蔡泾村村民委员会	王瑛	1	1.42	0.69	0.23	0.50
36	八房桥灌溉站渠道	蔡泾村村民委员会	王瑛	1	0.66	0.12	0.04	0.50
37	八房村灌溉站渠道	蔡泾村村民委员会	王瑛	1	0.78	0.21	0.07	0.50
38	聂家村灌溉站渠道	蔡泾村村民委员会	王瑛	1	0.74	0.18	0.06	0.50
39	曹沈村灌溉站渠道	蔡泾村村民委员会	王瑛	1	0.62	0.09	0.03	0.50
40	河头湾灌溉站渠道	蔡泾村村民委员会	王瑛	1	0.70	0.15	0.05	0.50
41	杨吴村排涝站渠道	蔡泾村村民委员会	王瑛	1	0.54	0.03	0.01	0.50
42	高家村灌溉站渠道	蔡泾村村民委员会	王瑛	1	0.90	0.30	0.10	0.50
43	刘斗墚灌溉站渠道	蔡泾村村民委员会	王瑛	1	0.66	0.12	0.04	0.50
44	蒯家村灌溉站渠道	蔡泾村村民委员会	王瑛	1	0.90	0.30	0.10	0.50
45	河南站渠道	龙运村村民委员会	徐洪福	1	0.90	0.30	0.10	0.50
46	河南南站渠道	龙运村村民委员会	徐洪福	1	0.90	0.30	0.10	0.50
47	孙家村灌溉站渠道	龙运村村民委员会	徐洪福	1	0.66	0.12	0.04	0.50
48	跃进北站渠道	龙运村村民委员会	徐洪福	1	2.58	1.56	0.52	0.50
49	跃进南站渠道	龙运村村民委员会	徐洪福	1	1.22	0.54	0.18	0.50
50	南庄灌溉站渠道	龙运村村民委员会	徐洪福	1	1.9	0.30	1.10	0.50
51	袁沟西村灌溉站渠道	龙运村村民委员会	徐洪福	1	1.9	0.30	1.10	0.50
52	耿家村东站渠道	龙运村村民委员会	徐洪福	1	0.62	0.09	0.03	0.50

续表5-14

编号	渠（沟）道名称	管理现状			工程养护费用（按年度计，万元）			
		管护责任单位	管护责任人	管护人数	合计	渠道维修费用	渠道养护费用	管护人员工资
53	耿家村菜场站渠道	龙运村村民委员会	徐洪福	1	0.74	0.18	0.06	0.50
54	耿家村西灌溉站渠道	龙运村村民委员会	徐洪福	1	0.70	0.15	0.05	0.50
55	耿家村南站渠道	龙运村村民委员会	徐洪福	0	0.00	0.00	0.00	0.00
56	龙沟口北站渠道	龙运村村民委员会	徐洪福	1	1.10	0.45	0.15	0.50
57	王家村南站渠道	龙运村村民委员会	徐洪福	1	1.50	0.75	0.25	0.50
58	王家村北站渠道	龙运村村民委员会	徐洪福	1	1.10	0.45	0.15	0.50
59	虞家村站渠道	龙运村村民委员会	徐洪福	1	1.10	0.45	0.15	0.50
60	夏店北站渠道	龙运村村民委员会	徐洪福	1	2.50	1.50	0.50	0.50
61	夏店南站渠道	龙运村村民委员会	徐洪福	1	2.30	1.35	0.45	0.50
62	九队北站渠道	龙运村村民委员会	徐洪福	1	1.70	0.90	0.30	0.50
63	九队南站渠道	龙运村村民委员会	徐洪福	1	1.30	0.60	0.20	0.50
64	焦家宕灌溉站渠道	龙运村村民委员会	徐洪福	1	1.90	1.05	0.35	0.50
65	菱塘中心站渠道	龙运村村民委员会	徐洪福	1	1.90	1.05	0.35	0.50
66	夏港河灌溉站渠道	龙运村村民委员会	徐洪福	1	1.50	0.75	0.25	0.50
67	东场北站渠道	龙运村村民委员会	徐洪福	1	1.10	0.45	0.15	0.50
68	闵家村站渠道	龙运村村民委员会	徐洪福	1	1.30	0.60	0.20	0.50
69	寨里南站渠道	龙运村村民委员会	徐洪福	1	1.22	0.54	0.18	0.50
70	寨里北站渠道	南闸村村民委员会	陆惠忠	1	0.98	0.36	0.12	0.50
71	芦场田灌排站渠道	南闸村村民委员会	陆惠忠	1	0.74	0.18	0.06	0.50
72	邵庄站渠道	南闸村村民委员会	陆惠忠	1	0.66	0.12	0.04	0.50
73	果园场站渠道	南闸村村民委员会	陆惠忠	1	0.66	0.12	0.04	0.50

续表5-14

编号	渠（沟）道名称	管理现状			工程养护费用（按年度计，万元）			
		管护责任单位	管护责任人	管护人数	合计	渠道维修费用	渠道养护费用	管护人员工资
74	薛家宕站渠道	南闸村村民委员会	陆惠忠	1	0.82	0.24	0.08	0.50
75	南高站渠道	南闸村村民委员会	陆惠忠	1	1.06	0.42	0.14	0.50
76	东风站渠道	南闸村村民委员会	陆惠忠	1	1.42	0.69	0.23	0.50
77	观音宕站渠道	南闸村村民委员会	陆惠忠	1	0.78	0.21	0.07	0.50
78	璜村电灌站渠道	观山村村民委员会	袁娅华	1	2.61	1.58	0.53	0.50
79	工农路电灌站渠道	观山村村民委员会	袁娅华	1	1.42	0.69	0.23	0.50
80	璜村6队电灌站渠道	观山村村民委员会	袁娅华	1	0.89	0.29	0.10	0.50
81	璜村11队电灌站渠道	观山村村民委员会	袁娅华	1	0.99	0.37	0.12	0.50
82	王氏岸灌溉站渠道	观山村村民委员会	袁娅华	1	0.93	0.32	0.11	0.50
83	王氏岸沟灌溉站渠道	观山村村民委员会	袁娅华	1	3.03	1.90	0.63	0.50
84	上山村电灌站渠道	观山村村民委员会	袁娅华	1	0.90	0.30	0.10	0.50
85	高家村电灌站渠道	观山村村民委员会	袁娅华	1	0.90	0.30	0.10	0.50
86	菊家沟电灌站渠道	观山村村民委员会	袁娅华	1	0.90	0.30	0.10	0.50
87	璜村河西电灌站渠道	观山村村民委员会	袁娅华	1	0.95	0.34	0.11	0.50
88	观山桥电灌站渠道	观山村村民委员会	袁娅华	1	0.78	0.21	0.07	0.50
89	山嘴村河东电灌站渠道	观山村村民委员会	袁娅华	1	0.73	0.17	0.06	0.50
90	园区排涝站渠道	观山村村民委员会	袁娅华	1	2.13	1.22	0.41	0.50
91	观山门电灌站渠道	观山村村民委员会	袁娅华	1	1.05	0.41	0.14	0.50
92	茶岐东站渠道	观西村村民委员会	陆峰华	1	2.13	1.22	0.41	0.50
93	茶岐南站渠道	观西村村民委员会	陆峰华	1	0.70	0.15	0.05	0.50
94	茶岐西站渠道	观西村村民委员会	陆峰华	1	0.70	0.15	0.05	0.50

续表5-14

编号	渠（沟）道名称	管理现状			工程养护费用（按年度计，万元）			
		管护责任单位	管护责任人	管护人数	合计	渠道维修费用	渠道养护费用	管护人员工资
95	西高田站渠道	观西村村民委员会	陆峰华	1	0.65	0.11	0.04	0.50
96	野大场站渠道	观西村村民委员会	陆峰华	0	0.00	0.00	0.00	0.00
97	谢家塘站渠道	观西村村民委员会	陆峰华	1	0.62	0.09	0.03	0.50
98	璜庄排涝站渠道	观西村村民委员会	陆峰华	1	1.02	0.39	0.13	0.50
99	璜庄北站渠道	观西村村民委员会	陆峰华	1	1.02	0.39	0.13	0.50
100	南高田站渠道	观西村村民委员会	陆峰华	1	0.82	0.24	0.08	0.50
101	南高排涝站渠道	观西村村民委员会	陆峰华	1	1.69	0.89	0.30	0.50
102	殳桥南站渠道	观西村村民委员会	陆峰华	1	0.57	0.05	0.02	0.50
103	殳桥西站渠道	观西村村民委员会	陆峰华	1	2.10	1.20	0.40	0.50
104	北焦里站渠道	观西村村民委员会	陆峰华	1	0.70	0.15	0.05	0.50
105	盛家凹站渠道	观西村村民委员会	陆峰华	1	0.82	0.24	0.08	0.50
106	盛家凹小站渠道	观西村村民委员会	陆峰华	1	0.62	0.09	0.03	0.50
107	陶湾站渠道	观西村村民委员会	陆峰华	1	1.26	0.57	0.19	0.50
108	陶湾西站渠道	观西村村民委员会	陆峰华	1	1.18	0.51	0.17	0.50
109	陶湾东站渠道	观西村村民委员会	陆峰华	1	1.70	0.90	0.30	0.50
110	陶湾河东站渠道	观西村村民委员会	陆峰华	1	0.70	0.15	0.05	0.50
111	陶湾河西站渠道	观西村村民委员会	陆峰华	1	1.70	0.90	0.30	0.50
112	高基站渠道	观西村村民委员会	陆峰华	1	1.81	0.98	0.33	0.50
113	南河头站渠道	观西村村民委员会	陆峰华	1	0.53	0.02	0.01	0.50
114	北河头站渠道	观西村村民委员会	陆峰华	1	0.53	0.02	0.01	0.50
115	秦望河南站渠道	观西村村民委员会	陆峰华	1	0.57	0.05	0.02	0.50

续表5-14

编号	渠（沟）道名称	管理现状			工程养护费用（按年度计，万元）			
		管护责任单位	管护责任人	管护人数	合计	渠道维修费用	渠道养护费用	管护人员工资
116	东芦岐站渠道	观西村村民委员会	陆峰华	1	1.94	1.08	0.36	0.50
117	秦望河站渠道	观西村村民委员会	陆峰华	1	1.30	0.60	0.20	0.50
118	张家村站渠道	观西村村民委员会	陆峰华	1	0.78	0.21	0.07	0.50
119	窝尖圩站渠道	观西村村民委员会	陆峰华	1	1.14	0.48	0.16	0.50
120	西芦岐上村站渠道	观西村村民委员会	陆峰华	1	0.66	0.12	0.04	0.50
121	顾家村站渠道	观西村村民委员会	陆峰华	1	0.70	0.15	0.05	0.50
122	张家村北站渠道	观西村村民委员会	陆峰华	1	0.66	0.12	0.04	0.50
123	秦望河北站渠道	观西村村民委员会	陆峰华	1	0.70	0.15	0.05	0.50
124	观西山氿	观西村村民委员会	陆峰华	1	1.09	0.44	0.15	0.50
125	陶湾山氿	观西村村民委员会	陆峰华	1	0.98	0.36	0.12	0.50
126	殳桥山氿	观西村村民委员会	陆峰华	1	0.9	0.30	0.10	0.50
127	东芦岐山氿	观西村村民委员会	陆峰华	1	1.01	0.36	0.15	0.50
128	西芦岐山氿	观西村村民委员会	陆峰华	1	0.74	0.18	0.06	0.50
129	凤凰山山氿	观西村村民委员会	陆峰华	1	0.9	0.30	0.10	0.50
130	东村南站渠道	泗河村村民委员会	曹国洪	1	0.74	0.18	0.06	0.50
131	外湾东站渠道	泗河村村民委员会	曹国洪	1	0.78	0.21	0.07	0.50
132	外湾西站渠道	泗河村村民委员会	曹国洪	1	0.86	0.27	0.09	0.50
133	外湾北站渠道	泗河村村民委员会	曹国洪	1	0.74	0.18	0.06	0.50
134	野山嘴东站渠道	泗河村村民委员会	曹国洪	1	0.78	0.21	0.07	0.50
135	野山嘴西站渠道	泗河村村民委员会	曹国洪	1	0.98	0.36	0.12	0.50
136	野山嘴南站渠道	泗河村村民委员会	曹国洪	1	0.90	0.30	0.10	0.50

续表5-14

编号	渠（沟）道名称	管理现状			工程养护费用（按年度计，万元）			
		管护责任单位	管护责任人	管护人数	合计	渠道维修费用	渠道养护费用	管护人员工资
137	野山嘴北站渠道	泗河村村民委员会	曹国洪	1	0.74	0.18	0.06	0.50
138	陈士岸站渠道	泗河村村民委员会	曹国洪	1	1.10	0.45	0.15	0.50
139	西河南西站渠道	泗河村村民委员会	曹国洪	1	0.66	0.12	0.04	0.50
140	西河南南站渠道	泗河村村民委员会	曹国洪	1	0.74	0.18	0.06	0.50
141	西河南北站渠道	泗河村村民委员会	曹国洪	1	0.66	0.12	0.04	0.50
142	泗河口南站渠道	泗河村村民委员会	曹国洪	1	0.74	0.18	0.06	0.50
143	泗河口北站渠道	泗河村村民委员会	曹国洪	1	0.70	0.15	0.05	0.50
144	焦山站渠道	泗河村村民委员会	曹国洪	1	0.86	0.27	0.09	0.50
145	东河南站渠道	泗河村村民委员会	曹国洪	1	0.82	0.24	0.08	0.50
146	阿垱圩站渠道	泗河村村民委员会	曹国洪	1	1.26	0.57	0.19	0.50
147	花家凹东站渠道	泗河村村民委员会	曹国洪	1	0.66	0.12	0.04	0.50
148	花家凹西站渠道	泗河村村民委员会	曹国洪	1	0.62	0.09	0.03	0.50
149	石岐里西站渠道	泗河村村民委员会	曹国洪	1	1.10	0.45	0.15	0.50
150	孟岸电站渠道	泗河村村民委员会	曹国洪	1	1.14	0.48	0.16	0.50
151	河屯基站渠道	泗河村村民委员会	曹国洪	1	1.02	0.39	0.13	0.50
152	陈家门站渠道	泗河村村民委员会	曹国洪	1	1.02	0.39	0.13	0.50
153	孟岸东站渠道	泗河村村民委员会	曹国洪	1	1.06	0.42	0.14	0.50
154	石岐里东站渠道	泗河村村民委员会	曹国洪	1	0.66	0.12	0.04	0.50
155	周家村山河	泗河村村民委员会	曹国洪	1	0.82	0.24	0.08	0.50
156	里湾山河	泗河村村民委员会	曹国洪	1	0.74	0.18	0.06	0.50
157	合　计			10	166.28	66.07	23.71	76.5

第二节 农田排灌

　　长期以来，农田排灌主要靠人力、畜力水车。中华人民共和国成立后，大力发展机械灌溉，灌溉用的渠道工程开始兴建。1954年，大面积使用机器灌溉排涝，水库使用逐步减少。1962年，新庄、曙光、花果3个大队建立第一批电灌站。20世纪60年代末，电灌站普及全公社，水车基本停用。1988年，全镇有电灌站67座、电力排涝站15座、柴油机排涝站8座，100%使用机电排灌。

一、人、畜力灌溉

　　水车是用人力或畜力灌溉的工具，其历史悠久。水车由车轴、车厢和斗板组成。人力水车的车轴有4人和6人两种。车厢长度以斗板张数计算，一般有11、13、15、17、19、21、23张等多种，南闸地区大多用15张以上的水车。斗板由车插钮、车链连接，用以提水。牛车要加上墩芯、盘面。一部人力车日灌溉面积3—5亩，一部牛车日灌溉面积7—8亩。遇到天旱，内塘水源不足，就要从外河翻水，塘翻塘，沟翻沟，翻了几度才能上水到田里。地势较高的花果、观东、灯塔、观西、泗河、观山等大队最多的要翻到3度到5度才能上水。1951年，南闸全乡有人力车515部，牛车523部，灌溉面积占灌溉总面积的95%。1964年，灌溉面积占灌溉总面积的20%。20世纪60年代末，普及农用小水泵，水车停止使用。

二、机电灌溉

　　1936年，有了内燃机动力的戽水机船。1948年，戽水机船陆续增多。1951年，南闸地区有流动戽水机船3只。戽水机船跨境戽水，并不局限于南闸地区，境外峭岐、月城、焦溪的戽水机船也到南闸境内戽水。1954年，戽水机船增加到5只。1962年春，新庄、曙光、花果3个大队建造第一批电灌站，总投资7.5万元，其中县补助4.7万元。电灌站面积4392亩，占全社水田总面积的12.5%。1965年，发展电力灌溉，大力兴建电灌站，建造了蔡东站、蔡西站、观东东风站、灯塔西站、茶岐站。到1988年，全镇有电力灌溉站67座，灌溉面积2.65万亩；有电力排涝站15座。2014年，南闸有电灌站134座、排涝站53座、灌排结合两用站15座。

1988年南闸镇机电灌站情况一览

表5-15

村 名	站 名	建站年份	变压器（千伏安）	电动机		柴油机		水 泵		排灌面积（亩）
				台	千瓦	台	匹	台	英寸	
花果	中村排涝站	1974	—	1	22			1	12	300
	谭家村排涝站	1973	50	1	40			1	苏四	508
	南谭村站	1975	100	1	20			1	12	240
	花果东站	1985	100	2	44			2	24	660
	申家浜站	1978	—	1	22			1	12	425
	中村站	1972	30	1	13			1	10	140
谢南	谢南排涝站	1982	—			1	25	1	12	250
	丁家塘站	1979	50	1	17			1	10	230
	谢南北站	1972	50	1	28			1	14	520
	谢南南站	1976	50	1	22			1	12	490

续表5-15

村 名	站 名	建站年份	变压器（千伏安）	电动机		柴油机		水 泵		排灌面积（亩）
				台	千瓦	台	匹	台	英寸	
施元	施元站	1973	75	1	22	—	—	1	14	365
	王庄村站	1973	50	1	22	—	—	1	12	360
	花山河站	1982	—	1	22	—	—	1	10	180
	缪家村站	1981	50	1	22	—	—	1	12	432
曙光	灰罗圩站	1966	80	1	14	—	—	1	14	850
	徐家村东站	1979	100	1	22	—	—	1	12	380
	徐家村西站	1974	—	1	17	—	—	1	10	340
	曙光排涝站	1981	—	—	—	1	45	1	苏四	2000
	曙光灌排站	1981	—	1	13	—	—	1	10	120
	曙光站	1962	100	1	45	—	—	1	20	500
马泾	鲤鱼塘排涝站	1974	—	—	—	1	45	1	18	1050
	鲤鱼塘站	1971	50	1	28	—	—	1	20	200
	朱家村站	1966	50	1	28	—	—	1	14	804
新庄	新庄站	1962	100	1	45	—	—	1	18	742
	新庄排涝站	1978	—	—	—	1	45	1	苏四	596
	石家塘站	1979	50	1	22	—	—	1	12	250
	前新庄站	1976	50	1	22	—	—	1	12	602
涂镇	木石斗站	1971	50	1	22	—	—	1	12	650
	梅家弄站	1974	—	1	22	—	—	1	12	270
	涂镇排涝站	1984	80	1	45	—	—	1	32	1000
南新	南新站	1978	100	2	39	—	—	2	24	550
	南新排涝站	1986	—	1	37	—	—	1	32	935
泾西	泾西排涝站	1978	—	—	—	1	100	1	苏二	1936
	泾西站	1971	200	1	28	—	—	1	20	1070
南闸	许家村站	1977	—	1	22	—	—	1	12	200
	寨里站	1973	100	1	28	—	—	1	20	1000
	南闸排涝站	1978	100	1	45	—	—	1	苏四	2050
南运	南运北站	1979	—	1	22	—	—	1	12	168
	南运站	1971	75	1	28	—	—	1	20	480
龙游	龙游北站	1980	50	1	22	—	—	1	12	170
	龙游站	1976	50	1	22	—	—	1	10	140
蔡东	蔡东站	1965	50	1	28	—	—	1	20	1236
	蔡东南站	1979	—	1	14	—	—	1	20	170
	蔡东排涝站	1987	—	1	37	—	—	1	32	1236
蔡西	蔡西站	1965	50	1	30	—	—	1	14	545
菱塘	菱塘西站	1976	50	1	17	—	—	1	10	190
	菱塘东站	1969	50	1	28	—	—	1	20	340
	菱塘南站	1982	—	1	13	—	—	1	10	210

续表5-15

村　名	站　　名	建站年份	变压器（千伏安）	电动机		柴油机		水　泵		排灌面积（亩）
				台	千瓦	台	匹	台	英寸	
跃进	南庄站	1978	50	1	13	—	—	1	10	125
	跃进排涝站	1977	—	1	45	—	—	1	苏四	945
	跃进南站	1977	80	1	30	—	—	1	14	540
	跃进北站	1971	100	1	28	—	—	1	20	700
观山	观山北站	1973	—	1	22	—	—	1	12	600
	观山南站	1973	75	1	22	—	—	1	14	600
璜村	龙墩庵站	1980	100	1	55	—	—	1	8	650
	璜村机站	1979	—	—	—	1	25	1	12	320
	璜村北站	1983	—	1	17	—	—	1	10	50
	璜村西站	1977	100	1	13	—	—	1	10	135
	璜村站	1976	50	1	22	—	—	1	12	400
观东	观东排涝站	1978	80	1	37	—	—	1	苏四	1013
	东风站	1965	100	1	45	—	—	1	20	775
	邵庄站	1978	50	1	22	—	—	1	12	380
灯塔	黄庄排涝站	1984	80	1	22	—	—	1	12	300
	茶岐排涝站	1986	—	1	22	—	—	1	14	813
	叟桥排涝站	1982	—	—	—	1	25	1	12	182
	叟桥站	1968	50	1	17	—	—	1	10	250
	茶岐西站	1977	—	1	22	—	—	1	14	450
	灯塔西站	1965	100	1	13	—	—	1	10	140
	茶岐东站	1985	75	1	22	—	—	1	12	200
	南高站	1968	—	1	13	—	—	1	10	150
	黄庄站	1973	50	1	22	—	—	1	12	448
	茶岐站	1965	50	1	20	—	—	1	12	500

2010年南闸灌溉泵站情况一览

表5-16

村名	站　名	建造/改造时间	受益面积（亩）	电机设备		水泵设备
				型　　号	台/千瓦	型号/台
花果	中村灌溉站	1972	120	Y160M-4	1/22	12HB-40/1
	坎家村站	1982	150	Y160M-4	1/18.5	10HB-40/1
	申家浜站	1985	280	Y250M-6	1/30	14HBC-40/1
	南谭北站	1975	180	J02-72-4	1/22	12HBC-40/1
	吴家埭站	1981	250	J02-72-4	1/22	12HB-40/1
谢南	谢南南站	1976	280	Y250M-6	1/28	14HB-40/1
	谢南新站	2006	300	Y180L-4	1/30	350HW-8S/1
	施元花山河站	1996	200	J02-72-4	1/22	12HB-40/1
曙光	曙光花山河站	2010	250	Y250M-6	1/30	14HB-40/1

续表5-16

村名	站 名	建造/改造时间	受益面积（亩）	电机设备		水泵设备
				型 号	台/千瓦	型号/台
曙光	徐家村新站	2004	120	J02-72-4	1/22	12HB-30/1
	申家浜站	1979	350	Y250M-6	1/22	14HB-40/1
	冯泾河站	1975	800	Y315M-10	1/37	20ZLB/1
	油车河站	1964	250	Y250M-6	1/30	14HB-40/1
	鲤鱼塘灌溉站	2009	200	J02-72-4	1/22	12HB-40/1
	马泾桥排涝站	1981	100	Y160M-4	1/13	10HB/1
涂镇	新庄东站	1956	300	Y250M-6	1/30	14HB-40/1
	新庄电灌站	1962	450	YZ00L	1/37	16HB-40/1
	石家塘站	1979	150	J02-72-4	1/30	12HB-40/1
南闸	寨里北站	1965	100	J02-72-4	1/22	12HB-40/1
	寨里南站	1965	550	YZ00L	1/37	16HB-40/1
	邵庄站	1973	280	J02-72-4	1/22	12HB-40/1
	东风站	1965	650	Y315M-10	1/45	20ZLB/1
龙运	河南南站	2007	140	J02-72-4	1/22	12HB-40/1
	跃进北站	1971	320	Y315M-10	1/45	20ZLB/1
	夏店南站	1976	230	Y160M-4	1/15	10HB-40/1
	夏店北站	1980	150	J02-72-4	1/30	12HB-40/1
	王家村站	2005	150	Y160M-4	1/15	10HB-30/1
	焦家岩站	1989	180	Y160M-4	1/15	10HB-30/1
	菱塘西站	1976	180	Y160M-4	1/15	10HB-30/1
	菱塘中心站	2006	350	YZ00L	1/37	16HB-40/1
蔡泾	蔡东站	1967	100	Y315M-10	1/28	20ZLB/1
	蔡东1号桥站	1979	70	Y160M-4	1/17	10HB-30/1
	花家村站	1986	300	J02-72-4	1/22	12HB/1
蔡泾	聂家村站	1978	150	Y160M-4	1/17	10HB/1
	八房村站	1979	120	Y160M-4	1/17	10HB/1
	王家村站	1988	200	J02-72-4	1/22	12HB/1
观山	璜村南站	1993	220	J02-72-4	1/22	12HB-40/1
	莆池头	1973	90	Y160M-4	1/18.5	10HB-30/1
	工农河站	1978	110	Y160M-4	1/15	10HB-30/1
	王氏岸站	1977	300	Y250M-6	1/30	14HB-40/1
	冶铸厂站	1986	250	Y160M-4	1/18.5	10HB-30/1
	夏港河东站	1976	120	Y160M-4	1/15	10HB-30/1
观西	璜庄站	1973	220	J02-72-4	1/22	12HB-40/1
	茶岐南站	1965	300	J02-72-4	1/22	12HB-40/1
	茶岐东站	1979	280	Y160M-4	1/17	10HB-30/1
	茶岐西站	1965	150	Y160M-4	1/17	10HB-30/1

续表5-16

村名	站 名	建造/改造时间	受益面积（亩）	电机设备		水泵设备
				型 号	台/千瓦	型号/台
观西	南高田站	1975	180	Y160M-4	1/17	10HB-30/1
	北焦里站	1983	160	Y160M-4	1/15	10HB-30/1
	殳桥南站	1968	130	J02-72-4	1/22	12HB-40/1
	西高田站	1976	140	Y160M-4	1/13	10HB-30/1
	东芦岐站	1968	150	Y250M-6	1/30	14HB-40/1
	高基站	1978	180	J02-72-4	1/22	12HB-40/1
	窝尖圩站	1991	220	J02-72-4	1/22	12HB-40/1
	观西站	1977	300	Y250M-6	1/30	14HB-40/1
	陶湾站	1974	300	J02-72-4	1/22	12HB-40/1
	陶湾南站	1995	250	J02-72-4	1/22	12HB-40/1
泗河	外湾西站	1973	220	Y160L-4	1/17	10ZLB/1
	陶家村站	1970	380	Y250M-6	1/22	14HB-40/1
	花家凹东站	1997	150	J02-72-4	1/22	12HB-40/1
	花家凹西站	1995	180	J02-72-4	1/17	12HB-40/1
	东河南站	1972	180	J02-72-4	1/22	12HB-40/1
	孟岸圩站	1977	220	J02-72-4	1/22	12HB-40/1
	孟岸东站	1973	320	J02-72-4	1/22	12HB-40/1
	外湾东站	1973	300	J02-72-4	1/22	12HB-40/1

南闸2015年排灌泵站情况一览

表5-17

所属行政村	基本情况							管理现状		动力费（万元）
	泵站名称	建设/改造年份	水泵型号	总功率（千瓦）	泵站类型	机组台数/装机容量	泵站设计量（立方米/秒）	管护责任单位	管护人数	
花果	知青东站	1991	—	—	灌溉	5.5	150	花果村村民委员会	1	—
	知青西站	1991	—	—	灌溉	22	200		1	—
	吴家埭北站	2001	—	—	灌溉	22	300		1	—
	花山河一号桥站	1991	—	—	灌溉	5.5	150		1	—
	花山河二号桥站	1991	—	—	灌溉	5.5	150		1	—
	吴家埭东站	2012	—	—	灌溉	22	300		1	—
	魏家村排涝站	—	—	—	—	—	—		1	—
	沈家浜站	—	—	—	—	—	—		1	—
	曲立站	—	—	—	—	—	—		1	—
	南潭南站	—	—	—	—	—	—		1	—
	花果排涝站	—	—	—	—	—	—		1	—
	南潭西站	—	—	—	—	—	—		1	—
	南潭北站	—	—	—	—	—	—		1	—
	坎家村站	—	—	—	—	—	—		1	—
	中村北站	—	—	—	—	—	—		1	—

续表5-17

所属行政村	泵站名称	建设/改造年份	水泵型号	总功率（千瓦）	泵站类型	机组台数/装机容量	泵站设计量（立方米/秒）	管护责任单位	管护人数	动力费（万元）
	中村排涝站	—	—	—	—	—	—	—	1	—
谢南	缪介村站	1983	—	—	灌溉	14寸	—	谢南村村民委员会	1	—
	紫金排涝站	2009	—	—	排涝	4/12寸	—		1	—
	向阳河排涝站	2013	700ZLB	160	排涝	700×2	—		1	—
	金三角排涝站	2014	—	—	灌溉	600×2	—		1	—
	谢南南站	1998	—	—	灌溉	14寸	—		1	—
	苏家村站	1985	—	—	灌溉	10寸	—		1	—
	谢南北站	1983	—	—	灌溉	6寸	—		1	—
	谢南北排涝站	1983	—	—	排涝	12寸	—		1	—
	谢南新灌溉站	2009	—	—	灌溉	12寸	—		1	—
	刘芳村灌排站	2014	700ZLB	22	灌溉	12寸	—		1	—
曙光	外湾排涝站	2004	500ZLB	45	排涝	45	500	曙光村村民委员会	1	—
	灰罗圩排涝站	1997	500ZLB	45	排涝	45	500		1	—
	油车河灌排站	1975	—	—	排涝	28	350		1	—
	大洪池灌溉站	1992	—	—	灌溉	5.5	150		1	—
	祥西灌溉站	1988	—	—	灌溉	5.5	150		1	—
	工字河灌溉站	1992	—	—	灌溉	7.7	200		1	—
	马泾河排灌站	1975	苏四	37	排涝	55/15	苏二250		1	—
	徐家村灌溉站	2002	—	—	灌溉	22	300		1	—
	花山河灌溉站	2007	—	—	灌溉	—	ZLB350		1	—
	鲤鱼塘灌排站	2010	700ZLB	80	结合	—	700 300		1	—
	西七亩排涝站	2011	600ZLB	55	排涝	45	500		1	—
	焦家村灌溉站	1991	—	—	灌溉	5.5	150		1	—
	朱家村灌溉站	2004	—	—	灌溉	22	300		1	—
	上下村灌溉站	2001	—	—	灌溉	15	250		1	—
南新	老市河换水站	2003	—	—	结合	75	苏四	南新村村民委员会	1	—
	南新排涝站	2008	800ZLB	95	排涝	22/32	300 800		1	—
镇区	丰收河排涝站	2010	700ZLB×2	160	排涝	80×2	700×2	街道办事处	1	—
	污水提升泵站	3004	800ZLB	190	排涝	45	500		1	—
	澎洞河排涝站	2012	800ZLB×3	285	排涝	95/80×2	800/700×2		1	—
涂镇	任前头排涝站	2008	—	—	排涝	55	600	涂镇村村民委员会	1	—
	石家塘站	1991	—	—	灌溉	22	300		1	—
	新庄新站	2004	600ZLB	55	灌溉	37	400		1	—
	新庄东站	1993	—	—	灌溉	30	350		1	—
蔡泾	宋家村灌溉站	2008	—	—	灌溉	20寸	—	蔡泾村村民委员会	1	2.5
	蔡东一号桥灌溉站	2011	—	—	灌溉	12寸	—		1	0.3
	蔡东排涝站	2012	800ZLB	80	排涝	30寸	—		1	2
	蒋家沟排涝站	2009	600ZLB	80	排涝	20寸	—		1	1
	花家村排涝站	1991	300HB	22	排涝	12寸	—		1	0.6
	蔡西排涝站	2012	800ZLB	80	排涝	34寸	—		1	2.5
	黄家村灌溉站	1976	—	—	灌溉	16寸	—		1	0.6

续表5-17

| 所属行政村 | 基本情况 | | | | | | | 管理现状 | | 动力费（万元） |
	泵站名称	建设/改造年份	水泵型号	总功率（千瓦）	泵站类型	机组台数/装机容量	泵站设计量（立方米/秒）	管护责任单位	管护人数	
蔡泾	八房桥灌溉站	2003	—	—	灌溉	14寸	—	蔡泾村村民委员会	1	0.2
	聂家村灌溉站	1985	—	—	灌溉	12寸	—		1	0.15
	曹沈村排涝站	2010	—	—	排涝	14寸	—		1	0.25
	曹沈村灌溉站	1976	—	—	灌溉	6寸	—		1	0.3
	河头湾灌溉站	2012	—	—	灌溉	6寸	—		1	0.3
	泾西排涝站	2014	苏二	75	灌溉	—	—		1	3.5
	杨吴村排涝站	1988	400HB-40	37	灌溉	400	—		1	0.8
	高家村灌溉站	2011	—	—	灌溉	—	—		1	0.25
	刘斗埭灌溉站	1988	—	—	灌溉	8寸	—		1	0.3
	鬲家村灌溉站	1983	—	—	灌溉	8寸	—		1	0.1
龙运	河南站	1986	500ZLB	45	灌排	22	ZLB350	龙运村村民委员会	1	0.8
	河南南站	2008	—	—	—	22	300		1	0.3
	蔬菜基地排涝站	2012	350ZLB×2	44	排涝	22×2	ZLB350×2		1	0.6
	孙家村排涝站	2007	300HB	22	排涝	22	300		1	0.3
	孙家村灌溉站	1994	—	—	灌溉	5.5	150		1	0.1
	跃进北站	2011	—	—	灌溉	55	600		1	1
	跃进南站	2012	600ZLB	45	结合	55 22	600 300		1	1
	南庄灌溉站	1986	—	—	灌溉	5.5	150		1	0.1
	袁沟西村灌溉站	1986	—	—	灌溉	5.5	150		1	0.1
	耿家村东站	1986	—	—	灌溉	5.5	150		1	0.2
	耿家村排涝站	2013	—	—	排涝	80×2	700×2		1	2
	耿家村菜场站	1986	—	—	灌溉	5.5	150		1	0.2
	耿家村西灌溉站	1986	—	—	灌溉	5.5	150		1	0.2
	耿家村南站	1991	—	—	灌溉	13	ZLB250		1	—
	龙沟口北站	2011	—	—	灌溉	5.5	150		1	0.2
	龙沟口排涝站	2013	—	—	排涝	22	300		1	0.5
	王家村南站	2012	—	—	灌溉	22	300		1	0.3
	王家村排涝站	2009	500ZLB	45	排涝	45	500		1	1
	王家村北站	2011	—	—	灌溉	5.5	150		1	0.3
	虞家村站	1985	—	—	灌溉	5.5	150		1	0.3
	夏店北站	1985	—	—	灌溉	28	350		1	0.3
	夏店南站	1985	—	—	灌溉	22	300		1	0.3
	九队北站	2011	—	—	灌溉	5.5	150		1	0.3
	九队南站	2011	—	—	灌溉	5.5	150		1	0.3
	菱塘排涝站	1983	800ZLB	80	排涝	95	800		1	1
	焦家宕灌溉站	1984	—	—	灌溉	18.5	250		1	0.3
	菱塘中心站	2008	—	—	灌溉	37	400		1	0.5
	夏港河灌溉站	2013	—	—	灌溉	22	300		1	0.3
	东厂北站	1983	—	—	灌溉	5.5	150		1	0.3
	闵家村站	1984	—	—	灌溉	5.5	150		1	0.3
	食用菌排涝站	2014	—	—	排涝	22	300		1	0.5
	南闸排涝站	1979	苏四	45	排涝	45	苏二	—	1	—

续表5-17

所属行政村	基本情况							管理现状		动力费（万元）
	泵站名称	建设/改造年份	水泵型号	总功率（千瓦）	泵站类型	机组台数/装机容量	泵站设计量（立方米/秒）	管护责任单位	管护人数	
南闸	唐家村排涝站	2004	苏二	75	排涝	75	苏四	南闸村村民委员会	1	0.72
	寨里南站	1979	—	—	灌溉	37	400		1	0.57
	寨里北站	1981	—	—	灌溉	22	300		1	—
	芦场田灌排站	1982	—	—	结合	13	200		1	—
	邵庄灌排站	1982	—		结合	22	300		1	0.34
	果园场排涝站	1986			结合	13	200		1	—
	观东排涝站	2013	800ZLB	160	排涝	80×2	700×2		1	0.76
	薛家宕	1983	—	—	灌溉	5.5	150		1	0.06
	南高站	1983	—	—	灌溉	13	200		1	0.02
	东风站	1979	—	—	灌溉	45	500		1	0.76
	观音宕站	1983	—	—	灌溉	5.5	150		1	
观山	璜村中心站	1993	24ZLB	45	灌溉	12寸	—	观山村村民委员会	1	
	工农路电灌站	2011	300HB	22	灌溉	10寸	—		1	—
	璜村杨沟河排涝站	2014	350ZLB	22	排涝	12寸	—		1	
	璜村6队电灌站	2013	—	—	灌溉	10寸	—		1	
	璜村6队排涝站	2015	—	—	排涝	24寸	—		1	
	璜村11队电灌站	2014	—	—	灌溉	6寸	—		1	
观山	麟家沟排涝站	1992	—	—	排涝	12寸	—	观山村村民委员会	1	
	王氏岸灌溉站	2014	—	—	灌排	12寸	—		1	
	王氏岸沟电灌站	2012	—	—	灌溉	14寸	—		1	
	陆家巷排涝站	2013	—	—	排涝	12寸	—		1	
	上山村电灌站	2005	—	—	灌溉	6寸	—		1	
	高家村电灌站	2013	—	—	灌溉	8寸	—		1	
	菊介沟电灌站	2004	—	—	灌溉	10寸	—		1	
	璜村河西电灌站	2014	—	—	灌溉	8寸	—		1	
	观山桥电灌站	2011	—	—	灌溉	6寸	—		1	
	山嘴村排涝站	2014	32ZLB	160	排涝	32寸2只	—		1	
	山嘴村河东电灌站	2013	—	—	灌溉	6寸	—		1	
	园区排涝站	2013	—	—	排涝	22寸	—		1	
	园区排涝站	1992	—	—	排涝	22寸	—		1	
	观山门电灌站	2003	—	—	灌溉	10寸	—		1	0.4
观西	灯塔东站	2011	—	—	排涝	37	400	观西村村民委员会	1	0.3
	茶岐东站	1970	400HB	37	灌溉	28	350		1	0.3
	茶岐南站	1970	—	—	灌溉	22	300		1	0.3
	茶岐西排涝站	1978	—	—	排涝	45	500		1	0.5
	茶岐西站	1970	600ZLB	45	灌溉	22	300		1	0.2
	西高田站	1993	—	—	灌溉	13	250		1	—
	野大场站	1988	—	—	结合	13	250		1	0.25
	谢家塘站	1993	—	—	灌溉	11	200		1	
	璜庄排涝站	2013	—	—	排涝	18.5 45	250 500		1	
	璜庄北站	2014	—	—	灌溉	22	300		1	
	南高田站	1987	—	—	排涝	18.5	250		1	

续表5-17

所属行政村	基本情况							管理现状		动力费（万元）
	泵站名称	建设/改造年份	水泵型号	总功率（千瓦）	泵站类型	机组台数/装机容量	泵站设计量（立方米/秒）	管护责任单位	管护人数	
观西	南高排涝站	1990	400HB-40	30	排涝	30	400	观西村村民委员会	1	—
	殳桥排涝站	1993	16HBC-40	30	排涝	28 5.5	350 150		1	—
	殳桥南站	1970	—	—	灌溉	22	300		1	—
	殳桥西站	2013	—	—	灌溉	13	200		1	—
	陈水田排涝站	1970	—	—	排涝	5.5	150		1	—
	北焦里站	1993	—	—	灌溉	7.5	250		1	—
	盛家凹排涝站	1998	—	—	排涝	18.5	250		1	—
	盛家凹站	1970	—	—	灌溉	13	200		1	—
	盛家凹小站	1975	—	—	灌溉	5.5	150		1	—
	陶湾站	2004	—	—	灌溉	22	300		1	—
	陶湾西站	1994	—	—	灌溉	22	300		1	—
	陶湾东站	1994	—	—	灌溉	5.5	150		1	—
	陶湾河东站	1994	—	—	灌溉	11	200		1	—
	陶湾河西站	1994	—	—	灌溉	11	200		1	—
	高基站	2012	—	—	灌溉	22	300		1	—
	南河头站	1995	—	—	结合	22	300		1	—
	北河头站	2013	400HB	37	排涝	37	400		1	—
	秦望河南站	1995	—	—	灌溉	5.5	150		1	—
	东芦岐站	2000	—	—	灌溉	30	350		1	—
	秦望河站	1995	—	—	灌溉	11	200		1	—
	观西排涝站	1986	800ZLB	45	排涝	55	800		1	—
	顾家村排涝站	2005	350ZLB	22	排涝	22	350		1	—
	张家村站	1983	—	—	灌溉	18.5	250		1	—
	窝尖圩站	1976	—	—	灌溉	13 22	200 300		1	—
	西芦岐上村站	1985	—	—	灌溉	5.5	150		1	—
	顾家村站	1985	—	—	灌溉	5.5	150		1	—
	张家村北站	1985	—	—	灌溉	5.5	150		1	800
泗河	东村南站	2013	—	—	灌溉	11	8	泗河村村民委员会	1	—
	外湾排涝站	2010	600ZLB	55	排涝	55	45		1	—
	外湾东站	2013	—	—	灌溉	11	8		1	—
	外湾西站	1999	—	—	结合	7.5/18.5	10		1	—
	外湾北站	2013	—	—	灌溉	22	12		1	—
	野山嘴排涝站	2010	—	—	排涝	55	24		1	—
	白杨河排涝站	2013	600ZLB	55	排涝	55	24		1	—
	野山嘴东站	1986	—	—	灌溉	13	8		1	—
	野山嘴西站	1986	—	—	灌溉	7.5	6		1	—
	野山嘴南站	2015	—	—	灌溉	11	8		1	—
	野山嘴北站	1986	—	—	灌溉	11	8		1	5179
	陈士岸站	2012	—	—	结合	55	24		1	—
	西河南西站	1975	—	—	灌溉	11	8		1	—
	西河南南站	1975	—	—	灌溉	11	8		1	—
	西河南北站	1986	—	—	灌溉	7.5	6		1	—

续表5-17

所属行政村	基本情况							管理现状		动力费（万元）
	泵站名称	建设/改造年份	水泵型号	总功率（千瓦）	泵站类型	机组台数/装机容量	泵站设计量（立方米/秒）	管护责任单位	管护人数	
泗河	泗河口南站	1975	—	—	灌溉	5.5	6	泗河村村民委员会	1	—
	泗河口北站	1986	—	—	灌溉	11	8		1	5563
	焦山排涝站	1997	600ZLB	55	排涝	55	24		1	—
	焦山站	1997	—	—	灌溉	5.5	6		1	—
	东河南站	1986	—	—	灌溉	22	12		1	4215
	阿圩圩站	2010	—	—	结合	55	24		1	473
	花家凹东站	1986	—	—	灌溉	22	12		1	
	花家凹西站	1986	—	—	灌溉	22	12		1	5627
	孟岸南排涝站	2001	800ZLB	95	排涝	95	32		1	
	石岐里西站	1986	—	—	灌溉	5.5	6		1	
	孟岸电站	2010	—	—	灌溉	22	12		1	
	河屯基站	2015	—	—	结合	37	16		1	
	陈家门站	2015	—	—	灌溉	22	12		1	
	孟岸东站	2001	—	—	灌溉	22	12		1	
	石岐里东站	1986	—	—	灌溉	5.5	6		1	

第三节　农村桥梁建设

一、农桥改造

南闸境内河道密布，桥梁众多，造型各异，颇有时代特色。中华人民共和国成立前，有近百座农桥，以木桥、石桥、石拱桥为主，仅供人通行。中华人民共和国成立后，桥梁修建被列入政府议事日程。20世纪50年代建设的农桥一般为木制结构，60年代逐步向砖石砼结构发展，新建了较多的无肋坪工桥。70年代，随着农田基本建设和农业机械化的迅速发展，农村手扶拖拉机和机动船剧增，农桥大部分采用双曲拱桥。80年代，随着乡镇工业的发展，农村汽车、中型拖拉机的增多，农桥多采用桥面宽4米，或在荷载汽5—7的有肋单波双曲栱中施加宽桥面。1964—1984年，新建桥梁182座，改建桥梁15座。1988年，全镇有大小桥梁262座，其中公路桥21座、石级拱形桥2座。1988—2000年，镇村两级筹集资金850万元，改建桥梁25座。2001—2010年，镇村共投资1026.6万元，新建和改建桥梁52座。

2001—2010年南闸农村桥梁建设情况一览

表5-18

年　份	桥　名	所在村	所在河道	建设类型	荷载等级	桥面尺寸（米）	结构类型	投资（万元）
2001	永兴桥	镇区	花山河	新建	汽-20	26×12	桁架桥	25.0
	东盟桥	观山	跃进河	新建	汽-20	12×20	平板桥	18.0
2002	观西桥	观西	黄昌河	改建	汽-15	40×6	平板桥	32.0
2003	红心桥	泗河	黄家河	改建	汽-15	20×6	平板桥	20.0
	观矿桥	泗河	黄昌河	改建	汽-15	32×4.5	桁架桥	16.5
	老市河桥	南新	老市河	改建	汽-15	10×4.5	平板桥	6.0
2004	秦望桥	观西	秦望河	改建	汽-20	36×6	平板桥	30.0
	建材桥	龙运	跃进河	新建	汽-20	36×4.5	平板桥	28.0

续表5-18

年 份	桥 名	所在村	所在河道	建设类型	荷载等级	桥面尺寸（米）	结构类型	投资（万元）
2004	南闸中心桥	南闸	跃进河	改建	汽-20	15×7	平板桥	15.0
	龙游桥	龙运	龙游河	改建	汽-20	10×6	平板桥	8.0
	馒头村桥	龙运	跃进河	改建	汽-15	15×3	平板桥	10.0
	梅阿里桥	龙运	跃进河	改建	汽-15	15×4.5	平板桥	12.0
	南庄桥	龙运	跃进河	改建	汽-15	15×4.5	平板桥	12.0
	蔡西桥	蔡泾	工农河	改建	汽-20	15×7	平板桥	16.8
	黄昌河3号桥	南闸	黄昌河	改建	汽-20	40×6	平板桥	45.0
	夏店桥	龙运	工农河	新建	汽-15	15×4.5	平板桥	13.0
2005	蔡东中心桥	蔡泾	工农河	改建	汽-20	14×8	平板桥	14.5
	璜村1号桥	观山	跃进河	改建	汽-15	15×4.5	平板桥	11.5
	璜村2号桥	观山	跃进河	改建	汽-15	15×4.5	平板桥	11.5
	山嘴村	观山	工农河	改建	汽-15	20×4.5	平板桥	14.5
	孟岸中心河1号桥	泗河	中心河	改建	汽-15	6×6	平板桥	6.0
	孟岸中心河2号桥	泗河	中心河	改建	汽-15	6×6	平板桥	6.0
	南高桥	观西	南高河	改建	汽-15	6×4.5	平板桥	5.0
	泗河口桥	泗河	黄昌河	改建	汽-20	40×7	平板桥	48.0
	后城桥	曙光	后成河	改建	汽-10	10×3.5	平板桥	7.0
2006	璜村3号桥	观山	跃进河	改建	汽-15	15×4.5	平板桥	12.5
	新庄桥	涂镇	摇浜河	改建	汽-15	15×4.5	平板桥	12.5
	任前头桥	涂镇	新庄排水河	改建	汽-15	15×4.5	平板桥	12.5
	蔡东2号桥	蔡泾	工农河	改建	汽-15	18×4.5	平板桥	15.0
	龙游2号桥	龙运	龙游河	改建	汽-15	15×4.5	平板桥	12.0
	东常桥	龙运	林塘中心河	改建	汽-15	15×4.5	平板桥	12.0
	林塘1号桥	龙运	林塘中心河	改建	汽-15	15×4.5	平板桥	12.0
	龙沟口桥	龙运	工农河	改建	汽-15	18×4.5	平板桥	14.5
2007	蔡东1号桥	蔡泾	工农河	改建	汽-15	18×4.5	平板桥	14.5
	蔡东3号桥	蔡泾	工农河	改建	汽-15	18×4.5	平板桥	14.5
	林塘2号桥	龙运	林塘中心河	改建	汽-15	15×4.5	平板桥	11.5
	龙游九队桥	龙运	工农河	改建	汽-15	18×4.5	平板桥	15.0
	璜村3号桥	观山	跃进河	改建	汽-15	15×4.5	平板桥	12.5
	璜村4号桥	观山	跃进河	改建	汽-15	15×4.5	平板桥	12.5
	白玉桥	镇区	向阳河	改建	汽-20	12×12	平板桥	28.0
	跃进3号桥	龙运	跃进河	改建	汽-10	18×3.5	双曲桥	10.8
	寨里桥	南闸	南闸中心河	改建	汽-20	16×6	平板桥	18.5
	夏港河桥	观山	夏港河	改建	汽-20	40×7	平板桥	58.0
	山嘴西桥	观山	长沟河	改建	汽-15	12×7	平板桥	12.5
	水产场桥	龙运	跃进河	改建	汽-15	15×4.5	平板桥	13.5
2008	袁落村桥	蔡泾	蔡东中心河	改建	汽-15	12×4.5	平板桥	12.0
	丰收桥	南闸	丰产河	改建	汽-20	10×6	平板桥	12.0

续表5-18

年 份	桥 名	所在村	所在河道	建设类型	荷载等级	桥面尺寸（米）	结构类型	投资（万元）
2008	龙游1号桥	龙运	龙游河	改建	汽-15	15×4.5	平板桥	13.5
	焦家宕桥	观山	工农河	改建	汽-20	20×7	平板桥	28.0
2009	璜村1号桥	观山	穿山河	改建	汽-15	10×4.5	平板桥	15.0
	璜村2号桥	观山	穿山河	改建	汽-15	10×2.8	平板桥	10.0
2010	蔡泾闸桥	—	工农河	改建	汽-20	25×18	平板桥	180.0

第四章 河道管理

第一节 村级河道管理

1960年以后，随着乡、村河道建设的发展，逐步形成乡管乡河、村管村河的三级河道管理网，各自负责分管河道的疏浚、维护和使用，管理推广分级负担、分级筹资。1991年12月，出台了《江阴市河道管理实施办法》，市成立河道管理所，隶属市江河堤闸管理处。2002年，河道管理归市水利局水利供水工程管理处（后更名为江阴市河道管理处）负责，镇、村级河道由镇（街道）政府负责管理。2005年12月，出台了《江阴市农村河道长效管理实施办法》《江阴市农村河道长效管理考核办法》。2006年1月，成立了镇河道管理领导小组，镇长、副镇长任正、副组长。村建立了长效管理队伍、专业河道保洁员队伍。2008年，市政府下发了《关于全面建立"河长制"，全面加强河、湖、荡、氿综合整理和管理的决定》。2008年6月起，镇、村两级河道建立了"河长制"，责任到人，各自然村的家河建立了家河管理责任制，各条家河都有责任人。南闸镇、村两级领导担任河长，作为第一负责人分工负责河道的全方位管理。2008年，疏浚河道11条，清淤土方11.29万立方米，长达11.2千米。2009年，疏浚河道12条，清淤土方6.52万立方米，长达11.2千米。2010年，疏浚河道13条，清淤土方7.6万立方米，长达12.5千米。

南闸镇村级河道疏浚长效管理情况一览

表5-19

村 别	河道名称	长度（千米）	河底宽度（米）	河底高程（米）	河道面积（亩）	疏浚年份	管理员姓名
花果村	袁家浜	0.8	1.8	1.8	24	2005	单汝才
	玉带河	1.0	1.5	1.5	18	2005	坎和庆
	中村排水河	0.08	2.0	2.0	6.3	2003	袁顺良
	火叉浜	0.5	2.0	2.0	17.6	2003	黄祥耀
	柳河稍	0.3	1.7	1.7	3.0	2002	顾泉和
花果村	孙家浜	0.7	1.9	1.9	13	2004	徐忠兴
	汤家浜	0.25	2.1	2.1	5.2	2002	徐阿毛
	后塘浜	2.0	1.9	1.9	10.5	2005	谭卫生
	魏家村排水河	0.15	2.2	2.2	3.7	2004	徐忠兴
谢南村	缪家村河	0.12	2.0	1.8	2.7	2004	陈云萍
	向阳河	0.8	4.0	1.5	13.5	2005	沈国洪
	丰收河	2.2	4.0	1.5	30	2002	王树才
	蚕桑河	0.38	6.0	2.1	7.5	2003	谢泉兴

续表5-19

村 别	河道名称	长度（千米）	河底宽度（米）	河底高程（米）	河道面积（亩）	疏浚年份	管理员姓名
谢南村	东浜河	0.1	7.0	2.1	7.5	2002	梅树兴
曙光村	沙沟河	0.4	2—5	2.1	16	2002	徐国刚
	鲤鱼塘	0.25	2—8	1.8	6.5	2003	吴春明
	大寨河	0.65	3.0	1.6	17.5	2004	吴春明
	大洪池	0.35	30	1.9	62.5	2005	吴春明
	工字河	1.0	20	2.1	46.5	2004	吴春明
	沈家浜	0.3	25	1.2	8.8	2003	徐国刚
	王家浜	0.15	25	1.9	6.1	2003	徐国刚
	油车河	0.3	32	2.0	18	2002	吴春明
	西七亩	0.5	12	2.0	7.1	2002	朱光才
	马泾河	3.0	4—10	1.5	42	2002	朱光才
	外湾泾	0.3	5	2.1	5.2	2003	朱光才
涂镇村	任前头河	1.22	4.0	1.5	25.5	2003	任兴华
	前新庄河	0.64	5.0	1.9	8.8	2002	陈惠洪
	石家塘河	0.15	4.0	2.2	3.5	2004	袁达成
	涂镇中心河	0.25	4.0	2	26.5	2005	崔金顺
南新村	南新排水河	0.3	3.5	1.5	4.2	2004	何 刚
蔡泾村	环村河	3.1	3.0	1.8	78	2003	王 瑛
	东前头河	8.8	2.5	1.7	38	2002	冯学森
	蔡东中心河	1.8	4.0	1.8	29	2003	王 瑛
	蒋家沟	1.3	2.0	1.8	16.5	2003	王 瑛
	花家村河	0.2	4.0	1.9	1.8	2004	金小芳
	蔡西中心河	1.5	2.0	1.8	32.5	2002	陈亚萍
	陈家村河	0.8	2.0	1.9	14	2003	陈亚萍
	俞家村河	0.3	5.0	1.8	8.5	2004	吕星寅
	刘斗埭河	0.5	5.0	1.9	9.2	2005	冯学森
	杨吴中心河	0.7	3.0	2.1	8.3	2005	金小芳
龙运村	花家河	0.4	1.8	1.8	4.8	2002	王莉勤
	丰产河	1.5	2.0	2.0	18	2002	吴建刚
	龙游河	1.0	1.5	1.5	20	2003	徐洪福
	南沟头	0.06	1.5	1.5	5.8	2004	王洪华
	陈氏河	0.62	1.9	1.9	6.5	2003	陈秀琴
	黄鳝沟	1.0	2.0	2.0	9.0	2004	王洪华
	菱塘中心河	1.1	1.5	1.5	13.5	2005	吴建刚
	支边河	1.0	1.7	1.7	14	2004	吴丽艳
	老夏港河	2.5	1.9	1.9	34.5	2003	徐洪福
观山村	王氏岸沟	0.37	5.0	1.5	4.0	2001	吴 纯
	戗里	0.48	8.0	1.5	10.5	2003	高耀林

续表5-19

村　别	河道名称	长度（千米）	河底宽度（米）	河底高程（米）	河道面积（亩）	疏浚年份	管理员姓名
观山村	麒家沟稍	0.28	5.0	1.9	9.5	2002	张玉坤
	西长沟河	1.71	5.0	1.5	25.8	2005	张国强
	璜村穿村河	0.4	6.0	1.8	5.2	2004	张国强
泗河村	是家门河	0.35	6—15	2	16.5	2002	金汉成
	北塘河	0.55	3—8	2	14.1	2003	金汉成
	东边河	0.55	4—8	2	14.8	2004	金汉成
	陈氏河（泗河）	1.2	2—4	1.8	16.2	2002	刘祖甫
	黄家河	1.1	8	1.2	52.1	2002	刘祖甫
	白洋河	1.0	10	1.3	45.3	2005	徐林生
	周家村河	0.9	6—12	2.1	32.4	2000	周雪平
	花家凹河	0.25	6—10	1.9	9.4	2002	周雪平
	南山河	0.15	4	2	2.1	2002	周雪平
	张家河（泗河）	0.5	6	1.9	10.0	2003	周雪平
	刘家河	0.85	5	2.1	19.0	2003	周雪平
	大家河	0.35	4	2.2	5.7	2004	周雪平
	虎丘河	0.6	2—30	2.1	40.0	2005	陈如国
	丁果湖	0.5	5	1.5	93.5	2005	倪津庆
	倪家河	0.55	8	1.8	14.7	2004	倪亚伟
	外湾西沟河	0.25	4	1.5	5.4	2003	金清兴
	外湾东沟河	0.18	6—10	1.6	4.8	2002	陈元兴
	外湾长沟河	0.8	4—8	1.8	13.8	2003	陈元兴
	王邻河	0.55	2	1.6	5.8	2004	是阿珍
	焦山河	1	8	1.8	36.1	2005	袁菊方
	高头上河	0.45	2	2.1	4.5	2002	袁菊方
	李家河	0.2	4	1.8	3.9	2003	袁菊方
	仙家河	0.15	6	1.6	3.4	2004	金亚华
	孟岸中心河	1.2	4	1.8	22.8	2005	金汉成
	第一横河	0.6	2	1.9	6.3	2004	徐林生
	第二横河	0.4	2	2.1	5.75	2002	金阿虎
	里北湾	0.7	2—20	2.0	37.0	2001	金阿虎
	边沟河	0.8	4—20	1.9	42.1	2003	金汉成
	翻耳河	0.85	2	2.1	6.1	2004	金汉成
	西沟河	0.3	3—35	2.2	19.8	2005	徐林生
	长沟河	0.6	3—22	1.9	24.4	2004	徐林生
	大边河	0.7	10—28	2.0	41.6	2003	徐林生

续表5-19

续表5-19

村 别	河道名称	长度（千米）	河底宽度（米）	河底高程（米）	河道面积（亩）	疏浚年份	管理员姓名
泗河村	南边河	0.45	8—18	1.9	20.2	2002	金汉成
	幸福河	0.8	2	1.9	3.4	2000	陆坤方
	北头河	0.3	2	1.6	3.1	2002	陆坤方
	后州河	1	3	1.8	8.75	2003	陆坤方
	燎沟河	0.25	2—6	2.0	3.9	2001	吴德兴
	安沟头	0.25	2—5	1.6	3.95	2004	陆福培
	施家河	1.3	4	1.9	12.9	2002	陆福培
	秦望河	2.5	10	1.5	76.8	2003	吴国相
	陶湾河	2	4	2.1	40.2	2002	吴德兴
	南河头	0.4	2	1.9	4.55	2003	吴德兴
	焦山河	1.1	8	1.6	62.3	2004	吴国相
	了沟河	0.5	4	2.2	11.4	2005	盛川山
	潮河	0.2	6—15	1.8	8.8	2005	盛法良
	石桥河	0.25	4	2.1	3.8	2004	施本兴
	殳桥河	0.8	2—6	1.8	17.1	2003	施本兴
观西村	杨家河	1	4	1.8	16.2	2000	刘海才
	田桥沟	1	4	2.2	15.3	2001	刘海才
	八圣岸	0.3	3	2.3	3.85	2002	刘海才
	老远沟	0.3	4	2.0	4.6	2003	刘海才
	老黄昌河	1	2—8	2.0	14.5	2003	盛法良
	灌塘河	0.3	2—6	1.9	4.8	2004	徐兴标
	西横家沟	0.4	3	2.0	5.7	2001	张汝文
	新河	0.8	4	2.2	15.4	2002	张汝文
	直挺河	0.3	5	1.9	4.55	2003	徐兴标
	黄家河	0.25	5—15	1.5	10.2	2004	张汝文
	圩家河	0.25	6	1.8	7.2	2005	张定全
	东沟	0.5	2—6	2.0	10.9	2005	张定全
	二山河	0.15	5	1.8	2.4	2003	张定全
	湾沟头	0.8	2	1.9	9.1	2004	徐仲海
	抄耙沟	0.8	5—8	2.0	9.2	2003	谢相南

2014年南闸镇村级河道"河长制"情况一览

表5-20

河道级别	管理单位	河道名称	长度（千米）	河 长	职 务
市级河道	街 道	锡澄运河	6.5	周建荣	街道办事处主任
		黄昌河	8.5	朱富强	街道办事处副书记

续表5-20

河道级别	管理单位	河道名称	长度（千米）	河 长	职 务
镇级河道	街 道	花山河	4.5	曹其龙	街道人大工委主任
		跃进河	3.5	吴志裕	街道人大工委副主任
		工农河	3.7	顾丰良	街道办事处副主任
		丰收河	2.2	张 刚	街道党工委组织委员
		老市河	1.0	许铁军	街道办事处副主任
		澎洞河	1.3	钱昇贤	街道办事处副主任
村级河道	花果村	斜泾河	1.3	谭兴成	村主任
		玉带河	1.0	殷满才	村委员
		柳河稍	0.3	顾志刚	村副主任
		袁家浜	0.8	殷满才	村委员
	谢南村	刘芳村引水河	0.6	陈建昌	村副书记
		向阳河	0.8	沈国洪	村副主任
	曙光村	工字河	1.0	徐国刚	村主任
		马泾河	3.0	朱光才	村副书记
		大寨河	0.65	朱光才	村副书记
		大洪池	0.35	徐国刚	村主任
		鲤鱼塘	0.25	徐国刚	村主任
	涂镇村	前新庄河	0.64	陈惠洪	村副主任
		任前头河	1.22	崔金顺	村副主任
		涂镇中心河	0.25	张建英	村副主任
	南新村	南新排水河	0.3	何 刚	村主任
	蔡泾村	蔡西中心河	1.5	王 瑛	村主任
		蔡东中心河	1.8	金小芳	村副主任
	蔡泾村	环村河	3.1	王 瑛	村主任
		东前头河	8.8	冯学森	村副书记
		花家村河	0.2	冯学森	村副书记
	龙运村	菱塘中心河	1.1	吴建刚	村副主任
		龙游河	1.0	吴建刚	村副主任
		丰产河	1.5	王洪华	村副主任
		支边河	1.0	徐洪福	村主任
		老夏港河	2.5	徐洪福	村主任
		花家河	0.4	徐洪福	村主任
	观山村	西长沟河	1.71	顾晓军	村副主任
		麒家沟稍	0.28	袁娅华	村主任
		璜村穿村河	0.4	袁娅华	村主任
		王氏岸河	0.37	袁娅华	村主任
	南闸村	沙头河	1.15	陆惠忠	村主任
		南闸大寨河	1.83	陆惠忠	村主任
		观庄河	0.72	耿永仁	村委员

续表5-20

河道级别	管理单位	河道名称	长度（千米）	河 长	职 务
村级河道	南闸村	金家巷河	1.15	陆仕平	村委员
		煤场河	0.3	陆仕平	村委员
		大沟端	0.78	陆惠忠	村主任
	泗河村	黄家河	1.1	曹国洪	村副主任
		刘家河	0.85	曹国洪	村副主任
		孟岸中心河	1.2	金锡强	村主任
		长沟河	0.6	金锡强	村主任
		白洋河	1.0	曹国洪	村副主任
		陈士岸河	1.2	金锡彪	村会计
		王邻河	0.55	曹国洪	村副主任
		焦山河	1.0	曹国洪	村副主任
		倪家河	0.55	倪 军	村官村委
		孟岸村中河	1.0	金锡强	村主任
		大边河	0.7	曹国洪	村副主任
		南边河	0.45	曹国洪	村副主任
		翻身河	0.85	倪 军	村委员
		大家河	0.35	倪 军	村委员
		北塘河	0.55	倪 军	村委员
		周家村河	0.9	陈元忠	村副书记
		北塘河	0.55	陈元忠	村副书记
		东边河	0.55	陈元忠	村副书记
		虎丘河	0.6	陈元忠	村副书记
		是家河	0.35	金锡强	村主任
	观西村	殳桥河	0.8	施岳刚	村会计
		北头河	0.3	陆松平	村副书记
		陶湾河	2.0	张君伟	村副主任
		老黄昌河	1.0	施岳刚	村会计
		香信河	0.5	徐 峰	村主任
		黄家河	0.25	徐 峰	村主任
		田桥沟	1.0	徐 峰	村主任
		弯沟头	0.8	徐 峰	村主任
		杨家沟	1.0	张君伟	村副主任
		后州河	1.0	陆松平	村副书记
		焦山河	1.1	陆松平	村副书记
		施家河	1.3	陆松平	村副书记
		秦望河	2.5	陆松平	村副书记
		新 河	0.8	张君伟	村副主任
		东 沟	0.5	张君伟	村副主任
		二山河	0.15	张君伟	村副主任
		抄耙沟	0.8	张君伟	村副主任

第二节 "家河"整治与管理

南闸的"家河"是指自然村家前屋后生活性用水河道（池塘），共计379条，水面面积达1320亩。这些小河道在20世纪60年代至70年代在蓄水灌溉和农民们淘米、洗菜、洗衣等方面起到十分重要的作用，并且家河的河泥是农家的主要有机肥料，农民罱泥制肥是农业生产的历史传统。20世纪80年代后，由于工业污水和农民化粪池水等被直接排入河内，以及垃圾等杂物被抛入河内，小河内淤积物以及枯腐的水生植物等得不到及时清除，致使这些小河道污染严重。改革开放后，农民开始承包土地，为了省力省时，广泛使用化肥，不再罱泥制肥。经过20多年的时间，蓄水灌溉的池塘淤泥沉积、杂草丛生、垃圾堆塞。家河河水黑臭，不能使用，并影响到农民的居住环境。提起家前屋后的河塘，大家都发出了这样的感慨："60年代淘米洗菜，70年代浇水灌溉，80年代鱼虾绝代，90年代垃圾成灾。"处在农村水系末梢的这些村庄池塘，问题非常突出。2005年，南闸镇发起了清洁家河的号召，提出清淤泥、整河岸、收垃圾、建户厕、截污水、搞绿化的总要求，各自然村积极响应，全面开展了清洁家河工程。工程从2005年11月开始至2007年4月结束，连续3年采取截污水、清淤泥、建护岸、拆违章、改危桥、造绿化、强管理等措施进行整治。共计完成清洁"家河"308条，占家河总数的80%，水面积1120亩；占总面积的85%；清淤土方75.9万立方米。通过清洁家河，达到了河底无淤泥、河面无杂物、河坡无垃圾、河水无污染、河岸有绿化、河道有管理的要求。各村都建立了长效管理机制和管理队伍，保持家河长期清洁，取得了"河水清、堤岸绿、环境美、群众乐"的效果。

2005年南闸镇各行政村"家河"疏浚一览

表5-21   单位：亩

花果村					
自然村别	家河名称	水面面积	自然村别	家河名称	水面面积
南谭村	观音塘	2.0	曲立村	家西塘	3.0
南谭村	新塘头	1.2	曲立村	园家塘	2.5
南谭村	马家塘	3.0	曲立村	小五塘	1.5
范家埭	松江塘	1.8	吴家埭	前生塘	5.0
中山村	大塘河	3.5	吴家埭	后生塘	4.5
中山村	张家塘	7.0	吴家埭	黄泥塘	3.0
中山村	长沟河	3.0	阚家村	三塘河	8.0
曲立村	后烧塘	3.0	知青	上下渠	2.0
谢南村					
自然村别	家河名称	水面面积	自然村别	家河名称	水面面积
苏家村	西泊沟	1.5	苏家村	四亩塘	1.5
苏家村	东四亩塘	1.0	苏家村	双皮塘	1.5
苏家村	长官塘	2.5	苏家村	东浜	5.0
苏家村	西海塘	2.0	张塘村	八亩塘	1.5
苏家村	北三亩塘	2.0	张塘村	野菱塘	2.0
苏家村	东泊沟	2.5	张塘村	小池塘	0.4
苏家村	湾塘	2.5	张塘村	门头河	1.2

续表5-21

	谢南村				
自然村别	家河名称	水面面积	自然村别	家河名称	水面面积
张塘村	弯塘河	2.5	刘芳村	六角塘	1.0
张塘村	士根小池塘	0.7	刘芳村	大塘河	1.5
张塘村	双塘河	1.2	刘芳村	野猫塘	1.0
张塘村	马屁精	0.7	刘芳村	陈古无塘	1.5
张塘村	黄坡塘	1.1	刘芳村	一亩三塘	1.0
张塘村	钱家塘	0.8	刘芳村	观音塘	3.0
张塘村	长塘河	1.5	刘芳村	西长沟	1.5
张塘村	吴阿四塘	0.5	刘芳村	门前河	2.0
张塘村	宅基塘	1.5	刘芳村	西边河	1.0
张塘村	朱兴塘	0.8	刘芳村	五亩塘	2.5
张塘村	武凤塘	1.5	刘芳村	南长塘	2.5
张塘村	汝在塘	1.0	刘芳村	安沟塘	1.0
张塘村	张惠塘	1.1	刘芳村	高家塘	1.5
张塘村	尖年塘	1.1	刘芳村	三亩半塘	1.0
张塘村	铜家塘	0.8	刘芳村	升罗塘	1.0
张塘村	船方浜	6.0	刘芳村	格子塘	1.5
张塘村	八角塘	1.0	刘芳村	精念塘	1.0
张塘村	谢家浜	4.0	刘芳村	上洞塘	1.0
刘芳村	杨家浜	10.6	刘芳村	前家塘	2.0
刘芳村	苏车塘	3.0	刘芳村	南上浜	2.0
刘芳村	上浜河	2.0	南居村	沈福塘	1.0
刘芳村	杨塘河	1.5	南居村	抢水塘	1.0
刘芳村	三亩塘	1.5	南居村	祥西塘	1.2
刘芳村	后头河	1.0	南居村	牛谭	0.5
刘芳村	土基塘	1.0	南居村	小大塘	0.6
刘芳村	塘家河	2.5	南居村	暗沟塘	0.5
刘芳村	赵家罗沟河	3.0	南居村	大塘河	1.5
刘芳村	姜汝塘	1.5	南居村	小三亩塘	0.5
刘芳村	双叶塘	1.5	南居村	门头河	1.2
刘芳村	毛柴塘	1.5	南居村	方塘河	1.2
刘芳村	河福塘	1.0	南居村	曲家塘	1.0
刘芳村	学帽顶	1.0	南居村	大河	25
刘芳村	小池塘	0.5	北后塍	大河	2.0
刘芳村	铁匠塘	0.6	北后塍	东头河	7.0
刘芳村	禾家塘	2.5	北后塍	后头河	2.0
刘芳村	黄金塘	2.5	北后塍	斗龙河	3.0
刘芳村	一亩半塘	1.0	丁家塘	丁嘴浜	5.5
刘芳村	一亩三塘	1.0	丁家塘	张家浜	4.8

续表5-21

谢南村

自然村别	家河名称	水面面积	自然村别	家河名称	水面面积
丁家塘	缪家浜	6.2	施元场	坟头塘	2.0
丁家塘	三亩池塘	2.5	施元场	黄家沟	3.0
丁家塘	王安池塘	2.5	施元场	高山河	4.0
丁家塘	潘银池	2.0	施元场	西边河池塘	0.8
丁家塘	塘镜头	4.0	施元场	门头河池塘	1.5
丁家塘	八亩池塘	3.0	施元场	西浜河	6.0
丁家塘	小池塘	2.0	施元场	台塘头	2.5
丁家塘	西浜头	2.0	北后塍	潮河	10
丁家塘	花家池	3.0	北后塍	东枪河	2.0
施元场	桥头浜	2.5	缪家村	缪盆河	7.2
施元场	官田浜	2.0	缪家村	陈家池	4.5
施元场	芦长浜	3.0	缪家村	村后新开河	5.5
施元场	一亩三池塘	1.5	缪家村	37队村中河	2.1
施元场	长三亩池塘	1.5	王庄村	东浜河	5.8
施元场	大河	10	王庄村	杨圩浜	4.2
施元场	转塘墩	2.0	王庄村	小千池	1.8
施元场	三角塘	1.5	王庄村	大池河	2.6
施元场	杜家塘	1.5	施元场	长池头	3.0
施元场	徐家塘	1.5	缪家村	缪家塘	4.2
施元场	石青塘	3.0	王庄村	长池河	1.5
施元场	三亩塘	2.0	王庄村	新池河	1.3
施元场	谭家塘	1.0	王庄村	西浜河	5.5
施元场	河埠头	6.0	王庄村	蒋家河	2.8
施元场	长沟河	2.0	王庄村	千池河	2.8
施元场	利四亩池塘	1.0	王庄村	周家小池塘	1.5
施元场	陈玉塘	1.5	王庄村	屈家河	2.0
施元场	蔡家塘	1.5			

曙光村

自然村别	家河名称	水面面积	自然村别	家河名称	水面面积
徐家村	塘田浜	5	南后塍	池沿上	1.5
徐家村	小方池	1.5	南后塍	大头河	0.5
徐家村	龙稍河	0.7	南后塍	大河头	0.8
吴家村	洪江池	2	灰罗圩	工字河	46
吴家村	门头河	1.5	灰罗圩	大洪池	2.5
吴家村	菜花池	2.5	灰罗圩	油车河	18
吴家村	池沿上	3	灰罗圩	苏家浜	5
南后塍	王家浜	5	上村	卢江河	5
南后塍	新河	3	下村	下村河	1

续表5-21

曙光村

自然村别	家河名称	水面面积	自然村别	家河名称	水面面积
小徐家村	仿上池	25	朱家村	大洋河	2
老庄上	沈家浜	15	张家村	安乐河	3
朱家村	大河	18	焦家村	马泾河	20
朱家村	大塘河	3			

涂镇村

自然村别	家河名称	水面面积	自然村别	家河名称	水面面积
石家塘	牛尖河	10	涂镇	木石浜	1.5
石家塘	门头河	3	东新庄	圆家池	3
石家塘	门头新河	6	前新庄西村	门头河	2
任前头	西头河	5	前新庄西村	活罗头	2
任前头	老鼠潭	2	前新庄西村	窑滨河	15
任前头	大河	15	东新庄	北团河	3
涂镇	新村河	8	东新庄	东河头	15
涂镇	黄泥池	3	东新庄	王泥河	3
涂镇	长池河	3	涂镇	澎洞河	35

南新村

自然村别	家河名称	水面面积	自然村别	家河名称	水面面积
斜桥头	亮月河	36	季家村	杨立浜	5.0
何家场	西家浜河	10	季家村	门头河	2.5
汤家村	鸟雀河	4.5	汤家村	荷花池	2.0
汤家村	南河头	4.0			

蔡泾村

自然村别	家河名称	水面面积	自然村别	家河名称	水面面积
杨家村	杨家村河	0.7	黄家村	黄家村河	1.3
埭下	埭下河	0.9	陈家村	陈家村河	3.7
高家村	高家村河	1.0	八房村	八房村河	2.3
俞家村	俞家村河	0.7	聂家村	聂家村河	2.4
吕家村	吕家村河	1.5	庄基村	庄基村河	2.1
东前头	东前头河	3.0	袁落村	袁落村河	2.2
刘斗埭	刘斗埭河	3.2	何家村	何家村河	3.4
丁家村	丁家村河	1.4	蒋家村	蒋家村河	1.8
曹沈村	曹沈村河	0.9			

龙运村

自然村别	家河名称	水面面积	自然村别	家河名称	水面面积
新上河	团池河	0.5	秦蒋村	蒋家河	0.8
牌楼下	池塘河	0.5	孙家村	活漏斗	1.2
牌楼下	建材河	1.5	梅阿里	南河头	1.2
花家村	花家村河	0.7	耿家村	后池	3.32

续表5-21

龙运村

自然村别	家河名称	水面面积	自然村别	家河名称	水面面积
耿家村	西边池	1.4	龙沟口	洗菜池	0.6
耿家村	新开河	0.5	龙沟口	钢厂鱼池	4.5
耿家村	门头河	0.8	龙沟口	过水池	0.45
耿家村	前头河	3.34	龙沟口	小沟河	18.75
耿家村	三角池	0.54	龙沟口	尧成沿河	11.25
耿家村	新开河	1.54	王家村	14队鱼池	2.89
耿家村	维成沟	0.9	袁沟西村	袁家河	2.16
耿家村	满满地	0.8	南庄	前转河	0.8
袁沟西村	西头河	1.9	南庄	后转河	2.74
袁沟西村	门前河	1.22	南庄	门口池塘	0.9
袁沟西村	竖头河	1.95	夏店	西头沟	4.8
南庄	红菱塘	1.95	夏店	10队出水河	1.8
南庄	张银塘	4.32	夏店	跳板河	2.1
虞家村	虞家池塘	3.15	夏店	长池河	2.4
馒头村	台盘心	1.56	夏店	尧河	1.13
馒头村	东沟头	1.0	王家村	7队鱼池	1.8
馒头村	门头河	0.97	夏店	梅下池塘	1.5
馒头村	门头河	0.76	夏店	8队池塘	1.35
馒头村	门头河	1.04	夏店	新开河池塘	4.5
馒头村	儿份池	0.46	沟东	池塘	3.38
馒头村	六分池	0.64	菱东	池塘	2.36
龙沟口	荡家沟	2.3	场东	池塘	3.6
龙沟口	梅家池	1.35	场西	池塘	6.0
龙沟口	场下头池	2.25	闵家村	池塘	1.13

南闸村

自然村别	家河名称	水面面积	自然村别	家河名称	水面面积
唐家村	后头河	1.0	邵庄	渡大沟河	3.0
唐家村	老黄昌河	4.0	邵庄	北高田河	2.0
沙家村	门头河	3.0	邵庄	东洋田河	1.5
戈家村	鲍家河	4.0	邵庄	西边池塘	1.5
许家村	大塘头	3.0	邵庄	后头河	2.0
寨里	南沟头	3.0	邵庄	七旺池塘	4.0
寨里	夏池头	1.0	观庄	毛毛端	2.0
寨里	西沟头	5.0	观庄	八亩端	2.0
寨里	杨下头	5.0	观庄	王家沟	1.5
寨里	许公池	1.0	观庄	瓦西沟	2.0
团子头	新开河	3.0	观庄	清沟端	1.5
陆家沟	新河头	5.0	观庄	夜行沟	2.5

续表5-21

观山村

自然村别	家河名称	水面面积	自然村别	家河名称	水面面积
璜村	柳岸沟	0.2	陆家巷	戗里	0.3
高家村	狄家沟	0.4	璜村	穿村中心河	0.6
陈家塘	新王氏岸沟	0.4	璜村	麒家沟稍	0.2
璜村	洋沟河	0.5	璜村	盘林小河	0.3
山嘴村	长沟河	2	陈家塘	陈家塘河	0.5
上山村	西长沟河	1.2	高家村	山湾沟	0.2
璜村	小桥头	0.3	山嘴村	山嘴村沿山河	0.3

泗河村

自然村别	家河名称	水面面积	自然村别	家河名称	水面面积
焦山	焦山河	5.8	陈士岸	北山沟河	3.9
东河南	东小沟	2.5	孟岸宕	中心河	60
外湾	东沟河	2.5	周家村	纯家河	1.5
外湾	西沟河	2.6	周家村	里白扬河	2.5
东河南	仙家沟	2.8	花家凹	西黄沟南河头	3.8
西河南	正隆闸河	3.5	野山嘴	外白扬河	5.6
西河南	市沟河	4.5	野山嘴	度沟河	1.5
东村	黄沟稍河	1.2	野山嘴	小湾沟	2.8
东村	洗菜沟	1.5	孟岸宕	变沟河	5.5
里湾	长沟稍	3.8	孟岸宕	长沟河	3.9
野山嘴	朝河	10	孟岸宕	翻身河	15.1
陈士岸	黄家河	8.8	孟岸宕	西沟河	20.2
陈士岸	陈士河	4.9	河屯基	小变沟	12.5
陈士岸	翻身河	5.5	陈家门	里北湾河	13.5
陈士岸	南山沟河	2.8			

观西村

自然村别	家河名称	水面面积	自然村别	家河名称	水面面积
茶岐村	南墙门河	1.5	夋桥村	田桥沟河	3.0
茶岐村	大房河	5.0	东芦岐	王头潭	2.0
茶岐村	染墙河	4.0	东芦岐	观音堂	3.0
茶岐村	鱼家河	5.0	东芦岐	一人池	1.0
璜庄上	西大池	1.5	东芦岐	西池	0.5
璜庄上	东大池	1.0	西芦岐	头腰潭	1.0
璜庄上	大车头	5.0	西芦岐	二腰潭	1.0
璜庄上	观东河	6.0	西芦岐	山腰潭	1.0
璜庄上	观西河	1.5	西芦岐	腰子潭	4.0
南高村	新河里	2.0	西芦岐	瓦家池	4.0
南高村	抄耙沟	5.0	西芦岐	家介池	2.0
盛家凹	观塘沟	2.0	陶湾村	沿场下池	2.0
夋桥村	老远沟	1.5	陶湾村	大池里	1.5
夋桥村	八圣岸河	1.5	陶湾村	放生池	1.0

第六编　工　业

第一章 发展概况

第一节 沿 革

南闸地处县城近郊，区位优势明显，历史上手工业发展较早。宋时，域内酿酒业盛行，涂镇设有酒务税场，并派有都酒务酒正。明清时期，南闸有土布、染坊、糟坊、酱园、糖坊等传统手工业生产，尤以土布生产最为普遍，曾经"家家窗前见织女，户户机杼唱欢歌"。生产的土布量大质优，民国《江阴县续志》记述说："小布阔九寸，长二丈，向以南闸产最著名。"清末，南闸集镇有天美、高慎昌、同慎昌等7家布庄。宣统元年（1909），蔡东小庄上人夏恩华创办美纶织布厂。至民国二十六年（1937），历经近20年发展，域内已拥有公益、勤康、慎源、震裕、勤生、纬丰、六合、万安等12家染织布厂，职工1200余人，产品除销往全国各地外，还远销南洋群岛，南闸民族工业达到鼎盛时期。日军侵占南闸时，除纬丰染织厂存留部分厂房外，其余11家均被日寇焚为废墟。至中华人民共和国成立前夕，域内仅有染织厂1家、砖瓦窑3个、茧行5家、木业11家、铁业5家、银器加工业2家、石业1家，以及酒坊、酱园各1家。

中华人民共和国成立后，党和政府积极扶持私营工业，手工业恢复生产。1950年4月，南闸成立工商业联合会，设在河东小弄蒋家。1952年7月，观西乡成立采石委员会，有职工300余人，属江阴县地方国营企业。1955年11月，蔡西村吴协坤和菱塘村丁荣嘉开办观山二社采矿厂，有职工120余人。1956年，政府完成对私营工业和手工业的社会主义改造。集镇上22户铁业、木业、竹业联合组成铁木竹生产合作社，有职工67人。同时组成的还有棉织、缝纫等集体所有制生产合作社。

1958年9月，南闸人民公社成立后，兴起办工业热潮，依据"自力更生、以小为主、土法为主"和"就地取材、就地生产、就地销售"的办厂方针，先后办起了纺织厂、采矿厂、农具厂、综合加工厂、五金厂、化工厂等企业。1973年，又创办天平厂、皮件厂、塑料厂、标牌厂。1974年，南闸工业总产值在全县名列第八位，利润总额列第六位。

1978年，中共十一届三中全会以后，国家贯彻"改革、开放、搞活"政策，社队办企业蓬勃发展。年末，南闸公社有南闸农具厂、江阴梭子厂、南闸标牌厂、江阴天平厂、江阴南闸纺织厂、南闸石粉厂、南闸塑料皮件厂、采矿建材厂、南闸采矿厂、观山采矿厂等14家主要社办企业，有粮饲加工、五金拉丝、有机化工、塑料包装、石器竹器等54家队办企业，社、队办企业年产值952.96万元，利润209.51万元，固定资产443.22万元。社、队办企业的发展壮大，在很大程度上解决了农村剩余劳动力的就业问题，提高了农民的生活水平，充实了社、队两级集体经济。

1981年11月，南闸公社提出了整顿提高社队工业的意见，从经济效益出发，扩大企业自主权，从纯生产型企业转变为生产管理型企业；改厂长任免制度为选举、聘用、推荐制度，实行厂长负责制和经济承包制，实施全面质量管理和经济核算。公社党委对社办企业进行整顿：调整企业领导班子，试行厂长责任制；要求企业建立健全的各种规章制度，尤其是财务管理制度，管好用好企业资金；加强企业对生产的管理，厉行增产节约，努力降低成本，提高竞争能力；同时狠抓产品质量，建立严格的产品检验制度。经过整顿改革，社队工业有了长足的进步和发展，企业规模扩大，生产经营进入了良性循环，产值逐年提高，部分企业成为了江阴社办骨干企业。1982年，江阴毛纺织染厂产品畅销全国各大城市，质量入库一等品达94.25%。年产各类粗纺呢绒60万米，针织羊毛衫20万件，各式西服3万件，对外承接呢绒整染加工130万米，洗毛加工4000吨。当年，江阴天平仪器厂生产的TG328BG电光分析天平，荣获江阴县创造奖和科技成果奖；南闸观山采矿厂年产各种石料40万吨，畅销上海等全国各地；南闸建筑安装工程公司在全国各地承包的工程被评为江阴建筑行业第1名。同时，各社队办企业根据市场需求，不断调整产品结构，开发新产品，开发了如棉毛纺织服装、12W350型无心梭、H212毛纺梭、24三反白和四反白绸梭、棉织梭、蓄电池、隔离板、丁腈橡胶、纺织皮圈等各种中高档产品，使企业由单一产品发展为具有企业特色、系列优质的名牌产品，受到用户的赞誉。

1983年起，中共中央连续3年发出一号文件，进一步肯定发展乡镇企业的重要性和必要性，鼓励发展乡镇企业。同时，农村经济向商品化、专业化的转变，改变了原来那种比较单一和城乡分割的产业结构，促使了乡镇企业的异军突起。为支持乡镇企业的发展，江阴县委提出了"扶持、规划、指导、促进"的八字方针和行政上加强管理、经济上促进联合、技术上全力支持、渠道上积极疏通的具体工作措施。1984年春，全乡17家乡办企业实行经济承包责任制，乡政府与17位经理、厂长签订了合同，确定全年完成各项经济指标。南闸乡党委、政府选用德才兼备、能办事、办大事的人员组成领导班子，拓展企业产、供、销路子，具体落实各项承包措施及方案，明确企业上交、提留、发放职工工资等事项。当年，乡政府成立劳动服务公司，统筹管理境内集镇、农村的劳动力。1984年末，境内乡办工业有职工6114人，占农村劳动力总数的26.5%；村办工业有职工5319人，占农村劳动力总数的23.8%。全乡17家乡办企业年产值2026万元，76家村办企业年产值1993万元。全乡年工业总产值达4019万元，乡村两级缴纳税金510万元。

1987年，乡政府贯彻落实《企业法》，进一步完善了经营责任制，对全乡社队办企业进行了全面的"三制"改革，实行以厂长、经理为主的经济责任制，改干部任免制为干部聘任制、职工录用制为合同制、固定工资制为浮动工资制，赋予企业厂长、经理更大的经营权、用人权、管理权。1988年，镇政府对105个镇村企业进行"厂长责任制、任期目标制、期终审计制"的配套改革，并在部分镇村企业中进行了股份制、风险抵押、优化劳动组合的探索和试点。1988—1989年，全镇投资5000多万元用于新建、扩建项目35个，引进国外先进设备50多台（套），初步形成了纺织、服装、机械、电子、轻工、化工、彩印、包装等8个基本行业。1989年，工业总产值达1.8亿元，比上年增长10.5%。1992年，南闸工业企业抓住机遇大力发展，有镇办企业39家，工业产值达24227.84万元，上缴税金1170万元；有村办企业108家，工业产值达18138.34万元，上缴税金412万元；有校办工业企业20家，工业产值达1250万元。全镇工业总产值42366.18万元，共缴纳税金1582万元。乡镇企业的发展，为壮大工业经济提供了原始积累，也为乡镇企业的转型奠定了一定的基础。

1992年始，南闸乡镇企业以邓小平南方谈话和党的十四大、十五大精神为强大动力，积极呼应浦东开发带动长江三角洲开发开放的战略决策，以市场为导向，以效益为中心，以创业为目标，实施乡镇企业市场化运行工程。按照国家"抓大放小"的要求，江阴市委、市政府逐步实行产权制度改革。根据江阴市委、市政府的指示，1993年12月，南闸镇政府颁发《南闸镇企业股份合作制试行方法》。1994年南闸镇党委、政府出台《关于产权制度改革的若干规定》《资产评估产权界定》《股份合作制实施细则》等政策文件，使企业改制工作有序推进。其中，南闸对规模较大的企业主要推行股份制、股份合作制组建企业集团；团队规模小、微利或亏损的"小、微、亏"企业，通过租赁、拍卖、兼并等途径，推行企业经营机制转换，使企业成为能独立承担民事责任的法人实体和自我经营、自负盈亏、自我发展、自我约束市场的竞争主体。当年，南闸镇组建股份制企业6家、租赁企业21家、拍卖企业2家，组建省级集团2家、市级集团1家。南闸总投入7300万元，完成工业整改项目21个。企业市场化运作后，工业发展后劲增强。1997年5月，镇党委、政府根据市委精神，制定出台《关于深化产权制度改革的若干规定》《关于挂牌企业改制的若干规定》《加快企业改制的实施意见》等一系列政策文件，企业产权制度改革全面展开。1998年，在抓紧实施小城镇建设的同时，南闸镇突出重点，改制企业达126家，其中组建有限责任公司32家、股份制企业12家、私营企业54家、个体工商企业28家，歇业10家。年末，全镇拥有年销售超亿元的企业5家，年销售额超500万元以上的企业22家，成为全镇经济发展新的增长点，同时为工业集中区的建设奠定了基础。至2000年，南闸镇累计改制企业147个，其中镇办企业35个、条线企业3个、村办企业109个。

2001年，南闸工业经济围绕江阴市委十届三次、四次全会扩大会议确定的目标，抓住国家加入WTO的良好契机，按照江阴市城区建设"退二进三"的部署，充分利用南闸地处市区南郊的地域优势，以技术创新为动力，名牌打造为核心，加强产业结构调整，推进生产要素的优化配置、优化整合，实现传统产业转型升级。形成以机械电子、生物医学、金属制品产业为主的工业产业体系。

2003年，南闸镇启动南闸工业集中区建设，规划面积5平方公里，基础设施建设累计投入3568万元，集中区内水、电、路配套设施及通信网络齐全。进区企业项目总投资15.2亿元，其中江阴中友金属有限公司、江苏南农高科技股份有限公司、江阴市兆丰皮革有限公司等5个项目超亿元。为了提高集中区的整体水平，镇党委、政府对入区企业提出了科技含量强、生产效率高、环境污染少、社会贡献大的新要求。当年，集中区新增项目49个，以私营经济为主的锦南工业园各类企业达15家，其中新增5家。江苏蝶美集团注重新产品的开发，2003年7月12日，在江苏省省级新产品暨科技成果鉴定会上，该集团研制开发的高级晶莹花呢、高级益健花呢、休闲莱卡灯芯呢等3种新产品通过验收，其中高级益健花呢、休闲莱卡灯芯呢达到国际先进水平。随着工业园区规模企业的壮大，规模企业效应日益明显。2004年，江苏联通实业有限公司、江苏蝶美集团公司、江阴中友金属有限公司等规模企业实现销售20.3亿元，占全镇销售总量的90%。其中印刷包装、针织仿品、金属制品、机械行业、轻钢结构等六大行业支撑着南闸工业经济，工业经济占总量的85%以上。2006年，工业集中区引进项目125个，新批准项目95个，增资2个，总投资8.7亿元，完成工业投入7.2亿元，新建标准厂房7万平方米。全镇工业形成印刷包装、纺织服装、金属制品、机械制造、生物制药和塑料制品六大产业共同发展的新格局，完成工业开票销售36.34亿元，比上年增长23.12%。同时，南闸镇获得国家免检产品、江苏省名牌产品各1种，无锡市质量信得过产品、名牌产品各2种，申报国家专利19个，获无锡科技进步奖2项，并为企业争取科技资金100万元。工业经济的快速发展，虽然增加了经济收入，但也避免不了带来一些问题，其中较严重的是对环境的污染。为了减少对环境的污染，南闸镇党委、政府开始对"五小"企业进行关闭及整改，并对污水处理厂进行改造。2007年，南闸关闭、整改"五小"企业36个，关闭砖瓦窑厂2个，污水处理厂实施脱磷、脱氮提标改造。集镇东区建成生活污水管网10.8公里，镇区污水处理率达75%。全年削减COD180吨、二氧化硫15吨，工业废水排放达标率、污染物焚烧处理率、医疗固体废物安全处置率、工业危险品废物安全处置率均达100%，主要污染物排放总量下降20%。2010年，南闸街道工业污水达标排放口削减剩1个，新增污水管网9公里，镇区污水处理率达85%以上。4个企业开展ISO14000环境质量体系认证，年削减化学需氧量109.5吨。2011年，南闸街道工业投入7.5亿元，工业集中区总产值62.1亿元，占全街道工业总产值的65.6%。当年，以机械电子、生物制药等为代表的新兴产业也加速崛起，机械电子产业实现开票销售32.3亿元，比上年增长29.7%，占街道工业开票销售的45.1%。工业集中发展可以正确处理好经济建设与耕地保护的关系，减少基础设施投入，降低土地使用的各种成本，同时使经济社会得以可持续发展；引导共同指向的产业向特定优势区域聚集，促进产业相对集中，有利于延伸产业链，形成产业配套能力，不断壮大产业实力，增强工业竞争力。2014年，南闸工业园区获江阴市年度绩效考核综合保障三等奖。2015年，完成工业总产值106亿元，比2014年增长0.95%。其中规模以上工业总产值90.5亿元，比2014年增长0.6%；完成工业投资6亿元，比2014年增长19.5%；完成外贸进出口5399万美元，比2014年增长263%。

第二节　经济总量

1949年，南闸地区私营工业处于基本停顿状态，仅存的手工业产值按当时时价估计，仅占全社会总产值的0.4%。至1958年末，境内实现工业产值约50余万元，占全社工农业总产值的6%左右。1978年末，境内社办工业实现产值536.59万元，队办工业实现产值416.37万元，合计952.96万元，约为1949年的30余倍。

1993年末，全镇实现工业产值70779万元，为1978年的74.5倍，占当年工农业总产值的比重上升为88.5%。其中镇级工业企业35个，产值42485万元，占镇工业总产值的602%；村级工业企业96个，产值28294万元，占镇工业总产值的39.98%。是年，进一步贯彻实施外向带动战略，努力提高全镇经济的外向度，完成外贸供货总值2637.64万元，比1992年增长73.4%；完成外贸自营出口20万美元。全镇新批三资企业5家，累计达10家，合同利用外资165万美元，到账外资70万美元。

1998年，全镇工业稳中有升，完成工业开票销售4.82亿元，应交税金2558.15万元，入库税金1800万元，分别比1997年增长15%、37%和28%。骨干厂村蝶美公司、锦南公司、泾西等开票销售超过2000万元；南运、观东、涂镇、龙游、谢南、施元和江南特种涂料厂开票销售超过1000万元。同年，企业产权制度改革不断深入，改制企业达126家，其中组建有限责任公司32家、股份合作制企业12家、私营企业54家、个体工商户企业28家，歇业10家，基本完成中小企业改制任务。

2004年，南闸镇完成工业开票销售23.23亿元，比2003年增长17.88%；工业应征税金9295万元，增长42.74%；工业入库税金9295万元，增长46.22%；工业投入5.23亿元，增长13.76%。全镇印刷包装、针织纺品、金属制品、轻钢结构、机械等六大行业支撑南闸工业经济总量的85%以上。私营经济加快发展，至年末，全镇拥有个私企业402个。

2008年，全镇完成工业开票销售58.7亿元，增幅高出全市乡镇平均增幅7.9个百分点，机械电子产业跃居全镇第一大产业；完成工业投入85亿元，同比基本持平；工业利税总额实现5.31亿元，比2007年增长32.1%；年末工业固定资产原值17.37亿元，比2007年增长10.31%；年末工业企业256个，比2007年增长7.1%。

2014年，街道全年完成地区生产总值58.3亿元，比2013年增长2%；公共财政预算收入2.9亿元，增长17.41%；全社会固定资产投资13.75亿元；万元地区生产总值能耗下降3.5%。

　　2015年，街道完成工业总产值106亿元，比2014年增长0.94%；完成工商业销售收入169.5亿元，同比下降11.6%；完成自营出口0.41亿美元，同比下降1.93%；实际到账外资20万美元，同比下降92%。实现规模以上企业利税总额6.24亿元，同比下降1%，其中规模以上企业增加值率（成本费用单位）17.45%。

第二章　工业管理

第一节　管理机构

　　1958年9月，南闸公社成立后，设工业办公室，配备3人；同时，公社、大队各有1名副书记分管工业。公社党委负责社办工业、人、财、物、供、销等方面的计划和决策。1962年，工业办公室隶属于县手工业管理局归口管理，社队工业、人、财、物仍由公社领导。

　　1972年春，公社党委、管委会为加强对社队办工业的领导和管理，重新成立了公社工业办公室，配备6人，其中设正副主任、会计、供销员各2名。1975年，公社工业办公室隶属县工业二局。1979年，改属县经济委员会管理。

　　1983年，公社成立工业公司，分设建材、轻纺、轻工、人保、企管、财务、办公室等6科1室，专职配备12人。工业公司作为社队工业主管部门，对公社党委、政府负责。1984年4月，南闸撤社建乡，成立南闸乡经济委员会，下设经委办公室、政保科、经管科等1室2科。由分管工业的副乡长兼任经济委员会主任，工业、农业、多服公司经理任经委副主任。工业公司原机构、人事、职能不变，具体负责项目的开发和引进、劳动人事的安排、工业技经指标的下达和考核、新办企业和技改扩能项目的审批和报批、安全生产的监督和管理、企业管理制度的规范和实施、企业经济指标的统计和财务工作的审计、职工培训计划的制定和实施等。1986年，实行政社合一，撤销乡经委，由工业公司负责全乡社队工业经济的各项管理工作。随着形势的发展和工作的深入开展，增设质量技术监督、劳动仲裁管理、环境保护及工业园区开发管理等服务项目。

　　1991年，南闸成立统计站，配备正、副站长，同时设立工业、农副业、综合、统计等部门，规范统计口径，提高统计质量，为上级对口部门与镇党委、政府正确决策提供可靠依据。是年，成立南闸镇对外经济贸易工业公司，专门从事工业产品的外贸出口、引领、管理、服务等工作，加快外向型经济发展。1992年春，南闸镇工业公司经上级批准更名为"南闸镇工业总公司"，职能等同。1995年，镇成立镇有资产经营管理办公室，专门负责镇有资产的清理、管理和监督。是年9月，镇成立了乡镇企业管理服务站。1996年，南闸镇政府撤销资产管理办公室的同时，建立镇农村集体资产管理委员会，由党委书记兼任委员会主任，镇长和工业副镇长兼任委员会副主任，下设资产管理办公室、会计管理服务站和审计科，负责镇有资产的监督、审计和专项管理工作。

　　2001年8月，南闸镇撤销乡镇企业管理服务站和经营管理办公室等机构部门，成立镇农村经济服务中心。1名副镇长主管全镇工业，由农经服务中心、安全质量科、环保科、外贸科等部门负责具体的管理。2009年，南闸撤镇建街道，镇农村经济服务中心更名为街道农村经济服务中心，至2015年未有变动。

第二节　用工和分配、报酬制度

一、用工制度

1958年，境内大办工业，抽调农村部分人员务工，年底社办工业从业人员有200余人。1960年国民经济调整，社办厂、建筑站大部分工人下放返乡务农。公社根据"农闲多办、农忙少办、部分停办"的原则，社办厂一般在本地集镇和农村招工，并严格控制用工，企业从业人员限占农村劳动力比例为3%左右，农忙季节为2%，农闲时放宽数量到5%。此后，随着社队办工业的创办和发展，企业用工人数不断增加。

1963年，境内社办厂人员基本集中在南闸综合厂及观山采矿厂、观山二社、南闸建筑站等企业单位，人员总数占农村劳动力的4.5%左右。1967年，公社为保证农村有足够劳动力，将泾西、向阳、灯塔3大队队办厂收回。1973年，公社对社办工业用工制度进行了修订，人均耕地1亩以内的生产队，可抽调劳动力10%，人均超过1.5亩的可抽调劳动力5%。社队工业的用工受到严格控制，并规定企业不能擅自招收职工。如企业招收工人，必须向公社及相关部门申请，然后由公社工业部门下达招工指标给大队，由大队分配指标到生产队。生产队经队委会评议后推荐合适人选，持大、小队证明到公社工业办公室开介绍信，然后到指定的社办企业报到上班，任何社办企业都无权拒绝接收。境内社办企业辞退、处理本厂职工都必须通过公社工业办公室研究同意。各大队企业招收职工，招收过程与社办企业基本相同，由大队领导集体研究同意后将招工指标分配到生产队，由生产队队委会评议推荐，被推荐人持大队介绍信到相关企业报到上班，大队企业无权拒绝接收。大队企业处理辞退职工都必须通过大队集体研究同意。

1976年，境内社办厂有石粉厂、观山采矿厂、纺织厂、标牌厂、车木厂等，有职工405人。1978年，社办企业发展迅猛，初步形成纺织、轻工、机电、冶金、建材、建筑等工业门类，共有企业14家，职工1546人，占全公社农业劳动力的10%。这些企业共招聘外地师傅或技术人才18人。1979年开始，公社开始转变观念，矫正重农轻工倾向，从社队企业发展现状、生产需要出发，安排调动大批农民进厂务工，加快工业经济建设。1981年，南闸社办企业亦工亦农职工突破2000人大关，占农村劳动力总数的20%。1983年后，境内集镇上社办工业加速发展，农村采矿、砖瓦等建材行业规模迅速扩大，引起劳动力严重不足，矛盾比较突出。公社酌情放宽招工政策，同时下放权力给企业。企业可以根据需要自行招工，引进外地技术人才及劳动力。是年全乡共聘请退休技工12人、工程技术人员15人。1984年以后，全乡乡镇工业随着形势发展逐年实行经济责任制和合同制。

1984年春，随着农村经济体制改革的进一步深化，乡镇企业推行"一包三改"，推行以经理、厂长为主的经济承包责任制；同时改干部任免制为干部选聘制、改职工录用制为合同用工制、改固定工资制为浮动工资制，赋予企业经理、厂长更大的经营权、用人权、管理权。是年乡政府成立劳动服务公司，统筹管理境内集镇、农村劳动力，为转移农村和社会上富余劳动力服务。随着乡镇工业快速发展和第三产业蓬勃兴起，外地劳动力开始成批进入乡、村两级企业。1987年，境内乡办工业职工6614人，占农村劳动力总数的277%；村办工业职工5819人，占农村劳动力总数的23.82%。至1994年末，全镇镇级工业职工6147人，占农村劳动力总数的34.76%；村级工业职工3877人，占农村劳动力总数的21.92%。

1994年，为解决工业用工短缺和职工"跳槽"等问题，南闸镇成立了劳动就业管理站。根据市政府及劳动部门有关规定，管理站协同有关部门，要求镇村企业认真贯彻执行劳动合同法，企业与职工必须签订劳动合同，明确企业、职工双方的权利和义务，规范企业与职工的行为，维护企业和职工双方的合法效益。1996年后，为保障广大企业职工的合法权益，成立农村社会养老保险管理所，由企业为职工办理社会养老保险，每个职工每年向社会养老保险管理所缴纳的资金由企业和职工各半负担，解除了企业职工今后退休生活的后顾之忧。

1996年，南闸就业管理所更名为职业介绍所。1999年开始，在南闸职业介绍所内成立劳动争议仲裁机构办理处。2001年，在南闸原职业介绍所和原社保所的基础上，合并成立劳动和社会保障管理服务所。直至2015年其职能未变。

二、分配、报酬制度

利润分配：1958年开始，境内社队工业作为公社集体经济的一部分，企业收益分配必须兼顾国家、集体和个人三者利益。20世纪60年代，社队企业定额上交公社（或大队）资金约占企业年度利润总额的30%，至20世纪70年代上升到40%左右。其中，30%用于充实企业流动资金，20%用于企业职工奖金和福利事业等。

工资分配：企业职工的工资一般根据工龄长短、技术高低、贡献大小来确定，工资除自留20%作为自身生活费外，其余部分均作为转队工资，汇入生产队记工后参加生产队年终集体分配。1982年后，社队企业职工应得工资不再汇队，全额发放给职工本人。

1984年，境内乡镇企业普遍实行"一包三改"经济承包责任制后，乡镇企业的上缴利润被列入经济责任制目标任务内，与承包人的报酬挂钩。在一般企业中，职工普遍实行基本工资加奖金的分配办法。各类工业企业工资形式多种多样，有含量工资制、档次工资制、计件工资制、计时工资制、浮动工资制等。

进入20世纪90年代，境内各乡镇企业实行职工工资、奖金与企业经营成果紧密挂钩的办法，体现经济效益决定分配的原则。镇办工业企业由镇工业主管部门根据年初下达给各企业的经济承包合同中各项技经指标完成情况逐一考核后，提交镇党委、镇政府集体研究决定企业的年度分配水平。

20世纪90年代中后期，境内乡、村二级工业企业普遍进入产权制度改革阶段，纷纷转制为有限责任公司、私营企业或股份合作制企业。镇、村根据与所属企业签订的转制协议（或合同）按规定收取管理费、土地或厂房租赁费，或参加股份合作制企业的盈利分配；企业职工工资报酬在执行江阴市政府及有关部门最低工资标准的基础上，由企业自行决定。

进入21世纪后，境内各类企业一般招工时不分内、外地人员，仅在广告中标明招工工种、工资、待遇等情况，职工在应招时必须与企业签订合法的劳动合同手续，劳动后按规定结算工资。同时，企业在市、镇政府及有关职能部门领导和组织下，加强社会保障体系建设，把企业职工参加社会养老保险作为重要举措来抓，不断提高参保率，切实解决企业职工的后顾之忧。

1985—1994年南闸镇级企业用工统计一览

表6-2

年 份	农业总劳力（人）	工业用工（人）	工业用工占总劳动力（%）
1985	24077	4774	19.83
1986	24333	5339	21.94
1987	24431	6614	27.07
1988	24601	5272	21.43

续表6-2

年　份	农业总劳力（人）	工业用工（人）	占总劳动力（%）
1989	25044	4982	19.89
1990	25571	4836	18.91
1991	24706	4665	18.88
1992	21447	5437	25.35
1993	20906	4559	21.81
1994	17686	6147	34.76

第三节　生产与供销

1950年开始，政府对私营企业逐步实行加工定货、统购包销。至1953年10月起，政府有关部门加强对土纱、土布的生产管理，纱、布一律由花纱布公司和供销合作社发放与购销。1956年社会主义改造基本完成，纺织工业被全部纳入国家计划，原料和产品由供销社、商业社等部门统一计划供应和收购、销售，工业部门和企业按计划组织生产；手工业和粮油加工业小型工厂，按就地取材、取料的原则，划分区域范围，在当地自产自销。1962年实行全面调整，县属工业由县工业局统一平衡，下达产、供、销计划，原辅材料由县计划委员会按计划分配，物资部门组织供应，部分重要产品原材料由省直接供应；手工业企业由县手工业管理局统一编制指导性计划实施生产，材料不足部分由公社手工业联社组织采购和供应。1966年后，因受"文化大革命"影响，棉纺织原材料被列入县配给计划，产品由商业部门统购统销；小土窑砖瓦生产所需燃料报县商业局计划供应，产品由县供销社和商业局下属单位包销；另有机械产品多为来料加工。1966年开始，社办企业开展物资协作，按平价进行物资交换，采取为大工业加工配套的服务方式，把物资供给与产品销售直接或间接纳入各级计划，并开展市场采购。20世纪70年代初期，南闸社办砖瓦企业燃料采购由供销公司、多服公司等单位负责，共有供销人员10人左右。当时，社办工业产品供销主要依靠市场调节，极少部分被纳入部、省和县级计划。

1979年，国家进行计划体制调整，社办工业指令性计划降至16%。1980年后，国家对原料市场实行计划价格和市场价格双轨制管理，公社建立供销经理部，企业设立供销科，配备专职供销人员，为企业做好产供销服务，并把供销职能扩大到回收和引进资金、了解市场信息、促进横向联合，以及引进人才、技术、设备等方面。1993年，南闸全镇的工业供销人员有400余人，设立在外省（市）的销售网点有近150家，原材料和燃料基地各10多家，并与大部分镇村企业开展横向联合，协作项目有80余项，其中与外地单位实行"共同投资、共担风险、共享利益"的紧密型联合企业约占三分之一。

在社队（乡镇）企业迅猛发展的同时，镇工业主管部门履行职能，针对所属企业生产进度、产品供销状况进行每月跟踪统计、季度检查、年度考核等，为镇党委、政府决策提供依据，指导和配合企业做好产供销环节上各项工作。

第四节　资金组织

1958年开始，社队企业的创建资金或社队企业周转资金，一般由公社或大队集体投入和解决。随着形势的发展，新的工业建设项目、企业技改扩能等，都由公社或大队集体研究决定后，主要依靠社队企业历年积累的资金，或通过信用社（银行）小额贷款解决。1984年后，境内乡镇企业发展迅猛。

为了适应新形势，企业资金来源趋向多元化，主要通过乡（镇）或大队（村委）根据各自所属企业工业发展项目的可行性调查，与信用社（银行）协商、信贷拆借资金，解决问题，或由乡或大队在企业积累的上缴资金中统筹安排或协调解决。也有少数企业在每个职工当年的工资中，筹集500—800元不等的工资，集中使用到下年度同期归还，并付以利息。

从20世纪90年代起，政府为缓解企业发展与资金短缺的矛盾，一般通过向银行信贷，在社会筹集民间资金，或者通过企业从外地、外企引进资金，缓解资金周转困难的实际问题。

1997年以后，境内镇村工业企业进入改制转制的新阶段，企业改制前筹措的资金，由镇政府或村委在企业改制时妥善处置完毕，不留后遗症。企业改制后，再组织资金筹集，由企业法定代表人负责，镇政府和行政村依法不再参与投资或担保。

第五节　职工工资福利

20世纪50年代末，境内社办工业企业中，实行等级工资制的企业对企业内老职工按原标准发放工资；对新职工（亦工亦农人员）则采取半供给半汇队的方法，每月发给一定生活费，其余工资汇队记工。实行计件工资制的采矿、砖瓦等企业，超产工资幅度控制在基本工资（完成月定量发给的工资）的20%以内。20世纪60年代后，从农村生产队抽调来的职工同样实行工资交队记工、年终参与生产队集体分配的方法。这种方法一直延续到20世纪80年代农村开始实行联产承包责任制后方告结束。

1980年起，社办企业普遍实行定产量、质量、产值、成本、利润等多项指标，年终考核，超奖减赔。从1983年开始逐步推行经营承包责任制，企业内部也层层落实承包。承包双方，在企业外部是公社和企业，在企业内部是企业承包人和职工。承包约定的内容：完成承包利润等主要技经指标和辅助指标的，获得应得经济利益；完不成目标任务的，进行赔罚处理；超额完成利税指标的，在所得经济利益基础上加奖。经济承包的主要形式有定额包干、联利计酬、超利分成、利润包干、超利留厂、全奖全赔、定额上交、利润大包干等几种。

当年，全公社实行经营承包责任制后，企业奖金发放比例：对一线生产工人"上不封顶、下不保底"；对厂长、书记、主办会计和技术人员年奖水平，一般为全厂职工平均奖的150%—200%；对企业供销人员年奖水平，介于厂领导和企业管理人员之间；对于企业二、三线职工年奖水平，为全厂职工平均奖80%左右。企业全年奖金总额控制在全厂基本工资总额的22%左右。经济效益好的企业，可适当增加到25%—30%。以后在部分企业中，基本工资增加缓慢，奖金增幅则愈来愈大。1985年，乡办工业企业普遍实行基本工资加奖金的分配方式，工资形式有多种多样，由企业选择方式后实施。企业职工工资也逐年增长，如1986年抽样，南闸乡办企业24个，报酬总额684.48万元，人均工资1147.68元；1988年抽样，镇办企业19个，报酬总额746.23万元，人均工资1415.46元。1992年抽样，年工资总额1252万元，人均2302.74元。

1993年，不少企业实行基础报酬、见利分配形式，进一步调动了企业和干部职工的积极性。当年，南闸全镇镇办企业实发职工工资1434.36万元，发放奖金（包括津贴）717.18万元，占工资总额的50%。

20世纪90年代中后期开始，镇村集体企业产权制度改革，转制后成为私营企业或股份合作制企业，镇和村按规定收取有关管理费、租赁费，或参加企业的盈利分配。企业职工的报酬在执行江阴市政府年度最低工资标准的基础上由企业自行确定并行使自主权。如职工与企业之间存在劳动、工资等问题的争议或难题，可呈报市、镇劳动与社保部门咨询或仲裁解决。

1985—1994年南闸镇办工业企业职工工资统计一览

表6-3

年　份	职工总人数	工资总额（万元）	年人均工资（元）
1985	4774	458.11	959.59
1986	5964	684.48	1147.69
1987	6614	828.47	1252.60
1988	5272	746.23	1415.46
1989	4982	726.82	1458.89
1990	4836	647.65	1339.23
1991	4665	750	1607.72
1992	5437	1252	2302.74
1993	7322	2151.54	2938.46
1994	6147	2867.31	4468.30

第三章 镇办工业企业

第一节 发展概况

20世纪40年代，南闸集镇有手工业34户，从业人员94人。泗河集镇有手工业户6家，从业人员20人。苏北蓟巧生开办的丁果山采矿厂有100余人。

中华人民共和国成立初期，观西乡在泗河丁果山创办采石厂，职工300余人。1955年，改名为江阴县采石公司观山采矿场。1958年，企业体制下放，收归南闸公社所有。

1956年1月，南闸乡对集镇私营手工业进行社会主义改造，集镇上22户铁、木、竹业的67名职工组成铁木竹生产合作社。其他手工行业也分别成立合作小组。4月，乡接管私营观山二社采矿厂，成为第二家乡办工厂。1958年9月公社成立后，有企业5家，职工177人，产值10.36万元，利润1.66万元，固定资产1.95万元。

1960年秋，由于自然灾害，社办工业进行精简、调整。铁木竹社恢复原有体制。1961年秋，公社创办化工厂，地址在南闸供销社老仓库。至1962年，观山二社采矿厂在南闸三观堂新增轧米加工项目。1963年，公社加强对社办企业的领导，将原纺织厂、白泥厂、化工厂、粮饲加工厂分别改成车间建制，由新筹建的综合厂班子实行统一领导和管理。1965年开始，公社与综合厂协商筹建南闸民间运输社。1965年，南闸有综合厂、观山采矿厂、纺织配件厂、标牌厂、农机具厂、建筑站等企业，有职工405人，产值206.4万元，利润33.34万元，固定资产44.61万元。

1970年春，公社创办五金厂。1972年3月，公社将综合厂分解为七厂一社：粮饲加工厂、五金机械厂、化工厂、废纺织厂、塑料皮件厂、天平仪器厂、耐火泥（白泥）厂、运输社等。1974年至1978年，公社拥有纺织、轻工、机电冶金、建筑建材等企业14家，职工1546人，实现产值536.59万元，利润101.4万元，固定资产156.26万元。

1979年，社办工业总产值实现1100多万元，利润300多万元，分别比上年增长100%、300%。1984年，全乡经济体制改革全面推进，境内24个乡办企业都实行了经济责任制。至1985年，乡办工业实现产值5218.87万元，利润539.19万元。1988年，镇办工业经济有了较快的发展，已形成初具规模的轻纺、建材、冶金、轻工、电子等行业，有镇办企业19家，职工5272人，年末固定资产原值2431万元，净值1791万元，全年外贸供货总值212.8万元。

1993年，镇办工业在国家加大宏观调控力度的形势下，从实际出发，不断深化改革，抢抓机遇，加快结构调整，加快机制转换，加速市场开拓，加大投入力度。至年末，全镇拥有镇办工业企业35个，职工7322人，实现工业总产值42485万元，比1992年增长75%，占全镇工农业总产值的53%。在镇办工业企业中，产值超1000万元的企业6个，超2000万元的企业4个，超亿元的企业1个。全年镇办工业商品销售收入32955万元，上交产品销售税金1253万元。全镇有无锡市级明星企业2

家，江阴市级明星企业3家、先进企业4家。同时，企业改革不断深化，新组建各类股份制企业6家，租赁21家，拍卖2家，累计组建企业集团3家，其中省级集团2家、市级集团1家。工业发展后劲进一步增强，全年完成工业技改项目21个，总投资7300余万元。

1998年，南闸在抓紧抓好小城镇建设的同时，突出重点，加快推进企业产权制度改革，改制企业达126家，其中组建有限责任公司32家、股份合作制企业12家、私营企业54家、个体工商户企业28家，歇业10家，基本完成中小企业改制任务。此后，镇办企业改制进入快车道，私营企业乘机而起迅猛发展，全镇拥有年销售超亿元的私营企业5家，年销售超500万元以上的22家，成为全镇经济发展新的增长点。同时，南闸沿路开发带动发展，泾西工业小区初具规模，有斯玛菲东洋纸制品有限公司等13个项目进区，总投资3亿元，批租土地300余亩。锦南工业园区有宏洋木器制品厂等5个项目进区。

2000年后，境内中小企业改制加快步伐，全镇135家中小企业完成改制任务，各项配套改革同步进行。企业管理得到加强，镇通过"江苏省执行标准优秀乡镇"验收。与此同时，改制后私营经济发展迅猛，形成全镇经济发展新亮点，全镇69家私营企业实现工业开票销售1.4亿元，比上年增长20%。2015年，街道拥有工业企业633个，完成工业总产值106亿元，比2014年增长0.95%，其中规模以上工业总产值90.5亿元，比2014年增长0.6%；完成工业固定资产投资6亿元，比2014年增长19.5%；完成外贸进出口5399万美元，比2014年增长26.3%。

第二节　外贸生产

20世纪80年代中期，随着江阴全市开放型经济的兴起，南闸乡工业经济开始吸纳外资，并实施外向型带动战略。南闸纺织皮件厂、南运特种灯泡厂纷纷把产品转向国际市场。1986年，皮圈成品经江苏省外贸公司批准出口4.32万只；南运特种灯泡厂、南闸纺织皮件厂、南闸美华皮鞋厂3家企业创优质名牌产品，成功打入国际市场。当年，外贸销售总额达200万元。1988年5月，南运特种灯泡厂产品远销意大利等欧洲国家，年出口彩色灯泡10万余串，产值达102.84万元。当年，3家外贸企业外贸供货总额达212.8万元。1990年，江阴市委、市政府提出对外经营方针，必须坚持面向国际、国内两个市场。面对外贸企业面临国际风云变幻、外贸形势滞缓不利的局面，镇政府正视困难、积极扶持、努力开拓，帮助外贸企业提高产品档次、注重产品质量。当年，南运彩灯厂狠抓产品质量，产品获得了意大利ROQ标准证书，为全镇外贸生产勇挑重担。南运彩灯厂生产稳步上升，全年外贸供货总值达927.43万元，比1989年增长68.2%。此外，南闸镇2家村办外贸企业外贸供货总值达999.86万元，4家镇办外贸企业外贸供货总值达190.35万元。全镇外贸供货值为1190.21万元，比上年增长35.6%。1991年3月，南闸镇成立了对外经济贸易工业公司，专人专业负责从事工业产品的外贸出口、引进外资企业等项工作，并带领供销人员发扬踏遍千山万水、吃遍千辛万苦、说尽千言万语、历尽千难万险的"四千四万"精神，双向开拓供应、销售基地，赢得了国际、国内两个市场的份额。为了快速有效地发展外向型经济，1991年5月，南闸镇召开"加快发展外向型经济工业三级干部大会"，镇党委要求全镇在发展外向型经济中应做到五个方面。一是"学"，学习人家的成功经验，为我所用；二是"想"，根据自己的情况，想出发展的办法，制订具体的措施；三是"攻"，攻克发展外向型经济的堡垒；四是落实"改"，从发展、提高的角度出发，从建设外向型企业的角度出发，扎扎实实地抓好企业整体素质的提高，使之适应形势的变化，跟上国际市场的步伐；五是克服"怕",就是不怕艰难险阻,利用一切有利条件,调动一切积极因素,调整好产品结构,改善好企业管理和投资环境。1992年,镇外向型经济工作迈出大步,域内成立了首个外资企业——江阴通永礼品有限公司。同时,镇村企业提高了对发展外向型经济的认识,增强创汇意识;生产进入以市场为导向,以经济效益为目的的良性期;加强了科研技术、设备引进、技术改造等措施,生产规模不断扩大,加快了外贸生产的发展步伐。之后,南闸镇加大经济投入,创办中外合资企业5家,总投资达254万美元,合同利用外资120万美元,实现了南闸工业史上兴办中外合资企业零的突破。至此,全镇共有2家村办企业,外贸供货总值达1150万元,利用外资120万美元,自营出口420万美元。1999年,南闸开展争创文明集镇活动,改善投资环境、加强服务承诺、简化手续,方便外商;巩固和拓展海外客商网络,规范和加强"三资"企业管理工作,想方设法为"三资"企业排忧解难,"三资"企业经济发展成效明显。当年,全镇合同利用外资1020万美元,实际到账外资314万美元,自营出口516万美元。2000年,南闸结合工业园区建设,对外商投资企业完善办事公开制、服务承诺制,服务内容细化、标准量化,外向型经济出现新的亮点。合同利用外资2035万美元,到账外资816万美元,外贸供货总值2.29亿元人民币,自营出口556万美元。2001年,全街道开放型经济取得新成绩,合同利用外资4399万美元,实际到账外资1299万美元。

第三节 主要产品

20世纪五六十年代,南闸的工业产品主要是铁木工具、棉纺织品、建材和油、米、面粉、饲料等。

自1970年开始至1980年间,工业产品发生显著的变化,先后增加了皮革皮件、塑料制品、天平仪器、化工产品、五金、电器、机械、纺配、包装、印刷等10余种主要产品。其中南闸天平仪器厂生产的TC328B电光分析天平,获县创造奖和科技成果奖;生产的单盘天平,先后被评为无锡市、江苏省优质产品,同年12月赴京展览,荣获部优质产品。

从1981年开始,全镇工业产品数量不仅快速增长,而且在产品质量方面由低端向中高端发展。南闸农机具厂1984年开发制药机械产品,生产的ALG1-2型双针拉丝灌封机,1985年被评为无锡市优质产品。江阴县毛纺织染厂生产的毛涤呢绒、蝶美牌薄型女式彩呢,被评为市优质产品;金兔牌羊毛衫荣膺上海市"名牌产品"称号。江阴县美华皮鞋厂生产的美牌1型半、串花鸡心牛皮中统女式棉鞋,于1986年荣获国家农牧渔业部全国同行业质量评比第1名及部优质产品证书。

1990年以后,江阴市毛纺织染厂生产的产品已达10多个品种,"蝶美"牌系列产品中,毛涤粗花呢、仿兽皮大衣呢、女式呢、男女羊毛衫、全毛绒线分获部优、省优、市优产品称号;该厂生产的纯羊毛中高档羊毛衫,款式新颖、品种齐全,1996年被国际羊毛衫局批准使用纯羊毛标志,产品远销日本、法国、俄罗斯以及中国香港等国家和地区。同年,江阴市儿童营养保健品厂生产的"春笋"牌胖胖儿童保健液荣获1996年度"国际食品及加工技术博览会金奖"。同年7月18日,江阴市纺织皮件厂研发的"高强"牌系列印花导带,通过省纺织总会的产品鉴定验收。11月,该系列产品获国家科委"第八届中国新技术、新产品博览会"金奖,并被列为国家经贸会"九五"双加项目。1998年5月,国家卫生部正式批准江阴市儿童营养保健品厂生产的"春笋"牌儿童保健液为国家健字号产品。产品经过国家卫生部食品卫生监督检验所的严格检测,证实确具促进消化吸收的功能。是年,全镇开发新品15个,其中"蝶美"牌男、女羊毛衫和精纺呢绒均被评为江苏省名牌产品。1999年,全镇工业产品结构有新的调整,共开发新品18个。其中江苏蝶美集团开发的精纺呢绒获无锡市"三星级名牌"称号,羊毛衫连续3年获江阴市"名牌产品"称号。

1991年南闸镇村企业主要产品产量统计一览

表6-4

序号	产品名称	单位	产量	序号	产品名称	单位	产量
1	精纺、粗放呢绒	万米	75	11	天平	台	3370
2	毛纺纱	吨	18	12	各类印机轧车	台	120
3	羊毛衫	万件	10	13	各类印机压辊	台	65
4	纺纱	吨	51.6	14	矽片	吨	30
5	丝织品	万米	93	15	85烧结红砖	万块	5600
6	布	万米	93	16	建筑石料	万吨	34
7	大梭子	万个	23	17	水泥多孔板	万平方米	750
8	缓冲皮圈	万个	30	18	水筒	万个	2128
9	皮结	万个	80	19	羽绒制品	条、件	2000
10	皮鞋	万双	11	20	电泳漆	吨	20
21	配合饲料	吨	1200	35	水泥预制品	万块	6.532
22	石粉	万吨	3.14	36	矽片	吨	891
23	矽片	吨	280	37	各种仪表、五金螺丝	万个	644
24	潜水泵	台	250	38	节日灯串	万串	147.6
25	整经机梭子	万个	2	39	净水剂	吨	1173
26	浆染机变速带	条	580	40	塑料隔板	万片	210
27	纺织配件	套	500	41	各类包装箱	万个	9343
28	灯架	个	2500	42	呢绒坯布	万米	11.721
29	纺配皮带	条	500	43	各类折椅	万张	1326
30	木制纺配件	万件	3	44	PVC填料	吨	300
31	铁制纺配件	万套	55	45	各类水泵	台	2425
32	建筑石料	万吨	126.85	46	各类灯具	万台	147
33	85烧结红砖	万块	1144	47	各类皮鞋	万双	2
34	石粉	万吨	2.26	48	胶印、彩印、铅印刷品		

注：以上表格序号1—22为镇办企业产品产量；序号23—29为校办企业产品产量；序号30—44为村办企业产品产量。

进入21世纪后，南闸通过开辟泾西、锦南、东盟科技等工业园区，狠抓招商引资工作，企业规模和数量不断扩大、增多。在此基础上，逐步形成轻纺、印刷、冶金、机械、电子、建材等结构趋于合理、新品不断涌现的多元化产业群体。2003年7月，在省级新产品暨科技成果鉴定会上，江苏蝶美集团研发的高级晶莹花呢、高级益健花呢、休闲莱卡灯芯呢3种新产品，通过省级鉴定验收，2个产品达到国际先进水平。2008年，南闸获评江苏省新技术产品4个，在镇域经济中产业规模超亿元的企业已有9家，产业规模达到千万元数量的企业超过百余家，形成了一个较强的产业集群。印刷包装业、纺织服装业、机械电子制造业是南闸的三大主要产业，其中机械电子产业跃居全镇第一大产业，已初步形成了以机械电子制造为主，印刷包装、纺织服装业为辅的特色产业集聚区。

2000年南闸镇辖企业主要产品及从业人员一览

表6-5

序号	企业名称	开办日期	企业地址	主要产品	固定资产(万元)	从业人数(人)
1	江苏蝶美集团公司	1981.7	南闸镇北新街	毛纺织品、毛针织品、服装羊毛衫、染色加工	9672.76	1435
2	江阴江南羊毛纱厂	1985.4	南闸镇北新街	羊毛衫、针织毛纱线、服装	7075.41	463
3	江阴康南毛衫有限公司	1991.5	南闸镇北新街	羊毛衫	396	132
4	江阴市毛纺针织厂	1986.6	南闸镇北新街	毛纱加工、毛型化纤针织品制造	536.66	95
5	江阴市纺织尼龙胶带厂	1992.5	南闸镇锡澄路	纺织尼龙胶带	1405	180
6	江阴市纺织皮件厂	1975	南闸镇锡澄路	橡胶输送带、尼龙生基传送带	1405	180
7	江阴市南闸石粉厂	1958.12	南闸镇老锡澄路94号	石粉	258	38
8	江阴市南闸砖瓦二厂	1981.12	南闸镇花山脚下	砖、瓦	231	258
9	江阴市南闸观山采矿厂	1953.6	南闸泗河口焦山下	土砂石矿品	225	187
10	江阴市江南纺织印染机械厂	1990.5	南闸镇北新街	染整机械制造	444	81
11	江阴市儿童保健品厂	1990.5	南闸卫生院内	胖胖口服液	50	20
12	江阴市南闸宏建印刷厂	1992.8	南闸镇锡澄公路东	包装制品、商标印刷、铅印	58	20
13	江阴市梭子厂	1970.9	南闸锡澄运河西	各类纺织梭子	90	51
14	江阴市锦南高强橡塑制品公司	1980.9	南闸锦钢路1号	印染导带、工业输送带、丁腈皮结、皮圈	1583	224
15	江阴市南闸蓄电池配件厂	1990.6	南闸镇老锡澄路	蓄电池隔板、塑料制品、聚氨酯制品	97	26
16	江阴市麻棉纺织厂	1989.11	南闸镇老锡澄路	麻棉、混纺纱	941	80
17	江阴市美华皮鞋厂	1986.6	南闸镇老锡澄路	皮鞋制造	195	40
18	江阴市标牌厂	1970.8	南闸镇北新街	金属印刷品制造	78	30
19	江阴市精密天平仪器有限公司	1974.4	南闸镇北新街14号	计量仪器、标准砝码、分析天平制造、修理、销售	75	47
20	江阴锦南预制构件厂	1994.11	南闸新庄张家桥西塝	水泥预制结构	215	20
21	江阴锦南建筑集团公司	1964.1	南闸镇锦钢路1号	房屋建筑、销售	2139	100
22	江阴锦南铝合金门窗厂	1993.2	南闸镇锦钢路1号	铝合金门、窗	37	30
23	江阴市南闸中学校办厂	1975.4	南闸陆镇大桥东塝	矽片、潜水泵线路板	27	30
24	江阴市江南特种涂料厂	1990.1	南闸镇锡澄运河西	涂料、压敏胶	180	50
25	江阴市大华美术印刷厂	1980.5	南闸蔡西曹桥小学内	胶印、彩印、铅印刷品	170	20
26	江阴市南闸印刷厂	1981.11	南闸中心小学内	铅印	21	24
27	江阴市南闸涂镇纺配五金厂	1976	南闸涂镇小学内	纺织机械专用配件	10	8
28	江阴市南闸新庄纺配厂	1979.5	南闸新庄小学内	纺织机械专用配件、蓄电池	13	30

　　2010年，南闸街道全年申报重大支撑项目3项，新增省、市研发机构5个，新批省高新技术企业1个、省高新技术产品5种，完成产、学、研合作项目4项，引进人才191人，三创科技人才2人。2011年，街道各企业重视新项目、新产品开发，工业投入共计7.5亿元。以机械电子、生物制药等产品为代表的新兴产业加速崛起，机械电子产业实现开票销售32.3亿元，比上年增长29.7%，占街道工业开票销

售的45.1%，主导地位进一步凸显。以江苏南农高科技股份有限公司为代表的生物制药产品开票销售增幅274.87%。

2013年，街道申报江苏省高新技术产品4种、科技支撑计划2项，申报无锡市科技转化项目1项，新增省民营科技企业20家，企业产品科技含量增加，为拉动区域经济组团发展增强了强劲动力。2014年，街道东盟工业园区内的江阴市锦明玻璃技术有限公司、江阴市安科瑞电器制造有限公司大力开发新品、新项目，逐步实现转型升级。江阴市锦明公司全年实现开票销售9275万元，年增长50.58%；江阴市安科瑞公司全年实现开票销售1.13亿元，年增长20%，为街道工业经济稳增长、快转型树立了榜样，增添了活力。2015年，高新技术产业产值31.5亿元，占比34.7%，新增江苏省高新技术企业1个，有6种新产品被列入省重点高新技术产品。全年申报省市科技科协项目20项，获上级奖励补助1200万元。江阴市赛英电力电子有限公司成功申请江苏省科技成果转化专项资金项目，获省科技厅项目资金1000万元。江苏新光镭射包装材料股份有限公司"新三板"成功挂牌。创新正逐渐成为新的增长动力源。

第四节　经营管理

引进科技人员和先进设备　1958年9月，南闸公社成立后自峭岐调回30多台铁木机，又在本地组织和引进100多台铁木机开办纺织厂，并引进10多名技术师傅为企业服务。1962年，观山二社采矿厂接收李纪祥等6名技术师傅进厂工作。1970年初，公社综合厂创办五金厂，聘请江阴南门船厂陆安度等技师来厂指导并参加工作。1978年，南闸社办企业发展势头强劲，在公社工业办公室的主导下，各社办企业引进了退休工程师、技工及老师傅等28人来厂工作。1982年末，江阴县毛纺织染厂创立后投产，分批引进技术人员。全乡各类技术人员增加到65名，其中工程师8名、技工32名、退休老师傅25名。从1983年开始，社办工业开始向外地科研单位、大专院校和国企等单位聘请长期服务或"星期天"服务的工程师、机械师及经济师当企业顾问。至1993年末，全镇先后引进各类科技人员169人，其中工程师16名。这些技术人员来厂工作后，指导生产、开发产品、传授技术，引领和促进了企业的经济发展。

1980年起，公社8个社办厂开始引进设备。农具厂购置5吨门吊行车2台、3吨门吊行车1台；1984年下半年，为开发制药机械，购置剪板机、折边机各1台。毛纺织染厂购置B051型联合洗毛机1台（套），BC272B、B584粗纺设备4台（套），H212、1515织机40台，H365、H366染色机5台，B583A细纱机8台（套），针织横机80台，服装缝纫机60台，发电机组3台（套），汽车8辆。梭子厂1983年底迁至南运村西侧新厂区后，新增中槽车19台、压刨车3台、推刨车4台、压机1台、剪板机1台、80千瓦发电机组1台套。美华皮鞋厂、纺织皮件厂、天平仪器厂、南闸建安公司、观山采矿厂、南闸砖瓦二厂等企业进行技改扩能，相继购置各类生产设备。至1994年末，22个镇级骨干企业年末固定资产原值增至10641.35万元。1998年，毛纺织染厂投资2987万元，引进具有国际水平的前纺、织造及整理设备40台（套）。

上缴利税　1958年9月后，社办工业已成为南闸公社集体经济的重要组成部分，各企业年终收益分配必须按照公社审批及兼顾国家、集体、个人三者利益。20世纪60年代，社办企业定额上交公社资金约占利润总额的30%，至70年代上升比例至50%左右。1970年，南闸有综合厂、观矿、五金厂、标牌厂、车木厂5家社办企业，产值206.4万元，利润33.34万元。至1978年，发展社办企业14家，涵盖纺织、轻工、机电冶金、建筑建材等行业，产值536.59万元，利润101万元。

1988年，南闸镇镇办工业实现利税1373.59万元，缴纳国家税金517万元，其余利润按年初镇与企业签订的生产经营合同规定上交镇政府财政所，企业留存部分中80%左右用于充实流动资金，20%用于企业奖金及福利事业。据1990年12月底统计，镇办17个企业1至12月份账面利润完成144万元。1994年，镇办22个企业全年完成总产值562548万元，销售收入744641万元，结算利润2006.58万元。

南闸公社企业上缴的利润所获得的资金，主要用于发展本地区范围内的农副业生产、集镇建设以及农村的文化、教育、卫生等公共福利事业。之后，公社改镇，镇办工业企业的产值、销售收入、利税年年增长。

1993年南闸镇镇办工业骨干企业产值利润一览

表6-6

序号	企业名称	职工人数（人）	固定资产（万元）	年产值（万元）	年利润（万元）
1	江阴市毛纺织染厂	2100	2095.33	17681.26	244.73
2	江阴市天平仪器厂	150	150.96	666	117.51
3	江阴市标牌厂	72	61.11	333	7.86
4	江阴市南闸农机具厂	284	2298	1764.33	62
5	江阴市南闸纺织厂	350	647.91	2053.33	20.67
6	江阴市梭子厂	140	86.12	556.55	32
7	江阴市纺织皮件厂	315	627.12	2545	223.29
8	江阴市美华皮鞋厂	150	157.48	248	5.49
9	江阴市南闸建筑材料厂	117	114.1	147	13.91
10	江阴市南闸第二砖瓦厂	353	122.72	614	60.94
11	江阴市南闸花山采矿厂	273	130.13	427.61	70.32
12	江阴市南闸观山采矿厂	430	152.74	745.23	119.96
13	江阴市南闸石粉厂	114	215.34	661.13	855
14	江阴市南闸隔离板厂	90	52	504.31	375
15	江阴市南闸航运公司	101	117.89	210	12.51
16	江阴市南闸建筑安装公司	1216	303.28	3230.82	152
17	南闸校办公司所属企业	463	247.95	14125	94.82
18	合　计	6985	5512.16	33802.83	1360.11

1988年南闸镇办企业概况一览

表6-7

序号	企业名称	投产年份	全年产值（万元）	固定资产原值（万元）	年末职工数（人）	利润总额（万元）	主要产品名称
1	南闸中心小学校办厂	1976.1	153	55	532	15	皮件、印刷
2	南闸建安公司预制厂	1974.7	101.2	20.14	66	3.3	建筑用水泥制品
3	南闸观山中学校办厂	1984.5	30.1	4	13	4.6	矽钢片
4	南闸中学校办厂	1984.5	116.7	50	46	11.67	印铁制罐涂料
5	南闸新亚标准件厂	1977.5	18	20	35	2	标准件
6	南闸居委电器厂	1977.6	72.6	25	58	7.26	矽钢片

续表6-7

序号	企业名称	投产年份	全年产值（万元）	固定资产原值（万元）	年末职工数（人）	利润总额（万元）	主要产品名称
7	南闸电讯五金厂	1984.7	185.5	92.4	113	-22.1	彩扩机、冷却机
8	南闸多服羽绒厂	1987.1	280	60	80	12	羽绒服装、羽绒被
9	南闸建安公司	1957.9	814.5	130.87	933	44.8	房地产业
10	南闸建材厂	1976.3	208.3	127.43	294	212	各种建筑石料、八五砖
11	南闸观山采矿厂	1953.1	361.3	125.2	482	72.73	各种建筑石料
12	南闸花山采矿厂	1975.12	294.9	88.86	460	45.89	各种建筑石料
13	南闸毛纺织染厂	1981.7	4246.2	894.1	1606	223.4	毛纺呢绒、羊毛衫、西服
14	南闸苎麻厂	1986.1	251.4	150	336	—	苎麻条
15	南闸纺织厂	1959	313.4	19.84	250	4.93	纺织品
16	江阴市美华皮鞋厂	1986.1	393.1	150.12	282	20.58	男女皮鞋
17	江阴市梭子厂	1970.9	199.8	56.32	151	17.6	纺织木梭
18	江阴市标牌厂	1971.1	106.5	66.1	178	-7.36	各类标牌
19	江阴市纺织皮件厂	1981.1	300.2	143.32	205	33.31	皮结皮卷、胶带
20	南闸二砖厂	1981.12	281.9	114.32	398	248	八五砖
21	南闸石粉厂	1958.4	235	131.22	125	40.99	各类石粉
22	江阴市印染机械厂	1956.1	465.5	144.43	297	32.11	印染机械
23	南闸蓄电池隔板厂	—	131.2	26.94	49	6.84	各种蓄电池隔板
24	江阴市天平仪器厂	1973.4	165.3	67.85	164	15.62	各种天平仪器
25	南闸运输公司	1972.3	154.9	49.91	180	34.73	各类货物运输

注：编号1—8的企业为非独立核算单位；编号9—25的企业为独立核算企业。

1985—1994年南闸镇办工业企业职工工资统计一览

表6-8

年　份	职工数（人）	工资总额（万元）	每人平均工资（元）
1985	4774	458.11	959.59
1986	5339	501.29	938.92
1987	6614	828.47	1252.6
1988	5272	726.23	1377.52
1989	4982	726.82	1458.89
1990	4836	647.65	1339.23
1991	4665	750	1607.72
1992	5437	1252.8	2304.21
1993	4559	2151.54	4719.32
1994	6147	2867.31	4664.57

1977年1—12月南闸公社社办企业总产值统计一览

表6-9 单位：万元

序号	企业名称	全年指标	12月产值	1—12累计	去年同期累计	比去年增加%	比去年减少%	完成全年指标%
	总　计	604	76	502.57	330.95	51.83	—	83.21
1	南闸采矿厂（观山采矿分厂）	200	25.32	205.45	137.13	49.82	—	102.73
2	南闸五金机械厂	90	15.98	42	36.71	164	—	71
3	江阴天平仪器厂	30	25	18.25	14.91	22	—	60.83
4	南闸纺织厂	54	3.95	36.39	25.83	40.88	—	67.39
5	南闸耐火泥厂	30	1.76	20	13	50	—	69
6	南闸粮饲电器厂	30	2.31	21.31	79	200.56	—	713
7	南闸塑料皮件厂	45	4.34	49.63	30.17	64.56	—	110.29
8	南闸标牌厂	45	3	32.36	26.38	22.67	—	71.91
9	南闸纺织配件厂	30	2	21.12	19.34	9	—	70
10	南闸服装厂	20	0.87	131	13	—	3.63	655
11	南闸建筑预制厂	10	0.36	3.41	2.94	36.95	—	34
12	南闸化工厂	10	3.66	15.98	3	343.86	—	159
13	南闸砖瓦厂	10	5	5	—	—	—	55
14	南闸农具厂	—	5	16.86	—	—	—	—

第五节　企业选介

江苏蝶美集团公司　原名江阴县毛纺织染厂，于1981年1月筹建，厂址在北新街东首的街道两侧地段，占地85959平方米。企业主营加工、染整粗纺呢绒、毛织、洗毛、针织、西服、精纺针织绒等产品、项目。年产各类粗纺呢绒60万米、针织羊毛衫20万件、各式西服3万件，对外承接呢绒染整加工130万米、洗毛加工业务4000吨，产品畅销全国各大城市，质量入库一等品率达94.25%。生产的毛涤交织呢、蝶美牌薄型女式彩呢在1986年被评为市优产品；金兔牌羊毛衫属上海市名牌产品。曾获无锡市"一级企业"、省"明星企业"称号，1988年上升为无锡市级企业。同年，企业实现产值3703.8万元，上缴税金312.32万元，实现利润223.4万元，固定资产894.13万元。1998年，蝶美集团总投资2987万元，引进前纺、织造及整理设备40台套，形成10000锭、年产240万米精纺面料的生产能力。2001年，经过20年的发展，蝶美集团公司已形成集精纺、粗纺、织染、针织为一体的大型毛纺专业企业，是中国500家最大乡镇企业之一和无锡市重点骨干企业。总资产1.8亿元，占地面积12万平方米；员工1390余人，其中工程技术人员300余人。主要产品及生产能力为年产精纺呢绒400万米、粗纺呢绒200万米、针织纱1200吨，中高档羊绒、兔绒、羊毛衫30万件（套）。"蝶美"牌羊毛衫、精纺呢绒分别被评为江苏省名牌产品。曾获"1997年中国唯尔佳杯一等奖"和"江苏省纺织新产品奖"。公司连续多年被授予"江苏省明星企业""无锡市工业明星企业""江阴市明星企业"等称号，是金融界的AAA级资信企业。1997年被批准享有自行出口权。2000年9月，蝶美集团公司在通过国际ISO9002质量体系认证的同时，又投入4000万元，进行第二期省"成长型"技改项目的运作，配齐配足精纺15000锭的生产规模。本年度，蝶美集团公司成功同世界名牌——华伦·天奴达成生产经销羊绒系列产品的合作协议，企业的品牌值又有新的提升。

2002年，江苏蝶美集团改制。

1981—2005年部分年份江苏蝶美集团公司账册明细一览

表6-10

年 份	职工数（人）	年销售收入（万元）	职工人均年收入（元）	销售税金（万元）	年末固定资产原值（万元）
1981	282	336.6	351	9	235
1982	399	4042	401.5	12.12	265.91
1983	411	5042	5346	14.57	265.91
1984	567	377.75	417.63	74.25	257.83
1985	1200	1749.26	583.58	2525	420
1986	1230	2321.31	1084	250.43	612.49
1987	1594	3338.59	1050	276.32	653.2
1988	1726	4071.72	1100	312.32	894.13
1989	1726	4182.99	1206	459.59	981.11
1990	1467	4118.5	1200	425.85	1131.24
1991	1673	6778.72	1673	717.66	1286.89
1992	2002	9677.24	2210	804.6	1555.35
1993	2100	16457.35	2800	806.51	2095.33
1994	2150	17632.3	2930	17	2079.11
1995	1534	20116	4361.59	723	2860
1996	1650	21385	4060.61	41	2760
1997	1654	25669	4100.36	707	7114
1998	1800	229066	4120.52	利税29716	10829
1999	1550	24877	4256	利税1618	10938.1
2000	1435	12331	4532.45	利税1723.35	11047.4
2001	1390	12959	5038.67	利税1915	11267.9
2002	1275	18588	5782.78	利税2158	11492.34
2003	1135	24200	6895.5	利税2961	11722.15
2004	1092	31769	7859.48	利税2983	12041
2005	1035	45902	8917	利税2938	13246

江阴市纺织皮件厂　建于1978年3月，原名南闸塑料皮件厂，厂址设在北新街西南侧地段，厂区占地面积为2400多平方米。1980年10月，企业与江阴皮革厂联合开办丁腈车间，并更名为江阴县纺织皮件厂。1985年4月，企业拓展业务，与上海国棉21厂联办，生产皮圈等打入上海纺织市场，并畅销全国各大小城市纺织行业和厂家。1986年起，皮圈成品经省外贸公司营销出口，年出口量4.32万个，销售收入15.1万元。职工从1981年的82人增至255人。企业年末固定资产从1981年的338万元增加到1758万元。1988年末，企业平均职工人数255人，固定资产原值143.93万元，实现销售收入302.95万元，利润33.31万元。自1989年起，加快固定资产投入，年末企业固定资产增至237.92万元。以后逐年大幅增加投入，1992年企业固定资产达591.99万元。是年，迁建新厂，占地40020平方米，建筑面积20300平方米，投资

人民币1800万元。

江阴市天平仪器厂 1973年4月，该厂从公社综合厂分出后单独建厂，改名为南闸天平仪器厂。厂址移至北新街中部14号地段内，厂区占地面积5466平方米，厂房面积2454平方米。主要生产设备有精密车床1台、万能铣床1台、烘箱1台，油漆、电镀设备各1套。产品有TL-02型棉花天平、二等分析天平、单盘天平、改型天平、TG328B电光分析天平等品种，其中TG328B电光分析天平于1979年10月获江阴县创造奖和科技成果奖。1984年，企业生产的单盘天平先后被评为无锡市、江苏省优质产品。同年12月，赴京展览，获国家农林部优质产品荣誉证书奖。1988年，全厂职工161人，固定资产67.85万元，产值200.8万元，利润15.32万元。1991年，固定资产原值80.99万元，实现销售收入303.95万元，利润31.88万元。1998年改制为民营企业。

江阴市美华皮鞋厂 创办于1986年，原为镇办福利企业。厂址在南新村老锡澄公路西侧，占地面积17430平方米，厂房面积4560平方米。当时有残疾职工122人，占全厂职工总数的51.3%。主要设备有柴油发电机组1组、反手车缝纫机28台、合压机2台、空压机2台。该厂生产的各类男女皮鞋畅销全国各地，其中美牌1型半串花鸡心牛皮中统女式棉鞋获1986年度全国同行质量评比第一名，荣获农牧渔业部优质产品证书。1988年，全厂有职工287人，固定资产150.12万元，产值364.2万元，利润20.58万元。1990年，全厂有职工267人，固定资产154.55万元，企业实现销售收入503.91万元，利润11.79万元。1993年后，企业搬迁至原镇多服公司羽绒厂内，时有固定资产157.48万元，年产值248万元，实现利润5.49万元。1999年，企业改制为私营企业。

江阴市梭子厂 1970年9月创办。1972年生产10½小梭子和铁木机梭子，以修理梭子为主。1973年生产丝织梭，由此更名为南闸纺织配件厂。从1982年起专业生产各种梭子。1983年底，企业从河南街搬迁至紧靠南焦路的新厂址，占地面积5000平方米，建筑面积1707平方米。1987年更名为江阴市梭子厂。厂内主要设备有中槽车19台、压刨车3台、推刨车4台、压机1台、剪板机1台、80千瓦发电机组1台（套）。主要产品有13½纤维梭、12W350型无芯梭、H212毛纺梭、24#三反白、四反白绸梭、棉织梭等，年产量24.92万只。1988年，全厂有职工151人，固定资产56.32万元，产值183.3万元，利润17.6万元。年出口梭子10.68万只，价值83.51万元。1990年，全厂有职工160人，年末固定资产原值59万元，实现销售收入223.24万元，利润19.62万元。企业中槽车增至25台，年产梭子21万只。1994年，全厂有职工138人，年末固定资产原值88.36万元，实现销售收入751.45万元，利润36.88万元。1998年改制为私营企业。

江阴市南闸纺织厂 1958年由公社的原纬丰布厂增添设备和人员进行重组而成。主要设备有纺织设备铁木机100多台，职工200余人。1963年春并入南闸综合厂成为纺织车间。1964年，江阴县提供废棉皮，由综合厂纺织车间进行开花、纺纱、染色、织布到后道整理，主要产品是废纺被单布，在市场上比较热销。1972年，综合厂解体，纺织车间成为南闸废纺织厂。1983年，企业迁至老锡澄路西侧的新厂内，厂区面积5400平方米，厂房面积2500平方米，职工人数175人。1988年，全厂固定资产19.84万元，产值313万元，利润4.93万元。主要产品有涤棉坯、纱卡坯等。1990年末，企业固定资产原值163.92万元，职工人数400人，实现销售收入354.89万元，利润10.78万元。1994年，职工100人，企业固定资产原值756.74万元，实现销售收入3470万元，利润40万元。1998年改制为私营企业。

江阴市南闸蓄电池隔离板厂 创建于1984年10月，厂址设在原乡农科所内，生产、经销各种蓄电池用PVC隔离板、硬质PVC管材等。主要生产设备有隔离板生产流水线2条（后又增添1条备用），挤出机2台套，粉碎机、搅拌机、筛粉机各1套。1990年撤离老厂址，搬迁到老锡澄路西侧。厂区占地面积1116平方米，职工人数66人，固定资产34.79万元，实现工业总产值212.2万元，利润18.75万元。1994

年，企业新增聚氨酯颗粒原材料项目和塑料鞋底项目。建成后投产，产值激增至1202.21万元，实现利润358万元。企业人数95人，固定资产原值增至936万元。1997年改制为私营企业。

江阴市南闸农机具厂　1956年，由南闸集镇上22户铁业、木业、竹业私营户联合组成南闸铁木竹生产合作社，设在河西街西弄原崔福庄公益染织布厂旧址内。合作社有职工67人，其中铁工24人、木工22人、竹工21人。建有红炉、木业、竹业、金工4个车间。主要设备有手摇皮带机床和手摇钻床各1台，生产的主要产品为各种家具和农具。1957年产值6.7万元，固定资产0.59万元。1966年更名为南闸公社农具厂，属大集体企业。职工66人，产值8.46万元，利润0.81万元，固定资产1万元。1967年增设翻砂车间。1969年，因扩大生产始引用行车。1970年，全厂职工108人，产值19万元，利润24万元，固定资产5.24万元。1973年，购置45公斤和65公斤压力空气锤各1台，及气泵锻锤1台、刨床1台、齿轮车床1台。职工131人，产值389万元，利润4.95万元，固定资产12.28万元。1979年，企业更名为江阴县南闸农机具厂。是年，增设印染机械配件、电动吸边器、77型和78型减速器、M006绳状洗布机、M062型压缩机、M022型容布箱、HT567型和571型轧车，各种型号印染压辊、导布辊、烘燥机及分梭机等产品。1980年，企业购置5吨门吊行车2台、3吨门吊1台、3吨吊行车1台。职工202人，年末完成产值99.68万元，利润10.12万元，固定资产45.23万元。1984年下半年，企业增设制药机械项目开发，后购置剪板机、折边机各1台，以及各种冷作设备。生产的主要产品有ALG1-2型双针拉丝灌封机，1985年被评为无锡市优质产品后畅销全国。1988年，厂区占地面积扩大至19082平方米，建筑面积5322平方米。职工292人，产值457.4万元，利润42万元，固定资产167.35万元。主要设备有压力空气锤2台、钻床1台、车床9台、刨床3台、平面磨床1台、滚齿机1台、立铣1台、吊车1台、行车3台。主要产品有档吸边器、减速器、洗布机、压缩机、轧车、压辊、导布辊、烘燥机、化安瓶拉丝灌封机等。1990年5月，在原"江阴市南闸农机具厂""江阴市制药机械厂"厂名的基础上，新增"江阴市江南纺织印染机械厂"，增加染整机械制造、销售项目。1991—1993年期间，企业生产营销形式呈现连年跃升的趋势。1991年，完成产值869万元，销售收入785.19万元，销售税金26.99万元，实现利润45.26万元，固定资产原值187.35万元。1992年，企业完成工业产值1278.88万元，利润60.48万元。工业产值首次突破千万元大关，其他各项指标也大幅上升。至1993年末，农具厂实现产值1764.33万元，销售收入19155万元，销售税金37.54万元，利润62万元，固定资产原值2298万元，这是农具厂建厂以来实现的年度最佳业绩。1999年，企业进行转制改制，并将各类车间分别租赁给私营企业。2011年，街道为改造老镇区，建设如意滩、滨河公园等公益性工程，拆除了农机具厂，并妥善安排租赁企业移址生产。

第四章 村办工业企业

第一节 发展概况

　　农业合作化期间，合作社开办工副业加工项目，如璜村的蒲包编织社、灯塔的采石场、泗河口的粮饲加工厂等为境内村办企业的萌芽。1958年人民公社化后，提倡发展社队工业，各大队开始兴办饲料加工、农机修理、建筑材料、服装加工、日用五金等近30个小企业，产值60余万元。1965年，泾西大队创办皮件厂，向阳大队创办天平厂，灯塔大队创办塑料厂。1968年，蔡西大队创办有机玻璃纽扣厂，聘请上海退休工人做技术指导，年销售额达50万元，纯利润20万元，获得江阴县队办工业第一名的荣誉。

　　20世纪70年代，农村办工厂作为"资本主义尾巴"被限制，队办工厂较少。1976年后有所增加。至1978年，南闸公社有队办企业54家，职工2859人，固定资产268.96万元；完成工业产值416.37万元，利润108.11万元。

　　20世纪70年代初，队办企业不断扩大发展。1986年，南闸有村办企业80余家，职工5257人，固定资产954万元，工业产值5126.5万元，利润505.2万元，上缴国家税金143.16万元。1988年，全镇有村办企业98家，其中纺织4家、轻工54家、建筑建材22家、冶金机械2家、电子1家、化工15家。职工5644人，占镇村职工总数的56.43%，占全镇总劳动力的22.94%。总产值9023.3万元，占全镇工业总产值的48.1%，其中外贸供货总值435万元，上缴税金432.68万元，利润902.19万元，固定资产2012.83万元。其中观东毛纺织厂年总产值完成1601.1万元，上缴税金157.54万元，利润132.75万元，成为全镇村办工业的龙头企业。南运特种灯泡厂的产品首次打入国际市场，开创了南闸外贸生产的新局面。南运、南闸、龙运、蔡东、灯塔5个行政村工业年产值均超500万元，跻身经济强村行列。

1977年12月南闸公社队办工业总产值统计一览

表6-11　　　　　　　　　　　　　　　　　　　　　　　　　　　　　单位：万元

序号	企业名称	本月产值	1—12月累计	去年同期累计	比去年+%	比去年-%	本年度上交管理费
1	花果综合厂	0.7	14	1.96	—	46.94	0.104
2	花果知青车木厂	0.19	3.47	2.95	17.63	—	0.347
3	马泾五金橡胶厂	2.38	18.66	8.75	113.26	—	0.1866
4	曙光综合厂	0.77	7.48	7.21	3.74	—	0.748
5	谢南五金石料厂	23	13.74	8	63.57	—	0.1374
6	向阳天平厂	0.78	1.87	1.38	35	—	0.187
7	新庄五金螺丝厂	2.72	20.33	11.21	81.36	—	0.33

续表6-11

序号	企业名称	本月产值	1—12月累计	去年同期累计	比去年+%	比去年-%	本年度上交管理费
8	涂镇白泥纽扣厂	1.12	20.67	14.97	38.8	—	0.67
9	河东五金厂	4	37.82	20.83	81.56	—	0.3782
10	南闸五金拉丝厂	1.98	8.74	7.47	17	—	0.874
11	泾西螺丝厂	2.35	18.43	8.72	111.35	—	0.1843
12	蔡东眼镜厂	2.52	25.14	18.57	35.38	—	0.2514
13	跃进车木厂	1.68	29.26	20.49	42	—	0.2926
14	巨轮塑皮厂	4.13	23.87	16.29	46.53	—	0.2387
15	蔡西综合厂	2	18.94	15	22	—	0.1894
16	灯塔塑料厂	2.41	30.1	25.92	15.78	—	0.01
17	璜村综合厂	19	13.98	17.45	—	19.89	0.1398
18	菱塘有机医针厂	3	206	11.12	80	—	0.06
19	观西五金灯罩厂	6.67	39.13	30.75	27.25	—	0.3913
20	陶湾胶木厂	—	5.56	6.21	—	10.47	0.556
21	孟岸纸盒厂	0.28	4	57	—	19.13	0.410
22	观山塑料厂		2.24	11	121.78	—	0.224
23	泗河塑料厂	0.94	6	11.56	—	43.79	0.650
24	河南塑料厂	—	0.27	0.69	—	60.87	0.27
25	泗河知青五金厂	0.28	0.33	0.35	—	5.71	0.33
26	观东五金厂	—	0.82	1.63	—	49.69	0.82
	总　计	82.90	570.85	337.48	953.99	—	8.9797

　　1992年，村办工业产值18138.34万元，比1991年增加63.8%。1994年末，全镇拥有村办企业121个，职工总数3877名，工业总产值441293万元，占全镇工业总产值的42%，实现利润1796万元。产值超1000万元的村有12个，超2000万元的村4个，超3000万元的村4个，超4000万元的村1个。1995年，全镇的村办企业完成产值65亿元，比上年增43%。1996年，全镇村办企业实现产值6亿元，实现利润1220万元。1998年，泾西村实现产品开票销售超过2000万元；南运、观东、涂镇、龙游、谢南、施元等村开票销售超过1000万元。

1980—1990年南闸镇村办工业主要经济指标一览

表6-12　　　　　　　　　　　　　　　　　　　　　　　　　　　　　　　　　　　　　单位：万元

编号	项目	1980年	1981年	1982年	1983年	1984年	1985年	1986年	1987年	1988年	1989年	1990年
1	全部资金占用额	876	901	962	1017	1321	2222.5	4734	6206	8301	8286	8095
2	固定资产原值	305	375	413	458	529	635	908.62	1328	2012	2327	2748
3	折旧	15.2	18.7	20.6	22.9	52	62.8	99.8	131	161	250	296
4	定额流动资金余额	195	262	285	325	598.2	974.2	8323	1512	1404	1999	2247
5	非定额流动资金余额	56.5	75	82.9	94.3	144	166.5	241	438	407.2	579.7	651.6
6	三项资金合计	262.8	297	288.6	325.4	422.7	711	1515.8	1986	2656	2651	2509
7	产成品	35	36.4	38.5	40.5	52.8	88.9	189	310	415.5	414.3	413

续表6-12

编号	项目	1980年	1981年	1982年	1983年	1984年	1985年	1986年	1987年	1988年	1989年	1990年
8	发出商品	15.7	18	19.2	20	41	155.5	378.7	496	662	668	647.6
9	应收款	86.8	107.4	110.5	179	259	290.6	460	781	921	1125	910
10	销售收入	668	773	850	1378	1993	2728	3672	5789	9215	8532	7585
11	销售税金	30.6	37.1	40.8	66	95.6	130.9	143.16	269	433	402	284
12	减免销售税金	—	—	—	—	—	—	63.32	—	—	—	—
13	账面利润	6.8	6.5	6.8	11	21.9	27.3	65.8	82.16	-119	-108	-427
14	其中：银行借款	—	—	—	—	—	—	377.64	—	—	—	—
15	工业产值（不变价）	735	850	935	1532	2215	3757.3	5126	6746.4	9023.3	9207	8896.2
16	职工人数（人）	2580	3100	3420	3933	4327	4760	5257	5819	6376	5633	4950
17	工资总额	180.6	260	290.7	314.6	367	428	565.78	781.3	1035.9	835.16	715.86

1992年，村办工业产值18138.34万元，比1991年增加63.8%。1994年末，全镇拥有村办企业121个，职工总数3877名；工业总产值441293万元，占全镇工业总产值的42%，实现利润1796万元。产值超1000万元村有12个，超2000万元的村4个，超3000万元的村4个，超4000万元的村1个。1995年，全镇的村办企业完成产值65亿元，比上年增加43%。1996年，全镇村办企业实现产值6亿元，实现利润1220万元。1998年，泾西村实现产品开票销售超过2000万元；南运、观东、涂镇、龙游、谢南、施元等村开票销售超过1000万元。

1985年南闸村办工业综合指标汇总一览

表6-13

村名	全年产值（万元）	全年利润（万元）	固定资产原值（万元）	年末职工数（人）	耗电量（万千瓦时）	企业名称
合计	5191.92	823.80	1502.41	5471	367.55	
花果	129.93	9.55	21.97	421	11.26	采矿厂、预制场、纺织厂、木制纺配厂
谢南	102.52	66	14.72	276	8	石器厂、预制场、五金厂、金属丝网厂、砖瓦厂
施元	181	0.92	3.93	62	0.28	五金厂、化工厂、并铁厂、预制场
曙光	46.62	1	13.72	162	3	彩印厂、羊毛衫厂、冲件厂、化工厂、皮鞋厂
马泾	85.94	2	8.34	65	2	净水剂厂、橡胶厂、酱色厂
新庄	63.85	0.71	153	221	44	预制场、电热电器厂、电珠厂、五金厂、包装厂
涂镇	50.33	0	9.66	93	58	白泥厂、五金厂
南新	440.11	68.22	58.96	178	43.63	预制厂、无线电阻件厂
泾西	19.43	20.84	28.81	221	2	皮件厂、钢折椅厂、木椅厂、印染机械厂、汽修厂
南闸	408.85	43.17	687	412	19.75	毛织厂、羊毛衫厂、彩印厂、合成材料厂、预制场
南运	202.76	58.34	13.31	404	16.58	服装厂、并铁厂、模具厂、电珠厂、橡胶厂
龙游	159.42	4.91	45.37	347	6	造漆厂、轧钢厂、汽修厂、皮鞋厂
蔡东	441.55	479	62	302	16	彩印厂、并铁厂、眼镜厂、汽修厂、木器厂
蔡西	92.19	22.65	13.58	103	12	彩印厂、冶炼厂、皮鞋厂、五金厂、并铁厂
菱塘	87	0.94	22.55	258	9.12	采矿厂、服装厂、油灰厂

续表6-13

村　名	全年产值（万元）	全年利润（万元）	固定资产原值（万元）	年末职工数（人）	耗电量（万千瓦时）	企业名称
跃进	63.85	-1.38	13.68	135	2.36	电镀厂、车木厂
观山	51	34	4.53	96	1	采矿厂
璜村	88.83	1.44	12.19	219	1.68	采矿厂、五金厂、电器厂、预制场
观东	540.91	9	112.65	387	86.76	采矿厂、毛纺厂、预制场、石器厂、化纤厂
灯塔	195.28	-1.32	35.68	495	2	采矿厂、塑料厂、渔网厂、家电厂、预制场
泗河	91.55	4.43	13.16	205	8.77	采矿厂
孟岸	1039	-0.89	126	158	2.36	采矿厂、铜管厂、纸盒厂
观西	603	1	24.68	191	10	采矿厂、五金塑料厂
陶湾	7	-0.73	2.92	60	1	建筑装潢钢球厂

注：本表序号1—10为村办采矿企业；序号11—12为村办砖瓦企业。

1988年南闸村办工业综合情况一览

表6-14

行政村名	企业数（个）	年总产值（万元）	年末固定资产原值（万元）	年末人数（人）	利润总额（万元）	上缴税金（万元）	主要产品名称
花果	4	267.2	93.27	531	25.11	15.21	木制仿品、石料
谢南	11	252.3	67.86	292	23.84	6.85	印染机械、封头
施元	3	133.3	10.77	133	11.55	3.1	五金化工、预制
曙光	2	80	29.29	77	6.18	4.35	彩印、羊毛衫、矽片
马泾	4	182.5	44.81	79	31.29	9.86	净水剂、酱色
新庄	4	143.3	46.82	101	21.11	5.69	五金、电珠、预制品
涂镇	3	201.3	36.75	57	627	5.56	五金、白泥
南新	1	377.2	63.16	105	46.48	9.47	矽钢片
泾西	4	418.1	65.31	222	33.67	15.94	皮件、印机
南闸	9	758.1	165.48	318	413	35.19	毛织品、彩印、预制
南运	7	702.4	113.23	273	58.67	29.68	彩灯串、服装、模具
龙游	6	756.4	269.21	563	-8.89	18.49	皮鞋、造漆
蔡东	7	575.6	87.89	216	54.97	12.6	彩印、眼镜、木器
蔡西	5	232	40.58	86	28.39	8.66	彩印、皮鞋、五金
菱塘	2	200.5	44.78	301	31.85	12.63	石料、服装、油灰
跃进	3	120.1	35.67	96	6.42	4.74	电镀制品、车木
观山	3	100	23.31	206	27.71	5.82	石料、服装、油灰
璜村	5	378.3	65.55	244	365	12.46	石料、五金、预制
观东	3	1601.7	483.57	297	132.75	157.54	毛纺织品、石料
灯塔	1	563.1	113.44	629	108.84	18.72	石料、预制、塑料
泗河	1	248.2	25.68	373	41	9.47	石料
孟岸	5	273.7	34.11	170	23.65	7.91	铜管、纸盒、石料

续表6-14

行政村名	企业数（个）	年总产值（万元）	年末固定资产原值（万元）	年末人数（人）	利润总额（万元）	上缴税金（万元）	主要产品名称
观西	3	431.6	44.5	182	51	20.98	冷却材料、石料
陶湾	2	36.4	79	93	7.45	1.76	钢球
合计	98	9033.3	2084.04	5644	2168.04	432.68	

1999—2000年南闸村办建材企业概况一览

表6-15

序号	企业名称	开办日期	法人代表	固定资产（万元）	制砖机轧机数（台套）	年产量	销售收入（万元）	职工数（人）	备 注
1	花果采矿厂	1968	谭守才						已禁采停业
2	菱塘采矿厂	1966.7	李良生	61	2	136万吨	261.1	30	
3	观山采矿场	1972.8	顾勋朝	1448	1	25万吨	500	48	
4	璜村采矿厂	1976.6	张国民	167	2	42万吨	856	65	
5	观东采矿厂	1970.3	许满堂	251	2	40万吨	800	65	
6	灯塔采矿厂	1973.3	盛法洪	338	13	71.94万吨	1438.8	252	
7	泗河采矿厂	1977	徐海泉	173	20	115.51万吨	2310.2	120	
8	孟岸采矿厂	1980.6	金锡建	38	1	5万吨	100	30	
9	观西秦望山建材厂	1975.1	陆光华	118	6	35万吨	700	120	
10	陶湾采矿厂	1989.2	吴树荣	166	7	33万吨	670	100	
11	南闸第三砖瓦厂	1987	虞国标	131	1	600万块	180	60	观山、龙游村合办企业
12	南闸新型墙体建材公司	1998.4	林 泉	150	1	800万块	250	60	原涂镇砖瓦厂
13	合 计			3041			8066.1	950	

注：本表序号1—10为村办采矿企业；序号11—12为村办砖瓦企业。

第二节　发展规模

一、产品

20世纪50年代中后期，南闸队办工业主要是粮食、饲料、服装加工及采矿业的各种石料等。1960—1970年，主要产品增加了日用五金、砖瓦、塑料、皮件、天平、废纱织布、工作服装、脚袜等。1970—1980年，工业产品不仅数量上大幅度增加，而且在质量上也提高很快。南运村彩灯厂的彩灯一直是意大利等国的抢手货，外贸供货总值名列全市前茅；跃进村的木制翻板椅成功打入国际市场。

20世纪90年代，龙游村创办干燥成套设备厂。1995年，该厂生产的热风循环烘箱（TG-2）系列被国家医药总局评为第一批节能产品，同时荣获中国国际新技术新产品博览会银奖。1995年，南闸防火阻燃材料厂生产的"尤乐"牌系列产品，获第七届中国新技术新产品博览会金奖，被中国消费者协会推选为1996年全国消费者信得过名优产品。

二、布局

2000年3月前南闸地区的村级企业布局如下：

花果村 主要企业6家，职工180人。主要产品有木制纺织配件、纺织铸造件、纺织皮件、土砂石矿产品、水泥预制结构件、工业帆布、普通用布制造等。

谢南村 主要企业14家，职工233人。主要产品有各种封头、化工环保、印染设备、木制品、钣金加工、金属用品包装、轧车、减速机、纺织皮件、预应力多孔板等。

施元村 主要企业8家，职工162人。主要产品有机械制造、电子电机、设备安装、工业胶带、轧制钢材、铅印刷品、色织布类、废金属回收等。

曙光村 主要企业9家，职工130名。主要产品有精细涂料、纺织印染助剂、铵盐、机械配件、塑料编织、塑料制品、路灯设施、木器包装箱、羊毛衫编织、水泥涵筒制品等。

马泾村 主要企业5家，职工79人。主要产品有三氯化铁、聚丙乙烯烷基醚、各种酱色、橡胶密封制品、胶辊等。

新庄村 主要企业10家，职工162人。主要产品有橡胶制品、纺织机械专用配件、蓄电池、木器包装、多孔预制品、木制品、丝网印刷品、标牌、路牌、除锈磨料、深水潜水泵、纺织印染机械设备等。

涂镇村 主要企业6家，职工164人。主要产品有铸工材料、辅助材料、铸工中间合金产品、金属制品、各种新型墙体建筑材料、量仪制造销售等。

南新村 主要企业8家，职工166人。主要产品有冲制硅钢片、木器制品、铅印刷品、各种防火材料产品、电缆、钢结构件、无线电配件、电工仪表等。

泾西村 主要企业13家，职工639人。主要产品有胶印刷品、人造礼品花及配件、彩印刷品、商标印刷、印刷制板、钢结构制品、五金机械、机械维修、建筑材料、立网印刷、标牌、针织、绒织、针织服装、铸件、标准件、塑料制品、助剂、针纺织品、服装、配件、传热设备、彩印刷品。

蔡东村 主要企业6家，职工162人。主要产品有汽车维修、铅印刷品、彩印刷品、机械橡胶配件、工业传动胶带、电焊机修理、焊接配件、纺织胶带产品等。

蔡西村 主要企业9家，职工142人。主要产品有色金属冶炼、节流装置、PVC改性粒子及制品、橡胶改性粒子及制品、热处理加工、电焊机配件以及矽钢片的冲制、加工、销售。

南闸村 主要企业11家，职工158人。主要产品有纺织机械配件、矿山机械配件、摩托车消声器、贴塑复膜、木材加工、塑料、尼龙、聚氨酯、纺织品、商标印刷、棉布、化纤布等。

南运村 主要企业5家、职工400余人。主要产品有金属拉丝模具制造、彩色印刷、粮饲机械、圣诞节日灯串、梅花灯泡、跳灯泡、盆景彩灯泡等。

跃进村 主要企业4家，职工82人。主要产品有金属镀层制品、塑料电镀、镍板溶化、木制品制造、木折椅、地板制造、彩色印刷品。

龙游村 主要企业10家，职工297人。主要产品有干燥成套设备、防火堵料、防火涂料、阻燃材料、保温材料、防火阻燃电缆桥架、纺织机械专用配件及器件、纺织配件、胶带、印染机械等。

菱塘村 主要企业4家，职工85人。主要产品有各种规格石料、石粉、耐火泥、纸印刷品、液体鞋油、皮革制品去污剂、光亮剂、护肤霜、护肤甘油、喷发油、喷发胶香水等。

观东村 主要企业6家，职工322人。主要产品有球磨机衬胆、土砂石矿品、平绒、毛纱、废化纤加工，另有印染助剂等。

璜村村 主要企业9家，职工146人。主要产品有各种规格石料、制造冲制变压器的硅钢片、水泵、织布、服装、磨料、磨具、纺织皮件、铸工材料、PA热熔胶、聚酰胺热熔胶等。

观山村 主要企业3家，职工138人。主要产品有各种规格石料、轧制金属装饰材料、电容电子材料、砖瓦等。

灯塔村 主要企业5家，职工318人。主要产品有各种规格石料、石粉、金属拉丝加工销售、金属材料、建筑材料、五金交电销售、塑料制品、三醋酸甘油酯、胶带系列产品、对苯二甲酸、耐油强力胶粘剂、耐高温绝缘涂料等。

泗河村 主要企业6家，职工222人。主要产品有铸件、通用机械配件、金属制品、五金加工销售、干燥设备、制药机械、土砂石矿品、聚乙烯酸酯乳化液、冶金机械及配件等。

孟岸村 主要企业5家，职工80人。主要产品有土砂石矿品、机械配件、纸箱包装、金属压延、并铁等。

观西村 主要企业10家，职工461人。主要产品有聚氯乙烯制品、土砂石矿品、矿山机械设备、五金、塑料、托辊、喷洒水设备、纺织配件、粉末冶金制品、冲压制品、纺织助剂、精密钢管等。

陶湾村 主要企业2家，职工102人。主要产品有土砂石矿品、建筑装潢、铸钢球等。

三、产值和利润

1988年，南闸镇谢南村办企业实现工业产值252万元，利润23.84万元；1990年，实现工业总产值389万元，利润22.72万元；1994年，实现工业总产值1085.75万元，结算利润60.89万元。

1990年，全镇24个行政村（花果、谢南、施元、曙光、马泾、新庄、涂镇、南新、泾西、蔡东、蔡西、南闸、南运、跃进、龙游、菱塘、观东、璜村、观山、灯塔、泗河、孟岸、观西、陶湾）全年完成工业总产值8896万元，上缴销售税金284万元，完成利润551万元；至1994年末，全镇的村办企业实现工业总产值441293万元，到账销售收入37765.41万元，实现利润总额1796万元。村办工业已在市场开拓、技术进步、内部管理、经济效益等方面实现了飞速的发展，迈上了"起点高、速度快、外向型、效益好、后劲足"的良性循环发展轨道。

1993年南闸村办工业产值和利润一览

表6-16

村 名	职工人数（人）	固定资产（万元）	年产值（万元）	年利润（万元）
花果	417	188.36	1511.19	153.72
谢南	66	251.52	10009	75.54
施元	78	117.83	665	32.73
曙光	59	321.33	884	15.21
马泾	103	64.77	712.25	42.55
新庄	45	52.76	668	47.2
涂镇	71	73	728	86.94
南新	110	179.54	1514.21	131.75
泾西	144	89.17	832	29.86
南闸	200	391.85	1721.86	167.69
南运	364	492.15	2863.61	125.63
龙游	309	362.44	1208	46.67
蔡东	222	236.85	1614	117.39
蔡西	59	53.33	661.72	13.16

续表6-16

村　名	职工人数（人）	固定资产（万元）	年产值（万元）	年利润（万元）
菱塘	100	38.89	665	49
跃进	75	123.37	772	29.91
观山	100	71.83	506	44.88
璜村	308	387	2696.14	183.25
观东	480	393	2810	197.52
灯塔	457	309.61	1803.94	198
泗河	348	99.49	1102.98	114.48
孟岸	117	54	681.93	21.11
观西	196	76.23	287.42	-22.94
陶湾	180	47.11	380	49.25
合计	4608	4475.43	37298.25	1950.5

第三节　经营管理

一、技术人才和设备

20世纪60年代，各大队办工业企业一般以"五匠"（泥、木、竹、瓦、缝）为基础，除聘请外地退休技工和师傅外，在本地吸收有初小文化水平以上的青年农民，边教边学、边干边上，逐步提高技术水平。进入20世纪70年代以后，回乡或下乡知识青年经过短期农业生产锻炼后，大多安排进入自身所在大队的队办企业工作，企业职工文化技术素质有所改善和提高。

20世纪80年代，村办企业在改革开放的新时代开始向全国各地的科研单位、大专院校、城市大中型企业继续聘请各类技术人员，引进企业当顾问、工程师、机械师、经济师等，大多数村级企业都吸收了合适的科技人员。到1993年末，全镇的村办企业有已聘人员38人，其中工程师、经济师、机械师8人，技工16人，退休师傅14人。

20世纪60年代，南闸公社各大队小型工业企业一般设备都比较简陋，大多是敲敲打打的操作工具，车床、刨床很少。1980年后，村办企业先后投资1500余万元，改造或增添先进设备。至1993年末，全镇24个村的村办企业设备和固定资产原值已达4376万元，拥有300万元以上的村有6个，拥有200万元的村有3个。

二、生产管理

20世纪60年代开始，队办工业企业的人、财、物由大队党支部掌握，企业负责人（厂长）按党支部部署进行生产管理与销售。1984年，在党的十一届三中全会后，全镇村级工业企业进行改革，促进了企业的发展。1987年，村级工业企业在镇、村二级行政组织领导下深化经营机制改革，开始实行厂长承包责任制和任期目标责任制。各村党支部依照上述"两制"的规定和要求，不仅将回收和引进资金、促进横向联合，以及引进人才、技术、设备等企业自主权回归或下放给企业掌控，而且全力支持所属企业的各类改革创新活动。到1993年末，全镇24个行政村约占总数75%以上的企业在产品质量、品种、效益等方面都有质的提高和量的增加。当年，全镇村办工业实现产值28294.24万元，实现利税总额2597.27万元，其中缴纳税金645万元，约占24.84%；上交村委1366.59万元，占52.60%；企业留存585.68万元，占22.55%。

各村所属企业上交的资金，村委主要用于反哺农业和发展农副业生产，以及村内文化、教育、卫生等公共福利事业。1986—1993年，上交各村村委会的资金共计5160.32万元，平均每年上交达6454余万元，其中用于反哺农、副业生产资金2652万元，占51.4%；扶持辖区内贫困村民小组和补贴行政费用资金1032.6万元，占20%；参与（或用于）农民年终分配资金1176.55万元，占22.8%；公共福利事业费用294.14万元，占5.7%。

三、工资与奖金

20世纪80年代前后，队办（村办）工业企业的职工工资，一律沿用社办（镇办）工业企业实行交队计工的方式，到年终与务农社员一起参加分配。至1985年，农村实行联产承包责任制后，各村办企业职工开始实行基本工资加奖金的分配方式。职工工资形式有含量工资制、档次工资制、计件工资制、计时工资制和浮动工资制等多种。

职工奖金，自1980年起，全公社大队队办企业基本实行年初定指标、年终看考核的办法，超产则奖，减产则赔。1983年以后，队办工业企业开始改革，逐步推行经济承包责任制，当时主要形式有多种多样，例如有定额包干、联利计酬、超利分配、利润包干、超利留厂、全奖全赔、定额上交、利润大包干等。

1993年末，全镇24个行政村的村办企业实发职工工资1732.12万元；实发奖金260万元，占工资总额的15%左右。

1985—1994年南闸村办工业企业职工工资统计一览

表6-17

年　份	职工数（人）	工资总额（万元）	每人平均工资（元）
1985	5471	460.77	842.20
1986	5257	567.65	1079.80
1987	5819	781.3	1342.67
1988	6144	1035.92	1686.07
1989	5633	835.16	1482.62
1990	4950	715.86	1446.18
1991	4809	899.14	1869.70
1992	4889	1234.89	2525.85
1993	4608	1732.12	3758.94
1994	3877	1800	4642.77

1999年南闸村办主要工业企业一览

表6-18　　　　　　　　　　　　　　　　　　　　　　　　　　　　　　　　　　单位：万元

村名	企业名称	法人代表	投产年月	全年产值	年末固定资产	年末职工数（人）	注册资金	主要产品名称
花果	木质纺配厂	徐福良	1974.3	918	35.3	13	25	木制纺织机械配件
	采矿厂	谭守财	1968.7	85.79	46.88	60	30	土砂石矿品
	纺配铸造厂	邓和官	1971.4	30	12.7	9	20	纺织铸造配件
	吴明皮件厂	丁顺妹	1982.11	10	2	8	10	纺织配件
谢南	东海环机公司	谢洪兴	1986	48	47.4	35	58	化工环保机械、封头等
	恒达金属压件公司	胡发银	1989.9	180	102	30	56	

续表6-18

村名	企业名称	法人代表	投产年月	全年产值	年末固定资产	年末职工数（人）	注册资金	主要产品名称
谢南	永欣印机公司	戴荣兴	1987.6	287	305.5	41	83	印染机械、化工设备
	振兴机械厂	梅正兴	1989.1	100	44	20	36	印记、轧车、减速机
	长江皮件厂	朱仕林	1990.7	120	15	8	15	纺织皮件
施元	水泥制品厂	李清成	1986.3	30	19.6	10	25	预应力多孔板
	科达公司	缪建新	1989.9	181	194	30	67	机械、电子电器制造安装
曙光	机塑制品厂	王益平	1990.5	160	83	12	55	机械、塑料制造等
马泾	净水剂厂	焦虎兴	1986	385	125	30	112	三氯化铁制造
	选矿药剂厂	焦虎兴	1989.3	50	28	10	28	聚丙乙烷基醚
	长江化工厂	焦仁德	1990.1	50	30	8	20	白色特种润滑脂
	永红酱色厂	徐加生	1983.2	85	15	9	40	各种酱色
涂镇	自控设备厂	刘小平	1986.5	80	35	30	60	量仪制造
南新	无线电组件厂	蒋才元	1972.5	190	227	35	91	硅钢片冲制
	无线电冲件厂	汤满朗	1981.4	57	62	22	12	硅钢片冲制
	无线电配件厂	何金才	1990.6	220	50	25	30	硅钢片冲制
泾西	标准塑剂厂	高鹤泉	1969.8	350	97	26	75	标准件、塑制品等
蔡东	进口汽修厂	徐明章	1993	153	64	50	30	汽车修理
蔡西	五金冲件厂	缪达良	1990.2	50	26	22	26	硅钢片冲制
南闸	机械配件厂	陆士平	1989	15	44	8	56	纺配件、机械配件
	高强合成厂	王耀忠	1985.4	68	31	12	16	塑料、尼龙、聚氨酯
南闸	南闸彩印厂	陆元海	1981.3	74	46	25	54	商标印刷
	异型拉丝模具厂	许兴华	1979.12	56	26	16	38	金属拉丝模具
南运	粮饲机械厂	徐兴海	1990.1	185	80	20	99	粮饲机械
	光辉灯饰公司	许兴富	1979.12	2238	639	320	320	圣诞节日灯串等
龙游	巨轮汽修厂	虞国标	1979	40	16	15	30	汽车修理
菱塘	菱塘采矿厂	李良生	1966.7	161	61	30	34	土砂石矿品
	建设印刷厂	顾建平	1990.5	30	20	8	10	铅印印刷
观东	观东采矿厂	许满堂	1970.3	800	250	65	145	土砂石矿品
	化纤造纸厂	耿杏兴	1990.3	1600	400	165	250	废化纤加工、销售
璜村	璜村采矿厂	张国民	1976.6	856	166	65	2030	土砂石矿品
	汇丰水泵厂	吴克明	1987.3	100	128	14	58	各类水泵
观山	采矿厂	顾勋朝	1972.8	500	144	48	11	土砂石矿品
	第三砖瓦厂	虞国标	1987	180	131	60	30	砖瓦
灯塔	采矿厂	盛法洪	1973.8	1438	338	252	90	土砂石矿品
	精细化工厂	施岳林	1990.6	70	271	11	110	三醋酸甘油酯等
	金属拉丝公司	陈兴荣	1987.1	80	80	15	40	金属拉丝
泗河	澄光合成化工厂	陈元忠	1989.2	221	35	12	10	聚乙烯酸酯乳化液
	采矿厂	徐海泉	1977	2310	172	220	68	土砂石矿品
孟岸	采矿厂	金锡建	1980.6	100	38	30	20	土砂石矿品

续表6-18

村名	企业名称	法人代表	投产年月	全年产值	年末固定资产	年末职工数（人）	注册资金	主要产品名称
孟岸	机配包装厂	徐天奇	1973.5	28	20	17	50	纸箱、机配件等
	秦望山建材厂	陆光华	1975.1	700	177	120	60	土砂石矿品
观西	采矿厂	吴如荣	1989.2	1000	225	87	31	土砂石矿品
陶湾	建筑装潢铸件厂	刘文焕	1984.9	180	10	12	25	铸钢球、轧机配件

第五章　其他工业企业

第一节　国有企业

南闸全民性质国有单位共有5个：抽水站、粮站、兽医站、国药店、食品站。

1954年，南闸地区的8条个体戽水机船组成联营小组，有员工20人，夏寅才为负责人，后由缪勇负责。办公地点在河南街两间民房内。其主要任务是负责南闸地区农作物的抽水灌溉、排涝，主要收入是收取灌溉费、排涝费，以及秋后轧米加工费，经济上自负盈亏。1956年，成立公私合营澄西联合组南闸小组，隶属于区工管站、县灌溉管理所。1958年，划归南闸公社管理，属全民性质，更名为南闸抽水站。1959年底成立南闸公社抽水机站，1961年5月更名为南闸机电站，1963年更名为南闸农机站。同时在曙光、新庄、观东、泾西建成4个排灌站。1987年10月，江阴撤县建市后更名为江阴市南闸水利农机管理站。党的十一届三中全会后，开办预制品加工场1个，专业生产水利预制构件。又有农机配件门市部、第四轻工机械厂、化工厂等企业。有从业人员68人，固定资产130万元。1997年10月27日，更名为江阴市南闸水利农机管理服务站。2002年6月4日，江阴市机构编制委员会调整南闸水利农机管理服务站编制，定编7人，属全民事业单位性质，人员经费实行财政差额补助。

第二节　校办、福利工业企业

一、校办工业

1966年初，南闸中学初中部开办废棉花加工厂，有1台电动轧花机，由校内教师轮流上班生产。这是域内首家校办企业。仅开办了几个月，"文化大革命"爆发后即停办。

1971年，南闸中学创办矽钢片冲件厂。之后，观山中学、南闸中心小学、新庄小学、曹桥小学、施元小学、泾西小学、涂镇小学先后办厂。1988年，全镇有校办工厂21家，其中纺织配件厂6家、轻工7家、五金5家、机械2家、化工1家，职工168人，年产值299.8万元，净利润44.97万元，固定资产63.16万元。

1988年，南闸镇成立校办工业公司，隶属于镇工业公司和市校办工业公司，设经理1名，会计2人，负责对全镇校办工厂的协调和管理。

1989年，江苏省政府办公厅出台了《关于中小学校勤工俭学若干问题的暂行规定》文件，对中小学校办企业制定优惠措施，规定小学校办厂减免增值税和所得税，中学校办厂减免所得税，鼓励各校办厂。南闸镇政府号召镇村骨干企业扶持学校办厂。是年，南闸基本上达到一校一企业，扶持校办企业的生产经营管理，由出资企业负责，学校不参与。校办企业所免税项，按"三三四"比例分配，即减免总额的30%上交市校办工业公司；30%上交给镇校办工业公司用于发展教育事业；其余

40%则由挂钩学校和企业分成,学校用于改善办学条件,适当改善师生福利,企业则用于再生产。

1993年,南闸校办企业年产值突破千万大关,达到1412.5万元。

1997年,根据上级规定,小学校办企业只享受减免所得税。

1998年12月17日,江苏省教委、省经济体制改革委员会、省计经委联合下发了《关于中小学校校办企业体制改革的若干意见》文件,南闸校办企业陆续开始转制,原挂钩企业基本脱钩。当年5月底,南闸所有校办企业全部转制为私营企业和股份制企业。

1998年南闸镇部分校办企业简况一览

表6-19

序号	企业名称	企业地址	开办日期	法人代表	从业人员(人)	年末固定资产(万元)	销售收入(万元)	主要产品名称
1	南闸中学校办厂	南闸陆镇大桥塥	1975.4	张荣明	30	27.9	120	矽钢片、潜水泵、线路板
2	江阴市大华美术印刷厂	蔡西曹桥小学内	1980.5	陈加生	20	170.1	263.5	彩印、铅印、胶印刷品
3	江阴市南闸印刷厂	南闸中心小学内	1981.11	姚奇龙	24	21.8	105	铅印产品
4	南闸涂镇纺配五金厂	涂镇小学内	1976.1	蒋才朗	8	10.7	80	纺织机械专用配件
5	南闸新庄纺织配件厂	新庄小学内	1979.5	胡兴良	30	13.6	28	纺配专用件、蓄电池
6	江阴市华伟彩印厂	泾西小学内	1996.1	李金生	200	630.7	1590	彩印、商标印刷、印刷制版
7	曙光铝制品装潢厂	南后塍小学内	1995.6	徐阿惠	12	15	80	铝制品
8	南闸观山中学校办厂	观山中学内	1984.5	缪宝江高岳祥	18	20	40	矽钢片
9	江南特种涂料厂	南闸中学内	1990.1	冯国贤	50	180	300	涂料、压敏胶

二、福利企业

1958年,南闸成立人民公社后,安置10多名复员军人、伤残人员到社办企业就业。20世纪60年代至70年代,公社每年都安置有一定劳动能力的聋哑及残疾人员进入社办企业工作。1984年起,社会福利企业享受国家免征增值税、所得税,即所谓"双免税"优惠政策。南闸福利企业发展较快,至20世纪80年代末90年代初,南闸有江阴羊毛衫厂、江阴毛纺针织厂、江阴棉麻纺织厂、江阴美华皮鞋厂等8家福利工厂,共安排残疾人员559人,实行同工同酬,并另加照顾。1996年,全镇福利企业职工1224人,其中"四残"人员454人,创产值1.8亿元、利税768万元,民政部门另为伤残人员发放民政补助金3.71万元。2014年,经江苏省民政厅确认,无锡市民政局批准,南闸尚有位于曙光村的金泰电子有限公司,为域内唯一一家福利企业。企业现有职工83人,其中伤残人员23人。2015年,公司实现销售额2600万元,利税总额83万元。

第三节 合作投资企业

20世纪90年代,南闸镇的工业经济开始吸纳外资,并实施外向带动战略。1991年3月,成立了对外经济贸易工业公司，从事境内工业产品的外贸出口、引进外资企业等具体工作。镇外经贸公司在发展对外贸易的同时，协助有关企业积极招商引资。1991年，创办中外合资企业4家，总投资为254万美元，合同利用外资119.6万美元。1992年，全镇有合资企业5家，合同利用外资120万美元。

1994年，完成外贸供货总值4521万元，比上年增长71.4%；完成外贸自营出口100万美元；新办合资企业3家，累计达13家；新增合同利用外资345万美元，累计达737万美元；新建境外企业1家。

1996年，完成外贸供货总值1亿元，自营出口310万美元，新办合资企业1家，合同利用外资7万美元，实际到账外资84万美元。

1998年，南闸镇开放型经济取得新成绩，全镇完成外贸供货总值2亿元，是上年度的4.2倍；利用外资200万美金，自营出口420万美元。泾西工业区在招商引资中吸引了江阴斯玛菲东洋纸制品有限公司进区落户。该公司由爱尔兰最大的工业企业杰弗逊·斯玛菲集团、新加坡东洋铝箔（私人）股份有限公司与江阴联通集团三方合资，具有年产3000吨印刷水松纸和40万箱卷烟商标的生产能力。印刷技术和管理水平先后通过了英美烟草公司、上海烟草公司的严格考核和法国BVQI的质量认证，成为国内首家向国外供应卷烟包装的印刷企业。是年，该公司工业产品销售收入及利润分别达到1.7亿元和4000万元。因为公司的成功实践和辉煌业绩，爱尔兰总理和外长曾称其为"爱中两国合作的象征"。

2000年，南闸开放型经济有新突破，全镇合同利用外资2035万美元，实际到账外资816万美元，分别比上年增长99.5%和159.8%；完成外贸供货总值2.29亿元，自营出口556万美元。在招商引企工作中，顺利完成占地2平方公里的南闸工业园规划工作。总投资1500万美元的江阴斯玛菲印务有限公司竣工投产，投资2500万元的江阴远东彩印包装有限公司项目正在紧张施工，投资1亿元的江阴联通印务有限公司也破土动工，并成立了注册资本为2500万元的江阴市培尔联通信息技术有限公司。

2001年11月，根据中共江阴市委、江阴市人民政府下发《关于江阴市市镇机构改革的实施意见》等有关文件，撤销了镇对外经济贸易工业公司，成立镇对外经济办公室，由主管工业的副镇长兼管该办公室，负责协调全镇外向型经济。

2003年，南闸实际利用外资979万美元，出口商品供货总值3.92亿元，外商投资企业14个。

2005年，到位注册外资1507万美元，出口商品供货总值34.71亿元。

2006年，协议注册外资1278万美元，到位注册外资1026万美元，出口商品供货总值3.44亿元。

2007年，南闸协议注册外资99万元，到位注册外资130万美元，比2006年回落幅度较大。江阴中友金属制品有限公司实现开票销售52亿元，江阴特锐达包装科技有限公司实现开票销售2.59亿元，江阴宇杰制衣有限公司实现开票销售16亿元。

至2015年，南闸街道有外资企业11家，总投资达7076万美元，注册资本992万美元。

第四节 私营企业

一、发展概况

20世纪30年代，南闸私营工业发展迅猛，集镇上有染织布厂12家，工人1200余人，产品占全县三分之一左右，除销售全国各地外，还远销南洋群岛，南闸因此被称为"小无锡"。日军侵占南闸时，工厂被战火烧毁几近，私营工业从此一蹶不振。中华人民共和国成立前夕，仅剩一家不足百余工人的纬丰布厂和几家酱坊、油坊、粮食加工厂等小型作坊。

中华人民共和国成立后，个体工商户经过社会主义改造，根据行业分别成立了铁木竹生产合作社和缝纫社。1953年，耿家村15家农户合资购买5台脚踏式织布机，开办织布作坊，生产白布、被单布。1960—1970年，随着集体砖瓦厂窑的开办，农村社员家庭开始私人织草包、草帘，供砖瓦厂给砖瓦坯遮阳挡雨，以及用于抗洪救灾。观西片的观西、陶湾、孟岸、泗河4个大队以及灯塔大队部分自然村的村民，利用自然资源蒲草，恢复传统手工艺开始编织蒲包，南闸供销合作社专门在新桥头设立收购站。社员们特别是妇女，利用空余时间，几乎人人编织。1957年，收购站全年收购各种型号蒲包达70万余个。20世纪80年代初，随着改革开放，家庭作坊也多了起来，他们从事包装、烫塑料袋、做蛇皮袋、服装加工、缝大布袜等行业。20世纪80年代中后期，一些个体水泥预制品购件场、五金、机械加工制造业也逐渐兴起。

1987年6月，谢南北后塍戴荣兴创办江阴县永欣印染机械厂，这是南闸第一批创办的个体私营企业，年产值近千万元，职工88人。

1997年，南闸进行产权制度改革，大部分镇、村的集体企业转制为私营企业。2001年，南闸有私营企业206家，至2004年增至264家。2008年，私营企业工业总产值68.12亿元，利税总额5.31亿元，固定资产17.37亿元。2015年，私营企业工业总产值106亿元，利税总额7.49亿元，固定资产投资6亿元。

二、工业园区

按照江阴市委提出"乡镇工业计划性地向工业小区集中"的要求，南闸镇自1997年开始规划启动工业集中区建设。2000年12月5日，江阴市人民政府下达了《关于同意设立江阴市南闸镇工业园的批复》，要求南闸镇工业园建设领导小组严格按照市乡镇工业园区建设领导小组澄园建设规定的区域范围和要求，高起点规划、高标准建设、高水平管理。按规划，南闸设立两个工业园区，分别位于镇区南北两侧，规划总面积为1.72平方公里，计2580亩。南区东起规划中的环镇东路（锡澄公路以东800米），西至锡澄运河，南起集镇区南侧（花山路），北至南新村，称锦南工业区。北区东起锡澄运河，西至蔡东村，北起培尔学院，南至蔡经河，称泾西工业区。1998年，泾西工业园区初具规模，引进江阴斯玛菲东洋纸制品有限公司等13个项目，总投资3亿元，批租土地300余亩；锦南工业园引进江阴市宏洋木器制品厂等5个项目，批租土地50余亩。2001年，两园区全面建成，锦南工业园区引进项目35个，泾西工业园区引进项目15个，年销售收入达10亿元。随着项目的不断进区，原有区域已不适应经济飞速发展的要求和客商的选择。2002年，南闸镇按照"总体规划、统一布局、重点突破、滚动发展"的原则，决定调整工业集中区规划范围，由原来的2.3平方公里（3450亩）扩大至5.88平方公里（8820亩），并在观山村建设东盟科技工业区，以骨干企业为支柱，以产业为纽带，在全镇形成"一园四区"的开放型经济发展新格局。一是以江阴联通集团公司和江阴斯玛菲集团公司为龙头的印刷工业区，占地1200亩；二是以台商独资伍立通联福（江阴）纺织染整有限公司为龙头的纺织工业区，占地700亩；三是以江阴东盟电线电缆公司为载体的东盟科技工业区，占地2100亩；四是以锦南工业园为主的私营工业区，占地4818亩。工业园区的发展，不仅推动了城市化的发展，而且合理布局了园内生产力，更是实现可持续发展的重要支撑。

三、主要工业企业选介

江苏双宇电工材料有限公司

2007年，江苏双宇电工材料有限公司落户东盟科技园区，占地面积112.5亩，建筑面积6.6万平方米，法人代表符明君。创建至今共投入2.3亿元。公司现有员工368人。

专业生产圆铜漆包线等系列产品，主要产品有直焊性聚酯漆包铜圆线、130级聚酯漆包线、155级改性聚包铜圆线、180级聚酯亚胺漆包铝圆线、裸铜扁线、200级聚酯亚胺/聚酰胺酰、亚胺复合漆包铝圆线、裸铜扁线及纸包铜扁线、扁绕组线系列等。产品线规格型号齐全，产品性能均符合国家标准及国际电工委员会IEC、NEMA标准，日本工业标准。产品已取得国际质量管理体系认证及SGS、UL等多项认证。

公司产品广泛用于电力、电源、电机、电器和建设工程等各行业。公司拥有完整的产业链，从原铜板材冶炼至线材生产、制造、深加工、终端的产品合销，均一体化完成，年生产能力从初创期的12000吨快速跃升至目前的35000吨。

公司2012年度产品开票销售收入6.5亿元，2014年度产品销售收入21.77亿元，2015年度公司产品销售收入19.73亿元。

多年来，公司连续被省、市评为重合同守信用企业、江苏省质量信得过企业等。"双羽牌"圆铜漆包线系列产品已获得海内外数百家合作伙伴的一致认可，在同行业中名列前茅。

江阴市东泽铝业科技有限公司

成立于2010年4月，法人代表孙宇东。占地约7000平方米，生产厂房面积18000平方米，拥有员工200余人，投入资金8000余万元。公司主要生产高精级、超高精级工业铝材等产品。现拥有500吨、800吨、1250吨、1800吨、2000吨、2500吨等大型挤压生产线5条。2015年，公司完成销售收入1.76亿元。

2010年，公司被江苏省质量监督调查委员会评为江苏省质量信得过企业；2011年被评为3A级资信企业；2012年被中国铝行业评为"十佳"厂商。凭借良好的信誉，产品远销欧美、日本等国家，特别是因其主打产品电机壳而成为日本松下、安川等知名企业的主要供应商。

江阴市恒通电器有限公司

成立于1989年，法人代表吴士全，员工140人。至2015年，公司总占地面积34.6亩，建筑面积18万平方米。历年来，公司是国家光伏生产、智能电表、家用电器行业最重要的硅钢铁芯制造基地。2014年实现工业产品开票销售1.46亿元。

公司在全国电子元件行业协会电子变压器中担任第九届理事会理事，被评为江苏省质量服务信誉3A级优秀企业。

江阴天翔电器有限公司

成立于1990年，法人代表高政委，2010年9月迁入东盟科技园区。占地面积22500平方米，建筑面积15000平方米，职工120人。公司年产各种标准及非标系列EI矽钢片、三项铁蕊、镇流器铁芯、TL系列和各种剪片超2.5万吨，是目前国内生产硅钢片型号最齐全的生产基地。

近年来，公司引进200吨、160吨、80吨、60吨、45吨、25吨全自动高速冲床总计45台，手工冲床总计88台，高速模具300余套，能够满足用户EI铁芯、镇流器铁芯等任何规格的需求，具有每月600吨热处理能力设备及电磁性能测试条件，同时可满足任意带气隙的电抗器铁芯的生产需求。公司已通过ISO9001、ISO14001认证。凭借着高质量的产品、良好的信誉、优质的服务，产品畅销全国各个省市，并拥有自主进出口经营权，产品远销东南亚、中东、南美、欧洲等世界各地。

江阴市南华冶金机械制造有限公司

始建于1992年，法人代表张凯。占地面积5万多平方米，建筑面积4万多平方米，固定资产8000余万元。2011年末，开票销售收入超1.1亿元，上缴利税300多万元，被评为江阴市双百企业。

公司现有固定职工200多人，其中中高级科技人员38人。企业各类生产设备、检测设备先进齐全，新引进的"T6920D/4MX10M数显落地镗铣床"系国际一流设备。公司已通过BCC/GB/T19001-2008全面质量管理体系认证和GB/T24001-2004环境管理体系认证。

公司主要从事冶金机械设备、轧钢导卫、炼钢设备易损件、结构件等设施和产品的制造、加工、设计、安装、维修等业务，已与中国特种钢生产基地（江阴兴澄特种钢铁股份有限公司）建立了长期的合作发展关系，并与中国一重、太原重工、中信重工、上海宝钢、日本三菱重工等国内外大型企业建立了稳定的合作关系。

江苏安科瑞电器制造有限公司

成立于2004年12月，落户在东盟工业园区。占地面积34.29亩，建筑面积25000平方米，注册资本9186万元，是一家集研发、生产、销售、服务于一体的高新技术企业。2012年销售收入8246万元，利税120万元。2015年实现销售收入14000万元，利税407万元。

2010年，公司建立无尘化生产车间，实现了生产自动化、管理信息化、操作电脑化、生产信息可视化的生产过程，并从美、日、瑞士等发达国家引进高端研发生产设备。现企业拥有3条数字化生产线，实现无铅生产工艺，所生产的PZ系列可编程智能电测仪表通过SGS公司的欧盟GE认证、SG公司的ROHS检测和德国TUV公司的REAGH认证。

公司主要产品有电能表、网络电力仪表、有源滤波装置、逆变器、光伏汇流箱、智能电动机控制器、医疗洁净电源柜、电气火灾监控装置、通信机柜等，为智能电网用户提供智能电力监控、电能管理、电气安全系统解决方案。产品应用于北京奥运工程、上海世博工程、广州亚运会工程、援建哥斯达黎加国家体育场工程等国内外重大工程项目中。

公司有员工320人，其中有大专以上学历人员165人，包括4名硕士研究生。作为江苏省高新技术企业，公司一直注重企业的创新能力建设，每年都加大科技创新投入。2012年，公司被认定为江苏省科技型中小企业，并建立江苏省建筑光伏发电输出系统工程技术研究中心、江阴市企业技术中心，拥有自主知识产权76项，其中授权的发明专利4项、实用新型专利32项、软件著作权24项。

公司全面实施科学的现代化管理，在产品的研发、生产上严格按照ISO9001：2000质量管理体系标准进行管控，产品技术含量基本达到国际水平，或与先进发达国家同步水平，其中智能光伏汇流箱、智能电动机保护器等7种产品被认定为江苏省高新技术产品。

江阴市元和彩印包装有限公司

成立于2005年，法人代表徐惠，注册资本1000万元，2010年6月落户东盟科技园区内。公司占地面积15333平方米，建筑面积9600平方米，是一家专业从事集研发、吹膜、印刷、符合、分切、制袋于一体的软包装企业。公司现拥有多条一流的软包装流水线，专业为客户和市场提供软包装一揽子解决方案，在江阴与淮安拥有两家工厂。公司形成了覆盖全国主要城市的销售网络，并在广州、上海、天津、成都、山东等地设有业务办事处，同时还积极向海外拓展业务，在国际市场上具有相当的销售规模。

公司现有员工200人，其中大专以上学历人员80人。作为一家领先的软包装供应商，公司始终如一坚持产品质量第一的观念，建立了一套完善的质量管理体系，已取得ISO9001：2008质量管理体系认证、QS生产许可证、ISO14001：2004环境管理体系认证、自理报检单位备案登记证明书。

江阴市中南塑料彩印有限公司

成立于2007年6月，法人代表沈坚。2013年3月迁入观山东盟科技园内，占地面积28260平方米，建筑面积38000平方米。迄今为止公司已投资1亿多元，建成后年产能可达10亿元。8000平方米的生产车间严格按QS要求建立和管理，并已将ERP上线。现有10条高速印刷线、6条高速复合线、4条高速分切线及9条制袋设备。

公司主要提供食品、日化、农药、建材、工业品、护理类包装，能生产塑料、涂层塑料、镀铝膜、铝箔等材料组成的复合膜、复合袋。公司拥有全面的检验、检测设备，如透氧透湿仪、气相色谱仪、拉力仪、摩擦系数仪、热封仪等。

公司于2008年底通过QS现场审核，2009年2月取得QS证书。

江阴市中强科技有限公司

成立于2004年，是江苏省民营科技企业，法人代表周燕萍。公司主要从事军用伪装网、伪装迷彩涂料和数码迷彩作业系统等武器装备项目的研发及生产、销售和技术服务，现为中央军委装备发展部工程兵技术装备研究所的伪装器材生产基地。

公司占地面积17066.67平方米，建筑面积25500平方米。注册资本1000万元，固定资产3800万元。2012年公司完成开票销售5500万元，上缴利税400万元。公司设有科研开发部、供应销售部、工艺技术质量部、生产部、财务部、综合办、测试中心等。公司现有员工100多人，其中从事伪装涂料生产的人员15人，伪装网生产的人员60人；技术人员中高级职称4人、中级职称15人。

2010年12月，被原解放军总装备部授予"军队科技进步二等奖"荣誉证书；陆军武器装备数码迷彩技术研究项目成果于2011年10月被原总装备部授予"军队科技进步一等奖"荣誉证书；GEZ113/311/413型防光学侦察伪装遮障于2012年11月被原总装备部授予"军队科技进步二等奖"荣誉证书。

江阴宏晟机械热处理有限公司

成立于2008年3月，法人代表偶洪元，注册资本1580万元。公司是江苏省宏晟重工集团有限公司下属全资子公司，企业地址东盟科技园区。占地面积64084平方米，建筑面积45000平方米，总投资1亿元。主要设备为淬火炉4台、回火炉4台、重型卧式车床7台、深孔镗床1台及辅助配套设备数十台套。公司从事钢铁产品的机械加工及性能热处理业务，年设计加工能力为4万吨，产品加工范围覆盖模具钢的预硬、风电主轴的深孔及调质和特殊钢材的热处理等。公司检测中心已通过GNAS认证。

2012年，公司完成开票销售约1.3亿元。现有在职职工154人，其中高级技术职称15人、专业技术职称35人。

江阴市锦明工业机器人自动化有限公司

始创于2001年3月，法人代表张英，注册资金1009万元。于2008年6月迁入东盟科技园，占地面积33586.2平方米，建筑面积22098.8平方米，是专业生产玻璃机械、工业机器人及工业自动化成套产品开发和应用的省高新技术企业。公司已通过ISO9000质量管理体系、ISO14000环境管理体系及OHSMS18000职业健康安全管理体系的三项认证。2012年，公司实现开票销售1.6亿元（园区开票销售0.6258亿元）。

公司多年来一直坚持"成就客户、创业创新、诚信正直、多元共赢"的经营理念，以开放求知的广博胸怀不断吸纳高级技术人才，对公司产品不断进行性能优化改造与技术升级。现有员工135人，其中大专以上学历52人，包括4名硕士，拥有高级工程师2名。2008年以来，公司年产品研发经费投入均占公司销售额的5%以上，高新技术产品销售占比90%以上，建有江苏省玻璃机械工程技术研究中心、江阴市重载工业机器人研究所。目前拥有36项国家专利技术（发明专利3项），其中自主知识产权产品——六轴重载高速机器人获得2012年江苏省科技成果转化专项基金支持，并被评为江苏省优秀新产品金奖、无锡市科技进步二等奖。2013年，公司工业机器人已实现产业化，全年实现销售收入5000多万元。

江阴市鹏锦机械制造有限公司

公司于2003年8月成立，法人代表徐正鹏，是一家从事起重运输机械设计、制造的厂家。公司占地面积20000平方米，建筑面积13000平方米，固定资产3000余万元，有员工50余人，专业制造特种与通用运输机械，年生产能力达8000万元。公司坚持高起点、高质量、高服务的原则，从国内外引进大批先进设备，完善的电脑系统覆盖了物流、生产管理和财务管理等环节，并对员工进行多层次、全方位培训，形成了先进的企业文化，为企业的高速和持久发展打下了坚实的基础。

公司主要生产DJC型系列波状挡边带式输送机、TD75和DTII（A）通用固定带式输送机、可逆配仓带式输送机、移动带式输送机、卸料车、管状输送机、环形输送机、螺旋输送机、斗式提升机、给料设备等。

公司产品畅销全国29个省、直辖市、自治区，部分产品已成功出口到巴西、印度及新加坡等国家和地区。2015年，被评为江苏省民营科技企业，并获得无锡市质量信用产品证书、江阴市科技进步奖，是中国重型机械工业协会、带式机协会的成员单位。

江阴市强达机械制造有限公司

公司于2011年6月成立，法人代表朱国强。公司占地面积15000平方米，建造厂房1000平方米，固定资产2000万元，员工60多人，专业制造各种印染机械设备，年生产能力达5000万元。2013年，完成开票销售收入3000余万元。

公司主要产品是精炼剂、干蒸机、绳洗机、退浆机等印染机械，设备性能优秀，深获用户好评。公司也可根据用户需求设计各种非标设备。公司设计技术成熟、装备条件完善、检测手段先进，每年都有新的产品推向市场，在同行业中处于领先地位。目前，公司产品畅销全国10多个省、直辖市和自治区。

江阴久和机械制造有限公司（江阴特宇机械制造有限公司）

公司成立于2013年3月，法人代表张群，注册资金580万元，占地总面积16433平方米，建筑面积16000平方米，总投资8700万元，是专业从事轧钢设备、炼钢设备、连铸设备等冶金机械的制造、加工、安装、修理的综合型企业。公司与中国特种钢生产基地（江阴兴澄钢铁有限公司）建立了长期的合作关系，并参与该公司的工艺设计和技术改造。公司还长期与相关的大专院校、钢铁行业设计研究院联合开发新产品，不断满足钢铁制造行业的发展要求。2015年，公司开票销售收入2310万元。

江阴市阪纳奇自动化机械设备有限公司

公司成立于2005年7月，法人代表雷超见，2012年6月入户东盟科技工业园，位于园区观山路6号。公司建筑面积2000平方米，场地10000多平方米，注册资金10158万元，专业从事各类通信铁塔、机房、美化天线及其他钢结构产品的研发、设计、生产、安装及维护。公司拥有通信塔全系列、微波塔全系列、电视塔200米以下系列、广播台180米以下系列的全国工业生产许可证、钢结构专业承包三级资质、安全生产许可证及本企业产品质量管理体系ISO9000系列认证证书。

自2005年始，公司参与了中国电信湖北、上海、宁夏、贵州、广东等分公司，中国移动青海、甘肃、广西、贵州、湖南等分公司，中国联通青海、上海、贵州、广东等移动基站基础设施的建设，主要通信产品有支撑杆、增高架、H杆、角钢塔、三管塔、拉线塔、单管塔、景观塔、仿生塔、美化天线和一体化塔房基站等。2014年，公司完成开票销售收入4908万元。

江阴艾力特机械制造有限公司

又名江阴润华铜业有限公司，始创于2003年10月，法人代表杨君德，位于江阴市南闸街道锦南工业园开泉路5号。公司占地面积8040平方米，建筑面积9000平方米，注册资金51万元，现有员工40人，是一家专业生产、加工无氧紫铜带（箔）、TP2铜带（箔）、变压器铜带的企业。公司拥有目前国内先进的专业生产设备和检测设备。产品厚薄均匀，公差控制精确，大宽幅、大卷重能有效地降低采购方在加工过程中对设备的损伤，减少浪费、节约成本。特别是公司产品不氧化、不变色，能作库存长期存放。产品适用于散热器设备、空调设备、船用设备、光伏产品等领域。

公司高新产品宽幅无氧紫铜带、紫铜箔已符合JIS、GB、ASTM、ISO标准，亦达到SGS绿色环保认证标准，符合RHOS指令，良好的品质、合理的价格、客户满意的服务得到了国内广大高科技界、军工、外企、民营企业的信赖，并取得用户的一致好评。

无锡宝联印染机械有限公司

公司地处江阴市南闸街道云南路1655号，创建于2006年12月，法人代表王小平。公司占地面积12000平方米，建筑面积7400平方米，是一家主营印染机械和其他纺织专用设备的制造、加工、销售的股份制私营企业。公司经营的主要产品有退煮漂机、丝光机、轧染机、水洗机、预缩机、烧毛机等印染设备和纺织机械设备。公司注册资金100万元。产品达到国内印染机械制造业的先进水平，远销印度尼西亚、乌兹别克斯坦等国以及江苏、浙江、山东、江西、河南等地。

江阴博纬重工机械有限公司

坐落于锦南工业园区白玉路816号，法人代表谭方婷。公司注册资金2000万元，总资产8000万元，其中固定资产逾4000万元。现有标准厂房15000平方米，办公楼4500平方米。公司环境优美，绿化面积达20%以上，办公环境达四星级标准；车间拥有大型的龙门镗铣车床、镗床、外圆磨板、数控切割机及各种先进车床，在同行业中具有领先地位，设备完好率90%以上。

公司现有员工61人，其中工程师2人，各类专业技术人员21人。公司是一家专业生产、制造和销售大型成套重型冶金机械设备的厂家，与北京钢铁研究总院、北京首钢设计研究院、马鞍山钢铁设计研究院、西安重型机械研究所等多家国内科研院所建立了长期的合作关系，并以此为技术依托。长期以来，公司以各系列牌坊式、短应力轧机（320-750精轧机、320-750初轧机）为主导产品，并承接烧结、高炉炼铁、炼钢、连铸连轧（棒线、高线）、热（冷）轧板材及宽厚板生产线等项目工程。

公司已通过ISO9001：2000质量管理体系标准认证，是国家标准委员会成员之一、世贸（亚太）指定出口产品供应商。本公司经江苏远东国际评估咨询有限公司评估审定为AAA级信用企业。

江阴市晨海纺织有限公司

创建于1987年，位于南闸街道老锡澄路90号，占地面积48212.7平方米，法人代表王忠良，是一家主营纱线生产、加工的股份制民营企业。历经多年的迅猛发展，公司已一跃成为颇具规模的纺织业中型企业。公司多年来先后获得"江阴市文明单位""江阴市平安企业""AAA级企业资信等级""无锡市守信用、讲信誉、重信义先进单位""光彩之星""和谐劳动关系先进单位""江阴市关爱职工优秀企业"等多项荣誉称号，现已成为市、街道重点企业之一。

公司经营范围：各类化纤、棉混纺纱、线、色纺等的生产销售。目前主要原料为涤纶短纤。生产工序为清梳联、并条、粗纱、细纱、自络筒。公司拥有国内外先进生产设备5.5万多锭，并投入2000万元购进德国自络筒12台。现有员工320余人，其中中高级技术人员50余人，年生产能力为各类纱线8000吨。

公司产品远销印度、埃及、俄罗斯、欧盟等国家以及国内江苏、浙江、山东、江西、河北等省市。

江阴市宏建印刷厂有限公司

始创于1992年8月，法人代表陆锦鹿，位于江阴市南闸街道锦南工业园开泰路2号，土地占用面积26716平方米，拥有员工62人。企业主要经营纸箱纸板制造、包装装潢印刷销售业务，注册资金为1000万元。2014年12月，全年完成工业产值5788万元，主营业务收入5812万元，上交增值税124万元，地方税92万元。

江阴嘉鑫风电轴承有限公司

公司创建于2006年12月，法人代表马新志，注册资金2173.913万元，位于江阴市南闸街道锡澄路282号，是一家新兴的从事风电设备制造的企业。主要经营轴承及其配件、风力发电设备及其配件、机械零部件的制造、加工、销售。拥有厂房及仓库面积29000平方米。现有员工235人，其中大专以上学历180人，质量、技术人员45人。公司以科技兴厂为宗旨，坚持走自主开发和技术创新之路，已获国家专利9项。其中"1.5MW风力发电机组用变桨轴承"已通过江苏省经信委新产品鉴定，并获江苏省优秀新产品奖；"北瓦级风力发电机组用变桨轴承"先后由江苏省和国家授予"高新技术产品"和"国家重点新产品"称号。2010年，公司通过ISO9001：2008质量体系认证。2011年，公司被江苏省认定为高新技术企业。

江苏联通塑业科技（集团）有限公司

公司始创于1990年，位于南闸街道涂镇村锡澄路885号，法人代表为薛建清，是一家从事高分子材料及制品的研发、生产、贸易和服务于一体的集团企业，占地面积30万平方米。目前公司拥有国内领先水平的HDPE大口径双壁波纹管生产机组、PE大口径管道生产线，PP-R、PVC-U、PE-RT管材生产线及管件成型设备500余台（套），年吞吐量超过50万吨，为各地客户提供五大系列2000多个规格的产品。

现有职工242人，包括近百名中高级专业技术人员。多个产品获得国家专利证书。公司被授予国家建材AAA级质量服务信用企业；"联通"牌商标荣获"江苏省著名商标"和"江苏省名牌"称号；联通系列产品质量上乘，获得"国家免检产品"等荣誉称号。

江阴市梅园不锈钢有限公司

创建于1987年8月，位于白玉路825号，法人代表郑庆云，占地面积25000平方米，建筑面积18000多平方米。公司拥有大小轧机10多台、连续循环式光亮退火炉10台，从业人员88人。年生产各种规格精密不锈钢带6000余吨，产品质量在全国同行业中一直处于领先地位。

公司生产的各种规格不锈钢带，广泛用于石油、化工、高频螺旋翅片焊管、仪表、轴承等行业。公司于2001年10月通过ISO9002质量体系认证，并多次通过省质量技术监督局抽检，产品全部合格。

江苏南农高科技股份有限公司

成立于2000年1月，由南京农业大学和江阴新锦南投资发展有限公司为主体，按照现代企业制度共同投资组建的，专业从事兽用生物制品研发、生产、经营和服务的国家级高新技术企业。现为江苏省农业产业化重点龙头企业，建有通过原国家农业部GMP验收的活疫苗、灭活疫苗两个生产车间8条生产线，拥有家畜、家禽两大系列共23个产品，具备年产活疫苗100亿羽（头）份、灭活疫苗5亿毫升的生产能力。公司现有在职员工257名，其中原农业部兽药典委员会委员2名、博士后1名、博士5名；从事新品研发的科技人员26名，其中硕士17名、高级职称人员6名。

公司于2009年成立了江苏省动物疫病防控生物工程技术研究中心，专业推出猪圆环病毒Ⅱ型灭活疫苗、猪繁殖与呼吸综合征活疫苗、猪瘟活疫苗（传代细胞源）、猪伪狂犬活疫苗及猪流行性腹泻、传染性胃肠炎二联灭活疫苗，鸡新城疫、禽流感（H9亚型）疫病防控核心产品鸡新城疫活疫苗（N79）、鸡新城疫（A-Ⅶ）灭活疫苗、禽流感（H9）系列灭活疫苗，并拥有专利3项，其中自助发明专利1项。获得国家新兽药证书4项：猪圆环病毒Ⅱ型灭活疫苗，猪繁殖与呼吸综合征活疫苗（R98株），鸡新城疫、传染性支气管炎、禽流感（H9亚型）三联灭活疫苗和鸡新城疫、传染性支气管炎、减蛋综合征、禽流感（H9亚型）四联灭活疫苗等。

江阴市圣曼不锈钢线棒品有限公司

公司创立于2001年5月，位于江阴市南闸街道白玉路805号，法人代表刘广锐，是一家专业从事加工不锈钢丝的民营企业。注册资金100万元人民币。占地面积约13333平方米，拥有现代化标准厂房。现有职工80余人。

公司选用各种优质不锈钢盘元，采用先进的拉拔和处理工艺组织生产经营。主要产品有各类不锈钢弹簧线、钉线、冷打线、电解抛光线、光亮退火线、轴心线、异型线以及编网、编管线等。年产各类不锈钢线棒制品10000多吨。2015年，公司销售额达1.51亿元。

江苏新光镭射包装材料股份有限公司

公司创办于2001年8月，法人代表张学斌，位于江阴市南闸街道锡澄路285号，注册资本1000万美元，是一家由香港新光投资控股有限公司与台湾上市公司锡光集团有限公司共同出资兴办的企业。

公司现有员工100多人，主要生产设备有涂布生产线、镀铝生产线、分割机、蓄热式热氧化炉（RTO），主要产品为普通镀铝转移膜、镭射转移膜、复合膜、光学涂布膜、隔热膜、防爆膜、电化铝镀膜、装饰膜等。

公司一直致力于提高清洁化生产的水平，利用高新技术改造传统的涂布生产能力，通过与上海同济大学等专家合作，成功将多项高新技术开发应用于涂布生产线中，已通过国家ISO9001质量管理体系认证，同时于2012年被评定为江苏省高新技术企业。

江阴市新运纺织整理有限公司

公司创建于2003年11月，法人代表蒋卫东。公司坐落于南闸锦南工业园区开泰路2号，占地面积30多亩，总投资2500万元人民币，现有职工200人。拥有先进的烧毛车1台、烘车4台、予缩车2台、定型车4台、码布车4台，并自备油锅炉和煤锅炉各1台及各类检测仪器设备。日产量能达到整理各类色织布25万米以上，年销售额达4800万元。

江阴市永盛冷暖设备有限公司

公司成立于2001年3月，法人代表张永全。公司位于南闸锦南工业园开南路18号，主要从事钣金冲压、静电喷塑业务。公司占地面积35000平方米，资产总额8000万元。现有员工300人，其中专业技术管理人员50名。公司拥有各种专业生产设备，包括全自动喷涂流水线、冲床、液压机、旋压加工设备、管件加工、金加工设备等。公司主要产品为洗衣机配件、空调配件、冰箱配件、管件和其他产品。

江苏日新印染有限公司

江苏日新印染有限公司成立于2010年4月，法人代表姜东日，注册资金500万元。2013年移建于南闸锦南工业园区开运路28号，占地184600平方米，厂房面积28000平方米，主要生产拉幅定型机等印染机械设备。几年来相继取得了拉幅定型机专利证书9项，其中实用新型专利4项、软件著作权5项。2015年，公司全年产品销售收入实现1亿元。有员工85人，其中管理及技术人员25人、本科及大专以上文化程度20多人。2013年度，公司获得江苏省AAA级资信等级称号；企业生产的定型机获得"无锡市消费者委员会推荐商品"荣誉称号。

江阴市长江印机有限公司

公司建于1997年9月，法人代表居品良。公司坐落于南闸街道谢南村云南路1771号，占地面积40000平方米，厂房建筑面积35000平方米，固定资产总额约8000余万元。公司拥有数控激光切割、数控折弯、大型落地数控镗铣床、数控立车、龙门加工中心等一流加工设备多台套。主营业务为成套印染机械设备和大型风力发电零部件的加工、销售。其中生产印染机械设备历史已达25年之久，用户遍布全国各地。近年来，公司产品营销进行外向开拓和发展，已远销东南亚各国和欧盟。2015年，投入约2000万元，成功开发风力发电零部件加工业务，拓展了公司的发展前景。

江阴市永欣印染机械有限公司

公司创建于1987年6月，位于江阴市南闸街道锦南工业园区内，法人代表戴洪汝。占地面积52000平方米，标准厂房45000多平方米。企业从业人员88名，其中技术人员30多名。有各类加工、检测设备100多台套。主要生产棉纺织、毛纺织、丝纺织等产品的印花、蒸化、水洗等加工设备。公司已成为江阴地区印染机械产品龙头生产企业，"永欣"牌印染机械产品被评为无锡市知名商标、无锡市质量信得过产品。公司被评为江苏省AAA等级资信企业。

江阴市三和重工钢制品有限公司

公司成立于2012年3月，法人代表戴荣兴，总投资1.2亿元，坐落于江阴市南闸锦南工业区内，占地4万平方米，厂房面积3万平方米。专业从事大口径厚壁直缝埋弧焊接（LSAW）钢管、方管、锥管的研发、生产和销售。公司先后通过API（美国石油学会）会标使用许可、ISO9001质量管理体系、ISO14001环境管理体系以及OHAS18001职业健康安全管理体系认证。

公司拥有1条可以生产14米长的JCOE直缝埋弧焊钢管生产线及卷管生产线，主要设备有8000吨14米数控折弯机、美国林肯内外焊机组、3200吨成型机、2000吨合缝机、2000吨整形机、1000吨预弯机、数控切割机、铣边机、大型回火炉、4米×100卷板机及若干中小型卷板机等。公司主要产品有各种大小厚壁直缝埋弧焊管、卷管、方管、矩形管、锥管、多边形管等，主要以厚壁管为主。可按国家标准G9711、GB50250系列，国际标准API SPEC 5L及EN102、EN10219、EN10208、A671、A672等生产各种规格钢管，年综合产能达4万吨。产品广泛应用于海上和陆上石油天然气管道、城市燃气管网、输煤浆、输水、电力、化工、钢结构建筑工程、压力容器和机械制辊等领域。

江阴集盛新材料科技有限公司

公司创立于2011年6月，注册资本500万元，法人代表张惠明。该公司属江苏海陆科技股份有限公司全资子公司，主要产品为生产销售船用卫生单元设施及船用家具，主要客户为全国各造船企业。公司现拥有职工312人，其中大专以上学历6人，初级以上职称6人。企业年生产能力为船用卫生单元8000套、船用家具20船套。2015年，实现主营业务销售收入6500万元，利税362万元。

江阴圆方机械制造有限公司

公司位于江阴市南闸锦南高新产业开发区，创建于2006年，法人代表袁芳。企业占地面积近40000平方米，注册资金1500万元，是一家专业从事设计、制造、销售大型冶金、环保、非标设备的省高新技术企业，也是国内较早从事钢材后道精整修磨系列化设备的专业制造商。公司现有职工200人，其中大专以上学历人员占总人数的36.36%，科研人员占总人数的15.3%；现有高级工程师3名，高级技工100多名。拥有各类加工设备100余套。2015年实现开票销售收入1亿元，总资产11500万元。

2009年，组建了江苏省冶金轧钢后续设备工程技术研究中心，2012年顺利通过了江苏省科技厅的验收。2010年和南京工业大学建立了长期合作伙伴关系，加强了公司的外围技术力量。公司拥有各类国家专利30余项，其中国家发明专利14项，年专利申请量保持在6项以上。全自动钢管打头机、移动（或固定）式热锯机、液压滑落式方坯修磨机等多项产品被认定为江苏省高新技术产品，已在国内宝钢、首钢、冶钢等各大钢铁厂使用，部分产品远销东南亚地区。

2007年，通过了ISO9001国际质量认证，同年又通过了无锡市安全生产标准化贯标工作程序。2013年，企业又通过江苏省知识产权贯标工作程序，同年被江苏省科技局认定为"江苏省企业知识产权战略推进计划"承担单位。2014年，被认定为"江阴市专精特新科技小巨人企业三年培育计划"承担单位。2015年，被授予"江阴市十佳知识产权示范企业"，同年通过了江苏省知识产权战略推进计划的验收。历年来还获得"重合同守信用企业""AAA"资信等级等称号。2015年，公司实现开票销售收入1亿元，总资产1.15亿元。

江阴市恒源涂料有限公司

创建于1988年，法人代表为冯国贤，现为冯易易。企业位于江阴市南闸龙运村工业园内，占地面积17000平方米，厂房面积5000多平方米。现有职工70人，其中大专以上科技人员占总人数的30%左右。公司拥有固定资产1000万元，流动资金6300万元。主要生产设备有砂磨机10台、高速分散机8台、反应釜28台及供热设备等。公司近三年销售收入分别为：2011年1025万元，2012年10165万元，2013年10638万元。2013年，印铁涂料年产量5000吨、电泳涂料100吨，印铁涂料国内市场占比达40%左右。

公司始终坚持"诚实、守信"之经营原则，2004年通过了ISO9001国际质量认证。自公司创办以来，历年均获得"重合同守信用企业""AAA"级资信等级等称号。

江阴市格兰特锻造有限公司

创建于1995年，坐落在锦南工业园区内，法人代表吴健。占地面积20000平方米，建筑面积9500平方米。现有职工67人，拥有固定资产1300万元。主要生产设备有自由锻，胎膜锻配有750公斤、1吨空气锤，辗扩成形配有300型、350型、550型扩孔机各1台，锻件正火处理配有2台105KW、2台RT车式电正火炉。近三年销售收入分别为：2011年4919万元，2012年3411万元，2013年3438万元。2008年，企业通过ISO9001国际质量认证。历年来获得"重合同守信用企业""AAA"资信等级等称号。

江阴南工锻造有限公司

成立于2003年3月，属民营企业，企业法人代表兼总经理高欣。位于南闸街道锦南工业园区开锦路15号，占地面积120亩，有员工365人，其中专业技术人员76人。主要产品为各种金属材料的锻件。企业锻造设备规格齐全，涵盖了目前各种特钢产品的全部尺寸范围，拥有0.55吨、0.75吨、1吨、3吨、5吨电液锤、2000吨快锻机、4000吨及6300吨液压机等设备，各类锻件年生产能力12万吨。另具有各种型号热处理炉20台，大型数控、普通机床50台，并配有先进的无损探伤、理化检测、机械性能、金相试验等检测设备，拥有强大的检测及技术研发实力。

公司为江苏省高新技术企业，拥有多项自主研发的高新科技成果及专利，目前已获批发明专利2项、实用新型专利达250项。

2009年，公司通过审核成立了江苏省大型锻件工程技术研究中心，技术实力获得同行业内普遍肯定，并于2010年与中国锻压协会合作成立了中国机械中等专科学校。公司长期与清华大学、东北大学、中科院、合肥工业大学等多家院校开展广泛合作，与清华大学合作成立清华机械工程学院南工产学研基地，并与东北大学材料冶金学院合作成立镍基特种冶金材料研究室，进一步拓展了学界对南工的先进技术支撑。

公司近年来已顺利通过ISO9001、ISO14001、ISO18000等国际标准管理体系认证，同时也通过中国CCS船级社和国际多国船级社认证、PED欧盟认证及特种装备认证。

江阴市赛英电力电子有限公司

公司成立于2002年10月，位于江阴市澄江工业集中区南区，专业从事研发和生产大功率半导体器件用陶瓷管壳系列产品，有GTO、IGCT、IGBT新型管壳、通用晶闸管、整流管用陶瓷管壳等，产品规格齐全，是一家省高新技术企业，国内率先生产GTO、IGCT、IGBT新型管壳的企业。公司主导产品已与国际高端器件的发展同步，产品主要技术指标达到国际先进水平，年生产能力120万套。

2009年4月，公司通过了ISO9001：2008国际质量体系认证。企业现有员工120人，其中技术人员59人。2012年，公司实现产品销售收入8551万元，利润1498万元，上缴税金495万元。

江阴市金泰电子有限公司

创立于2005年5月，位于江阴市南闸街道云南路1659号，总经理（法人代表）黄海龙，企业注册资金200万元。占地面积3600平方米，建筑面积3000平方米。现有员工83人，其中伤残人员23人，是经省确认、无锡市民政局批准的南闸唯一一家福利企业。

公司生产的电子产品广泛应用于电脑、消费性终端、大尺寸面板显示器、LED照明、工业电源、通信基站电源、电动交通工具充电桩等领域；公司客户包括松下、夏普、小米、TCL、美国ZERO、DELL等。2015年公司实现销售额2600万。

江阴市兴达染整有限公司

成立于1999年5月，位于江阴市南闸泾南路2号，法人代表施金潭。2005年搬迁至现址，占地面积10600平方米，建筑面积7400平方米。注册资金500万元，固定资产3000多万元。现有员工120人，主要从事针织布的制造、染整；针织布年生产能力达4000吨以上。

2014年实现开票销售6300万元，利税330万元；2015年实现开票销售5180万元，利税257万元。产品除销往各大印刷厂、服装厂、外贸公司等企业、单位外，还销往日本、欧美、东南亚等多个国家和地区。

江阴市德耐特重工科技有限公司

成立于2005年7月，位于锦南工业园开来路5号，法人代表张晓钟。占地面积75000平方米，建筑面积36000平方米，固定资产5800万元。现有职工300人，其中技术人员30多人，工程师9人，助理工程师10人；并有持证焊工约40人，以及持证无损检测人数6人，其中RT、UT、MT、PTⅡ3人，RTⅢ1人，RT、PT、MT1级3人，TOFDⅡ1人，理化检验持证人员3人。

公司主要产品为A级锅炉的承压部件，包括集箱、膜式壁、蛇形管；承接除锅炉汽包之外的任何锅炉部件的设计生产，主要有锅炉炉膛水冷壁系统，屏式、高温、低温过热器，再热器，省煤器，集箱、减温器，汽冷旋风分离器，余热锅炉（HRSG）模块和锅炉管道等各种锅炉受压件。

公司装备有NZMS1600X20气保生产线、SGX-D/D-63弯管机及自动对接焊机和工业X射线实时在线检测系统的蛇形管生产线；起重吊车20余台，最大起吊能力32吨；公司有数控切割机、集箱埋弧焊机、弯管机、大型车床、钻床、热处理炉、X光室、理化检测设备仪器等，工艺装备先进、检测手段齐备。公司已取得A级锅炉部件的生产许可证：TS2110A38-2016以及ASME.U.S证书和ISO9001国际质量管理体系认证证书。

江阴新澄冶金机械有限公司

成立于2001年3月，位于泗河村，法人代表袁建新，注册资金300万元。占地面积23350平方米，建筑面积15000平方米，现有职工60余人，是一家生产轧钢机进口、出口滚动型、滑动型系列导卫装置的专业化公司，主要产品有导卫装置、矫直辊系列、钢球轧辊系列、矿山机械设备等。近年来生产规模不断扩大发展，2015年产值3000万元，利税300余万元。

2000—2015年南闸街道（镇）工业主要经济指标一览

表6-20

年 份	工业总产值（亿元）	工业利税总额（亿元）	工业固定资产投资（亿元）	到位注册外资（万美元）	工业企业（个）
2000	7.2	0.5	—	816	165
2001	19.17	1.1	28	1299	206
2002	21.14	1.62	2	386	220
2003	25.12	21	2.85	979	255
2004	28.29	2.51	5.23	2039	264
2005	36.18	2.77	71	1507	218
2006	43	3.52	7.22	1026	285
2007	54.25	45	85	130	239
2008	68.12	5.13	86	64	256
2009	77.84	5.89	8.52	768	292
2010	89.54	6.67	8.74	1050	350
2011	94	7.43	7	1972	530
2012	100.4	6	7.55	1377	535
2013	101	7.77	8	282	485
2014	105	8.21	52	251	505
2015	106	7.49	6	20	633

2015年南闸街道销售收入超亿元的民营企业一览

表6-21　　　　　　　　　　　　　　　　　　　　　　　　　　　　单位：万元

序 号	企业名称	注册资金	销售收入	利润总额	上缴税金	从业人数（人）
1	江苏双宇电工材料有限公司	8000	197300	959	354	398
2	江阴南工锻造有限公司	3812	48618	1013.82	2441.22	345
3	江阴德耐特重工科技有限公司	2000	30343	481	1206	140
4	江阴联通实业有限公司	19516	176264	12948	4558	1076
5	江阴市三鑫精密钢管有限公司	2500	32938	689.83	997.57	195
6	江阴宇杰制衣有限公司	822.96	18075.84	96.14	389.88	451
7	江苏锦明工业机器人自动化有限公司	1009	12653.35	2712	1767.96	160
8	江阴市恒通电器有限公司	1000	14000	228	504.79	160
9	江阴市安科瑞电器制造有限公司	166862	14000	407	746	372
10	江苏日新印染机械有限公司	500	15260	168	820	90
11	江阴市东泽铝业科技有限公司	2500	17616.64	−466.62	107.92	160
12	江阴市圣曼不锈钢线棒品有限公司	100	15402	189	254	81

2015年南闸街道开票销售收入前10名企业一览

表6-22

名 次	企业名称	销售收入（亿元）	法人代表
1	江苏双宇电工材料有限公司	19.08	符明君
2	江阴联通实业有新公司	4.70	六以方
3	江阴南工锻造有限公司	4.62	高 欣
4	江阴市三鑫精密钢管有限公司	3.34	王佩芬
5	江阴德耐特重工科技有限公司	2.99	张晓钟
6	江阴市东泽铝业科技有限公司	1.76	孙宇东
7	江阴宇杰制衣有限公司	1.70	缪 鹏
8	江苏日新印染机械有限公司	1.52	姜东日
9	江阴市圣曼不锈钢线棒品有限公司	1.51	刘广锐
10	江阴市恒通电器有限公司	1.37	吴士全

第七编　建筑业·房地产业

第一章　建筑施工

南闸建筑业历史悠久。建于宋代的涂镇紫金桥，建于明代的花果黄沟庙桥、龙游司徒桥，以及南闸集镇上建造于清末民初时河西街的蒋慕莲武举人府、河南街的高树山厅堂、李一之医局、陶湾村的吴卓耀故居等，都是南闸历史上建筑工匠们智慧和技艺的结晶。这些古建筑，无论建筑的功能、结构和文化艺术，让人看在眼里的虽是瓦和木作，体会到的却都是匠心。

清末民国时期，瓦、木作个体匠人以农兼手工业，农忙时务农，农闲时务工，手工操作以造民房、庙宇、水闸及桥梁等为主。木匠、瓦匠在建筑过程中，自发组成团队，由组织能力强、手艺好、威信高的匠人承接业务后临时组团，俗称"作头"。1949年到1960年之间，南闸的建筑业一直延续这种状况。

1960年开始，南闸由瓦匠、木匠组成的建筑队伍，形成集体化模式，有组织地承接建筑工程项目，添置大型施工设备，根据国家对建筑行业的资质要求，培养相应的建筑管理、工程施工等方面的各种人才，使南闸建筑业不断壮大，向专业化、规模化发展，从而走出南闸，走向城市。

20世纪70至80年代，南闸建筑站除承包本地工程外，逐步向无锡、常州、苏州、南京、上海等大中城市承包建筑业务，并向四川省选派木工40人、瓦工20人支援外地建设。

20世纪90年代，南闸的房地产业开始兴起，经过20余年的探索与发展，在适应农村现代化建设、科学合理地利用土地资源，有计划地进行房地产开发和销售，实现资源利用的效率最高化上都取得了一定的经验。

第一节　施工队伍

一、施工队伍的发展

长期以来，南闸地区的瓦匠、木匠基本上自谋生路，以师带徒、子承父业，为人建造房屋。如有建筑业务，则由师傅、父辈为"作头"（工头）承接，然后根据工程量，确定瓦木匠人数，临时组队，由作头组织和指挥施工，作坊（工程）结束，队伍解散。1957年9月，南闸乡成立建筑队。1958年，南闸公社成立建筑站，曹雨郎任站长，开始走向集体经营形式。1960年至1962年，因自然灾害，建筑站解散，职工回队参加农业生产。1963年，公社重建建筑站，由金元法任站长，1967年改称南闸公社农兼手工业管理站。1973年，恢复公社建筑站名称，郭云和任站长兼党支部书记。1977年，金元法任站长兼党支部书记。建筑站开始承建多层建筑、跨度较大的厂房或仓库以及中型水利设施等项目，并走出南闸，组成多个工程队，进驻常州、无锡、苏州、南京、上海等大中城市承接建筑项目。1981年、1982年，南闸建筑站连续两年荣获江阴县乡镇建筑行业第一名。1983年，蒋志成任建筑站站长兼党支部书记。1984年更名为南闸建筑安装工程公司。1988年，公司施工队伍有933人。

　　1991年，周成担任公司总经理兼党支部书记。2001年，公司改制，由周成筹建江阴新锦南建筑安装工程有限公司，并担任董事长兼总经理。2004年组建江苏锦澜建设有限公司。2013年，公司年施工产值达4.5亿元。

二、个体私营施工队

　　20世纪80年代末，由于经济体制改革，施工队伍由集体性质转变为民营个体性质，一批有实力、有技术的私营建筑业主不断涌现，承包本地或域外各类建筑工程。据不完全统计，至2015年，有私营建筑业主约20人。

三、集体施工企业

　　江阴锦南建筑集团公司　1957年9月，乡成立南闸建筑工程队。1959年更名为南闸公社建筑站，站址设在南闸集镇南弄一家店面房内。1960年更名为南闸公社农兼手工业管理站。1963年复名南闸公社建筑站。建筑站除承包江阴、南闸本地建筑业务外，逐渐向无锡、沙州、常州、苏州、太仓、镇江等地承揽业务，并支援四川内地建设，派出木工40人、瓦工20人。1967年租用高树山厅房办公，同年建造无锡羊尖砖瓦厂水泥大桥。1968年支援南京长江大桥建设工程，委派60名优秀职工参加装饰工程施工。1969年，搬迁至公社纺织配件厂办公。其后数年间，外接上海青浦大型水利工程，内揽集镇企事业单位各类建筑工程。1977年，建筑站择地集镇北新街建2层10间办公楼及预制场2000平方米。竣工后，站管理机构设置生产、安质、人事等部门，并建吊装、机修队等组织。1981年、1982年连续两年被评为江阴县乡镇建筑行业第一名。1983年至1986年先后派出7名技术人员支援科威特"518"工程建设。1984年更名为南闸建筑安装工程公司。1985年，公司迁移至施元村王庄，占地面积18676平方米，建筑面积1276平方米。

　　1988年，企业有职工933人，其中助师1人、二级技术员3人、三级技术员8人。主要设备有搅拌机6台、钢脚手100吨、井字架7座、脱排吊1座、1.2吨柴油打桩机1台、碰焊机1台、平刨车1台、36寸锯板车1部。固定资产130.87万元，流动资金991.64万元，产值814.5万元，上交税金25.28万元，利润44.8万元。

　　1991年，公司承建金三角建材集团下辖的中国金三角装饰城业务。1994年，组建江阴市锦南建筑集团公司（总承包二级资质）。1995—1996年，公司先后承建江阴市地方工业公司大楼、江阴市农商行15层总部大楼等。2000年，公司搬迁至锡澄路83号。2001年，公司改制，更名为江阴市新锦南建筑安装工程有限公司。2004年，组建江苏锦澜建设有限公司。2009年，公司搬迁至锡澄路890号（现涂镇村域内江苏南农高科公司）。至2013年底止，公司年施工产值达4.5亿元，成为南闸街道龙头企业之一，在江阴市乡镇建筑企业中名列前茅。

第二节　施工装备

　　20世纪40至60年代，境内建筑行业使用工具普遍落后，泥瓦匠日常施工工具有灰桶、泥刀、刮尺、木哈、铁哈等；脚手架用毛竹、木跳板搭建，再用铅丝缠绕加固而成。木匠工具沿用传统的斧、锯、刨、凿、墨斗、角尺、手牵钻等。70年代始，施工组织开始装备井字架、混凝土搅拌机、卷扬机、电动葫芦、手推胶轮车等。80年代中期，购置钢模、钢管等周转材料，及柴油打桩机、金属枪杆吊装设备等。90年代中期，开始购置塔吊、施工电梯、挖掘机、推土机、压路机等设备。

2014年江苏锦澜建设有限公司主要设备、周转材料一览

表7-1

机械名称	单位	数量	周转材料名称	单位	数量
塔吊315A	台	1	脚手钢管	米	688200
塔吊315B	台	2	扣件	个	291500
塔吊40T-M	台	8	挑脚手槽钢	米	9710
塔吊63T-M	台	1			
施工电梯	台	1			
物料提升机	台	12			
井字架24M	台	11			
搅拌机	台	29			
砂浆机	台	10			
直流电焊机	台	3			
交流电焊机	台	7			

第二章 工程承包

第一节 国内工程承包

成立建筑站之前，南闸建筑业仍按旧制，以匠人个体之间临时组合承建民居为主，同时承建公房、商业用房，并组织部分泥瓦匠、木匠去附近城市承接建筑工程业务，建筑站收取一定比例的管理费，余下的收入按技术水平和出工时间分配给工匠。

20世纪60年代开始承包外地工程。1965年，承接苏州望亭发电厂堆置煤炭建设工程，历时3年完成工程，受到了驻厂苏联专家的高度赞赏。1967年，承接太仓县浏河、新毛、万山、西郊4个乡镇的粮仓，以及无锡县羊尖公社砖瓦厂钢筋混凝土结构大桥建造工程。1968年，选派60名优秀工匠参加南京长江大桥的施工。

20世纪70年代，南闸建筑站在本公社范围内先后完成了南闸供销社、商业社、中心小学、纺织厂、汽车站、医院、影剧院等建筑工程。同时，承接了上海市青浦区的水利工程，其中包括朱卯河长达300米的大闸工程和赵屯长达250米的大闸工程。工程投资总额达1000多万元，历时6年完成，被当地政府主管部门评为优质工程。建筑站还承接完成了江阴商业局第一副食品门市大楼，拆除、重建面积达2000平方米的江阴红星电影院、物资大楼、饮服大楼，以及五一棉纺厂3000纱锭的现代化清花车间等建筑工程。

20世纪80年代，组建进驻无锡的工程队，先后在无锡张巷小区、杨名三村承建"双包"（包工包料）多层住宅工程。在江阴承建五一棉纺织厂2万多平方米的大型纺织车间。

1994年，南闸建筑站改制后，组建南闸锦南建筑集团公司。1995年，公司承建江阴市地方工业公司大楼。1996年，承建市农村商业银行15层总部大楼，并进驻上海宏宝房地产开发公司，承包住宅楼施工任务。1997年，进驻南京农业大学施工。1998年进驻江苏农科院施工。

参与承建的地方工程有南闸中学、南闸中心小学、陆金标科技学校、南闸街道办公大楼、紫金广场、如意滩公园、金三角装饰城、金三角家具城、紫金花园别墅区1期和2期、工商分局、派出所、爱晚亭养老院、交警中队和城管大队办公楼、电讯大楼、白玉小区、称心阁1期和2期，以及紫竹院拆迁安置房等。

1981—2011年南闸建筑站、江苏锦澜建设有限公司优质工程一览

表7-2

序 号	工程名称	施工单位	荣誉称号	时 间
1	无锡市扬名三村9—10号住宅楼	南闸建筑站	无锡市优质工程	1981年
2	江阴五一棉纺厂北纺车间	南闸建筑站	江阴市优质工程	1987年
3	江阴市财政局培训学校教学楼	南闸建筑站	江阴市优质工程	1987年

续表7-2

序 号	工程名称	施工单位	荣誉称号	时 间
4	江阴地方工业公司综合楼	江阴锦南集团	江阴市优质工程	1995年
5	江阴农村商业银行大楼	江阴锦南集团	江阴市优质工程	1998年
6	江阴凯澄起重厂办公楼	江苏锦澜公司	江阴市优质工程	2005年
7	江阴农商行夏港银行广场	江苏锦澜公司	太湖杯	2005年
8	江阴澄西污水处理工程	江苏锦澜公司	江阴市优质工程	2006年
9	江阴中基公司车间办公楼	江苏锦澜公司	江阴市优质工程	2006年
10	南闸紫金花园多层9—15号楼	江苏锦澜公司	江阴市优质工程	2006年
11	江阴澄东小学教学楼	江苏锦澜公司	江阴市优质工程	2007年
12	南闸紫金花园高层4号楼	江苏锦澜公司	江阴市优质工程	2007年
13	南闸紫金花园多高层1、2号楼	江苏锦澜公司	太湖杯	2008年
14	南闸镇社区服务中心	江苏锦澜公司	太湖杯	2008年
15	江苏南菁中学新校区1—6号楼	江苏锦澜公司	太湖杯	2010年
16	南闸中心幼儿园教学用房	江苏锦澜公司	太湖杯	2011年
17	江阴凯澄起重厂电机车间	江苏锦澜公司	暨阳杯	2011年
18	江阴高级中学新校区食堂	江苏锦澜公司	暨阳杯	2011年

第二节　建筑劳务输出

1983年5月，南闸建筑站派遣技工吕国宝、徐国铨、吴岳才、华建荣等4人，参加由无锡市建工局组织的专业工程队，赴科威特参加"518工程"第一期建设。

1984年12月，南闸建筑站派遣技工陆敏强、顾洪清、耿和全3人，参加由无锡市建工局组织的专业工程队，赴科威特参加"518工程"第二期建设。

第三章　建筑管理

第一节　管理机构

1950年，县成立中国建设工会苏南区江阴委员会，嗣后改为江阴县泥作和木作同业工会联合会，隶属县总工会领导。同时，南闸等16个乡镇分别成立建筑工会，负责管理工匠、承接业务。1956年9月，县、乡陆续建立企业性质的建筑站。一年后，南闸乡成立建筑工程队，企业属于乡办性质，主管机构为乡人民政府。1959年改称南闸建筑站，主管机构为公社管委会，企业性质为社办集体，在建筑业务上接受县建筑公司管理和监督，在行政上接受县交通科的管理和领导。1964年起，先后由县工业局、手工业管理局领导管理。20世纪60年代初期，按县政府规定，公社成立农兼手工业管理站，统管农村"五匠"，个人收入实行交队记工，按月工资的50%—70%由用人单位扣交汇款给所属生产队。

1963至1966年，南闸建筑站派遣建筑工程队参加县建筑公司在苏、锡、常三市承建工程建设，人员均由县建筑公司统一负责管理。

1975年，全县建筑业由县计委领导，实行统一工程设计、统一安排施工任务、统一组织质量验收、统一财务结算管理，并委托县建筑公司基层组织具体办理。1979年1月，移交县基本建设局领导和管理。同年6月，成立县建筑民兵团（是社队办企业的组织形式，与县局建工股合署办公），并分设苏、锡、常三市办事处，管理进驻该地区的公社建筑队伍。1981年，民兵团更名为县建筑安装管理处。1983年1月，改由县联合建筑安装工程公司管理。1984年5月，县建设局首次进行建筑企业资质审查，经上级复审核定，南闸建筑安装工程公司为乙级企业。翌年，根据国家建设部《建筑企业营业管理条例》重新申报、审核，南闸建筑安装工程公司被批准为三级企业。1985年，县施工队伍改由县第二建筑公司实行统一管理，同时接受所在地建管部门的管理。

1987年，全省建筑企业资质等级进行第三次评审，南闸建筑安装工程公司被核准为三级企业。同年，市局对全市混凝土建筑构件企业进行资格等级审核，公司所属预制场确定为合格企业。

1994年，南闸组建江阴锦南建筑集团公司，上级部门核准为总承包二级企业资质。

2001年，企业改制为私营企业，更名为江阴新锦南建筑安装工程有限公司。2004年，组建江苏锦澜建设有限公司，核准为二级资质企业，企业性质、规模不变，行政上仍属南闸街道办事处领导，业务上接受江阴市建设局管理和监督。直至2015年未有变动。

第二节　建筑行业各项管理

一、质量管理

20世纪60至70年代，建筑站质量检测工具只有钢卷尺、拖线板、靠尺、塞尺等简易工具，主要用于日常检测建筑工程中的墙体垂直度和平整度。80年代始，企业购置水准仪（检测标高）、经纬仪（检测水平角度、直线）、检测尺（检测垂直度和平整度）等仪器。21世纪初，公司添置全站仪（检测垂直线用于高层）、检距仪（检测房间净尺寸）等。

80年代开始，对钢筋、水泥、混凝土、砂浆、砖等土建材料进行检测。90年代开始质量创优，不仅扩大材料品种的检测，而且对施工过程的质量进行检测，上级主管部门实行抽检，提高和促进施工质量。21世纪初，国家推行质量监理制度，对施工单位的材料检测、施工过程、质量验收进行全面监督管理，特别对消防、节能保温、技防、防水等影响安全和使用功能的施工，分项实行强制质量标准专项验收。南闸建筑公司对质量管理十分重视，90年代初即开始搞质量创优工程。2004年组建江苏锦澜建设有限公司以后，对质量管理更加重视。2005年，公司编制质量管理大纲，实施"质量兴业、信誉至上"的企业宗旨，奉行"一砖一瓦精施工、一道一序严把关、一心一意优服务、一幢一片树精品"的质量方针，制订全面质量计划管理目标和工程质量管理体系，制订整治住宅工程在施工质量中存在质量通病的目标和措施，制订和实施质量管理岗位责任制、质量管理实施细则、质量管理奖罚措施。首先在质量管理制度上树标明向，同时在施工人员中树立"质量在我心中、质量在我手中"的自我质量管理意识。公司成立QC活动（施工工艺改进与创新）领导小组、工程质量创优领导小组，广泛开展群众性的QC活动，取得一批QC成果，多次获得无锡市建筑协会的肯定和表彰。

江苏锦澜建设有限公司（无锡工程建设）QC小组活动成果表一览

表7-3

序　号	课题名称	QC小组名称	荣　誉	时间(年)
1	提高外墙外保温抹面砂浆的抗裂性能	紫金花园1#公寓楼	二等奖	2006
2	混凝土地坪钢屑砂浆面层施工工艺改进	南闸标准厂房	一等奖	2007
3	提高外墙线条感观质量	紫金花园D区	二等奖	2008
4	外墙伸缩缝施工工艺创新	江苏南菁高级中学新校区A标段	一等奖	2009
5	让现浇楼梯的施工缝变得无"痕"	江苏南菁高级中学新校区A标段	二等奖	2009
6	象棋形花坛模板制作工艺创新	江阴市城市客厅体育公园景观工程	二等奖	2010
7	圆弧形挑檐滴水槽施工工艺创新	南闸镇中心幼儿园教学楼	二等奖	2010
8	层面伸缩缝防渗漏工艺创新	南闸中心小学教学楼	二等奖	2011
9	金刚砂耐磨坪质量控制	江阴凯澄起重机械有限公司车间	二等奖	2011
10	弧形外墙干挂石感观质量工艺创新	江阴市农商行业务用房	二等奖	2011

二、经营管理

民国时期，南闸地区承建工程多为单包（包工）或点工，较大工程实行招标。

20世纪50年代初中期，个体工匠组织的建筑队伍仍用单包或点工形式进行施工和经济结算。60年代前后，个体工匠走上集体化道路，正常年景都由建筑站安排为集镇、社办企业搞基本建设。建筑站经济结算形式逐步由单包向双包（包工包料）过渡。亦工亦农人员或个体工匠必须向所在生产队交钱记工（或由单位按工资比例汇款到生产队），年终时与交（汇）款人员一并结算账目。

20世纪70年代起，建筑站施工人员工资分技工类和小工类，技工类分1到5级，由建筑站量才而论、慎重评定，小工工资相对稳定，管理人员工资按乡（镇）政府有关规定实施。80年代初，建筑站组建南闸建筑安装工程公司，扩大范围承揽工程。承接双包工程后，经济核算办法改为材料由建筑公司采购供应，施工人员以出勤日及工资等级进行结算，同时按国家建筑工程预算定额的人工费为基础，核算人工费部分进行超产奖励，管理人员工资仍按镇政府有关规定逐年增加。90年代，组建锦南建筑集团公司后，内部推行经济承包责任制，工程人工费按国家建筑工程预算定额工或公司内定单价结算，对建筑材料使用量进行全程控制，实行节约奖励的措施和办法。

21世纪初，公司一般采用泥工和木工按建筑面积、钢筋工按吨位乘以市场单价结算工资，架子工按国家建筑工程预算定额工和公司内定单价结算人工费，材料采用限额领料进行控制。施工项目竣工验收合格后，以项目经理为核心，以单位工程作为核算单位组织清算分配。2005年开始，在材料管理上，公司明确材料设备部为材料管理专门机构，负责材料的采购、供应、验收、利用、回收等事项，并制定管理细则付诸实施。在经营管理上，公司明确由经营管理部负责，制订劳务、专业分包管理办法，选择价格求合理、质量重业绩、服务讲信誉的劳务、专业分包队伍，参加公司工程招投标活动。在财务管理上，公司制定了财务管理大纲，规范财务工作管理，包括支票管理、现金管理、会计档案管理，充分发挥了财务在公司经营管理、提高经济效益中的作用。2009年，公司实施工程项目经理承包责任制、以一定比例的出资进行投资分红、以管理效益进行管理分红的双轨制经济核算管理体制，调动了项目现场管理的积极性。另外，公司管理人员出资组建经营管理合伙公司，制定合伙公司章程，以项目管理效益进行分红，改进和优化分配形式，提升了员工的主人翁地位，增强了公司的内部管理能力和市场竞争能力。

三、安全文明施工管理

20世纪60至70年代，建筑站与境内工匠主要建设平房及少量2至3层楼房，施工现场机械少、工匠多，安全管理按惯例由建筑工程队负责人或"作头"担当。80年代后，随着乡镇企业的崛起，开始建造多层楼房，搅拌机、井字架等机械普遍使用，脚手架逐步由钢管搭设。建筑站专设安质科，配备专职安全员，每月组织安全生产大检查，防止意外事故发生。90年代后，各地开始建造高层建筑、大跨度工业、商业用房。根据国家对建筑安全生产的要求，锦南建筑集团公司建立安全管理体系，制定制度，抓紧管理，并由生产副总经理组织人员，按月检查落实。

21世纪初，国家相继出台了《安全生产法》《建筑施工企业安全管理规范》《江苏省建筑施工安全管理条例》等法律法规和安全标准。江苏锦澜建设有限公司于2005年制定了企业《安全管理大纲》和相配套的制度措施，坚持"安全第一、预防为主、综合治理"的原则，每周由项目经理组织对施工现场、材料库房、生活区进行安全防火检查。每月由公司副总经理牵头组织各部门、各单位进行安全、防火大检查，整改及善后事宜交由公司安质部门负责，做到条条有落实、件件有交代。在安全生产大检查不间断的情况下，公司创建安全文明工地、强化施工现场的综合整治，公司安全文明施工得到了较大的提高，多次获得"文明工地"称号。

江苏省锦澜建设有限公司创建"文明工地"情况一览

表7-4

序　号	创建工程名称	施工年月	工程所获荣誉
1	江阴农商行夏港银信广场	2005	江苏省文明工地
2	江阴中基公司车间办公室	2006	江阴市文明工地
3	南闸紫金花园多层9—15号楼	2006	江阴市文明工地
4	江阴澄东小学教学楼	2007	江阴市文明工地
5	南闸紫金花园高层4号楼	2007	江阴市文明工地
6	南闸镇社区用房	2007	无锡市文明工地

续表7-4

序 号	创建工程名称	施工年月	工程所获荣誉
7	南闸白玉新村二期安置房12—16号楼	2008	江阴市文明工地
8	南闸紫金花园D区9—11号楼	2008	江阴市文明工地
9	南闸镇投资公司标准厂房	2008	江阴市文明工地
10	南闸紫金花园三期C区	2008	江阴市文明工地
11	南闸紫金花园三期D区	2008	江阴市文明工地
12	江苏南菁中学新校区A标	2008	江苏省文明工地
13	南闸紫馨苑住宅1—9号楼	2009	江阴市文明工地
14	南闸中心幼儿园教学楼	2009	江苏省文明工地
15	江阴高级中学新校区二标段	2009	江阴市文明工地
16	南闸镇拆迁安置房	2010	江阴市文明工地
17	江阴凯澄起重机械公司电机车间	2010	江阴市文明工地
18	南闸中心小学教学楼A、B区	2011	江阴市文明工地
19	盱眙银信广场	2011	淮安市文明工地

四、施工工程进度管理

20世纪60年代，建筑站根据承揽工程工作量的大小增减工匠人员，凭实践经验对工程进度进行控制。在70年代盛行计划经济时，建筑站开始实施国家定额，只做单包工程（包工不包料），在编制工程预算的基础上进行工料分析，登记工程需用各类人员人工数量、机械台班数量、材料使用数量，根据工、料、机的数量编制进度计划，并向建设单位提供工料计划，以确保施工进度。虽然劳动力充裕，但施工机械、工具简陋，工作效率不高，施工进度缓慢。80年代初，建筑站开始承建双包工程，大量使用搅拌机、井字架等机械，劳动生产率得以提高，工程进度加快。在工程进度管理上要求编制施工进度计划，在实施过程中调整，确保工程按期完成。90年代中期，国家实施工程招投标管理，承诺施工工期作为中标的必要条件之一，投标方需详细编制施工总进度的计划表。在工程施工进度控制时，根据施工总进度计划编制月、旬进度计划，根据工作量、工作面来确定施工人员数量，根据技术间隙的要求，合理安排各工种进行流水施工。对于工期紧迫的工程，通过加大劳动力、模板钢管周转材料、机械设备的投入来保证工期。在工程施工中对工程进度进行监督检查，同时在确保总进度计划不变的情况下，根据现场施工情况修正进度计划。建筑公司通过对工程进度实施科学管理，基本保证按合同工期完工，得到建设单位的认可和好评。

五、施工技术与安全技术管理

20世纪60年代，南闸的房屋建设基本无设计图纸，根据房主的要求由工匠酌情建造，施工凭经验，检查验收无相应技术标准。70年代，建筑站聘请苏州建校毕业的刘静芬工程师，开始对南闸的建筑施工进行图纸设计，解决施工中遇到的技术难题；70年代末80年代初，建筑站通过考试及考核，招收一批成绩优良的高中毕业生进建筑站生产技术科，作为设计人员、施工技术资料员、预算员集中培训。随着站内南闸、江阴、无锡工区相继成立，技术人员培训结束陆续被分配至各工区，负责施工质量检查、技术资料和施工图预决算编制等技术工作；部分人员留守生技科，负责南闸地区的施工图设计工作。八九十年代的主要施工技术管理工作分为施工技术和质量管理两个方面。施工技术管理主要体现在施工方案的编制、现场测量放线、轴线标高、施工方法和操作规程的控制等；质量管理主要体现在对原材料质量、施工质量的控制和质量资料的编制归档工作。随着国家对设计资质的要求，施工图主要由江阴建筑设计院负责。进入21世纪，施工技术管理主要着重于施工组织设计编制与实施，主要内容为施工总平面布置、施工准备工作、施工方法及方案、工程质量保证体系及措施、安全生产及文明施工保证措施，冬雨季施工保证措施，施工进度计划及保证措施、主要劳动力配置计划、主要施工机械需用量计划、主要材料需用量计划等。安全施工技术管理主要着重于重大安全施工专项方案编制与实施，主要内容有深基坑的支护方案、高大模板的支模方案、脚手架搭设方案、垂直运输机拆装方案等。

六、技术人员管理

20世纪60至80年代，操作工人的技术等级由建筑站通过考试或考核综合评定，技术等级分1至5级。在施工现场，工地负责人、施工员、质量员、安全员均由建筑站内部指定。80年代中期，上述人员逐步参加行业培训，取得上岗证书。90年代中期，外来民工成为操作工中的主力队伍，建筑公司着重于特殊工种的培训和管理，电工、电焊工、架子工、机械操作工、起重机械安装工作为特殊工种必须通过专业培训、考核合格，方能持证上岗。与此同时，现场施工负责人也必须通过培训考核，取得项目经理证书（项目经理分一、二、三级）。2005年，全国建筑行业实行统考，取得建造师资格证书并注册后方能担任现场项目经理。一级建造师在建设部备案，二级建造师在省建设厅备案。工程招标时，必须按投标书要求的建造师等级参与投标，商务标必须由注册造价师（或造价员）盖执业资格章。建筑企业的资质等级要求，除注册资本外必须满足相应的技术经济人员数量、注册建造师数量。施工现场的管理，根据工程规模，配备相应等级的建造师和相应数量的施工员、质量员、安全员，现场管理人员必须持证上岗。

第四章　房地产业

　　20世纪90年代初，随着经济的发展、人民生活的提高和第三产业的蓬勃兴起，尤其是国家级小城镇综合建设的全面推进，越来越多的农村居民逐渐迁至南闸集镇居住以求发展，致使商品房日趋紧缺，加强房地产开发被提上了政府的议事日程。1992年，经江阴市人民政府批准同意，南闸成立了锦南房地产开发有限公司，由周成任总经理，公司属镇办集体所有制企业。公司拥有各类技术员22名。2001年，公司改制成民营企业，更名为江阴市新锦南房地产开发有限公司，周成任董事长兼总经理。

　　1990年代中后期，南闸引进了宏基、绿城、碧桂园等一批实力雄厚、技术资质高的房地产开发公司进驻集镇。这些公司为适应南闸城镇化建设需要，科学合理地利用土地资源，按照南闸镇（街道）政府集镇建设的统一规划和要求，进行房地产开发和商品房销售，实现资源利用效率的最大化。

第一节　房地产开发

　　1993年，南闸拉开了房地产开发的序幕。南闸新锦南房地产开发有限公司开发项目：1993—1994年，开发南焦路南侧商业用房，面积7657平方米，销售价1160元/平方米，销售收入672万元；开发农贸市场，面积8400平方米，销售价1125元/平方米，销售收入762万元。1996—1997年，开发教师新村住宅房小区及沿街店面，面积18400平方米，销售收入1584万元。2003年开发居民二村底商住宅4幢，面积13100平方米，销售收入2783万元。2004年开发紫金路3号多层住宅4幢，面积11890平方米，销售收入1962万元；开发白玉路菜场及沿街店面，紫金路119—132号、白玉路201—205号沿街店面，白玉一村多层住宅楼4幢，销售沿街店面及住宅面积1800平方米，销售收入5476万元。2002—2008年，开发紫金花园、白玉路206—502号沿街门面房，高层住宅2幢、多层住宅25幢、单幢别墅332套，总建筑面积278000平方米，总销售112868万元。2009年，开发紫馨苑多层住宅小区及沿街店面，地址锡澄路665-1至19号沿街店面，住宅8幢，面积34200平方米，销售收入13873万元。2012年，开发紫竹苑高层住宅小区以及地下室、半地下室共10319平方米。

江阴新锦南房地产开发有限公司房产开发项目一览

表7-5

项目名称	地址	建筑面积（平方米）	户数	类型	销售单价（元/平方米）	销售总价（万元）
南焦路底商住宅	南焦路1号	6137.6	64	多层住宅	705	432.70
南焦路底商住宅	南焦路1号	1484.6	40	底层商铺	1616.6	240.00
南闸菜场底商住宅	锡澄路628号	6640.0	80	多层住宅	750	498.00

续表7–5

项目名称	地　址	建筑面积（平方米）	户数	类型	销售单价（元/平方米）	销售总价（万元）
南闸菜场底商住宅	锡澄路628号	1764.6	38	底层商铺	1500	264.69
锦南大酒店	紫金路1号	3998.3	—	三层商铺	未销售	—
教师新村住宅	站西路705号	15750.0	180	多层住宅	750	1181.25
教师新村沿街店面	锡澄路823号	1874.2	30	二层商铺	1500	281.13
教师新村沿街店面	站西路705号	812.1	26	底层商铺	1500	121.82
紫金路3号住宅	紫金路3号	11890.4	80	多层住宅	1650	1961.92
南闸居民二村住宅	居民二村	10605.7	80	多层住宅	1780	1887.81
南闸居民二村住宅	居民二村	2500.5	18	底层商铺	3580	895.18
紫金花园一期别墅	紫金花园	9044.2	30	二层别墅	1680	1519.43
一期别墅门面房	紫金路2号	1759.7	36	一层商铺	4500	791.87
一期别墅门面房	紫金路8号	4252.6	29	三层商铺	2180	927.07
紫金花园二期别墅	紫金花园	17450.0	50	三层别墅	2980	5200.10
紫金花园三期别墅	紫金花园	50544.0	144	三层别墅	3980	20116.51
紫金花园四期别墅	紫金花园	39145.0	98	三层别墅	7800	30533.10
二期别墅门面房	紫金路52号	8358.5	57	三层商铺	2180	1822.15
二期别墅门面房	白玉路206号	14224.1	97	三层商铺	2580	3669.82
三期别墅门面房	白玉路350号	3181.8	52	底商住宅	4500	14431.81
紫金花园多层住宅	紫金花园	88361.1	675	多层住宅	2580	22797.16
紫金花园高层住宅	紫金花园	39078.9	240	高层住宅	2830	11059.33
紫金花园高层住宅	紫金花园	2605.2	—	地下室	未销售	—
白玉路菜场	白玉路201号	9012.8			未销售	—
白玉路菜场门面房	白玉路201号	5425.7	37	三层商铺	4580	2484.97
白玉路多层住宅	白玉一村	12566.9	96	多层住宅	2380	2990.92
紫馨苑住宅小区	紫馨路	29576.8	229	多层住宅	3580	10588.49
紫馨苑沿街店面	锡澄路655号	4692.5	32	三层商铺	7000	3284.75
紫竹苑住宅小区	紫馨路	40894.2	408	高层住宅	5050	20651.57
紫竹苑住宅小区	紫馨路	10319.3	—	地下室	未销售	—
小　计		453951.3	2946		—	147633.55

　　1995年，金三角房地产开发有限公司开发了锡澄路东侧的金三角东区商业用房，面积20000平方米，销售价1200元/平方米，销售收入2400万元。2006—2008年，由宏基房地产开发公司在白玉路西侧投资1.5亿元开发集商品房、商铺、别墅于一体的宏基名珠公园，占地面积56200平方米，建筑面积7.04万平方米。2008—2010年，投资4亿元开发位于白玉路东侧的宏基名城花园，占地面积81733平方米，建筑面积12.3万元。2011—2013年投资5亿元，开发位于站西路北侧的宏基国际花园，占地面积53800平方米亩，建筑面积11.86万平方米，其中住宅房9.2万平方米，商铺房0.5万平方米，地下室2.07万平方米。2011—2013年，由江阴市嘉福置业有限公司投资5.38亿元开发建造的嘉福花园洋小区商品房，占地面积71093平方米，建筑面积11.5万平方米。2011—2014年由江阴绿城房地产开发有限公司投资5亿元的绿城锦园，占地面积57460平方米，建筑面积11.5万平方米。2011—2013年，由无锡市华贸控地置业有限公司投资5.1亿元开发建设的中关村数码广场，占地面

积26033平方米，建筑面积6万平方米。2013年，由碧桂园房地产开发公司投资4.3亿元开发建设的碧桂园商业用房，占地面积40067平方米，建筑面积9万平方米。2009—2014年，由金三角建材市场有限公司投资38.32亿元开发建设的金三角家居村，占地面积246907平方米，建筑面积为70万平方米。前后共三期建设：一期为各类市场营业用房，面积为29万平方米、其中商品展示大厅11万平方米、独幢营业房10万平方米、地下建筑8万平方米；二期为酒店、商务办公楼等共9万平方米；三期为商品房，建筑面积20万平方米。

自20世纪中后期开始，南闸镇（街道）为完成上级政府交办和本地区的拆迁、征地任务，至2015年末，政府投资开发，由江苏锦澜建设有限公司承建了白玉一村，称心阁一期、二期，紫竹苑等安置房，以及由江阴市房屋建设有限公司承建的紫竹苑经济适用房，累计建成2218套，面积23.9万平方米，为拆迁户提供了安置居所。

第二节　拆迁安置房建设

2000年以来，南闸因大力推动新市镇建设、工业园区建设和完成国家建设用地任务，拆迁民房1585户。为妥善安置被拆迁户住房，南闸街道成立拆迁安置办公室，先后由许忠新、许小英、许兴嘉、邓耀官、吴大全、倪树峰担任负责人，进行拆迁安置房建设。街道形成白玉一村、称心阁一期、称心阁二期以及经济适用房4个拆迁住宅小区，建成安置房2218套，建筑面积23.9万平方米。2012年启动建设称心阁三期安置房，于2014年完成建设。该安置房占地面积4公顷，总建筑面积14.93万平方米，计6幢、994户房源，其中住宅面积112887.27平方米、底层架空层面积3777.75平方米、公共服务设施用房6096.89平方米、地下车库面积9019平方米。同时启动并于2014年完成的还有紫竹苑安置房建设，安置房为3幢高层住宅，408户房源，建筑面积40894.20平方米，地下室10319平方米。

2000—2015年南闸街道拆迁安置基本概况汇总一览

表7-6

序号	项　目	行政村	自然村	居民户数	企业、公房、店面数	启动及完成时间	安置情况	政　策
1	新长铁路	谢南村	刘芳村 张塘村	8	—	2000年	自建或货币	—
2	站西路	谢南村	缪家村	29	—	2002年	居民一村 白玉一村	南政发[2002]13号文件
3	八路绿化	涂镇村	新庄、涂镇	17	—	2003年	居民一村 白玉一村	南政发[2002]13号文件
		南新村	居民一村	18	—	2003年	居民一村 白玉一村	南政发[2002]13号文件
		蔡泾村	锡澄路沿线	3	—	2003年	居民一村 白玉一村	南政发[2002]13号文件
4	工业园区	谢南村	北后塍	15	—	2002—2003年	白玉一村	南政发[2002]13号文件
		曙光村	徐家村 吴家村	4	—	2002年	白玉一村	南政发[2002]13号文件
		涂镇村	新庄、涂镇	41	—	2003—2004年	白玉一村	南政发[2002]13号文件
			汤天村	38	—	2014年	未安置	南政发[2002]13号文件

续表7-6

序号	项目	行政村	自然村	居民户数	企业、公房、店面数	启动及完成时间	安置情况	政　策
5	霞客大道	谢南村	刘芳村 张塘村	91	—	2005—2006年	白玉一村	南政发［2002］13号文件
			线外绿化带	20	—	2007年	白玉一村	南政发［2002］13号文件
		曙光村	老庄村 灰罗圩	66	—	2005—2006年	白玉一村	南政发［2002］13号文件
6	云南路	谢南村	北后塍 张塘村	40	20	2008年	白玉一村	南政发［2002］13号文件
		涂镇村	云南路沿线		4		—	南政发［2002］13号文件
		曙光村	北后塍	6	40		白玉一村	南政发［2002］13号文件
		花果村	云南路沿线		30			南政发［2002］13号文件
7	梅利线	泗河村	花家凹村	10	—	2005年	白玉一村	南政发［2002］13号文件
8	集镇建设	谢南村	丁家塘	78		2004—2006年	白玉一村	南政发［2002］13号文件
			施元场 （金三角路）	11	9	2006年	白玉一村	南政发［2002］13号文件
			施元场 （白玉三期）	19	9	2008年	白玉一村	南政发［2002］13号文件
			刘芳村 三角带	18			白玉一村	南政发［2002］13号文件
			南居村	84	—		白玉一村 称心阁	南政发［2002］13号文件
			王庄村 （用电站）	5			白玉一村	南政发［2002］13号文件
			施元场	244	—	2010—2014年	称心阁 白玉一村	南政发［2010］8号文件
			刘芳村	66	—	2010年	称心阁 白玉一村	南政发［2010］8号文件
			王庄村	154	—	2011—2014年	称心阁 白玉一村	南政发［2010］8号文件
		南新村	影剧院旁	24	—	2009年	白玉一村	南政发［2002］13号文件
			如意滩 绿城 中关村项目	1	10	2010年	白玉一村	南政发［2010］8号文件
			何家场 斜桥头	69	5		白玉一村 称心阁	南政发［2010］8号文件
9	中职园	蔡泾村	聂家村	23	2	2010年	白玉一村 称心阁	南政发［2010］8号文件
10	江阴大道	曙光村	朱家村、上村	36	1	2012年	安置	南政发［2010］8号文件
11	海港大道	泗河村	里湾、外湾、东村	64	4	2012—2013年	安置	南政发［2010］8号文件
		观西村	狮子山农庄		1		安置	南政发［2010］8号文件
12	锡澄运河	观西村	璜庄上、茶岐	62	24		未安置	南政发［2010］8号文件
		观山村	璜村、山嘴村	123	13		安置	南政发［2010］8号文件

续表7-6

序号	项 目	行政村	自然村	居民户数	企业、公房、店面数	启动及完成时间	安置情况	政 策
12	锡澄运河	南闸村	邵庄、唐家村	29	6	2012—2013年	安置	南政发〔2010〕8号文件
		—	唐家村	5	—		安置	南政发〔2010〕8号文件
		龙运村	菱塘口	3	—		安置	南政发〔2010〕8号文件
13	工农路	蔡泾村	花家村河头村丁家村	14		2012—2013年		南政发〔2010〕8号文件
		龙运村	夏店龙沟口王家村	50	5		—	南政发〔2010〕8号文件
14	新沟河	泗河村	河屯基	14	1	2016年		南政发〔2010〕8号文件
15	秦望山产业园	南闸村	邵庄	122	—	2015—至今		南政发〔2010〕8号文件
	合 计			1724	175			

第三节 房产管理

一、土地资源审批

南闸镇自1995年底被列为全国小城镇综合改革试点镇以后，镇党委、镇政府把试点工作作为全镇主线工作来抓，制定了《南闸镇小城镇综合改革试点方案》和南闸集镇建设统一规划。以后，开发商在镇政府集镇建设规划区内选定地块，与镇政府签订征用合同后即可取得地块。2005年后，土地进入交易市场，开发商通过竞拍取得土地，然后用书面形式向江阴市国土局申请立项，经批准后确定建设用地坐标位置，取得国有土地使用证，最后向江阴市规划局领取建设用地许可证。

二、建设规划、设计

开发商提出设计要求方案，由具有设计资质的设计单位设计，设计方案经过规划部门批准，然后进行施工图设计。设计图纸经江阴市建设局审图中心审核，审核通过并加盖审核章后方可提交施工单位施工。同时，消防设计需通过江阴市公安局消防大队审核通过后提交消防施工单位施工。2005年以前，南闸地区的商品住宅房均为5层楼。2005年后，为了节约土地，逐步向小高层和高层发展。2010年后，境内集镇商品房开发以高层建筑为主。

三、商品房建造

商品房设计工作完成后，由开发商委托招标代理公司编制标底，进行招标代理。建筑工程招标需向江阴市建筑局招标办公室申报，招标方案需通过招标办公室审核通过后进行。招标公告由招标办公室在江阴建设网站发布，符合招标公告要求的施工单位均可参加投标，并在江阴市建设局交易中心开标。招标代理公司按程序进行招标，招标办公室进行监督管理。确定中标施工单位后，在中标通知书发出30日内，开发商与施工单位签订施工合同，然后向江阴市建设局建管处申领施工许可证。开发商取得施工许可证后，施工单位才能进场施工。施工过程由开发商、监管单位现场跟踪监督，江阴市建设局质监站对工程施工质量进行监督管理，建设局安监站对工程施工安全进行监督管理。商品房建成完工后，经勘查、设计、建设、施工、监理单位配合质监、消防、技防、规划等部门进行单项验收，各单位验收合格后进行综合验收，综合验收合格后才能交付出售和使用。

四、商品房销售

商品房的销售分期房和现房两种形式。期房销售指多层商品房基础结束后，高层商品房在5层主体结束后，向江阴市物价局申报销售价格，由物价局核准后颁发商品房预销售许可证，开发商方能开始预售商品房；现房销售指商品房竣工验收合格后开始销售。商品房的销售价格分店面房、住宅房、别墅房三种形式，住宅房另按销售基准价加楼层系数的方法来落实销售。2010年后，商品房销售价格放开，开发商根据当地房产市场情况、房产所在区域情况自定销售价格，或同一价格，或一房一价。销售时报物价局备案，报价后销售不得高于申报时价格。

第八编　商贸服务业

第一章　商业体制

第一节　私营商业

一、古代商业

宋元时期江阴地区农业、手工业的发展，促进了城乡商品经济的繁荣，加之人口不断增长，市镇开始出现。宋代设市镇的主要标准是以人口和税收为依据，即"民聚不成县而有税课者，则为镇"（宋高承撰《事物纪原》）。明代，江阴全县设31个市镇，南闸地区设有两个镇，一为涂镇，一为蔡泾镇。

涂镇　古称茶村镇、畲镇。早在唐代，涂镇已形成市集，到了北宋更为繁华。据历史记载，涂镇旧时店铺林立，南北杂货应有尽有，是江阴县城南郊的商贸重镇。涂镇的繁华缘于优越的地理位置。涂者，道也。古时人们出行或运货，大多依赖舟楫，故水道尤为重要。涂镇紧挨运粮河（也称漕河、泾河，即今锡澄运河），是水上要津。进了夏港河后的荆蜀之舟，必定要经过涂镇，或者就在涂镇停泊，当把货物销售给商栈后，再带回所需商品返航。两宋时，朝廷都在涂镇设有税场，并派有税官。宋《常州府志·绍定续添》记载："畲镇税官，旧差右选。"其时，镇西的运粮河内舟舶星聚、帆影云展、商贾联翩，交通的便捷成就了涂镇数百年的繁华。涂镇商贸鼎盛时，所征税收占江阴军全年税收的五分之一左右。明嘉靖《江阴县志》记载："宋都税务祖额三万二千四百七十二贯四十三文，茶村税务祖额六千七十二贯四文。"由此可见，市镇的兴起，又加速了该地区商品经济的发展。南宋绍熙年间，常州魏村新建烈塘港，大量商船从新港过闸出太湖而去，少数进入蔡泾闸，涂镇商贸渐衰，大多商店北移至新兴的蔡泾镇。至清代嘉庆后，涂镇逐渐衰落成村。

蔡泾镇　明嘉靖《江阴县志》记载："蔡泾镇，在太宁乡蔡泾闸。"蔡泾闸建于北宋或更早时期，位于夏港河与运粮河交汇处。自闸建成以后，随着人口的增加、商贸交易的进行，逐渐形成集市，成了江阴城南农副手工产品的主要集散地，从而替代涂镇而繁荣起来。明朝历代均派有闸官1名、闸兵20人，管理蔡泾闸。明万历四十三年（1615），江阴建学政署，为方便南方生员赴澄应试，增设南闸、月城、青阳、石幢四铺为驿站，南闸驿站就设在蔡泾闸的三官堂旁。自此，南闸之名见之于史书，并成为集镇名称。

晚清间，蔡泾镇开设的主要商店有：老仁德堂药店，1890年开业，地址东弄；吴仁德药店，1900年开业，地址河东街；天美布庄，1894年开业，地址河西街；高慎昌布庄，1894年开业，地址河南街；昌顺公茧行，1896年开业，地址涂镇；曹桥茧行，1896年开业，地址蔡泾丁家村；谢同丰南货行，1851年开业，地址河南街；谢禾丰南货行，1875年开业，地址河南街；同康南货店，1908年开业，地址河东街。

二、民国时期商业

民国时期，特别在初期，南闸集市商贸发展一度繁荣。主要经营行业有药店、布庄、茧行、铁铺、南北货店、茶馆茶食店、大饼油条店、白铁店、木作店、伤科诊所、饭店、酒店、理发店、糕馒店、陶器店、京货店、皮匠店、粮食行、面店、五金店、百货店、酱园、熟食店、馄饨店、鱼行、鲜肉店、杂货店、旅馆、建材店等。民国二十五年（1936）前，南闸当地一些官宦士绅与富裕百姓转行经营商业，又逢锡澄公路通车、镇上银行开业，促进了商业的发展，大小商店计有150余家。民国二十六年（1937）11月，日军入侵，南闸沦陷，店铺关闭，市房毁于兵燹者甚多，商业遍遭重创；市场物价飞涨，民不聊生，百业萧条。抗战胜利后，商业缓慢复苏，主要商店有：南寿堂药店，1920年开业，地址南弄；佑生堂药店，1921年开业，地址河南街；春和堂药店，1925年开业，地址北弄；大生春堂药店，1936年开业，地址北弄；中和堂药店，1940年开业，地址东弄；益生堂药店，1945年开业，地址河南街；天生堂药店，1946年开业，地址北弄；元生堂药店，1949年开业，地址东弄。曹桥茧行，1913年开业，地址丁家村；五丰茧行，1913年开业，地址小庄上；九丰茧行，1914年开业，地址汤家村；正兴铁匠铺，1930年开业，地址新桥堍；谢同丰南货行，1851年开业，地址南弄；谢禾丰南货行，1875年开业，地址南弄；同康南货店，1908年开业，地址南弄；三度茶馆，1930年开业，地址东弄；东稚园茶馆，1933年开业，地址东弄；胥记白铁店，1935年开业，地址南弄；高老三白铁店，1936年开业，地址河南街；肖氏伤科诊所，1928年开业，地址新桥堍；李氏诊所，1943年开业，地址河南街；汤记圆作店，1938年开业，地址汤家村；郭记春财酒家，1945年开业，地址南弄；王阿金饭店，1945年开业，地址新桥堍；谭记粮行，1930年开业，地址新桥堍南；启宏粮行，1932年开业，地址河南街；启雄粮行，1932年开业，地址河南街；衡丰、德丰粮行，1936年开业，地址河西街。

清末民初，镇西泗河口逐渐形成集市，主要商店有：老泰山堂药店，1920年开业，地址河北街；新泰山堂药店，1936年开业，地址河北街；盛相堂药店，1936年开业；倪记布庄，1920年开业，地址河北街；九峰茧行，1916年开业，地址河北街本宅；沈记铁铺，1945年开业，地址泗河口自宅；赵记荣熙南货店，1923年开业，地址河北街西首；赵记庆熙南货店，1920年开业，地址河北街西首；倪记同正南货店，1920年开业，地址河北街中街；吴记南货店，1935年开业，地址河北街中街；倪金奇山货行，1930年开业，地址河北街西街；倪月成山货行，1930年开业，地址河北街东街；倪记圆作店，1928年开业，地址河北街中街；泗河联合诊所，1928年开业，地址河北街中街；倪记粮行，1920年开业，地址河北街中街；吴产荣米行，1932年开业，地址河北街中街；倪金宽染青店，1929年开业，地址河北街。1937年南闸沦陷后，市面萧条，大多商店西移武进焦溪镇，仅剩10余家勉强维持营业。

附：名店存档

谢禾丰南货店　清咸丰年间，原籍锡山钱家巷的谢仲锟迁居南闸创办"谢同丰"南货行。光绪年间，谢氏两兄弟分家，"谢同丰"南货行归胞兄所有。胞弟谢子和当即自创"谢禾丰"食品店，店名含有五谷丰登之意。主要经营马蹄酥和其他食品，南货副之。谢子和经营有方，生意较好。"谢禾丰"经传两代至1956年，在商业进行社会主义改造时，商店公私合营被并入集体商业系统。20世纪90年代末，在集体商业体制改革后，"谢禾丰"第四代传人谢章明恢复祖传手艺，在南新街开办"谢禾丰"食品店，专门生产马蹄酥及其系列食品，随后向工商行政机关申请注册"谢禾丰"牌马蹄酥商标，并获批准。2007年，"谢禾丰"牌马蹄酥入选为无锡市非物质文化遗产，谢氏第五代传人谢浩军被定为传承人；2010年，"谢禾丰"牌马蹄酥被中国烹饪协会评定为中国十大名点。2014年，"谢禾丰"食品店荣获"无锡市百年老店"称号。

天美布庄 清光绪二十年（1894），南闸镇武举人蒋慕莲创办天美布庄。布庄将棉纱发给乡间农户，织成布后交至布庄，农户收取加工费。然后，由布庄染成各色布匹，销往各地。天美布庄由于把关严格，所产布质地细密、色泽光亮，深受用户喜爱。后因洋布、洋棉在江阴市场倾销，天美布庄受冲击而被迫停业。

昌顺公茧行 清光绪十六年（1890），邑人钱维锜先后在青阳、璜塘开设豫昌、昌顺两家茧行，大量收购当地蚕农春夏两季生产的蚕茧，为广大农户所养蚕茧打开了销售渠道。到光绪二十二年（1896），钱维锜、吴汀鹭将原在璜塘镇的昌顺茧行搬迁来南闸涂镇，改名昌顺公茧行，设烘茧灶具48台，是江阴县域内最大的茧行。

天生堂药店 民国三十年（1941），马泾焦家村焦金初经人介绍去苏州大药房学艺三年，满师返家时，师傅赠送全套药柜，焦金初送在南闸街东弄置地建三间门面房开办天生堂药房。药店开办时，3人有股份，其中焦金初占股80%，其余花果村的顾洪宝、吴全元各占10%。开办后，焦金初虽初出茅庐，但谨遵师命，精选各类药材，竭诚为民服务，闻名乡里。1956年5月，南闸对集镇7家药店进行公私合营改造，集中在天生堂药店，改名为南闸新国药商店。2013年，国药店改制，由焦金初之子焦兴才经营，改称江阴市一品堂药店有限公司。

公裕酱园 民国二十七年（1938），河南街杨阿祥（原名杨祥云）因日军侵占南闸集镇，逃难去焦溪镇，投在是同源槽坊当学徒。杨阿祥聪明勤学、刻苦学艺、热忱待客，深得老板是贻东的赏识。民国三十一年（1942），是贻东大力资助杨阿祥回南闸镇河南街自办公裕酱园店。酱园店有大师傅4人，日需大豆200斤上下。酱园店在本镇河东街设门市部1个，酱品销往周边乡镇和苏北市场。杨又在上海余姚路开办酱园门市部，直到1956年公私合营后才停业。

衡丰、德丰粮行 衡丰粮行创办人蒯紫衡、德丰粮行创办人蒯紫培系同胞亲兄弟。抗战时，两人合租河西街面房经营粮食生意。由于蒯家兄弟待人热情大方、办事诚信可靠，因此生意越做越大、越做越好。南闸沦陷时期及至抗战胜利后，国民政府赋额税捐增加，通货膨胀，物价飞涨，但蒯氏兄弟不囤货居奇，不欺行霸市，不发国难财，深受市民赞扬。直到1949年后，国家对粮食实行统购统销政策而停业。

倪德生豆腐店 倪德生，泗河集镇河北街人，年轻时分得河北街街面房产一份，即开始经营豆腐生意，生产干豆腐、水豆腐、油丝、百页、百页糕等多个品种。后娶妻湾里何氏，何氏十分贤惠，协助丈夫做生意。夫妻俩待客热情、交易公平，口碑极好。数年后，夫妻俩在西河南置地一块，建房3间扩大业务，增加作灶2具，配套设施齐全。产量提高后，分别在河北街、焦溪镇市场设2个销售点。数年后，倪因劳累过度得病逝世，何氏一人因苦撑不下而歇业。

1949年南闸集镇商铺一览

表8-1   单位：个

行业	数量	行业	数量	行业	数量	行业	数量
药店	11	酒店	5	酱园	1	裁缝店	1
布庄	6	理发店	10	熟食店	2	轮船码头	1
茧行	5	下脚店	1	馄饨店	2	干货店	1
铁匠铺	7	糕馒店	1	鱼行	1	老虎灶	1
南货店	16	钟表修理店	2	鲜肉店	4	邮局	1
茶食店	4	陶器店	1	杂货店	5	小猪行	5

续表8-1

行 业	数 量	行 业	数 量	行 业	数 量	行 业	数 量
茶馆	7	小吃店	1	烟作店	1	戏馆	1
大饼店	4	京货店	6	雕印修旧店	1	救火会	1
白铁店	5	皮匠店	1	染青店	2	锡匠店	1
圆作店	3	粮行	7	木行	2	银匠店	1
伤科	1	面店	4	豆腐花店	1	竹业	3
诊所	5	五金店	2	旅馆	2		
饭店	2	百货店	1	建材店	2		

说明：1元金圆券折合法币300万元。

1949年泗河集市商铺一览

表8-2　　　　　　　　　　　　　　　　　　　　　　　　　　　　　　　　　　　单位：个

行 业	数 量	行 业	数 量	行 业	数 量	行 业	数 量
药店	3	茶馆	1	粮行	2	豆腐店	3
布庄	1	圆作店	1	面店	2	寿材店	1
茧行	1	诊所	1	鱼行	1	磨坊	1
铁匠铺	1	理发店	1	染青店	1	碾坊	1
南货店	4	皮匠店	1	山货店	2	蒲包行	3

民国时期至1949年初南闸集镇店铺一览

表8-3

行 业	店 名	店 主	经营地段	备 注
药店	老人德堂	吴汉章	东弄口	清光绪十六年（1890）开业
	仁德堂	吴仲子	河东街	清光绪二十六年（1900）开业
	南寿堂	苏宝君	南弄	民国九年（1920）开业
	佑生堂	耿建康	河南街	民国十年（1921）开业
	春和堂	蒋进富	北弄	民国十四年（1925）开业
	大生春堂	蒋纪善	北弄	民国二十五年（1936）开业
	中和堂	毕宝银等3人	东弄	民国二十九年（1940）开业
	益生堂	耿秋生、花炳子	河南街	民国三十四年（1945）开业
	天生堂	焦金初等3人	东弄	民国三十四年（1945）开业
	同一春堂	蒋进甫	北弄	民国三十五年（1946）开业
	元生堂	梅宏元	东弄	民国三十八年（1949）开业
布庄	天美布庄	蒋慕莲	河西街	清光绪二十年（1894）开业
	严义生布庄	严世萱	河西街	清末民初开业
	高慎昌布庄	高如山	河南街	清光绪二十年（1894）开业
	高老五布庄	高俊明	夏港桥东塊	清光绪二十年（1894）开业
	蒋记布庄	蒋沛琪	先设摊东弄	清光绪二十年（1894）开业
	刘记布庄	刘老大	三叉堂口	清光绪二十年（1894）开业
茧行	昌顺公茧行	钱维锜	涂镇	清光绪二十二年（1896）开业

续表8-3

行 业	店 名	店 主	经营地段	备 注
茧行	曹桥茧行	缪玉如	丁家村	清宣统元年（1909）开业
	东五丰茧行	夏清桂	河西街东平庙	民国二年（1913）开业
	西五丰茧行	夏清桂	泗河口东街	民国二年（1913）开业
	九丰茧行	蒋颐丰	汤家村大隐庵	民国三年（1914）开业
铁匠铺	正正兴	薛凤宝	新桥塥	民国十九年（1930）开业
	正兴	薛惠宝	新桥塥	民国十九年（1930）开业
	老正兴	薛企湘	新桥塥	民国十九年（1930）开业
	赵家	赵玉初	新桥塥	民国十九年（1930）开业
	赵记	赵玉加	新桥塥	民国十九年（1930）开业
	阿财	吴阿才	新桥塥	民国十九年（1930）开业
	沈记	沈沛明	东弄	民国十九年（1930）前后开业
南货店	李记	李鼎坤	东弄	民国三十五年（1946）开业，1956年公私合营
	张记	张文生	东弄	民国三十五年（1946）开业，1956年公私合营
	张惠丰	张文宝	东弄	民国三十五年（1946）开业，1956年公私合营
	生财	唐生财	东弄	民国三十五年（1946）开业，1956年公私合营
	陈记	陈荣书	东弄	民国三十五年（1946）开业，1956年公私合营
	陈鑫记	陈宝金	东弄	民国三十五年（1946）开业，1956年公私合营
	苏记	苏银元	南弄	民国三十五年（1946）开业，1956年公私合营
	谢同丰	谢荣俊	南弄	清咸丰元年（1851）开业
	同康	谢荣宝	南弄	清光绪三十四年（1908）开业，1956年并入商业社
	谢禾丰	谢荣康	南弄	清光绪元年（1875）开业，1956年并入商业社
	新兴	蒋明琪	南弄	民国三十五年（1946）开业，1956年公私合营
	大成	陈丁成	北弄	民国三十五年（1946）重新开业，1956年并入商业社
	梅记	梅子尧	北弄	民国三十五年（1946）重新开业，1956年并入商业社
	蒋记	蒋金宝	北弄	民国三十五年（1946）重新开业，1956年并入商业社
	新鑫	谢阿忠	新桥塥南	民国三十五年（1946）重新开业，1956年并入商业社
	宝宏	陈宝元	老桥塥南	民国三十五年（1946）重新开业，1956年并入商业社
茶食店	荣鑫	徐丕元	北弄	民国三十年（1941）开业，1949年后停业
	聚兴	钱锡宝	三叉堂口	民国三十一年（1942）开业，1949年后停业
	沙记	沙湘泉	河南街	清末开业，1956年公私合营
	刘家	刘福儿	河南街	民国三十一年（1942）开业，1949年后停业
茶馆	三度	何三度	东弄	民国九年（1920）开业
	东雅园	蒋永泉母	东弄	民国十二年（1923）开业
	大宝	卞大宝(母巧妹助开)	新桥塥南	民国三十二年（1943）开业
	高记	高德坤	河西街棚下	民国二十六年（1937）开业
	阿宝	陈阿宝	河西街棚下	民国二十六年（1937）开业
	关帝阁	何洪郎	关帝阁	民国三十年（1941）开业
	瑞徽	刘瑞真	南弄	民国三十四年（1945）开业，并开煤球店
大饼店	大金宝	缪金宝（兄）	新桥塥	民国三十五年（1946）开业，1956年公私合营
	小金宝	缪金宝（弟）	南弄	民国三十七年（1948）开业，1956年公私合营

续表8-3

行 业	店 名	店 主	经营地段	备 注
大饼店	昌顺	赵阿顺	南弄	民国三十五年（1946）开业，1956年公私合营
	缪记	缪阿瞒	东弄	民国三十五年（1946）开业，1956年公私合营
白铁店	爱根	胥爱根	南弄	民国中期迁移来南闸镇开业
	高老三	高老三（贵才）	河南街	民国中期迁移来南闸镇开业
	高老四	高老四（贵林）	汤家村	民国中期迁移来南闸镇开业
	高老五	高老五（贵龙）	汤家村	民国中期迁移来南闸镇开业
	桂宝	高老六（桂宝）	汤家村	民国中期迁移来南闸镇开业
圆作店	汤记	汤阿胖	汤家村	民国初年开业，经营至新中国成立后传子汤才宝继续营业
	荣根	陆荣根	汤家村	民国三十五年（1946）开业，1956年进入铁木竹社
	健郎	许健郎	汤家村	民国三十五年（1946）开业，1956年进入铁木竹社
伤科	肖氏	肖逸庭、肖文彬	新桥堍	清光绪三十四年（1908）开业至1949年后
诊所	王氏	王寿康、刘惠生	老邮局旁	民国三十六年（1947）开业，1952年停业，另创第一联合诊所
	苏氏	苏月坡	老戏馆旁	民国三十二年（1943）开业，民国三十四年（1945）停业
	李氏	李一芝	河南街李宅	民国三十三年（1944）开业，1952年停业，另创第二联合诊所
	徐氏	徐承绪	河西湾里	民国元年（1912）开业
	耿氏	耿秋生	河南街	民国三十四年（1945）开业，1951年停业
酒店	春财酒家	郭春才	南弄	民国三十五年（1946）重新开业，1956年公私合营
	花家酒店	花传根	东弄	民国三十五年（1946）重新开业，1956年公私合营
	麒麟酒家	蒋麒麟	三叉堂	民国三十五年（1946）重新开业，1956年公私合营
	高记酒店	高阿瞒	三叉堂	民国三十五年（1946）重新开业，1956年公私合营
	培顺酒家	赵培顺	东弄	民国三十五年（1946）重新开业，1956年公私合营
饭店	王阿金饭店	王阿金	新桥堍	民国三十五年（1946）重新开业，1956年公私合营
	美味饭菜馆	苏金春	新桥堍	民国二十六年（1937）开业，1956年公司合营并入商业社
理发店	王阿金	王阿金	南弄	民国三十六年（1947）开业，1956年并入商业社
	斜桥头	谢金康	斜桥头	民国三十六年（1947）开业，1956年并入商业社
	新桥	吴阿潮	新桥堍南	民国三十六年（1947）开业，1956年并入商业社
	阿唐	王阿唐	河南街	民国三十六年（1947）开业，1956年并入商业社
	阿泉	王阿泉	南弄	民国三十六年（1947）开业，1956年并入商业社
	东弄	张阿培	东弄	民国三十六年（1947）开业，1956年并入商业社
	桂荣	张桂荣	东弄	民国三十六年（1947）开业，1956年并入商业社
	陈记	陈友爱父	新桥堍	民国三十六年（1947）开业，1956年并入商业社
	老郁	郁金发	河西街棚下	民国三十六年（1947）开业，1956年并入商业社
	阿香	李阿香	三叉堂口	民国三十六年（1947）开业，1956年并入商业社
下脚店	徐家	徐德	新桥堍	民国三十五年（1946）开业，1949年后逐渐停业
糕馒店	新桥	王惠民	新桥堍	民国三十六年（1947）开业，1956年公私合营
钟表修理店	王记	王兴祥	新桥堍	民国三十六年（1947）开业，1956年居委安排工作
	孙记	孙宏才	北弄	1950年开业，1956年公私合营
陶器店	南闸	周甲先	新桥堍	民国三十五年（1946）开业，1956年并入商业社

续表8-3

行业	店名	店主	经营地段	备注
小吃店	金财	高金才	新桥堍	民国三十六年（1947）开业，1956年并入商业社
京货店	沛元	徐沛元	新桥堍南	民国三十五年（1946）开业，1956年公私合营
	顺金	刘顺金	新桥堍南	民国三十五年（1946）开业，1956年公私合营
	金荣	陆金荣	南弄	民国三十六年（1947）开业，1956年公私合营
	北弄大刘	刘老大	南弄	民国三十六年（1947）开业，1956年公私合营
	北弄刘记	刘老二	北弄	民国三十六年（1947）开业，1956年公私合营
	陆记	陆阿琪	北弄	民国三十六年（1947）开业，1956年公私合营
皮匠店	洪生	钱洪生	新桥堍南	民国三十年（1941）开业，1949年后仍私营
粮行	谭记	谭阿五	新桥堍南	民国二十年（1931）开业，1949年后歇业
	启宏	张启宏	河南街	民国二十五年（1936）开业，1949年后歇业
	启雄	张启雄	河南街	民国二十五年（1936）开业，1949年后歇业
	夏记	夏阿财	河南街	民国二十四年（1935）开业，1949年后歇业
	云湘	陆云湘	新桥堍	民国二十四年（1935）开业，1949年后歇业
	衡丰	蒯紫衡	河西街	民国二十六年（1937）开业，1949年后歇业
	德丰	蒯紫培	河西街	民国二十六年（1937）开业，1949年后歇业
面店	阿顺	赵阿顺	南弄	民国三十五年（1946）开业，1956年公私合营
	谭记	谭阿云	新桥堍南	民国三十五年（1946）开业，1956年公私合营
	南弄徐记	徐阿云	南弄	民国三十五年（1946）开业，1956年公私合营
	俞家	俞玉枝	斜桥弄口	民国三十五年（1946）开业，1956年公私合营
五金店	聚宝	缪齐宝	新桥堍南	民国三十五年（1946）开业，1956年公私合营
	双润	吴云生、蒋明琪	南弄	民国三十五年（1946）开业，1956年公私合营
百货店	新桥	蒋露安	新桥堍南	民国三十五年（1946）开业，1956年公私合营
酱园	公裕	杨阿祥	南弄	民国三十一年（1942）开业，1956年公私合营
熟食店	佰金	徐佰金	南弄	民国三十五年（1946）开业，1956年公私合营
	加祥	蒋加祥	东弄东口	民国三十五年（1946）开业，1956年公私合营
馄饨店	王阿荣	王阿荣	新桥堍南	民国三十六年（1947）开业，1956年公私合营
	王林生	王林生	南弄	民国三十八年（1949）开业，1956年并入商业社
鱼行	蒋家	蒋汉庭	斜桥头弄口	民国三十六年（1947）开业，1950年后仍私营
鲜肉店（肉墩头）	阿七	邱阿七	南弄	1946年开业，1956年停业
	宝寿	闻宝寿等2人	三叉堂口	1949年开业，1952年停业
	阿元	邱阿元	南弄	1949年开业，1956年停业
	老沈	沈仰清	南弄	1950年开业，1956年停业
杂货店	龙阿四	龙阿四	南弄	民国三十五年（1946）开业，1956年公私合营
	和春	邱和春	南弄	民国三十五年（1946）开业，1956年公私合营
	蒋记	蒋彦春	东弄	民国三十五年（1946）开业，1956年公私合营
	吴记	吴增生	东弄	民国三十六年（1947）开业，1956年公私合营
	刘记	刘老二	三叉堂口	民国三十六年（1947）开业，1956年公私合营
烟作店	泰和	孙泰和	新桥堍南	民国三十五年（1946）开业，1956年公私合营
佳印修旧店	程记印章	程心善	南弄	民国三十四年（1945）开业，1949年后自谋旧业

续表8-3

行　业	店　名	店　主	经营地段	备　注
染青店	双刘	刘老大、刘忠传	北弄	民国三十五年（1946）开业，1956年公私合营
	梅记	梅子春	河南街	民国三十五年（1946）开业，1956年公私合营
木匠店	耀初	李耀初	河南街	民国三十四年（1945）开业，1956年并入铁木竹社
	王记	王文林	西弄	民国三十四年（1945）开业，1956年并入铁木竹社
豆腐花店	东弄	赵培顺	东弄	民国三十四年（1945）开业，1950年后仍私营
旅馆	六角栈房	吴衡民	东弄	民国三十四年（1945）开业，1956年公私合营
	吴记旅馆	吴林泽父	东弄	民国三十五年（1946）开业，1956年公私合营
砖瓦石灰房	黄记行	黄立生	新桥堍南	民国三十七年（1948）开业，1956年公私合营
	源昌行	蒋锦坤	河西街棚下	民国三十七年（1948）开业，1956年公私合营
裁缝店	蒋家	蒋阿进	北弄自宅	民国二十六年（1937）开业，1949年后并入公司办店
轮船码头	公设私营	赵兰生等人	河南街	清光绪三十二年（1906）设，1949年后收归公有，1985年9月停业
干货店	阿九	吴阿九	老桥头南	民国二十七年（1938）开业，1949年后并入商业社
老虎灶	南闸	缪春才	老桥头南	民国二十六年（1937）开业，1949年后1956年并入商业社
邮局	南闸邮局	蒋纪善等人	老桥南	民国元年（1912）设邮政信箱，后设代办所，1956年上升为邮电支局，至今未变
猪行	陆云敖	陆云敖	河南街	民国三十五年（1946）开业，1949年后停业
	陆佛初	陆佛初	河南街	民国三十五年（1946）开业，1949年后停业
	谢记	谢荣康	河南街	民国三十五年（1946）开业，1949年后停业
	蒋记	蒋浩元	河南街	民国三十五年（1946）开业，至1956年停业后进入商业社
	梅记	梅子长	河南街	民国三十三年（1944）开业，1956年公私合营
戏馆	中南大戏院	王阿康、杨阿祥	河南街	民国三十三年（1944）开业，1955年公私合营，由南闸供销社管理
救火会	南闸救火会	花传根、夏清桂	河南街	民国三十六年（1947）前建，直至1949年后，会员32人，有水龙二条
锡匠店	吴记	吴师傅	东弄	民国二十年（1931）开业，1956年并入铁木业社
银匠店	花记	花小朗父	东弄	民国二十年（1931）开业，1956年并入铁木业社
竹业	高源兴竹行	高桂泉	河南街	民国二十五年（1936）由要塞镇黄石桥迁来开业，1960年停业
	许家竹行	许麻子（许娣父）	河南街	民国三十五年（1946）开业，1960年后停业
	蒋记竹行	蒋志贤	河南街	1952年后开业，以后作本行生意

民国时期至1949年初泗河集市商铺一览

表8-4

行　业	店　名	店主姓名	经营地段	备　注
药店	老泰山堂	赵汝萱	河北街	民国九年（1920）开业，民国二十四年（1935）停业
	新泰山堂	赵汉裕	河北街	民国二十五年（1936）开业，1949年后停业
	盛相堂	盛相堂	河北街	民国二十五年（1936）开业，1949年后停业
布庄	倪记	倪金宽	河北街	民国九年（1920）开业

续表8-4

行 业	店 名	店主姓名	经营地段	备 注
茧行	九丰	倪金昌	泗河倪宅	民国五年（1916）开业，与南闸九丰联名经营
铁匠铺	沈记	沈沛明	沈沛明宅	民国三十四年（1945）南闸迁来开业
南货店	荣熙	赵荣熙	河北街西首	民国十二年（1923）开业
	庆熙	赵庆熙	河北街西首	民国九年（1920）开业
	倪记	倪同正	河北街中段	民国九年（1920）开业
	吴记	吴产根	河北街中段	民国十四年（1925）开业
茶馆	泗河	赵汉章	河北街中段	民国十七年（1928）开业
圆作店	洪正	倪洪正	河北街中段	民国十七年（1928）开业
医院	泗河联合诊所	李雪成、孙毅力	河北街中段	民国十七年（1928）开业
理发店	马记	马福金	河北街东段	民国三十四年（1945）开业（由焦溪迁来泗河口营业）
皮匠店	顺官	张顺官	河北街中段	民国二十七年（1938）开业（由苏北迁来泗河口营业）
粮行	倪记	倪同正	河北街中段	民国九年（1920）开业
	吴记米行	吴产荣	河北街中段	民国二十一年（1932）开业
鱼行	倪兴良鱼行	倪兴良	河北街中段	民国十八年（1929）开业
面店	吴记面店	吴兴祥	河北街中段	民国二十年（1931）开业
	倪记面店	倪金河	河南街自宅	民国十七年（1929）开业
染青店	金宽染店	倪金宽	河北街东	民国十八年（1929）开业
山货行	金奇山货行	倪金奇	河北街西	民国十九年（1930）开业
	月城山货行	倪月成	河北街东	民国十九年（1930）开业
豆腐店	初金	金初金	河北街	民国二十五年（1938）开业，1955年停业
	德生	倪德生	河北街	民国二十六年（1937）开业，1953年停业
	孝生	倪孝生	河北街	民国二十七年（1938）开业，1954年停业
寿材店	泗河	薛老五	河北街东	民国二十年（1931）开业，1949年停业
磨坊	金河家	倪金河	泗河西河南	民国二十六年（1937）开业，1958年后停业
碾坊	明雄家	赵明雄	泗河东河南	民国二十年（1931）开业，1958年后停业
蒲包行	载熙	赵载熙	河北街西首	民国二十六年前开业，1949年后，成立供销社后停业
	时熙	赵时熙	河北街西首	民国二十六年前开业，1949年后，成立供销社后停业
	庄家	庄义礼	泗河东河南自宅	

1945—1949年物价统计一览

表8-5   单位：法币（元）

类别	名称	计量单位	1945年12月31日	1948年8月18日	1948年8月24日	1948年12月30日	1949年4月22日
调料类	豆油	担	24000	15100	4700	210	850
	白糖	担	—	8800	2930	880	230
烟类	前门烟	条	—	810	263	74	16.5
粮食类	小麦	包	5500	5670	1520	550	118

续表8-5

类别	名称	时间\计量单位	1945年12月31日	1948年8月18日	1948年8月24日	1948年12月30日	1949年4月22日
粮食类	面粉	包	3600	2310	6.85	239	55
	粳稻	担	2750	2700	8.12	240	75
	粳米	石	6400	6100	18.84	560	159
	籼米	石	6900	6350	18.93	570	159

说明：1元金圆券折合法币300万元。

三、1949年后的私营商业

1949年底，南闸集镇有私营商铺179家，从业人员约有500余人，其中餐饮业21家、67人，服务业22家、56人；营业额占社会商品零售总额的95%左右。泗河口集镇私营商铺大部西迁焦溪镇，仅剩部分店铺留在原址经营。

1950年，南闸乡政府贯彻"公私兼顾、劳资两利、城乡互助、内外交流"的方针，调整私营商业的经营范围，协调劳资关系。1951年，南闸集镇私营商铺180余家，从业人员520余人，私营销售额占社会商品零售额的96%左右。集镇上平时有摊贩20余家，每逢集场有摊贩100至200余家。1953年11月，粮食由国家实行统购统销，集镇原有的24家粮行以及5个盘篮摊点全部转业或歇业。1954年，政府实行棉花统购和棉布统购统销，棉布私营商店除个别店铺外，其余转业或并入供销社。至同年底，私营商业销售额占社会商品零售总额不足45%。

1955年贯彻"统筹兼顾、全面安排、积极改造"的方针，撤并国营商业、供销社商业的零售门市部，扩大私营商业经营。是年底，私营商业销售额占社会商品零售总额49%左右。

1956年1月，南闸私营商业接受社会主义改造，掀起公私合营和合作化热潮，其中7家药店于同年3月参加公私合营；其余个体商贩分别组成合作商店和合作小组，纳入集体商业系统。至此，对私营商业的社会主义改造已基本完成。公私合营商店和合作店（组）分别归国营商业和供销合作社商业领导。

1979年后，全国进入改革开放的新时期，个体商贩逐步增加，重新得到发展，经营范围适度放宽。1983年6月，江阴县成立个体劳动者协会，南闸成立个体劳动者分会，由县、乡工商管理部门统一扎口管理。同年9月，南闸仅有个体工商户78家，至1988年已发展至533家，其中服务业35家、小商业390家、修理业52家、饮食业56家，年营业额达2500万元。

1991年，据市有关部门统计，南闸镇有个体商业网店405家，从业527人。其中小商业306家、从业359人，饮食业46家、从业103人，服务业13家、从业18人，修理业40家、从业47人。2015年，南闸现代服务业更加注重品牌打造，依托现有房地产基础，以金三角家居村为龙头，集聚人气，拉长城市消费短板，提升现代服务业水平。市场共有商户500多户，国内一线品牌120个，国际品牌5个。2015年度，街道实现服务业投资2.11亿元，完成限额以上批发零售业零售额3.37亿元，比2014年增长14.3%。

2008年南闸地区个体工商户分布情况一览

表8-6   单位：个

南闸集镇		行政村			
路 名	数 量	村 名	数 量	村 名	数 量
北新路	5	花果村	10	龙运村 南运	15
中新路	15	殡仪馆	2	跃进、跃进集市	30
南新路	35	谢南村谢南	10	龙游	30
东新路	40	紫金社区	2	菱塘	5
南焦公路（镇区）	50	曙光村曙光	5	南闸村 南闸	5
西家浜路	30	马泾	5	观东	5
老锡澄路	60	涂镇村涂镇	10	观山村 观山	5
紫金路	50	新庄	5	璜村集市	30
站西路	30	金三角木材市场	40	东盟园区	1
白玉路	100	南新村南新	30	泗河村 泗河集市	30
紫馨路	1	居民社区	20	孟岸	5
农贸市场	120	蔡泾村泾西	25	观西村 观西	4
金三角建材市场	250	蔡东	5	灯塔	6
华东有色金属市场	58	蔡西	5	陶湾	3
金三角油漆市场	15				

第二节 集体商业

一、供销合作社

1950年7月，成立的南闸、观东、泗河3个供销合作社，共筹集19492股，每股2元，共38984元，属集体筹资性质。1951年，观东供销社并入南闸供销社。1952年9月，原属观西乡的焦溪街东下塘划归武进县管辖。1953年，新桥头设泗河供销分社。

1956年2月，花山区人民政府迁移至南闸街，南闸供销合作社改称为花山区供销合作社。至1957年，南闸地区6乡合并成南闸乡。1958年9月成立人民公社后，花山区供销合作社改名为南闸供销合作社。1965年下半年起，各大队先后设立代购代销店，简称双代店。1968年，双代店已在全公社发展到17个，后经整顿、合并，至1978年境内双代店为14个。1983年5月，供销合作社组织第2次集资，在全公社范围内集资190股，每股100元，共计人民币19000元。同年供销社自上而下进行体制改革，所属各类门市部、商场柜组、双代店先后开始实行经济承包的经营合同制。1988年纯销售额1949.99万元，农副产品收购额82万元，其中外贸产品收购额12.06万元。现有干部职工153人，固定资产85.44万元，上缴税金21.63万元，年实现利润16.91万元。

至2000年，南闸供销社拥有镇区北新街生产资料部、副食批发部、一商场、二商场、三商场、南华商场、华阳商场、西河南街仓库、新桥站仓库等经营场所，占地面积24.375亩，建筑面积13798.35平方米，营业面积1万多平方米。2000年8月，供销社划归南闸镇政府管理。2002年，南闸镇区中心由老镇区向新镇区逐渐迁移，供销社在镇政府领导下进行了改制，仅保留了生产资料部和废旧物资有限公司两个部门。此后，供销社主要配合镇政府推进社会主义新农村建设，全面筹建农村社区服务中心。

2006年，在市供销总社的支持下，率先在龙运、泗河两村进行农村社区服务中心建设试点，并一举通过了江苏省三星级示范点的验收。龙运村社区服务中心被全国供销合作总社命名为国家级"文明服务示范单位"，泗河村社区服务中心被评为江苏省社区服务中心示范社。两村社区服务中心建成后，中共中央委员、全国供销合作总社党组织书记周声涛和省供销合作社袁静波主任以及无锡、江阴二级市领导同志先后进行实地考察，给予高度评价。2007年，街道各村农村社区服务中心全部落成，并通过省三星级验收工作。2012年销售17842万元，2013年、2014年、2015年分别实现销售18838万元、20894万元和23000万元。

1966年—1998年南闸供销合作社营业情况一览

表8-7

年份	农副产品及废品收购额（万元）	全年销售额（万元）	实现税金			全年净利润（万元）	固定资产（万元）	职工人数（人）
			工商税（万元）	所得税（万元）	合计（万元）			
1966	43.54	192.67	4.85	2.24	7.09	6.10	3.42	53
1967	60.41	200.77	6.36	2.20	8.56	6.78	3.78	53
1968	51.17	162.13	5.36	3.42	8.78	7.93	3.62	56
1969	57.15	193.09	5.91	3.85	9.76	10.86	3.47	56
1970	22.95	198.07	6.17	2.18	8.35	6.68	3.47	56
1971	79.12	239.55	5.82	1.79	7.61	6.17	4.40	56
1972	104.58	286.66	7.34	1.47	8.81	4.18	4.40	56
1973	114.10	308.88	6.72	2.70	9.42	8.56	6.24	56
1974	137.63	340.20	6.39	3.64	10.03	8.37	9.22	56
1975	134.15	427.99	8.73	2.42	11.15	6.67	9.51	57
1976	114.81	423.83	10.09	1.54	11.63	4.53	9.51	57
1977	86.69	428.70	11.18	1.44	12.86	7.39	9.85	58
1978	72.23	402.88	10.13	2.67	12.80	6.29	23.91	155
1979	50.43	435.92	9.17	2.92	12.09	6.38	24.72	149
1980	66.81	620.81	11.20	3.41	14.61	5.56	32.76	165
1981	63.30	657.79	12.17	2.29	14.46	4.67	32.94	170
1982	69.69	728.43	12.66	2.63	15.29	6.99	46.39	137
1983	52.10	762.20	13.88	3.20	17.08	12.24	58.55	148
1984	47.96	901.40	15.80	4.58	20.38	5.72	66.04	156
1985	27.28	1021.16	19.71	4.95	24.66	21.01	69.65	156
1986	59.29	1077.81	16.00	7.03	23.03	19.63	78.28	156
1987	52.10	1218.38	17.99	1.25	19.24	3.29	76.45	146
1988	94.80	1949.99	18.75	2.88	21.63	16.91	85.44	153
1989	87.35	2352.03	18.31	2.73	21.04	6.10	195.74	152
1990	139.80	2137.42	16.41	0.38	16.79	7.39	192.37	155
1991	67.17	2552.45	13.09	0.05	13.14	2.24	193.17	158
1992	71.17	2337.51	24.81	2.43	27.24	0.60	192.07	184
1993	—	1882.52	22.38	0.22	22.60	122.54	195.49	131

续表8-7

年份	农副产品及废品收购额（万元）	全年销售额（万元）	实现税金			全年净利润（万元）	固定资产（万元）	职工人数（人）
			工商税（万元）	所得税（万元）	合计（万元）			
1994	—	1224.89	81.62	0.51	82.13	2.20	195.49	129
1995	—	1407.52	51.98	—	51.98	1.19	378.39	115
1996	—	1949.59	10.44	—	10.44	−69.48	411.43	110
1997	—	2085.89	17.39	—	17.39	−34.78	654.47	188
1998	—	1553.67	26.55	—	26.55	−129.55	637.75	98

2006年南闸镇龙游、泗河农村社区服务中心情况一览

表8-8

社区服务中心名称	建成年份	建造地点	建筑面积（平方米）	投资金额（万元）	年销售收入（万元）	通过验收情况	当年获奖情况
龙游	2006	龙游村委	1200	120	1500	江苏省三星级农村社区服务中心示范社验收合格	全国文明服务示范单位
泗河	2005	泗河村委	1000	60	1000	江苏省三星级农村社区服务中心示范社验收合格	江苏省社区服务中心示范社

南闸供销合作社历任领导任职情况一览

表8-9

任职时间 \ 职务	支部书记	主任	副主任（1）	副主任（2）
1950—1951	—	耿伯堂	—	—
1951—1953	—	耿东元	—	—
1954—1955	—	梅根元	—	—
1955—1956	李佛宝	梅根元	陆敏之	李庭甫
1956—1957	—	梅根元	陆敏之	—
1958	郭政清	陈骏福	陆敏之	—
1959	陈骏福	陆敏之	—	—
1961	徐寿松	陈鹤明	—	—
1962—1963	徐寿松	陈鹤明	—	—
1964—1971	周文骏	陈鹤明	—	—
1972—1973	周文骏	吴荷	—	—
1974—1975	许鹤松	吴荷	—	—
1976—1977	许鹤松	—	吴金海	—
1978—1979	许鹤松	—	刘根银	—
1980	许鹤松	刘德凯	刘根银	—
1982	梁定华	—	刘根银	曹瑞龙
1983—1987	曹瑞龙	曹瑞龙	刘顺才	张良成
1988—1989	曹瑞龙	曹瑞龙	张良成	周剑明
1990	张良成	张良成	周剑明	—
1991	张良成	周剑明	耿鸣跃	—

续表8-9

职务 任职时间	支部书记	主　任	副主任（1）	副主任（2）
1992	张良成	张良成	耿鸣跃	—
1993—1995	耿鸣跃	耿鸣跃	蒋国新	—
1996—2001	蒋国新	蒋国新	陈俊华	刘益明
2002—2015	陈俊华	陈俊华	刘益明	—

二、商业合作社

1956年4月，南闸对个体私营商业进行社会主义改造，22家从事铁业、木业、竹业等手工业的店铺，组成铁木竹生产合作社（有职工57人，其中铁工24人、木工22人、竹工21人）。合作社设在河西街西弄口。7家药店（经理、员工共计17人）参加公私合营后改名为南闸新国药商店；其余私营商铺按同行业自愿结合的原则，分门别类，成立第一、第二南北货合作商店，百货合作商店及南闸饭店，原从业人员随行业、随店铺进行分流、组合、就业。至此，全镇除部分修理行业和1户个体户外，私营商业全部走上合作化道路。1957年，为发展经济，集体商业店在离集镇较远的农村下设9个下属店。1959年上半年，南闸成立商业合作总店。农村合作店（下属店）并入公司供销部统一经营，店铺资金、人员、财物被无偿调用。1959年底，并入公社供销部的合作店（下属店）划出，进行独立经营和核算。1983年，南闸商业合作总店更名为南闸商业总店。商业总店内部开始进行体制改革，建立职工代表大会制度，民主选举产生总店管理委员会，设正、副经理各1名，实行自行管理、自主经营。集体商业总店外部与南闸供销社脱钩，业务上隶属县供销合作联社领导，为县办商业集体组织之一，行政上接受南闸乡人民政府领导。1984年8月，南闸商业总店经上级批准更名为南闸商业合作社。1988年底，商业合作社拥有南华商场、饮食业、服务性行业等20个门市部，其中1个副食批发部；有职工143人，固定资产98.34万元，销售额1038.85万元，上缴税金28.98万元，实现净利润30.29万元。1993年，南闸商业社有133人，固定资产1970735.97元。1994年南闸商业社有118人，固定资产2025469.97元。1997年，南闸商业社并入南闸供销社。

1975—1988年南闸商业合作社营业额统计一览

表8-10　　　　　　　　　　　　　　　　　　　　　　　　　　　　　　　　　单位：万元

年　份	销售额	税　金			净利润
		工商税	所得税	合计	
1975	49.79	1.43	0.17	1.60	1.14
1976	56.88	1.71	0.16	1.87	1.07
1977	77.65	2.23	0.12	2.35	0.79
1978	80.82	1.56	0.29	1.85	1.94
1979	130.66	3.92	0.57	4.49	3.88
1980	183.82	5.51	2.01	7.52	6.16
1981	258.67	7.76	2.29	10.05	9.15
1982	303.27	8.20	3.40	11.60	14.03
1983	331.88	8.96	3.47	12.43	17.62
1984	455.29	11.45	5.22	16.67	15.32

续表8-10

年 份	销售额	税 金			净利润
		工商税	所得税	合计	
1985	618.58	14.36	3.27	17.63	17.97
1986	653.62	13.71	3.24	16.95	27.63
1987	949.11	19.47	建房减免	19.47	30.71
1988	1038.85	22.59	6.39	28.98	30.29

三、镇办商业企业

南闸工业供销公司 1978年，南闸成立工业供销经理部，由公社工办主任陆金磊兼任经理，耿松元、史仲生、赵荣熙、吴根荣、蒋志欣等先后任副经理。1984年春，南闸公社工业供销经理部改名为南闸乡工业供销公司。公司成立后，经理仍由分管工业的领导兼任。供销公司初创期年经营额500—600万元，20世纪八九十年代年经营额1000万元以上，利税80万元以上。

南闸多种经营服务公司 1981年，公社设立多种经营服务公司。公司下设商店、停车场、招待所，并在福建三明、沙县，湖南、广西、四川等地设点采购木材，在山西设点采购煤炭。购销总额5000多万，利润800多万元。

南闸农机具厂经营门市部 1979年设立，年销售额在70万—80万元左右。进入20世纪80年代，年销售额达100万元以上。1990年后，年销售额逐渐下降至数十万元。1999年因企业改制停业。

江苏蝶美集团经营门市部 1984年，该集团在北新街利用4间厂房设门市部，展销本企业生产的金兔牌、蝶美牌羊毛衫等各类产品，年销售额500余万元。同年在江阴人民西路、文庙东侧设门市部，年销售额500万元左右。1986年在上海市曹家渡设立门市部。1993年，在上海沪淞路设立门市部，营业房面积40多平方米，销售人员4—5人。开始时年销售200多万元，以后每年提升，2000年销售达400多万元。2005年，蝶美集团公司在上海芝罘路购置3间门面房，面积100多平方米，营业人员3人，年销售300多万元。

第三节 国营商业

一、南闸粮油管理所

南闸粮油管理所，简称南闸粮管所。1949年4月，南闸解放后，粮油购销仍由私营粮商经营。1951年5月，南闸供销合作社代购代销粮油。1952年上半年设立粮油收购组，设南闸、泗河两个收购点。1953年11月起，国家开始实行粮食统购统销政策，并立即付诸实施，禁止私商经营。1956年1月，南闸成立粮油购销站，并撤销泗河收购点。1958年9月，南闸公社成立后，南闸粮油购销站更名为南闸粮油管理站，站址设在老镇区河南街九间头，并扩建15个廒房、3方砖场。同年10月，江阴县将南闸粮油管理站划归公社，改编为公社粮管股。1959年8月，县粮食局收回公社粮管股，改名为公社粮油管理所。1963年5月，南闸粮油管理所改称南闸公社粮食管理站和南闸粮食收购保管站。1965年，南闸粮油管理站建成河西新仓库，计廒间28间，占地13472.29平方米，仓库总容量为400.15万公斤，年均储粮35万公斤。1967年3月，由江阴县军事管制委员会实行军事管制。1970年，南闸粮油管理站更名为南闸粮油管理所。1984年，粮管所迁至河西街新仓库。1988年，南闸粮管所有职工28人，固定资产63万元，营业额373万元，综合利润11.5万元。2002年10月，全市粮食企业改制，南闸粮管所40多名职工全部解除劳动合同，同时成立江阴南闸粮食仓库有限公司，和南闸粮库并存，前者负责政策性粮食代收购、代保管及其他经营活动，后者负责粮食政策、租赁、安全生产管理、党支部各项具体工作。2011年10月，在南闸老镇区河南街63—66号成立了江阴市粮油应急供应店（南闸店），负责南闸地区成品粮油市场供应。南闸店长期储存大米30吨、食用油15吨，确保市场供应紧张时急需（合同订单）。江阴市粮油应急供应店（南闸店）同时经营烟酒副食品，是全市所有粮油应急供应店中唯一从事酒类经营的商店，主要弥补因单一经营粮油而可能产生的经营亏损。

附：粮管所发展概况

1949年4月，江阴县设1城4区，即城区、城西、城东、城南、晨阳4区，各区设粮政股、粮库和征粮工作队。1949年9月，县城内划分为11区，即澄西、夏港、青阳、华扬、周庄、长泾、祝塘、要塞、花山、晨阳、城区，各区设财粮股和区仓库，各乡建立收纳库。南闸区域内设6个收纳库，其中观东乡、观西乡、观山乡的3个收纳库属夏港区财粮股；谢南乡、谢北乡、蔡泾乡属花山区财粮股。1950年5月，中粮公司成立江阴办事处，各区财粮股划归农税科。撤销区粮库，成立峭岐、周庄、陆桥、杨舍、长泾、西石桥6个支库。中粮公司江阴支公司在南闸设立保管仓库，属峭岐支库。1951年，中粮江阴支公司撤销支库，改为粮库。设南闸、泗河2个收纳库，属峭岐库。1953年，中粮公司和粮食局合并，营业所有青阳、璜塘、杨舍、后塍、西石桥、长泾、北外7处，下设75个收购点，仍设南闸、泗河2个收购点，属峭岐支库。1955年，接收供销社代购代销点，同时建立南闸收购点、供应点、保管点和粮食市场。1956年，12个区粮管所合并为7个，下设购销站，南闸成立粮油购销站，撤销泗河收购点。1957年，全县建立中心购销站，南闸成立江阴县要塞区南闸粮食中心购销站。1958年10月，南闸粮食中心购销站改名为南闸人民公社粮管股。1959年8月，南闸人民公社粮管股改名为南闸人民公社粮管所。1963年5月，县撤销南闸人民公社粮管所，成立江阴县南闸人民公社粮食管理站和江阴县南闸人民公社粮食收购保管站；11月，合并为江阴县南闸人民公社粮食管理站。1970年，建立粮食革命领导小组。1973年2月，改为粮油管理所革命委员会。1983年，改为南闸乡粮油管理所。1984年12月，南闸粮油供应站改为南闸粮油综合商店。2002年11月，江阴市南闸粮油管理所更名为江阴南闸粮库，熊朱良为首任法定代表人，同时成立江阴南闸粮食仓库有限公司。2011年10月，江阴市粮食局粮油应急店（南闸店）成立。

二、国营南闸药店

清末民初以来，南闸集镇上曾先后开办有11家私营药店。中华人民共和国成立后，药品购销仍由各家私营药店自主经营。1956年5月6日，南闸对私营药店全面进行社会主义改造，南闸集镇上7家药店组建成公私合营南闸新国药商店，开设在集镇东新街天生堂药店原址。新店开张后，对内实行赎买政策，对私方按股金付给定息，年息5%，并保留私方老板高薪。其时药店有店员17人，资金3928.6元。日常以经营、购销中草药材、中药软虫、中成药、西药为主，附带收购地方各种有关药材。其后分设成2个门市部，店员16人，加强销售和服务，行政上划归南闸供销合作社管理。1966年10月15日，南闸新国药店性质改编为国营企业，并定名为国营江阴县南闸医药商店，首任经理金云祥。1982年1月，在原址翻建的国药营业大楼落成，占地面积124平方米，造价5.6万元。1988年，设1个门市部，职工8人，营业额31万元，其中中药13.50万元、西药16.5万元，上缴税金0.98万元，商店实现净利1.27万元。1999年7月28日，南闸国药店改制，改为江阴市兴国医药连锁有限公司南闸店，从业人员8人，商店经营方式为零售，经营范围为中药材、滋补保健品、生物制品等。2003年，改制为江阴大众医药商店南闸分店。

附：南闸国药店收购地产药材及野生动植物主要品种名称

蜂房、僵蚕、鸡内金、龙衣、蝉衣（壳）、地鳖虫、蝼蛄、乌蛇、蜈蚣、天龙、鳖甲、龟板、海螵蛸、刺猬皮、狗肾、人中白、小胡麻、青葙子、女贞子、丝瓜络、香橼、枸杞、碧桃、梧桐花（叶）、鸡冠花、月季花、松花粉、荠菜花、夜合米、陈棕、叶蒜、地骨皮、冬瓜皮、瓜蒌皮（仁）、海金砂、功劳叶、竹叶水草、地蜈蚣、龙葵、蜀羊泉、马齿苋、六月雪、墨旱莲、小蓟、杜蒿、透骨草、地丁草、车前草、金钱草、半支莲、豨莶草、益母草、血见愁、辣蓼、络石藤、天仙藤、金银藤、夜交藤、毛姜、茅术、桔梗、橘皮、天花粉、接骨木、地榆。

三、南闸食品站

民国时期，南闸集镇有五六家鲜肉店（俗称肉墩头）。1949年后仍由私人自主购销经营。1953年起，南闸供销合作社在东弄小菜场设立鲜肉门市部，后成立南闸食品组，设门市部2个，有职工5人。1954年10月，县成立食品公司，并通过南闸等基层供销社食品组收购生猪，以保障城区食品正常供给。1956年，生猪收购和日常鲜肉供应仍由供销社食品组负责经营。1957年起，货源渐趋紧张，为缓解供需矛盾，鲜肉凭票定量供应。1958年10月，食品组（包括门市部）性质从集体转为国营。1964年起，鲜肉敞开供应，连续3年盛夏季节鲜肉还作临时性降价销售，时称"吃爱国肉"。1975年，货源再趋紧张，又凭票供应，同时禁止民间私宰。1978年1月，食品组（门市部）更名为南闸食品站，脱离供销社，独立经营，属全民性质，业务隶属县食品公司领导，行政由公社负责管理，主营生猪收购和鲜肉供应，兼营禽、蛋、羊、种猪、苗禽等。1983年，生猪实行派购，货源不足，由食品站人员赴苏北各地采购。1984年，市场开放，在食品站主导下，允许个体户肉摊经营，价格按价值规律浮动。1985年，取消生猪派购派养，销价放开，实行指导性议购议销和市场进行国营、集体、个体多渠道经营。1987年，改为自由出售。1988年，食品站在农贸市场设7个鲜肉摊，全年收购肉猪1210头，营业额40万元，利润1.50万元。至2000年6月，食品站停业转为私人经营后，农贸市场有"小刀手"近40人，肉墩头35个，余者分散在有关村庄的农贸集市。宰杀的生猪货源，除了本地收购，经营者还自行去山东、河南、安徽及苏北等地采购，满足当地市场供应。生猪宰杀前均集中由兽医站检疫，宰杀后对白肉进行检验，合格的方进入集镇农贸市场和各农村集市进行销售。

第二章 商品购销

第一节 粮油购销

粮食 民国时期，南闸地区粮食由私商收购运销，南闸集镇上有粮商24家、盘篮摊5家，粮价行情参照无锡、江阴等地情况。1949年5月，县政府开展筹粮支前活动。1950年，中粮公司开始收购稻谷小麦，至1952年底，共收购稻麦250万斤。中粮公司又从江西等地调集粮食，以低于市场价格大量销售、平抑粮价，保证民间粮食正常供应。1951年，南闸供销社销售粮油。1952年，南闸设粮食收购保管组，负责代销粮油。1953年11月，粮食实行统购统销政策，按照"多余多购、少余少购、不余不购"的原则，各户所产粮食，按规定留下口粮、种子、饲料粮和缴公粮外，余粮的85%—90%卖给国家。城镇居民开始实行粮食计划供应。按照不囤积、不投机、不浪费的原则，分月制订用粮计划，经居民小组民主评议、乡政府批准，由粮油购销站按国家牌价供应粮油，同时禁止私商非法购销粮食。1955年8月，实行"定产、定购、定销"政策，按粮食种植面积，参照1953年实产，归户定产。全年总产除口粮、种子、饲料粮以后，余粮数按统购率定购，一定三年不变。城镇居民按年龄、工种分，以人定量，凭卡供应。同年9月21日起，使用江苏省地方粮票。11月1日起使用全国通用粮票。1956年，农民参加农业生产合作社，"三定"到户改为以户归社、按队结算，如遇特大荒歉，允许酌情减购和免购。1958年人民公社化后，采取大购大销，取消"三定"，流转环节增加。1959年至1962年因自然灾害，粮食减产，征购任务未减，国家及时采取返销措施，安定农民生活。1962年实行三级核算、队为基础的政策，生产队在完成三购任务的前提下可酌情留储备粮，以丰补歉。1963年7月，粮食有限开放，农民余粮允许自由交易。1971年，开始在城镇使用江阴县购粮券。同年油菜籽开始定购，全公社任务为6.4万公斤。1978年，是全公社储备粮最多的一年，收购共72.06万公斤，其中出售国家储备粮67.15万公斤，集体自储4.91万公斤。1979年起，夏粮提高统购粮价20%，超购粮在这基础上加价50%。1983年，推行联产承包责任制，粮食征购实行大包干，少购统购粮，多购加价超产粮，增加农民收入。食油恢复自给自足。1985年，改征购为合同定购，全镇合同定额196万公斤。1985年起，粮食销售实行计划调节和市场调节并行的双轨制，对城镇居民仍执行以人定量的统销政策，供应价格暂不变动，仍执行1961年起制订实行的购价大于销价、经济亏损由国家财政补贴的政策。临时性人口流动可持卡领取粮票、油票，流通使用。人口迁徙必须持迁徙证明，办理粮油供应关系转移手续。另有农村统销粮、周转粮供应以及户口迁农村的退休人员按比例价供应。流动性的船民、渔民可持船运证向粮站凭票供应。1986年，合同定销量为175万公斤，略减以扩大市场调节数量。1988年，全镇合同定购粮173.55万公斤，实际销售粮食133万公斤，其中定量米面56.1万公斤、统销原粮48.1万公斤；销售食油1.2万公斤，其中定量油1万公斤、定销油0.15万公斤、节日照顾油0.05万公斤。1988年到1993年，国家抓粮食收购，促进购销平衡，市粮食部门下达南闸镇粮食收购任务累计为775.37万公斤，实际完成

1034.825万公斤，完成收购任务的133%。1994年，南闸向国家出售商品粮118.5万公斤。以后粮食进入市场，体制和政策逐步转变，国家取消了收购任务。

1970—1994年南闸乡（镇）农村留粮统计一览

表8-11

年份	留粮总数（万公斤）	种子数（万公斤）	饲料数（万公斤）	口 粮		储备粮（万公斤）	其他用粮（万公斤）
				口粮总数（万公斤）	人均数（公斤）		
1970	1203.06	137.80	58.62	991.44	261	—	15.20
1971	1389.36	155.97	91.00	1090.97	283	35.12	16.30
1972	1312.27	141.56	104.99	1053.38	271	1.82	10.52
1973	1319.43	137.59	90.66	1075.49	273	15.69	9.84
1974	2050.63	136.79	100.06	1780.11	275	21.82	11.85
1975	1939.18	162.40	110.32	1645.99	272	0.27	20.20
1976	1459.99	170.43	122.89	1132.44	276	13.23	21.00
1977	1380.12	154.92	95.42	1129.78	272	—	13.27
1978	1802.54	161.39	231.51	1323.29	314	72.06	14.29
1979	1717.52	155.04	285.47	1258.49	300	3.35	15.17
1980	1541.94	121.89	232.41	1178.70	282		8.94
1981	1423.15	114.37	169.56	1130.10	271		9.12
1982	1605.16	116.02	165.18	1313.63	313		10.23
1983	1674.89	113.20	148.33	1383.03	335	0.07	30.26
1984	1810.25	95.23	142.30	1552.31	374		20.41
1985	1517.90	76.92	142.63	1277.14	309		21.21
1986	1969.09	66.63	162.79	1337.55	324		402.12
1987	1754.48	69.21	156.60	1233.38	299		108.22
1988	1539.62	73.00	148.23	1279.02	300		39.28
1989	1484.5	66.55	146.82	1238.23	298.5	—	32.89
1990	1536.27	69.85	147.29	1264.85	291.5		54.29
1991	1519.41	80.30	141.49	1262.51	287.0		35.55
1992	1622.34	68.06	181.19	1302.07	297.0		70.72
1993	1622.34	68.06	181.49	1302.07	290.0		70.72
1994	1586.16	68.47	152.79	1261.29	287.0		102.00

油料 1954年，油料和粮食同样实行统购，落实全购全销政策。1955年，实行"多产多得，增产多留"政策，统购量占油料产量的90%。1956年，实行优待奖励，每出售50公斤油菜籽，奖售计划食油1.5公斤、菜饼9公斤。1962年，实行定产定消费量、购销包干、多产多吃、少产少吃的办法，在购销包干的基础上实行全购全销。超产队、平产队按定产扣除种子，其余全部统购，超产部分由生产队自主分配，社员口油按标准由国家返销；减产队按实际产量扣除种子，其余全部统购，社员口油适当减少。1965年，农村实行"食油包干、先留后购、统购余油"的政策，以生产队为单位，定好面积、产量、种子、口油，规定余油队只购不销，自给队、缺油队不购不销。1971年，实行增产增购、减产

减购。油菜籽增产后，以生产队为单位，在留种子和完成定购任务后，全年口油每人最高不超过2.5公斤，超过部分仍应卖给国家，作超产超购，超购加价30%。对减产队完成定购任务后，口油低于每人每月150克的，不足部分由国家减购，如统购任务全部减掉，社员口油有多少吃多少，国家不购不销。1981年起，实行油料包干政策，规定各生产队每人种1分田油菜、每人卖油菜籽1.5公斤作为统购任务。1985年起，除继续实行油料包干政策外，对卖给国家的油菜籽实行综合价（40%统购价、60%超购价），收购不封顶。以后，随着国家改革开放不断深化和市场经济的快速发展，逐渐取消了油料作物定量收购和社员口油分年分月定量供应。

第二节　生活资料购销

南北杂货业　南北副食业包括纸南货业、茶食糖果、卷烟杂货3个行业。经营范围广泛，总称"闽广台糖""两洋海味""关山桃枣""纸马蜡烛""南北杂货"，其中以食糖和纸品为大宗。南货来自闽、浙、赣州及两广地区，有笋类、桂圆、南枣、莲心、香蕈等品种。北货来自冀、鲁、豫和东北各地，有红黑枣、柿饼、核桃、瓜子、木耳、蘑菇等，大都与山地货同业。1949年10月前，南闸集镇上有南北副食店16个、茶食店4个；泗河集镇上有南北副食店4个。

1949年10月后，县国营土产公司主营批发南北副食商品，供销社成立后进入零售市场，私营商号批零比重下降。1956年4月，南闸对私营商业进行社会主义改造，南闸集镇上16户南货店、4户茶食店进行分流组合，后成立第一、第二南北货合作商店，开始集体化批零经营南北货生意。1958年起，"两洋海味""关山桃枣"等品种无货供应，食糖、糕点、糖果紧缺，部分商品凭票供应。1959年上半年，南闸成立商业合作总店，下辖第一、第二南北合作商店。1961年，扩大凭票供应和定量供应的品种，糖果、糕点、砂糖等少数品种因货源少而实行高价供应。1963年，"三年自然灾害"引起的经济困难逐渐解除，南北货供应量增加，物价趋向稳定。1964年1月，糖业烟酒公司江阴县商店成立，由该店担负南闸等8个公社的供货业务。食糖等主要商品由省计划调拨，南北货主要由县供销社日杂品公司组织购销。自1965年9月起，南闸市场上物价平稳，已无高价商品销售。"文化大革命"期间，南北副食杂品供应又趋紧张。1978年国家改革开放政策实行后，各类南北土产和各特优产品纷呈，购销两旺。

烟卷　晚清、民国时期，南闸地区主要经营土烟（水烟和潮烟），并且自己刨制烟丝，产销一体，近地销售。卷烟流入和盛行后，烟业批发商品出现，土烟销售因消费者携烟具不便而渐减。民国六年（1917），江阴高庆瑞、日新恒两家经销烟业商号相继设立，分别经销上海华成、福新、华美、华品烟厂和英美烟草公司生产的卷烟，向市区和南闸等周边乡镇零售商店批量供货。沦陷期间，两户烟业商号被烧毁，卷烟经营由日商控制，土烟和水烟又一度旺销。抗日战争胜利后，土烟、水烟继续销售，烟叶主要购自浙江桐乡、乌镇，卷烟销售也渐趋增长。1949年初期，土烟、卷烟仍由私商经营。1953年，卷烟实行专卖，南闸地区由供销合作社代理，零售烟店、烟摊凭许可证按分配数额进行计划销售。商品以上海产品为主，天津、南京产品次之。1957年，南闸地区社会零售60箱。1959年以后，卷烟紧缺，消费者凭证供应。1964年，江阴县糖业烟酒公司接办卷烟批发业务，遂有苏、皖、鲁、豫产品进入。20世纪70年代，土烟基本绝迹，卷烟供应缓和，南闸地区年销售量89385条。80年代后，卷烟敞开供应，数量、品种不断增多，中高档卷烟数量增加，市场畅销。1988年，南闸地区销售卷烟31685条。

酿酒、制酱 民国期间，作坊遍布南闸民间，规模较大的有公裕酱园。槽坊、酱园大多自资筹建、自设门市和分号，自产自销、批零兼营。槽坊以生产黄酒、老白酒（甜白酒）为主，烧酒（白酒）次之。民国二十一年（1932），南闸有5家酒店、2家饭店销售酒类商品。1951年，国家实行酒类专卖，县核准供销社经营。1953年，粮食实行统购统销，酿酒用粮由省单列下达，酒类由收购改为加工。1956年，南闸原零售店并入副食营业行业，南闸地区归口供销社领导。1960年后，由于自然灾害引起酒类紧缺，以各种代食品为原料的土烧酒上市，销售量下降。1964年，国家重申酒类专卖，销售量有所回升。1970年，南闸地区批发销售酒类商品共128.72吨。1980年，集镇和乡间酒类经营开放，花色品种增多，土烧酒、土黄酒、甜水酒销量日减，各种低度酒、花色酒、滋补酒、名牌酒与日俱增，零售量逐年上升。1988年，南闸地区销售酒类商品达673.3吨。进入21世纪以后，南闸市场上的各种酒类度数不断降低，逐渐趋向饮料化、营养化，并向低度、滋补、安全健康方面发展，满足社会多层次消费者的需要。

1966—1993年部分年份南闸供销社烟酒副食品零售统计一览

表8-12

品 名	单 位	1966年	1970年	1975年	1980年	1985年	1988年	1990年	1993年
食糖	吨	21.70	29.64	23.60	76.05	106.24	160.66	180.52	210.65
食盐	吨	238.50	262.55	271.60	342.95	233.30	204.50	215.60	222.20
卷烟	条	68448	89385	126664	147701	247849	317685	356622	401129
茶叶	公斤	636	779	915	1780	3348	4670	3520	2921
酒类	吨	104.90	128.72	195.30	275.12	374.30	673.30	855.20	910.22
肥皂	条	44542	48398	87102	119587	89580	37051	32001	28520

土布 清末民初时期，南闸有天美、严羲生、高慎昌、高老五、蒋记、刘记等6家布庄。布庄把棉纱发放到织户，收缴后销往苏州、无锡、上海等地。布庄一般都是本地人开办，其中以天美布庄与高慎昌布庄规模最大。鸦片战争后，洋布倾销，南闸土布业受到冲击。至民国初，国民政府实行免税措施，鼓励土布业生产。至民国二十六年，南闸除有上述6家布庄外，还建起了美仑、公益、勤康、慎源、震裕、勤生、纬丰、六合、万安等染织土布工厂。南闸沦陷后，工厂除纬丰布厂留存部分外，其余企业全部被日军焚为废墟；当时布庄亦无法开办经营，土布业受到前所未有的重创。抗战胜利后，土布业经营稍有好转。1949年后，人民政府组织和扶持农民织户发展生产。1951年，南闸供销社组织供应各织户棉纱，同时收购土布供应市场和销售外地。1954年，棉布实行统购统销。同年6月，凭县税务局发的织户营业证核发棉纱。1956年，县政府取消土布市场，农村织户参加棉织生产合作社，产品被列入国家计划，由花纱布公司安排原料、收购成品。供销社组织废纱原料供应织户，改织废纺布。1965年12月，江苏省商业厅和省供销社规定，凡属商品性的土布和原料，一律由供销社经营，不允许任何单位或个人转手买卖，也不允许合作商店、合作小组、个体商贩代购代销。1975年7月，江苏省商业厅规定，社员自留棉，只允许社员自纺、自织、自用；土布土纱，一律由供销社收购，不准上市出售；各工厂、企业、手工业社和部队后勤等单位，需要处理下脚棉、废纱、废棉及废旧纤维原料，均由供销社统一收购和经营。

1966—1993年部分年份南闸供销社主要纺织品零售统计一览

表8-13

品　名	单　位	1966年	1970年	1975年	1980年	1985年	1988年	1990年	1993年
棉布	米	137945	200863	210740	261286	88763	101118	121216	99662
呢绒	米	517	330	998	3193	29942	6614	6722	17663
化纤织物	米	4422	15810	42925	126334	124504	164514	172212	150001
棉针织物	件	12716	7638	9310	18709	19764	18327	17322	16228
毛线	公斤	391	821	1138	1466	1139	3302	2856	2322

针纺织品　晚清时期，南闸有绸布商号2家，主要从事丝绸、呢绒、布匹的批发和零售生意。1949年初，棉布经营仍以私商为主。1954年，棉布实行统购统销，纱、布、针棉织品均由国家统购。棉布、针棉织品、布制成品一律凭布票供应，城乡干部、职工发布票10米，城镇居民8.33米，农民7.67米。1955年，呢绒等高档品采取赊销办法。1958—1960年，每人每年发布票9—6.67米。1961年2—8月，城乡每人发布票0.53米。1961年9月起，城镇居民每年每人发布票2.5米，农民1.17米。1964年，城镇居民每人发布票3.33米，农民1.90米。1965年，城镇居民每人发布票5.7米，农民3.73米。20世纪70年代，纯棉织品中发展灯芯绒、平绒、纱线卡其、士林色布、印花布等品种，针棉织品中增加棉毛衫裤、汗衫背心、印花床单、沙发巾、毛巾被等品种，畅销市场，产品销售额逐年上升。1976年，以涤棉为原料的化纤混纺织品畅销市场。1982年，市场上各类化纤产品供过于求，纯棉产品由畅转滞。1983年，取消布票，针纺织品多渠道经营，工业自销量迅速扩大。1986年，纯棉布、涤棉布货源不足，一度较为紧缺，县供销部门分别从江西、河北、浙江、河南、上海及省内如皋、沙州、扬州、无锡、南京、宝应等地收购适销产品才得以解决。自此以后，针纺织品的计划经济时代宣告结束，为新兴的市场经济时代所代替。20世纪90年代后，南闸街道上服装店林立，各类服装应有尽有，至2015年达到100余家。

1966—1993年部分年份南闸供销社主要百货日杂用品零售统计一览

表8-14

品　名	单　位	1966年	1970年	1975年	1980年	1985年	1988年	1990年	1993年
火柴	包	66029	66948	104907	97822	119631	138019	128011	97011
肥皂	条	44542	48398	87102	119587	89580	37051	32001	28520
热水瓶	个	1023	988	1754	2085	2537	3098	2622	2728
筷类	双	6460	5295	7398	17302	14662	18344	15226	14228
手表	块	—	—	223	575	2089	1657	1852	1522
时钟	座	225	—	157	1523	350	530	460	320
洗衣粉	吨	—	—	2.57	6.75	38	90.90	95.60	98.90
铝锅	个	—	319	1176	943	694	1828	1622	1421
铁锅	个	4851	2950	3847	4865	4912	4692	4152	3862
瓷器	件	34107	4898	26568	16546	9979	511	1529	1622
陶器	件	34107	75967	26569	102188	158000	151200	85266	89720

1966—1993年部分年份南闸供销社五交文化商品零售统计一览

表8-15

品 名	单 位	1966年	1970年	1975年	1980年	1985年	1988年	1990年	1993年
自行车	辆	—	—	29	132	1341	517	610	852
收音机	台	—	—	75	932	2019	3420	2950	1552
电风扇	台	—	—	—	—	151	280	1550	1620
电视机	台	—	—	—	—	370	956	1016	1520
录音机	台	—	—	—	—	555	590	610	650
洗衣机	台	—	—	—	—	150	560	720	790
电冰箱	台	—	—	—	—	70	290	350	460

第三节　生产资料购销

1949年前，境内生产资料都由私商、店铺经营。粮店供应饼肥，木行供应木材，铁铺供应锄头、钉耙、犁头、镰刀等小农具。耕牛由贩牛经纪人从外地贩运出售给本地农户，这些经纪人俗称"牛头"。1949年初，供销社与小手工业合作社挂钩，组织小农具的订购销售，并代销饼肥。1953年，开始销售农药"六六六"粉和少量滴滴涕以及化肥碳酸氢铵、过磷酸钙、氨水，供销社按每亩定量供应农民。20世纪60年代，南闸供销社从福建、江西、安徽、浙江等地采购木材、毛竹、篙竹、竹柄、扁担、簑衣等农用材料和小农具。同时，政府组织农具厂和铁木竹生产合作社编制和生产箩筐、蚕匾、畚箕、锄头、钉耙、镰刀等农副业生产用具上市出售；农机站设立农机配件门市部，出售喷雾机、喷粉机等。70年代初扩种双季稻后，化肥农药用量增多，供销社组织人员到外地采购，满足境内需求。同时开始放养"三水一绿"（水花生、水浮莲、水葫芦、绿萍）。它们既是喂牲口的饲料，又是有机肥料，由农科站采购种子，生产队建立放养基地。70年代末，水稻改种单季稻，境内农民不再放养"三水一绿"，农科站购销结束。80年代中后期，生产资料以计划调拨与市场调节相结合，价格由调拨价和市场价双规制决定；一些私营商经销农药、化肥陆续出现，农药品种增加，除病虫害防治药、除草剂大量使用。管理部门对农用物资实行质量、价格监督，政府给予补贴。90年代初期，农药、化肥敞开供应。

1966—1993年部分年份南闸供销社农资商品供应统计一览

表8-16

品 名	单 位	1966年	1970年	1975年	1980年	1985年	1988年	1990年	1993年
化肥	吨	1599	1384.6	1486.9	4523	3296.9	3812.7	3920.60	4100.20
农药	吨	109	196	237	125.36	103	84.8	101.20	111.30
药械	架	63	94	160	228	768	747	720	733
中小农具	件	59277	6679	29096	50212	14563	11649	12850	13963
杂木棍	支	5980	14412	467092	123521				
毛竹	支	3885	886	1825	1821	257	37		
毛灰	吨	—	—	587.5	66.8				
木材	立方米	—	—	—	—	1012	996	821	955

1966—1993年部分年份南闸供销社农畜产品收购统计一览

表8-17

品　名	单　位	1966年	1970年	1975年	1980年	1985年	1988年	1990年	1993年
蜂蚕茧	吨	86.4	118.76	71.177	31.6	25.2	10.8	8.60	—
蜂蜜	吨	3.45	3.45	7.80	0.34	—	—	—	—
禾草	吨	—	7.72	6.65	11.30	—	—	—	—
畜毛	公斤	324.5	325	182	273	57	240	63	—
禽毛	公斤	28.5	—	48	58	39.5	9	—	—
畜皮	张	1562	1057	1627	3757	457	255	115	—
活兔	只	2962	1970	13987	6636	2279	—	—	—
肠衣	根	994	—	950					

1963年江阴县南闸供销社农具、船具价格调整一览

表8-18

单位：元

类别	品　名	单位	商品规格	现　价	调整价	价格降低（%）
船 具	农船	条	小双千10担，船长13.5尺，水底7.5尺，舱深0.87尺，船宽3.3尺，板净厚1.8厘米	96.0	88.00	-8.33
	农船	条	大双千10担，船长15尺，水底8.5尺，舱深0.85尺，船宽3.1尺，板净厚2公分	115.00	102.00	-11.30
	船钉	斤	每斤80根左右	—	0.90	—
	船钉	斤	每斤70根左右	—	0.82	—
	船钉	斤	每斤60根左右	1.00	0.74	-26.00
	船钉	斤	每斤50根左右	—	0.67	—
	链条	斤	粗5/16	1.60	1.30	-18.75
	链条	斤	粗3/8	1.50	1.20	-22.00
	链条	斤	粗1/2	1.40	1.10	-21.43
	链条	斤	粗58	1.30	1.00	-23.08
	铁锚	斤	部分大小	0.80	0.70	-23.08
农 具	镰刀	把	大型、大圆头、重5两左右（当地生产）	0.59	0.52	-11.86
	镰刀	把	中型、月牙式、重4.5量左右（当地生产）	0.59	0.49	-16.95
	镰刀	把	小型、皂荚式、重4两左右（当地生产）	0.50	0.46	-8.00
	锄头	斤	长版型、重1.5—1.75斤	0.88	0.76	-13.64
	铁耙	斤	大号、重约3.5斤以上	0.75	0.62	-17.33
	铁耙	斤	中号、重约2.5斤以上	0.75	0.65	-13.33
	铁耙	斤	小号、重约2.5斤以下	0.73	0.68	-9.33
	铁搭	个	大圆头形、用于铁耙齿上、重约3两左右	0.40	0.35	-12.50
	铁搭	个	圆形、月牙形均有、用于亮锄、重约2.5两左右	0.40	0.33	-17.50
	小塘耙	把	重约1.1斤左右	1.00	0.87	-13.00
	大锹	斤	重约2.5—4.0斤左右	1.20	0.98	-18.33
	铁梨元	斤	重约2.0—2.2斤左右	0.80	0.69	-13.75
	梨壁	斤	重约2.0左右，不连钉	0.88	0.74	-5.91
	蚌耙	把	重约1.1斤	1.10	0.95	-3.64
	大化钳	只	重1.3斤左右	1.20	1.10	-8.33

续表8-18

类别	品 名	单位	商品规格	现 价	调整价	价格降低(%)
农具	小化钳	把	重1.3斤以下	1.50	1.22	-18.67
	牛鼻结	副	重约3—4两	0.35	0.35	—
	双叶铰刀	副	每副20斤左右	0.96	0.84	-12.50
	单叶铰刀	张	朝天牛角式，重3.5斤，长60厘米，阔18厘米	6.50	6.20	-12.50
	铰闸	斤	规格、尺寸、重量大小不一	0.64	0.62	-4.62
	农用竹刀	把	重约1.3斤左右	2.00	1.30	-35.00
	脱粒杨铁件	架		50.00	43.50	-13.00
	黄鳝锨	把	重约1.25—1.50斤	2.00	1.40	-30.00
	粪桶	个	直板式，口直径36厘米，高36厘米，板厚1.8厘米	5.90	5.41	-8.31
	粪桶	个	鼓墩式，口直径36厘米，高36厘米，板厚2厘米	6.00	5.60	-6.67
	粪桶	个	弯板式，三道篾箍，板净厚2厘米	8.50	7.44	-12.47
	小料勺	把	口直径24厘米，底14厘米，高12厘米，板厚1.8厘米	1.50	1.50	—
	大料勺	把	口直径26厘米，底18厘米，高15厘米，板厚2厘米	1.50	1.32	-12.00
	脱粒机木壳	架	三角式松极料	20.00	18.20	-9.00

1966—1993年部分年份南闸供销社畜禽水产零售量统计一览

表8-19

品 名	单 位	1966年	1970年	1975年	1980年	1986年	1988年	1990年	1993年
猪肉	吨	12.0	15.0	130.0	190.0	250.0	270.0	120.0	90.0
水产品	吨	10.0	15.0	18.0	5.0	3.0	2.5	2.2	1.8
鸡蛋	吨	2.5	3.0	4.0	4.5	5.0	6.0	6.5	5.0

废品收购 民国时期，南闸地区的废品收购主要由"换糖"式的流动小商贩，挑着麦芽糖和针线等小商品的担子穿村过巷、沿途叫喊，以担上食品、针线换取废品，进行收购。1952年，由供销社设点收购，禁止农民私商贩运。设点后主要收购废金属，包括杂铜、废锡、镍币、废钢铁、废纸、废棉织品、废玻璃、废旧衣鞋、废杂骨、动物毛皮等。1955年开始收购废橡胶制品。1956年，省供销社、省手工业联社联合决定废钢铁收购、供应划归当地手工业社经营，可委托供销社代购。1971年，供销社收购以农用薄膜、化肥袋、塑料鞋为主的废塑料。此时，南闸供销社为便于收购各类废品，设集镇收购站1个。1985年以后，个体收购站建立，个体人员开始自行收购各类废品。1998年9月，南闸供销社所属收购站歇业。

1966—1993年部分年份南闸供销社废旧物资收购统计一览

表8-20

品 名	单 位	1966年	1970年	1975年	1980年	1985年	1988年	1990年	1993年
废金属	吨	34.30	44.16	29.06	69.94	42.47	98.05	100.16	118.52
被布、棉、鞋	吨	14.15	18.01	30.25	31.95	28.50	7.10	6.30	5.12
废纸	吨	13.15	2.55	2.25	35.45	103.90	314.40	380.80	420.15
废橡胶	吨	2.10	1.69	3.32	2.55	7.00	2.50	1.62	1.38
杂骨	吨	6.35	7.10	9.36	810	17.80	3.30	1.82	1.15
废塑料	吨	—	3.17	5.89	5.20	7.00	2.80	3.62	3.78

第三章　集市贸易

第一节　农贸市场

民国年间和中华人民共和国初期，南闸农贸市场设在中新街东与东弄西，南至牛屎弄口，北为夏村之间。后因面积太小，1985年春，南闸乡政府在市河西岸北起农具厂，南至新桥西堍，修建一条长200米、宽8米的水泥路，面积1600平方米，辟为农贸市场。市场内有鲜肉摊11家，鲜鱼摊16家，豆制品10家，海货1家，禽、蛋、蔬菜等由农民自由出售。1988年，市场内有鲜肉摊18个摊位，其中食品站7个、个体户11个，鲜鱼摊30家、豆制品12家、海货店3家，全年成交营业额1000万元左右。1993年起，南闸集镇逐渐向东南迁移，镇政府在老镇区东新街东出口处，向南沿新、老锡澄路之间新建南闸农贸市场。1994年6月18日建成投入使用。新农贸市场总占地面积2000余平方米，建筑面积1300余平方米，有鲜肉摊25家、鲜鱼摊8家、豆制品5家、海货店4家，各类蔬菜、果品等固定摊位150个。

2015年11月南闸街道农贸市场副食杂品市价一览

表8-21　　　　　　　　　　　　　　　　　　　　　　　　　　　　　　　单位：元/500克

品　名	规格等级	价　格	品　名	规格等级	价　格
黄豆	标准品（三等）	2.40	鲫鱼	活，每条400克左右	6.50
红小豆	一级	5.00	鳊鱼	活，每条500克左右	5.50
绿豆	二级	4.80	鲜猪肉	肋条肉	11.80
粳米	特一	2.10	河虾	活，3公分，非籽虾	50.00
富强粉	特一粉	1.65	基围虾	活	19.00
标准粉	特二粉	1.50	豆腐	水豆腐（散装）	1.00
玉米粉	普通	1.50	百叶	普通	4.50
菜籽油	四级散装（桶）20千克	3.30	素鸡	普通	4.00
大豆油	一级散装（桶）20千克	3.00	食用盐	袋装，精制含碘盐	105元/50包
花生油	一级散装，玉金香（5升）	100.00	绵白糖	散装，当地主销	285/袋
色拉油	一级桶装，金龙鱼（5升）	37.00	白砂糖	散装，当地主销	275/袋
光鸭	开膛，上等	6.30	红糖	散装，当地主销	275/袋
鸡蛋	洋鸡蛋（新鲜完整）	4.00/斤	苹果	红富士，一级	5.20
鸡蛋	草鸡蛋	5.50/斤	大青菜	新鲜一级	1.30
带鱼	冻，每条三指宽左右	14.00	小青菜	新鲜一级	1.50—2.50
鲳鳊鱼	冻，每条100—150克	26.00	土豆	新鲜一级	1.10
黄花鱼	冻，国产，一笔长左右	7.00	青椒	新鲜一级	2.50
鲢鱼（花鲢）	活，每条2500克左右	5.50	西红柿	新鲜一级	2.55

续表8-21

品 名	规格等级	价 格	品 名	规格等级	价 格
冬瓜	新鲜一级	0.95	茭白	新鲜一级	2.20
长豇豆	新鲜一级	3.20	苋菜	新鲜一级	4.00
韭菜	新鲜一级	2.40	蓬蒿菜	新鲜一级	3.75
包菜	新鲜一级	0.45	胡萝卜	新鲜一级	0.60
大白菜	新鲜一级	0.45	尖椒	新鲜一级	1.00
黄瓜	新鲜一级	3.50	生姜	新鲜一级	1.90
萝卜	新鲜一级	0.45	西蓝花	新鲜一级	1.50
生菜	新鲜一级	1.20	山药	新鲜、普通山药	2.30
蘑菇	新鲜一级	5.50	黄豆芽	新鲜一级	1.00
菠菜	新鲜一级	3.50	莴笋	新鲜、带叶	0.80
药芹	新鲜一级	1.85	毛豆	新鲜、带壳	4.20
西芹	新鲜一级	0.60	洋葱	新鲜一级	1.30
水芹	新鲜一级	2.80	大葱	新鲜一级	160
茄子	新鲜一级	2.50	莲藕	新鲜一级	1.50—3.00
大蒜	新鲜一级	1.80	红薯	新鲜一级	0.95
绿豆芽	新鲜一级	1.00	蒜头	一级（完整）	3.90
草鱼	活，每条4000克左右	5.00	香蕉	国产一级	1.50
蒜苗	新鲜一级	2.50—4.00	梨	当地主销、一级	1.90
花菜	新鲜一级	0.45	西瓜	夏本地、冬海南（红瓤）	1.80

1957—2015年南闸农贸市场历任负责人情况一览

表8-22

序号	负责人姓名	任职时间	序号	负责人姓名	任职时间
1	梅根元（供销社）	兼任1957.1—1957.12	9	陆其炳（居委会）	兼任1985.12—1987.6
2	陈骏福（供销社）	兼任1958.1—1958.12	10	金益清（环卫所）	兼任1987.7—1994.12
3	陆敏之（供销社）	兼任1959.1—1959.12	11	刘耀康（环卫所）	兼任1995.1—2000.3
4	陈鹤鸣（供销社）	兼任1961.1—1971.12	12	袁建荣（环卫所）	兼任2000.4—2005.3
5	吴荷（供销社）	兼任1972.1—1975.12	13	陆建兴（监察队）	兼任2005.4—2007.12
6	吴全海（供销社）	调任1976.1—1977.12	14	邓汝惠（农贸市场）	调任2007.12—2009.7
7	刘洪财（工商组）	兼任1978.1—1983.9	15	许和明（农贸市场）	调任2009.8—2015.12
8	顾锦清（居委会）	兼任1983.9—1985.12	16		

第二节 庙会集场

南闸境内的庙会集场有3处：秦望山庙会集场，在每年农历三月初一；花山庙会集场，在每年的清明节；南闸街的庙会集场，在每年的农历三月廿一日、廿二日。庙会本是道馆、寺庙举行道场和佛事的活动，后来，一些商人见庙会是行商的好机会，纷纷前来设摊售货，使得庙会的规模越来越大。由于商人的参与，庙会增加了集市贸易的成分，故又叫"集场"。庙会集场的日子定在农历三月，正是农闲时间。庙会集场当天，商贩云集、马戏杂耍、三教九流、红男绿女、人如潮涌，是人们走亲访友、吃喝玩乐的节日，也是购买农用物资及衣物的日子。"文化大革命"中曾被取缔。21世纪初，以影响治安、不利于环境卫生等原因而被禁止举办。

第三节　牲畜市场

苗猪市场　清代，南闸集镇便出现苗猪市场，原址在万安桥（后称新桥）北块。老百姓俗称"猪落"。农历每月逢一交易。交易时由三五家老板代客买卖苗猪，收取佣金。1956年，由南闸供销社代客经营，兽医站负责派员给每只进出市场的苗猪注射防疫针。20世纪60年代初，三年自然灾害后，市场苗猪明显增多。70年代初，苗猪限于当地交易，上市定价挂牌，不许外流。1974年，苗猪市场由公社副业办公室接管，且交易场址屡经迁移，后设在季家村原乡多服公司北侧区域内。1975年，"猪落"交易改农历为公历，按公历每月逢一、逢五进行交易。每集都有苏北顾客前来采购，并为上海、南京、苏北等地代为采购苗猪。进入80年代，南闸苗猪产销两旺。1988年，全镇存栏母猪1653头，当年支援外地苗猪10000多头。苗猪集市也是羊、兔等畜牧交易日，由镇内外农民和客商自由定价交易。90年代以后，随着苗猪市场形势的发展和变化，产生了生猪经纪人（俗称"猪头"），苗猪市场的交易量下降，功能逐步减弱。至1996年后，苗猪市场正式退出历史舞台。

耕牛市场　清末民初时期，耕牛交易俗称"牛落"。南闸集镇耕牛交易各期形式不一、多种多样。一般由"牛头"掌握情况后，先去武进、宜兴、无锡等地贩回，再将牛卖给农民。亦有由"牛头"点齿作价，从中撮合后收取佣金；也有由"牛头"牵线搭桥，与有牛者协商成功后互换的情况。集镇耕牛市场设在老镇区东新街牛屎弄（因交易日拴牛多、牛屎多而被称为牛屎弄，迄今未更改弄名）内。20世纪60年代后，机械耕作逐渐替代耕牛。1968年，耕牛市场消失。

第四节　粮油市场

民国时期，南闸集镇米业兴盛，镇区有谭阿五、张启宏、张启雄、夏阿财、陆云湘、蒯紫衡、蒯紫培等24家粮行、5家盘篮摊经销粮食；食油由李鼎坤、张文生、张文宝、唐生财、陈荣书、陈宝金、苏银元等16家南货店兼营。集镇和乡下粮油价格，多看上海、无锡、江阴的行情。沦陷时期，汪伪县政府成立"米粮统治委员会"，控制粮食进出，大批收购军粮，米业衰落。抗战胜利后，民国政府军粮征费浩繁，赋额税捐增加，通货膨胀、物价飞涨，粮商囤积居奇，粮食市场日益混乱。

中华人民共和国成立初，粮油购销仍由私营粮油商经营。1951年5月，南闸供销社接受中国粮食分公司江阴办事处（简称中粮公司）委托，代销代购粮食，并设南闸、泗河2个收购点。1953年11月，粮食实行统购统销，禁止私商经营，禁止自由买卖，购、销、调、存和加工全部通过国家计划渠道进行。1954年6月，南闸建立粮食集市贸易市场，限生产者和消费者直接买卖。1955年6月，供销合作社的粮食代购代销业务及人员，全部由县粮食局接收。1956年1月，南闸成立粮油购销站，撤销泗河收购点。1958年公社化后，粮油集市贸易市场萧条。1963年7月，粮油实行有限开放，基本恢复粮油集市贸易市场正常的交易经营活动。1964年1月，规定粮油进出买卖交易，粮食不得超过10公斤，食油不超1.5公斤，糠麸饲料不超25公斤。"文化大革命"开始后，粮油集市贸易市场关闭。1971年12月，允许农民完成征购任务以后，凭生产大队证明出售少量粮食，市镇居民凭购粮证入场购买。中共十一届三中全会后，南闸重新恢复粮油集市贸易所。1983年，国家规定完成征购、超购任务后的余粮，允许多渠道经营。1985年，国家取消储备，藏粮于民，征购改为合同定购，成为农民应尽的义务。1987年，南闸集镇设有粮油管理所、粮食集市贸易所各1个。1995年，粮食集市贸易全部开放，粮油进入市场交易。

第五节　专业市场

一、金三角建材专业市场

1988年4月，由南闸工业供销公司创办、何云柏为负责人的商场正式挂牌开业。由于征用的土地呈三角形，于是命名为"金三角商场"，主要经营建筑材料、五金设备和日杂用品。第一年，商场非但没有盈利，反而亏损12万元。1989年起，何云柏经过深入农村和市场调研，果断决定由综合经营改为专业经营，由零售改为批发，在华东地区第一个亮出了"金三角建材专业市场"的牌子。金三角开始向生产厂家直接进货，并改变传统的封闭式销售为开架销售。由于国家全面压缩基建投资，建材市场首次陷入疲软困境。金三角开展微利、薄利大促销活动，及时回笼资金，付清厂家货款，赢得了厂家的尊重和信任，拥有来自广东、福建、浙江等地客商300多个，年成交额10亿多元。1995年，金三角已经成为以经营建筑装饰材料为主的大型企业集团，有员工500余人，总资产2.5亿元，年销售能力超过5亿元。在上海、南京、杭州、常州、无锡、张家港等地设有12家连锁经销公司，在北京和广东设有办事处。1995年，金三角建材市场在江阴南郊建造了占地面积20万平方米、建筑面积8万平方米、年市场成交额11亿元的国家级装饰市场——中国金三角装饰城。1997年，因集资引发群众性挤兑危机，在江阴市委和南闸镇党委协调下，市场由江阴市工商局等单位接收，组建为江阴市金三角建材市场有限公司。

附：
记"金三角"

陆福和

1988年初春，在南闸镇区南面一块被征用的农田里，十余名汉子一连折腾了几十天，搭建了一排15间茅檐泥墙的简易房。4月8日上午8时整，一阵清脆的爆竹声引来了些许行人驻足围观。当团团硝烟渐渐散尽时，人们才发现，在这排简易房朝西大门右侧的泥墙上，挂起了一块"金三角商场"的牌子。这个挂名在南闸乡工业供销公司下面的商场，开始运营了。

这个起家于简易房内的金三角商场，就是日后声名显赫、被国内建材业同行誉为"超音速"发展的"金三角集团"的前身。

金三角商场经营建材、五金设备和日杂用品。经理名叫何云柏，年届不惑，出身竹匠，当时在南闸，不为人注重。但此人聪明能干，有胆有识，从小胸怀大志。1961年，13岁的何云柏以南闸乡第一名的成绩考入江阴县初中部。他好学上进，刻苦勤奋，坚信自己一定能从这里走向一个更加辉煌的境界。然而，命运似乎在故意作弄这个聪慧的少年，就在由于自然灾害造成的中国困难时期的第二年，即1962年，何云柏为了减轻父母的负担，强忍泪水离开了学校的大门。他退学了，父母送他去学了竹匠手艺。但何云柏是个不愿向命运屈服的人，即使在日复一日一刀一刀地砍削着生活的沉重的漫长岁月里，他也始终没有忘记用手中的竹篾默默地编织着理想的光环。

1987年，他调入南闸工业供销公司。不久，在他积极建议下，公司领导同意让他去办商场。

在何云柏眼里，这泥墙草顶、四面透风的商场，是属于自己创业发家的世界，他要全身心地投入这世界，去搏击，去开拓。何云柏带着十几个从来没有吃过正统商业饭的乡下人开始了他们的事业。

他要从这里起步，带领乡亲们挣脱贫困，奔向富裕文明的好日子。这就是他几十年来深藏在心中的理想。然而，折腾了几个月，商场收效甚微。何云柏不由得深思起来：今后生意怎么做？

就在何云柏陷入迷茫时，一件小事启迪了这位年届不惑的人，使他成了真正的不惑者，也开启了"金三角"的新局面。

一天下午，一个顾客匆匆走进商场，声称要买40多只落水管抱箍。商场凑巧缺货，顾客摸出一沓钞票，恳求帮助解决。何云柏当即让职工将9只白铁皮畚箕加工成抱箍，既满足了顾客的需求，又多卖了一倍钱。在顾客千恩万谢的感谢声中，何云柏不禁眼前一亮：顾客买建筑材料舍得花钱！就在这一瞬间，他萌发了改行做建材生意的念头。

可是，创办"金三角商场"的款子是他们8个竹匠凑起来的几万块钱，而改行做建材生意需要一笔更为可观的资金。1988年底，金三角已发展到50多人。有一次，何云柏去参加无锡市日杂公司的订货会，他看到经销的陶瓷马赛克十分抢手。他由此想到：如今农民富了，第一桩要办的大事就是造房子，而且要造得好，已经不满足于传统的秦砖汉瓦了，追求的是美观的内外装潢。他敏锐地觉察到，一个现代建材商品的新市场正亟待人们去开发。这时，他更加坚定了改行的决心。

1989年初，何云柏经过多次调研，果断决策，由综合经营改为专业经营，改零售为批发，在华东地区亮出了"金三角"建材专业市场的牌子。

何云柏亲自设计了"金三角"的标记：一个椭圆，象征着地球，中间是一个等腰三角形的"金"字，端庄稳重，金光闪耀。金三角装点地球，如此寓意，何等气魄！

何云柏处理了一批滞销商品，让死货变活钱，再贷款40万元，向生产马赛克的厂家直接进货，又租赁了南新村的一幢三层楼房，三楼办公，底楼做营业厅。何云柏还一改传统的封闭式销售为开架销售。建材是个新开发的市场，人们还不认识它，还不会使用它。搞开架销售能迅速提高用户对新型建材商品的认识，提高消费水平。自开放式货架出现后，顾客纷至沓来。

金三角异军突起，旗开得胜，以马赛克品种多、货源足、销量大，开始名声远扬。正当金三角准备放开手脚乘胜前进的时候，1989年下半年，国家全面压缩基建投资，建材市场首当其冲，一时陷入疲软境地。

何云柏临危不乱，他通过大量收集市场信息，认真分析市场形势，下决心搞专业化。选择建筑陶瓷和卫生洁具为突破口，集中人力、物力和财力，决心把金三角办成全国一流的建陶、卫陶市场，达到一流后，再发展其他系列产品。同时，他们与全国60余家生产厂建立了良好的业务关系，在厂家骤然间面临"压库大难"的时候，金三角反而租借闲散房屋，建成9个大仓库，大量进货，为这些厂家解了燃眉之急。有了充足的货源，他们薄利多销。这一年，虽然没有赚到大钱，但雪中送炭，为几十家生产厂家排忧解难，共度了难关。事后，这些厂家纷纷派专人来金三角致谢，称金三角是患难之交。由此金三角与不少生产厂家建立了深厚的情谊。

1990年5月，何云柏等4人到镇江参加建筑陶瓷座谈会。会上巧遇广东工业陶瓷的一个供销员，何云柏他们诚心相待，以热情打消了这个国家二级企业供销人员的顾虑。他们1个月发出3车皮的货，此举叩开了珠江三角洲20多家名牌陶瓷专业生产厂家的大门，一批名、特、优、新的陶瓷、地砖、马赛克及卫生陶瓷摆上了金三角的货架，使金三角成了建材的集散地。货架上摆放着全国150多家厂家琳琅满目的产品，江阴、无锡、张家港慕名来购的顾客不计其数。1990年底，金三角建材的销售量比1989年翻了一番，销售额达2500万元。

金三角经营借助天时、地利、人和的优势，取得了经营的成功经验。当初，何云柏他们深知一个道理，市场要发展，不只是在南闸本地，应该到长江三角洲其他城市去找市场，才能大发展。1991年下半年，他带领一班人，马不停蹄地在苏州西环路来凤桥堍、无锡锡沪路2号桥、常州市环城北路三角场，相继开了分公司。三市开业半年，销售额、利润一月高于一月。在积累经验的基础上，1991年9月1日，位于上海东大名路705号的上海分公司开业，"泰山"牌地砖热销，月销售额超过了上海市一家有30多年历史的国有企业。1993年6月，在南京长江大桥北堍的浦口区泰山镇的一片泥地里，金三角又以深圳速度建成了南京分公司，半年完成销售额2538万元，在省城引起轰动。南京市委书记顾浩亲率一班党政领导干部到金三角视察。同年，杭州分公司、张家港分公司相继开业。一时，金三角八大分公司在苏南8个大小城市开花。金三角被同行誉为"超音速"的发展速度，取得了令人瞩目的成就。1990年至1994年，连续5年荣获"明星公司""重合同守信誉单位"称号，荣获全国最佳效益乡镇企业、全国乡镇企业销售系统先进集体等荣誉。

1994年5月，气势恢宏的金三角装饰城建成开业。同年10月，著名社会学家、全国人大常委会副委员长费孝通，在无锡市委书记刘济民的陪同下第二次到金三角视察，并题词："人民生活住为首，供应建材为人民。"当时，笔者在场采访，费老问刘书记："金三角是国有企业，还是乡镇企业？"刘书记回答说："是乡镇企业！"费老说："了不起！"费孝通于1991年至1993年的三年间，先后5次视察金三角建材市场。1995年是金三角最辉煌的时期，它已经是一个以经营建筑装饰材料为主的大型企业集团，拥有19个直属企业，员工500余人，总资产2.5亿元，年销售能力超过5亿元。在上海、南京、杭州、无锡、常州、江阴、张家港等地设有12个连锁经销公司。在集团总部设有洁具厂、彩印厂、宾馆、储运公司、房地产公司，在北京和广东设有办事处。集团在江阴市南郊建立起了一个占地20万平方米、建筑面积8万平方米、市场成交额达11亿元的国家级装饰材料市场——中国金三角装饰城。同年，他们又在香港设立了金三角集团香港股份有限公司，为集团与国际大市场接轨迈出了重要的一步。

金三角的发展与辉煌，为南闸经济的腾飞作出了贡献。1996年10月，南闸镇被民政部、公安部等10部委批准为小城镇试点镇。农民在市镇有住房的可率先转为城镇居民，形成了第一拨购房热潮，为南闸"以市兴镇"打下了良好的基础。金三角建材市场的发展，促进了南闸第三产业的兴旺，功不可没。

1997年7月以后，集资款引发了挤兑危机，许多闲散集资债权人持票蜂拥到金三角建材市场挤兑。情况到了万分危急的地步。

南闸镇党委、政府得悉情况，立即启动应急措施，一方面向江阴市委、市政府汇报；另一方面出动镇干部多人，到现场维持秩序，调拨款项，向债权人解释。江阴市委、市政府也高度重视此事，从各条渠道筹措资金，解决当务之急。最后决定由江阴市工商局等3家单位接管金三角建材市场，由工商行政管理局南闸分局进行市场运作。

工商局进驻金三角建材市场以后，半月内，市场情况好转，一改以前的弊端，树立市场新风，成立消费者协会，解决顾客与店主的矛盾，使这个金字招牌又熠熠闪光，更加辉煌。

二、江阴市金三角市场有限公司

1997年7月，江阴市工商局接管金三角市场后，成立江阴市金三角建材市场有限责任公司，任命镇工商所长蒋卫东兼任公司总经理。公司推行定人、定位、定责、定权、定报酬的"五定"管理办法，极大地调动了管理人员的积极性，收到了很好的经济效果。是年底，金三角建材市场税收、开票销售均比上年翻了一番，店面出租率达96.5%。1998年，董克敏所长接任市场公司总经理，继续抓紧市场管理各项工作，市场经营秩序、环境大有改观。2000年，金三角市场开设精品厅，推行销售承诺制，形成专卖经营特色，市场内已有5家省总代理商、6家地区总代理商，门面房出租率达96.5%。2002年9月，市场公司总经理由南闸工商分局方慧忠分局长兼任。在其率领和管理下，金三角建材市场进一步健康发展，精品厅重建任务基本完成，市场品位得到提高。2004年，金三角市场摊位出租率达100%。2005年，金三角市场公司进入转制阶段，改制为民营企业。

三、江阴金三角城市综合体

2009年前，扬子江船业集团、长江投资公司、锦澜集团公司积极响应市政府和南闸街道建设美丽家园的号召，面对原建材市场历经风雨、日益老化的状况，在南闸街道的引领、支持和协调下，毅然投巨资征地370.6亩，易地建设金三角城市综合体。该城市综合体位于境内街道东南端，坐落在紫金路南、霞客大道西侧、花山河北侧区域地段。项目由上海同为建筑设计有限公司规划设计，计划总投资38亿元，总建筑面积70万平方米。金三角城市综合体既是全市服务业重大项目之一，也是江阴市政府明确的重点项目。

2009年12月10日，金三角城市综合体项目——金三角广场·家居村工程举行奠基仪式。至2013年9月5日，金三角广场·家居村第一期开业，商铺面积达30万平方米，其中大型商铺15万平方米，主题馆15万平方米，一次招商率达90%，有近500户商户入驻，商品业态布局精英云集、品牌荟萃。新的市场开业后，进行转型升级聚人气。是年底，家居村试营业实现开票销售8976万元，上缴国家税金232万元。2014年，金三角·家居村以崭新的面貌、一流的服务进一步聚集人气，加快市场开拓，市场整体招租率95%，有商户500多户，经营国内一线品牌120种、国际品牌5种。

2013—2015年金三角广场·家居村著名品牌卫浴、陶瓷商品独立馆名单一览

表8-23

单位：平方米

房 号	著名品牌商标名称	经营者姓名	经营面积
D1	东鹏	耿正兴	605.6×3
D2	王者、简一、鹰卫浴	蒋红锡	866.6×3
D3	蒙娜丽莎、樵东	吴俊文	866.6×3
D4	箭牌	缪家军	866.6×3
D5（104—105、205—206）	百特	赵美芝	524.4×2
D5（101—103、201—204）	诺贝尔、嘉俊、金牌、格莱斯、金品	赵建洪	677.2+1069.6
D5（106—107、207—208）	金牌	赵建洪	524.4×2
D5（108—109、209—210）	宏宇、路易摩登	薛芳	502.4×2
D6（101—103、201—204）	来德利、金丝玉玛	赵美芝	742.6+1069.6
D6（104—105、205—206）	金科	王建军	524.4×2
D6（106—107、207—208）	罗马里奥、顺辉	后东升	524.4×2
D6（108—109、209—210）	东鹏卫浴	蒋伟宇	502.4×2
D12（西南角）	五福、升华、太阳	熊树云	401.6×3
D12（西北角）	蒙地卡罗	高仲良	401.6×3
D12（东北角）	萨米特	何兴成、刘铭	401.6×3
D12（东南角）	TOTO	何伟华	401.6×3
D13	LD	印国平	1205.6×3

续表8-23

房　号	著名品牌商标名称	经营者姓名	经营面积
D13（西北角）	冠军、马可波罗	蒋鸣虎	401.6×3
D14（北面）	长安	顾兴耀	803.6×3
D14（南面）	冠珠	宋晓东	803.6×3
D15	欧神诺	缪敏洪	810.2×2+400
D15	科罗	苏建荣	330+410+820
D16（北面）	金陶名家	刘荣华	481+525.5×2
D16（南面）	兴辉	赵建刚	424.5+445.5×2
D17（南面）	奥米加	顾萍	774+824×2
D17（北面）	惠达、欧联	王建海	404+436×2
D18（101—102、201—202）	卡米亚	倪政凯	335.2×2
D18（103—105、203—205）	道格莱斯	吴彩明	470.8×2
D18（106—107、206—207）		何云献	335.2×2
D18（108—109、208—209）		蒋协平	335.2×2
D18（110—111、210—211）	好太太衣架	许建明	303.2×2
D18（112—113、212—213）		朱家文	335.2×2

四、华东金三角有色金属交易市场

2001年建成，位于南闸镇区锡澄公路东侧。主要经营有色金属、黑色金属、特种钢、铁合金、硅钢化、五金机电等产品，并提供现代化仓储、物流、调配一条龙服务。2003年，市场第一期工程建设全面竣工，建筑面积达3万平方米，可容纳200多户客户同时经营。年内，有8家企业加盟市场，成为各类有色金属、黑色金属加工仓储中心及华东地区最大有色金属交易市场。是年，市场实现销售收入9.5亿元。2004年，市场进驻企业70多家，累计成交额14.34亿元。2005年实现销售14.76亿元，上缴税金300万元，有色金属成交量达8万吨。2007年，市场实现开票销售18.63亿元，比去年同期增长29%，实现应征税金393万元。2012年，市场入驻企业58家，实现开票销售收入27.66亿元，上缴税金合计120万元。

五、江阴市中昌实业有限公司

1992年秋成立，公司坐落于锡澄路与南焦路交会处的西南侧。建筑面积3500多平方米，货场9000多平方米，职工86人，固定资产总值1500多万元。公司主要经营煤炭、金属材料、五金、建筑材料、纺织原料及化工等。1997年，公司销售收入1.5亿元，利税600余万元。2016年10月，因经营不善破产，所属资产被拍卖。

六、江阴市金三角木材交易市场

1998年，由涂镇村、江阴市市场建设有限公司、江阴市能源公司和江阴市信用联社参股合资创建。市场总投入资金1276.8万元，占地面积40余亩，拥有50个摊位，年销售额8000万元。

七、江阴市废旧金属交易市场

1998年4月创建，位于龙运村境内跃进河口南岸地段。先后有53家商户进驻市场，实现开票销售额达1.3亿元。1999年，摊位商家增至86家，实现成交额1.8亿元，上缴国家税金1300万元。2000年，实现开票销售6亿元，利税3500万元。2001年，投资1500万元在南闸泾西村新建交易市场。2003年，开票销

售额达10.24亿元。2008年，成交额7.7602亿元。

八、江阴市特种水产品批发市场

1997年上半年创建，位于谢南村境内花山河南侧，占地面积10720平方米。1998年，年销淡水鱼6060吨。1999年，扩建交易场地2000平方米，新建大棚面积800平方米，营业房16间共700平方米，累计经营额达1.5亿元。2000年，开票销售2亿元。2004年，搬迁至西郊江南农副产品批发市场。

九、江阴市金三角鑫隆油漆涂料交易市场

2001年建成，位于锡澄公路南闸段东侧，建筑总面积15200平方米，其中市场交易大楼7200平方米、集中仓储库房8000平方米。2002年进驻油漆、涂料经营商户20家。

第四章　服务业

第一节　餐饮业

民国时期，南闸集镇地处江阴县城南郊，南来北往的商贾颇多，集镇饮食业应运而生，饭店有美味饭菜馆、王阿金饭店等2家；酒店有春财、花家、麒麟、高记、培顺等5家；大饼店有大金宝、小金宝、昌顺、缪记等4家；面店有赵阿顺、谭阿六、徐阿云、俞玉枝等4家；熟食店有徐佰金、蒋加祥等2家；馄饨店有王阿荣、王林生2家；小吃店有高金才1家；豆腐花店有赵培顺1家。当时，这些中小型面饭店、酒店大多设在镇区闹市或集市内外，经营面饭汤菜，物美价廉，经济实惠，以一般平民百姓、过路客商为主要服务对象。日军侵占南闸时，大多数饮食店关门打烊。抗战胜利后，这些店又遍布南闸街头巷尾，相继开张营业。

中华人民共和国成立后，南闸集镇饮食业以饭菜馆为主，另有面食、糕粞、小吃店等。1956年，集镇有饭菜馆10家、面食店3家、糕粞店4家、小吃店6家。是年，开始分两期对私营饮食业进行社会主义改造。1978年起，各类饮食店家日益增多。1980年后，在改革开放的新形势下，个体饮食摊店迅速发展，集体饮食店进行扩建改造，完善经营服务设施，供应品种日益增多。1991年，集镇有集体店5个，从业人员10人；个体饮食店46个，从业人员103人。2015年，南闸街道有餐饮业250家，从业人员1250余人；高档的餐饮业有3家。

第二节　居民服务业

民国时期，南闸有六角栈房、吴记旅馆2家旅馆，王阿金、谢金康等7家理发店，关帝阁、东雅园等6家茶馆。泗河集镇有赵汉章茶馆1家、马福金理发店1家。

1949年后，集镇服务行业仍由私人经营。1956年，南闸镇区有理发店8家、茶馆10家、旅馆1家、成衣店4家、钟表修理店2家、照相馆1家，是年公私合营，部分转业或合并。1958年后，服务网店进一步减少，出现住宿难、理发难、洗澡难。20世纪60年代起，限制个体服务业，只有集体服务网店营业，远远不能适应人民群众的需要。1978年后，集镇上各类服务网店逐年增多，传统服务项目得到恢复和发展。1980年起，国家政策开放，个体服务业迅速发展。1991年，南闸有集体网店5家，从业人员55人；有个体网店13家，从业人员18人。2015年，南闸有服务网店282家，从业人员1410人，营业总收入78.5亿元。

第五章　工商管理

第一节　管理机构

民国时期，江阴县政府建设科（1947年称第四科）直接负责、管理全县工商行政等事项，并通过各行业商会进行具体管理。当时，南闸集镇未设工商管理机构，由县各行业商会派员负责联络和管理。

1951年7月，南闸成立工商联合会。由联合会领导相继建立的各行业公会，负责对个体私营商业的管理，并兼管市场管理工作。是年11月，南闸集镇成立工商业登记分会，对私营工商业户进行清产、登记、发证。至1953年末，该机构完成登记任务后被撤销。1956年，南闸供销合作社负责对私营工商业改造中的商户进行改组、调整工作，并对合营商业、合作商店、货郎担等进行登记、核发新证。1957年8月，南闸成立市场管理委员会后，由供销社指定人员负责市场管理。1961年11月，南闸公社成立市场管理委员会。1965年初，南闸成立打击投机倒把办公室，在全社范围内开展打击投机倒把活动工作。"文化大革命"开始后，打击投机倒把办公室自行解散。1968年初，根据江阴县军事管制委员会有关决定，重新成立南闸公社打击投机倒把办公室。1969年7月，公社打击投机倒把办公室被"一打三反"（打击现行反革命破坏活动、反贪污盗窃、反投机倒把、反铺张浪费）办公室所替代（该室至1979年11月27日撤销）。1972年11月，南闸公社重新成立市场管理委员会。1984年6月，南闸成立工商组，隶属要塞工商所管辖，蒋玉良任南闸工商组组长。1993年刘洪才任南闸组组长。1995年南闸工商组划归西郊工商所管辖，组长仍由蒋玉良担任，后由夏乐平接任。1997年7月，南闸成立工商所，由所长蒋卫东、副所长夏乐平、工商干部4名、事业人员1名、协会2名人员组成，同时接管金三角市场，又新增设副所长1人。1998年，董克敏任南闸工商所所长。2002年9月，南闸工商销所撤所建分局，方惠忠任分局长。2006年5月至2014年12月间，由汤建忠任分局长。2008年1月，西郊分局被撤销并入南闸分局。2015年1月，市工商局、质监局、食品药品监管局进行合并后成立江阴市市场监督管理局，原南闸工商分局被撤销，成立江阴市市场监督管理局南闸分局，由汤建忠任分局长，于建龙、陆曦任副分局长，共有干部6名、协会人员3名、代理人员1名、食品监管员2名。

第二节　企业登记

清光绪二十九年（1903），清政府规定企业须登记注册，凭帖营业。民国三年（1914），政府公布《商业注册规则》和《商人通例》，规定公司未经官厅注册不准开业。民国十九年，县建设科主管工商企业登记，由县商会、同业公会协助政府办理商人开业、歇业及变更登记事宜。民国二十七年，伪县自治委员会对商号重新登记，换发营业执照。民国三十二年，伪省经济局无锡分局江阴办事处负责办理商业开业及销号变更登记，规定雇工30名以上或使用机械动力的工厂须办理登记手续，并换发营业执照。1947年2月，县政府颁布工商业登记暂行办法14条。1948年2月，政府对工商企业重新登记、换发新证，沿街设摊资本不满5000元者免于登记。

中华人民共和国成立后，由县工商局主管企业登记管理工作。1949年8月，县局整顿工商业组织，撤销旧商会和同业公会，建立工商联（组）筹委会。1950年10月，县成立工商业登记总会。1951年11月，境内各乡（镇）成立工商业登记分会，负责私营工商户登记发证工作。1953年，江苏省规定摊贩证每年换发1次。1954年，乡政府组织工商联合会、供销社代表对私营工商户进行登记换证，对国家实行统销统购的粮、棉、油等有关行业和货源受限制的行业进行调整和转业。1956年，供销合作社办理对私营工商业社会主义改造后的合营商业、合作商店、货郎担等进行登记和核发新证。1958年，一些公私合营工商企业和部分合作商店转为国营或地方国营，供销合作社由集体转为全民，农村商业下放给人民公社，并依照规定进行企业登记。1962年下半年，调整工商企业所有制，整顿企业牌名，重新核定企业经营范围，加强核实制度。1963年，成立县工商企业登记委员会，进行工商企业开办、歇业登记注册手续。

1978年，县工商行政管理局开始审批社队工商企业开业、歇业、变更事项。1979年下半年，县成立登记发证办公室，对全民、大集体企业登记发证，逐步恢复和发展个体工商业。1980—1983年，对社队办工商企业普查登记，核发营业执照；对商业、饮食、服务、交通运输企业和工业、建筑企业复查登记，核发全国统一营业执照。放宽对企业名称、经营范围及方式的限制，简化手续，队办企业发证工作下放到工商行政管理所。1984年4月，国务院取消对个体工商业发证和经营品种的不合理限制，对1983年前的个体工商户核换全国统一营业执照。

1985年起，清理整顿党政机关经办的企业和贸易货栈、经营生产资料企业，纠正厂矿办劳动服务公司的经营范围、方式，清理整顿公司。同年8—10月，核查清理个体工商业。1986年，整顿废金属收购企业，重新核发营业执照。同年，对收入超万元的个体经营大户建立专门档案和审查制度；对合作经营组织清理验收换照，不符合条件的转为个体户。1987年，对预制构件企业进行资质检查，核发新证，不合格的作变更经营项目或撤销处理。同时对队办企业（包括居委办企业）进行清理，不符合条件的则转为个体户或撤销处理。1988年9月，贯彻中共中央、国务院《关于清理整顿公司的决定》，清理整顿党政机关、社会团体举办的公司（企业），分别作出处理，于翌年6月结束。1989年5—9月，清理整顿个体工商户、私营企业，重点解决管理混乱、违章违法经营、偷逃税费、用不正当手段牟取暴利等问题。是年9月起，对各级各类公司进行全面清理整顿，分别作出保留、撤并、降格的处理，于年内结束。对工商企业重新审核，符合条件的企业换发新证，不符合条件或停业1年以上的企业办理注销登记，至1991年4月结束。是年，市工商局设立外资企业登记管理科。1992年，放宽对企业经营范围、区域、名称以及注册资金的限制，发展第三产业和个体私营经济。1995年，贯彻国家《企业法》《公司登记管理条例》，对企业的管理体制、注册事项、程序做重要改革，向一审一核过渡；新办公司按国家《公司法》要求进行登记；完善发放企业营业执照有效期与出资期一致的管理办法，建立企业出资的台账制度及跟踪检查制度；简化个体私营企业登记手续。1996年，依法规范经营主体行为，按照国家《公司法》对公司重新审核登记。对营业性电子游戏机市场、录像放映业、液化气经营业、音像制品销售出租业、废旧金属回收业、砖窑业、化工业、行政机关"三产"以及含不良文化内容的经营主体名称、商标等，重点进行专项检查和清理整顿。

2000年，开始实施"滚动年检"（指年检的方法问题，改变原年检1—3月为每年年检），加强企业年检中的前置审批复查。规范市场主体准入行为，全面实行企业登记代理制，市行政审批中心设服务窗口。对私营独资企业和合作企业进行规范登记，由南闸工商所审批。2005年开始，每年年检自3月1日至6月30日止。2010年起实行网上年检。2014年开始实施年报制，同年3月实施注册资本认缴制。2015年10月，开始实施"三证合一"（营业执照、税务登记证、组织机构代码证）。截至2015年末，南闸境内登记的各类企业有993户，个体商业户有288户。

第三节　市场管理

民国时期，市场贸易由县政府建设科主管。政府曾颁发粮食管理办法，管理禁止省米运出、限制米商资格、核发采运证照、严禁粮食囤货居奇等投机行为。民国三十二年（1943），伪县政府建设科规定搬运米10石以上、谷20石以上，需申请临时搬运证明书；严禁棉花、茧丝私营走漏及滋扰市场，户口存棉实行登记，搬出、搬入辖区须领搬运许可证。民国三十四年（1945）10月，县商会奉命对商号存有纱布进行登记，出售应申领证明，禁止运销苏北。民国三十七年（1948）11月，县商业联运所对禁运物品禁止流通，出口物资需凭证明。

中华人民共和国成立后，针对境内一些不法商贩收集游资、抢购物资、囤货居奇、垄断市场、哄抬物价、贩卖重要物资、扰乱市场秩序等情况，根据《苏南区取缔投机商业活动暂行办法》等规定，进行以反对操纵、稳定物价为重点的斗争，对粮食、棉纱、牛皮、木材等重要物资实行统一收购供应办法，稳定市场秩序。1953—1954年间，对粮、棉、油相继实行统销统购，取缔粮食自由市场，由供销社和粮食所统一经营；粮油出境须持当地粮食部门的证明。1956年，实行国家领导下的自由市场，农村集市贸易市场全面放开，由供销社负责市场秩序和价格管理。1957年8月，执行《江阴县农副产品自由市场管理实施细则的布告》有关规定，境内允许社员自留地上种植的蔬菜和饲养的猪、羊、蛋禽等三类农副产品上市交易、调剂余缺。价格由买卖双方议定，但不允许长途贩卖。1959—1961年，规定一、二类农副产品由国家统购统销，不准进入集市贸易市场；对三类农副产品上市加以严格限制。1962年，放宽集市贸易政策，上市品种增加，价格回降。是年，公社粮食部门成立南闸粮油服务所；允许农村生产队在完成一、二类农副产品统购统销任务后可集体长途运销；对三类农副产品，经营业部门同意的商贩可以长途运销。"文化大革命"期间，社员家庭副业被当作资本主义自发势力加以禁止，粮油市场名存实亡，传统的集市贸易市场被取缔或限制，同时全面开展打击投机倒把运动。1978年，中共十一届三中全会后，集市贸易恢复，市场全面放开搞活。1983年后，贯彻执行国务院《城乡集市贸易管理办法》，南闸市场日益活跃兴旺。1985年开始，市场管理的重点是打击走私贩私、假冒伪劣商品等。20世纪90年代初，镇工商组以搞好服务为宗旨，以整顿协管员队伍为手段，健全完善各项管理工作，市场管理形成规范化、制度化。1993年春，南闸金三角市场竣工开业，主营建筑装饰材料、卫浴、地板、管件等，商户入驻250多家。当时镇工商组与市局吴盘松一起进入市场蹲点，负责办证、接待投诉、调查处理等项工作。1996年，围绕市场行为、环境、秩序等重点，加强市场的日常管理及南闸集场庙会等重大节日管理，严厉打击倒卖走私、欺行霸市、强买强卖等不法行为。1997年7月，市工商局接管金三角市场后，由蒋卫东所长兼任市场公司总经理。是年，全所推行定人、定位、定责、定权、定报酬的管理办法，做到职、权、利相统一，调动市场管理人员的积极性，市场秩序井然。1998年，董克敏所长接任市场公司总经理。

1999年开始，工商管理部门省以下实行垂直管理，主要管理职能有注册登记、企业管理、个体户管理、商标、广告、市场、合同、打击假冒伪劣商品、维护消费者合法权益等。2002年9月，金三角市场公司总经理职务由方惠忠分局长兼任，至2005年市场公司转制为民营企业时止。2009年开始，又增加了流通领域食品监管职责。2015年1月，原市工商局、质监局、食品药品监管局合并组成市场监督管理局，其后南闸工商所撤所建分局，在原址成立，新增了对产品质量、标准计量、特种设备、餐饮、药品、医疗器械、食品等项工作的覆盖和监管职能。

第四节　经济合同管理

中华人民共和国成立前，境内民间租典、买卖房屋地产、借贷抵押和雇工卖身等均以契约为凭证，签订时央人作证、担保，无专业机构管理。

1950年，乡供销合作社按国家政务院财政经济委员会规定，同私营工商业签订加工订货、统购包销、经销代销等合同，由县工商科监督管理。1956年完成对私营工商业的社会主义改造后，实行各主管部门归口领导，经济合同被计划单、调拨单所取代。1962年，工商之间推行产销合同。"文化大革命"期间，经济合同制度基本废止。

1980年9月，江阴县政府转发国家经委、工商行政管理总局、中国人民银行于1979年颁发的《关于管理经济合同若干问题的联合通知》，县工商局成立推行经济合同试点小组，在县域内有关公司进行试点。同时开始实行县工商局、工商所两级鉴证管理。翌年推行农商合同，南闸供销社承购生产资料、农副产品，均按规定与供应单位签订供货合同。是年，对工商企业未经鉴证的经济合同进行检查，指导企业依法签订并履行合同，由工商行政管理部门鉴证合同。1983年9月，县政府转发县工商局《关于执行〈经济合同法〉的几个问题的报告》，在全县实行工商局统一管理和业务主管局（公司）分工负责制度，工商企业建立合同管理组织，配备专兼职合同管理人员。1984年5月，县工商局增设经济合同股，加强经济合同管理。6月，设立工商经济合同仲裁委员会，处理经济合同纠纷。1985年起，推行签订经济合同授权（委托）证书。1986年起，在企业中开展"重合同、守信用"活动。1987年，组织检查工商企业的经济合同。1990年10月1日起，推行经济合同示范文本，规范企业的经济法律行为。1995年，在引导企业参加"重合同、守信用"活动的同时，重点查处利用经济合同骗买骗卖进行欺诈违法活动，全面清理施工合同，逐个规范达标。至2015年，南闸街道有65家企业，先后被江阴市市场监督管理局评为"重合同、守信用"企业，其中3A企业34家，形成信用征集、信用评估、信用发布为主要内容的信用管理制度，建立了企业信用体系网络。

第五节　商标管理

清光绪三十年（1904）颁布《商标注册试办章程》。民国十二年（1923），公布《商标法》。民国二十九年（1940），汪伪工商部规定：民国二十六年（1937）11月19日前领取的商标注册证均应重新查验，换发新证。民国三十五年（1946）9月，国民政府商标局规定，汪伪政府注册商标一概无效。

1950年8月，政务院颁布《商标注册暂行条例》，实行全国商标统一注册制度。1954年6月，江苏省商业厅发布规定，未注册商标应向所在地商业行政机关申请登记。1963年4月，国务院颁布《商标管理条例》，规定各企业使用商标应向国家工商行政管理局申请注册。1978年3月，县工商局恢复商标管理工作。1979年10月，恢复全国商标统一注册，实行由原县工商局初审、原省工商局复审的两级核转办法，报原国家工商总局核定。1981年，改为县工商局一级核转办法。1982年8月，执行《中华人民共和国商标法》，实行自愿注册制度，核准商标印刷定点厂家。1984年，对注册商标进行清理整顿，注销不合条件的商标，销毁冒牌商标标识。1986年，对注册商标进行复查验证，纠正擅自改变图形、文字的商标，注销关停并转企业不再使用的商标，处理冒用商标，重新核准商标印刷定点企业。1987年上半年，对注册商标进行全面检查，对企业不再使用或自行变更文字、图形，或擅自超出核定使用范围，或有注册商标不使用擅自转让以及遗失注册证的商标，分别进行疏导、教育、改正。同时对商标印刷企业进行审查，核发商标印刷许可证。对违反印刷管理，多次教育不改的承印单位作罚款处理。

1988—1992年，加强商标管理，赔偿被侵权单位的经济损失；查处非法印制商标企业，没收商标标识；在清理整顿的基础上换发"指定印刷商标单位"证书。1999年起，进一步实施商标战略，积极引导各类企业树立商标、品牌意识。2015年底，南闸街道区域内公司企业先后办理注册商标362个。

第六章　商会组织

第一节　镇（街道）级商会

随着社会主义市场经济体制的逐步建立和完善，南闸镇（街道）非公有制经济得到了快速发展，私企队伍不断成长壮大。至2002年来，在全镇220个工业企业中，经过转制改制和资产重组，私企数已达151个；全镇第三产业增加值实现6.87亿元，比同期净增0.6605亿元，增长9%；镇区六大专业市场品位有较大提升，正进入健康发展的黄金期。为此，南闸镇决定成立南闸商会，作为联系党委、政府与非公有经济组织的纽带。

一、第一届江阴市南闸商会

第一届江阴市南闸商会于2003年7月25日在镇政府内召开成立大会，会上选举产生了南闸商会领导班子。

名誉会长：费平、六以方

会长：缪淡林

副会长：吴志裕、周成、六建中、宋纪龙、黄海光、周长妹、王忠良、吴孟涛、冯国贤、缪家军、戴荣兴

秘书长：吴志裕（兼）

理事：28人

企业会员：52家

个人会员：13名

会后，经江阴市工商联合会审核批准，第一届江阴市南闸商会成立。

二、第二届江阴市南闸商会

2007年4月，历经4年的第一届南闸商会已到换届时间，经市工商联批准，南闸商会第二次会员大会于4月29日下午在南闸镇人民政府内举行。南闸商会应到会员113名，实到会员98名。会议选举产生了第二届商会理事会和会长、副会长、秘书长、副秘书长。

会长：周成

副会长：刘政、缪宇星、周长妹、李廷飞、高森林、王佩经、薛建清、张全国、宋纪龙、缪鹏、吴孟涛、任锦海、冯国贤、戴荣兴、王忠良、赵建洪、缪家军、顾忠龙、吴洪玉

秘书长：刘政

副秘书长：沙建新、许小英

理事会理事：83名

企业会员：3名

个人会员：4名

三、第三届江阴市南闸商会

2015年7月28日，南闸商会第三次代表大会召开，会议选举产生了第三节商会理事和领导班子。

会长：周成

副会长：王忠良、王佩经、王晓龙、六颖康、冯易易、孙宇东、李廷飞、吴泉兴、吴满元、张英、张全国、张晓钟、陆建华、金跃平、郑先明、赵建洪、袁芳、顾成方、高森林、陶波、符明君、缪鹏、缪建新、薛建清、戴洪汝、杨建明

秘书长：金莉

副秘书长：许小英、吕惠琴、史瑞东

理事会理事：25名

理事会会员：20名

理事会个人会员：3名

第二节　市场级商会

金三角建材业商会

2014年，江阴市金三角建材业注重以金三角·家居村为引领，进一步广聚人气，加快建材市场的开拓和发展。至年末，金三角·家居村市场整体招租率95%，市场拥有各地入驻商会500多家，经营国内一线品牌120余种、国际品牌5种。翌年，为了更好地开拓市场、发展市场、服务市场，金三角建材业众多商家申请创立商会组织。后经南闸街道党工委、办事处组织和协调，并报请江阴市工商业联合会、江阴市总商会批准，同意江阴市金三角建材业成立首届商会组织及商会成立大会的选举结果，名单如下：

会长：任锦海

副会长：赵建洪、任建忠、缪家军、赵勇、宋晓东、吴俊文、卢文山、陆亚秋、王根全、何伟华、何晓强、吴彩明

秘书长：赵建洪

副秘书长：耿道宏

理事会理事：9人

理事会会员：41名

第三节　村级企业商会

谢南村印染机械制造业商会

2008年6月2日，经江阴市工商业联合会、江阴市总商会及南闸街道党工会、办事处、街道商会审核和批准，江阴市南闸印染机械业商会在该村成立。

名誉会长：周建荣

顾问：戴荣兴、谢兴福

会长：居品良

副会长：王小平、陈培刚、梅正兴、缪建新、戴洪汝
秘书长：戴洪汝（兼）
副秘书长：任兴华（兼）
会员企业：17个

第九编　交通运输

第一章 交通设施

第一节 航 道

锡澄运河 东晋元帝年间始导，自宋代至明、清，曾作为京杭大运河江南复线漕运航道，史称"运河""漕河"和"泾河"。清末，漕运废止，江南运河镇江至常州段日渐淤浅，长江、太湖间船只大都由此往来。历代多次疏浚或改道，较大整治有28次。1956年春，按六级航道标准拓浚运行，南闸段裁弯改道，原流经南闸集镇的河道移至镇西湾里村后。1975年，船舶流量达1000万吨。20世纪80年代起达五级航道标准，年通过能力1650万吨。2016年，锡澄运河自黄田闸至南闸段禁止通航，长江、无锡间的所有船只改由新锡澄运河（新夏港河）往来。

黄昌河 东自锡澄运河起，西至常州天宁区焦溪青龙桥止，横贯锡澄运河和新沟河（舜河）之间，通航里程7.92千米，境内长7.5千米，底宽15米，底高吴淞0米，边坡1：2，枯水期间水深2.7米，宽8米，可通航100吨级船舶，属六级航道。2015年与新夏港河（现改称新锡澄运河）凿通，自璜庄上起向东至邵庄桥，拓宽为新锡澄运河段。

新夏港河 1975年开凿，北从长江边黄泥沟起，向南直达黄昌河中部河段茶岐、璜庄上之间，全长9.33千米，境内长3.3千米，河道底宽7米，底高吴淞0米，边坡1：2，枯水期间水深2.5米，可通航60吨船舶，属八级航道。由于当时开河经费未能全部落实，工程也未全面实施，仅完成西横河向南至黄昌河段5.8千米，西横河以北段2.8千米，以及与黄昌河的结合段300米未能开通。2010年10月起，市实施河道整治与锡澄运河改道工程，新夏港河与黄昌河东段列入该项工程中，2016年10月，在整治改造、扩宽、建桥修堤工程结束后正式通航。现为三级航道。

老夏港河 旧名夏浦，相传远古时代夏禹率众开凿而成。北起长江口，向南流经夏港镇、葫桥，折东经菱塘行至蔡泾入锡澄运河（九里河）。全长12千米，南闸境内长5千米，河道东出口处设闸，原名蔡泾闸，明万历年间更名为南闸。夏港河在明代时被称为"江阴百渎之宗"。南宋《开禧重建蔡泾闸碑记》中说："然黄田为港狭隘，巨舰难入，蔡泾水道宽广，荆蜀之舟自江入河者，率由此而进，故蔡泾视黄田抑又有纲运之利焉。"1956年春，锡澄运河裁弯改道，泥土堵塞夏港河入运河口子，渐废。1976年冬，西移改道，另开新河。

第二节 道 路

一、铁路

新长铁路 国家一级铁路干线，北起陇海线新沂站，与胶济线相通，向南经江苏省进入浙江省，在长兴站与宣杭线相接。全长561.03千米，市境内全长29.24千米，本街道境内长3.86千米，宽17米。新长铁路为单线，是连接东北、环渤海湾和长江三角洲三大经济区的沿海大通道的重要组成部分。

二、省级道路

霞客大道 北接梅园路，经南闸街道、徐霞客镇、青阳镇，再由徐霞客镇西南端出境与无锡堰桥相衔接，全长19.84千米，境内长2.8千米。征地宽度108米，路基宽度51.5米，路面宽度45米，双向六车道，沥青路面，为国家一级公路。该公路自2006年7月开工建设，历经两年多时间，于2008年9月竣工通车。

海港大道 海港大道南北趋向，贯穿江阴西部，北起市滨江路，经申港街道、南闸、月城、青阳，南接暨南大道，与无锡惠澄大道相通，全长19.84千米，设计时速不小于100公里/小时，全线主线双向六车道，辅线双向四车道，路基宽度不小于47米。其中，海港大道南闸段全长2.23千米，北起观山隧道，南至秦望山隧道，征地宽度78米，路基宽度47米，两边绿化带25米。海港大道自2012年7月18日正式开工建设，历经两年多时间，于2014年10月28日全面竣工通车。在规划筹建、施工准备阶段中，南闸泗河村共拆迁61户；观西、泗河两村征用面积共计286.75亩，其中观西被征用面积129.75亩；泗河被征用面积157亩。海港大道在观西村盛家凹西地段、大道下端建东西向涵洞式桥梁1座，长47米，宽4.5米，上下高度2.2米，黑色路面，小型机动车可通行。大道另在黄昌河与里湾之间建东、西道口各一，每匝道长250米，宽20米，均在2014年10月前竣工。

公路隧道管理中心 2014年，江阴市根据秦望山隧道、凤凰山隧道工程项目的建设需要建立江阴市公路隧道管理中心。该中心位于境内秦望山北、狮山湖东的海港大道东侧地段。中心地上两层，配电间3个，占地面积2968平方米，同年12月31日中心建成。该中心集隧道管理、公路养护及全市公路应急保障等功能于一体，中心监控大厅实行专职人员24小时值班制度；路政、养护、路网调度、清扫保洁、应急人员在此设点办公。隧道管理中心的建成，进一步提升了全市公路突发事件的处置能力，对保障全市公路的安全畅通起到积极作用。

锡澄公路 南起无锡北栅口，北至江阴黄田港，全长39.24千米，南闸段计长5.5千米。民国十七年（1928）11月，锡澄公路动工，至民国二十年（1931）11月1日竣工通车。由武进县建设局验收后全线通车。后因路面煤屑强度不够，影响通车，先后于民国二十一年、二十三年、二十四年分批、分段修筑整顿和拓宽延伸，改为弹石路面。公路路基标高为吴淞零上5.2米，宽8米，路肩坡度为1∶1，路面宽3—3.5米。中华人民共和国建立初期，锡澄路是苏南地区9条重要省道之一，1952年起正式由无锡公路管理站管辖。1979年，锡澄公路南闸段改铺黑色路面。1980年，南闸段路基拓宽至12米，沥青路面宽度9米。1988年，江阴市政府决定对锡澄线拓建改造，并对南闸和青阳两个不合理弯道地段共计4.5千米进行改线，至1991年底竣工。南闸除线路改直外，还新建黄土金公路桥1座，路基拓宽为20米，路面宽17米，最小单曲线半径为250米，达到二级公路标准，新建桥梁荷载为汽-20，挂-100。1997年10月，作为江阴市城市建设"新三线"工程之一，锡澄公路南闸段2.03千米拓宽改建工程全面完工通车，道路总宽39.7米，中间快车道15.9米，两侧分设隔离带各1.5米，非机动车道宽各5.4米，人行道宽各5米。

三、市级道路

江阴大道南闸段 江阴大道东起世纪大道，西与海港大道相交，总长18.7千米，主车道为双向六车道，辅路为双向四车道。2012年7月动工，2014年10月通车。南闸段长790米，路基宽度51.5米，路面宽度47米。

南焦公路 东起锡澄路，西至焦溪宝善桥。全长9.1千米，南闸境内长8.73千米，1977年动工，同年竣工，路基宽8米，路面宽6米，东部2千米为沥青路面，中、西路段为砂石路面。1982年冬南焦路重修时，路基宽12米，路面宽10米，路面情况仍以东部沥青，中、西段砂石路面进行修复。1998

年该线路再次重修，东段3.23千米，铺设沥青路面，向西5.49千米铺设水泥混凝土路面。2015年10月，自璜观大桥至焦溪交界处，全部改铺沥青路面。

站西路南闸段 东起梅园路与霞客大道交界处，西至锡澄公路，全长0.84千米，技术等级二级，四车道，路基宽25米，路面宽22米，路面为沥青混凝土。

云南路 原名花山路，1982年修建，西起锡澄公路黄土金桥，东至花山南麓，路基宽8米，路面宽6米，路面为砂石路面。1987年，线路向东延伸接通澄峭公路，更名为云南路。2008年，云南路进行整修、拓宽，竣工后，路基宽28米，路面宽26米。二级双车道，沥青路面。

四、镇区道路

站西路延伸段 原名北新街，南闸老镇区最北端的街路，建自1970年8月。2008年，镇政府改造老镇区时拓宽该街路，东起锡澄公路与站西路相接；西至北弄。路面宽22米，沥青路面。2011年12月，经镇申报市地名办批复更名为站西路。

中新街 北接北新街，南至老镇区新桥（万安桥）止。1986年5月修建，全长280米，水泥路面宽18米。

东新街 西起老镇区老桥（集安桥），东至老锡澄路，1986年10月修建。全长660米，路面宽窄不一，约6—12米，水泥路面。

南新街 北起中新街，南接南焦公路，全长304米，水泥混凝土路面，宽12.6米。2015年改铺沥青路面。

河西街 原是南闸老镇区的一条老街，长200米，宽4—5米，路面在1949年前为砖石路，后改为水泥路面。该街东首与老桥（集安桥）相衔接；西至河西湾里村，与其村道衔接。

河南街 原是老镇区沿老市河的老街，路长380米，路宽3米，路面原是碎石路面，后铺设水泥路面。该街路北起自新桥（万安桥），南至老市河出口处，过小桥即到南闸陆镇大桥东桥堍处，与南焦路相通。另有西河南街，南起河南街中部，北至李一之宅旁转弯向西接河西湾里。街道约长300米，路宽3—4米。路面原是碎石路面，现已铺设水泥路面。

牛屎弄 北起东新街中部，南接老锡澄路，与西家浜路相通。此弄全长250米，路面宽3.5米，原为土石路，现改为水泥路面。中华人民共和国成立前，此弄附近进行耕牛牲畜交易时在此拴牛，因交易结束后牛屎满地，故得名牛屎弄。中华人民共和国成立后，市场转移他处，但弄名仍沿用至今。

老锡澄路 北起市镇农贸市场北端新锡澄路处，南经老黄土金桥与改道的新锡澄路相交。全长2.6千米，水泥混凝土路面，宽10米。

西家浜路 西起老锡澄路，东接新锡澄公路，全长150米，路宽7米，水泥混凝土路面。

何家场路 东起老锡澄路，经何家场西转弯到东新街，全长0.7千米，宽5米，水泥路面。

南焦路南闸镇区段 东起锡澄公路，西至陆镇大桥东桥堍，全长0.9千米，路基宽18米，路面宽15米，技术等级二级，车道分类：四车道，路面为沥青混凝土。该道路建自1977年，后于1982年、1988年、2008年等数次重修。

紫馨路 位于南闸街道办事处、宏基明珠花园、紫竹苑西侧。北起站西路，南至紫金路，全长0.8千米，路宽10米，沥青路面，建于2009年。

丰收路（1） 位于丰收河北，紫竹苑南。西起紫馨路，东至白玉路，全长0.6千米，路宽12米，沥青路面，建于2013年。

丰收路（2） 位于南闸中心小学北，宏基名城花园南。西起白玉路，东至施元路，全长0.15千米，路宽12米，沥青路面，2015年建。

紫金路　位于新镇区中心地带。2003年修建，西起锡澄公路，东至霞客大道，全长1.8千米，宽40米，水泥路面，路中间设绿化带1.20米，双向四车道。2010年翻建，铺设沥青路面。2011年，被评为江阴市唯一的一条省市容管理示范路。

白玉路　位于新镇区中部地带，南北走向。北起站西路，向南穿越紫金路、云南西路，与东西走向的开来路衔接，全长3.39千米，路宽12米。站西路至永欣桥为沥青混凝土路面，永欣桥至开来路为沥青路面。

施元路　位于白玉路东侧，南北走向。北起自站西路，穿越紫金路、谢南路，南至北后塍处云南西路，全长0.8千米，路宽15米。沥青路面。

金三角路　南北走向，位于施元路东，霞客大道西。北起紫金路，南至云南路，因金三角城市综合体创建于路侧而得名。全长1千米，路宽22米，路面铺设沥青，建于2010年。

锦鑫路　北起紫金路，南与金三角路交接，长1千米，路宽16米，沥青路面。该路为机动车路，2012年建。

谢南路　因道路西北端建有谢南村委而得名。西起白玉路，东至金三角商城，全长0.6千米，路宽22米，路面铺设沥青，建于2013年。

称心路　因路北建有称心阁新村而得名。位于谢南路南，称心阁与嘉福花园之间。西起施元路，东至金三角商城。全长0.2千米，路宽12米，路面铺设沥青，建于2012年。

南祥路　位于涂镇锦南工业园区。北起云南路西段，南至开锦路，全长0.55千米，路宽8.5米，路面铺设水泥混凝土，建于1999年。

开南路　位于涂镇锦南工业园区，在园区企业三鑫钢管公司、中强科技公司之间通过。道路西起锡澄公路，东至锦南园区东，全长0.45千米，路宽8.5米，路面铺设水泥混凝土，建于1999年。

开泉路　位于涂镇锦南工业园区。西起南祥路，东至白玉路，全长0.44千米，路宽8.5米，路面铺设水泥混凝土，建于1999年。

开锦路　又名南工路，位于涂镇锦南工业园区，在南工锻造公司、联通科技公司、福达纺织公司之间通过。西起锡澄公路，东至白玉路，全长0.92千米，路宽12米，路面铺设水泥混凝土，建于2000年。

开泰路　位于涂镇锦南工业园区，在联通科技公司、富达纺织公司南，博纬机械等公司北。西起锡澄公路，东至白玉路徐家村，全长0.64千米，路宽16米，路面铺设水泥混凝土，建于2000年。

开来路　位于涂镇锦南工业园区南端，西起自涂镇村，东穿越锡澄公路与白玉路相衔接。全长0.69千米，路宽12米，路面铺设水泥混凝土，建于2002年。

开运路　位于涂镇新庄西部，石家塘、任前头村北。西起自锡澄运河东岸，东至锡澄公路，全长0.67千米，路宽12米，路面铺设水泥混凝土，建于2003年。

石家塘路　锡澄公路到石家塘。全长1.05千米，路基宽5米，路面宽4米，四级公路，水泥路面，1990年竣工，2002年重修。

前新庄东村路　锡澄公路到白玉路。全长1.07千米，路基宽5米，路面宽4米，四级公路，水泥路面，1990年竣工。2002年重修。

丁家塘路　锡澄公路到白玉路，长0.405千米，路基宽5米，路面宽3.5米，四级公路，水泥路面，2000年竣工。

谢园路 站西路到紫金路，与澄江街道公路相通，长0.64千米，路基宽16米，路面宽12米，三级公路，2010年竣工。

南新路 位于镇区南新区域范围，南起老锡澄公路金山源南，北至老镇区老桥（包括中新街在内），全长1.112千米，路面宽9米，沥青路面，建于2010年。

崔新路 位于涂镇村境内，现分崔家埭路和谢巷村路。崔家埭路长0.6千米，路基宽2.3米，路面宽2.1米，水泥路面，1990年建；谢巷村路长0.67千米，路基宽2.8米，路面宽2.5米，水泥路面，1990年建。

斜桥路 位于南闸老市镇北部，东起锡澄公路中关村商场南，西至斜桥头后到东新街中部出入，全长0.5千米，路基宽5米，路面宽4米，重建于2002年。

夏村路 位于南闸老市镇北部，东起自锡澄公路，西至东新街，全长0.35千米，路基宽4米，路面宽3米，重建于2002年。

湾里路 位于南闸老市镇西北部，东接河西街、西至锡澄运河东岸，全长0.25千米，路基宽4米，路面宽3米，重建于1980年。

西弄路 位于南闸老市镇原农具厂南侧，东接西弄桥（原农具厂桥），西至锡澄运河东岸，全长0.6千米，路面宽：东部4—5米，西部2.5—3.5米，水泥路面，建自1980年。

五、乡道

花果路 北起中山村，与澄江街道谢园村相接；南至花果村周八杨桥南，与霞客镇宏岐村道相通。全长2.305千米，路宽3—4米，水泥路面，四级公路，2003年重建。

曙光路 原名马泾路，2002年被市地名办更名为曙光路。北起云南西路北后塍东首，南至原马泾村委西侧。全长2.15千米，路宽4米，水泥混凝土路面，四级公路，2003年竣工。

南闸村路 位于南闸村境内，南北走向，南至唐家村黄昌河桥，北至南焦路。全长1.960千米，路宽8米，水泥混凝土路面，四级公路。

河西路 又名环镇西路，位于龙运村东侧境内，南北走向，北起工农路，南至南焦路，与南闸村路相接。全长1.002千米，路宽9米，水泥混凝土路面，三级公路，于1994年竣工。2008年后改铺沥青路面。

泾西村路 位于蔡泾村区域内，东西走向，东起锡澄公路，先经泾西村入点，后至泾西村出点。道路全长0.59千米，路宽12米，水泥路面，四级公路，于2002年竣工。

蔡泾中心路（1） 位于蔡泾村境内，先经工农路蔡泾村入点，后至蔡泾村出点。全长0.312千米，路宽5米，水泥路面，四级公路，于2002年竣工。

蔡泾中心路（2） 位于蔡泾村境内，先经蔡泾村出点，后至锡澄路交界，全长0.476千米，路宽5米，水泥路面，四级公路，于2008年重新施工后竣工。

工农路（1） 锡澄公路到龙游村入点，全长2.47千米，路宽12米，沥青路面，三级公路，于2014年10月竣工。

工农路（2） 龙游村入点到龙游村出点，全长2.73千米，路宽12米，沥青路面，三级公路，于2014年10月竣工。

工农路（3） 全长3.41千米，路宽12米，沥青路面，三级公路，于2014年10月竣工。

工农路（4） 全长4.03千米，路宽14米，沥青路面，三级公路，于2014年10月竣工。

工农路（5） 山嘴村到观山村，全长5.37千米，路宽14米，沥青路面，三级公路，于2014年10

月竣工。

观东路 位于龙运、南闸两村村域内，北起耿家村，南至黄昌河，全长1.77千米，路宽5米，水泥路面，四级公路，1996年竣工。

灯塔村路（1） 殳桥堍到原灯塔村入点，全长0.61千米，路宽4.5米，水泥路面，四级公路，2000年竣工。

灯塔村路（2） 原灯塔村入点到原灯塔村出点，全长0.98千米，路宽4.5米，水泥路面，四级公路，2000年竣工。

灯塔村路（3） 原灯塔村出点到南焦路，全长1.78千米，路宽4.5米，水泥路面，四级公路，2000年竣工。

观西路（1） 南焦路到原观西村入点，全长0.75千米，路宽9米，水泥路面，四级公路，1992年竣工。

观西路（2） 全长1.05千米，路宽4—5米，水泥路面，四级公路，2002年竣工。

观西路（3） 观西村出点到焦溪交界，全长2.05千米，路宽4—5米，水泥路面，四级公路，2002年竣工。

孟岸路 新桥头起，河屯基止，全长1.3千米，路宽4米，水泥路面，四级公路。

六、村道

花果村

曲立吴家埭路 云南西路至吴家埭、曲立村。全长0.5千米，路基宽4米，路面宽3米，水泥路面，四级公路，2003年竣工。

花果村中心路 曲立、吴家埭到南谭村西。全长2.01千米，路基宽4米，路面宽3.5米，水泥路面，四级公路，2003年竣工。

花山公墓路 花山河一号桥到花山公墓。全长0.75千米，路基宽7米，路面宽6米，水泥路面，三级公路，1980年建。

谢南村

苏家村路 云南西路到苏家村中。全长0.59千米，路基宽6米，路面宽5米，水泥路面，四级公路，2000年竣工。

曙光村

上村路 马泾原村委到周月线。全长1千米，路基宽6米，路面宽5米，四级公路，水泥路面，2005年竣工。

老庄村路 马泾路到老庄村。全长0.98千米，路基宽5米，路面宽四米，水泥路面，四级公路，2005年竣工。

灰罗圩路 马泾路到东村。全长1千米，路基宽5米，路面宽4米，水泥路面，四级公路，2002年竣工。

徐家村路 云南西路到徐家村。全长1.102千米，路基宽度4.5米，路面宽3.5米，水泥路面，四级公路，2002年竣工。

蔡泾村

泾西中心路（1） 冯家村到泾西路。全长0.5千米，路基宽6米，路面宽5米，水泥路面，四级公路，1993年竣工。

泾西中心路（2） 泾西村到俞家村。全长0.83千米，路基宽4.5米，路面宽3.5米，水泥路面，后有沥青路面宽约16米左右（锡澄路—吕家村段），四级公路，2002年竣工。

职大路 锡澄公路到江阴农业试验站。全长0.94千米，路基宽8米，路面宽6米，水泥路面，四级公路，1995年竣工。

蔡东路 蔡东中心桥到庄基村。全长0.87千米，路基宽9米，路面宽8米，水泥路面，四级公路，2002年竣工。

泾北路 刘斗埭到锡澄公路。全长1.5千米，路基宽5米，路面宽3.5米，水泥路面，四级公路，1993年竣工。

泾南路 吕家村到锡澄公路。全长1.50千米，路基宽4.5—16米，路面宽3.5—15米，水泥路面，四级公路，2002年竣工。

泾西东路 锡澄运河泾西货场码头到锡澄公路尤家桥段。全长0.92千米，路基宽8米，路面宽6米，水泥路面，四级公路，建于1995年。

蔡西路 聂家村到工农河蔡西桥北塌。全长1.86千米，路基宽5米，路面宽4米，水泥路面，四级公路，2002年竣工。

龙运村

夏南路 龙游路至工农路。全长0.66千米，路基宽5米，路面宽4米，水泥路面，四级公路，2004年竣工。

牌楼下路 南焦路到工农路。全长1.05千米，路基宽5米，路面宽4米，水泥路面，四级公路，2004年竣工。

南袁路 南焦路到南庄路。全长1.26千米，路基宽4.5米，路面宽3.5米，水泥路面，四级公路，2004年竣工。

龙游河路 南焦路到工农路。全长1千米，路基宽11米，路面宽10米，水泥路面，四级公路，2003年竣工。

小学路 龙沟口路到工农路。全长0.623千米，路基宽4.5米，路面宽3.5米，水泥路面，四级公路，2003年竣工。

龙沟口路 工农路到南焦路。全长1千米，路基宽4.5米，路面宽3.5米，水泥路面，四级公路，2003年竣工。

耿家村路 耿家村到观东村路。全长0.84千米，路基宽4.5米，路面宽3.5米，水泥路面，四级公路，2004年竣工。

菱西路 菱塘路到工农路。全长1.29千米，路基宽4.5米，路面宽3.5米，水泥路面，四级公路，2004年竣工。

菱塘路 夏港交界处到工农河、工农路。全长0.97千米，路基宽5米，路面宽4米，水泥路面，四级公路，2004年竣工。

观山村

东盟路 位于观山村东盟工业园区内，西起新夏港河东岸，东至园区东首。全长0.487千米，路基宽22米，路面宽12米，两边绿化带各4米，水泥路面，三级公路，2003年竣工。

观山路 位于观山村东盟工业园区内，北起东盟桥，南至园区南首。道路全长0.4千米，路基宽26米，路面宽16米，两边绿化带各4米，水泥路面，三级公路，2003年竣工。

璜村路　南焦路到工农路菱塘路口。全长1.0千米，路基宽5.5米，路面宽4米，水泥路面，四级公路，2003年竣工。

璜村第一村中心路　南焦路到工农路。全长1.04千米，路基宽5.5米，路面宽4米，北半部路段为沥青路面，南半部路段为水泥路面，四级公路，2003年竣工。

璜村第二村中心路　自南焦路到老年活动室和粮饲加工厂。全长0.5千米，路基宽4米，路面宽2.5米，小型村道，水泥路面，2003年竣工。

璜村第三村中心路　自南焦路到袁家村后向西北延伸段。全长0.6千米，路基宽3.5米，路面宽2.5米，小型村道，水泥路面，2003年竣工。

璜村横中心路　东西走向，西起夏港河2号桥，东至璜村小学。全长0.8千米，路基宽3.5米，小型村道，水泥路面，2003年竣工。

老观山路　原路东从璜观大桥向西至陆家巷，后向北穿越陆家巷、经陈家塘、观山门、上山村后达高家村。全长2.5千米，路基宽5米，路面宽4米，水泥路面，四级公路。2015年冬整修、拓宽和铺浇沥青路面。

高家村路（1）　高家村、山嘴村到工农路。全长0.43千米，路基宽4.5米，路面宽3.5米，水泥路面，四级公路，2004年竣工。

高家村路（2）　工农路到南焦路。全长0.9千米，路基宽5米，路面宽4米，水泥路面，四级公路，2004年竣工。

南闸村

观庄路（1）　全长0.33千米，路基宽5.5米，路面宽4.5米，水泥路面，四级公路，2005年竣工。

观庄路（2）　南闸村委到观东村。全长0.9千米，路基宽5.5米，路面宽4.5米，水泥路面，四级公路，2005年竣工。

邵庄路　邵庄村到南闸村路。全长0.3千米，路基宽4.5米，路面宽3.5米，水泥路面，四级公路，20世纪90年代建造。

南庄路　南闸村路至水产场路。全长1.20千米，路基宽5.0米，路面宽3.50米，黑色路面，四级公路，2008—2009年之间建成。

泗河村

孟岸中心河路　南起南焦公路，北经石岐里、陶家村、孟岸村。全长1.12千米，路基宽4.5米，路面宽3.5米，水泥路面，四级公路。

陈士岸路　南起南焦路，北达野山嘴西村。全长1.1千米，路基宽5米，路面宽4米，水泥路面，四级公路。1960年后兴建，后多次维修保养。

野山嘴路　南起南焦路，沿黄家河向北至野山嘴村。全长1.03千米，路基宽5米，路面宽5米，水泥路面，四级公路，2014年竣工。

周家村路　西南起自泗河中心村处南焦路，后经黄家河向东北至周家村。全长1.509千米，路基宽5米，路面宽4.5米，黑色路面，四级公路，2013年竣工。

外湾路　南起南焦路，北至外湾村。全长0.4千米，路基宽4米，路面宽4米，水泥路面，四级公路，2011年竣工。

里湾路　南起南焦路，北至里湾村。全长0.77千米，路基宽4.5米，路面宽3.5米，水泥路面，四级公路，2004年竣工。目前此路渐废，改由海港大道出口进入里湾。

泗河公墓路 南起南焦路，北至凤凰公墓办事处域内。全长0.35千米，路基宽7米，路面宽5.5米，沥青路面，四级公路，2011年竣工。

焦山村路 泗河大桥起，焦山村止。全长0.6千米，路基宽3.5米，路面宽3.5米，水泥路面，四级公路，2014年竣工。

观西村

杨家沟路 北起殳桥，南至盛家凹。全长0.838千米，路基宽5米，路面宽4米，水泥路面，四级公路，2002年竣工。

狮山路 观矿桥到马鞍山西拓宽处。全长1.487千米，路基宽5米，路面宽4米，四级公路。2004年为砂石路面，2009年铺设沥青路面。

陶湾村路 北起泗河大桥，南至陶湾村，全长1.508千米，路基宽5.5米，路面宽5米，四级公路，2015年竣工，全部黑色路面。

秦皇路 又名秦望路。东起陶湾村路，西至东芦岐路。全长0.635千米，路基宽7米，路面宽6米，水泥路面，四级公路。

东芦岐路 北起观西大桥，南至东芦岐村闸桥止。全长0.733千米，路基宽10米，路面宽9米，水泥路面，四级公路。该路1992年竣工，后多次维修。

观西环山公路 东起张家村西侧，西与观西路交汇。全长1.2千米，路基宽8米，路面宽6.5米，水泥路面，三级公路，2011年竣工。

顾家村路 南起张家桥，北至观西大桥。道路全长1.1千米，路基宽4.5米，路面宽3.5米，水泥路面，四级公路，2002年竣工。

第三节 桥 梁

一、古桥

紫金桥 位于涂镇村，为江阴唯一遗存的宋代桥梁。紫红色细孔花岗岩板构造，桥长6米，净跨3.5米，桥面宽2.4米。清光绪《江阴县志》载："紫金桥，跨九里河支河上之涂镇。"1992年9月公布为江阴市文物保护单位，2019年3月公布为江苏省文物保护单位。

横沟桥 位于境内花果村，跨斜泾河，又称横沟庙桥，明代古桥。明正德《江阴县志》载："横沟桥在太宁乡，由里山西。"该桥为单孔拱桥，青石石材建造，全长16米，宽2.8米，净空跨径5，清代和民国时期曾多次修葺。2005年，市水利农机局、市文化局拨专款，由南闸镇政府负责重修。该桥两侧有桥联，南联："桥照岫里千秋壮，人过横涛万载惜。"北联："郊游揽辔随高下，野眺驱车任往来。"

司徒桥 又名狮驼桥，俗名师古桥、师姑桥，位于龙游村区域内，桥跨古龙游河，青石圆弧形拱桥，始建何年史载不详。现存桥梁修建于明万历三十三年（1605）（桥西侧主拱圈有石刻印证），迄今已有400多年历史。明正德《江阴县志》载："司徒桥在来春乡黄村，俗讹为师姑桥。"1975年，江阴开展"农业学大寨"运动，大搞土地平整，龙游河被平整为农田，司徒桥成为旱桥，目前仅存主拱圈废弃在农田中。

集善桥 位于境内老市镇内，又名神仙桥、萧恩孙桥，俗名老桥，跨老锡澄运河，明景泰七年（1456）萧姓建，明正德二年（1507）重建，明崇祯五年（1632）知县吴鼎泰修，清同治八年（1869）又重新修建。原是石级拱形桥梁，1965年为方便交通改为平桥。

万安桥　位于境内老市镇内，又名新桥，跨老锡澄运河。该桥位置在集善桥西约100米，因比集善桥晚建287年而俗称新桥。万安桥建于清乾隆八年（1743），至清嘉庆间重建，清同治八年（1869）里人捐资重修。该桥原是石级拱形桥梁，桥身高耸雄壮，北堍至桥顶22级，南堍至桥顶21级，1967年因便利机动车通行而改为平桥，桥堍部分现尚保存完好。

蔡泾桥　位于境内老市镇内，又名济川桥、北新桥、南闸桥，俗名夏港桥，跨老夏港河，石级拱形大桥。明正统元年（1436），江南巡抚周枕重建蔡泾闸时，同时建造石级单孔济川桥。清乾隆四年（1739），知县蔡澍重建，同治十二年（1873）里人集资重修，1968年3月炸毁。

龙津桥　位于境内涂镇村，跨老夏港河，又名耿庄桥、去思桥、龙旌桥，俗名涂镇桥，石级拱形大桥。明永乐《常州府志》中记载："去思桥荼村市中，俗谓耿庄桥。危险，不便往来。绍定初，欲易以石，格于浮议而中辍。"元天顺七年（1463）重建，清嘉庆元年（1796）倾圮，已废。

顺福桥　位于境内老市镇旁，俗名九里桥，跨九里河（老锡澄运河），石级拱形大桥。宋知军颜耆仲建，清初倒塌，已废。

马泾桥　位于曙光村（原马泾村）境内，原名多稼桥，取农业丰收之意。桥为南北向，跨马泾河，青石质地石级拱形大桥。桥长23米，桥堍基础部分宽2.8米，桥顶部宽2米，桥台至顶部净空高度约7米。在该桥桥洞内侧北面的桥墩横条基石上，竖立着五块圆弧形大石板，其中间一块高约2米，宽约1.2米的石碑，碑身为青石，板面光洁，其周边有起线花纹。碑上雕刻多稼桥三个楷体大字，另刻有一行小字云："方便行人，种植田地。"下面刻有20多名乡间出资里人姓名，落款：大明万历三十四年春。相传该桥建成通行时，有一位骑马者首跨多稼桥而去，乡人见之皆云吉祥，改名为马泾桥。1983年，为适应当地农机耕种往来，村在桥西300米处建水泥拱形桥。1984年，该桥被拆毁。

二、区域性河道桥梁

（一）跨锡澄运河桥梁

九里河桥　又名大洋桥、九里岗大桥，跨锡澄运河九里河段，是锡城公路上的重要桥梁，始建于民国二十年（1931）11月锡城公路通车前，为木桥结构。抗战初毁于战火，日本侵略军为战事需要临时修复，抗战胜利后，锡澄汽车公司改建为水泥墩台木面桥。新中国成立后，1963年2月，苏州地区养路段在原桥墩台基础上，改建为3跨钢筋混凝土"T"梁板桥，桥下通航中孔跨径10米。1973年，为顺直公路，苏州地区公路处于原桥址向西8米处，新建一座3跨钢筋混凝土公路桥，拆除老桥。新桥荷载标准为汽-13、挂-60，桥面宽7米加两边人行道各0.75米，桥长58米，通航中孔宽度为22米，保证五级航道标准。1991年，对锡澄运河九里河桥进行改建，桥梁荷载标准为汽-20、挂-100，跨径为13.87米加22.02米加13.87米，投资52.4万元。1997年1月，九里河桥进行改造，为新建桥，总投资500多万元，全长78延米，桥梁全宽30.4米，中跨净宽38.25米，边跨2×16米。

蔡东桥　位于南闸镇北部，九里河桥以南300米处，1982年春建。桥梁为钢拱架人行桥，净跨60米，通航净高枯水期5米，洪水期3米，桥下净宽40米，其中船行道30米。该桥因年久失修，于2008年倒塌，后废。

南闸桥　又名南闸大桥，在南闸镇南端，东接南闸镇区，西连跃进公路，横跨锡澄运河。原桥建于1965年，因不适应内河交通发展，于1982年拆除。今桥位于原桥向南300米处，于1982年10月建成，为单车道公路桥，净跨54米，宽5.5米，通航净高5米，净宽30米，桥梁为桁架式结构。该桥建成后正值工农业生产迅猛发展时期，车辆日益增多，装载量不断扩大。后因长期使用，不堪重负而成危桥，于1996年春拆除。

南闸陆镇大桥　1996年5月底在原南闸大桥桥址上始建，同年底竣工通车。桥长92米，主跨80米，宽12.5米，高度吴淞零上11米。该桥"T"梁类型结构，是连接境内东西两地的重要交通枢纽。总投资550万元，其中无锡、江阴两市交通局共出资250万元，其余由镇村与各企业及社会人士捐助。江阴旅港同乡会名誉会长陆镇先生捐资人民币100万元。为对陆镇先生这一善举深表敬意，镇政府报请市人民政府批准，遂改桥名为南闸陆镇大桥。

（二）跨新锡澄运河桥梁

菱塘大桥　位于龙运村菱塘村，原桥名夏港河四号桥，钢架拱结构，长度32米，宽4.5米。1992年建，机动车桥。现桥全长274.82米，桥宽17米，桥梁跨径105米，通航净空60米×7，系杆拱类型结构，荷载等级为公路-Ⅰ级，正在建设中。

观山桥　桥址在观山村山嘴村。1976年夏港河开凿时建桥，桥名称夏港河三号桥，1992年重建时改桥名为山嘴村桥，2012年后锡澄运河改道夏港河，拆老桥建新桥，更名为观山桥。该桥原是空心板类型结构，全长40米，宽6.5米，机动车桥，1992年建。现桥全长394.1米，桥宽15米，桥梁跨径85米，通航净空60米×7，系杆拱类型结构，荷载等级为公路-Ⅰ级，现已竣工。

璜村桥　桥址在观山村境内，原名夏港河二号桥。2012年锡澄运河改道夏港河，拆老桥建新桥时，因桥东是璜村，桥西是观山，又因有璜观桥在前，故改桥名为璜观二号桥。该桥全长308.12米，桥宽8米，桥梁跨径80米，通航净空60米×7，系杆拱类型结构，荷载等级为公路-Ⅱ级。2015年秋，南闸街道办事处报请市地名办批准更其名为璜村桥。

璜观大桥　桥址在观山村境内。1976年冬开凿夏港河，1977年修筑南焦公路时建，桥名夏港河一号桥。1992年秋，南焦公路拓宽，拆老桥建新桥时，市地名办更名为璜观桥。现桥全长379.86米，桥宽35.4米，桥梁跨径90米，通航净空60米×7，系杆拱类型结构，荷载等级为城-A级，并在桥西堍南北两侧各建匝道，每匝道长300米，宽8米。

璜庄上桥　桥址在观西村璜庄上村西侧。原桥简支架，长41.4米，宽6.2米，1992年建。2012年，锡澄运河改道夏港河，拆老桥后新建该桥。因该桥建在凤凰山东麓，先改名凤凰山桥。全长147.92米，桥宽8米，通航净空60米×7，系杆拱类型结构，荷载等级为公路-Ⅱ级。2015年秋，南闸街道报批更其名为璜庄上桥。

南高桥　桥址在观西村南高村东南，全长183.3米，桥宽8米，桥梁跨径75米，通航净空60米×7，系杆拱类型结构，荷载等级为公路-Ⅱ级，2015年建。（此桥属于跨新锡澄运河桥梁工程之一，但桥梁跨在新锡澄运河的支流上。）

邵庄桥　原名黄昌河三号桥，桥址在南闸村邵庄村西，平板桥。全长40米，宽6米，2004年建，机动车桥。2012年锡澄运河改道夏港河，拆老桥建新桥。现桥全长288.08米，桥宽8米，桥梁跨径80米，通航净空60米×7，系杆拱类型结构，荷载等级为公路-Ⅱ级。2015年秋，更名为邵庄桥。

时家村桥　建于黄昌河新开河上。桥梁全长408.2米，宽8米，桥梁跨径80米，通航净空60米×7，系杆拱类型结构，荷载等级为公路-Ⅱ级，于2015年春竣工。

三、市级河道桥梁

（一）跨黄昌河桥梁

观西桥　原名泥岸桥，桥址在观西村芦歧路最北端。此址解放前后一直建有木桥供两岸行人行走，"文化大革命"时改桥名为永红桥，20世纪90年代末重建时更名为观西桥。平板桥，全长40米，宽6米。机动车桥，2002年建，2013年改建。

泗河大桥　又名泗河口桥，桥址在泗河口西端。空心板桥，全长40米，宽7米。机动车桥，2005年建。

泗河东桥　又名东河南桥，桥址在泗河口中部地段。桁架桥，全长32米，宽4.5米。人行桥，1995年建。

观矿桥　桥址在泗河村焦山东北部山麓处。桁架桥，全长37米，宽5米。机动车桥，1984年建，2005年重建。

海港大道黄昌河桥　桥址紧靠观矿桥，坐落在观矿桥东。跨六级航道黄昌河，通航净空高22米×宽45米；又接跨南焦路，净空高度5米，跨径45米。该工程于2012年7月开工建设，2014年10月建成。全桥采用双幅布置，桥梁全长342米，全桥宽从45米渐变至37米，上部采用简支小箱梁结构，下部结构为柱式墩，基础采用钻孔灌注桩，2014年建。

殳桥　桥址在观西村殳桥村北。桁架桥，全长32米，宽6米。机动车桥，1984年始建，1997年翻建。

茶歧桥　桥址在观西村璜庄上村与茶歧村之间。简支架桥，桥全长43.4米，宽8米，2011年重建。2012年锡澄运河改道，仍保留在原址，沿用旧名。

黄昌河桥　桥址在南闸村唐家村西，原桥1988年6月建，跨径32米，桥面净宽2.7米，通航高程8.2米，设计荷载10吨，现已在新锡澄运河改道后重建。

（二）跨冯泾河桥梁

张家桥　桥址在涂镇村新庄南，原桥"T"板梁结构。全长40米，宽12米，始建于民国十九年（1930），中华人民共和国成立后多次修建，1987年、1999年拓建。现桥全长46.8米，跨径总长32米；桥梁全宽31.7米，桥面净宽30.2米，桥下净空5.78米；上部预应力板梁类型，下部桩式墩台类型；通航等级五级；设计荷载标准汽-20，挂-100。

新长铁路冯泾河桥　桥址在涂镇村前新庄西村南。因冯泾河属新长铁路等外级航道，后由中铁建桥单位按3×16米砼梁的铁路桥梁规格建造，于2008年8月竣工。

四、街道河道桥梁

（一）跨工农河桥梁

蔡泾闸桥　桥址在蔡东工农河与锡澄运河交汇处，为连接工农路的重要桥梁，平板桥。桥长26米，宽18米。1978年10月，公社在蔡东滩基河口建推拉式工农套闸1座后，于1980年4月建桥，机动车桥。后多次维修，2010年又进行拓建成现状。

蔡东一号桥　桥址在高家村前。平板桥，桥长18米，宽4.5米。机动车桥，2007年建。

蔡东二号桥　桥址在高家村西。平板桥，桥长18米，宽4.5米。机动车桥，2006年建。

蔡东中心桥　桥址在蒋家村前。平板桥，桥长15米，宽7米。机动车桥，2004年建。

蔡东三号桥　桥址在何家村前。平板桥，桥长18米，宽4.5米。机动车桥，2007年建。

龙游东桥　又名龙沟口桥，桥址在龙沟口北。平板桥，桥长18米，宽4.5米，机动车桥，2006年建。

蔡西桥　桥址在蔡西路、工农路衔接处。平板桥，桥长15米，宽6米。机动车桥，2005年建。

虞家村桥　桥址在虞家村前。平板桥，桥长15米，宽4.5米。机动车桥，2002年建。

龙游桥　桥址在夏店村北。平板桥，桥长18米，宽4.5米。机动车桥，2001年建。

龙游一号桥　桥址在夏店村西。平板桥，桥长18米，宽4.5米。机动车桥，2007年建。

龙游三号桥　桥址在夏店村西。平板桥，桥长18米，宽4.5米。机动车桥，2007年建。

焦家宕桥　桥址在焦家宕东。平板桥，桥长15米，宽7米。机动车桥，2007年建。

观山桥　又名山嘴桥，桥址在山嘴村前。平板桥，桥长20米，宽4.5米。机动车桥，2006年建。

（二）跨跃进河桥梁

璜村一号桥　桥址在观山璜村西。平板桥，桥长15米，宽4.5米。机动车桥，2005年建。

璜村二号桥　桥址在璜村一号桥东。平板桥，桥长15米，宽4.5米。机动车桥，2005年建。

东盟桥　桥址在东盟工业园区中心大道北端。平板桥，桥长15米，宽20米。机动车桥，2001年建。

璜村三号桥　桥址在东盟桥东。平板桥，桥长15米，宽4.5米。机动车桥，2006年建。

璜村四号桥　桥址在璜村三号桥东。平板桥，桥长15米，宽4.5米。机动车桥，2007年建。

跃进三号桥　桥址在耿家村北。双曲拱桥，桥长18米，宽4米。机动车桥，2007年建。

跃进桥　桥址在耿家村、观东路北端。双曲拱桥，桥长18米，宽6米。机动车桥，1986年始建，2007年改造。

跃进二号桥　桥址在跃进桥东首。双曲拱桥，桥长18米，宽4米。机动车桥，1985年建，2007年改造。

水产场桥　桥址在跃进二号桥东。平板桥，桥长15米，宽8米。机动车桥，2007年建，2014年改造。

馒头村桥　又名种田桥，桥址在馒头村前。平板桥，桥长15米，宽3米。机动车桥，2004年建。

袁家村桥　桥址在馒头村东。平板桥，桥长15米，宽4.5米。机动车桥，2007年12月建。

南庄桥　桥址在南庄村北。平板桥，桥长15米，宽4.5米。机动车桥，2004年建。

梅鸭里桥　桥址在梅鸭里村北。平板桥，桥长15米，宽4.5米。机动车桥，2004年建。

南闸村中心桥　桥址在南闸村寨里北端。桥长15米，宽7.5米。机动车桥，2004年建。

建材桥　桥址在龙运村牌楼下村南，陆镇大桥西塊。平板桥，桥长36米，宽4.5米。机动车桥，2004年建。

建材老桥　原名也叫建材桥，桥址在现建材桥东。桥长36米，宽3米。建桥年月不详，现虽废犹存。

（三）跨丰收河桥梁

丰收桥　桥址在镇区紫竹苑前。平板桥，桥长12米，宽4.5米。机动车桥，2008年建。

白玉桥　桥址在白玉路、丰收河交叉处。平板桥，桥长12米，宽12米。机动车桥，2007年建。

施元桥　桥址在施元路、丰收河交叉处。平板桥，桥长12米，宽12米。机动车桥，2007年建。

（四）跨花山河桥梁

烈士陵园桥　桥址在花果村花山河最东端处，坐落在烈士陵园前。平板桥，桥长32米，宽7.4米。机动车桥，2004年建。

花山公墓桥　又名花山一号桥，桥址在花果村花山公墓南首处。桁架拱桥，桥长30米，宽8.5米。机动车桥，1983年建。

市殡仪馆桥　市地名办已更名为花山大桥，桥址在市殡仪馆南。平板桥，桥长30米，宽10米。机动车桥，1999年建。

花山河二号桥（老桥）　桥址在花果村委西北。桁架拱桥，桥长30米，宽2.5米。1983年建，原是机动车桥，后因过往车辆频繁，破损严重，改建新桥后弃用，现虽废犹存。

花山河二号桥（新桥）　桥址在花山河二号桥（老桥）西。桁架拱桥，桥长30米，宽4.5米，机动车桥，1988年建。2000年后又重新翻建。

霞客大道谢南桥　桥址在谢南、曙光两村交界处。平板桥，桥长30米，桥梁路基宽48米，路面宽45米；属国家一级公路桥梁，双向6车道，沥青路面。其主桥两侧，各建1座长40米、宽8米的辅桥。该桥于2008年建，主、辅桥均是机动车桥。

新长铁路花山河桥　桥址在谢南村东南区域内，因花山河属新长铁路等外级航道，1999年后由中铁建桥单位按1—32米砼梁的铁路规格建造，于2001年8月前竣工。

金三角桥　桥址在谢南村金三角城市综合体南。双曲拱桥，桥长28米，宽15米。机动车桥，2010年建。

花山河五号桥　又名永兴桥，桥址在市永欣印机公司与谢南第三水泥制品厂之间。桁架拱桥，桥长26米，宽8米。机动车桥，2001年建。

永欣桥　桥址在市永欣印机公司西侧，简支架桥。桥长28米、宽12米。机动车桥，2002年建。

黄土金桥　桥址在涂镇村金三角木材市场旁，桁架拱桥。原桥长26米，宽15米，机动车桥，1986年建。后因地方经济高速发展，于1997年拆除重建。现桥全长50延米，跨经总长44米，桥梁全宽31.7米（净宽31.2米）；"T"梁结构类型；设计荷载标准汽-20，挂-100。

老黄土金桥　桥址在涂镇村黄土金桥西，贯通老锡澄公路。桁架拱桥，桥长28米，宽度10.5米。机动车桥，1981年建。

（五）跨老市河桥梁

如意滩公园桥　桥址在如意滩公园内。单拱桥，桥长20米，宽5米。人行桥，2010年建。

如意桥　如意滩公园前进口处。平板桥，双桥，长宽相同，双桥每桥长20米，宽5米。人行桥，2010年建。

西弄桥　又名农具厂桥，1980年4月建。桥址在街道老镇区西弄进出口处。平板桥，桥长15米，宽3.5米。

老桥　又名集善桥、陈铁桥、萧恩孙桥。老桥在明景泰年间由萧姓始建，原属石拱形桥梁，1965年改为平桥。桥长10米，宽12米。机动车桥，2003年重建。

新桥　又名万安桥。清乾隆年间由里人捐资始建，属石拱形桥梁，1967年改为平桥。现桥址在街道老镇区南侧，西接河南街道路。平板桥，原桥长11米，宽4.5米。2003年拓建，桥长11米，宽12米，机动车桥。

河南桥　又名河南街桥。桥址在南闸陆镇大桥东垸北侧。平板桥，桥长12米，宽3.5米。机动车桥，2003年建。

（六）跨南闸村中心河桥梁

唐家村桥　桥址在唐家村旁。平板桥，桥长6米，宽4米。机动车桥，20世纪70年代初建。

电灌站桥　桥址在唐家村旁。平板桥，桥长6米，宽2米。人行桥梁，20世纪70年代初建。

唐家村二号桥　桥址在唐家村旁。平板桥，桥长6米，宽8米。机动车桥，20世纪80年代初建。

唐家村小桥　桥址在唐家村旁。平板桥，桥长4米，宽3米。人行桥，20世纪90年代初建。

沙家村桥　桥址在沙家村旁。平板桥，桥长5米，宽2.5米。机动车桥，2002年重建。

戈家村桥　桥址在戈家村旁。拱形桥，桥长8米，宽2.5米。机动车桥，1989年建。

许家村桥　现名满兴桥。桥址在许家村旁。平板桥，桥长8米，宽3.5米。机动车桥，20世纪90

年代建。

许家村铁栏杆桥　桥址在许家村旁。平板桥，桥长8米，宽3.5米。机动车桥，20世纪60年代末建造。

村工业园区桥　桥址在村工业园区旁。平板桥，桥长12米，宽8米。机动车桥，2004年建。

村工业园区北桥　桥址在村工业园区北面。平板桥，桥长14米，宽6米。人行桥，20世纪80年代初建造。

村工业园区后桥　桥址在村工业园区后面。平板桥，桥长14米，宽2.5米。人行桥，20世纪60年代末建造。

（七）跨龙游河桥梁

工农路桥　桥址在龙游河北口、工农路上。平板桥，桥长10米，宽20米。机动车桥，该桥2004年重建。

王家村桥　桥址在市防火阻燃厂西、龙游河上。平板桥，桥长10米，宽6.5米。机动车桥，该桥1996年5月由市防火阻燃厂刘明贤厂长全资修建。

龙游二号桥　又名龙游夏店桥，桥址在夏店村东龙游河上。平板桥，桥长15米，宽4.5米。机动车桥，2006年建。

龙游一号桥　又名龙游河桥，桥址在夏店村东龙游河上。平板桥，桥长15米，宽4.5米。机动车桥，2008年建。

南焦路桥　桥址在耿家村农贸集市西。平板桥，桥长10米，宽9米。机动车桥，1977年始建。原为铁桥，1998年拆除拓建。

（八）跨西长沟河桥梁

上山村桥　桥址在观山村上山村。平板桥，桥长12米，宽4米。机动车桥，2008年建。

砖瓦厂桥　桥址在原观山村砖瓦厂（原村级企业）旁。平板桥，桥长8米，宽6米。机动车桥，1998年建，2008年重新翻建。

观山门桥　桥址在观山村观山门。平板桥，桥长8米，宽6米。机动车桥，2008年建。

高家村西桥　桥址在观山村高家村西首。平板桥，桥长10米，宽4.5米。机动车桥，2009年建。

高家村桥　原名青龙桥，桥址在观山村高家村中间。平板桥，桥长12米，宽6米。机动车桥，2009年建。

高家村东桥　桥址在观山村高家村东首，山嘴村西。平板桥，桥长12米，宽6米。机动车桥，1995年建。

（九）跨菱塘中心河桥梁

东场桥　桥址在龙运东场村西首。平板桥，桥长15米，宽4.5米。机动车桥，2006年建。

菱塘二号桥　桥址在龙运村东常桥南首。平板桥，桥长18米，宽3米。机动车桥，2007年建。

菱塘一号桥　又名菱塘桥，桥址在龙运村菱塘村中。平板桥，桥长15米，宽4.5米。机动车桥，2006年建。

菱塘三号桥　桥址在龙运村菱塘村南。双曲拱形桥，桥长18米，宽3米。人行桥，1970年建，2007年重建。

菱塘四号桥　桥址在龙运村焦家宕村东。双曲拱形桥，桥长15米，宽4.5米。人行桥，1970年建，2007年重建。

（十）跨南闸大寨河桥梁

庙堂桥　桥址在南闸村大寨河上。平板桥，桥长10米，宽6.5米。机动车桥，2013年建。

观庄桥　桥址在南闸村大寨河上。双曲拱型桥，桥长12米，宽3.5米。机动车桥，1985年建。

（十一）跨观西香新河桥梁

茶岐村桥　桥址位于观西茶岐香新河上。平板桥，桥长14米，宽6.5米。机动车桥，1994年建。

（十二）跨泗河焦山河桥梁

富南桥　桥址位于泗河村东河南焦山河上。双曲拱形桥，桥长26米，宽3米。人行桥，1980年建。

焦山桥　桥址位于泗河村焦山村焦山河上。平板桥，桥长26米，宽4.5米。机动车桥，2005年建。

（十三）跨泗河倪家河桥梁

倪家河桥　桥址位于泗河村委旁倪家河口，南焦路上。平板桥，桥长28米，宽9.1米。机动车桥，1995年重建。

倪家河厂桥　桥址位于泗河村委后面倪家河中段，因河畔两侧均为市新澄冶金机械公司企业用地，故由市新澄冶金机械公司所建。该桥为平板桥，桥长10米，宽4米。机动车桥，建于2000年。

（十四）跨泗河村黄家河桥梁

黄家河桥　桥址位于泗河村中部黄家河口。南焦路上，平板桥，长28米，宽9.1米。机动车桥，2004年建。

红心桥　桥址位于泗河村周家村西首黄家河上。空心板桥，桥长25.7米，宽4.9米。机动车桥，2004年建。

（十五）跨泗河村陈士河桥梁

永隆闸桥　桥址位于泗河口西南焦路上。始建于1961年，平板桥，原桥跨径3.2米，宽2.5米。后随着南焦路拓建而拓展，现桥长4米，宽9米，1998年重建。机动车桥。

（十六）跨泗河村里湾河桥梁

里湾闸桥　桥址位于泗河口东南焦路上。始建于1982年，平板桥，原桥跨径4.0米，宽3.5米。现桥长4.0米，宽9米，1998年重建。机动车桥。

里湾桥　桥址位于里湾村前，海港大道西。平板桥，桥长8米，宽4.5米。机动车桥，2011年建。

（十七）跨泗河村孟岸中心河桥梁

万隆闸桥　位于泗河村石歧里南，南焦公路上。始建于1982年，平板桥，原桥跨径10米，宽2.6米。后随着南焦公路拓建而拓展，现桥长10米，宽9.3米，2004年重建。机动车桥。

孟岸中心河一号桥　位于泗河村石歧里。平板桥，桥长6米，宽6米。机动车桥，2005年建。

孟岸中心河二号桥　位于泗河村陶家村。平板桥，桥长6米，宽6米。机动车桥，2005年建。

孟岸中心河三号桥　位于泗河村孟岸村前。平板桥，桥长6米，宽2.5米。机动车桥，2005年建。

孟岸中心河四号桥　位于泗河村原孟岸小学东南。平板桥，桥长6米，宽2.5米。机动车桥，2005年建。

孟岸中心河五号桥　位于泗河村原孟岸小学东北。平板桥，桥长6米，宽2.5米。机动车桥，2005年建。

孟岸中心河六号桥　位于泗河村陈家门。平板桥，桥长6米，宽2.5米。机动车桥，2005年建。

（十八）跨观西秦望河桥梁

秦望河桥　桥址位于观西村秦望河上。平板桥，桥长36米，宽6米。机动车桥，1994年建，2004

年重建。

（十九）跨观西环村河桥梁

南河头桥　桥址位于观西村东芦岐南河头。平板桥，桥长6米，宽3米。机动车桥，1970年建，1990年重建。

北河头桥　桥址位于观西村东芦岐北河头。平板桥，桥长12米，宽3米。机动车桥，1974年建，1998年重建。

东芦岐西村闸桥　桥址位于观西村东芦岐西村。平板桥，桥长8米，桥宽4米。机动车桥，1974年建，2004年重修。

张家村桥　桥址位于观西村张家村中段环村河上。桁架拱形桥，桥长22米，宽3.5米。机动车桥，1976年建，1990年重修。

西芦岐桥　桥址位于西芦岐环村河出口处域内。原为拱形桥梁，长6米，宽2.5米，1976年建。后因桥高路低，增添当地农民农忙种田困难而废，但其桥虽废犹存。后于1998年重建平板桥1座，桥长6米，宽3.5米。机动车桥。

（二十）跨时荡圩河（陶湾河）桥梁

正隆闸桥　桥址位于泗河村西河南村东。平板桥，桥长6米，宽3米。始建于1962年5月，其后又多次维修，1998年重建。机动车桥。

正隆闸辅桥　桥址位于泗河村西河南村东。平板桥，桥长6米，宽3米。始建于1970年5月，其后又多次维修，1998年重建。机动车桥。

陶湾河涵洞桥（1）　桥址位于观西村陶湾村北。为秦望路跨河而建，涵洞式桥梁，桥长12米，宽8米。机动车桥，1998年建。

陶湾河涵洞桥（2）　桥址位于观西村陶湾村中，村老年活动室处。桥系涵洞式桥梁，桥长8米，宽4米。机动车桥，1998年建。

（二十一）跨南高河桥梁

南高桥　原桥址位于观西村南高村。平板桥，桥长6米，宽4.5米。机动车桥，2005年建。

（二十二）跨老黄昌河桥梁

田桥　桥址位于殳桥村南，跨老黄昌河。始建年代不明，木结构平板桥，1958年黄昌河改直裁弯时拆除。

殳桥　桥址位于观西村殳桥村西。原桥为双曲拱桥，桥长10米，宽4米，人行桥，始建年月不详。20世纪60年代修为平板桥，2017年改建为机动车桥。

（二十三）跨灯塔二山河桥梁

灯塔二山河桥　桥址位于原灯塔村茶岐村东、二山河上。平板桥，桥长20米，宽4米。机动车桥，1975年建。原为该村开河采矿而建，2004年采矿停业后填河毁桥。

（二十四）跨蔡西中心河桥梁

蔡西闸桥　桥址位于工农河蔡西桥北。平板桥，桥长2×4.5米，宽3.5米。种田桥，1989年建。

蔡泾一号桥　桥址位于蔡西中心河蔡西闸桥北。平板桥，桥长10米，宽4.5米。人行桥，2011年建。

丁家村桥　桥址在蔡西中心河蔡泾一号桥北。平板桥，桥长10米，宽4.5米。人行桥，2011年建。

黄家村闸桥　桥址在蔡西中心河丁家村北。平板桥，桥长10米，宽3米。种田桥，1979年建。

黄家村桥　桥址在蔡西中心河黄家村闸桥北。平板桥，桥长10米，宽4.5米。机动车桥，1990年建。

昌盛桥　桥址在蔡西中心河黄家村桥北。平板桥，桥长10米，宽6米。机动车桥，1990年建。

大陈家村桥　桥址在蔡西中心河昌盛桥北。平板桥，桥长10米，宽2.5米。人行桥，1987年建。

冶炼厂桥　桥址在蔡西中心河大陈家村一号桥北。桥长10米，宽6米。机动车桥，1987年建。

八房村桥　桥址位于蔡西中心河冶炼厂桥北。平板桥，桥长8米，宽4米。机动车桥，1999年建。

大陈家村二桥　桥址在蔡西中心八房村桥北。平板桥，桥长6米，宽2米。机动车桥，1999年由蔡西村委筹资建造。

（二十五）跨蔡东中心河桥梁

蔡东中心河一号桥　桥址位于蔡泾村蔡东中心河上。双曲拱形桥，桥长18米，宽3米。机动车桥，1983年建。

袁洛村桥　桥址位于蔡泾村蔡东中心河上。平板桥，桥长12米，宽4.5米。桥梁建于2008年，机动车桥。

（二十六）跨尤家河桥梁

尤家桥　桥址位于蔡泾村泾西，尤家河与锡澄公路交汇地段。平板桥，原桥跨径3.5米，宽12米，始建于民国十九年（1930）。中华人民共和国成立后该桥几经拓建，现桥长18.6米，跨径8米，桥梁宽度41米，桥面净宽28.7米，是按汽-20，挂-100设计荷载标准的公路桥梁。

（二十七）跨徐家河桥梁

徐家河桥　桥址位于蔡泾村泾西，徐家河与锡澄公路交会处。平板桥，原桥跨径3.5米，宽12米，始建于民国十九年（1930）。中华人民共和国成立后该桥几经拓建，现桥长8米，跨径6米，桥梁宽度41米，桥面净宽30米（锡澄公路东、徐家河桥下的河道已全覆盖数百米，改为涵洞灌排水）。该桥和尤家桥同样是按汽-20，挂-100设计荷载标准的公路桥梁。

（二十八）跨蔡泾环村河桥梁

吕家村桥　桥址位于蔡泾村昌家村环村河上。平板桥，桥长6米，宽4.5米。机动车桥，2012年建。

（二十九）跨涂镇木石斗沟桥梁

木石斗桥　桥址位于涂镇村木石斗沟和原花山公路交会处。双曲拱桥，桥长12米，宽3.1米。机动车桥，1982年建。

（三十）跨新庄摇浜河桥梁

新庄桥　桥址位于涂镇村新庄。平板桥，桥长15米，宽4.5米。机动车桥，2006年建。

（三十一）跨新庄排水河桥梁

任前头桥　桥址位于涂镇村任前头村。平板桥，桥长15米，宽4.5米。机动车桥，2006年建。

（三十二）跨马泾河桥梁

上村桥　桥址位于曙光村马泾上村。平板桥，桥长6米，宽4.5米。机动车桥，2015年建。

下村桥　桥址位于曙光村马泾下村。平板桥，桥长6米，宽4.5米。机动车桥，2015年建。

焦家村桥　桥址位于曙光村马泾焦家村。平板桥，桥长8米，宽6米。机动车桥，2001年建。

马泾桥　桥址位于曙光村马泾河村。平板桥，桥长8米，宽6米。机动车桥，2001年建。

霞客大道马泾桥　桥址位于曙光村马泾桥东。平板桥，桥长12米，宽度2×13.25米。该桥建于2008年，为国家一级公路桥梁。

（三十三）跨马泾泥阵江桥梁

霞客大道霞光桥　桥址在南闸街道曙光村与徐霞客镇新街村相交界的泥阵江河道上。平板桥，长

30米，宽27米，跨径3×10米。该桥建于2008年，为国家一级公路桥梁。

江阴大道朱家村立交桥 又名江阴大道冯泾河大桥。桥址在曙光村朱家村东，泥阵江支流上，该桥同时跨越霞客大道。桥梁长350米，宽27米，跨径30米。平板桥，2008年建。

（三十四）跨曙光后塍河桥梁

后塍河桥 又名后塍桥，桥址位于曙光村后塍村。平板桥，桥长10米，宽4.5米。机动车桥，2005年建。

（三十五）跨曙光大鸿池桥梁

灰罗圩大桥 桥址位于曙光村灰罗圩东，大鸿池上。该桥分主桥1座，辅桥2座。主桥坐落在大鸿池中间，辅桥在大鸿池中分列主桥东西两侧，均穿池而过。主桥全长183米，宽度27米，跨径9×20米；2座辅桥各全长183米，宽8米，跨径9×20米。该桥建于2008年，为国家一级公路桥梁。

（三十六）跨谢南向阳河桥梁

向阳河桥 桥址在谢南村向阳河与花山河交汇处。桁架拱形桥，桥长16米，宽5米。机动车桥，1980年建，后多次维修。

白玉桥 桥址在谢南村白玉新村中部地段。平板桥，桥长12米，宽12米。机动车桥，2007年建。

谢南路桥 桥址在谢南村谢南路西首。桥梁为涵洞式桥，桥长8米，宽12米。机动车桥，2013年为建造谢南路而动工兴建。

（三十七）跨谢南引水河桥梁

南站桥 桥址位于谢南村云南西路段。原桥长12米，宽3米，双曲拱桥，1982年为花山公路通车而建。现桥长12米，宽26米，机动车桥，2008年建。

（三十八）跨谢南沙沟河桥梁

沙沟河桥 桥址位于谢南村云南西路段，市长江印机公司旁，又名市场桥。原桥长12米，宽3.1米，双曲拱桥，1982年为花山公路通车而建。现桥长12米，宽26米，机动车桥，2008年建。

（三十九）跨花果斜泾河桥梁

中山村桥 桥址在花果村中山村西。平板桥，桥长10米，宽4.5米。机动车桥，2009年建。

新长铁路斜泾河桥 桥址在花果村中山村西，中山村桥南30米处。该桥为跨度1—16米砼梁桥，桥长12米，2001年竣工，铁路专用桥梁。

坎家村桥 桥址在花果村坎家村前。平板桥，桥长10米，宽4.5米。机动车桥，2009年建。

黄沟庙桥 桥址位于花果村云西路与斜泾河交汇处。双曲拱桥，原桥长12米，宽3米，1982年为花山公路通车而建。现桥长12米，宽26米，机动车桥，2008年建。

老黄沟庙桥 又名横沟桥，桥址位于花果村南潭村与斜泾河上。该桥为单孔拱形石桥，全长16米，宽2.8米，净宽跨径5米，青石石材建造。该桥始建何年不详，但明正德《江阴县志》即有此桥记载。明清以来已多次修葺，2005年，市水利农机局、市文化局又拨专款重修。

周八杨桥 桥址位于花果村范家埭南端，斜泾河上。此桥连接徐霞客镇宏岐村村道。平板桥，长19米，宽7.1米。机动车桥，2003年建。

第四节 渡 口

古代由于建桥困难，往往在河流的交通要道处设置渡口，用船只来往于渡口之间，运送行人或货物。有些渡口为官方设置，有些为当地人集资设置，此类渡口不收费。有些渡口的摆渡人自己创制渡船等工具，以收取摆渡费为业。还有渡口则无人看守，渡船由行人自己操作（俗称抽渡船）。南闸地区最有名的古渡是涂镇渡口，此处原有架于运粮河（锡澄运河）上的龙津桥，嘉庆元年（1796）倒塌后未能重建，才设渡口。20世纪50年代至60年代在疏浚锡澄运河和黄昌河时，因裁弯改直后形成了新的河道，而一时又无力建桥，遂于锡澄运河湾里村后设置蔡东渡口、殳桥村后设置殳桥渡口。后分别于1962年修建殳桥，1983年修建蔡东桥。南闸渡口从此消失。

第二章　客运·货运

第一节　客　运

一、水运

清末民初时期，水上运输主要由航班船、快船、脚划船等木帆船承担。

（一）木船客运

航班船，又称航船或班船。最初随雇随运的木帆船，一般在5—10吨左右，客货可兼运，以货为主，后逐渐形成二定（定时、定线）航班。始发站为江阴或无锡，南闸为其中主要码头（停靠站）之一。通常班船舱下装货，舱面载客。

脚划船，又称"镗镗船"，因其途中停靠时，船家为引人注意，以敲小锣"镗镗"声招呼旅客上下船。脚划船载重量仅1吨左右，旅客每次可载10余人。

快船，又称小快船，大多设有固定航线和班次，随雇随运，便于客货主随船作短、长途运输。大多载重量5—6吨左右，3舱结构，载客为主。航程可根据客货主与船主协商而定，船上供膳食。航行时左右双橹，航速略快于航班。民国二十四年（1935），江阴至无锡有快船3条停靠南闸；民国二十八年（1939），有快船16条停靠南闸。

（二）轮船客运

清光绪二十二年（1896），南闸锡澄运河上开始出现轮船客运。官办轮船招商局无锡分公司开辟无锡至江阴客班，载客不载货，另有无锡大东轮船局也开辟有无锡至江阴客班。光绪三十二年（1906），招商内河轮船局在江阴试办轮局，经营江阴至无锡班线，并在南闸镇设售票处。南闸轮船码头先设在老街关帝阁，后搬迁到河南街梢。

南闸在开设售票处（停靠站）后，情况不断变化，民国二年（1913），招商局取消官办名义，改为私营企业，一些轮商自集商股创办轮局。民国四年（1915），江阴实业家创办利澄内河轮船公司，经营江阴至无锡等航线。以上两轮局试办开航后，私营轮运业间竞争激烈，经常出现时歇时复、时合时分的现象，一年数变。至民国十八年（1929）除招商、利澄两局行驶澄锡之间来回对班外，还新增严东轮局行驶此航线。民国二十二年（1933），招商轮局撤销内河航行机构，改由裕新轮局续航锡澄线；民国二十三年（1934），翔康轮局竞航锡澄线；民国二十六年（1937），新增公大轮船局行驶锡澄线。此后，锡澄航线由利澄、裕新、翔康三局分早晚班行驶。

民国二十七年（1938）起，利澄、东北、利华、慎利、大通5家联合成立锡北联营局，增开无锡至江阴等航线。后各家轮局实行联营，定名锡澄联营局，至抗日战争胜利为止。民国三十四年（1945）8月，锡澄航线基本停驶，同年11月，抗日战争胜利后，轮运业得以复兴，锡澄线恢复运行。民国三十七年（1948）申锡轮局竞航锡澄线，半年后与八达轮局合并为申锡联营处，同年由新康、申锡、锡后轮局新开锡澄等航线。

中华人民共和国成立后，轮运业以私营或联运方式开展航运业务。1950年1月，申锡轮联营处改组设江阴营业站，经营江阴至无锡等航线。1956年4月，锡澄运河南闸段改道后，原设在老街河边的售票处废弃，改在上河村西侧、新锡澄河边另建售票处和轮船码头，涂镇村另设招呼站。

20世纪70年代起，陆上运输发展迅速，客运航线业务日益减少。至1985年9月12日，营运近90年的无锡—江阴轮船班线停航。

二、陆运

长途客运　民国二十年（1931）11月，锡澄公路全线通车，境内由锡澄长途汽车股份有限公司分设南闸、新庄两个长途汽车站。抗战爆发后，锡澄公司车辆悉数应征，司机随车前往，锡澄线客运停业。沦陷后，锡澄客运由日商清和公司垄断。抗战胜利后，锡澄公司先租车复业，后自购客车投入营运。无锡、江阴解放前夕，锡澄公司为防国民党军队强征，将车辆大部分藏匿，只留少量营运应市。

中华人民共和国成立后，锡澄公司恢复锡澄线营业。自1953年起，体制由私营变更为公私合营、国营企业。

中共十一届三中全会后，江阴地区汽车客运量快速上升，尤其是乡镇农村公共汽车发展较快。1987年，江阴汽车营业处来境内增设南闸、涂镇农村公共汽车站。南闸站每天往江阴、无锡各3班区间车，另有锡澄班、澄桐班、澄璜班、澄青班、澄月班过境停靠搭客。澄沪线等途经南闸站停靠，总计日客流量80—1000人次。

1979—1993年南闸汽车站客运流量一览

表9-1　　　　　　　　　　　　　　　　　　　　　　　　　　　　　　　　　　　　　单位：万人

年　份	客运流量	年　份	客运流量	年　份	客运流量
1979	1.25	1984	6.55	1989	7.10
1980	1.60	1985	6.65	1990	7.2
1981	6.10	1986	6.75	1991	7.35
1982	6.25	1987	6.85	1992	7.50
1983	6.45	1988	6.90	1993	7.60

至1993年，南闸镇全境内有自用轿车80辆，面包车150辆，摩托车、轻骑车1070辆，自行车22750辆。

镇村公交　南闸街道镇村公交车有2条公交线路，自2007年1月通行。

56路，自镇区公交站由东向西发出后，途经南闸中心小学、南闸街道办事处、陆镇大厦、金山源广场、龙运村委、南闸中学、馒头村、耿家村、璜村、东盟园区、观山、黄庄上、爻桥、外湾、泗河村委、泗河口、观西桥、观西村委等停靠站。

57路，自镇区公交站由东向西发出后，途经南闸中心小学、南闸街道办事处、陆镇大厦、金山源广场、龙运村委、花园桥、蔡东中心桥、龙沟口、龙游河桥、夏店、焦家宕、山嘴村等停靠站。

城镇公交　江阴至南闸城镇公交车有5条线路，自1998年6月通车。

K7路，始发站为杏春站，途经南闸境内江阴学院、泾西村、南闸医院、南闸、金三角、锦南园区、北后塍、曙光村、谢南村、苏家村、花果村、花山公墓、新农村等停靠站。

K16路，始发站为杏春站，途经南闸境内云南路上花山煤矿、新农村、花山公墓、花果村委等停靠站。

K27路，始发站为杏春站，途经南闸境内缪家村、居民一村、南闸医院、南闸、南闸街道办事处、南闸中心小学、南闸公交站等停靠站。

K72路，始发站为市公交总站，途经南闸境内缪家村、居民一村、南闸医院、南闸、锦南市政、涂镇村委、新庄、博伟机械、徐家村、白玉一村、紫金社区、称心阁、金三角广场、南闸站。

K51路，始发站为市公交总站，途经南闸境内江阴学院、泾西村、南闸医院、南闸、陆镇大厦、金山源广场、牌楼下、新上河、寨里村、许家村等停靠站。

第二节 货 运

一、水运

南闸在公路建成之前，货物主要靠水运。民国期间，集镇水上货运船只主要是快船或轮船，为集镇商店装运外地购来的货物，同时也将本地土特产品发送出埠。镇上有2家水上货运的专业船户，常年装运石灰、砖瓦、苗猪、粮食等，往来于锡澄和其他地区。民国中期，境内西部有苏北泰州溱潼地区船户四五十家，在泗河口丁果山开矿采石，将各种石料运往大江南北各地，其中也有部分船户停泊在集镇招揽生意，搞水上货运业务。

中华人民共和国成立后，境内有秦望山、观山的两帮个体户合并成立秦观站，于1951年初参加县民船同业公会，拥有木船45艘，200多吨位。1956年2月，县青阳民船运输站成立；翌年初，秦观站挂钩于青阳社，改称秦观点；1958年隶属于县黄田港民船运输社领导。1959年12月，南闸成立交管所，负责境内水陆交通、货运客运事务，直至1963年撤销。20世纪70年代初，南闸民间副业运输站成立，筹资购10吨左右木帆船2条开展货运业务，后发展为1轮12拖228吨位的1条船队。1978年，经上级批准更名为南闸运输站，又建1轮10拖400吨位的1条船队。两轮总马力216匹，船皮总吨位628吨，轮驳均为水泥钢筋结构船舶。1982年后，先后购置钢质轮头3艘、总马力455匹，并配置钢质轮驳60吨级12艘、100吨级12艘、80吨级10艘重组3条船队，船皮总吨位2720吨，配备船员167人。1987年经市计委批准南闸运输站更名为南闸航运公司，性质改编为大集体，3只拖轮更名为苏澄759轮、760轮、762轮，该公司正常运行直至1997年企业转制后结束。

南闸采矿业较为发达，因此专职为矿山运输矿石的水上运输也较为发达。1952年，境内观西乡成立采石委员会，下辖有职工300余人的采石场。当时承运石料为秦观点的四五十条木帆船，20世纪70至80年代初期增加到100多条，船舶吨位一般在7—20吨位之间，均为个体运输，手摇式木船，后期改为挂桨船。这些船户中发展快的，在80年代中期后已购置几十吨以上机动船搞长途货运业务，此时各采矿厂石料运输以轮队为主、民船为辅。

20世纪70至80年代，以生产队为主的集体水上运输队和个体运输户发展较快，涂镇大队14个生产队有12个生产队搞水上运输。除涂镇3队用的是木船外，其他生产队用的均是水泥船，吨位一般在7吨左右，主要装运石料、肥料等，航程最远达上海等地。1977年时，拥有各类运输船只16艘，船皮总吨位130吨左右。1980年，涂镇大队利用县燃化公司在本村锡澄运河东岸征地建大型油库的机会，购买1艘拖轮（南闸8号）为其运输油料。1990年油库扩建汽油罐时，又投资30万元购买1艘油轮（澄石1号）为其运油，20世纪90年代后期停航。原灯塔大队的殳桥村有刘海庆、蒋金康、张金岳、施岳彪、张建平、张建国、蒋忠良、马岳明、马岳荣、施宝林、张品锡等11条水泥质地的运输船；盛家凹有盛清洪、盛章洪、盛玉川、盛松川、盛伟、盛军川、盛宏伟、张志金、盛锡金等9条水泥质地的运输船，这些船都是12吨的载重量，船均管理人员2—3人。自20世纪70年代初期开始，这些运输船专业装运石料、白泥粉和农药化肥等货物，来往于上海、常州、无锡、江阴城乡等地。

1971—1991年部分年份南闸水运运输量一览

表9-2　　　　　　　　　　　　　　　　　　　　　　　　　　　　　　　　　　单位：万吨公里

年　份	货运流量	年　份	货运流量	年　份	货运流量
1971	12	1984	30	1988	45
1975	16	1985	35	1989	48
1979	20	1986	37	1990	50
1980	23	1987	40	1991	52

二、陆运

古代，境内陆上交通发展比较缓慢，一般依靠肩挑背负或人力推车装运货物。20世纪30年代起，锡澄公路通车后，客车也可携带货物运行。40年代起，集镇上开始用板车运送货物。60年代初，南闸居委组织8人板车队，专业为供销社、商业社及其他客户负责搬运货物，经营范围在城乡、镇村之间。70年代初开始，南闸公社先后修建了南焦公路、工农公路、花山公路，各村也配合建成村级大道和机耕道路。这样，农村货运以拖拉机挂车为主，集镇货运由少量汽车及拖拉机挂车混合装载。80年代初，社队工业兴起，货运车辆迅速发展。1980年12月，江阴毛纺织染厂率先购置载重量2吨的卡车1辆，接着部分镇、村企业也陆续购买卡车装运货物。截至1988年底，全镇拥有大小载重卡车70辆，载重量为234.5吨，拥有拖拉机运输车671辆。

1988—1993南闸镇货运量一览

表9-3

年　份	货运量（万吨）			周转量（万吨公里）		
	合　计	拖拉机	汽　车	合　计	拖拉机	汽　车
1988	74.496	64.416	10.08	17	5	12
1989	76.92	66.34	10.58	21	6	15
1990	79.44	68.33	11.11	24	6	18
1991	82.04	70.38	11.66	26	8	18
1992	84.78	72.49	12.24	30	9	21
1993	87.51	74.66	12.85	35	12	23

第三节　运输工具

轿子　轿子是我国古代流传下来的代步工具之一，分小轿、礼轿、官轿三种类型。建轿材料通常以木或竹做框架，状若长方形的立柜，高度1.5米左右，宽度1米左右。四方形的轿子留前方作门，中置横板，两侧中间部分设有窗户，架上三面围上不同车饰，冠以轿顶，门档悬帘，一般只容1人乘坐。仗肩抬而行之，抬轿者有2人或4人，最多8人。清末民初时期，城区和市镇都使用轿子，多为官家、富户乘坐。业务繁忙的中医大夫大多有布轿以备出诊代步。除此之外，尚有婚事用花轿、丧事用魂轿等，中华人民共和国成立后，轿子就逐渐被淘汰。

独轮车 独轮车是一种古老的陆上运输工具，每车都用硬质树木制成，由车把、车轮、车轴、车座等组成。在乡村作为农副业生产的主要运输工具，如作为交通工具，它既能载客，又能运送货物。推车时，推车人居车后中央，两手握紧车把，肩披车绊（绳状编织物，其两端分别拴牢在左右车把上），推车而行。江南水乡道路多缺口、水槽，小车车体前有扣绳可供人牵引，减轻车手体力，另有钝角形木夹装置安装在小车车头下，前段附1个小轮，便于推越缺口或水槽。载客2—4人，载货一般在200千克左右。中华人民共和国建立初期，境内农村常见此类车运货，随着手扶拖拉机、汽车、胶轮车等现代交通运输工具的不断发展，独轮车在20世纪70年代逐渐被淘汰，后渐绝迹。

木船 此类船只船体为纯杉木制成，制成后由油漆工多次在船体上镶嵌桐油石灰（简称油灰）和麻丝，然后遍体刷桐油，方能防漏和坚固耐用。船分大小两种，大船为摇橹式，行时张帆需看风向，掌舵航行；小船为划桨式，用于近地货运及载客。20世纪60年代后，木帆船渐为各类水泥船所替代。

渡船 此为在渡口用于载客摆渡的船只。专职的摆渡船前期用木制船，有橹有篙，船上有篷盖，可遮风挡雨、避暑抗寒，每次可摆渡20人左右，后期改用铁质渡船，比较安全可靠。另有抽渡式摆渡船，头尾有绳子各系在对岸桩上，渡客自己动手抽动绳子过河即可。

平板车 平板车由轮胎、车轴、车身、活动拉板、把手组成，用于城乡镇村之间运输粮食、肥料、牲口等因量大、路途较远而难以肩挑手提的生活资料和生产资料。另有采矿企业设计制作的平板车可装运块石；加斗的平板车常年可搬运各种石料，也可用于农业生产，搬运农肥、粮食、牲畜等，用途较为广泛。

自行车 20世纪60年代，由于境内道路不畅通，仅有集镇有少量自行车，境内主干道、村级大道铺设砂石后，自行车数量快速增长，至80年代中期后，自行车普及到每个家庭。

三轮车 分轻便型和重型两种。中华人民共和国成立后在集镇上流行和使用。1964年后，三轮车出动应市，主要分布在汽车站和轮船码头。由于比人力车快捷、轻便而得到了广泛的应用，商店、商贩、农户、工矿用的人更多，一直流行到现在仍在使用。

摩托车 作为现代交通工具之一，摩托车有两轮和三轮两种。20世纪80年代初，私人开始购买摩托车。80年代中期，摩托车数量激增，有人开始用摩托车载客运货。至90年代末，摩托车日益减少，逐渐被电瓶车、小轿车取代。

电瓶车 20世纪90年代初，境内逐步在码头、车站、货场出现运货载客的电瓶车。进入21世纪后，电瓶车多品牌、多规格、多款式风靡市场。

拖拉机 20世纪70年代，部分生产队开始购买拖拉机，农时耕地，闲时运输。1981年后，生产队拖拉机开始承包经营，农村私人也开始购置拖拉机运输货物。2005年后，拖拉机因载货量少、噪音大、不能跑远程等弱点逐渐被汽车替代。

汽车 20世纪80年代后，个体汽车运输户迅速增加，以货运为主，客运为辅，至1988年底，全镇拥有汽车140辆，其中载重汽车70辆。

机动船 在20世纪60年代末70年代初，境内集体和私人开始购置机动船搞货运。1978年，全公社有挂桨机动船165条，1988年，全镇有挂桨机动船313条，大、小拖轮5艘，总马力627匹，拖带驳船44条2781吨位。

第四节 装 卸

清末民初时期，南闸集镇经济活跃，百业俱兴，装卸行业应运而生，出现在社会民众的生产、生活中，成为一项社会职业。从事装卸的人员，一般由厂家、店家指定民工，或由码头老板招收人员，称为"脚班"或"起卸工"。

民国二十六年（1937），江阴沦陷，日军烧杀掠夺，港口、码头均被封锁，镇上搬运工人只能另谋生计。抗战胜利后，搬运工重操旧业。民国三十六年（1947）末，江阴县起卸业工会南闸镇小组成立，由15名装卸工组成。装卸业务由县工会分配至镇上主要码头。1950年10月至1953年1月，江阴县先后设立起卸、塌小车、扛煤等工会组织和排筏小组，后经整顿统称搬运工会。1954年，南闸搬运工会有工人25名，负责境内集镇装卸搬运业务。1959年，搬运装卸纳入公社运输队伍，由公社交通运输管理站统一经营管理。1963年9月，南闸交管站撤销，成立搬运装卸点，隶属于县黄田港运输社领导。1975年，县交通系统开展集体所有制收益分配整改，对南闸等装卸点进行撤并调整。人员上调江阴城区，由县交通局区别情况统一调配，充实到4个县办装卸队和县港务处。原有业务划归南闸接管，公社另组15人的装卸队，属社办集体性质。装卸队日常工作除原有业务外，主要负责南闸粮管所粮食出入库装卸、翻晒以及供销社农药化肥和生活物资的装卸。同年，公社将装卸队划归南闸民间副业运输站管辖。

20世纪90年代初，南闸装卸队解散，年老的办理退休手续，其余人员安排至镇农贸市场工作。装卸队解散后，装卸已向多渠道发展，个体运输车由车主自行装卸或请临时的装卸工装卸，如金三角装饰城的进货或送货，均由附近生产队的村民负责装卸，其他企业的装卸工作也大多如此。

第三章　交通管理

第一节　管理机构

1959年12月，南闸成立交通运输管理站，为公社从事交通、副业运输管理的组织。陆路主要负责南闸汽车站及锡澄公路交通管理，水路主要管理货运船以及装卸队。

1963年，南闸公社交通运输管理站撤销，原有管理职能分解，装卸人员划归黄田港运输社管辖，南闸汽车站等单位及运输船只由公社管理。

20世纪70年代初，南闸建立民间副业运输管理站，负责领导和组织全公社的民间副业运输，代开运输发票和处理交通运输事故。

1977年1月，南闸按县革委会通知要求，提前成立南闸交通管理所，于民间副业运输管理站一起办公，两块牌子，一套班子，统一领导，确定1名副站长具体分工负责全公社交通事务工作。1978年，南闸民间副业运输管理站经市交通局批准，更名为南闸运输站。此时，交管站仍设在运输站内。

1978年9月，全县统一按镇设立交通管理所后，各交管所配备1—2人，作为县交通局管理交通运输的派出机构和镇政府的职能部门。

1979年，南闸成立交通管理所，性质为全民事业单位，业务、人事由县交通局管理；党务、行政属南闸公社领导。职责是负责辖区内的运输行业管理，路政管理，营业性车、船管理，证件年审，内河港航监督和水陆交通规费征收以及对违法违章者的处罚等，所址设在南新村陆镇大桥东桥塊。

1998年，南闸交管所在锡澄路777号地段（锡澄路东侧），征用土地10亩，建造新的交管所，建筑面积达845平方米。

交管所的主要任务是管理辖区内的货物、客员运输以及道路运输的验审；对全镇客货市场管理进行监督；对五小车辆（拖拉机、三轮车、摩托车、机动车等）进行监督；对农村公路（村级公路）进行监督养护；凡是满4米宽的柏油路面、水泥路面都归交管所管理。

南闸交管所（站）负责人一览

表9-4

姓　名	任职时间	姓　名	任职时间
吴银生	1975.10—1977.1（以副代正） 1977.1—1986.6（任正职）	吴文明	1997.1—2006.5
		黄国宽	2006.5—2008.6
许仁兴		刘涏	2008.6—2015.5
黄网明		陈隆	2015.5—

第二节　公路保养

一、锡澄公路南闸段养护

锡澄公路自民国二十年（1931）通车后至1958年，保养工作一直由政府公路管理部门负责。1958年后，由县交管局成立养护队，南闸与沿线各公社共摊派民工20人，从事养护工作。1965年起，县人民委员会规定沿线公社每2千米公路配备1名护林员，负责绿化、养护工作。南闸公社境内6.7千米公路配备4名护林员。1995年10月，南闸镇成立，由6人组成清扫保洁队，负责对责任路段内全天候清扫保洁。2001年，清扫保洁工作由镇交管所移交给市公路保养公司。

二、镇内主要道路保养

1970年后，随着境内新建公路的增加，公社成立由6人组成的公路养护队配备3辆手扶拖拉机及相应装备，隶属于公社民间运输管理站领导，由1名副站长分管。1988年，南闸撤乡建镇后，公路养护队解散，养护任务由沿线村与镇共同负责。2002年后，改为由街道建管科采用承包等方式安排保养工作，交管所作为监督部门进行监督。直至2015年未有变动。

第十编　邮政·电信·供电·供水·供气

第一章 邮 政

第一节 邮政机构

驿　站　掌投递公文、转运官物及供来往官员休息的机构。隋至清，皆隶属于兵部。明朝万历四十三年（1615），因江阴驻扎学政衙署而在南闸增设驿站。选址在蔡泾闸东堍附近，建房3间，设驿司1人，驿兵3人。驿兵由驿司在驿站所在地挑选壮健善行者充任，年俸白银6两。清光绪末年设邮传部，驿站之制遂废。南闸驿站于宣统三年（1911）废止。

邮政所　民国元年（1912），南闸集镇设有邮政信箱，属江阴邮局。民国八年（1919），在北弄老桥东堍设邮政代办所出售邮票，收寄信件。之后，迁至东弄，由县邮政局每月出资9元，租用平房6间为代办所。1953年，开始办理汇兑、邮寄包裹、发行报刊等业务。1955年11月21日，邮政代办所撤销，由江阴邮局直接管理，更名为南闸邮政营业所，所址迁移到东弄小菜场。

邮电局　1956年11月6日，南闸营业所上升为国营邮电支局。1959年3月下放为公社经营，称南闸公社邮电局，1960年收归国营。1962年1月1日，根据省局《调整邮电管理体制和提高服务水平的意见》，重定局名为南闸邮电支局。1965年3月1日，根据《邮电分支机构划分标准和其名称规定》改名南闸邮电所。由于业务量上升，1974年7月17日，又提升为南闸邮电支局，1984年5月增设泗河邮政代办所，南闸邮电局1984年7月定为三等支局。1987年全局邮电业务量为183638元，职工15人。1988年年底工作人员16人，其中全民性质8人，集体性质6人，委办2人。2015年有职工13人，其中全民性质3人，集体性质2人，劳务工8人。1988年8月1日，在陆镇大桥东堍的南焦路89号新建邮电大楼开始营业，占地960㎡，建筑面积为671㎡。是日，采用法国CTR-160型线路集中器将180个电话用户接入江阴自动电话网，实现了南闸电话自动化。

第二节 投递网络

一、邮件投递

清末民初，邮包由快船代运，后由班轮取代。民国二十六年（1937）江阴沦陷，邮局撤走，对外邮运中断。次年11月，邮政恢复业务，邮件仍由锡澄班轮带运。随着汽车运输业发展，汽车邮路逐渐上升为主要邮路，南闸邮件1949年之后为锡澄长途汽车代运。1976年起，由无锡邮局汽车到南闸邮局接送，之后再投递到户，开始限于南闸集镇，农村则委托商店代转。

1956年5月前，代办所只有1名投递员，镇区范围内邮件由其投递，乡间邮件则通过各村、生产队联络员转告通知，然后收件人直接到代办所领取。1956年5月，成立南闸邮电支局，配有营业员1名，话务员1名，投递员2名，因当时各类邮件、报刊量不多，投递员上午从事投递工作，下午回生产队劳动，投递形式已基本实现投送到户。1971年随着报刊、信件日益增多，投递方式由隔天投送改为当天投送。

1986年，恢复邮政储蓄业务。1998年邮电分营，电信局搬至紫金路15号，邮政局在原地址办公营业。邮政业务涉及邮政储蓄、函件广告、集邮、电商、报纸杂志、投递等。

二、投递线路

一段道途经：南焦路、河南街、东新街、锡澄路、紫金路、紫馨苑、紫竹苑、居民二村、碧桂园、南新村、龙运村、南闸村。

二段道途经：老锡澄路、石材库、木材市场、白玉路、紫金花园、白玉一村、锦南工业园、曙光村、涂镇村、谢南村。

三段道途经：称心阁、嘉福花园洋房、花果村、东盟工业园、观山村、观西村、泗河村。

四段道途经：宏基名城、宏基国际、站西路、蔡泾村、锡澄路、居民一村、绿城锦园。

第三节　邮政业务

一、函件

（一）发展状况

南闸自开设邮政代办所后，即开始收寄公众邮件信函，之后增办快信与保价信函业务。1937年日军侵犯江阴，邮政业务中断，百姓信件只能托人带往无锡、上海邮局交寄，次年恢复业务。1949年后，邮政代办所停办保价挂号函件，1950年收寄国内航空函件。1957年部队加盖"军邮免费"三角戳记的平信免费交寄。1960年可邮寄特种挂号信函业务。1966年8月起规定可以免费寄送"文化大革命"信函、印刷品、大字报，以及毛主席著作、像章等。1967年12月1日取消前项规定，1969年5月1日取消后项规定，并将解放军战士平信改为计费交寄。1978年元旦起试用邮政编码，南闸邮政编码号是214405，之后停止执行。1979年5月3日，全面开放收寄往来中国台湾省的普通函件，6月开放收寄往来台湾的挂号函件。1980年5月，南闸全面恢复使用邮政编码，邮政编码号仍为214405。1985年8月起，对高考录取通知信函一律作为挂号函件收寄。1986年7月1日，调整印刷品准寄范围，凡经出版机关批准，印有统一书号、证号的书籍、报纸、期刊、教材，可作为印刷品交寄。1988年起，开办邮政快件业务，全年收寄平信10万件，投递平信13万件，平均每天进出650件；收寄挂号信2640件，投递挂号信3250件，平均每天进出16件；收寄包裹3600只，投递包裹4300只，平均每天进出20只；汇票出9600张，汇票进13200张，平均每天进出63张；国际信出口200件，进口250件，平均每天进出1件多。1989年，原作挂号邮件交寄的银行联行往来信件改为邮件快件交寄。1993年，开办邮政特快专递业务，该业务3天之内国内邮件可通达1800多个城市，并可通达200多个国家和地区。1995年，开办邮政礼仪特快专递业务和邮政礼仪（邮资）信函业务。1996年4月22日，邮政启用新型日戳。1998年3月，开办邮政广告、企业金卡、广告明信片、商业信函业务。2015年，信函进件39000件，出件8000件，印刷品进件45000件，出件13000件。是年，函件营业收入21万元。

（二）资费

民国十四年（1925）11月1日起，信件邮资由3分增至4分，民国二十一年（1932）增为5分，民国二十九年（1940）又增为8分。后由通货膨胀，邮资也频频调整。到抗战胜利时，平信邮资每件400元，之后法币为2元。民国三十五年（1946），平信邮资为20元，至民国三十七年（1948），平信邮资上涨到15000元。中华人民共和国成立初期，国内平信以小米12两计准，按物价涨落调整。1949年5月30日，平信邮资为旧人民币500元，8月调整为70元，10月开始100元，11月又调整为400元，1950年1月调整为500元，2月为800元，3月为1000元，5月仍降为800元。1955年3月1日发行新人民币，旧币1万元换新币1元，平信邮资为新人民币8分，30多年一直未动。1988年6月1日起收取邮件印刷品邮政通信建设费，按挂号处理的各类函件、包裹、汇票、特快专递、机要邮件，每件加收0.1元。1990年，平信邮资从0.08元调整为0.20元，1997年调整为0.5元。1999年3月11日，邮资进行结构性调整，区分为本外埠邮资标准，调整后平信单件重量在100克以内的本埠每20克为0.6元，外埠资费每20克0.8元，邮政附加费取消。

国际邮件资费，中华人民共和国成立后，起重20克为0.22元。1977年1月1日起调整为0.4元，1982年7月1日调整为0.5元，1986年1月1日起调整为0.8元；航空信函每10克另加0.3元。寄亚洲、太平洋地区18个国家的水陆路邮件，按照低资费的标准收取，比一般资费减低0.1元。寄往香港、澳门、台湾地区邮资，按国内邮件资费标准计算。1986年1月1日起，改为平常信函每10克另加0.1元，至2001年，国际按远近、邮资又经数次调整。

民国期间，邮寄包裹计费以1千克为单位，资费以0.2元为基数，按照里程多少，以倍计数，最高为6倍，即每千克1.20元。中华人民共和国成立后，包裹资费一局一费制，各邮局寄费都不相同。1957年8月10日起，江阴境内资费统一。1958年7月起，包裹处理费不分重量，每件是0.2元，计费单位是0.5千克，20千克为限；1963年限量，每个包裹15千克为限；"文化大革命"期间停收包裹。1974年4月1日起收取包裹逾期保管费，自通知单投送8天起，逾期1日收0.05元，最多为1.5元，1985年元旦起，改为通知单送达第四天开始收费，每日为0.2元，第8天起为每日0.5元，取消收费上限。1986年7月1日起，开办纸质包裹业务。1987年3月起，加收商包手续费，每件5千克以下收0.5元，5千克以上收1.00元。1987年年底，国际及港澳地区包件小包资费分100克以下、101—250克、251—500克、501—1000克4种，其资费分别为1.2元、2.4元、4.3元、7.2元，寄往各国的资费分别为1.8元、3.6元、6.5元和10.8元。

二、包裹

民国八年（1919），南闸邮政代办所开设，1953年开始办理包裹邮寄业务，一般是普通小件货物。1960年起，收寄国际及中国港澳地区包件，年末停办。1960—1963年，食品衣着类进件较多。1968年起，增加了插队青年的包裹。1976年包裹限重10千克，1979年7月开办包裹"乙类保价包件"业务。1980年后，社队工业产品寄件逐年增加，此后成为邮政收寄的主要业务之一，特别是印刷品、针织品、五金配件、电子器件等。进入21世纪，出口国际业务年年增加，2000年有包裹2250余件。

三、报刊发行

1988年，收订报刊15800份，杂志1320份。2015年，主要报纸名称与发送数为：《人民日报》，每日发送量108份；《新华日报》，每日发送量180份；《参考消息》，每日发送量58份；扬子晚报，每日发送量569份；《现代快报》，每日发送量59份；《环球时报》，每日发送量59份；《江南晚报》，每日发送量34份；《消费日报》，每日发送量38份；《江南保健报》，每日发送量82份。每天报纸发送总计为1508份，杂志每月发送1300份。2015年南闸邮电局全年营业收入680万元。

四、其他业务

1986年，南闸邮电支局开办邮政储蓄，有活期、整存整取、零存整取3种。1990年，邮政储蓄由代办改为自办。手续费收入转存扣利息（利率13.5%），储户利息由邮电支局支付，利息差额就是邮政储蓄业务收入。1991年初开办"双庆"有奖储蓄，12月开办"全家乐""猴年乐"有奖储蓄。

1992年推出"金鸡报晓特种大额储蓄"等储种，存款增加。1994年邮电支局实行邮储经营业务费用承包考核办法。1995年邮政储蓄城乡联网，储户可以使用"绿卡"办理异地存取。2001年，邮政开始向社会公众提供电子汇兑业务。2005年，邮政储蓄与电子汇兑两网互通，2006年开办邮政账户汇款"网汇通""网汇e"等业务。2015年邮政汇兑达2000万元，邮政储蓄达2.9亿元。

南闸邮政局还开辟代理销售业务，2015年代理销售品种有：代理保险业务，2015年1—8月达9000万元，保有量1.6个亿；代理理财业务，保有量达6800万元。

1958—2015年南闸邮电局（邮政局）历任局长一览

表10-1

邮电局长	任 期	邮政局长	任 期
缪荣才	1958—1961	徐筱星	1999—2000
冯 红	1962—1967	汤 伟	2000—2001
白 明	1967—1969	张雪霞	2001—2006
刘东初	1970—1976	巢 伟	2006—2008
谢玉才	1977—1978	庄 东	2008—2011
曹湘洪	1978—1998	周丽莉	2011—

第二章 电 信

第一节 电 话

一、固定电话

民国二十一年（1932），南闸集镇至江阴县城架有电话线。南闸镇公所、高如山布庄和4家纺织布厂安装电话机。1946年开始，南闸镇公所、观山乡公所、鼎丰槽坊先后装上电话机。

1956年11月，南闸设国营邮电支局，同年开通磁石式电话机，外线都为铁丝与毛竹竿。电话机约40门。1957年，南闸邮电局设有1台60门交换机。1958年利用广播线路发展农村电话，做到个个大队通电话。1964年，更换100门交换机1台，安装电话机70架。1965年3月1日，降为邮电所，1974年7月17日，升为邮电支局。1981年增设100门交换机1台，载波机单路2端，3路2端，安装电话机104架，其中国营用户43架，集体用户58架，局用免费电话3架。1984年7月，核为三等支局，交换机扩容到200门，实装有量182门，单路4架，3路2端，安装电话机197架，其中国营用户101架，集体用户92架，局用免费电话4架。1986年5月，由邮电局出资15万元，在南焦路南侧建造5间三层大楼、5间辅房的新邮电支局，6月，安装自动电话8架，列入江阴自动电话网，可直通江阴。1987年6月，南闸村设100门交换机1台，安装电话机83架，自动电话2架，是年7月毛纺织染厂设50门交换机1台，实装电话43架，自动电话4架。1988年架设报话专线水泥杆800根，直通江阴5对，全长100公里。是年8月1日，新邮电大楼启用，采用法国CTR-160型线路集中器将196架电话接入江阴自动电话网，实现了南闸电话自动化。1991年10月9日，市政府召开通信工作会议，确定"电话交换程控化，通信传输数字化，城乡自动电话一体化，通信手段多样化"的第八个五年计划的通信发展目标。通信线路推进"光进铜退"和网络转型，光缆代替铜线。1993年4月，全镇电话线完成光缆铺设并投入使用。南闸至江阴采用SLC-120设备实行电话扩容，总容量960门。1995年开始电话村、电话镇建设，是年10月15日，江阴电话网纳入无锡市C3本地网，采用7位数统一编号，电话号码由6位升至7位。1996年江阴市邮电局在紫金路15号建设程控电话大楼，1997年10月完工。镇区铺设地下光缆，1998年6月28日，光缆联网并开通加密频道，1998年11月开通SIZ40-2000门程控电话交换机。

1998年9月邮电分营，成立南闸电信局，同时将电信营业厅与邮政分开，南焦路邮电支局归邮政所有，紫金路15号归电信所有，12月6日，正式分户工作，邮电分营后，交换机由原来的2000门发展到1万门。是年电话总容量达7057部，实现了电话镇目标。2000年，电话普及率达每百人21部。

由于南闸地形狭长，东西15千米。于2001年建成泗河2000门模块局，2003年建成泾西2000门模块局，于2005年建成龙游模块局。这一年，全镇每100户家庭拥有电话89部，同年，固定电话号码由7位升至8位。2015年，南闸地区拥有电话9754部。

初装费 1992年，乙种用户800元/部；甲种用户400元/部。1994年乙种用户5000元/部；甲种用户3500元/部。1996年乙种用户4500元/部；甲种用户3150元/部。1997年每部电话2200元。1998年10月，乙种用户5008元/部；甲种用户3658元/部。2001年7月1日起，取消电话初装费。

月租费　1988年7月1日起，市话甲种电话9.12元/月；乙种用户14.4元/月。是年11月至1993年年底，加收地方邮电通信建设附加费，市话甲种用户20元/月；乙种用户40元/月；农话甲种用户30元/月；乙种用户15元/月。

通信费　1995年无锡本地网城市间通话甲种用户0.40元/分钟，其他用户0.60元/分钟；城市与农村、农村与农村间通话甲种用户0.70元/分钟，其他用户0.90元/分钟。1996年4月，统一为0.60元/分钟，12月，市话通话费调整为0.14元/分钟。

1993年3月1日起固定电话资费一览

表10-2

收费项目	收费标准
初装费	1000元/户
装移机工料费	装机300元/户；移机200元/户
装移机手续费	8元/次
改名手续费	3元/次
过户手续费	100元/次
代维费	1元/户/月
月租费	按标准
区内电话通话费	甲种0.20元/3分钟，乙种0.23元/3分钟，公话0.50元/3分钟
区间电话通话费	甲种0.60元/3分钟，乙种0.80元/3分钟，公话1.00元/3分钟

2001年3月21日起，固定电话基本月租费全市统一为甲种电话15元/部，乙种电话30元/部，计费单元由3分钟1次改为按首次3分钟，以后每1分钟计费1次。营业区内电话甲种用户首次0.20元，以后每分钟0.10元；乙种用户首次0.22元，以后每分钟0.11元，营业区间电话0.50元/分钟。2002年2月1日，过户手续费由100元/次下降为3元/次。2005年11月21日起，区间电话资费调整为0.40元/分钟。

2002年电话收费标准一览

表10-3

	业务种类	甲种用户（住宅电话）	乙种电话（办公电话）
本地固定电话资费	基本月租费	无锡市区（含原锡山市）用户：18元/户；江阴、宜兴用户：15元/户	无锡全区用户：30元/户；模拟中继线：100元/线
	营业区内通话费	首次3分钟为0.20元，以后每1分钟为0.10元	首次3分钟为0.22元，以后每1分钟为0.11元
	营业区间通话费	0.50元/分钟	0.50元/分钟
	例：无锡市区（含原锡山市）固定电话之间通话，执行营业区内通话费标准。 　　无锡市区（含原锡山市）与江阴、宜兴固定电话之间通话，执行区间通话费标准。		
	业务项目	资费标准	优惠时段和优惠折扣
国内国际长途资费	国内长途	0.07元/6秒（每日7:00—24:00）	6折优惠（每日24:00—次日7:00）
	国际电话	0.8元/6秒（每日7:00—24:00）	对15个国家6折优惠（每日24:00—次日7:00）

续表10-3

	业务种类	甲种用户（住宅电话）	乙种电话（办公电话）
国内国际长途资费	港澳台电话	0.20元/6秒（港澳台地区不进行分时段优惠）	
	注：15个优惠国家：日本、美国、新加坡、澳大利亚、新西兰、法国、英国、意大利、泰国、马来西亚、德国、加拿大、菲律宾、印度尼西亚、韩国。		

二、长途电话

1988年以前，长途电话要通过"113"长途台人工接续。1988年11月，开放国内长途有权（全自动直拨）业务。1989年2月，开放国际长途有权业务。1992年3月，开放国内长途对端"114"查号，是年，江阴启用独立长途电话区号"5217"。1995年10月，江阴长途区号恢复为无锡本地网统一区号"0510"。

2000年，电信推出IP互联网电话业务（简称IP电话），有向用户提供17909IP电话卡、200主叫直拨和IP长途专线三种方式。IP电话资费：国内长途0.30元/分钟；港澳台2.50元/分钟；国际长途4.80元/分钟。2001年，联通推出193长话和IP长话业务，193长话资费比标准资费优惠10%。

国内长途资费 1996年以前，根据空间距离划分为12级，0.20元/分钟（1级）—1.20元/分钟（12级）。1996年12月起简化为三级：省内0.60元/分钟；省外800千米及以内1.00元/分钟；800千米以上1.20元/分钟。1999年3月，调整省内为0.80元/分钟。2001年2月21日起，改革长话计费单位，计费单位由1分钟缩短为6秒钟，资费标准0.07元/6秒钟。2002年起，各电信运营企业可结合市场情况自主制定和调整资费标准。

长话通信建设费 通信建设费，1992年以前0.10元/分钟；1991—1992年0.20元/分钟；1992年9月0.40元/分钟。1997年调整为0.10元/分钟，扶贫费0.30元/分钟。2001年取消长话建设费、扶贫费。

农话过线费 1990年6月起，凡经农话线路接转的长话，收过线费0.10元/分钟，1994年调整为0.50元/分钟，1996年调整为0.25元/分钟，1998年11月1日起取消。

三、电话增值业务

电话信息服务 1993年"168"自动声讯台开通，推出自动声讯和语音信箱业务。1995年"160"人工声讯台开通，服务内容有金融股票行情、彩票号码、公益服务、交通时刻、物资供求等；1998年6月，开通"中考分数查询热线"；1999年与气象局联合建成"121"气象信息电话咨询；2003年，气象信息服务号码改为"96121"。

其他业务 2000年江阴电信开放固话来电显示业务，月使用费6元/月。2002年4月开放"家家e"固网短信业务，月使用费10元/月。2005年，开放小灵通个人及固话企业"七彩铃音"业务。2006年开放"号码百事通"综合信息服务，号码为"114"和"118114"，服务内容有行业首查、查询转接、信息发布、通信助理、商旅服务五大类。

第二节 电 报

在20世纪50年代中期，南闸邮电支局就开设电报业务。单位电报随到随发随送。各村电报随信件一起投送，或由村级企业电话通知收报人来局取件。1988年，南闸地区来去电报近5万份，挂号用户达45家，达到历史最高点。由于通讯事业的迅猛发展，电报业务随之逐年减少，90年代基本无此业务。2006年电报业务停止。

第三节　无线寻呼·移动通信

一、无线寻呼

无线寻呼俗称BB机，这是固定电话向移动电话过渡的一项通讯业务，它以无线寻呼设备寻呼用户，然后用户以固定电话回应处理。1992年4月，邮电系统开通无线寻呼系统，是年11月又开通中文、数字兼容的寻呼系统。1993年7月，开通127自动寻呼台，8月，127自动寻呼台与168信息服务台联网。1995年12月实现全省联网。2001年，无线寻呼业务拥有本地寻呼网和全国寻呼网，并拓展到呼人、留言功能，还支撑股票信息功能。1992年无线寻呼开户费每户100元，普通用户服务费每月25元，全省网为40元一户，中文机分别为40元、60元一户。1995年10月调整资费，数字机开户50元一户，中文机100元一户，服务费本地网与全省网分别为15元、20元一户。中文机分别为30元、45元一户，股票服务5元一月。1999起，由于移动电话业务的发展，特别是江阴地方上小灵通用户的资费更优惠，发展更快，由于移动电话技术上的优势与资费上的猛降，使寻呼业务很快淡出市场，江阴无线寻呼台于2004年全部停业，2005年寻呼业务正式取消。

2002年3月1日起ADSL宽带资费一览

表10-4

用户类型	业务类型	接入费（元）	月使用费	备　注	
住宅	虚拟拨号	500	120	单线	
	电话+虚拟拨号	800	100	复线	
单位	虚拟拨号512K	1000	450+	单线	单台PC机，从第二台开始，每台加100元，1050元封顶
	电话+虚拟拨号512K	1300	400+	复线	
	虚拟拨号2M	1000	550+	单线	单台PC机，从第二台开始，每台加100元，1200元封顶
	电话+虚拟拨号2M	1300	500+	复线	
	专线接入512K	1000	2000	单线，提供四个内部IP地址，增加IP地址10元/个每月	
	专线接入1M	1000	3000		
	专线接入2M	1000	4000		
	专线接入4M	1000	5000		

说明：2003年后，互联网业务资费实行市场调节价。

2008—2012年江阴分公司语音类套餐资费一览

表10-5

名　称	优惠对象	月使用费	套餐内容
C网本地亲情	所有手机用户	1元/号	设置1个亲情号码，本地主叫该亲情号码免费通话600分钟；最多可设4个本地亲情号码，亲情号码可为电信固话、小灵通、C网手机。
本网通	移动业务套餐A客户	58元	含A套餐套餐费、手机彩铃费、来显费、无锡本地电信网内通话不限时；含20元"本地异网及国内长途优惠包"：享受拨打本地异网0.2元/分钟，本地国内长途0.3元/分钟优惠资费，本地异网及国内长途不足20元按20元收取，超过20元按上述资费正常收取。上述费用不含漫游费用。其余资费标准同A套餐资费。

2008—2012年江阴分公司无线宽带C+W融合套餐资费一览

表10-6

套餐名称（暂定名称）	月使用（元）	套餐内容
无线宽带/C+W/50元包30小时	50	每月省内无线宽带上网合计30小时
无线宽带/C+W/100元包100小时	100	每月省内上网合计100小时，另赠省际漫游10小时
无线宽带/C+W/200元包300小时	200	每月省内上网合计300小时，赠省际漫游30小时

说明：原联通掌中宽带套餐停止销售，相应业务统一纳入无线宽带，与无线宽带WLAN融合推广，推出无线宽带C+W融合套餐。

二、移动通信

1992年12月，江阴开通模拟移动通信A网虹桥基站系统业务，俗称大哥大。在A网覆盖的苏州、无锡、常州、南京、镇江、扬州、南通7市范围内都可以拨打市内、国内和国际长途电话。1993年9月B网开通模拟移动电话业务，1994年开放移动电话国内漫游业务，1995年开放国际漫游业务，1995年年底，又开通"全球通"数字移动电话，可通达世界各地。大哥大手机价格昂贵，初装费就要每部20000元，基本通话费每月150元，区内通话费每分钟0.5元，双向收费，还要加收每分钟的通信建设费0.2元，使用人数极少。1994年6月，初装费调整为每部5000元，1996年为3000元，模拟手机出现后用户增加很快。1998年5月，成立江苏移动江阴分公司，开通数字移动交换局，是年11月，中国联通江阴分公司成立，与江苏移动公司江阴分公司互相依存、互相竞争，资费逐年下降。1998年4月移动电话一户初装费为2000元，模拟手机出现后用户迅速增加。2001年，江阴移动完成G网扩容工程，开展模拟网用户退网工作，推出"全球通""金卡快捷通"品牌，同时推出短信、秘书服务、呼叫转移、IP电话、WAP无线上网、移动QQ等增值服务，是年取消了移动电话入网费，并推出了大量优惠政策，移动电话发展更快。2002年，移动开通IP直通车、GPRS、12590数字拨号点播、1258代发短信代定梦网、移动聊天、GPS全球定位系统、短信查话费、移动梦网、动感地带、短号码、主被叫付费等新业务，同年中国联通江阴分公司建成CDMA基站。2003年6月1日，江阴市电信局更名为江苏省电信有限公司江阴市分公司，主要经营固定电话、数据通信、互联网业务、无线市话、增值业务。2008年11月，原联通G网移交电信经营，电信始推出CDMA手机（3G手机）。此后，电信为手机、固话、宽带全业务经营。到2015年，南闸共有移动电话用户13241户，业务总收入2161.23万元，设有60个基站，单移动电话业务收入达984万元。

第四节 数据通信·互联网

一、数据通信设备

1994年3月，江阴邮电局组建数字数据网，同年开通DDN数字数据设备，安装1部集中器。1995年，安装1台美国产"CP3000"DDN节点机。南闸农行与江阴农行联网，进行数据处理，1998年又与无锡农行联网，2000年开始全省农行联网实用DDN进行数据处理。

1995年金融储蓄利用数据通信网络进行计算机联网，实现了全市、全省乃至全国的通存通兑。1996年9月25日，江阴建成DDN本地网，网络分为3层：澄江分局、虹桥分局为中心点；青阳、华士、西石桥、祝塘、长泾支局为分中心店；其余各支局和分局为接入层。1998年，江阴完成DDN

本地网二期扩容工程。2000年配合完成江苏省电信公司拨号服务器三、四期扩容工程，使江阴本地有了163/169合网的独立拨号接入。2001年，开始进行高速骨干网和宽带接入网建设，向用户提供ADSL宽带语音数据传输系统（建成ADSL）、FTTX-LAN光纤接入以太网（简称LAN）等多种互联网接入方式。2002年，ADSL三、四期扩容，推出宽带上网。2003年，把以TMC（异步传输模式）交换机为骨干的宽带多媒体通信网建设作为重点，基本实现光纤到小区、路边、大楼，是年ADSL五、六期扩容。2004年，ADSL七期扩容。2005年，ADSL八、九期扩容。2007年，组织实施"村村通"宽带工程，实现对自然村的有效覆盖。

二、互联网业务

1996年5月起，江阴开放"163"作为中国宽带互联网电话拨号入网的特服号，用户上网用一线通拨号上网。1998年，推出代理申请域名、虚拟主机、主页制作等互联网业务，开办国内窄带综合业务数字业务"N-ISDM"（简称ISDN）。

1999年，"政府上网工程"启动。镇机关、企事业单位派人参加江阴电信与团市委联合举行的上网万人免费培训活动，上网形成热潮，境内有多家企业上网。2000年7月"企业上网工程"启动，江阴电信、市工业局、工商局和镇政府合作，推出一系列上网政策。此后，企事业单位陆续基本实现上网，多家企业申请了域名、租用虚拟空间，少数企业使用DDN专线上网。

1996年下半年开始，南闸中学、南闸中心小学开设计算机课程，2001年二所学校接入无锡宽带城域教育网。2002年，江阴市校园网与教育局网、教育信息资源中心一起采入光缆方式接入电信网，并通过VPN技术，划分出具有独立管理功能的江阴城域教育网，联入无锡城域教育网，连通中国教育科研网和公众网，建成学校校园网、江阴城域教育网、无锡城域教育网相互联通的三级立体网，学校教育进入网络化时代。

2001年，宽带ADSL试运营，南闸也有一部分用户安装ADSL，宽带最高为2M。2002年开始，开通企事业单位等网站。2003年开始建设电子政务网，政府机关建立独立网站，实现网上审批和数据业务处理，同时开始推进"家庭上网工程"，是年9月，中国电信开始推出"互联星空"互联网应用业务品牌。2004年电子政务网向村一级延伸。2005年进行电子政务网二期和党建网建设。

2006年开始推进农村信息化建设，11月全镇全部开通数字电视，至年底，南闸地区有宽带用户9382户。在宽带用户中开设增值业务ITV，集互联网、多媒体通信等多种技术为一体，可提供点播、直播、回看、时移等多种互式视频服务，改变了过去电视只能看的境况，实现根据自己的需要选择观看内容的这种用户有4955户。

2001年1月互联网拨号业务资费一览

表10-7

拨号上网方式	开户费（元）	网络使用费（元/小时）	通信费
163主叫用户	0	3.0	每分钟0.02元
169主叫用户	0	2.1	
163和169C类注册用户	100	3.0	
169B类注册用户	50	1.8	
国内漫游业务	0	3.0	
2901上网卡业务	0	4.0	

南闸电信局历任领导一览

姓 名	任职时间	姓 名	任职时间
缪荣才	1958—1961	曹湘洪	1978—1999
冯 红	1962—1967	倪 江	1999—2004
白 明	1967—1969	曹 峰	2004—

第三章　供　电

第一节　概　况

民国二十四年（1935），南闸集镇已用电照明，街上有路灯，由江阴华明发电厂供电。公益、勤生、慎源等9家染织布厂都备有柴油发电机，自发自用。民国二十六年（1937）11月，日军侵占南闸，工厂焚毁，线路破坏，停止供电。

1962年，新庄、曙光、花果3大队办起电灌站，总装机275kV·A，由青阳供电所花山线供电。1964年，观东、灯塔、泗河、观西4个大队，由青阳供电所秦凰山线供电。1965年，青阳供电所经月城公社向南闸集镇供电，是年，成立南闸集镇电力管理组织，设管理员1人。此后，供电逐渐向其他大队延伸，至1970年，全社各大队均有电，供动力和照明之用。1973年，成立南闸三电管理小组，职工3人，归农机站管理。1976年，单独成立南闸用电站。1978年，改称南闸公社电力管理站，有职工17人，各大队配备1至2名专职电工，各企业单位至少有专职电工1人。

80年代初，随着工农业生产迅速发展，电力供需矛盾加剧，除企业单位自置柴油机发电外，1983年7月，投资镇江谏壁电厂60万元，1985年投资江阴电厂108万元，供本镇用电增量的需要。线路迭经改变，现有南闸、观西、闸北3条高压线供全镇用电。

1988年，全镇有电工及管理员148人，其中镇站27人，村67人，企业54人。装有配电变压器97台，总容量12440kV·A（其中工业20台，5075kV·A；农业77台，7365kV·A）。装有电动机4547台，18307kW（其中工业2231台，9521kW；农业2316台，8980kW）。各企业单位自备发电机38台，1998kW；柴油机38台，3290匹马力。全年用电量为1622.4万度，其中工业用电1016.5万度，占62.7%；农业用电488.7万度，占30.1%；人民生活用电117.2万度，占7.2%。

1988年南闸企业单位自发电情况一览

表10-9

单位名称	发电机		柴油机		单位名称	发电机		柴油机	
	台数	容量（千瓦）	台数	马力（匹）		台数	容量（千瓦）	台数	马力（匹）
梭子厂	1	75	1	120	观西村	1	40	1	80
南运电珠厂	1	40	1	80		1	14	1	25
观东采矿厂	1	18	1	40	菱塘线带厂	1	10	1	25
建材厂	1	75	1	120	璜村预制场	1	10	1	25
砖瓦二厂	1	10	1	25	孵坊	1	30	1	40
孟岸铜管厂	1	75	1	120		1	12	1	25

续表10-9

单位名称	发电机		柴油机		单位名称	发电机		柴油机	
	台数	容量（千瓦）	台数	马力（匹）		台数	容量（千瓦）	台数	马力（匹）
运输公司	1	30	1	40	南闸纺织厂	1	75	1	120
标牌厂	1	50	1	80	观东毛纺厂	1	75	1	120
纺织皮件厂	1	75	1	120	粮管所	1	30	1	40
农具厂	1	75	1	120	天平厂	1	75	1	120
南闸中学	1	18	1	40	毛纺织染厂	1	75	1	120
南新五金厂	1	40	1	80		1	200	1	300
南新六、七队	1	35	1	80	农机站	1	75	1	120
南闸五金厂	1	90	1	120	新庄纺器厂	1	30	1	40
南闸村	1	40	1	80	新庄锯板厂	1	40	1	80
	1	160	1	240	新庄预制场	1	18	1	40
建材公司	1	40	1	80	砖瓦二厂	1	30	1	40
美华皮鞋厂	1	64	1	120	泗河预制场	1	30	1	40
南闸电器厂	1	14	1	25	合计	38	1968	38	3250
	1	75	1	120					

第二节 供电设施

一、变压器

由于1989年前南闸无变电所，各单位用电都装有变压器。

1988年南闸镇变压器容量统计一览

表10-10

单位名称	kV·A	台	单位名称	kV·A	台
花果村	370	5	孟岸村	315	3
谢南村	352	5	观西村	340	3
曙光村	260	3	耐火泥厂	180	1
马泾村	200	3	毛纺织染厂	630	1
新庄村	350	4	农具厂	200	1
涂镇村	430	4	农服公司	200	1
南新村	200	2	冷冻厂	160	1
施元村	175	3	皮鞋厂	200	1
泾西村	250	2	麻纺厂	400	1
蔡东村	470	4	石粉厂	315	1
南运村	380	3	饲料厂	100	1
龙游村	175	2	第二砖瓦厂	320	1
蔡西村	210	2	花矿厂	315	1
菱塘村	150	2	梭子厂	100	1

续表10-10

单位名称	kV·A	台	单位名称	kV·A	台
观山村	225	3	建材厂	180	1
璜村村	300	3	观矿厂	315	1
观东村	795	5	化工厂	100	1
南闸村	300	2	建筑站	200	1
跃进村	380	3	大华美术印刷厂	100	1
种子场	80	1	江阴皮革厂	400	1
灯塔村	330	5	城南货场	100	1
泗河村	225	3	用电站	500	1
陶湾村	130	2	合计	12407	97

二、变电所

1989年5月，南闸变在镇南焦路旁南运牌楼下村西侧由国家投资1100万元，占地面积5亩的1台40000千伏安和一台63000千伏安主变投运。2003年8月在镇紫金路东侧又新建锦南变1座，容量为2台40000千伏安，电压等级均为110千伏，主要供南闸地区工农业和居民生活用电。南闸辖区内变电所二座，变压器4台，总容量为183000千伏安。

三、线路

1989年前，南闸无变电所，当时南闸范围用电一路由35kV月城变10kV南闸线供电，主供范围为花果村、谢南村、曙光村、马泾村、新庄村、涂镇村、南闸村、观东村、观西村、陶湾村、泗河村、孟岸村、观山村、璜村、南运、龙游等；一路由35kV南门变10kV闸北线供电，主供蔡西村、泾西村、蔡东村、林塘村及镇区范围。当时南闸地区共有农业生产用电41台，3550kV·A，镇区农具厂1台100kV·A，用电站一台200kV·A，基本解决居民用电和农副业加工用电。2000年，南闸镇区和各村第一期电网改造基本结束，农网改造投入1600余万元，增加配变65台（套），增加容量8100千伏安，其中村增加容量6210千伏安，镇区增加1890千伏安。

1990年南闸地区主要10kV线路有7条：

花果线，南闸变电所经南焦路至南闸唐家村、涂镇村、曙光村、谢南村，线路总长6.37千米；

南闸线，南闸变电所经新上河至镇区石粉厂，线路总长2.68千米；

观山线，南闸变电所经工农路至蔡泾聂家村，线路总长4.76千米；

观西线，南闸变电所经南焦路至观西西芦岐，线路总长12.02千米；

闸北线，南闸变电所经工农路、锡澄路至泾西技术学校，线路总长5.36千米；

南西线，南闸变电所经工农路、锡澄路至泾西杨家村，线路总长5.36千米；

南工线，南闸变电所经南焦路至锡澄路大洋桥，线路总长2.76千米。

合计全长39.08千米。400伏线路总长112.5千米。220伏线路总长108.42千米。配变电器108台，总容量9760千伏安。

第三节　用电结构

1990年，南闸电力管理站有配电变压器108台/9760千伏安（其中集镇共用配电变压器6台/1890千伏安、供电局资产102台/7870千伏安）。低压线路112.5公里，照明户通电率99.98%。路灯线总长度9千米，路灯150只/150千瓦（主要为镇区主干道路使用），用电设备4500台/18715千瓦。农用小水泵95台/275千瓦，脱粒机1024台/1975千瓦，电力灌溉面积26370亩，为耕地面积的96%。全镇家用电器有各种电风扇4926台，洗衣机2130台，电冰箱425台，电视机3456台，电热器22台，家用空调65台。

1990年，南闸镇全年用电量2335.5万千瓦时。

2015年年底，南闸街道有工业专变245台，容量189250千伏安，综合变473台，容量192805千伏安，合计容量382055千伏安；境内有22万伏高压线12条，11万伏高压线13条，3.5万伏高压线8条，10千伏中压线31条；共有35千伏变电所2座，110千伏变电所2座，220千伏变电所1座。全社会用电量3.33亿千瓦时，其中工业用电量2.73亿千瓦时，居民生活用电0.38亿千瓦时，农业用电量0.032亿千瓦时，其他照明用电量0.18亿千瓦时。

第四节　供电管理

一、电力管理机构

1966年，南闸公社成立用电管理小组，由1名副社长担任组长，用电组配备1名用电专职管理人员。1976年，成立电管站，地址在现南闸水香楼旁，二间平房，内装有一台200千伏安变压器，供南闸集镇用电。1980年，电管站搬至北新街办公。1982年，电管站更名电力管理站，设站长1名，安全员1名，站内有管理人员6人，安装队4人，电器门市部3人，其他人员2人。固定资产165万元，占地面积469平方米，建筑面积980平方米，有机动工程车辆1辆。1986年，电力管理站搬至南焦路98号办公。1998—2000年，对全镇低压用电设备进行全面改造，改造不合格低压线路125千米，完成联户装表9850户，线损率由整改前的35%降低到10%，照明电价每千瓦由0.8元降低至0.5元。全镇安装三相漏电保护器204台，安装率100%，投运率85%，装单相漏电保护器9850台。2000年电力体制改革，原南闸电力管理站更名为南闸供电所，增购面包车2辆，所内设所长1人，副所长1人，有技术人员1人，安全员1人，共有农电职工36人。

1986年，南闸供电所管理站被江阴县人民政府评为用电管理先进单位，1986—1989年被无锡市供电局评为农电工作先进集体。1988年，由江阴市人民政府、无锡供电局颁给用电标准乡（镇）验收合格证。2005—2006年，被江阴市人民政府评为文明单位。2007年2月，被江苏省电力公司评为文明供电所。

二、电价

1991年电价计划内执行价：农业用电为每千瓦时0.165元；村民与居民用电为0.26元；企事业单位用电为0.41元；非工业、普通工业用电为0.30元。华能指标：非工业、普通工业用电0.38元；计划外（不装峰谷）企事业单位用电为0.59元；企事业工业用电为0.48元；村民与居民用电为0.58元；个体生活用电为0.63元；个体工业用电为0.58元。计划外指标及峰谷结算：企事业照明用电为0.56元；企事业工业用电为0.41元；超高峰比价收0.45元。

1999年电价：居民生活照明用电为0.56元；其他照明为0.965元；非普通工业0.86元；农业生产用电为0.56元。

2004年电价：居民生活用电为0.520元；商业照明用电为0.899元；其他照明用电为0.825元；非普通工业用电为0.698元（中小化肥用电为0.342元）；农业用电为0.421元。

2005年电价：非工业用电为0.735元；其他照明用电为0.862元；其他电价与2004年相同。

2006年电价：城镇居民生活用电为0.5283元；非居民照明用电0.890元；非普通工业用电为0.763元；中小化肥用电为0.370元；农业生产用电为0.440元。

2008年电价：居民生活用电0.5283元；工业、商业用电为0.813元；农业用电为0.440元。

2013年电价：居民生活用电0.5283元；同时实行阶梯电价及分时电价，工业、商业用电为0.8751；农业用电为0.509元。

1978—2015年南闸街道（公社、乡、镇）用电量一览

表10-11　　　　　　　　　　　　　　　　　　　　　　　　单位：万千瓦时

年　份	用电量	年　份	用电量	年　份	用电量
1978	275.30	1989	2137.46	2000	7541.00
1979	390.90	1990	2355.50	2001	8264.00
1980	485.67	1991	2847.10	2002	9625.00
1981	567.57	1992	3256.76	2003	12365.00
1982	627.68	1993	3550.38	2004	14351.00
1983	640.07	1994	3678.00	2010	42429.00
1984	642.85	1995	4450.00	2011	31279.00
1985	868.05	1996	4527.00	2012	31075.00
1986	1036.24	1997	5005.00	2013	33827.00
1987	1156.75	1998	5200.00	2014	34176.00
1988	1622.4	1999	6079.00	2015	33336.00

2008—2015年南闸镇（街道）用电结构一览

表10-12　　　　　　　　　　　　　　　　　　　　　　　　单位：万千瓦时

年　份	总用电量	工业用电量	占比（%）	农业用电量	占比（%）	生活用电量	占比（%）	其他用电	占比（%）
2008	40891	38270	93.59	108	0.26	2022	4.94	491	1.2
2009	40419	37935	93.85	128	0.32	2235	5.53	121	0.3
2010	42429	39235	92.47	176	0.41	2808	6.62	210	0.49
2011	31279	28000	89.52	181	0.58	2896	9.26	202	0.65
2012	31075	25945	83.49	206	0.66	3403	10.95	1521	4.89
2013	33827	27816	82.23	269	0.80	4051	11.98	1691	5
2014	34176	28572	83.6	283	0.83	3539	10.36	1782	5.21
2015	33336	27319	81.95	322	0.97	3822	11.47	1873	5.62

三、用电规则

安全用电　供电部门进行监督指导，帮助农村用电部门安全、经济、合理用电。开展印发宣传画、放映教育影片、分发宣传标语、利用农村广播、黑板报、用电展览等多种形式进行安全宣传。加强农村电工的专业技术培训，进行临场实践操作，学习急救措施。随着农村用电范围的日益扩大，从1999年开始，推广安装低压漏电保护器。2008年，农村降压网均安装三相漏电保安器或者单相漏电保安器，安装率达100%，投运率达100%。

计划用电 1983年，由于供电量不足，实行计划用电。根据分配的电量和用户实际用电量，进行有计划用电，计划用电人员到江阴用电局进行培训。如遇负荷过大，采用拉闸、调整电价等方法限荷或避让高峰，使电力处于平衡状态。

节约用电 各村的电工、电站站长专门进行节约用电的培训。措施有加强考核、抄表到位、标记更换，加大线路改造，更新陈旧线路、电器、配变的力度。多布点、缩短供电半径。多宣传解释，使居民合理用电。由于能源问题，在2008年夏季用电高峰时，仍采用合理错峰限电，保证居民用电。

附：安全用电措施

为切实加强南闸地区群众用电安全，推动构建和谐的供用电环境，使南闸群众与企事业单位用上"安全电、放心电"，南闸的供电单位与（乡）街道制订有切实可行的规章制度，来确保南闸人民在和谐的供用电环境中达到节约与安全的目的。

一、南闸电力管理站1988年的规定

1.各工厂和企事业单位新建、扩建项目的电器设备安装，事前需报乡电力管理站审批后施工。

2.各工厂和企事业单位自己有能力安装电器设备，事前也必须经过电力管理站批准，然后由自己组织力量施工。施工中应接受电力管理站指导和监督，竣工后需经过电路管理站验收合格后，方能办理报装接电手续。

3.各工厂和企事业单位自己没有合格专职电工，需要请外部力量安装电器设备的，必须报请电力管理站，有电力管理站统一安排和组织力量进行施工，竣工后按章程验收合格后，办理报装接电。

4.安装和接电施工中，必须为全乡用电服务，不搞铺张浪费，节约原辅材料，不搞歪门邪道，违者要严肃处理。

5.以上暂行规定，望各工厂和企事业单位遵照执行。如电力管理站接受电器设备安装工程后，借故拖延时间或经验收合格批准接电后，造成用电事故或经济损失，一切责任，由电力管理站负责；如用户单位违反上述暂行规定，电力管理站则不办理报装接电手续，一切后果由用户单位自己负责。

二、南闸街道办事处2012年农村用电安全强基固本工程实施方案

工作目标：到2013年年底实现以下工作目标

1.基本建立较为健全的政企联动、乡村实施、电力服务的农村用电安全工作机制，街道办事处主导、村（社区）为主体、供电部门参与的农村用电安全示范机制。农村用电安全组织达到100%，基本建立群众性用电安全服务机制。

2.开展宣传教育，农村用电安全普及率大幅提高。一是中小学校用电安全知识宣教，形成常态机制。二是农村群众用电安全意识显著提高。农村群众普遍受到用电安全常识、触电急救、电力保护等知识宣教。

3.剩余电流动作保护装置安装运行符合规定要求。一是实现农村配变台区一级总保护应装必装。二是已安装一级剩余电流动作保护装置的运行管理、检测维护和投运、更换符合要求。三是推动农村家庭用户安装使用末级漏电保护器得到普遍安装。

4.农村临时用电规范化管理水平提高。基本消除农村挂钩用电等私拉乱接违章用电行为。

5.农村输配电设施防护水平明显提高。农网线路、配合台区对安全距离、交叉跨越安全距离100%满足规模、规定要求。基本形成农村供用电设施规范、技防措施有效，警示标志标识措施完备。

重点工作：建立两个体系、完善三个机制、提升一项能力

1.建立健全服务农村用电安全组织体系和农村安全用电管理标准制度体系。

2.推动构建政企联动、乡村实施、电力服务机制。

3.建立农村用电安全宣传教育长效机制。

4.建立完善服务农村用电安全工作评价机制。

5.提升供电安全保障能力。

1976—2013年南闸电力管理站历任领导一览

表10-13

姓　名	任职年份	姓　名	任职年份
余士林	1976—1977	瞿荣华	2005—2007
邢凤裕	1977—1984	孙　良	2007—2009
陆大春	1984—2000	马洪忠	2009—2011
王玉忠	2000—2003	王玉平	2011—2013
王振江	2003—2005	肖旭东	2013—

第四章 供 水

第一节 概 况

中华人民共和国成立前，南闸居民生活用水都以河水为主，少量开采井水。当时，家家户户添置水缸，提桶、肩挑河水倒入缸中，浑浊时用明矾澄清后饮用。中华人民共和国成立后，响应爱国卫生号召，开始注重饮用水的清洁卫生。60年代、70年代，因河水受农作物使用的化肥、农药渗透而被污染，所以大力提倡使用浅井水。到了80年代，工业发展迅速，当时没有相应的防污措施，因而废水排放加重了对水源的污染。为了解决居民的饮水问题，南闸公社贯彻江阴县委凿井会议精神，鼓励居民凿井，每口井公社补贴3元，大队补贴2元，生产队根据实际情况予以补贴的原则，据统计，至1981年年底，全社共凿井206眼。随着社队企业的发展以及群众日趋对饮水健康便利的需求，开始采用深井水，至80年代末，全乡有一半以上群众以饮用井水为主。

1977年，公社集资开采了面向集镇供水的80.38米深的第一眼深井，开始筹建自来水站。1980年，毛纺厂与纺织皮件厂先后开凿了一眼深井。

1978年，南闸成立自来水站，首通集镇居民用户及沿线小企业，用户403户，年供水量1.2万立方米左右。各项指标均符合国家饮用水标准（GB5794-85），属优质水源。

1990年1月18日，南闸接通锡澄路总管道的长江自来水，开始供给江阴自来水公司生产的长江自来水，此后，供水范围不断扩大，先后有镇区居民、泾西村、南运村、涂镇村等。至2015年，全南闸居民用水户数接近2万户，企业近800户，100%吃上和用上了长江自来水，年供水量达到650万立方米，人均年用水量60立方米。

第二节 供水管网

1990年，江阴市自来水公司在锡澄路铺设Φ500毫米口径管道至泾西尤家桥，从而开启了南闸的自来水建设，同年铺设了北新街、中心街和南新街Φ300毫米口径管道1150米，工农路上自锡澄路至蔡东蒋家桥Φ300毫米1450米。1991年铺设自锡澄路至黄土金桥的老锡澄路Φ300管道1550米。1999年，铺设云南路管道自锡澄路至花果村Φ300毫米3550米，白玉路北段从云南路自站西路缪家村Φ300毫米1750米，在南焦路上铺设锡澄路至南高村Φ500毫米管道5400米，西段南高村至万隆和桥于2000年铺设Φ300毫米管道3250米。2002年，铺设白玉路南段工业园区自云南路至开来路Φ300毫米1250米，2009年，在紫金路上铺设自霞客大道至锡澄路Φ500毫米1850米，金三角路Φ300毫米自紫金路至云南路1050米。2011起，先后改扩建管道云南路西段Φ600毫米1880米、东段Φ300毫米1870米，工农路Φ300毫米1350米，施元路Φ200毫米1450米，紫馨路Φ300毫米650米，站西路Φ300

毫米2150米，南焦路西段Φ300毫米3150米。至2015年末，全街道累计自来水管道口径Φ100毫米以上主要供水管道91.7公里，其中Φ600毫米管道1880米，Φ500毫米管道8600米，Φ300毫米管道25690米，Φ200毫米管道3450米，Φ150毫米管道20920米，Φ100毫米管道31235米。供水管网涉及各行政村、工业集中区与新建住宅区全覆盖。

第三节　供水企业

江阴市南闸自来水站，属于南闸镇镇办企业。1977年开凿深井筹建自来水厂，当时开凿深井一口，增压泵房一座，水塔一座，设计年供水能力20万立方米。1990年接通江阴自来水厂，开始改供长江自来水。2009年7月正式成立江苏江南水务股份有限公司南闸营业所，融入江阴市同城供水管理一体化。办公地址在南闸街道南焦路8号西侧。至2015年末，拥有管理人员2人，职工13人，车辆2台，二次增压泵房10套，年供水量达650万立方米，综合水质合格率100%。现办公地址租用陆金标科技学校办公楼，新办公地址在站西路正在筹建中。

1978—2015年南闸自来水站历任负责人一览

表10-14

姓　名	任职时间	职　务
汤仕兴	1978—1995	负责人
黄裕祥	1995—1999.6	负责人
刘建兴	1999.7—2003.10	负责人、书记
周建荣	2003.10—2009.7	书记
缪付君	2007.11—	副书记
刘建兴	2009.7—2013.3	主任
耿建军	2013.4—	主任

1991—2015年南闸自来水供水情况一览

表10-15

年份	新增村（居委）数	累计数	新增户数	累计数	新增人数	累计人数	年供水量（万立方米）	新增供水范围
1991	4	4	3045	3045	9962	9962	50	泾西、南新居委、蔡东
1993	2	6	806	3851	2641	12603	70	涂镇、南运
1994	1	7	130	3981	455	13058	80	居民二村一期小区
1995	1	8	161	4142	563	13621	85	王庄村
1995	1	9	239	4381	833	14454	90	教师新村小区
1996	1	10	505	4886	1713	16167	98	南闸村
1997	1	11	70	4956	245	16412	100	金三角东区小区
1998	1	12	952	5908	1892	18304	110	新庄村
1999	2	14	1306	7214	4366	22670	135	花果村、施元场
2000	3	17	1945	9159	7514	30184	180	曙光、谢南、龙游
2002	3	20	2577	11736	9183	39367	220	灯塔、泗河、蔡西

续表10-15

年份	新增村（居委）数	累计数	新增户数	累计数	新增人数	累计人数	年供水量（万立方米）	新增供水范围
2003	6	26	3104	14840	10425	49792	—	观山、观东、菱塘、观西、缪家村、马泾
2003	1	27	1136	15976	3720	53512	310	白玉一村小区
2004	1	28	65	16041	228	53740	350	居民二村二期小区
2007	1	29	160	16201	1750	55490	450	工业园区
2008	1	30	1310	17511	3830	59320	485	紫金花园小区
2009	1	31	507	18018	1520	60840	510	宏基明珠花园小区
2010	1	32	822	18840	2450	63290	550	宏基名城花园小区
2011	1	33	794	19634	2582	65872	590	称心阁一期二期小区
2013	1	34	829	20463	2182	68054	—	嘉福花园小区
2013	1	35	207	20670	621	68675	627	金三角家居广场
2014	1	36	126	20796	504	69179	631	中关村商贸广场
2015	1	37	742	21538	2208	71387	—	绿城锦园小区
2015	1	38	523	22061	1560	72947	—	碧桂园小区
2015	1	39	663	22724	1909	74865	647	宏基国际花园小区

2015年末南闸街道主要供水管网一览

表10-16

单位：米

管网路径			管网口径·长度					铺设年份
管网路名	起点	讫点	Φ500毫米	Φ300毫米	Φ200毫米	Φ150毫米	Φ100毫米	
锡澄路	通运张家桥	泾西村尤家桥	1350	—	—	—	—	1990
北、中、南心街	南闸大洋桥	南焦路	—	1150	—	—	—	1990
工农路	锡澄路	蔡东蒋家村桥	—	1450	—	—	—	1991
泾西村级路	锡澄路	泾西刘斗埭	—	—	250	—	—	1991
泾西村级路	泾西刘斗埭	泾西俞家村	—	—	—	1550	—	1991
泾西村级路	泾西刘斗埭	泾西东前头	—	—	—	—	160	1991
蔡东村级路	蔡东蒋家桥	蔡东何家村	—	—	250	—	—	1991
蔡东村级路	蔡东何家村	蔡东庄基村	—	—	—	—	580	1991
老锡澄路	锡澄路	黄土金桥	—	1550	—	—	—	1991
南新村级路	中心街	斜桥头	—	—	—	—	850	1991
南新村级路	锡澄路	夏村	—	—	—	—	950	1991
南新村级路	中心街	何家场	—	—	—	—	420	1991
南新村级路	南焦路	汤家村	—	—	—	—	730	1991
西家浜路	中心街	西河南街	—	—	—	—	550	1991
涂镇村级路	锡澄路	涂镇崔家埭	—	—	—	—	650	1993
南运村级路	工农路	南运牌楼下村	—	—	—	—	1150	1993
施元村级路	锡澄路	王庄村	—	—	—	—	1200	1995
南闸村村级路	南焦路汤家村	唐家村	—	—	—	2150	—	1996

续表10-16

管网路径			管网口径·长度					铺设年份
管网路名	起 点	讫 点	Φ500毫米	Φ300毫米	Φ200毫米	Φ150毫米	Φ100毫米	
新庄村村级路	锡澄路	前新庄	—	—	—	—	1100	1998
新庄村村级路	锡澄路	东新庄	—	—	—	—	1150	1998
新庄村村级路	锡澄路	石家塘	—	—	—	1250	—	1998
云南路	锡澄路	花果村新农村	—	3550	—	—	—	1999
南焦路	锡澄路	观西南高村	5400	—	—	—	—	1999
园区南翔路	云南路	开锦路	—	—	—	—	250	1999
白玉路北段	云南路	站西路	—	1750	—	—	—	1999
紫金路	白玉路	丁家塘	—	—	—	1450	—	1999
花果村级路	云南路	花果吴家埭村	—	—	—	1050	—	1999
花果村级路	云南路	花果范家埭	—	—	—	1220	—	1999
花果村级路	云南路	谭家村	—	—	—	—	850	1999
花果村级路	云南路	中村	—	—	—	—	1250	1999
施元村级路	紫金路	施元场村	—	—	—	—	1550	1999
谢南村村级路	云南路	刘芳村	—	—	—	—	350	2000
谢南村村级路	云南路	苏家村	—	—	—	—	480	2000
谢南村村级路	云南路	张塘村	—	—	—	—	175	2000
谢南村村级路	云南路	北后塍	—	—	—	—	180	2000
谢南村村级路	锡澄路	丁家塘	—	—	—	—	370	2000
龙游村级路	南焦路	龙沟口村	—	—	—	820	—	2000
曙光村中心路	云南路	祥西村大寨桥	—	—	850	—	—	2000
曙光南后塍路	中心路	徐家村	—	—	—	—	500	2000
曙光灰罗圩路	中心路	灰罗圩东村	—	—	—	—	700	2000
南焦路西段	南高村	万隆和桥	—	3250	—	—	—	2000
白玉路南段	云南路	开来路	—	1250	—	—	—	2002
开泉路	白玉路	南翔路	—	—	—	—	550	2002
开泰路	白玉路	锡澄路	—	—	—	—	630	2002
开来路	白玉路	锡澄路	—	—	—	—	650	2002
灯塔村村级路	南焦路	盛家凹	—	—	—	—	800	2002
灯塔村村级路	南焦路	茶岐村	—	—	—	2500	—	2002
蔡西路	工农路	聂家村	—	—	—	1500	—	2002
泗河村	南焦路	里湾村	—	—	—	—	320	2002
泗河村	南焦路	外湾村	—	—	—	—	450	2002
泗河村	南焦路	焦山村	—	—	—	—	790	2002
泗河村	南焦路	野山嘴村	—	—	—	—	1350	2002
泗河孟岸路	南焦路	河屯基村	—	—	—	—	850	2002
观东村	南焦路	观庄村	—	—	—	785	—	2003
观东村	观庄村	邵庄村	—	—	—	815	—	2003

续表10-16

管网路径			管网口径·长度					铺设年份
管网路名	起 点	讫 点	Φ500毫米	Φ300毫米	Φ200毫米	Φ150毫米	Φ100毫米	
观山村村级	南焦路	袁家村	—	—	—	—	350	2003
观山村村级	南焦路	璜村村	—	—	—	—	1150	2003
观山村村级	南焦路	园区	—	—	—	1150	—	2003
观山村村级	南焦路	高家村	—	—	—	1380	—	2003
龙游村	龙沟口村	菱塘村	—	—	—	—	1750	2003
施元村	站西路	缪家村	—	—	—	—	500	2003
观西村级	南焦路	西芦岐村	—	—	—	1550	—	2003
观西村级	东芦岐村	陶湾村	—	—	—	—	1350	2003

2015年末南闸街道主要供水管网一览

表10-17

单位：米

管网路径			管网口径·长度					铺设年份	备注
管网路名	起 点	讫 点	Φ500毫米	Φ300毫米	Φ200毫米	Φ150毫米	Φ100毫米		
曙光中心南路	大寨桥	上村	—	—	—	—	1750	2003	
紫金路	霞客大道	锡澄路	—	1850	—	—	—	2009	
金三角路	云南路	紫金路	—	—	1050	—	—	2009	
白玉路北段	站西路	云南路	—	—	1720	—	—	2011	改建
云南路西段	霞客大道	锡澄路	1880	—	—	—	—	2011	改建
云南路东段	霞客大道	花果新农村	—	—	1870	—	—	2011	改建
工农路	锡澄路	蔡东中心桥	—	—	1350	—	—	2011	改建
施元路	站西路	称心阁	—	—	—	1450	—	2012	
紫馨路	紫金路	站西路	—	—	—	650	—	2012	
中、南新街	锡澄路	紫金路	—	—	—	—	—	2013	改建
车站路西路	霞客大道	中关村	—	—	2150	—	—	2014	
开泰西路	锡澄路	向西	—	—	450	—	—	2014	
南焦路西段	观西南高村	孟岸路	—	—	3150	—	—	2015	改建

第五章　供　气

第一节　瓶装石油液化气

20世纪80年代，南闸居民开始使用石油液化气。由于南闸离江阴城区较近，人们一般自己去城区灌装点充气使用，1991年，月城冯泾也设立了液化气储备站，南闸一部分居民也到该站充气使用。随着用户越来越多，随之出现了一批专门为居民充气的服务人员。为安全规范，经政府核准的代充点南闸有15处，他们为近5000户需要用气的用户充气送气上门。

第二节　天然气供应

2005年，江阴市液化气总公司将天然气管道通到南闸各居民小区，南闸居民开始用上了清洁廉价的管道液化气。到2015年年底，使用管道液化气的用户达6705户，使用普及率近99.5%。

从2016年1月1日起对管道天然气民用户实行阶梯气价，以住宅（居民户）为单位，以房产证明为认定依据，一个房产证明对应为一个居民户。

阶梯式气量基数的划分及标准（每户人口在4人及以下家庭）一览

表10-18

项　目	户年用气量	价格（元/立方米）
第一档	0—360（含）	2.20
第二档	361—600（含）	2.42
第三档	600以上	3.08

供气单位采取先购气后使用的方法，居民购气价格按年度累计购气量相对应的阶梯标准收取，用气量在年度周期之间不累计、不结转。

户籍人口5人及以上的家庭，每多增一人每年可增加100立方米"第一档气量"和100立方米的"第二档阶梯气量"。办理增加户籍人口用气基数的业务申请时，需提供燃气用户缴费卡（或近期缴费发票）。与用气地址一致的房产证明材料和户口簿、房屋产权所有人授权委托证明、户籍内所有人口及代理人身份证的原件及复印件等资料。

2015年天然气民用户供气延伸服务收费价目一览

表10-19

序　号	项　目	标　准	其他费用	说　明	备　注
1	开户（补卡）	20元/户	—	装灶前阀、接灶、调试至燃烧正常，不含材料费	补卡等同

续表10-19

序 号	项 目		标 准	其他费用	说 明	备 注
2	表具检验		15元/次	120元（拆装2次）	用户提出申请，如验表正常，则收此费和拆装费	以检定机构价格为准
3	开户（补卡）		10元/户	—	居民用户提出申请，上门看表，结清气费	
			表具检验	—	公福用户提出申请，上门看表，结清气费	
4	封户		20元/户	—	用户提出申请，上门看表，结清气费，加管堵	
5	复供		20元/户	—	用户提出申请，上门看表，接灶点火，不含材料费	
6	测估		10元/户	—	用户提出迁、改、移申请，上门画图、测量、设计	
7	上门维修		10元/户	—	用户提出申请，换表、换阀、换皮管等工作，不含材料费	
8	换锁		30元/户	—	表箱锁为人为破坏	
9	管道迁、移、改等（以用管长度计算）	DN15镀锌钢管	30元/米	—	包含材料费、人工费、检测费等，按实际管长计算	
		DN20镀锌钢管	50元/米	—	包含材料费、人工费、检测费等，按实际管长计算	
		DN25镀锌钢管	60元/米	—	包含材料费、人工费、检测费等，按实际管长计算	
		DN40镀锌钢管	90元/米	—	包含材料费、人工费、检测费等，按实际管长计算	
		DN50镀锌钢管	110元/米	—	包含材料费、人工费、检测费等，按实际管长计算	
		De40PE管	100元/米	—	包含材料费、人工费、检测费等，按实际管长计算	
		De63PE管	120元/米	—	包含材料费、人工费、检测费等，按实际管长计算	
		埋地用钢塑转换	250元/米	—	包含材料费、人工费、检测费等	
		燃气表接头	30元/个	—	包含材料费、人工费、检测费等	
		终端	100元/个	—	包含材料费、人工费、检测费等	
		DN15表前阀	100元/个	—	包含材料费、人工费、检测费等	
		DN25球阀	120元/个	—	包含材料费、人工费、检测费等	
10	换表	G2.5表	500元/块	—	包含材料费、人工费、检测费等	人为损坏
		G4表	500元/块	—	包含材料费、人工费、检测费等	扩容换表
		G6表	1800元/块	—	包含材料费、人工费、检测费等	扩容换表
11	用气设施违章恢复		250元/户	—	包含违章表具拆除、表具设施恢复的人工费、检测费，不含表具损坏赔偿费	

第十一编 金融·财政·税务

第一章 金 融

第一节 机 构

民国二十一年（1932）江苏农民银行江阴县支行，在东弄底办理押汇。农民可以用米、麦等农作物抵押，向银行贷款。押物贷市加现金7%，月息2.5分，押期半年，逾期押票作废，抗战前停办。

1951年7月，中国人民银行江阴县支行机构下伸至花山区驻地南闸设营业所，派农金员1人，负责信贷、存款业务。1952年下半年，成立中国人民银行花山区营业所南闸组，办公人员3人。1955年下半年，上升为江阴县支行南闸营业所。1963年9月，并入要塞营业所，业务由信用社代理。

一、江苏江阴农村商业银行股份有限公司南闸支行

中华人民共和国成立初，各行各业发展迅猛，农村的农业生产合作社不断发展壮大。为确保农业合作化健康发展，物资部门的供销合作社与金融部门的农村信用合作社应运而生。1953年，中国人民银行江阴县支行在长泾乡搞筹建信用合作社试点后，于1954年在全县推广。1954年3月，南闸信用合作社召开代表大会正式成立，推举奚阿才为首任主任，陆德元为首任会计，同年，蔡泾、观山、观东、观西等小乡先后成立信用合作社。信用社的权力机构是信用社社员代表会议，会议闭幕期间，由信用社理事会理事主持日常工作，并设立与理事会同级的监事会，监督信用社工作，理事会和监事会主任由乡主要干部兼任。1956年撤并小乡，信用社同时归并为南闸信用社，1958年成立人民公社后，信用社与银行合并办公。1959年4月，"行社合一"，撤销信用社，在各大队设立信用部。1962年撤销信用部，恢复信用社名称，增设南闸信用社泗河分社。1980年，建5间三层综合大楼为营业房，员工15人。1983年，设立谢南、龙游、璜村3个服务点，1984年撤销。1995年设有泗河、金三角两个分社和一个南新储蓄所。2001年12月6日，全国首批由农村信用社改制的股份农村商业银行——江阴市农村商业银行正式挂牌成立，南闸信用合作社更名为江苏江阴农村商业银行南闸支行，行址设在南新街44号。2001年12月泗河分社和金三角分社关闭，2005年12月南新储蓄所关闭，是年12月8日开设南闸支行紫金分理处，员工24人。1986年的农村信用社存款业务为753.74万元，贷款708.86万元。2014年存款为113325.34万元，贷款为106542.1万元。

1954年南闸地区设立信用社一览

表11-1

小乡名称	业务范围	主 任	会 计	备 注
南闸乡	新庄、涂镇、河南、南闸和南闸街	奚阿才	陆德元	监事会主任王仁金 社址在中街
谢南乡	花果、曙光、马泾、谢南	周兴华	黄荣兴	社址在东街
谢元乡	施元、河北等	居顺坤	张希元	社址在东街

续表11-1

小乡名称	业务范围	主任	会计	备注
蔡泾乡	泾西、蔡东、蔡西	缪永才	缪建康	社址在北街
观东乡	观东、灯塔、跃进	徐仁林	刘舒泰	社址在西街
观山乡	观山、璜村、菱圹、巨轮	顾宝才	刘洪妹	社址在西街
观西乡	泗河、孟岸、芦岐、陶湾	金传兴	金传兴	社址设在泗河口

江苏江阴农村商业银行南闸支行历任负责人一览

表11-2

姓　名	任职年份	单位名称	职务名称
奚阿才	1954—1961	信用社	主任
陆德元	1962—1981	信用社	主任
蒋健农	1982—1994	信用社	主任
顾忠龙	1995—2000	信用社	主任
顾忠龙	2001—2011	农商行	行长
陶波	2012—	农商行	行长

二、中国农业银行股份有限公司江阴市南闸支行

1964年，根据国务院关于"统一国家支援农业资金的决定"，于1月10日从中国人民银行分出设立中国农业银行，是年2月南闸设立中国农业银行江阴县支行南闸营业所。营业所兼管对农村社队会计的业务辅导工作，并与农村信用合作社合署办公。1980年，农业银行领导信用社，两块牌子一套班子，分别核算统一管理支农资金，集中办理农村信贷。农行主要办理企业与工商户存贷款业务，信用社主要办理农村社队资金业务，营业所地点设在南新街50号。1995年，农村信用合作社与农业银行分门营业。1999年10月18日，营业所迁至紫金路7号新建的营业楼营业。2004年11月升格为中国农业银行江阴市南闸支行，设有3个分支机构：金三角分理处、中心街分理处和泗河分理处，是年存款总额21935万元，贷款11616万元。2014年存款达81640万元，贷款达14227万元。

中国农业银行股份有限公司江阴市南闸支行历任负责人一览

表11-3

姓　名	任职年月	职务名称
陆德元	1980.2—1987.4	营业所主任
吕振兴	1987.5—1991.2	营业所主任
丁旭晨	1991.3—1994.6	营业所主任
蒋建侬	1994.7—1997.1	营业所主任
蒋建侬	1997.2—1998.1	南闸办事处主任
黄钟涛	1998.2—2002.4	南闸办事处主任
陈琳	2002.5—2004.11	南闸办事处副主任
缪志军	2004.12—2005.4	南闸支行副行长
缪志军	2005.5—2007.8	南闸支行行长
潘小卫	2007.9—2010.4	南闸支行行长
陈勇兴	2010.5—2012.5	南闸支行行长

姓 名	任职年月	职务名称
陈少峰	2012.6—2014.11	南闸支行行长
王国兴	2014.12—	南闸支行行长

三、中国建设银行股份有限公司江阴南闸支行

1998年11月，中国建设银行江阴南闸支行在南闸中昌大厦设立，2012年12月，搬迁到南闸紫金路1号。2014年末，一般性存款余额45259万元，信贷余额11150万元；2015年6月底，一般性存款余额达45765万元，信贷余额11452万元。南闸建行营业区域300多平方米，配有自助银行服务区、理财VIP室、客户经理室、行长室等，员工9人。

中国建设银行股份有限公司江阴市南闸支行历任负责人一览

表11-4

姓 名	任职年月	职务名称	姓 名	任职年月	职务名称
秦 强	1998.11—2002.6	行长	蒋 峰	2009.11—2011.12	行长
符迎军	2002.6—2003.9	行长	徐 强	2011.12—2013.8	行长
郭秋明	2003.9—2009.11	行长	曹 翔	2013.8—	行长

四、中国工商银行股份有限公司江阴南闸支行

地处白玉路12号，成立于2011年6月28日。2014年末，存款余额14887万元，贷款余额10370万元。2015年6月末，存款余额25030万元，贷款余额10500万元，共有员工7人，营业面积达300多平方米。

中国工商银行股份有限公司江阴市南闸支行历任负责人一览

表11-5

姓 名	任职年月	职务名称
徐 鸣	2011.6—2013.2	行长
王盛阳	2013.2—2013.8	行长
费子龙	2013.8—	行长

五、中国银行江阴南闸支行

2012年12月8日成立，地址在紫金路9号，为南闸地区企事业单位及个人提供银行金融服务。2014年末两项存款为19342万元，贷款余额为9670万元。2015年6月末，两项存款22350万元，贷款余额10047万元。网点营业区域260多平方米，网点内设有具有特色的"职工小家"，被评为省总工会"职工小家"典范。共有9名员工，2012年起至今，行长为黄莹华。

第二节 存 款

南闸信用合作社及各银行从成立起就开办了储蓄、存款业务。储蓄有定期、活期、存本付息、零存整付、整存零付、两利储蓄、礼券储金等，吸收社会及个人存款。1954年信用社开办农业存款和优待售粮定额储蓄。1961年1月起，停办活期有奖储蓄和零存整取定期有奖储蓄，全部改为计息储蓄。1962年，开办单位委托存款，1971年增设社队办企业存款。10月大幅度调低储蓄存款利率，致使储蓄

余额连续4年下降。1978年到1985年8月，5次调高储蓄利率，基本恢复到1965年前的利率水平。1980年后，各银行、信用社发展储蓄网点，开办有奖储蓄，在累进计息、大额优惠、定活两便等多种储蓄项目之外，还有保息加奖、以奖代息等储蓄项目，供群众自由选择。

1976—1988年银行、信用社存款金额情况一览

表11-6   单位：万元

年 份	私 人	行政村	企 业	机关团体	合 计
1976	24.27	61.49	2.37	13.97	102.10
1977	24.49	42.41	79.31	6.03	152.24
1978	29.93	58.79	42.41	4.74	135.87
1979	37.43	19.98	122.31	3.09	232.81
1980	62.34	60.52	41.83	11.27	175.96
1981	97.51	93.54	130.72	40.47	362.64
1982	152.15	152.99	50.06	13.96	369.16
1983	228.37	184.44	49.08	—	461.89
1984	258.48	230.88	80.96	—	570.32
1985	393.45	83.04	58.79	—	532.28
1986	610.70	53.18	55.01	—	718.89
1987	741.40	74.82	109.86	—	926.08
1988	908.37	175.17	131.04	—	1218.58

　　1988年开办爱乡储蓄，9月，中国人民银行江阴市支行统一规定奖售储蓄物品的价格及起存点、吸储种类、大面额储蓄利率的标准。1991年，南闸信用社与农行总存款达4000万元。1993年起，遵照江阴市政府指标，南闸各银行、信用社开展"爱江阴储蓄月"活动。2004年起，储蓄存款开始保持较快增长势头。1997年超过2个亿，2014年南闸农商行储蓄额11.3亿，农行8.1亿，建行4.5亿，工行1.5亿，中行2个亿再加上邮政储蓄近3个亿，储蓄总量超过30个亿。

1995—2014年中国农业银行股份有限公司江阴市南闸支行与
江苏江阴农村商业银行南闸支行储蓄总额一览

表11-7   单位：万元

年 份	农 行	农商行	合 计
1995	4686.51	6678	11364.51
1996	7669.1	8338	16007.1
1997	9410.92	12166	21576.92
1998	10147.51	13074	23221.51
1999	10533.62	14352	24885.62
2000	11107.63	15917	27024.63
2001	10582.1	18532	29114.1
2002	12160.4	23195	35355.4
2003	18694	33480	52174
2004	21935	39018	60953

续表11-7

年 份	农 行	农商行	合 计
2005	28899	46257	75156
2006	29248.7	56273	85521.7
2007	31026.6	55393	86419.6
2008	43481	66071	109552
2009	51250	77143	128393
2010	63755	97396	161151
2011	82915	99288	182203
2012	75279	93906	169185
2013	76919	103909	180828
2014	81640	113325	194965

第三节 贷 款

民国时期，银行、钱庄的贷款以实物抵押为主，其次为往来透支或票据贴现形式，信用贷款较少。资金来源除股本外，依赖存款和临时拆借。中华人民共和国成立后，工商信贷由国家银行经营，农贷的发放对象为农民，用于救灾和恢复农业生产。1949年6月，中国人民银行江阴办事处对公私企业单位发放折实与定额贷款，扶持企业恢复生产，是年秋天，发放麦种贷款解决农户缺种困难。1951年结合大生产运动，发放农田水利、耕牛等多种贷款，用途以生产、生活费用为主。1952年，为促进城乡物资交流，对私营工商业放宽贷额，简化审批手续。1953年起，工商信贷以支持国有企业和供销合作社为重点，农贷转向支持互助合作、农田水利、农副业生产，对组织起来的农民实行贷款优先，利息优惠等政策。1958年"大跃进"期间，采用"充分供应"的办法，工业企业实行全额信贷，商业企业实行存贷合一，农贷盲目扩大投放，贷款急剧上升，均未取得应有经济效益。1962年严格控制工业信贷，促使工业企业在调整中有计划、按比例发展。农业贷款主要支持以生产队为基本核算单位的集体资金需求，同时清理历年贫农合作基金贷款，对无力偿还的陈款全部报清减免。支持生产队发展副业生产，给予直接为农业生产服务的社队办企业放贷，并纳入农贷科目。发放短期贷款来支持生产队购买化肥、农药、种子和修理农机具；发放长期无息贷款帮助生产队添置耕牛、农用船只、排灌机械设备等；发放多种经营贷款，帮助贫困生产队发展蚕桑、烧窑、种植、编织、采石、捕捞等副业项目。"文化大革命"期间，农村经营工商业和发展多种经营被视为"走资本主义道路"，贷款量下降。1970年，进一步开展"农业学大寨"运动，农贷集中投向农业机械化和水利化建设。1971年，农贷分设社队企业贷款，数额逐年增长。中共十一届三中全会后，1979年试行信贷资金"区别对待，择优扶植"的原则，扩大工业贷款，优先支持社队企业创汇、创优、横向联合和技术改造项目，同年起，固定资产投资的财政性拨款多数改无偿使用为有偿使用。1981年后，由侧重支持粮食生产转变为全面支持农、林、牧、副、渔、工、商、运、建、服，支持发展商品性生产。1988年年底，南闸地区发放农贷余额1368.63万元，是1976年的11.14万元的122.86倍。

1976—1988年银行、信用社发放贷款统计一览

表11-8　　　　　　　　　　　　　　　　　　　　　　　　　　　　　　　　单位：万元

年　份	企业贷款	行政村贷款	合　计
1976	7.23	3.91	11.14
1977	8.69	7.63	16.32
1978	10.93	6.40	17.33
1979	24.74	6.21	30.95
1980	77.09	19.69	96.78
1981	184.19	27.55	211.74
1982	224.92	89.69	264.61
1983	223.89	7.24	281.13
1984	451.51	63.24	614.75
1985	445.24	44.01	489.25
1986	643.89	64.97	708.86
1987	669.84	73.74	743.58
1988	1286.12	82.51	1368.63

　　进入20世纪90年代以后，企业对贷款激增，各银行也千方百计满足企业需求，保证生产正常进行。2005年各银行一如既往支持重点工业项目、重大基础设施和技改的信贷，推广国家助学贷款和再就业贷款，这一年信贷规模扩张较快。2007年，国家采取紧缩银根政策。2008年，受国际金融危机影响，国家调整金融贷款政策，货币政策从2008年7月份起到11月，连续四次下调基准利率，三次下调存款准备金率。存款准备金率的下降和贷款基准利率的下降增加了市场货币供应量，扩大了投资与消费总量。2008年10月27日起，实施首套住房贷款利率7折优惠，支持居民首次购买普通自住房和改善型普通住房；在此同时，取消了对商业银行信贷规划的约束。为确保经济平稳增长，激发经济活力，围绕加快农业现代化，扎实做好涉农金融服务，积极改进和完善对专业大户、家庭农场、农民合作社等新型农业经营主体的金融服务。加大对水利项目的信贷支持，支持微小企业健康发展。加强信贷政策与产业政策的协调配合，促进产业结构转型升级，充分发挥金融创新的助推作用，形成新的增长点。

1995—2014年中国农业银行股份有限公司江阴南闸支行与
江苏江阴农村商业银行南闸支行贷款量一览

表11-9　　　　　　　　　　　　　　　　　　　　　　　　　　　　　　　　单位：万元

年　份	农　行	农商行	合　计
1995	2042	4712	6754
1996	3635	5124	8759
1997	8874	7274	16148
1998	9548	7310	16858
1999	9620	6930	16550
2000	8315	6551	14866
2001	8274	5626	13900
2002	7918	7493	15411

续表11-9

年　份	农　行	农商行	合　计
2003	7984	16308	24292
2004	11616	15103	26719
2005	8563	21253	29816
2006	9733	33455	43188
2007	9715	30690	40405
2008	9290	33712	43002
2009	14455	46259	60714
2010	27775	66496	94271
2011	43330	78186	121516
2012	57016	71179	128195
2013	47421	91377	138798
2014	14227	106542	120769

第四节　民间借贷

中华人民共和国成立前，民间借贷主要有借贷、卖青苗、兜会、高利贷等几种，农民向富户借款，月息一般为15%，年终结算，利上加利，3年顶对（连本加倍），4年转弯（利过于本）。

一、兜会

南闸一带流行单刀会、轮会、摇会、寿星会、标会等形式，利息一般为10%至20%。"兜会"是民间自发互助性借贷形式，先由急需用钱者发起，称"会头"，邀请亲朋好友参加，俗称"会脚"，按入会者经济状况排定收会先后次序，按规定时间交付会金。较早流行的还有以人数称之"五总会""七贤会""八仙会"等。还有一种方式称"摇会"，除会头外，其余人以摇骰子点数决定收会次序。有不计利息或计息的。按规定时间，由会头召集"会脚"交集会钱，由收会者备酒饭招待，饭后得会款。头会的权利是第一个收会且不需付利息；第二期起，得会者需加利息，以后凡收会者均需加利息，以此类推。期中标会利息最高，谁标的子率高谁得会，得会越晚，利息越多。中华人民共和国成立后，兜会形式一直存在到20世纪70年代。金融部门采取引导方针，引导居民及职工组织互助储金会，同时居民在金融部门融资方便了，"兜会"的互助性借贷形式逐渐绝迹。

二、卖青苗

在稻麦未成熟时预借青苗款，价格一般低于市场2成左右，收获后交新粮。

三、借贷

一般为年息2分或月息2分。有的借贷者一年无力归还，年终结算，利作本，再起息。有的以粮食计算，一年分两次结算，麦上场米折合成麦，稻上场麦折合成米，并规定听涨不听落。有的借者急用，借时先扣利息，借期较短，一般不超过一个月。

四、高利贷

又称"水钱"。中华人民共和国成立前，贫困人家向有钱人家借贷，月息一般为"二分息"，也有三分息至五分息的。因通货膨胀，以米、麦根据市价折钱还债，借主迟还还要利上加利。一些地主及放债户，往往一手收租，一手放债。夏秋两季，麦熟时麦价低，稻熟时稻价低时，地主会将佃户上季所欠按时价折合，稻折成麦或麦折成稻，仍放贷于佃户，称"麦盘米""米盘麦"。青黄不接时，穷户断炊，向富户借粮，取借麦还麦，借米还米方式，利息称"一粒半"，即借粮一担，到期还一担半。借钱还贷，有"九出十三归"形式，又称"九头吊"，借10元钱，债主只给9元，月息3份，月满需归还本利13元。借贷人中常因无力偿还弄得倾家荡产、卖儿卖女，所以当时农村流行"农民头上二把刀——租米重、利息高"的说法。中华人民共和国成立后，人民政府对高利贷活动严厉打击，并予以坚决取缔。

五、互助储金会

中华人民共和国成立后，机关、团体、工厂组织创办互助储金会，以互助经济性质，存、储、借均不计息。会员定期缴纳储金至额定数为止，有5元、10元、20元不等，会员遇婚、丧、病、生育等经济拮据时，可以申请借款。借款额和归还方式各有不同，多数是借款额不得超过本人储金额的一倍或本人月工资的一倍。归还借款方式多数是借款不足本人月工资50%的应整借整还，借款超过本人月工资50%的可以整借分期归还两种，但借款人必须还清借款后才能再行借款。"文化大革命"中，互助储金会停办，尔后又恢复。80年代中后期，人民收入普遍提高，互助储金会逐渐消失。

六、集资

进入80年代，乡、村为兴办集体企业而从多方面筹措社会闲散资金解决企业发展的资金困难。后因集体企业陆续开始转制或改制、个体经营企业队伍不断扩大、私营商贸迅速发展等带来的流动资金增量困难，逐步出现集资热潮，以解决暂时周转资金困难。形式有以劳带资、按劳集资、合资联营、股金集资等，资金大小不等。利息一般都高于银行利息，有高出银行同档利息的1—2倍的甚至3—4倍的也有。当时集资有利于工商企业的发展，但集资风险给社会带来一定的隐患。80年代末至90年代初期，各类工商企业有的在发展转型阶段还缺乏适应市场能力与现代管理知识以及社会商品结构变化和调整等诸多影响，致使一些企业经营不善而无法偿还到期借款、集资款，而后转为将利息提高到2分甚至3分以上，以此来稳定人心，但高利息集资严重扰乱国家金融融资正常秩序，诱发社会纠纷。90年代中期，高利息集资被国家确定为"非法集资"，引起政府领导的重视，组织开展清理。至90年代末，"非法集资"基本清理结束。

第二章 财　政

第一节　机构与体制

中华人民共和国成立前，乡镇田赋杂税历来尽数交给国库，地方行政开支由上级拨款。1950年，南闸各小乡均建立乡财政，各乡设财粮委员1人，财粮委员负责全乡钱粮征收、上交统计和罚款收入、公房管理等工作。1953年，国家实行划分收支、分级管理、侧重集中的财政体制，在县一级建立总预算，乡（镇）财政并入县预算内。1954年，国家改进财政体制，采取"划税分成，固定比例，支出包干"的办法，重新划分中央和地方的收支范围。1955年开始，征收农业税正额的5％，公私合营企业所得税的6％，营业税的10％，加工收益税的10％，商品流通税的0.2％，作为地方自筹经费，用于市镇建设、文化、教育、行政管理、水利交通的支出及其他支出。1958年，国家经济管理体制实行改革，扩大地方权限，下放企业，下放财权，公社设财贸委员1人，辅导会计1人，公社财政收支采取"分项计算"，分别上交支出划定项目，包干结余留用的办法，实行"以收定制，五年不变"。对公社采取财政收支包干，实行"两放"（基层财政机构人员和资金下放给公社）、"三统一"（统一计划、统一政策、统一流动资金管理）、"一包管"（公社保证完成国家所分配的财政任务）的办法。1959年，中央重新调整经济体制，财政管理体制改为"总额分成，比例包干，一年一定"的办法，公社财政收支包干的办法停止执行，改为确定收支指标，收入全部上交，支出由县核拨，超收奖励15％，结余全部留用的办法。

南闸地区中华人民共和国成立初各小乡财粮委员一览

表11-10

小乡乡名	委员姓名	小乡乡名	委员姓名
南闸乡	耿生洪	观山乡	吴其康
谢南乡	袁世荣　陈伟庆　孙维财	观东乡	徐云初
蔡泾乡	蒋宝才　童桂莲	观西乡	金国瑞

1961年中央重申经济管理大权必须集中到中央，公社财政划清收支范围，废除1958年实行的"两放、三统一、一包干"的办法，财政收归国家管理。1964年、1965年所有财政收入均作为省和地方的"总额分成收入"。1972年随着工业经济发展，公社成立工交办公室，增设工业会计1人。1973年改称工业办公室，设主任1人，会计2人。

1974年到1976年，恢复收支两条线，收入全部上交，支出分配指标，实行"固定比例，全额分成"的办法。1977年到1980年，实行"固定比例留成，增长分成"的办法。

1982年，县财政局为调动公社理财积极性，促进农村经济和社会事业的不断发展，成立南闸公社财政管理所。1984年更名为南闸乡财政所，1988年改为镇财政所，蒋素薇任主办会计，同时兼任总预算，财政所会计共5人。公社财政管理所具有负责筹集、分配、监督资金的职能，其主要任务是：贯彻执行国家财政经济方针、政策、制度、法规、纪律及开支标准；统一管理地方事业建设资金和其他收入；完成农业税的代征和国库券的推销任务；筹集社办企业税后利润上交公社部分；统一管理国家下拨的农、林、水利、行政等各项事业费开支；开展对事业单位财务人员的业务辅导工作；编制年度财政决算提请公社人民代表大会审议，并按时向财政局结报。南闸公社财政管理所，由公社管理委员会和江阴市财政局双重领导。管理财政所，既是国家财政的基层组织，又是公社机关的职能部门。1984年起，乡财政逐步试行"分灶吃饭"（划分收支范围）的管理体制，以上年收支实绩为基数，实行"收支挂钩，核定基数，递增包干，超收分成"的财政管理体制。1985—1987年财政体制未变。

1982—2015年南闸财政所长任职一览

表11-11

姓　名	年　份	姓　名	年　份
沙乃成	1982—1985	黄国华	2001—2014
顾小玉	1986—2000	陈海兴	2015—

1988—1993年，财政工作以经济建设为中心，坚持改革开放，充分发挥财政作用，组织财政收入，合理安排财政支出，加强财政监督和财政管理。在工作中坚持执行支持农业、服务农业和大力扶持乡镇村企业发展的方针，讲究生财、聚财、用财之道，不断拓宽财政管理范围，组织筹措各项财政收入和地方建设资金。

1994年，江阴市政府下达《关于建立镇级分税制财政管理体制的通知》，全面推行镇级分税制财政体制改革，市财政局与市国税、地税部门合作对镇财政收入进行详细核对、查验、确认，正确计算镇的财力，以保证镇级分税制财政体制改革顺利实施，实行新旧体制平稳过渡。1995年6月1日，中华人民共和国经济体制改革委员会确定南闸为全国小城镇综合改革试点镇，并于1996年7月21日批准《关于南闸镇小城镇建设综合改革试点方案》，正式实施启动。

在小城镇综合改革试点中，市政府给予南闸优惠政策：1.土地价款及土地转让增值额的10%归镇，用于基础设施建设与招商及滚动开发；2.国税市属一块留存12.5%，以1994年为基数，超额部分退南闸，一定5年不变，作为滚动开发资金；3.地税按征收额以1994年为基数，超额部分归南闸；4.凡市政府在南闸收取的各类基金、规费等返回南闸，用于小城镇建设，一定5年不变；5.城市建设维护费按规定收取后留南闸，一定5年不变；6.外商或外来投资企业和项目享受市经济开发区同等优惠政策。这些政策使南闸市镇建设突飞猛进。

1999年，实行"超收分成，鼓励发展，专项返还，核对支出"的财政管理体制，同年，全面实行政府采购制度。2002年为进一步深化财税体制改革，适应农村税费改革新情况，按照财权与事权相结合的原则，对镇级分税制财政管理体制进行调整。实行"划分收支范围，核定收支基数，超收按比例分成，一定4年不变"的财政管理体制，将适合镇级管理的收支全部下放到镇，收入增量部分向镇倾斜。新体制以镇2001年财政收支为基数，以后年度镇级收入超过基数部分，镇分成60%，加上2001年支出基数，即为镇当年可用财力。

第二节　财政收支

　　1950年，乡镇财政经费收入包括公款公产收入，罚没收入等。1951年，又增加了规费、契税及上级补助等收入款项，主要用于乡村行政、小学教育、乡村邮电、优待烈军属等费用开支。

　　1958年后，公社财政收支采取"分项计算，分别上交，支出划定项目，包干结余留用"的办法。收入包括农业税及其附加，工商税及其附加，工业、商等企业收入，公房租金收入、中小学学生学杂费收入及其他收入；支出包括公社干部核定经费、下放国家干部和税务干部核定经费、中小学幼教、公费医疗、公房修理、道路桥梁修理、小型农田水利工程、优抚、社会救济、长期休养人员及"右派分子"给养等经费。1972年，公社成立工业办公室，管理社办工厂。社办企业利润上交公社，成为公社自有资金自收自支，用于支农、补农、民办教育、地方福利事业开支。1984年起，乡财政所充分利用预算外间歇资金，按照国家产业政策，对乡镇企业实行重点扶持等。1985年，乡镇财政管理体制实行改革后，乡财政收入主要有农业税、耕地占用税、农业特产税、契税等和防洪保安金、建农金、生猪发展基金等农业发展基金以及企业上缴利润、工业管理费、教育事业费附加等。财政支出包括工业投入、农业支出、文化教育事业经费、集镇公共设施建设费、抚恤金、救济费、行政经费等。随着财政管理体制不断完善，财政管理范围不断扩大，预算内收入和支出比重加大，促进了各项事业的发展。1988年财政收入达305.14万元。

　　1997年起，财政管理所停止和取消发放财政周转金，至年末，财政周转金借贷全部清理整顿结束。2002年，镇财政收入和支出分别为5717万元和2504万元。

1981—1988年南闸镇财政收支情况一览

表11-12　　　　　　　　　　　　　　　　　　　　　　　　　　　　　　　　　　单位：万元

年份	收入部分				支出部分							结余
	企业上交	国家拨款	其他	合计	企业	公共事业	文教卫生	农副业	管理费	其他	合计	
1980	—	—	—	—	—	—	—	—	—	—	—	26.91
1981	156.11	—	0.85	156.96	61.82	19.08	—	85.26	2.00	7.05	175.21	8.66
1982	155.74	—	0.87	156.61	24.24	6.81	—	84.46	13.56	0.14	129.21	36.06
1983	100.43	—	8.51	108.94	11.85	16.89	—	67.35	2.53	2.03	100.65	44.35
1984	54.53	—	6.87	61.40	30.10	5.21	—	35.87	3.55	2.67	77.40	28.35
1985	124.69	—	11.86	136.55	62.42	35.14	—	7.35	21.55	2.38	128.84	36.06
1986	66.39	101.16	25.83	193.38	12.40	13.96	6.65	21.19	19.54	6.82	80.56	148.88
1987	136.37	113.51	24.70	274.58	25.31	44.12	119.34	35.86	27.61	12.84	265.08	158.38
1988	144.25	116.03	44.86	305.14	17.80	71.30	124.97	28.48	49.33	31.73	323.61	139.91

1995—2015年南闸街道（镇）财政情况一览

表11-13　　　　　　　　　　　　　　　　　　　　　　　　　　　　　　　　　　单位：亿元

年份	国民生产总值	财政收入	工商开票销售	工商利润	固定资产投入	财政支出	税收
1995	6.18	0.1415	20.50	0.7400	0.88	0.0504	0.0555
1996	6.80	0.1684	21.30	0.8500	0.99	0.0516	0.0599

续表11-13

年　份	国民生产总值	财政收入	工商开票销售	工商利润	固定资产投入	财政支出	税　收
1997	5.30	0.1307	21.60	0.6890	1.11	0.0569	0.0651
1998	6.60	0.2335	25.50	0.7200	1.25	0.1057	0.1081
1999	9.20	0.4300	22.32	0.9900	1.41	0.1128	0.1132
2000	10.52	0.5180	36.85	1.1000	1.62	0.1429	0.2041
2001	11.25	0.6630	39.39	1.1105	1.82	0.2053	0.2932
2002	12.44	0.5717	43.53	1.6158	2.10	0.2504	0.3577
2003	14.75	0.8954	47.74	2.0100	7.40	0.2903	0.4146
2004	17.10	1.5914	52.54	2.5100	8.35	0.4374	0.6248
2005	20.82	1.5496	66.56	2.7700	10.50	0.4665	0.6662
2006	28.25	2.0600	88.54	3.4200	10.75	0.6343	0.9060
2007	31.32	2.6000	110.82	4.0300	10.70	0.8126	1.1440
2008	36.62	3.4000	97.00	5.3100	10.80	1.0282	1.4688
2009	41.07	3.7800	142.44	5.2900	12.93	1.1246	1.6065
2010	45.99	4.2800	152.05	5.8900	21.59	1.3063	1.8661
2011	52.00	4.2700	150.08	7.4300	21.99	1.3787	1.9695
2012	55.00	4.5000	144.83	7.5100	23.46	1.5332	2.1903
2013	60.80	4.5400	170.16	7.7700	25.19	1.8308	2.4725
2014	58.30	5.2300	170.63	7.5500	13.74	2.0311	2.9016
2015	66.16	5.7700	169.49	7.4500	8.97	2.3314	3.3305

第三节　财务管理

1982年前，南闸公社各机关和事业单位的财务管理基本处于无制度硬性约束状态。南闸财政管理所建立后，会同银行帮助社队企业搞好"两清"（清账、清资金）工作；对事业单位按照不同情况实行财务包管，对收支有余单位实行"定额上交，一年一定，超收分成，超支不补"的办法；对收支自给的单位，实行"差额补助，一年一定，结余留用，超支不补"的办法，对乡镇机关，建账立册，健全管理制度。财政所下大力气为社队企业培训财务会计人员，加强成本核算，帮助重点企业搞好定额管理，计量验收和加强原始记录等基础工作；制订和健全财务计划，资金定额、贷款结算、财务审批、财务检查分析等制度。财政所对公社财政收支建立预算管理制度，预算支出由政府主管负责人一支笔审批，按计划用钱，并执行"管而不死，相对集中，先批后用，年终结算"的原则，实行计划管理。确保资金合理使用，提高资金使用效益。每年（公社、乡、镇）有关部门使用资金必须向财政所报送资金使用计划表，财政所按当年的收入情况，坚持"量入为出，收支平衡，略有结余"的原则编制年度收支预算，并将上年度财政收支决算一并报（公社、乡、镇）人民代表大会讨论通过。

80年代初期，财政所对企业的财务管理主要包括企业职工工资、奖金发放的审核、企业基本建设及设备更新的资金审核，落实企业经济责任制的考核（以上工作由镇工业办公室和农村经济管理办公室具体负责），协助企业搞好清理资金和物资工作及帮助企业调度资金等方面，促进企业健康发展。

90年代，镇财政所帮助企业解决资金短缺的困难，努力争取上级财政周转金，进一步融通搞活资金，使乡镇企业发展壮大。1997年起乡镇企业实行产权制度改革，企业转制，政企职能明晰，镇财政所由以前对企业的管理职能转变为服务职能，对镇属事业单位，开始实行"收入定任务，定上交比例，支出定额包干，超支不补，结余留用"的办法。1995年起，对镇属有关事业单位实行"定目标、定任务，定奖惩"的工作考核责任制，提高事业单位增收节支的积极性，有利于事业发展，在预算外资金管理方面，1996年，严格经费核算和财务监督检查，凡有预算外资金的单位和部门均纳入预算外资金的管理，一律使用省财政厅统一印制的并套有"江苏省财政厅票据监制章"的票据，各单位、部门每年编制年度收支预算，由财政所审核，经"镇长办公会议"批准后，以签订责任状形式加以确定，严格实行收支两条线，支出坚持"先存后批，先批后用"的原则，由镇长审批。严禁擅自开户，不准坐支现金或以支抵收，违者追责，建立健全奖罚制度，促进预算外资金合理使用。

1997年之后，镇办企业陆续改制，原企业的土地和未转让的房屋，水电设施等资产收归集体，由镇投资有限公司负责经营、承办，与租赁企业签订协议，收缴资产转让费，租赁费等。同时加强财务管理，严肃财经纪律，定期对行政事业单位进行财务审查，发现问题和不足，及时纠正，督促改进，对领导人进行离任审计，明晰资产负债情况，提供有关财务数据。2000年起，对全镇行政事业单位及企业进行会计账证监管注册登记并进行年检，规范会计行为，维护经济秩序。2004年起，建立镇级财务核算中心。各乡镇所属行政单位和除条线垂直管理以外的事业单位，全部纳入镇财务核算中心的范围，撤销单位原有的会计机构和银行账户，将单位资金全部转入财务核算中心账户，由财务核算中心统一开设银行账户进行集中核算，做到"六统一三不变"：即统一银行账户，财政集中支付；统一集中记账，分户明细核算；统一票据管理，堵塞各种漏洞；统一预算管理，公开支付标准；统一发放工资，确保按时到位；统一结报程序，收支公开透明。明确资金渠道不变，审批权限不变，管理职能不变。各行政事业单位设一名财务专管员，负责本单位经费结报业务、单位预决算管理、票据管理、资产管理、各项收入上缴及其他财务事项。2007年8月1日，建立国库集中收付中心，实施部门预算，实行收支二条线管理。

第三章　税　务

第一节　机构与体制

国家机器的运转，必须依靠财政，而财政又须赋税开始，历朝历代皆如此。民国时期主要有正税、附税、县税、田赋、证收费、党务、公安、普义、教育、地方费、积谷基金、户籍、保卫团、水利、公安队、警察等税费。全面抗战后，国民党的税费主要有田赋、工商、货物税、所得税、过分利得税、印花税、营业税、营业专税、烟酒牌照税、遗产税、屠宰税、房捐、筵席、娱乐等税项，此外，还有保甲费、壮丁费、门派捐、田亩捐等名目。赋税繁重，历代相沿，这些都为维护封建统治阶级利益而发挥作用。

中华人民共和国成立后，人民政府贯彻"发展经济、保障供给"的总方针，执行合理负担的税收政策，并多次进行调整改革。随着商品经济的发展，主要靠田赋维护国家财政的状况出现了重大改变，工商业和流通领域的利润与税收已取代了农业税。

中华人民共和国成立后，随着基层政权的建立，南闸地区6个小乡各设财粮委员1人，负责农业税征收，工商税务由区政府的税务所派税务员到各集镇征收。20世纪60年代，南闸公社常设税务员1人，分管农业税和工商税。1983年农业税划归南闸乡财政所负责。

1994年实行税制改革：将税种统一划分成中央税、地方税和中央地方共享税；建立起中央和地方两套税收管理体制，并分设了国税和地税两套税收机构进行征税。在核定地方收支数额的基础上，实行中央财政对地方财政的税收返还和转移支付制度。

国税、地税部门分设后，国税部门主要负责征收和管理的税收有：增值税、消费税、燃油税、车辆购置税、出口产品退税、进口产品增值税、消费税、储蓄存款利息所得税、个人所得税、地方和外资银行及非银行金融企业所得税，个体工商户和集贸市场交纳的增值税、消费税、中央税、共享税的滞纳金、补税和罚款、证券交易税，铁道、各银行总行、保险总公司集中交纳的营业税、所得税和城市维护建设税，境内的外商投资企业和外国企业缴纳的增值税、消费税，外商投资企业和外国企业所得税，中央企业所得税，中央与地方所属企事业单位组成的联营企业、股份制企业的所得税。2002年1月1日以后新办理工商登记、领取许可证的企业、事业单位、社会团体等组织缴纳的企业所得税，以及中央明确由国家税务局负责征收的其他有关税费。增值税、企业所得税、个人所得税为中央与地方共享税，国税局征收的共享税由国税局直接划入地方金库。

江阴国税局机构设置一开始分为三级，即江阴市国税局、税务分局、税务所。南闸设南闸税务所，归澄江分局管辖。1995年1月—1996年12月由潘彦副所长负责全所工作，之后由刘明副所长主持工作。2001年9月，税务工作改革，对基层机构设置作了重大调整。一是新建征税分局，二是按行政区域设管理分局，三是实行一级稽查。分设的5个管理分局各负责其区域内的乡镇税收管理工作，随后南闸所撤销，南闸的国税属第一税务管理分局管理。税务分局对辖区内的税务日常管理和稽核评税工作，包括税务登记、非正常户认定、增值税一般纳税人资格认定、重点税源户的调查与分析、延期纳税申报和缓交、税款的审批、催报催缴、日常管理型检车、负责供票的资格认定及发票的出售审批、供应以及交叉稽核、个体定期定额户定额的调整和核定及临时歇业户的核定审批、金税工程及税控装置的推行与管理，税法宣传、纳税辅导、协税护税网络管理以及各项税收政策、征管措施的贯彻落实工作，征收、稽查信息的接受和传递、与地方政府的联系协调等及其他工作。到2004年5月，撤销征税分局，直接定义为"第×管理分局"，原涉外税收管理分局更名为第六税务分局。南闸企业一直为澄江税务第一分局管辖，外资企业的税务由第六税务分局管辖。

1994—2015年南闸国税入库一览

表11-14 单位：万元

年 份	入库数	年 份	入库数	年 份	入库数
1994	1076	2002	1992	2010	28807.1
1995	1273	2003	3786	2011	26636.5
1996	1320	2004	6440	2012	24956.4
1997	816	2005	4647	2013	23988.7
1998	2552	2006	7055	2014	26102.6
1999	3246	2007	17235.9	2015	29216.3
2000	5488	2008	23200.9	—	—
2001	3316	2009	27694.4	—	—

说明：2007年及以后年份包括涉外企业税。

地税部门负责地方税收征管的税种有：营业税、企业所得税、个人所得税、土地增值税、城市维护建设税、车船使用税、房产税、屠宰税、资源税、城镇土地使用税、固定资产投资方向调节税、印花税。1994年以来，地税部门陆续开征的基金费征收种类有：1994年开征的，1997年6月起征收教育附加费、文化事业建设费。2001年3月把各类企业和单位征收的各项规费（基金）合并为统一收费，由地税部门统一征收。此外，社保费2001年起委托地税部门收缴，残疾人就业保障金2002年起由地税部门实施代征，工会经费2002年起由地税部门代收，垃圾费2008年起由地税部门代收。

南闸街道地方税务所 成立于1995年2月，归江阴市地方税务局直属分局管辖，所长王健，任职到2000年3月。2000年4月—2000年11月，黄燕萍任南闸地方税务所所长。2002年11月，南闸所划归江阴市地方税务局第三分局管辖，黄燕萍任所长。2002年11月—2008年3月，南闸所划归江阴市地方税务局第九分局管辖，期间，南闸所的名称为"江阴市地方税务局第九管理分局管理一股"，股长仍是黄燕萍。2008年4月—2011年3月，南闸所又划归第三分局管辖，称第九管理分局管理二股，股长陈树海。2011年4月再划归第三分局管辖，改称综合股，股长陈树海，一直到2012年12月。2013年1月—2014年6月，南闸所又改称"江阴市地方税务局第三管理分局税源基础管理4股"，股长为陆栋学。2014年6月起，南闸所更名为"江阴市地方税务局第六管理分局风险应对三股"。

1995—2014年南闸地税入库一览

表11-15　　　　　　　　　　　　　　　　　　　　　　　　　　　　　　　　　　单位：万元

年　份	入库数	年　份	入库数
1995年	284	2005年	4356
1996年	326	2006年	4156
1997年	418	2007年	6948
1998年	412	2008年	10172
1999年	415	2009年	10849
2000年	524	2010年	18678
2001年	697	2011年	14836
2002年	1079	2012年	15763
2003年	1567	2013年	19606
2004年	2397	2014年	23813

第二节　税　种

一、农业税

明朝时把田地的形状、步亩、方位、立名及四至，编成图册，名"鱼鳞册"，以此来管理户口、田亩及赋役。以亩户合一计税，以银交纳。并以册中所载田亩数造具串单，按"赋元"换算成应纳的石、斗、升、合，或再依价算钱币，分发给各农户，凭串单向粮户清缴。逾期拘抽，送县衙勒缴。清朝康熙年间，实行地丁制度，将丁役并入田亩计税。民国初规定税目有地丁、漕粮、租课、差徭、垦务、杂赋和地方赋税、专款赋税、均赋收入等9种，夏秋两季开征，镇与保督促征缴，限期约2个月，逾期不交加收3%滞纳金，逾期再不交则加6%，并传票勒追。赋额初以钱币计。抗战胜利后，因粮价一日三涨，曾改为折实计征（交现粮），供职人员往往从中贪污舞弊。民国三十五年（1946），每赋元预借1斗，原定5年中分期扣还，待到来年，照样如年开征，所借赋元分文不还，并随亩带征杂捐，折实5升8合。此外，还随亩附征土地清丈费、户籍费、教育费、地方自治费等。

中华人民共和国成立后，废除田赋制度，田赋改称农业税，又称公粮。贯彻合理负担，各户按赋元计算应纳赋额，折成现粮交纳。公粮按自耕田、佃人田与出租田3种不同类型分12个等级，分别规定起征点，分类型订定税率。自耕田由起征点13—25元以上分四级，每赋元征收稻谷5—30千克；佃人田由起征点20—50元以上分四级，每赋元征收稻谷5—30千克；出租田由起征点30—200元以上分四级，每赋元征收稻谷2.5—10千克。1950年以后，以户按农业人口每人全年平均收入（稻谷）实行全额急进累进税制分等纳税，平均每人不到75千克的免税。75—1705.5千克以上分40个等级，税率由3—42%，并按正税带征13%的地方附加税。1951年废除赋元，改为市田为单位评定产量，按每户农业人口平均收入（稻谷）全额累进计征农业税，取消起征点，分23个等级，税率由8%—30%，为支援抗美援朝和地方建设需要，按正税带征20%地方附加税。1952年改为全额缓进累进税，每户年人均收入（稻谷）在75千克以下免征农业税。农业税分2四级，税率最低7%，最高为30%，取消地方附加税。初级农业合作社时，仍以户负责税额，由社统一代交。高级社时，以社为单位，按户计算，得出全社平均税率，依常年产量比例征收，由社统一负责。1958年建立人民公社后，重新定产定率，实行比例税制，以生产大队为纳税单位，依率计征，依法减免，3年不变，增产不增税。1963年后，贯彻执行"增产不增税，稳定负担"的政策。农业税按应交粮数折合货币征收，由粮油管理所按统购价收购粮食，粮款抵作农业税，由信用社或银行代收缴入国库。1979年，农业税由公社财政部门征收，财政部门造串落实到生产队，直接向生产队征收。1983年农村实行家庭联产承包责任制后，农业税改由承包责任田的农户交纳。1985年起，农业税由以征粮为主的实物税改为按粮食"倒三七"比例价折征代金的货币税，即三成按原统购价，七成按原超购价比例计价折成代金征收。

1952年农业税税率一览

表11-16

税 级	全家每人平均全年农业收入	税 率	税 级	全家每人平均全年农业收入	税 率
	150斤以下	免税	13	850斤以上未满950	13
1	150斤以上未满200	7	14	950斤以上未满1050	14
2	200斤以上未满250	8	15	1050斤以上未满1150	15
3	250斤以上未满300	9	16	1150斤以上未满1250	16
4	300斤以上未满350	10	17	1250斤以上未满1350	17
5	350斤以上未满400	11	18	1350斤以上未满1450	25
6	400斤以上未满450	12	19	1450斤以上未满1550	25
7	450斤以上未满500	13	20	1550斤以上未满1650	26
8	500斤以上未满550	14	21	1650斤以上未满1750	27
9	550斤以上未满600	15	22	1750斤以上未满1850	28
10	600斤以上未满650	16	23	1850斤以上未满1950	29
11	650斤以上未满750	17	24	1950斤以上	30
12	750斤以上未满850	12	—	—	—

1975—1988年南闸镇实征农业税数一览

表11-17

年 份	粮数（万斤）	折算金额（万元）	备 注
1975	221.62	24.10	
1976	1826.85	23.34	
1977	1807.47	23.41	
1978	1807.47	23.45	
1979	1792.64	27.05	
1980	1976.65	23.81	
1981	1970.65	27.49	1.1979年前，每百斤折算金额为11.23元。
1982	1610.82	23.53	2.1979年起，每百斤折算金额为18.50元。
1983	1783.45	27.29	
1984	1783.98	27.28	
1985	1782.25	27.28	
1986	1780.62	36.18	
1987	1772.39	36.71	
1988	1767.99	39.21	

经济发达村由村或村办企业交纳，个人不再负担农业税。2000年，全镇农民负担农业税为98.5万

元，实行亩均农业税55.5元。2001年，农村实行五取消（取消原由乡镇统筹费开支的各项支出、取消农村教育集资、取消屠宰税、取消劳动积累工和义务工、取消农业税附加），二调整（调整农业税政策、调整农业特产税征收政策），一改革（改革村提留使用办法）为主要内容的税费改革。农业税按照计税面积、农作物常年产量、规定税率和计税机关依法征收，计税面积以原征农业税的面积为参考，以第三轮承包面积为依据，按"谁使用谁负担"的原则据实确定，核定全镇农业税计税面积，计税亩均年产量为600公斤，计税价格每公斤原粮1.1元，农业税税率为7%。这一年，税费改革后，全镇农业税亩均为46.2元，总额是82万元，比税费改革前减少16.5万元，亩均减少9.3元。2002年全镇农业税总额是90万元。2004年，农业税不再向农民直接征收，实行村镇代缴，政府补贴的办法，从此结束了农业税直接向农民征收的历史。2005年12月29日，中华人民共和国第十届人民代表大会第19次会议通过了《关于废止中华人民共和国农业税条例的决定》，宣告了一个在中国延续了两千多年的税种的终结。

1989—2004年农业税征收入库一览

表11-18

1989年	1990年	1991年	1992年	1993年	1994年	1995年	1996年
41.70万	41.59万	47.75万	52.10万	58.31万	87.51万	87.49万	123.07万
1997年	1998年	1999年	2000年	2001年	2002年	2003年	2004年
121.51万	121.20万	120万	98.5万	82万	90万	95万	97万

二、工商税

货物贸易，必须纳税，历史悠久。周代有盐铁之税；唐代有酒茶税，宋时江阴就征收酒钱、税钱、物力钱等，并在水陆交通要道节节设卡征税，其中茶村（今涂镇村）设立的税场为江阴军主要税收点。

民国时期税收，分国税和地方捐税两类：国税收入归中央或省级财政部门；地方捐税属县级财政收入。国税分货物税、直接税、营业税3种。货物税包括卷烟、面粮、火柴、棉纱、水泥、啤酒、烟叶、火油、饮料品、糖类等11种。直接税包括所得税、遗产税、过分利得税、印花税4种。营业税以营业收入额的3%征收，以营业收益额的6%征收，猪只营业专税为5%，此外还有烟酒牌照税、牙行登陆税等。地方捐税更名目繁多，民国初期，地方捐税有田赋附加税、商税、牧畜税、粮米捐、土膏捐、油捐、酱油捐、船捐、杂货捐、店捐、房捐、戏捐、车捐、栾户捐、茶馆捐、饭馆捐、肉捐、鱼捐、屠捐、夫行捐等，还有其他税捐、杂捐。此后各个时期有增无减。民国二十三年（1934），杂捐杂税中还增加迷信捐（税率5%）、船照捐（江阴县4元，外县8元）、给示费（呈请诉讼，每给1纸收2元）、茧捐（每担收0.15元）、小猪捐（每只收2元）、棉花捐（每元收2厘）、鱼筹捐（每筹1厘）、稻瓜草籽捐、典捐、盐栈捐、房捐、中资捐等12种。汪伪时期还增加保甲捐、壮丁捐、柴草捐、猪只捐、戒烟牌照费等。警察局另向工商户摊派月规、节规等。

中华人民共和国成立初，暂时沿用旧税法。1949年10月后，逐步整理税收，废除不合理税目。1951年冬，除保留少数税目外，还改进税制，合并税种，开征货物税、营业税、盈利事业所得税、营业牌照税等14种。1953年试行商品流通税。1958年上半年，将商品流通税、货物税、营业税和印花税合并为工商统一税。1983年先后开征国有企业税和建筑税。1984年，对国有企业进行第二步利改税，将现行工商税划分为产品税、增值税、营业税和盐税，增加资源税、城市维护建设税、房屋税、土地使用税和车船使用税。到1987年年底，开设的税种有：产品税、增值税、国有企业所得税、集体企业所得税、城乡个体工商户所得税、奖金税、中外合资经营企业所得税、个人收入调节税、个人所得税、屠宰税、车船使用税、建筑税、盐税、牲畜交易税、房产税、国有企业工资调节税、城市维护建设税、营业税等18种。

1971—1993年南闸镇工商税实征数统计一览

表11-19   单位：万元

年 份	入库数	年 份	入库数
1971	26.30	1983	265.80
1972	31.20	1984	309.25
1973	43.50	1985	503.74
1974	65.50	1986	651.73
1975	86.70	1987	766.96
1976	99.80	1988	792.06
1977	106.20	1989	825
1978	112.87	1990	782
1979	116.79	1991	681
1980	114.10	1992	881
1981	218.40	1993	1242
1982	243.30	—	—

1994年9月23日起，国税负责开征增值税与消费税两税，与中央级所得税和独资企业所得税两块；地税负责开征营业税、企业所得税、个人所得税、车船使用税、城镇土地使用税、城市维护建设税、固定资产投资方向税调节税、房产税、印花税、屠宰税、宴席税等11种。

2011—2015年地税部门征收工商税一览

表11-20   单位：万元

年 份	入库数	年 份	入库数
2011	19129.2	2014	28136
2012	21185.95	2015	31520
2013	23963.1	—	—

各税种说明一览

表11-21

税 种	纳税人	税 率
城市维护建设税	凡缴纳消费税、增值税、营业税的单位和个人	市区税率7%；县城征税率5%；其他1%
契税	转移土地、房屋权属的单位和个人	税率为3%—5%，由省、自治区、直辖市人民政府按实际情况确定
资源税	在中华人民共和国国境内开采矿产品或者生产盐的单位和个人	原油：销售额的5%—10% 天然气：销售额的5%—10% 焦煤每吨8—20元；其他煤炭每吨0.3—5元 普通非金属矿原矿：每吨或者每立方米0.5—20元，贵重非金属矿

续表11-21

税　种	纳税人	税　率
资源税	在中华人民共和国国境内开采矿产品或者生产盐的单位和个人	原矿：每千克或者每克拉0.5—20元 黑色金属矿原矿：每吨2—30元 稀土矿：每吨0.4—60元；其他：每吨0.4—30元 固体盐：每吨10—60元；液体盐：每吨2—10元
土地增值税	转让国有土地使用权、地上的建筑物及其附着物并取得收入的单位和个人	土地增值税实行四级超率累进税率：增值额未超过扣除项目金额50%的部分，税率为30%；增值额超过扣除项目金额50%、未超过扣除项目金额100%的部分，税率为40%；增值额超过扣除项目金额100%，未超过扣除项目金额200%的部分，税率为50%；增值额超过扣除项目金额200%的部分，税率为60%
城镇土地使用税	在城市、县城、建制镇、工矿区范围内使用土地的单位和个人	每平方米年税额： 大城市1.5—30元 中等城市1.2—24元 小城市0.9—18元 县城、建制镇、工矿区0.6—12元
房产税	由产权所有人缴纳	依照房产余值计算缴纳的税率为1.2%；依照房产租金收入计算缴纳的税率为12%
车船使用税	在中华人民共和国国境内，车辆、船舶所有人或者管理人	乘用车按排气量分档：每辆60—5400元 商用车：客车每辆480—1440元； 货车每吨16—120元 挂车：每吨按货车税额的50% 其他：每吨16—120元 摩托车：每辆36—180元 机动船舶：每吨3—6元； 游艇：艇身长度每米600—2000元
印花税	在我国境内领受凭证的单位和个人	根据税目不同，税率为0.05%—1%
企业所得税	企业和其他取得收入的组织	企业所得税税率为25%
增值税	销售货物或者提供加工、修理修配劳务以及进口货物的单位和个人	销售或者进口货物，税率为17% 销售或者进口下列货物，税率为13% 粮食、食用植物油 自来水、暖气、冷气、热水、煤气、石油液化气、 天然气、沼气、居民用煤炭制品； 图书、报纸、杂志； 饲料、化肥、农药、农机、农膜； 国务院规定的其他货物 出口货物，税率为零 提供加工、修理修配劳务，税率为17%
营业税	提供劳务、转让无形资产或者销售不动产的单位和个人	交通运输业3% 建筑业3% 金融保险业5% 邮电通信业3% 文化体育业3% 娱乐业5%—20% 服务业5% 转让无形资产5% 销售不动产5%

续表11-21

税　种	纳税人	税　率
个人所得税	在中国境内有住所或者无住所，或者无住所而在境内居住满一年的个人，从中国境内和境外取得的所得	工资、薪金所得，为3%—45%的7级超额累进税率 个体工商户，税率为5%—35%的超额累进税率 稿酬所得，劳务报酬所得，特殊权使用费所得，利息、股息、红利所得，财产租赁所得，税率为20%
消费税	生产、委托加工和进口消费的单位和个人，以及销售消费品的其他单位和个人	烟：税率25%—45% 白酒：20%；黄酒：240元/吨；啤酒：250元/吨 其他酒：10%；酒精：5% 化妆品：30% 金银、铂金饰品和钻石及钻石饰品：5%； 其他贵金属首饰10% 鞭炮、烟火：15% 成品油：0.8元/升—1.4元/升；汽车轮胎：3% 摩托车：气缸250毫升以下3%；气缸250毫升以上10% 乘用车：1%—40%；中轻型商用客车5% 高尔夫球及球具：10% 高档手表：20% 游艇：10% 木质一次性筷子：5% 实木地板：5%
烟叶税	收购烟叶的单位	税率为：20%
耕地占用税	占用耕地建房或者从事非农业建设的单位和个人	人均耕地不超过1亩的地区，每平方米为10—50元 人均耕地超过1亩但不超过2亩的地区，每平方米为8—40元 人均耕地超过2亩但不超过3亩的地区，每平方米为6—30元 人均耕地超过3亩的地区，每平方米为5—25元
车辆购置税	购置应税车辆的单位和个人	税率为10%

第十二编　政党·人民团体

第一章　中国共产党南闸地方组织

第一节　组织与活动

民国十六年（1927），茅学勤、庄祖方等先后到南闸从事农运工作。"四一二"反革命政变后，党组织人员转入地下进行秘密活动。7月，梅阿里成为中共地下党活动的"支点村"，农暴阶段江阴地下党领导朱杏南、陈忠全、庄祖方等经常来此活动。1928年春，中共江阴县委书记蒋云领导县委在江阴西乡及城郊南闸等地继续发展农民协会，宣传抗租、抗债、抗税。当时，蒋云就住在梅阿里。南闸地区参加革命活动较早的耿家村人耿清华，就是1928年由蒋云在梅阿里时介绍入党的。像梅阿里一样的"支点村"还有菱塘大队的东场村。

一、抗日战争时期

1939年农历七月二十九日晨，新四军老二团在大洋桥伏击日军，摧毁日军汽车3辆，消灭日军30人。1940年6月，中共澄武锡工委领导的民运工作队到南闸西部一带活动，宣传党的抗日主张，组织成立了农抗会、青抗会、妇抗会等群众抗日团体，在积极分子中发展了周乐、周忠明、孙阿四、徐汉青等为中共党员。1941年春，建立了刘斗埭、南后塍两个中共地下党支部，属于澄西县三区区委领导。1941年7月，日伪军对澄西地区实行"清乡"，中共澄西县委及县政府党政干部转移到苏北，地方党组织与上级党组织失去联系，暂时停止活动。1943年3月，中共京沪路北特委派张志强、俞迺章负责恢复澄西地区的活动。翌年4月，中共澄西县三区区委恢复党的活动。在中共澄西县三区领导下，成立了观山、观东、观西3乡抗日民主政府，澄西县三区区长兼武工队队长陈铭（又名陈新），共产党员杨汉民、施友富等积极组织小型武装，运用灵活机动的斗争方式开展锄奸反霸斗争，摧毁了敌后组织，直到抗战胜利。1944年，曹荣金等5人加入了中国共产党，参加了澄西县三区武工队，不久，24岁的曹荣金担任了武工组组长。1945年8月14日，共产党领导的五分区司令韦永义率部会同县澄西大队，攻打澄西、南闸地区的日伪据点，迫使日伪军撤回江阴城。

二、解放战争时期

1945年11月，根据"双十"协定，南闸地区公开活动的党员和干部曹荣金、闵根初、陈阿桂等人，奉命随新四军北撤至高邮。北撤后党的活动时断时续。在这期间，地下党仍坚持在梅阿里、东场村等"支点村""支点户"开展更隐蔽的活动。南闸有很多家庭成为对敌斗争的据点。其中有八房村的宋锡初，曹沈村的沈勇德，陈家村的陈阿南、陈阿桂，赵家村的徐顺康，东场村的顾敖林、顾和林、顾宝洪，𣲙桥村的刘秉德等家庭。澄西县委领导张志强、李顺之、王鹏等常来南闸地区开展对地下活动的指导工作。"支点村""支点户"中的一些人在党的教育下直接参加了革命工作，顾宝洪、陈阿南、沈勇德等人参加了澄西三区武工队，成为武工队员。1945年7月中旬，为了保证新四军主力顺利北撤，曹荣金带了两名武工队员过长江到苏北，在靖江泰兴地下党组织的支持下，3天内组织了40多条民船来江南，使新四军迅速完成了北撤任务。1946年10月26日，曹荣金随李顺之、陈元度等人安全转移至山北刘秉德家，开会研究后决定分散活动，曹荣金被分配在南闸地区，开展三区的地下活动。1947年春，澄西的王鹏、陈新、王小炳等投宿观山乡，遭敌人武装包围。王鹏情急生智，率众冲进国民党观山乡乡长张廷基家，命他负责他们的安全，否则由他承担全部后果。张不得不答应要求。待敌人撤走后，王鹏3人安全转移。1947年5月，澄西三区区长陈新牺牲后，曹荣金被澄西县委任命为澄西三区代理区长兼武工队队长，挑起了领导澄西三区的对敌斗争重任。1947年秋的一天中午，曹荣金与澄西县县长王鹏，武工队员沈达明、邓锡坤等人在蔡西赵家村缪明楚家碰头研究工作，不慎被敌特分子发觉，在曹荣金的机智掩护下，4人得以安全转移。1948年9月19日上午，曹荣金率领武工队员顾宝洪、苏小明、刘小苟、陈荣坤等同志，在蔡西八房村地下通讯员宋锡初家召开会议，研究征收公粮支援解放战争，组织反对抽壮丁的工作。会议结束后，曹荣金与警卫员陈荣坤夜宿宋锡初家，被反动镇长郭云鹏获悉，遭国民党要塞守备总队两个中队及南闸镇自卫队包围袭击，因寡不敌众，英勇牺牲，年仅26岁。

三、社会主义改造和建设时期

1949年4月23日，南闸解放。中共江阴县委派周青、常积善为观山乡指导员，缪道绪、史居敞为南闸镇指导员，王君明为忠义乡指导员，领导乡镇的建政工作。1949年7月，乡镇党组织面对连降暴雨，农业受灾的不利情况，以生产救灾为中心任务，迅速开展救灾工作。党员干部带领农民修复被大水冲毁的圩堤，加高加固危险地段，补救农业，恢复工农业生产，恢复商业，平抑物价，稳定金融，帮助农民度过灾荒。同时，通过剿匪、反霸和民主建设安定人心，建立和巩固正常社会秩序。

1949年9月，划乡建政，王君明为谢南乡指导员，史居敞为南闸乡指导员，顾教林为蔡泾乡指导员，张浩度为观东乡指导员，王慕良为观山乡指导员，常积善为观西乡指导员。1952年，从农民干部中发展了王云度、王仁金、陆海荣、耿云传、耿进金、陈金坤、倪雨昌、金国才、谢定华、戴全万、江兆兴、耿更明、华金朝、戴云文、袁炳根、贾掌生、徐玉福、缪勇等一批共产党员。

1953年4月，观东、观山、观西3乡建立党支部。1954年1月南闸、谢南、蔡泾3乡建立党支部。1956年3月，并区并乡，观东、观西并入观山乡，设立乡党总支，未下设支部；谢南并入南闸乡，设立乡党总支，未下设支部，蔡泾划归通运乡。

1950年，历时一年完成土地改革，废除封建剥削制度。1951年，开展"抗美援朝，保家卫国"运动。组织爱国生产运动，捐钱献物支援朝鲜前线，热血青年纷纷参加志愿军，赴朝抗美。1951年春开展镇压反革命运动，郭云鹏等反革命分子先后在群众大会上被公审并判处死刑，就地镇压。1953年1月，在江阴县委"积极领导、稳步发展"方针指导下，农村深入开展互助合作运动。1953年11月，江阴县委部署宣传贯彻总路线和粮食统购统销工作，确定花山区南闸乡为全县试点乡，开展工作，县委宣传部部长莫林带领工作组进驻南闸乡。南闸乡先后召开党支部大会、各界人民代表大会，层层发动，圆满完成了粮食统购任务。1953年冬，开展"三反"（反贪污、反浪费、反官僚主义）、"五反"（反行贿、反偷税漏税、反盗窃国家资财、反偷工减料、反盗窃国家经济情报）运动，向广大人民群众进行爱国主义、国际主义和社会主义教育，锻炼和培养了一大批骨干。

1956年1月，南闸地区6乡掀起农业合作化高潮，境内各乡村纷纷建立高级农业生产合作社。同年1月开展对私营工商业和手工业的社会主义改造，分别以公私合营、合作商店、经（代）销店、合作小组等形式纳入社会主义轨道。

1957年9月，蔡泾乡仍划归南闸乡，观山乡并入南闸乡，经中共江阴县委批准，成立中共南闸乡委员会。全乡有25个党支部，党员322名。

1958年7月，南闸全乡掀起"大跃进"运动和人民公社化运动。1958年9月，撤乡建社，成立南闸人民公社，建立中共南闸人民公社委员会。全社有23个党支部，党员322名。在"以钢为纲，全面跃进"方针指导下，出现"大炼钢铁""大办工业"的热潮，全乡各生产队普遍办起公共食堂。广大党员干部发挥了高度的社会主义积极性和创造精神，兴办了一批社办工业。但在"大跃进"运动和人民公社运动中，由于急于求成，忽视客观规律，片面追求高指标、浮夸风和瞎指挥，造成人力、物力和财力的巨大浪费，给国民经济带来了重大损失。

1959年3月，全社召开党员干部大会，传达中共中央郑州会议精神，开始逐步纠正"大跃进"工作中的失误。1961年年底，贯彻中共中央《关于农村人民公社当前政策问题的紧急指示信》，公社实行三级所有，队为基础，允许社员经营少量的自留地和家庭副业。处理并纠正"共产风"中的一平二调。开展以反"五风"（共产风、浮夸风、强迫命令风、干部特殊风、瞎指挥生产风）为重点的整风整社运动。

1962年9月，南闸公社设立党的监察委员会，负责党的纪律，受理党员的申诉和控告，保障党员的民主权利，维护党的团结与纯洁。

1963年12月，全面贯彻"双十条"（即中共中央《关于目前农村工作中若干问题的决定〈草案〉》称"前十条"和《关于农村社会主义教育活动中的一些具体政策的规定〈草案〉》称"后十条"）。1964年4月至9月，全社进行系统社教活动，回忆对比，揭盖子，洗手洗澡，放包袱。

1965年春，贯彻中共中央《关于农村社会主义教育运动中目前提出的一些问题》（即二十三条）的精神，社教运动的内容发展为清政治、清经济、清组织、清思想四个方面，简称"四清"运动，这次运动对于解决干部作风和经济管理等问题起了一定作用，并总结了少数干部"懒、馋、占、贪、变"的教训，但运动中由于夸大阶级斗争，伤害了部分党员干部。

四、"文化大革命"时期

1966年6月，无产阶级"文化大革命"开始。1967年1月，公社党委被迫停止工作。1968年号召城镇知识青年上山下乡，到农村插队落户。1968年3月，成立南闸公社革命委员会。1970年10月，中共南闸公社委员会召开第五次党代表大会，南闸公社新党委成立，恢复党组织活动。党委下设组织委员、宣传委员、生产委员和秘书等职务。全社有26个党支部，党员488名。1973年以后，社办企业陆续建立中共党支部。1971年1月，开展"一打三反"运动。1972年，开始"批林整风"。1974年，开展"批林批孔"。1975年，开展农业学大寨运动，大搞农田基本建设，同时，全社开展党的基本路线教育运动。1976年，县委派工作组进驻南闸公社，工作队派员分驻各生产大队和企事业单位，重点解决领导班子的思想和工作作风问题，但由于指导思想上以"阶级斗争"为纲，把发展农副业生产的措施当作资本主义来批判，大搞"割尾巴"（资本主义），挫伤了广大干部群众的生产积极性。

五、社会主义现代化建设新时期

1976年10月，粉碎"四人帮"反革命集团，国家进入了新的历史发展时期。期间，县委决定南闸等7个公社为全县党的基本路线教育单位，进行了为期一年的党的基本路线教育，开展了以大讲"四人帮"罪行，大讲同"四人帮"针锋相对的经历，大讲同"四人帮"斗争的经验为内容的"三大讲"运动，联系实际，揭发批判，清查了与"四人帮"有牵连的人和事，清查处理了"文化大革命"期间的大搞"打砸抢"的犯罪分子。1977年，在深入开展揭批王洪文、江青、张春桥、姚文元"四人帮"的同时，积极搞好经济工作，提出建设高标准"大寨社"，兴起了农业学大寨的热潮。

1978年8月，南闸公社召开党委扩大会议，党校开办党员培训班，广泛开展了"实践是检验真理的唯一标准"的讨论与宣传。同年10月，公社成立"落实政策办公室"，对"文化大革命"期间的冤假错案进行平反昭雪。1982年，公社党委遵照党的十二大精神，把改革作为推动各项工作前进的动力。各生产大队，普遍建立家庭联产承包责任制，调整产业结构，工业、商业和其他经济领域，采取多种形式的经济承包责任制，打破了长期以来封闭式的经济格局。1984年3月，恢复了乡建制，党政分开，成立中共南闸乡委员会，全乡有54个党支部，1093名党员。1986年1月至10月，开展了以坚持四项基本原则、反对资产阶级自由化、加强社会主义精神文明建设为主要内容的整党教育活动。

1987年，贯彻中共中央《关于社会主义精神文明建设指导方针的决议》，实施精神文明目标管理。1988年，组织开展共产党员经受"两个考验"（即执政和改革开放考验）的讨论，把对党员的教育管理和监督融于一体，实行对党员的考评。实施精神文明建设目标管理百分百考核，促进精神文明建设的发展。是年8月，南闸撤乡建镇，成立中共南闸镇委员会。全镇有党员1214名，建有2个党总支，61个党支部。

1989年，认真开展反对资产阶级自由化思想倾向的教育活动，开展以"六爱"（爱党、爱国、爱集体、爱亲、爱友、爱自己）为主要内容的"六爱三评"思想政治教育，历时三年，始终坚持四项基本原则，巩固和发展安定团结的政治局面。以党的基本路线为指针，集中精力，攻坚克难，一心一意搞好经济建设，经济得到不断发展。1992年，组织学习和宣传邓小平南行重要谈话精神，梳理"三个有利于"发展经济新观念，更大范围、更深层次思想大解放，给全镇经济和社会发展注入了前所未有的活力，呈现出跨越式发展的好势头。1998年，带动全镇党员干部深入学习邓小平理论和党的十五大精神，全面正确地理解和把握邓小平理论的科学体系与精神实质，以"学华西，强堡垒"为龙头，组织开展"双建设示范村""党员示范工程"活动，加强对党员，尤其是流动党员、改制党员的教育管理。1999年，组织党员干部认真学习党十五大，十五届三中、四中全会和中央经济工作会议精神，学习中共中央关于共产党员不准修炼"法轮大法"的通知和文件，以"三讲"（讲政治、讲学习、讲正气）为主要内容的党性、党风教育，收到较好效果。2000年，按照"三个代表"重要思想要求，围绕工作大局，突出抓好党员干部"三讲"集中教育，推进干部制度改革，选拔优秀年轻干部。在全镇广泛开展"双思"（致富思源，富而思进）教育和"三学一提高"（学理论、学知识、学业务，全面提高综合素质）活动。

2007年，强化落实党建工作责任制，加大非公有制经济组织、社会组织党建工作力度。是年，南闸镇完成村级党组织换届工作，15个行政村调整为11个行政村，行政村建立党总支，新增非公企业党支部，全镇规模以上非公企业党组织覆盖率达到90%，发展党员46名。

2008年，以增强党性、提高素质为重点，加强和改进党员队伍教育管理，健全党员立足岗位创先争优长效机制，推动广大党员发挥先锋模范作用。

2009年12月，南闸撤镇建街道，全街道有党员1887名，下属村级党委1个，党总支10个，党支部60个。

2012年，坚持"照镜子、正衣冠、洗洗澡、治治病"的要求，开展党的群众路线教育实践活动和"三严三实"专题教育。2014年，推进"两学一做"学习教育活动常态化、制度化，使党员理想信念更坚定，党性更坚强。全街道有党员2177名，下属党委1个，党总支11个，党支部59个。

2015年，以贯彻落实中共中央八项规定为切入点，开展"为民、务实、清廉"为主要内容的党的群众路线教育实践活动。全街道有党员2205名，下属党委1个，党总支11个，党支部134个。

第二节　历次党员代表大会

中共南闸乡第一次代表大会于1957年9月举行。全乡25个党支部，党员322名。会议根据中共江阴县委指示，以整风精神讨论工农业生产，并选举产生了由王道群等人组成的中共南闸乡第一届委员会。

中共南闸公社第二次代表大会于1959年4月举行。1958年9月撤乡建社，全社有23个党支部，党员322名。大会选举产生了由葛佐章等人组成的中共南闸公社第二届委员会。

中共南闸公社第三次代表大会于1962年9月举行，选举产生了由葛佐章等人组成的中共南闸公社第三届委员会。

中共南闸公社第四次代表大会于1966年4月召开，选举产生了由曹琪生等人组成的中共南闸公社第四届委员会。

中共南闸公社第五次代表大会于1970年10月召开，全社有26个党支部，党员488名。大会选举产生了由赵鸿庆等人组成的中共南闸公社第五届委员会。

中共南闸乡党委于1986年3月29日召开党代表大会，应出席代表97名，实到82名，其中妇女代表6名。大会选出了中共江阴县第六次代表大会的代表11名。

中共南闸乡第六次代表大会于1986年12月25日召开，应出席代表131名，实到代表128名，其中女代表15名，列席出席代表22名。大会作出了关于《加强党的建设，开展创优争先活动》的决议，并选举产生了由徐黑南等人组成的乡第六届委员会。

中共南闸镇第七次代表大会于1990年2月24日至25日举行，大会应到代表143名，实到代表140名，列席代表33名。大会听取和审议了上届党委会工作报告和南闸镇关于加强思想政治工作的决议，并选举产生了由黄林德等人组成的中共南闸镇第七届委员会委员。

中共南闸镇第八次代表大会于1993年2月14日至15日举行，应到代表158名，出席代表158名，其中干部代表17名，占10.8%；妇女代表22名，占14%；高中以上文化程度的代表51名，占32.3%。列席代表18名。大会选举产生了由曹忠兴等人组成的中共南闸镇第八届委员会。

中共南闸镇第九次代表大会于1996年1月30日举行，应到代表168名，实到代表167名。选举产生了由袁秋中等人组成的中共南闸镇第九届委员会。

中共南闸镇第十次代表大会于1999年1月21日至22日举行，应到代表111名，实到代表109名。选举产生了由袁秋中等人组成的中共南闸镇第十届委员会委员。

中共南闸镇第十一次代表大会于2002年1月11日至12日举行，应到代表100名，其中干部代表66名，专业技术人员、知识分子代表10名，先进模范人物代表24名，妇女代表17名，占总代表数的17%，年龄45岁以下代表55名，占总代表数的55%，实到代表97名。选举产生了由袁秋中等人组成的中共南闸镇第十一届委员会委员。

中共南闸镇第十二次代表大会于2006年4月29日至30日召开，应到代表100名，其中男代表84名，女代表16名，干部代表50名，专业技术人员、知识分子代表20名，先进模范人物代表30名，年龄45岁以下代表61名，高中文化程度以上代表83名，大会实到代表99名。大会听取和审议了费平所作的《中共南闸镇第十一届委员会工作报告》，金国锦所作的《中共南闸镇纪律检查委员会工作报告》讨论了关于党建工作五年规划。选举产生了中共南闸镇第十二届委员会委员，费平任党委书记，钱华光、周建荣任党委副书记，并选举产生中共南闸镇纪律检查委员会委员，金国锦任纪律检查委员会书记。大会选举产生费平、周建荣、顾丰良、陈建生、张微、吴克平、孙敏芳、缪宇星等8人为中共江阴市第十一次代表大会代表。

2011年6月13日，南闸街道党工委召开党员代表会议，选举产生吴芳、陈峰、孔玉兰、吴克平、任建清、陈国平、顾奇芳7人为中共江阴市第十二次代表大会代表。

2016年7月27日，南闸街道党工委召开党员代表会议，选举产生缪慧、朱富强、杨迎彬、周成、张微、顾奇芳、朱海英7人为中共江阴市第十三次代表大会代表。

1949年4—10月南闸地区中乡时期党组织负责人一览

表12-1

乡 镇	职 务	姓 名	任职时间
南闸镇	指导员	缪道绪	1949.04—1949.08
		史居敞	1949.08—1949.10
观山乡	指导员	周 青	1949.04—1949.10

1949年10月—1956年3月南闸地区小乡、中乡时期党组织负责人一览

表12-2

支部名称	成立年月	职 务	姓 名	任职时间	备 注
中共观山乡支部	1953.04	指导员	王慕良	1949.10—1950.12	
		支部书记	吴景生	1953.04—1955.03	1955年3月在统购统销复查中逼死人而开除党籍判刑
		代支部书记	吕桂坤	1955.04—1955.07	
		支部书记	吕桂坤	1955.07—1956.03	
中共观东乡支部	1953.04	指导员	张浩度	1949.10—1950.01	
			黄 鸣	1950.01—1950.12	
		支部书记	许鹤松	1953.04—1955.07	
			徐荣初	1955.08—1956.03	
中共观西乡支部	1953.04	指导员	常积善	1949.10—1950.12	
		支部书记	倪裕昌	1953.04—1955.02	
			徐惠荣	1955.07—1956.03	
中共南闸乡支部	1954.01	指导员	史居敞	1949.10—1950.02	
			陈逸清	1950.02—1950.06	
		支部书记	王仁金	1954.01—1955.02	
		副支部书记	许宝成	1955.02—1955.07	主持工作
		支部书记	陆海荣	1955.07—1956.03	
中共谢南乡支部	1954.01	代指导员	王君明	1949.10—1950.07	
		支部书记	袁炳根	1954.01—1956.03	
中共蔡泾乡支部	1954.01	指导员	顾教林	1950.03	未到职
			王祥林	1950.03—1951.03	
		支部书记	缪 勇	1954.01—1956.03	

1956年3月—1957年9月中共南闸、观山乡总支负责人一览

表12-3

总支名称	成立年月	职务	姓名	任职时间	备注
中共南闸乡总支	1956.03	总支书记	王仁金	1956.03—1957.09	
中共观山乡总支	1956.03	总支书记	徐惠荣 徐荣初	1956.03—1956.05 1956.05—1957.09	

1957年9月—1958年9月中共南闸乡委员会一览

表12-4

组织名称	职务	姓名	任职时间	备注
中共南闸乡委员会	第一书记	王道群	1957.09—1958.09	1957年9月建立中共南闸乡委员会
	第二书记	王仁金	1957.09—1958.09	
	副书记	许鹤松	1957.09—1958.09	
	委员	徐荣初	1957.09—1958.09	
		宋巧妹	1957.09—1958.09	
		缪勇	1957.09—1958.09	
		蒋宝才	1957.09—1958.09	

1958年9月—1967年中共南闸人民公社委员会一览

表12-5

组织名称	任次	职务	姓名	任职时间	备注
中共南闸人民公社委员会	第一任	第一书记 第二书记	王道群 王仁金	1958.09—1959.01 1958.09—1959.03	1958年9月改为中共南闸人民公社委员会
		副书记	许鹤松 宋巧妹	1958.09—1959.04 1958.09—1959.04	
		委员	徐荣初 缪勇 蒋宝才 任正才 黄金贵	1958.09—1959.04 1958.09—1959.03 1958.09—1959.03 1958.09—1959.03 1958.09—1959.03	
	第二任	书记	葛佐章	1959.04—1966.03	
		副书记	王仁金 徐荣初 许鹤松 宋巧妹 吕锡林 计同庆	1959.03—1959.06 1959.06—1966.03 1959.03—1966.03 1959.03—1961.07 1961.01—1962.02 1962.09—1966.03	
		监委书记	刘森林	1962.08—1963.07	
		委员	蒋宝才 李仁清 缪勇 李丁元 任正才 陈骏福	1959.03—1966.03 1959.03—1966.03 1959.03—1962.08 1959.03—1966.03 1959.03—1960.12 1961.04—1966.03	

续表12-5

组织名称	任次	职务	姓名	任职时间	备注
中共南闸 人民公社委员会	第三任	书记	曹琪生	1966.04—1967.01	
		副书记	薛企亚	1966.03—1967.01	
			计同庆	1966.03—1967.01	
		监委书记	许鹤松	1966.03—1967.01	
		委员	李仁清	1966.03—1967.01	
			刘森林	1966.03—1967.01	
			李丁元	1966.03—1967.01	
	第四任	书记	赵鸿庆	1970.10—1978.05	1969年12月成立中共南闸人民公社核心领导小组，上级党委派赵鸿庆担任组长 1970年4月，核心领导小组成员增加陶信芝、李丁元2名 1970年10月恢复建立中共南闸人民公社委员会 1970年10月召开中共南闸公社第五次党代会
		副书记	陶信芝	1970.10—1977.12	
			周锡仕	1970.10—1978.05	
			刘满泉	1974.05—1975.12	
			耿相银	1975.07—1977.11	
			严林度	1977.10—1978.05	
			刘叙初	1977.10—1978.05	
		委员	刘满泉	1970.10—1974.05	
			耿相银	1970.10—1975.07	
			徐黑南	1976.10—1978.05	
			倪兴华	1978.01—1978.05	
			顾振汉	1973.05—1978.09	
			李丁元	1970.10—1977.10	
			袁君良	1970.10—1974.08	
			张兴才	1970.10—1978.05	
			陈骏福	1976.01—1978.05	
			陆玉珍	1970.10—1978.05	
			陆国金	1970.10—1978.05	
			刘永才	1970.10—1978.01	
			徐泉宝	1977.10—1978.05	
	第五任	书记	严林度	1978.05—1984.03	
		副书记	刘叙初	1978.05—1980.12	
			陈金玉	1978.09—1981.04	
			周锡仕	1978.09—1984.03	
			王国强	1981.03—1984.03	
			徐黑南	1983.01—1984.03	
		委员	高振帮	1979.03—1981.09	
			倪兴华	1978.05—1981.10	
			张兴才	1978.05—1984.03	
			陈骏福	1978.05—1984.03	
			徐泉宝	1978.05—1983.08	
			陆玉珍	1978.05—1980.12	
			陆国金	1978.05—1980.12	
			蒋宝才	1980.01—1982.04	
			徐黑南	1978.05—1983.01	
			吴福兴	1982.01—1984.03	
			沙乃成	1982.01—1984.03	
			吴菊琴	1982.01—1984.03	
			陈生泉	1982.04—1984.03	
			童桂莲	1980.12—1984.03	

1984年3月—1988年中共南闸乡委员会一览

表12-6

组织名称	职务	姓名	任职时间	备注
中共南闸乡委员会	书记	徐黑南	1984.03—1988.07	1984年3月中共南闸人民公社委员会改为中共南闸乡委员会 1986年12月25日召开南闸乡第六次党代会
	副书记	张宝荣	1984.03—1988.07	
		周锡仕	1984.03—1988.07	
		戴立中	1987.03—1988.07	
	委员	耿田生	1984.03—1988.07	
		沙乃成	1984.03—1986.12	
		陈骏福	1984.03—1986.04	
		陈生泉	1984.03—1986.12	
		童桂莲	1984.03—1986.12	
		吴福兴	1984.03—1986.04	
		张兴才	1984.03—1988.07	
		戴立中	1985.08—1987.03	
		吴菊琴	1984.03—1986.04	
		缪林泉	1986.12—1988.07	
		丁炳才	1986.12—1988.07	

1988年8月—2009年中共南闸镇委员会一览

表12-7

组织名称	任次	职务	姓名	任职时间	备注
中共南闸乡委员会	第一任	书记	徐黑南	1988.08—1989.02	1988年8月1日撤中共南闸乡委员会建立中共南闸镇委员会
		副书记	张宝荣	1984.03—1988.07	
			周锡仕	1984.03—1988.07	
			戴立中	1987.03—1988.07	
		委员	耿田生	1988.08—1989.02	
			缪林泉	1988.08—1989.02	
			丁炳才	1988.08—1989.02	
			张兴才	1988.08—1989.12	
			周建荣	1988.08—1989.02	
	第二任	书记	黄林德	1989.02—1992.11	
		副书记	张宝荣	1989.02—1992.02	
			周锡仕	1989.02—1992.11	
			戴立中	1989.02—1991.01	
			袁秋中	1991.01—1992.11	
			陈国贤	1992.07—1992.11	
		委员	牟自健	1990.02—1991.10	
			周建荣	1989.02—1992.11	
			丁炳才	1989.02—1992.11	
			缪林泉	1989.02—1992.11	
			徐华文	1989.12—1992.11	
			祝宗坤	1991.10—1993.01	
	第三任	书记	曹忠兴	1992.11—1995.11	

续表12-7

组织名称	任 次	职 务	姓 名	任职时间	备 注
中共南闸乡委员会	第三任	副书记	袁秋中	1992.11—1995.11	
			周锡仕	1992.11—1993.02	
			陈国贤	1992.11—1995.11	
		委 员	耿田生	1992.11—1995.11	
			周建荣	1992.11—1995.11	
			缪林泉	1992.11—1995.11	
			丁炳才	1992.11—1995.11	
			徐华文	1992.11—1995.11	
			王永才	1993.01—1996.01	
			许中新	1992.03—1995.11	
			金国锦	1993.01—1995.11	
	第四任	书 记	袁秋中	1995.11—2002.07	
		副书记	许勇炎	1995.11—1997.12	
			陈国贤	1995.11—1997.02	
			陆礼平	1997.02—1998.01	
			张叶飞	1997.02—1998.11	
			修华林	1997.11—2001.07	
			徐华文	1998.11—2002.01	
			冯爱东	2001.07—2002.07	
			王国中	2001.10—2002.07	
		委 员	王国中	1995.11—2001.10	
			周 成	1996.01—1997.03	
			耿田生	1995.11—1997.12	
			缪林泉	1995.11—1999.01	
			周建荣	1995.11—2002.07	
			徐华文	1995.11—1998.10	
			丁炳才	1995.11—2002.07	
			金国锦	1995.11—2002.07	
			许中新	1995.11—1997.12	
			周 成	1999.02—2002.07	
			缪淡林	1999.02—2002.07	
			贺亚珍	2000.01—2002.07	
			吴志裕	1999.11—2002.07	
			刘汉秋	2001.10—2002.07	
			陈建国	1998.11—2002.07	
			邹星洪	1998.01—2002.07	
			陈耀仁	2001.07—2002.07	
			朱富强	2001.10—2002.07	
	第五任	书 记	费 平	2002.07—2007.06	
		副书记	冯爱东	2002.07—2004.10	
			王国中	2002.07—2003.11	
			钱华光	2004.10—2005.12	
			周建荣	2003.11—2007.06	
			叶韩清	2005.12—2007.06	
			邹星洪	2003.11—2004.10	

续表12-7

组织名称	任 次	职 务	姓 名	任职时间	备 注
中共南闸乡委员会	第五任	委 员	陈建国	2002.07—2006.02	
			邹星洪	2002.07—2003.11	
			陈耀仁	2002.07—2004.10	
			金国锦	2002.07—2007.06	
			吴志裕	2002.07—2007.06	
			周建荣	2002.07—2004.02	
			朱富强	2002.07—2007.06	
			贺亚珍	2002.07—2007.06	
			曹其龙	2004.11—2007.06	
			刘汉秋	2002.07—2002.11	
			周 成	2002.07—2004.06	
			沈 军	2003.11—2007.06	
			陶杏全	2004.10—2007.06	
			顾丰良	2003.12—2007.06	
			周跃军	2008.12—2010.03	
	第六任	书 记	吴 芳	2007.06—2009.12	
		副书记	叶韩清	2007.06—2009.12	
			周建荣	2007.06—2009.12	
			陈 峰	2007.08—2008.08挂职	
			徐前峰	2008.08—2009.12挂职	
		委 员	朱富强	2007.06—2009.12	
			曹其龙	2007.06—2009.12	
			顾丰良	2007.06—2009.12	
			钱昇贤	2009.09—2009.12	
			贺亚珍	2007.06—2007.11	
			孔玉兰	2007.12—2009.11	
			刘 政	2007.06—2009.12	
			金国锦	2007.06—2009.12	
			陈 峰	2008.12—2009.12	
			吴志裕	2007.06—2009.12	
			沈 军	2007.06—2008.06	
			陶杏全	2007.06—2008.06	

2009年12月—2018年中共南闸街道工作委员会书记、委员一览

表12-8

组织名称	任 次	职 务	姓 名	任职时间	备 注
中共南闸街道工作委员会	第一任	书 记	吴 芳	2009.12—2011.06	2009年12月中共南闸镇党委改为中共南闸街道党工委
		副书记	周建荣	2009.12—2011.06	
			陈 峰	2009.12—2011.06	
			朱 峰	2009.12（挂职）	
		委 员	朱富强	2009.12—2011.06	
			曹其龙	2009.12—2011.06	
			钱昇贤	2009.12—2011.06	
			顾丰良	2009.12—2011.06	
			刘 政	2009.12—2010.12	
			金国锦	2009.12—2011.06	

续表12-8

组织名称	任　次	职　务	姓　名	任职时间	备　注
中共南闸街道工作委员会	第一任	委　员	陈丽华	2010.12—2011.06	
			许铁军	2010.12—2011.06	
			吴志裕	2009.12—2011.06	
			王　熹	2011.03—2011.06	
			杨迎彬	2010.12—2011.06	
			孔玉兰	2009.12—2011.06	
	第二任	书　记	陈文斌	2011.06—2013.12	
		副书记	周建荣	2011.06—2013.12	
			陈　峰	2011.06—2012.10	
			朱富强	2012.09—2013.12	
		委　员	朱富强	2011.06—2012.09	
			曹其龙	2011.06—2013.12	
			钱昇贤	2011.06—2013.12	
			顾丰良	2011.06—2013.12	
			许铁军	2011.06—2013.12	
			王　熹	2011.06—2013.12	
			吴志裕	2011.06—2013.12	
			杨迎彬	2011.06—2013.12	
			孔玉兰	2011.06—2013.12	
			邹宇伟	2012.01—2013.05	
			金国锦	2011.06—2013.08	
			陈丽华	2011.06—2013.12	
	第三任	书　记	缪　慧	2013.12—2017.08	
		副书记	周建荣	2013.12—2015.07	
			朱富强	2013.12—2016.07	
			李志浩	2015.07—2017.08	
			顾丰良	2017.05—2017.08	
		委　员	曹其龙	2013.12—2014.11	
			吴志裕	2013.12—2014.12	
			孔玉兰	2013.12—2014.05	
			钱昇贤	2013.12—2016.05	
			顾丰良	2013.12—2017.05	
			许铁军	2013.12—2016.05	
			王　熹	2013.12—2017.08	
			杨迎彬	2013.12—2017.08	
			陆　慧	2014.12—2017.08	
			张　纲	2014.05—2017.08	
			陈　熙	2014.03—2016.05	
			金　莉	2014.12—2017.08	
			张　琼	2016.05—2017.08	
			严　枫	2016.05—2017.08	
			周　宏	2016.05—2017.09	
			倪树峰	2016.05—2017.08	
			窦艳成	2017.05—2017.08	
	第四任	书　记	李志浩	2017.09—	

续表12-8

组织名称	任 次	职 务	姓 名	任职时间	备 注
中共南闸街道工作委员会	第四任	副书记	袁 飞	2017.10—	
			顾丰良	2017.09—	
		委 员	张 纲	2017.09—	
			杨迎彬	2017.09—	
			王 熹	2017.09—2018.02	
			许铁军	2017.09—	
			严 枫	2017.09—	
			金 莉	2017.09—	
			张 琼	2017.09—	
			倪树峰	2017.09—	
			窦艳成	2017.09—	
			顾 承	2018.01—	
			李志钰	2018.01—	

1956—2015年村（大队、社区）中共支部（总支、党委）书记一览

表12-9

组织名称	姓 名	任职时间	备 注
花果村党支部	顾玉林	1956—1958	
	刘森林	1958—1959	
	周兴华	1959—1971	
花果村党支部	谭相宝	1972—1984	副书记主持工作
	邓宏观	1984—1988	副书记主持工作
	谭相宝	1988—1994	
	邹星洪	1994—1998	
	吴永才	1998—2002	
	陈建生	2002—2007	
花果村党总支	黄国华	2007—2010	2007年11月，建立中共花果村党总支
	邓耀官	2010—2015	
谢南村党支部	陈炳元	1958—1967	
	王文全	1970—1976	
	吴福兴	1976.03—1981	
	居文兴	1981.10—1982	
	刘生潮	1982—1992	
	居文兴	1992—2007	
谢南村总支部	谢兴福	2007—2015	2007年11月，谢南村与施元村合并为谢南村。2008年1月，成立紫金社区。中共谢南村（紫金社区）党总支，两块牌子一套班子
施元村党支部	陆生贵	1957—1959	
	顾阿锡	1959.08—1959.12	1959—1962年，施元村与谢南村合并为谢南村
	顾阿锡	1962—1967	
	刘永才	1970—1977	
	陈国良	1978—1981	

续表12-9

组织名称	姓 名	任职时间	备 注
施元村党支部	王富春	1981—1986	副书记主持工作
	刘永才	1986—1990	
	王玉忠	1990—1994	
	缪洪汇	1994—2004	
	谢兴福	2004—2007	
	缪富君	2007.03—2007.11	2007年11月，施元村与谢南村合并为谢南村
曙光村党支部	承阿七	1956—1961	
	蒋为民	1961—1964	
	邢凤裕	1964—1967	
	缪兴荣	1967—1974	
	邢凤裕	1974—1979	
	徐良清	1979—1991	
	屈生度	1991—2002	
	金顺才	2002—2015	2007年11月，建立曙光村党总支
马泾村党支部	王兴泉	1974—1979	1974年，从曙光村分出成立马泾村
	焦虎兴	1979—2000	
	金顺才	2000—2002	2002年3月，马泾村与曙光村合并为曙光村
涂镇村党支部	任正才	1956—1971	
	崔金宝	1971—1978	
	郭良英	1978—1997	
	谢伯兴	1997—2002	
	任建中	2002—2007	2002年3月，新庄村与涂镇村合并为涂镇村
涂镇村党总支	谢小刚	2007—2014	2002年11月，建立涂镇村党总支
	谢金华	2014—	
新庄村党支部	陈宝荣	1956—1960	
	奚阿才	1961—1964	
	陈宝荣	1965—1978	
	周志潮	1978—1994	
	任建中	1994—2002	2002年3月，新庄村与涂镇村合并为涂镇村
南新村党支部	陆海荣	1958—1969	
	汤仕兴	1969—1978	
	胡根法	1978—1984	
南新村党总支	蒋才元	1985—2007	
	花雷成	2007—2015	
泾西村党支部	周金培	1958—1960	
	陈骏福	1960—1961	
	吴天宝	1961—1977	
	周金荣	1977—1978	
	李根培	1978—1980	

续表12-9

组织名称	姓名	任职时间	备注
泾西村党支部	李玉良	1980—1982	
	刘耀康	1982—1994	
	杨浩才	1994—2007	
蔡泾村党总支	吴志裕	2007—2008	
	谢金华	2008—2014	2007年11月，原名泾西村与蔡泾村合并为蔡泾村，建立蔡泾村党总支
	薛建忠	2014—	
蔡东村党支部	蒋永朝	1958—1975	
	庞海云	1976—1983	
	蒋志耀	1984—1997	
	王宝其	1997—2002	2002年3月，蔡西村与蔡东村合并为蔡泾村
蔡西村党支部	吴全宝	1956—1968	
	缪淡忠	1968—1978	
	丁相林	1978—1981	
	缪忠贤	1981—1986	
	缪淡忠	1986—1988	
	陈红英	1989—1993	
	黄铁山	1993—1995	
	缪宝生	1995—1997	
	丁祖兴	1997—2002	2002年3月，蔡西村与蔡东村合并为蔡泾村
南运村党支部	耿生洪	1958—1959	
	徐祥安	1960—1962	
	吴泉宝	1962—1963	副书记主持工作
	王永才	1963—1966	
	花才发	1966—1978	
	薛显康	1978—1986	
	花银宝	1986—1988	
	许兴富	1989—2002	
	许兴富	2002—2007	2002年3月，跃进村与南运村合并为南运村
龙运村党总支	金国锦	2007—2008	
	蒋中平	2008—2015	2007年11月，龙游村与南运村合并为龙运村，建立龙运村党总支
跃进村党支部	袁洪初	1956—1958	
	耿秉鸿	1959—1976	
	耿永兴	1976—1981	
	耿国生	1981—1984	
	耿国平	1984—1995	
	耿国建	1996.01—1996.06	
	耿惠成	1996—1998	
	陈建国	1998—2000	
	耿光玉	2000—2002	2002年3月，跃进村与南运村合并为南运村

续表12-9

组织名称	姓　名	任职时间	备　注
龙游村党支部	吴阿苟	1958—1965	
	吴永芳	1965—1968	
	刘满泉	1968—1974	
	刘洪高	1974—1976	
	吴兴宝	1976—1978	
	刘洪高	1979—1981	
龙游村党支部	虞金潮	1982—1991	
	虞国标	1991—2007	2002年3月，菱塘村与龙游村合并为龙游村，2007年11月，龙游村与南运村合并为龙运村
菱塘村党支部	焦维生	1961—1967	
	顾锡忠	1968—1990	
	高网珍	1990—1997	
	顾林坤	1997—2002	2002年3月，菱塘村与龙游村合并为龙游村
南闸村党支部	王荣度	1956—1968	
	戈增荣	1968—1986	
南闸村党总支	任阿成	1986—2015	2002年3月，观东村与南闸村合并为南闸村，2007年11月，建立南闸村党总支
观东村党支部	许相初	1956—1967	
	许仁兴	1968—1970	
	许相初	1970—1978	
	许培相	1978—1989	
	耿建林	1989—1990	
	许培相	1990—1998	
	陆成钢	1998—1999	
	陈建生	1999—2002	
观山村党支部	张志高	1957—1959	
	吴其康	1959—1962	
	张林贤	1962—1978	
	吴菊琴	1978—1979	
	吴福泉	1979—1986	
观山村党总支	吴克平	1986—2015	2007年6月建观山村党总支，任党总支书记，2008年6月8日，撤党总支建党委会，任党委书记
前观山村党支部	高锡贤	1974—1977	副书记主持工作
	陈洪贤	1977—1986	
	陈生泉	1986—1987	
	朱海洪	1987—1994	
	顾勋朝	1994—2000	
	俞建国	2000—2002	2002年3月，观山村与璜村村合并为观山村
观西村党支部	陆国泉	1956—1958	
	陆国金	1958—1980	

续表12-9

续表12-9

组织名称	姓 名	任职时间	备 注
观西村党支部	陆泽治	1980—1982	副书记主持工作
	陆国金	1983—1986	
	顾产汉	1986—1992	
	陆金林	1992—1994	
	徐甫泉	1994—1996	
	陆光华	1996—2002	2002年3月，观西村与陶湾村合并为观西村
	吴如荣	2002—2003	
观西村党总支	刘建兴	2003—2009	2007年11月，建立观西村党总支
	陆富强	2009—2011	
	王 熹	2011—2015	
	徐 锋	2015—	
灯塔村党支部	黄金贵	1955—1960	
	刘书太	1960—1962	
	黄金贵	1962—1967	
	高伯清	1970—1981	
	徐锡朝	1981—1987	
	高伯清	1988—1991	
	俞银生	1991—1996	
	施岳林	1996—2003	
	吴克平	2003—2004	
	谢建刚	2004—2005	
	倪树峰	2005—2007	2007年11月，灯塔村与观西村合并为观西村
陶湾村党支部	吴槐荣	1958—1976	
	陆婉英	1976—1978	
	袁菊海	1978—1981	
	陆银坤	1981—1985	副书记主持工作
	吴兴金	1985—1987	副书记主持工作
	陆银坤	1987—1994	
	刘仲春	1994—1997	
	吴如荣	1997—2002	2002年3月，陶湾村与观西村合并为观西村
泗河村党支部	陈义根	1956—1958	
	刘培兴	1958—1961	
	陈义根	1961—1968	
	黄荣兴	1969—1985	
	金雪培	1985—1986	
	金建国	1986—1988	
	徐德华	1988—1994	
泗河村党总支	徐海泉	1994—2009	2002年3月，孟岸村与泗河村合并为泗河村，2007年11月，建立泗河村党总支

续表12-9

组织名称	姓 名	任职时间	备 注
泗河村党总支	许铁军	2009—2014	
	金锡强	2014—	
孟岸村党支部	陈金林	1956—1958	
	金荣锡	1959—1978	
	陶元顺	1978—1986	
	金沛成	1986—1989	
	金汉希	1989—1994	
	金锡强	1994—2002	2002年3月，孟岸村与泗河村合并为泗河村

第三节 组织建设

一、发展党员

民国十七年（1928），耿家村耿清华由中共江阴县委书记蒋云介绍加入中国共产党。

1940年6月，中共澄武锡工委将周乐、周忠明、孙阿四、徐汉青等抗日积极分子发展为共产党员。

1944年，中共澄西县委三区区委发展曹荣金等5人入党。1949年南闸解放，有党员8人。1952年，从农民干部中发展了王云度、王仁金、陆海荣、耿云传、耿进金、陈金坤、倪雨昌、金国才、谢定华、戴全万、江兆兴、耿更明、华金潮、戴云文、袁炳根、贾掌生、徐玉福、缪勇等18人入党。

1954年，通过社会主义总路线教育和合作化运动的考验，吸收新党员54名。1957年根据中央和省委指示暂停吸收党员，党建工作的重点是加强对现有党员和预备党员的管理。1958—1959年，在"大跃进"的形势下吸收了一批新党员。1961—1965年，发展党员102名。1966—1968年，因"文化大革命"，发展党员工作几乎停顿。1971—1976年全社吸收新党员144名。1978年后，发展党员进一步贯彻"积极、慎重，重在政治表现"的方针，注意吸收社会主义现代化建设中的骨干分子、积极分子入党。1984年起，注重在知识分子中发展党员，并重视吸收奋战在生产第一线的优秀中青年骨干入党。1979—1987年，党的组织工作以改革开放和社会主义现代化建设为中心展开，共吸收新党员203名。1986—1996年，因党员队伍年龄结构渐趋老化，且在文化知识及专业特长上已不能适应改革开放新形势的需要，发展党员注重年龄、文化知识、专业特长等方面的要求，期间共吸收党员223名，全镇党员队伍结构逐步趋向优化。1997—2002年，随着社会主义市场经济体制的建立和经济成分的多元化，开始积极探索在民营企业中发展党员和建立党支部的实践，期间共发展党员158名。

2007年，各行政村成立党总支。全镇共有1753名党员，11个党总支，88个党支部。2008年，观山村成立党委，为属南闸镇党委领导的二级党委。全镇共有党总支10个，镇属党支部60个。2010年，成立非公企业党支部3个。2011年，南闸城管中队成立党支部，非公企业共建党支部31个。2014年，南闸金三角市场成立党总支，非公企业党支部调整为29个。2014年末，全街道党员2177人，党工委下属村级党委1个，行政村党总支10个，市场党总支1个，企业党支部29个，机关事业单位党支部30个。党员结构中，从性别看，其中男1661名，女516名；30岁以下393人，31—35岁188人，36—40岁188人，41—45岁182人，46—50岁170人，51—55岁134人，50—60岁151人，61—65岁254人，66—70岁204人，70岁以上313人；研究生18人，大学本科336人，大学专科352人，中专162人，高中、中技403人，初中以下906人。2015年末，全街道党员2205人，建制村中有党组织93个，其中党委1个，总支部10个，支部82个。

二、整党整风

1951年冬至1954年春，观山乡、观东乡、观西乡在夏港区党委组织领导下，南闸乡、谢南乡、蔡泾乡在花山区党委组织领导下，分别开展整党教育，按照中共中央《关于整顿党的基层组织决议》的要求，着重思想整顿。1954年5月至12月，6个支部的党员学习党在过渡时期的总路线、总任务和党的方针政策，开展批评与自我批评，然后作出自我鉴定，对所有党员都进行了一次认真审查。

1957年10月至1958年4月，南闸乡开展反对官僚主义、宗派主义、主观主义的整风运动。1969年5月至1970年春，进行"开门整党"，党员先开展"斗私批修"，进行自我检查，然后经本单位党员和非党员群众进行评议，实行"吐故纳新"，评议合格的绝大部分党员恢复了组织生活，少数不合格暂缓过组织生活，还有的受了处分。

1986年10月开始，遵照《中共中央关于整党的决定》中提出的"统一思想，整顿作风，加强纪律，纯洁组织"的四项基本任务和中共中央整党指导委员会《关于农村整党工作部署的通知》，整党分两批进行，历时一年。通过整党，清除了极"左"路线的影响，对"文化大革命"的重大事件进行了清查，并对犯有严重错误的党员进行了处理。

三、党员教育

党委中心组学习 南闸镇于20世纪80年代末建立党委中心组学习制度，党委书记任组长，宣传委员任学习秘书。每月学习两个半天或一天，学习中央重要文件和马克思主义理论、邓小平理论、中央领导重要讲话。1993年，党委中心组学习制度进一步健全，每次学习有主题，有中心发言，有出勤记载，有讨论记录。1999年，党委中心组学习进一步制度化、规范化，实施一把手负责制，形成考勤考核制度、心得交流制度，每人每年撰写学习体会文章1篇以上。2002年，要求各党委委员带头推进理论武装工程，完善领导学习责任制，巩固个人自学、集中调研、专题辅导制度。2015年，以学习型党组织建设为抓手，用学习制度的刚性执行，保障理论学习落到实处。党委中心组坚持每月至少一次学习的同时，利用周末时间两周一次全面学习习近平总书记系列讲话精神，开展机关干部学习交流制度，每季度有6名机关干部上台交流所学所思、收获体会，引导机关学习氛围。深化村干部指导督促学习制度的落实。

冬训教育 20世纪六七十年代，以"三级干部会议"形式开展党员干部冬训教育，1986年开始，乡（镇）党委以会、训相结合的方针，每年组织全体党员和干部进行为期3—4天的冬训。冬训期间，一般由党委负责人作专题报告，总结一年来工作所取得的成绩和经验，部署新一年的工作。通过学习讨论，肯定成绩，找出差距，落实新的任务和完成任务的措施与方法。结合冬训，还进行先进党组织和优秀党员的评比工作。

日常教育 党员日常教育的主要形式是"三会一课"制度，即支部党员会、支委会、党小组会和党课，一般每月一次。"文化大革命"期间曾一度停止，1969年以后逐步恢复，1974年趋于正常。改革开放以后，"三会一课"常与各种专题和主题活动相结合，赋予了新的内容。

四、干部培训

南闸镇（乡、街道）党委每年举办党训班（主要由党校举办）。1984—1988年，共办班51期，学院总数达1671人次。参加对象为党员、基层领导、企事业单位骨干、工会、共青团、妇联以及社区干部、建党对象、新任职者和离退休老同志。2008年，村村建有党员活动室、党员人才服务中心和电子党务系统，运用电化教育手段，对党员进行先进性、示范性教育。2009年，镇、村两级广电宽带并行的党员远程教育网络全面建成。至2015年，以"科学发展观""中国特色社会主义思想"为主要内容，开展一系列党员思想教育活动。

在纪念建党90周年时，组织开展"光辉历程读书"活动，同时组织开展"携手共奔富裕路，同心建设现代化""社会主义核心价值观"党员主题教育活动。以正反两方面典型事例为教材，在广大党员特别是党员干部中开展"立党为公、执政为民"和"反腐倡廉"教育，提高了党员干部勤政为民、廉洁自律的自觉性。

五、党校

中共南闸街道委员会党校创办于1984年4月8日，时称中共南闸乡委员会党校，1988年8月撤乡建镇，更名为中共南闸镇委员会党校，2009年12月撤镇建街道，更名为中共南闸街道委员会党校。

党校是在党委直接领导下，专司党员教育的中心基地，并有各村、企、社区党员教育基地相配套，形成的一个较为紧密的网络体系。党校设校长1人，一般由乡镇（街道）党委书记或分管党组织的副书记兼任；设副校长1人，一般由党委集体研究任命。中共南闸街道（乡、镇）委员会历任校长为：徐黑南（党委书记，1984.4—1987.2）、戴立中（党委副书记，1987.3—1991.1）、袁秋中（党委副书记，1991.1—1992.7）、陈国贤（党委副书记，1992.7—1997.2）、张叶飞（党委副书记，1997.2—1998.1）、徐华文（党委副书记，1998.11—2001.1）、王国中（2001.10—2003.11）、周建荣（党委副书记，2003.11—2009.12）、朱富强（党委副书记，2009.12—2016.07）、顾丰良（党委副书记，2017.5—）。常副副校长：周锡仕（党委副书记，1984.4—1987.1）、陶兴元（1987.1—1999.1）。1999年1月开始形成党校、成教合一的体制，党校设立专职副校长1人，一般由成教中心校长兼任，历任专职副校长为：刘文耀（1999.1—2006.7）、陈三敏（2006.7—2011.7）、吴慧娟（2011.8—2016.3）、于新斌（2016.3—2018.12）、张少华（2018.12—）。

南闸街道党校自开办以来，紧紧围绕党的中心工作抓好培训，提高党员和干部的思想和文化专业技术素质，采用多形式、全方位的办学方式，形成立体化的教育网络体系，严格做到制度化、规范化、科学化，确保教育的高质量、高效益。2000年，南闸镇党校被无锡市委宣传部、组织部评为先进基层党校。

六、基层组织

党的基层组织是按照生产单位和工作单位建立起来的。在工厂企业、乡村、机关、学校、商店，凡是有正式党员3人以上的单位都建立了党的基层组织，党员超过100人，建立党委；党员超过50人的，建立党总支，下设若干个支部；党员不足50人的建立党支部。2008年6月8日，南闸镇第一个村党委——中共观山村委员会成立。2015年全街道有党工委领导下的党委1个，党总支11个，党支部134个。

1952—2015年南闸基层党组织情况一览

表12-10

年 份	党委数（个）	总支数（个）	支部数（个）	党员数（人）			发展党员（人）
				合 计	男	女	
1952	—	—	—	—	—	—	18
1953	—	—	3	—	—	—	—
1954	—	—	3	—	—	—	54
1956	—	2	6	—	—	—	—
1957	1	—	25	322	—	—	—

续表12-10

年　份	党委数（个）	总支数（个）	支部数（个）	党员数（人）			发展党员（人）
				合计	男	女	
1958	1	—	23	322	—	—	—
1970	1	—	25	488	—	—	—
1972	1	—	35	605	—	—	—
1973	1	—	37	650	—	—	14
1974	1	—	37	671	—	—	17
1975	1	—	44	774	—	—	24
1976	1	—	44	827	—	—	27
1977	1	—	48	848	—	—	15
1978	1	—	49	880	—	—	37
1979	1	—	49	—	—	—	31
1980	1	—	50	—	—	—	21
1981	1	—	50	—	—	—	4
1982	1	—	52	—	—	—	7
1983	1	—	53	—	—	—	10
1984	1	—	54	—	—	—	18
1985	1	—	56	—	—	—	37
1986	1	—	57	—	—	—	37
1987	1	2	62	—	—	—	38
1988	1	2	61	1214	1100	114	23
1989	1	2	61	1227	1114	113	21
1990	1	2	64	1244	1127	117	20
1991	1	1	64	1267	1146	121	32
1992	1	1	64	1305	1178	127	46
1993	1	1	63	1332	1201	131	43
1994	1	1	63	1386	1238	148	51
1995	1	1	64	1428	1270	158	40
1996	1	1	66	1486	1322	164	40
1999	1	1	55	1498	1331	167	16
2000	1	1	55	1520	1336	184	26
2001	1	1	56	1559	1368	191	26
2002	1	1	56	1591	1391	200	28
2003	1	1	56	1636	1425	211	30
2004	1	1	56	1657	1442	215	25
2005	1	1	56	1682	1449	233	24
2006	1	1	50	1690	1451	239	26
2007	1	12	88	1753	1479	274	43
2008	2	11	107	1826	1523	303	45
2009	2	10	60	1887	1544	343	41

续表12-10

年 份	党委数（个）	总支数（个）	支部数（个）	党员数（人）			发展党员（人）
				合计	男	女	
2010	2	10	61	1970	1583	387	45
2011	2	10	61	2048	1615	433	44
2012	2	10	61	2123	1659	464	43
2013	2	10	62	2155	1656	499	23
2014	2	11	59	2177	1661	516	25
2015	2	11	134	2205	1667	538	13

1988—2000年南闸镇中共党员结构一览

表12-11

一、党员性别

年 份	党员总数	其 中		其 中	
		男	百分比	女	百分比
1988	1214人	1100人	90.6%	114人	9.4%
1990	1244人	1127人	90.6%	117人	9.4%
1992	1305人	1178人	90.3%	127人	9.7%
1994	1386人	1238人	89.3%	148人	10.7%
1995	1428人	1270人	88.9%	158人	11.1%
1996	1486人	1322人	89.0%	164人	11.0%
1999	1498人	1331人	88.9%	167人	11.1%
2000	1520人	1336人	87.9%	184人	12.1%

二、党员年龄

年 份	25岁以下		26—35岁		36—45岁		46—60岁		60岁以上	
	人数	百分比	人数	百分比	人数	百分比	人数	百分比	人数	百分比
1988	47	3.9%	176	14.5%	355	29.2%	407	33.5%	229	18.9%
1990	28	2.3%	130	10.5%	409	32.9%	407	32.7%	270	21.7%
1992	28	2.1%	150	11.5%	405	31%	413	31.6%	309	23.7%
1994	32	2.3%	185	13.3%	381	27.5%	463	33.4%	325	23.4%
1995	46	3.2%	191	13.4%	326	22.8%	515	36.1%	350	24.5%
1996	40	2.7%	223	15%	251	16.9%	587	39.5%	385	25.9%
1999	40	2.7%	203	13.6%	260	17.4%	608	40.6%	387	25.8%
2000	50	3.3%	188	12.4%	265	17.4%	625	41.1%	392	25.8%

三、党员文化程度

年 份	大 学		中 专		高 中		初 中		小 学		文 盲	
	人数	百分比	人数	百分比	人数	百分比	人数	百分比	人数	百分比	人数	百分比
1988	16	1.3%	16	1.3%	145	11.9%	406	33.4%	603	49.7%	28	2.3%
1990	19	1.5%	18	1.4%	149	12.0%	432	34.7%	599	48.2%	27	2.2%

续表12-11

年份	大学		中专		高中		初中		小学		文盲	
	人数	百分比	人数	百分比	人数	百分比	人数	百分比	人数	百分比	人数	百分比
1992	31	2.4%	45	3.4%	160	12.3%	465	35.6%	580	44.4%	24	1.8%
1994	27	1.9%	64	4.6%	200	14.4%	498	35.9%	581	41.9%	16	1.2%
1995	37	2.6%	73	5.1%	207	14.5%	508	35.6%	587	41.1%	16	1.1%
1996	49	3.3%	78	5.2%	245	16.5%	526	35.4%	572	38.5%	16	1.1%
1999	91	6.1%	87	5.8%	259	17.3%	567	37.9%	489	32.6%	5	0.3%
2000	97	6.4%	93	6.1%	276	18.2%	567	37.3%	482	31.7%	5	0.3%

四、党员入党时间

年份	1945.9—1949.9		1949.10—1966.4		1966.5—1976.10		1976.11—1978.11		1978.12以后	
	人数	百分比	人数	百分比	人数	百分比	人数	百分比	人数	百分比
1988	5	0.4%	444	36.6%	396	32.6%	69	5.7%	300	24.7%
1990	5	0.4%	431	34.6%	389	31.3%	68	5.5%	351	28.2%
1992	5	0.4%	421	32.3%	384	29.4%	68	5.2%	427	32.7%
	1945.9—1949.9		1949.10—1966.4		1966.5—1976.10		1976.11—1992.9		1992.10以后	
1994	3	0.2%	406	29.3%	381	27.5%	496	35.8%	100	7.2%
1995	3	0.2%	397	27.8%	379	26.5%	491	34.4%	158	11.1%
1996	3	0.2%	381	25.6%	369	24.8%	507	34.1%	226	15.2%
1999	4	0.3%	322	21.5%	352	23.5%	508	33.9%	312	20.8%
2000	4	0.3%	314	20.7%	349	23.0%	503	33.1%	350	23.0%

五、党员分布

年份	职工		乡镇企业劳动者		农牧渔民		民办教师乡村医生		离休人员		退休职工		其他职业	
	人数	百分比	人数	百分比	人数	百分比	人数	百分比	人数	百分比	人数	百分比	人数	百分比
1988	178	14.7%	300	24.7%	55	4.5%	571	47.0%	30	2.5%	7	0.6%	73	6.0%
1990	—	—	—	—	—	—	—	—	—	—	—	—	—	—
1992	—	—	—	—	—	—	—	—	—	—	—	—	—	—
1994	—	—	—	—	—	—	—	—	—	—	—	—	—	—
1995	—	—	—	—	—	—	—	—	—	—	—	—	—	—
1996	—	—	—	—	—	—	—	—	—	—	—	—	—	—
1999	231	15.4%	171	11.4%	1	0.1%	913	60.9%	3	0.2%	84	5.6%	95	6.3%
2000	237	15.6%	152	10.0%	1	0.1%	949	62.4%	3	0.2%	89	5.9%	89	5.9%

2012—2015年南闸街道中共党员结构一览

表12-12

一、党员性别

年　份	党员总数	其　中		其　中	
		男	百分比	女	百分比
2012	2123人	1659人	78.1%	464人	21.9%
2013	2155人	1656人	76.8%	499人	23.2%
2014	2177人	1661人	76.3%	516人	23.7%
2015	2205人	1667人	75.6%	538人	24.4%

二、党员年龄

年　份	35岁以下		36—45岁		46—60岁		60岁以上	
	人数	百分比	人数	百分比	人数	百分比	人数	百分比
2012	556	26.2%	338	15.9%	434	20.4%	795	37.4%
2013	931	43.2%	269	12.5%	152	7%	803	37.3%
2014	951	43.7%	304	14.0%	151	6.9%	771	35.4%
2015	575	26.1%	384	17.4%	419	19%	827	37.5%

三、党员文化程度

年　份	初中及以下		高中·中技		中专		大学专科		大学本科		研究生	
	人数	百分比	人数	百分比	人数	百分比	人数	百分比	人数	百分比	人数	百分比
2012	955	45%	407	19.2%	160	7.5%	326	15.4%	262	12.3%	13	0.6%
2013	930	43.1%	403	18.7%	161	7.5%	340	15.8%	306	14.2%	15	0.7%
2014	906	41.6%	403	18.5%	162	7.4%	352	16.2%	336	15.4%	18	0.8%
2015	894	40.5%	404	18.3%	161	7.3%	359	16.3%	366	16.6%	21	1.0%

四、党员入党时间

年　份	1949.10—1966.4		1966.5—1976.10		1976.11—1978.12		1979.1—2002.10		2002.11以后	
	人数	百分比	人数	百分比	人数	百分比	人数	百分比	人数	百分比
2012	202	9.5%	335	15.8%	74	3.5%	872	41.1%	640	30.1%
2013	193	9.0%	322	14.9%	71	3.3%	863	40.0%	706	32.8%
2014	178	8.2%	310	14.2%	70	3.2%	856	39.3%	763	35.0%
2015	172	7.8%	306	13.9%	66	3.0%	857	38.9%	804	36.5%

五、党员分布

年份	机关		在岗公有制单位						在岗非公有制单位						农牧渔民		离退休人员		其他	
			事业单位		企业管理		工勤技能		企业管理		企业技术		工勤技能							
	人数	%	人数	%	人数	%	人数	%	人数	%	人数	%	人数	%	人数	%	人数	%	人数	%
2012	82	3.9	115	5.4	13	0.6	35	1.6	155	7.3	311	14.6	112	5.3	1011	47.6	278	13.1	11	0.5
2013	82	3.8	116	5.4	15	0.7	39	1.8	186	8.6	346	16.1	131	6.1	955	44.3	274	12.7	11	0.5
2014	88	4.0	125	5.7	16	0.7	39	1.8	164	7.5	329	15.1	131	6.0	1000	45.9	274	12.6	11	0.5

续表12-12

年份	机 关		在岗公有制单位						在岗非公有制单位						农牧渔民		离退休人员		其 他	
			事业单位		企业管理		工勤技能		企业管理		企业技术		工勤技能							
	人数	%	人数	%	人数	%	人数	%	人数	%	人数	%	人数	%	人数	%	人数	%	人数	%
2015	88	4	119	5.4	15	0.7	40	1.8	166	7.5	299	13.6	209	9.5	985	44.7	272	12.3	12	0.5

1978—2019年南闸街道（公社、乡、镇）历任组织委员一览

表12-13

姓 名	任职时间	姓 名	任职时间
徐泉宝	1978.05—1983.08	孔玉兰	2010.11—2012.11
陈生泉	1983.09—1985.07	邹宇伟	2012.12—2013.05
戴立中	1985.08—1987.07	张 纲	2013.05—2016.04
周建荣	1987.08—1998.01	杨迎彬	2016.05—2017.04
邹星洪	1998.01—1999.01	陆 慧	2017.05—2017.09
金国锦	1999.01—2001.01	金 莉	2017.12—2019.06
朱富强	2001.12—2004.10	蒋 峰	2019.07—
顾丰良	2004.12—2010.10	—	—

第四节 纪律检查

一、纪律检查组织

1950年，江阴境内各乡、镇党组织和党员违纪事件，由江阴县纪律检查委员会查处。1952年起由中共乡、镇党委组织委员负责党的纪律检查工作。1957年，南闸乡党委设监察委员，由党委副书记或组织委员兼任。1962年9月，南闸公社成立监察委员会。1966年"文化大革命"开始，监察委员会被迫停止工作。1978年，监察委员会恢复，同年9月，党委监察委员会改为党委纪律检查委员会。1979年，纪检工作得到加强。中共南闸党委设纪检委员，并成立纪检办公室。1990年2月24日，南闸纪律检查委员会成立（简称纪委），由6名同志组成纪律检查委员会。

二、纪律检查工作

党的纪律检查工作，主要是围绕党在各个时期中心工作进行的。1950年紧密配合抗美援朝运动，查处参军支前工作中政治上产生动摇的党员干部。1957年后，南闸乡监察委员会围绕工农业生产和增产节约运动，开展监察工作。在"全民整风""三反""五反""四清"一系列政治运动中，向危害生产，阻碍、破坏国家计划建设、合作化运动的违纪行为和倾向作了坚决斗争，受理了6宗案件。1962年，围绕工农业生产和贯彻执行中央调整国民经济的决定和政策，查处了10多起违反财经纪律、挥霍浪费、违反党的政策的案件。1963年，监察工作以破坏党的集中统一领导、挥霍浪费为查处重点。1964—1966年，围绕社会主义教育运动开展监察工作，公社党委处分5名党员干部。"文化大革命"开始后，监察工作处于瘫痪状态。

1979年，纪律检查工作恢复，对党员进行了优良传统作风教育，查处了一批违纪案件和群众来信来访案件，纠正了一批冤假错案。

1980年，对全社党员干部进行了以《中国共产党章程》《关于党的政治生活的若干准则》为主要

内容的党规、党法、党风、党纪教育，查处了一批案件。1982年，配合打击经济领域严重犯规活动，严肃查处了各类违纪案件。1983年，着重纠正了党员干部建房、分房、农转非、进城招工、调配工作等方面存在的不正之风，至1987年共查处各类违纪案件12件。1984年，围绕经济体制改革，端正党风，开展纪律检查工作，严肃处理了借改革开放之名，搞以权谋私的不法分子。1989年，联系春夏之交发生的政治风波，认真抓了政治纪律教育。1991年，开展普及党的纪律知识教育。1997年，镇纪委采用多种不同形式和方法，对党员干部进行党风廉政教育，全镇党员较系统地接受了党的政治、组织、财经等十大纪律教育及中纪委颁发的七个条规教育。2003年，审计监察观西、泗河、观山、龙游、蔡泾5个村，妥善处理了并村时存在的一些遗留问题，挽回经济损失2.5万元，立案5件，结案4件，处理来访来信8件，开除党籍3人，警告处分1人。2005年起，镇党委把党风廉政建设责任制作为"一把手"工程，认真抓，抓细抓实，重点在机关、工商、电力三大行业部门。党风、政风、行风得到了进一步好转。2006年，全镇的监察工作重点，主要是围绕政务公开，参与工程招投标，学校预算外收支管理等方面。2005年至2008年，处理信访29件、立案9件、结案9件，党内党纪处分10人，其中开除党籍7人。

2009年，实行农村党员积分考核制度，推动城乡党建一体化，评选"三十佳党员"先进典型，强化了党员先进性、示范性教育。

2010年，开展系列反腐倡廉教育，落实干部学法制度，机关工作公文考核制度，月重点工作目标承诺制得到全面落实。

2011年，由街道纪委牵头成立督查办，进一步落实干部学法制度，推进党务、政务、村务、财务公开工作，提高依法行政水平，通过自动办公系统等平台，加强了重点工作的动态化监督。大力开展基层站所和机关部门的民主评议活动，聘请了33位基层党员担任纪检监督员。

2012年，作风效能建设不断深入，开展"三服务、三促进"活动。深化月重点工作目标承诺制，11个村（社区）全部组建纪律监督委员会，完成农村党务、政务、村务公开信息"直通车"建设，社会监督体系更加健全。扎实开展反腐倡廉警示教育，加大案件查处力度，全年共查处案件7件，处理信访案件4件，广大干部党员廉洁从政、依法执政意识得到巩固加强。

2013年，全面贯彻落实"中共八项规定"及"省市十项规定"的有关要求，从领导干部和党政机关做起，大力倡导勤俭节约，坚决反对铺张浪费。进一步深化"制度规范年"活动，强化重点领域和部门权力运行监督机制，从源头上预防腐败。加大党务、政务、村务公开信息"直通车"的监督管理，使"三务"公开更加规范，营造干部清正、政府清廉、政治清明的政治环境。坚决查办违纪违法案件，及时做好来信来访处理调查工作。全年立案查处违纪案件5件。

2014年，切实加强作风建设。严格执行中央八项规定和省市十项规定。坚持聚焦"四风"、问题导向、群众参与，扎实开展党的群众路线教育实践活动，整改各类意见建议264条。12名新进机关工作人员到村（社区）挂职服务半年。不断完善内控机制，成立督查办，开展督查196项重点工作。始终对违纪违规保持高压态势，不断加大查办力度，深化"一案四访"工作制度，做到及早发现，及时查处，全年街道自办渎职案件1件，完成交办案件4件；办结信访案件4件，处理党员干部5人。

2015年，严格落实监督责任，加强监督检查，从严查处违纪违法案件，努力营造风清气正的政治环境。加强反腐倡廉教育，通过参观警示教育基地、观看警示教育片、书记廉政谈话、法治演讲、廉政短信等形式开展廉政教育，从源头上杜绝腐败。严格执纪问责，全年受理信访案件11件，下发整改建议书1份，处理违纪党员6人。

中共南闸镇（乡、公社）纪律监察委员会、纪律检查委员会、委员书记任职一览

表12-14

职 务	姓 名	任职时间	职 务	姓 名	任职时间
监委书记	刘森林	1962.09—1963.07	纪委委员	缪林泉	1986.03—1990.02
监察委员	计同庆	1963.07—1966.04	纪委书记	缪林泉	1990.02—1993.02
监察委员	许鹤松	1966.04—1967.01	纪委书记	徐华文	1993.02—2001.10
纪检委员	徐泉宝	1977.10—1982.04	纪委书记	金国锦	2001.10—2009.12
纪委委员	陈生泉	1982.04—1986.03	—	—	—

中共南闸街道纪律检查工作委员会书记任职一览

表12-15

职 务	姓 名	任职时间	职 务	姓 名	任职时间
书 记	金国锦	2009.12—2010.12	书 记	陈熙	2014.04—2016.05
书 记	陈丽华	2010.12—2014.01	书 记	张琼	2016.05—

党员受纪律处分情况一览

表12-16

年 份	开除党籍人数	取消预备党员资格人数	退党除名人数	其他处分人数
1985年	—	—	—	4
1986年	1	—	—	8
1988年	—	—	—	1
1990年	2	—	1	—
1991年	—	1	1	—
1992年	2	2	—	8
1994年	2	2	2	—
1995年	1	—	—	7
1996年	2	1	1	16
1997年	—	—	—	8
1999年	1	—	—	2
2000年	3	—	1	1
2001年	3	—	—	—
2002年	2	—	—	3
2003年	3	—	—	1
2004年	1	—	—	2
2005年	1	—	—	1
2006年	3	—	—	—
2007年	2	—	—	2
2008年	1	1	—	1
2009年	3	—	—	1
2010年	2	1	—	10
2011年	4	—	—	2

续表12-16

年　份	开除党籍人数	取消预备党员资格人数	退党除名人数	其他处分人数
2012年	2	3	—	2
2013年	4	—	—	5
2014年	1	1	—	1
2015年	1	—	—	—

第五节　统一战线工作

1940年10月开始，中共澄西县三区党组织开展统一战线工作，在境内各界知名人士和地方绅士及原任或现任国民党官员、乡保长中选择对象，宣传党的抗日主张，争取他们的支持。先后有梅志春、花传耕、刘秉德、李一之等人在抗日战争或解放战争中为党做了有益工作，作出了贡献。

中华人民共和国成立后，地方党委组织私营、商业者、各界爱国民主人士，参加土地改革、镇压反革命、抗美援朝和"三反""五反"运动，促进国民经济的恢复和人民民主专政的巩固。1956年，开始对资本主义工商业和手工业进行社会主义改造时，广泛宣传党的"利用""限制""改造"的各项政策，团结和教育广大工商业者、手工业者自觉投入社会主义改造运动，顺利完成对120多家私营工商业者和手工业者的社会主义改造。1957年"反右派"斗争扩大化，伤害了部分党外人士及非党知识分子，统战工作受到干扰。"文化大革命"期间，在"打倒一切""全面专政"的口号下，统战对象，特别是有海外关系的家庭，遭到打击、迫害，有的受到不应有的批判和斗争，制造了一些冤假错案，党的统战工作被迫停止。

1979年10月，中共江阴县委恢复统战部，明确公社统战工作由党委宣传委员负责。对在"文化大革命"中受到冲击、伤害的统战对象，纠正错误，落实政策。把在资本主义工商业和手工业社会主义改造期间进入公私合营企业的小商、小贩、小手工业者，同资本主义工商业分开来，明确为劳动者成分。清查被抄财物，全部归还或作价赔偿，凡遭到错误批判或斗争者，均上门道歉，推翻所有不实之词，予以平反，以此挽回不良政治影响，统战工作得到恢复和发展。1980年，恢复政协小组及其活动，按照"长期共存、互相监督、肝胆相照、荣辱与共"的方针，举荐一定数量的党外民主人士，港、澳、台眷属出任各级人民代表大会，或政协委员，参政议政，在建设和统一祖国大业中发挥作用。1986年成立"三胞"（台湾同胞、港澳同胞、海外侨胞）联络小组和眷属联谊小组。2007年进一步健全党的统战工作，下设"三胞"联络小组、党外知识分子联谊小组、宗教工作领导小组、留学人员亲属联谊分会、少数民族联谊分会、商会等各类统战组织。2007年末，南闸境内，有佛教、基督教、天主教3个宗教团体，有5所佛教寺院，1所道教场所，宗教界人士17人。2015年，境内有布依、壮、苗、藏族等15个少数民族167人，分布于全街道11个村、社区。同年7月2日，江阴市民族团结促进会南闸分会正式成立，并举行第一次会议。选举产生第一届理事会，邱波为会长。2015年末，统计境内有归国华侨57人，侨属及中国港、澳、台眷属7人，海外侨胞3人，归国留学人员18人，在海外留学人员21人。2016年4月29日，江阴市侨联南闸街道分会成立，并举行第一次会议，会议选举产生领导班子，金莉任市侨联南闸街道分会主席，六颖康任副主席，陈进维任秘书长。

南闸（公社、乡、镇、街道）统战工作负责人一览

表12-17

姓　名	任职时间	备　注
童桂莲	1980.12—1986.12	公社宣传委员负责
丁炳才	1986.12—1995.11	乡宣传委员负责
王国中	1995.11—1998.11	镇宣传委员负责
陈建国	1998.11—2001.10	镇宣传委员负责
刘汉秋	2001.10—2001.02	党委统战委员
吴志裕	2002.02—2003.11	党委统战委员
顾丰良	2003.11—2004.10	党委统战委员
曹其龙	2004.10—2006.01	党委统战委员
刘　政	2006.01—2009.12	党委统战委员
许铁军	2009.12—2014.11	党委统战委员
金　莉	2014.11—2017.01	党委统战委员

2015年南闸街道少数民族人员分布一览

表12-18

民　族	人数（人）	分布地区
土家族	54	南闸村、蔡泾村、观山村、观西村、花果村、龙运村、泗河村、谢南村、涂镇村
蒙古族	8	谢南村、曙光村、涂镇村
回族	12	白玉一村、蔡泾村、观西村
苗族	22	观山村、花果村、观西村、曙光村
壮族	29	观山村、蔡泾村、曙光村、谢南村
彝族	8	观山村、花果村、龙运村
侗族	8	龙运村、曙光村
羌族	6	观西村、花果村
藏族	4	龙运村
白族	1	观西村
布依族	7	紫金社区、泗河村
朝鲜族	3	花果村
满族	4	紫金社区
维吾尔族	1	谢南村
瑶族	1	曙光村

第二章　人民团体

第一节　工人团体

一、中华人民共和国成立前的工人活动

南闸的工人阶级和工人运动具有光荣的历史，1935年12月1日，南闸地区7家织布厂800名女工停工集会，走上街头，强烈抗议资本家延长工作时间、降低工人工资、降低银圆兑换率的无理主张。集体罢工一星期，终于取得胜利，迫使资本家答应了工人的要求。抗日战争及解放战争期间，南闸镇上的店员、医生、手工业者等自觉组织起来，积极向抗日游击队、地下党组织提供大米、经费，运送弹药，传递情报，为抗日斗争和解放江南作出了贡献。

二、组织沿革

1950年下半年，南闸乡起卸工人成立南闸起卸业工会，会员30余人。至1959年并入澄江镇运输社工会。1950年10月，南闸小教系统成立南闸小学教育工会，"文化大革命"期间停止活动。1974年4月，恢复工会活动。1988年，有工会会员137人，工会小组22个。

1979年9月，南闸中教系统成立南闸中学教育工会。1988年，有会员124人，工会小组11个。

1988年，《企业法》颁布后，为进一步落实企业职工民主管理权利，供销合作社、商业合作社、毛纺织染厂、农机具厂、标牌厂、皮件厂等单位均成立了工会组织。

1993年9月29日，南闸镇工会暨机关工会召开成立大会，选举产生南闸镇工会工作委员会，成为全镇基层工会工作的领导机构。选举产生委员7名，由许中新任主席。至1993年末，有基层工会5个，职工2825人，工会会员1814人。1999年9月25日，召开南闸镇工会第一次代表大会，选举金国锦任南闸镇工会主席。

2008年5月21日，成立南闸镇总工会，选举产生第一届委员会，吴志裕任主席。2009年12月8日，南闸镇总工会更名为南闸街道总工会。2010年，有基层工会122个，工会会员3906人。2011年组建独立工会22个，发展会员1081人，2014年，金三角市场成立行业工会联合会。2015年5月，有基层工会195个，工会会员8500人。

1993—2015年南闸街道（镇）总工会正副主席一览

表12-19

名　称	职　务	姓　名	任职时间
南闸镇工会	主　席	许中新	1993.09—1995.12
		丁炳才	1995.12—1999.09
		金国锦	1999.09—2001.11

续表12-19

名 称	职 务	姓 名	任职时间
南闸镇工会	主 席	刘汉秋	2001.11—2002.12
		吴志裕	2002.12—2008.05
	副主席	张彩英	1999.06—2003.05
		夏乐平	1999.06—2003.04
		许中新	2003.05—2008.05
南闸镇总工会	主 席	吴志裕	2008.05—2010.01
	副主席	许中新	2008.05—2010.01
		张之洪	2008.05—2010.01
南闸街道总工会	主 席	吴志裕	2010.01—2018.01
		倪树峰	2018.01—
	副主席	许中新	2010.01—2011.03
		张之洪	2010.01—2015.01
		李义兵	2015.01—

三、主要工作

参加民主管理 1952年后，工会推行劳资协商制度和生产管理制度，监督资方遵守国家法令，职工对企业生产、经营和职工生活实行民主管理，维护职工正当权益。1956年，工会协助政府推动私营工商业、小手工业的社会主义改造。1981年起，企事业单位实行职工代表大会制度，民主管理逐步走向制度化和规范化，保障职工参加民主管理的权利。1997年，南闸镇贯彻江阴市政府《在深入企业改革中加强工会工作的意见》等文件精神，明确企业改革领导小组必须有工会主席参加，企业改革方案必须经职代会讨论审议。1998年，贯彻江阴市政府《关于加强对新经济组织管理，保障职工合法权益的意见》。镇各类经济组织建立了工会，让职工获得了参与民主管理的权利。2002年，推进职代会制度建设，丰富了民主管理、民主监督的内容。2009年，全镇120个企业召开了职代会，10个村召开了区域性联合会。2012年，全面推进工资集体协商制度，提高了集体合同的针对性和实效性，共签订独立集体合同115份，区域集体合同5份，288个企业实现工资集体协商制度，平等协商集体合同建制率达80%。

开展劳动竞赛 1951年，各商店开展爱国主义劳动竞赛。1956年，开展比、学、帮、超社会主义劳动竞赛。1977年至1979年，围绕工业学大庆，开展生产竞赛活动。1986年，开展"增产节约，增收节支"竞赛。1997年，动员职工参加市工会举办的"学先进、创一流、争贡献"为主要内容的劳动竞赛活动。2002年，组织职工开展岗位练兵、技术比武等竞赛，职工中掀起了"爱岗竞赛多贡献，技术攻关多献策"的热潮，涌现了一批先进工作者和技术能手。

关心职工生活 1953年，商业、粮食、邮电、教育等行业中，实施劳动保险条例和劳保合同。1984年，组织开展职工互助互济、困难补助、休养休假工作。1995年起，贯彻《劳动法》，调节劳动关系，维护职工合法权益。2006年起，镇工会及各基层工会广泛实施送温暖工程，帮助生活困难职工。每年利用元旦、春节走访、慰问特困职工家庭，增强他们克服困难的信心和勇气。2010年起，关心外来职工，结对助学，解决外来子女上学困难、住宿等问题。

开展职工教育 工会围绕各个时期的中心任务，以多种形式对职工进行思想教育。抗美援朝时期，通过回忆对比、忆苦思甜，进行爱国主义、国际主义教育。在社会主义改造时期进行社会主义教育，推动资本主义工商业和小手工业的社会主义改造。在1960年，国家国民经济困难时期，工会组织老工人举行报告会，开展艰苦奋斗、勤俭建国教育，广大职工为国分忧，回到农村参加农业生产。1995年，全镇基层工会建立"职工之家"，镇成立成人教育中心。自1995年起，每年举办2—3期培训班，对职工进行会计、电工、电脑、服装等专业技术培训，有效地提高了职工的技能技巧。2012年，街道总工会建立企业文娱、体育活动中心，广泛开展体操、棋类、球类等比赛活动，推进工会工作，丰富职工生活，提高职工素质。

第二节 农民团体

一、农民协会

民国十六年（1927），南闸地区成立了乡农民协会。当时国共合作，耿家村耿清华，参加了由国民革命军政治部在江阴东门耶稣堂举办的农运训练学习班，在南闸开展农运工作。1928年，境内有赤色农民50多人。

二、农民抗日协会

民国二十九年（1940）至1945年，南闸西部农村成立农抗会，领导农民实行减租减息、发展生产，有力地支援了抗日部队，为澄西地区的武工队开展武装活动提供了条件。

三、乡农民协会

1949年12月，南闸地区6个乡先后成立乡农民协会（简称农会），乡行政村设农会主任1人，自然村设小组。农会主要由贫、雇农组成。农民协会是农村土地改革制度的合法机构，主要领导农民反封建、斗地主、分土地，进行土地改革。土改结束后，农民互助合作运动开始迅速发展，农民协会于1954年撤销。

四、贫下中农协会

1965年初，按照中共中央《关于农村社会主义教育运动中目前提出的一些问题》（即"二十三条"）有关规定，农村中成立由贫农、下中农参加的贫、下中农协会。当年5月，召开南闸公社第一届贫、下中农代表大会，选举产生主任1人，副主任2人。南闸公社的22个大队分别建立贫、下中农分会，由7—9人组成，设正、副主任2—3人。各生产队分别建立贫、下中农小组，协会协助并监督农村基层工作，"文化大革命"开始，贫协停止活动。1968年，贫协职能被贫、下中农代表大会（简称贫代会）所取代，贫代会进驻学校、工厂，进行斗、批、改。1974年3月，召开公社第二次贫代会，恢复了公社、大队、生产队贫协组织。1981年，各级贫下中农协会撤销。

第三节 青少年团体

一、共产主义青年团

（一）组织机构

民国三十七年（1948），南闸小学毕业班班主任陈正康在党组织的指示下，发展张培文、蒋以刚等6名进步学生，加入了中国新民主主义青年团，为保护学校迎接解放做出了贡献。

1949年9月，花山区、夏港区成立了中国新民主主义青年团工作委员会。同年10月，南闸、谢南、蔡泾、观东、观西、观山6个乡分别成立中国新民主主义青年团团支部，各行政村成立团小组。1956年3月，南闸、观山2乡各设团总支，各农业合作社设团支部。1957年9月，成立共青团南闸乡委员会。1958

年10月，召开共青团南闸公社第一次代表大会，选举产生第一届委员会。1959年至1966年，公社共青团召开了第二、第三、第四次代表大会，选举产生了第二、第三、第四届委员会。"文化大革命"后，团组织活动受冲击而被迫停止。1975年5月，召开共青团南闸公社第五次代表大会，选举产生第五届委员会。1988年，南闸镇有1个团委，40个团支部，824名团员，其中男436人，女388人；14—18岁的171人，19—25岁的425人，26岁以上的288人。2010年，成立非公团支部15个。2011年8月19日，召开共青团南闸街道第一次代表大会，应到代表76名，实到代表74名，选举产生了共青团南闸街道第一届委员会。2015年末，共青团南闸街道团委下辖团总支1个，行政村团支部10个，机关事业单位团支部3个，企业单位团支部54个，共青团员3584人。共青团南闸实验学校团委下设33个团支部，共青团员476人。

南闸镇（公社、乡）历届共青团代表大会一览

表12-20

代表大会届次	召开时间	书记	副书记
第一次代表大会	1958.10.04	吴其康	—
第二次代表大会	1959.05.04	吴其康	—
第三次代表大会	1962.09.25	许宝成	—
第四次代表大会	1964.09.04	徐祥安	—
第五次代表大会	1975.05.24	陈志敏	
第六次代表大会	1978.09.22	陈志敏	坎满荣、许中新
第七次代表大会	1980.10.12	坎满荣	张国才、徐雪芳
第八次代表大会	1982.10.13	陆富强	史海泉、朱伟新
第九次代表大会	1984.05.04	陆富强	史海泉、朱伟新
第十次代表大会	1988.12.05	蒋少军	—
第十一次代表大会	1992.04.25	邹星洪	任建青、蒋秋萍
第十二次代表大会	2000.07.12	朱富强	毛亚
第十三次代表大会	2003.04.23	毛亚	孙雪强、吴丽霞
第十四次代表大会	2008.04.23	薛暄	金莉、朱海英
南闸街道第一次代表大会	2011.08.19	金莉	王晨斌、刘蕾、耿晓晶、顾建庆

南闸历任共青团团委书记一览

表12-21

任次	姓名	任职时间	任次	姓名	任职时间
1	沈维才	1956.06—1957.08	10	邹星洪	1991.10—1995.07
2	吴其康	1958.05—1960.05	11	陈建国	1995.07—1999.06
3	许宝成	1960.05—1964.09	12	朱富强	1999.06—2002.05
4	徐祥安	1964.09—1970.03	13	毛亚	2003.04—2007.12
5	王永才	1971.03—1975.03	14	薛暄（副书记）	2007.12—2009.05
6	陈志敏	1975.03—1979.04	15	金莉	2009.05—2014.10
7	坎满荣	1979.04—1982.03	16	黄晓珏（副书记）	2014.10—2017.03
8	陆富强	1982.03—1988.11	17	李星星（副书记）	2017.03—2018.04
9	蒋少军	1988.11—1991.10	18	李志钰	2018.04—

（二）主要活动

参加政治活动 中华人民共和国成立后，团组织带领广大团员青年投入土地改革、抗美援朝、镇压反革命，"三反""五反"等重大运动，以及对农业、手工业、私营工商业的社会主义改造运动，较好地发挥了党的助手作用。在各个不同历史时期都有优秀共青团员加入中国共产党，1954年，有15名团员青年被吸收为中共预备党员，占当年发展新党员总数的25%。1992年，开展了推荐优秀团员入党、推荐优秀青年人才上岗的"双推"活动。1999年，积极参加江阴市青少年迎接新世纪火炬传递活动，点燃了团员青年爱祖国、爱家乡的热情，鼓起了生活的风帆，满怀信心地奔向二十一世纪。2002年，组织开展"学华西，跟党走""党育青年成长，青年跟党前进""创造新业绩、迎接十六大"等主题活动。2006年起，先后开展了科学发展观教育活动和"八荣八耻"道德实践活动、"幸福江阴"学习讨论活动。2013年，开展了社会主义核心价值观的教育。2014年，开展了"学法守法，崇德立德""爱学习、爱劳动、爱祖国"主题教育活动，切实加强了广大青少年、团员的社会公德、职业道德、家庭美德和个人品德建设。2015年，抓住纪念抗日战争胜利70周年的契机，开展了爱国主义和革命传统教育。

造就生产突击手 1957年，团组织号召团员青年积极投身社会主义现代化建设的伟大行列，争当时代先锋、生产突击手。1958年，大搞农田水利建设，开拓黄昌河，团员青年勇挑重担，成为骨干力量。1959年，开挖太浦河，公社200多名团员组成青年突击队，远征他乡，出色地完成了任务。1970年，在"农业学大寨"运动中，大批团员青年活跃在农田基本建设工地上，成为一支开河平地的中坚力量。1979年，公社团委响应团中央提出的全国青年争当新长征突击手的号召，开展争当新长征突击手活动，围绕学科学、用科学，开展劳动竞赛。1980年，公社各行各业评出新长征突击手52名。1983年，组织团员青年开展以小发明、小革新、小改造、小设计、小建议为内容的"五小"智慧班竞赛活动。1988年至1993年，开展"学技建功"操作比赛活动，在青工中，勤学苦练、提高技能蔚然成风，有30多名操作能手，参加了市团委的技工操作比赛，共取得5项"五小"成果。1996年6月，组织团员参加团市委举行的插秧比赛，取得优异成绩。

开创文明新风 1956年，组织150多名青年团员开展扫盲教育。至1957年年底，90%以上的青年文盲、半文盲达到脱盲标准。20世纪60年代，组织广大青年学习文化科技知识，推行科学种田，各行政村先后办起了夜校。1963年起，全社团员青年广泛开展"学雷锋，树新风，做好事"活动。1979年，开展"五讲、四美、三热爱"教育活动。1981年，结合"五讲、四美、三热爱"和"文明礼貌月"活动，组织团员青年开展宣传文明礼仪活动。1983年，团员青年自觉组成"助耕队""送温暖小组"32个。1986年至1992年，镇团委组织青少年开展"学英雄，树理想，比贡献"活动。1993年，各级团组织推进"希望工程"，资助本地贫困失学儿童复学。2000年，开展身边的希望工程"一助一"助贫扶困活动，组织青年志愿者服务队。

二、中国少年先锋队

1950年6月，南闸境内各小学均建有中国少年儿童队部，聘请青年教师担任辅导员，组织少年儿童开展各项活动。1953年6月，中国少年儿童队改称中国少年先锋队（简称少先队）。"文化大革命"期间，少先队组织被"红小兵"组织所取代。1978年10月，少先队组织得到加强，公社团委成立少工委，以学校为单位成立少先队部，以班级为单位成立中队部。大队、中队各配1名辅导员。每年"六一"儿童节，各中、小学开展各种庆祝活动，自编自演文艺节目、参加各级主题队日，组织参观爱国主义教育基地及学雷锋、做好事等活动，以多种形式广泛进行爱祖国、爱人民、爱劳动、爱学习、爱科学的"五爱"教育。2015年年底，全街道共有大队部2个，中队部74个，少先队员3450名，辅导员77名。

第四节　妇女团体

一、妇女抗日协会

民国二十九年（1940）8月，南闸西部地区农村成立了妇女抗日协会（简称妇抗会）。妇抗会主要工作是宣传抗日救亡、发动妇女做军鞋、慰问抗日将士、开展优待抗日活动；在民主政府的支持下，禁止虐待妇女、实行男女平等、反对婚姻买卖、提倡婚姻自由、争取妇女解放。

二、妇女联合会

1950年3月，花山区、夏港区成立民主妇联，乡（镇）成立妇女分会，村成立妇女代表会。1951年下半年，南闸地区的6个乡都建立了妇女会组织。1956年3月，南闸、观山两乡分别成立江阴县民主妇女联合分会，各行政村相应成立妇代会。1957年9月，成立南闸乡民主妇联，召开第一次妇女代表大会。1958年10月，召开第二次妇女代表大会，南闸乡民主妇联更名为南闸公社妇女联合会（简称妇联）。1966年，公社成立妇联委员会，生产大队成立妇女工作委员会，设大队妇女主任；生产队成立妇女代表小组，设妇女队长。企事业单位设兼职妇女主任，形成较健全的妇女组织网络。公社妇联下辖24个妇女工作委员会，352个妇女代表小组。1966年下半年至1972年上半年，受"文化大革命"的影响，各级妇女组织瘫痪。1972年11月，公社各级妇联组织开始恢复活动。1978年，各级妇联组织进行了整顿建设，一批有文化的年轻妇女积极分子担任了妇女干部。1983年，恢复南闸妇女联合会。1985年3月8日，南闸乡召开第七次妇女代表大会，应出席代表100名，实到代表97名，列席代表30名，会议表彰了85名"三八"红旗手，248户"五好"家庭，1个"四好"妇代会，6个"六好"园所，11名"四好"园丁。会议选举产生了南闸乡第七届妇女联合会委员，并选出江阴县妇女代表大会代表17名。2001年12月5日，南闸镇召开第十二次妇女代表大会，应到代表54名，大会实到代表53名，采用无记名差额选举产生了南闸镇第十二届妇女联合会委员，会议还选举产生了江阴市第十次妇女代表大会代表17人。2002年，陈红梅出席了无锡市第十三次妇女代表大会。2011年9月14日，南闸街道召开第一次妇女代表大会，应到代表74名，实到代表73名，大会选举产生了南闸街道第一届妇女联合会委员。

南闸镇（公社、乡）历届妇女联合会一览

表12-22

代表大会届次	召开时间	主席（主任）	副主席（副主任）
第一次代表大会	1957.09	周文珍	—
第二次代表大会	1958.10	杨慧群	—
第三次代表大会	1959.10	杨慧群	—
第四次代表大会	1960.03	翟梅娣	—
第五次代表大会	1963.05.14	翟梅娣	—
第六次代表大会	1978.09.24	耿秀珍	—
第七次代表大会	1985.03.08	吴菊琴	杨慧群
第八次代表大会	1989.03.08	吴菊琴	张银娣、李国芬
第九次代表大会	1992.03.08	吴菊琴	李国芬

续表12-22

代表大会届次	召开时间	主席（主任）	副主席（副主任）
第十次代表大会	1995.12.04	吴菊琴	李国芬、张彩英
第十一次代表大会	1998.10.22	张彩英	金瑾、张建英
第十二次代表大会	2001.12.05	许小英	金瑾、张建英
第十三次代表大会	2006.11.05	毛　亚	金瑾、许玉妹
第十四次代表大会	2008.04.02	孔玉兰	薛　暄
南闸街道第一次代表大会	2011.09.14	许小英	徐亚芬、耿晓晶
南闸街道第一次代表大会	2017.01.12	金　莉	沈小红

南闸镇（公社、乡）历届妇女联合会主席一览

表12-23

任次	姓名	任职时间	任次	姓名	任职时间
1	周文珍	1957.09—1958.10	9	金　瑾	2003.02—2006.01
2	杨慧群	1958.10—1960.03	10	毛　亚	2006.01—2006.12
3	翟梅娣	1960.03—1970.05	11	许小英	2006.12—2008.04
4	陈志敏	1972.11—1975.03	12	孔玉兰	2008.04—2012.08
5	耿秀珍	1975.03—1982.03	13	许小英	2012.08—2014.10
6	吴菊琴	1982.03—1996.03	14	陈　怡	2014.10—2015.10
7	张彩英	1996.04—1999.11	15	沈小红（副主任）	2015.08—2017.01
8	许小英	2000.04—2003.02	16	金　莉	2017.01—

三、主要活动

参加社会活动　1950年，全面开展土地改革，南闸地区有800余名妇女参加斗地主、分田地运动，100多名妇女积极加入农民协会，成为一支不可缺少的重要力量。1950年11月，中华全国民主妇联号召全国妇女开展抗美援朝，保家卫国运动。南闸各乡镇妇女积极响应，农村妇女踊跃交售爱国粮，企业女职工开展爱国劳动竞赛。抗美援朝时，有100多名妇女送夫、送子参加中国人民志愿军。1953年8月，实现人民代表大会制度，开展"普选"工作，妇女们积极参加选民登记，履行公民权利，选举镇人民代表。1958年，大规模兴修水利，大批妇女走上工地。1964年，在社会主义教育运动中，通过新旧社会妇女在政治、经济、文化、地位上的变化，开展忆苦思甜，激发了妇女对党的忠诚、对社会主义的热爱。1979年起，广大妇女积极投身于新时期的改革开放，在生产致富中发挥半边天作用。2000年后，妇女积极参加省、市卫生镇、村，现代化社会主义新农村示范村的创建和抗洪救灾及对未成年人思想道德教育等工作。

提高文化素质　1950年后，南闸妇联组织3000多名青壮年妇女参加各类民校，开展扫盲脱盲，学习文化知识教育活动，至1978年，全公社青壮年妇女基本扫除了文盲。1988年至1995年，全镇多次开办妇女干部短期理论、文化、技术培训班，有2500人次参加培训班。1995年后，妇联利用陆金标科技学校及师资力量，开办了妇女培训中心。每年举办1—2期专业技术培训班，每期参加培训的人数有50人左右。至2014年参加专业技术培训人员有4500人。

组织竞赛评比　1957年，全乡开展创"六好"（爱国好、爱社好、勤俭持家好、劳动生产好、团结互助好、教育子女好）活动。全乡评出52名"六好"优秀妇女。1960年，开展"红、勤、巧、俭"

女能手活动，全社有45名能手受到表彰。1972年，开展农业学大寨运动，全社500多名妇女，分别担任生产大队主办会计或出纳会计、生产队记工员、妇女队长。1979年至1988年，开展创"五好"，争当"三八"红旗手活动，共评出市级五好家庭13户，五好活动先进集体8个，市级"三八"红旗手15名。2004年，评出"三八"红旗手23名，双学双比女能手10名，30个五好文明家庭户。

保护妇女儿童 解放初，南闸妇联通过宣传教育，废除压迫、束缚妇女的封建礼教，改变摧残妇女身心健康的旧风俗，打击了旧社会遗留下来的溺婴、卖淫、吸毒等恶习。1952年，境内各乡建立了妇幼保健站，培训接生员，全面推行新法接生，保障新生儿成活率以及分娩妇女平安健康。普及卫生防疫知识，对幼儿实行注射疫苗等措施。1958年，南闸公社办起40个幼儿所，64个幼儿班，入园幼儿2768人，教养员98人，解除了劳动妇女哺育孩子的后顾之忧。1965年，进一步落实男女同工同酬政策，调动妇女生产积极性。中共十一届三中全会后，妇联把儿童少年工作视为神圣职责，大力发展幼托事业。1985年，成立了南闸中心幼儿园，全镇幼儿班37个，幼儿1172人，教养员43人。镇妇联多次组织妇女干部学习相关法律知识，同时在广大妇女中普及法律教育，用法律来维护自身合法权益。镇妇联还联合司法部门，为妇女提供法律咨询和法律援助。1994年实施"春蕾计划"，妇联向社会各界募集资金，帮助贫困辍学儿童、少年复学。2000年至2003年，加大了《妇女权益保障法》、新《婚姻法》及有关妇女儿童法律法规政策的宣传力度，发放宣传材料，开展义务咨询活动。2008年3月，由南闸镇妇联、民政等部门发起，在镇便民服务中心成立了"半边天"爱心超市，所需物资全部来自镇女企业家和其他妇女的日常捐赠，是江阴市唯一由女性捐赠设立的爱心超市。该超市每季度向困难家庭发放不同的爱心领物卡，年内共有239户困难家庭得到定期救助。

妇女组织及个人所获荣誉称号一览

表12-24

年 份	单位或个人	荣誉称号
1990年	南闸镇南新村妇联	江阴市农村妇女"双学双比"竞赛活动先进集体
1990年	陈凤娟家庭、陆冬梅家庭	江阴市农村妇女"双学双比"竞赛活动经济标兵户
1990年	袁素琴、陆秀娟、吴海娣	江阴市农村妇女"双学双比"竞赛活动生产能手
1990年	吴菊琴	江苏省优秀乡镇妇联干部
1992年	江阴市毛纺织染总厂	江阴市妇联工作先进集体
1992年	张维、陆仁娟	江阴市农村妇女"双学双比"竞赛活动生产能手
1993年	吴海娣	无锡市农村妇女"双学双比"竞赛活动生产能手
1993年	南闸镇灯塔"三八"林场	江阴市妇联工作红旗单位
1995年	金甫健家庭	江阴市特色家庭户
1995年	吴福妹家庭	江阴市"五好"家庭标兵户
1995年	吴菊琴	无锡市妇联系统信访目标管理先进个人
1997年	许小英	江苏省农业普查工作先进个人
1998年	章亚娣	江阴市巾帼先进个人
1998年	江苏蝶美集团变电车间	江阴市巾帼示范岗
2001年	南闸中心幼儿园	江阴市巾帼示范岗
2001年	南闸信用合作社	江阴市巾帼示范岗
2001年	高美芬	江阴市十佳妇女工作者
2001年	蒋秀华	江阴市十佳好妈妈

续表12-24

年　份	单位或个人	荣誉称号
2003年	陆秀英	无锡市农村妇女"双学双比"竞赛活动女能手
2005年	南闸中心幼儿园	无锡市巾帼示范岗
2006年	陆惠娟	无锡市农村妇女"双学双比"竞赛活动女能手

南闸参加江阴市党代会妇女代表名单一览

表12-25

历届会议	时　间	妇女代表
中共江阴市第六次代表大会	1986.04.12—04.14	陆惠英
中共江阴市第七次代表大会	1989.04.15—04.18	吴菊琴、程溥
中共江阴市第八次代表大会	1992.05.15—05.18	吴菊琴
中共江阴市第九次代表大会	1997.02.17—02.20	徐惠芬、金菊妹
中共江阴市第十次代表大会	2001.05.18—05.20	陈祥娟、贺亚珍
中共江阴市第十一次代表大会	2006.06.21—06.23	孙敏芬、张微
中共江阴市第十二次代表大会	2011.06.27—06.29	吴芳、孔玉兰

南闸参加江阴市（县）人民代表大会妇女代表名单一览

表12-26

历届会议	时　间	妇女代表
江阴县第二次代表大会	1956.09.16—09.21	吴福宝
江阴县第三次代表大会	1958.05.16—05.18	吴巧珍
江阴县第四次代表大会	1961.09.18—09.20	许金秀
江阴县第五次代表大会	1963.12.27—12.29	许金秀、葛美宝
江阴县第六次代表大会	1966.05.28—05.31	许金秀、吴美郎
江阴县第八次代表大会	1981.07.02—07.07	耿金秀、潘友娣、吴金凤、杨慧群
江阴县第九次代表大会	1984.09.21—09.23	吴金凤、张彩英、陈龙秀、杨慧群、刘静芬
江阴县第十次代表大会	1987.04.08—04.11	蒋惠琴、宋银娣、陈龙秀、金秋英
江阴市第十一次代表大会	1990.03.27—03.30	陆玉珍、陆亚琴、夏惠中
江阴市第十二次代表大会	1993.02.17—02.20	张静华、金秋英
江阴市第十三次代表大会	1998.01.03—01.06	许玉妹、宋丽珏、邹建芬、缪敏芳
江阴市第十四次代表大会	2003.01.06—01.09	许玉妹、陈红梅、梅淑华
江阴市第十五次代表大会	2007.12.17—12.21	吴芳、许玉妹、郭英
江阴市第十六次代表大会	2012.03.21—03.23	张微、殷凤华、马汉琴、耿丽珍
江阴市第十七次代表大会	2017.01	冯玉美、张微、秦静、黄贤

第五节　老年团体

一、老年协会

1988年10月19日，成立南闸镇老龄委员会。1992年9月18日，南闸镇召开首次老年人代表会议，会议选举产生了首届老年协会理事会，并成立了南闸镇老年协会。各行政村及居民委员会，亦相继成立分会，镇老年协会和各分会分别建起了老年活动室，以"老有所学，老有所养，老有所乐，老有所为"为目标，组织开展多种形式的老年活动。协会组织学习和宣传《中华人民共和国老年人权益保障法》帮助老年人维护自身合法权益，弘扬尊老爱老的传统美德，促进社会精神文明建设。协助政府开展老龄工作，发展老龄事业，发挥老年人在经济和社会建设中的作用。2015年末，街道60周岁以上老人11776人，占全街道总人数比例23.93%，年度老龄总经费2100万元，列入低保老人65人，五保老人23人，住敬老院人数118人。11个村（社区）发放养老补贴，享受人数7792人，共发放资金1993.76万元，为3748位老人进行了体检。街道建有老年活动室34个，总面积15000平方米。建有居家养老服务中心19个，总面积10000平方米，休息床位118个。建有老年学校1所，4个班，110名老人在校学习。积极维护老年人权益，全年来信来访人数17人次，受服务老人30人，调处率达100%。

南闸镇（街道）历届老年人协会任职一览

表12-27

名 称	姓 名	职 务	任职时间
南闸镇老龄委员会	吴其康	会长	1988.10.19—1992.09.18
南闸镇老年人协会	王国强	会长	1992.09.18—1997.01
南闸镇老年人协会	陈骏福	副会长	1992.09.18—1997.01
南闸镇老年人协会	徐泉宝	副会长兼秘书长	1992.09.18—1997.01
南闸镇老年人协会	丁炳才	会长	1997.01—2001.01
南闸镇老年人协会	陆金磊	秘书长	1997.01—2001.01
南闸镇老年人协会	缪林泉	会长	2001.01—2004.04
南闸镇老年人协会	顾小玉	秘书长	2001.01—2004.04
南闸镇老年人协会	顾小玉	会长	2004.04—2012.05
南闸镇老年人协会	陆福和	秘书长	2004.04—2012.05
南闸街道老年人协会	沙建新	会长	2012.05—2016.09
南闸街道老年人协会	邓兴成	秘书长	2012.05—2016.09
南闸街道老年人协会	何伟忠	会长	2016.09—

二、老党员、老干部管理教育研究会

1990年3月，南闸镇老党员、老干部教育研究会成立。会员52名，吴其康任会长。研究会成立后，组织老党员、老干部学习党的方针政策，了解国内外形势，促使老党员、老干部与时俱进。结合本地中心工作、经济建设工作，开展调查研究，为南闸经济和社会发展发挥了余热。1995年8月，研究会撤销。

三、退休干部协会

1995年9月，江阴市退休干部协会南闸镇分会成立。2004年7月，建立南闸镇离退休干部党支部，顾小玉任党支部书记。2012年5月，沙建新任支部书记。退休干部分会在党支部领导下开展工作，主要工作是加强离退休干部的思想政治教育，开展老年文体活动和老年健康教育活动，每月坚持"三会一课"制度，组织老干部学习文化知识，为老干部提供一年一度的体检服务，帮助老干部落实政治和物质待遇，并组织外出参观考察等。2013年3月，南闸街道离退休干部党支部被中共江阴市委组织部、中共江阴市委老干部局评为"五好"离退休干部党支部。

2004—2015年南闸街道老年人情况一览

表12-28

年 份	全街道常住人口总数	老年人总人数	老年人占总人口比率	其 中		60—79岁			80—99岁			百 岁		
				男	女	人数	男	女	人数	男	女	人数	男	女
2004年年底	—	6776	—	3106	3670	5767	2749	3018	1008	357	651	1	—	1
2005年年底	—	7148	—	3268	3880	6036	2873	3163	1109	395	714	3	—	3
2006年年底	—	7463	—	3436	4027	6328	3025	3303	1132	411	721	3	—	3
2007年年底	—	7794	—	3628	4166	6624	3192	3432	1167	437	730	3	—	3
2008年年底	—	8409	—	3915	4494	7136	3442	3694	1270	470	800	3	—	3
2009年年底	49443	9035	18.27%	4264	4771	7696	3763	3933	1336	500	836	3	—	3
2010年年底	47979	9371	19.53%	4451	4920	7981	3935	4046	1388	516	872	2	—	2
2011年年底	51991	9910	19.06%	4791	5119	8561	4285	4276	1349	506	843	—	—	—
2012年年底	47454	10915	23.00%	5315	5600	9576	4804	4772	1398	511	887	1	—	1
2013年年底	47274	11047	23.37%	5421	5626	9712	4911	4801	1330	510	820	5	—	5
2014年年底	48059	11473	23.87%	5690	5783	10080	5140	4940	1383	548	836	9	2	7
2015年年底	49180	11776	23.94%	5868	5908	10269	5269	5000	1500	597	903	7	2	5

南闸街道2014年老年人情况一览

表12-29

村（大队）名称	全街道常住人口总数	老年人总人数	老年人占总人口比率	其 中		60—79岁			80—99岁			百 岁			百岁老人姓名
				男	女	人数	男	女	人数	男	女	人数	男	女	
花果村	3275	716	21.86%	353	363	665	337	328	51	16	35	—	—	—	—
谢南村	4120	945	22.94%	477	468	850	430	420	94	47	47	1	—	1	花金凤
曙光村	4013	881	21.95%	460	421	766	406	360	115	54	61	—	—	—	—
涂镇村	3450	834	24.17%	418	416	728	375	353	105	42	63	1	1	—	周永保
南新村	4700	817	17.38%	390	427	722	350	372	95	40	55	—	—	—	—
蔡泾村	6700	1668	24.90%	809	859	1450	729	721	217	80	137	1	—	1	蒋巧凤
龙运村	5853	1615	27.59%	814	801	1406	734	672	208	80	128	1	—	1	李阿凤
南闸村	3538	972	27.47%	467	505	841	420	421	129	47	82	2	—	2	陆金娣 陈三妹
观山村	3060	717	23.43%	361	356	638	334	304	79	27	52	—	—	—	—
泗河村	4250	1032	24.28%	503	529	899	455	444	131	48	83	2	—	2	周玉秀 乔玉珍
观西村	5100	1276	25.02%	638	638	1115	570	545	160	67	93	1	1	—	徐清泉
合 计	48059	11473	23.87%	5690	5783	10080	5140	4940	1384	548	836	9	2	7	—

第六节　工商团体

一、工商联合会

1950年春，南闸建立工商联筹备小组，苏银元任组长。下设绸布、百货、国药、饮食、茶食、南货、杂货、粮食、竹木器及摊贩等11个行业,工商界踊跃认购胜利折实公债,超额完成抗美援朝飞机大炮捐款。1951年7月,南闸工商业联合会正式成立,民主选举苏银元为主任,会址设在河东小弄内。1955年起,工商业联合会投入党的社会主义改造运动,教育各工商户、商贩、小手工业者接受改造,走合作化道路,成为党联系工商业者的纽带。合作化完成后,工商业联合会的职能逐步由供销合作社、手工业联社所代替。1959年8月6日,江阴县成立了江阴县工商联合会,随即南闸成立了工商联合组。1963年4月,江阴县第二届工商联合会员代表大会召开,南闸工商联合组增设了学习教育组、老年工商者联络工作组、家属工作组。"文化大革命"开始后,工商联合组停止活动。

二、个体劳动者协会

1983年9月17日,南闸乡成立江阴县个体劳动者协会南闸乡分会,会长倪仁龙,会员79名,个体工商户78户。该协会是个体工商业者自我管理、自我教育、自我服务的群众性组织。主要工作职能是常年开展面向消费者的活动,宣传文明经商,进行职工道德教育,维护个体工商户的合法权益。1988年末,全镇有个体工商户725户,会员1044名。1998年更名为江阴市私营个体经济协会南闸分会,夏乐平任会长。协会吸收私营企业和个体工商户,是涵盖多种行业的联合型社会团体。协会组织会员开展定期或不定期的学习培训活动。学习党的方针政策、国家法律法规和市场经济知识,引导私营个体经济从业人员走勤劳致富、守法经营道路。同时,切实维护他们的合法权益。协会成立以来,组织会员献爱心、送温暖,支持身边的"希望工程",私营个体经济的社会形象得到提升。2015年末,有个体工商户2400户,私营企业950户,协会会员3350名。

三、商会

1998年11月20日,南闸工商分局组织召开了个体工商户会议,选举产生了由夏乐平等7名理事组成的南闸商会理事会。商会受地方党委、政府的领导,业务由市总商会(市工商联)指导。2003年,共有会员55名,其中企业会员46名,个人会员8名,特约会员1名。会员经营业务广泛,分布在纺织、服装、机械、冶金、建筑、房地产、流通等领域。2003年7月25日,举行了南闸镇第一届商会成立大会。出席会员55名,会议选举产生了由缪淡林等29名理事组成的第一届理事会。2007年5月9日,南闸商会召开第二次会员大会,选举产生了第二届理事会,周成任会长。2015年7月28日,南闸商会召开第三次会员大会,选举产生了第三届理事会,周成连任会长,聘请缪慧、李志浩任名誉会长。

2007年4月24日,江阴首个镇级行业商会——江阴市金三角建材行业商会成立,任锦海任理事会会长。2008年6月2日,成立了江阴市南闸印染机械行业商会,居品良任理事会会长。

第十三编　政权·政协

第一章 代议机构及乡（镇）公所

第一节 议事机构

民国元年（1912），省颁布市乡制，江阴县划为1市36乡。城厢区改为江阴市，置市公所于中街武庙，设总董、董事各1人，市议会议长、副议长选任。镇改为乡，分设36个乡，建立乡议事会，设议事会会长、副会长。建立乡办事机构，称自治公所，设乡董、乡佐各1名，乡董、乡佐的主要职能是调解辖区内民事纠纷，乡下设保甲。民国二年（1913），境内蔡泾镇称蔡泾乡，观山镇称观山乡，谢园镇南部4保属谢绮花乡，原镇董、镇佐改称为乡董、乡佐。民国八年（1919），乡董改称乡助理。民国十二年（1923），乡助理改称乡长。

第二节 乡（镇）公所

民国十六年（1927），北伐军进抵江阴后，国民政府实行"训政"，代议制停止，市公所改为市行政局，设局长。民国十七年（1928），推行街长制，市行政局以下实行街村制，设街长、村长，街村以下为闾、邻，25家为一闾，设闾长、邻长。民国十八年（1929），推行区乡制，实行区域自治。以区辖乡，乡设乡公所，乡以下仍为闾邻制。全县并为7个自治区，撤销市行政局，建立第一自治公所，第一区辖11个镇9个乡。南闸镇、谢绮花乡属一区。观山乡、蔡泾乡属七区。境内蔡泾乡、观山乡各设乡长1人，干事、乡丁若干人。民国二十三年（1934），划区分乡，蔡泾乡改称南闸镇，属一区。观山乡分观东、观西、观山3个乡，属七区。谢绮花乡分谢南、谢北、绮山、花山4个乡，属一区，谢北、谢南在南闸境内。乡以下废除闾邻制，推行保甲制，逐户订立门牌，以乡统保，以保统甲。民国二十六年（1937），日军侵占江阴。民国二十七年（1938），日本侵略军统治的江阴县知事公署成立，建立江阴县伪政权，沿用民国初年建制，改维持会成为伪乡公所，仍设保甲制，划区建乡，南闸镇改称蔡泾乡，属一区。观东、观西并入观山乡，属七区。谢南、谢北并入谢绮花乡，属一区。

民国二十九年（1940）下半年，中国共产党在江阴乡区建立抗日民主政权。南闸境内锡澄运河以西属澄西县第三区，锡澄运河以东属江阴县峭岐区。民国三十年（1941）8月，日伪实行"清乡"，南闸境内抗日民主政府撤离。民国三十一年（1942）日伪"清乡"后，各乡建伪乡公所，设伪乡长，进行保甲整编，推行保甲连坐法以加强对人民的控制。划区分乡，蔡泾乡更名为南闸镇，属一区。观山乡分为观东、观西、观山3个乡，属七区。谢南、谢北又从谢绮花乡分出设乡，属一区。民国三十六年（1947）9月，谢南、谢北合并为谢园乡，和南闸镇属一区（城区）。是年10月，花传根任南闸镇镇长，观东、观西并入观山乡，属七区（申港区）。是年11月，张廷基任观山乡乡长。民国三十七年（1948）5月，谢园、绮花合并为谢绮花乡，同年10月改称忠义乡，乡公所设在陈皮弄，辖21保307甲。南闸镇公所设在河东城隍庙，辖25保146甲。观山乡乡公所设在璜村张氏宗祠，辖13保199甲。1949年4月23日，江阴解放，南闸镇、忠义乡属澄南区，观山乡属澄西区。

第二章 人民代表大会

第一节 南闸历届人民代表大会

1949年10月至1952年11月,江阴县先后召开五届各界人民代表大会。南闸、蔡泾、谢南、观东、观山、观西等小乡,召开各行政村负责人会议,通过协商产生代表,参加各届江阴县各界人民代表会议。

第一届人民代表大会 南闸、谢南、蔡泾、观东、观山、观西6个小乡分别于1953年4月召开首届人民代表大会。会议选举王仁金为南闸乡乡长,袁炳根为谢南乡乡长,刘森林为蔡泾乡乡长,许鹤松为观东乡乡长,吴景生为观山乡乡长,倪裕昌为观西乡乡长。各乡选举出代表2人,参加县人民代表大会。

第二届人民代表大会 南闸、观山两个乡分别于1956年3月召开第二届人民代表大会。会议听取并审议通过了乡政府的工作报告。选举李丁元为南闸乡乡长,许培玉为观山乡乡长。会上南闸乡选出县人民代表5人,观山乡选出县人民代表6人。1956年3月至1957年9月,蔡泾乡划归通运乡管辖,蔡泾乡有2人当选为县第二届人民代表大会代表。1957年9月,境内南闸乡、观山乡、蔡泾乡合并成立南闸乡后,召开第二届人民代表大会第二次会议,徐荣初作工作报告。会议选举产生南闸乡人民委员会,选举徐荣初为乡长,宋巧妹、缪勇为副乡长。

第三届人民代表大会 于1958年9月召开。会议通过了成立南闸人民公社的决定,并通过了人民公社简章,选举产生公社管理委员会委员21人,选举徐荣初为社长,宋巧妹、缪勇为副社长,同时选举产生出席江阴县第三届人民代表大会的代表9人。

第四届人民代表大会 于1961年8月召开。出席代表298名,其中男230名,女68名;共产党员184名,共青团员37名;工人1名,贫农209名,中农86名,军人1名,机关工作人员16名,文教卫生人员5名。会议听取并审议通过了公社管理委员会的工作报告及财政预决算报告。会议选举产生公社管理委员会成员25人,选举李仁清为公社管理委员会社长,许培玉、缪勇、孙士杰、缪国成为副社长,同时选举产生出席江阴县第四届人民代表大会的代表9人。

第五届人民代表大会 于1963年3月27日召开。出席代表323名,其中男246名,女77名;共产党员136名,共青团员31名,民主党派2名;工人1名,贫农209名,中农83名,军人1名,机关工作人员16名,文教卫生人员5名,科技人员1名,工商企业界人士5名。会议听取并审议通过公社管委会的工作报告和财政预决算报告。会议选举产生公社管理委员会委员13人,选举李仁清为公社管理委员会社长,许培玉为副社长。同时选举产生出席江阴县第五届人民代表大会的代表9人。

第六届人民代表大会 于1966年1月12日召开。出席代表323名,其中,男246名,女77名;共产党员126名。会议听取并审议通过公社管委会的工作报告、财政预决算报告和提案审查报告。会议选举产生公社管理委员会委员15名（其中男12名，女3名），选举李仁清为公社管理委员会社长，刘森林为副社长，同时选举产生公社监察委员会委员5人，出席江阴县第六届人民代表大会的代表9人。

第七届人民代表大会　"文化大革命"期间，人民代表大会停止活动。1971年1月15日，召开了由"工代会""贫代会""红代会"代表参加的"三代会"。会议决定将公社管理委员会更名为公社革命委员会。县革命委员会任命赵鸿庆为公社革命委员会主任，陶信芝为副主任，此次会议作为第七届人民代表大会沿袭记载。

第八届人民代表大会　于1978年9月15日召开。会议决定将公社革命委员会更名为公社管理委员会，选举严林度为管理委员会主任，陈金玉、刘叙初、周锡仕、徐黑南、倪兴华、高振邦为副主任。

第九届人民代表大会　第一次会议于1981年12月26日召开，应出席代表98名，实到代表97名。会议听取并审议通过了公社管理委员会的工作报告、提案审查报告和贯彻两个国策暂行规定的报告。会议选举产生公社管理委员会委员12人，选举王国强为公社管理委员会主任，周锡仕、徐黑南、吴福兴、沙乃成为副主任，会议还选举人民陪审员8人。会议收到代表建议和意见书53份。第三次会议于1983年3月26日召开，应到代表93名，实到代表87名。

第十届人民代表大会　第一次会议1984年3月30日召开。本次大会应出席代表99名，其中男74名，女25名；共产党员54名，共青团员7名；机关干部17名，专业户6名，工人、农民73名；实到会代表90名。会议收到建议、意见书38份。会议决定党政分设，将南闸公社恢复为南闸乡，并增设南闸乡经济委员会，生产大队改名为行政村。会议选举张宝荣为乡长，耿田生、许中新为副乡长；选举沙乃成为经济委员会主任，顾小玉、蒋炳文、朱伟新为副主任，王才兴、吴福兴、陈骏福为委员。会议选出人民陪审员9人，同时选举产生出席江阴市第九届人民代表大会代表16人。第三次会议于1986年5月8日召开，应到代表97名，实到代表85名。会议选举沙乃成为副乡长。会议期间收到代表建议、意见书50份。

第十一届人民代表大会　第一次会议于1987年3月11日召开。应出席代表90名，其中男68名，女22名；共产党员51名，共青团员5名；干部11名，工人、农民67名，知识分子13名；实到会代表86名。会议收到建议、意见书104份。会议听取并审议通过了政府工作报告和财政预算报告。会议选举张宝荣为乡长，周锡仕、耿田生、蒋伟辅为副乡长。第二次会议于1988年4月12日召开，实到代表89名。会议期间收到代表建议、意见书35份。第三次会议于1989年3月25日召开，应到代表90名，实到代表76名。会议收到代表建议、意见书38份。选举产生江阴市第十人民代表大会的代表14人。

第十二届人民代表大会　第一次会议于1990年2月27日召开。应到代表82名，实到代表81名。会议听取、审议并通过了政府工作报告、财政预算决算报告和《实施九年制义务教育规划》的报告。会议根据上级的要求，决定在乡人民代表大会闭会期间设立主席团常务主席，推选周锡仕为乡人大主席团常务主席。会议选举张宝荣为镇长，牟自健、耿田生、许中新、蒋伟辅为副镇长。会议还选举产生人民陪审员2名，选出出席江阴市第十一届市人民代表大会的代表12人。第二次会议于1991年3月3日召开，应到代表81名，实到代表71名，其中女代表17名，共产党员代表50名。会议期间收到代表建议、意见书24份。第三次会议于1992年3月18日至19日召开，应到代表79名，实到代表77名。会议补选袁秋中为镇长，祝宗坤为副镇长。会议收到代表建议、意见书38份。

第十三届人民代表大会　第一次会议于1993年2月8日至9日召开，应出席代表83名，实到代表82名，列席代表42名。人大代表中男66名，女17名；共产党员54名。会议听取并审议通过了政府工作报告、人大主席团工作报告和财政预决算报告，并通过了相应的决议。此次会议收到代表的建议、意见书15份。会议选举产生周锡仕为南闸镇第十三届人民代表大会主席团常务主席；选举袁秋中为镇长，耿田生、王永才、缪林泉、许中新为副镇长。会议还选举产生人民陪审员2人，选出出席江阴市第十二届人民代表大会的代表10人。第二次会议于1994年2月28日召开，应到代表83名，实到代表83名。会议收到代表建议、意见书27份。第三次会议于1995年2月21日召开，应到代表83名，实到代表79名，会议收到代表建议、意见书17份。

第十四届人民代表大会　第一次会议于1996年1月27日至28日召开，应出席代表74名，实到代表73名。其中男57人，女16人；共产党员45人，非党员代表28人。会议听取、审议通过了政府工作报告、人大主席团工作报告和财政预决算报告，并通过了相应的决议。大会收到代表建议、意见书28份。会议选举周锡仕为镇人大主席，王永才为副主席；选举许勇炎为镇长，周成、耿田生、缪林泉、许中新为副镇长。选出出席江阴市第十三届市人民代表大会的代表12人。第二次会议于1997年3月5日召开，应到代表74名，实到代表70名。会议收到代表建议、意见书21份。会议补选陆礼平为副镇长。第三次会议于1998年2月14日至15日召开，应到代表73名，实到代表72名。会议补选修华林为镇长，张叶飞、周建荣为副镇长。会议期间收到代表建议、意见书22份。

第十五届人民代表大会　第一次会议于1999年1月27日至28日召开。应出席代表74名，实到代表71名。代表中非党员代表占32.4%，妇女代表占24.3%，高中以上文化占46%。会议听取并审议通过了政府工作报告、人大工作报告和财政预决算报告，并通过了相应的决议。会议选举袁秋中为镇人大主席，缪林泉为副主席；选举修华林为镇长，邹星洪、周建荣、王国中为副镇长。第二次会议于2000年1月28日召开，应到代表74名，实到代表72名。会议收到代表建议、意见书16份。第三次会议于2001年3月18日召开，应到代表74名，实到代表70名。会议收到代表建议、意见书16份。

第十六届人民代表大会　第一次会议于2002年1月15日至16日召开，应出席代表74名，实到代表73名。代表中男52名，女22名；非党员代表38名，专技人员11名，大专以上文化23名。会议听取、审议、通过了政府工作报告、人大工作报告和财政预决算报告，并通过了相应的决定。大会收到代表建议、意见书12份。会议选举徐华文为镇人大主席，金国锦为副主席；选举冯爱东为镇长，邹星洪、周建荣、陈建国、陈耀仁为副镇长。会议选举产生出席江阴市第十四届市人大代表大会的代表12人。第二次会议于2003年2月10日召开，应出席代表73名，实到代表66名。会议共收到代表建议意见书14份。第三次会议于2004年2月7日到8日召开，应到代表73名，实到代表63名。会议共收到代表建议、意见书11份。会议补选沈军为副镇长。第四次会议于2005年1月15日至16日召开，应到代表74名，实到代表64名。大会收到代表建议、意见书10份，会议补选钱华光为镇长，陶杏全、朱富强为副镇长。第五次会议于2006年3月11日至12日召开，应到代表74名，实到代表68名。周建荣致开幕词，钱华光作政府工作报告，黄国华作了南闸镇2005年财政决算和2006年财政预算（草案）的报告，徐华文作了人大工作报告，费平作了闭幕词。大会收到代表建议、意见书18份。会议补选曹其龙为副镇长。第六次会议于2007年1月6日至7日召开，应到代表73名，实到代表70名。大会收到代表建议、意见书11份。沈军作了政府工作报告，徐华文作了人大工作报告，费平在会上讲话。会议补选叶韩清为镇长。

第十七届人民代表大会　第一次会议于2007年12月8日至9日召开，应出席代表74名，人大代表中男55名，女19名；共产党员48名，非共产党员26名，出席代表70名，列席代表63名。叶韩清作了政府工作报告，会议审议、通过了政府工作报告、人大主席团工作报告、财政预算报告，并通过了相应决议。大会收到代表建议、意见书13份，会议代表对机关部门、市驻镇单位进行民主评测。会议选举徐华文为镇人大主席，金国锦为人大副主席，选举叶韩清为镇长，沈军、陶杏全、朱富强、曹其龙为副镇长。吴芳致闭幕词。选举产生江阴市第十五届市人大代表11人。第二次会议于2008年12月26至27日，应到代表72名，列席代表63名，大会收到代表建议意见书14份。大会接受了副镇长陶杏全、沈军的辞呈，会议补选了陈峰、周跃军为副镇长，与会代表对南闸镇机关部门、市驻镇单位进行了民主测评。

1949—1953年南闸地区出席江阴县各界代表会议代表名单一览

表13-1

会议名称	时　间	代表名单
江阴县第一届各界人民代表会	1949.10.09—10.13	倪兴华、刘炳林、李永鳌、袁国琪
江阴县第二届各界人民代表会	1950.02.08—02.10	倪雨农、倪兴华、耿荣传
江阴县第三届各界人民代表会	1950.11.01—11.04	耿兴宝、戴金秀、王阿和、苏月坡
江阴县第四届各界人民代表会	1951.04.16—04.19	缺资料
江阴县第五届各界人民代表会	1951.11.09—11.12	耿秉才、陆富度、焦维生、黄自权、陈兰珍、苏银元、刘祖培
江阴县第六届各界人民代表会	1952.11.03—11.09	袁国琪、谭玉加、苏银元、陆甫大、耿顺和、黄自权、苏月坡

1954—2017年南闸地区当选江阴县人民代表大会代表名单一览

表13-2

历届会议	时　间	区、乡、公社		代表名单
江阴县第一届人民代表大会	1954..06.29—07.04	花山区 夏港区		承阿七、阚传大、王荣度、陈六妹、刘森林、黄金贵、陆国全、马顺林
江阴县第二届人民代表大会	1956.09.16—09.21	要塞区	南闸乡 通运乡 观山乡	徐玉福、王汝初、吴福宝（女）、苏月坡、陈望曾、刘森林、吴巧珍（女）、耿申度、丁荣嘉、袁国琪、李一之、金国银、吴阿苟
江阴县第三届人民代表大会	1958.05.16—05.18	南闸乡		缺资料
江阴县第四届人民代表大会	1961.09.18—09.20	南闸公社		蒋步莲、陶洪祥、苏月坡、吴瑞兴、许金秀（女）、陈小培、焦宝云、袁国琪、陈望曾
江阴县第五届人民代表大会	1963.12.27—12.29	南闸公社		袁国琪、陈望曾、陶洪祥、苏月坡、吴阿宝、许培玉、许金秀（女）、焦保荣、葛美宝（女）
江阴县第六届人民代表大会	1966.05.28—05.31	南闸公社		黄自权、袁国琪、苏月坡、钟鸣、季兆甫、李仁清、许金秀（女）、吴美郎（女）、吴阿宝
江阴县第七届人民代表大会	1968.03.18	南闸公社		缺资料
江阴县第八届人民代表大会	1981.07.02—07.07	南闸公社		吴福兴、谭阿兴、苏月坡、郭良英、沙乃成、耿金秀（女）、吴金凤（女）、杨伯荣、许培相、袁永兴、潘友娣（女）、李一之、杨惠群（女）、缪荣金、王国强、陆惠英、陶元顺
江阴市第九届人民代表大会	1984.09.21—09.23	南闸乡		宋银娣、陈坤林、张宝荣、郭良英、吴金凤（女）张彩英（女）、许培相、陈龙秀（女）、沙乃成、沈川宜、杨惠群（女）、叶震青、缪荣金、苏月坡、刘静芬（女）、潘贵耕

续表13-2

历届会议	时 间	区、乡、公社	代表名单
江阴市第十届人民代表大会	1987.04.08—04.11	南闸乡	王伟成、叶震青、张宝荣、章翰华、蒋惠琴（女）、周剑明、阙国清、宋银娣（女）、郭良英、蒋志耀、许培相、许甫元、陈龙秀（女）、金秋英（女）
江阴市第十一届人民代表大会	1990.03.27—03.30	南闸镇	阙国清、蒋炳文、陈加生、陆洪兴、王伟成、许兴富、张宝荣、陆玉珍（女）、金雪强、陆亚琴（女）、吴国范、夏惠中（女）
江阴市第十二届人民代表大会	1993.02.17—02.20	南闸镇	袁秋中、张国荣、阙国清、何云梅、杨浩才、刘文耀、邹士忠、陈加生、张静华（女）、金秋英（女）
江阴市第十三届人民代表大会	1998.01.03—01.06	南闸镇	许玉妹（女）、宋丽珏（女）、邹建芬（女）、陆松平、陈楠、周素炯、赵益、俞中兴、修华林、蒋玉龙、蒋锡兴、缪敏芳（女）
江阴市第十四届人民代表大会	2003.01.06—01.09	南闸镇	冯爱东、丁祖兴、许玉妹（女）、沙乃成、宋纪龙、陈红梅（女）、金锡强、周成、顾林坤、倪颖伟、徐华文、梅淑华（女）
江阴市第十五届人民代表大会	2007.12.17—12.21	南闸镇	吴芳（女）、许玉妹（女）、金锡强、周成、赵建洪、费平、耿国萍、徐华文、倪颖伟、郭英（女）、薛建忠
江阴市第十六届人民代表大会	2012.03.21—03.23	南闸街道	陈文斌（2012—2014.01）、王忠良、吴满元、吴克平、张微（女）、周成、殷凤华（女）、何健、金国锦、薛建忠、费平、倪颖伟、赵建洪、马汉琴（女）、周建荣、耿丽珍（女）、缪慧（2014.01）
江阴市第十七届人民代表大会	2017.01	南闸街道	冯玉美（女）、李志浩、吴克平、何刚、余银龙、张薇（女）、张晓钟、周成、秦静（女）、顾成芳、倪颖伟、徐荣君、徐惠民、黄贤（女）、曹其龙、缪慧

第二节　乡镇人大机构及领导人员

1982年，国家宪法规定设立乡（镇）人民代表大会主席团，并将乡（镇）人民代表大会召集主持者由乡（镇）人民政府改为乡（镇）人民代表大会主席团。1989年，规定乡（镇）人大主席团在人民代表大会闭幕期间设立常务主席。1990年2月27日，南闸乡第十二届人民代表大会第一次会议，首次选出周锡仕任人大主席团常务主席。1995年，八届全国人大常委会通过修改后的《中华人民共和国地方各级人民代表大会和地方各级人民政府组织法》规定，乡（镇）人民代表大会设立主席和副主席。在乡（镇）人民代表大会举行会议时，选举主席、副主席为主席团成员。由主席团主持会议，并负责召集下一次乡（镇）人民代表大会会议。南闸镇人大将代表按行业分编成若干小组，设副组长和联络员，建立例会制度、活动制度、学习制度、提案办理制度、联系代表和选民制度、评议工作制度、汇报制度、立案归档制度和定期约见政府领导咨询会制度，及时督促、解决群众急事难事，为民落实实事、好事。镇人大主席在每次人大会议上作大会报告，内容包括围绕中心、加强监督、办理提案、组织评议、开展活动的情况及人代会组织情况、下一年工作打算等，经代表充分讨论后，辅助表决通过。1996年1月28日，南闸镇第十四届人民代表大会第一次会议上，选举产生周锡仕为人大主席，王永才为人大副主席。1999年1月28日，南闸镇第十五届人民代表大会第一次会议上选举产生袁秋中为镇人大主席，缪林泉为镇人大副主席，并设人大专职秘书1名。2001年成立人大办公室，设主任1名。人民代表大会日常工作由人大主席、副主席及人大办公室人员负责。2002年第十六届人民代表大会选举徐华文为镇人大主席，金国锦兼任人大副主席。2009年12月18日，南闸撤镇建街道，举行挂牌仪式，原人大主席团改为人大工作委员会，作为市人大常委会派出工作机构，原镇人大代表的代表资格自行终止。根据宪法规定，街道不召开人民代表大会，由江阴市人大常委会决定南闸街道人大主任、副主任人选。

1990—2009年南闸镇人大常务主席、人大主席、人大副主席任职一览

表13-3

姓　名	职　务	任职时间
周锡仕	人大常务主席	1990.02—1996.01
周锡仕	人大主席	1996.01—1999.01
王永才	人大副主席	1996.01—1999.01
袁秋中	人大主席	1999.01—2002.01
缪林泉	人大副主席	1999.01—2002.01
徐华文	人大主席	2002.01—2009.12
金国锦	人大副主席	2002.01—2009.12

南闸街道人大主任、副主任任职一览

表13-4

姓　名	职　务	任职时间
徐华文	人大主任	2009.12—2010.10
金国锦	人大副主任	2009.12—2010.10
吴　芳	人大主任	2010.10—2011.06
金国锦	人大副主任	2010.10—2011.06
陈文斌	人大主任	2011.06—2014.12
金国锦	人大副主任	2011.06—2013.04
吴志裕	人大副主任	2013.04—2015.03
缪　慧	人大主任	2014.12—2015.03
曹其龙	人大主任	2015.03—

第三节　代表选举

1949—1953年，南闸地区各界人民代表会议代表由各阶层下达名额推选。1953年开始普选，每届人民代表大会代表产生（除第七届会议外，因处于"文化大革命"时期，由群众组织推选代表参加革命委员会）均以《中华人民共和国选举法》规定进行选举。乡镇（公社）成立选举委员会，组织和领导选举工作，划分选区，成立选民小组。在进行广泛宣传发动的基础上，进行人口调查、选民登记、资格审查、张榜公布、动员群众看榜、核对纠正错漏。各选区（小组）由选民按条件推荐代表候选人，经过选区、选民小组的多次酝酿，在协商一致的情况下，与组织考察相结合，确定正式候选人，再按选区召开选民大会，进行无记名投票选举，民主产生人民代表。

县（市）人民代表大会代表，20世纪五六十年代，由乡镇（公社）人民代表大会选举产生。1981年起，根据新宪法规定，县（市）、乡两级人大代表由选民直接选举产生。为节省时间和人力，镇

（乡）、县（市）人民代表大会代表选举统一发动、统一步骤、统一宣传、统一划分选区和选民小组，分别酝酿代表候选人，由选区召开选民大会，选举县（市）人民代表，再选举乡（镇）人民代表，两张选票，一次投票，分别计票。

1954年4月南闸地区总人口及选民情况一览

表13-5

地 区	总户数（户）	总人口（人）	18岁以上						
			合 计	有选举权			无选举权		
				小计	参选	未参选	小计	被剥夺	精神病患者
观西乡	969	3987	2219	2205	1581	624	14	8	6
观山乡	1009	4251	2185	2174	1589	585	11	9	2
观东乡	915	3988	2054	2042	1499	543	12	12	—
南闸乡（小集镇）	1507	6349	3319	3297	2433	864	22	20	2
谢南乡	1108	4695	2473	2463	1980	483	10	10	—
蔡泾乡	1019	4205	2087	2065	1765	300	22	21	1
合 计	6527	27475	14337	14246	10847	3399	91	80	11

南闸镇第十七届人民代表大会代表构成情况一览

表13-6

一、性别比例					
总人数	其 中				
	男	百分比	女	百分比	
74人	55人	74.3%	19	25.7%	

二、政治面貌					
总人数	其 中				
	中共党员	百分比	非中共党员	百分比	
74人	47人	63.5%	27	36.5%	

三、文化程度									
初 中		高 中		大 专		本 科		研究生	
人数	百分比	人数	百分比	人数	百分比	人数	百分比	人数	百分比
16	21.6%	23	31.1%	21	28.4%	12	16.2%	2	2.7%

四、年龄结构					
35岁以下		36—45岁		45岁以上	
人数	百分比	人数	百分比	人数	百分比
15	20.3%	38	51.4%	21	28.4%

续表13-6

五、职业分布											
干　部		农　民		企业工人		教　育		卫　生		金　融	
人数	百分比	人数	百分比	人数	百分比	人数	百分比	人数	百分比	人数	百分比
7	9.5%	40	54%	20	27%	5	6.7%	1	1.3%	1	1.3%

第四节　人民代表大会主要活动

乡（镇）人民代表大会是乡（镇）国家权力机关，由选民直接选举的乡（镇）人民代表大会代表组成。主要活动有：

一、履行监督职责

乡（镇）人民代表大会依法监督行政执法部门工作，保证宪法、法律、行政法规和上级人民代表大会及其常务委员会在辖区内遵守、贯彻、执行。每年召开会议，认真审议和批准政府工作报告、人大主席团或人大主席工作报告、年度政府财政预决算执行情况报告。每年组织代表对人民群众普遍关注的重大问题开展2—3次视察活动和依法进行执法检查。每年召开主席团会议2—3次，分别听取政府在政治、经济、生态、社会治安、社会事业、精神文明建设等方面的工作汇报，评议政府及相关部门的工作，同时，对每届政府组成人员的述职进行评议。近年来，加强了对发展经济、加强工业集中区建设、落实耕地保护、严禁开山采石、加快复垦复绿、加强环境保护、房屋拆迁、小区建设、促进农村医保等方面的监督，促进了一些社会热点、难点问题及时解决。

二、决定重大事项

依法选举镇（乡）人民代表大会主席、副主席、主席团常务主席、镇（乡）长、副镇（乡）长。组织代表围绕经济建设、生态建设、精神文明建设、社会事业建设发展中的重大问题，开展调查研究，并依法作出决议或决定。1980年后，先后就全民普法教育、南闸集镇建设总体规划、工业集中区规划、调整学校布局规划、南闸卫生院规划、敬老院建设规划、环境保护、创建国家环境优美镇、创建国家卫生镇等重大事项，以及站西路、工农路、紫金路、白玉路、云南路、跃进路、南焦路、白玉小区、安置房、南闸实验学校、中心小学、中心幼儿园、社区便民服务中心，拓浚花山河、工农河、跃进河等重点建设工程，作出相关的决议和决定。

三、加强自身建设

组织代表学习政治理论、中央领导重要讲话、《代表法》及其他法律法规，提高代表参政议政能力和履行代表职责的自觉性和积极性，提升人民代表的示范性及先进性。教育代表与选区、选举单位人民群众保持密切联系，体察民情、表达民意、建言献策，推进政府工作。不断总结人大工作经验、探索人大工作规律、创新人大工作机制、制定并完善议事规则、工作守则及其他各项规章制度。

第三章 人民政府

第一节 镇（乡）人民政府沿革

1949年4月23日，江阴全境解放。同年4月，南闸地区成立南闸镇人民政府、观山乡人民政府和忠义乡人民政府，各设乡、镇长1人，同年5月，分别成立农民协会。南闸镇人民政府属澄南区管辖，下设财粮委员、民兵中队长、农会主任等脱产干部4—5人；观山乡人民政府属澄西区管辖，设乡长1人，财粮委员、民兵中队长、农会主任3—4人。

1949年10月，划区建乡，建立行政村，行政村设村长，行政村以下以自然村为单位设立村民小组。南闸镇分为南闸、蔡泾2个乡。忠义乡分为谢南、谢北、皮弄、花山4个乡，谢南乡列入南闸地区。观山乡分为观山、观东、观西3个乡，南闸镇和观山乡的建制同时撤销。南闸乡人民政府设在南闸街河东南弄老局里，辖1街14个行政村；谢南乡人民政府设在曙光村祥西施庵，辖9个行政村；蔡泾乡人民政府设在泾西东前村刘万章家，辖11个行政村。以上3乡隶属花山区管辖。观山乡分成观山、观东、观西3个小乡，观山乡人民政府设在山嘴村，辖10个行政村；观东乡人民政府先后设在观庄村许生朝、许明相、许根金家，辖9个行政村；观西乡人民政府设在泗河焦山村天主堂，辖9个行政村。以上3乡属夏港区领导。6个小乡各设乡长、财委、中队长各1人。1953年4月，6个小乡分别召开首届人民代表大会，会议选出南闸乡乡长王仁金、谢南乡乡长袁炳根、蔡泾乡乡长刘森林、观东乡乡长许鹤松、观山乡乡长吴景生、观西乡乡长倪裕昌。

1956年3月，境内南闸乡、谢南乡合并成南闸乡，办公驻地在南闸中新街大院内，属青阳区管辖；蔡泾乡和葫桥、通运三乡合并成通运乡，蔡泾乡划归通运乡，属夏港区管辖；观东、观西乡并入观山乡，办公驻地在璜村袁国良家，属澄西区管辖。各乡设乡长、公安特派员、生产委员、文教委员、财委、辅导会计各1人，南闸乡乡长李丁元，观山乡乡长许培玉。1957年9月，撤区并乡，观山乡并入南闸乡，成立南闸乡人民委员会，原通运乡撤销，蔡泾乡划归南闸乡领导，办公驻地在南闸中新街大院内，属青阳区管辖。设乡长1人，副乡长2人，公安特派员、文教、卫生、财委、会计各1人，乡长徐荣初，副乡长宋巧妹、缪勇。人民委员会委员中，除担任党委书记，正、副乡长外，其余委员分工负责农副业生产、行政事务工作，两乡合并后的富余人员、不脱产和半脱产人员回高级农业合作社任职。

1958年9月，经江阴县人民政府批准，成立"南闸人民公社管理委员会"。公社设正社长1人，副社长2人，成立公社管理委员会和监察委员会，下设文书、民政、文教、卫生、生产建设、人民武装、辅导会计、财务会计等办事部门，属青阳区管辖。1961年9月，隶属要塞区管辖。1966年"文化大革命"开始以后，公社行政机构于1967年1月被迫停止办公。1967年4月实行军管，设生产办公室。

1968年3月5日，成立南闸人民公社革命委员会，实行党政一元化领导，设革委会正、副主任各1人，设有政工组、生产指挥组、群工组、人民专政等4个部门。配备文书、会计辅导员、武装部长、公安特派员各1人。1970年3月，县委指派成立公社党的核心领导小组。1970年10月，成立新的公社党委。1981年5月，进行行政机构改革，撤销南闸公社革命委员会，恢复南闸人民公社管理委员会，设管理委员会主任1名，副主任若干名。随着社会的经济发展，公社管理委员会在原设有文书、民政、司法、财贸、政法、文教卫生、财政、生产建设、副业、妇联、共青团、人民武装等助理的基础上，增设计划生育、村镇建设、土地管理、工业、农业、多种经营等办公室。1984年3月30日，实行政社分设，改称南闸乡人民政府。设乡长1人，副乡长3人，生产大队改称为村民委员会，设村民委员会，设正副主任各1人，其下改称为村民小组，设组长1人，同时成立南闸乡经济委员会，负责境内经济管理工作，设主任1人，副主任3人。1985年1月1日，成立江阴县公安局南闸派出所。1985年3月，南闸乡经济委员会撤销，其下属工业公司、农业服务公司、多种经营服务公司成为乡政府工作部门。1986年，乡政府设文书档案、民政、财政、司法、计划生育、文教卫生、土地管理、建设环保、生产（农工副）、水利、财贸、科技、计划统计、物价、标准计量、人事等助理。1988年8月，撤乡建镇，成立南闸镇人民政府，设镇长1人，副镇长4人，下设文书档案、民政、生产（工农副）、水利、财贸、文教卫生、人民武装部、财政所、经济管理办公室、村镇建设、土地管理办公室、计划生育办公室，编制24人。1989年，增设党政办公室、司法、文化、教育、卫生、科技、招商、环保、安全、文书、水利、农业服务公司、社会保险等部门。1991年1月，成立南闸镇经济科技信息中心。1992年6月，成立南闸镇教育委员会，管理全镇各类教育。1993年4月，成立南闸镇第三产业总公司，下设办公室；同年8月，成立南闸镇建设委员会。1994年1月，成立南闸镇农村社会养老保险管理所；12月成立南闸镇技术监督管理站、南闸镇计划生育服务站。2001年11月，根据上级统一部署进行机构改革。设党政办公室、人事助理（与党委组织科合署办公）、民政助理、文教助理、科技助理、镇村建设助理、农业助理、水利农机助理、工业助理、三产助理、外经助理、环保助理、安全质量助理、审计助理、卫生助理等岗位，政府助理分管部门称科。2014年3月，增设社区科，农业服务中心、农村经济服务中心、文化服务中心、劳动和社会保障管理所、建筑管理服务所、计划生育服务站，均列为改革后的镇管事业单位。2002年3月，行政区划调整，设15个行政村和1个行政村级社区委员会。2007年11月，第二次行政区划调整，设11个行政村，其中，谢南村（紫金社区）、南新村（南闸居委）为村、社区合一。2009年12月，撤镇建街道，成立江阴市人民政府南闸街道办事处。

1949年4—10月南闸镇、观山乡行政领导名录一览

表13-7

机构名称	职 务	姓 名	任职时间	备 注
南闸镇人民政府	镇 长	曹志金	1949.04—1949.07	
	镇 长	胡汉祥	1949.07—1949.10	
观山乡人民政府	乡 长	王慕良	1949.04—1949.10	

1949年10月—1956年3月南闸、谢南、蔡泾、观东、观山、观西乡行政领导名录一览

表13-8

机构名称	职务	姓名	任职时间	备注
南闸乡人民政府	乡长	王祥林	1949.10—1950.02	
	乡长	陈逸清	1950.02—1950.06	
	乡长	任海明	1950.06—1950.12	
	乡长	袁永法	1951.01—1951.08	
	乡长	陆荣	1951.08—1952.05	
	乡长	王仁金	1952.05—1953.12	
	乡长	陆海荣	1954.01—1955.10	
	乡长	李丁元	1955.10—1956.03	
谢南乡人民政府	副乡长	张仁	1949.10—1950.07	
	乡长	袁炳根	1950.08—1954.01	
	乡长	徐玉福	1954.01—1956.03	
蔡泾乡人民政府	乡长	刘行	1949.10—1950.02	
	乡长	王祥林	1950.02—1951.05	
	乡长	刘森林	1951.06—1956.03	
观东乡人民政府	乡长	黄鸣	1949.10—1950.07	
	乡长	耿荣传	1950.07—1951.08	
	乡长	耿进金	1951.08—1952.09	
	乡长	许鹤松	1952.06—1955.06	
	乡长	许培玉	1955.06—1956.03	
观山乡人民政府	乡长	江兆兴	1949.10—1950.07	
	乡长	耿根明	1950.07—1950.11	
	乡长	华金潮	1950.11—1951.02	
	乡长	戴荣文	1951.02—1953.01	
	副乡长	张志高	1953.01—1953.04	
	乡长	吴景生	1953.04—1954.03	
	乡长	张志高	1954.03—1956.03	
观西乡人民政府	乡长	江洽澄	1949.10—1949.12	
	乡长	谢定槐	1950.01—1950.06	
	乡长	陈金坤	1950.06—1951.03	
	乡长	倪裕昌	1951.03—1955.07	
	乡长	金汝兴	1955.07—1956.03	

1956年3月—1957年9月南闸、观山乡行政领导名录一览

表13-9

机构名称	职务	姓名	任职时间	备注
南闸乡人民政府	乡长	李丁元	1956.03—1957.09	
观山乡人民政府	乡长	许培玉	1956.03—1957.09	

1957年9月南闸乡人民政府领导名录一览

表13-10

机构名称	职务	姓名	任职时间	备注
南闸乡人民委员会	乡长	徐荣初	1957.09—1958.09	1957年9月由南闸、观山、蔡泾3个乡合并为南闸乡，建立南闸乡人民委员会
	副乡长	宋巧妹	1957.09—1958.09	
	副乡长	缪勇	1957.09—1958.09	

1958年9月—1967年1月南闸人民公社行政领导名录一览

表13-11

机构名称	任 次	职 务	姓 名	任职时间	备 注
南闸人民公社 管理委员会	第一任	社 长	徐荣初	1958.09—1959.06	1958年9月成立南闸人民公社管理委员会
		副社长	宋巧妹	1958.09—1959.12	
		副社长	缪 勇	1958.09—1959.05	
	第二任	社 长	李仁清	1959.06—1967.04	
		副社长	缪国成	1960.12—1962.12	
		副社长	缪 勇	1961.01—1961.12	
		副社长	孙士杰	1961.04—1961.09	
		副社长	许培玉	1961.08—1964.07	
		副社长	刘森林	1962.01—1962.08	

1968年3月—1981年12月南闸人民公社革命委员会行政领导名录一览

表13-12

机构名称	任 次	职 务	姓 名	任职时间	备 注
南闸人民公社 革命委员会	第一任	主 任	曹琪生	1968.03—1970.01	
		副主任	许宝成	1968.03—1969.03	
南闸人民公社 革命委员会	第二任	主 任	赵鸿庆	1970.01—1978.05	1966年下半年开始"文化大革命"，1967年1月公社停止办公，是年4月实行军管、设生产办公室 1967年4月实行军管 1968年3月建立南闸人民公社革命委员会
		副主任	陶信芝	1970.01—1977.10	
		副主任	顾振汉	1973.05—1978.09	
		副主任	刘满泉	1974.05—1975.12	
		副主任	耿相银	1975.07—1977.11	
		副主任	徐黑南	1976.10—1981.12	
		副主任	严林度	1977.10—1978.05	
		副主任	刘叙初	1977.10—1980.12	
	第三任	主 任	严林度	1978.05—1981.12	
		副主任	刘叙初	1979.05—1980.12	
		副主任	陈金玉	1978.09—1981.03	
		副主任	高振邦	1979.03—1981.04	
		副主任	倪兴华	1978.11—1981.10	
		副主任	周锡仕	1978.11—1981.12	
		副主任	王国强	1981.04—1981.12	

1981年12月—1984年3月南闸人民公社管理委员会行政领导名录一览

表13-13

机构名称	任 次	职 务	姓 名	任职时间	备 注
南闸人民公社 管理委员会	第一任	主 任	王国强	1981.12—1984.03	1978年5月南闸人民公社革命委员会恢复为南闸人民公社管理委员会
		副主任	徐黑南	1981.12—1984.03	
		副主任	周锡仕	1981.12—1984.03	
		副主任	沙乃成	1981.12—1984.03	
		副主任	吴福兴	1981.12—1984.03	

1984年3月—1988年7月南闸乡人民政府行政领导名录一览

表13-14

机构名称	职务	姓名	任职时间	备注
南闸乡人民政府	乡长	张宝荣	1984.03—1988.07	1984年3月撤销公社管委会恢复南闸乡人民政府
	副乡长	耿田生	1984.03—1988.07	
	副乡长	许中新	1984.03—1986.07	
	副乡长	沙乃成	1986.05—1986.12	
	副乡长	周锡仕	1987.03—1988.07	
	副乡长	蒋伟辅	1987.03—1988.07	

1984年3月—1986年5月南闸乡人民政府设立的经济委员会领导名录一览

表13-15

机构名称	职务	姓名	任职时间	备注
南闸乡经济委员会	主任	沙乃成	1984.03—1986.05	
	副主任	蒋炳文	1984.03—1986.05	
	副主任	顾小玉	1984.03—1986.05	
	副主任	朱惠新	1984.03—1986.05	

1988年8月—2009年12月南闸镇人民政府行政领导名录一览

表13-16

机构名称	任次	职务	姓名	任职时间	职务	姓名	任职时间	备注
南闸镇人民政府	第一任	镇长	张宝荣	1988.08—1992.03	副镇长	周锡仕	1988.08—1990.02	1988年8月撤销南闸乡人民政府，改称南闸镇人民政府
					副镇长	耿田生	1988.08—1992.03	
					副镇长	蒋伟辅	1988.08—1992.03	
					副镇长	许中新	1988.08—1992.03	
					副镇长	牟自健	1990.02—1991.10	
					副镇长	祝荣坤	1991.10—1992.03	
	第二任	镇长	袁秋中	1992.03—1995.11	副镇长	耿田生	1992.03—1995.11	
					副镇长	许中新	1992.03—1995.11	
					副镇长	祝宗坤	1992.03—1993.02	
					副镇长	缪林泉	1992.03—1995.11	
					副镇长	王永才	1993.02—1995.11	
	第三任	镇长	徐勇炎	1995.11—1997.12	副镇长	耿田生	1995.11—1997.12	
					副镇长	许中新	1995.11—1997.12	
					副镇长	缪林泉	1995.11—1997.12	
					副镇长	周成	1996.01—1997.03	
					副镇长	陆礼平	1997.03—1997.11	
	第四任	镇长	修华林	1998.01—2001.07	副镇长	耿田生	1998.01—2001.07	
					副镇长	缪林泉	1998.01—1998.12	
					副镇长	张叶飞	1998.01—1999.01	
					副镇长	周建荣	1998.01—2001.07	
					副镇长	邹星洪	1999.01—2001.07	
					副镇长	王国中	1999.01—2001.07	
	第五任	镇长	冯爱东	2001.07—2005.01	副镇长	邹星洪	2001.07—2005.01	
					副镇长	陈耀仁	2002.01—2005.01	
					副镇长	陈建国	2002.01—2005.01	
					副镇长	周建荣	2001.07—2004.01	
					副镇长	沈军	2004.02—2005.01	

续表13-16

机构名称	任次	职务	姓名	任职时间	职务	姓名	任职时间	备注
南闸镇人民政府	第六任	镇长	钱华光	2005.01—2007.05	副镇长	朱富强	2005.01—2007.05	
					副镇长	陈建国	2005.01—2006.02	
					副镇长	陶杏全	2005.01—2007.05	
					副镇长	沈军	2005.01—2007.05	
					副镇长	曹其龙	2006.02—2007.05	
	第七任	镇长	叶韩清	2007.05—2009.09	副镇长	朱富强	2007.05—2009.09	
					副镇长	曹其龙	2007.05—2009.09	
					副镇长	沈军	2007.05—2008.08	
					副镇长	陈峰	2008.12—2009.09	
					副镇长	陶杏全	2007.05—2008.08	
					副镇长	周跃军	2008.12—2009.09	
	第八任	镇长	周建荣	2009.09—2009.12	副镇长	钱昇贤	2009.09—2009.12	
					副镇长	曹其龙	2009.09—2009.12	
					副镇长	朱富强	2009.09—2009.12	
					副镇长	周跃军	2009.09—2009.12	

2009年12月—2018年江阴市人民政府南闸街道办事处正、副主任名录一览

表13-17

机构名称	任次	职务	姓名	任职时间	职务	姓名	任职时间	备注
江阴市人民政府南闸街道办事处	第一任	主任	周建荣	2009.12—2015.07	副主任	钱昇贤	2009.12—2015.07	2009年12月撤镇建街道
						曹其龙	2009.12—2014.12	
						朱富强	2009.12—2012.09	
						周跃军	2009.12—2010.03	
						顾丰良	2010.12—2015.07	
						孔玉兰	2012.09—2014.06	
						许轶军	2014.06—2015.07	
						王熹	2015.01—2015.07	
	第二任	主任	李志浩	2015.07—2017.09	副主任	钱昇贤	2015.07—2016.05	
						顾丰良	2015.07—2017.05	
						许轶军	2016.03—2018.03	赴睢宁挂职
						王熹	2015.07—2017.09	
						张纲	2016.05—2017.09	
						严枫	2016.05—2017.09	
						杨迎彬	2017.05—2017.09	
	第三任	主任	袁飞	2017.10—	副主任	王熹	2017.10—	
						张纲	2017.10—	
						严枫	2017.10—	
						许轶军	2017.10—	
						杨迎彬	2017.10—	赴无锡市政园林局蹲苗

附一：1949—1955年南闸乡组织简况

1949年4月23日解放后，成立南闸镇人民政府。1949年4—7月，指导员缪道绪，镇长曹志金。1949年7—10月，指导员史居敞，镇长胡汉祥。1949年10月，南闸镇分为南闸、蔡泾2个小乡。南闸乡范围包括南闸集镇、新庄村、任石村（任前头、石家塘）、涂镇村、谢崔村（谢巷村、崔家埭）、集中村（汤家村、季家村）、何下村（何家场、下村）、寨许村（寨里、许家村）、唐家村、陆家村、孙

家村、上河村、花家村。第一任乡干部，1949年10月—1950年2月，指导员史居敞，乡长王祥林、陈逸清；第二任乡干部，1950年2月—1954年1月，指导员陈逸清，乡长任海明、袁荣清、陆海荣、王仁金。1954年1月，成立中共南闸乡党支部，第三任乡干部，党支部书记王仁金，乡长陆海荣，民兵中队长李丁元，财委耿生洪，文书许永康，农会主任王荣度。1955年2月，许宝成任党支部副书记主持南闸乡工作，7月，入伍参加中国人民解放军。第四任乡干部，陆海荣任党支部书记，乡长李丁元兼民兵中队长，财委耿生洪，文书许永康。

附二：1949—1956年谢南乡组织简况

1949年4月23日解放，10月成立谢南乡。第一任乡干部，1949年10月—1950年7月，代指导员王君明，副乡长张仁。第二任乡干部，1950年7月—1954年1月，暂缺指导员，乡长袁炳根，民兵中队长蒋生才，财委、文书徐志正。1954年1月，成立中共谢南乡党支部。第三任乡干部，1954年1月—1956年3月，袁炳根任支部书记，乡长徐玉福，民兵中队长袁世荣、承惠庆，财委、文书徐志正、沈维才，团支书沈维才。

附三：1951—1954年蔡泾乡组织简况

1951年6月—1952年10月，指导员王祥林，乡长刘森林，民兵中队长蒋宝才。1954年1月，中共蔡泾乡支部成立，缪勇任支部书记，刘森林任乡长，副乡长、蒋宝才，财委童桂莲，民兵中队长吴泉宝。

第四章 基层自治组织

第一节 保甲组织

村级基层政权组织，唐宋时称乡为都，都以下为里。自元代元贞元年（1295）开始，里改为图。清康熙三年（1664），废乡都建镇保，镇以下领保。全县17个乡改建为36个镇。南闸地区蔡泾镇7个保；观山镇9个保，其中9保分为上9、下9两个保；谢园镇南部4个保。

民国十六年（1927），乡自治公所改为乡行政局，局以下设图。后实行街村制，设街长、村长。街村以下设为闾、邻。以5户为1邻，5邻为1闾，设闾长、邻长各1人。民国二十三年（1934）4月，在扩建镇的同时，废除闾邻制，推行保甲制。以10户为1甲，设甲长1人；10甲为1保，设保长1人。逐步订立门牌，办理联保联坐切结制。民国三十四年（1945），抗日战争胜利后，一度沿袭战前旧制。

第二节 村（社、大队）组织

1949年4月23日，仍沿袭保甲制，10月，废除保甲制，建立行政村，设村长，行政村下以自然村为单位设村民小组。1954年11月废除村长制，直接由初、高级农业生产合作社社长负责行政工作。1958年9月，由生产大队大队长及其下属生产队队长负责行政事务工作。南闸集镇建立居民委员会，设居委主任，其下设居民小组，设组长。"文化大革命"开始，基层行政机构停止工作。1968年3月起，大队成立革命委员会，正、副大队长改称革委会正、副主任，生产队成立革命领导小组，负责人仍称队长。1958年9月，陶湾大队从观西大队分出成立。1961年，菱塘大队从观山大队分出成立。1973年，冯泾大队从曙光大队分出成立。观山大队分为观山、璜村2个大队。1981年10月，撤销革命委员会，称生产大队管理委员会，设正、副大队长，生产队革命领导小组改为生产小队，设正、副队长。1973年至1984年，南闸人民公社下设24个生产大队、352个生产队、1个居民委员会。1982年3月，向阳大队更名为施元大队，巨轮大队更名为龙游大队，河南大队更名为南运大队，河东大队更名为南新大队。1984年3月，实行政社分设，在建立乡政府的同时，乡以下由村民代表直接选举产生村民委员会。生产大队管理委员会改称村民委员会，成员3—5人，设村委会正、副主任和委员，每届任期3年，可连选连任，村委会内设人民调解、治安、公共卫生、民政等工作委员会。生产队改称村民小组，设组长。1988年，境内有24个村民委员会，352个村民小组。2004年，进行第七届村民委员会换届选举时，采用无候选人一次性直接投票选举方式，选举村民委员成员。自此至2015年未变。1995年至2001年，南闸乡下辖24个村民委员会、339个村民小组、1个居民委员会。2002年3月，马泾村与曙光村合并为曙光村，新庄村与涂镇村合并为涂镇村，蔡东村与蔡西村合并为蔡泾村，跃进村与南运村合并为南运村，菱塘村与龙游村合并为龙游村，观东村与南闸村合并为南闸村，观山村与璜村村合并为观山村，陶湾村与观西村合并为观西村，孟岸村与泗河村合并为泗河村。2002年至2006年，南闸镇下设15个村民委员会、330个村民小组、1个居民委员会。2005年7月，南闸居民委员会隶属南新村管辖，南新村及南闸居委为两块牌子一套班子。蔡东村与泾西村合并为蔡泾村，南运村与龙游村合并为龙运村，灯塔村与观西村合并为观西村，2007年11月谢南村与施元村合并为谢南村。2008年1月，新设立紫金社区，谢南村、紫金社区为两块牌子一套班子。2007年11月—2009年12月，南闸镇下辖11个行政村、2个社区。2009年12月，撤镇建街道，村及社区组织机构不变。

村（社、大队）居委组织结构一览

表13-18

年 份	村委会(大队)个数	联队个数	村民小组(生产队)个数	居委会个数	居民小组个数	备 注
1958	21	—	168	—	—	1958年9月，陶湾大队从观西大队分出
1961	22	—	203	—	—	1961年，菱塘大队从观山大队分出
1973	24		352	1	10	1973年，曙光大队分为曙光、马泾两个大队，观山大队分为观山、璜村两个大队
1984	24		352	1	10	1982年3月，向阳改称施元，河东改称南新，河南改称南运，巨轮改称龙游
1986	24		352			
1988	24	76	352	1	13	1988年8月1日，撤乡建镇
1990	24	75	352	1	13	
1991	24	75	352	1	13	
1992	24	76	352	1	13	
1993	24	76	352	1	10	
1994	24	76	352	1	10	
1995	24	—	339	1	10	
1996	24		339	1	10	
1997	24		339	1	10	
1998	24		339	1	10	
1999	24		339	1	10	
2000	24		339	1	10	
2001	24		339	1	10	
2002	15		330	1	10	
2003	15		330	1	10	
2004	15	—	343	1	10	2004年，因建设发展需要，7042人为失地农民，撤村民小组56个
2005	15	—	343	1	10	2005年7月，南闸居民委员会为南新村管辖
2006	15		340	1	10	
2007	11		340	1	10	
2008	11		333	1	10	2008年1月，成立紫金社区，与谢南村并列，两块牌子一套班子
2009	11		333	1	10	2009年12月，撤镇建街道
2010	11	—	335	1	10	

续表13-18

年 份	村委会(大队)个数	联队个数	村民小组(生产队)个数	居委会个数	居民小组个数	备 注
2011	11	—	335	2	12	
2012	11	—	335	2	12	
2013	11	—	335	2	12	
2014	11	—	335	2	12	
2015	11	—	335	2	12	

1958—2015年各行政村(大队)主任(大队长)一览

表13-19

村(大队)名称	姓 名	任职时间	备 注
花果村	谭金初	1958—1963	
	高六宝	1963—1968	
	黄学军	1968—1970	
	谭玉如	1970—1977	
	坎才兴	1977—1986	
	坎国清	1986—1992	
	吴永才	1992—1998	
	高永才	1998—2002	
	邓汝伟	2002—2007	
	谭兴成	2007—2015	
谢南村	张林才	1958—1962	
	居德兴	1962—1963	
	陈春明	1963—1965	
	居德兴	1967—1969	
	王文全	1973—1976	
	居文兴	1976—1981	
	梅树兴	1981—1993	
	谢兴福	1993—1998	
	居耀兴	1998—2007	
	谢兴福	2007—2013	2007年11月,施元村与谢南村合并为谢南村
	张 微	2013—2015	
施元村	张林才	1962—1965	1958—1962年,施元村与谢南村合并为谢南村
	王富根	1965—1977	1965年,谢南大队分为施元大队与谢南大队
	陈国良	1977—1979	
	王富春	1979—1986	1982年3月,向阳大队更名为施元大队
	王荣昌	1986—1990	
	张玉才	1990—1992	
	顾秋生	1992—2004	
	王树才	2004—2007	2007年11月,施元村与谢南村合并为谢南村

续表13-19

村（大队）名称	姓 名	任职时间	备 注
曙光村	缪兴荣	1958—1960	
	丁荣嘉	1960—1962	
	缪兴荣	1962—1964	
	谭金度	1964—1973	1973年，曙光大队分为曙光大队与马泾大队
	徐阿毛	1974—1977	
	徐良清	1977—1979	
	吴宝兴	1979—1983	
	宋银娣	1983—1986	
	王国金	1986—1989	
	宋银娣	1989—1994	
	徐建平	1994—1996	
	承春兴	1996—1998	
	王剑国	1998—2001	
	缪富君	2002—2006	2002年3月，曙光村与马泾村合并为曙光村
	金顺才	2007—2013	
	徐国刚	2013—2015	
马泾村	贾福才	1973—1978	1973年，曙光大队分为曙光大队与马泾大队
	贾洪才	1978—1986	
	刘云俊	1987—1998	
	金顺才	1999—2002	2002年3月，马泾村与曙光村合并为曙光村
涂镇村	陈文中	1958—1959	
	郭云和	1959—1968	
	任正才	1968—1978	
	黄才元	1978—1983	
	崔中泉	1983—1986	
	谢伯兴	1986—1996	
	谢金华	1996—2007	2002年3月，涂镇村与新庄村合并为涂镇村
	崔金顺	2007—2009	
	谢小刚	2009—2013	
	袁达成	2013—2015	
新庄村	奚文宝	1958—1961	
	陈宝荣	1961—1964	
	奚文宝	1964—1976	
	胡国兴	1976—1984	
	花加玉	1984—1991	
	任建中	1991—1994	2002年3月新庄村与涂镇村合并为涂镇村
	谢小刚	1995—2002	
南新村	谭阿六	1959—1963	
	汤仕兴	1963—1974	1982年3月，原河东大队更名为南新大队

续表13-19

村（大队）名称	姓 名	任职时间	备 注
南新村	胡根法	1974—1985	
	蒋才元	1985—1986	
	徐铭仁	1986—1995	
	何祥兴	1995—2004	
	花雷成	2004—2010	
	何 刚	2010—2015	
泾西村	吕亦清	1958—1960	
	陶德法	1960—1961	
	俞仕林	1961—1977	
	周金荣	1977—1981	
	陆海泉	1981—1986	
泾西村	蒯仕良	1986—1989	
	杨浩才	1989—1992	
	刘兴良	1992—2007	2007年11月，泾西村与蔡泾村合并为蔡泾村
蔡泾村	蒋炳华	2007—2013	
	王 瑛	2013—2015	
蔡东村	花阿泉	1958—1967	
	周锡仕	1967—1971	
	庞海云	1971—1976	
	蒋志兴	1978—1985	
	赵玉兴	1985—1986	
	王和明	1986—1992	
	蒋永兴	1992—2002	2002年3月，蔡东村与蔡西村合并为蔡泾村
	丁祖兴	2002—2007	2007年11月，蔡泾村与泾西村合并为蔡泾村
蔡西村	缪根宝	1958—1967	
	汤洪才	1967—1969	
	丁相林	1969—1978	
	吴根荣	1978—1980	
	缪忠贤	1980—1984	
	张彩英	1984—1985	
	陈 明	1986—1987	
	宋耀忠	1987—1988	
	黄永法	1989—1993	
	缪惠荣	1993—1995	副大队长主持工作
	丁惠娣	1995—2002	2002年3月，蔡西村与蔡东村合并为蔡泾村
南运村	许阿金	1956—1963	
	花才发	1967—1976	
	薛显康	1976—1978	
	花银宝	1978—1986	1982年3月，原河南大队更名为南运大队

续表13-19

村（大队）名称	姓　名	任职时间	备　注
南运村	许兴富	1986—1992	
	花银宝	1991—1995	
	蒋锡兴	1995—1998	
	蒋祥发	1998—2002	
	耿光玉	2002—2003	2002年3月，南运村与跃进村合并为南运村
	蒋中平	2004—2007	
龙运村	徐洪福	2007—2015	2007年11月，南运村与龙游村合并为龙运村
跃进村	耿秉鸿	1958—1959	
	袁洪初	1959—1964	
	耿永兴	1965—1976	
	耿国生	1976—1979	
	耿祥刚	1980—1984	
	耿光玉	1984—1989	
	陈龙秀	1992—1994	
	耿建祥	1994—1996	
	耿光玉	1999—2001	
	耿锦初	2001—2002	副主任主持工作 2002年3月，跃进村与南运村合并为南运村
龙游村	王汉荣	1958—1960	
	刘洪产	1960—1962	
	刘洪高	1962—1976	
	吴兴宝	1976—1978	
	刘国清	1978—1987	1982年3月，巨轮大队更名为龙游大队
	吴法金	1987—1997	
	王忠元	1998—2002	
	顾林坤	2002—2007	2002年3月，龙游村与菱塘村合并为龙游村
菱塘村	刘福堂	1961—1968	
	顾锡忠	1968—1978	
	顾镜清	1978—1986	
	顾汝坤	1986—1992	
	顾林坤	1992—1998	
	焦国荣	1998—2002	2002年3月，菱塘村与龙游村合并为龙游村
南闸村	陆其潮	1958—1976	
	沙乃成	1977—1981	
	许中新	1981—1983	
	任银才	1983—1986	
	许培兴	1986—1988	
	戈兴华	1989—1992	
	陆仕平	1992—2002	2002年3月，南闸村与观东村合并为南闸村

续表13-19

村（大队）名称	姓 名	任职时间	备 注
南闸村	许和明	2002—2007	
	耿永仁	2007—2014	
	陆惠忠	2014—2015	
观东村	耿兴宝	1958—1969	
	许仁兴	1969—1973	
	许相初	1973—1978	
	许国兴	1978—1983	
	许建忠	1983—1986	
	耿杏兴	1986—1992	
	陆玉珍	1992—2002	2002年3月，观东村与南闸村合并为南闸村
观山村	张志高	1959—1961	1959年—1961年，菱塘村与观山村合并为观山村
	张云生	1961—1968	1961年8月，观山大队分为观山大队与菱塘大队
	吴银生	1968—1973	
	张林贤	1973—1977	1973年9月，观山大队分为观山、璜村两个大队，原观山大队改名为璜村大队，分出的观山大队为新观山大队
	张生祥	1984—1986	
	张富潮	1986—1994	
	袁建荣	1994—1995	
	高德潮	1995—2007	2002年03月，观山村与璜村村合并为观山村
	吴克平	2007—2013	
	袁娅华	2013—2015	
新观山村	高锡贤	1973—1980	
	陈洪贤	1984—1986	
	徐福平	1987—1989	
	顾龙潮	1989—1995	
	高建坤	1995—2002	2002年3月，新观山村与璜村村合并为观山村
观西村	陆兴林	1958—1967	
	高叙兴	1968—1976	
	徐黑南	1977—1978	
	陆植治	1978—1980	
	朱兴才	1980—1982	
	是元相	1982—1984	
	陆建兴	1984—1986	
	陆福度	1986—1990	
	徐富泉	1990—1992	
	陆光华	1992—1996	
	陆松平	1996—2007	2002年3月，观西村与陶湾村合并为观西村
	徐 峰	2007—2015	2007年11月，观西村与灯塔村合并为观西村
灯塔村	张铨坤	1958—1960	

续表13-19

村（大队）名称	姓 名	任职时间	备 注
灯塔村	高炳照	1960—1965	
	徐锡潮	1966—1981	
	杨仁锡	1981—1984	
	薛荣林	1984—1986	
	施岳林	1986—1987	
	张克俭	1987—1994	
	徐 华	1994—1995	
	施岳林	1995—1998	
	蒋金国	1998—2007	2007年11月，灯塔村与观西村合并为观西村
陶湾村	吴国金	1958—1962	
	吴生荣	1962—1976	
	陆婉英	1976—1978	
	周富朝	1978—1981	
	陆银坤	1981—1984	
	吴兴金	1985—1986	
	张汗昌	1986—2002	2002年3月，陶湾村与观西村合并为观西村
泗河村	黄荣兴	1958—1969	
	金雪培	1976—1984	
	周金坤	1984—1985	
	金建国	1985—1987	
	许甫元	1987—1988	
	倪梅娣	1988—1997	
	陈元忠	1997—2002	
	金锡强	2002—2015	2002年3月，泗河村与孟岸村合并为泗河村
孟岸村	金国银	1958—1964	
	金耀良	1964—1975	
	金沛成	1975—1984	
	陈建生	1984—1986	
	金锡强	1986—1995	
	金秋英	1995—1996	
	金锡末	1996—2000	
	金锡强	2000—2002	2002年3月，孟岸村与泗河村合并为泗河村

第五章　政协工作委员会

南闸地区的政协工作从1956年开始。在对私营工商业改造中，乡政府相关工作人员组织有关商界开明人士、商业人员学习政治，提高思想觉悟，协助清产核资，反对偷税、漏税，引导帮助他们自觉走上商业合作化道路。直至20世纪80年代，该工作没有明确的职务头衔及专业人员，一般由党委副书记兼任负责或由一名党委委员抓一些具体工作。1986年成立南闸乡政协小组，由8名成员组成，乡党委宣传委员任组长。在中国人民政治协商会议江阴县委员会领导下，政协小组开展工作，对县、乡大政方针、社会生活重大问题进行整治协商，提出建议、意见，发挥参政、议政和民主监督作用。2001年10月，成立南闸镇政协联络委员会，委员增至10名，镇党委副书记王国中兼任镇政协联络委员会主任。2003年11月，镇党委副书记周建荣兼任镇政协联络委员会主任，政协工作充分行使民主权利，监督国家机关对宪法、法律、方针政策的执行，开展学习、考察调研活动。先后对南闸工业区建设规划、招商引资环境保护等提出建设性意见，为南闸经济社会协调、持续发展献计献策，为政府决策提供了依据。2009年12月，南闸撤镇建街道，挂牌成立南闸街道政协工作委员会，街道党工委副书记陈峰任南闸街道政协工作委员会副主任，组织收集江阴新中国成立后"三亲"（亲历、亲闻、亲见）史料，出刊专辑《紫金流虹》。2012年10月，街道党工委副书记朱富强任政协工作委员会主任。2017年5月，街道党工委副书记顾丰良兼任政协工委主任。政协工作加强规范化、制度化、程序化建设，形成工作学习、调研和民主评议等制度。以经济建设、村级建设、环境整治、政务公开为重点开展调研、视察，每年开展2次专题调研，组织4次视察、考察活动，进行1次交流总结。加强对外交流，拓宽视野，增长知识，提高参政、议政能力，提高了提案的质量和效果，充分发挥了民主监督作用。

南闸政协工作领导名录一览

表13-20

名　称	领导人姓名	任职时间
南闸乡政协小组	丁炳才	1986.12—1995.11
南闸乡政协小组	王国中	1995.11—1998.11
南闸乡政协小组	陈建国	1998.11—2001.10
南闸镇政协联络委员会	王国中	2001.10—2003.11
南闸镇政协联络委员会	周建荣	2003.11—2009.12
南闸街道政协工作委员会	陈峰	2009.12—2012.10
南闸街道政协工作委员会	朱富强	2012.10—2016.07
南闸街道政协工作委员会	顾丰良	2017.05—

第十四编 军 事

第一章 驻 军

第一节 元、明、清驻军

一、元至正十六年（1356），张士诚陷平江（今苏州市）自立为吴王。二十三年（1363），派兵驻扎秦望山，以防御应天（今南京）的朱元璋。

二、明洪武三年（1370）开始，蔡泾闸驻有闸兵20人，闸官1名，以保护蔡泾闸。

三、清代在秦望山派兵驻扎，咸丰十年（1860）太平军进攻江阴时，曾遭到驻军抵抗。

第二节 民国驻军

一、民国十年（1921），直系军在花山建有军火弹药库，驻有一营兵力，守卫弹药库。

二、民国二十四年（1935）6月，国民党87师1个团驻花山西南麓，建营房800间，修筑南闸汽车站至花山公路一条。二十五年（1936）上半年，为培养海军军官和训练电雷学员的电雷学校，由镇江迁到江阴黄山港，其中一个后勤排驻南闸北弄谢家住宅。

民国二十六年（1937）7月7日，抗日战争全面爆发，8月13日，驻扎花山的87师调上海闸北前线，88师接防。11月，88师奉调赴上海参战，东北军52军112师334旅672团和336旅两个营700余人接防，分驻花山和南闸集镇。

附：沦陷时期驻扎在南闸的日伪军

日本侵略军 民国二十六年（1937）11月27日，日本侵略军占领南闸镇，日军警备分遣队1个班15人驻南闸下村。"清乡"时，在锡澄公路和老桥上设岗立卡。直至民国三十四年8月，才由共产党领导的五分区司令员韦礼义率部和澄西县大队配合攻打下撤走。

民国三十年（1941）6月，"清乡"时，日军警备分遣队7人驻扎在涂镇村，设检问所。民国三十二年上半年撤走。

汪伪军 民国三十年（1941）下半年，汪伪陆军暂编第10师1个连分驻南闸集镇和涂镇村。

民国三十一年（1942）11月，汪伪中央税警第3中队驻南闸集镇，第7中队1分队驻涂镇村。

第二章　地方与民间武装

第一节　地方武装

一、乡勇

明嘉靖年间，倭寇为患。其时，在江阴知县钱錞倡议下，各地纷纷组织乡勇，并进行训练。南闸后塍村还集资构筑土城，以抵御倭寇，故村名为后塍。南闸民性刚烈，乡勇战斗力强。嘉靖三十四年（1555）六月，倭寇2000余人攻江阴城不下，退至蔡泾闸，盘踞南闸长达半月。十三日，知县钱錞带领县兵、乡勇冲出南门与倭寇决战，南闸乡勇奋力参战，钱錞殉国，南闸乡勇亦战死多人。

二、武工队（组）

1938年9月，新四军一支队司令员派老二团参谋长王必成和二营营长段焕竞率部进入澄西地区，与何克希取得联系，配合行动，并率梅部（在西石桥开展抗日工作的梅光迪）去一支队司令部驻地受整训。后成为新四军领导的江南抗日义勇军（简称"江抗"）第三路。1939年5月，澄武锡地区创建为抗日游击根据地。1940年8月，中共澄西县委成立，县成立武警常备总队，队员100余人。其时，南闸地区的观山乡、观东乡、观西乡及蔡泾乡属澄西县三区，有常备队员20余人，于南闸、夏港、焦溪一带进行武装抗日活动。抗日战争胜利后，国民党反动派统治集团在美帝国主义支持下，准备发动内战。中国共产党为争取和平民主建国，避免内战，实现和平，忍痛北撤。1945年10月，原澄西县抗日民主政府警卫班班长周金大（周青），带领12位警卫员从苏北回到澄西与特派员王文生留守坚持斗争。1946年10月26日，曹荣金（1944年8月参加澄西县三区武工队）被分配至观山乡坚持斗争。1947年春，原澄西县三区区长陈新回江南任特派员，曹荣金在陈新领导下坚持原地斗争。5月18日，陈新被捕遇害后，为了加强三区工作，组织上调周金大到三区与曹荣金一起组成武工组，继续发动群众进行"三抗"（抗丁、抗粮、抗苛捐杂税）斗争，开展统战工作，控制了南闸、观山等乡镇大部分基层政权，建立了一批"支点户"和"支点村"，紧密依靠群众，巩固扩大了坚持阵地。1948年9月20日，时任三区代区长兼武工队长的曹荣金，因开会研究工作后夜宿八房村"支点户"宋锡初家中，遭敌袭击牺牲。曹荣金牺牲后，三区武工队长由周金大担任，继续开展对敌斗争。1949年4月23日，江阴解放。活跃在南闸地区的三区武工队员完成了党赋予的艰巨使命，在新建立的中共江阴县委领导下，各自走上了新的工作岗位。

第二节　民间武装

一、商团

民国二十年（1931），南闸集镇成立商团，团员27人，属江阴县商团一区南闸分队，主席吴仁安，队长蒋友千，队部理事分会理事9人。备有步枪16支，短枪6支，每月活动经费80元，由各商铺和居户分认。团员均为各商号店员，参加训练、会操和值夜。民国二十四年（1935），国民党政府将商团解散，改为壮丁训练。

二、自卫队

抗日战争胜利后，新四军奉命北撤，国民党政府为维护统治基础，在乡公所成立自卫队。民国三十五年（1946）2月，南闸镇自卫队成立，镇长郭云鹏兼任队长，梅志春（曾参加抗日活动，受地下党指派加入自卫队）任副队长，共有队员36人，步枪30支，短枪4支，轻机枪3挺，小迫击炮3门，队部设在河东南弄城隍庙内。1947年设密探队8人。同年11月，观山乡成立自卫队，乡长张廷基兼任队长，队员26人，步枪7支，短枪6支，队部成立时设在南闸镇河南街慎源布厂内，1947年迁至观山乡璜村张氏宗祠。1947年夏增密探7人。

第三章 民 兵

第一节 民兵组织

民国三十三年（1944），在中共澄西县委领导下，观东、观西、观山三乡相继成立民兵中队，开展锄奸除霸对日斗争等活动。

民国三十四年（1945）8月，澄西县委北撤后，民兵不再公开活动，但仍配合留守人员坚持地下斗争。

1950年7月，南闸、蔡泾、谢南、观东、观西、观山6乡分别成立民兵中队，各行政村设民兵分队维护社会治安。1953年9月，实行普通民兵制，把18至45岁、政治合格的青壮年组织到民兵中来，县有民兵团，区有民兵营，乡设民兵连，分一般民兵和基干民兵。

1958年10月，根据毛泽东主席"大办民兵师"的号召，实行全民皆兵，南闸人民公社成立民兵团，生产大队以下设营、连、排、班，全社有21个民兵营，76个排，168个班。基干民兵3187人，其中男1752人，女1435人；普通民兵4996人，其中男2748人，女2248人。

1981年12月，按"减少民兵数量，提高民兵质量"的要求，公社撤销民兵团建制，建立基干民兵营，生产大队设基干民兵连及基干民兵排，社办企业设民兵排和基干民兵排。南闸有24个民兵连，150个民兵排，35个基干民兵排，110个基干民兵班。普通民兵6000人，基干民兵1000人。

1988年，南闸镇有33个民兵营，144个排，432个班，普通民兵4995人，均系男性；基干民兵520人，其中男500人，女20人。

2001年，镇基干民兵以镇为单位编营，以行政村和企事业单位编排（班），基干民兵总数按上级要求调整为355人。组建了以镇联防队人员为主的30人民兵应急分队和6人组成的城管监察队，增加了医疗救护、汽车运输等专业对口的专业班组。

2005年，南闸镇编入基干民兵总数为410人。其中双37高炮37人，侦察连44人，2个步兵连240人，对口专业分队（医疗救护）20人，特种兵（路桥工程）31人，卫生勤务（机动医疗分队）10人，市应急分队28人。战时首批兵员动员68人。普通民兵3848人。调整民兵营长2人，基干民兵分布在全镇15个村级民兵营和1个企业民兵营。

2006年，编入基干民兵总数为412人，根据市人武部"合理调整、突出重点、全面提升"的工作思路，进行了民兵组织整顿。成立了以分管领导为组长，人武部长为副组长，各村、企等有关人员为组员的民兵整顿领导小组，优化民兵组织结构，按编配好民兵干部，优先将退役士兵、经过军事训练和具有专业特长的人员入编队伍，建立了侦察连、步兵连、医疗救护分队、路桥工程分队、机动医疗分队、市应急分队、首批兵员动员等分队。

2007年，基干民兵数由上年的412人调整为366人，组织结构由以前的若干分队调整为五大类（作战队伍、勤务保障队伍、应急队伍、其他分队、对口专业分队等）7个分队。

2008年基干民兵总数为366人，组织结构仍如上年未有变动，为五大类7个分队。

2009年全镇编入基干民兵291人，按编配好民兵干部，优先将退役士兵，经过军事训练和具有专业特长的人员编入队伍，建立了独立应急排、森林防火分队、安全警戒分队、联合护线分队、重要交通目标警戒分队、海空军预编人员及退伍士兵、地专对口和储备分队等9支队伍。基干民兵中退伍士兵的编入率有所提高。普通民兵为20个连，2400人。

2010年，南闸撤镇建街道，街道人武部根据上级军事机关工作安排，制定下发了《2010年民兵组织整顿方案》，基干民兵由上年的291人增加为411人，民兵组织结构仍为五大类9支队伍。

2011—2013年，基干民兵总数为411人，组织结构依然为五大类9支队伍。基干民兵信息自2010年开始全部录入民兵工作管理系统，实行计算机管理，并逐级汇总至军区。

2014年，街道民兵组织组建了独立应急排、森林防火分队、应急排（重要目标）、铁路护路分队、步兵分队、海空军预编、步兵九连、步兵十连等。在民兵整组工作中，谢南村、涂镇村、观山村被市人武部评为民兵整组工作先进单位。

2015年，根据江阴市人武部要求，进行民兵组织整顿，镇人武部制订并下发了《2015年民兵组织整顿指示》，在花果村召开了民兵营长会议，进行了全面动员部署，一是成立了以分管领导为组长，以人武部长为副组长的整顿领导小组，全面负责民兵整顿工作；二是各村及时对适龄青年进行依法参加民兵组织的宣传教育；三是优化民兵组织结构，按编配备好民兵干部，对一些在编不在位、长期外出、年龄偏大、文化素质较低的民兵干部进行调整，优先将退役士兵、经过军事训练和具有专业特长的人员编入队伍，使人员年轻化、结构合理化，提高民兵干部执行各项任务的能力，保证人员核准到位，保证民兵学历素质以及党团员比例符合规范要求。建立了应急连、独立应急排、重要目标应急分队、铁路护路分队、电子对抗分队、汽车运输队、车辆装备维修分队、步兵8连、步兵9连、总部军兵种岗位预编队伍、情报信息员队伍等11支队伍。

第二节　民兵活动

一、军事训练

民国三十三年（1944），观东、观西、观山3乡在共产党澄西县委的领导下，相继成立民兵中队，配合澄西三区武工队站岗放哨，侦探情报，传递信息。1950年7月，南闸地区6个乡分别成立民兵中队，10月，各乡民兵中队长及民兵骨干等30余人参加县人武部首次举办的民兵干部轮训班。每年冬天，各乡民兵骨干集中到县、区进行为期3—4天的军事训练。1958年，南闸公社成立人武部，训练从射击、投掷、战术，发展到刺杀、爆破、打飞机、打空降、打坦克、防化学、防细菌战等。1959—1962年，开展争当优秀民兵活动。1963年，全社民兵开展"学雷锋、见行动"活动，争创"四好"（政治思想好、三八作风好、军事技术好、生活管理好）单位，当"五好"（政治思想好、作风纪律好、团结互助好、军事技术好、锻炼身体好）民兵活动。按照《1977—1980年民兵军事训练纲要》，公社人武部长每年参加军分区培训班一个月。公社每年冬春农闲时期，组织基干民兵进行为期15天左右的政治教育和军事训练，包括轻武器和60迫击炮，82迫击炮等实弹射击。武器装备从单一的步枪、机枪，发展为半自动，全自动步枪和冲锋枪。1988年起，民兵训练规范化。每年都由江阴市人武部统一组织镇（乡）人武部按照计划的时间、人员、后勤、组织要求，组织基干民兵、骨干民兵到云亭绮山民兵训练基地，进行为期21天的封闭训练。

2001年，镇人武部选派24名民兵（其中5名女民兵）和4位民兵营长参加市举办的培训班，在最后的验收中，射击、政治及军事理论、内务卫生的日常管理等取得三个第1名。倪树峰在参加无锡军分区组织的"四会"教练员比武中，夺得了第1名的好成绩。

2011年4月29日，街道33名森林防火分队民兵在接到江阴市人民武装部突然式拉力演练通知后，携带风力灭火机、灭火弹、肩背式喷水器以及铁锹、拖把笠等灭火工具迅速到达指定地域，由于到点时间早、携带装备齐、着装整齐，现场评分获得全市民兵应急分队战备拉动演练第1名。

2012年4月13日，无锡军分区在周庄镇对全市组织整顿情况进行点验，街道50名森林防火分队成员按照规定时间、着装整齐、到达周庄中学体育馆，接受无锡市军分区的点验，获得好评。

2014年，在接到市人武部"关于选拔民兵应急分队干部骨干参加省军区'打得准'比武竞赛的通知"后，先由各村推送2名，然后再由街道人武部组织对22名民兵骨干进行多项考核考查，最终确定了金君、谢强、丁磊和王雨锋等4人参加比武竞赛。在市人武部竞赛民兵集中训练期间，4人都能高标准严要求完成各项艰苦训练。金君作为团体成员之一，在"打得准"比武竞赛中帮助江阴取得团体第1名的好成绩。

2015年3月，街道民兵排长金君参加无锡市民兵训练基地组织的民兵排长集训，他训练刻苦，要求严格，在最后的比武考核中获得单项比赛第1名。

二、治安保卫

中华人民共和国成立初期，国民党残存匪特活动猖獗，南闸地区乡镇组织民兵执勤联防，护村、护店、护厂，配合军事清剿，协助公安部门破获匪特案。土地改革中民兵看管不法地主，保卫胜利果实。

1950年1月，国民党反动残余武进县焦溪乡石堰人陆敖齐、刘义玉与观西乡陶湾村陆五大、吴某等在陶湾村慈力庵成立"反共忠义救国军独立营挺进中队"特务组织，密谋枪杀乡、村干部，夺取观西乡政府的枪支，制造一起轰动江阴、武进两县的大案。他们利用观西地区山林多，地形复杂的状况，昼伏夜出，频繁活动。观西乡乡长谢定槐，财粮委员金国瑞，民兵中队长等人及时向江阴县公安局汇报，并由民兵中队长组织民兵每晚武装巡逻。6月，江阴、武进两地的公安局组成联合肃反组，在当地民兵的配合下，于两县交界处设下埋伏圈，当场击毙3名敌特骨干，其余全部抓获。至此，猖獗活动在江阴、武进县边界地区的"反共忠义救国军独立营挺进中队"被一网打尽，彻底覆灭。1952—1953年，南闸地区民兵组织，协助公安部门捕获8名土匪、恶霸和反动党团骨干，清查出伪装隐藏的外来反革命分子2人。抗美援朝中，南闸地区共有60名民兵自愿参加中国人民志愿军，入朝参战。

1993年，配合公安部门严厉打击刑事犯罪活动。重大节假日，均由民兵巡逻放哨。在1991、1998年2次特大洪涝灾害中，南闸各级民兵组织抽调骨干力量，组成抢险突击队，奋战在抗洪排涝第一线。

2004年3月11日凌晨，花山发生大面积火灾，市、镇、村三级领导亲临火灾现场指挥，在多支扑救分队轮换下，火势依然复燃。最后，下令全镇民兵营长上山扑救，14名民兵营长在半小时内全部到达火灾地点，利用灭火弹、水袋、拖把等灭火器材进行扑灭，直至早晨7时30分，终于将山火全部扑灭。

2005年4月6日早晨，镇人武部接到市人武部救火命令后，组织民兵130余人，车辆20台赶至云亭敬山湾扑救山林火灾，民兵们不怕疲劳，强忍饥渴，运送灭火弹、拖把、铁锹等工具，将所有明火扑灭，受到现场指挥的表扬。泗河村民兵营20多位民兵参加"清明"时期的护林防火，扑救大小山林火灾6起。

2007年，夏港河南闸段三处发生大崩岸和泾西村河道倒灌时，300余名民兵运送土石方12000余袋，对堤岸进行加固，有效地防止崩岸的再次发生。

2008年1月27日—2月3日，南闸遭遇有史以来最大的雪灾，全镇组织民兵400多人次参与扫雪救灾救护安民工作；2月18日组织民兵517人次参加护厂执勤；3月29日—4月4日组织民兵212人参加护林防火工作；8月，奥运会召开期间，基干民兵进行值班、巡夜，对各重要目标进行警戒。镇基干民兵突击队荣获江阴市2006—2007年度十佳志愿服务集体。

2014年，共出勤民兵500人次，参与到执勤及护林工作中，清明节前，抽调70名民兵，由民兵营长带队，参加观西、泗河、观山、花果4个村为期6天的护林防火执勤，预防火灾事故发生。五一节前，组织民兵20名，负责集场及农贸市场维护秩序。

2015年2月2日—16日组织民兵15人参加警民联防，确保街道区域内治安状况良好；3月28日—4月6日组织民兵70人，参加护林防火执勤；4月4日—5日组织民兵30人到花山庙会参加交通秩序维护。5月8日—9日，组织民兵60人，参加南闸集场维护秩序。

1956—2015年南闸（乡、公社、镇、街道）历任人武部长一览

表14-1

姓　名	任职年月	姓　名	任职年月	姓　名	任职年月
承惠钦	1956.01—1957.07	许宝成	1962.08—1969.12	吴志裕	1999.10—2015.01
吕桂坤	1957.07—1959.03	张兴才	1969.12—1982.12 以副部长主持工作	陆　慧	2015.02—2016.04
许宝成	1959.03—1960.07	徐华文	1982.12—1993.01	倪树峰	2016.05—
吕桂坤	1960.07—1962.08	金国锦	1993.01—1999.10	—	—

第四章 兵 役

第一节 兵役制度

世袭制 明初，军丁世代相袭，给养仰赖屯田。军任缺额时，按《垜集令》（"垜集"原是军伍缺额时抑配民户补充军伍的一种办法，朝廷作为制度颁行，故称《垜集令》），这是明初兵源的主要征集方式）规定，民3户为1个征集单位，其中1户为正户，出军丁；其余2户称之为贴户，正军死，贴户丁补。永乐以后，正户与贴户的壮丁轮流更代为军。军民严格分籍，当军之家皆入军籍，称军户，属都督府，不受地方行政官吏管束，优免一丁差徭，身份和经济地位与民户不同。军户固定承担兵役，父死子继，兄终弟及，世代为兵，家属随军屯戍，住在指定卫所。各卫所的军士，少数驻防，多数屯田，农时耕种，战时出征。若军户全家死绝或逃亡，由官府派员到原籍勾补亲属或贴户顶替。

募兵制 随着封建制度的没落，世袭兵役制也退出历史舞台，代之而起的是募兵制。明嘉靖二年（1523）招募习武者充当兵士，每丁出银7两2钱，募兵制逐步代替世袭制。清恢复世袭制。太平天国起义后又改为募兵制，招募乡勇，组织团练。甲午战争失败后，清政府开始编练新兵，招募土著壮丁充士兵。北洋政府时期，各军阀自行募兵，不守定制。南京国民政府建立后，仍实行募兵制。

征兵制 民国二十二年（1933），国民政府颁布《兵役法》，首次规定兵役年龄（18—45周岁）及免征、禁征、缓征等条款和服役、体检等条件，两年后实行。按乡、保、甲户口编造适龄壮丁名册，抽取壮丁（俗称抽壮丁）。抗日战争江阴沦陷后中止。抗日战争胜利后，国民党挑起内战，用摊派兵额和抽丁的办法补充和扩大兵源，强迫适龄壮丁入伍充当炮灰。如不愿者，可用米和棉纱顶替壮丁费，让他人代替，国民党当时的征兵方法，基本上是"以抓为征""以买为征"，不少人为了逃壮丁而离乡背井，很多家庭为了出壮丁费弄得倾家荡产。南闸地区被敲诈受害者有493户，敲诈钱物折合人民币4.15万元。所以，其招兵制招致百姓的强烈反对和抵制。

志愿兵役制 在长期的革命战争中，我国人民在中国共产党的号召和领导之下，为了反对帝国主义、封建主义和官僚资本主义的压迫和剥削，工农群众和青年学生，踊跃地、自愿地加入了红军、八路军、中国人民解放军，属志愿兵役制。如观西乡泗河里湾人吴煦泉，在民国八年（1919）即自愿奔赴广州，参加孙中山先生领导的国民革命军海军；南闸镇东街的孤鸿（原名章漱澜），1938年即奔赴延安，参加革命，后编入太行山地区八路军部队；南新村何家场的何文浩，1940年即参加谭震林领导的新四军；观西乡殳桥村的刘秉金，1944年即参加由陈毅同志领导的新四军等。

1950—1953年抗美援朝间，实行志愿兵役制，由区、乡、人民政府负责动员和征集有志青年参加中国人民志愿军，抗美援朝，保家卫国。

1984年5月31日，经第六届全国人民代表大会讨论通过，颁布了新的兵役法，将兵役制度确定为：实行义务兵与志愿兵相结合的兵役制度。规定部分义务兵服役期满后，由本人申请，经部队团以上机关批准，可改为志愿兵。志愿兵服役的期限，从改志愿兵之日算起至少八年，不超过十二年，年龄不超过35岁。

义务兵制 1955年7月30日，第一届全国人民代表大会第二次会议讨论通过了《中华人民共和国兵役法》，开始实行义务兵役制。一般每年征集1次，征集时间、范围、人数由上级征兵命令规定，经体检、政审合格后确定具体兵员。所征兵员，在1984年前由部队接兵。1984年开始实行部队接兵和地方送兵相结合，以地方送兵为主，1987年恢复由部队接兵。

1998年12月29日，经第九届全国人民代表大会常务委员会第六次会议通过，颁发了《关于修改〈中华人民共和国兵役法〉的决定》；确定新的兵役制度为：义务兵与志愿兵相结合，民兵与预备役相结合。

兵役分现役和预备役。在中国人民解放军服现役的称现役军人；编入民兵组织或者经过登记服预备役的称预备役人员。

乡镇人民政府，依照《中华人民共和国兵役法》的规定完成兵役工作任务。兵役工作业务，在设有人民武装部的单位，由人民武装部办理；不设人民武装部的单位，确定一个部门办理。

义务兵服现役的期限，1984年5月31日，第六届全国人民代表大会第二次会议通过新的《中华人民共和国兵役法》，规定义务兵役制的年限为陆军3年、空军4年、海军5年。义务兵服现役期满，根据军队需要和本人志愿，经团级以上单位批准，可以改为志愿兵。1998年12月29日，第九届全国人民代表大会常务委员会第六次会议通过《全国人民代表大会常务委员会关于修改〈中华人民共和国兵役法〉的决定》，将义务兵役的期限改为二年。

预备役制 1955年起按《兵役法》实行预备役制度。预备役是指公民现役军队体制以外所服的兵役，是国家储备兵员的主要形式。预备役的主要对象是退出现役的转业、复员军官和退伍士兵，也包括未被征集服现役的应征公民和有专门技术的女性公民。公民在服预备役期间，应按照有关法律规定参加军事训练，执行指定的军事任务，并准备随时应征服现役。

预备役包括军官预备役和士兵预备役。军官预备役包括退出现役转入预备役的军官、确定服军官预备役的士兵、确定服预备役的高等院校毕业生、确定服预备役的非军事部门干部和专业技术人员。前三种人员在到达工作岗位或居住地以后30天内，必须到市兵役机关办理预备役登记，后两种人员及适合担任预备役军官职务的专职人武干部、民兵干部必须到市兵役机关进行登记，报请上级军事机关批准后方能服军官预备役。预备役军官服预备役达到规定的最高年龄时，退出预备役。

士兵预备役包括退出现役时符合预备役条件、由部队确定服预备役的士兵、经兵役登记而未被征集现役的公民。士兵预备役分两类：第一类为基干民兵组织的人员（未建立民兵组织的单位，为经过预备役登记的28周岁以下的退出现役的士兵和专业技术人员）；第二类为普通民兵组织的人员（未建立民兵组织的单位，为经过预备役登记的29—45周岁退出现役的士兵及符合士兵预备役条件的其他男性公民）。1956年4月，对南闸地区预备役军官、士兵进行普查登记。1962年9月，重申实行军官预备役制度，办理军官登记。1980年12月1日开始，恢复退伍军人预备役登记。1981年开始实行民兵制度与预备役制度相结合，基干民兵服务第一类预备役，普通民兵服务第二类预备役。符合服务预备役条件的复退军人分别编入基干民兵和普通民兵，是年，对全公社1980年前退伍的28岁以下的复退军人进行预备役登记。1982年，对全社1980年前退伍的28岁以下的复退军人预备登记。

第二节　历年征兵状况

北洋政府时期，各军阀自行募兵，不守定制。南京国民政府建立后实行募兵制。民国十七年（1928），国民革命军第九军二十一师六十二团在江阴北外设办事处，募兵额1000名，南闸地区被募40多名。

民国二十二年（1933），国民政府颁布《兵役法》，首次规定兵役年龄及免征、集征、缓征等条款和服役、体检等条件，两年后实行，日本侵略军侵华中止。抗日战争胜利后，国民党挑起内战，采取征募结合的办法补充兵源。从民国三十六年到民国三十八年，国民党政府为了打内战，紧急补充各部队，在南闸地区的征兵一年多于一年，从民国三十六年40多人的配额，增加到民国三十八年的200多人，遭到了南闸地区百姓的强烈抵制和反对。

南闸地区在土地革命战争、抗日战争、解放战争时期，各个乡镇工农群众和青年学生自愿参加红军、新四军、中国人民解放军。1949年至1950年有19人志愿参加中国人民解放军。在抗美援朝期间，南闸地区共有60人参加志愿军，赴朝参战。

1955—1959年为冬季征兵，在农村主要征集家庭劳动力比较充裕的适龄农民和初中学生，家庭唯一劳动力、独子、高中以上在校学生缓征。1960年夏季，首次征集机关、企事业单位青年职工，城镇征集待业青年以及中等学校的在校学生。1961—1964年，为春、冬两次征兵。1968年为春季征兵。1969年，进行春季、夏季、冬季三次征兵。1970—1974年，为冬季征兵。1976—1978年，为春、冬两次征兵。1978年春季征兵对象，农村除以往规定外，征集下放劳动锻炼1年以上的知识青年。1979年冬季，按照高中毕业生、初中毕业生优先，党政军干部子女、下放知识青年和城市待业青年适当多征。1980—1984年，均为冬季征兵。1985年征兵时，征集城镇待业青年较多。1990—2004年，均为冬季征兵，主要征集对象为18—22岁适龄青年，城镇为非农户口，农村为农业户口，非农户口的要求高中毕业以上文化程度。2006年冬，征入伍新兵25人，文化程度大部分为高中毕业生，全部为共青团员。2011年，南闸街道被评为"无锡市征兵工作先进单位"。2014年，冬季征兵中，镇武装部提前发动，广泛宣传，动员高学历的适龄青年入伍。最后入伍的25位新兵中，有初中生1人，中专生9人，大专生13人，本科生2人，全部为共青团员。2015年，入伍新兵29人。

第五章　重要兵事

第一节　古代兵事

一、元末张士诚与朱元璋秦望山争夺战

历史上发生在南闸境内的兵事，首次见之与史书的，当属元末朱元璋与张士诚两支农民起义军的秦望山争夺战。据《明史·吴良传》记载："张士诚兵据秦望山，良攻夺之，遂克江阴。即命为指挥使守之。"

附：秦望山争夺战

元至正十六年（1356）三月，朱元璋任小明王韩林儿龙凤政权的都元帅，亲率大军三攻集庆（今江苏南京），自太平水陆并进，大破元军，于初十攻占江南重镇集庆城。朱元璋第二天改集庆路为应天府。

这时，以平江（今江苏苏州）为国都的吴王张士诚的势力，已向常州方向伸展，江阴属张的地盘，虽然这也是农民起义的部队，但与朱元璋的红巾军之间，却是水火不容的。至正十七年（1357）张士诚降元，朱元璋分析当时的态势，认为："士诚北有淮海，南有浙西，江阴、长兴二邑皆其要害……江阴枕大江，扼姑苏、通州济度之处。……得江阴，则士诚舟师不敢溯大江，上金、焦。"（《明太祖实录》卷五）于是派吴良、吴祯随大将徐达以20万兵力乘胜攻镇江，克常州，守丹阳。是年六月，朱元璋命吴良与赵继祖等夺取江阴，而要夺取江阴，势必攻占秦望山，消灭其守军，不然，纵然夺取了江阴城，亦腹背受敌。而张士诚部也知道，如若秦望山失守，即等于江阴失守，所以势必死守。

吴良锐不可当，兵马一到，冒着狂风暴雨立即发动进攻。张士诚将士也非酒囊饭袋，随即给予还击，刀挡箭射，滚木礌石，双方经过反复较量，终以守军弃营溃败结束战斗。吴良攻克秦望山以后，随即包围江阴，很快就攻下了江阴。

江阴地当朱元璋所建江南权力边缘，与张士诚据有的地盘接壤，烽火相望。从至正十八年（1358）开始，张士诚为了扭转被朱元璋包围的局面，曾多次伺机进攻江阴，都被吴良、吴祯杀退。后变换手法暗中派人用金银财物收买守城将士，但又被吴良识破。张士诚恼羞成怒，于至正十九年举兵来犯，结果又以失败告终。十月，张士诚兵犯常州，吴良派兵从偏僻小道，抄近路歼灭其援军于澄武锡交界的三山，敌仓皇逃窜，常州安然得保。这是继秦望山争夺战二年后，朱元璋与张士诚在南闸境内发生的第二次兵事。

二、明代抗倭战

嘉靖三十四年（1555）六月十三日，在南闸镇（古称太宁乡）境内一个叫磨盘墩的地方，发生了一场惊天地泣鬼神的抗倭战事。指挥这场战斗的江阴知县钱錞，不幸以身殉国，遇难时年仅31岁，其流星般短暂而辉煌的一生，从此载入史册。《明史·卷二百九十列传第一百七十八·忠义二》作这样

的记载：

> 钱錞，字鸣叔，钟祥人。嘉靖二十九年进士。授江阴知县。初至官，倭已炽。三十三年入
> 犯，乡民奔入城者万计，兵备道王从古不纳。錞曰："民死不救，守空城奚为？"遂开门纵之
> 入，而身自搏战于斜桥，三战却之。明年六月，倭据蔡泾闸，分众犯塘头。錞提狼兵战九里河，
> 薄暮，雷雨大作，伏四起，狼兵悉奔，錞战死。

附：钱錞战死磨盘墩

钱錞为了捍卫民族的尊严，保卫人民的生命财产，以弱旅迎战强倭，明知凶多吉少，却义不辞难，其高风亮节，历来为忠义之邦的江阴人民所敬重。

钱錞字鸣叔，又名鹤洲，湖北荆州人。中进士两年后，28岁的钱錞奉命到江阴担任知县。《明史》记载他"初至官，倭已炽"。钱錞刚到江阴上任，流窜于江阴的倭寇就已经很猖獗了。

钱錞上任伊始，就积极采取对倭寇的防范措施，他下令修复北城墙缺口，并发动民众，组织乡兵义勇，抓紧训练。他亲自带领军民巡视江防，严加防范，随时准备迎击来犯的倭寇。

嘉靖三十四年五月三十日，传来靖江遭倭寇袭击的消息，常州府兵宪王丞命钱錞同他一起过江增援。谁知刚交战，钱錞又接报告，得知倭寇2000余人的大部队，已由夏港河驾船进入蔡泾登陆，杀向江阴县城。原来，在华士战败的倭寇纠集流窜在常熟的3000名同伙，从中分出一半进攻靖江，另一半扑向江阴。军情紧急，钱錞火速率部返回江阴，刚刚进城，便接到报告，说倭寇已到达南闸北面，距城不远的大桥一带。钱錞立即部署城内军民分门把守，自己登上城头。因城墙坚固，防守严密，倭寇接连几天攻城失败，只得退到南门外蔡泾闸（今南闸镇境内），准备长期驻扎，攻打江阴城。

这次倭寇侵犯江阴，受害最严重的当属南闸，明朝中期，南闸已是一个具有相当规模的集市了。倭寇在蔡泾闸盘踞长达半月之久，他们将集市上的大小商店洗劫一空，稍作反抗，即挥刀杀人，整齐的街面房被烧成断壁残垣。周围十几里内的村庄，几乎十室九空。当时正值夏种以后，农作物因无人管理，杂草丛生，一片荒芜。倭寇每日分党四掠，杀人放火抢劫，烟火连天，村民入城避寇者，日近万人。

钱錞不忍百姓荼毒，向兵备道王从古请兵出城杀贼，没有答应。回到县衙，钱錞抱定了与倭寇血战到底的决心，把大印盖在贴身衣服上，以防战死疆场后难以辨认。

六月十三日，钱錞命令许蓉率领百名义勇以及五百名乡兵留城固守，同时指定黄銮负责城内外军用战备物资的供应，并派人急调华士屯兵火速支援江阴。下午，钱錞亲率县兵、乡勇、两广土司的"狼兵"，以及前来支援的镇江义勇等近千人，冲出南门，准备与倭寇决战。

当钱錞率兵赶至南闸附近九里河畔的磨盘墩时，但见倭寇黑压压一大片犹如蝗虫般席卷而来。钱錞跃马挥枪，怒目圆睁，冲向敌阵。杨成率江阴义勇紧随右侧，金鸣率镇江义勇紧随左侧，双方展开了一场血战。

谁知，前锋"狼兵"至磨盘墩未战先溃，钱錞奋然率义勇50多人冲进敌阵，与倭寇激战。磨盘墩周围刀光闪烁，战马嘶鸣，直杀得天昏地暗，血流成河。就在这时候，天气突变，乌云滚滚，狂风大作，霎时间电光闪闪，雷声隆隆，倾盆大雨自天而降，战场上一片泥泞。钱錞正收紧缰绳，奋力追赶一名倭寇，不料因战马突陷泥潭，跌倒在地。钱錞此时还多处受伤，他虽然浑身是血，却毫无惧色，依然奋力格斗。突然，数名倭寇从两侧冲来，钱錞不幸被刀砍中。杨成、陈裕一左一右挡住敌人，金鸣也冲过来掩护，但此时已难以下马相救。钱錞对他们大声喝道："我为国而死是分内事，你们快走！"然而，周围的义勇宁死也不愿离开他，最后，杨成、陈裕、金鸣、邢惠、郭斌等20余名义勇全

部壮烈战死。残暴的倭寇将身负重伤的钱镈杀死后，还割下他的头颅，挂在营前的竹竿上。钱镈为国捐躯时年仅三十一岁。

钱镈牺牲的噩耗传到县城，全城军民放声痛哭，家家户户设灵堂拜祭。许蓉、黄鏊等派兵到战场上找到钱镈的遗体，安放在县衙大堂上。当天深夜，义勇小分队摸进倭营，抢回了钱镈的头颅。全城官兵和百姓披麻戴孝，将钱镈安葬在黄山东北向阳的山坡上。

其时，南京光禄寺少卿张衮刚巧在江阴老家，于是疾笔奋书，派义民致书江南巡抚求援，书曰："……疾痛则呼父母，水火则望增援，况死亡在顷刻乎？贼势日盛，日谋日深，广为飞梯长钩，钢锥利斧，大肆攻凿，疲民寡力，万不能支……危衷迫切，实昧条理，伏惟台慈矜怜，衮不胜祈恳之至！"（崇祯《江阴县志》卷二十三）江南巡抚周如斗得书后，立即亲自提兵，会合抗倭名将俞大猷日夜兼程赶至江阴，杀退倭寇，解了江阴之危。

三、太平天国时期战争

清咸丰十年（1860）闰三月，太平军破清江南大营，溃兵约十分之三逃亡江阴。二十六日，忠王李秀成率太平军10万余人，东征苏、常地区。四月初六（5月26日），克常州，初七，分兵无锡、江阴。万余人经秦望山、观山、南闸，围攻江阴城，沿途，太平军与小股据守秦望山的清兵有战斗，但清兵不堪一击，稍战即溃。四月十三日上午巳时（九点多钟）占领江阴城。四月十四日战花山，攻长寿，民团作鸟兽散，沿途被截杀2000余人。

同治二年（1863）七月十三日，太平军护王陈坤书在江阴以北西自江边，东至山口、沿河构筑木城10余里，其中有石营、土垒、木卡大小百余座。清将李鹏章飞调张树珊等6营由福山增援。复调总兵郭松林带八营兵力，由王庄赴锡澄路交界冲太平军后。太平军队伍林立，层层抵抗，互施枪炮，拼命迎战。后因太平军后援被劫失利，所设沿河木城毁，尸积如山。停靠在南闸九里河内的200余号辎重船被焚，烟焰漫天。是役，太平军血战20余天，死2万余人，清军死伤3000余人。

同治三年（1864）二月初四夜，太平军将领陈承琦、李容发等为解常州围，率五万余众，乘敌不备，冒雨卷旗，循江东趋，经夏港、青山，绕过江阴，经南闸花山、周庄，直插华士。二月初六，一举消灭以张玉玺为首的团练武装。继而攻克杨舍，福山，直逼常熟无锡城。同治三年三月初二，李鸿章从苏州来赴长泾督战。初五日各军到齐，次日黎明分南北两路夹攻太平军华士砂山营地。太平军列队山河，依营拒敌。清军抄入营后，枪炮环施，太平军火力不济，"尸体狼藉，沟壑皆满"。夜，陈承琦，李容发率众万余由华士、花山经南闸、秦望山驰回武进三河口，搭浮桥六道，凭河筑垒以护。初七日，清军直扑三河口，堵住归路。太平军弃垒争渡浮桥。六道浮桥断四道，"人马落水中，堆积数丈，河为不流。"已过河者被四面兜剿，"横尸遍野，涧水皆赤"，夺路回常州、丹阳者，仅两三千人。

至此，清军收复江阴，历时三年太平军在南闸的兵事，宣告结束。

第二节　民国时期"乙丑兵灾"

民国十三年（1924），第一次国共合作，国民革命兴起的同时，北洋军阀混战加剧。秋，奉系军阀张作霖联合皖系浙江军阀卢永祥反对直系江苏军阀齐燮元的江浙战争（又名齐卢之战）结束后不到两个月，民国十四年（1925）1月在沪宁线上又重开战火，时任苏皖宣抚使的卢永祥在张宗昌所率奉军的支援下，于18日击溃江浙沪联军于镇江、丹阳等地。19日，齐燮元赶至无锡布防。21日，齐军第

6师第11旅（旅长王凯庆）抵青阳。22日（小除夕），齐军第2师第3旅旅长陈孝思率部进驻江阴城，设司令部于通惠公所。因江阴城内邮电受阻，消息失灵，居民还正在忙于过年。奉军占领武进后，以第28旅2000余人，由焦溪、南闸、月城向青阳进攻；以32旅旅长毕庶澄率3000人，由西石桥经申港、夏港进攻江阴；以白俄尼加夫少将所率200余人为先遣队，由圩塘经黄丹沿江堤直趋江阴。23日（大除夕）下午，陈孝思探得奉军迫近，冒雨将第5团、第6团及8团之1营，炮兵2营2000余兵力分布在北起江边、南经夏港、葫桥、南闸至秦望山一线，并拉夫数百人，押运军火。双方接战，机枪、钢炮彻夜互击，西面火光烛天，沿城西、南、北外居民逃避一空。24日（正月初一）下午，齐军五团退却，径向东南各乡骚扰后去常熟。6团接仗也节节败退，在秦望山、白石山的2营炮兵丢弃大炮六门，相继于25日撤至城内。

这次齐卢军阀混战，江阴城乡灾民达5万余，致使江阴百姓非但没有过上一个安稳年，而且还有很多人家流离失所，家破人亡，南闸损失尤为严重。因民国十四年为农历乙丑年，故称乙丑兵灾。

第三节 抗日战争时期战事

一、大洋桥阻击战

民国二十六年（1937）"七七"卢沟桥事变爆发，接着淞沪战事又起。蒋介石为屏蔽南京，退保京畿，加紧构筑防御工事。江阴为国防第二线，仓促迎战，兵员调动频繁。原驻江阴87师师长王敬玖率部奉调上海闸北，88师师长孙元良率部来江阴接防，不久又奉令赴沪作战。11月中旬，东北军第57军112师师长霍守义所部相继调驻江阴。所属334旅667团官兵700余人，分驻南闸、花山一线。11月27日，由1营宋营长奉命率部驻守在南闸大洋桥西北侧的二湾里的高地上。首先炸毁锡澄运河上的大洋桥，阻止日军长驱直入。同时构筑简易工事，布设机枪交叉火力网，封锁大洋桥。日本的上海派遣军第13师团两角、添田等部，于25日占领无锡，以步兵1个旅团，重炮10余门，战车30余辆，沿锡澄公路经青阳，直达戴庄待命，企图攻下南闸，包围江阴。

27日傍晚6点多钟，日军以3辆铁甲车为前导，进犯南闸，遭到严阵以待的守军迎头痛击，迫使撤退至戴庄。28日拂晓，日军占领南闸河东空街，以铁甲车和坦克掩护工兵抢修大洋桥。二湾里的守军，借助有利地形，以密集的机枪火力，交叉射击搭桥区。日军多次组织抢修，未能得逞，伤亡甚重，只得撤回原地。29日清晨，日军加强火力，多次组织兵力，扑向大洋桥桥堍，均被守军击退，横尸累累。日军见强攻无效，便派少数兵力正面佯攻，另抽大部兵力，勒逼涂镇村民领路，摆渡过锡澄运河，经寨里村向北迂回包抄，袭我后路。侵略军经过寨里村时，实行了惨绝人寰的烧杀，无辜村民惨遭杀害。日军接近花家桥时，遭到了守候在花家桥一带我军的阻击。原来早在27日，宋营长已事先派出了一个班士兵，埋伏在离大洋桥西南一里多路的花家桥，以防日军从涂镇渡河包抄偷袭。双方激战多时，敌兵死伤不少，但终因兵力相差悬殊，守军被迫撤至二湾里与宋营长会合，继续抗击敌人。

激战中，宋营长中弹负伤，稍作包扎后继续镇定地指挥。敌人在河道狭窄处强行渡河，又登上美伦染织厂的楼顶，架起机枪，向二湾里阵地猛射，一面派兵向阵地的后面包抄，形势十分险恶，但守军团结奋战。隐伏在二湾里大水沟口小桥堍的一位战士，利用地形，选准角度布设机枪点，一个人先后打死17名侵略者。最后，敌人用集束手榴弹炸塌了小桥堍的掩体，中国守军的无名英雄为保卫祖国而长眠沟底。激战持续到晚上，守军弹药耗尽，敌人猛扑过来，守军在军号声的召唤下跳出战壕，与侵略者肉搏，宋营长以下120多位战士全部壮烈牺牲。30日清晨，老百姓在南闸新桥堍发现了宋营长和其他官兵的遗体，而掩埋日军尸体的荒地也从大洋桥延伸到王庄村。

二、花山浴血抗战纪实

花山，东西绵延9里，高241米，西截锡澄公路，东临澄杨公路，为江阴要塞之南屏。抗战初，它是"国防二线"组成部分，属江防总司令部指挥。当时，驻守花山的112师334旅两个营，兵力700多人，于民国二十六年（1937）11月22日进驻花山阵地，日夜修筑工事。25日，花山周围应天河、东横河、斜泾河上的所有桥梁被拆除，锡澄公路上的南闸大洋桥被炸断；26日，我军在峭岐江家村等地征集了木板、木料，快速构筑前沿战壕；27日无锡沦陷，花山守军派兵驻守南闸大洋桥西北侧二里湾高岗上，构筑工事，布设火力网，做好痛击修复大洋桥日军的准备，另派出一个班驻守离桥一里远的花家村，沿着运河设防，50多名守军在斜泾河南岸的陈家村、薛家坟坟茔埋伏，以期重创来敌。

28日，从无锡出发的日军先头部队一个旅团沿锡澄公路向江阴进逼，中午到达戴庄和陈四房庄一带，继而分兵两路北进，一路约30余人经花塘桥、太平桥直扑夏家庵，另一路经张家桥、新庄直达涂镇，企图攻下南闸，控制周浜洋桥，形成对花山西半部的包围，使其后续部队能沿锡澄公路向江阴推进。从常熟出发的日军一个旅团也兵分两路向江阴进逼。一路经璜塘、峭岐北进，于中午抵达斜泾河东端的徐皮塘桥和邓桥，继而乘船越过斜泾河屯驻石家庄、东西怀村，另一路抵云亭后沿澄杨公路直扑花山东面的汤家村、谢家村和薛家村，形成了对花山东半部的包围。到下午2时，日军已形成对花山东、南、西三面包围的态势，设总指挥部在陈四房庄。

是日下午4点，日军指挥官发出进攻的命令，架设在关王庙庙场上的重炮施展淫威，原本平静的南后塍东村、西村顿时鸡飞狗叫，无数民房被毁，60多名无辜百姓惨死。尾随着炮火，日军猛扑南闸镇，发现已是一座空街；屯驻夏家庵的日军很快北进到薛家坟和陈家坟坟茔之间的开阔地带，向周浜桥挺进，却不料遭到334旅伏兵的猛烈反击，日军在还没有弄清枪弹来自何方的情况下就倒下了一大片。在他们的后续部队到达以后，双方反复争夺着每一寸土地。在歼灭入侵的敌军以后，334旅守军撤回花山；匆匆赶来支援的60多名日军，在阵地上得到了30多具同伴的尸体。敌酋下令所有轻重火器向花山方向扫射，直到天黑。

深夜，在空荡的南闸街上，三三两两的日本哨兵在巡逻。花山守军派出20余人，以匕首为主，突袭日军指挥部，全歼了日本兵后撤回兵营。第二天中午，日军各部，全面行动，火炮阵地增加到5处，进逼守军每个前沿阵地。下午1时，多路炮轰开始，炮弹倾泻了半个多小时，使整个花山兵营化为一片灰烬，步兵开始全线冲锋。花山守军怀着对敌人的刻骨仇恨浴血奋战，到两点半左右打退了敌人的第一次全线进攻。

第一次全线进攻失败后，敌人全力进攻龙王基。龙王基位于花山第二高峰脚下，是防守花山的主阵地之一。在它下面十几米的地方是钓鱼墩，守军在此布设了前哨防线。由于位置重要，日军派出重兵争夺龙王基和钓鱼墩。经过几小时的激战，守军伤亡过半，弹药也所剩无几。下午4点，日军再次集中重火器进行火力封锁，大批步兵逼近钓鱼墩。守军10余人拼搏至最后一口气，日军付出了伤亡20多人的代价才攻占了钓鱼墩。鲤鱼宕在花山东坡，9名守军带一挺机关枪扼守在此，下午3点多钟，2名日军在十房村北骑马观察地形，鲤鱼宕飞来的子弹将他们击毙。4点多，日寇疯狂猛攻鲤鱼宕，9名守军沉着点射和扫射。第二天，被逼前来收尸的群众点一点，敌尸共有23具。松静庵位于主峰阵地下方，是日军的眼中钉。激战开始，敌军就用炮火截断松静庵与主峰的联系，这也使敌我力量对比变得更加悬殊。30多位爱国官兵据险力守，下午4点半，守军伤亡已经三分之二，只得退守三个狙击点。5点钟，敌人进松静庵，守军咬着牙跟与敌人拼搏，直到全部牺牲。松静庵保卫战前后四个半小时，日军以21具尸体的代价换得了一座弹痕累累的空庵。

29日夜半，敌人漫无目的地用信号弹和各种火器壮胆，花山守军严阵以待。30日凌晨3点，334旅接到江防总司令部电令：向常州转进，但此时日军已经把整个花山团团围住。守军执行电令，放弃了阵地进至计家湾，欲通过陈皮弄突围，但为时已迟。黎明时分，334旅全部壮烈牺牲。日军攻占花山后恣意烧杀抢掠，计家湾47人惨遭杀害，全村被烧成一片瓦砾，一二个幸存者流落他乡，计家湾从此消失。这是日寇犯下的又一滔天罪行。

花山阻击战是抗战初期江阴守卫战中的一次重要战斗，共歼灭日军300余人，粉碎了日军快速封锁长江合围江阴的阴谋。

三、新四军奇袭日军运输队

民国二十八年（1939）农历七月二十八日深夜，新四军老二团参谋长王必成，率一营200余人西返，途经南闸。这时，王必成参谋长得到可靠消息，无锡日军警备队今夜有军需物资车队来江阴，他立即与一营长商议后，决定设伏袭击日本军需车队，一来可以增强军民抗战斗志，鼓励士气，二来可以借日寇之军需，武装新四军之装备，提高战斗力。于是，部队在大洋桥设伏，袭击日军汽车。

翌日拂晓，无锡日军警备队的3辆汽车，载着军需物资和护送的16名日军，由南向北沿着锡澄公路驰来，很快进入伏击圈。王必成参谋长随即高喊一声"打！"我军以密集的火力射击，3辆汽车顿时瘫痪在公路上，大部分日军中弹身亡，尚存几名日军，跳下汽车，以车辆为掩护，负隅顽抗。战士们冲向敌人，进行肉搏。前后仅几分钟时间，16名日寇，全部被消灭，我军无一伤亡。

这次伏击战，新四军大获全胜，全歼了车上16名日本兵，缴获了大量军用物资，当地群众，莫不拍手称快。沿途民众箪食壶浆，翘首欢迎老二团指战员。老二团指战员在群众的欢呼声中，告别众乡亲，雄赳赳气昂昂地踏上了新的征途，准备迎接新的战斗。

附一：

我们在那里打了败仗
——江阴炮台的一员守将方叔洪上校的战斗遭遇
丘东平

我们在那里打了败战。这是一个沉痛、羞辱的纪念。

在这次战役中，我的部下，我的朋友，我认识他们的，和他们共同甘苦的，在一个阵地上共同作战的，他们，可以说有百分之九十五都战死了。我不能看见他们的壮烈的牺牲而一无所动。而可恨的是我们并不曾从这牺牲中去取得更高的代价。——请作个计算吧，我们得到了什么呢？我们能够在江阴炮台守了多少日子呢？我们对于东战场整个危殆的战局尽了挽救的责任没有呢？并且，我们在对敌人的反攻中曾经把战斗力发挥到最高度没有呢？

惭愧，悲愤，不是一个真能战斗的战士的态度。胜利或失败，全是力与力的对比。——一切由历史去判决吧！我们的战斗不断地继续着，而我们的历史也正不断地书写着。我们，中华民族，如果在和日本帝国主义的对比下完全失败了，那么，历史的判决是公平的，我只能对着这判决俯首、缄默。……

一九三七年十一月中旬，当苏州、无锡相继失陷之后，我们从隔江的靖江开到江阴来了。我们以三天的工夫渡江完毕，在江阴的西南至东南，沿夏港镇、五里亭、青山、南闸镇、花山、板桥镇至起山、断山之线①，构筑环形阵地。这个环形的起点是在江边，终点也在江边。我们的退路是在大江，即是说，如果一旦支持不住，我们只好一个个沉进大江里去。我们对着那长驱直进，势如破竹的劲敌作这个背水阵，——看吧，我们准备已久的唯一的江阴炮台，是有资格作这个背水阵的……我们很英豪么？老实说吧，我们除了不死的灵魂之外，其他可以说一无所有。

向着南闸镇以南的上空望去，相距约二十公里远，敌人放上了一个灰色的系留气球。我们的敌人是何等强暴，何等精密，他们小心地侦察我们，试探我们，虽然已猜中我们是瓮中之鳖，而他们还是一分一寸地前进，进一个村子，烧杀一个村子，计算一个村子。

不过这期间，敌人的二千磅的飞机炸弹却已使我们频频地陷入于苦境。

花山前线的我军在十一月二十六日就开始和敌人接触了。

二十七日晨六时三十分，我奉命派一营向花山的阵地出动，驱逐一部分由花山左翼绕向南花山嘴进袭的敌人。

营长孟广昌临行的时候对我说，

——只有这一次，这一次无论战胜战败，恐怕都不能生还……

我们的战斗员对于战斗毫无过分的奢望，一种强大的洋溢的雄心也只能限于一次的使用。

我紧握着孟营长的手这样对他说，

——同志，早些出动吧！那么，就是这个时候了……

所有的士兵们都听见了。我的发言力求沉着而坚定，绝不使我们的伙伴在颜色之间现出任何激动。他们一个个都挂着铁的脸孔，我一伸手可以触摸着他们旺盛如火的抗战热情。但我们之间已经神会意达了。我们凛然地，然而微笑地接受这严重、神圣的任务的降临。

在花山的阵地上据守的原是友军许团的队伍，在二十六日最初的然而很猛烈的战斗中他们失去了花山两个山头，敌人几乎占领了花山阵地的全部。孟广昌真能遂行他们的任务，他们驱逐了南花山嘴的敌人，自动把花山的阵地完全克服。而与花山相毗邻的南闸镇的友军在敌人的压迫之下却已经把南闸镇的阵地抛掉了。沿着从无锡至江阴的公路向南闸镇进袭的敌人是敌人的强大的主力。

十一月二十八日的夜是一个深沉的、漆黑的夜，夜的黑暗包围着我们，使我们深深地意识着处境的严重而陷于寂寞和孤独。炮弹在空中掠过，仿佛有无数鬼魂追随着他的背后，激发而紧张的声音久久不歇地震击着宁静的四周。

我们，是两个营，由我亲自带领，向南闸镇的东边进行夜袭。——下半夜四点了。敌人对于我们的进袭毫无戒备。在一座新建的平房的门前，我们奇迹地发现了一簇黯弱的火光，它在那新的白色的墙上作着反射；像一道污浊的河水使我们的目光陷于迷乱。五分钟之后，我们从一条田塍越过了又一条田塍，痴情地、恋恋不舍地接受那火光的诱惑。这样一切都了然了，原来有六个敌人的哨兵，正围在那平房的门前烤火。

由韩营长所率领的第四连的兄弟一齐地对那浮动在火光中的黑影发射了猛烈的排枪。我们把一营的阵线特别的缩小，像一支枪刺似的直入敌人的腹部，以销毁敌人固有的强暴和威猛。第四连兄弟迅急地向那平房的前面跃进，他们把握住一个时机，一点余裕，在倏忽的一瞬中把自己所发射的火力一再提高，使从那平房的侧门涌出的敌人一个个倒扑下去，一个个沉入了忧愁的梦境。

于是激烈的战斗开始了……

从左侧高起的河岸上发出的机关枪几乎把我们的胜利的第四连完全吞没。这一阵猛烈的机关枪发射之后，我们的阵地短暂地沉默下来，清楚地听见全南闸镇四周的敌人像突发的山洪似的涌动着。从敌人的阵线里发出的喊声长绵地、可怕地把我们环围着、淹盖着。坦克车故意把我们兜弄着似的从远远的地方沉重地吼叫着，又从远远的地方消失了去。

我们动摇下来了。

在南闸镇北面和敌人对垒的友军和我们失了联络，自动向北撤退，敌人因而得以从南闸镇的北边开出，爆破东北边的一条桥梁，使我们除了在他们正面的压迫下宣告溃败之外再无进取的路径。当我们第九连的一部分正向着这桥梁突进的时候，敌人把这条桥梁爆破了，这桥梁就是这样的埋葬了他们。

排长贾凤麟，由一个上等兵作着伴随，在追袭一个夺路而走的敌人。而他们的背后，是敌人的机关枪的子弹在紧紧地追踪着，那个上等兵走在他的前头，挺着雪亮的刺刀，把夺路而走的敌人控制在自己的威力圈内，以施行最直截的劈刺。当他的刺刀的端末正和敌人开始接近的当儿，敌人的机关枪射中了他的胸脯，他倒下了。排长贾凤麟仿佛对于那猎物的偶然的幸运发出微笑，他追上了他，一下刺刀把他结果了，而敌人的机关枪又继着击倒了他⋯⋯

排长蒋秀，当敌人的坦克车冲来的时候，他迅速地和坦克车接近起来。他攀附着坦克车的蚕轮，用驳壳枪对着车上的展望孔射击，而卒至给蚕轮带进了车底，辗成肉酱⋯⋯

我们一连冲锋了两次，两次的冲锋都遭了失败。天亮了，敌人开始了炮击，密集的炮弹把我们的右翼的战士完全驱进了死亡的墓门，我们却不能不在这艰苦危境展开第三次的激烈的战斗。——由中校团副所带领的五十多人的残余队伍，迅急地参入了敌人的队伍里面，和敌人作直接的白兵战。连长冯德宣还带领着他的完整的一排，在突进中过一条小河，不幸在河里淹死了。而中校团副宋永庆也正在这时候负了重伤。

战斗一直继续了六个钟头。到了正午，我们两营的官兵死伤了五分之三，再不能支持了，只好退回了五里亭本阵地。

从这次战斗中，我们夺得了许多战利品：旗子，机关枪。有件从敌人的死尸上剥下来的中将的绒外套，这外套的肩章上有两粒金星，金星因为旧了，显得黯淡无光，我们断定它的资格已经老了。一把柄上刻着富士山的军刀，一枝写着"河田原"字样的旗子。我们推测这"河田原"就是那打死了的师团长的名字。下午，有一架敌人的红色的小飞机在南闸镇南边的公路上下降，一下子又飞去了，也许这飞机是载新师团长来的，去的时候还可以载回那战死了的师团长的尸首。

南闸镇失去了。和南闸镇失去的同一天，花山也失去了。敌人这一天的总攻是把花山也划在里面。孟广昌营长战死了，他的一营几乎全部遭了伤亡。

从二十八至三十，这三日中敌人的进攻继续不断。

十二月一日拂晓，敌人沿着从南闸镇至江阴的公路，对江阴作最猛烈的进攻。由小笠山②至青山之线，也开始了激烈的战斗。小笠山和青山都失去了，战斗又迫临到我们这一团的身边，我们这败残下来的零星的队伍又给卷入了炮火的漩涡。

下午六时，敌人冲入了江阴的南关，西郊和东郊一带都相继沦陷了，而君山的要塞炮台也落于敌手。

当我听到君山炮台失去的时候，我猛然地记起了那摆在炮台上的要塞炮。

这要塞炮到底开过了没有呢？曾不曾击沉了敌人的一条炮舰？

就在十二月二日的夜里，我们突围了。我们沿着江滨冲出，还不曾到镇江，镇江已经失守。

到达南京的时候，我们一共只存了四十六人。

【作者简介】：丘东平（1910—1941），作家。原名丘谭月，号席珍。广东海丰人。读初中时加入共产主义青年团。1928年参加彭湃领导的海陆丰起义。后参加十九路军在上海和热河的抗战。1934

年参加东京"左联"分盟。七七事变前加入中国共产党。抗日战争带来他的创作高潮。他写出了报告文学《第七连》《我们在那里打了败仗》和小说《一个连长的战斗遭遇》，这些作品富有战地实感，表现了中国军队奋勇抗敌的壮烈场景。1938年在新四军先遣支队做宣传工作。1940年进入苏北新四军抗日根据地，在鲁艺华中分院任教并担任党政领导。1941年赴盐城，在反"扫荡"战斗中英勇牺牲。《我们在那里打了败仗》选自《丘东平作品全集》。

【注释】：①起山，应为绮山；断山，应为敔山。俗称靶子山、贪山。
　　　　　②小笠山，应为前栗山，在璜土镇境内。

附二：

历时最长的"支点村"梅阿里

梅阿里又名小村上，是原河南大队的一个自然村，现属龙运村，在南闸镇区西仅一市里左右。二十世纪二三十年代，小村上仅有五户人家，不足30口人，是个名副其实的小村。它四面环河，只有村东有座小桥进出，整个村落掩映在葱茏的树木和青翠的竹林之中，十分隐蔽。早在1927年，梅阿里就成了中共地下党活动的"支点村"。

民国十六年（1927）7月，茅学勤、庄祖方等先后来南闸从事农运工作，梅阿里是农暴阶段（1926—1928）朱杏南、陈忠全、庄祖方等活动的重要地区。

1928年春，江阴县委书记蒋云领导县委在江阴西乡及城郊南闸等地，继续发展农民协会，宣传抗租、抗债、抗税。当时蒋云就在梅阿里膳宿。南闸地区参加革命活动较早的耿家村人耿清华，就是1928年由蒋云在梅阿里时介绍入党的。

原南闸镇河南大队党支部书记耿生洪，是梅阿里人，他在一份回忆材料中说："在1943—1948年间，地下党陆陆续续在此住过。有一次地下党的头头是个双枪手，大约是在1943年的时候。又有一次在1945年，来了5位同志，有位同志只有一只左手没有右手，看样子是个领导，他对其余四人说，你们一定要坚持，坚持到底就是我们的胜利。

"据我父亲讲，茅学勤也在我家住过，中华人民共和国成立后担任江阴县民政局长的周青，当时名叫周金大，曹荣金牺牲后他接任澄西三区武工队队长，也经常来我家住宿。地下党的同志在我家吃住一般一到两天就要离开的。白天从不出门，吃东西都算账付钱，纪律很好。1948年观山乡反动乡长张廷基被镇压在孙家村（在梅阿里北约半市里）前面的大路边，当时我家里还住着地下党的三个同志，听到枪声，家里人都很紧张，有个同志说，听枪声离这里较远，不像是进村的。后来有人去打听了，才知道是张廷基被武工队打死了。

"我们梅阿里地势比较安全，北面淡泾河，西面陈地河，东面和南面是种田河，只有东面有座小桥进出，都是一个老祖宗传下来的一家子老实本分的农民，村里来了同志住哪家，谁都不打听，他们不透露真实姓名，村上人也不多问，能保守秘密。所以一直到解放，二十多年从未间断地下活动，也从未出过事。"

跟梅阿里一样的"支点村"南闸还有一个，就是原来菱塘大队的东场村。

除了"支点村"，还有"支点户"，根据澄西地区烈士陵园管理委员会编写的《澄西风云——解放战争时期澄西地区革命斗争实录》记载，有蔡西大队八房村的宋锡初，陈家村的陈阿南、陈阿桂，赵家村的徐顺康，巨轮大队龙沟口的吴玉潮、吴阿苟，菱塘大队东场村的顾敖林、顾和林、顾宝洪，曹沈村的沈勇德和灯塔大队爻桥村的刘秉德等家庭。

这些"支点户"与"支点村"，为革命的胜利做出了贡献，有些同志在党的教育下直接参加了革命工作，如顾洪宝、陈阿南、沈勇德等同志，都是澄西三区武工队队员；有些同志则为了革命献出了自己宝贵的生命，如宋锡初，在曹荣金被捕时同时遇害，顾宝洪同志参加武工队后，于1949年中华人民共和国成立前夕在芙蓉圩孙家村一次战斗中英勇牺牲。

附三：

智烧日伪田赋征收单

1944年7月，江阴县日伪政权在南闸河南街设立了观山乡田赋征收处，通知观山乡各保农民，限期完成田赋交纳任务。这次田赋是三年并征，数目较大，农民不堪负担，根本无力交纳，故而一个星期过去，前去交纳田赋的人寥寥无几。

观山乡田赋征收处主任目睹此状，心想如不采取措施，必定难以如期完成任务，就把情况向上汇报，请求派伪警察下乡协助催交。伪警察耀武扬威，以公济私，走到哪里吃到哪里，临走还要拿点"鞋袜钱"。并扬言10天内不交清田赋，就要抓人，逼得农民叫苦连天，怨声载道。

为此，中国共产党领导的澄西县政府，决定一边发动群众抗争田赋，一方面派人烧毁田赋征收单，解除农民的痛苦。这个任务由澄西县警卫班班长胡兆金和胡兆生负责。他们连夜通知三区区长俞遁章，观山乡民兵中队长高志银、何阿朝，研究行动方案。

翌日早晨，他们五人携带武器乔装成上街买东西的模样，来到南闸街上，两人守住新桥，两人看住征收处门口的两名伪警察。胡兆金混在交税的农民中走到里面，乘机先缴下了征收处主任的短枪，然后命令他把所有的田赋征收单交了出来，一把火烧毁了。等到河东、南弄的伪警察和驻扎在下村的日军闻讯赶来，他们早已安全地撤离了南闸街。从此之后，直到抗战胜利，日伪政权再也不敢下乡催缴田赋了。

附四：

梅志春赤诚为革命

南闸镇在抗日战争时期就建立过澄西县的镇政权，陈阿四任镇长，不少中层人士与地下党建立了联系，延续到解放战争时期，其中不少人一直赤诚地为地下党认真办事。梅志春就是其中的一个。

1.上交公粮

1939年间，陈阿四出任汪伪南闸镇长，后来又当澄武锡三县抗日联防委员会武进县三河口税务主任。他写信给梅志春，说明在抗日游击队时期还有些公款，要梅拿去上缴党组织，他在三河口等候。梅志春立即到三抗会驻地焦溪镇将800多元（时值40石米）及抗日游击队的经济账册，缴"三抗会"主任张志强，经济委员会负责人于求清随即掣给盖有"三抗会"关防的正式收据。

2.送子弹

1940年初冬，张志强派人去问梅志春有关当年与陈阿四一起组织抗日游击队时遗留下来的武器弹药情况。当时张志强率部驻焦溪，弹药奇缺。梅志春当即把埋藏下的2700发子弹取出，请顾锡培和蒋纪培化装成换糖挑担的，把子弹藏在老棉絮里挑着送到焦溪去。他俩从白石山转过去到焦溪北面的黄沟上村，遇上张志强的部队。当时部队的子弹差不多已打光，听说送子弹来了，不禁欢欣鼓舞。管经济的赵宝祺同志还赏给许、蒋两人各5块钱，请两人吃了一顿饭。两人返回南闸没走满一里路，凤凰山一带便响起了枪声，原来是日本兵从江阴、常州、青阳、夏港等8个方向进攻焦溪。这2700发子弹，无异雪中送炭。

3.特务告状

1946年初，梅志春任南闸镇自卫队副队长，他与镇长花传耕关系较好，都心向共产党、新四军。

一次曹桥人丁荣加、丁玉加两人被捕，梅、花两人发动一些群众将盖有20枚图章的保单，把两人保释出来。于是丁玉加介绍梅志春参加了陈新、曹荣金领导的地下活动。

有一次自卫队查夜，在一个盐城人身上搜出一张证件。原来他是盐城地区的一个民兵营长，去无锡有事，路过南闸被阻。梅志春对自卫队员说："我们是负责治安的，他既非匪，又非盗，和我们治安无关。"于是把他放了。谁知在梅志春身边的教官李永辉，是国民党县党部派来的特务，他去县里告了一状，梅志春被训斥，记了一次大过。

4.送情报

一天丁玉加派人来通知梅志春晚上在陈家村与曹金荣见面，曹金荣要他多掩护澄西地区武工队的安全。1947年秋，又在陈家村陈长根家与王鹏、李顺之见面，王、李向他谈了当前形势，要靠拢共产党经常提供情报多做贡献。随后，梅志春订了一份《大公报》，把驻南闸的国民党党部人员的增减调动情况，夹进报纸送到陈家村。

5.严惩刑警队

国民党江阴县刑警队，借口"剿匪"，进行抓赌抢钞票敲诈，被自卫队撞见，梅志春说："抓赌抢钞票是土匪，打！"自卫队架起机枪，四五十支步枪对准汽车一阵好打，刑警队13人中伤了五六个，其余钻在汽车底下的被缴了枪带到镇公所。江阴来电话叫梅志春把打伤的人一起解到县政府，县长徐玉书、公安局长韩一苏说："梅志春，你办自卫队不去打共产党，为何打自家人？哼！"梅志春连连说："误会！误会！"徐玉书不依不饶，把梅志春交给保安队军法处。梅志春用钱买通军法官，又用钱买通了被打伤的刑警，花去80包洋纱，被放了出来。

6.掩护武工队

有个特务是靖江某乡自卫队的，名叫邵祺，岳家在南闸赵家村。1947年秋，邵祺的岳母去隔壁缪明楚家借剪刀回来关照女婿说："不要各处瞎跑，隔壁有5个人在擦枪。"邵祺立刻到南闸向自卫队梅志春报告："赵家村缪明楚家有共产党的5个大亨，张志强、王鹏、李顺之、曹荣金等，赶快集合队伍去捉！"梅志春一惊，故意装作不相信，问邵祺怎么知道的，在拖延时间，一面使眼色叫自卫队员缪金宝赶去报信。邵祺见梅志春不集合队伍，就自己跑去打电话报告县军事科长陈涛。梅志春冲进来夺过电话耳机，对陈涛说："不必派队伍来，我们自己可以解决。"梅志春集合队伍出发，他先派一个班先行，对班长徐炳程说："你们到那里，只能打手电筒，不要放枪，也不要去堵后门！"再过一会，梅志春才带队出发，队伍一出街就朝天放了几枪，邵祺也颠着屁股跟着出发。半路上邵祺向梅志春要枪，梅志春说，"我还不知道你是什么人呢？怎可把枪给你！"邵祺碰了一鼻子灰，一声不响仍跟在后面。到了赵家村村边，梅志春怕武工队尚未走掉，就叫号兵朱金生吹集合号。队伍集体开到缪明楚家门口，缪明楚立即跑出来低声对梅志春说："多亏你送信来……"这话未说完，躲在后面的邵祺已经听见了，回身拔腿就跑。梅志春本想开枪打死他，怕引起别的问题，自己也摆不脱。便对缪明楚说："你对曹荣金讲，快给我灭口！"

几天以后，邵祺又到丈人家来，曹荣金得知后，把邵祺抓起来镇压了。

邵祺尸体被发现，邵祺岳父老酒鬼说出了女婿是被曹荣金抓走。10多天后，县长徐玉书又把梅志春叫去，以"通匪"嫌疑关押起来。以后，梅志春叫人通过关系，又用去80多包洋纱，减轻罪名，放了出来。

选自《澄西风云——解放战争时期澄西地区革命斗争实录》

附五：

敌中之友刘秉德

解放战争时期，在国民党的白色统治下，武工队地下党能够顺利创建，坚持阵地，获得隐蔽发展，扩大革命力量，最终完成迎接大军南下的历史任务，是正确贯彻党的统一战线政策，广交各界朋友，团结一切可以团结的力量，坚决打击反革命顽固势力，控制了国民党的大部分基层政权的结果。

刘秉德就是我党在地下活动时期结交的国民党地方政权中的一位朋友。

刘秉德曾当过观西乡乡长，为人正派，在观西一方声誉颇佳，无公怨私仇。他出任乡长，目的不是为了反共，而是应地方之推荐，维持地方利益，应付公务，当然不可否认，因刘家家道殷实，也有维护本身利益之目的。鉴于刘秉德的上述情况，地下党决定将他确定为统战对象。

刘秉德有个连襟在夏港大路上塘里村，逢年过节或有婚丧喜事，刘必定去连襟家。地下党摸清情况后，就派地下通讯员徐祥云去联系，徐祥云原与刘熟悉，很快就做通了刘的工作。再有，当时泗河口有个曹雨郎，是个手艺非常高的泥水匠（中华人民共和国成立后曾是南闸第一任建筑站站长），为人豪爽、待人热情，在地方上人气很旺，与刘秉德也颇有交情。曹雨郎经常利用自己的身份，为地下党传递讯息，他与澄西县长俞迪章也很熟悉。俞迪章通过曹的关系，将刘家发展成了地下党的联络点。从1942年到解放，澄武锡工委领导张志强、俞迪章、王鹏、李顺之等同志到刘秉德家隐蔽立足，开展工作，刘与家人总是尽心掩护，热情接待，亲如家人，双方都有充分的了解和信任。1943年，张志强生病一个多月，就住在刘秉德家延医诊治，直到痊愈才离开。

1945年，俞迪章接到上级电报："原地待命，有紧急任务。"不几天，武南县委书记王子达来了。他是在北撤到黄桥后，部队在集中时接到苏浙皖特委的电报，要他带一个排的武装回武南原地坚持留守。因长江已被封锁，敌人正在江南"清剿"，上级命令由俞迪章负责将他们送到江南并送过铁路。俞迪章先与江南的秘密交通员马根根联系，马根根又和夏港大路村的老交通员徐祥云取得了联系。11月间，在马根根引领下，俞迪章率部送王子达过江，宿营在武进县的黄岸桥附近。敌人从宋家圩、郑陆桥、塘铁桥三面包围过来，俞迪章立刻派徐祥云带路，向东从鹅鼻桥穿过南闸，在泗河口东面的殳桥村刘秉德家会合，翻过秦望山再往南穿插。敌人看到俞部有两个排的武装，吃不透情况，不敢贸然冲上来。于是王子达安然到达路南。

送走王子达后，俞迪章仍回到殳桥住在刘秉德家。那天夜里有通信员送来情报，说原汪伪江阴县公安局长卞家宝乘轮船去无锡，俞迪章率部在秦望山东锡澄运河西岸打伏击战。稍后，轮船停靠岸边，俞迪章命令战士上船搜索。船上有不少人认识卞家宝，很快就把他抓获了。俞迪章声色俱厉地对卞说："你过去的罪恶深重，今天不杀你，给你和你儿子留条后路，你今后多做点好事！"卞感恩磕头如捣蒜，连连应诺，俞迪章就把他放了。

俞迪章捉放伪江阴县公安局长后，率部途经殳桥与刘秉德分手北撤，他是澄西县最后一个北撤的领导干部。

1947年11月间，有一天张志强带领几名武工队员夜宿刘秉德家。第二天，张志强等正准备吃中饭，刘家有三厢房子，第二厢是客厅，东首一间是密室，地下党有人来就吃住在密室里。正在此时，有人进来告诉说，有七八个国军来催交公粮，刘秉德正在安排他们吃酒，请大家注意了。过了一会，就听外面传来吆五喝六的划拳声。张志强吃着饭，见刘家的长工端菜上来，便站起来对长工说："兄弟，借你的衣服穿一下。"换好衣服后，张志强到厨下去端了一碗菜，装成佣人送菜到厅上，站在一边镇定自若地挨个儿看着国军士兵的脸。刘秉德正在陪酒，一转脸发觉端菜来的竟是张志强，吓得一碗酒抖成了半碗。接着用眼色示意张赶紧离开，张志强在台角上拿了支烟，点着了，才走了。

国民党士兵酒足饭饱离开刘家后，刘秉德进来对张志强说："老牛（张志强的外号）啊，你怎么能出来啊？"张志强说："出来会会这几个小鬼的面，今后如能碰头也好有个印象。"刘秉德心有余悸地说："可把我吓坏了，小布衫都浸潮了！"张志强嘿嘿一笑："若不在你老刘家，这几个王八蛋早让我收拾了。"谈笑风生间，革命者的大智大勇和革命乐观主义精神表现得淋漓尽致。

1977年秋，张志强从干校回到江苏省粮食厅恢复工作后，曾到武进县三河口镇开茶话会，探望问候地下革命时期的老同志，刘秉德也被邀请参加了。

刘秉德先生虽然当过国民党时期观西乡的乡长，自己也是国民党党员，但他是地下党的敌中之友，他在抗日战争和解放战争中曾做过相当大的贡献。从他身上，也充分体现了我们党的统一战线政策，确实是取得革命胜利的一大法宝。

选自《澄西风云——解放战争时期澄西地区革命斗争实录》

附六：

镇压死敌

1.沈勇德镇压特务分子

1947年12月初的一天，沈勇德侦察到国民党要塞部队所属靖江港特工队一个姓李的特务来到南闸蔡西乡的姘头家里，马上报告武工组长曹荣金，曹荣金决定除掉这个坏蛋，作好了部署。夜里十点多，沈勇德带领武工组员多人，悄悄包围了这个特务的姘妇家。沈勇德踩着武工队员的肩膀爬上屋顶，其他队员跳窗进屋擒住了姓李的特务，押往观山乡白石山庙宇里审问属实后，在山脚下将他镇压了。

2.镇压死敌吴乃宗、缪荣生

吴乃宗，南闸陈家村人。1947年12月间，向南闸反动镇长郭云鹏报告了王鹏的活动情况和曹荣金征收公粮及其他积极分子的活动情况，曹荣金得报后，便趁吴乃宗早晨上街的机会，将吴镇压在街上。

缪荣生，又名沈荣生，沈家村人。地主，任保长，家里开油坊，还在南闸街上和张××合开了一爿粮行，与南闸反动镇长郭云鹏关系密切。1947年买蚕茧时到1948年割小麦期间，曾3次向敌人报告三区武工组曹荣金、周金大、沈达明、邓锡坤、沈勇德等的活动情况。据此，三区武工组决定镇压缪荣生。一天下午四时许，曹荣金、周金大、沈达明、沈勇德等同志，出其不意，直插缪家，把缪荣生叫出门，同到大路上野鸡庙里，由曹荣金审讯，缪对自己的罪行供认不讳，武工组立即将其处决。

缪荣生被镇压后，郭云鹏和联防队的情报断了，地下党、武工队的影响扩大了。武工组还宣传："谁反动就镇压谁！""再有这样的人，缪荣生的下场就是他们的下场！"这话震慑了那些为郭云鹏做走狗的流氓坏蛋，为坚持原地斗争创造了有利条件。

3.镇压特务邵祺

邵祺，靖江县人。南闸赵家村缪全根之女，跑单帮到江北，当八圩港密探队小队长邵祺检查来往行人时，与她拉上关系，来缪全根家和缪女同居，成为缪家女婿。

1947年秋的一天下午，邵祺向南闸区自卫队长梅志春密报："南闸赵家村缪明楚家有5个共产党的大亨张志强、汪明、李顺之、曹荣金等，赶快集合队伍去捉……"在梅志春的机智掩护下，王鹏、曹荣金、沈达明、邓锡坤等4人随即转移了。事后，地下党决定镇压特务分子邵祺，以保证同志们的安全。

过了一阵，邵祺又来到赵家村，武工队摸黑来到缪全根家，缪全根家有三厢房屋，三间一厢。沈达明在屋上，沈勇德等三四人守住前后门，顾宝洪、曹荣金、邓锡坤进屋捉拿。邵的卧室窗户未关，顾宝洪等推窗入室，邵祺和缪女还睡在床上，一下被逮住了，喝令邵祺穿好衣服，用绳子结牢带走。缪女和缪母求情缠住，便给以警告，把邵祺揪到菱塘沟的庙里，进行审讯，邵祺供认了自己的罪行，才牵到白石山下处决了。

选自《澄西风云——解放战争时期澄西地区革命斗争实录》

附七：

日本侵略军暴行

1.终生难忘的五天

1937年农历十月二十八日到十一月初二日，是我终生难忘的五天，在这五天时间里，我们团子头（今属南闸村）这个只有30户人家的一个小村子，就被日本鬼子烧掉75间瓦房，仅剩祠堂3间和培林家的两间，被枪杀了3个同胞。

十月廿八日下午，67岁的陆根荣老人本来逃难住在邵庄村，天将傍晚时，他放心不下家里，就肩扛一柄铁锹，装着从田里挖沟回家的样子，走回家去。刚走到临近家门的场上，突然有一个日本鬼子从沿河的竹园里窜了出来，举起长枪上的刺刀，向陆根荣老人刺了过来。陆根荣老人迅速避过，回手用铁锹猛击敌人的头部，"卜"的一声，鬼子应声倒地，嘴里哇哇地猛呼同伙。原来一共有3个鬼子兵，他们以为对付一个老实巴交的老人，一个人就足够了，没想到这个中国老人会如此顽强，竟把一个职业军人打翻在地。另外两个鬼子兵听到呼救声连忙吼叫着赶了过来，陆根荣老人见势不妙，便狠狠地在鬼子头上补了一锹，立即向北逃走。鬼子兵一个留下来照看伤兵，另一个迅速跟踪追赶陆根荣老人，虽然老人熟悉地形把鬼子拉下了100多米，但逃至村口时，已是开阔地，鬼子连开数枪，击中了他的胸口，当即悲壮牺牲。鬼子在全村搜查，不见再有人影，便放了一把火，烧毁了团子头南面半个村子的大部分房屋。两个鬼子找了块门板，将半死不活的同伙抬回南闸据点去了。

天黑后，逃难的乡亲们陆续回到村里，看到陆根荣老人的惨死和烧毁的房子，国仇家恨，撕心裂肺。大家强忍悲痛，一面安慰老人的儿子角潮，一面用烧枯的木料钉了一口简易的棺材，连夜把老人安葬在了朱歪嘴的一亩田里。

陆根荣老人，自幼习武，晚清武秀才出身，他身体强壮，武艺高强，平时三五个小伙子近不了他的身。为人勇猛耿直，爱打抱不平，疾恶如仇，对坏人坏事出手凶猛，毫不留情，村上人都尊称他为"辣和尚"。要不是那3个鬼子手里有枪，还说不定谁死谁活呢。他早年生有3个女儿，都在年幼时夭折了。只有一个儿子叫角潮，11岁时母亲病故，父子相依为命，情感深厚。角潮当年19岁，正当血气方刚，亲眼见到父亲的惨死，埋葬完父亲后，即欲去找鬼子报父仇，在乡亲们的再三劝阻下，他才情绪稍为平静。后来，陆角潮经过深思熟虑，终于走上了抗日救国的道路。先是参加抗日游击队，在后陆镇（现属张家港市）一带活动，公开身份是一家茶馆的帮工，作为掩护，打击日本兵。后转为新四军，在一次与敌交战中英勇牺牲。

就在陆根荣老人被鬼子杀害的第二天，即十月廿九日，年仅29岁的陆协林又被鬼子枪杀了。他原本逃难在观山，住在大嫂的娘家许境元家里，人在外面，心里却惦记着自己家里新建的十间两院堂。突然，他发现远处的团子头村升起了滚滚的浓烟，而那冒烟的地方正是自己家里的位置。一时间，妯娌、兄弟等家人急的号啕大哭，协林年轻气盛，情急之下决定立即回村看个究竟。虽然被大家劝阻住了，但心里实在按捺不住。时近黄昏，大家估计鬼子已经收队回南闸据点了，就同意协林先回去看看，但再三关照他要小心谨慎。陆协林心急火燎地奔向团子头，离村不远，就见一座大宅已成断壁残垣，仅剩朝西的3间排门在燃烧。协林欲哭无泪，再也顾不得四周情况，拔腿就向自己家里跑去。突然，"乒"的一声，协林应声倒地，头上中了致命一枪。原来当时还有几个鬼子放火后没有立即离开，一直在附近转悠，见到有人跑来，不问青红皂白，举枪就打。一个生龙活虎的年轻人转眼就被魔鬼夺去了生命。他留下了一个年仅4岁的儿子和年轻的妻子，好端端的一个家庭顷刻间被万恶的鬼子毁灭了。

1937年十一月初二下午，陆勇金看着浓烟滚滚的团子头，心里好像也在燃烧一样难受，真想回村看看。冬季日短，熬到下午3点多钟，见天色昏暗，陆永金认为天将傍晚，鬼子已经收队回营，就避开他人，悄悄赶回家中。只见房子已被烧毁，什么都没留存，只有家里的一囤稻谷还在冒烟。他只想着提水灭火，没有注意到自己的行动已被鬼子发现了。原来有四五个鬼子兵刚从寨里扫荡经过团子头村，准备沿着运河向北回南闸据点，当他们看到有人提水救火时，3个鬼子兵立即追到场上，二话没说，轮番用刺刀猛刺陆永金，直至倒地身亡。一个手无寸铁的中国农民，为了一家人的生活，抢救赖以活命的稻谷，竟被侵略者活活刺死在自己家门口，天理何在？！

在泥场上，人们可以看到陆永金双脚蹬出的两个深坑，可见他被刺身亡时是何等的痛苦！当时，陆永金正当36岁的壮年，儿子海坤年仅8岁。现在已经77岁的陆海坤，每当提起父亲的死，还是老泪纵横。

5天，短短的5天，团子头村的祖茔里就添了3座新坟，全村80间瓦房就被烧毁75间，真是死者冤魂不散，活人无家可归！

那一年，我只有6岁。儿时的许多往事早已忘却，而1937年十月二十八日到十一月初二日的那5天，却深深地铭刻在我的心间，难以忘怀。

（选自《陆氏世谱》所载《不忘血泪深仇，牢记民族大恨——写在抗战胜利六十周年的日子里之一》，作者陆德元，南闸镇团子头村人，原南闸信用社主任。）

2.鬼门宕惨案

鬼门宕位于南闸集镇西10余里、观西村东芦岐仙人墩脚下，西与武进焦溪镇交界。

1941年1月底，驻焦溪的日军在指挥长茅野带领下，对新四军所控制的焦溪以北区域进行扫荡、偷袭。从4月底起，日军对焦溪以北来的人，特别是新四军所控制的江阴申港、利港、夏港等区域的行人，一一严格盘查，随意关押当地青壮年。到当年5月初，先后有13个无辜的青壮年被关押在日军驻焦溪东街据点奚尔松家。

5月中旬的一天早晨，一小队日军拉着10多个民夫，来到东芦岐仙人墩脚下一个叫鬼门宕的地方，命令他们在指定的地点挖坑，足足挖了一上午。到11时左右，日军带着民夫从原路返回时，地上已留下一排13个坑。每个坑一米见方。当日下午3时多，1队日军压着被五花大绑的13名无辜青壮年，来到了鬼门宕。

1名日军军官向翻译咕噜了几声，立即，1名日军刽子手手持1尺余长的鬼头刀走了过来，然后牵出一个五花大绑的人，把他的上衣脱去，令他赤膊跪在坑边。刽子手喝了几口酒，顺着山势由高处往低处冲向被绑的人，只见刽子手刀一扬，那人一下倒地，人头落到坑里，鲜血四溅。这样周而复始，用了近3个小时，到下午6时左右，13名无辜青壮年先后被杀害，被分别丢进坑里。坑四周都是鲜血，有的身首异处，有的头身仅连一层皮，其状惨不忍睹。

几天后，相继有被害者家人来鬼门宕收尸。其中有一个30多岁的利港木匠，在焦溪都人家做门窗，结果被日军抓去，不分青红皂白被屠杀，附近有人记得他的家人，是雇了独轮车来收尸的，当时哭的凄惨伤心。

更惨的是有几个受害者家人没有得到消息，没人收尸，结果尸体的手、脚、内脏等被附近的狗拖得满山都是，吓得附近村民有一段时期都不敢上山打柴。

鬼门宕惨案口述证据之一

口述人：陆仲贤

年龄：86岁

住址：江阴市南闸街道观西东芦岐118号

调查时间：2012年5月12日

调查人：陆福和

惨案经过及受损情况：

1941年5月的一天早晨，太阳将出来时，一队日军从武进县焦溪东街据点奚尔松家，经乌龟山沿山路由西向东，从西芦岐上庵山赶到我村东芦岐西漥。日军来时拉了一伙民夫，在鬼门宕的对面，强迫民夫挖了13个一米见方的坑。当时，我15岁，我们一伙小朋友躲在陆福成墙角下的大风杨树底下朝南看，过去没有什么遮拦物，距离150米左右，看得很清楚。

日军强迫民夫挖了几个小时，一直到中午吃饭前。我们一直担心他们到村上来烧杀抢掠，但日军仍从原路返回焦溪据点吃饭。等一队日军走后，我们一伙小朋友一起到挖坑的地方去看，还好奇好动地跳进坑里玩，以为日军可能是来此地打靶演习。

下午3点多，日军牵了五花大绑的13个人，从早晨的原路来到鬼门宕，有几个日军手持长枪，站立四周，枪尖上的刺刀在西下的阳光下发出寒光，我们其中有一人喊："'东洋人'要杀人了！"旁边的人连忙说："小声点，当心'东洋人'的翻译听见。"大家忙向南方向看去，只见一个日本刽子手手持一米长的鬼头刀，刀背迎太阳发光，指挥的日本人一声令下，从里面拉出一个人来，朝坑跪下，刽子手把中国人的上衣脱光，只见鬼头刀一闪，一个人头就落地，血光四溅，被害中国人的衣服被挑上鬼头刀的刀尖，交到指挥官手中，然后再牵一个人出来，跪到坑前，脱光上衣，用鬼头刀一刀下去，我们看了心惊肉跳。13个人大概杀了两三个小时，直到太阳快下山，日军才从原山路返回焦溪据点。

等日军走了30分钟，我们跑快步去杀人现场看，发现13个人的坑已被黄土填平，只见每个坑的周围溅了不少血，有两个坑的上边，放了两只可装3斤左右的空酒瓶。

隔几天，相继有被害者的家属来收尸，有的尸体头身分离，有的尸体头身仅连着一层皮，样子可怕之极。还有的尸体没有亲属来收尸，尸体被野狗拖得满山都是，有的这里是手，那里是脚，吓得村民好长时间不敢上山打柴。

（资料现存江阴市史志办公室）

鬼门宕惨案口述证据之二

口述人：陆国金

年龄：84岁

住址：江阴市南闸街道观西东芦岐166号

调查时间：2012年5月15日

调查人：陆福和

惨案经过及受损情况：

1941年5月的一天，当时我13岁，亲眼看见了日军残杀平民的经过。一天早晨，从乌龟山过来一队日军，强迫一伙农夫挖了一上午的坑，就在西洼鬼门宕旁边，日军走后我们就去看了一下，一共是13个坑，当时猜想，日军在搞什么花头。

当日下午3点多，日军从焦溪据点牵了13个中国人到鬼门宕里，四周有荷枪实弹的日军站岗，日军也有一队10多个人，一个刽子手持一把一米多长的鬼头刀，拔出来有亮光，从押在鬼门宕的地方牵一个中国人出来，让他跪在挖的坑边，脱光上衣，日本刽子手喝几口酒，然后"哇呀呀"喊几声，从几米远的地方，居高临下冲下去，刀一扬，人头落地，鲜血四溅，我们看了真吓，13个人杀了两三个小时才杀完，日军杀完1人，还将被害人的上衣往尖刀上挑起，然后交给带队的日军军官，待太阳落山时，日军收队回武进焦溪东街爰尔松家据点。

有的被害人亲属来收尸，尸体有人头落地的，也有连着皮的，样子很恐怖。其中一个利港人是木匠，被杀以后，他的家属推了一个独轮车来收尸。没有收尸的被野狗拖得满山都是，头、脚分布山坡各处，村民有一段时期都不敢上山打柴。日军杀害无辜中国公民，据说是因为新四军游击队在焦溪镇上杀了几个汉奸，日军为了报复，才从焦溪周围一带抓了13个中国人，杀人以后谎报军情，说焦溪周围的新四军游击队已被消灭了13人。焦溪镇附近地区原是抗战时澄西县三、四区所领导，与我们江阴西乡同属共产党的辖区。

（资料现存江阴市史志办公室）

鬼门宕惨案口述证据之三

口述人：徐彩娣（女）

年龄：81岁

住址：江阴市南闸街道观西东芦岐166号

调查时间：2012年5月15日

调查人：陆福和

惨案经过及受损情况：

1941年5月中旬，当时我10岁，一天早晨起来，听见村民叫声说："一队'东洋兵'来了，快起来，准备逃到北边蒲田里躲起来。"后来出来一看，只见从武进焦溪出来的日军，抓了一伙民夫，我们躲在一颗大的枫杨树脚下看，日本人在西洼鬼门宕对面，强迫10多个民夫每人挖了一个坑，挖了一上午，到吃饭时日军才回焦溪据点。我当时还小，和村上的小伙伴们结伴去看了，见每个坑有3尺见方，心想这些日军要做什么？打靶还是杀人？猜不透。

当日下午3时多，一队日军荷枪实弹，牵了13个五花大绑的人，从头到尾用一根绳串起来，从早上的原路由西向东而来。我还清楚地看到，13个人中有一人吓得腿都抖起来，走不动了，被日军一枪托打了以后才继续走的。13个人被押到鬼门宕里面，几个日军持枪四周站岗，不一会，一个军官模样的人哇啦几声后，一个刽子手手持一把鬼头刀，刀背闪光，吃了几口酒，大叫着从高坡向下冲，刀一挥，人头落坑，鲜血四溅，然后把被害者上衣脱光后挑在刀尖上，交给指挥官，这样周而复始，接连杀了2个多小时，到太阳快下山时，13个中国人被杀死，等日军走后，我们去看了一下，坑被填平，四周有的死者手还露在坑外，已看不见身体。

隔几天后，收尸的亲属来了，多数被害者是申港、利港、夏港的人，也有一些是武进焦溪镇人。没有收走的尸体被野狗拖得满山都是，烂得发臭，村民一段时期不敢上山打柴。

（资料现存江阴市史志办公室）

3.观庄许家祠堂惨案

1942年2月13日（农历小年夜），天还没亮，一阵狗的狂吠声就将璜村的村民从睡梦中惊醒，日本鬼子来了，惊慌的村民纷纷逃难。谁知，万恶的日本侵略者已经将璜村包围了，主要路口上都站着枪上了刺刀的日本兵。来不及逃出去的青壮年只能退回家中，寻找藏身之地：有的躲到屋檐下的柴垛里，有的藏在水缸里，有的躲在为老人准备的棺材里……张均坤躲在门后卷着的芦席里，由于恐慌禁不住浑身发抖，被日本兵发现，立即五花大绑抓走。

日本兵挨家挨户地毯式搜查，把搜出来的青壮年绑到观东村许家祠堂，严刑拷打，威逼交出"支那兵"……吴品成面对日本兵的威逼，叫大家不要怕，日本兵拿他第一个开刀，刺刀剖开了他的胸膛。吴汉明由于家中贫穷，一直在常州纱厂做苦力，本想回家和父母、妻儿过一个团圆年，谁知遇上日本兵，没来得及逃出家门，就被抓住。日本兵看他白白净净，根本不像个种田人，硬要逼他承认是"八路"。吴汉明破口大骂日本兵，日本兵立即残忍的砍下了他的脑袋，可怜他年仅30岁，就无辜地惨死在鬼子的屠刀下。与此同时，年仅26岁的吴国全，23岁的吴秀芬，20岁的吴显廷（独子），26岁的吴茂生（断祠），29岁的张汝朝及张均坤、谢阿六、张根华等13个青壮年，就这样被日本兵以各种莫须有的罪名惨遭杀害。他们中有的身首分离，有的被开膛挖心，惨不忍睹，鲜血染红了许家祠堂。在这次惨案中，共有40多位同胞被凶残的日本侵略军杀害。

日本兵撤走后，璜村胆大的村民赶到许家祠堂寻找亲人，面对亲人们的尸体，实在无法辨认，只能回到村中请杀猪的高阿宝师傅到许家祠堂将一个个人的身子和脑袋搭配好，再将脑袋缝到脖颈上算是一个"全尸"。原本团圆吉祥的大年初一，璜村哭声惊天动地，在新春第一天出了13口棺材，将惨遭日本鬼子杀害的青壮年埋葬入土。

璜村人民永远不会忘记1942年2月13日（农历小年夜）这个日子。

（资料选自《观山村志》）

观庄许家祠堂惨案证据之一

口述者：观山大队璜村五队　吴顺全

时间：1965年9月6日

在1941年农历十二月二十五日，我们村上家家户户都在掸檐尘，准备迎接春节。虽然在鬼子统治下，农民的生活很不好过，但这是一个传统习惯。

下午，村上来了几个穿黑色便衣的陌生人，在村上东转西转，有时在交头接耳叽里咕噜的讲话，有时指手画脚，群众一看便知道这些人是坏蛋，不敢接近他，也没有敢去问讯。后来他们在有的墙上画个圆圈，在有的屋角旁画上个三角就走了，这究竟是搞得什么鬼名堂？谁也猜不透。总之有一点是可以肯定的，这些"鬼"到村上来转悠了一下，不幸的事儿将要发生了。因此村上有一部分年轻人当夜便跑走了。

果然，在小年夜天刚破晓时，日本鬼子便把村庄团团包围。一群鬼子冲到村上，挨家挨户地破门而入，不管男女老少，统统赶出来集中在吴公祠门口。他们把一些青壮年，用一条长绳一人一只手串绑在一道，共绑了一百五十多人。家家户户都被抄了，门打破了，柜子里的衣物，房子里的所有家具，甩得乱七八糟。只要他们喜欢的东西都被抢走了。同时，还逼了几个老年人，给他们捉鸡。我的祖父因年纪大，捉鸡跑不快，心里也不大愿意去替鬼子捉。鬼子便用枪上的刺刀，狠狠地向我祖父屁股上一挑，当时屁股上便鲜血直淌，跌翻在地上。鬼子还烧了好几家的房子，顿时，烟火冲天，鸡飞狗跳，人群中哭成一片，凄惨极了。鬼子哪里管你这些，他们捣乱够了，就逼着一部分群众，帮他们背着抢来的东西走。他们荷枪实弹地压着已经绑好的150多人，赶到观庄村许家祠堂去，那里，是鬼子的临时"集中营"。

等鬼子一走，留下来的老人小孩，妇女拼命把火扑灭，可是40多间房子已被烧掉了。满村是一股烟焦味，家家户户都是家具、衣物丢了满地，有的丈夫被拉去了，有的独生儿子被拉去了，有的家被烧光了，有的被打受重伤，躺在地上爬不起来，村上一片哭声，几里路外面都听得见。

被拉去的150多个群众中，有一个吴国全，被鬼子抄到一张上海市民证，第二天就被杀害了，其余的人都先后遭到严刑逼供，要他们招新四军在哪里，说是新四军在璜村杀死3个日本人，大家都说不知道，鬼子就大发兽性，把有的人上老虎凳、灌辣椒水；有的人悬空吊在墙上，弄得死去活来。后来又一连杀掉18个青壮年。日本鬼子一连闹腾了四五天，没有得到什么。在12月30日大年夜，才像一群狼狗一样回江阴城里去了。留在许家祠堂里的是40多个被杀死的无辜百姓的尸体，满地是杀人时流下的鲜血，侥幸未被杀的群众，有的已成残废，有的身受重伤，

鬼子走了，我们璜村群众便去观庄许家祠堂认尸。第二天是大年初一，璜村一个村上同时扛出了13口棺材，当时的哭声和惨状，铁石心肠的人，也要流泪痛哭。

被杀的13个人中，5个是独子，使5家人家断种绝嗣。吴君侯老木匠的独生儿子吴阿定就在那时被鬼子杀死的，现在年老了，无儿无媳，一提到儿子，就要流泪。如吴显云，吴显华等，因当时身受重伤，过后一直不能劳动，几年以后都先后死掉了。

（资料选自《南闸公社"备战"教育情况》——干部、积极分子会议材料之二，资料现存江阴市档案馆）

观庄许家祠堂惨案证据之二

观庄，是观东大队的一个大自然村，全村200多户，村中心有个许家祠堂，就是今天的观庄小学校。但是，人们哪里知道，这里在二十四年前曾做过日寇的临时"集中营"，并杀害过我40多个同胞！

1941年农历十二月二十六日的清早，日寇驻扎到观庄进行清乡。一个突击，就"捉开鸡棚"捉到观庄、茶岐、璜村等地的百姓300多人，关押在观庄许家大祠堂里，被关押的群众，任凭日寇吊打、玩弄，以致枪杀、活埋，完全像关在"集中营"里一样。观庄村民许岳松的父亲，因不忍观看日寇惨杀同胞而逃跑，结果被抓住，吊在梧桐树上，胸前被戳了九刺刀而死。许岳祠也被吊在树上，日寇用祠堂的牌位，燃烧他的身体，烧得其半死不活。许春泉的父亲被日寇打得半死，挂在天井里，第二天就死了。日寇又用铜勺插入许母的阴道里，逼迫她在地上跑，强迫人观看，日寇把中国人简直不当人看待。沈耀娟的父母亲，当时在屋里被活活烧死。璜村有3户独生子，一齐被鬼子戳死，现在这3户都绝了嗣。最毒辣的是日寇捉了一条毒蛇，强迫一个群众从嘴里游进肚里，然后当场杀死。集中营里除了严刑拷打，还有活埋的、砍头的、割肩的、割去生殖器和挖掉奶头的很多。

日寇原本想在观庄清一点新四军出来的，可是杀了40多人，还是没有眉目，大年夜只得撤回南闸了。日寇走后，观庄、茶岐、璜村3个村百姓含泪回家，收尸的收尸，打扫家园的打扫家园。往年忙着过年，但这一年有30多家大年初一忙着出棺材、办丧事。新年变成了罪年，大家痛骂国民党蒋该死，消极抗日，积极反共，放纵了日本人，弄得老百姓家破人亡，当了亡国奴。

（资料选自1965年9月3日《南闸公社"备战"教育情况》——党员大会材料之三，现存江阴市档案馆）

观庄许家祠堂惨案证据之三

1938年10月21日，扫荡的日本鬼子闯到了我们观庄村上。那时我兄弟两人在家，弟媳妇看到日本

鬼子来了就逃往菱塘沟娘家去，路上碰到了野兽般的日本强盗，硬要强奸我怀孕的弟媳妇，我弟媳坚决拒绝，结果被日本鬼子打死了。

弟媳妇一死，我弟弟整天忧郁，后来患病一年多也去世了。日本鬼子一下子就害死了我家三条人命。我自己也吃到鬼子的苦，1941年，农历十二月二十六日，我被日本鬼子绑到许家祠堂，那时，许家祠堂已经关了不少人，鬼子在屋梁上挂了一条粗绳索，下面加了个火堆，我看到鬼子把人反绑了吊上去，再放至火堆里烧，然后杀死。当天下午我亲眼看到被杀的有二十个左右。夜里又看到杀死二十个，情景十分凄惨。

在许家祠堂里，我还亲眼看到一件令人发指的惨事，一个三十岁左右的妇女被日本狗东西捉去了，硬要强奸她，那个妇女死也不愿，结果被这群野兽剥去了衣服用刺刀从阴道一直挑到心口。

当天晚上，我自己也被鬼子吊起来毒打，打得皮开肉绽，腰打断，手脚也打坏了，夜里我横一横心，趁鬼子不备，趴着逃了出来。由于那次伤太重，直到现在还满身是伤，不能做重活，影响了生产，我是多么的恨啊！我永远也忘不了日本鬼子的罪恶，我要把我的遭遇告诉青年同志们，让大家增强对帝国主义的憎恨，信心百倍地做好备战工作。

（口述者：观东大队贫下中农代表沈耀秋，时间：1965年9月6日。资料选自《南闸公社"备战"教育情况》——干部、积极分子会议材料之二，现存江阴市档案馆）

第十五编 公安·司法

第一章 公 安

第一节 机构·职责

一、中华人民共和国成立前机构

民国二十八年（1939），南闸集镇设伪警察分署，属伪江阴县警察署管辖。设有分署长、巡官、文书各1人，警长2人，警察22人。

1949年4月，南闸地区各乡均成立民兵中队，设中队长1人。境内社会治安由民兵维持。

二、中华人民共和国成立后机构

（一）治保委员会

1952年7月，南闸地区各乡设治保主任1人。

1958年9月，南闸公社成立治安保卫科，设公安特派员1名。境内22个生产大队和7个企事业单位成立治保小组，设治保主任1名，生产大队由民兵营长兼任治保小组主任。治保小组协助人民政府发动和组织人民群众防特、防盗、防火，防灾的发生，检举揭发反革命分子，管制和监督地主、富农、反革命、坏分子，维护社会公共秩序。

1966年，"文化大革命"开始，治保组织瘫痪，实行群众专政。

1967年3月，实行军事管制，各民兵营长负责全面工作。

1973年秋，恢复治保组织，22个生产大队和18个社办企业均建立治保委员会，各治保委员会设治保主任1名，3—7名委员不等。1987年，南闸乡24个行政村，22个厂矿单位，中小学、供销社、医院等4个事业单位都建立了治保组织。

（二）南闸派出所

1985年1月，南闸派出所正式成立，设所长1名，副所长1名，民警9人，其中包片民警6名，内勤1名。办公地址在与原南闸乡政府大院一墙之隔的东侧小院。派出所主要负责南闸乡的社会治安，打击各种违法犯罪活动，为自行车办理、检验牌照，宣传交通规则和配合乡中心工作。1997年，南闸派出所搬迁至原老锡澄路的金三角行政办公楼。2001年，南闸派出所新办公大楼落成启用，办公大楼建筑面积2488平方米，副楼650平方米，位于南闸镇紫金路17号。2011年，派出所建执法办案场所，设有询问室、待问室、候问室、特殊案件审理室、检查室、信息采集室、辨认室、值勤室、备勤室、监控室、物证保管室等。2013年12月，派出所设侦查办案中队、治安巡防中队、社区警务中队、勤务指挥室。

南闸派出所历任所长一览

表15-1

姓　名	性　别	任职时间	备　注
朱迎春	男	1985.1—1996.1	已病故
钱　伟	男	1996.1—1998.8	
承建良	男	1998.8—2008.6	
沙宇航	男	2008.6—2015.1	
朱澄华	男	2015.1—	

2000—2015年南闸派出所表彰奖励情况（集体）一览

表15-2

时　间	奖励等级	授奖单位
2000.02.20	2000年度先进集体	江阴市公安局
2000.02.20	"百日破案竞赛"优胜单位	江阴市公安局
2000.02.23	人民满意派出所	无锡市公安局
2003.02.21	2002年度先进集体	江阴市公安局
2004	2003年度五好党组织	中共江阴市委员会
2005.02.07	集体三等功（基础工作）	无锡市公安局
2005.02.28	2004年度先进集体	江阴市公安局
2006.01	2005年度防火安全先进集体	江阴市安全生产委员会
2006.02.22	集体三等功（基础工作）	无锡市公安局
2006.03.06	2005年度先进集体	江阴市公安局
2007.02.09	2006年度先进集体	江阴市公安局
2008.02.21	2007年度创建"五好五无"所队先进集体	江阴市公安局
2008	2005—2006年度文明单位	中共江阴市委、市政府
2008.03	2007年度先进集体	江阴市公安局
2009	2007—2008年度文明单位	中共江阴市委、市政府
2009.02.13	全市公安机关"三基"工程建设先进集体	无锡市公安局
2009.02.25	2008年度先进集体	江阴市公安局
2009.02.26	集体嘉奖（奥运安保、正规化建设）	江阴市公安局
2009.05.19	2008年度创建"五好五无"所队先进集体	无锡市公安局
2010.02.06	集体三等功（2009年度绩效考核）	无锡市公安局
2010.12.23	无锡市人民满意基层站所	无锡市政府纠风办
2011.01.19	集体二等功	江苏省公安厅
2011.02.10	集体三等功（世博安保）	无锡市局
2011.02.22	2010年度绩效考核"优胜单位"（集体嘉奖）	江阴市公安局
2011.03.06	无锡市文明单位	无锡市委、市政府
2011.12.20	集体嘉奖（清网行动成绩突出12）	江阴市公安局
2012.02.01	"2009—2010"文明单位	江阴市委、市政府
2012.02.06	集体嘉奖	无锡市公安局

续表15-2

时 间	奖励等级	授奖单位
2012.02.06	双推双创示范单位	江阴市公安局
2012.02.08	江阴市"十大群众满意的公安窗口服务单位"	江阴市公安局
2012.02.08	2011年度绩效考核"优胜单位"（集体嘉奖）	江阴市公安局
2012.07.01	江阴市禁毒工作先进集体	江阴市委、市政府
2012.09.29	江阴市百家创先争优责任先锋区	市委创新争优活动领导小组办公室
2012.10.26	2011年度整兵政审工作先进单位	江阴市人民政府征兵办公室
2013.02.17	优胜单位（集体嘉奖）	江阴市公安局
2013.06.28	江阴市禁毒工作先进集体	江阴市委、市政府
2013.07.01	集体嘉奖	江阴市公安局
2013.07.12	集体嘉奖（打盗抢保民安）	江阴市公安局
2013.11.12	2010—2011年度无锡市文明单位	无锡市精神文明建设指导委员会
2013.01	2012年度江阴市消防安全专项整治先进单位	江阴市人民政府安全生产委员会
2013.07	2012年度征兵政审工作先进单位	江阴市人民政府征兵办公室
2014.01	2013年度无锡市公安局党风廉政建设示范单位	无锡市公安局
2014.01.28	嘉奖（打击赌博百日专项行动）	江阴市公安局
2014.02.28	嘉奖（绩效考核）	江阴市公安局
2014.02.28	2013年度"铁班子、好主官"	江阴市公安局
2014.06	2013年度全市禁毒工作先进集体	无锡市禁毒委员会
2014.12.31	三等功（青奥安保成绩突出）	无锡市公安局
2014.12.31	嘉奖（群众满意度考评工作成绩突出）	江阴市公安局
2015.01.20	2014年度党风廉政建设先进单位	江阴市公安局
2015.02.05	江阴市消防安全先进单位	江阴市人民政府安全生产委员会
2015.02.10	集体三等功（铁军模范所队）	无锡市公安局
2015.02.26	嘉奖（绩效考核成绩突出）	江阴市公安局
2015.05.21	巡防先进集体	江阴市公安局
2015.11	2014—2015年度无锡市禁毒工作先进集体	无锡市禁毒委员会

（三）南闸交警中队

南闸交警中队前身是南闸交警队，成立于2009年9月，办公地址位于南闸街道站西路601号。现有民警12名，协警员31名，负责境内道路交通和治安管理工作。管辖面积50.8平方千米，道路里程49.5千米。江阴市公交公司（客车）、江阴公路客运有限公司、澄祥鑫运输工程有限公司（货运）等单位隶属管理。

第二节　治安管理

一、剿匪肃特

1950年1月，国民党反动派残余在境内陶湾村慈力庵成立"忠义救国军反共挺进纵队"特务组织，策划反革命活动。同年3月，江阴县公安局会同武进县公安局侦破此案，将此特务组织一网打尽。

二、镇压反革命

中华人民共和国成立初，国民党反动派的残渣余孽活动猖狂，组织反革命分子扰乱、破坏新生的人民政权。1950年10月，中共中央发出《关于镇压反革命活动的指示》，对罪大恶极、十恶不赦的反革命分子，实行坚决镇压。境内各乡、村发动群众，开展镇压反革命运动，逮捕并处决了8名土匪、恶霸和反动党团骨干。1952年11月，清查出伪装隐藏的外来反革命分子2人。

三、监督、教育、改造"四类分子"

1950年土地改革后，对地主、富农实行就地监督改造。镇压反革命运动后，对未收监判刑的反革命分子交由群众监督改造。1956年3月，境内各村成立高级社，对地主、富农、反革命分子，入社时发动群众评议，表现好的可入社，列为正式社员，表现一般的作为候补社员，表现差的不能入社，列为继续监督改造对象。1958年，增加了"坏分子"这一类型，地主、富农、反革命、坏分子合在一起，俗称"四类分子"。

1966—1976年"文化大革命"期间，"四类分子"普遍遭到批斗。

1979年3月，根据中共中央《关于地主、富农分子摘帽问题和地、富子女成分问题的决定》精神，从长治久安、安定团结出发，对"四类分子"开展评审摘帽工作，境内批准摘帽的105人，占"四类分子"总数的99%，1981年全部摘帽，改变成分。对历史遗留问题和"文化大革命"造成的冤、假、错案全部清理、纠正，为当事人恢复名誉。

四、取缔反动会道门

中华人民共和国成立后，境内有一些反动会道门分子以封建迷信为掩护，诵经拜佛、开坛设供，妖言惑众，骗取钱财，制造谣言，蛊惑人心，破坏国家法律法规。为了保护人民利益，维护社会秩序，挽救受骗群众，1994年1月11日，南闸镇政府、派出所配合市公安局破获一起反动会道门"天德圣教"的复辟案，并铲除其非法活动据点"观音寺"。

"天德圣教"又名"宗教哲学研究社"。由于其反动性、欺骗性和危害性，早已为政府明令取缔，后来又在江阴死灰复燃。以陈倩芬为首的道徒私自在秦望山修建庙堂，在寺内供奉师尊菩萨——肖昌明的神像，打着宗教的旗号，运用邪术为人治病，骗取钱财，招揽信徒，成员涉及江阴和其他地方。为及时制止和打击反动会道门的复辟活动，经上级公安局机关批准，对为首者陈倩芬责令具结悔过，焚毁肖昌明神像，观音菩萨神像移到五灵禅寺，"观音寺"改作他用。

五、禁赌

中华人民共和国成立前，赌博盛行，集镇茶馆即为赌场，赌博方式有牌九、麻将、纸牌、扑克、骰子等。南闸集镇上有茶馆14家，靠赌场拿"红钱"作为生活的有20多人。农村设赌的更是难以统计，一些嗜赌如命者，将房屋、田地、耕牛，甚至妻儿也作为赌本，导致倾家荡产、家破人亡。

中华人民共和国成立后，人民政府明令严禁赌博，颁布禁赌布告、通告、通令，编印禁赌宣传材料，利用各种宣传场所开展禁赌教育，发动群众检举揭发设赌场所，组织力量查禁赌博，一经查到没收赌资、赌具，严肃处理赌头赌棍。20世纪50—60年代，赌博基本绝迹。"文化大革命"期间，赌博死灰复燃，赌风又滋长蔓延起来。20世纪80年代后，赌徒们常以娱乐为借口，暗下赌注，聚赌、豪赌、团赌，败坏社会风气，严重影响青少年成长，成为社会的一大公害。政府、公安机关多次发出禁赌公告，实施专项治理。1988年，按照《治安管理处罚条例》，南闸派出所组织警力查禁赌博90余场次，查获赌博75场次，收缴赌具70多件，罚没赌资6万余元；1989年，查禁赌博86场次，收缴赌具70多件，罚没赌资5万余元；1990年，查禁赌博42场次，罚没赌资6万余元。为了刹住赌博之风，1990年，派出所举办法律知识学习班5次，使200多名参赌人员受到教育。并组织青少年学生6000多名，以赌博的危害性和典型案例对他们进行教育，动员他们回家规劝自己的父母、亲友不要参与赌博，从小就做社会治安的忠实维护者。

六、禁毒肃毒

中华人民共和国成立前，南闸集镇上开设鸦片馆5家，贩卖吗啡、海洛因8家，吸食鸦片的人遍及农村，地方上的所谓头面人物也大多吸食鸦片。民间流传"鸦片吸上瘾，田产卖干净，鞋皮拖蹋跟，妻子跟别人"的俗语。

中华人民共和国成立后，苏南行政公署发布《禁烟禁毒暂行办法》，依法处理了一批毒贩。1952年8月，全县开展肃毒运动，按照"打击惩办少数，教育改造多数"的方针，规劝教育吸鸦片的人员戒毒，并收缴吗啡、海洛因等毒品和烟具，依法严惩罪行严重的毒贩、毒犯，境内贩毒、吸毒现象基本消灭。

20世纪80年代初，境内吸毒贩毒现象死灰复燃。根据江阴县公安局坚持"三禁（禁毒、禁娼、禁赌）并举、堵源截流、标本兼治"和"贩毒必惩、吸毒必戒"方针，开展肃毒专项斗争。南闸派出所严密控制吸毒在册人员，并对10多名吸毒人员送戒毒所强制戒毒。多次开展禁毒宣传，举办"珍爱生命、拒绝毒品"为主题的禁毒展览，悬挂禁毒标语，发放禁毒宣传画，禁毒公开信等各类禁毒宣传资料，设立禁毒标志牌，教育群众远离毒品。2015年，南闸派出所破获各类毒品案件26起，其中破获毒品刑事案件4起，抓获涉毒人员40人，涉毒犯罪公诉人员9人，吸毒人员32人，掌控在册涉毒人员150人。

七、禁娼

中华人民共和国成立前，南闸集镇东弄开设"六国饭店"，内有妓女，1946年有妓女4人。中华人民共和国成立后，人民政府明令禁娼。1949年8月，苏南行政公署颁布《旅店营业暂行规定》，结合旅馆整顿，查禁"台基"（供人奸宿的私人住宅）。通过对娼妓教育改造，全社会娼妓绝迹。

20世纪80年代起，随着改革开放、经济发展，流动人口激增，餐饮业、旅馆、美容、发廊、舞厅等行业兴起，一些人以这种场所为掩护进行色情活动。南闸派出所采取多种措施，对集镇上的浴室、美容发廊、舞厅、旅馆等休闲场所组织不定期突击检查、清理整顿。对查获的卖淫嫖娼人员进行行政、刑事等多种处罚，有效地打击了卖淫嫖娼活动。境内以"打团伙，捣窝点，摧网络"为重点，保持对"黄赌毒"等社会丑恶现象的严打态势，强化对棋牌室、电子游戏、洗浴足疗、歌舞娱乐场所的监管，遏制违法犯罪活动的滋生蔓延。2005年，派出所重拳出击，重点整治南闸东新街美容美发行业，加大对卖淫嫖娼活动的查处打击，运用收容、教育手段，查处卖淫嫖娼案件19起，处罚40人。为遏制社会丑恶现象的滋生蔓延，加强对场所行业落实责任制，管理控制到人，有效地净化了社会风气。

八、打击刑事犯罪

中华人民共和国成立后，南闸境内经肃反和历次政治运动，社会治安情况良好，但偷窃、诈骗、抢劫、强奸等案件还偶有发生，政府和公安部门都及时查处。

1988—1992年，南闸派出所认真贯彻全国人大常委会《关于严惩危害社会治安的犯罪分子的决定》，在镇党委、政府的大力支持下，广泛深入地开展了反盗窃、反盗车的专项治理工作。报失窃自行车40辆，查获失窃自行车33辆，非法自行车18辆；破案68起，其中重大案件9起，一般案件59起；揪出了一个盗窃团伙，涉案人员20多人，盗窃作案15起，总价值15000余元。随着改革开放政策搞活，经济发展，南闸镇外来暂住人员逐年增多，违法犯罪活动也随之增多。派出所坚持"严打"方针，对犯罪分子决不心慈手软，予以严厉打击。2001年开展了以"打黑除恶、治爆缉枪、打击经济犯罪"为主的严打整治斗争，严厉打击违法犯罪人员的嚣张气焰。2002年，继续深入开展以"破大案、挖团伙、追逃犯"为重点的严打"春雷行动"和打击"双抢（抢夺、抢劫）"的夏季整治斗争。2004年，抓获刑事作案人员192人，查处治安违法人员225人，其中拘留41人，罚款170人。2005年，抓获刑事作案人员166人，查处治安违法人员220人。2015年，立各类刑事案件540起，破86起，破案率15.93%，全年抓获刑事作案人员149人。

第三节　户籍管理

清代和民国初期，没有专门的户籍管理。民国十八年（1929）废保甲，试行闾邻制，规定5户为邻，5邻为闾。1934年，废闾邻，推行保甲制，实行户籍登记。乡（镇）以下设保甲，以户为单位，设户长；10户为甲，设甲长；10甲为保，设保长。户籍登记由甲长负责，保内立户编册由保长负责。日伪时期，汪伪政府给居民颁发良民证。抗战结束后，国民政府颁布整编保甲暂行办法，限期编组保甲，清查户口，实行联保联坐切结，废除汪伪政府良民证，颁发国民身份证，户籍管理由乡（镇）公所事务员负责。

中华人民共和国成立后，废除保甲制，乡（镇）以下设行政村、组。户籍册由乡（镇）政府建立，由乡财粮委员具体掌管，户口迁徙由乡财粮委员开具介绍信证明。1951年秋，普查核对人口、职业、成分，进行户口登记工作，由乡（镇）政府发放户口簿。户口迁移、人员出生、死亡等情况，由组向村报告，再由村向乡（镇）政府报告后，由乡（镇）财粮委员出具证明及登记。1956年4月，乡（镇）人民政府设文书一职，户籍管理由文书兼管。1958年，根据《中华人民共和国登记条例》规定，村民由农村向城市迁移，必须持有城市劳动部门的录用证明、学校的录取证明或城市户口登记机关准予迁入的证明，到原常住地户口登记机关办理迁出手续。1961年以后，户籍管理由各生产大队会计编造户口册，报送公社管理委员会，公社文书受县公安局委托，经办户籍工作。人口的出生、死亡均须申报登记，迁徙须逐级报批、领取迁移证。1963年7月，执行江苏省公安厅通知，规定新生婴儿随母亲申报户口。1985年南闸派出所成立后，全面接管户籍工作，健全管理制度，严格申报审批手续。

1984年10月起，执行《国务院关于农民进入集镇落户问题通知》，对申请到集镇区务工、经商、办理服务业的农民或家属，在集镇区有固定住所、有经营能力或在乡镇企事业单位长期务工的，由公安部门准予办理落户手续，发给《自理口粮户口簿》。1988年，根据1985年9月6日颁布的《中华人民共和国居民身份证条例实施细则》精神，南闸镇对年满16周岁的人员签发居民身份证，以后，凡满法定年龄的居民就可分批申领居民身份证，凡持有居民身份证者死亡，在注销户口时由派出所回收居民身份证。同年5月，贯彻执行《江阴市暂住人口管理暂行办法》，外来人口到本地工作的坚持谁用工谁管理、谁负责，暂住人口必须持本人身份证到派出所办理暂住证手续。1993年，凡私房出租户必须由房主向派出所申请，经派出所审核符合安全条件的，批准发"私房出租安全许可证"和"房屋出租户"标志牌，落实治安管理。

1995年6月，南闸镇被列为全国小城镇综合改革试点镇。1996年7月21日，国家体改委等11个部委联合发出《关于江苏省江阴市南闸镇综合改革试点方案的批复》，小城镇综合改革试点全面启动。

1997年按照"分批实施，重点突破，积累经验，整体推进"的原则，共受理申请1020户计3240人，其中870户，2895人符合条件办理了小城镇户口。

1996年开始，加强户政管理，完善人口信息系统工程建设。是年，南闸全镇各自然村和集镇居民全部启用门牌号码。

2003年，户籍制度实行改革，实行常住户口和暂住户口制度，取消非农业户口和农业户口、自理口粮户口等户籍性质，统称为"居民户口"。

第四节 消 防

清末民初，南闸集镇河南街东平庙内，有木质水龙1部，水笆斗16只，苏明灯10盏，后来河西街关帝阁内增设木质水龙1部。

民国二十四年（1935），南闸镇商业界集资购买了1匹机动消防车1部，帆布水管40米。河南街东平庙内木质水龙、河西街关帝阁内木质水龙等消防设备都集中到河东南弄水龙宫内，由专人看管。此后成立救火会，会员20余人，皆由各商店的店员义务参加。集镇每年从冬至至清明节，晚上有更夫值班打更，以防火灾的发生。

一、南闸消防队

中华人民共和国成立后，消防队组织由各村群众组成。20世纪70年代起，各重要企事业单位都配有专门的防火设备。1985年起，消防队组织属南闸派出所管辖，配有12名消防队员（由民警兼任），后发展到19人。有北京消防吉普车1辆，手台泵2台，风力灭火机18台，帆布水管带100米等消防设备、工具。

二、南闸消防中队

2014年9月15日，南闸街道投资280万元的消防大楼开工建设。消防大楼位于南闸锡澄路777号，占地面积750平方米，大楼主体三层，建筑面积1284平方米，2015年10月6日竣工并投入使用。同年11月，消防队从南闸派出所划出，成立南闸消防中队，配有12名消防队员，陈松为首任队长。

南闸消防中队主要担负境内的火灾扑救、抢险救援、社会救助、消防宣传、企业消防业务指导，以及周边区域消防联动等任务。

2015年南闸消防中队消防车基本功能一览

表15-3

车 号	车牌号	型 号	功 能
一号车	苏BD6172	五十铃水罐车，载水量5T，泵浦流量60L/S，吸水管口径150mm，车载消防炮有效射程55M	扑救一般居民住宅、厂房、垃圾草坪火灾
二号车	苏BW6919	五十铃轻型水罐消防车，载水量3T，泵浦流量30L/S，发动机功率138kW，整车质量10T	扑救一般居民住宅、厂房、垃圾草坪火灾
三号车	苏BD2376	五十铃轻型水罐消防车，载水量3T，泵浦流量30L/S，发动机功率96kW，整车质量7T	扑救一般居民住宅、厂房、垃圾草坪火灾
四号车	无牌	多功能巡防车，功率38.5kW，载水量450L	小地形巡逻防护灭火

2015年南闸消防中队战斗员名单一览

表15-4

姓　名	出生年月	政治面貌	学　历	档　级	岗　位	籍　贯
陈　松	1981.11.03	党员	大　专	三级五档	执勤中队队长	江阴璜土
徐丹一	1991.12.01	—	中　专	五级一档	执勤中队战斗员	江苏无锡
左留山	1994.05.20	团员	初　中	五级一档	执勤中队战斗员	江苏宿迁
余　辉	1983.01.03	—	中　专	五级一档	执勤中队驾驶员	江阴花山
郑玉峰	1989.03.20	团员	中　专	五级一档	执勤中队战斗员	江苏宜兴
钱　锦	1988.07.23	团员	高　中	五级一档	执勤中队战斗员	江苏宜兴
陆剑波	1994.10.08	团员	高　中	五级二档	执勤中队战斗员	江阴花园
史科念	1992.06.18	—	高　中	五级一档	执勤中队战斗员	江阴南闸
雷海东	1998.05.13	—	初　中	五级一档	执勤中队战斗员	山西五寨县
武河涛	1994.12.28	—	初　中	五级一档	执勤中队战斗员	河北邢台
高　斌	1982.09.29	党员	高　中	五级一档	执勤中队驾驶员	安徽宿州
顾　鹏	1995.09.08	—	高　中	五级一档	执勤中队战斗员	江苏靖江

第二章 司 法

第一节 机构·职责

中华人民共和国成立前，南闸境内无专职司法机构。中华人民共和国成立后，重大司法案件由县司法机构直接审理。

1951年1月，江阴县成立人民法院，各乡（镇）配备人民陪审员。1980年5月成立要塞法庭，南闸乡属澄要片，司法案件由要塞法庭专理。1980年1月，南闸乡设专职司法助理，吴其康任司法助理至1993年3月退休。1986年，南闸镇设司法办公室。2002年，司法办公室改为司法所，司法所既是基层政府的职能部门，又是市司法局的派出机构。

司法所的主要职责是：协助基层政府开展依法治理工作和行政执法检查监督工作；指导、管理人民调解工作，参与重大疑难民间纠纷调解工作；指导、管理基层法律服务工作；代表乡镇人民政府处理民间纠纷；开展对刑满释放、解除劳教人员的过渡性安置和帮教工作；组织开展法制宣传教育工作，参加社会治安综合治理工作；开展社区矫正工作。

南闸乡（镇、街道）司法所所长任职情况一览

表15-5

名　称	姓　名	性　别	任职时间	备　注
司法科 司法办公室 司法所	吴其康	男	1980.01—1993.03	已病故
	陈建生	男	1993.03—1995.02	
	耿惠成	男	1995.03—1999.02	
	许中新	男	1999.03—2012.07	
	周国宏	男	2012.07—	
综合治理办公室	陈建生	男	1995.02—2000.12	
	张 平	男	2000.12—2003.05	干事
	陆富强	男	2003.05—2008.01	
	是汉文	男	2008.01—	
法律服务所	耿惠成	男	1999.02—2012.06.14	
	耿 洁	女	2012.06—	

第二节 民事调解

中华人民共和国成立前，宗族内部发生矛盾纠纷，由族长召集本族长辈人员和公亲在宗族祠堂

内调解处理。村与村群众之间发生的民事纠纷，由地方士绅出面在集镇的茶馆内调停，俗称"吃茶讲理"。1945年，国民政府在各乡（镇）设立调解委员会，规定乡（镇）保长不得任委员，实际上仍由地方封建势力掌控，民间有事难以有真正的公正解决。

中华人民共和国成立后，人民政府在乡（镇）设立民政科、司法科，由民政助理员、司法助理员做民事调解工作，并在各行政村设立调解委员会或调解小组。1980年南闸24个村、22个企事业单位都设有调解小组，每个小组由3—5人组成，调解小组成员有230多人。2015年11个行政村成立调解委员会，规定由村主任专职担任调解委员会主任，委员由其他3—5名村委担任，配合做好调解委员会工作。私营企业设调解信息员。调解工作坚持"依靠群众，调查研究，调解为主，就地解决"的方针，为群众排忧解难，解决纠纷矛盾。基层行政村对民事调解无效时，可请乡镇司法办公室人员进行调查处理或诉讼解决。乡镇领导对重大民事纠纷、群众来信来访亲自接待处理。

2015年南闸街道村（居）人民调解委员会主任一览

表15-6

序　号	调委会名称	地　址	姓　名	性　别	委员（人）
1	花果村	云南路228号	殷满才	男	5
2	谢南村	白玉路259号	陈建昌	男	5
3	曙光村	灰罗圩西村98号	朱光才	男	5
4	涂镇村	锡澄路885号	张建英	女	5
5	南新村	南新街46号	何　刚	男	5
6	蔡泾村	泾西路8号	金小芳	女	5
7	龙运村	南焦路孙家村1号	吴建刚	男	5
8	南闸村	南闸村观庄5号	陆惠忠	男	5
9	观山村	观山村璜村114号	袁娅华	女	5
10	观西村	观西村茶歧村2号	张君伟	男	5
11	泗河村	南焦路390号	黄国洪	男	4

1989—2015年南闸镇民事调解统计情况一览

表15-7

年份	婚姻家庭	邻里	房屋宅基地	土地承包	征地拆迁	计划生育	继承赠养	债权债务	生产合同经营	损伤害赔偿	工伤意外伤残	其他纠纷	道路交通
1989	47	20	38	—	—	—	9	18	8	83	—	25	—
1990	17	16	34	23	—	8	—	—	—	61	—	13	—
1996	76	18	32	—	—	—	9	18	—	45	—	7	—
2003	96	54	—	—	—	—	51	15	—	52	—	29	—
2004	50	20	5	—	—	—	—	9	—	40	—	8	—
2005	26	18	8	2	10	1	—	—	6	—	—	33	—
2006	—	—	—	—	—	—	—	—	—	—	—	—	—
2007	—	—	—	—	—	—	—	—	—	—	—	—	—
2008	29	31	56	—	—	30	—	—	—	—	—	—	—
2009	8	59	12	4	—	—	—	—	—	—	—	—	—

续表15-7

年份	婚姻家庭	邻里	房屋宅基地	土地承包	征地拆迁	计划生育	继承赠抚养	债权债务	生产合同经营	损伤害赔偿	工伤意外伤残	其他纠纷	道路交通
2010	8	32	5	10	—	—	—	—	—	—	—	—	—
2011	39	46	2	1	—	—	—	—	5	—	—	—	—
2012	28	26	8	4	30	6	1	—	—	—	—	—	—
2013	10	64	30	—	—	—	2	—	12	—	—	8	—
2014	4	8	—	—	—	—	—	1	38	—	19	6	
2015	13	24	—	20	—	—	—	1	16	15	23	6	

第三节　普法教育·法制宣传

中华人民共和国成立后，南闸乡（镇）政府通过农会、妇代会、民兵等组织，利用学校、扫盲夜校等形式，重点向村民宣传《中华人民共和国土地改革法》《中华人民共和国宪法》《中华人民共和国婚姻法》和《惩治反革命条例》等法律法规。人民公社成立后，利用文化站、广播站通过广播、宣传栏、文艺宣传等形式向群众宣传党中央政策和文件精神。1982年至1983年，广泛宣传全国人大常委会《关于严惩严重破坏经济犯罪的决定》和《关于严惩危害社会治安的犯罪分子的决定》。

1986—1990年，境内实施第一个全民普法五年教育计划，学习、普及《中华人民共和国宪法》《中华人民共和国民法通则》《中华人民共和国婚姻法》《农副产品购销合同条例》等法律法规知识。

1991—1995年，境内实施第二个全民普法五年教育计划，学习、普及《中华人民共和国土地管理法》《中华人民共和国行政诉讼法》《中华人民共和国计划生育条例》《中华人民共和国义务教育法》《中华人民共和国经济合同法》《江苏省禁赌条例》等法律法规知识。

1996—2000年，全镇开始实施第三个全民普法教育计划，学习、普及《中华人民共和国劳动法》《中华人民共和国经营合同法》《中华人民共和国治安管理处罚条例》《中华人民共和国刑法》《中华人民共和国妇女儿童权益保障法》等法律法规知识。

2001—2005年，全镇实施第四个全民普法教育五年计划，学习、普及《中华人民共和国环境保护法》《中华人民共和国产品质量法》《中华人民共和国消费者权益保护法》等法律法规知识，并向全镇人民发放《市民实用法律指南500问》计3万份。

2006—2010年，全镇大张旗鼓地实施第五个全民普法教育五年计划，重点学习、普及《中华人民共和国宪法》《中华人民共和国物权法》《中华人民共和国劳动合同法》《公务员法》等法律法规知识。共举办各类普法培训班8期，参加培训1650人次，设普法宣传栏284期，印发《市民实用法律指南》《社会主义新农村建设法律指导丛书》等宣传资料12000余册，各种图片20000余张，日历、挂历8500多份，法制对联2500副。各村、企事业单位挑选肯学习、懂法律、有能力、肯吃苦的优秀人员分别担任联络员、志愿者和宣讲团成员，组成法制宣传队伍。放映法制电影，街道自办电视增设"今日说法""法律讲堂""大家看法""法律世界""案件传真"等法制节目。

2011—2015年，南闸街道制订《关于全街道公民开展法制宣传教育的第六个五年计划》的文件，下发至各部门和各村（企）单位参照执行，并在2011年11月召开"五五普法"总结表彰大会暨"六五普法"动员大会。建立责任制和实施目标管理制度。村、企事业单位确定由主任或调解主任为普法宣传小组第一责任人，由善学习、懂法律、有能力的优秀人员担任联络员，组成宣讲团，宣传法律知识，弘扬法治精神，搞好法律服务。特别对青少年学生组建学校、家庭、社会三位一体的教育体系，以禁毒馆、烈士陵园等为法制教育基地，积极开展以法制教育为主题的文艺表演、故事会、法治征文、知识竞赛、演讲比赛、让学生在各种活动中接受法律教育。街道还组织拍摄首部法制微电影《爱在他乡》，荣获江阴市首届法制微电影大赛一等奖。组织编写普法"三字经"、墙头诗，开展法制短信送用户活动。组织送戏和送电影下乡，利用文艺形式开展法制宣传。

第四节　法律服务

1987年，南闸乡成立法律服务所，配备2名工作人员，与司法办合署办公，隶属司法办公室。法律服务所为有需求的企事业单位担任常年法律顾问，参与合同谈判，修改合同文本，催收应收款等事务。配合司法办公室调处民间纠纷，代写法律文书，接受当事人委托参与诉讼和非诉讼调解，协助办理法律公证手续，解答法律咨询，进行普法宣传等。

2000年，司法所与法律服务所脱钩。法律服务所由耿惠成负责，行使中介服务职能，实行自收自支、自负盈亏、自我约束、自我发展的运行机制。

2012年6月，法律事务所改为股份合作制，成为社会服务性中介机构。2015年有注册法律工作者5人。

第五节　综合治理

1992年，南闸镇成立社会治安综合治理领导小组，由镇党委、政府主要领导任组长、副组长，由组织、纪检、宣传、派出所、司法、民政、教育、工会、共青团、妇联、工业、工商行政等职能部门负责人为小组成员，下设综合治理办公室。

1995年2月，镇党委、政府把社会综合治理工作纳入两个文明建设的总体规划和年度目标管理，层层建立目标责任制，与各村（居）委和企事业单位签订社会综合治理目标管理责任书，形成人人有责、齐抓共管的局面，并设立综合治理办公室。每年签订社会综合治理目标责任书，使社会治安综合治理领导责任制成为一项基本制度。

2005年，为了提升社会综合治理的实力，充分发挥村级社会治安管理作用，成立行政村社会治安综合治理办公室，由村主任担任综治办主任，实行合署办公、资源共享、条块结合、各负其责。当年接待来访174批次，694人次，制止群体性上访25次，458人次，受理登记各类矛盾纠纷137起，分流34起，完成交办23起，直接调解80起，调解成功79起。杜绝了越级上访、维护了社会稳定。

2012年，街道拨款700余万元用于夯实基层基础防范体系。加强群防群治队伍建设，8个村安装了3200多只家庭红外线报警器和1200套"平安E家报警器"。宏基花园、名城花苑、称心阁、金三角建材市场安装了技防设施300多套，紫金路、白玉路上所有商铺安装了技防设施400余套，全街道装"平安E家"技防设施2000余套。每日由巡防民警带领巡防队员值班，1186号警车24小时巡逻。各村、企500余名志愿者密切配合，组成了完整的大巡防机制，打造了良好的社会治安环境，为构建和谐社会发挥了较好的作用。

2012年南闸街道社会管理综合治理委员会工作机构一览

表15-8

综治办公室	社会矛盾化解工作领导小组	综治办为组长单位	信访办牵头的大信访专项工作组	
			司法所牵头的人民调解专项工作组	
			党政办牵头的行政调解专项工作组	
	实有人口服务管理工作领导小组	派出所为组长单位	—	
	特殊人群服务管理工作领导小组	司法所为组长单位	社区矫正专项工作组	
			吸毒人员管理教育专项工作组	
			卫生科牵头	
南闸街道社会管理综合治理委员会 综治办公室	两新组织服务管理工作领导小组	组织科为组长单位	—	
	社会治安工作领导小组	综治办为组长单位	铁路护路联防专项工作组	
	校园安全和预防青少年违法犯罪工作领导小组	教育科为组长单位	派出所牵头的	
			教育科牵头的	
			校车安全运行专项工作组	
			司法所牵头的	
			派出所牵头的	
			团委牵头的预防青少年违法犯罪专项工作组	
	社会建设工作领导小组	民政科为组长单位	民政科牵头的社区建设专项工作组	
			社会组织建设专项工作组	
			社保所牵头的社会保障建设专项工作组	
	城市管理工作领导小组	城管中队为组长单位	城管中队牵头的城市管理专项工作组	
	虚拟社会管理和突发性公共事件应急工作领导小组	—	—	

第六节　信访工作

信访工作是党委、政府了解社情民意的重要渠道，也是了解党群关系、干群关系的重要信息平台。中华人民共和国成立后，党和政府十分重视人民群众的来信来访工作。20世纪50年代初，境内的来信来访工作由乡财粮委员负责，重要问题由乡长直接处理解决。来访的事由主要是群众生活困难要求救济和社会、婚姻等问题。1956年乡政府设文书职位，来信来访工作由文书兼管。1958年，公社设民政科，来信和来访工作由民政科干部负责承办。"文化大革命"后期，60年代的精简老职工、退职老职工要求安排工作；生活困难者要求补助；复员退职军人要求安排工作、治病、补助、享受待遇等问题较多。十一届三中全会以后要求落实政策，处理积案，婚姻、家庭纠纷和信访数量增多，政府成立信访领导小组，由党委副书记分管，由民政、司法、妇联等部门协同负责处理解决。1992年信访工作进一步加强，党委、政府各有一位领导分管信访工作，并配备专（兼）职信访干部，建立企事业、村级信访网络，开展"四无"（无越级去无锡以上单位上访、无越级集体上访、无信访积案、无信访老户）为主要内容的竞赛活动，使大部分信访问题解决在基层。

2000年以后，信访投诉的问题主要是环境污染、工资拖欠、合同纠纷、征地拆迁等，党委、政府认真贯彻执行《无锡市关于乡镇（街道）信访工作若干意见》，按照六有（有接待室、有牌子、有人员、有电话、有制度、有台账）标准，完善镇（街道）信访工作机构。2002年，强化信访目标管理责任制，发挥村、企基层组织作用，一级抓一级，一级对一级负责的工作机制，做到小事不出村、企，大事不出镇（街道）。

2014年，信访工作坚持预防优先、关口前移，确定每周四为街道办事处机关中层领导进村接访日，每月第一个周四日上午为街道领导班子进村接访日。信访部门全年接待人民群众来信来访63批次，11件信访件全部得到有效化解。受理各类矛盾纠纷118件，调解成功率100%。

2015年，全镇11个村（社区）建立村司法行政服务站，全年受理各类矛盾纠纷125件，调处率100%，成功率100%，接待信访上访人员46批次，连续8年无信访积案。

第十六编　劳动·民政

第一章 劳 动

第一节 用工制度

中华人民共和国成立前，南闸境内的私营企业都是实行雇佣工制度，有职员聘雇制、童工养成制、包身工制等。小手工业者大都是实行学徒契约制，以师傅带徒弟，约定期限出师。

中华人民共和国成立后，人民政府对私营企业职工、学校教职员工和旧政府所办的企事业单位的工作人员统筹安排就业，后统一实行公私合营，按政策成为固定职工。对社会失业人员，先吸收到企业安排做临时工解决生活困难，按工作表现转为长期临时工或正式工。1955年起，江阴县部分企事业单位逐步建立编制、定额定员标准。1957年，国家下达并控制劳动计划，规定凡国家机关，全民所有制和集体所有制单位吸收职工，应向上级领导部门申报并获得批准。1958年受"大跃进"影响，大批农民进城务工，后因国民经济比例失调，劳动计划失控，导致1960—1963年企业职工大批精简。

1965年，南闸工业办公室统一扎口企业用工。企业如需招工，须将用工名额统一上报到工业办公室，得到批准后由工业办公室将名额分配到各生产大队，由生产大队同生产队协商同意后将名单报到工业办公室，凭工业办公室介绍信去企业报到上班，企业没有用工自主权。

1965年至1972年，境内基本上实行亦工亦农制度。如果大集体企业从农村招收亦工亦农人员，由企业发给员工30%—40%的工资作为生活费，剩余的工资划入生产队结算，交生产队记工分配。乡（公社）办企业的职工领取工资的15%作为生活费，其余的由企业转给生产队记工分配。民办教师和缺、代课教师工资不交生产队记工，小手工业者要按规定交生产队记工分配。

1972年以后，企事业单位因发展需要征用土地时，必须按规定安排被征地生产队劳动力进单位工作，称为土地工，土地工由生产队民主协商安排，工资收入与社办企业职工相同。

1984年起，乡镇企业推行"一包三改"，实行经理、厂长为主的经济承包责任制，改干部任免制为干部选聘制，职工录用制为合同用工制，固定工资制为浮动工资制。企业职工工资全额发放，不用再交生产队记工分配。

1991年开始，市场协调供求关系的劳动用工新体制确立，企业推行全员劳动合同化管理，企业自主用工、个人自主择业、职工能进能出、干部能上能下，实行优化劳动组合，新的竞争机制、激励机制和自我约束机制基本形成。

1995年1月起，全市贯彻执行《江阴市企业实行全员劳动合同制的意见》，南闸企业全面实行全员劳动合同制，企业和职工通过签订劳动合同的形式，确立劳动关系，明确企业与职工双方的权利和义务，而这种关系必须由镇劳动和社会保障所鉴证。

1996年，南闸镇设立劳动保障科。2000年开始，南闸镇（街道）不断完善用工制。至2015年，逐步形成了以劳动合同，农村社会养老保险和工资支付"月薪制"为核心内容的用工制度，同时拟定了适合乡镇经济社会发展的配套政策。

第二节　劳动就业

就业安置　民国期间，劳动者自谋职业，政府不予过问。中华人民共和国成立后，党和政府在恢复和发展生产的基础上，对城镇居民贯彻自谋职业与居委介绍就业相结合的方法，逐步解决集镇居民中的失业问题。

1979年南闸乡建立劳动服务公司，对集镇待业青年进行培训，安置就业。20世纪80年代，对集镇待业人员实行登记管理，贯彻劳动部门介绍就业、自愿组织起来就业及自谋职业的就业方针，改变过去由国家"统包统配"的做法。改招工为招生，对待业人员实行先培训、后录用。1980—1988年，南闸集镇应届初、高中毕业生，经过招生分配就业到集体企事业单位工作的有382人，其中1988年招生就业的48人中，男22人，女26人。

1984年，农业产业结构调整，农村大量富余劳动力向城镇、乡镇企业、第三产业转移。1995年，南闸设立劳动就业管理所，规范劳动就业。1997年，国家实施劳动者自主择业，市场调整就业，政府促进就业的就业方针，此时全方位开放劳动力市场。

2003年，南闸镇签订劳动合同5238人，安排劳动就业597人。2004年，安排就业人数994人。2005年安排1428人就业。2009年，提供就业岗位1944个，解决本地劳动力584人。2010年，提供就业岗位2692个，增长38.5%，创业劳动就业480人，本地农村劳动力充分就业率为93%。2012年，完成创业培训42人，技能培训鉴定652人，高技能人才培训123人，提供就业岗位2550个，新增本地农村劳动力就业650人。2014年，完成本地农村劳动力技能培训鉴定794人，培养高技能人才61人，提供就业岗位2228个，解决本地劳动力就业940人，本地大学毕业生就业率97.68%，困难家庭大学毕业生就业率100%。2015年，就业创业根基不断稳固，完成技能培训鉴定712人，高技能人才培训89人，创业培训43人，全年提供就业岗位2100个，本地大学毕业生就业率97.4%，解决本地劳动力就业1523人，推荐就业62人，扶持自主创业101人，其中"一对一"帮扶创业11人。

职工精简下放　1960年起，南闸公社接纳各地城市下放职工650余人。1962—1964年，下放集镇居民40多户计180多人。1969年12月至1970年春，动员国家干部带薪去农村劳动，企业职工退职去农村安家落户，计80多人。1971年冬起陆续回城镇安排工作，至1975年上调安置工作基本结束。

支内、支边和知识青年上山下乡　1965年，江阴县成立支内办公室，从南闸招收技术人员（主要为木匠和泥水匠）30多人，去四川支援内地建设。1959年4月，在县委统一组织下，南闸公社动员120名社员到新疆奇台县红旗公社落户务农。1960年10月，动员142名社员到新疆乌鲁木齐务工务农。1965年8月，动员集镇居民16人到新疆和田专区新园农场务农。

1964年，集镇知识青年开始上山下乡，至1973年，先后安排在各大队务农的知识青年133人。1966年4月，南闸集镇知识青年32人安排去吴县横泾、藏书公社落户务农。1971年4月，集镇知识青年32名安排至滨海农场务农，9名安排至连云港灌云农场务农。1972年，江阴县城知青16名分配在花果知青点落户务农。1974年，县城及南闸集镇知青52名分配在花果、凤凰山、东村3个知青点落户务农。另外，有152名祖籍南闸，父母在上海、苏州、无锡、东北营口等城市工作的知青，先后在南闸农村插队务农。

知识青年上山下乡运动于1978年停止。1979年春，根据中央指示，插队知青返程工作启动，分期分批回城安置在全民或县属集体企事业工作。1981年安置外省、市返乡插队知识青年于社、镇企业工作，少数则父母退休后由插队的子女顶岗。知青安置工作于1982年结束。

邢释解教人员过渡性岗位安置 南闸镇在就业安置工作中，还积极做好刑释解教人员安置帮教工作。2002年，开展"三个一"工程：建立一个"基金"，每个行政村出资500元，由镇安置帮教站统一收缴，专款专用，主要用于刑释解教人员临时性生活困难补助；设立一个"岗位"，专门为刑释解教人员培训劳动技能、寻找长期职业，由镇安置帮教站与村、企业协商，共同设立临时性工作岗位；给予一些政策优惠，实施"绿卡制"，鼓励其自谋职业。年内，有6名刑释解教人员领取生活困难补助费，1人得到镇安置帮教站过渡性岗位安置。2003年，有8名刑释解教人员到镇帮教安置站领取生活困难补助费，有3人得到镇安置帮教站过渡性岗位安置。是年，南闸镇被评为无锡市安置帮教工作先进集体。至2015年，共有87名刑释解教人员得到镇安置帮教站过渡性岗位安置。

第三节 劳动保险

1980年，南闸镇属企事业单位实行干部和工人退休、退职劳动保养制度。凡男性满60周岁、女性年满50周岁（女干部55周岁），连续工龄满10年的实行退休保养。农村干部参照镇办企事业单位标准实行退休保养。

1995年，镇人民政府发文推行社会养老保险实施办法。凡在本镇企事业单位的职工由所在单位投保。养老保险采用储蓄积累型模式，资金筹集坚持以个人交纳和集体补助相结合，国家予以政策扶持。是年，全镇干部职工参加社会养老保险402人，保险金额6.67万元，累计投保22.25万元。1997年8月，按市政府规定全面实行社会统筹和个人账户结合的养老保险新制度。同年9月，市政府颁发《江阴市城镇私营企业从业人员和个体劳动者养老保险补充意见》，采取降低缴费比例，养老保险税前列支，按规定享受规费减免等优惠政策，鼓励私营企业参加社会保险。当年全镇参加社会养老保险达5300人，投保金额90万元，比1996年增长近1倍。

2004年新增城保480人，新增农村养老保险205人，全镇参保人数达4万余人，收缴金额100多万元。2008年，新增城镇职工养老保险参保人数1792人，新增参保企业23个。2012年，新增城保扩面1855人，发放历残、居民养老保险金2429.25万元。2015年，净增城镇职工养老保险人数388人，办理灵活就业参保人数527人，新增农村基本养老保险人数287人。

1998年1月，市政府颁发《江阴市城镇企事业职工大病住院保险暂行办法》，由企事业单位按规定缴纳住院医疗保险费，职工在住院就医时由医疗保险金支付部分住院医疗费用。1999年1月，市政府出台《江阴市职工医疗保险暂行规定的补充意见》，进一步完善医疗保险政策，将原来的三段"直通式"改为个人账户、统筹基金两个账户分开运作的方式，实行"门诊包干、住院统筹、慢病补贴、特病照顾"的办法，增强职工节约医疗费用意识，保障职工的基本医疗。2015年全镇农村住院医疗保险参保人数达22254人，参保率达99.9%。

第二章　民　政

第一节　社会福利

一、福利事业

（一）义田

明弘治年间，浙江按察司副使高贯，用俸银在老家（今观山村高家村）购买土地加上祖田百亩一起捐为义田，赈穷恤贫，赡养族中孤苦老人和孤儿寡母，时人称其为善人。

义田记
（明）高贯

贯置义田而病力之不赡，谋诸客曰："予田亩计之不逾百，所入之米麦石计不逾八十，穷乏所识者举目皆是也，奈何？"客曰："然寡则不给非惠也，偏则不周非公也，美名是掠，实不副焉，不如已之。"贯怯且惑，无以应而退，静而思之，忽自解曰："惠不患寡而患不均，名不病义而病不行。斗之粟十分之升，助者可十人，石之粟十分之斗，助者可十人。吾知随吾所处，赢则推之，约则已之耳。其广与狭，名与不名，吾又安能知也？吾义其小人，吾闻而义其大，吾惠其寡人，吾感而惠其众，则古人厚本睦邻，不遗故旧之意不亦寖可复乎哉！不然必高吾爵，厚吾禄，而后大吾之义，求无遗于人。人不知愿莫之遂而望吾之施者，不吾待矣。"于是复举以质诸客，客谢曰："良是也。"乃额其见田于异籍，策其当赈者之名氏于左方，择子弟淳谨者掌之，验其岁之所入而月散之以数。

（二）义学

明天顺年间（1457年前后），来春乡南庄（今龙运村南庄）人耿昆，出资造菊山书屋，村中凡书读得好的，不论贫富，均可入学。清光绪《江阴县志》卷五"义学"记载：观山二塾，一在二保，清同治十年（1871）建屋三间。一设泗河口园通庵，拨田一百七一亩有奇。

（三）义冢

旧时，收埋无主尸骸的墓地。据清光绪《江阴县志》卷二十五"义冢"记载：顺治初冬，县丞卞化龙在蔡泾乡设义冢一处，在观山乡设义冢二处：一在鲍庄东北，一在狮子山西。这三处义冢埋葬的均为乙酉死事者（即1645年江阴抗清八十一天城破的遇难者。1645年农历为乙酉年，故称乙酉死事者——编者注）。另在观山南麓也有一处。

（四）敬老院

1958年9月，南闸成立人民公社后，对农村中丧失劳动力又无子女赡养的130名鳏寡孤独老人实行"五保"，由生产大队、生产队两级负责保吃、保住、保用、保医、保葬。大队发给每人每月3元零用钱，后有所增加。经济条件较好的南闸、观东、涂镇、南新、南运、泾西、灯塔、蔡西、璜村等9个行政村，自1983年起，先后对年满60岁、生活不能自理的农户老人，发给每人每年20元至60元的养老金。1987年起，每人每月发给10元零用钱。公社民政部门在夏季为"五保"老人赠送蚊帐、席子，到冬季赠送棉衣、棉被等。对集镇居民中的鳏寡孤独老人，由县民政局定期补助。1988年，全镇67户69名"五保"老人，由镇、村集体供养。

1988年10月，南闸镇筹资55万元，其中镇投资45万元，村、企事业单位赞助10万元，在施元村的王庄村建起了敬老院，配备了9名服务人员，可收养老人56人。1989年7月1日，首批32名"五保"老人入院。1994年，进院"五保"老人28人，人均每年赡养水平1800元。1995年，进院"五保"老人26人，人均每年赡养水平2200元。

2010年1月，南闸街道投资1500万元新建的"爱晚庭"敬老院落成。"爱晚庭"占地5200平方米，内有标准间、康复病房、普通房间，床位120张，配有电视、空调及呼叫系统等设备，24小时供应热水。首批入院"五保"老人35人，其中男28人、女7人，年龄最大的81岁。2015年，入院供养23人。"爱晚庭"由南闸医院托管，集保健、医疗、康复、休闲、娱乐于一体，推行医养结合的全新方式，使入住老人既能得到医疗护理服务，又能感受到家的温暖。

二、福利企业

1984年，南闸蓄电池隔离板厂安排四残（盲、聋、哑、残肢）职工20人，成为境内第一家福利厂。1985年，江阴江南羊毛衫厂安排四残职工215人。1986年，江阴毛纺针织厂安排四残职工42人。1986年，江阴市美华皮鞋厂安排四残职工122人。1989年，江阴市棉麻纺织厂安排四残职工35人。1992年，江阴市纺织尼龙胶带厂安排四残职工81人、江阴市宏建彩印厂安排四残职工5人、江阴市标准塑剂厂安排四残职工25人。1996年，远东彩印厂安排四残职工39人。2005年，江阴市金泰电子有限公司安排四残职工23人。2007年，金泰电子有限公司安排四残职工32人。之后，随着就业机会的增多，大部分残疾人自行找到了适合自己的工作岗位，少数残疾人在亲属的支持下，成功地自主开店经商。2015年，域内金泰电子有限公司有23名残疾在职职工。

第二节　社会救济

一、集镇社会救济

中华人民共和国成立后，政府对生活困难的集镇居民和难以维持生活的孤寡老人每月发放救济大米15斤，对失业人员每月发放救济大米10斤，并向社会募捐衣服，分发给贫困户和孤寡老人。1952年起，对集镇失业者进行登记和介绍工作；对因灾祸、疾病而生活困难者给予临时救济；对无子女和无经济来源的孤寡老人发放基本生活费和生活必需品。1985年发放集镇社会救济费1556元、1986年1781元、1987年1926元、1988年2225元，以后逐年增加。

二、农村社会救济

中华人民共和国成立初期，在寒冬和青黄不接时节缺衣缺粮的困难户，政府及时下拨粮食、棉被、衣服救济。一般每年年终都要进行补助活动，由民政部门调查核实，确定特困户名单，从政府的集体经济中拨款给予困难补助。1956年农业合作化后，对农村无依无靠的孤寡老人实行"五保"。1962年，江阴县政府拨粮拨款救济264户困难户，并减免全公社当年农业税。1976年起，对常年困难户采取一年一定的补助办法，每年由生产大队在春季评定，秋季兑现；对因灾祸贫病的困难户，仍采取临时救济的办法。1985年，对特困户实行定期定量补助的办法，按月凭证领取补助金。1986年发放社会减免费19400元、农村社会救济费11548元。1987年发放社会减免费17700元、农村社会救济费9410

元。1988年，发放社会减免费27159元、农村社会救济费13320元。1993年，发放补助金354户，计21万元。2004年，南闸镇政府为农民代交农业税97万元，向农民发放粮食直补资金37万元；党员干部结对帮扶贫困户11户，帮助资金14.8万元。2006年，救助困难群众183人，助学149人，发放救助资金15万元。2010年，开展"常春藤计划"等各类助学活动，救助贫困学生264人，发放助学金20.3万元。2012年，发放无固定收入重残补助金1400人次，计190余万元。发放一户多残和依老养残130人次，计11余万元，对6名大、中学生残疾人家庭发放残学金1.85万元。2015年，全年走访慰问困难群众454批次，发放补助金51万元。

1985—1988年南闸镇社会救济、福利事业费一览

表16-1

单位：元

年　份	社会减免金额	农村社会救济费	城镇社会救济费	精简退职老职工救济费	自然灾害救济事业费	修建住房救济费	失火事故救济费	扶贫救济费
1985	20700	9935	1556	38468	800	—	—	2750
1986	19400	11548	1781	43664	800	1500	6790	4000
1987	17700	9417	1926	41655	1650	—	4230	4000
1988	27159	13320	2225	51681	800		2900	4000

三、精简老职工补助

自1965年起，对1957年年底前参加工作，因精简退职而发放过一次性退职费的全民单位老职工，由原单位给予经济补助。对丧失劳动能力或长期患病的职工，按其原工资的40%给予补助，每月准于报销三分之二的医疗费。属上海市的精简老职工补助由上海原单位直接发放。至1982年年底，全公社在江阴范围内的精简退职老职工，除已安排在社办、国营企事业单位工作外，其余每月享受原工资的40%补助，外地精简的退职老职工按外地市县的统一标准由原单位发给补助。对不符合40%经济补助的退职老职工，无论外地或当地精简退职，都由县民政局按农业人员每月12元、集镇人员每月15元的标准发给生活补助费。1985年7月起，各种（类）定期补助标准每月每人增加5元，以后逐年增加。1988年，全镇发放精简老职工救济费51681元。2015年，境内尚有47名定补老职工，其中23名享受40%，24名享受定期补助。

四、小乡干部补助

1983年3月1日起，凡在中华人民共和国成立前曾参加过中共地下组织，对革命事业作过一定贡献的老党员和在新中国成立初期担任过蔡泾、观山、谢园的小乡干部，在1957年撤并南闸乡时动员退职参加农业生产的乡干部、且连续工作满5年又身居农村无正常收入者给予定期补助。截至2015年，享受小乡干部补助待遇的尚有耿生洪、吴巧珍2人，由地方财政拨款给予定期补助。

五、国民党宽释人员补助

自1982年4月起，对生活困难的国民党团级以下的宽释人员，给予定期的救济补助，落户在农村的每人每月12元，落户集镇的每人每月15元。1985年7月起，各增5元。是年对生活困难的国民党起义、投诚人员给予每人每月8元的定期补助，以后逐年增加，1987年为29元。

1949年9月，中华人民共和国成立前夕，时任贵州省国民党某部营长的蒋敏安随部队起义。1958年被错划为"反革命分子"，戴帽回到南闸集镇老家监督劳动。1978年10月，纠错平反摘帽，1986年，享受民政部对原国民党投诚起义人员的生活待遇政策，每月补助金50多元，2000年增至每月2000多

元。2001年2月，蒋敏安病逝，其遗孀万明珍持有"江苏省民政厅遗属补助证"，享受生活补助金，从2001年每月180元，增至2015年的每月680元。

六、灾害救济

南闸历史上多次发生水灾、旱灾、风灾、雹灾、农作物病虫害等灾害，尤以水涝最为严重、频繁。正如宋代诗人陈刚中《视涝》中所咏："暨阳古泽中，今岁仍大水。舟行民田中，一浪四十里。农夫相对泣，父子饥欲死……"朝廷虽有赈济，可僧多粥少，加上层层克扣，发至灾民，已是所剩无几。中华人民共和国成立后，自然灾害时有发生，有的年份还相当严重。每次灾后，人民政府贯彻国家灾害救济的方针，及时组织群众抗灾救灾，安排救灾款，解决灾民生产和生活困难。1960年春荒，江阴县人民政府直接拨粮拨款，支持34个生产队度过困难，恢复生产。1962年，农业遭灾，政府拨粮拨款救济264户困难户，并减免全公社当年农业税。1976年4月，泾西村遭到12级龙卷风侵袭，倒塌房屋10余间，重伤3人，政府及时抢救受伤群众，发放救济粮。1977年1月，连续降雪14天，极端低温-14.2℃，蔬菜大部分冻死，三麦平均亩产53.2公斤。政府免征和减征当年公粮。

进入20世纪80年代后，灾害救济又和社会保险相结合，部分家庭开始参加财产保险。1988年，发放自然灾害救济款800元，失火事故救济款2900元。1991年，南闸水灾面积16500亩，当年减免农业税29万元，发放赈灾费5.5万元。1997年，发放受灾救济款10万元。1999年，发放受灾救济款10万余元。2002年，对全镇各类救济救灾户发放救济金4.90万元。

2008—2015年南闸街道（镇）救灾补助一览

表16-2

年 份	村 名	户 数	补助金额	年 份	村 名	户 数	补助金额
2008	谢南	1	1000		南闸	1	3000
2009	谢南	2	2000	2011	曙光	1	2500
	龙运	2	2500		龙运	1	2500
	曙光	3	8000	2012	龙运	2	4000
	蔡泾	2	4000		南新	1	3000
	涂镇	1	2000		观山	1	3000
2010	南闸	1	2000		泗河	5	11000
	南新	2	4000	2013	花果	2	5000
	谢南	2	3000		曙光	1	3000
	观西	1	1000		花果	1	3000
	龙运	1	1000	2014	南闸	1	2000
	花果	1	2000	2015	全街道	312	406500
	涂镇	1	2000		涂镇	2	2000
	观山	1	3000		南新	6	10000
2011	花果	2	4000		龙运	1	2000
	蔡泾	1	2500		谢南	1	1000
	观山	1	2000	合计		365	512500
	观西	1	3000	—			

2015年南闸街道水稻政策性保险一览

表16-3

村 名	投保户数	保险投的项目	投保数量（亩）	保险金额（元）	保险费（元）	农户自交保费收取情况（2元/亩）
花果村	862	水稻	1802.3	720920	28836.8	3604.6
谢南村	4	水稻	605.98	242392	9695.68	1211.96
曙光村	2	水稻	180	72000	2880	360
涂镇村	356	水稻	593.95	237580	9503.2	1187.9
龙运村	216	水稻	550	220000	8800	1100
南闸村	202	水稻	850.5	340200	13608	1701
观山村	426	水稻	464.97	185988	7439.52	929.94
泗河村	874	水稻	1379.44	551776	22071.04	2758.88
观西村	972	水稻	1598.34	639336	25573.44	3196.68
合 计	3914	水稻	8025.48	3210192	128407.68	16050.96

第三节 扶贫帮困

一、帮助困难户危房改造

2001年起，境内开展帮助贫困户解决房屋改造问题。

2003年起，按照市下发关于解决农村特困户危房问题的意见，境内对由于残疾、重病、智障者、鳏寡、天灾、车祸等多种原因，以及家庭经济收入少、自家危房无能力解决的困难户，由市、镇两级分担，村有条件地给予资助，逐步解决危房改造。当年，南闸镇完成危房改造27户56间，市、镇、村投入资金48.36万元。2004年，镇、村投入资金15.79万元，对6个特困户15间危房进行翻建。2015年对5户特困户10间危房，投资15万元进行翻建。

2007—2015年南闸街道（镇）农村特困户危房改造一览

表16-4

年 份	户 数	补助金额（万元）	年 份	户 数	补助金额（万元）
2007年	6	18	2012年	9	27
2008年	5	15	2013年	6	18
2009年	5	15	2014年	5	15
2010年	5	15	2015年	5	15
2011年	5	15	合计	51	153

二、最低生活保障

1997年7月1日起，南闸镇根据《江阴市农村最低生活保障暂行办法》，实施农村最低生活保障制度。农村中，年人均收入低于1200元的困难户属于最低生活保障对象，人均补足1200元。保障资金由市、镇、村三级按照4∶3∶3比例共同负担，以后逐年提高标准。是年，为全镇111户247名最低生活保障对象发放保障金6.5万元。1998年，健全农民最低生活保障制度，对全镇138户286人，农村最低生活保障对象发放保障金22.8万元，对城镇20户28人保障金对象发放保障金7.5万元。2002年，随着江阴财政体制的改革，对最低生活保障对象审批权限由市下放到镇政府。镇政府每年对最低生活保障对象进行调查、审核审批，确保最低生活保障对象应保尽保，做到准确、公正、合理，并实行最低生活保障对象信息化管理，推行最低生活保障金通过银行网点的社会化发放制度，保证专款专用。当年，对全镇291户632人农村最低生活保障对象发放保障金37.16万元，对城镇38户57人最低生活保障对象发放保障金11.33万元，应保对象保障率、保障资金到位率、保障资金兑付率均为100%。2003年，进一步推进农村最低生活保障制度改革，对全镇349户761名农村低保对象发放保障金50.53万元，对城镇54户83名低保对象发放保障金14.74万元。2004年，落实低保对象436户897人，发放保障金64.59万元。2005年，落实低保对象562户1106人，市、镇、村三级发放保障金126万元，其中市负担50.4万元，镇、村各负担37.8万元。2006年，落实低保对象562户1109人，市、镇、村三级发放保障金105万元。2008年，最低基本生活保障农民达6964人，598户困难家庭得到低保救助。2010年，落实低保1378人。2011年，发放低保补助金169万元，临时补助困难户606人，发放补助金34.9万元。2012年，发放低保补助金192.78万元。2015年，发放低保补助金261万元。

三、失地农民保障

南闸是江阴城市的南花园。在江阴城市南扩的大背景下，南闸道路改造、工业退城入园、生态环境建设、仓储物流园区、建设锡澄运河改道、海港大道建设等涉及拆迁民房千户，搬迁大小企业200多家，面积达55万多平方米，被征土地千亩。为切实维护被征地农民的合法权益，建立"经济补偿，社会保障，就业服务"的被征地农民基本生活保障体系，根据澄政发（2004）79号关于《江阴市历次被征地农民基本生活保障暂行办法》和澄政办（2004）28号《关于历次被征地农民基本生活保障若干问题的处理意见》的精神，凡2003年12月31日前农村集体土地被征为国有和经批准使用后，人均耕地在0.1亩以下（含0.1亩）的农村集体经济组织的成员，应被纳入江阴历次被征地农民基本生活保障。2004年7月，南闸村24组；观山村9组、10组；南新村斜桥、汤南组、汤中组、汤介组、夏南组、夏村组、何东组、何西组、季家组；蔡泾村弄东组、弄西组；泾西村1—3组、5—7组、16组、20组、21组；谢南村12—18组；施元村5—15组；涂镇村1—14组；曙光村1组、4组，共9个村56个组7042位失地农民被纳入了江阴市历次失地农民基本生活保障。

根据澄政发（2004）80号关于《江阴市被征地农民基本生活保障暂行办法》的通知精神，2005年4月，泾西村326位失地农民被纳入了江阴市被征地农民基本生活保障。2006年，谢南村105位失地农民纳入了江阴市被征地农民基本生活保障；施元村160位失地农民被纳入了江阴市被征地农民基本生活保障。

2010年7月，按江阴市人民政府《关于历次被征地和被征地农民中就业年龄段人员参加企业职工基本养老保险的意见》和《关于进一步完善被征地农民基本生活保障制度的意见》文件规定，历次被征地农民和被征地农民就业人员并入城镇职工养老保险。全镇应并轨人数3915人，自愿并轨城镇职工养老保险3693人，放弃和不愿意并轨人员共222人。并轨城保资金86173750元，市、镇两级财政共同各半承担67498515元。

2013年，新增城镇职工养老保险1855人，发放居民养老保险金2429.75万元。

2015年，全年城保净增388人，办理灵活就业参保手续527人，新增农民基本养老保险发放对象287人。

第四节　慈善救（捐）助

1992年，南闸籍香港锦达集团董事长陆镇投资200万港币在南闸创办陆金标科技学校；1995年捐资40万元修建南闸村路；1996年捐资100万元建造南闸陆镇大桥。历年来，陆镇还先后为江阴红十字会、苏州大学南闸分院等单位累计捐款45万元。

1996年，南闸镇龙游村残疾姐妹吕娟、吕营为报答社会对她俩的帮助，由镇党委宣传委员王国中牵头，在南闸农村商业银行和江苏蝶美集团的支持下，开通了"姐妹爱心热线电话"，并在江阴日报附设"爱心信箱"。"爱心热线电话"和"爱心信箱"开通后，接到咨询电话1万多个，收到来信5000多封，姐妹俩用自己的切身体会，对来电、来信者进行了心理疏导。吕娟、吕营在接受社会救助的同时，也用爱心帮助了他人。

记吕娟、吕营和她们的爱心救助活动

张树森

20世纪90年代后期，一对轮椅上的姐妹，以自强不息的精神，感动着社会，赢得了社会各界的关注与美誉，获得了"江阴市十大杰出青年"称号。她们就是南闸镇龙游村（现龙运村）的吕娟、吕营两姐妹。

吕娟、吕营，祖籍江阴，出生在辽宁省营口市。父亲吕国华原是营口钢琴厂工人，今年77岁。母亲花爱宝在营口市居委会工作，1995年5月退休后，全家迁至江阴南闸老家生活。

今年48岁的吕娟和39岁的吕营，在她们来到这个世上刚满周岁时就被诊断为"进行性肌肉萎缩症"，她们已经瘫痪了几十年。

"进行性肌肉萎缩症"，文字上看好像还是一个温和中性的生物学名词，其实潜藏着无比凶残的杀机。命运之神向来是不公正的，它宁愿为幸运者铺设金光大道，对苦难者却绝情得连条羊肠小道都不给。吕娟、吕营在襁褓中就被它残忍地剥夺了自由行动的权利。这种怪病发生的概率小到五十万分之三，可它偏偏砸中了这姐妹俩。这对姐妹惨了，这个家庭苦了。

当姐妹俩刚刚萌生思维幼苗时，她们就感到自己有点与众不同，尽管当时还不知道"进行性肌肉萎缩症"的凶险。她们看到别的孩子们蹦蹦跳跳地玩耍嬉戏，而她们却不能动弹，她俩急得掉了泪；看到别的孩子们背着书包上学了，她们却不能上学，她们伤心地大哭过；别人家的女孩穿得像花蝴蝶似的满世界乱飞，她们只能由父母抱着在窗口看一眼街景。父母也没有办法，只能将她俩关在屋子里，面对面的呆坐。当年吕娟在周岁时得了此病，父母抱着她跑遍了全国的各大医院，医院无法治疗，不肯接纳；妹妹吕营又得此病，知道医院给姐姐的结论就是她的结论，也就免除了四处奔波之劳苦。后来，她们的父母这样想，与其让她们傻坐，不如教她们识字，识了字可以读读书，看看报，消遣解烦。抱着这样的想法，母亲花爱宝当起了启蒙老师，教她们识字。谁知姐妹俩不学则已，一学就不可收拾。识了字，看了书，心情开朗了，视野开阔了，书让她们了解到外部世界。

姐妹俩在学习中渐渐懂事了。她们从资料上了解到，目前的世界和现有的科学水平，还没有能治好她们这种病的灵丹妙药，她们只能在轮椅上度过一生。更残忍的是连如此现状也不让她们维持下去，"进行性萎缩"还在不断地进行下去，她们的生理机能将会越来越微弱……一度，她们的心沉到了谷底，最痛苦时甚至想到了死。但即使有死的勇气，也没有死的力气。她们终于彻底明白了，与其向命运求饶，还不如向它挑战。既然连死的勇气都有了，为什么就不能有生的决心呢？

　　苦难是人生最好的教科书，磨难让姐妹俩清醒起来，思维的早熟就是整日苦思冥想的结果。身体的机能在逐渐萎缩消退，而思维的波长和神经末梢的辐射却在不断延伸。姐姐吕娟自学完了中央电视台的《英语讲座》《许国璋英语》《电视英语》，还参加了大连外国语学院的全部函授英语课程，并顺利结业。她的想法是今后或许可以翻译点资料，争取自食其力；妹妹吕莹喜欢中文，热爱文学，以写诗抒发自己的心灵感受。她的诗歌散文还在营口市残联举办的诗歌散文大奖赛中获奖，姐妹俩在当地的报刊上共发表文章200多篇，在营口成了公众人物。

　　1995年5月，姐妹俩随退休的父母回到了江阴南闸老家。环境变了，但姐妹俩身居斗室，心怀大千世界的奋斗精神一点没变。一次，她俩的一篇文章引起了《江阴日报》编辑们的注意：他们设想构思，创办一条双向互动的心理咨询热线——姐妹爱心热线，让姐妹俩与来访者讨论交流家庭、婚姻、社会关系、伦理道德、工作学习等方面的问题。用她们学到的知识，现身说法地和社会上一些心理迷茫的人讨论人生的价值观。读了书，她们不再满足于自娱自乐、孤芳自赏，局限于灵魂的自救，她们还要为迷失方向的现代人找回自己的精神家园。1996年，由南闸镇党委宣传委员王国中同志牵线，在南闸农行的关心支持下，"姐妹爱心热线"电话开通了，并在《江阴日报》附设"爱心信箱"。同时，江苏蝶美集团也聘请她俩为荣誉职工。

　　热线电话开通一周内，就接到200多个电话，收到20多封信。

　　有一个想轻生的人打来了热线电话，吕氏姐妹问她为什么要轻生？她说，我已经看不到一丝光明了。而此时，恰恰是艳阳高照的时刻，她的心里却是沉沉黑夜，心里"黑夜"的人，正需要别人帮她点亮"心灯"！这次交流互动，让吕氏姐妹信心大增，热线电话就是帮助内心失去光明的人点亮心灯，这使她俩的心里也豁然开朗起来。

　　热线电话开通以来，已接到一万多个咨询电话，收到了5000多封来信，大伙称她俩为"爱心姐姐""知心姐姐"。她俩为许多迷途的人指点迷津，挽救了许多已濒临破裂的家庭；把消极厌世者或沉沦者从绝望轻生的悬崖上拉了回来；给不少失去生活信心的人重新扬起了希望和生命的风帆。有不少体魄壮健心理黯淡的人，由这对不能动弹的姐妹为他们找回了自己的灵魂；有不少庸庸碌碌、散发负能量的人在爱心热线中得到了诊治。2001年，她俩又利用互联网办起了"爱心网站"、建立QQ群，把交流的波长扩充到网络世界。她俩为残疾人挣了面子，为新时代的江阴青年挣了面子。

　　1996年11月12日下午，吕氏姐妹应邀到市看守所内的露天广场上为30多名青少年罪犯作讲座。讲座结束后，就有多名青少年罪犯表示要向"两吕"学习，用实际行动改过自新。同年10月，在团市委的组织下，姐妹俩到璜塘娱乐宫为该镇800多名中小学生作报告，少先队员为她们戴上了红领巾，聘请她俩为校外辅导员。在1998年的江阴文化系统春节联欢晚会上，江阴电视台播音员声情并茂地朗诵了我市老作家刘湘和撰写的称赞吕氏姐妹自强不息精神的长诗《追求阳光》，在经久不息的掌声中，吕氏姐妹坐着轮椅被推上舞台与观众见面。

　　有一天，北涸镇丁家塘一对母女找到吕氏姐妹的家中。原来是小外孙也患上了和吕氏姐妹相同的病，女婿以此为由，欲另觅新欢生子传宗接代，遭妻子的反对后便提出离婚，女方不同意他就殴打虐待。面对悲愤忧伤的母女俩，吕氏姐妹鼓励她们使用法律的武器，捍卫自己的人身权利。并将搜集到的偏方和特色医院介绍给他们，使这对远道而来的母女感激而归。在江阴"两赵"（赵新忠、赵忠惠）赴吕梁山地区义务执教期间，吕氏姐妹将300元稿费赠给"两赵"，用以帮助一名失学儿童重返校园，另拿出180元，给"两赵"任教的班级里的每个学生买上一份本子、笔、橡皮和卷笔刀。

　　2006年初，吕氏姐妹合著的15万字著作《创造生命的奇迹》问世了。市文联主席夏国贤为该书题签了书名并作序。

全书由56封答复来访者的信札和20篇散文组成。56封回信针对着56个不同的"疑难杂症"患者、不同的感染程度所开具的"精神药方"，解答有条有理，逻辑严密，深入浅出，并且把脉正确，对症下药，直达"心理病灶"，不失为净化灵魂的精神补药；书中20篇散文，虽说体验生活的圈子不同，说不上铜琶铁板一泻千里的豪放，但流露的尽是对生活的向往，对大自然的热爱，对美物情愫的感应和与逆境抗争的真诚文字。

书稿打字时，姐姐吕娟连吃饭张口都已经十分困难了，手已握不住电话听筒，妹妹吕营要把身体绑在凳子上才能坐得住，她的手已经抬不高了，不能直接点击电脑键盘，需借助筷子样的小木棍为工具，才能一分钟敲出二三个字来。15万字，要付出比常人多几倍的艰辛心血，每打一个字就像搬动一块岩石一样吃力。就如夏国贤在序中所说的那样："在浙江新昌大佛寺内，藏有一部由一个沙弥用舌尖刺血写就的《金刚经》，赭红色的字迹一丝不苟，是镇寺之宝。吕氏姐妹的这部书，是用心血写成的，同样令人震撼……这部书，就像它的书名一样，创造了生命的奇迹，吕氏姐妹没上过一天学，躺在病榻上翻身坐起都要别人帮助，但他们的自学之路从未间断。她们努力地在几乎已经看不到希望的世界里寻找自己的人生价值，为社会发出光和热，即使微弱得如一点烛光抑或一点荧光，也要在黑暗处闪烁，照亮别人和自己。"

《创造生命的奇迹》问世后，江阴文坛引起很大的反响，很多人被吕氏姐妹的精神所感动。书中有不少打动人心的震撼点，如："抱怨命运的不公是徒劳的，也是懦夫的表现。现代医药救不了我们，我们就自己救自己，自己给自己开药方。""我俩已学会了有病装着没病，学会了像健全人一样，像阳光女孩一样快乐达观。""我们无法控制际遇，却可以掌握自己；我们无法预知未来，却可以把握现在；我们无法知道自己的生命还有多长，但可以安排当下。""也许自己能够掌握的时间不多了，因此，连抱怨感叹的时间都不能浪费，我们要把一切感悟体验托付于真诚的文字。"

相对而言，世上并没有最大的爱，只有最需要的爱，最适合的爱。这种爱就像吕氏姐妹那样，只要肯捐出来，即使渺如沙粒、微如草芥，也总会有一颗最需要这点爱的心灵得到呵护和慰藉。播入心田的种子，日后总会发芽生长，茁壮为一座爱心花园，这就是生活给你的最大回报、最高奖赏。

风之无华，红尘有爱
黄晓珏

她叫殷风华，是江阴市南闸中学美术老师，她是"红尘有爱"网站的发起人。

说起开展公益助学的初衷，殷风华的思绪就回到了2004年夏天。作为美术老师，她来到宁夏预旺县采风，看到一名正值上学年龄的小女孩正在荒野割草（家中因为贫困供不起她上学）。当殷风华表示愿意资助她上学时，小女孩表示要将这个机会让给妹妹……看到这一切，她沉不住气了。

"作为一名教师，我不希望看到哪个孩子因贫失学。我将为此努力，为此呼吁。"这次普通的采风活动，点燃了殷风华"做一名公益助学志愿者"的热情。那一年，殷风华资助了预旺县三年级学生李浩，并呼吁身边的朋友为那个地区的学校捐助图书千册。

尔后，她以网络为平台，将一腔爱心凝聚成更大的力量。2005年5月，殷风华正式兴办了"红尘有爱"公益助学网络平台并申请了独立的域名。通过这个网络平台，越来越多的热心公益事业人士在她的影响下加入其中，来自常州、苏州、南京甚至深圳等地的志愿者在她的组织下不为名利、甘愿奉献，助学的队伍就这样在她爱心的感召下渐渐壮大。

助学是一件细水长流的事，贵在坚持。殷风华深知这一点，也感到了作为组织者责任的重大，并将这种压力转化成她不懈努力的动力。

此后每年暑假或其他假期，殷风华都要自费去贫困地区，跋涉于贫困山村、山寨之间，调查并看望受助的孩子。

2005年暑假，她来到宁夏预旺县，首次看望了受资助的30多名学生中的8个孩子。

2006年暑假，殷风华前往四川了解情况，并确定了甘孜藏区的资助计划，落实资助该地区首批30多名学生，并在2008年、2011年的假期再次深入藏区回访。至2013年3月，她为该地区学校捐赠电脑20台、课桌椅百余套，并帮助修补校舍，共计资助该地区百余人次困难学生。

2008年五一期间，殷风华又开始广西之行，为该地区东兰县、凤山县98位受资助的孩子送去了文具、书包和图书，并为花香纳甲资助点捐赠了32套课桌椅、办公桌等。

2009年，殷风华带着7名来自四川甘孜州的藏族小学师生参观了华西村、江阴图书馆和长江大桥等江阴名胜，与天华艺校的同龄孩子同上一堂课，一起包馄饨感受江南民间文化，实现了孩子们走出大山"到外面看看世界"的愿望。

2010年至2012年间，殷风华又先后3次考察江苏徐州邳州市艾山西小学及幼儿园，为学生们送去了爱心人士捐赠的千余册图书、学习用品和体育用品，为学校添置了大约价值20万元左右包括大型游乐器材、电脑、桌椅等在内的教辅设施。

2012年2月，殷风华当选为江阴市十六届市人大代表，获得了"江阴市十佳志愿者""无锡市优秀志愿者""无锡市女性公益苔花奖""最美江苏教育人"提名奖等殊荣。

从2013年至今，殷风华总是忙碌在讲台和公益活动之间。她的目标不但是帮助那些西部地区的孩子，她也为身边需要帮助的孩子送去一份温暖。目前为止，她为这些孩子落实了一对一的资助人，并可以延伸资助到大学毕业。

曾有人问殷风华是什么力量支持她这样做的，她说："走进大山，我被那里孩子的艰苦学习环境所震撼，更为那里人们顽强的精神所震撼。资助大山里的儿童完成学业，是我们'红尘有爱'志愿者的责任义务，公益事业是没有尽头的，通过各种方式让更多的人关注到需要帮助的人，是我的职责。虽然路依然是艰辛和曲折的，但我希望踏踏实实地做好每一件事，为社会尽一份绵薄之力。"

见义勇为田小猛

田小猛，1989年生，江苏新沂人，南闸街道新市民。2016年5月21日中午，暴雨倾盆，一辆轿车失控冲进两米多深的南闸工农河中，车中5人全部落水。危急之时，恰巧路过的田小猛迅速脱去衣服跳入河中，先救起年龄最小的女孩，顾不上休息，又在水中艰难往返4次，和过路群众一起把其他4人救上岸，之后默默离开现场。事后，被救助的一家人通过多种渠道寻找救命恩人。通过警方的帮助，终于找到田小猛。中央电视台新闻频道"新闻直播间"栏目、《新华日报》、江苏卫视"新闻眼"栏目、澎湃新网、《无锡日报》分别报道田小猛英勇救人的事迹。8月，由中央文明办主办、中国文明网承办的"我推荐、我评议身边好人"活动发布"中国好人榜"，田小猛当选见义勇为类"中国好人"。

1998年，南闸蝶美集团、美华皮鞋厂、锦南集团公司等企事业单位，南运、观山、观西、泗河等23个行政村，以及社会各界人士捐款600余万元，自愿支持湖北、湖南、江西、安徽、黑龙江等五省灾区人民的抗洪救灾。

2005年5月，南闸中学美术老师殷风华，发起建立"红尘有爱"网络平台，开展公益助学活动。在殷风华的影响和组织下，助学队伍渐渐壮大，他们深入到宁夏、广西、四川、青海等贫困地区，调查研究，实施救助。十多年来，"红尘有爱"坚持不懈，已成为常态化的助学活动。

2006年，南闸成立慈善分会，南闸镇政府发《关于开展慈善募捐活动的实施意见》文件，号召全镇社会各界开展慈善募捐活动，是年，收到慈善捐款30余万元。2007年，募捐到善款60万元，另有慈善冠名企业捐善款170万元。2008年，募集慈善基金180万元，为四川汶川地震捐款200万元。是年，南闸镇政府为了响应市慈善总会号召，颁发《关于开展"幸福南闸·万人慈善一日捐"暨百名慈善义工招募活动的通知》，动员社会各界、各企事业单位和私营业主，捐出一天的利润；有固定收入的干部、职工捐出一天的收入；中小学生捐出一天的零花钱。用以帮困济贫、救灾救难，助残扶弱，帮助身边的困难人群。2009年，慈善冠名基金达160万元。2013年，南闸成立"如意"义工队，有65名义工，每年组织开展各类慈善义工活动10多次。2014年，由爱心人士吴东洪组建"爱在南花园义工队"，有义工210名，每年开展活动30多次。是年，全街道募集捐款220余万元，开展一系列助孤、助困、助老、助残、助学活动，加大对弱势群体的帮扶力度。2015年，募集捐款33.54万元。

第五节　优抚·安置

一、优抚

中华人民共和国成立后，政府开始对烈、军属实行代耕代种优抚，并给予公粮减免。1951年，南闸组织代耕队，在境内开展拥军优属活动。农业合作化后，改为优抚劳动日，全年一般为60至120个劳动工，农村烈、军属吃平均粮，现役军人保留自留地。实行联产承包责任制后，对现役军人家属实行定期定量优待补贴制。每个军人家属享受100至200元（在部队提升干部后不享受），由所在生产队定期定量发放优抚物。对烈属、病故军人家属生活困难的由县（市）民政部门发优待卡，凭优待卡领优待金。1997年，发放义务兵家属优待金38.75万元。南闸1988年发给102户现役军人优待费10.2万元；发给40名复退军人补助金1.16万元；发给8名牺牲、病故军人抚恤费1.04万元，发给12名革命伤残军人临时补助费5963元。

每年每逢"八一"建军节、元旦、春节，南闸镇（街道）党委、政府都要和武装部组织机关干部、农村大队干部广泛开展拥军优属活动，从未间断。不定期地召开烈、军属和复退军人代表座谈会，关心了解他们的生活情况。平时，把拥军优属列入爱国公约，在招工、入学、就医等方面对烈、军属制定优待办法，使烈、军属受到社会的普遍尊重，在全社会形成拥军优属的良好风尚。1999年，全镇发放义务兵家属优待金30万元。2009年，南闸镇被评为无锡市"双拥示范镇"。2015年，南闸街道现役士兵优待金发放129.85万元。

1985—1988年南闸镇优抚费统计一览

表16-5 　　　　　　　　　　　　　　　　　　　　　　　　　　　　　　　　单位：元

年份	牺牲·病故抚恤费		残废抚恤费		复退军人补助费		退伍军人安置费	
	人次	金额	人次	金额	人次	金额	人次	金额
1985	9	3684	—	—	34	5439	—	—
1986	8	2424	12	4020	34	5512	6	800
1987	8	2424	12	4020	38	7399	4	1000
1988	8	10365	12	5963	40	11633	5	1800

2007—2015年南闸镇（街道）重点优抚人数统计一览

表16-6 单位：个

选项	烈属	病故军人遗属	因公牺牲	在乡残疾军人	复员军人	在职残疾军人	带病回乡	两参人员	农村籍退伍
2007	4	1	2	11	23	1	5	20	—
2008	4	1	2	11	22	1	5	20	—
2009	4	1	2	11	23	1	3	20	—
2010	3	1	2	10	17	1	4	18	—
2011	2	1	2	10	17	1	4	19	201
2012	2	1	2	10	16	1	4	19	214
2013	1	1	2	11	14	—	4	19	225
2014	—	1	2	11	13	—	4	19	235
2015	—	1	2	11	13	—	4	19	243

二、安置

1952年开始，境内建立退伍复员军人安置领导小组。按照"家住农村的复员退伍军人应回农村参加农业生产"的安置政策，负责接收、安置复员退伍军人。1958年起，根据"从哪里来到哪里去"的分配原则，对农业户口的复员退伍军人，全部安置回乡务农，对集镇居民户口的复员退伍军人由公社民政部门上报县统一分配，按照"系统分配任务，包干安置"的办法，全部安置到行政、企事业单位工作。1980—1983年，复员退伍军人不分农业和集镇居民户口都安置到乡镇企事业单位工作。1982年烈军属优待劳动日改优待现金。1984年，贯彻中华人民共和国"兵役法"，推行"先安置、后入伍、定优待"的三位一体实施办法。入伍前先落实好企业单位，退伍复员后进单位工作，解决军人的后顾之忧，支持军队建设。1986年起，义务兵第1年享受优待金300元、第2年350元、第3年400元、第5年500元，进藏义务兵以3倍的标准享受优待金。1987年，复员退伍军人35名，安置乡镇企事业单位32人，安排进县企事业单位3人。1988年，复员退伍军人37名，安置在乡镇企事业单位34人，安排到江阴市企事业单位2人，安排在村企业单位1人。1990年实行"征兵、优待、安置、保险"四位一体制。1996年企业转制后，实行"异向安置、自主择业"的原则，对自主择业的复员退伍士兵发放安置保障金，安置保障金以服兵役年限计发。2005年起，全市义务兵家属优待金标准实行城乡一体化，按义务兵的文化程度，以初中为基础，每户7000元，高中提高10%，大专提高30%，本科提高50%。至2015年，南闸安置复退转业军人393人，其中安排国有企业18人、事业单位3人，货币安置373人。

第六节 烈士褒扬

1988年4月11日，涂镇村现役军人陈洪清在对越自卫反击战中，在老山战区执行战勤任务时光荣牺牲。8月12日，陈洪清家乡的南闸镇党委在南闸影剧院举行"陈洪清烈士追悼大会"，1000多名群众参加了追悼会，聆听陈洪清烈士的英雄事迹。

2004年12月，位于花山南麓的南闸革命烈士陵园开工建设。烈士陵园总面积3330平方米，总投资78万元，2005年10月竣工。烈士陵园中"革命烈士永垂不朽"纪念碑碑高8.10米，宽1.2米×1.2米，底座4米×4米。19位革命烈士墓由东向西依次排列，纪念碑上刻着烈士的生平事迹。2006年3月29日，南闸镇党委、政府和各界代表500多人在烈士陵园庄严举行陵园揭碑仪式，祭扫革命烈士。当年，全镇共有25批4000多人参加了祭扫革命烈士墓。如今，南闸革命烈士陵园已成为青少年德育教育基地。

第七节　婚姻登记

中华人民共和国成立前，男婚女嫁没有婚姻登记的规定。

1950年5月1日，中央政府颁布了《中华人民共和国婚姻法》，废除了封建包办婚姻制度，实行婚姻自由、一夫一妻、男女平等的社会主义婚姻制度。《中华人民共和国婚姻法》规定最低婚龄男20周岁、女18周岁，达到最低年龄的男女青年双方自愿结婚者，必须持所在单位证明信件、户口簿、照片以及医院结婚体检证明，两人同时到所在乡（镇）人民政府申请结婚，办理结婚登记手续，政府婚姻登记处的工作人员负责给予办理登记、签发结婚证书。对包办、强迫、买卖婚姻、直系血亲和医学上患有疾病不应结婚的一律不予办理结婚登记。1970年提倡晚婚，由法定年龄延长2至4岁。1976年规定男24周岁、女22周岁为晚婚。1980年，修改后的《中华人民共和国婚姻法》颁布施行，进一步确立和完善了社会主义婚姻家庭制度。1986年3月，民政部公布《婚姻登记办法》，规定最低结婚年龄必须男年满22周岁，女满20周岁，应使用民政部统一制定、省统一印制的结婚证、离婚证、夫妻关系证明书、解除夫妻关系证明书，规定婚姻登记档案管理和出证制度。登记领证时间一度集中在五一、国庆、元旦、春节四大节日，以后改为每天办理。登记机关可以根据档案向遗失结婚证、离婚证的当事人出具夫妻关系证明书、解除夫妻关系证明书的复印件。男女双方离婚后自愿恢复夫妻关系者，必须重新办理结婚登记手续，政府签发结婚证书时注明"恢复婚姻"字样，以示区别。

2003年10月1日，国务院颁布《婚姻登记条例》，取消内地居民办理婚姻登记必须由所在单位或村（居）民委员会出具证明的规定，改由当事人就其婚姻状况作出声明。对婚前体检由过去强制性规定，改为公民自由选择。新条例要求结婚当事人必须提交3张2寸双方近期免冠合照，办理离婚当事人需提交2张大2寸单人近期免冠照片。2005年，全镇结婚登记451对、离婚登记41对。2006年，结婚登记434对、离婚登记37对。2007年，结婚登记408对、离婚登记44对。2015年，结婚登记422对、离婚登记84对。

第八节　殡葬改革

中华人民共和国成立前，土葬是境内的传统殡葬方式。一般死者遗体都是置于棺木中或者是裹尸埋入土中，垒土建坟墓，谓入土为安，占地甚多。

中华人民共和国成立后，人民政府提倡节约土地，移风易俗，破除迷信，改革丧葬陋习，提倡火葬。1958年，江阴县成立殡葬管理委员会，全县推行火葬，但真正实行火葬者极少。20世纪60年代，农村大力兴修水利和农田格子成方改造，一些在农田中的坟墓被迁移和深埋。有的坟墓被迁移到指定的地方集中管理，但由于旧观念、旧习俗根深蒂固，真正实施火葬者还是很少。1974年，江阴县革命委员会发布《关于大力推行火葬的通知》，各级政府大力宣传殡葬改革意义，限制土葬，火葬逐步被人们接受。1986年，江阴市政府颁布《关于殡葬管理的实施办法》，境内提倡丧俗改革，全面推行火葬，并采取强有力措施制止土葬，当年火葬率达100%。2002年8月，南闸镇公布《南闸镇殡葬管理暂行办法》，使殡葬改革和管理有序推行，杜绝了乱葬乱埋现象。

附一：南闸殡仪馆

1958年12月25日，江阴县火葬场落成，该火葬场位于锡澄公路南闸大洋桥北堍东侧，占地6.17亩，投资15万元，建筑面积800平方米。其中火化间176平方米，骨灰寄存处40平方米，殡仪厅88.15平方米，车库105平方米，办公室和生活用房308平方米。1979年5月改名为南闸火化场。1982年，江阴县投资8.16万元翻建火化间、停尸间544平方米。1985年12月更名为江阴县南闸殡仪馆，隶属江阴县民政局。1990年进行原地扩建，改善火化条件，由柴油火化炉代替燃煤焚尸炉。1996年，建成820平方米的骨灰堂。1999年投资2300万元，殡仪馆移至花果村花山南麓。新建的殡仪馆占地面积60亩，建筑面积8839平方米，绿化面积24310平方米，设施齐全、先进，达到国家一级标准，并更名为花山殡仪馆。

花山殡仪馆负责江阴市的遗体火化，提供遗体冷冻、运送、丧葬用品销售、遗体守灵、骨灰寄存服务。

附二：花山、凤凰山、登仙公墓

1988年，境内花果村在花山建立公墓，墓区占地165亩，属市民政局与花果村联合经营。1990年又先后建成凤凰山公墓和登仙公墓。随着骨灰安葬数量的不断增加，2007年花山公墓扩大，扩大后的墓区占地面积380亩，墓区长322.22米，宽150米，划分为33个墓区。2015年，凤凰山公墓扩至180亩，分33个区；登仙公墓扩至150亩，分25个区，两公墓均由市民政局统一管理。

第九节 老龄工作

1988年10月19日，南闸镇老龄委员会成立，并庆祝第1个"敬老日"。1990年9月18日，南闸镇老干部协会成立。1992年9月18日，南闸镇老年协会成立。各村也相继成立了老年协会，并先后建立了老年活动室和文体广场，为老年人提供了良好的活动场所，其中花果、曙光、谢南、龙运、观山、观西、泗河等村还建有戏台和书场，每年不定期地请来省、市锡剧团和评弹团为老年人演出。镇老年协会经常组织老年人开展形式多样的文体活动，还组织外出参观学习，丰富老年人的晚年生活。党委、政府非常关心老年人的生活，自2007年起，每年都要为老年人进行免费体检，逢年过节都要进村入户或去敬老院，为老年人送上慰问金和慰问品。据统计，2011年，向境内1274名80岁以上的老年人发放尊老金57万元。2014年，为178名退休老干部、百岁老人、独居和残疾老人发放慰问品，折合人民币12万元，并为100户独居和生活困难的老人安装了"幸福一点通"（一种方便老人生活的设备）。

第十七编　教　育

第一章　幼儿教育

第一节　沿　革

中华人民共和国成立之前，南闸地区没有独立设置的幼儿教育机构，但也有个别小学招收"半年级"孩童入学，与小学生混坐，进行复式教学，作为学前预备生。直至1949年9月，南闸中心小学开设了一个幼儿班，有幼儿35人、教养员1名。

中华人民共和国成立后，幼儿教育受到政府的重视并逐步得到发展。1958年9月，各生产大队普遍办起幼儿园。全公社有幼儿园40所，64个班，入园幼儿2768人，教养员98人。三年自然灾害期间，农村幼儿园相继停办。1965年，南闸中心小学附设2个幼儿班，57名幼儿，3名教师。1974年起，各生产大队又相继办起幼儿班，附设在各村小学内，属公社妇联领导，经费由大队负担，业务由所在地区学校辅导。

幼儿班招收5—6周岁学前儿童，对幼儿进行启蒙教育。课程设有拼音、计算、体育、音乐、图画、手工等。1987年8月，幼儿园教育由妇联和教育局共管改为由教育行政部门主管。1988年，南闸有幼儿班37个，其中1个公办班、2个民办班、34个村办班；有幼儿1172人，教养员43人。其中教养员公办5人、民办2人、村办36人。当时南闸中心小学幼儿园有5个班（公办1个班、民办2个班、村办2个班），有幼儿168人，教养员8人（公办5人、民办2人、村办1人）。

1988年南闸镇幼儿园（班）一览

表17-1

园（班）名	创办年份	园数	班级数				幼儿数	教养员		
			公办	民办	村办	合计		公办	民办	村办
施元村幼儿班	1978	—	—	—	1	1	43	—	—	1
马泾村幼儿班	1979	—	—	—	1	1	20	—	—	1
新庄村幼儿班	1976	—	—	—	1	1	41	—	—	1
涂镇村幼儿班	1976	—	—	—	1	1	40	—	—	1
泾西村幼儿班	1979	—	—	—	1	1	50	—	—	1
南闸村幼儿班	1976	—	—	—	1	1	50	—	—	1
蔡东村幼儿班	1976	—	—	—	1	1	41	—	—	1
蔡西村幼儿班	1980	—	—	—	1	1	36	—	—	1
跃进村幼儿班	1979	—	—	—	1	1	30	—	—	1
菱塘村幼儿班	1980	—	—	—	1	1	28	—	—	1
龙游村幼儿班	1979	—	—	—	1	1	52	—	—	1
观山村幼儿班	1978	—	—	—	2	2	62	—	—	2

续表17-1

园（班）名	创办年份	园数	班级数				幼儿数	教养员		
			公办	民办	村办	合计		公办	民办	村办
山嘴村幼儿班	1980	—	—	—	1	1	21	—	—	1
观东村幼儿班	1975	—	—	—	2	2	49	—	—	2
灯塔村幼儿园	1978	1	—	—	3	3	66	—	—	3
泗河村幼儿园	1978	1	—	—	3	3	97	—	—	3
孟岸村幼儿班	1978		—	—	1	1	43	—	—	2
观西村幼儿班	1978		—	—	1	1	31	—	—	2
陶湾村幼儿班	1978		—	—	1	1	21	—	—	1
供销社幼儿班	1980		—	—	1	1	20	—	—	2

1989年，全市规范幼儿园办园行为和保教、管理等工作，实行以教育行政部门主管，卫生、城建、妇联等配合管理的体制。1990年，江阴市出台了《关于小学与幼儿园内部管理职责权限的规定》，实行小学、幼儿园结合管理。是年，江阴市被列为实施国家《幼儿园管理条例》和《幼儿园工作规程（试行）》试点市（县）。翌年，实行幼儿教师持证上岗制度，开展幼儿园分类评估验收工作，分示范性实验园、一类优质园、一类园和合格园。1993年12月，南闸中心幼儿园通过了江阴市一类优质园的评估验收。

1994年，国家启动幼儿教育现代化工程试点工作，江苏省开展示范性实验幼儿园创建工作。2007年11月，南闸中心幼儿园通过江苏省优质幼儿园评估验收。

1996年南闸镇幼儿园基本情况

表17-2

单位名称	班 级 数				在园幼儿数				教职工数			
	大班	中班	小班	合计	大班	中班	小班	合计	园长（主任）	教师	保健员	合计
南闸中心幼儿园	4	3	3	10	143	101	86	330	1	20	1	22
谢南小学幼儿园	1	1	—	2	36	39	—	75	—	2	—	2
花果小学幼儿园	2	1	—	3	67	49	—	116	—	3	—	3
施元小学幼儿园	1	1	—	2	29	22	—	51	—	2	—	2
南后塍小学幼儿园	1	1	—	2	52	28	—	80	—	2	—	2
马泾小学幼儿园	1	1	—	2	34	11	—	45	—	2	—	2
新庄小学幼儿园	1		—	1	29		—	29	—	1	—	1
涂镇小学幼儿园	1	—	—	1	19	—	—	19	—	1	—	1
泾西小学幼儿园	1	1	—	2	33	24	—	57	—	2	—	2
寨里小学幼儿园	1		—	1	41		—	41	—	1	—	1
蔡东小学幼儿园	1	1	—	2	31	23	—	54	—	2	—	2
曹桥小学幼儿园	1	1	—	2	25	26	—	51	—	2	—	2
耿家村小学幼儿园	1		—	1	46		—	46	—	1	—	1
菱塘小学幼儿园	1	1	—	2	28	20	—	48	—	2	—	2

续表17-2

单位名称	班 级 数				在园幼儿数				教职工数			
	大班	中班	小班	合计	大班	中班	小班	合计	园长（主任）	教师	保健员	合计
王家村小学幼儿园	1	1	—	2	44	24	—	68	—	2	—	2
璜村小学幼儿园	1	1	—	2	27	25	—	52	—	2	—	2
山嘴村小学幼儿园	1	1	—	2	36	26	—	62	—	2	—	2
观庄小学幼儿园	1	1	—	2	46	32	—	78	—	2	—	2
灯塔小学幼儿园	1	1	1	3	56	52	52	160	—	3	—	3
泗河小学幼儿园	1	1	1	3	41	37	18	96	—	3	—	3
孟岸小学幼儿园	1	1	—	2	32	28	—	60	—	2	—	2
东芦岐小学幼儿园	1	1	—	2	24	23	—	47	—	2	—	2
陶湾小学幼儿园	1	—	—	1	18	—	—	18	—	1	—	1

  1998年开始，南闸镇开始调整幼儿园设点布局，并逐步撤并部分幼儿园。2008年，镇政府在东区新建南闸中心幼儿园，占地24381.27平方米，总投入3786.39万元人民币，2009年10月投入使用。2013年2月，新建南闸中心西区分园，投入3800万元，建筑面积为9068平方米，至此，南闸街道建成东、西两所具有现代化设施的新型幼儿园。同时，除保留泗河幼儿园两个班外，其余所有农村幼儿园共32个班均撤并至南闸中心东、西两所幼儿园。

2003—2015年南闸幼儿园基本情况一览

表17-3

年 份	中心园				村 园			
	班级数	幼儿数	职工数	教师数	园数	班级数	幼儿数	教师数
2003	14	466	7	21	12	22	681	32
2004	15	516	11	32	11	16	532	24
2005	14	556	17	36	11	16	500	16
2006	14	567	18	32	11	15	547	15
2007	15	493	23	37	10	14	480	14
2008	16	563	21	36	10	15	457	15
2009	19	602	21	35	5	9	311	13
2010	21	750	23	46	4	6	201	10
2011	23	826	31	53	4	6	179	10
2012	25	886	40	64	4	6	160	10
2013	31	1112	49	73	1	2	63	4
2014	32	1126	48	76	1	2	45	3
2015	34	1191	52	78	1	2	36	2

第二节　教育教学

  中华人民共和国成立初，幼儿教育的目的是与小学一年级接轨，教学方法基本上与小学相同，以读、写、识字为主，有幼儿读本。1953年后，幼儿园逐渐分为大、中、小班教学，农村多数为单班复式教学，大、中、小班混在一起，教师根据学生年龄特点分别上课。小班有体育、语言、图画、手工、音乐，中班加上科学知识，大班再加上计算，主要以活动、游戏、体育为主，对幼儿进行日光浴、午睡、晨检、防病等良好习惯的培养，教学上采用直观法。幼儿教材为县编写的读本，以幼儿故事、儿歌、游戏、舞蹈为主要内容。1979年以后，纠正幼儿教育小学化倾向，根据幼儿年龄、生理、心理特点开展各种教育教学活动。1981年，课程设体育、语言、常识、音乐、美术等。1985年后，使用部编幼儿教材。2006年，幼儿教育被纳入国民教育体系，成为基础教育的重要部分。2008年，幼儿教材使用省编教材，教学内容有语言、数学、科学、社会、健康、音乐、美术和体育。小班、中班、大班各有课本，一学期一册。施行带有趣味性和游戏性的教学方法，并使用各种现代化、电器化、信息化的教学设备。

各幼儿园从20世纪90年代开始，保育工作实行"两点一餐"制，订有一周食谱，建有幼儿专用厨房，南闸中心幼儿园食堂在2013年被评为无锡市A级食堂。各校还建有幼儿专用午睡室和各种活动室。

第三节　幼儿园档案

一、南闸中心幼儿园

创建于1949年，附设在南闸中心小学内，有1个班以"半年级"的名称招收学生，实际为学前预备班。1950年转为公办幼儿班，有幼儿30名，由徐惠芳负责。1952年秋，增扩1个民办班，幼儿班负责人为陈静安。1959年，由于小学扩班，幼儿园迁至小弄，1965年又从小弄迁至薛家垱。1970年，再迁回中心小学，设大、中、小3个班，其中1个属公办班、2个属民办班。1985年，幼儿园开设5个班，有幼儿136人、教师8人、非教职员工1人。1992年，占地5亩、投资120余万元、建筑面积达2593平方米的南闸中心幼儿园落成。是年，创建为江阴市一类优质幼儿园，成为江阴市幼儿教育的窗口，吸引了全国各地的幼儿教育同行前来参观学习。

2003年9月，镇政府征地2.5亩，投入160多万元，扩建1667平方米教学大楼。2004年7月建成，9月，耿家村、寨里、施元、蔡东、新庄、涂镇6所幼儿园撤并至此。此时，南闸中心幼儿园共有14个班，541名幼儿，教师达32名，非教职员工13名。

2008年，镇政府投资5500万元，移地新建南闸中心幼儿园，2009年10月正式投入使用。全园有19个班，602名幼儿，教职工61人，其中大专以上毕业的教师41人、保育员12人、食堂员工5人、门卫保安3人、专职保健教师1人。"快乐运动"是该园特色项目，围绕"健康、快乐、自信"的培养目标，基于幼儿园体育教学基础，构建以"运动"为中心的幼儿园体育课程建设，从而推动快乐体育的特色实效。

2010年12月，镇政府建设南闸中心幼儿园西区分园。分园规模有18个班，总投入3800万元，2013年2月正式投入使用。

2013年8月，南闸中心幼儿园根据江阴市机构设置配定独立建制，人事、财政等项与中心小学脱钩，并成立党支部，朱海英任书记。2013年11月26日召开第一届教代会，吴玉萍任幼儿园第一任工会主席。

南闸中心幼儿园荣誉称号一览

表17-4

年　份	荣誉名称	年　份	荣誉名称
1994	江阴市常规管理先进学校	2006	江阴市绿色幼儿园
1996	无锡市常规管理先进幼儿园		江阴市常规管理先进幼儿园
	江阴市爱国卫生先进单位		江阴市安全文明校园
1997	园容园貌管理先进单位	2007	江阴市优秀家长学校
	江阴市现代化工程合格学校		江苏省优质幼儿园
2000	江阴市教研先进园	2008	江阴市安全文明校园
2001	江阴市"巾帼文明示范岗"	2008	无锡市绿色幼儿园
	江阴市一类优质园		全国幼儿创意美术大赛百佳幼儿园
	无锡市爱国卫生先进单位	2011	第六届中日幼儿思维能力挑战赛"最具人气奖"幼儿园
2005	江阴市特色幼儿园		无锡市平安校园
	无锡市"巾帼示范岗"	2013	无锡市A级食堂
2006	江阴市托幼机构卫生保健合格单位	—	—

南闸中心幼儿园历任园长（负责人）一览

表17-5

任职时间	姓　名	职　务
1949—1952	徐惠芳	负责人
1952—1960	陈静安	负责人
1960—1964	盛琴妹	负责人
1964—1970	陈慧芳	负责人
1970—1978	倪静玉	负责人
1978—1979	山秀英	负责人
1979.09—1994.03	张蕙蓉	园长
1994.03—2003.08	陆兆玲	园长
2003.09—2007.08	周燕萍	副园长（主持工作）
2007.08—2009.11	周燕萍	园长
2009.11—	朱海英	园长

二、村级幼儿园

泾西幼儿园　1979年创办，1个班，附设在泾西小学内。历任老师有：刘丽华、吕英、高立群、吕敏霞。2005年8月被撤并至南闸中心幼儿园。

寨里幼儿园　1976年创办，1个班，附设在寨里小学内。1984年9月有幼儿45名。历任老师有：金丽娟、胡小娟。2003年2月被撤并至南闸中心幼儿园。

蔡东幼儿园　1976年创办，1个班，附设在蔡东小学内。1984年9月有幼儿29名。历任老师有：苏丽娟、宋丽娅、吴秋芬。2002年8月被撤并至南闸中心幼儿园。

曹桥幼儿园　1980年创办，1个班，附设在曹桥小学内。1984年9月有幼儿35名。历任老师有：张英、缪菊芬、徐静芳、朱丽芬。2013年2月被撤并至南闸中心幼儿园西区分园。

耿家村幼儿园 1979年创办，1个班，附设在耿家村小学内。1984年9月有幼儿22名。历任老师有：詹燮纯、花琴珍、赵红玉。2003年2月被撤并至南闸中心幼儿园。

菱塘幼儿园 1980年创办，1个班，附设在菱塘小学内。1984年9月有幼儿39名。历任老师有：徐秀琴、张玉红、李琴。2002年8月被合并至王家村幼儿园。

王家村幼儿园 1979年创办，1个班，附设在王家村小学内。1984年9月有幼儿39名。历任老师有：刘秋英、卞如玉、徐秀琴。2010年8月被撤并至南闸中心幼儿园。

璜村幼儿园 1978年创办，2个班，附设在璜村小学内。1984年9月有幼儿67名。历任老师有：张丽菊、吴惠英、袁彩霞、王荷娅。2013年2月被撤并至南闸中心幼儿园西区分园。

山嘴村幼儿园 1980年创办，1个班，附设在山嘴小学内。1984年9月有幼儿20名。历任老师有：高桂珍、任秋凤、顾珍凤、高惠君。2003年8月被合并至璜村幼儿园。

观庄幼儿园 1975年创办，2个班，附设在观庄小学内。1984年9月有幼儿80名。历任老师有：许玉芬、沈美琴、许蓉燕、耿秋琴、徐静芬。2010年8月被撤并至南闸中心幼儿园。

茶岐幼儿园 1979年创办，1个班，附设在茶岐小学内。1984年9月有幼儿20名。历任老师有：徐静芳、陆梅、高芳。1990年8月被合并至灯塔幼儿园。

灯塔幼儿园 灯塔村于1990年移地新建小学，幼儿园也随之迁入，名为灯塔幼儿园。原属灯塔村的茶岐幼儿园、殳桥幼儿园、凤凰山幼儿园合并为灯塔幼儿园。灯塔幼儿园于2013年2月被撤并至南闸中心幼儿园西区分园。

殳桥幼儿园 1979年创办，1个班，附设在殳桥小学内。1984年9月有幼儿17名。历任老师有：俞娟云、陶玉花。1990年8月被合并至灯塔幼儿园。

凤凰山幼儿园 1979年创办，1个班，附设在凤凰山小学内。1984年9月有幼儿20名。历任老师有：陈雅琴、顾彩娥。1990年8月被合并至灯塔幼儿园。

外湾幼儿园 1978年创办，1个班，附设在外湾小学内。1984年9月有幼儿35名。历任老师：金燕芬等。1990年8月被合并至泗河幼儿园。

孟岸幼儿园 1978年创办，2个班，附设在孟岸小学内。1984年9月有幼儿58名。历任老师有：徐培珍、金美芳、史凤娣、陈娜云。2002年8月被合并至泗河幼儿园。

东芦岐幼儿园 1978年创办，1个班，附设在东节岐小学内。1984年9月有幼儿30名。历任老师有：顾亚萍、顾杏妹、顾彩萍、潘菊英。2002年8月被撤并至泗河幼儿园。

陶湾幼儿园 1978年创办，1个班，附设在陶湾小学内。1984年9月有幼儿28名。历任老师：吴惠芳、吴惠芬。1998年8月被撤并至泗河幼儿园。

南闸供销社幼儿园 1980年创办，1个班，附设在供销社内。1984年9月有幼儿28名。历任老师有：蒋桂芬、刘绪凤。1994年被撤并至南闸中心幼儿园。

吴家埭幼儿园 1980年创办，2个班，附设在吴家埭小学内。1984年9月有幼儿50名。历任老师有：徐琴娣、邓瑞娟、顾红霞。由于花果村1992年移地新建小学，幼儿园随之迁入，原属花果村的吴家埭幼儿园、中山村幼儿园、南谭村幼儿园合并为花果幼儿园。2010年2月被撤并至南闸中心幼儿园。

中山村幼儿园 1980年创办，1个班，附设在中山村小学内。1984年9月有幼儿19名。历任老师有：殷祥芬、唐月平。1992年8月被合并至花果幼儿园。

南谭村幼儿园 1980年创办，1个班，附设在南谭村小学内。1984年9月有幼儿19名。历任老师有：王素娟、顾红霞。1992年8月被合并至花果幼儿园。

谢南幼儿园　谢南村于1987年移地新建谢南小学。张塘村幼儿园也随之迁入，改名为谢南幼儿园，原属谢南行政村的刘芳村幼儿园随后也被合并于谢南幼儿园。2009年被撤并至南闸中心幼儿园。

张塘村幼儿园　1980年创办，1个班，附设在张塘村小学内。1984年9月有幼儿36名。历任老师有：朱惠芬、朱丽芬。1990年迁入新园，改名为谢南幼儿园。

刘芳村幼儿园　1979年创办，1个班，附设在刘芳村小学内。1984年9月有幼儿17名。历任老师有：苏阿妮等。1989年8月被合并至张塘村幼儿园。

施元幼儿园　1979年创办，1个班，附设在施元小学内。1984年9月有幼儿42名。历任老师有：沈菊芬，张兴妹。2004年8月被撤并至南闸中心幼儿园。

马泾幼儿园　1979年创办，1个班，附设在马泾小学内。1984年9月有幼儿40名。历任老师有：高泉凤，焦藕芬。2010年2月被撤并至南闸中心幼儿园。

南后塍幼儿园　1979年创办，1个班，附设在南后塍小学内。1984年9月有幼儿39名。历任老师有：潘腊梅，金梅芳、陆永芬。2009年2月被撤并至南闸中心幼儿园。

新庄幼儿园　1976年创办，1个班，附设在新庄小学内。1984年9月有幼儿34名。历任老师有：任杏秀，胡小娟、任素芬。2003年8月被撤并至南闸中心幼儿园。

涂镇幼儿园　1976年创办，1个班，附设在涂镇小学内。1984年9月有幼儿32名。历任老师有：沈菊英，施秀娟。2002年8月被撤并至南闸中心幼儿园。

泗河幼儿园　1978年创办，2个班，附设在泗河小学内。1984年9月有幼儿73名。2002年，在原泗河中学的基础上翻建成泗河幼儿园，占地3800平方米，15间房屋。其中有4个教室、1间办公室，其余为生活用房和活动室。2002年有4个班级，幼儿160名，教师、保育员13名。2014年有2个班级，4名教师，45名幼儿，1个职工。至2015年，这是南闸仅存的一所农村幼儿园。

第二章 小学教育

第一节 沿 革

清同治五年（1866），南闸设有3所义学：泗河设在圆通庵，蔡泾设在三官殿，观山设在王家村观音庵。

清光绪三十年（1904），秀才蒯赞庭在南闸集镇南弄城隍庙内创办育英学堂，即南闸中心小学的前身，有1位教师，12名学生。

民国时期，南谭村、南后塍、焦家村、马泾、涂镇、府庙、崇圣庵、耿家村、观庄、璜村、茶岐、殳桥、泗河口、施元场等地先后办起国民学校。泾西、寨里办起两所改良私塾。

民国二十四年（1935），在河西街烈帝庙创办南闸镇职工子弟学校，有2个班、4位教师、50多名学生，日军入侵时，校舍全被焚毁。

1945年11月，璜村小学改为观山乡中心国民学校，南闸小学改为南闸镇中心国民学校，其他各校均按所在地保甲编制，改称第×保国民学校。1947年12月4日，除2所中心校外，其余14所学校一律废除国民学校称号。

1949年10月，南闸小学改名为南闸乡中心小学、璜村小学改名为观山乡中心小学，辅导境内各校。各校遵照"维持原状，逐步改进"的原则，实行民主管理。

20世纪50年代，先后办起吴家埭、中山村、张塘村、石墩庵、丁家宕、刘芳村、缪家村、王庄村、新庄、任前头、石家塘、宋家村、袁洛村、聂家村、邵庄、山嘴村、外湾、周家村、陶湾、石岐里、东芦岐、西芦岐等民办小学。

1952年9月，吴家埭、中山村、张塘村、石墩庵、新庄、任前头、殳桥、陶湾、石岐里、东芦岐等民办小学转为公办小学。

1954年9月，泾西、寨里等私立小学转为公办小学。1957年开始，政府鼓励群众办学，公办小学开始附设民办班。1958年，贯彻"两条腿走路"方针，南闸有小学32所、班级106个、教师128人、学生5643人，入学率达94%。

1966年，"文化大革命"开始，各校处于混乱状态，小学教育受到破坏性干扰。学校党政组织瘫痪，教育秩序混乱。1968年，公社成立"教育革命领导小组"，把公办小学下放到大队办，提倡办学办到"家门口"，实施工人、贫下中农管理学校，取消中心小学对村小学的管理职能。1973年，南闸中心、张塘村、涂镇、泾西、寨里、曹桥、观山等小学先后附设初中班。1978年，公社"教育革命领导小组"撤销，恢复中心小学职能，贯彻"调整、改革、整顿、提高"方针，学校布局进行调整，裁撤小学附设初中班，整顿民办教师队伍，提高教育质量。1978年至1980年，南闸境内小学附设初中全部被撤销。1983年，全社小学学龄儿童3882人，入学儿童3872人，入学率为99.7%。1985年下半年，贯彻《中共中央关于教育体制改革的决定》，试行分级办学，分级管理。

1988年，全镇有28所小学，共131个班级。教职员工193名，其中男81名、女112名，民办22名、代课70名、工友1名。低级设语文、数学、体育、美术、音乐、思想品德等课程。中级增设自然、作文、劳动课，高级增设作文、历史、地理、劳动课。在校学生4597人，其中男2624人，女1973人。全镇7至12周岁的学龄儿童3443人，已入学3443人，入学率100%。其中应届毕业学生850人，毕业836人，毕业率98.3%。

1919年南闸地区国民学校一览

表17-6

学校名称	学校地址	创办年月	校长姓名	教员数（人）	学生数（人）	班级数（个）
蔡泾乡第一国民学校	南闸街	1904年	蒋家桢	5	113	3
蔡泾乡第二国民学校	南后塍	1906年	徐成	2	27	1
蔡泾乡第三国民学校	聂家村	1913年2月	缪思	3	66	2
私立泾西国民学校	东前头	1917年2月	吴承祯	5	76	3
观山乡第一国民学校	观庄	1912年2月	沈绍初	3	52	2
观山乡第二国民学校	泗河	1912年4月	赵书绅	2	35	1
观山乡第三国民学校	耿家村	1917年2月	耿清培	1	27	1
观山乡第五国民学校	璜村	1919年2月	耿春	2	35	1

1932年南闸地区小学情况一览

表17-7

学校名称	校长	创办时间	班级数（个）	学生数（人）		教职员工数（人）
				男	女	
南后塍初级小学	缪洪	1906年	1	40	3	1
南谭初级小学	顾保坤	1926年	1	41	1	2
南闸初级小学	张荫淦	1904年	4	171	52	6
泾西初级小学	王锦煜	1917年	2	99	4	3
崇胜初级小学	缪希曾	1913年	1	48	4	2
涂镇初级小学	刘三霖	1928年		37	11	1
观庄初级小学	吴韵清	1912年	2	67	6	3
河口初级小学	吴玉振	1912年	1	52	4	1
璜村初级小学	曹林生	1919年	1	44	3	1
茶岐初级小学	张廷奎	1924年		75	6	2

1946年南闸地区小学情况一览

表17-8

校 名	校 长	班级数（个）	学生数（人）	教师数（人）	房子（间）	地 址
南闸镇中心国民学校	孙艺元	8	550	12	35	南闸街
观山乡中心国民学校	蔡鹏南	5	251	7	—	璜村
谢南乡第一保国民学校	李文韶	1	58	1	6	吴家埭
谢南乡第二保国民学校	金懋堂	1	66	1	10	南谭村
谢南乡第五、六保国民学校	章怀慈	1	42	1	4	焦家村
谢南乡第七保国民学校	谢希仁	1	45	1	7	南后塍
谢南乡第八保国民学校	俞保才	1	36	1	5	施元场
蔡泾乡第十三保国民学校	俞保庭	1	42	1	8	谢巷村
蔡泾乡第十四保国民学校	徐熙君	1	44	1	5	任前头府庙
观山乡第一保国民学校	徐协华	2	85	2	—	耿家村
观山乡第二、三保国民学校	王爱本	2	92	2	8	王家村
观山乡第四保国民学校	刘康全	1	44	1	16	观庄
观山乡第六保国民学校	张其埔	1	35	1	—	菱塘沟
观山乡第七保国民学校	高静华	1	55	1	4	殳桥
观山乡第九保国民学校	张廷监	2	56	2	5	茶岐
观山乡第十保国民学校	缪 栋	3	131	3	5	崇胜庵
观山乡第十一保国民学校	陈玉振	2	82	2	6	泗河
私立泾西小学校	王锦煜	2	141	3	15	东前头
私立寨里小学校	王锦煜	2	101	2	6	寨里

1958—1962年南闸镇小学情况一览

表17-9

年 份	学校数（所）	班级数（个）	教师数（人）	学生数（人）	毕业生数（人）
1958	32	106	128	5643	496
1959	32	122	136	5944	556
1960	31	116	129	5932	576
1961	31	116	122	5556	579
1962	31	106	119	4792	488

1979—1988年南闸镇小学教育基本情况一览

表17-10

年份	班级数（个）			学生数（人）			教职员工数（人）					学龄儿童入学情况		
	公办	民办	合计	男	女	合计	公办	民办	代课	工友	合计	总数	已入学	占比%
1979	86	52	138	2888	2296	5184	77	73	38	1	189	4740	4700	99.2
1980	86	50	136	2952	2288	5240	82	64	43	1	190	4698	4674	99.5
1981	86	50	136	2908	2335	5243	80	63	48	1	192	4368	4351	99.6
1982	86	49	135	2912	2197	5109	86	59	44	1	190	4235	4225	99.8

续表17-10

年份	班级数（个）			学生数（人）			教职员工数（人）					学龄儿童入学情况		
	公办	民办	合计	男	女	合计	公办	民办	代课	工友	合计	总数	已入学	占比%
1983	86	45	131	2742	2158	4900	81	60	43	1	185	3882	3872	97.7
1984	86	52	138	2837	2252	5089	84	53	49	1	187	3935	3916	99.5
1985	86	57	143	2986	2340	5326	99	42	52	1	194	4164	4164	100
1986	86	57	143	2919	2363	5282	93	61	38	1	193	3980	3955	99.4
1987	140	140	280	2794	2149	4943	100	28	66	1	195	3780	3780	100
1988	131	131	262	2624	1973	4597	100	22	70	1	193	3443	3443	100

1988年南闸镇各小学基本情况一览

表17-11

校 名	校 址	创办时间（年）	班级数	教师数				学生数		
				合计	公办	民办	代课	合计	高级	初级
南闸中心小学	南闸集镇	1904	15	34	29	2	3	618	242	376
吴家埭小学	吴家埭	1946	5	7	3	1	3	179	66	113
南谭村小学	南谭村	1926	2	2	—	—	2	44	—	44
中山村小学	中 村	1947	3	4	1	1	2	87	33	54
张塘村小学	张塘村	1949	6	8	3	—	5	225	85	140
马泾小学	朱家村	1933	5	7	1	1	5	183	60	123
南后塍小学	南后塍	1906	4	5	1	1	3	128	37	91
施元小学	施元场	1933	6	7	3	3	1	199	75	124
新庄小学	新庄村	1946	6	7	5	—	2	191	78	113
涂镇小学	谢巷村	1928	4	6	3	1	2	153	52	101
泾西小学	东前头	1917	6	9	3	3	3	257	88	169
寨里小学	寨里村	1943	5	6	4	—	2	182	70	112
蔡东小学	宋家村	1966	4	6	3	3	—	146	56	90
曹桥小学	陈家村	1913	5	10	8	1	1	165	75	90
观庄小学	观庄村	1912	6	8	4	—	4	201	71	130
耿家村小学	耿家村	1917	4	7	2	1	4	138	66	72
王家村小学	王家村	1866	5	6	3	—	3	173	55	118
观山小学	袁家村	1919	6	9	3	1	5	211	80	131
山嘴村小学	陈家塘	1955	3	4	2	—	2	102	45	57
菱塘小学	菱塘沟	1938	3	5	3	—	2	105	40	65
茶岐小学	茶岐村	1924	4	5	3	—	2	126	62	64
殳桥小学	殳桥村	1945	1	2	1	1	—	36	—	36
泗河小学	陈士岸	1866	6	8	4	1	3	232	97	135
孟岸小学	孟岸村	1945	3	6	3	1	2	165	55	110
凤凰山小学	凤凰山	1958	3	3	2	—	1	79	32	47
陶湾小学	陶湾村	1947	2	2	1	—	1	46	—	46
东芦岐小学	东芦岐	1949	4	5	1	—	4	143	50	93
外湾小学	外 湾	1950	3	4	1	—	3	83	29	54
合 计	—	—	131	192	100	22	70	4597	1699	2818

1989年1月4日，南闸中心小学通过江阴市合格中心校验收，1991年通过江阴市六年义务教育验收合格，并于次年通过江阴市九年义务教育验收合格。

1990年南闸镇各小学基本情况一览

表17-12　　　　　　　　　　　　　　　　　　　　　　　　　　　　　　　　　　单位：人

校　名	毕业生数	招生数	在校学生总数							教职员工数				
			合计	一	二	三	四	五	六	合计	专任教师	行政人员	工勤人员	校办厂人员
总　计	851	416	3836	439	549	610	649	752	827	178	169	6	1	2
南闸中心小学	138	64	527	67	90	69	91	110	100	36	27	6	1	2
吴家埭小学	37	18	152	20	12	22	21	40	37	6	6	—	—	—
中山村小学	18	—	59	—	9	12	9	12	17	4	4	—	—	—
南谭村小学	—	5	28	6	5	6	11	—	—	1	1	—	—	—
张塘村小学	39	18	135	20	23	22	18	22	30	—	—	—	—	—
施元小学	38	23	157	25	9	27	31	31	34	6	6	—	—	—
南后塍小学	21	14	177	16	30	28	28	33	42	6	6	—	—	—
马泾小学	28	8	152	10	23	28	27	30	34	7	7	—	—	—
新庄小学	34	16	159	17	21	25	27	37	32	6	6	—	—	—
涂镇小学	25	7	117	7	11	22	28	22	27	5	5	—	—	—
泾西小学	43	21	218	23	29	30	42	46	48	8	8	—	—	—
寨里小学	33	11	139	12	17	28	24	28	30	6	6	—	—	—
蔡东小学	27	8	111	10	15	23	18	19	26	5	5	—	—	—
曹桥小学	34	16	119	17	14	16	18	25	29	9	9	—	—	—
耿家村小学	33	11	88	11	7	13	17	19	21	5	5	—	—	—
菱塘小学	21	8	84	8	12	14	14	15	21	5	5	—	—	—
王家村小学	24	22	165	23	30	26	22	32	32	5	5	—	—	—
观山小学	37	23	181	24	27	28	31	34	37	7	7	—	—	—
山嘴村小学	19	14	85	16	14	16	15	11	13	5	5	—	—	—
观庄小学	39	19	168	20	24	24	31	32	37	7	7	—	—	—
灯塔小学	49	28	215	31	29	44	28	44	39	8	8	—	—	—
泗河小学	58	25	288	29	45	41	39	61	73	12	12	—	—	—
孟岸小学	26	21	157	21	24	22	27	27	36	6	6	—	—	—
东芦岐小学	30	10	122	10	18	17	23	22	32	4	4	—	—	—
陶湾小学	—	6	33	6	11	7	9	—	—	2	2	—	—	—

校　名	教职工性质分类					乡镇村聘	临时代课代职	校长姓名
总　计	全民人员	大集体人员	民办人员	民办合同	顶编代课			
南闸中心小学	102	6	11	44	15	22	4	刘耀祥
吴家埭小学	30	1	—	3	2	—	2	高一峰
中山村小学	3	—	1	1	1	1	—	居志昶
南谭村小学	2	—	—	2	—	—	—	蔡清正
张塘村小学	—	—	—	1	—	1	—	奚本英

续表17-12

校 名 总 计	教职工性质分类					乡镇村聘	临时代课代职	校长姓名
	全民人员	大集体人员	民办人员	民办合同	顶编代课			
施元小学	2	0	0	3	1	1	—	任福宝
南后塍小学	3	1	1	0	1	1	—	徐才生
马泾小学	1	0	1	4	0	1	—	陆才定
新庄小学	1	1	1	4	0	1	—	何鸿鑫
涂镇小学	5	0	0	1	0	1	—	谢洪德
泾西小学	4	0	0	0	1	1	—	蒋才郎
寨里小学	6	0	0	2	0	1	—	李滨海
蔡东小学	4	0	0	2	0	1	—	许震新
曹桥小学	3	0	2	1	0	1	—	陆兆玲
耿家村小学	7	1	0	1	0	0	—	陈加生
菱塘小学	3	1	0	1	0	1	—	耿群和
王家村小学	3	0	0	2	0	1	—	张君初
观山小学	3	0	1	1	0	2	1	张林坤
山嘴村小学	2	0	2	2	1	2	—	顾如桐
观庄小学	2	0	1	2	0	1	—	高耀臣
灯塔小学	3	0	0	3	1	1	—	蔡永泉
泗河小学	5	0	0	2	1	1	1	张光明
孟岸小学	5	1	0	4	2	1	—	金炳炎
东芦岐小学	2	0	1	0	3	1	—	金荣泰
陶湾小学	2	0	0	1	1	0	—	陶德维

1996年南闸镇各小学基本情况一览

表17-13

校 名	占地总面积（平方米）	建筑总面积（平方米）	班级数（个）	学生数（人）	教职工数（人）	公办教师数（人）
南闸中心小学	14007	4581	18	720	49	38
花果小学	6300	1160	9	311	13	5
谢南小学	4862	660	6	207	8	4
施元小学	3021	600	5	181	8	4
南后塍小学	4669	730	7	231	9	4
马泾小学	5100	863	6	226	9	5
新庄小学	14200	1425	5	185	8	4
涂镇小学	3652	605	3	102	5	3
泾西小学	4434	643	5	171	7	7
寨里小学	1200	850	4	120	5	3
蔡东小学	2822	987	5	149	7	3
曹桥小学	15333	2556	6	177	8	7

续表17-13

校 名	占地总面积（平方米）	建筑总面积（平方米）	班级数（个）	学生数（人）	教职工数（人）	公办教师数（人）
耿家村小学	2908	611	4	126	5	2
菱塘小学	936	465	4	136	6	1
王家村小学	3200	765	6	211	9	4
璜村小学	4336	936	5	166	7	3
山嘴村小学	2700	1192	4	147	6	3
观庄小学	2160	660	5	177	7	3
灯塔小学	6700	2307	8	274	11	5
泗河小学	3882	1129	8	264	12	4
孟岸小学	3929	926	5	160	8	2
东芦岐小学	2400	720	4	137	7	3
陶湾小学	2730	347	2	45	2	1
合 计	115481	25718	134	4623	216	118

2002—2012年南闸小学师生数一览

表17-14

年 份	学校数（所）	班级数（个）	学生总数（人）	女生数（人）	教职工数（人）	专任教师数（人）	毕业生数（人）
2002	12	132	4228	1782	137	132	—
2003	9	102	4011	1657	142	137	860
2004	9	99	3813	1593	146	140	661
2005	6	80	3630	1492	145	141	650
2006	6	90	3567	1477	138	134	578
2007	6	88	3170	1303	140	136	798
2008	6	80	2966	1242	139	137	688
2009	6	70	2782	1258	139	137	599
2010	2	57	2753	1240	135	133	509
2011	2	60	2799	1262	144	142	479
2012	2	60	2814	1267	146	142	451

2000年，南闸中心小学（东区）开始筹建，2005年，中心小学由南新街搬迁至东区新校舍，9月新学期开学，锡澄运河以东的小学生全部进入中心小学学习。2010年，街道办事处部署改建南闸中学为九年一贯制实验学校，锡澄运河以西地区的孩子上小学都进入实验学校。2005年起，街道办事处组建校车队，对学生实行接送制度，并由老师轮流值班护送管理。各行政村由志愿者专门服务校车接送点的管理，确保了学生上学的安全与便利。至2018年，南闸共有小学两所（南闸中心小学、南闸实验学校小学部），72个班，学生3319人，教职员工231人，其中专任教师148人。

1982—2002年南闸地区小学撤并一览

表17-15

撤并年份	撤并小学	地址	学生数（人）	班级数（个）	教师数（人）	校舍面积（平方米）	占地面积（平方米）	并入学校
1982	石墩庵小学	马泾石敦庭	45	2	3	120	250	马泾小学
	邵庄小学	邵庄村	27	1	1	90	250	观庄小学
1984	丁家塘小学	丁家塘村	26	1	1	80	150	南闸中心
1989	外湾小学	外湾村	95	3	4	—	—	泗河小学
1990	张塘村小学	张塘村	167	5	6	—	—	谢南小学
	刘芳村小学	刘芳村	68	2	2	120	480	谢南小学
	茶岐小学	茶岐村	126	4	5	250	800	灯塔小学
	叏桥小学	叏桥村	36	2	2	200	450	灯塔小学
	凤凰山小学	凤凰山	79	3	3	450	1200	灯塔小学
1991	中山村小学	中山村东	59	3	4	300	1150	花果小学
	吴家埭小学	吴家埭	151	6	7	740	1900	花果小学
	南谭村小学	南谭村	25			195	1100	花果小学
1997	陶湾小学	陶湾村	45	2	42	347	2730	泗河小学
2001	谢南小学	花山河三号桥南	210	6	8	660	4862	南闸中心小学
	南后塍小学	南后塍南	228	7	9	730	4669	南闸中心小学
	寨里小学	许家村	115	4	5	850	1200	南闸中心小学
	耿家村小学	耿家村	118	4	5	611	2908	南闸中心小学
2002	菱塘小学	菱塘村	129	4	6	465	936	璜村与曹桥小学
	涂镇小学	涂镇村	117	3	5	857	3652	南闸中心小学
	蔡东小学	宋家村	173	5	7	987	2822	南闸中心与曹桥小学
	山嘴村小学	陈家塘北	178	4	6	1192	2700	璜村小学
	东芦岐小学	张家村	150	5	7	720	2400	泗河小学
	孟岸小学	孟岸村	192	5	7	926	3929	泗河小学
2003	新庄小学	任前头东	108	5	6	1225	14200	南闸中心小学
	马泾小学	张家村	129	6	6	1050	5100	南闸中心小学
	泾西小学	东前头南	167	5	7	643	4434	南闸中心小学
2005	花果小学	花山河三号桥南	291	9	13	1160	6300	南闸中心小学
	观庄小学	观庄村东	141	5	7	660	1800	南闸中心小学
2010	曹桥小学	陈家村东	177	6	8	2556	15333	南闸实验学校
	王家村小学	王家村东	211	6	9	820	3200	南闸实验学校
	灯塔小学	茶岐村西	274	8	11	2307	6700	南闸实验学校
	泗河小学	陈士岸村前	264	8	12	1129	3882	南闸实验学校
	璜村小学	袁家村	166	5	7	936	4336	南闸实验学校

第二节 教育教学

中华人民共和国成立前，南闸地区私塾和义学都无学习年限，也无年龄限制，更无教学计划。读经学文以《百家姓》《三字经》《千字文》《中庸》《论语》《孟子》等为教材，并加授习字、作文和珠算。清政府在光绪二十九年（1903）起，对小学实施《癸卯学制》，学生7岁入学，初等小学堂5年，高等小学堂4年。初等小学堂开设读经、讲经、国文、算术、历史、地理、体操、图画、手工等课程；高等小学堂增设修身、工科、农业、商业等知识。

清政府被推翻后，民国政府于1912年实施"四三"学制，儿童7岁入学，初小4年，高小3年。读经讲经课废除，初、高级小学开设修身、国文、算术、手工、图画、唱歌、体操等课程。初级小学每周授课24至28节，高等小学每周授课30节左右。到1922年实行新学制，初、高级小学实施"四二"学制，初等4年，高等2年。改国文为国语，提倡白话文，推选注音字母授课，取消修身课，增设公民课。初等小学开设国语、算术、社会、自然、艺术、音乐、体育等课程，教学注重练习。民国十七年（1928），推行"三民主义教育"，1936年下半年，增设江阴县乡土教材课。1937年江阴沦陷，便没有了统一课本，各校所设课程不同。抗战胜利后，课程设置与抗战前基本相同。

1947年南闸镇中心国民学校教学科目及每周时间安排一览

表17-16

科目时间（分钟）级段		高年级（五、六年级）	中年级（三、四年级）		低年级（一、二年级）		备 注
团体训练		120	120		120		团体训练包括训育与卫生，每周20分钟；算术课四年级起加珠算，每周各60分钟；每节课30分钟，也可按科目性质延长至45分钟或60分钟，也可缩短至20分钟或15分钟
音乐		90	90		60		
体育		180	120	150	120		
国语		450	450		420		
算术		210	180	210	60	150	
社会	公民	30	—	—	—	—	
	历史	90	180		150		
	地理	60	—		—		
自然		120	—		—		
图画		60	60		60		
劳作		90	90		90		
合计		1500	1290	1350	1080	1170	

中国人民共和国成立后，学制不变，民国时期的教育宗旨即予废除，使用苏南行署规定的教科书。1950年起，结合土地改革、镇压反革命、抗美援朝等运动，开展反帝反封建教育。1950年6月，各校建立了少年儿童队组织，以学校为单位，设立少年儿童辅导员。1952年，贯彻德、智、体、美全面发展的教育方针。实行五年一贯制，1953年9月停止。1954年，精简课程、教材，初小设语文、算术、体育、音乐、图画，高小增设历史、地理、自然，开始使用国家统编教材。1955年，设广播体操课，增设手工、劳动课，加强生产劳动教育，贯彻《小学生守则》，进行集体主义、共产主义教育。1956年，使用教育部新编的中小学12年教材。1957年，加强政治思想和劳动教育，六年级增设政治常识及

珠算课。1958年，根据"教育为无产阶级政治服务，教育与生产劳动相结合"的方针，学校全面开展勤工俭学活动，南闸中心小学成绩显著，江阴县教育局组织全县各中心小学校长在该校召开"勤工俭学现场会"。1961年开始，小学各级设周会，六年级设劳动课，高年级加强写字教学。1963年，各校开展学雷锋活动，贯彻《全日制小学工作条例》。1964年，县教育局调整和精简中小学部分课程和教材内容，减少课时安排。

1966年"文化大革命"开始，教学秩序遭到严重破坏，停止使用部编教材，取消考试和升留级制度，改革了小学的课程、教材与教法，学制变为5年。1969年，使用县编教材，实行开门办学，采用"走出去，请进来"的教学方式。1970年，小学设政治、语文、算术、军体、革命文艺，使用苏州地区编写的部分教材。1971年，增设手工、学工、学农课，规定每周授课时间为24课时。1974年，实行"口算、笔算、珠算"三算结合教学试点。1975年，开始推行汉语拼音基本式教学。1977年，恢复升留级制度。1978年，重新贯彻"德、智、体全面发展"的教育方针，实施《全日制十年制中小学计划》（试行草案），小学取消农知课，一年级开始使用部编教材。1983年下半年，新颁六年级小学教育计划实施。1987年开始，着眼于学生素质教育，重视课堂教育改革，提高课堂教学效果，注意学科之间的联系和渗透，减轻学生的作业负担，增加课外活动、体育活动。

1990年起，开始执行九年义务教育全日制小学、初级中学各课程计划。根据义务教育培养目标，在小学阶段开设思想品德、语文、数学、自然、社会、体育、音乐、美术和劳动等9门课程。在强调基本知识的同时，又注重能力培养。义务教育教学计划第一次把活动作为"课程"纳入周教学课目安排表，具体规定了小学要开展的各项活动，如植树日、扫墓日、参观日、文娱活动日以及运动会、远足、社会调查、实践等。义务教育计划强调全面贯彻党的教育方针，使学生德、智、体诸方面得到提高。1990年12月25日，江苏省教委发出了《关于当前小学教育改革的意见》，强调"把升学为中心的应试教育转到以提高素质教育为核心的国民基础教育的轨道上来"，南闸各小学开始实施素质教育，努力开展教改科研，大面积提高教育质量，把学校建成"办学条件上标准，常规管理上规格，办学水平高，校容校貌好，学生素质高的规范加特色学校"。新庄小学、曹桥小学的素质教育受到了江阴市、无锡市教育局的表彰。随着信息时代的到来，南闸中心小学自1996年秋季开始，从三年级起开设信息技术课和英语课，每周一节，同时，各学科利用计算机辅助课堂教学，极大地提高了学生的学习兴趣与对知识的理解能力。

1961年8月南闸中心小学教学计划一览

表17-17

科目课时数 年级	小学年级					
	一	二	三	四	五	六
周会	1	1	1	1	1	1
语文	12	12	12	12	10	10
数学	6	6	6	6	6	6
历史	—	—	—	—	—	2
地理	—	—	—	—	2	—
自然	—	—	—	—	2	2
体育	2	2	2	2	2	2
音乐	2	2	2	2	1	1

续表17-17

科目课时数 年级	小学年级					
	一	二	三	四	五	六
图画	1	1	1	1	1	1
上课总时数	24	24	24	24	25	25
自习	6	6	8	8	8	8
劳动	1	1	2	2	2	2
总计课时数	31	31	34	34	35	35
集体和社会活动	小学每周2至3课时					

　　1997年以后，南闸镇各小学开设写字教学特色课程。除按教学计划课时的安排外，定期开展多项书法活动，开设书法辅导站，进行书法段位评比，组织参加省书法等级考试，邀请专家讲学，成立"书法协会"，组织各类书法展和参加各级书法比赛。2010年10月，南闸中心小学开设"少儿锡剧班"，聘请江苏省戏剧团退休名演员进学校辅导教学，2013年6月，学校被无锡市教育局命名为"无锡市锡剧传统学校"。

1983年南闸中心小学教学计划一览

表17-18

科目课时数年级		小学年级						上课 总时数
		一	二	三	四	五	六	
思想品德		1	1	1	1	1	1	210
语文	小计	11	11	11	10	9	9	2135
	讲读	10	10	8	7	6	6	—
	作文	—	—	2	2	2	2	—
	写字	1	1	1	1	1	1	—
数学		6	6	6	6	6	6	1260
自然		—	—	2	2	2	—	210
农业知识		—	—	—	—	—	2	70
地理		—	—	—	—	2	—	70
历史		—	—	—	—	—	3	105
体育		2	2	2	2	2	2	420
音乐		2	2	2	2	1	1	350
美术		1	1	1	1	1	1	210
并开课程		6	6	7	8	9	9	—
每周总课时		23	23	25	25	25	25	5145

第三节　小学档案

一、南闸中心小学

　　光绪三十年（1904）正月，泾西蒯家村秀才蒯赞庭将私塾改办成"蔡泾乡育英小学堂"，校址设在南闸街南弄城隍庙内。民国元年（1912），学校由南闸街上秀才蒋少庭负责，学校改名为"蔡泾乡立初等小学校"，学生30余人，一、二年级1个复式班，当时学校有校歌曰："花山秦望东西撑，运河逶迤贯中央。地灵人杰需教养，我校开幕临庙场。民国纪元须改良，研究各科符定章。莘莘学子毋代荒，庶几英才出我蔡泾乡。"1927年秋，江阴县教育局派赵宝民来校主持工作，当时有学生140余人，4个班。在这一年里，由于学制变更后归并县办，校名改为"南闸国民初级小学"。1929年，江阴县教育局委任刘谷槎任校长，聘请蒋士安女士任教，这是学校历史上首次任用女教师。1930年下半年，王锦煜任校长，开设3个班。1931年，江阴县教育局派张荫淦任校长，开设4个班，其中附设高小1个班，学生230余名。1932年至1933年，姚钟才任校长，学生200人，开设4个班，其中一班为高小混合班，校名为"江阴县南闸初级小学"。1934年，张勋任校长，开4个班，一、二年级为复式，三、四年级为单班，五、六年级为复式班。1935年，在地方贤达吴仁安、蒋颐丰、蒋荣仁、吴耕杨等支持下，动用城隍庙公产田和募筹资金兴建13间平房作校舍，同时建操场140平方米。1936年，开设5个班。是年，经江阴县教育局批准为完全小学，改称为"江阴县南闸镇中心国民学校"。

1937年，日军侵占南闸，学校停办。1938年9月，借河南街民居复课，设3个班，学生100余人，蒋荣康主持学校工作。1939年，地方士绅花子根等筹集旧币1000余元，在原址上整修校舍，添置教学设备，学生迁回原校上课。1941年至1942年间，由陶哲民任校长。1943年秋至1944年，曹镇华到校工作，开设7个班，学生300多人。1944年，教师陆振华参加中共地下党并参与革命活动。1945年，更名为"南闸镇谢南乡联立中心国民学校"，设8个班，学生380余人，教师10人，自费工友1人。1945年2月，孙艺元任校长，7名教师6个班，学生287人，是年，地方士绅向上海蒋荣仁等募捐旧币210万元，建造平房13间。1947年2月，潘崇华任校长，吴新宝为教导主任，学生增至500余人，设8个班。教师有张瑞秋、徐兴灵、唐聿、刘琦英、朱静贞、张怀仁、陈正康、陈育生、陶梦菊、吴新宝等10人。1948年下半年，陈正康、吴新宝在中共地下党员石英（又名刘干青）的指示下建立了南闸中心小学地下共青团组织，张培文、蒋以刚等6位热血青年加入团组织，为保护学校迎接解放作出了贡献。

1949年4月23日，江阴解放，取消国民学校名称，改为"江阴县南闸中心小学"，政府对原有学校采取"维持现状，逐步改造"方针，教学秩序很快稳定。9月，高梦云到南闸中心小学主持工作，学生600多人，开设11个班。1950年，顾赞华主持学校工作，学校开展唱革命歌曲、生产自救、揭露国民党反动派的黑暗统治、宣传中华人民共和国成立后的光明前景等活动，提高了人民群众的政治思想觉悟，学生多达750人。1950年秋，学校工作由季钊勤负责，学生增加到800余人，设14个班和1个公办幼儿班。师生下乡搞宣传、办冬学、民校、扫盲等活动，该年10月成立教育工会。1951年春，学校配合"抗美援朝""镇压反革命""三反五反"等运动，进行宣传，教师下乡动员参军，保家卫国，捐款买子弹、飞机、大炮，学生开展军乐队、腰鼓队、排演话剧等活动。其间，得到旅沪人士的资助800元，开辟1个教室。1951年9月，学校附设初中补习班1个班。1952年秋，刘祖培任校长，设初一、初二2个班，学生90余名。1952年，学校增至1130余人，设21个班，其中幼儿、初中补习班各2个班。是年，江阴县教育局拨款建造平房4间，作为2个教室，扩建学校操场288平方米，增添了体育设施。1953年9月，南闸中心小学初中补习班停办。1955年10月，江阴县教育局将南闸中心小学定为花山区中心小学。1958年成立南闸乡文教卫生党支部，聂秉正任支部书记。学校贯彻"教育必须为无产阶级政治服务，教育必须与生产劳动相结合"的方针，开展了一系列勤工俭学活动，将积累的资金扩建2间平房作为教室，添置教学设施设备，县教育局组织全县各乡的中心小学校长在南闸中心校召开勤工俭学现场会。1959年，江阴县教育局确定南闸中心小学为县重点小学，18个班级，学生900余人，教师学历均在中师及高中文化以上。1960年，南闸中心小学以教学质量第一、勤工俭学第一、上交学费收入第一，被评为江阴县教育先进单位，王素云老师代表学校出席江苏省召开的群英会。1961年，县委宣传部和文教局在南闸中心小学联合召开贯彻教育方针现场会。1962年，学校派代表参加苏州地区教育经验交流会。1963年11月，江阴县教育局调李平旦来校任校长。1966年，"文化大革命"开始，学校全面停课。1968年，公社成立革命委员会，各大队成立革命领导小组，学校改名为"南闸公社革命委员会南闸中心小学"，有18个班。为了贯彻就近入学的方针，在蔡东小庄上附设中、低年级2个复式班，为南闸中心分校，由李甫才负责。1969年，响应毛主席"教育要革命"的号召，由贫下中农管理学校，学校进驻工宣队，领导政治学习，稳定教学秩序，工友陈湘云被指派为学校负责人。

1970年2月，江阴县教育局派缪荣金任校长，主持学校工作。1975年秋，学校党支部改组为"南闸小教党支部"，由缪荣金任支部书记。1975年，学校女子篮球队参加县比赛，连续两年名列第二。1978年，被评为苏州地区教育先进单位。1979年，学校改建党支部，为"南闸中心小学党支部"。1981年，自筹资金创办印刷厂，当年产值8万余元。1982年，在原学校大礼堂旧址上新建9间600多平方米的教学大楼。在苏州地区中心小学校长会议上，由缪荣金校长介绍学校普及初等教育的经验，受到了地委文教处嘉奖。1983年，全镇入学率、巩固率、普及率、毕业率都达到100%，受到县文教局表彰。文艺创作演出名列全县第一，学校被评为江阴县先进集体。1984年，全乡普及初等教育工作受到无锡市表彰，党支部被评为"江阴县先进党支部"，获"江阴县文明学校"称号。1983、1984年，学校女子篮球队连续两年获全县第一，少先队大队部被评为江阴县优秀大队部。1985年，学校设19个班，包括4个幼儿班。

1986年4月12日，召开首届教师代表大会，选出高一峰为工会主席。是年8月，刘耀祥任南闸中心小学校长。1987年8月，南闸中心校搬迁至原南闸中学校内。1988年，学校获"江阴市爱国卫生先进单位"，在全县运动会上获第二名。1989年，学校荣获少先队"创新杯"无锡市活动组织奖。1990年，学校女子篮球队再次荣获江阴市第一名。1994年9月，谢洪德任校长。1995年12月30日，学校发动社会力量建造教学大楼1322平方米。1996年，改建楼房22间1450平方米，设立学校第一间电脑教室。是年，学校获无锡市第七届运动会"体育贡献奖"。1997年，学校开设了以写字教学为特色的课程，学校被评为江阴市先进集体。原国家教育委员会副主任滕藤为学校题写"江阴市南闸中心小学"校名。8月，女子篮球队荣获无锡市第一名。1998年，学校被命名为江阴市篮球传统学校、江阴市管理一类学校。12月31日，通过江阴市教育现代化合格验收。1999年，学校被评为江阴市小学校长培训先进单位，学校鼓号队获江阴市金奖。2000年，学校移建至东区紫金东路25号原施元小学旧址，增地30.5亩。2001年7月10日，第一幢3835平方米的教学大楼建成。当年9月1日开学，曙光、谢南、施元、耿家村、寨里小学同时撤并至南闸中心小学。2002年8月，蔡东、涂镇小学撤并至中心小学。其间，学校少先队大队被评为无锡市红旗大队；江苏省书法学校挂牌；居利峰在江阴市课堂教学大比武中获一等奖；南闸中心小学被评为江阴市教育先进学校。2003年8月25日，学校第二幢1435平方米的教学大楼西侧部分落成，新庄、马泾、泾西3所学校被撤并至中心小学。2004年8月，陈国平被任命为校长，学校被评为江阴市教育先进集体。2005年8月，第二幢2420平方米的教学大楼的东侧部分落成，花果小学被撤并至东区学校，观庄小学被撤并至西区学校。是年，实行校车接送学生。2006年，学校被评为无锡市绿色学校；20名学生的书法作品在江阴市文化馆展出；居利峰荣获全省教学大比武一等奖。2007年，新征土地46.4亩，建造300米塑胶跑道操场落成。2008年5月16日，全体师生开展"一方有难，八方支援"活动，向四川地震灾区捐款128000多元。9月，学校被评为江阴市"三师"教育先进集体。11月，第29届奥运会男子蹦床冠军陆春龙来校作报告，讲述自己的奥运经历，广大师生深受鼓舞。2009年10月30

日和11月6日，全运会自行车比赛冠军汤科蓉先后两次来母校看望老师和同学。2010年10月，南闸街道投资1052万元、建筑面积达5911平方米的食堂建成投入使用。2011年2月，投资1435万元、建筑面积达10163平方米的3幢新教学大楼竣工。2012年6月3日，老教学大楼改造竣工，行政大楼落成，总计投资760万元。7月，全校7644平方米绿化、景观、道路管线改造、学校校门、教学楼间连廊建成，总投资777万元。2014年，所有村小均被撤并至南闸中心小学，共60个班、2799名学生。2014年，建成占地61948平方米，建筑面积达29842平方米的体育场地，共拥有300米标准跑道的塑胶操场和面积达2753平方米的体育馆。2016年，南闸中心小学被评为全国学校体育工作示范学校。2018年，南闸中心小学有54个教学班，学生2429人，教职员工190人，其中专职教师107人。

南闸中心小学历任校长一览

表17-19

姓　名	性　别	职　务	任职时间
蒯赞庭	男	校　长	1904—1911
蒋少庭	男	校　长	1911—1927
赵宝民	男	校　长	1927.9—1928.12
刘谷槎	男	校　长	1929.2—1930.8
王锦煜	男	校　长	1930.9—1931.2
张荫淦	男	校　长	1931.3—1932.2
姚钟才	男	校　长	1932.3—1933
张　勃	男	校　长	1934—1937
蒋荣康	男	校　长	1938.12—1940
陶哲民	男	校　长	1941—1942
常惠如	男	校　长	1943.2—1943.8
曹镇华	男	校　长	1943.9—1944
孙艺元	男	校　长	1945.2—1947.1
潘崇华	男	校　长	1947.2—1949.8
高梦云	男	校　长	1949.9—1950.1
顾赞华	男	校　长	1950.2—1950.8
季钊勤	男	校　长	1950.9—1952.8
刘祖培	男	校　长	1952.9—1956.8
潘锡安	男	校　长	1956.9—1957.8
聂秉正	男	校　长	1957.9—1963.11
李平旦	男	校　长	1963.11—1969.1
陈湘荣	男	负责人	1969.2—1970.2
缪荣金	男	校　长	1970.2—1986.8
刘耀祥	男	校　长	1986.8—1994.8
谢洪德	男	校　长	1994.8—2002.8
陈国平	男	副校长	2002.9—2004.8
陈国平	男	校　长	2004.9—2017.8
居利峰	男	校　长	2017.9—

二、村级小学

花果小学 1991年9月，由花果村筹资在花山河二号桥南建造的一所村级小学，由原属花果行政村的吴家埭小学、南谭村小学、中山村小学3校合并而成。占地6300平方米，建筑面积1160平方米。设8个小学班和2个幼儿班。历任校长有：陈国平、华亚斌、黄鸣刚等。2005年9月被撤并至南闸中心小学。

吴家埭小学 创建于民国三十五年（1946）2月，由顾耀良、过泉根等筹建，开设在顾金成家，只有1个班。民国三十七年（1948）称忠义乡吴家埭国民学校。历任校长有：孙应珊、李文韶、黄璞、张功矛、居志昶等。1991年9月被合并于花果小学。

南谭村小学 民国十五年（1926）8月，由南谭村谭刘云在谭家祠堂创办，为改良私塾转办，中华人民共和国成立前称忠义乡南谭国民学校。1986年，南谭村村民筹资在原地建5间2层楼房作为校舍。历任校长有：顾保坤、谭刘云、王浩、金懋堂、王满德、周君才、刘君孝、梅家光、何永珍、朱月华、黄璞、顾忠明、谢凤妹、奚本英。1991年9月被合并于花果小学。

中山村小学 创建于民国三十六年（1947）8月，原开办在袁汝金家，为私塾转办，有1个班。后由村民筹资在阙家村前建房扩班发展成一完小。1986年，由村民再筹资移地到花山西坡建造新校，占地3亩，建12间平房作为校舍。历任校长有：徐正露、郭清成、吴群浩、何鸿兴、顾玉清、张慕良、王宝贤、李娌、居志昶、蒋正元、蔡清正。1991年9月被合并于花果小学。

谢南小学 1990年由谢南村筹资，在花山河畔猪桑场新建的一所农村小学，占地4862平方米，建筑面积660平方米，设6个小学班、2个幼儿班。新校建成后，由原属于谢南行政村的张塘村小学与刘芳村小学合并为谢南小学。历任校长有：任福宝、余娟云等。由于新长铁路建设影响学校教学，于2001年9月被撤并至南闸中心小学。

张塘村小学 民国三十八年（1949）在张塘村由蒋启民夫妇私塾转办，蒋启明任校长。1953年在苏家村中心地段选址，村民自筹资金建造平房5间，占地1.5亩，开设2个班。至1973年7月，校舍增至20间，此时小学设6个班。1976年，附设2个初中班、2个幼儿班。历任校长有：蒋启明、蒯祥明、夏汝良、何育仁、高满郎、任福宝等。初中班在1982年被并入花果中学。

刘芳村小学 1963年9月，创办，设在大王庙，1个班。1968年，在刘芳村西侧造平房5间，开2个班，占地0.8亩，邱生郎为首任负责人，后来有陈惠芬、夏汝良在该校负责。1990年被合并至谢南小学。

丁家塘小学 1964年9月，丁家塘自然村村民在保福庵内开设了1个民办班，招收低年级学生，居志昶为负责人，单班独教。1965年9月，由村民筹资建造平房3间作为校舍，占地0.5亩。负责人有居志昶、夏汝良、杨纯娣、唐礼群。1984年9月被并入南闸中心小学。

马泾小学 由贾洪生于民国二十二年（1933）在马泾焦家祠堂创办，民国三十四年（1945）年称"谢南乡第五、六保联立国民学校"。民国三十七年（1948）称"马泾国民学校"，中华人民共和国成立后称"马泾小学"。1982年由马泾村村民筹资移地于张家村，占地5100平方米，建筑面积1050平方米。开设6个小学班和2个幼儿班。历任校长有：陈忠和、张怀慈、梅友之、金君林、薛志辉、陆银娥、蒯祥明、周菊英、毛步生、何鸿兴、花正兴、黄鸣刚等。2003年被撤并至南闸中心小学。

石墩庵小学 创建于1951年，设在马泾石墩庵内，开设2个班，有教师3名。历任负责人有：缪栋、周菊英、王安、来肇东等。1982年被合并于马泾小学。

南后塍小学 光绪三十二年（1906）正月，由徐成创办，民国二年（1913）由校董张仁福呈报立案为"江阴县南后塍初级国民小学"，民国八年（1919）为"蔡泾乡第二国民小学"，校址在南后塍徐家祠堂。民国三十五年（1946）称"谢南村第七保国民学校"。1990年，由曙光村筹资移地新建，占地4669平方米，建筑面积730平方米，设6个班，附设1个幼儿班的新校。历任校长有：徐成、吴子原、张善真、徐兴灵、张治信、徐坤林、沈平、缪李初、谢希仁、蒋启民、王大昌、金子才、杨振兴、袁勋正、王勇忠、毛步升、蔡清正、陆才定等。2001年9月被撤并至南闸中心小学。

施元小学 民国二十二年（1933），由改良私塾转办，校址在施元场村张家祠堂。中华人民共和国成立前称"施源场国民学校"。"文化大革命"后移地重建施元小学，占地8100平方米，建筑面积648平方米，设6个班。历任校长有：缪李初、俞宝才、梅琴芬、蒯祥明、王亚萍、徐才生、张雅英等。2000年被撤并入南闸中心小学。

新庄小学 民国三十五年（1946）4月，由花荣宝申请，任阿满等在上海筹资，开设中、低年级两个班，时称"江阴县蔡泾乡第十四保国民小学"。1953年，由村民筹资建房3间为学校。1956年，新庄小学与任前头小学合并，定名为"新庄小学"。1960年，开设4个班。1970年，开设6个班。1989年，改建7间三层教学楼。1995年，扩展6亩田作为操场。学校占地面积达14200平方米，建筑面积达1225平方米，6个班，附设1个幼儿班。1985年建设成为第一所合格完小，江阴市文明单位，江阴市管理一类学校。历任校长有：徐熙君、孙银南、金子才、孙福全、聂振新、谢洪德、任林俊、刘小妹、蒋才郎、余娟云、包志伟等。2003年被撤并于南闸中心小学。

涂镇小学 民国十七年（1928），谢巷村在福海庵开办了"涂镇国民学校"。共有校舍7间2侧，民国二十六年（1937）被日军焚毁，抗战胜利后修复。民国三十四年（1945），称"蔡泾乡第十三保国民学校"，民国三十六年（1947）12月4日正式称"涂镇小学"。1970年，由村、乡筹资扩建校舍12间平房，占地2300平方米，附设了5个初中班，1978年被撤并到南闸中学。1989年，涂镇村筹资在原址翻建新教学大楼，占地3652平方米，建筑面积有857平方米，设6个班，附设1个幼儿班。历任校长有：刘三霖、俞保廷、胡玉明、任定远、沈莲葆、时炳瑞、宋鸣岐、蔡清正、毛步升、任福宝、蒋才郎、徐雀屏等。2002年8月撤并至南闸中心小学。

泾西小学 创办于民国六年（1917）2月，校址设在东前头刘家祠堂，称"私立泾西国民学校"，民国二十一年（1932）为"泾西初级小学"，到1954年9月收归公办后为"泾西小学"。1980年，新建校舍20间平房，占地5亩，设6个班。1997年，村又投入50万元在吕家村北面移地新建占地4434平方米的10间三层教学大楼，计643平方米，有6个班，附设1个幼儿班。历任校长有：吴承祯、王锦煜、李达人、聂振新、周国民、刘汝康、王勇忠、李滨海、周满金、陆惠芬、华亚斌、徐雀屏等。2003年9月撤并至南闸中心小学。

寨里小学 民国三十二年（1943）9月，由王维章捐地10亩建校。中华人民共和国成立前称"江阴私立寨里小学"。1954年9月，转为公办学校。1975年由村筹资建新校，占地1200平方米，有6个班，附设1个幼儿班。1994年，南闸村筹资在原址建教学大楼，建筑面积850平方米。历任校长有：王锦煜、朱锡和、吴新一、周志兴、周国民、倪雨农、陈铁生、聂振兴、朱志兴、徐克仁、许震新、蔡永泉、黄鸣刚、冯玉芳等。2001年9月被撤并至南闸中心小学。

蔡东小学 1966年9月创建，设1至4年级，2个复式班，3名教师。1977年，蔡东村筹资在宋家村选地2500平方米，建12间平房新校舍，与袁落村小学合并，扩大为6班完小，有1个幼儿班。1973年附设1个初中班，1978年被撤并至南闸中学。1990年，蔡东村筹资在原址建9间二层教学大楼，占地2822平方米，建筑面积987平方米。历任校长有：李甫才、高跃臣、陆兆玲、包志伟、徐其芬等。2002年9月被撤并至南闸中心小学。

袁落村小学 1958年由蒯祥金创办，学校利用王阿苟家3间房子作为教室，设1至4年级，多复式单班独教，操场在门前打谷场上，施教区是袁落村与庄基村。历任负责人：蒯祥金、李滨海、任福宝、陈珍凤、蒯美凤等。1977年合并至蔡东小学。

曹桥小学 由缪思创建于民国二年（1913），系私塾改办，校设崇圣庵，称"蔡泾乡第三国民学校"。民国三十七年（1948）称"崇圣国民学校"，是一所2个班的多复式完全小学。中华人民共和国成立后，村民筹资在原地改建校舍15间，更名"曹桥小学"。1980年，创办"大华印刷厂"，1987年学校被评为江苏省勤工俭学先进集体。1985年，投入300多万元建成1000平方米的教学大楼，征地10亩建标准操场，安装闭路电视。学校占地15333平方米，建筑面积2556平方米，设6个班、附设2个幼儿班，成为全省一流的农村现代化学校。历任校长有：缪思、缪希曾、聂秉正、王益民、陆润义、刘永兴、郁文石、周志兴、顾荣潮、缪淡明、刘文才、陈加生、花正兴、卞丽芬等。2010年被撤并至南闸实验学校。

观庄小学 民国元年（1912）2月，沈绍初在观庄村许家祠堂内创办，时称"观山乡第一国民学校"。民国二十一年（1932）称观庄初级小学，民国三十五年（1946）称"观山乡第四保国民学校"。中华人民共和国成立后称"观庄小学"，占地约2160平方米，初设4个班，5名教师。当时施教区有观庄、邵庄和黄庄村。1982年，观东村筹资在村东新建学校，占地1800㎡，共20间平房。1984年与邵庄小学合并，设6个小学班和2个幼儿班。沈绍初、吴韵清、吴植、刘康全、黄自权、陈继耀、祝华荣、倪静玉、聂振新、蔡永泉、沈菊英、李会清等先后担任校长。2005年被撤并至南闸中心小学。

邵庄小学 民国三十四年（1945）由侯昌荣创办。之后时振兰、庄寿楠、高维贞、吴一泉等在此任过教。1982年被撤并至观庄小学。

耿家村小学 民国六年（1917）创办，称"观山乡第三国民学校"，抗战时被毁，借耿清华家余房作校舍，战后修复原校迁回。民国三十五年（1946），称"观山乡第一保国民学校"。中华人民共和国成立后，称"耿家村小学"。1987年7月，由跃进村出资移地新建校舍，占地2908平方米，建筑面积611平方米，设6个班、附设1个幼儿班。历任校长有：耿清培、徐协华、陈继耀、刘钟毓、祝汉云、吕俊杰、陶仲怀、李滨海、耿宝生、高满郎、何育仁、许震新、许忠才、耿群和、张雅英等。2001年8月被撤并至南闸中心小学。

王家村小学 清同治五年（1866），王家村村民利用清政府"庵庙不列祀典，田产充当校产"的政策，在本村观音庵内创办义学。民国后改称"观山乡第五国民学校"。民国三十四年（1945），学校设在该村水龙宫后面，利用公房设3个教室。民国三十五年（1946）改名"观山乡第二、三保国民学校"。中华人民共和国成立后，称"王家村小学"。1988年，移地建造新校舍，占地面积3200平方米，建筑面积820平方米，设6个班、附设2个幼儿班。历任校长有：吴植、王爱本、刘尔淑、王锦煜、沈凤藻、金丙炎、赵志成、聂振新、顾玉潮、宋明岐、张林坤、蒋正元、孙红芳等。2010年被撤并至南闸实验学校。

璜村小学 创建于民国八年（1919）2月，校址在吴公祠，时称"观山乡第五国民学校"。民国二十一年（1932）称璜村初级小学，民国二十九年（1940）更名为"观山乡中心小学"。民国三十五年（1946）9月，由袁国梁创办私立承先小学，设8个班。1952年收归国有，改名"观山乡中心小学"。1957年9月，观山乡合并于南闸乡，称"观山中心小学"，为辅导区中心校。1970年附设初中班1班。1993年，璜村村筹资在原地新建8间三层教学大楼，占地4336平方米，建筑面积936平方米，改称"璜村小学"。2003年，山嘴小学并入璜村小学，有8个班和2个幼儿班。历任校长有：耿春、曹林生、王淳然、蔡鹏南、黄自权、胡汉定、刘永兴、孙仲德、张君初、周志兴、张林坤、顾如桐、蔡永泉、袁惠娟等。2010年9月被撤并至南闸实验学校。

山嘴村小学　1955年由江生泉创办。1970年，移地建12间平房，设3个班。1994年重建校舍，占地面积2700平方米，建筑面积1192平方米，设6个班，附设1个幼儿班。历任校长有：孙红贤、戴永嘉、戴金初、高满郎、高跃臣、朱志兴、李惠清等。2002年被并入璜村小学。

菱塘小学　民国二十七年（1938），新四军江北游击纵队江阴支队委派地下工作者谢琴和谢澄二人到菱塘，将原沟西私塾改办成"菱塘初级小学"，将沟西顾家祠堂作为校舍，设1至4年级，有两个班。两人白天教书，晚上做抗日宣传工作。同时，该校又是新四军江南与江北的秘密联系点，之后地下党组织派谢志珂、吴崇全接替谢琴、谢澄二人。民国三十五年（1946），该校称作"观山乡第六保国民学校"，设1个班，1名教师。中华人民共和国成立后，更名为"菱塘小学"。1987年，菱塘村筹资在原地翻建9间二层教学楼，占地936平方米，建筑面积465平方米，设6个班，附设1个幼儿班。历任校长有：谢琴、谢志珂、袁友光、郭忠瑞、蒋永康、王大昌、林天丹、顾玉潮、陆银娥、凌福逊、宋明岐、缪永岳、张君初、宋春秀、卞丽芬等。2002年9月，一部分学生被并入王家村小学，一部分学生被并入曹桥小学。

灯塔小学　前身是茶岐小学。民国十三年（1924）由张廷奎创办。民国二十一年（1932）称"茶岐初级小学"，设1个复式班。民国三十五年（1946）称"观山乡第九保国民学校"，有2个复式班，5间房子。1956年，搬迁至改建好的茶岐村徐家祠堂，有3个复式班。1990年，由灯塔村筹资新建占地面积6700平方米、建筑面积2307平方米的新校舍，并将同属灯塔村的夕桥小学、凤凰山小学合并，定名为"灯塔小学"，设8个班，附设2个幼儿班。历任校长有：张光明、黄建英、俞娟云等。茶岐小学历任校长依次为张廷奎、张廷鑑、张其均、金凤麟、沙英武、金丙炎、翟静华、蒋泉山、张林坤、张君初、张光明等。2011年被撤并到南闸实验学校。

夕桥小学　民国三十四年（1945）9月，张其均在夕桥村观音堂创办的观西乡第三保保立夕桥小学，设1至2年级两个班。到1972年，夕桥村民筹资移地建新校舍，成为一所有3个复式班的完全小学。历任校长有：仇蕙仙、金炳炎、翟静华、张光明、张雅英等。1990年9月被合并到灯塔小学。

凤凰山小学　前身是1958年由璜庄村创办的璜庄上小学，有1个班、1名教师，学校的一切费用都由村承担。1962年搬迁至凤凰山原停办的南闸农业中学校，改名为"凤凰山小学"。历任校长有：陈兰珍、张林坤、毛步升、朱之兴等。1990年9月被合并到灯塔小学。

泗河小学　创办于清同治五年（1866），校址在圆通庵内，为义学。民国八年（1919），改名为"观山乡第二国民学校"，有2个班、2名教师。民国二十一年（1932），改称"河口初级小学校"，单班单师。民国三十四年（1945），改为"观山乡第十一保国民学校"，有2个班。1954年，选地泗河口陈士岸建新校舍，占地1500平方米，设6个班，定名为"泗河小学"。1978年，泗河行政村的周家村小学、野山嘴小学被并入该校。1988年，泗河村筹资移地新建教学大楼，占地3882平方米，建筑面积1129平方米。1989年又将外湾小学撤并至此，这时学校有11个班。1997年，陶湾小学被撤并于此，共有8个班。2002年，东芦岐小学、孟岸小学被合并于此，共有14个班，学生600多人。历任校长依次为赵书绅、吴玉振、赵舒琴、倪培真、侯小波、王勇忠、袁勋正、周志兴、金绍成、金丙炎、张亚英、张君初、包志伟、华亚斌等。2010年被撤并至南闸实验学校。

孟岸小学　创办于民国三十四年（1945），当时称"观西乡第七保国民小学校"，校址在石岐里陈家祠堂，初创时，称为"石岐里小学"，有6间房子，单班单师，一、二年级复式，首任校长是上海东亚体校毕业的女教师徐蕙陵。中华人民共和国成立后，石岐里属孟岸行政村。1954年9月，学校迁至孟岸村金家祠堂，更名为"孟岸小学"。1963年，在原地扩建教室，发展为5个班，占地3929平方米。

1992年，孟岸村筹资在原地翻建9间二层楼教学楼，建筑面积926平方米，设6个班，附设1个幼儿班。历任校长有：徐惠陵、吴秉生、袁正方、徐瑞、王大澄、陈生度、樊祥义、金荣泰、金芬秀等。2002年被撤并至泗河小学。

东芦岐小学 创办于民国三十八年（1949），学校设在芦岐村大王庙内，由私塾转办而成，2个班。1970年，本村西芦岐小学并入该校，设4个班。1986年，观西村筹资建12间二层教学楼，占地2400平方米，建筑面积720平方米，设5个班，附设1个幼儿班。历任校长有：吴学成、顾耀芳、陈正新、时炳瑞、倪雨农、朱志兴、陶德维、戴月英等。2002年被撤并至泗河小学。

陶湾小学 民国三十六年（1947）8月由村民吴兆全发起，利用陶湾村道馆内空房创办。1951年，由村民吴卓耀捐资建新校，有2个班。1955年，被合并至观西小学。1956年仍恢复陶湾小学，属民办小学。1972年，由陶湾村筹资建新校，设3个班，附设1个幼儿班。1990年迁至占地面积2730平方米、建筑面积347平方米的新校舍。历任校长有：陈中华、高国林、顾瑞堂、刘荷兰、金芬秀等。1997年8月被撤并至泗河小学。

第三章　中学教育

第一节　沿　革

1951年之前，南闸地区的学生高小毕业后要进初中学习，东部的一般进江阴城区初中学习，西部的则进武进县焦溪初中、夏港静堂里初中求学。由于就学不方便和上学费用昂贵，能够上初中的基本上为富家子弟，绝大多数青少年则因此失学。

1951年9月，南闸中心小学和观山中心小学各附设初中补习班1个班，1952年增至2个班。

1953年，由热心教育事业的苏银元、蒋荣康等人发起，在南闸集镇上的蒋氏宗祠内开设南闸初中补习班。当年9月，招收初一新生40余人，有教师3人。1954年2月，南闸初中补习班定名为南闸乡民办初级中学，学生100余人，教师4名，开设初一、初二两班。1956年9月，南闸乡民办初级中学改名为江阴县南闸初级中学。

1958年3月，南闸、曙光、涂镇、泾西、曹桥、观山、观庄、泗河开设8个点的农业中学。

9月，南闸公社管理委员会在集镇南弄借用民房开办南闸乡师范学校，招收初师、幼师各1班，1年后停办。

是月，由江阴县文教局批准，在观山大队璜村开设江阴县观山初级中学，招收初一新生2个班。

1962年9月，江阴县观山初级中学改名为江阴县观山民办初级中学。1965年9月，观山民办初级中学招收高一新生一个班，改名为江阴县观山中学。

1968年9月，泗河农业初级中学改名泗河初级中学；谢南、花果大队开设谢南、花果初级中学。

1969年9月，南闸初级中学附设高中班。

1973年开始，南闸中心、张塘村、涂镇、泾西、寨里、曹桥、观山等小学先后附设初中班。1976年，附设初中班先后被撤并。

1978年，观山中学高考成绩优异，被录取高校人数列全县第三名，受县政府奖励。

1982年9月，观山中学高中停办，改名为江阴县观山初级中学。南闸初级中学成为全日制完全中学，改名为江阴县南闸中学。

1983年9月，花果民办初级中学迁往谢南大队新校舍上课。

1986年，南闸乡投资200万元，在原河南大队与跃进大队交界处征地建造南闸中学新校舍，1987年3月落成，学校整体搬迁。

1988年，高中部增设纺织、会计两个职业高中班。全镇有完全中学1所、初级中学3所。其中初中42个班，学生1959人。高中5个班，学生246人。教职员工172人，其中教师150人、非教职员工22人。课程设置：初一设语文、数学、外语、政治、音乐、美术、地理、历史、植物等课；初二不设植物，增设物理、动物；初三增设生理卫生和化学课；高一不设音乐、美术、卫生课；高二增设生物课；高三不设地理课，其余课程与高二相同。是年，全镇初中毕业生被录取中专9人、中技5人、一般高中110人、重点高中8人；高中毕业生考取高等院校9人。

1990年，南闸中学修建400米环形跑道的标准操场。建造学生停车棚。

1992年8月23日，国家教委副主任滕藤在市委书记翟怀新陪同下视察南闸中学，勉励学校在普及高中教育上作出努力。

1993年，南闸中学被评为江阴市教育科研先进学校、无锡市招飞工作先进学校、江阴市德育先进学校。

1995年，泗河初级中学撤并至观山初级中学。

1997年，南闸中学被评为江阴市内部管理一类学校。花果初级中学被撤并到南闸中学。

1998年，撤观山初级中学初三年级到南闸中学。南闸中学学校实验大楼竣工。12月，实验大楼通过市教育现代工程达标验收。

1999年，观山初级中学被全部撤并至南闸中学。是年，南闸中学建造高中教学辅楼，增加8间教室。

2004年，南闸中学通过江苏省教育现代化工程示范初中评估验收。

2007年，操场改造，建塑胶跑道。是年7月，因江阴市教育局高中教育统筹安排，南闸中学不再招收高一新生。

2010年7月，最后一届高中生毕业。是年8月，南闸中学接并五所村小：王家村、曹桥、灯塔、泗河、璜村，同期初一年级三个班借中心小学场地设东区办班点。

2012年11月，南闸中学更名为江阴市南闸实验学校，小学部三轨18班，中学部11轨33班。

1987—1988年南闸镇中学情况统计一览

表17-20

校 名	校 址	创办年月	班级数（个）			教师数（人）				学生数（人）		
			合计	初中	高中	合计	公办	民办	代课	合计	初中	高中
南闸中学	跃进村	1953.9	24	19	5	81	58	6	17	1163	917	246
观山初级中学	璜村	1958.8	14	14	—	45	26	6	13	626	626	—
泗河初级中学	泗河口	1965.6	4	4	—	10	3	2	5	181	181	—
花果初级中学	张塘村	1968.8	5	5	—	14	3	1	10	235	235	—
合 计	—	—	47	42	5	150	90	15	45	2205	1959	246

1983—1988年南闸镇初、高中毕业生升学统计一览

表17-21

年 份	初中毕业生升学人数（人）					高中毕业生升学人数（人）			
	升中专	升中技	升一般高中	升重点高中	合计	升高校	升代培	升中专	合计
1983	5	2	99	11	117	2	—	—	2
1984	5	3	117	15	140	6	1	3	10
1985	5	5	102	14	126	9	2	4	15
1986	7	7	82	16	112	8	3	4	15
1987	5		93	8	111	9	—	4	13
1988	9	5	110	8	132	9	—	—	9

1988—2015年南闸地区中学教育基本情况一览

表17-22

年份	班级数（个）	学生总数（人）	教职工基本情况											
			总数（人）	其中		教师学历				教师职称			
				教师（人）	职工（人）	本科（人）	大专（人）	中专（人）	其他（人）	高级（人）	中级（人）	初级（人）	其他（人）
1988	19	904	148	121	27	7	74	14	30	1	34	47	72
1989	34	1514	171	128	43	3	66	43	16	2	30	50	46
1990	37	1819	204	164	40	8	60	45	51	0	56	61	50
1991	57	2593	154	136	18	6	70	50	16	0	34	66	36
1992	54	2434	149	129	20	10	86	8	25	0	35	70	24
1993	53	2674	203	176	27	9	87	30	50	0	26	65	85
1994	50	2127	190	141	49	2	59	9	71	0	20	39	82
1995	46	1937	189	161	28	15	90	56	49	2	35	65	59
1996	41	1760	176	143	18	22	76	15	30	3	34	65	41
1997	39	1526	178	137	41	18	92	6	21	4	31	69	33
1998	41	1804	121	109	12	15	83	3	8	6	29	50	24
1999	50	2225	122	113	9	14	86	3	10	7	45	42	19
2000	55	2655	133	123	10	26	90		10	6	54	45	18
2001	65	3096	159	152	7	38	103		11	8	55	40	49
2002	60	2983	170	164	6	59	99		6	8	55	47	54
2003	52	2628	181	177	4	86	85		6	8	55	65	48
2004	52	2628	172	168	4	91	70		7	6	55	79	28
2005	52	2808	172	168	4	91	70		7	6	55	79	28
2006	49	2631	168	162	6	85	75		2	7	61	87	5
2007	49	2425	163	161	2	93	64		4	11	56	87	7
2008	49	2450	152	151	1	103	45		2	40	83	28	0
2009	47	2350	152	151	1	103	43		2	40	83	28	0
2010	46	2300	151	150	1	121	30		0	40	83	28	0
2011	54	2700	152	151	1	123	29		0	40	83	29	0
2012	54	2656	198	198	1	125	26		0	42	85	76	0
2013	33	1249	190	189	1	153	33		0	19	153	14	4
2014	33	1250	190	189	1	153	33		0	19	153	14	4
2015	31	1271	186	185	1	153	33		0	25	147	11	3

第二节　教育教学

　　1953年9月，南闸办初中文化补习班，设语文、算术、历史、地理等课程。1954年9月，补习班改名为南闸乡民办初级中学，使用国家统编教材，开设国家规定课程。1958年，开展"同吃、同住、同劳动、同学习"的"四集体"勤工俭学运动，学生过多参与社会活动和体力劳动，忽视基础知识的教学。1965年9月，观山初级中学开设高中班。1966年，"文化大革命"开始，学校教学常规被打乱。1969年9月，学校基本恢复正常，开始设高中部，学制为"二二"制（初中二年、高中二年），开设政治、语文、数学、工业知识、农业知识等基础课程。政治学科的内容是学习毛主席语录、老三篇（《愚公移山》《为人民服务》《纪念白求恩》），高中增学《实践论》《矛盾论》以及《人民日报》《解放军报》《红旗》杂志社论；语文重点学习通讯报道、应用文写作等；数学教学生产队会计知识。工知农知课程以三机一电知识传授为主，把有丰富实践经验的工人和农民请到学校讲授农业知识和农机的构造及使用，或组织学生到田间地头学习各种农活，到工厂拜师学技术，开展学习工农兵活动。1977年下半年，恢复高考，教育教学逐步走向正轨。1981年，实施教育部颁布的《中学生守则》，开展学雷锋活动和"五讲四美三热爱"活动，制定校风"团结、紧张、严肃、活泼"。1982年起，初高中学制逐步完成从两年改三年的过渡，使用教育部编定的12年制新教材，开设政治、语文、数学、外语、物理、化学、历史、地理、生物、体育、音乐、美术、生理卫生等课程。

20世纪90年代起，全面贯彻党的教育方针，执行教育法规和有关政策，建立和完善了学生一日常规管理制度、教学质量考核制度、教学岗位责任制度、学校档案管理制度等各项规章制度。1993年起，高中学生参加全省会考。1995年，学校添置电教设备，开设计算机信息课。走上现代化教学之路。进入21世纪，教育教学进入全面加速向现代化推进的新阶段，教育规模不断扩大，教学质量稳步提升，素质教育成为教育教学改革的旗帜和行动指南。

第三节　中学档案

一、南闸中学

1953年9月，由热心于教育的南闸工商界人士苏银元等人发起，创办南闸初中文化补习班，招收初一年级一个班学生40余名，教师3人。1954年9月，改名南闸乡民办初级中学，招收学生100多名，设初一、初二两个班，教师4人。1956年，地方集资造平屋8间，9月更名为江阴县南闸初级中学，招收学生200余名，教师9人，开设初一、初二、初三3个年级。1957年2月，由苏银元等人向上海、苏州、无锡、常熟、常州、南京等地旅外人士筹资建造平屋6间，增辟3间教室。1958年12月，由于人民公社化，观山初级中学被并入南闸中学，开展"同吃、同住、同劳动、同学习"的"四集体"运动。南闸中学借用民房10间，进行上课。1959年9月，观山初级中学的学生仍回原校上课，南闸中学借用民房归还群众。同年，学校集资建造平房8间，作为膳堂和教师宿舍。这一年，学校开展勤工俭学活动，种水旱田100多亩，养猪100多头，养兔300多只，试制成切草机、打浆机等农业机械。由于勤工俭学成绩优秀，学校受到省人民政府表彰。1960年9月，学校又新建民房10间，学生100余人，教师17人。1966年，"文化大革命"开始，学校教学常规被打乱。1968年，贫宣队进驻学校，成立教育革命委员会负责学校工作。1969年9月，学校工作基本恢复正常，开始设高中部，招高一2个班新生。1971年，新建平房8间作为教室，同年筹办矽钢片冲件厂。1978年，学校以校办厂多年积余，新建2层楼房20间作为教室。1979年9月，南闸中学教育工会成立。1981年，又建2层教学楼15间。1982年，征用农田12.5亩，修建操场，经县文教局批准为完全中学，更名为江阴县南闸中学。1984年，新建2层楼13间作教室，购买房管所平屋10间，南新村队屋7间作校办厂房及生活用房。1986年，南闸乡政府决定移地西迁跃进大队，投资200万元建造新校舍。1987年3月，南闸中学迁入新校舍上课，新校舍占地90多亩，建有教学主楼、西辅楼、食堂，可用教室及办公室达30间，建筑面积

7354平方米。当时此举在华东地区尚属首家，吸引了众多外省、市的领导前来参观考察。原南闸中学校舍让给南闸中心小学使用。1988年，建造教学东辅楼，增加可用教室12间，高中部增设纺织、会计两个职业高中班，学生87人，专职教师3名。1989年，筹办校办企业江南特种化工涂料厂。1990年，修建400米环形跑道的标准操场，建造学生停车棚。1992年，建造8间三层教工宿舍，解决外地引进教师的住宿问题。是年，国家教委副主任滕藤到校视察，勉励学校在普及高中教育上作出努力。1993年，学校被评为江阴市教育科研先进学校、无锡市招飞工作先进学校、江阴市德育先进学校。1996年，动工建造教学实验大楼。1997年，学校被评为江阴市内部管理一类学校。1998年，撤观山初级中学初三年级到南闸中学。教学实验大楼竣工。12月学校通过市教育现代工程达标验收。1999年，全部撤并观山初级中学，建造高中教学辅楼，增加8间教室。是年，南闸中学初中女子篮球队继在江阴市三连冠后，在无锡市荣获冠军。2000年，将原来只能容纳70桌学生用餐的餐厅改建成能容纳300桌学生同时用餐的大餐厅。是年，学校的初中、高中两支女子篮球队代表江阴市参加无锡市第八届运动会，获得佳绩，被评为无锡市群众体育先进集体，受到无锡市政府表彰。2001年，扩建教学主楼，增加建筑面积2000多平方米，对校园环境重新进行改造，学校被评为无锡市爱国卫生先进单位、江阴市常规管理先进学校。2002年，学校被评为无锡市德育新进学校、江阴市安全文明单位。2003年10月，举行50周年校庆。2005年，学校通过江苏省教育现代化工程示范初中评估验收。2007年，操场改造，建300米标准塑胶跑道、足球场、篮球场、人造草坪。是年7月，高中停办。2010年，南闸街道党工委、办事处作出建设九年一贯制学校的教育部署。通过两年多的摸索，2012年11月，江阴市南闸实验学校正式揭牌成立。南闸实验学校是在原南闸中学基础上，集初中、小学于一体的一所九年一贯义务教育制学校，小学部有18个班，初中部有33个班，学生共2200名，教职员工230名，中学高级教师、一级教师比例达80%以上。校园占地面积6万平方米，校舍建筑面积2万平方米，教学区、文化活动区、生活区布局合理，体育运动场地及器具设施规范。

1988—2010年高考情况一览

表17-23

年 份	高考录取情况			
	高考人数（人）	本科（人）	专科（人）	高升专（人）
1988	66	3	16	36
1989	48	2	12	26
1990	52	5	4	39
1991	85	4	37	36
1992	88	6	40	32
1993	99	3	78	29
1994	98	2	69	17
1995	98	3	76	12
1996	111	3	65	32
1997	93	1	73	15
1998	95	5	65	19
1999	73	5	49	15
2000	100	2	55	34

续表17-23

年 份	高考录取情况			
	高考人数（人）	本科（人）	专科（人）	高升专（人）
2001	92	6	48	37
2002	195	8	69	57
2003	245	10	86	78
2004	138	17	86	
2005	199	29	100	
2006	151	13	110	
2007	196	16	180	
2008	201	21	180	
2009	254	26	228	
2010	115	15	100	

学校积极推进课堂教学改革，努力实现高效课堂，在教育科研和特色教育方面取得了显著成绩。开展了创建新课程有效教学行动策略的研究和实践，"打造灵动课堂，培养魅力学生"，让学生成为课堂的主人、学习的主人，体验学习的乐趣、成功的快乐，取得了较好的成绩。以自主学习、合作探究、思维拓展为核心的"G-E-T课堂"，把学习还给学生，把时间让给学生，把探究权回归给学生，学生学习活力得到激发，伙伴互学互动，合作共赢，使课堂充满了生机和活力。

在充分运用统编教材的基础上，学校大力开发校本教材。教育教学质量稳步提高，近300人次在各级各类比赛中获奖，其中有60人次获书法比赛市级以上奖励，8幅书法作品赴日本大阪展出。啦啦操获全国第二名；足球队、篮球队获江阴市第二名；太极拳队连续两年参加省级比赛获得奖牌；桥牌队在2014、2015年连续2届荣获江苏省个人第一名。

学校先后获得全国青少年文明礼仪教育示范基地、全国艺教先进学校、全国中小学生绘画书法比赛先进单位、全国书法写字特色学校、江苏省素质教育先进学校、无锡市文明单位、无锡市绿色学校、无锡市德育先进学校、江阴市常规管理先进学校、江阴市教育执法诚信单位、江阴市安全文明学校、江苏省绿色学校、无锡市教育现代化学校、无锡市平安学校、江阴市教育执法示范学校、江阴市管理规范学校、江阴市师德教育先进学校、江阴市十佳师德标兵学校等荣誉。

南闸中学自创建60多年来，培养初中、高中毕业生19000人左右，其中佼佼者有陈卫星（中国航天工业总公司上海航天局第801研究所研究员，高级工程师），陈凯（博士，加拿大国家环境保护项目官员），崔协成（内蒙古自治区园艺科学研究所研究员，高级园艺师），袁益民（江苏省教育厅教育评估院副院长），李正良（重庆大学建筑工程学院院长、博士、教授），计秋枫（南京大学历史系教授、博士生导师、南大国际关系研究院国际关系史研究室主任、南京大学图书馆馆长），刘晔（南京艺术学院文学研究室主任、博士），蒋建伟（北京理工大学机械工程学院教授、博士），缪汉良（南京工业大学土木工程学院教研室主任），沙乃成（江阴市政协副主席）等。

附一：   **艰苦创业 勤俭办学**
——回忆南闸中学创办初期二三事

原南闸中学负责人 李铭遂

1954年9月—1958年8月，我在南中工作了整整四年时间，这是一段终生难忘的时光。在建校50周年之际，目睹学校今天的规模和成就，再回想当年艰苦创业、勤俭办学的情景，不由得思绪起伏，感慨万千……

在民办初中补习班创业的日子里，由于没有上拨经费，学校经济十分困难。穷则思变，我们用双手艰苦奋斗，增加收入。曾记得：在20世纪50年代中期，我们全校师生去秦望山采集榛子（一种制粉皮的果子）卖钱；又打起背包到丁果山敲石子，搞些劳务费，弥补经费的不足。

学校还组织了募捐组，在校委会配合下赴常州、上海，在南闸同乡中募捐，将所得先后建造新校舍16间。为了节省开支，所有基建材料如砖头、黄石，由校长、教师带领同学们一起，扛的扛，挑的挑，把基建材料从码头上运到工地。

1959年，学校种地一百亩，养猪一百多头，师生一道参加生产，搞得热火朝天。炊事员何芝泉能用黄豆作原料制作小菜十八种，学校伙食搞得丰富多彩。江阴文教局为了推广经验，在我校召开全县中教系统生产生活现场会，一时参观的人络绎不绝。通过这次活动，大大提高了我校的知名度。

虽然搞了一些创业性的活动，但校领导还是抓住了学习，人是累的、苦的，可学生的素质有了提高，教学质量也提高不少。在短短几年里，毕业生录取县中、南菁等重点高中有十六人之多。民办初中生源质量虽然不高，但能有此成绩，是师生共同努力的结果。

二〇〇三年九月

附二： **梦里依稀总是情**

六五届校友 任协成

年过不惑，回首人生的轨迹，如果认定略有些微成就的话，那始发站点，就是我的母校南闸中学。

从寨里小学升入南闸中学，对于当时的我，无异从一个狭小的角落而进入了广阔的空间。尽管当时的母校在今人看来，一定是非常的简单。西面两排房子，一排是三个班级的教室，一排是教师办公室，东面的小平房是厨房、住宿生宿舍和教师宿舍，偏于一隅的礼堂其实是一祠堂，里面并无座椅和舞台。校舍中央是一块很大的稻田，明确无误地标明了乡村中学的显著特色。

简单的母校，对于我而言，是丰厚基础浇铸的开始，因为我于一九六五年从母校毕业升入高中，仅继续了一年学业就开始了"文化大革命"，真正的中学阶段仅有四年，参加工作后，我所表现出来的比较扎实的文字功底，主要应当归功于母校。尤其是在一九八三年，我放下中学课本十多年之后参加高考，在苏州市与我一样的三百多名高龄考生中，以总分二十七名的成绩考入苏州大学，也是在母校打下的基础。

弹指三十多年过去了，王偶强老师教授古汉语时的抑扬顿挫，讲解作文时的幽默诙谐，仿佛音犹在耳。而他硕长的身材，一脸的肃穆，恍如还在眼前。班主任吴文晨老师教授俄语、化学、体育等课程，是个多面手。在我的印象中，他年轻、英俊、活力四射，并且和蔼可亲，更难能可贵的是年纪虽轻却极富耐心，对同学不懂的问题总是引导再三、从不厌烦。教授代数、几何的金洪培老师总是一丝不苟，逻辑严密，条分缕析，引导着学生一步步攻克难关，使同学享受攻克难关后的兴奋和欢愉。还有耿松元、来肇东等老师都给我留下了深刻印象。因为有这么多优秀的老师，初中的三年是我生命中猛烈吸收的三年，也是迅速成长的三年，时隔多年之后，总觉得这样的一段时光是那样美好，遗憾的是结束得太早，以至往后日子总是萦绕于脑海而难以忘怀。

此后因为从军，后转业在外地工作，每每匆匆返回故乡，总是默默地相望母校，关注着母校与时俱进、发展壮大。也曾在20个世纪90年代的某一天，独自走进新校区，瞻仰母校宽敞的校区，崭新的教学楼，宽阔的体育场，为母校的快速前进深感欣慰。相信年届五十的母校，正值盛年，在现任各位领导和各位老师的共同努力下，定当发唱惊庭，声震一方，创造新的辉煌。

二〇〇三年六月九日

2001—2015年南闸中学教师获奖情况一览

表17-24

获奖类别		姓 名
教学能手、教学新秀、中心组成员	江阴市教学能手	蒋亚芬
	江阴市教学新秀	袁俊科
	江阴市教学新秀	顾海燕
	江阴市学生发展指导中心成员	于新斌
	江阴市家庭教育指导中心组组长	殷余忠
青年教师教学大比武	江苏省语文教学一等奖	居利峰
	无锡市语文教学一等奖	张 薇
	无锡市体育教学一等奖	田步见
	江阴市语文教学一等奖	蒋亚芬
	江阴市数学教学二等奖	梅淑华
青年教师教学大比武	江阴市高中地理教学二等奖	袁俊科
	江阴市英语教学三等奖	燕 文
	江阴市化学教学一等奖	于新斌
	江阴市物理教学二等奖	宋光林
	江阴市语文教学三等奖	华孝东
	江阴市语文教学三等奖	蒋亚年
	无锡市体育教学一等奖	田步见
	江阴市语文教学一等奖	蒋亚芬
	江阴市数学教学二等奖	梅淑华
	江阴市高中地理教学二等奖	袁俊科
	江阴市英语教学三等奖	燕 文
	江阴市化学教学一等奖	于新斌
	江阴市物理教学二等奖	宋光林
	江阴市语文教学三等奖	华孝东
	江阴市语文教学三等奖	蒋亚年
优秀教育工作者	无锡市优秀教育工作者	耿国萍
		陈祥娟
		于新斌
		陶 忠
		蒋亚年
		吕 艳
		华孝东
	江阴市优秀教育工作者	陶 忠
		陈祥娟
		蒋亚年

续表17-24

获奖类别		姓名
优秀班主任	无锡市优秀班主任	蒋亚芬
		蒋亚芬
	江阴市优秀班主任	吕 艳
		朱晓平
		张 薇
		燕 文
		顾晓燕
		华孝东
		田步见
德育先进工作者、模范教师、班主任能手	全国文明礼仪示范标兵	耿国萍
	全国德育科研先进教师	殷余忠
德育先进工作者、模范教师、班主任能手	无锡市德育先进工作者	殷余忠
	江阴市爱生模范教师、班主任能手	燕 文
优秀共产党员、优秀团干部	江阴市优秀党支部书记	耿国萍
	无锡市优秀团干部	陶 忠
	江阴市优秀共产党员	陈祥娟
新长征突击手	江阴市新长征突击手	朱晓平
无锡市级以上竞赛指导奖	全国书法类指导工作一等奖	吕 燕
	江苏省初中组作文比赛优秀指导奖	华孝东
	2014年江苏省第八届中小学桥牌锦标赛初中组双人赛冠军、团体冠军指导奖	俞敏敏
	2015年全国桥牌锦标赛初中组双人赛冠军、团体亚军指导奖	俞敏敏
	无锡市优秀航模辅导奖	宋光林

1953—2012年南闸中学历任校长（负责人）一览

表17-25

名　称	校长（负责人）姓名	任职时间
南闸初中补习班	苏银元（负责人）	1953.9—1954.2
南闸乡民办初级中学	王偶强（负责人）	1954.3—1954.8
	李名遂（负责人）	1954.9—1956.8
江阴县南闸初级中学	李名遂（负责人）	1956.9—1958.8
	张锡生（负责人）	1958.9—1959.8
	陆润义 校长	1959.9—1961.1
	张锡生（负责人）	1961.1—1961.8
	戴尚华 校长	1961.9—1962.8
	王宝清 校长	1962.9—1963.8
	耿松元（负责人）	1963.9—1964.8
	凌福逊（负责人）	1964.9—1965.8
	陈根法（负责人）	1965.9—1969.8
	陶鹏飞 校长	1969.9—1982.8

续表17-25

名　称	校长（负责人）姓名	任职时间
江阴县南闸中学	陶鹏飞　校长	1982.9—1983.8
	曹仁兴（副校长主持工作）	1983.9—1987.4
江阴市南闸中学	曹仁兴（副校长主持工作）	1987.4—1988.8
	金鸿福　校长	1988.9—1995.8
	周素炯　校长	1995.9—2004.8
	耿国萍　校长	2004.9—2012.8
江阴市南闸实验学校	于新斌　校长	2012.8—2012.11
	于新斌　校长	2012.11—

二、观山中学

1958年8月，经江阴县文教局批准，江阴县观山初级中学创办，属公办性质，校址设于南闸公社观山大队璜村，校舍借用璜村吴氏、袁氏祠堂10余间平房，招收初一新生两个班。是年12月，学生被并入南闸初级中学，开展"同吃、同住、同劳动、同学习"的四集体运动。1959年9月，根据上级指示，学生回原校上课。1962年9月，县文教局撤销观山初级中学公办性质，更名为江阴县观山民办初级中学。1965年9月，经县文教局批准，开设高中班，招收高一新生一个班，学校更名为江阴县观山中学。1982年9月，高中部停办，校名更改为江阴县观山初级中学。观山初级中学的生源主要分布在跃进、巨轮、观山、菱塘、观东、灯塔等大队。

1983年，观山初级中学在原有矽钢片厂的基础上，先后开办了木材厂、塑料厂等校办企业，这些企业为改善教师待遇、发展学校建设积累了一定的资金。1984年，新建校舍平房6间，设3间教室。1990年，泗河初级中学被撤并至观山初级中学。1993年，学校利用校办企业积累的资金，建造4间三层的教学楼。

1998年9月，观山初级中学初三年级被撤并至南闸中学。1999年9月，观山初级中学被全部撤并至南闸中学。

在观山中学40多年的办学历史上，获得了一系列荣誉，曾连续10年被评为江阴教育系统先进集体，并为大中院校输送了大批德才兼备的优秀学子。1978年，观山中学高考成绩优异，被录取高校人数列全县第3名，受到江阴县人民政府嘉奖。

1958—1999年观山中学历任校长（负责人）一览

表17-26

名　称	校长（负责人）姓名	任职时间
江阴县观山初级中学	张锡生	1958.9—1962.8
江阴县观山民办初级中学	张锡生	1962.9—1964.8
	凌福逊	1964.9—1965.8
江阴县观山中学	凌福逊	1965.9—1981.8
	金云培	1981.9—1982.8
江阴县观山初级中学	金云培	1982.9—1983.3
	刘汝康	1983.3—1987.4
江阴市观山初级中学	刘汝康	1987.4—1999.8

三、花果初级中学

1968年9月，花果大队在南潭村谭家祠堂内开设初一年级一个班，学生13名，教师1名，由花果大队党支部书记周兴华兼任负责人。1969年9月，校舍迁移至大队办公室东侧新建的3间平房内，同时，谢南初中的一个初一班被并入花果初中。其时，生源来自花果、谢南、马泾、曙光等大队，开设2个初中班，初一年级学生28名，初二年级学生13名，教师4名。至1979年，校舍扩建达到11间，学生增至230余名，拥有教师9名。1982年5月，经县教育局和公社两级批准，花果初中选址于谢南大队张塘村北边，征地5.5亩，由县教育局、南闸公社、谢南大队各拨资金1万元，建造平房20间为校舍。1983年7月，花果初中迁入新校舍，其时，初一、初二年级各设3个班，学生250名，教师15名。1997年7月，花果初中被撤并至南闸中学。

1968—1997年花果初级中学历任校长（负责人）一览

表17-27

名　称	校长（负责人）姓名	任职时间
江阴县花果初级中学	周兴华（负责人）	1968.9—1970.8
	曹昆（负责人）	1970.9—1971.2
	邓兴成 校长	1971.2—1973.2
	耿玉湘（负责人）	1973.2—1973.8
	沈永炽 校长	1973.9—1975.8
	顾仁妹（负责人）	1975.9—1978.8
	邓兴成 校长	1978.9—1987.4
江阴市花果初级中学	邓兴成 校长	1987.4—1997.8

四、泗河初级中学

为方便农村学生上学，1965年9月，在西片开办了泗河初级中学，借用泗河中学教室开办初一年级一个班，学生30余名，3名教师，由泗河小学校长周志兴兼管。1966年"文化大革命"开始，学校处于停顿状态。1968年9月，学校恢复教学活动，按照国家规定课程上课。学生生源主要来自泗河、孟岸、陶湾、观西4个大队以及灯塔大队殳桥、盛家凹2个自然村。1970年后，学校拥有初一年级3个班，初二年级2个班，学生总数200余名，教师13名。学校先后由凌福逊、沈永炽、陈加生、沈永清、吴国宜、赵叙玉等担任负责人。1995年，泗河初级中学被撤并至观山初级中学。

第四章 职业教育

第一节 南闸初级师范

1958年9月，为适应教育事业的发展，迅速解决师资问题，南闸公社决定创办南闸初级师范学校，由公社纪委书记许鹤松、文卫科长游丽球具体抓办学工作。学校设在集镇南弄蒋家大楼，分为幼师和初师二个班。李汉斌为校长，统管校务工作，兼上政治课。教师有丁振华、杨振兴、张林坤，分别任教数学、语文和农业知识。学校招收幼师48名，全部为女知青；初师招收60名，男女混合；共计108名学生。一年后，公社决定停办师范学校，停办后，安排8名初师生当民办教师，3名幼师生当民办幼儿教师，其余有的插班至南闸初中初三年级继续学习，有的则回原地参加农业劳动。

第二节 农业中学

1958年3月，为了顺应全国上下的"大跃进"形势，在江阴县委统一领导下，县文教局发出了大办农业中学的指示。南闸公社党委研究决定在全公社办起南闸、泾西、曙光、曹桥、观山、观东、泗河等7所农业中学，都是借用小学、民房、庙宇、祠堂作为教室，条件十分简陋，实行半天上课、半天劳动的半工半读制。学生吃饭不要钱，口粮由学生所在生产队供应。乡党委调任泗河小学校长王勇忠为农业中学中心辅导员，统一协调7所农业中学的教学工作。当时共有10个班级，学生总数为388人，15名教师。1958年末，公社党委决定将7所农中合并，校址选在灯塔大队的凤凰山南麓。1960年，公社派吴甫良任农中校长，开设6个班级，学生266人，教职员12名。公社划出80亩土地给学校作为教学基地，开设有畜牧、森林、蚕桑、作物栽培等专业班。1962年，按照中央"调整、巩固、充实、提高"的八字方针，农业中学停办。

1959—1961年南闸农业中学办班一览

表17-28

年 份	班级数	学生数	专任教师	教职员工	应届毕业生
1959	3	131	5	8	—
1960	6	266	8	12	49
1961	4	104	5	6	10

附： ## 我在农业中学任教的岁月

顾荣潮口述 陆福和整理

1958年3月，为了顺应全国上下的"大跃进"形势，加快在扫盲的基础上提高青少年的文化水平，在江阴县委的统一领导下，县文教局发出大办农业中学的指示。南闸乡党委研究决定，在全乡办起南闸、泾西、曙光、曹桥、观山、观东、泗河等7所农业中学。乡党委决定，由泗河小学校长王勇忠任农业中学的中心辅导员，统一协调7所农中的教学工作。我当年23岁，中专毕业后就在曹桥农业中学任教。

说起办学条件，各地农业中学是因陋就简开办起来的。我们曹桥农中先是在陈家祠堂上课，后来搬到蔡西八房村宋锡初家中，半天上课，半天劳动。

1958年10月，为统一管理学校，公社党委决定将7所农中合并，地址选在灯塔大队南高村北的凤凰山南麓，校舍仅有几间破矮房，我们带领学生，先是到观庄许家祠堂上课，后来又搬到陶湾的小山村。没有凳坐，我们发动学生将秋收以后的稻草捆起来当凳子坐，就这样上了一个月的课。当年11月，公社在凤凰山山坡上修建了简易校舍，我们回到那里，结束了"游击队"上课的模式。公社党委划出80亩水稻田与旱埠地给农中。农业中学提出的口号是："教学赛普中，生产赛老农"。为了达到这个目标，农中开设了畜牧、森林、桑蚕、作物栽培等专业班，将500多名文化程度参差不齐、年龄不一的学生分成了8个班。我当时负责森林、作物栽培。1959年，这是一个特殊的年代，1958年实行的"放开肚皮吃饱饭，鼓足干劲搞生产"的一阵风过后，人们开始勒紧裤带过日子，"闲时稀、忙时干，一年四季瓜菜代"，社会上缺粮现象严重。农业中学为了保障生源、增加学校的公共积累，由我负责培育山芋苗。我从当年3、4月份起，就带领一个班级50多人，开挖山芋苗坑。我记得一大片旱埠上，我们开挖了几十条山芋苗坑，大概每条长10米、宽1.5米左右。4月底，将藏在地窖里的新鲜山芋挖出来，坑里铺上一层稻草，撒上猪灰，再盖上一层几厘米厚的细土，然后把山芋一个个横铺在上面，铺上稻草，定期浇水。山芋苗培育出来以后，我们满足了自己学校15亩地的山芋种苗问题，还向社会出售了很多的山芋苗。灯塔村的徐细泉为了培育山芋苗经常到校与我共同研究，我们培育出来的山芋苗粗壮鲜活，深受公社社员喜爱，取得了社会效益和经济效益的双赢。当时，在南闸农中任教的有吴厚仁、倪宝增、张林坤、顾多生、蒋桂明、高鹤祥等15位教师。大家还带领学生学工、学农，我带领100多名学生到农具厂学工，其他老师带领学生学习兽医畜牧，参加家禽家畜的养殖与疾病预防。学农的学生在我们农中的几亩水稻地里移栽秧苗，种植三麦、油菜等作物。记得1959年和1960年那两年，水稻收获后，全部出售给国家，收获的几万斤山芋，除大部分上缴以外，留了一小部分供师生享用，弥补当时的粮食紧张情况。

1960年春季开学，公社党委决定，派泗河大队团支部书记吴富良同志任校长。吴富良有较强的工作能力和人脉关系，当时，他是江阴红专学校的团总支部书记。他刚来学校，就做了一件有益于农中的大事，他通过时任公社党委副书记徐荣初等领导的帮助，并在公社有关部门的支持下，将陶湾新庵堂房子的材料拆来造了新校舍，改善了学校的学习环境。

农中到1962年上半年，由于有些生产队干部不供应学生的粮食，所以学生每天减少，到后来越来越少。在县文教局与公社党委的协调下，根据哪里来哪里去的原则，我与张林坤、蒋桂明、高鹤祥等几位回归小教队伍当教师，吴富良、顾多生、吴厚仁等回到农村务农，学校清资核算，大家各奔东西，学生也回到各生产队参加生产劳动。至此，南闸公社农业中学结束了它的历史使命。

第三节 陆金标科技学校

1992年5月21日，江阴市香港同乡会会长、南闸籍陆镇捐献港币200万元，南闸镇政府创办"陆金标科技工业学校"，简称"陆金标科技学校"，受江阴市教育局领导。学校占地10.5亩，建筑面积7031平方米，固定资产519万元，1993年8月对外招生。

1994年3月18日，陆镇等一行25人来学校考察，并于1995年5月22日再次投资331万元建设基金。

1997年，陆金标科技学校按照市场需求，拓宽办学渠道，开设特色专业，提高办学层次。先后与盐城商校、常州旅游学校、盐城纺织工业学校、常州大学、苏州大学、无锡汽车工程学院、江阴工商学校建立合作关系，开展大学学历证书、专业证书、中等学历证书等教育。学校设置有文秘、机械技术、经济管理、财务会计、旅游管理、商务英语、计算机、市场管理、物流管理、酒店管理、电子技术应用、维修电工、美术装潢、电子商务、日语、韩语等专业。2000年，学校聘请日籍教师田中正子来校任教，提高学生的日语水平。

2001年3月，学校增挂"江阴市旅游学校"牌子，还先后与北京北辰购物中心、江阴市毛纺织染总厂、海澜集团有限公司等企业建立了长期学生校外实训基地。

为了鼓励在校学生努力深造，陆镇设立高考奖学金，被录取大学的学生每人奖励一万元（学生50%，教师50%）。1996—1999年，发放奖学金56万元。2000年，被江阴市教育局评为"江阴市十佳教师集体"。2002年，被江阴市文明委定为爱国主义教育基地。2003年，被江阴市教育局评为安全工作先进集体，被江阴市教育局、人事局评为先进学校。

2009年，江阴市教育局对全市职业学校调整，决定陆金标科技学校停止招生。2011年秋，最后一批学生毕业，教师分流，陆金标科技学校停办。1993—2009年，学校共培养合格毕业生2700多名，其中职高1065名，中专1229名，向苏州大学、东南大学、扬州大学、盐城纺织学院、无锡信息技术学院等高等院校输送人才达467名，向双良、海澜、长江电子等各大企业输送优秀毕业生400多人，就业率达95%以上。

江阴市陆金标科技学校历年办班统计一览

表17–29

年级	职 高				中 专					
	班级名称	人数	班级名称	人数	班级名称	人数	班级名称	人数	班级名称	人数
1992	高一（3）	44	高一（4）	47	—	—	—	—	—	—
1993	93文秘	55	93财会	60	—	—	—	—	—	—
1994	94财会	55	94美术	39	94工商	36	—	—	—	—
1995	95经管	33	—	—	95工商	41	95盐中	47	—	—
1996	96计算机	32	—	—	9工商	20	96盐中	38	—	—
1997	97高考	48	97职高	33	—	—	97盐中	39	97工商	27
1998	98高考	24	98特招	37	—	—	98盐中	31	—	—
1999	99特色班	55	—	—	99电工	22	99建筑装饰	14	—	—
2000	00综合1	29	00综合2	30	00电脑	9	—	—	—	—
2001	01微机	14	01综合	47	—	—	—	—	—	—

续表17-29

年级	职 高				中 专					
	班级名称	人数	班级名称	人数	班级名称	人数	班级名称	人数	班级名称	人数
2002	02高考	22	02春季班	35	02电子商务	20	02日语	41	—	—
2003	03财会	5	—	—	03电工	38	03日语	25	—	—
2004	04综合1	43	04综合2	26	04计算机	22	04电工	33	04染整	24
2005	05综合1	55	05综合2	31	05导游	31	05酒店	37	05电子电工	47
2006	06综合	47	06财会	44	06电工	49	06酒店	34	06韩语	23
2007	07财会	37	—	—	07商务	35	07机械1	35	07机械2	32
2008	08财会	30	08导游	8	08商务	26	08机械	34	08海员	25
1992	—	—	—	—	—	—	—	—	—	—
1993	—	—	—	—	—	—	—	—	—	—
1994	—	—	—	—	—	—	—	—	—	—
1995	—	—	—	—	—	—	—	—	—	—
1996	—	—	—	—	—	—	—	—	—	—
1997	97技工1	40	97技工2	40	—	—	—	—	—	—
1998	—	—	—	—	—	—	—	—	—	—
1999	—	—	—	—	—	—	—	—	—	—
2000					00旅游	39	00盐电	28		
2001					01旅游	46	01盐商	38		
2002	—	—	—	—	02旅游	38	02盐商	37		
2003	—	—	—	—	03旅游	30	03盐商	32		
2004	04工商	34	04物流	47	04导游	41	—	—	—	—
2005					05商务报关	50	05物流	47		
2006					06商务英语	51	06物流	31		
2007	07电子电工	27	07汽修	27	07无锡	37	—	—	—	—
2008	08航空	28	—	—	—	—	—	—	—	—

陆金标科技学校联合办班一览

表17-30

年 份	合作学校	人 数	年 份	合作学校	人 数
1995—1998	盐城师范学院	163	2006—2007	江苏信息技术学院	92
1999	无锡商贸旅游学校	13	2008	无锡汽车工程学院	13
2000—2002	苏州大学	127	2008	南京领航学校	14
2002	常州旅游学校	41	2008	廊坊航空学校	28
2005—2006	盐城纺织工学院	83	—	—	—

1993年—2011年陆金标科技学校历任校长一览

表17-31

姓 名	任职年月	职 务
刘文耀	1993.08—2007.07	校 长
顾荣潮	1993.08—1996.07	副校长

续表17-31

姓　名	任职年月	职　务
顾汝玉	1996.08—2004.07	副校长
陈三敏	2004.08—2007.07	副校长
陈三敏	2007.08—2011.03	校　长
吴惠娟	2007.08—2011.10	副校长、校长

第五章　成人教育

第一节　扫　盲

民国二十四年（1935）冬，全县推广民间识字，南闸少数村庄办起民众学校，后因日军入侵停止。

1949年冬，全县掀起农民识字学文化热潮，各行政村办起冬学，聘请有一定文化水平的农民或所在地的小学教师担任教学工作，不取报酬。南闸小学教师钱逸人被评为江阴县花山区扫盲模范教师，并出席县、常州专署召开的群英大会。青壮年男女文盲、半文盲大部分入学，当年共办冬学38班，学员1520人。办得好的冬学转为常年民校，设扫盲班和高小班。1951年4月，开始办常年民校，设扫盲班20班，高小班25班。农忙少学，农闲多学。参加学习的农民有1000余人。

1958年，"大跃进"再次掀起扫盲高潮，办识字组、包教包学、送教上门、布置识字环境，利用工地休息时间突击扫盲，刮起"无盲社队"的"浮夸风"，结果收获不大。

"文化大革命"开始后，识字教育停顿多年，直到1972年才恢复扫盲教育工作。1977年，人民公社成立扫盲办公室，建立扫盲小分队，限期脱盲。1978年12月，经县文教局验收，南闸地区青壮年文盲脱盲率为91.6%；1982年，统计为97.5%；1990年第四次全国人口普查时，南闸青壮年非文盲率达98%。1983年南闸成教中心成立后，扫盲工作由成人教育中心校负责。1993年年底，无锡市合格成教中心校验收时，南闸青壮年非文盲率达99.41%。1994年，南闸成教中心被评为江苏省扫盲教育先进单位。1999年5月，成教中心校基本现代化验收时，青壮年非文盲率达99.76%。

第二节　技术培训

1983年2月，南闸公社成人业余教育中心校在璜村大队林场成立，有2间教室、1名专职人员。当年设计绘图班被评为县业余教育先进班。1984年3月，江苏省成人教育现场会在江阴召开，与会人员到南闸成教中心参观，这一年9月，中央电视台委托江苏电视台拍摄电视专题片，《新华日报》报道了南闸公社成教中心的先进事迹，是年年终受到了江阴县政府、无锡市教育局的表彰。

1987年，成教中心校搬迁至原南闸中心小学，有4间教室、2名专职人员。1988年，先后开办文化教育与农工副业培训班64期，学员2395人次。输送乡村企业财会人员56人，被录取大专院校14人、中专2人。1991年1月，通过江阴市教委合格成人教育中心校验收。

1993年9月，南闸成人教育中心校与陆金标科技学校实行"成职教一体化"，确立短期培训与学历教育相结合的发展模式。1994年1月，南闸成教中心校成为无锡市合格成人教育中心校。学校根据本镇实际需要，开设会计上岗证、会计电算化、计算机实用技术、青少年桥牌、安全生产、WTO、电工等短期培训。1993年至2003年间办班530期，培训学员21960人次。

1996年，南闸成人教育中心校成为省重点乡镇成人教育中心校。

2004年到2010年，成教中心校办班240期，培训学员11000人次。2006年，被无锡市考核委员会评为乡镇合格自考辅导班。

2011年到2014年，办班130多次，培训学员10600人次。主要开设电工、冷作工、铣工、车工、叉车操作工、行车工、计算机操作员、会计继续教育、创业培训、葡萄种植、公修等课程。

2011年，南闸各个村委、社区也相继成立了市民学校、村民学校，紫金社区市民学校被评为江阴市"示范市民学校"。2014年下半年，南闸社区教育中心校通过江苏省标准化社区教育中心校的验收评估。

第三节 老年学校

2012年，南闸成人教育中心附设街道老年学校，常年开设戏曲、舞蹈、书法、太极拳等培训班，为南闸街道老年人老有所学、老有所乐提供便利与服务。

1983—2018年南闸成人教育中心校历任负责人一览

表17-32

姓 名	任职时间	职 务
吕金华	1983.02—1987.08	负责人
顾荣潮	1987.09—1996.08	副校长
顾汝玉	1996.09—2004.08	副校长
刘文耀	1998.09—2007.08	校 长
陈三敏	2004.09—2007.08	副校长
陈三敏	2007.09—2011.03	校 长
吴惠娟	2011.03—2015.08	校 长
于新斌	2015.09—2017.09	校 长
张少华	2017.09—	校 长

2012—2018年南闸街道老年学校办班情况一览

表17-33

年 份	班级名称	人 数	班级名称	人 数	班级名称	人 数	班级名称	人 数
2012	戏曲	14	舞蹈	30	书法	—	太极拳	—
2013	戏曲	14	舞蹈	30	书法	—	太极拳	—
2014	戏曲	17	舞蹈	29	书法	—	太极拳	—
2015	戏曲	14	舞蹈	28	书法	18	太极拳	—
2016	戏曲	17	舞蹈	30	书法	20	太极拳	9
2017	戏曲	21	舞蹈	45	书法	25	太极拳	13
2018	戏曲	35	舞蹈	45	书法	32	太极拳	25

第六章　教师管理

第一节　行政管理

清末科举将废，江阴各地兴办学堂。清光绪三十年（1904）江阴县设学务所，办理全县学务，光绪三十二年（1906）4月，清政府发布《劝学所章程》，次年改学务所为劝学所，作为县一级的教育行政机关。

民国元年（1912），裁撤劝学所，县署内设学务课管理全县教育。民国六年（1917）11月，省教育厅成立，恢复劝学所。民国十二年（1923）设置江阴县教育局。

1949年7月，县人民政府设置教育局，管理全县中小学教育、文化、体育及业余教育。县行政5个区政府各设文教股股长，管理本地区教育事业。1958年5月撤区，成立人民公社，公社设文教助理员，管理文教行政工作。1960年，县文教局在各片配备视导员1名。1966年"文化大革命"开始，教育管理机构瘫痪。1968年，公社革命委员会成立教育革命领导小组。1978年5月，重建江阴县文教局。是年，撤销公社教革组。1980年10月，恢复设置视导员。1984年，由1名副乡长分管教育，并配备文教助理1名。1992年6月，镇设教育委员会，镇教委设一名督导员，与文教助理联合办公。2001年，实行机构改革，撤销镇教育委员会，恢复实行由一名副镇长分管、一名文教助理具体负责的教育管理体制。2009年年底，南闸撤镇成立南闸街道办事处，办事处一名副主任分管教育，一名文教助理具体负责教育管理工作。

第二节　学校管理

清末，小学设堂长1名，主持学堂事务。

民国以后，县立中小学与乡立中小学分别由县、乡两级管理，私校由校董会管理，各公私中、小学均设校长1名，总理校务。规模较大的学校设置教务、训育、总务3处，各设1名主任，单双班仅设校长1人总管。

中华人民共和国成立后，小学由县教育行政部门管理，中学在解放初归常州行政区专员公署文教处领导，1953年由苏州行政专员公署文教处领导，为加强对学生思想政治工作领导，中学配备政治辅导员1名。此后，各学校基层教育工会、共青团、学生会、少年先锋队组织相继成立，中心小学设少先队总辅导员。1953年，取消中学政治辅导员，思想政治工作归并教导处管理。

1958年实行"条块"领导管理体制，学校由县、公社共管，以县教育行政部门为主。各公社建有中学或小学党支部、文卫联合支部。中学、中心小学设正、副校长，负责学校全面工作。

20世纪50年代初，幼儿园一般附设在小学内。20世纪50年代后，幼儿园改称中心幼儿园，设园长1名管理院内事务。

1986年，中学、中心小学均成立教职工代表大会，参与民主管理学校，校长向教代会报告工作，学校改革措施及重大事项，需经教代会通过执行。该年7月，实行县、乡（镇）分级办学分级管理。部分学校设校务委员会，建立校董会。

1987年，开始优化目标管理，制订校长、政教、教务、总务以及班主任等各部门工作职责，实行各种岗位责任制、工作量制，制订学生日常行为规范，学校行政管理和业务管理不断改进与提高。

1990年逐步推广落实校长选任制、教师定编聘任制、教育岗位责任制、工作考核奖惩制等管理办法，使学校管理不断规范化、科学化。之后，这套管理制度一直沿用下来。

第三节　教育经费

清代至民国，境内三所义学的经费基本来自庙产充作校产的田地来收租取息所得，其中蔡泾一处义塾有田52亩多、漕田50亩，泗河一处有田171亩多，观山有田24亩、漕田141.59亩，不同时期有增减。不少热心教育的人士，捐出田地房产以作学校经费，至于私塾经费，大多源于学童收费，有不足部分，以宗族的公产来补充或私人筹集补充，官宦及有钱人家的家塾都是自筹。清光绪二十九年（1903），清政府颁发《癸卯学制》后，全国各地办起学堂，作为"民众办学"官方资助的公立学堂，其经费一是由公众筹集，二是得益者出资，三是官府从公益捐中拨一点以作补充，也有的学校置有田户。私立学校则由主办人负责学校一切经费。民国初期，乡区公立学校经费来源依靠附税、杂捐、公款公产，县拨教育补助经费和寄附金（捐助款）五项，经费不足时由地方另行征收附税、特税。私立学校自行维持，县里只给少量补助。民国十四年（1925）规定，在田赋内增加2分捐，作为推广义务教育经费。民国十六年（1927），县政府为挽救教育经费不足的危局，规定在地方经费中分十成分配，民政、建设、教育各占三成，一成留作他用。为进一步广筹教育经费，在原来税收基础上复加普教备捐6分，合前2分，并作8分，以扩充乡村小学之需。民国二十二年，县整顿教育经费，将分散在各乡间田产收入全部集中起来，统一使用。民国二十三年，对私立学校开始给予10%—20%的补助。由于天灾、战事，附税及税金大减，政府拨款减少，物价又飞涨，以及管理紊乱等因素，教育经费入不敷出。1947年初，江阴县教育局派到南闸中心的校长无锡人凌以廑到校后就将学生开学上交的经费合计14石七斗六升席卷而去，并离校旷职，致使学校无法正常运转。

中华人民共和国成立初，乡村公立学校经费由县人民政府随同公粮征收地方附加公粮解决，私立学校仍由校董及学校收取的学费解决，政府给予适当补助。1958年，公社办的小学、半耕半读、农（职）业中学，坚持自办原则，不拿国家经费，实行生产自给。1958年，《人民日报》《中国青年报》先后发表关于开展勤工俭学的社论。是年5月，江阴县专门召开会议，号召各校开展勤工俭学活动。此后，各校根据不同条件，开展多种多样的勤工俭学活动。南闸中心小学勤工俭学活动成绩突出，江阴县教育局组织全县各校校长在该校召开勤工俭学现场会，其勤工俭学情况还在苏州地区教育经验交流会上作了介绍。1960年，王素云老师代表学校出席了省群英大会。公社农业中学师生种植80多亩地的粮副食品等作物，不但自给有余，还将绝大部分多余的粮食及农作物卖给国家上交政府，为学校增添教育资金，并将凤凰山农校扩建和完善。1960年，实行"两条腿走路"方针，公社办的中小学，自力更生解决经费问题。1961—1962年，教育经费压缩。1963年，在继续压缩经费的基础上，中小学学费收入专款专用，不上缴财政。1966年起开始"文化大革命"，除学校正常支出的经费外，还得开支学生的串联费和活动经费，由于学生停课闹革命，不交学杂费，经费只能保证公办教师的工资及民办教师的国家补助部分以及正常的办公费用。1968年，贯彻中央的"关于进一步实行节约闹革命，坚决节约开支"的通知精神，教育经费预算总指标比1967年节约30%—40%，不另发"文化大革命"活动经费。1970年开始，教育经费除国家拨款外，实行公社统筹和农业税统筹，教育经费有所增加，中、小学民办教师工资实行民办公助。1979年开始，教育经费逐年增加。1980年开始实行"预算包干"办法，对各校的行政经费和各项费用的定额包干使用，结余备用，超支不补，同时为增加教育投入，发动社会力量多方面筹措教育经费，实行国家和社会力量共同办学，使教育经费有稳定可靠的来源，以不断增加教育投入，改善办学条件，提高教师待遇。1984年开征"农村教育事业费附加"。1988年开征"职工教育基金"，部分学校成立由工人、农民、企事业单位及乡、村干部代表组成的校董会或学校顾问委员会，协助筹措部分教育经费。1991年7月，开征"人民教育基金"，从1993年起，南闸幼儿园学生每人40元，小学生每人50元，初中生每人60元，高中生每人70元。所收款项全额上缴财政所，专款专用。至2002年已形成政府财政拨款，征收教育事业费附加和人民教育基金，开展勤工俭学发展校办工业、社会集资、群众捐资等多种渠道筹措教育经费的新机制，使教育事业经费有稳定可靠的保障。

1971年，南闸中学创办矽钢片冲件厂。1978年，将利润积余建造了二层20间教学大楼。1981年又建起15间教学大楼，并征用12.5亩地建操场。之后，南闸地区陆续办起了不少校办企业。到1988年，南闸有校办企业21家，职工达168人，总产值299.8万元，净利润44.97万元。1993年，总产值达1412.05万元，利润162.7万元。校办厂利润为学校基本建设与增添教育教学设施提供了大量资金，为学校经费和教职工福利的提高作出了很大贡献。1980年，曹桥小学校办企业成为江苏省勤工俭学先进学校，该校利用校办企业利润建成无锡市第一所农村电气化学校、江苏省一流的农村现代化学校。为发展南闸的教育事业，许多单位与群众积极资助政府办学。1994年，南闸中心小学建造教学大楼，收到所捐钱物达35万元之多。2004年，新建操场收到捐款1.5万元。2001年，教育经费形成"两保证"（保证列入市、镇财政预算和规费足额征收，保证投入总量逐年增加）、"两渠道"（突出主渠道，坚持多渠道）、"两监管"（市、镇人大监管，并列入考核内容）的投入机制。由于社会经济发展的高速增长，政府对学校的投入不断加大。2005年，政府对教育经费的投入每生、每年公用经费中，小学生为130元，初中生为150元。之后生均公用经费每年递增20元。到2008年，生均公用经费为小学生每年每生300元，初中生每年每生是500元。2012年，小学生每生每年公用经费为800元，初中生每生每年1000元。从2007年开始，所有农村义务教育阶段学生的国家课程教科书及作业本费的资金全部由国家提供。

1986—1999年南闸教育经费政府投入一览

表17-34   单位：万元

年 份	总投入	年 份	总投入	年 份	总投入
1986年	49.61	1996年	275	2006年	2225
1987年	60.58	1997年	345.88	2007年	2654.55
1988年	61.46	1998年	757	2008年	2812.45
1989年	69.48	1999年	817	2009年	3093.52
1990年	61.70	2000年	950	2010年	4694.96
1991年	92.2	2001年	676	2011年	5074.4
1992年	111.5	2002年	1568	2012年	4310.82
1993年	138.3	2003年	1721	2013年	5308.76
1994年	224.93	2004年	1719	2014年	7218.65
1995年	244.18	2005年	1810	2015年	8300.74

第七章 师资队伍

第一节 队伍结构

旧时，南闸地区的教师大都为经过科举考试的文人，许多是家境贫困的秀才，少数甚至是举人。清光绪三十一年（1905）废除科举考试后，一些中第的秀才、举人被断绝了仕途，家庭生活比较富裕的便"不为良相，即为良医"，投身杏林，悬壶济世；生活拮据的便转而当起"传道授业解惑"的师者，聊以养家糊口。如清末科文举人蔡西人缪小春、秀才缪俊明，泾西秀才蒯赞庭，河东秀才蒋少庭，观东秀才沈耀进都是闻名闾里的名师。民国以后，教师队伍不断扩大，当局对教员资格做了规定，成立小学教员资格鉴定委员会，对在职小学教员进行了鉴定考试。民国八年（1919），南闸地区有教师23人；民国三十五年（1946），有教师45人。民国时期，学校有公立和私立两类。公立学校校长由县行政部门任免，私立学校由校董会聘请，教员由校长聘用。

中华人民共和国成立后，教师由县教育行政部门统一分配，教师队伍随着教育事业发展而扩大。1958年后，民办教育事业大发展，吸收社会知识青年充实教师队伍。1969年，吸收一批复员军人以及经过劳动锻炼的知识青年参加"红师班"，培训后当民办教师或代课教师。1971年起，政府逐年将符合条件的民办、代课教师转为公办教师。南闸中小学通过各种渠道（转正考试、转成大集体人员、考入师范院校培训学习以及直接转正等）转成正式教师的人数多达150多人。

"文化大革命"期间，一大批初、高中毕业生进入教师队伍，整体素质下降。1975年，南闸中小学教师中本科生15人，大专生13人，高中生142人，占47%，中师生50人，占17%，其余是初中生，影响了整体教学质量。"文化大革命"结束后，县加强对教师队伍的管理，整顿民办教师队伍，严格按照小学教师必须达到中师毕业，初中教师必须达到高师专科毕业和高中教师必须达到高等师范本科毕业的要求，采取多种途径进行师资培训。县文教局对全县民办教师在政治思想、文化业务、身体健康多方面进行全面考核，被录用的发任用证书。一方面恢复了师范院校的招生，同时恢复了对在职教师的函授教育，县教师进修学校还经常开办各科业务培训班，初中、小学校长及中层干部也参加县教师进修学校举办的行政培训，教育行政部门和各类学校也十分重视教师业务培训与提高，南闸公社设立了中师函授辅导站，协助县教师进修学校组织教师自学辅导。20世纪80年代起，每年都有师范院校毕业生被分配到中小学任教。进入90年代，镇政府制订了优惠政策，吸引外省市师范院校学生、教师到南闸任教。教师队伍整体水平得到提高。进入21世纪后，南闸街道的中小学教师，90%以上达到了相应的学历水平。

2015年南闸教师学历情况一览

表17-35

学校名称	本科及以上毕业	大专毕业	中师（高中）毕业	合　计
实验学校中学部	132	16	1	149
实验学校小学部	24	9	9	42
中心小学	80	18	9	107
幼儿园	44	31	3	78
成职教	4	1	1	6
合　计	284	75	23	382

　　1987年，对中小学教师进行职称评审。中小学教师职称分别设有高级教师、一级教师、二级教师、三级教师四等。首先对公办教师进行评审，再对民办教师进行评审，幼儿教师参与小学教师评审。首次职称评审，南闸的小学教师中获小学高级教师有21人、一级教师50人、二级教师31人、三级教师2人。2015年，教师职称制度进行改革，将原来中小学相互独立的职称（职务）制度体系统一职称（职务）等级和名称，建立统一的中小学教师职务制度，统一后的中小学教师职称（职务）分别与事业单位岗位等级相对称。小学中的小、中、高职称和高级讲师职称归为高级教师这一等级，讲师、高级工归为一级教师这一等级，助理会计师归为二级教师这一等级，2015年，全街道教师高级职称28人，中级职称239人，二级教师77人，三级教师3人。

2015年南闸教师职称一览

表17-36

学校名称	中学高级	高级讲师	一级教师	高级工	讲师	二级教师	助理会计师	三级教师	无职称	合　计
实验学校中学部	23	—	112	1	—	11	1	—	1	149
实验学校小学部	1	1	29	—	—	10	—	1	—	42
中心小学	2	—	82	—	—	21	—	—	2	107
南闸幼儿园	—	—	11	—	—	34	—	2	31	78
成教中心校	1	—	2	1	1	—	—	—	1	6
合计	27	1	236	2	1	76	1	3	35	382

第二节　教师待遇

一、政治待遇

　　中华人民共和国成立前，教职工地位低下，职业没有保障，每逢寒暑假，多数教员为谋求一纸"聘书"而四处奔走。从1952年起，教师开始享受国家干部待遇，由政府安排工作和进行管理，并享受公费医疗待遇，历届"人大""政协"都有教师代表参加，参政议政。工作有显著成绩的老师，被政府授予"先进工作者""优秀教师""劳动模范"等称号。

　　中华人民共和国成立后，对知识分子贯彻"团结、教育、改造、使用"的政策。在思想领域之中，教师被看作资产阶级知识分子，强调要接受教育改造，特别要接受工人阶级和贫下中农的再教育。

1957年"反右整风"，南闸地区有6位教师被划为右派分子，有些甚至被判刑。"文化大革命"时期，不少教师遭到关押和批斗，受到不公正待遇。

1978年，中共十一届三中全会以后，知识分子政策落实，错划的右派全部改正，平反了冤假错案。从1985年开始，给有30年教龄的教师颁发荣誉证书，以鼓励教师终身从事教育事业，江阴市政府对一家三代都从事教育工作的家庭颁发"教师世家"匾额，南闸中心小学蒋正元家庭获此殊荣。是年，国务院规定每年的9月10日为"教师节"。

二、经济待遇

中华人民共和国成立前，教师生活十分清苦，待遇低，所以有"十个教师九个穷"的民谚说法。民国六年（1917），江阴国民学校高等小学校长、教员的月薪分为14级，最低的是助教员，月薪为4元，成绩突出可以增至8元，最高的是校长，为60元。民国十九年（1930），在任中学教员最低年薪150元，最高年薪为720元；小学教员最低年薪60元，最高420元。民国二十二年（1933），全县小学教员平均月薪13.62元，月薪2.5至12.5元的占40%，月薪13至31元的占48.3%，月薪31.5至40元的占1.2%，另外还有12名无薪金可拿的义务教员占1.5%。民国二十三年（1934），中学最高月薪78元，最低月薪25元；小学最高月薪31元，最低月薪12元，还常常积欠不发，加上物价飞涨，教师实际收入远低于规定标准。民国二十四年（1935），根据教员学历确定底薪，中师毕业生每月底薪20元，县师毕业生每月底薪16元，中学毕业经鉴定合格者每月底薪18元，暂用教员每月底薪10至12元，教员兼主任每月加2元，校长按班级数算，只有1个班的加2元，2个班的加3元，班级越多加得越多。当时每石粳米为5至6元，初级小学校长月薪最高的22元，月薪最低的14元；教员最高20元，最低12元。民国三十七年（1948），教薪积欠数月不发，教员生活难以维持，索薪风潮屡起，全县先后5次推派代表向县长请愿，要求发放欠薪。

民国三十六年（1947）5月，法币贬值，实施薪金调整，月薪在3万至60万法币之间，以当时的市价比，相当于1石米价。南闸地区绝大部分农村学校教师工资还无法拿到现金，以学生交的米和麦充当学费，以一校总数再扣除学校日常费用后再相应分摊到每个教师。

中华人民共和国成立初期，教师工资由教育行政部门直接掌握，每月按时发放。苏南行政公署规定中小学教师月薪折实单位发放，一般每月50至70个折实单位，一个折实单位合旧币1130元。1952年，中小学教师工资改为工资分制，每个工资分值合人民币0.2463元，小学教师平均每人每月130个工资分，约旧币32万元；中学教师平均每人每月193个工资分，约合旧币48万元。1953年起，公办教师实行产假、病假及退职退休制度。1956年实行工资改革，由工资分制改为货币工资制，同时调整工资，小学教师平均40元左右，中学教师平均53元左右，民办教师采取"民办公助，以生养师"的原则，工资来源主要靠学费收入，国家定期补助。1959年实行固定工资制，小学民办教师每月20至30元，中学民办教师每月24至35元。1960年，部分公办教职员工调整工资。1963年，公办中小学教职工调整工资。调整范围包括职工升级，调整过低职工工资，转正定级，调级面占45%。调整后，县中学教职工平均月工资51.13元，小学教职工为39.69元，幼儿园教职员工为39.24元。"文化大革命"中，调整了小部分教职员工工资。1974年，中学的公办教工工资县平均49.25元，小学的公办教师县平均为42.88元。对新吸收的民办教职工，实行"工分加补贴"，按每月27元工资标准，发给每人每月10%至20%，最多不超过30%，作为生活补贴，其余交生产队按正劳力记工。对1965年前参加工作的老民办教职工仍实行工资制。1974年，改为由国家和集体补助、学费收入、本人劳动所得四部分构成，按每月22至32元确定每人收入，一般是中学高于小学。当时南闸公社的民办教师每月工资是24至28元，中学、小学没有分别。

1977年，对工作多年、工资偏低的中小学公办教职工进行调整，调整面为40%。1979年，又按工作态度、业务水平、贡献三项大小调整工资，调资面为46.4%。同年，开始实行班主任津贴（不分公办、民办），每月5元。1980年，全县公办教职工中学人均月工资为53.43元，小学人均月工资为49.16元。同年，全县对民办教职工经费试行统筹，实行固定工资制，城镇居民户民办教职工的医疗费，由县教育局每人每月拨给2.5元，以乡镇为单位由完全中学、中心小学统一掌握保管使用。1981年10月，给1978年年底以前参加工作的中小学公办教职员工调高一级工资，其中极少数调高二级。同时，给大集体教职员工调整工资。同年，属补助范围内的民办教师全年增补助费50元，不属补助范围的长期代课教师每月增发代课金3元。1982年，全县公办教职工，中学平均月工资58.71元，小学平均月工资为54.85元。1985年工资改革，中小学教职工的工资由基础工资、教龄津贴和工龄津贴三部分组成。同年，民办教职工工资从国家补助费和乡镇教育事业附加费中支付，同样由基础工资、教龄津贴、工龄津贴三部分构成。1986年，全县有2935名中小学公办教职工提升一级工资，占公办教职员工的61.2%。1987年，全县又有50%的公办教职工增资。1987年，全县中学、小学公办教职工基础工资人均每月分别为86元、81.9元，中学、小学民办教职工基础工资人均每月分别为56.86元、53.7元。除基本工资外，每人每月还发放物价补贴8元、洗理费5元、书报费5元、节支费15元、班主任费5元。1988年以后，随着经济的发展，物价的涨幅，工资逐渐提高，各类补贴也逐渐增多。

南闸镇政府关心合同民办教师的工资待遇，从2001年10月起对全镇20名合同民办教师和119名代课教师以及2名退休老民办教师调整工资和各项补贴，其标准为：合同民办教师工资参照公办教师同类人员工资标准执行，分三年全部调整到位。代课教师按学历与工作年限进行调整，最低为每月330元，最高为每月400元。

2009年，按国家规定执行事业单位绩效工资制度的义务教育学校教师，从2009年1月1日起实施绩效工资。在职人员绩效工资由基础性绩效工资和奖励性绩效工资两部分组成，基础性绩效工资占绩效工资总量的70%，奖励性绩效工资占绩效工资总量的30%。基础性绩效工资设立岗位津贴、生活补贴两项。对履行岗位职责、完成学校规定教育教学任务的，全额发放基础性绩效工资；对没有履行岗位职责、没有完成规定教育教学任务的，视情节减发基础性绩效工资。奖励性绩效工资在项目设置上设立班主任补贴外，由学校根据实际情况设立一线骨干教师津贴、教育教学奖励等项目。班主任津贴：小学300元/月，初中400元/月，不担任班主任不享受。2008年12月31日前已办理离退休手续的离退休人员生活补贴从2009年1月1日起发放。

2014年7月1日起，调整江阴市事业单位性质的义务教育学校教师的绩效工资标准，在职人员按执行基本工资对应的岗位，根据本人的工作年限，对照《江阴市义务教育学校在职人员基础性绩效工资标准表》确定基础性绩效工资标准：凡工作在9年（包括9）以下者，各类人员每月增资335元；凡工作在10至19年的，每月增资515元；凡工作在20至29年的，增资695元；凡工作在30至39年的，每月增资875元；凡工作在40年以上者，每月增资1100元。2014年10月起，对每位退休教师加发生活补贴费。同时，对高龄教师实行高龄补贴，凡1934年9月30日前出生的，每月补助80元；1934年10月1日到1939年9月30日出生的，每月补助60元。

2015年10月部分小学教师工资一览

表17-37   单位：元

姓名	应发工资项									应发工资	个人代扣项				实发工资
	岗位工资	薪级工资	岗位津贴	生活补贴	教龄津贴	提租补贴	医疗补贴	提高10%	交通补贴		医疗保险	住房公积金	失业保险	所得税	
吴老师	730	703	3075	2050	10	368	6	144	300	7386	103.06	902	25.77	—	6355.17
孙老师	780	643	2895	2050	10	425	6	143	300	7252	102.86	1039	25.72	—	6084.42
刘老师	780	869	3175	2050	10	395	6	165	300	7750	109.28	968	27.32	—	6645.40
徐老师	680	317	2415	2050	7	387	6	100	300	6262	88.50	947	22.13	—	5204.37
张老师	680	295	2415	2050	5	366	6	98	300	6215	88.06	896	22.02	—	5208.92
花老师	680	295	2415	2050	5	368	6	98	300	6217	88.06	900	22.02	—	5206.92
陆老师	680	295	2415	2050	5	377	6	98	300	6226	88.06	922	22.02	—	5193.92
吴老师	680	365	2415	2050	7	392	6	105	300	6320	89.42	959	22.36	—	5249.22
谭老师	680	365	2415	2050	7	379	6	105	300	6307	89.42	927	22.36	—	5268.22
周老师	680	341	2415	2050	7	361	6	103	300	6263	88.94	884	22.24	—	5267.82

2015年10月部分中学教师工资一览

表17-38   单位：元

姓名	应发工资项									应发工资	个人代扣项				实发工资
	岗位工资	薪级工资	岗位津贴	生活补贴	教龄津贴	提租补贴	医疗补贴	提高10%	交通补贴		医疗保险	住房公积金	失业保险	所得税	
王老师	1180	904	3525	2050	10	426	6	209	300	8610	124.98	1042	31.25	5.30	7406.47
耿老师	1180	1109	3805	2050	10	559	6	229	300	9248	130.88	1368	32.72	7.72	7708.68
陈老师	1180	944	3525	2050	10	513	6	213	300	8741	125.68	1255	31.42	2.82	7326.08
张老师	1180	1024	3525	2050	10	511	6	221	300	8827	127.28	1251	31.82	5.46	7411.44
宋老师	1180	1024	3525	2050	10	466	6	221	300	8782	127.28	1141	31.82	7.41	7474.49
周老师	730	643	3075	2050	10	401	6	138	300	7353	101.86	980	25.47	—	6245.67
金老师	730	555	2795	2050	10	393	6	129	300	6968	98.14	962	24.54	—	5883.32
陈老师	1040	555	3145	2050	10	462	6	160	300	7728	107.14	1131	26.79	—	6463.07
任老师	730	555	2795	2050	10	402	6	129	300	6977	98.14	984	24.54	—	5870.32
吴老师	730	527	2795	2050	10	410	6	126	300	6954	97.58	1002	24.40	—	5830.02

第十八编　文化·体育

第一章　文　化

第一节　文化机构

一、南闸文化站

1958年10月，南闸公社文化站成立，站址位于公社大院内。文化站当时的主要任务是利用文艺形式配合政府的中心工作。第一位站长为陶德贤，他创作了一些说唱节目，并经常下乡为群众讲故事、读报纸，宣传党的领导和社会主义的优越性，发挥出了文化站应有的作用。1959年10月至1963年7月，文化站因故停办，1968年8月重新恢复。此后文化站先后搬迁至供销社、食品站、运输社、车木厂、中心小学幼儿园等场所，虽几经搬迁，但一直坚持了下来。"文化大革命"时期，文化站的文艺活动主要是普及样板戏，曾举办过200多人的样板戏培训班，并排练了现代京剧《沙家浜》，然后到各村巡回演出。1970年10月，张树森任站长。1972年8月，文化站成立了宣传队，常年下乡，白天生产劳动，晚上与生产队社员一起演出文艺节目，极大地丰富了农村的业余文化生活。文化站站长张树森和副站长花泽炜创作了许多优秀作品，如男声表演唱《贫下中农送我上大学》《老李蹲点》《巧上工地》，相声《新式婚礼》，小喜剧《还差得远》等，其中《还差得远》代表苏州地区参加1978年"文化大革命"后的第一次戏曲会演，获创作、演出二等奖，并被收入《1949—1979江苏小戏选》。宣传队在配合政府中心工作进行演出的同时，积极参加各级文艺会演，《老李蹲点》代表江阴县参加苏州地区文艺演出，分别获创作和表演一等奖。20世纪70年代末，宣传队还经常到周边乡镇进行演出，并赴靖江、扬中、武进等县进行演出，所到之处，都受到了热烈欢迎，在当时小有名气。20世纪80年代，文化站已初具规模，拥有图书室、录像室、歌舞厅等活动设施，还开办了副食店，实行多种经营。特别是录像室，每天都要放映几场录像，最火时还要加映，场场爆满。1987年，文化站被江苏省影像管理委员会授予"江苏省录像放映先进集体"称号。2001年，南闸镇文化站更名为南闸镇文化服务中心，原位于南闸镇中心街原文化站内，后迁移至南闸影剧院，2005年又迁至原南闸镇政府，2008年1月搬迁至南闸白玉路259号便民服务中心三楼。占地面积4500平方米，内设图书馆、电子阅览室、书画展览室、书画创作室、音舞排练室、两江画院美术馆、绿色网吧、文化信息资源共享工程播放室、棋牌室、辅导培训室以及资源共享的白玉楼书场等10多个活动场所。文化服务中心充分利用现有设施，每年都要开展几十次形式多样的文化惠民活动，如送戏下乡和送戏进城、市民大舞台才艺展示、红歌比赛、故事演讲比赛、书画作品展、文明大讲堂等，为人民群众送上了一道道精美的文化大餐，发挥出了其重要的文化服务功能。2008年，文化服务中心被江苏省文化厅评为"文化站建设先进集体"。2009年，被无锡市文化广电新闻出版局评为优秀文化中心。2007—2010年，连续4年被江阴市文化广电新闻出版局评为江阴市"十佳"文化服务中心。文化服务中心还为南闸镇全力争创特色文化之乡做出重要贡献。2006年，南闸镇被江阴市精神文明建设指导委员会评为"江阴市书画之乡"；2010年8月，被江苏省文化厅评为"江苏省特色文化（书画）之乡"；2011年2月，被无锡市文化广电新闻出版局评为"无锡市特色文化（书画）之乡"。

1958—2015年南闸公社（乡、镇、街道）文化站长和文化服务中心主任任职一览

表18-1

姓　名	任职时间	姓　名	任职时间
陶德贤	1958.10—1959.10	陶兴元	2002—2005
徐云明	1963.8—1964.8	陆国平	2005—2010
蒋秀英	1964.8—1968.8	许中新	2010.12—2012.6
张君初	1968.9—1970.9	许建春	2012.7—
张树森	1970—2002		

1964—2015年南闸公社（乡、镇、街道）文化站和文化服务中心获奖作品一览

表18-2

作品名称	形　式	创作（表演）	获奖等级	获奖时间
夸灯塔	男声表演唱	蒋敏华、吴良成、张树森	江阴县文艺会演创作、表演一等奖	1964年
还差得远	小喜剧	花泽炜、张树森	江苏省小戏调演创作、演出二等奖	1978年10月
天啊天	沪剧	花泽炜、张树森	江阴县文艺汇演、创作演出一等奖	1979年10月
酸酸草	故事	张树森	江阴县故事会讲创作、演讲一等奖	1983年
观音娘娘选婿记	故事	张树森	江阴县故事会讲创作、演讲一等奖	1984年
两亲家	故事	张树森	江阴县故事会讲创作、表演一等奖	1986年
蛇女恩仇记	故事	张树森	中国新故事学会首届年会一等奖	1986年6月
一份无人继承的遗产	故事	张树森	江苏人民出版社创作故事大奖赛三等奖	1987年
观音娘娘选婿记	上海说唱	张树森	无锡市"三梅杯·太湖美"创作、表演二等奖	1988年
要求	小品	张树森	无锡戏剧小品征文优秀奖	1988年
奇特的抢劫案	故事	张树森	江阴市故事会讲创作、演讲一等奖	1989年
悲哀的喜事	故事	张树森	江阴市故事会讲创作、演讲一等奖	1992年
冠军之死	故事	张树森	江阴市故事会讲创作、演讲一等奖	1994年
莲花湾风云录	故事	张树森	无锡市故事会讲创作、演讲二等奖	1994年
钱皮匠告状	故事	张树森	无锡市故事会讲创作、演讲一等奖	1995年
彩云追月	故事	张树森	无锡市故事会讲创作、演讲一等奖	1996年
不寻常的钞票	故事	宋建才	江阴市文学艺术奖三等奖	1996年9月
他是英雄吗	故事	宋建才	无锡市故事会讲创作三等奖	1999年7月
剪彩	小品	张树森	江阴市群文会演创作、表演一等奖	2000年
剪彩	故事	张树森	无锡市故事会讲、演讲一等奖	2000年
送给妈妈的花篮	小品	张树森	江阴市群文会演创作、表演一等奖	2001年
把门打开	小品	宋建才	江阴市群文会演创作二等奖	2002年
一叠钞票	小品	宋建才	江阴市群文会演创作三等奖	2003年
安居乐业就是福	歌曲	宋建才	江阴市群文会演创作三等奖	2003年

续表18-2

作品名称	形式	创作（表演）	获奖等级	获奖时间
道歉	故事	宋建才	江阴市少儿故事演讲比赛创作一等奖	2004年
皆大欢喜	小品	宋建才	江阴市群文会演创作二等奖	2004年
酸酸草	故事	张树森	江阴市陶白文学艺术奖二等奖	2004年
同学之间	故事	宋建才	江阴市少儿故事演讲比赛创作奖	2005年
签名售书	小品	宋建才	江阴市群文会演创作二等奖	2005年
一张假钞	故事	宋建才	江阴市少儿故事演讲比赛创作二等奖	2006年
一张彩票	故事	宋建才	江阴市少儿故事演讲比赛创作二等奖	2007年
小保姆	小品	宋建才	江阴市群文会演创作三等奖	2007年
又唱浏阳河	舞蹈	高雅萍等	江阴市群文会演表演三等奖	2008年9月
捡钱之后	故事	宋建才	江阴市第八届少儿故事演讲比赛创作奖	2008年
残疾不打折	小品	宋建才	江苏省小戏小品入围作品奖 江阴市群文会演创作三等奖	2008年
隔壁邻舍	故事	张树森	无锡市群文会演创作银奖、演讲铜奖	2008年10月
都是情和义	故事	宋建才	无锡市群文会演创作铜奖	2008年10月
称公公	故事	张树森	"回眸三十年——'黄渡杯'"长三角地区故事大赛金水珠奖（金奖）	2008年11月
爱的旋律	故事	宋建才	江阴市第九届少儿故事演讲比赛创作奖	2009年
喜欢玩鸟的乡长	故事	张树森	中国艺术节"川沙杯"故事大奖赛演讲银奖	2010年
一诺千金	故事	宋建才	江阴市第十届少儿故事演讲比赛创作奖	2010年
捡钱冤案	故事	宋建才	江阴市第十届少儿故事演讲比赛创作奖	2010年
看得见的真情	小品	宋建才	江阴市群文会演创作二等奖	2010年
不敢声张的盗窃案	故事	宋建才	无锡市群文会演创作银奖	2010年
还钱记	故事	宋建才	江阴市第十一届少儿故事大赛创作二等奖	2011年
如此冤家	小品	宋建才	江阴市群众文艺新创作品二等奖	2011年
流血的早恋	故事	宋建才	江苏省优秀青少年法制故事征集优秀奖	2011年
不愿回家	故事	宋建才	江苏省优秀青少年法制故事征集优秀奖	2011年
隔壁邻舍	故事	张树森	第三届中国故事节长三角红色故事会表演铜奖；江苏省民间文艺故事创作迎春花奖	2011年5月
爱上乡下人	故事	张树森	江阴市群文会演创作、表演一等奖	2012年
车祸之后	故事	宋建才	江阴市第十二届少儿故事大赛创作奖	2012年
卖鸡	小品	宋建才	江阴市群文会演创作三等奖、表演一等奖	2012年
欢乐草原	舞蹈	高雅萍等	江阴市群文会演表演三等奖	2012年
印度制造	舞蹈	高雅萍等	江阴市群文会演表演三等奖	2012年
患健忘症的市长	故事	宋建才	江阴市"我心中的美丽家园"故事大奖赛一等奖	2013年
一只皮夹	故事	宋建才	江阴市第十三届少儿故事大赛创作二等奖	2013年
一块钱	小品	宋建才	江阴市群文会演创作二等奖	2013年
一块钱	故事	宋建才	第十五届中国上海国际艺术节"缤纷长三角·浦东川沙杯"第六届故事邀请赛创作入围奖	2013年
撞人之后	故事	宋建才	江阴市第十四届少儿故事大赛创作二等奖	2014年

续表18-2

作品名称	形 式	创作（表演）	获奖等级	获奖时间
主人和保姆	故事	宋建才	江阴市群文会演创作三等奖	2014年
不速之客	小品	宋建才	江阴市首届"芙蓉花奖"戏剧曲艺类创作二等奖	2014年7月
好运来	舞蹈	高雅萍等	江阴市首届"芙蓉花奖"广场文艺类表演三等奖	2014年7月
不许喝酒	故事	宋建才	江阴市第十五届少儿故事大赛创作优秀奖	2015年
被举报的市委书记	故事	宋建才	江阴市首届"芙蓉花奖"曲艺故事类创作三等奖	2015年
开锁	小品	刘亚芳	江阴市首届"芙蓉花奖"小戏小品类创作二等奖	2015年
百寿图	舞蹈	花凌凌等	江阴市第二届"芙蓉花奖"舞蹈类表演一等奖	2015年

1987—2015年南闸乡（镇、街道）文化站和文化服务中心荣誉一览

表18-3

荣誉名称	命名单位	获奖时间
江苏省录像放映先进集体	江苏省影像管理委员会	1987年
江苏省群众文化先进镇	江苏省文化厅	1996年
江阴市书画之乡	江阴市精神文明建设指导委员会	2006年3月
江阴市十佳文化服务中心	江阴市文化广电新闻出版局	2007年
江苏省文化站建设先进集体	江苏省文化厅	2008年12月
江阴市十佳文化服务中心	江阴市文化广电新闻出版局	2008年12月
无锡市优秀文化服务中心	无锡市文化广电新闻出版局	2009年
江阴市十佳文化服务中心	江阴市文化广电新闻出版局	2010年1月
文化产业工作先进单位	江阴市文化广电新闻出版局	2010年1月
文化市场综合执法先进单位	江阴市文化广电新闻出版局	2010年1月
江苏省特色文化之乡	江苏省文化厅	2010年8月
江阴市十佳文化服务中心	江阴市文化广电新闻出版局	2011年1月
文化产业工作先进单位	江阴市文化广电新闻出版局	2011年1月
无锡市特色文化之乡	无锡市文化广电新闻出版局	2011年2月
先进文化服务中心	江阴市文化广电新闻出版局	2011年1月
无锡市先进文化服务中心	无锡市文化广电新闻出版局	2015年
江阴市先进文化服务中心	江阴市文化广电新闻出版局	2015年
江苏省农家书屋提升工程试点工作先进乡镇(街道)	江苏省新闻出版广电局	2016年
传承振兴锡剧艺术，弘扬地方特色文化先进单位	江阴市文化广电新闻出版局	2016年

二、南闸广播电视站

1964年，成立南闸公社广播放大站，地址在何家场的一间民房内，面积只有几平方米，后搬迁至公社大院内。第一位负责人为孙永才，后增补播音员和工作人员各1名。配有150瓦扩大机1台，1975年增添550瓦扩大机2台，并增设泗河口分站，1976年又增添1000瓦扩大机1台。广播站成立之初，广播线路借挂在电话线上，后发展有11条主馈线，总长30.8千米，每个生产队都通上了广播。至1988年，全镇安装舌簧广播7011只、高音喇叭44只。每天播音3次，主要转播县广播站节目，同时播送公社通知、会议精神、时事政策、农事消息、好人好事等。1990年，开办乡镇自办节目，每周一档。1994年10月筹建并成立广播电视站，1995年初与南闸供销社达成房产交易协议，1995年12月筹资成功购买中心街1号房产并将站址搬迁到此，建筑面积657.25平方米，土地面积166.7平方米。1995年大力发展有线电视，

架设330兆电缆网络。1997年5月，在原灯塔村开始架设550兆光缆，这是南闸广电发展史上架设的第一根光缆。1998年2月，南闸建成了有线电视镇，拥有有线电视用户10550户。从1996年起，南闸广播电视站就开始架设广电自立杆；到2010年4月，实现农村杆线全自立，拥有自立杆2988根。2006年开始全面发展数字电视用户，到2007年3月建成全市首个"数字电视镇"，拥有数字电视用户11895户。2008年，广电网络在全市率先达到850兆双向全覆盖。到2011年7月，全站共拥有有线数字电视用户14509户，数字机顶盒19089台，宽带用户1166户。网络总长432千米，其中光缆178.25千米、光节点160个。中心机房1个，分机房4个，营业服务厅1个。在2011年江苏省人民满意基层站所民主评议活动和2013年无锡市人民满意基层站所民主评议活动中都取得了第一名。2014年起，投入资金对全街道的镇村广电网络进行优化，实现光机带用户式的传输标准与管理。2015年，将数字电视用户全面升级为高清互动数字电视用户，全街道数字电视用户比例86.28%，位列全市第一；高清率达到91.76%，位列全市第一；宽带用户比例位列全市第二。2015年，广电网络进行了全省整合。2016年起，南闸广播电视站更名为江苏有线网络发展有限责任公司江阴分公司南闸广电网络管理站。2016年年底，南闸区域内开始发展广电智慧新业务。至2016年，南闸广播电视站共有职工15名，设有柜面服务、新闻播出、技术设计、线路施工等部门。连年被评为南闸街道综合服务先进集体。

1964—2015年南闸公社（乡、镇、街道）广播电视站站长任职一览

表18-4

姓　名	任职时间	姓　名	任职时间
孙永才	1964.3—1993.3	邱　华	2007.1—2017.5
李仕龙	1993.3—2004.1	金　阳	2017.5—
赵　阳	2004.1—2007.1		

第二节　文化设施

一、影剧院

民国三十三年（1944）3月，南闸镇工商界杨阿祥等人合股建造中南大戏院，1包半九狮牌棉纱为1股，计108股。院址位于河南街，设有400多个座位。1955年公私合营，由供销合作社管理。1958年整修后，增至700多个座位。1972年关闭。1973年在河南街新建南闸影剧院，占地1533平方米，设有1000多个座位。1979年翻造，增至1204个座位，同年添置35毫米座机一台。1986年，全年放映电影500余场，观众25万人次；戏剧演出150场，观众5万人次。随着娱乐形式的多样化，电影放映市场开始萎缩。2012年，经营了近40年的南闸影剧院宣告关闭，偶尔用作大型的群众性活动会场。

二、文化广场和文化公园

紫金广场　坐落于紫金路南侧，街道办事处对面。建于2004年10月，总投资650万元，面积25000平方米。广场由大理石铺面，开阔宽敞，有舞池、草坪、花坛、电视屏幕、宣传栏、健身器材，周边建有凉亭，并有小桥流水环绕。集休闲、娱乐、健身、景观于一体，功能齐全、环境优美，最大限度地承担了它的文化功能。自建成以来，每天都人来人往，热闹非凡，人们在这里跳舞、唱戏、打太极拳、看电视节目。街道的许多文体活动也在这里举行，如南闸街道"宜居南花园杯"系列文体比赛、"市民大舞台"才艺展示、戏剧票友演唱会以及"卡拉OK天天唱"等。该广场是市民主要的文化活动阵地。2016年，被无锡市文化广电新闻出版局评为无锡市特色文化广场。

如意滩公园 坐落于锡澄运河旁，建于2013年12月，总投资3300万元，面积32000平方米。建有天桥、舞台、看台、草坪花坛等。天桥下面是10多间呈环形的房屋，内设江南书屋、"爱在南花园"公益交流中心、社区居家养老服务站。南闸市河从它身旁流淌而过，汇入锡澄运河。每到晚上，灯火璀璨、妖娆美丽。周边的居民茶余饭后就到这里休闲、娱乐、健身，这里还经常举行形式多样的文艺活动。如意滩文化广场有"南闸的外滩"之称。

三、图书馆

南闸街道图书馆隶属江阴市图书馆，系江阴市图书馆分馆，也是无锡市图书馆三级图书馆。面积200平方米，内设借阅室、报刊阅览室、电子阅览室，拥有各类藏书20000多册，报刊50余种。2009年，该馆与市图书馆联网，实现全市一卡通，图书通借通还。2014年，持有借书证的读者370人，年流通量98000人次。

四、歌舞厅

南苑舞厅 1989年由南闸文化站开办，位于文化站内，面积300平方米，为南闸镇首家舞厅。

金三角歌舞厅 位于南闸街道金三角宾馆东首，舞厅面积300平方米，1995年开办。

华迪美歌舞厅 位于南闸街道薛家垄，舞厅面积300平方米，1998年开办。

五、网吧

永乐网吧 位于南闸街道中新街15号，面积350平方米，1993年开办，为南闸镇首家网吧。

盈通网吧 位于南闸街道锡澄路2-1号，面积800平方米，2005年开办。

宇杨网吧 位于南闸街道锡澄路182号，面积800平方米，2006年开办。

冰点网吧 位于南闸街道锡澄路2-1号，面积1000平方米，2007年开办。

酷客网吧 位于南闸街道白玉路259号，面积600平方米，2008年开办。

六、书店

20世纪90年代前，南闸供销社的南华商场设有图书柜台，属集体性质的书店。90年代中后期，南闸先后开设了多家个体经营书店，有江阴新华书店南闸分店、大家书屋、一角书店等多家书店。中心文百店和如海超市设有图书柜台。2010年后，又新增俊文书店和大龙书店。上述书店经销或出租文艺书籍、教辅书籍及报刊，后因种种原因，部分书店已关闭。至2015年，仅剩大家书屋等5家书店。

七、书场

新中国成立前，南闸镇上只有一家书场，设在西弄的关帝阁内，有座位100多席，经常有说书艺人前来表演评话或弹词。新中国成立后，关帝阁书场歇业，一些茶馆也设有简易书场，偶尔请来说书艺人献艺。2009年，白玉楼书场开业，该书场位于白玉路东侧，面积500平方米，设有座位150席，每年都要邀请苏、锡、常、澄评弹团的演员为市民说书，场场爆满。另外，花果等村的文化活动室，也兼具书场的功能。

八、文化活动室

观西村文化活动室 开办于2007年，活动室拥有农家书屋、电子阅览室、棋牌室、乒乓室、全国文化信息资源共享工程村级基层服务点、灯光球场、文化活动广场。

泗河村文化活动室 开办于2006年，活动室拥有农家书屋、乒乓室、桌球室、灯光球场、文化活动广场、全国文化信息资源共享工程村级基层服务点。2015年建起文体大院，内设图书室、电视室、卡拉OK室、棋牌室、百姓舞台以及健身场地。

观山村文化活动室 开办于2007年，活动室拥有农家书屋、乒乓室、村民学校、灯光球场、文化活动广场、全国文化信息资源共享工程村级基层服务点。

龙运村文化活动室 开办于2006年，活动室拥有农家书屋、棋牌室、文化活动广场、全国文化信息资源共享工程村级基层服务点。

南闸村文化活动室 开办于2007年，活动室拥有农家书屋、乒乓室、棋牌室、文化活动广场、全国文化信息资源共享工程村级基层服务点。

南新村文化活动室 开办于2007年，活动室拥有农家书屋、综合活动室、文化活动广场、全国文化信息资源共享工程村级基层服务点。

蔡泾村文化活动室 开办于2007年，活动室拥有农家书屋、文化活动广场、全国文化信息资源共享工程村级基层服务点。

涂镇村文化活动室 开办于2007年，活动室拥有农家书屋、棋牌室、乒乓室、文化活动广场、全国文化信息资源共享工程村级基层服务点。

谢南村文化活动室 开办于2007年，活动室拥有阅览室、棋牌室、乒乓室、舞蹈室、羽毛球室、健身室以及白玉楼书场和文化活动广场。

曙光村文化活动室 开办于2007年，活动室拥有农家书屋、棋牌室、乒乓室、灯光球场、文化活动广场、全国文化信息资源共享工程村级基层服务点。

花果村文化活动室 开办于2007年，活动室拥有农家书屋、电子阅览室、乒乓室、书场、灯光球场、文化活动广场、全国文化信息资源共享工程村级基层服务点。

九、特色文化场馆

江南书院成立于2012年，位于南闸街道南闸村寨里村，面积1000多平方米，负责人为王洪妹。书院自成立以来，较好地承担起了文化服务功能。经常邀请国内知名专家学者以及道德楷模前来讲课，向学员传播传统文化以及进行思想道德方面的宣传教育。许多志愿者也慕名来到书院，义务为大家服务。学员来自不同行业，大都为大、中、小学生，也包括一些党政领导。他们利用节假日，在书院学习传统文化，接受思想道德教育。该书院已成为南闸街道一张独特的文化名片。

两江画院美术馆建于2013年7月，位于南闸便民服务中心内，面积近500平方米，由私企法人周文春出资创建，属民营文化实体。作为民营性质的美术馆，在江阴尚属首家。该馆以"收藏、展览、交流、培训、服务"为宗旨，藏有数百幅全国各地书画名家的作品，并常年免费开放，供书画爱好者观摩学习，同时也为书画爱好者提供了一个创作和交流的平台。自建成以来，每年都多次举办书画展览、书画创作、书画培训以及书画交流等活动。该馆已成为南闸街道重要的文化亮点。

第三节 群众文化

一、文化团体

文艺宣传队 中华人民共和国成立之初，各村相继举办扫盲学校。扫盲学校除了上文化课外，还教唱革命歌曲、锡剧、扭秧歌等。由此产生了不少文艺骨干，以这些骨干为基础，各村相继成立了业余宣传队，农闲时排练一些小锡剧、相声、舞蹈等文艺节目，然后在村演出，有时还到周边村演出。1966年"文化大革命"开始，各大队都成立了毛泽东思想宣传队，这些宣传队是松散型和临时性的，农忙时耕种，农闲时排练各种节目，大力宣传毛泽东思想，并排练了样板戏，如观山大队排练了《智取威虎山》，河东大队排练了《红灯记》，灯塔大队排练了《沙家浜》，泗河大队排练了《红灯记》，花果大队排练了《海港》等，然后到各地进行演出。还有南闸中学、观山中学、泗河初中等学校也成立了宣传队，分别排练了歌曲、舞蹈、表演唱等节目下乡演出。改革开放初期，南闸文化站成立了专业宣传队，创作了许多小锡剧、表演唱、相声等节目，到各大队甚至邻县靖江等地进行演出，并参加各级文艺会演，获得了许多奖项，产生了较大的影响。20世纪80年代中期，宣传队解散。

南闸街道文联 2011年2月成立街道文联，拥有文学协会、书画协会、音舞协会、摄影协会、戏剧票友协会、曲艺协会、民间文艺协会7个协会，会员183人。文联整合了街道文艺资源，增强了文艺队伍的凝聚力，促进了基层文化活动的蓬勃发展。

群众自发组织 除了南闸街道文联的7个协会外，各村（社区）还自发组织了健身舞蹈队等文艺团队，他们自娱自乐，并参加街道举办的文艺活动。如如意健身舞蹈队（原南闸街道舞蹈队）、紫金社区老年舞蹈队的成员全部来自中老年妇女，她们利用空闲时间排练了许多舞蹈，经常参加各种级别的演出和比赛，并屡获奖项。

二、民间文艺活动

滩簧 发源于常州、无锡地区的地方戏，又称常锡文戏，1952年改称"锡剧"。早在清嘉庆、道光年间，无锡、常州的乡间已有滩簧演出。旧时南闸的滩簧演出很活跃，为祈求丰收，有时大的村子由有地位的人或热心人出面筹集资金，演"青苗戏"或"蚕花戏"，有时庙会或逢年过节也会邀请剧团演出，要连续演出好几天。每次演出前要加演小节目，节目由地方上一些头面人物点单。这些节目台词淫秽、动作猥亵，如《小寡妇上坟》《二姑娘相思》《十八摸》等。因此，滩簧在旧社会被官方视为祸害，以"淫词艳曲，有伤风化"为由而被禁演。但滩簧由于规模小、价格低（每场酬金两三斗米价）、唱词通俗易懂，深受群众欢迎，特别是对于终年劳作的乡下人，每年能在家门口看上一两次滩簧算是很有眼福了。所以你禁你的，我看我的，滩簧得以生存下来，并发展壮大成为现在流行于大江南北的大型剧种了。滩簧初期以说唱为主，到清末民初才发展成戏曲。滩簧的曲调大多选用江南民歌、小调，其剧本只有大致剧情，属于幕表戏，多为表演生活小故事，仅一旦、一生（丑）的"对子戏"。19世纪末，经过民间艺人们长期的不断创新和实践，才将对子戏发展为数人同场演出的"小同场戏"，丰富了表演形式。早期的滩簧没有固定的班子（剧团），几个民间艺人凑合起来，清装便服，道具简陋，搁上几块门板，挂上汽油灯就开场演出。他们演出的大多为折子戏，如《借黄糠》《双卖花》《借海青》《双落发》等。20世纪初，有艺人将弹词、宝卷等唱本移植改编了《梁祝》《珍珠塔》《何文秀》《玉蜻蜓》等大型剧目，又将"小同场戏"发展成了数十人同场演出的"大同场戏"。20世纪40年代前后，南闸曾出了一位很有名气的锡剧艺人，名叫朱小胖，他出生于谢南刘芳村，原来是个石匠，他天资聪颖、悟性极高，天生一条好嗓子，加上吃得苦，又勤奋，拜锡剧艺人为师，学唱滩簧。出师后，他与人搭班在江阴、无锡一带演出。朱小胖既能唱老生，又能演小生，还能反串老旦，他演包公，一出场不用开口就博得满堂彩。他曾到上海市区演唱滩簧，挂牌时艺名为朱鹤松。他才思敏捷，能现编现唱、见啥唱啥，秀口一张，唱出的尽是风趣幽默，令人捧腹，且不失优雅。朱小胖的爱人邵根娣及女儿都是滩簧艺人。民国年间，南闸街上由杨阿祥牵头，用股份制建造了中南大戏院，终年上演戏曲。上海等大城市的京剧班子也来演过，一演就是十天半月。江苏省锡剧团著名演员王兰英出生于武进县遥观镇，离南闸较近，水陆交通方便，其所在的剧团经常来中南大戏院演出。1954年春天，曾有申港（申港与当时的观山乡同属澄西区）的锡剧团在凤凰山山坡上搭台演出《梁山伯与祝英台》《信陵公子》等大型锡剧，演出水平不亚于专业剧团，观众每场达二三千人，规模宏大，盛况空前。

宣卷 是民间的宗教信仰活动，晚清至新中国成立前盛行于江南，取材自一般民间故事，日益流行，逐渐发展成为一种曲艺形式。宣卷活动的卷本叫宝卷，宝卷的内容都是有关仁、义、礼、智、信的历史故事和忠孝节义的民间传说。由于听讲的对象大都是当地农民，所以宣卷艺人的说讲语言特别注重通俗易懂。持卷人通过演讲古老的民间故事，劝人为善，弘扬中华民族的优秀传统。宣卷伴奏乐器比较简单，一般都是以木鱼、磬、铃、响板等打击乐器为主。宣卷伴随着佛教活动而生存，分布区域尤以山多、寺庙多的乡村为甚。南闸山多寺多，宣卷活动长期盛行。观西爰桥村的刘荼良，曾经在西片一带宣卷，很有名气。"文化大革命"时，宣卷被当作"四旧"（旧思想、旧文化、旧风俗、旧习惯）禁止，现在宣卷在南闸地区已成为历史。

拜香会 又名"拜山队"，20世纪初至40年代，盛行在江阴县大多数乡镇。南闸的拜香会在每年三月初一举行活动，一年只有一次。最盛时，南闸有十几支拜山队，每队大小不同，有的十余人，有的数十人，但最少必须16人。队伍由未婚男子组成，每年都有队员结婚退出而补入新队员。拜香队员必须先学会唱"香稿"并能背出。拜香前10天，队员就要集中住宿，每日操练、焚香、吃素。拜香前夜，香汤沐浴，穿统一的整洁衣服。出发前，每两人一排，前面有香亭和旗伞颂路，每人手持一张香凳，凳上放有香炉、木鱼或磬，一路奏乐唱赞，行到热闹处还要放铳。队员一边敲击木鱼、磬，一边齐声唱经，歌声清脆悦耳，每诵经四句，必加"至心朝礼"四字，随行随唱，见啥唱啥，见桥就唱《桥神赋》，见庙就唱《祝庙赋》，见码头就唱《河滩赋》（南闸人称码头为河滩）。有时几支队伍同时要过桥，就要比唱，哪支队伍唱的香稿（赋子）多，哪支队伍就先过桥，并作为一种荣誉。一路行进，临近村庄的人都会出来围观，并比较哪村唱得好，唱得好的队伍非常受人欢迎。所有拜香队上秦望山后要经头殿、二殿再到三殿（玉皇殿）前，轮番向玉皇大帝的神像顶礼膜拜，最后齐声诵唱《玉皇赞》。歌声悠扬，气势磅礴，庄严肃穆。诵唱完毕，一年一度的拜香会活动也就宣告结束。南闸的拜香会活动在中华人民共和国成立初期还活动过，但随着破除迷信特别是"破四旧"运动的开展，拜香会活动就被迫停止了。2007年，观西村爰桥村民，年近八十的张相勤，曾将保存60多年的一本《香稿》和一张香凳捐献给南闸文化服务中心，同时南闸村寨里村民陆金度也将保存多年的一本《香稿》捐赠了出来。

调龙灯 在新年和庙会时调龙灯，有时久旱不雨，也会调龙灯。调龙灯是为了祈求"风调雨顺、国泰民安"。龙灯用竹篾扎制，龙身蒙上白布或青布，装上龙头、龙尾。一条龙少则11节，多则61节（单数）。调龙灯时一节一人，调龙头的人一般是力气较大的人，调龙尾的人则必须身段灵巧，步伐轻盈。晚上调龙灯，龙肚里点上蜡烛，叫"亮龙"，故称龙灯。此时调龙灯最难，一边要舞动龙灯，一边又要让灯不灭，稍有不慎，非但灯会灭，有时还会烧毁龙身。天旱祈雨时，则调草龙（由稻草扎成）。南闸东芦岐、爰桥、璜村、吴家埭等村调龙灯的水平较高。

唱山歌 旧时农民在田间劳动时，常有唱山歌的。用唱山歌来解除疲劳、调节精神。有的山歌还能起到计算时间的作用，比如遇到干旱或洪灾，特别是遇到洪灾，有时几部车一同车水，俗称"车大水"，为了赶时间抢救稻苗，有时歇人不歇车，采取轮番车水，一批人车水，一批人休息。旧时没有计时器，即用唱山歌来计算，唱完山歌即换班，如此反复轮转。山歌的内容有抒发劳动者辛酸苦楚的，有向往美好生活的，也有描绘爱情的。题材广泛，唱法各异，有的是本地创作的，有的是外乡流传来的。现已基本失传。

唱春 是从江南山歌和民间小调的艺术移植过来，并加以发展的一种民间曲艺形式。唱春以唱为主，但比唱山歌又进了一步。唱山歌多为清唱，而唱春则以有节律的小锣伴唱，增强了艺术效果和吸引力。唱春一般有两人搭档，大多是在节日期间，地点多在上梁、婚庆、做寿等有喜事的人家门口进行，偶尔也有进屋去唱的。唱春的内容分为3类：一是民间小调，各种掌故及各种歌谣；二是地方上流行的各种唱段，如《孟姜女过关》《十二月花名》《十二张台子》《十二条扁担》等；三是地方戏曲，如《梁山伯与祝英台》《白蛇传》《珍珠塔》等。有些唱春高手还能翻新唱词，根据身边眼前的事件和人物，随编随唱，点啥唱啥。唱春人有报酬，一般主家给米、糕米团或钞票。唱春活动在新中国成立一直流行，新中国成立后特别是"文化大革命"期间，濒于匿迹。改革开放后，随着农民生活的提高，特别是农村起房造屋的高峰期，随着上梁喜庆的鞭炮声接连不断，唱春艺人闻声而至，他们的演唱往往能把喜庆活动推向高潮，深受广大群众欢迎。

茶花担舞 这种舞蹈原来演员只有两个人，也有多至4个人。旧社会重男轻女，妇女不允许参加公众活动，所以跳茶花担舞的演员都是男扮女装。每个演员各挑一副茶花担，担上放着茶壶和茶碗，跟在庙神后面，边走边唱，表示对庙神的恭敬。唱词不固定，一般唱地方小调、戏文、古人名等。舞蹈动作比较简单，只是挑着担子走着碎步相互对举。但秦望山三月初一庙会的茶花担舞与众不同，它一头是花担，另一头是茶壶，很接近生活，演员唱的也是表现劳动和爱情的内容。跳茶花担舞的队伍有很多支，一般以村为单位，一路跳来，各献技艺，大有竞赛的意思。历年跳得最好的要数泗河村的舞蹈队，他们的舞蹈由8个妙龄少女组成，一个个身材窈窕，玉手纤纤，齿白唇红，仪态万方，一路行走，步履轻盈。一条扁担在玉肩上悠悠起伏，花担在身前背后上下左右荡漾。姑娘们身着各色彩衣、彩裙，时而疾步如飞，时而缓步翩跹，舞姿曼妙，恰似一群飞舞于万花丛中的彩蝶，引起围观者一阵阵的喝彩声。20世纪60年代初，随着三年自然灾害的发生，庙会停止，茶花担舞也随之销声匿迹。

放风筝 南闸与江南农村一样，历来有放风筝的习俗，乡谚云："锄头挂上梁，鹞子飞上天。"放风筝一般在农历十二月至来年清明前的一段时间内进行，因那时冬闲，农活比较少，雨水也比较少，旷野之中，活动空间大，适合室外运动，最重要的是新稻刚上场，人们不愁柴火烧，不缺米下锅，填饱了肚子也要寻点乐趣，于是就放风筝。风筝有龙、凤、鹰、蝴蝶、蜈蚣等动物形状的，也有像星星、月亮等物体的。风筝大小不等，小的用麻线或棉线牵引，大的用麻绳牵引。小风筝有用竹篾或芦苇秆扎成，再糊上有韧性的薄纸，俗称"乌龟鹞"，一般由小孩子放飞。大风筝用竹子扎成高达丈余的骨架，再用白布沿竹竿缝合。大风筝因造价高，且需多人通力合作，往往要全村集资，是一项集体活动。为了使风筝美观，更为了风筝在空中保持平衡的姿态，必须在其下端左右各系两根长短粗细不同的草绳，称之为"鹞脚索"。有的风筝还系以琴弦，琴弦随风发声，悠扬悦耳，可远播数里之外。晚上，在牵引风筝的麻绳上挂上鹞灯，点亮后直线排列，自上而下，高悬夜空，犹如一条火龙，加上琴声，煞是奇妙，观看者直至夜深还意犹未尽。

三、大型群众文艺活动

多年以来，南闸街道坚持文化惠民的宗旨，广泛开展群众文化活动，特别是大型群众文化活动接连不断，成为常态，尽最大可能满足群众的精神文化需求，街道形成了"夜夜有歌舞、周周看电影、月月有书场、演出送进村、晚会走进城"的群众文化特色。

2006年5月，南闸街道举办送戏下乡活动，组织文艺骨干创作了一台综艺节目到各村（社区）进行巡回演出。演出节目雅俗共赏，形式多样，有歌舞、戏曲、相声、小品、故事演讲等，使村民在家门口就能欣赏到精彩的文艺演出。自此，该活动每年举办一次，全年演出10多场。至2015年，共举办了10次，演出100多场。

2008年6月11日，南闸街道在紫金广场举行"迎奥运、树新风"文艺晚会。晚会节目丰富多彩，有歌舞、戏曲、独角戏、诗朗诵等，反映了南闸人民对奥运的热切企盼和强烈的民族自豪感。特别是小品《婚礼如期举行》，紧扣主题，通过奥运和婚礼的冲突，体现了当代青年对奥运的极大热情和良好的精神风貌。

2008年6月20日，南闸街道在江阴市学院广场举办"欢乐夜晚，品味幸福"纪念改革开放30周年送戏进城文艺演出。参加晚会的演出人员都来自南闸镇的文艺骨干，晚会节目精彩纷呈，有歌舞、戏曲、小品等，受到了江阴观众的热烈欢迎。

2009年9月29日，南闸街道在紫金广场举办庆祝新中国成立60周年红歌会。来自村（社区）的13支代表队参加了此次活动，他们演唱了《红星闪闪》《今天是你的生日》《红梅赞》《走进新时代》等歌曲，讴歌伟大的祖国，抒发对祖国的热爱。

2010年6月18日，南闸街道在江阴市天华文化广场举行南闸街道送戏进城"张树森、吴清度小品专场"文艺演出。张树森和吴清度是多年来的搭档，有着共同的艺术追求和表演才华，他们长期合作，自编自演，配合默契，为广大观众奉献了许多精彩的演出，分别获得了"江阴卓别林"和"江阴赵本山"的美誉。当晚的演出专场，他们联袂表演了滑稽小品《相亲》、讽刺小品《算命》以及独角戏《称公公》等节目。两人的表演诙谐幽默，令人捧腹，又不失艺术感染力，观众反响热烈。南闸的文艺骨干也前往助兴，带去了歌舞、锡剧联唱等节目。

2010年12月28日，南闸街道在中心小学会议大厅举行南闸街道成立一周年庆典文艺演出，以文艺的形式隆重庆祝南闸街道撤镇建街一周年。街道近千名党员干部在参加冬训的同时，观看了此次演出。演出节目形式多样，精彩纷呈，特别是张树森和吴清度表演的方言相声《老吴办公司》以及小品《超生游击队》受到了大家的热烈欢迎。

2011年6月29日，南闸街道在紫金广场举办"唱红歌、颂党恩、展幸福"南闸街道庆祝建党90周年红歌赛。来自村（社区）、企事业单位和学校的近20支代表队参加了此次比赛，他们演唱了《红梅赞》《春天的故事》《共产党员》等红色歌曲，表达对党的热爱。

2012年4月7日，南闸街道在紫金广场举办首届"市民大舞台"才艺展示活动。该活动每年举办一至两届，至2015年，已举办了6届。举办方打破了原有的模式，对节目不做刻意安排，把舞台交给群众，让群众自由参与，充分发挥各自的才艺。表演形式和表演内容不受限制，群众喜闻乐见，颇接地气。除了常见的歌舞、戏曲等，还有相声小品、魔术杂技、书法展示，乃至甩石锁等民间体育项目，显示出鲜明的地方特色。该活动一经推出，就广受欢迎，大家踊跃参与，每次演出都吸引了数千名观众，渐渐成为了南闸的一项特色文化。

2015年7月8日，南闸街道在紫金广场举办了"弘扬核心价值观，争做文明南闸人"歌咏比赛。来自村（社区）、企事业单位和学校的12支队伍进入了决赛，他们是从此前的预赛中挑选出来的。各参赛队伍先后演唱了《中国人的宣言——价值观之歌》《核心价值观颂歌》等歌曲，部分机关干部和村干部都亲自参赛。最后南闸实验学校和中心小学分别获得一等奖。江阴市委宣传部部长袁秋中也亲临现场观看。

第四节　文艺创作

改革开放以来，特别是进入21世纪以来，南闸的文艺事业取得了长足的进步，广大文艺工作者辛勤地耕耘在文艺园地上，创作出了一大批思想性和艺术性俱佳的文艺作品，文学、戏剧、曲艺、书法美术、音乐舞蹈、摄影齐头并进，各个艺术门类百花齐放，异彩纷呈，街道的文艺事业呈现出了欣欣向荣的可喜局面。

一、文学

1972年，张树森的《理论组长》被收入由江苏人民出版社出版的《春雷》一书，这是新中国成立以来南闸正式发表的首篇文学作品。1983年，他在江苏《垦春泥》杂志发表中篇故事《蛇女恩仇记》，引起较大反响，该作品于1986年被中国新故事学会评为优秀故事奖（一等奖）。2003年4月，其故事集《酸酸草》由中国文联出版社出版，全书35万字，汇集了他创作的20篇优秀故事作品，多层次、多角度地反映了当代农村生活，具有较强的可读性和艺术感染力。2009年11月，他的历史故事集《千秋南闸》由作家出版社出版，全书40万字，全景式地展示了南闸的历史风貌。2008年12月，吕静创作的长篇小说《给心加把锁》由中国对外翻译出版公司出版，这是有史以来，南闸正式出版的首部长篇小说。1983年10月，宋建才在《写作》杂志第5期发表了小说《抓阄》。1984年，他又在《春笋报》第4期发表了小说《儿子》。此后，宋建才转为故事创作，先后在《故事林》《故事家》《山海经》《上海故事》等杂志发表了《正当要求》《"艾滋病"之谜》《不寻常的钞票》等近百篇故事作品，并于2007年6月由作家出版社出版了故事集《好梦难圆》，全书28万字，从不同侧面，真实生动地反映了当代百姓的生活。从2010年开始，陆信在《无锡教育》《江阴日报》和《宜兴日报》等报刊，发表了《咬下第一口》《香椿香椿》《家乡剃头匠》等数十篇散文作品。

二、戏剧曲艺

1964年，薛敏华创作的表演唱《夸灯塔》，参加江阴县群众文艺会演，获创作、表演一等奖。1972—1980年，花泽炜、张树森先后创作了男声表演唱《贫下中农送我上大学》《老李蹲点》《巧上工地》《茶馆曲》《三送鱼》，相声《新式婚礼》，小喜剧《还差得远》，两幕沪剧《天啊天》等，参加江阴县群众文艺会演，均获得创作、表演一等奖。其中小喜剧《还差得远》代表苏州地区参加江苏省小戏调演，获创作、表演二等奖，剧本发表于《上海文艺轻骑》杂志，并被收录进《江苏省建国30周年优秀戏剧选集》一书。男声表演唱《老李蹲点》，参加苏州地区会演，获创作、表演一等奖，并发表于《上海文艺轻骑》杂志。1995—2001年，张树森创作了《抓阄》《选演员》《剪彩》《家务事》《献给妈妈的花篮》等小品，其中《剪彩》和《献给妈妈的花篮》，均获江阴市群众文艺会演创作和表演一等奖。2002—2014年，宋建才创作了《把门打开》《一叠钞票》《皆大欢喜》《签名售书》《小保姆》《残疾不打折》《看得见的真情》《卖鸡》《如此冤家》《卖书》《不速之客》等十多个小品，在江阴市群文会演中先后获奖。其中《卖鸡》获表演一等奖。

三、书法美术

进入21世纪以来，南闸的书画艺术，特别是书法艺术得到了蓬勃发展，涌现出了一大批书画爱好者，包括为数不少的少儿书画爱好者，他们创作了许多各具特色的书画佳作，频频入选各种书画展览，获得各类奖项。其中许达尤为突出，他的书法作品多次入选各级展览，并屡获全国大奖。2011年，其作品分别获得全国职工书法最高奖，入选全国第十届书法篆刻展。2013年，获"乾元杯"全国书法篆刻展最高奖。2014年，获第十一届江苏省五星工程奖金奖。2015年，获第五届中国书法兰亭奖佳作奖，入选"大爱妈祖——第二届中华妈祖文化全国书法篆刻大展"。金锋的书法作品获2014年江阴市首届"芙蓉花奖"书法类一等奖。金平的书法作品于2014年获第二届无锡市"群芳奖"书法类铜奖。殷风华、金晖、周海军3人的美术作品均获2014年江阴市青年美术作品展入选奖。谭建清、蒋里婷、张丽媛等人的书法作品分别获得第十八届"双龙杯"全国少年儿童书画大赛钻石奖和金奖。陈昊立的书法作品获江苏省第四届少儿艺术画展暨现场书画演示入选奖。此外，花国定、沙建忠、沈剑荣、谭玉玉等人的书法作品也多次参展并获奖。

四、音乐舞蹈

2003年，宋建才创作的歌曲《安居乐业就是福》获江阴市群文会演创作和表演三等奖。2004年，他创作的歌曲《知足常乐》获江阴市群文会演创作和表演三等奖。2008年，高雅萍等人表演的舞蹈《又唱浏阳河》获江阴市群文会演表演三等奖。2009年，陈玉香创作的舞蹈《江南春色》获江阴市群众文艺新创作品三等奖。2012年，高雅萍等人表演的舞蹈《欢乐草原》和《印度制造》同时获江阴市群文会演表演三等奖。2014年，她们表演的舞蹈《好运来》获江阴市首届"芙蓉花奖"广场文艺类表演三等奖。2015年，顾芷莹演唱的歌曲《春光行》获江阴市第二届"芙蓉花奖"表演三等奖。由谭旭仰创作、花凌凌等表演的舞蹈《百寿图》获江阴市第二届"芙蓉花奖"舞蹈类表演一等奖。

五、摄影

1994年，陶兴元的摄影作品《喜领红包》被评为江阴市庆祝中华人民共和国成立45周年优秀作品，并先后被发表在《无锡日报》和《江阴日报》上。2012年，其作品《大桥生辉》和《江边鱼市》，同时获环太湖摄影拉力赛优秀奖。刘启铭的摄影作品《不夜的港城》于2011年获江阴市文艺作品征集一等奖。《久别重逢》和《第10届泰伯文化节开幕式》先后于2012年获江苏省"丹顶鹤杯"二级收藏奖和无锡市第10届泰伯文化节二等奖。

第五节　著述辑目

作　者	书　名	作　者	书　名
蒋　静	《寂昭堂集》	蒋浩征	《弹药优化设计》《火箭战斗部设计原理》
耿　秉	《春秋传》20卷、《五代会史》20卷	蒯振清	《振清文化集锦》
高自卑	《千字文同音通释》《狮山诗史》	袁益民	《教育评估的体制创新》《教育质量的保障与评估》《高等学校审核评估的理论与实践》
吴　烜	《蚕桑捷效书》	张树森	《酸酸草》《千秋南闸》
李　寄	《天香阁文集》15卷、《天香阁外集》1卷、《历代兵鉴》120卷、《兵鉴随笔》16卷、《舆图集要》40卷、《秦志摘录》3卷、《艺圃存稿》6卷、诗歌集24卷	宋建才	《好梦难圆》
		陈　峰	《紫金流虹》
耿人龙	《韵统图说》32卷、《易解》	张徐芳	《山川地理与南学北学——从章刘之争看皖派考据学的经典化》《李馥的生卒年问题——基于方志等相关记载递嬗关系的考察》
耿鼎康	《临病随笔》《澹菊轩医案》	许　达	《许达书法作品集》
		袁　立	《正午时分》
吴　越	《催化化学》《现代催化原理》《应用催化基础》	陆盛强	《完整的现代图书出版》
		殷余忠	《雨后彩练舞》
陈锡臣	《中国的麻类作物》《小麦》《小麦栽培法》《棉》《大小麦的一生》《小麦播种期对于产量及其他性状之影响》	刘　晔	《高等艺术学院文学教程》《丝绸之路与石窟艺术》《中外文学教程》《中国汉代木雕艺术》
计秋枫	《欧洲的梦想和现实》《英国文化与外交》《漫漫长路：近代国际体系的萌芽与确立》《国际关系史研究导引》	谷悦湖（吕静）	《给心加把锁》
滕　藤	《滕藤文集》	章　艳	《卓越可以自我打造》
张圣瑞	《粗梳毛纺生产技术》		

第六节　文物胜迹

以出土的文物考证看，南闸距今已有5000多年的文明历史。从宋代的碑刻《开禧重建蔡泾闸碑记》开始，南闸已有800多年的文字记载史。在这历史文化积淀深厚的地方，留下了许多物质文化遗产和非物质文化遗产。

一、遗迹

鸟窠禅院遗迹　位于南闸街道观西村西芦岐村、芦岐山西麓。鸟窠禅院原名芦岐庵，建于唐朝初年，当朝高僧鸟窠禅师曾在该庵当过住持，后人为了纪念他，遂将芦岐庵更名为鸟窠禅院。院内建有放生池，即放螺池，池中放养无尾螺，并有诗人白居易题写的"化螺"匾额。鸟窠禅院在当时就享有盛名，吸引了文人墨客纷至沓来，一睹真容。晚唐时江阴诗人魏璞曾陪同著名诗人皮日休和陆龟蒙寻访过禅院遗迹，并留下了《寻鸟窠迹》和《陪皮袭美陆鲁望重过鸟窠迹》两首诗。鸟窠禅院遗迹现已淹没于岁月的尘埃中，几乎消失殆尽，仅存放螺池。放螺池又名放生池，由鸟窠禅师率众开挖而成，距今已逾千年。江阴科举史上第一位探花，南宋时任同知枢密院事的丘崇留下了《螺池记》一文。放螺池历千年而完好无损，无尾螺则生生不息，繁衍至今。

山居庵遗址　位于花山南麓的山坳内。山居庵始建于明代，共三进二庑，前有山门，后有阁楼，四周有围墙，清咸丰十年（1860）毁于战火，仅存残砖碎瓦。一代游圣徐霞客之子李寄，36岁时应庵主红慈上人之邀定居山居庵，至71岁离世，在此生活了35年之久。其间，李寄潜心整理其父遗著《徐霞客游记》，死后葬于山居庵后面的山坡上。山居庵成就了李寄，也成就了千古奇书《徐霞客游记》。

张衮墓　位于花山南麓，花果村境内。张衮，字补之，号水南，明正德十六年（1521）中进士，历任经筵讲官、翰林侍读学士、太常寺卿、国子监祭酒，卒于嘉靖四十三年（1564）。生前曾参与续修《大明会典》、校刊《大学衍义》以及分撰《郊庙乐歌》，并主编《江阴县志》21卷。嘉靖年间，倭寇入侵江阴，70岁高龄的张衮临危不惧，参与守城，终将倭寇击退。有《张水南集》《水南翰记》等著作存世。20世纪80年代有资料显示，张衮墓现存封土高1.5米，底径3.5米，占地面积12平方米。另据当地老人回忆，从山脚到张衮墓有1里多长的石道，路口有1座石牌楼，石道两旁有石人、石马、石龟、石狮等石兽。直到"文化大革命"时，才被红卫兵破"四旧"砸碎，幸存2匹石马被保存于江阴市博物馆。张衮墓现已淹没于荒草枯木中，模糊难辨。

何澄墓　位于南闸街道龙运村馒头村。何澄，字彦泽，龙运村牌楼下村人，明代永乐癸未举人，曾任刑部郎中，因言事忤旨，谪官下诏狱。宣德年间任江西袁州知府，晚号竹鹤老人，享年99岁。何澄擅长山水画，是明代嘉靖时著名画家。《嘉靖江阴县志》记载其："善画，宗高房山家法，气韵苍古，笔势清高，乘兴戏作梧、竹、蒲、石，森秀可爱，今其云山小景，东南人家多有之，子孙亦有模拟之者。"人民美术出版社出版的《宋元明清书画家年表》及《佩文斋书画谱》均有其名。至今有些博物馆还藏有何澄的画作。

灰墩　位于曙光村境内，南闸街道与徐霞客镇的交界处。灰墩墩基南北和东西的长度基本相等，大约50米，高度近20米。据当地老人回忆，那时的灰墩东西、南北长度有200多米，高度30米开外，新中国成立前有人在灰墩附近办土窑烧砖，加上修路和建房取土，灰墩才逐渐缩小的。至于灰墩的用途，有两种说法：一种说法是灰墩由人工堆积而成，是作为观察敌情设立的瞭望台；另一种说法是灰墩是一处古墓葬，这一说法也得到了考古专家的认可，他们根据灰墩的地形地貌以及泥土中发现的断砖残瓦，基本确定灰墩是一处古墓葬，而且有可能是春秋战国时期的古墓葬。

仙人墩　位于秦望山最西面的一座山峰上，是春秋时期的一个墓葬。由人工以石堆成，东西长15米，南北宽10米，占地150平方米。秦望山历来是军事重地，朱元璋与张士诚曾在此有过激战。朱元璋的军师刘伯温曾在山顶挖洞破张士诚的风水，最后才打败了张士诚，挖洞时的石块堆成了墩，人们都传说刘伯温是仙人，于是就将此墩称之为仙人墩。《明史》上也的确有过朱元璋和张士诚两军在秦望山打仗的记载，至于刘伯温派兵挖洞破张士诚之军的风水实乃附会之说。20世纪80年代，仙人墩的石块大都被村民搬下山用作建房材料，仙人墩基本被毁。

史家码头　位于南闸街道观西村西芦岐村。史家码头建于宋代，所用均为武康石。旧时，西芦岐村有一史姓总祠，各地史姓后裔每年春秋祭祀祖先时，都乘船由水路前来参加祭祀。因人员多且祭品丰盛，为方便上岸，于是建造了码头，因为是史姓所建，故命名为史家码头。码头宽10.5米，共16级。21世纪初因村里修路，将其掩埋于路基之下。

二、古建筑、民国建筑

紫金桥　始建于北宋，为平板桥。桥长3.73米，净跨1.9米，宽2.4米，位于南闸涂镇村，西靠锡澄运河。北宋时的涂镇已形成了集市，当时江阴历史上有名的葛氏家族也曾居住于此。为方便行人和车马的通行，官府就在河溪上建起了桥梁，由于该桥由紫红色武康石构造，故称紫金桥。2004年，南闸镇人民政府对紫金桥进行了修复。该桥是江阴现存的唯一的一座宋代古桥，被列入江阴市文物保护单位。2019年3月，被列入江苏省历史文物保护单位。

横沟庙桥　始建于明代，位于花果村，横跨横沟河，为石拱桥，全长16米，净跨5米，宽2.8米，高5米。桥南北两边各有一幅桥联：桥照岫里千秋壮，人过横涛万载惜；郊游揽辔随高下，野眺驱车任往来。该桥在清代和民国时期曾多次修葺，2005年，南闸镇人民政府重新修葺，并新刻桥联：桥临岫里千秋壮，人过横沟万载福。

司徒桥　又名狮驼桥，俗名师古桥、师姑桥，位于原龙游村境内，东西走向，横跨原龙游河，为青石圆弧拱桥。重建司徒桥时的石碑保存完好，从文字记载可以看出，该桥于明代万历三十三年（1605），由当时的江阴知县出资重建。20世纪70年代初，开展"农业学大寨"运动时，大搞土地平整，龙游河被填没，司徒桥从此成了旱桥，废弃于农田中。现桥面已损毁，桥堍残缺，仅存青石拱圈，不过桥上的两块桥名石依然完好。

新曹桥　位于原菱塘村境内，东西走向，横跨新夏港河，全长25米，净跨19米，宽1.7米，为花岗岩平板桥，桥面西首残缺。该桥于民国二十四年（1935），由当地村民集资共建。桥的南北两面各刻有一幅桥联，为清末举人缪小春题写，南联是：交通水陆原为行人谋五达，经营木石好共明月永千秋；北联是：河渡牵牛北地瞰同云汉，题留司马他年载考功勋。

陈铁桥　又名万安桥、新桥，建于清乾隆八年（1743），位于南闸集镇西侧，为石级型单孔桥，横跨九里河（今市河），净跨5米，宽4.1米，高3.6米。该桥高耸雄壮，北块至桥顶21级。1960年，为方便机动车通行而炸毁其拱形部分，桥堍现保存完好，桥面重新铺设。

进贤桥　始建于清代，位于龙运村龙沟口村，为花岗岩石平板桥，横跨老龙游河，桥长4.1米，宽1.5米，高2米。随着老龙游河的淤塞，该桥遂废弃，但保存尚好。

李一芝故居　位于南闸影剧院对面，坐东向西，四间两进，前为木楼，长14.2米，宽10米，后为平房，长14.2米，宽7.3米，建于民国后期，当时为李一芝诊所所在地。李一芝为江南名中医，其弟子颇多，以医治瘘痈见长。当时由于西医欠发达，对于现在的细菌皮下感染所形成的瘘痈很难医治，病人往往由于被感染而不治身亡。李一芝对此病反复研究，形成了他独创的治疗方法，且治愈率很高，几乎是药到病除。李一芝不但医术高超，且医德高尚。看病从不开价，穷人看病更是分文不收，深得百姓敬重。李一芝还刚正不阿、不畏权贵，当时国民党江阴要塞司令戴戎光的小舅子任南闸镇镇长时想与李一芝结为亲家，被他婉言谢绝，在民间传为美谈。新中国成立后，李一芝任南闸医院副院长等职，曾多次当选为江阴政协委员。1983年9月25日，李一芝患脑溢血病逝。至2015年，李一芝故居保存完好。

吴卓耀故居　位于南闸街道观西村陶湾村，为五间砖石结构的平房，中间为天井，建于民国。吴卓耀生于清光绪三十二年（1906），年轻时师从父亲，在父亲创办的"吴氏医寓"坐诊行医，是"吴氏医寓"的第二代传人。吴卓耀擅长中医外科，医术精湛，医治过无数患者，而且医德高尚，不论病人身份贵贱，他都一视同仁，待人真诚，和蔼可亲，在常、锡、澄乃至上海、南京等地都享有美誉。中华人民共和国成立后，"吴氏医寓"改名为"同新联合诊所"，20世纪60年代初并入常州市第一人民医院。吴卓耀历任该院中医外科主任、院长、省中医学院研究生导师，并于20世纪80年代被授予"江苏省名中医"称号。从1956年起，他就当选为常州市历届人大代表、政协委员。1992年，吴卓耀以86岁高龄逝世。至2015年，吴卓耀故居保存完好。

耿氏宗祠　堂号温清堂，位于南闸街道龙运村耿家村。南宋兵部侍郎耿秉之孙耿轸、耿角，事孝闻宗族，乡党称之。耿轸、耿角在父母年迈后，两人于家中另构一堂，奉二老居住，夏则清风徐来，冬则和光溶溶，故称"温清堂"。温清堂始建于南宋理宗年间，后屡毁屡建。1945年曾在原址重建，新中国成立后改为耿家村小学。2015年投资300万修葺，修葺后的耿氏宗祠为一进五间以及两间侧厢。

九莲禅寺　又名九莲庵，位于南闸街道花果村境内的花山南麓，始建于明崇祯元年（1628），清顺治五年（1648）曾扩建。也有建于西汉的说法，但这种说法难以成立，因为佛教是在东汉末年才由印度传入中国的，而西汉早于东汉。现在的九莲禅寺，是在古寺荒废的原址上于20世纪80年代开始修建的。新建的禅寺基本具有原有禅寺的格局，占地20000余平方米，有山门、天王殿、观音殿、大雄宝殿、地藏殿、灵官殿、东华殿等殿堂，其深庭广厦、琼楼玉宇、雕梁画栋极其宏丽。寺内分中、东、西三路，主体建筑在中路中轴线上，自南侧山门进入，向北依次为四进院落，分别为天王殿、观音殿、大雄宝殿、万佛楼。各殿两侧有配殿、配房，东侧有念佛堂8间，为住持讲经说法之处。院落中假山林立、叠石凌空、松柏矗立。观音殿西首有百年香樟一株，高耸入云。2014年，九莲禅寺被评为"江阴百景"。

三、古碑刻

蔡泾闸碑　南宋开禧年间，江阴知军叶延年在夏港河口的蔡泾建闸，称蔡泾闸。夏港河北接长江，蔡泾闸的主要作用是节制夏港河，以确保其灌溉排涝及漕运的通畅，是重要的水利交通设施。蔡泾闸与北面江阴城区的定波闸（又称黄田闸）遥相呼应，定波闸称上闸和北闸，蔡泾闸称下闸，又称南闸，南闸因此得名。蔡泾闸建成后，屡次被修缮，该闸的情况和修缮经过被刻于石碑，以示纪念。至今还存有两块石碑，质地为青石，分别是南宋开禧年间的《开禧重建蔡泾闸记》碑和明代嘉靖年间的《重修蔡泾闸记》碑。《开禧重建蔡泾闸记》碑在发现前被人当作捶衣石，已断为半截。《重修蔡泾闸记》碑被安放在原南闸镇政府大门前的市河边。

义禁条例碑　呈长方形状，高1.5米，宽0.6米，质地为青石。清道光三十年（1850）7月江阴县立，刻有关于维护坟地的一些规定之类的内容，相当于现在的公告。该碑保存于西芦岐村的队屋内。

四、地方名胜

云林八景 为南闸地区古时的八个景点，见之于2008年由观西村村民翁金龙发现的明代居士耿昺的墓志铭上，铭文中说"……有云林八景，江山胜揽……"后经查阅《澄江耿氏宗谱》，确有关于云林八景的记载，但知名的只有七处，分别为：由里晴峰（由里即今花山）、蔡泾流虹、秦望晓烟、茶林夕照（遗址在秦望山东段茶岐山北麓）、观山叠翠、孔湾朝旭（孔湾为泗河村花家凹古称）、芦洲连碧（景址在泗河村境内的白洋河四周），至于还有一景是什么，谱书上说"失去矣。"耿昺的墓志铭碑刻现藏于江阴市博物馆。

花山八景 据传，古时花山有8处令游人流连忘返的景点，即：佛手长舒、钓台烟雨、鲤鱼石浪、邱墓清风、石壁留云、江天绝眺、冷光涵月、牛眠石梦。清代有位叫陈粹的诗人，曾写下《花山八景诗》。这8个景点，有的根据神话传说闻名，有的依据人们当时的想象而定，如佛手长舒、石壁留云、牛眠石梦，原来就很抽象，历经岁月流逝，现在大部分景点已难觅踪影，只能使后人引发一些遐想了。但"冷光涵月"尚存遗迹，自九莲禅寺拾级而上半里许，于普同塔下，葛兴坟西面石桥下的深沟中，有水一泓，清澈见底、终年不涸，即当年之"冷光涵月"。至于"江天绝眺"，因花山不老，长江永存，则与天地同存。

秦望晓烟 秦望山是南闸境内最西端的一座山脉，历史记载秦始皇曾登山四顾，故号秦望山。秦望山有三个高峰，三峰之顶均建有道观。在它的北麓与芦岐山西面的山湾内，还建有资福庵、栖之庵、鸟窠禅院等寺庙。特别是鸟窠禅院，因为唐代高僧鸟窠禅师曾在此当过方丈，还曾经受到过皇帝的敕封。不少骚人墨客、显宦名流曾慕名而来，寻踪觅迹，并留下了一些诗词美文。秦望山众多人文景观中最美的莫过于"秦望晓烟"，有诗人曾用"黛色连天际，苍苍秦望山"这样的诗句来赞美它。说的是黎明前后，秦望山四周烟雾缭绕，忽隐忽现的三个山峰犹如亭亭玉立的三位妙龄少女，令人顾盼流连，依依不舍。漫山遍野的茶林竹海，更是景色万千，美不胜收。20世纪80年代出土的明代文物上记载的南闸"云林八景"中，秦望山就占有两景，其中一景就是"秦望晓烟"。2014年，"秦望晓烟"被评为"江阴百景"。

狮山映象 狮子山位于南闸街道观西村境内，原来只是秦望山支脉焦山被开采后残留下来的一段山体。2005年复垦复绿后，人们无意中发现这段山林酷似一头卧伏憩息的雄狮，因而得名。2005年，当地有位叫张建国的村民在此建起了生态园。生态园里有清澈的湖面，湖中央建起了水榭，湖边山坡上有用杉木、竹子构筑的欧式小屋掩隐在树木丛中。园中还种有水蜜桃、杨梅、秋梨、葡萄等水果。春天来了，生态园内万紫千红、花团锦簇、美不胜收。特别是映在湖水中的狮子山的倒影，更增添了生态园的神韵，这也是"狮山映象"的来源。观西村村民陆金林曾写诗赞曰："春日寻访秦麓前，层峦叠翠隐松烟，天清气朗风云淡，柳绿桃红雁雀翩。堤岸花坛宾驻足，堂楼水榭尽欢筵，临湖浏览心扉畅，胜赴蓬莱觅诸仙。"2015年，"狮山映象"被评为"江阴百景"。

第七节 非物质文化遗产

"谢禾丰"马蹄酥 创始于清顺治二年（1645），清兵攻占江阴，屠城3天，事后江阴人民为了纪念死难军民，激励后人摆脱铁蹄的蹂躏，点心师傅们创出了外形如马蹄的酥饼，暗示为清兵的铁蹄，吃掉它表示万齿齐啃以解心头之恨。马蹄酥除了江阴的"稻香村"久负盛名外，要数南闸的"谢禾丰"马蹄酥。"谢禾丰"马蹄酥历史久远，距今已历经数代。咸丰年间，无锡人谢子和在南闸开设

"谢同丰南货茶食店"，制作销售马蹄酥。传至第5代谢浩军，店名已更改为"谢禾丰副食店"，并在马蹄酥的制作工艺上有了进一步的改进，推出了"谢禾丰"牌马蹄酥。"谢禾丰"马蹄酥采用上等面粉、赤豆为原料，加果仁、芝麻等辅料，制作的马蹄酥外皮酥香、内馅香滑。闻起来芳香扑鼻，尝一口松软绵润、甜而不腻、齿颊留香，色香味俱全，老少皆宜，在南闸和周边地区有较大的影响。"谢禾丰"马蹄酥被列入无锡市非物质文化遗产，并于2010年被中国烹饪协会评为中国十大名点。

百寿图　百寿图是一项古老的艺术，千百年来，人们总是期盼着能长生不老、福寿皆全。"百寿"喻义长命百岁，这是中国古代民间对生命长寿的一种理想寄托和美好愿望。历代书法家也以各种形式撰写百寿，对百寿的艺术表现形式进行了延续和扩展。据传唐代薛涛、宋代范仲淹等都有百寿图传世。中华人民共和国成立以来，特别是改革开放以来，由于生活质量的提高，大大促进了人民的健康长寿，于是出现了许多形式新颖的百寿图、千寿图、万寿图，可谓百花齐放、群芳争艳。金建华的百寿图就是其中之一。泗河村金建华受祖父和父亲的影响，从小爱好画画写字，由于具有扎实的绘画和书法功底，较好地继承了祖辈的传统，退休后开始画起了百寿图。他所画的百寿图，大都有108个"寿"字，每个"寿"字缀有松、鹤、喜鹊、"暗八仙"等图案，各具奇趣、迥然不同，是民间"寿"字艺术品中的佳作。与众不同的是，他在每个"寿"字图案下标有该寿的名目，如一品爵寿、西王兴寿、麻姑献寿等。金建华所画的百寿图不仅造型上大胆创新，而且在黑白福上巧妙设色，较之其祖辈的百寿图更为雍容华贵，内涵丰富，赏心悦目。2005年，他的百寿图参加了无锡市首届吴文化民间艺术展，获得银奖，被列入江阴市非物质文化遗产。

中医疡科　俗称中医外科。诊疗范围较广，病种大多为痈、疽、疖、疔、流痰、骨痨、乳痈等，中医统称为"流注"。流注除头面、前后二阴、踝部和手指、脚趾等比较少见外，其余人体任何部位均会发生。流注多发生于体表，但与人体的脏腑、经络、营卫气血有密切关系。前人有"痈疡虽属外科，基本实属于内"之说，所以临床仍需运用"望、闻、问、切"四诊和阴阳、表里、寒热、虚实八纲进行辨证医治，尤重于阴证和阳证之别。诊治分内治和外治两种，有的需要内治和外治结合才能奏效。李一之在诊治疡科中能够辨脓精确、手术高超，佐以外敷内服，达到邪去正安，使各种流注病症"未成指日可散，已成开刀不痛。"李一之的疡科医术，被列入无锡市非物质文化遗产。

蒲草编织　蒲草编织在中国有着悠久的历史。古时候，人们把蒲草编织成蒲衣、蒲帆、蒲车（用蒲草裹轮，使车行不震）、蒲鞭，后来人们又把蒲草编织成蒲包，用来包装棉花、纱、盐、糖、鱼、稻种、泥土等，还制成床上用品，如蒲席和纳凉用的蒲扇。南闸的蒲草编织比较普及，特别是观西、孟岸、泗河等村的蒲草编织更为盛行。从20世纪50年代至80年代中期，他们把蒲草编织当作一项家庭副业，几乎家家户户都编织蒲草制品，以用于各种规格的包装蒲包为最，兼或编织一些其他的蒲草制品。1985年以后，随着塑料编织袋等工业包装品的兴起，蒲草种植面积缩减，蒲草编织渐渐退出了历史的舞台。

南闸扣肉　扣肉的种类很多，有著名的梅菜扣肉、荔浦扣肉等，观西村陆银发的3种扣肉也是当地饮食界的一大亮点。他烹制的扣肉远近闻名，经常有人慕名前来请他去操办宴席，宴席上的主菜必定少不了一道扣肉。陆银发烹制的扣肉要挑选上好的五花肉，配以桂花、白糖、冰糖、酱油、葱、姜、红辣椒干、梅干菜、甜酒酿、腐乳汁、菌粉，然后将五花肉切成长10寸、宽2寸、厚3寸的长条，放入水中焖煮，加葱、姜、盐少许，焖的时间要长，确保熟烂。待肉煮熟后，捞出冷却，切成片，然后肉片皮朝下整齐码放在小碗中，码好后依个人的口味放料。放好料后将肉放入蒸笼，用文火蒸，最少蒸3个小时，时间越长越入味。做好后的梅菜扣肉和酒酿扣肉色泽深红，腐乳扣肉色泽浅红、晶莹剔透，肉香中又带有桂花香、酒酿香、腐乳香。尝一块，入口即化、肥而不腻、鲜香酥软。

兔子灯 中国自古就有赏灯的习俗，在众多的灯类中，兔子灯就是其中的一种，深受老百姓的喜爱。每到元宵佳节，孩子们就牵着兔子灯开开心心闹元宵庆佳节。南闸西弄的花福坤从50多岁开始做兔子灯，虽然已年过70，但他还在坚持做兔子灯，现在他是南闸唯一还在做兔子灯的人。每年的元宵节前夕，花福坤就开始做兔子灯。他用篾条扎好兔子的框架，在正中的木条上倒钉上一颗钉，用于插蜡烛，再在木条的中间系上一条绳或线，便于牵着兔子灯行走，然后将扎好的兔子灯框架用塑料薄膜或彩纸以胶水或糨糊黏好，最后将事先剪好的兔子的眼睛、胡须、彩背纹粘上，这样一只兔子灯才算做好。兔子灯做好后，花福坤就上街销售，往往被一抢而空。除了销售外，他还将兔子灯捐给南闸中心幼儿园，教老师学做兔子灯，以便把兔子灯这门技艺传承下去。

虎头鞋 因其鞋头缀有虎头模样，故称虎头鞋，它是民间的一种手工制作的孩童专用的吉祥服饰。过去南闸流行虎头鞋，许多人家的孩子在小的时候就要穿虎头鞋，希望威猛的老虎当孩子的保护神，使孩子消灾避祸、平安健康，直到现在还偶尔有婴儿穿虎头鞋。虎头鞋的制作比较繁琐，先要把鞋样设计好，在硬衬上用面粉糨糊把面料粘上，鞋头另用直贡呢、灯芯绒一类较好的面料粘上，随后就在鞋头绣出老虎的形状，单鞋直接绣在鞋头上，棉鞋则另外做好鞋头再拼接上去，用沿条把两片鞋帮做好，然后拼起来，老虎的嘴、鼻子、胡子用丝线上下缝好，另外扎好鞋底，上好，钉上手工制成的扁带子作鞋带即成。

花鸟字 由来已久，是一种扎根于民间的独特的艺术形式，也是民间艺人的一种谋生技能。花鸟字的特点是字和画的完美结合，字中见画，画中见字，浑然天成，花鸟栩栩如生，惟妙惟肖，具有一定的艺术性。花鸟字的内容喜庆吉祥，都是一些祝福之类的话语，以对联居多，深受老百姓的喜爱。逢年过节，买幅花鸟字，贴在家里，既好看又喜气。花鸟字的书写工具显得别致，用铁板包夹住布条为笔，握在手里有力，书写顺畅，颇为方便。南闸观西村的陆金治10年前就接触到了花鸟字，凭着他原有的书画底子，很快就掌握了花鸟字的特点和书写技能，现在他的花鸟字已达到了较高的水准，在南闸也是首屈一指。平时他到街上摆摊，为过往群众书写花鸟字，在盈利的同时，宣传和推广花鸟字，弘扬传承民间艺术，让更多的人熟悉和了解花鸟字，感受到民间艺术和非遗的魅力。

石雕 石雕艺术是一项古老的艺术，已有几千年的历史。石雕广泛运用于亭台殿宇、桥梁、牌坊、护栏以及墓室等，与建筑密不可分，是建筑的重要组成部分。石雕的材料主要有金山石、青石、麻石、花岗石等。石雕工艺首先将整块的原料按照要求分割成需要的形状，然后在分割好的石料上雕刻需要的图案或文字。谢南村的刘仕荣是一位石雕巧匠，他21岁时就与石雕打交道，几十年来积累了丰富的石雕经验，练就了一手娴熟精巧的石雕技艺。他不仅会浮雕、沉雕，也会古典装饰型的圆雕。他充分利用自己的特长，承接了江阴地区的许多石雕工程，留下了许多有艺术特色的石雕作品。其中有江阴文庙的棂星门（石牌坊）、青石桥、泮池的石雕装饰，南菁中学的老校门、荷花池，市中的广场地坪，江阴体育馆的台阶、石门柱，江阴南门天主教堂的石柱等。

砖雕 砖雕是在青砖上施艺加工，雕刻出丰富多彩，具有层次感和立体感的花纹和文字。主要有浮雕、半立体、圆雕、镂雕等。砖雕的材料主要是精制的青砖，这种青砖细致紧密，敲之有声，断之无孔。曙光村的张金洪20岁开始接触砖雕，通过几十年的实践，已成为砖雕行业的佼佼者。他擅长浅浮雕、深雕和透雕技艺。雕刻前，他先用白石笔或木炭笔在打磨、刨削好的青砖上画好底图，然后执刀雕刻。雕刻完成后，青砖表面的小气孔就用猪血灰拌砖屑灰的"泥子"补嵌、砂光。张金洪先后制作过镇江的萧统画廊、吴桥璜埠墩的岳飞和文天祥砖雕形象、靖江四眼井等砖雕作品。他还去德国、澳大利亚等国家制作过亭台楼阁上的砖雕窗景，获得了外国友人的好评，为砖雕艺人赢得了声誉。

木雕 蔡泾村的吕仲清12岁就开始做木工，但他并不是造房起屋或制作家具，而是专攻木雕。主要雕刻水生动物，如螃蟹、龙虾等，雕刻的材料以花梨木为主。与众不同的是，吕仲清的木雕作品不但外形逼真、栩栩如生，甚至连最细微的东西也能体现出来，比如螃蟹身上的纹路、龙虾身上的小圆点，都清晰可见。由于花梨木色泽微红，他雕出的螃蟹和龙虾就像刚煮熟似的，足可以假乱真。更令人叫绝的是螃蟹和龙虾的肢节都能活动。他不是将螃蟹和龙虾整个雕成，而是先将螃蟹和龙虾的脚、螯等雕刻好，每只脚和螯都留有榫头或打上眼，然后将脚和螯拼装到螃蟹和龙虾的身体上，用木制的铆钉固定好，但固定得不是太严实，这样拼装而成的螃蟹和龙虾的肢节就活动自如。这是一项要求十分严格的技术活，既耗时又费神，比如一只蟹脚已经很细小，蟹脚上面的榫头就更细小，稍不留神，榫头就有可能折断，没有了榫头就不能拼装，就将前功尽弃。通常情况下，一只螃蟹要雕刻半年。吕仲清的木雕作品精美绝伦、声名远播，人们纷纷慕名而来观赏和购买收藏，无锡电视台和江阴电视台都曾相继进行过报道。

圆作 圆作匠又称"箍桶匠"，是木匠的一种。20世纪七八十年代，许多人家都要购买木料，请圆作匠定做圆作木器，作为女儿的嫁妆或生活生产用具。南闸汤家村汤才宝13岁时就从父亲那里学到了一手圆作技艺。他制作的圆作器具选料讲究、工艺精细、造型美观、结实耐用。有饭桶、米桶、蒸桶、水桶、脚桶、马桶等。南闸和周边地区的许多人家都用过汤才宝制作的圆作器具。

焦山莲花糖 莲花塘是焦山村独有的土特产，因其颜色洁白、形如莲花，故名莲花糖。莲花糖一般在农历二月初一开始做，一年做一次，一次做四桌，一桌30斤糯米，成品可达80斤。莲花塘的制作工序可分为两个阶段：第一阶段将30斤糯米浸泡一天，滤干后捣成粉，生黄豆8两，浸泡后打成浆水拌入糯米粉内，蒸熟后倒入桶内，用竹竿不断敲打至凉，然后将其切成小块，置于芦席上晒干，这样就制成了莲花塘的粗胚；第二阶段是将晾干的糯米块放入锅内翻炒，炒至糯米块的四角翘起为止。此时，将另外一口锅内熬熟的麦芽糖放入芝麻皮（用于发酵）。等麦芽糖熬得差不多了，将其浇在炒好的糯米块上，随即撒上爆米花，起锅后均匀地堆放在晒糖筛上面冷却至不粘手，莲花糖就算做好了。做好的莲花糖香甜可口、松脆细腻、稍含即化、满齿留芳、余味无穷。到了三月初一秦望山庙会的那天，焦山村几乎家家户户都要去设摊叫卖莲花糖，莲花塘是赶庙会的人们必买的食品。当时有一种说法：三月初一赶集场，不买莲花糖就等于没烧香。可见莲花糖多么受大家欢迎。

拜香会 又名"拜香队"，20世纪20年代至40年代盛行在江阴的大多数乡镇。南闸的拜香队在每年三月初一举行活动，一年举行一次。拜香会是道教形式，诵唱的内容大都与道教人物有关，如八仙等。宣教的内容主要是劝人为善、忠孝节义等。拜香队由未婚男子组成。拜香队员必须先学会唱"香稿"才能去拜香。拜香前香汤沐浴，然后换上整洁衣服，香期内吃素。三月初一隔夜，要点香焚烛。三月初一当天，也就是拜香日，各村拜香队就整装出发。每支队伍16至20人不等，2人一行，共8行。前面有香亭和旗伞引路，后面有人端着两张小木凳，凳上放有香炉、木鱼和磬，一路鸣箫唱赞，行到热闹处还要放铳。每组有一人敲击铜铃，齐声唱经，清脆悦耳。每诵经二三句，加"至心朝礼"四字，随行随唱，见啥唱啥，见桥就唱《桥神赋》，见庙就唱《祝庙歌》，一路上还唱《报恩赋》等。拜香队从歹桥村出发，经过3座寺庙，一直到玉皇大殿，所有拜香队"并香"结束。

民间故事演讲 中国的民间故事源远流长，民间故事与人类如影随形、密不可分，有人的地方就有民间故事。民间故事属口头文学，中国许多优秀的民间故事就是通过口耳相传流传下来的，像古典文学名著《三国演义》《水浒传》等，先是由说书艺人进行讲述，然后再由作者编撰而成。在我们身边，也有为数不少的民间故事家，南闸的张树森就是其中比较突出的代表。张树森长期担任过文化站站长，20世纪70年代开始搞创作，曾写过小戏、曲艺等，但写得最多的是故事，出版过《酸酸草》《千秋南闸》等故事作品。然而他的主业是讲故事，讲故事是他矢志不渝的追求。他曾参加过全国故事大王展示演讲，中央电视台于2001年为他摄制了演讲故事的专题节目。2008年，获"黄渡杯"长三角地区故事大赛金奖，赢得了"故事大王"的美誉。从2010年元旦起，江阴电视台推出了一档由他主持的新栏目《老张讲故事》，使大家不用出门就能听到他讲的精彩故事。张树森讲故事的最大特色是"土"，一口方言土语，听上去确实有点"土"，但通俗易懂、直白爽脆，听了有一种亲切感，听了有味道。观众都说："老张的故事听得懂，记得牢，讲得出。"

留青竹刻 历史悠久，最早出现在汉代，明代达到鼎盛。留青竹刻主要分为竹面雕刻和主体雕刻两大类，竹面雕刻又分为阴刻和阳刻两种，竹面雕刻尤以留青竹刻为最。所谓留青竹刻，就是把竹子青皮中的画面部分留下，铲除画面之外的部分，画面部分用刻刀进行再创作，以期达到立体效果的一种创作方法。陶湾村的吴国良从小就喜爱书画艺术，特别是雕刻艺术，50岁后自学留青竹刻，后又拜师学艺，经过几年的刻苦努力，掌握了娴熟的留青竹刻技艺。他的作品以工笔为主，无论是人物还是花鸟山水，都精准细腻，栩栩如生，兼具精美的书法，具有较高的艺术水准，其竹刻作品曾为南闸文化藏品馆收藏。

第二章　体　育

第一节　群众体育

南闸的群众体育具有广泛的基础，早在中华人民共和国成立前，群众体育就在南闸的乡村蓬勃开展。广大群众热情参与各种体育活动，通过体育活动，建立友谊，联络感情，增强体质，成为生产劳动之余的一种健身娱乐项目和生活方式，同时也是南闸的一个地方特色。

1949年前，南闸有国术、抓石笋、举石担、甩石锁、打黄沙袋等传统的民间体育活动。20世纪50年代中期，涂镇、汤家村、寨里、夏店、观庄等村都相继组建了篮球队。每年农闲，龙游巨轮队、南闸锋轮队和钢轮队、观东劳动队和飞虎队等，都要举办篮球友谊赛和锦标赛，邀请南闸周边乡的篮球队参加比赛。1985年元旦，南闸乡获江阴县举办的农民丰收杯篮球赛第二名。

1984年，南闸乡举办首届"振南杯"体育竞赛活动，主要项目有篮球、乒乓球、象棋等。该项活动每年举办一届，时间跨度为元旦至春节。其中1988年至1992年，因故停办了5届，1993年重新恢复，至2009年，从没间断，共举办了20届。2002年4月，南闸镇全民健身指导委员会成立，陈建国任主任。2004年，南闸镇被评为"江阴市全民健身活动先进乡镇"。2006年5月，南闸镇体育中心成立，吴大全任主任。2008年，南闸镇被评为江苏省体育强镇。2010年"振南杯"更名为"宜居南花园杯"，项目增至篮球、乒乓球、象棋、拔河、跳绳等。参赛规模扩展到各行政村、企事业单位、政府机关和学校，参赛人数最多时达500余人，部分村书记还亲自参加比赛。至2015年，已举办6届。

进入21世纪，随着经济社会的快速发展，南闸的群众体育不断加强，除了篮球、乒乓球、棋类等项目，还增加了健身操（舞）、太极拳、腰鼓、柔力球以及木兰系列（木兰拳、木兰剑、木兰扇）等项目。2012年6月，南闸街道体育协会成立，王忠良任会长。街道体育协会还注重体育队伍的培训，从2012年开始，南闸街道体育协会先后举办了太极拳培训、气排球培训、桥牌入门培训、第九套广播体操培训、健身气功培训等10个专门培训班，参加培训人员累计超过1000人次，提高了体育队伍的体育技能，为更好地开展群众体育打下了坚实的基础。2012年，南闸街道被评为无锡市全民健身工程达标（一类）街道。同年，南闸街道先后被评为江苏省全民健身活动先进单位和无锡市国民体质测试先进单位。至2015年，南闸街道有篮球协会、乒乓球协会、游泳协会、广场舞协会、中国象棋协会、太极拳协会、石锁协会、户外运动协会、社会体育指导员协会以及老年体育协会等10个体育单项协会。各行政村都成立了篮球队、腰鼓队、健身操（舞）队。至2015年，南闸街道有基层体育队伍40个，全年体育活动15000多人次。

2018年4月至10月，南闸街道举行首届全民运动会。运动会设有田径、游泳、羽毛球、足球、广场舞、石锁、微马、门球等8个大类29个小项比赛。11个行政村（社区）、学校、医院以及部分企业和驻街道单位组队参赛，参赛运动员达到500余名。并于10月27日举行运动会开幕式。开幕式以"健康家园、活力南闸"为主题，由国旗队、会旗队、彩旗队、代表队等24个方队入场，全民健身展示，宣传片《这就是南闸》以及文艺表演等几个部分组成。

1980—2016年南闸公社（乡、镇、街道）体育条线负责人一览

表18-5

姓 名	任职时间	姓 名	任职时间
陆洪度	1980.8—1995.7	吴大全	2006.5—2010.12
陶兴元	1995.8—2006.4	许建春	2011.1—

2018年南闸街道首届全民运动会竞赛总成绩一览

表18-6

团队名称	竞赛项目	总积分	总成绩
泗河村	足球、羽毛球、游泳、田径、微马、广场舞、门球、石锁	77	第1名
南闸中心小学	足球、羽毛球、游泳、田径、微马、广场舞、门球、石锁	55	第2名
谢南村	足球、羽毛球、游泳、田径、微马、广场舞、门球、石锁	53	第3名
南新村	足球、羽毛球、游泳、田径、微马、广场舞、门球、石锁	51	第4名
观山村	足球、羽毛球、游泳、田径、微马、广场舞、门球、石锁	42	第5名
曙光村	足球、羽毛球、游泳、田径、微马、广场舞、门球、石锁	31	第6名
南闸村	足球、羽毛球、游泳、田径、微马、广场舞、门球、石锁	29	第7名
南闸实验学校	足球、羽毛球、游泳、田径、微马、广场舞、门球、石锁	24	第8名
龙运村	足球、羽毛球、游泳、田径、微马、广场舞、门球、石锁	23	第9名
街道机关	足球、羽毛球、游泳、田径、微马、广场舞、门球、石锁	23	第10名
涂镇村	足球、羽毛球、游泳、田径、微马、广场舞、门球、石锁	22	第11名
观西村	足球、羽毛球、游泳、田径、微马、广场舞、门球、石锁	21	第12名
蔡泾村	足球、羽毛球、游泳、田径、微马、广场舞、门球、石锁	19	第13名
南闸中心幼儿园	足球、羽毛球、游泳、田径、微马、广场舞、门球、石锁	17	第14名
南闸综合执法局	足球、羽毛球、游泳、田径、微马、广场舞、门球、石锁	15	第15名
南农高科技股份有限公司	足球、羽毛球、游泳、田径、微马、广场舞、门球、石锁	9	第16名
安科瑞电器制造有限公司	足球、羽毛球、游泳、田径、微马、广场舞、门球、石锁	7	第17名
南闸派出所	足球、羽毛球、游泳、田径、微马、广场舞、门球、石锁	6	第18名
南工锻造有限公司	足球、羽毛球、游泳、田径、微马、广场舞、门球、石锁	5	第19名
花果村	足球、羽毛球、游泳、田径、微马、广场舞、门球、石锁	5	第20名
南闸医院	足球、羽毛球、游泳、田径、微马、广场舞、门球、石锁	5	第21名
恒通电器有限公司	足球、羽毛球、游泳、田径、微马、广场舞、门球、石锁	5	第22名
圆方机械制造有限公司	足球、羽毛球、游泳、田径、微马、广场舞、门球、石锁	5	第23名
宇杰制衣有限公司	足球、羽毛球、游泳、田径、微马、广场舞、门球、石锁	0	第24名

第二节　竞技体育

南闸的竞技体育起步于20世纪30年代，此后一直平稳发展，至21世纪初达到了一个高度，在各种竞技比赛中取得了优异的成绩。1935年9月，花果村吴家埭的吴福元与同村的顾玉才、吴子元、顾宝芳等6人，代表江阴县参加了在镇江召开的江苏省第四届运动会。在本届运动会上，吴福元获得了

摔跤冠军，顾玉才获得了举重冠军，吴子元获得摔跤第三名。2008年8月，祖籍观西村东芦岐的陆春龙在北京奥运会男子蹦床比赛中获得了冠军。2009年，南新村汤家村的汤科蓉在全国第十届运动会女子场地自行车积分赛中获得了冠军。陆忆良曾为江苏舜天足球队队长，后担任U14女足主教练，2013年6月率队在亚洲锦标赛中夺得冠军。

2013—2016年南闸街道体育团队参加市以上体育竞赛成绩一览

表18-7

时　间	团队名称	竞赛名称	竞赛项目	竞赛成绩
2013	南闸篮球协会	江阴市第六届全民运动会	男子篮球	第5名
2013	南闸乒乓球协会	江阴市第六届全民运动会	乒乓球女子团体	第8名
2013	南闸象棋协会	江阴市第六届全民运动会	象棋男子团体	第3名
2013	南闸健身操队	江阴市第六届全民运动会	健身操女子团体	第6名
2013	南闸柔力球队	江阴市第六届全民运动会	柔力球女子团体	第8名
2013	南闸太极拳协会	江阴市第六届全民运动会	太极拳男子团体	第3名
2014	南闸篮球协会	江阴市"卧龙杯"篮球赛	男子篮球	第10名
2014	南闸广场舞协会	江阴市第二届"龟龄集杯"广场舞大赛	广场舞	第2名
2015	如意健身队	江阴市广场舞大赛	广场舞	三等奖
2016	泗河村篮球俱乐部	江阴市乙级篮球比赛	男子篮球	第3名
2016	南闸乒乓球协会	江阴市"团缘杯"乒乓球比赛	乒乓球男子团体	冠军

1935—2009年南闸居民参加省以上体育竞赛成绩一览

表18-8

时　间	姓　名	竞赛名称	竞赛项目	竞赛成绩
1935.9	吴福元	江苏省第四届运动会	中量级摔角（跤）	第1名
1935.9	顾玉才	江苏省第四届运动会	轻量级举重	第1名
2008.8	陆春龙	第29届北京奥运会	男子蹦床	冠军
2009	汤科蓉	亚洲自行车锦标赛	女子个人赛和计时赛	冠军

2013—2014年南闸街道居民参加市以上体育竞赛成绩一览

表18-9

时　间	姓　名	竞赛名称	竞赛项目	竞赛成绩
2013	徐向海	江阴市第六届全民运动会	象棋男子个人	第1名
2013	汤红涛	江阴市第六届全民运动会	乒乓球男子个人	第5名
2014	徐向海	"江阴周庄杯"全国业余象棋江阴赛区比赛	象棋男子个人	获江阴市"棋王"称号
2014	吕正华	江阴市象棋争霸赛	象棋男子个人	获江阴市"棋王"称号

第三节　学校体育

一、体育教学

中华人民共和国成立后，党和政府非常重视学校体育工作，中小学每周都开设2节体育课、课外活动课，每天15分钟早操。1953年，根据"三好"（身体好、学习好、劳动好）的要求，进一步确立体育在学校教育中的地位。学校的体育设施有所改善，体育师资得到增强。1954年起，推行第一套少儿广播体操，并不断更新。1959—1961年，国家三年困难时期，体育课改为保健课，体育教学有所淡化。1963年《全日制中小学暂行工作条例》颁布后，体育工作又开始加强，中小学校坚持上好体育课，开展早操、课间操、课外体育活动。

1966年"文化大革命"开始后，学校体育工作一度停顿。从1969年起，体育课改为"军体课"，开展学军活动，中学进行野营拉练训练。

1977年起，学校体育趋于正常。1980年起贯彻《中小学体育工作暂行规定（试行草案）》，中小学建立体育中心教研组，对体育课的教学形式、方法、项目以及考核制度等进行改革探索，提高了体育教育的质量。1998年，南闸中心小学被评为江阴市篮球传统项目学校。

二、学生体育活动

在加强体育教学的同时，中小学校不定期地举办运动会，将举办运动会作为提高学生的体育竞技水平、体现体育教学成效和培养体育人才的一种重要手段。进入21世纪，中小学校每年至少举办一次运动会已成为制度。1996年，中心小学获无锡市第七届运动会"体育贡献奖"。同年，南闸中心小学女子篮球队获江阴市小学生篮球比赛第一名。1997年，中心小学女子篮球队获无锡市女子篮球比赛第一名。2000年，中心小学女子篮球队获无锡市第八届运动会女子篮球比赛第二名。2001年，中心小学女子篮球队获江阴市小学生篮球组比赛第二名。2006年，中心小学男子乒乓球队获江阴市小学生乒乓球比赛第三名。

2014年南闸街道实验学校田径记录一览

表18-10

组　别	项　目	成　绩	姓　名	运动会名称	时　间
初中男子组	100米	12秒3	何东强	市13届运动会	1999.09
	200米	25秒6	庞宇虹	市13届运动会	1999.09
	400米	56秒2	徐森海	市16届运动会	2002.10
	800米	2分28秒	陆雁飞	27届校运会	1999.10
	1000米	3分06秒	耿建忠	27届校运会	1999.10
	1500米	4分48秒	耿建忠	市13届运动会	1999.09
	跳高	1.63米	余　潇	市22届运动会	2008.09
	跳远	5.90米	吴善岭	市22届运动会	2008.09
	三级跳远	10.96米	陈　旭	30届校运会	2002.11
	铁饼（1公斤）	37.94米	唐　鹏	市28届运动会	2014.09
	铅球（5公斤）	10.60米	胡卫新	4届镇运动会	1995.05
	4×100米接力	53秒	初三4班	28届校运会	2000.11
初中女子组	100米	14秒1	任张怡	27届校运会	1999.10
	200米	29秒8	任张怡	27届校运会	1999.10
	400米	1分06秒	承燕子	市16届运动会	2002.10
	800米	2分51秒7	任丽君	2届镇运动会	1993.05
	1500米	5分42秒6	张　洁	市16届运动会	2002.10
	跳高	1.33米	刘庆霞	市14届运动会	2000.09

续表18-10

组别	项目	成绩	姓名	运动会名称	时间
初中女子组	跳远	4.45米	任张怡	市15届运动会	2001.09
	三级跳远	9.77米	任张怡	市15届运动会	2001.09
	铁饼（1公斤）	24.47米	吴雨润	市28届运动会	2014.09
	铅球（3公斤）	9.23米	周 婷	27届校运会	1999.10
	4×100米接力	58秒22	南 中	市16届运动会	2002.10

2015年南闸街道中心小学运动会记录一览

表18-11

组别	项目	成绩	姓名	运动会名称	时间
男子甲组	100米	13秒95	路聪聪	第4届春季校运会	2014.04.29
	200米	29秒30	陈锦琪	第5届春季校运会	2015.04.28
	800米	2分44秒35	刘星羽	第4届春季校运会	2014.04.29
	跳远	4.79米	连若淳	第3届春季校运会	2013.04.27
	搬运篮球	58秒48	汤成龙	第3届春季校运会	2013.04.27
女子甲组	100米	15秒22	高洲枫	第3届春季校运会	2013.04.27
	200米	31秒28	张语欣	第4届春季校运会	2014.04.29
	800米	3分03秒42	吴择琦	第3届春季校运会	2013.04.27
	跳远	3.88米	张 桢	第3届春季校运会	2013.04.27
	搬运篮球	1分01秒04	高洲枫	第3届春季校运会	2013.04.27
男子乙组	100米	14秒99	陈 源	第5届春季校运会	2015.04.28
	400米	1分20秒22	王天硕	第4届春季校运会	2014.04.29
	800米	3分02秒36	花婕妤	第3届春季校运会	2013.04.27
	跳远	3.83米	陈锦琪	第3届春季校运会	2013.04.27
	搬运篮球	1分05秒82	周恩赐	第3届春季校运会	2013.04.27
	铅球	6.71米	冯佳仁	第4届春季校运会	2014.04.29
女子乙组	100米	16秒39	单金萍	第3届春季校运会	2013.04.27
	400米	1分23秒05	时 钦	第4届春季校运会	2014.04.29
	800米	3分12秒96	冯诗雨	第5届春季校运会	2015.04.28
	跳远	3.65米	单金萍	第3届春季校运会	2013.04.27
	搬运篮球	1分06秒02	张珏岳	第3届春季校运会	2013.04.27
	铅球	5.72米	朱晓丹	第3届春季校运会	2013.04.27
男子丙组	50米	8秒42	王宇航	第4届春季校运会	2014.04.29
	100米	15秒96	胡志豪	第4届春季校运会	2014.04.29
	200米	33秒25	张震杰	第4届春季校运会	2014.04.29
	跳远	3.38米	何振涛	第3届春季校运会	2013.04.27
	铅球	5.63米	徐兵舟	第3届春季校运会	2013.04.27
女子丙组	50米	8秒68	冯诗雨	第4届春季校运会	2014.04.29
	100米	16秒20	孙梦玲	第4届春季校运会	2014.04.29
	200米	34秒54	俞思怡	第5届春季校运会	2015.04.28
	跳远	3.22米	吕鑫忆	第5届春季校运会	2015.04.28

续表18-11

组 别	项 目	成 绩	姓 名	运动会名称	时 间
	铅球	5.5米	蒋佳洛	第3届春季校运会	2013.04.27
男子丁组	50米	7秒90	唐权	第5届春季校运会	2015.04.28
	100米	14秒39	唐权	第5届春季校运会	2015.04.28
	200米	35秒13	顾海洋	第4届春季校运会	2014.04.29
	立定跳远	2.05米	燕薛南	第5届春季校运会	2015.04.28
	垒球	31.80米	张震杰	第3届春季校运会	2013.04.27
女子丁组	50米	8秒53	俞思怡	第4届春季校运会	2014.04.29
	100米	16秒58	周语纯	第4届春季校运会	2014.04.29
	200米	38秒80	朱雯莉	第4届春季校运会	2014.04.29
	立定跳远	2.03米	周语纯	第4届春季校运会	2014.04.29
	垒球	22.71米	杨羽琳	第4届春季校运会	2014.04.29
男子戊组	50米	8秒59	徐浩	第5届春季校运会	2015.04.28
	100米	15秒54	唐权	第4届春季校运会	2014.04.29
	30米障碍跑	14秒87	张来锦	第3届春季校运会	2013.04.27
	垒球	24.65米	祝国航	第5届春季校运会	2015.04.28
	立定跳远	1.90米	燕薛南	第4届春季校运会	2014.04.29
女子戊组	50米	9秒15	焦紫	第5届春季校运会	2015.04.28
	100米	17秒06	井译菲	第5届春季校运会	2015.04.28
	30米障碍跑	15秒28	俞思怡	第3届春季校运会	2013.04.27
	垒球	18.0米	杨羽琳	第3届春季校运会	2013.04.27
	立定跳远	1.87米	周语纯	第3届春季校运会	2013.04.27
男子己组	50米	8秒96	唐权	第3届春季校运会	2013.04.27
	100米	19秒23	陈鹏	第4届春季校运会	2014.04.29
	30米障碍跑	15秒03	王嘉林	第3届春季校运会	2013.04.27
	垒球	20.94米	唐雨澄	第4届春季校运会	2014.04.29
	立定跳远	1.74米	赵弈赫	第3届春季校运会	2013.04.27
女子己组	50米	9秒53	井译菲	第4届春季校运会	2014.04.29
	100米	20秒03	焦紫	第4届春季校运会	2014.04.29
	30米障碍跑	17秒15	刘羽涵	第3届春季校运会	2013.04.27
	垒球	13.89米	陈希然	第5届春季校运会	2015.04.28
	立定跳远	1.65米	刘依菲	第5届春季校运会	2015.04.28

2015年南闸街道实验学校参加省以上体育竞赛成绩一览

表18-12

时 间	团队名称	竞赛名称	竞赛项目	竞赛成绩
2015	桥牌队	全国中学生桥牌锦标赛	桥牌	第2名
2015	桥牌队	江苏省中学生桥牌比赛	桥牌	第2名
2015	啦啦操队	全国中学生冠军赛	啦啦操	第2名

2016年南闸街道实验学校学生参加省以上体育竞赛成绩一览

表18-13

时 间	姓 名	竞赛名称	竞赛项目	竞赛地点	竞赛成绩
2016.11	苏硕林	江苏省第9届中小学生武术比赛	男子太极拳乙组	太仓市	亚军
2016.11	徐建杰	江苏省第9届中小学生武术比赛	男子太极拳乙组	太仓市	季军
2016.11	焦 超	江苏省第9届中小学生武术比赛	男子太极拳乙组	太仓市	第4名
2016.11	何雨涵	江苏省第9届中小学生武术比赛	女子太极拳乙组	太仓市	第7名
2016.11	戴雨恬	江苏省第9届中小学生武术比赛	女子太极拳乙组	太仓市	第8名

1996—2006年南闸镇小学生参加市以上体育竞赛成绩一览

表18-14

时 间	团队名称	竞赛名称	竞赛项目	竞赛成绩
1996	篮球队	江阴市小学生篮球比赛	女子篮球	第一名
2000	篮球队	江阴市小学生篮球比赛	女子篮球	第一名
2000	篮球队	无锡市第八届运动会中小学部小学女子篮球比赛	女子篮球	第二名
2001	篮球队	江阴市小学生篮球乙组比赛	女子篮球	第二名
2006	乒乓球队	江阴市小学生乒乓球比赛	男丙团队	第三名
2006	乒乓球队	江阴市小学生乒乓球比赛	男乙团队	第五名

第四节 体育设施

一、社会体育设施

中华人民共和国成立前，除了学校的操场外，南闸几乎没有什么像样的体育设施，民间开展球类比赛等体育活动时，大都在空旷的土场上进行。20世纪50年代中期，涂镇、汤家村、寨里、夏店、观庄等村，除了有自己的篮球队外，还建有简陋的篮球场。20世纪60年代初，南闸大队建起了灯光球场，成为南闸首个标准篮球场。改革开放后，随着经济的发展，各村、企事业单位相继建起了各类设施。进入21世纪后，南闸的体育设施得到了进一步完善，村村建起了文体广场、篮球场、乒乓室、棋牌室，还有健身点，健身点上有健身路径（健身器材）。至2015年，南闸街道有文体广场13个、灯光球场17个、健身点23个。

南闸街道全民健身点建设情况一览

表18-15

健身点所在区域	健身内容
紫金广场	广场舞、太极拳、木兰系列（木兰拳、木兰剑、木兰扇）、柔力球、秧歌、腰鼓、柔力球
如意滩公园	广场舞、太极拳、木兰系列（木兰拳、木兰剑、木兰扇）、柔力球、秧歌、腰鼓
花果村	篮球、乒乓球、棋牌、山地自行车、登山
谢南村	乒乓球、羽毛球、棋牌
曙光村	篮球、乒乓球、棋牌、垂钓、山地自行车
涂镇村	篮球、乒乓球、棋牌
南新村	乒乓球、健身、游泳、棋牌、山地自行车

续表18-15

健身点所在区域	健身内容
蔡泾村	篮球、乒乓球、棋牌、广场舞
龙运村	篮球、棋牌、垂钓
南闸村	篮球、棋牌
观山村	篮球、棋牌、登山
泗河村	篮球、乒乓球、棋牌、登山、垂钓
观西村	篮球、乒乓球、棋牌、垂钓
派出所	羽毛球、健身、篮球
交巡警中队	乒乓球、健身
紫金社区	篮球、羽毛球、网球、乒乓球、石锁、棋牌
锦明工业机器人自动化有限公司	篮球、台球
元和彩印包装有限公司	乒乓球
安科瑞电器制造有限公司	篮球、乒乓球
新澄冶金机械有限公司	篮球、乒乓球、台球
成人教育中心	篮球、乒乓球、体操、健身
实验小学	篮球、排球、乒乓球
中心小学	篮球、乒乓球、健身

二、学校体育设施

20世纪70年代前，南闸的小学大都只有一面土质的小操场或一张水泥乒乓台，南闸中学和观山中学除了一面较大的土质操场外，还有一些简陋的体育设施。改革开放后，学校的体育设施由教育部门统一筹划，有了明显改善。到20世纪90年代初，中小学校的体育设施已基本达标，有了标准的运动场地和各种体育教学器具。进入21世纪，学校的体育设施建设已基本完善。

2015年南闸街道实验学校体育器材场地基本情况一览

表18-16

类 别	场地（器材）	数 量	质 地	规 格
室外运动场	篮球场	5	塑胶	
	足球场	1	人造草皮	
	排球场	1	塑胶	
	田径场	1	人造草皮	300米跑道
	乒乓球场	1	水泥地面	
	游泳池	1	室外	25*15米
体育器材	秒表	16		
	发令枪	2		
	发令台	1		
	计时台与终点裁判	1		
	起跑器	8		
	钉鞋	8		

续表18-16

类　别	场地（器材）	数　量	质　地	规　格
	道次牌	8		
	接力棒	8		
	皮尺	2		
	钢卷米尺	1		
	实心球	20		
	跳高架	4		
	跳高丈量尺	1		
	横杆	10		
	跳高用海绵包	1		
	栏架	5		
	标枪	20		
	铅球	20		
	铁饼	2		
	起跳板	6		
	沙坑	2		
	信号旗	6		
	篮球	80		
	篮球架	5		
	篮球网	10		
体育器材	排球	30		
	软式排球	100		
	软式实心球	6		
	排球架	2		
	标志杆（筒）	45		
	排球网	1		
	足球	50		
	足球	20		5号球
	足球门	1		
	足球网	2		聚乙烯7人制
	气泵	1		
	乒乓球拍	110		
	乒乓球	200		
	羽毛球拍	200		
	羽毛球	200		
	体操棒	50		
	哑铃	40		
	短绳	315		
	短绳	60		中考训练用绳
	长绳	30		

续表18-16

类　别	场地（器材）	数　量	质　地	规　格
体育器材	拔河绳	2		
	山羊	4		
	低单杠	4		
	高单杠	4		
	低双杠	2		
	体操垫（小）	120		
	体操垫（大）	20		
	杠铃	1		
	肺活量测试仪	4		
	坐位体前屈测试仪	2		
	铁环	25		
	高跷	6		
	软式实心球	20		中考训练用球

2015年南闸街道中心小学体育器材场地基本情况一览

表18-17

类　别	场地（器材）	数　量	质　地	规　格
室外运动场	篮球场	3	塑胶	
	排球场	2	塑胶	
	足球场	1	草地	
	网球场	1	塑胶	
	田径场	1	塑胶	300米跑道
室内练习馆（房）	羽毛球馆	6	塑胶	
	篮球场	1	地板	
	乒乓球场	5	塑料	
体育器材	跳高海绵包	3		
	小型足球门	3		
	乒乓球台	18		
	体操垫（大）	10		
	体操垫（小）	200		
	哑铃	50		
	杠铃	1		
	单杠	5		
	肺活量仪	1		
	握力测试仪	1		
	坐位体前屈测试仪	1		
	联合训练器	1		

第十九编　科技·卫生

第一章　科　技

第一节　管理机构

1985年，南闸乡成立科学技术普及协会，主席张宝荣，副主席蒋炳文、顾小玉，秘书长王永才。下设8个专业小组，分别为农业组、成教组、轻纺组、建材组、建筑组、机械组、文教组、卫生组。乡科协的主要职能是组织群众性的技术革命运动，普及科学知识，传输科技信息，开展科技咨询服务。在农村主要是选育作物良种，改良家畜、家禽品种和推广先进技术。

1987年，乡科技助理作为专职干部列入乡镇机关编制，负责全乡科技工作，并担负乡科协日常事务工作。吴洪玉担任南闸乡科技助理。

1990年3月，南闸镇成立科技协会办公室，办公室主任牟自建，副主任吴洪玉，成员有何本度、沙建新。负责推进科技进步，协调企业搞好科技项目开发和技改技能的调查、论证、列项、申报以及组织科普宣传、培训等工作。

2001年11月8日，南闸镇实施机构改革，农技站、多种经营服务公司、林业站被撤并为农业服务中心。

2008年11月，设立南闸镇科技和人才工作领导小组高科技能人才工作办公室，办公室主任窦艳成。主要负责对高技能人才工作的领导和高技能人才队伍建设的统筹规划和具体工作协调。

第二节　科研机构

一、农业技术推广站

1966年5月，南闸公社成立民办农业技术推广站，简称"农技站"，何本度任站长，成员有任福宝、耿炳元、焦金如。农技站地址设在涂镇3队，人员报酬为工分加补贴，主要工作是为全公社农技工作作指导。由于"文化大革命"，建站不到1年就停办，1970年恢复南闸农技站工作。到1974年，人员增加到6人，并在涂镇11队建有农技站基地，有配套实验用地100亩、4间3层办公用房和6间仓库，有培训室、实验室、会议室，以及400平方米的水泥场地。

1977年5月，正式成立南闸公社农业技术推广站。

二、蚕桑指导站

20世纪50年代至80年代，各乡（公社）都成立蚕桑指导站，配备1至3名蚕桑指导员，负责全公社各生产队的栽桑、养蚕工作。后因贯彻"以粮为纲"，号召"农业学大寨"，农村生产布局发生变化，桑田改作水田，农民不再养蚕，蚕桑指导站撤销。

三、农业技术服务公司

1984年，在农技站的基础上成立南闸乡农业服务公司，王才兴任经理。受县农业局领导，主要沿袭农技站的功能加上经营活动。1986年，何本度任农服公司经理兼公司党支部书记、农技站站长，为农、工、商一体化单位。农服公司除继续搞好粮食作物的科技普及和推广工作外，还担当全镇蔬菜栽培、食用菌栽培、动植物防疫等现代农业的科学技术普及推广工作。

四、研究所（中心）

江苏省动物防疫制品工程技术研究中心 2000年，江苏南农高科技股份有限公司创建"生物高新技术研究所"。2008年，在研究所的基础上，成立江苏省动物防疫制品工程技术研究中心，聘请南京农业大学教授杜念兴等为客座专家，有从事新产品研究的科技人员20人，其中博士3人、硕士12人、高级职称6人，主要从事兽用生物制品、生物基因以及开发动物生长免疫调控产品的研发。拥有合作研发10项、自主研发11项、专利3项、自主发明专利1项。

无锡市圆方冶金机械研究所 2007年，江阴圆方机械制造有限公司成立无锡市圆方冶金机械研究所，有高级工程师2名、高级技工50多名，从事钢材后道精整修磨系列化设备的研究。2010年与南京工业大学建立了长期合作关系，拥有各类专利30余件，其中国家专利14件，全自动钢管打头机、移动（或固定）式热锯机、液压滑落式方坯修磨机被认定为江苏省高技术产品。

2007—2015年江苏南农高科技股份有限公司研发项目一览

表19-1 单位：万元

序号	项目名称	合作的单位	起止时间	经费	合作方式
1	猪繁殖与呼吸综合征活疫苗（R98株）	南京农业大学	2007.10—2012.10	250	合作研发
2	鸡新城疫、传染性支气管炎、禽流感（H9亚型）三联灭活疫苗	北京农林科学院畜牧兽医研究所	2008.9—2013.9	100	合作研发
3	鸡新城疫、传染性支气管炎、减蛋综合征、禽流感（H9亚型）四联灭活疫苗	江苏省农业科学院	2011.2—2012.2	100	合作研发
4	猪圆环病毒2型灭活疫苗（SH株）	南京农业大学	2011.04—2014.04	150	合作研发
5	猪传染性胃肠炎与猪流行性腹泻二联灭活疫苗研制	中国农业科学院哈尔滨兽医研究所	2011.8—2014.2	380	合作研发
6	圆环副嗜血杆菌二联灭活疫苗研究与开发	南京农业大学	2011.11—2016.10	100	合作研发
7	动物用生物制品研究与开发	南京农业大学	2011.11—2016.10	250	合作研发
8	猪圆环病毒基因工程疫苗研究与开发	南京农业大学	2011.11—2016.10	100	合作研发
9	猪瘟活疫苗（传代细胞源）生产技术	中国兽药药品监察所	2012.5—2013.10	800	合作研发
10	重组新城疫病毒灭活疫苗（A—VII株）	扬州大学	2013.01—2015.12	800	合作研发
11	大规模生产ST猪瘟抗原的研究		2014.04—2015.12	400	自主研发
12	猪圆环病毒2型抗原浓缩纯化工艺		2014.04—2015.12	500	自主研发
13	猪繁殖与呼吸综合征活疫苗（R98株）耐热冻干保护剂实验		2013.07—2015.06	200	自主研发
14	大规模生产猪圆环病毒抗原的研究		2013.01—2015.12	350	自主研发
15	猪瘟、蓝耳和伪汪犬活疫苗稀释液改良实验		2013.01—2013.12	100	自主研发
16	猪圆环病毒2型（SH株）灭活疫苗生产工艺优化		2013.07—2014.06	100	自主研发
17	猪圆环病毒2型阻断ELISA抗体检测试剂盒的研发		2015.01—2016.12	300	自主研发
18	猪圆环病毒2型灭活疫苗（SH株、II）的研发		2015.01—2016.12	600	自主研发

续表19-1

序号	项目名称	合作的单位	起止时间	经费	合作方式
19	猪肺炎支原体病活疫苗生产工艺研究		2015.01—2017.12	600	自主研发
20	PCV2重组亚单位疫苗（昆虫细胞表达系统）的研发		2015.01—2017.12	450	自主研发
21	PCV3重组亚单位疫苗（大肠杆菌表达系统）的研发		2015.01—2016.12	250	自主研发

江苏省南工大型锻件工程技术研究中心 2009年，江阴南工锻造有限公司成立江苏省南工大型锻件工程技术研究中心，长期与多家院校进行科技合作，2010年与中国锻压协会合作创办中国机械中等专科学校，并与清华大学合作成立清华机械工程学院南工产学研基地、与东北大学材料冶金学院合作成立镍基特种冶金材料研究室。公司现为江苏省高新技术企业，拥有多项自主研发的高新技术成果及专利。2015年获批发明专利12项。

至2015年年底，南闸街道私营企业科研所（中心）共计35个。

2007—2015年南闸企业科研机构一览

表19-2

单 位	科研单位名称	级 别	成立日期
江苏南农高科技股份有限公司	无锡市动物防疫制品工程技术研究中心	无锡市级	2007
江阴圆方机械制造有限公司	江阴市圆方冶金机械研究所	江阴市级	2007
江阴南工锻造有限公司	无锡市大型锻件工程技术研究中心	无锡市级	2008
无锡宝得换热设备有限公司	无锡市换热设备工程研究中心	无锡市级	2008
江阴市锦明玻璃技术制造有限公司	江阴市锦明重载码垛机器人系统研究所	江阴市级	2008
江阴市海洋工程设备有限公司	江阴市海洋高空作业平台研究所	江阴市级	2008
江阴圆方机械制造有限公司	江苏省冶金轧钢后续设备工程技术研究中心	省级	2008.10
江苏南农高科技股份有限公司	江苏省动物疫病防控生物工程研究中心	省级	2009
江苏安科瑞电器制造有限公司	江苏省建筑光伏发电输出系统工程技术研究中心	省级	2009
江苏安科瑞电器制造有限公司	无锡市建筑光伏发电输出系统工程研究中心	无锡市级	2009
江阴圆方机械制造有限公司	无锡市冶金轧钢后续设备工程技术研究中心	无锡市级	2009
江阴南工锻造有限公司	江阴市南工大型锻件研究所	江阴市级	2009
江阴宝得换热设备有限公司	江阴市宝得换热设备研究所	江阴市级	2009
江阴市鹏锦机械制造有限公司	江阴市鹏锦运输机械研究所	江阴市级	2009
江阴南工锻造有限公司	江苏省大型锻件工程技术研究中心	省级	2010
江阴市勤丰金属制品有限公司	江阴市勤丰金属沃尔沃重卡轴承座焊接研究所	江阴市级	2010
江阴市周龙化工助剂有限公司	江阴市周龙精细化工新材料研究所	江阴市级	2010.12
江阴嘉鑫风电轴承有限公司	江阴市嘉鑫风电轴承研究所	江阴市级	2010.12
江阴市致源风叶制造有限公司	江阴市致源风叶技术研究所	江阴市级	2010.12
江苏安科瑞电器制造有限公司	江阴市安科瑞电器仪表研究所	江阴市级	2011
江阴市吉瑞机械制造有限公司	江阴市吉瑞机械研究所	江阴市级	2011.12
江阴市锦明玻璃技术制造有限公司	江苏省玻璃机械工程技术研究中心	省级	2012
南农高科技股份有限公司	无锡市企业技术研究中心	无锡市级	2012
江苏安科瑞电器制造有限公司	江阴市企业研究中心	江阴市级	2012

续表19-2

单 位	科研单位名称	级 别	成立日期
江苏日新印染机械有限公司	江阴市日新印染机械研究所	江阴市级	2012.5
江阴新光镭射包装材料有限公司	江阴市新光镭射包装新材料研究所	江阴市级	2012.5
江阴市迈森金属制品有限公司	江阴市废橡胶粉塑化设备工程技术研究中心	江阴市级	2013.10
江阴市南闸医院	江阴市消化内镜诊疗工程技术研究中心	江阴市级	2014.10
江阴市中南塑料彩印有限公司	江阴市塑料复合软包装工程技术研究中心	江阴市级	2015.12
江阴市东泽铝业科技有限公司	江阴市工业铝型材挤压及新材料工程技术研究中心	江阴市级	2015.12
江阴市南农高科技股份有限公司	无锡市院士工作站	江阴市级	2015
江阴市南农高科技股份有限公司	江阴市院士工作站	江阴市级	2015
江阴市南农高科技股份有限公司	南京农业大学动物医药院教学科研实习基地	江阴市级	2015
江阴德耐特重工科技有限公司	江阴市节能环保锅炉部件工程技术研究中心	江阴市级	2015.4
江阴市苏新干燥设备有限公司	江阴市提取浓缩设备工程技术研究中心	江阴市级	2015.11
江阴市东仁机械有限公司	江阴市废砂再生工程技术研究中心	江阴市级	2015.11
江阴市中南塑料彩印有限公司	江阴市塑料复合软包装工程技术研究中心	江阴市级	2015.12
江阴市东泽铝业科技有限公司	江阴市工业铝型材挤压及新材料工程技术研究中心	江阴市级	2015.12

第三节　科技队伍

一、科技人员构成

日军侵华战争全面爆发前，南闸民族工业达到鼎盛期，有少量技术人员分布于12家纺织厂。中华人民共和国成立后，随着经济建设发展，科技队伍不断壮大，20世纪60年代初，公社配有专、兼职农技人员和蚕桑技术人员。20世纪70年代，大办乡村企业，引进各类科技人员65人，其中工程师8人。1989年，据南闸范围内各单位统计，有各类专业技术人员169人，其中高级职称5人、中级职称95人、初级职称69人。1990年代，南闸采用培训和引进等措施壮大科技队伍。1998年，南闸镇拥有企业科技人员514人，其中高级职称10人、中级职称98人、初级职称376人、聘用技术人员30人。2015年，南闸科技人员增至1870人。

2015年南闸街道科技人员构成一览

表19-3

类 别	人 数	其中			备 注
		博士生	本科生	大专生	
管理人才	1030	12	352	438	
专业技术人才	1570	19	398	851	其中博士后3人，博士12人为引进人才
农村实用技术人才	537		43	75	

二、职称评定

1986年，国家职称改革领导小组成立，逐步建立起专业技术管理制度，1988年，江阴市职称改革领导小组正式成立，专业技术人员职称申报和评审工作开始。与此同时，南闸镇科技人员的职称评审也正式起步。职称考评对象为中小学教师、乡镇企事业单位从事技术工作3年以上的农业、副业、工业、建筑业现职技术人员。农业技术职称为农艺师、助理农艺师、农业技术员三级；工程技术职称分为工程师、助理工程师、工程技术员三级。考评主要依据工作成绩、技术水平和业务能力，适当考虑学历和从事技术工作资历等因素。考评工作由县科委、经委、农工部等部门组织联合调查，制定工作方案，参照国务院颁发的有关规定进行。1997年，市职称评定工作职能由科委转到人事局，乡镇企业职称评定工作由科技办转交组织人事科管理。2000年推行职称评定改革，实行技术职称评定将审报交给个人，将评审交给社会，将聘任交给单位。2004年，对中学高级教师职称申报采用学生问卷方式考核，公务员只要符合规定资格条件可以报评相应技术资格，在建筑系统推行无规定学历、经过相关培训即可报评相关职称的新方法。自2000年开始，南闸街道高度重视乡镇技术职称的评定工作，将其作为科技兴镇的重要措施来抓，每年有一批技术人员评定或晋升职称，有效地调动了乡镇专业技术人员的工作积极性和创造性。

2008年12月南闸农村实用人才基本情况一览

表19-4 单位：人

项 目	人 数	其 中			学 历				
		女	共产党员	40岁及以下	本科及以上	专科	中专	高中	初中及以下
一、农民技术员	35	12	10	7	—	—	5	30	—
二、生产能手	150	43	5	13	—	2	3	13	132
种植能手	82	26	3	8	—	—	7	75	
养殖能手	55	7	2	5	—	2	3	6	44
加工能手	13	10	—	—	—	—	—	—	13
三、经营能人	308	49	32	67	25	65	15	112	91
企业经营人才	200	18	27	52	25	64	15	70	26
农村经纪人	96	30	3	15	—	—	—	36	60
农民专业经济合作组织带头人	12	1	2	—	—	1	—	6	5
四、能工巧匠	8	5	2	5	3	1	—	1	3
技能带动型人才	—	—	—	—	—	—	—	—	—
文体艺术类人才	8	5	2	5	3	1		1	3
五、村（组）干部	71	22	65	32	15	7	—	35	14

第四节 科普宣传与培训

南闸科普协会下设农业、轻纺、机械等专业组，在科普协会具体指导下，各专业组广泛开展多种形式的宣传活动，向社会传播科学思想，普及推广科技成果与适用技术，加速科学技术在生产中的转移扩散。1986—1992年，新庄小学与村农技员合作，创办油印《新苗报》，刊登农事活动、农业技术等科普知识，发到全村家家户户。《新华日报》于1990年曾做过相关报道。1990—2000年，南闸文化站利用《南风窗》宣传栏出科普黑板报40期，转载相关文章84篇。2007年，南闸文化中心在送戏下乡时，先后在11个行政村和20多个骨干企业中，举行"农村适用技术""科技致富""妇幼保健""优生优育"等内容的科普图片展览,计16块展牌,为时30多天,参展群众约2.5万人次。2013年6月15日,南闸安监所联合消防中队、司法所、社保所、交警中队等8个安委会成员单位,在紫金广场开展"安全生产月"宣传咨询活动,服务对象约8000余人次。1997—2015年,南闸广电站开办《今日南闸》电视节目,定期编排播放科普知识内容,已播放200多期。长10.8米的紫金广场科普专用画廊,每月更新一次,已出120期。

1987—1988年,南闸成人教育中心共举办各类培训班64期,学员2395人次;1993—1996年,办班180期,培训学员8000多人次;1996年,南闸成人教育中心校被评为省重点乡镇成教中心校。1997年,南闸成教中心校与陆金标科技学校联手实行开放教育,按照市场需求,拓宽办学渠道,开设特色专业,提高办学层次,先后与苏州大学、常州大学等高校合作,开设经济管理、市场营销、日语、韩语等长期培训班,至2003年,共办班350期,培训学员19360人次。2004—2015年,成教中心校直接办班370期,培训学员21600人次。南闸镇财政所和成人教育中心联合,每年对全体在职人员进行提高业务能力培训,把培训结业证书作为换发"会计人员从业资格证书"的必要条件之一,同时把培训合格证书作为续聘职称的重要依据之一。至此,南闸已形成以科技培训为主导,以职称培训为重点的多方位、多类型的科技人员专业培训格局。

第五节 科技创新及成果

一、科技创新概况

1991年7月,江阴遭受洪灾,水稻被淹长达5至7天,南闸农业技术推广站研究补种措施。首创"抽条留苗插青棵"技术,在全省被推广应用,江苏省电视台做了现场采访报道。当年农技站被评为无锡市救灾先进集体。

1993年成立的江阴市干燥成套设备厂,是龙游村的村办企业,主要生产适用于制药、化工、食品等行业的干燥设备。1995年,干燥设备厂开发研制生产的热风循环烘箱(TG-Z)系列被国家医药管理局评为节能产品,并在第七届中国国际新技术产品博览会上获金奖。

1995年,江苏蝶美集团公司生产的"蝶美"牌精纺毛纱、粗纺呢绒、中高档羊毛衫等系列产品,以款式新、品种全、质量优而远销日本、法国、俄罗斯等国家和中国香港等地区。5月30日,中共中央政治局委员、全国人大常委会副委员长田纪云专程到公司视察,并题词"把江苏蝶美集团建设成为高科技的现代化企业"。

1996年7月,江阴市纺织皮件厂研制开发的"高强"牌系列印花导带,获国家科委第八届中国新技术、新产品博览会金奖。同年,南闸医院依据中医秘方研制开发的"胖胖儿童保健营养液"获中国国际食品加工技术博览会金奖。

2001年,江苏蝶美集团公司研发的细旦高支花呢和奥斯特呢获纺织部优质产品金牛奖。

2011年,观西村一林场培育生产的"赛露暨阳雁翎"牌茶叶在第九届"中茶杯"全国名优茶评比中获绿茶一等奖。

2012年,锦明玻璃技术有限公司开发研制的六轴重载高建工业机器人,获江苏省优质新产品金奖,并获江阴市创新科技资助。

2015年,江阴市赛英电力电子有限公司开发生产的高压大功率器件陶瓷封装系列产品,获江苏省重大科技成果转化及产业化奖,并获省科技资助1000万元;研发的专利池建设获江阴市科技奖、创新资助30万元。

南闸街道科普示范基地一览

表19-5

项 目	建成时间	地 址
水产养殖场中心产业化示范基地	2002年	龙运村
无公害茶叶基地	2003年	观西村
南闸农业科技示范园 （江阴市党员电教科技致富示范基地）	2003年	南闸水产场
花卉苗木基地	2005年	观西村
望湖生态园科技富民示范基地	2007年	南闸村
狮山生态园"大鲵养驯技术基地"	2011年	观山村
一亩苑河蟹养殖基地	2011年	泗河村

二、科技成果

南闸街道自成立科普协会以来，境内企业获江阴市级以上科技奖共60余项，其中省部级22项。1984年，农技站何本度撰写的论文《水稻高产栽培开发研究及其应用》获江苏省科技二等奖、中国农业农村部先进个人奖。2000—2005年，全街道共获得国家火炬计划4项，省火炬计划6项，省科技攻关项目2项，报国家中小企业创新基金3项、获奖3项，省级科技成果鉴定5项，省高新技术产品认定7项。江阴市十佳科技研究所1家、江阴市十佳创新功臣2人，国家高新技术1家。截至2015年年底，全街道累计获得各类商标146个，其中省级著名商标3个，市级知名商标8个，获得名牌产品7个，其中省级名牌2个。

1995—2015年南闸街道（镇）企事业单位科技成果获奖一览

表19-6

时 间	获奖企业	获奖项目	获奖名称与的等级
1993年	南闸医院	中医专科	无锡市科技进步二等奖、无锡市"杏林奖"
1995年	江阴市龙游干燥成套设备厂	热风循环烘箱（TG-Z）系列	中国国际新技术新产品博览会金奖
1996年	江阴市龙游防火阻燃材料厂	防火材料	第7届中国国际新技术新产品博览会银奖
1996年	南闸医院	胖胖儿童保健营养液	中国国际食品加工技术博览会金奖
1996年	江阴市纺织皮件厂	高强牌印花导带	第八届中国新技术新产品博览会金奖
1999年	灯塔三林场	手制毫茶	江阴市毫茶评比第一名
2006年	江阴市蝶美羊毛衫厂	持久抗菌呢	江苏省新技术产品科技创新奖
2006年	江苏安科瑞电器制造有限公司	智能光伏汇流箱	江苏省新技术产品科技创新奖
2006年	江苏安科瑞电器制造有限公司	智能电机保护器	江苏省新技术产品科技创新奖
2008年	江阴圆方机械制造有限公司	全自动钢管打头机	江阴市创新奖
2009年	陶湾茶场	赛露牌要塞曲毫茶	江阴市"暨阳杯"茶叶评比特等奖
2009年	南闸兽医站	野猪的经济杂交与产业化开发利用	江阴市科技进步奖二等奖

续表19-6

时　间	获奖企业	获奖项目	获奖名称与的等级
2010年	江阴市中强科技有限公司	GWZ121型伪装网	解放军总装备部颁发军队科技进步二等奖
2011年	观西村-林场	赛露牌暨阳雁翎	第九届中茶杯全国名优茶评比绿茶一等奖
2012年	江阴市中强科技有限公司	陆军武器装备迷彩技术研究	解放军总装备部颁发军队科技进步一等奖
2012年	江阴市中强科技有限公司	GWZ113/311/413型光学侦察伪装遮障	解放军总装备部颁发军队科技进步二等奖
2012年	江阴市锦明玻璃技术有限公司	六轴重载高速工业机器人	江苏省优质新产品金奖
2012年	南农高科	猪圆环病毒2型灭活疫苗	江阴市科技进步奖一等奖
2015年	江阴南工锻造有限公司	核电主管道整体空心锻造成型工艺	江阴市第三届专利奖优秀奖

市级以上科技奖励、资助一览

表19-7

单　位	奖助项目	资　金
赛英电子	2015年江苏省重大科技成果转化高压大功率器件陶瓷封装系列产品研发及产业化获奖	1000万元
南工锻造	无锡市科技支撑工业高温合金获奖	20万元
南工锻造	江阴市科技三项费风电关键传动链接主轴节能高效工艺研发获奖	15万元
锦明工业	江阴市科技三项费自动装车机器人系列获奖	15万元
南闸医院	江阴市科技三项费消化道肿瘤内镜下治疗临床应用获奖	5万元
悦禧玫瑰	江阴市科技三项费玫瑰种植及玫瑰精油加工应用与示范获奖	5万元
圆方机械	江阴市专利池建设获奖	30万元
赛英电子	江阴市专利池建设获奖	30万元
戴勒姆动力	江阴市专利池建设获奖	30万元
中强科技	江阴市专利池建设获奖	30万元
南闸企业	江阴市发明专利资助	32.45万元
卓远农庄	无锡市兴农富民示范工程获助	1万元
圆方机械	江阴市科协金桥工程获助	1万元
蔡泾蔬菜专业合作社	江阴市兴农富民示范工程基地获助	4.5万元
南农蔬菜专业合作社	江阴市兴农富民示范工程基地获助	1.5万元
圆方机械	江阴市优秀科技工作者之家获助	0.5万元
圆方机械	江阴市科技"三创"人才获助	0.1万元
南工锻造	江阴市科技"三创"人才获助	0.1万元

2011—2015年南闸街道知识产权申报一览

表19-8

单位：个

专利申请年份	当年累计总和	发明专利累计	实用新型专利累计	外观设计专利累计
2011	511	97	237	177
2012	641	267	121	253

续表19-8

专利申请年份	当年累计总和	发明专利累计	实用新型专利累计	外观设计专利累计
2013	743	304	89	350
2014	268	223	41	4
2015	293	226	62	5

2015年南闸重点新产品新技术一览

表19-9

	企业名称	新产品名称	新产品特点
新产品	江苏锦明工业机器人自动化有限公司	高度智能化锂电池生产线	整个流程都无人化，是国内锂电池行业最先进的生产线
	江阴新光镭射包装材料有限公司	手机增亮膜	填补了中国大陆市场空白
新产品	江苏安科瑞电器制造有限公司	智能电器柜	能实时监测和管理能源消耗和安全情况；获得爱默生、华为等国际通信行业巨头的大批订单
	江阴圆方机械制造有些公司	全自动钢管打头机 全自动钢管焊接机	为钢管生产企业配套设备，能最大程度节约钢材
	江阴市东泽铝业科技有限公司	高倍齿散热器	远超行业平均10倍水平
	江阴市赛英电力电子有限公司	电子器件陶瓷外壳	让电子器件既能发挥变频作用又能与外界彻底绝缘，打破国外垄断局面
新技术	江阴南工锻造有限公司	高合金钢精密成型技术	为无锡市重点工业支撑项目
	江苏锦明工业机器人自动化有限公司	完全自动化集装箱载货解决方案	能提高装载效率1倍以上
	江阴悦禧玫瑰科技有限公司	玫瑰油提取新技术	提高了品质与出油率
	江苏安科瑞电器制造有限公司	文档管理新系统	能节约纸张，提高生产线上的生产效率
		城市智能照明系统	能实时监测照明状态；能根据实际需求在服务器端灵活配置定时开关灯时间；管理员能连接互联网的终端上通过浏览器登录云端服务器对照明系统进行科学管理；服务器内嵌百度地图，能显示各照明点编号、状态、地理位置等信息；服务器内储有操作、设备在线、开关灯、报警等日志信息。

第二章　卫　生

第一节　管理机构

中华人民共和国成立后，人民政府一贯重视医疗卫生工作。政府部门领导分管卫生工作，组织开展爱国卫生运动，制定爱国卫生公约，组织医务工作人员走集体化道路，委托医疗机构负责人。

1958年南闸人民公社成立后，设立了文教卫生科，负责协调境内的医疗卫生工作，采用专业医疗人员和群众运动相结合的方法，在防治血吸虫病、传染病、注射防疫疫苗、大搞爱国卫生运动等方面取得了显著成绩。

1969年，全公社各大队先后建立合作医疗，办起了卫生室。对农村中一些常见病、多发病进行预防、检查、治疗。卫生室配备卫生员1名，时称"赤脚医生"。由各大队挑选具有初中以上文化程度的年轻社员到公社卫生院进行业务培训，全公社有22名"赤脚医生"。

1976年，公社实行社队联办，成立了合作医疗管理委员会（简称合管会），由公社、卫生院赤脚医生代表等9人组成，下设办公室。"合管会"对全乡"赤脚医生"有计划地进行业务培训，提高业务水平。首先，对每个"赤脚医生"进行分期分批轮流四个月的系统理论、业务培训，结业后长年进行定期辅导。到1984年，经县考核，74名"赤脚医生"全部合格，领取"赤脚医生证书"；经省考核，34名领取"乡村医生证书"，达到中专水平。社办企业中有15个厂矿单位办起了医务室，各医务室有保健医生1至2名，属公社合作医疗管理委员会领导。职工医药费按职工工资5%由合作医疗管理会统筹统用。

1985年，"赤脚医生"改称乡村保健医生和乡村保健员，全乡有保健医生34名、保健员30名。

1988年，全镇有卫生室24个、医务室15个、保健医生32名、保健员45名。是年，合作医疗管理委员会撤并于南闸卫生院，同时村卫生室，厂矿医务室归南闸卫生院领导。

1990年10月，南闸镇政府出台加强农村卫生室管理办法，统筹解决卫生室经费与防保经费，加强农村基层卫生网络建设。

2005年，根据南闸镇人口分布情况，建立了花果、谢南、曙光、涂镇、南新、泾西、南运、龙游、观山、灯塔、泗河、蔡泾社区卫生服务站，原有14个村卫生室全部被撤销，乡村医生全部被安排在社区卫生服务站工作。2013年9月12日，南闸街道社区卫生服务中心挂牌启用。服务中心占地面积3500多平方米，建筑面积3000多平方米，总投入1200多万元，集预防、保健、康复、健康教育、计划生育知识、医疗六位一体，设预防保健、康复治疗、健康教育、全科诊疗和卫生监督等科室，下设10个卫生服务站，有医技人员46人。至2015年，南闸街道社区卫生服务中心为居民提供了廉价便捷的看病环境，为进一步推进街道社区卫生服务规范化建设，增强服务能力，改善基本医疗服务搭建了一个良好的平台。

第二节 医疗机构

一、私人诊所

中华人民共和国成立之前,南闸地区的医生大多为私人行医,开设自己的专科诊所,或门诊或出诊。境内设于乡村的有吴德琴的"吴氏医寓",张寿峰的针灸,耿凤鸣的小儿科,许成章、蒋钧达的中医内科。设于集镇上的有徐承绪的中医内外科,耿鼎康、耿秋生父子的中医内科,苏月坡的西医内科,李一之的中医外科,王寿康的西医内外科,肖文彬、肖汉云父子的伤科等。

中华人民共和国成立后,大部分医生进入联合诊所,私人诊所逐渐消失。20世纪80年代起,个体诊所重新出现,至2015年年底,南闸有私人诊所9家。

二、联合诊所

第一联合诊所 1951年5月1日由王寿康、刘惠生、蒋申叙、田宗英等医生发起创办,设在东弄王寿康诊所原址,租用民房6间。以西医内外科为主,医生4人,招收护理员8名。1954年,增设妇产科,妇科医生沈雪娟。同时增加西医内科,医生李锡成、孙荣,全所拥有医生7名。负责人为王寿康。

第二联合诊所 1952年5月由李一之、耿文翔、许梦岩、许荷清、徐国祥、孔狄峰、耿凤鸣、顾宏葆、黄荣和等医生发起创办,设在原李氏诊所李一之家中,有医生10名,以中医为主,兼用西药。1953年相继增加化验员及妇保人员,宣传新生儿及妇幼卫生工作,同时开展预防接种及血防工作。负责人为李一之。

观山乡联合诊所 1956年成立,地址在袁家村袁国梁旧居内。由张寿峰、李锡成、刘生太、许成章等医生发起创办,有中医4名,负责人为张寿峰。

1952—1962年南闸境内联合诊所情况一览

表19-10

诊所名称	地 点	时 间	负责人	成 员	备 注
第一 联合诊所	南闸集镇 吴仁安家	1951—1954	王寿康	刘惠生、蒋申叙、田宗英	以西医为主
		1954—1956	王寿康	刘惠生、蒋申叙、田宗英、沈雪娟、李锡成、孙荣	设有西医、妇产科
第二 联合诊所	南闸集镇 李一之家	1952—1962	李一之	耿文翔、许梦岩、许荷清、徐国祥、孔狄峰、耿凤鸣、顾宏葆、黄荣和	以中医为主,西医为辅,同时在1953年增加化验人员和妇保人员
观山乡 联合诊所	袁家村 袁国梁旧居	1956—1958	张寿峰	李锡成、刘生太、许成章	设中医内、外科,创伤科

三、卫生院、医院

江阴市南闸医院 1962年,三所联合诊所合并为南闸公社联合医院,设在河南街第二联合诊所原址李一之家。有医务人员36人,设中医内科、妇产科、针伤科、痔科、齿科、检验科,立简易病床10张。

在四个大队设立保健站:谢南保健站,地点在谢南大队张塘村,由刘惠生负责;蔡泾保健站,地点在蔡西陈家村,由付诚负责;璜村保健站,地点在袁家村,由许梦岩负责;泗河保健站,地点在泗河村,由耿文翔负责。保健站经费由联合医院统一核算。

1963年，院址迁至夏港桥南塊开业，能做剖腹产、子宫摘除等手术。至1974年，共建房屋80间，医务人员50人，病床30张，增添15毫安X光机1架，设立放射科。1967年，南闸联合医院改为南闸人民公社医院。1969年，由于各大队成立合作医疗，建立县、公社、大队三级医疗卫生网，谢南、蔡泾、璜村三个保健站被撤销，泗河保健站改为南闸公社医院泗河分院，耿文翔为分院负责人。

1982年，在县卫生局及乡政府的支持下，在锡澄公路东侧原汽车站东征地10.3亩，投资385000元（其中县卫生局125000元，乡政府30000元，其余自筹）建造两幢两层医疗大楼共26间，面积2100平方米，拥有卫生技术人员48人、医生20人、床位60张。门诊设内科、外科、中医内科、中医外科、针伤科、痔科、口腔五官科、放射科、心电图室、化验室、注射室、西药房、中药房、挂号处、收费处、肠道门诊室等16个科室。

1984年，经济体制改革，南闸人民公社医院改为南闸卫生院，大集体性质。1988年，医院有门诊楼、住院楼共3幢39间，其中医疗业务用房26间、3015平方米。在编工作人员49人，其中卫技人员38人、副主任医师1人、主治医师7人、医师16，核定床位60张。住院部设内科、外科、妇产科、手术室、护理部；门诊部设内科、外科、妇产科、五官科、口腔科、中医内科、中医外科、针伤科、痔瘘科、放射科、化验室、心电图室、预防保健等科室。主要设备有200毫安X光机、综合手术床、四孔无影灯、万能手术台、心电图机、电子显微镜、分析天平等，固定资产约20万元。医疗业务能开展常见病、多发病的诊断治疗和急危重症抢救以及阑尾切除等下腹部手术和X光线、化验等辅助检查。中医外科、流注、痈、痔瘘科为特色专科，中医外科和痔科在江阴、无锡、武进一带享有盛名，年门诊31095人次。

1985—1988年南闸卫生院门诊、住院统计一览

表19-11 单位：人

年份	合计	门诊								住院		
		内科		外科		妇产科		五官科		入院	出院	治愈率（%）
		人次	占%	人次	占%	人次	占%	人次	占%			
1985	69717	64657	92.74	84	0.12	4096	5.88	880	1.26	4334	4334	97
1986	72797	66065	90.75	99	0.14	5224	7.18	1409	1.93	4774	4763	98
1987	70000	61774	88.25	122	0.17	6556	9.37	1548	2.21	4702	4690	96
1988	61302	53624	87.48	150	0.25	5877	9.59	1651	2.69	4762	4748	98

1985—1988年南闸卫生院病类手术统计一览

表19-12 单位：人次

年份	合计	肠胃		骨科		阑尾炎		疝气		其他	
		人次	占%	人次	占%	人次	占%	人次	占%	人次	占%
1985	84	—	—	—	—	55	65.48	3	3.57	26	30.95
1986	99	2	2.02	—	—	52	52.53	5	5.05	40	40.40
1987	122	2	1.64	—	—	60	49.19	4	3.27	56	45.90
1988	150	1	0.67	15	10.00	68	45.33	6	4.00	60	40.00

1990年，南闸医院创办江阴市儿童营养保健品厂，有11个产品获得了省药监局中药制剂批准文号。1993年3月，顾云浩任院长兼党支部书记。新建住院大楼2700平方米，设内科、外科、妇产科3个病区，内含病床90张。

1994年，南闸医院被评定为一级甲等卫生院。1995年10月，医院新建行政楼477.24平方米。1996年，新建住院楼2562.57平方米，于1997年3月启用，开放床位85张，年住院2891人次。同年，与常州市妇产医院合作，挂"常州妇产医院江阴分院"牌子，形成了一套班子、两块牌子的管理模式，为妇产科特色专科的发展打下了坚实的基础。

2000年4月，江阴市卫生局根据党的十五大改革精神，按照江阴市政协《关于研究乡镇卫生院产权制度改革试点的若干意见》文件精神，决定将南闸医院作为产权制度改革试点。同年6月，在市政府主持召开的推荐经营者大会上，通过全院120名职工的公开选举，顾云浩在3位候选人中，以106票成为江阴市第一个非营利性民办事业改制医疗机构的经营者。改制后，南闸医院坚持卫生事业和谐可持续发展的原则，坚持规范运作、正确处理改革和发展稳定的原则，坚持有利于处理国家利益、人民利益、职工利益的原则，始终坚持为人民健康服务的宗旨，至2012年，取得了5个方面的成果：医疗环境不断优化，医疗队伍不断壮大，医疗技术不断提高，医疗设备不断更新，医疗业务不断增长。出现了职工思想稳定、社会反响良好、两个效益明显的新局面。南闸医院扭转了与原来医疗技术差、医疗设备少、每年接受政府补贴后仍亏损35万的落后状况，走上了科教兴院、人才强院的科学发展之路。改制后，全院职工人数由改制前的120人增加到359人，其中拥有大、中专学历人数占70%；病区从原来的3个拓展至14个；医疗设备拥有电子胃镜、彩超、生命监护仪、美国GE螺旋CT和全数字化乳腺诊断仪、CR机、日本全自动生化分析仪、血球分析仪、冷冻切片机、核磁共振设备等。

南闸医院改制后经过多年的艰苦创业，已创建为二级乙等医院。医院十分注重与外地高科技医院进行医疗科技、人才交流合作，先后成为江阴市中西医结合妇产医院，无锡市医疗专家科技服务基地，上海复旦大学附属中山医院江阴协作医院、肿瘤专科江阴基地、胃肠镜超声诊断基地。并定期邀请上海、无锡等医院专家来院开展专家门诊，既方便了患者，又提高了医院的知名度。

2015年2月，医院与南闸社区卫生服务中心进行"一体化"管理。

2016年4月，江苏省卫生与计划生育委员会批准南闸医院为二级甲等综合医院。

1952—2015年南闸医院历任领导一览

表19-13

姓　名	职　务	任　期	姓　名	职　务	任　期
李一之	院长	1952—1958	李德金	院长	1984—1986
肖银山	院长	1958—1961	张文祖	院长	1987—1990
傅继和	院长	1961—1965	徐锡芳	院长	1990—1993
徐　兴	院长	1965—1967	顾云浩	党支部书记兼院长	1993—2010
姜润生	院长	1967—1975	顾奇芳	党支部书记	2010.12.28—
张才良	院长	1976—1981	顾成芳	院长	2010.12.28—
钱金宝	院长	1981—1984			

第三节　医疗队伍

中华人民共和国成立之前，分散在南闸地区自开诊所的中西医医生有10多名。1952年创办联合诊所至1962年成立南闸公社联合医院时，有中西医36名。1982年，南闸卫生院有卫技人员48名。至2013年年底，南闸医院有卫技人员共128名，其中本科12名、大专96名、在读本科4名、在读大专16

名。2015年，南闸医院拥有专业技术人员352名，其中主任医师2名、副主任医师4名、主治医师35名、医师39名、主管护师9名、护师39名、主管药剂师1名、药师5名、主管技师1名、主管检验师1名、检验师7名。

2010年南闸医院卫技人员职称一览

表19-14

单位：人

医院名称 职 称	副主任医师	主治医师	医师	主管护师	护师	药师	主管技师	技士	医士	护士	药士	主管检验师	无职称	合计
江阴市南闸医院	2	20	31	5	9	1	1	1	4	40	2	2	45	163

2015年南闸医院卫技人员职称一览

表19-15

单位：人

医院名称 职 称	主任医师	副主任医师	主治医师	医师	主管护师	护师	主管药剂师	药师	主管技师	技师	医士	护士	药士	主管检验师	检验师	检验士	无职称	合计
江阴市南闸医院	2	4	35	39	9	39	1	5	1	5	3	74	1	1	7	2	36	264

第四节 医疗制度

一、公费医疗

1952年9月实施公费医疗制度。国家机关干部、事业单位工作人员和公立中、小学教职员工凭公费医疗证就医。1956年，成立公费医疗管理小组，委托医疗机构负责公费医疗诊治工作，实行分区限额报销办法。1985年后，镇机关干部实行金额承包、结余留用、定额核算、结余有奖、预拨经费以及支持办医等多种形式的公费医疗改革。1997年，门诊、住院实行IC卡制度，用三步走的办法。第一步，根据个人年工资额和实际年龄，核定医疗费报销基数；第二步，核定的报销基数用完后，自理医疗费金额与基数等值；第三步，超过自理部分按比例报销医药费，5000元以内，在职人员自理16%，退休人员自理8%；5000元至50000元以内，在职人员自理8%，退休人员自理4%；50000元以上，在职人员自理4%，退休人员自理2%。2013—2015年，在职人员门诊费用报销比例：小于等于3000元，公费医疗报销80%，个人负担20%；大于3000元，公费医疗报销90%，个人负担10%。在职人员住院费用报销比例（年度内）小于等于10000元，公费医疗报销90%，个人负担10%；大于10000元，公费医疗报销94%，个人负担6%。退休人员门诊费用报销比例：小于等于3000元，公费医疗报销90%，个人负担10%。退休人员住院费用报销比例（年度内）：小于等于10000元，公费医疗报销95%，个人负担5%；大于10000元，公费报销97%，个人负担3%。

二、劳保医疗与集体统筹医疗

1951年2月，国家颁布《中华人民共和国劳动保险条例》，国营和公私合营企业职工都享受劳动保险，除挂号费外，医药费全部报销。经济条件差的单位，报销范围有所控制，实行劳动保险条例的单位，职工供养的直系亲属其部分或全部医药费也由职工所在单位报销。职工及其家属可在本单位医疗卫生机构就诊，也可到指定的医疗机构就诊。1979年起，县属大集体企业职工实施基本医疗保险制度。

1980年开始，社（乡镇）办企业，参照大集体企业职工实行统筹医疗，每月按职工工资的5%提取医药费，规定限额报销，根据各企业经济条件而定。报销比例在30%—80%之间。20世纪90年代，部分乡镇企业实行一次性全年补助办法，纳入工资部分，标准根据各企业经济条件而定，民办教师全年为60元。1997年起，乡镇企业转制，集体统筹医疗终止。

1997年起，乡镇企业转制后，企业职工实施基本医疗保险制度。基本医疗保险费用由单位和职工共同缴纳。1999年1月1日起，江阴市《职工社会医疗保险暂行办法的补充意见》正式实施，进一步深化了医疗保险改革，由原来的"三段直通式"改为"两个账户"分开运作，实行"门诊包干、住院统筹、慢病补贴、特病照顾"的办法。职工就医时持"证、病历、IC卡"到指定医疗机构就诊。门诊医疗费用结算采用"门诊包干"，住院就医采用"住院统筹"，即首先交纳住院起付标准费用，出院时再按统筹段个人自付比例缴纳自付费用及按规定的自费费用，其余医药费用由市医保中心结算。2013—2015年，参报者结报补偿方法：（一）参保者每次在住院期间实际发生住院费用，按规定标准结报。参保者支付结报款以外的住院医疗费。（二）结报基准值。1.非学生：300元以下不予结报；301—5000元，结报86%；5001—15000元，结报95%；15001元及以上，结报98%。2.学生：150元以下，不予结报；151—5000元，结报90%；5001—15000元，结报95%；15001元及以上，结报98%。

三、农村合作医疗

1958年，部分大队实行半统筹医疗制度，每人每月交纳保健费0.06—0.07元，挂号费实行免费。1969年实行合作医疗制度，每个大队成立卫生室，医疗资金由社员、生产大队、公社统筹，生产大队统一使用，医疗费报销范围视经费来源而定。1974年，县革命委员会颁发《江阴县合作医疗章程》，公社建立合作医疗管理委员会（简称合管会），下设办公室，负责经济账目、药品进销、处方审查、收支结报等工作，加强对合作医疗的领导和管理，由大队经办，公社管理，统一卫生室的收费标准。1976年，每个大队全部实行合作医疗，有的大队受经费不足影响，卫生室开设不够正常。1984年3月，根据县政府《关于加强农村合作医疗的通知》，提倡"三纳入"（医药费、乡村保健医生及其报酬均纳入村办企业），合作医疗制度得到稳定，合作医疗逐步向劳保医疗过渡，乡村保健医生享受村办企业管理人员待遇。

1988年6月，南闸乡建立了"初级卫生保健委员会"，规定村民、企业职工医疗基金每人每年5元，其中个人负担2元，挂号费0.15元，同时规定了医疗费报销办法，并制订了保健医生考核细则及考核办法。1993年南闸镇参加合作医疗人数33946人，占农业人口的82%。2001年，医保基金67万元。2004年，社会医疗覆盖率达95.5%。2009年，农村新型合作医疗参保人数30600人，参保率100%。2012年，农村新型合作医疗参保人数28020人，参保率100%，全街道结报人数43679人，结报金额1359.07万元。2015年，农村新型合作医疗参保率100%。

四、医疗保险

农村住院医疗保险是江阴市社会保障体系的一个组成部分，是一项非营利性社会福利事业。1955年推行，凡是江阴市农村常住人口，均可自愿以户或以企业为单位参加。保险基金实行市、镇两级财政补贴，由国家、集体、个人三方合理负担。市级基金由市、镇两级财政按每人每年1.5元标准划拨筹措，镇级基金由投保者个人按每年不低于10元标准缴纳。出院后，凭医疗保险卡、住院病历、出院证明、医药费发票等凭证办理结报，采用分段结报形式取得补偿费。2001年11月，江阴市政府与太平洋人寿保险股份有限公司江阴支公司联合推出农民大病住院医疗保险项目。采用个人投入、集体扶持、政府支持的形式及实施政府主管、卫生行政部门监督、太平洋保险公司基金运作和托底的方法，在全镇全面实施农村住院医疗保险制度，实施对低于最低生活保障线对象就医的优惠政策，减免70岁以上老人挂号费。较好地解决了农村中"因病致贫、因病返贫"的农村人口住院医疗问题。参保对象除参加职工医疗保险及城镇职工大病医疗保险的城镇居民外，所有农业人口及非农业人口均可参加。住院医疗保险以年度为单位征缴和补偿，保险费按年计收，一次缴清。住院医疗补偿实行分级计算、累进补偿的办法。全年多次住院的医药费用分次给予补偿，累计最高补偿额为2万元。在校学生补偿标准另有规定。2009年，南闸参加农村医疗保险的居民有30643人，参保率达100%。

　　2011年实行农民新型合作医疗（简称新农合），基金的盘子进一步扩大。个人缴费由2010年的每人每年160元提高到195元，市、镇两级的财政补贴分别从每人每年的130元提高到145元、110元提高到130元，人均筹资水平由2010年的400元提高到470元。2014—2015年，人均筹资660元，较2013年增14%。其中国家财政人均补贴260元、镇财政补贴250元、个人负担50元，保障体系进一步健全。新型农村合作医疗补偿范围除住院补偿、门诊补偿、免费健康体检外，还有对弱势群体、门诊特殊病种患者实施大病求助。对阑尾炎、胆囊结石胆囊炎、子宫肌瘤等17类20个病种，实行限额结算，重大疾病实行二次结报。对住院费用超过1万元以上的大额住院费用患者，在新农合正常结报后，依托新农合结报系统，即时进行二次补偿结报，全年累计最高补偿额为15万元。每年对全街道参加新型农村医疗保险的2.8万参保农民在卫生院进行一次健康体检。

<h3 style="text-align:center">2009年南闸镇新型农村合作医疗参保情况一览</h3>

表19-16

序　号	村　名	应参保人数	实际参保人数	参保率
1	花果村	2057	2057	100%
2	谢南村	2203	2203	100%
3	曙光村	2066	2066	100%
4	涂镇村	1754	1754	100%
5	南新村	1051	1051	100%
6	蔡泾村	2972	2972	100%
7	龙运村	2790	2790	100%
8	南闸村	1844	1844	100%
9	观山村	1569	1569	100%
10	泗河村	2495	2495	100%
11	观西村	2860	2860	100%
12	学校	6982	6982	100%
合　计		30643	30643	100%

第五节　医疗设备与技术

一、医疗设备

　　中华人民共和国成立前，医疗以中医为主，以"望、闻、问、切"诊断病人。望，看病人的脸色神气；闻，听病人的声音、喘息；问，询问病的症状；切，用手切脉。医生用眼看、用耳听、用嘴问、用手摸，没有医疗设备。针伤科医生仅靠银针一根，外科仅一把小手术刀。

中华人民共和国成立后，医疗分工变细，逐步增设各类科室，不断增添更新医疗设备。1951—1962年，联合诊所的主要设备有听诊器、注射器、体温表、消毒器、外科用刀、包等器械物品。1963—1967年，南闸医院已逐步添置了成套外科、妇产科、五官科等手术器械和1架15毫安X光机。1988年，南闸医院已拥有200毫安X光机、四孔无影灯、心电图机、电子显微镜、分析天平、综合手术床、万能手术台等设备，核定床位60张，固定资产20余万元。

2000年，南闸医院改制后，医疗设备不断更新，更趋先进。

2001—2015年南闸医院主要设备一览

表19-17

设备名称	数 量	购置时间	设备名称	数 量	购置时间
500毫安X光胃肠机	1台	2001年	免疫系统检验设备	1套	2009年
GE彩色B超机	2台	2002年	CE2000D全数字化乳腺摄影机	1台	2009年
全自动生化分析仪	1台	2002年	德国病理检测设备	1套	2010年
全身螺旋CT	1台	2003年	16排6.3兆球管大型CT机	1套	2013年
CR摄片机	1台	2004年	601罗氏发光免疫机	1台	2013年
奥林巴斯胃镜	2台	2004年	GE96彩超机	1台	2013年
超声电刀C臂X光机	3台	2004年	四维彩超机	1台	2013年
7080全自动生化分析仪	1台	2006年	费森尤斯血透血滤机	16台	2013年
XT-1800；五分类血细胞分析仪	1台	2008年	电解质XD685分析仪	1台	2013年
DR摄片机	1台	2008年	1.5T超导磁共振	1台	2014年
尿沉渣爱威763分析仪	1台	2009年			

二、医疗技术

中华人民共和国成立前，中医主要以切脉、针灸、推拿等方法治疗疾病，外科施行脓肿切开引流、骨折固定等技术。民国三十年（1941），苏月坡首开西医诊所，主治脑膜炎、霍乱，颇有成效。民国三十三年（1944），李一之开设中医外科，对"疗疖""流注"等疾病疗效甚高。民国三十六年（1947），王寿康开设西医内、外科诊所，在南闸地区是第一个能做下腹部手术的医生。

中华人民共和国成立后，随着医学科学的发展，医疗技术不断提高。1963年，南闸医院能做剖腹产、子宫摘除等手术。20世纪80年代初，南闸医院能做生化检查、药敏试验。80年代中，可进行急危重症抢救和阑尾炎切除等下腹部手术。

21世纪初南闸医院体制改革后，医疗技术不断提升，可以独立完成胃、肠、胆、胰、泌尿系列手术，四肢创伤骨折、断肢再植、颅脑外伤等手术，以及各种乳房疾病的诊断治疗。

痔瘘科是南闸医院的特色专科，50年的代代相传吸引着许多外地病员慕名而来，每年约接诊病人5000余人次。副主任户江琴为学科带头人，开展内痔、外痔、内外综合痔及复杂的肛瘘手术，开展肛裂、肛旁脓肿、湿疹、脱肛、直肠息肉等疾病的诊治。

妇产科是南闸医院重点特色专科，2013年，婴儿出生计2280人，在全市医疗机构中处于领先。副院长宋丽珏技术精湛、服务热情，享誉江阴及周边地区；主任董美娟善于熟练开展妇科腔镜手术，能开展顺产、剖腹产、无痛分娩、无痛人流、高危妊娠的抢救和开展子宫肌瘤、卵巢囊肿、宫颈癌及各类妇科肿瘤手术，熟练开展宫外孕、子宫内膜异位症、功能性出血及各类急腹性炎变的治疗和手术，以及腹腔镜、宫腔镜的微创手术。

2009—2015年度江阴市南闸医院发表论文一览

表19-18

序号	论文题目	发表书刊名称	发表时间	主要作者
1	《老年人腔隙性脑梗死65例临床分析》	《中国实用神经疾病》	2009.10	顾奇芳、蒋文元、胡小琴等
2	《全数字化乳腺摄影诊断早期乳腺癌》	《中国临床医学》	2010.2	张晔锋、李江云、顾奇芳
3	《新时期医院信息化管理模式的思考》	《现代医药卫生》	2010.3	顾成芳
4	《新形势下防范医疗纠纷的对策思考》	《当代医学》	2010.3	顾奇芳、张晓东、张燕
5	《外固定支架治疗桡骨远端粉碎性骨折38例临床分析》	《临床骨科》	2010.4	许江峰、张磊、周正宇等
6	《高频电刀治疗宫颈上皮内瘤样病变500例》	《现代中西医结合》	2010.4	董美娟、宋丽珏、顾素亚等
7	《如何当好基层医院管理者的思考》	《当代医学》	2010.4	顾云浩
8	《脑血管病人进行健康宣教的护理体会》	《全科护理》	2010.4	何秋育、唐海英、臧红等
9	《全数字化乳腺摄影在乳腺普查中的应用》	《无锡医学》	2010.6	任亚萍
10	《2型糖尿病合并腔隙性脑梗塞60例临床分析》	《现代中西医结合》	2010.8	胡小琴、蒋文元、刘采连
11	《154指毁损性末节断指再植存活临床体会》	《当代医学》	2010.8	黄震、花金东、刘永刚
12	《围生期子痫52例体会治疗》	《现代医药卫生》	2010.9	宋丽珏、董美娟、顾素亚
13	《美托洛尔治疗慢性肺心病心力衰竭临床分析》	《当代医学》	2010.9	郭苏芹、周军明、金君辉
14	《30例面瘫的中医辨证治疗体会》	《现代中西医结合》	2010.9	刘采连、陆红霞、蒋文元等
15	《薄层CT扫描在颅底骨折诊断中的应用价值》	《无锡医学》	2010.9	张晔锋
16	《通络合剂配合针刺治疗腰椎间盘突出症96例》	《实用中医药》	2010.11	袁建华、顾云浩、沈金玉
17	《锁骨钩钢板治疗肩锁关节脱位37例疗效分析》	《海南医学》	2010.12	张磊、许江峰
18	《魏跃刚教授治疗神经性皮炎经验》	《吉林中医药》	2011.2	苏雅、魏跃刚
19	《全数字化乳腺摄影穿刺定位术在乳腺可疑钙化灶诊治中的应用》	《现代中西医结合》	2011.8	张晓东、任亚萍等
20	《局麻药加入地塞米松、芬太尼对肌间沟臂丛阻滞的影响》	《心理医生》	2011.9	黄君
21	《酶联免疫吸附试验检测乙肝表面抗原的质控分析》	《心理医生》	2011.9	朱惠芳
22	《术前抗生素及术中碘伏冲洗对阑尾炎切口感染的防治作用》	《现代中西医结合》	2011.10	张晓东
23	《颅脑外伤致迟发性面神经麻痹16例临床分析》	《现代中西医结合》	2011.12	顾奇芳、许建洪、张晓东、李玲
24	《剖宫产率上升的原因分析及应对》	《中国现代药物应用》	2012.3	李敏

续表19-18

序号	论文题目	发表书刊名称	发表时间	主要作者
25	《睡前口服二甲双胍治疗2型糖尿病黎明现象》	《现代中西医结合杂志》	2012.5	胡小琴、周军明、郭苏芹等
26	《无痛分娩对初产妇应对方式和泌乳功能的影响》	《中国医药导报》	2012.5	董美娟、黄君
27	《老年人颅脑外伤保守治疗36例临床分析》	《中国实用神经疾病杂志》	2012.10	顾奇芳、张晓东、王健等
28	《60例腹部带蒂皮瓣转移围手术期护理会》	《健康必读》	2012.11	江惠英、湛月红、俞春霞
29	《肺功能训练器在多发肋骨骨折患者护理中的应用体会》	《中国保健营养》	2014.1	江惠英、李勤娟、王淦
30	《注射器针头在手部骨折中的应用》	《医药前沿》	2014.7	黄震
31	《无张力疝修补术治疗老年腹股沟疝51例体会》	《医学理论与实践》	2014	许建洪、吴勇、李玲
32	《肱三头肌肘肌翻转入路手术治疗肱骨远端髁间骨折的临床观察》	《健康世界》	2015.1	蒋伟
33	《经腹部超声联合经阴道超声在宫外孕中的诊断价值探讨》	《医学理论与实践》	2015.3	周丽萍

2010—2014年南闸医院业务一览

表19-19

年 份	门诊人次	住院人次	出院人次	治愈率	体检人次
2010	87257	8896	8710	92.6%	12273
2011	84449	9288	7496	96.2%	6212
2012	107400	10535	10116	96.5%	6651
2013	171523	11572	10723	96.7%	18739
2014	248812	11551	11051	96.4%	26904

第六节　中医·中药

　　中医指以中国劳动人民创造的传统医学为主的医学，是研究人体生理、病理以及疾病的诊断和防治等的一门学科。中医诞生于原始社会，春秋战国时期，中医理论已基本形成，以后历代均有总结发展。中医承载着中国古代人民同疾病作斗争的经验和理论知识，是在古代朴素的唯物论和自发的辩证法思想指导下，通过长期医疗实践逐步形成并发展成的医学理论体系。在西医传入中国之前，中国基本上由中医治病救人。中国古代有很多著名的中医大师，如针灸之祖黄帝、脉学倡导者扁鹊、外科之祖华佗、医圣张仲景、药王孙思邈、药圣李时珍等。晚清时，南闸地区有著名中医吴德琴，字士华，生于光绪二年（1876），卒于1965年，精于中医内科，兼治各类疑难杂症，一生勤奋，行医之余，笔耕不辍，在他80高龄时，应南京中医学院（今南京中医药大学）之请，将一生所遇疑难杂症的病案记录，以及中医验方、秘方汇编成册，无偿赠送给医学院，作为研究资料和教材。著名中医耿鼎康，字晟昶，擅长医治伤寒症，著有《临病随笔》数卷，散佚无存，另有《澹菊轩医案》，尚留部分书稿，由其子耿秋生收藏。民国时，有精于疡科的中医名家李一之，中医外科擅长痔科的许荣炳，中医内科吴卓耀，中医针灸内科的耿文翔、张寿峰，妇产科沈雪娟等名医。当时，病人就是依靠这些中医师通过望、闻、问、切四诊详察，然后开方、赎药、煎熬药汤治愈。值得一提的是，作为中医业载体的中药店，他们去全国采办各种药材，恪守货真价实的信条，从不以假药骗人。同时精制膏、丸、丹、散供人养生健体，治病救人，按照中医师为病人开的药方，精心配药。有些药店还设有"坐堂郎中"，接待病人，当堂看病治病，既安全又方便，深受民众欢迎。

1956年公私合营前南闸地区私人药店一览

表19-20

堂　名	地　址	店主姓名	设立时间
人德堂	东弄口	吴汉章	清光绪十六年（1890）
仁德堂	河东街	吴仲子	清光绪二十六年（1900）
南寿堂	南弄	苏宝君	民国九年（1920）
佑生堂	河南街	耿建康	民国十年（1921）
春和堂	北弄	蒋进富	民国十四年（1925）
生春堂	北弄	蒋纪善	民国二十五年（1936）
中和堂	东弄	毕宝银等三人	民国二十九年（1940）
益生堂	河南街	耿秋生、花炳子	民国三十四年（1945）
天生堂	东弄	焦金初等三人	民国三十四年（1945）
同一春堂	北弄	蒋进甫	民国三十五年（1946）
元生堂	东弄	梅洪元	民国三十八年（1949）
泰山堂	泗河河北街	赵汝萱	民国九年（1920）
新泰山堂	泗河河北街	赵汉裕	民国二十五年（1936）
盛相堂	泗河河北街	盛相堂	民国二十五年（1936）

2015年南闸药店一览

表19-21

堂　名	地　址	店主姓名	设立时间
江阴市南闸兴度大药房有限公司	西家浜路1号	宋　锋	2014.3.2
江阴市一品堂药店有限公司	紫金路30号	焦志伟	2014.9.3
江苏嘉伦光彩大药房有限公司江阴南闸煦福堂大药房	龙运村耿家村9号	吴长城	2014.9.29
江阴市南闸兴群大药房有限公司	白玉路259号	包兴才	2014.1.22
江阴市南医大药房有限公司	锡澄路639号	顾成芳	2014.9.3
江阴市南闸永胜大药房有限公司	白玉路212号	刘建芳	2014.10.23
江阴市澄江医药商店有限公司南运店	锡澄路2-1号	陈　梅	2007.6.8
江苏大众医药连锁有限公司南闸店	南焦路10号	黄华军	2000.3.9
江苏嘉伦光彩大药房有限公司江阴顺康堂药店	白玉路370号	解卫兵	2005.4.27
江阴养真堂大药房有限公司	锡澄路197-199号	杨凝华	2015.7.31
江苏华宏医药连锁有限公司福泽堂大药房	站西路725号	姚春海	2015.3.9
江苏嘉伦光彩大药房有限公司江阴蜀苏堂药店	白玉路120-122号	罗　甫	2005.3.22
江阴益民堂大药房	老锡澄路68号	张建新	2004.3.2

20纪40年代到80年代，南闸地区的中医治疗，以省名中医师李一之的中医疡科最负盛名，享誉苏锡常，远扬江浙沪。现代中医制剂，则以南闸医院1990年根据顾氏中医世家祖传秘方配置的特色

中医药剂最为著称，多年来广泛应用于临床，疗效显著。2013年，南闸医院建中医治未病中心。"未病"包括无疾之身、疾病隐而未发、发而未传三种状态。"治未病"具有三种境界，可概括为"未雨绸缪，保身长全""见微知著，救其萌芽""料在先机，阻截传变"。现代"治未病"切入点可以表达为：养生是基础，体质是根本，关注高危人群、发病先兆和干预亚健康状态是重点，其意义主要体现于减轻医疗卫生负担、保障民众健康、发挥中医优势、实现中西医对话与交流等方面。是一个具有鲜明中医特色的独立学科，系中医综合科室，包括中医内科膏方科、中医妇科、乳腺外科、针灸推拿科、针刀科、理疗科等，采用中医特色治疗为主，包括中药内服、拔罐外治、针灸运通经络，开展冬令调补膏方治疗；建立中医健康体检并记录档案，对体检后人群进行健康指导与调理。配备红外线治疗仪、牵引床、中频理疗仪、脑病治疗仪、神经肌肉电刺激治疗仪、脑电刺激治疗仪、气压治疗仪等先进设备，以及膏方制作设备，功能训练等先进康复设备，配以偏瘫肢体综合训练、言语训练等。中医治未病中心自建立至2015年，已接待病人千余人，疗效明显，受到患者好评。

附一：李一之中医疡科

疡科 今称中医外科。诊疗范围较广，病种大多为痈、疽、疖、疔、流、痰、骨痨、乳痈等，中医统称为"流注"。流注除头面、前后二阴、踝部和手指、脚趾等比较少见外，其余人体任何地方均会发生。该病为多发性疾病，它的特征是漫肿、疼痛，但是皮色如常。如发于肌肉深处，有此处未愈他处又起的现象。流注多发于体表，但与人体的脏腑、经络、营卫气血却有密切的关系。

前人有"痈疡虽属外科，基本实属于内"之说，所以临床仍需运用"望、闻、问、切"四诊和阴阳、表里、寒热、虚实八纲进行辨证医治，尤重于阴证与阳证之别。诊治分内治和外治两种，有的需要内治和外治结合才能奏效。李一之在诊治疡科中，能够辨脓精确，手术高超，佐以外敷内服，达到邪去正安，使各种流注病症"未成指日可散，已成开刀不痛"。

一、辨脓

李一之的辨脓法，操作时一般以两手的食指指端轻放于患部，相隔适当的距离，以一指指端稍用力量按一下，手指端即有一种冲击的感觉，如此反复及左右交替试验，其感觉颇为明显，这种感觉即称应指。若脓肿范围较小，不能用二指相对检查者，则以一手指端按触之。一般而言，若按之则痛，重按一处痛更甚，肿块中间已软，指起即复（应指）为脓已成：若按之痛不甚，肿块坚硬.中间不软，指起即复（不应指）为脓未成。对于深部流注，就用注射器穿刺抽法，保证无误。

如流注脓疡已成，他就辨脓的部位深浅，为切开引流进刀深浅提供重要的根据。他认为，若脓浅深开，则伤及骨肉，增加痛苦；若脓深浅开，则达不到切开引流的目的。临床辨别，若浅部流注者，一般见肿块高突坚硬，中有软陷，按之不热或微热，视之不红或微红，重按方痛而应指。

流注既溃脓之后，又必须观察脓的形质，宜稠不宜清。稠厚者，为元气充足；淡薄者，为元气多弱。若先出黄色稠厚脓液，次出黄稠滋水，为将收口佳象；若黄色薄脓渐转厚脓为体虚渐复，亦为将敛佳象。若厚脓转为稀脓，为体质渐衰，一时创口难敛。若脓出清稀或似粉浆污水，或夹有败絮类物质，而色晦臭腥的，为气血衰竭，是属败象。

在脓的色泽方面，如脓色黄白质稠、色泽鲜明不晦者，为气血充足，属佳象。如黄白质稀、色泽尚洁净者，气血虽虚而不是败象。如脓色绿黑稀薄，为蓄毒日久，有损伤筋骨的可能。如脓中夹有淤血色紫成块者，为血络受伤。若脓色如姜汁，则每多兼患黄疸，病势较重。

从脓的气味而言，一般脓液略带腥味的，其质必稠，大多是顺症现象；脓液腥秽恶臭的，其质必薄，大多是逆症现象。

二、手术

在精确辨脓的基础上，李一之根据患者流注内脓的多少、深浅，正确实施开刀手术。若流注在患者皮肉较薄的头、颈、腹等部位则浅开；在皮肉较厚的臂、臀等部位，可稍深下刀。一般流注循经直开，不伤血络，乳部做放射型切开，免伤乳管。开刀创口避免过大，防止损伤好肉和经络；但也不能过小，以免脓水难出。

三、内治

李一之对暑湿流注、余毒流注、淤血流注分别施治。如对暑湿流注初起有风热表征者，服用荆防败毒散或保安万灵丹以发汗。若表邪已解，可用大豆卷炒牛蒡、炒山栀、鲜藿香、鲜佩兰、银花、连翘、赤芍、陈皮、赤苓、生苡仁、紫地丁、桑枝、滑石、醒消丸等，以清暑化湿，合营通络。如不散而成脓的就开刀排脓，以泄其毒。脓溃后不马上用补药。如果病人确实气血两虚，就用"八珍汤"让其补气血等。

四、外治

李一之对肿块初期肿而无块的，给其外敷"玉露散"；肿而有块的，敷"太乙膏"加"红灵丹""桃芥散""注云散""红发散"等。溃脓期敷"九一丹""白玉丹"，药线引流，"太乙膏"膏药盖贴。收口期用"生肌散""太乙膏"或"玉红膏"盖贴。

李一之采用的以上治疗流注方法，都来自他长期实践所积累，患者反映他的治疗方法创伤小、恢复快、对人体伤害小，有很好的疗效。

病例一：吴根生，男，50岁，江阴月城双桥村人，1958年8月15日就诊，左小腿外侧肿痛三天伴发热。检查：体温38℃，左小腿中断外侧可触及5cm×6cm大小肿块，压痛明显，左小腿活动受限。血常规：白细胞及中性偏高。诊断：暑湿流注，属阳证。外敷膏药：冰砂散、注云散、红发散。内服中药，消暑化湿合营通络之剂：藿香、佩兰、六一散、炒牛蒡、荆芥、银花、连翘、陈皮、赤苓、赤芍、地丁草、炒山栀。五剂，每日一剂，分上、下午二次服用。一周后来复诊，肿块已消，走路如常。

病例二：刘阿苟，男，48岁，江阴峭岐镇陈子牌村人，1967年8月17日就诊。先是背部患疽，发炎，继而右大腿外侧结块肿痛，活动受限。检查：体温38℃，右大腿外侧中断可触及6cm×8cm大小肿块，压痛明显，按之稍有波动感。血象：白细胞中性升高，舌苔微黄，症属余毒流注阳症。外治：在局部麻醉后，抽出淡黄色脓液10ml，外敷膏药冰砂散、注云散、红发散。内服中药，清热解毒：紫花地丁、连翘、银花、黄芩、丹皮、炒山栀、赤芍、生地、丝瓜络、归尾、火芪、灸甲片、元参。以上药剂服五帖。一周后复查，肿块尽消散。

李一之中医疡科代表性传承人为李南君。目前还在从事中医外科专业的代表人物有：缪耀国、陈振棣，以及查其仁弟子徐松华、张志影，徐国祥弟子徐文华、蒋徐荣，邓秋宏弟子邓毅等。

附二：南闸医院特色中药制剂

1.炎可宁合剂

热病一症之病因，大凡不出外感四时六气，时行病毒，内伤七情六欲，气血瘀滞，久而化热。其特点：发病急，变化快，初病在表，营卫失和，继则由浅入里，与血相结，常使医者棘手。

主要原料：忍冬藤、野菊花、龙葵、牡丹皮、甘草、丹参、大黄、紫花地丁、金银花。

功能主治：感冒、扁桃体炎、咽喉炎、支气管炎、肺炎、胆囊炎、胆结石、肾盂肾炎、尿道炎、膀胱炎、败血症、外伤、痛疽、外科、骨科、术后及一切炎症的调理。

用法用量：口服，每日三次，每次20ml。

2.健脾合剂

中医经典著作历代记载：脾主运化，运谓运输、化谓消化、吸收，即脾主要功能是将食物中的精微，经过消化吸收后运输布散到全身各组织，营养全身各组织，所以又称"脾为气血生化之源""后天之本"。可见脾胃功能之重要，脾失健运、胃失和降是影响人体健康的重要原因。

健脾合剂采用中药山楂、神曲、鸡内金、焦白术、蛋黄提取液等主要原料，经科学方法精炼而成。具有补脾健胃、促进消化、增强食欲、吸收营养的作用。本品配方精当，意在恢复生化之源，治病求本，脾运得健，开胃消化，营养精微不断补充，气血充盈，诸症康复，适用于消化不良、腹泻、厌食、消瘦、营养不良、术后、产后及一切病后调理。

用法用量：口服，成人每日二次，每次二支；儿童每日二次，每次一支。

3.妇康宝合剂

妇科常见之疾病病因，大凡不出气血失调、情志不畅、不洁邪毒（细菌、滴虫）致病，病程缠绵不愈，苦衷难言。在生理上，脾主运化为气血生化之源，肝主疏泄为气机条畅根本，肺主气，心主血，肾藏精，五脏相互联系，相互滋生，在病理上五脏之疾互为因果，一脏有病，累及他脏。妇女常怀多愁善感、情志多变，平时稍有失意之时，即可闷闷忧郁多日，久之肝失疏泄、脾失健运、气血肺气不足，肾精耗损，出现种种之疾，再则不洁邪毒致病也常常可见。主要原料以川芎、当归、阿胶补血活血，白芍疏肝理气，生地补肾益精，银花、败酱草、红藤等清理下焦湿毒，合之具有调气血、益肝肾、清湿热之功效。适用于妇女月经不调（月经过多或过少，经期延长或淋漓不尽，前期或后期），痛经，赤白带下，小腹滞痛，尿频尿急，产后恶露不尽及一切妇科病后的调养。

用法用量：口服一天三次，每次1支。

4.咳喘合剂

咳喘一症，一年四季均可发病，其病理以肺气不能宣散和肃降为主，发为咳喘，其治疗原则以宣脾、清气止咳平喘为主。

主要原料：苏子、葶苈子、麻黄、细辛、甘草、炙三菱、五味子等。

功能主治：支气管炎、哮喘、肺炎等呼吸道疾病。

用法用量：口服，每日三次，每次二支；儿童减半。

5.气血双补膏

主要原料：川芎、当归、熟地黄、炒白芍、炒党参、甘草、茯苓、黄精、炙黄芪、焦白术、川牛膝、怀牛膝、川断、枸杞子、山茱萸、阿胶。

用法用量：口服，每日2—3次，每次一勺开水冲服。

6.气血双补合剂

成分：川芎、当归、白芍、甘草、茯苓、黄精、黄芪、熟地、焦白术、炒党参。

形状：本品为红棕色液体，气微香，味甜，久置略有沉淀。

功能主治：病后体虚，术后、产后、贫血、早衰、营养不良及学生、妇女、中老年抗疲劳等。

用法用量：口服，每日2次，每次20ml。

7.通络合剂

成分：桂枝、片子姜、细辛、熟地、川断、独活、川牛膝、牛膝、焦白术、制附子等。

功能主治：骨关节痛、腰肌劳损、腰椎间盘突出、坐骨神经痛等。

用法用量：口服，每日3次，每次25—40ml。

8.胃炎宁合剂

成分：黄连、吴茱萸、木香、苏梗、徐长卿、白花蛇舌草、降香、香附、白术、陈皮、甘草、枳壳、山楂、神曲、白芍等。

功能主治：一切慢性浅表性胃炎、胃窦炎、胃及十二指肠溃疡等。

用法用量：口服，成人每日2次，每次50ml，15天为一疗程。

9.男康合剂

成分：生地、牡丹皮、淮山药、茯苓、泽泻、萸肉、枸杞子、蛇床子、菟丝子、仙茅、仙灵脾。

功能主治：性功能障碍、阳痿、早泄、前列腺炎等。

用法用量：口服，每日3次，每次25—40ml。

第七节　防疫和保健

一、主要疾病防治

天花防治　天花发生在春季，在晚清、民国年间，天花年年流行，危害极大。患者侥幸治愈，也会留下麻脸的后遗症。晚清时，民间已经使用"鼻苗"预防，但它会引起其他疾病的副作用，不敢轻易使用。1950年到1952年全部免费接种牛痘苗，1953年，南闸地区天花消灭，1954年起每年春季对初生儿接种牛痘疫苗，1963年起，每隔6年对全民接种一次。1980年，世界卫生组织宣布全世界天花消灭，补种牛痘疫苗才宣告结束。

霍乱防治　民间称霍乱为"瘪螺痧""肠痧""虎疫"。民国年间，流行的疫病中，霍乱的流行范围最广，危害也最大，亡者较众，往往朝病夕亡，故有"天天增新坟，夜夜闻哭声"。霍乱往往在夏秋间流行。1920—1944年间，南闸曾发生过8次霍乱大流行。1920年7月，璜村霍乱流行，患者59人，亡25人。1922年，涂镇患者40人，亡25人。耿家村、馒头村、观庄等村，因发生霍乱流行死亡近二百人。中华人民共和国成立以后，人民政府贯彻"预防为主"的方针，对全体人民进行霍乱疫苗接种。1953年后，霍乱得到控制，再没发生过。

脑膜炎防治　全称为流行性脊髓膜炎，简称流脑。1942—1943年，在南闸地区来势凶猛地流行过。1924年7月，中村、坎家村脑膜炎流行，患者25人，亡18人。1932年7月，又在两村流行，患者65人，亡54人；陶家村患12人，亡8人；菱圹沟患25人，亡20人；野山嘴患18人，亡13人。1938年，东芦岐患者25人，亡17人；陈家门患13人，亡7人；施元场患20人，亡9人。1942年耿家村，观庄死亡近200人，1975年开始接种脑膜炎疫苗，发病率明显下降，1981年后仅有个别病例。

疟疾防治　俗称"寒热头""打摆子"。民国时期广泛流行，给人民的生活和生产造成了严重的危害。1952年起实施疟疾疫情上报和现症病人治疗工作，发病率逐年下降。

血吸虫病防治　民间称血吸虫病为"腹胀病"。南闸地区曾是血吸虫病流行区，钉螺主要分布在黄昌河及其支流，涉及15个行政村。据1952年调查，钉螺分布于孟岸村的红星桥南56亩蒲田、芦沟口，新沟河，观西村的黄昌河南岸4亩蒲田，安沟河，泗河村的陈墅河、铲刀沟、洗菜沟，南闸村的黄泥沟、陈士河、老黄昌河，南运村的湾沟河，龙游村的猪塘桥两侧，观山村的门前河，蔡西村的老夏港河，灯塔村的老黄昌河、八生岸沟、杨家沟、田桥沟、石桥沟，陶湾村的潮河，观东村的王家沟2亩秧田，老黄昌河，跃进村的南庄面前河，涂镇村的澎洞桥塊，璜村的苍蒲沟，菱塘村的庙菱河，菱塘河。总面积25.04万平方米，其中蒲田1.96万平方米，沟、渠23.08万平方米。

1952年开始，采取捕杀、火焰烧、药杀、深埋等方法消灭钉螺。结合大搞兴修水利，1955年，发动群众搬迁河边粪坑，搭栅加盖，禁止在河内洗马桶等措施。

1954年至1974年，先后进行4次全民性血吸虫病普查工作。第1次1954年，受检206人，阳性50人，阳性率24.27%；第2次1956年，受检10831人，阳性267人，阳性率2.47%；第3次1964年，受检8350人，阳性374人，阳性率4.48%；第4次1974年，受检11934人，阳性1人，阳性率0.01%。总计受检人数达31321人次，查出病者692人，均及时进行治疗，治愈率达97.5%。1978年，经苏州地区血防办公室和县血防站验收，宣布为无螺公社。为了防止残存钉螺复现和外来钉螺输入，对南闸地区历史上有螺环境每年都开展查螺活动，至2015年均未发现钉螺。

1962年南闸公社灭螺工作领导小组成员一览

表19-22

姓　名	性　别	职　务	负责地点
季同庆	男	公社副书记	总指挥
吴其康	男	文卫科长	具体负责
李桂坤	男	生产委员	协调联系
张寿峰	男	医院副院长	灯塔大队
徐君望	男	县工作组成员	南闸大队
金钻萍	女	县工作组成员	南闸大队
许梦岩	男	观山诊所主任	观东大队　观山大队
耿文祥	男	泗河诊所主任	泗河大队　孟岸大队
付　诚	男	蔡泾诊所主任	菱塘大队　蔡泾大队
焦珍凤	女	公社医院医生	观东大队

2010—2014年南闸医院各类疫苗接种统计一览

表19-23

单位：人

年　份	流　脑	乙　脑	乙　肝	卡介苗	脊髓灰质炎	狂犬病	百白破
2010	1992	1946	2823	1116	3565	723	4165
2011	2120	1727	2815	1270	3803	728	4352
2012	2245	1918	2712	1218	3332	825	4283
2013	2056	1977	2093	845	2639	771	3675
2014	1825	1788	1908	753	2776	830	3652

二、保健

妇幼保健　中华人民共和国成立前，民间妇女生产由接生婆承担。旧法接生，产妇和婴儿的死亡率较高。据1934年的资料统计，江阴地区产妇死亡率达11%，婴儿死亡率达38%。

受封建思想束缚，在旧社会，妇女病患者大多数讳疾忌医，仅有少数严重的才请医生诊治。新中国成立之后，政府关心妇女的健康，逐步开展和加强对妇女疾病的防治工作。在县妇幼保健所的领导及协助下，对全乡妇女轮流进行妇女病普查。

1953年，推行新法接生，培训新法接产员36人。1963年，公社医院设妇产科，住院分娩率75.4%。1964年，开始妇女病普查，在1600名妇女中查出子宫下垂患者36人，分情况进行治疗，治愈率60%。1976年，在厂矿、企事业单位中，推行妇女经期、孕期、产期、哺乳期、更年期的劳动保护制度。1979年，为12岁以下儿童免费驱治蛔虫。1980年4月，公社党委决定一对夫妇只生一个孩子，加强对妇女儿童健康保障，凡7岁以下儿童进行健康检查。1983年，对2个月至4周岁的婴儿进行卡介苗接种，建立健康档案，实行儿童保健系统管理。1987年，对7岁以下儿童进行健康检查，受检率98%。1988年，有代表性地普查2个村的妇女186人，查出宫颈炎患者16人，采用宫颈电熨手术治疗，治愈率90%。到2013年国家正式放开二胎政策后，南闸于2014年4月18日发出首张"单独两孩"生育证。

2013—2014年南闸医院妇女病检查统计一览

表19-24

年 份	已婚妇女应查数（人）	已婚妇女实查数（人）	受检率（%）	患病人数（人）	患病率（%）
2013	8338	8052	96.5	184	2.28
2014	8080	7486	92.6	282	3.76

2008年12月南闸镇社区卫生服务中心接种疫苗情况一览

表19-25

疫苗 ＼ 人数	应种人数	实种人数	接种率
卡介苗	297	297	100%
乙肝疫苗	297	297	100%
麻疹疫苗	222	215	96.8%
百白破疫苗	296	293	98.6%
脊灰疫苗	297	294	98.9%

2008年计划免疫接种率调查统计一览

表19-26

户籍属性	乙脑			流脑			麻风腮		
	2005年出生儿童			2005年出生儿童			2005年出生儿童		
	应种数	实种数	%	应种数	实种数	%	应种数	实种数	%
户籍儿童	288	288	100	288	287	99.65	288	287	99.65
流动儿童	234	231	98.72	234	229	97.86	237	222	93.67

2015年南闸地区60岁以上老年人慢性病调查一览

表19-27

序号	村（社区）	辖区常住人数	60岁以上老年人管理数	老年人管理数占总人数比例%	慢性病发病情况		疾病分类管理（慢性病管理情况）					
							高血压（35岁以上）		冠心病		糖尿病	
					总人数	占比%	人数	占比%	人数	占比%	人数	占比%
1	花果社区卫生服务站	3977	755	18.98	600	15.09	476	79.33	26	4.33	98	16.33
2	曙光社区卫生服务站	5074	845	16.65	638	12.57	483	75.71	30	4.70	125	19.59

续表19-27

序号	村（社区）	辖区常住人数	60岁以上老年人管理数	老年人管理数占总人数比例%	慢性病发病情况		疾病分类管理（慢性病管理情况）					
							高血压（35岁以上）		冠心病		糖尿病	
					总人数	占比%	人数	占比%	人数	占比%	人数	占比%
3	涂镇社区卫生服务站	4065	798	19.63	594	14.61	429	72.22	33	5.56	132	22.22
4	紫金社区卫生服务站	6302	990	15.71	808	12.82	598	74.01	42	5.20	168	20.79
5	南新社区卫生服务站	4391	878	20.00	408	9.29	288	70.59	26	6.37	94	23.04
6	泾西社区卫生服务站	5900	1298	22.00	704	11.93	513	72.87	39	5.54	152	21.59
7	蔡西社区卫生服务站	5356	824	15.38	674	12.58	528	78.34	28	4.15	118	17.51
8	龙运社区卫生服务站	6416	1548	24.13	785	12.24	604	76.94	26	3.31	155	19.75
9	观山社区卫生服务站	5731	1208	21.08	726	12.67	552	76.03	20	2.75	154	21.21
10	观西社区卫生服务站	5350	1275	23.83	677	12.65	512	75.63	26	3.84	139	20.53
11	泗河社区卫生服务站	4620	1008	21.82	579	12.53	425	73.40	41	7.08	113	19.52
	总　计	57182	11427	19.98	7193	12.58	5408	75.18	337	4.69	1448	20.13

2010—2015年南闸街道肿瘤发病人数统计一览

表19-28

病　种	0|5	5|10	10|15	15|20	20|25	25|30	30|35	35|40	40|45	45|50	50|55	55|60	60|65	65|70	70|75	75|80	80|85	85|	合计（人）
肿瘤	4	0	0	2	2	3	12	16	24	40	59	70	87	108	78	75	30	22	632
胃（C16）	0	0	0	0	0	0	0	1	4	6	9	13	27	29	29	18	9	0	148
气管、支气管、肺（C33-C34）	0	0	0	0	0	0	0	2	1	6	6	16	16	17	10	14	8	4	100
结直肠肛门（C18-C21）	0	0	0	0	0	0	0	1	4	0	8	6	10	12	5	9	2	4	62
肝脏（C22）	0	0	0	0	0	0	1	1	2	5	7	8	6	9	6	6	3	1	55
食管（C15）	0	0	0	0	0	0	0	1	1	3	8	6	10	3	4	3	3	42	
乳房（C50）	0	0	0	0	0	2	1	6	8	7	4	2	4	3	2	0	1		40
甲状腺（C73）	0	0	0	0	1	1	6	4	2	4	2	1	1	1	1	0	0		24
胰腺（C25）	0	0	0	0	0	0	0	0	1	1	2	4	6	2	0	0			17
前列腺（C61）	0	0	0	0	0	0	0	0	0	0	0	2	3	2	5	1	1		14
白血病（C91-C95）	4	0	0	0	1	0	1	0	1	1	0	1	1	0	0	0	0		12
淋巴瘤（C81-C85,88,C90,C96）	0	0	0	0	0	0	0	2	0	0	2	0	2	2	0	0			12
膀胱（C67）	0	0	0	0	0	0	0	0	0	1	2	0	2	3	1	0			12
胆囊及其他（C23-C24）	0	0	0	0	0	0	0	0	0	0	1	0	2	2	1	2			8
脑及中枢神经系统（C70-C72）	0	0	0	1	0	0	0	0	1	2	0	2	1	0	1	0	0		8

续表19-28

病　种	0|5	5|10	10|15	15|20	20|25	25|30	30|35	35|40	40|45	45|50	50|55	55|60	60|65	65|70	70|75	75|80	80|85	85|	合计（人）
卵巢（C56）	0	0	0	0	0	0	0	1	0	2	0	2	1	0	1	0	0	1	8
子宫体及子宫部位不明（C54-C55）	0	0	0	0	0	0	0	0	0	0	2	0	1	1	0	1	0	0	7
子宫颈（C53）	0	0	0	0	0	0	1	1	0	1	1	0	3	0	1	0	0	1	7
肾及泌尿系统不明（C64-C66，C68）	0	0	0	0	0	0	0	0	0	0	0	2	1	2	1	0	0	0	7
肿瘤其他	0	0	0	0	0	1	1	2	2	4	5	4	6	10	4	7	3	0	49

学生保健　20世纪50年代，对学生免费接种各种疫苗。60年代起，每年对学生进行健康检查，建立健康档案。1979年，用栋树皮、根煎汤及敌百虫精片治疗寄生虫，治愈率92%。1980年，开始对中小学生的沙眼、龋齿、扁平足、脊柱弯曲、扁桃体肿大、色盲等常见病进行调查。1984年，中小学体检6348人。1985年，中小学体检1353人。1986年，在中小学生种开展灭头虱及疥疮、龋齿、近视眼防治工作。从20世纪80年代开始，学校建立学生健康卡，以后每年对学生体检，评估发育情况，预防和治疗常见病。学校开设健康教育课，开课率达100%，并坚持做到"五有"（有课时、有教材、有教师、有教案、有评价），至2015年，街道（镇）每年对学校校医或保健教师进行培训，学校也利用各种媒体进行健康教育以及开展各种健康教育活动，注重学生健康行为培养，努力提高学生的综合素质。2014年6月，南闸街道投资55万元，在南闸实验学校建立青少年禁毒展览馆。展览馆占地面积0.02公顷，综合运用影视播映、互动演示、漫画表演等方法，寓严肃的禁毒主题于生动的展览之中，让广大青少年充分认识到毒品对个人、家庭、社会的危害。该馆免费对外开放，对青少年增强防毒、禁毒意识具有重要意义。自开馆至2015年末，已免费接待参观的青少年3000余人。

2010—2014年南闸小学、中学常见病患者率统计一览

表19-29

学校名称	项目	2010年 人数（人）	2010年 各项占比（%）	2011年 人数（人）	2011年 各项占比（%）	2012年 人数（人）	2012年 各项占比（%）	2013年 人数（人）	2013年 各项占比（%）	2014年 人数（人）	2014年 各项占比（%）
南闸小学	体检人数	1887	100	1933	99.9	1941	99.8	1932	100	2135	100
	视力低下	895	47.4	901	46.6	879	45.3	910	47.1	967	45.3
	龋齿	589	31.2	642	33.2	642	33.1	597	30.9	728	34.1
	沙眼	0	0	0	0	0	0	0	0	0	0
	平足	2	0.01	2	0.01	1	0.05	0	0	2	0.09
南闸中学	体检人数	2402	100	2106	100	2155	100	2159	100	2123	100
	视力低下	969	40.3	870	41.3	931	43.2	913	42.2	904	42.3
	龋齿	188	7.8	239	11.3	152	11.5	152	7	377	17.7
	沙眼	0	0	0	0	0	0	0	0	0	0
	平足	0	0	0	0	0	0	0	0	0	0

第八节　公共卫生

一、环境卫生

1952年，全乡开展爱国卫生突击月活动，清垃圾、通阴沟、除污水、整市容，改善环境卫生。1958年，全社开展除苍蝇、蚊子、老鼠、麻雀"四害"运动。同年，南闸集镇设立粪管所，粪坑统一管理。农村以生产小队为单位，在指定地点集中、加盖。1961年，粪管所改称清卫所，1965年又改称环卫所，并先后在集镇上改造公共厕所。"文化大革命"中卫生管理削弱，致使有些传染病流行。1971年，跃进大队发生100多人的肠炎，通过公社医院与大队卫生室的及时抢救治疗才未发生悲剧。1978年，公社成立爱国卫生运动委员会（简称爱卫会），加强群众性卫生工作领导。根据季节性特点，开展爱国卫生运动，组织各单位人员定期检查督促。1984年起，集镇街道卫生，由专业环卫所人员天天负责打扫，加大了环卫队伍的建设，严格环卫管理制度，加强环境卫生管理，提高卫生保洁质量，完善基础设施建设。1997年4月23日，南闸镇被命名为江阴市文明卫生镇。2000年开始，开展创建省卫生镇工作，强化环卫、城管、绿化三支队伍，街区环卫工人81人，村级卫生保洁人员225人，13个公厕配备保洁员15名。关停58个采石工段，复绿2500亩，削减8个工业排污口，架设兴澄钢厂10公里蒸汽管道，有效改善街区空气质量。全街道镇区绿化面积590000平方米，绿化覆盖率达35%，全区域绿化面积达14.46平方公里，覆盖率为33.3%，生活垃圾无害化处理为100%，粪便无害化处理也是100%。五条镇级河道，560条家河全部整治和113个自然村进行村容村貌整治，全部投入达5.12亿元。于2008年11个行政村全部建成省卫生村，其中施元与南运为省明星卫生村，施元、南闸、南运、观山与花果5个村为省级生态村，2001年11月南闸镇被江苏省爱国卫生委员会命名为江苏省卫生镇。2006年6月5日，被国家环境保护总局命名全国环境优美乡镇。2009年10月28日，南闸通过国家卫生镇考核验收。2011年，南闸街道获"江苏省绿色家园示范镇""国家卫生镇"称号。2015年，社区卫生推行一体化管理，增强服务能力。南闸医院全科医生分片包干，有效提升社区医疗服务质量。全面开展健身点规范整治工作，67个健身点完成整治。

2009年南闸镇创建国家卫生镇经费投入一览

表19-30

序号	项目内容	投入金额（万元）	序号	项目内容	投入金额（万元）
1	农村改水改厕	6000	12	爱国卫生、健康教育及除四害经费	200
2	镇村道路建设和改造	13000	13	生活垃圾运输车辆及维修	100
3	下水道管网完善疏浚	510	14	职业病预防及控制	130
4	建设压缩式垃圾中转站	200	15	环境卫生整治及长效管理经费	780
5	蒸汽管网	2000	16	清理家河及保洁管理经费	3000
6	污水管网建设	2500	17	河道疏浚及管理经费	1500
7	污水处理厂投入经费	3500	18	社区卫生服务站建设经费	150
8	建设和改造公共厕所经费	85	19	更新垃圾收集房	48
9	新增居民健身设施	120	20	新增垃圾桶（箱）	15
10	学校建设及配套设施经费	7800	21	新增果壳箱	16
11	绿化建设经费（含生态园）	9500			

2012年南闸辖区内主要卫生设施一览

表19-31

序　号	设施名称	数　量	单　位	说　明
1	污水综合处理厂	1	家	日处理万吨
2	污水处理站	2	座	
3	污水提升泵站	1	座	
4	下水道管网	24291	米	
5	排污污水管网	28000	米	居民污水处理率75%
6	压缩式垃圾中转站	1	个	在泾南路
7	垃圾中转站	5	个	
8	垃圾收集箱、果壳箱	112	只	镇区范围内
9	环卫垃圾运输车	5	辆	全部为封闭自卸式
10	洒水车	1	辆	
11	粪车	1	辆	
12	公共厕所	13	只	469.88平方米
13	全街道无害化卫生户厕户数	13439	户	占95.8%
14	生物防制消杀人员	43	人	其中3人专职
15	高压蒸汽管道	10	公里	

二、饮食和饮水卫生

中华人民共和国成立之前，居民饮水，以饮用河水为主。

中华人民共和国成立以后，党和政府十分重视饮食卫生工作，中央和地方政府多次颁布食品卫生管理条例。1961年5月，县卫生局举办集体食堂炊事员培训班，讲授饮食卫生知识，并对炊事员进行健康检查。到20世纪70年代，由于环境的变化，内河水质受污染，政府发动群众打井取水饮用。1975年，商业合作社在河东南弄打深井建水塔，供集镇上企事业单位及部分居民2000多人饮用自来水。1979年开始，宰杀的生猪肉要经县防疫站监测加印后才能上市。1982年，《中华人民共和国食品卫生法（试行）》颁布后，随即学习贯彻执行，1984年起，对饮食部门营业人员每年进行健康检查1次，无传染病者才允许就业。个体饮食业需要食品饮食从业人员健康证和市（县）卫生防疫站颁发的卫生许可证方可营业。2000年后，食品经营单位必须要亮证经营，从业人员要有有效的健康证、卫生培训合格证，持证上岗。食品餐具加工、生产、操作程序必须规范。库房与操作房要合乎规定，整洁干净，生熟分开，消毒设施齐全。对从业人员全部建有职业卫生档案和劳动者健康监护档案。除加强本街道爱卫委经常对饮食食品行业进行检查、监督、指导之外，还不定期地邀请了江阴市卫生局卫生监督所人员来南闸监督指导和培训。2010年，全南闸镇区有食品经营单位87家，公共场所卫生单位23家，全部做到有效证件亮证经营，从业人员342人，持证上岗率达100%。

1989年，市小湾水厂扩建。南闸镇政府与市政府、西郊镇政府一起共同投资157万元，铺设直径500毫米管道7公里，1990年年底开始供水。从此南闸人民用上了长江自来水。止2008年12月，南闸地区建有自来水管道85公里，59320人喝上了自来水，该年供水量485万立方米，受益率达99.7%。

对学校食堂更是加强监督管理，严格规范操作管理程序，强化环节监控，因此，至2015年止从未发生过学校学生饮食事故，其间，南闸中心小学食堂于2012年评为"无锡市示范食堂"，并于2013年通过省示范食堂的验收，中心幼儿园食堂于2013年被评为"无锡市示范食堂"。

第二十编　人民生活

第一章　经济状况

第一节　收　入

南闸属江南富庶之地，但旧时贫富悬殊。少数豪门富户锦衣玉食，生活奢侈；地主不劳而获，坐享其成；一般的中等人家正常年景尚可勉强维持温饱，倘遇荒年暴月，难免借贷度日，寅吃卯粮；而贫雇农家庭则终日辛劳、衣食不周，如逢天灾人祸，甚至卖儿鬻女以度生计。抗战期间，遭受日本侵略者的蹂躏，更是民不聊生。中华人民共和国成立前，物价飞涨、经济萧条、收入减少、支出增多，广大人民生在"鱼米之乡"却面呈饥馑之色，不少农户吃了上顿无下顿，过着糠菜半年粮的生活。据南闸地区社会调查显示，1936—1948年，境内外出讨饭度日的有261人，外出当雇工、佣人的有741人，送掉亲生婴幼儿女的有75人，靠典当器物度日的有465户，无依无靠的鳏寡孤独者有268人。

中华人民共和国成立后，农民通过土地改革，分到了属于自己的土地，成了土地的主人，彻底摆脱了封建压迫和经济剥削，生产得到发展，农村经济开始复苏。1950—1952年，境内办起了互助组、初级社、高级社，不仅提高了农民的生产积极性，生产力得到发展，农民的生活也有了基本保障，基本解决了温饱问题。1958年，南闸境内人均收入96元，人均口粮237千克。由于大搞"一平二调"的"共产风"，耕作上大搞深翻土地，生产上瞎指挥，土地集体化，农民的生产积极性受到挫伤，出工不出力。1960—1962年自然灾害期间，农村经济效益跌入谷底，农村强劳力一天的劳动报酬只有0.4元—0.9元，年收入在130元—250元。1978年起，随着改革开放，农民生活水平明显提高，当年就达到人均收入208元，口粮314千克。1984年，人均收入544元，口粮373.5千克。1988年，农民进镇办、村办厂工作的有12103人，占全镇总劳力的49.2%，人均收入1062元，人均口粮300.5千克。1994年，农民进镇办、村办厂工作的职工有8849人，占全镇总劳动力的50%，人均收入3004元，口粮287千克。2003年，农民人均纯收入6780元。2006年，农民人均纯收入9577元。2007年，农民人均纯收入10782元。2010年，农民人均纯收入15020元。2011年，农民人均纯收入17620元。2013年，农民人均纯收入27474元。2015年，农民人均纯收入32469元。

1978年，十一届三中全会以后，农村实行联产承包责任制，农民有了生产经营自主权，上级允许兴办社队和办集体企业，农村中大量富余劳动力向二、三产业转移，农民的劳动积极性空前高涨，经济收入大幅增长，个人存款逐年增加。生活水平普遍提高。2000年开始，境内对农村因特殊原因造成的困难户办理了低保（最低生活保障），给予定期生活补助。

1970年—1994年南闸乡（镇）农业生产收益分配情况一览

表20-1

年　份	参加分配人数	人均分配金（元）	分配总金额（万元）	人均分配口粮（千克）	分配总口粮（万千克）
1970	19748	133.00	262.65	261.1	515.58
1971	19760	152.00	300.36	282.4	558.02
1972	18650	139.00	259.24	271.0	505.42
1973	20120	154.00	309.86	272.5	548.27
1974	23100	160.00	369.60	272.2	628.32
1975	20565	152.00	312.59	271.8	558.96
1976	20995	165.00	346.42	276.0	579.46
1977	21213	157.00	333.05	271.4	575.72
1978	22200	208.00	461.76	314	695.97
1979	17030	211.20	359.58	300.1	511.07
1980	20430	225.30	460.29	281.3	574.70
1981	21404	241.80	516.74	271.0	580.05
1982	25749	307.70	792.35	312.5	804.66
1983	27837	428.70	1195.37	334.3	930.59
1984	36553	544.00	1988.48	373.5	1365.44
1985	42493	696.00	1617.21	309.0	1313.04
1986	42591	825.00	3589.75	324.0	1377.95
1987	41635	902.00	3755.47	298.5	1242.80
1988	41750	1062.00	4132.67	300.5	1253.75
1989	41461	981.00	4149.64	299.0	1238.23
1990	43366	956.00	4124.08	292.0	1264.85
1991	43922	943.00	4119.05	287.0	1262.51
1992	43874	1920.00	7871.52	297.0	1302.07
1993	44874	2258.00	10135.57	290.0	1302.07
1994	43974	3004.00	13540.35	287.0	1262.90

1986—1994年南闸乡（镇）村办企业职工收入一览

表20-2

年　份	乡办企业职工人数	人均工资（元）	村办企业职工人数	人均工资（元）
1986	5964	1148	5257	1097
1987	6614	1253	5819	1342.2
1988	5272	1414	6144	1686
1989	4982	1459	5633	1483
1990	4836	1339	4950	1446
1991	4665	1608	4809	1870
1992	5437	2300	4889	2536
1993	7322	2930	4608	3800
1994	6147	4664	3877	4643

2004年南闸镇农民人均纯收入统计一览

表20-3

序　号	村名称	农民所得总额（万元）	计算人口（人）	人均所得（元）
1	花果	2496	3250	7680
2	谢南	1664	2135	7794
3	曙光	2418	3720	6500
4	涂镇	2545	3358	7580
5	南新	1212	1529	7927
6	施元	1502	1963	7650
7	泾西	1878	2481	7570
8	蔡泾	3146	4139	7600
9	南运	2020	2587	7808
10	南闸	2679	3389	7905
11	龙游	2390	3162	7558
12	观山	2379	3042	7820
13	灯塔	2204	2939	7500
14	泗河	3284	4315	7610
15	观西	1518	2008	7560
16	合计	33335	44017	7558

2004年南闸镇居民人均可支配收入统计一览

表20-4

项目名称	总　计
户数（户）	896
人数（人）	3158
人均可支配收入（元）	13710
（一）工资性收入	963
1.在非企业组织中劳动得到	96
2.在本地企业中劳动得到	740
3.外出作业劳动得到	29
4.其他	98
（二）家庭经营	735
5.工业收入	147
6.建筑业收入	31
7.交通运输业收入	77
8.批发和零售业收入	295
9.社会服务业收入	75
10.文教卫生业收入	38
11.其他家庭经营收入	72
（三）财产性收入	114
（四）转移性净收入	482.3

　　1988年，南闸镇响应党的号召，开办了爱乡储蓄。同年9月，中国人民银行江阴市支行统一规定奖售储蓄物品的价格及起存点、吸储种类、大面额储蓄利率的标准。1991年，南闸信用社与农行总存款达4000万元。1993年起，遵照江阴市政府指标，南闸各银行、信用社开展"爱江阴储蓄月"活动。2004年起，储蓄存款开始保持较快增长势头，1997年超过2个亿。2014年，南闸除中国人民银行、中国工商银行、中国建设银行外，其余银行存款量突破28亿元。

1976—1983年南闸乡银行、信用社存款余额情况一览

表20-5　　　　　　　　　　　　　　　　　　　　　　　　　　　　　　　　　　　　单位：万元

年　份	私人	行政村	企　业	机关团体	合　计
1976	24.27	61.49	2.37	13.97	102.10
1977	24.49	42.41	79.31	6.03	152.24
1978	29.93	58.79	42.41	4.74	135.87
1979	37.43	19.98	122.31	3.09	232.81
1980	62.34	60.52	41.83	11.27	175.96
1981	97.51	93.54	130.72	40.47	362.64
1982	152.15	152.99	50.06	13.96	369.16
1983	228.37	184.44	49.08	—	461.89

1995—2014年南闸农行与农商行储蓄总额一览

表20-6　　　　　　　　　　　　　　　　　　　　　　　　　　　　　　　　　　　　单位：万元

年　份	农　行	农商行	年　份	农　行	农商行
1995	4686.51	6678	2005	28899	46257
1996	7669.1	8338	2006	29248.7	56273
1997	9410.92	12166	2007	31026.6	55393
1998	10147.51	13074	2008	43481	66071
1999	10533.62	14352	2009	51250	77143
2000	11107.63	15917	2010	63755	97396
2001	10582.1	18532	2011	82915	99288
2002	12160.4	23195	2012	75279	93906
2003	18694	33480	2013	76919	103909
2004	21935	39018	2014	81640	113325

2015年南闸街道各村（社区）基本情况一览

表20-7

村（社区）名	户数（户）	人口（人）	村（社区）开票销售收入（亿元）	人均可支配收入（元）
花果村	945	3452	0.12	25814
谢南村（紫金社区）	2651	8394	5.83	28000
曙光村	1096	4030	1.83	22000
涂镇村	881	3165	5.75	26850
南新村（南闸社区）	262	827	0.66	24000
南闸村	1071	3681	1.21	25447
蔡泾村	1481	6298	5.23	25142

续表20-7

村（社区）名	户数（户）	人口（人）	村（社区）开票销售收入（亿元）	人均可支配收入（元）
观山村	914	3184	53.05	29247
泗河村	1242	4310	0.42	25920
观西村	1512	5101	1.19	28021
龙运村	1745	5837	2.34	25090

第二节 消 费

中华人民共和国成立前，贫雇农和地主、富农、工商业者贫富悬殊，收入普遍微薄，平时除了购置生活的必需品外，基本无其他消费。

中华人民共和国成立后，农村经过土地改革，农民分到了土地，生活初步得到了改善，除了能吃饱穿暖外，有的家庭已有余钱，可以购买新衣服，增添生活日用品。经济状况更好的家庭，逐渐将茅草房改建为瓦房，消费结构发生了变化。

1960年至1962年的三年自然灾害和十年"文化大革命"后，农民的基本消费结构未变，但开始追求手表、自行车、缝纫机、电风扇等高档生活用品。1978年十一届三中全会以后，农村实行家庭联产承包责任制，商品经济大发展，人民生活得到改善，消费结构也随之变化。

20世纪80年代中后期至90年代，南闸地区居民消费档次连续升高。1985—1989年出现一次性消费热潮，手表、缝纫机、洗衣机、电风扇等商品开始普及。90年代末，外国名牌产品出现在居民家庭中，耐用消费品消费呈现由低档次"讲实惠"向高档次"讲品牌"更新换代的趋势，以彩电、空调、摩托车等商品为主形成一轮消费热潮。

跨入21世纪，城乡居民消费水平节节攀升。新的消费热包括了高档家电、电脑、轿车等商品。住房、上学、看病等消费支出量猛增，成为这一时期的消费特征。2002年，南闸集镇居民人均生活消费支出为8885元；农村住户人均生活消费支出为5680元。至2006年，集镇居民人均生活消费年支出达15417元；农村住户人均生活消费年支出达7397元。集镇每百户耐用消费品拥有量为：洗衣机112台，电冰箱108台，空调146台，热水器82台，彩电220台，电话机100部，移动手机160部，自行车272辆，摩托车48辆，微波炉85台，家用电脑50台，电风扇268台，家用汽车6辆，人均住房面积30.5平方米。农村每百户耐用消费品拥有量：洗衣机100台，电冰箱100台，空调128台，固定电话机92部，移动手机120部，自行车180辆，摩托车142辆，微波炉60台，家用电脑20，电风扇204台，家用汽车10辆，人均住房面积50平方米。2015年，集镇居民人均生活消费年支出26970元；农村住户人均生活消费年支出16716元。集镇每百户耐用消费品拥有量为：洗衣机200台，电冰箱150台，空调器380台（其中中央空调器25台），热水器120台，移动电话382部，摩托车（电瓶车）92辆，自行车30辆，电风扇204台，轿车168辆，电脑225台，人均住房面积42平方米。农村每百户耐用消费品拥有量为：洗衣机132台，电冰箱102台，空调器218台，移动电话282部，固定电话48部，摩托车（包括电瓶车）132辆，微波炉100台，电脑60台，热水器120台，自行车102辆，轿车62辆，每户使用住房6间（240平方米），人均住房面积60.20平方米。

第二章　物质生活

第一节　衣　着

中华人民共和国成立前，境内农民穿的衣服，大多是用自己纺织的土布自己缝制或请裁缝缝制而成，服装款式有开襟短衫、长衫、棉袍等。贫困家庭更是一身衣服要穿好几年，所穿鞋子大都是布鞋，也有人穿草鞋或芦花靴，还有些人夏天干脆赤脚。

中华人民共和国成立初期流行的灰洋布、青卡其布做成的中山装和列宁装，成为青年男女追求的时髦服装。1954年起，国家实行棉花统购统销，每人发放布票、棉絮券，凭票券购买布料。人们穿衣趋于紧张，所穿的衣服大都打着补丁。"文化大革命"期间，灰布服装和草绿色的军装成为主流，是那个特定时代的特色之一。20世纪70年代，人们所穿的服装面料大都是化纤的确良和涤卡布。1980年以后，人们穿着追求款式与质地，面料逐步转向呢绒、毛织品和真丝织品，西装热开始兴起，与此同时，购买成衣成为主流，请裁缝制衣的少了。20世纪90年代以后，人们普遍注重穿着打扮，服装要求款式新颖、色彩鲜艳、面料考究，羊绒、纯棉、蚕丝织品等天然纤维织物受到青睐。皮鞋、运动鞋、胶鞋、凉鞋代替了布鞋。进入21世纪，男女青年更为注重服装的品牌和档次，花衬衣、喇叭裤、低腰裤、健美裤、迷你裙等时尚服装不断变换。还有些青年喜欢上了来自香港、台湾地区的露脐式、裸腿式服装，乞丐裤以及长衣短套穿衣方式以此标新立异，凸显个性。

第二节　食　品

中华人民共和国成立前，境内经济条件好的人家的主食以米饭为主，包括稀饭。贫苦农民一日三餐食不果腹，只能辅以南瓜、山芋、胡萝卜、豆类等杂粮和蔬菜，遇到灾荒时，则以米糠、菜汤充饥。一年四季难得吃到荤菜，平时捕捞些螺蛳、河蚌、小鱼、小虾改善一下生活。

中华人民共和国成立后，农民的温饱得到解决，饮食条件逐步改善。20世纪50年代，农民的基本口粮人均一年可达200千克。1954年，全国实行粮食统购统销政策，农民的基本口粮和食油都由上级核定。1958年，人均定粮237千克。1960—1962年，因连续遭受自然灾害，农业歉收，口粮标准下降，农民以山芋、南瓜、胡萝卜等蔬菜瓜果代替粮食。1963年，农业丰收，口粮标准上升。1978年，人均口粮314千克。1988年，人均口粮300.5千克。

1981年起，农村实行联产承包责任制，粮食丰收，农民口粮宽裕。境内人民的食品结构开始发生变化。以优质大米为主食，辅以精白面粉，副食品种丰富，鱼、肉、蛋、禽等荤菜成为普通家庭餐桌上的日常菜肴。进入21世纪，饮食方式改变，注重食品质量，讲究绿色环保，控制饮食、科学调节，成为人们对日常饮食的追求。

第三节　住　房

旧时，南闸地区农家住房简陋，少有楼房。晚清至民国期间，战乱频繁，破坏深重，经济萧条，乡村中罕见新屋，农村住宅大多破旧，栖身草屋者不在少数，甚至有无房户借宿祠堂、庙宇或坟堂内。一般富户人家住砖木结构的青砖瓦房，极个别大户人家住宅为前五间后五间，两侧为厢房，中间为天井，前廒为平房，后廒为"丈五大六"的厅堂，青砖铺地，长窗细格，宽敞雅致，世称十间两园堂。

中华人民共和国成立后，农民生活改善，但前三十年发展缓慢，住房条件改善不大。20世纪70年代，因人口增加，住房拥挤，部分农民开始翻建或新建住房，大都为水泥桁条、水泥柱、杂树椽子、本瓦、八五砖空斗或黄石山墙的平房。进入20世纪80年代，农村兴起"建房热"，南闸成立了建房办公室，负责建房规划和审批。据统计，南闸翻建新房1577户、3025间，辅房1206间，到1992年年底翻建新房累计34834间，占住房总间数的75.2%，其中二层以上楼房24299间，人均住房面积32.11平方米。1990年后，农村中住房新建、旧房装潢和购置商品房并举。随着市镇建设，商品房加快开发，2015年9月，南闸镇志办公室对观西、南闸行政村的两个村民小组进行了抽样调查：观西村第38村民小组，共31户有12户购买了商品房，占总户数的38.7%；南闸村第11村民小组，共30户，有22户购买了商品房，占总户数的73.3%。至2016年年底，南闸集镇先后开发了紫金花园、紫馨苑、紫竹院、宏基明珠花园、宏基名城花园、绿城锦园、嘉福花园、碧桂园、中关村数码广场、金三角家居村等，环境优美、式样新颖的住宅小区和别墅群，成为本镇居民选购的首选。

1967—2004年南闸乡（镇）农户建房汇总一览

表20-8

年　份	户　数	年　份	户　数	年　份	户　数
1967年	86	1986年	956	1996年	208
1968年	40	1987年	956	1997年	65
1969年	80	1988年	1190	1998年	38
1977年	161	1989年	844	1999年	26
1979年	428	1990年	515	2000年	42
1981年	262	1991年	560	2001年	37
1982年	697	1992年	418	2002年	31
1983年	666	1993年	213	2003年	66
1984年	823	1994年	177	2004年	50
1985年	1091	1995年	137	合计	10863

第四节　日用品

中华人民共和国成立前，境内人民生活困难，除了温饱，少有他物。普通农民家庭大多只有一张床、一张桌子和几张凳子，照明用豆油灯或煤油灯。还有些家庭，几乎家徒四壁，一贫如洗。经济条件较好的家庭，男方结婚时备有雕花床、大衣橱、梳妆台、八仙桌、靠背椅等家具；女方则有棉被、大小木盆、木桶、铜制脚炉、煤油美孚灯等嫁妆。

中华人民共和国成立后，农民生活得到改善，市场日用品品种增多，农民有钱购买热水瓶、三五牌座钟等生活必需品。手表、自行车、缝纫机、收音机、电风扇等高档日用品成为婚嫁青年追求的目标。20世纪80年代，日用品的种类明显增多，不少农民家庭用上了洗衣机、电视机、收录机、电风扇、电冰箱等。据统计，1988年，境内有自行车22750辆，平均每2人1辆；缝纫机4241台，平均3户1台；手表32070块，平均1.4人1块；吊扇、台扇16541台，平均每户1.3台；台钟、挂钟13996座，平均1.1户1座；单人、三人沙发15269张，平均每户1.2张；收录机8123台，洗衣机857台，电冰箱46只，摩托车74辆，黑白电视机6306台，彩色电视机390台。20世纪90年代至21世纪初，日用品种类更为繁多，做饭有燃气灶、电饭煲、微波炉；喝水有净水器；洗澡有电热水器、太阳能热水器。高清彩电、智能冰箱、全自动洗衣机、笔记本电脑、智能手机等为普通家庭所常见，不少家庭还拥有了小轿车。

第五节 出 行

中华人民共和国成立前，境内居民出行大多靠步行，少数富户出门享用轿子或手推车。南闸锡澄公路边设有汽车站，每天有班次可达江阴和无锡。锡澄运河设有轮船码头，每天也有班次通往江阴和无锡。农民无事一般不进城，走亲访友时，基本是步行，几乎不乘坐交通工具。境内道路都为狭窄泥路，遇到下雨天，道路泥泞不堪，行人步履艰难。

中华人民共和国成立初，人们进城或走亲访友仍以步行为主，偶尔乘坐汽车和轮船。20世纪70年代，各大队（村）规划农田水利建设，将主干道路和机耕路面放宽，逐步铺成沙石路，使道路状况得到改善。20世纪80年代，境内南焦路、工农路、花山路都由原沙石路面改铺成柏油路或水泥路面，为行人出行提供了方便。20世纪90年代，人们出行以自行车、摩托车、脚踏三轮车为主要工具，后来盛行电动车。2000年后，面包车和轿车开始进入家庭。境内村村通上了公交车，此外，还有3条线路通往江阴城区，人们出行更加快捷方便。

第三章 精神生活

第一节 生活观念

南闸人民性刚烈，有爱国心。明嘉靖年间，倭寇为患，江阴知县钱镈举乡兵义勇，南闸人民纷纷响应，参加者众多。

中华人民共和国成立前，南闸集镇商号为维护商店安全，防火救灾，店员均自发参加镇救火会、商团卫队，积极参加训练，参与保卫商店、集镇安全活动。为了反抗日寇侵略者，观山乡群众不畏强暴，敢于斗争，诛杀日本翻译官，并到日军驻地偷枪送至澄西地下党。蔡泾乡曹荣金、宋锡初等积极参加地下党组织，进行革命斗争，并献出了年轻的生命。但也有部分农民和集镇市民对当时的社会感到失望，对生活失去信心，生活懒散、精神空虚、相信迷信，甚至沾染赌博、吸毒、嫖娼等恶习，有的沦为地痞、流氓，危害社会。

中华人民共和国成立后，在土地改革、抗美援朝、互助合作化运动中，境内广大热血青年积极参与，首批60名青年报名参加中国人民志愿军。自1955年国务院颁布《中华人民共和国兵役法》至今，境内每年都有许多青年报名应征入伍，亲属都积极支持。针对坟墓乱葬现象，村民敢于破除迷信，将祖坟平整深埋或迁移到山坡。人们坚决拥护改革开放，坚信共产党的领导，坚定不移地走社会主义道路，满腔热忱建设家乡、建设祖国，也为自己的美好生活而努力。

第二节 文化需求

中华人民共和国成立前，广大农民生活贫困，衣食问题尚且难以解决，基本没有机会读书，因此，南闸地区除少数富家子弟读私塾、洋学堂外，绝大部分农民都因缺少学习文化的起码条件，没有进过校门而成为文盲、半文盲。

中华人民共和国成立后，境内先后开办夜校、冬学，大力兴办中小学。1949年冬，各村办起冬学，开展扫盲活动，青壮年文盲、半文盲大都入学。当年共办冬学38班，学员1520人。1951年4月，开办常年民校，设扫盲班20个、高小班25个，参加学习的农民1000余人。1958年3月，为解决农村小学毕业生上全日制初中的现实问题，南闸开设7所农业中学，实行半工半读制。为了解决师资问题，同年9月，开办初级师范学校，设幼师、初师二个班。1982年，小学学龄儿童入学率达99.8%，初中普及率为70%。1983年，成立成人教育中心校。1985年成立科学技术普及协会，组织职工学文化、学技术，普及科学知识。1987年，小学学龄儿童入学率100%。1990年第四次人口普查时，南闸青壮年非文盲率达98%，小学升初中比例为95%，1992年全部实施九年制义务教育。

中华人民共和国成立前，农村文化生活十分贫乏，一年仅有过年或赶节场时能够看上几次滩簧、说书或舞龙灯、跳狮子等民间文艺演出。1944年，南闸集镇建造"中南大戏院"，每年请专业锡剧、京剧、越剧等专业剧团演出200余场次。关帝阁书场每年说书约200场次，但仅仅能满足少数有钱人的文化需求。1949年以后，农村开展识字运动，很多民校排练文艺节目，如茶岐、兊桥、璜村、南谭、泗河等村排练的《白毛女》《庵堂相会》《双推唐》《一只红毛鸡》等锡剧节目，除在本村演出外，村与村还进行交流演出，群众性的文化活动相当活跃。1958年，南闸先后成立文化站、广播站、电影队、组织宣传队，演出文娱节目，举办故事会，电影队下乡放电影。"文化大革命"期间，农民仅能收听8个"样板戏"，唱语录歌，跳忠字舞，文化生活单调而又枯燥。随着知识青年上山下乡运动的开始，很多知青成了农村中的文艺骨干，他们带动所在地区的业余文艺爱好者排练、演出"样板戏"，丰富活跃了当时农村的文化生活。

20世纪80年代后，农民家庭文化生活有所变化，不少农户开始订阅报纸、杂志和科技书籍。据统计，南闸邮电局共订阅各类报刊15800份、杂志1320份。改革开放以后，随着时代进步、经济发展、收入增加，人们的文化需求日益增长。根据性别、年龄、职业以及收入的不同，对文化的需求和爱好也有所差异。儿童喜爱玩具、卡通画册；青年爱好读书看报、看电视或上网；中年人喜爱旅游或音乐歌舞；老年人热衷于棋牌娱乐或跳广场舞。2007年，南闸建成全市首个"数字电视镇"。2015年，全街道数字电视用户比例、高清率分别达到86.28%和高清互动91.76%，列全市第一。进入21世纪，南闸街道每年都要组织文艺骨干送戏下乡，进村放映电影，使群众在家门口就能品尝到各种文化大餐。为了最大可能地满足群众的文化需求，各村（社区）相继建立了文化活动中心，有农家书屋、书画室、棋牌室、乒乓球室、篮球场，每到晚上，群众都自发地集中到文体广场，载歌载舞，享受文化生活带来的欢乐。

第三节 社 交

中华人民共和国成立前，境内居民的社交活动主要集中于春节，从大年初一开始，互相拜年，走亲访友，较为频繁。此外，赶集场、逛庙会也是一种常见的社交活动。

中华人民共和国成立后，境内居民与外界的各种社交活动日益增多。除了赶集场、逛庙会、走亲访友外，还有同学聚会、各种活动交往、行业协会之间交往、外出旅游等，随着网络的普及，与网友交往也成为一种社交趋势。

书信历来是人们相互交流情感与思想的社交工具。书信拥有悠久的历史且世界各国的人们都有使用，书信在人类的交流与沟通的历史上占有重要地位。即使在手机、电话、电脑这些简单快捷的交流工具遍布全球的今天，仍有一部分人情愿使用书信来互通信息。因此，书信往来将依然是人们生活中不可或缺的社交形式。

附：

我与张学良将军的通信

张静华口述 陆福和整理

我叫张静华，今年37岁，原是南闸灯塔村的妇女主任。回想20年前，我17岁时与张学良将军的通信过程，真是感慨万千。

我是一位普通的农家姑娘，自小生长在秦望山北麓的茶岐村。我与张学良将军不是亲戚，仅是因为同姓张，有一个特殊的文化氛围。这位驰骋沙场、叱咤风云又历经坎坷的老人，虽与我年龄相差70岁，但我从小就记住了，我们姓张的人家有一位这样了不起的老人。我的父亲是一个地道的农民，文化程度不高，但欢喜看各种名人传记，读了关于张将军的许多书。于是，父亲在黄昏的灯光下，一边抽烟一边对我讲述关于张学良的故事，如1936年12月中旬的"西安事变"等等。在他的讲述中，张学良将军的民族气节不断地流淌进我的心里，我敬佩这位长辈，敬佩他的抗日行动。在敬佩之余，我心里又产生一个难解的谜团，张将军为什么当初一定要从西安去南京呢？难道蒋介石有阴谋吗？我问父亲，父亲也不能回答。就这样，我失望之余，暗暗下定决心，等我长大了，一定要亲自写信去问问这位同姓的将军爷爷。

我上四年级时，学校的操场上放了一场《西安事变》的电影。看完电影，我躺在床上怎么也睡不着。过了几天，班主任老师教我们学写信，题目是《给你敬爱的人的一封信》。我几乎不用思索，提起笔想到了远在海峡对岸的将军爷爷，久酿在心里的话语便似泉水汩汩流淌出来，不到一节课，信就写好了。

信是写了，可又犯难，怎样寄出去呢？我不知道张将军的地址，而且有那么宽阔的台湾海峡相隔，信能寄到吗？从此，我的心事了结不了，几年过去，信一直无法寄出。

日子在等待中悄悄逝去。初中毕业以后，因为我家庭条件困难，无法上高中读书，我进了南闸天平厂工作，可寄信的事依然深藏在我的心中。空余时，看书读报多长了个心眼，我希望在报刊中寻觅到张将军的地址。我相信，这样的名人肯定有人会给他写信。为此，我自费订了几种报刊，当看到关于张学良将军的文章和书籍时，便如获至宝，不但全部阅读，而且好好保存，生怕漏掉了重要的东西。

1990年6月的一天晚上，我在灯下翻阅《解放日报》，忽然间，一篇醒目的文章映入我的眼帘，这是邓颖超为张学良将军九十华诞发去的贺电，文中正好有张学良爷爷的地址——台北市林至善路二段221号。我激动万分，为它，我整整找了6年！当夜，我立即给将军爷爷写了一封信：

将军爷爷：

您好！衷心祝愿九十华诞快乐、健康、如意！

当我从报上得知您现在的消息后，我不知道有多么激动！张爷爷，您一直是我最敬佩的人，从小到现在，哪怕到将来。当我刚刚懂事的时候，我的爸爸便给我讲您的故事，说您是一个真正的东北汉子。记得四年级时，老师要我们写一篇作文《给你敬爱的人的一封信》，我立即想到了您，为您写了一封从没有发出的信，我记得称呼亦是用的"将军爷爷"。所以，今天当我真的知道了您的地址，再给您写信时，是何等的激动。

千言万语，我真不知从何说起。想当年，您忧国忧民，在祖国危急存亡之秋促成了国共合作，一致抗日，为抗日战争胜利立下了不朽的功勋。当初，您离开大陆去台湾，您一定忧心如焚吧！值得欣慰的是，新中国成立后，特别是党的十一届三中全会以来，祖国大陆发生了翻天覆地的变化，到处青山绿水，高楼大厦，人人都安居乐业，这时候，我们就更加怀念您了，想到您为此而付出的巨大代价。

最近几天，报上刊登了您的故乡正在修建您故居的消息，我想，您的故乡人亦和我一样热切地盼望您的归来。爷爷，您什么时候能回来看一看，聚一聚？我想，大概不会很远了吧！

爷爷，我亦姓张，我们现在就应该像一家人，不要说500年前。请允许我再次对你们请求：爷爷，让我们早日团聚吧。祝您健康、长寿！

另外，我还有一个小小的愿望，您能给我寄一张近照吗？我实在想念您哪！

永远是您的孙女 张静华（拜上）

1990年6月1日

　　信写好了，我想给张爷爷、赵一荻奶奶寄上一张照片去。我选什么样的照片呢？一定要反映家乡美丽的图景。于是，我赶到无锡惠山脚下、二泉水边，照了一张相。照片上，惠山苍翠如滴，泉水清澈可鉴，其间楼台亭阁巧布。我想，如此美景肯定能打动爷爷、奶奶的心，我对这张照片非常满意，可觉得一张还不够，再照一张家乡的楼房吧，他们俩离开大陆时，农村还没有楼房，于是，我站在村里的中心地照了一张，背景是鳞次栉比的新楼房。我把信与两张照片装在信封里，骑自行车赶10多公里到江阴城里寄挂号信。信寄出去以后，我等啊等，心想他们能否给我回信，每天站在门口等邮递员的身影出现。

　　张学良将军没有辜负我的心愿和期望，7月25日，我就收到了久盼的回信，这是张爷爷亲笔写的，我从颤抖的字迹里看出了张爷爷的一片真挚之情：

　　　　静华小妹妹，你的相片和信全收到了。

　　　　你很关心我们，感谢你，随信附上近照一张，以慰情怀，愿上帝祝福！

张学良、赵一荻同启
（吾老矣，常写错字）

　　照片上，将军爷爷和奶奶神采奕奕，我把照片捧在手里，反复端详着，随之牵出了一缕绵长的情丝，飞过万水千山，越过茫茫海峡……

　　我出于感激之情，又给爷爷写了第二封信，信中尽诉思念之情。信发出去了，没有挂号，所以不知，将军爷爷是否收到，等到第4个月，我又忍不住写了第三封信。

　　　　您好！将军爷爷：

　　　　上封信不知您收到了没有？我很后悔寄的时候没有挂号。

　　　　我为自己屡屡麻烦您感到不安，但由于敬佩您，加上女子的好奇又不断增长，我终忍不住要向您求救。记得小时候，我看《西安事变》电影时，看到周恩来总理到机场追您，而您却和蒋介石乘着飞机起飞时，禁不住泪流满面。当时您完全可以不去啊！是什么力量驱使您去的呢？我们很为你后悔，亦很为您惋惜，您受了一生委屈啊！

　　　　现在家乡有关您的报道越来越多，您当年停留过的不少地方都已辟为古迹供人参观游览，我们大家都很想念您啊！美不美，家乡水，亲不亲，故乡人，我们盼望您早日恢复自由，回祖国大陆来看看啊！

　　　　爷爷，我还写了一首诗，不知您喜欢不喜欢，请指教。

　　　　为国自强行兵谏，壮志虽酬陷圈幽。辗转已过五十年，何时虎将身自由。

　　　　可恨海峡成篱藩，望眼欲穿盼团圆。如今祖国日强盛，更盼少帅回归来。

您的孙女儿　张静华

　　我又冒着寒风，骑自行车到江阴城里寄了挂号信，信寄出未满一月，将军爷爷就给我回了信：

　　　　静华小妹：

　　　　来信已收到，你很关心我们，我们很感谢！

　　　　谈及往事，云山万水，我曾是一名军人，能对自己所做的事情负责。

　　　　欣闻故乡好，甚慰。

　　　　愿幸福降临你们！

愿上帝保佑你们！

张学良、赵一荻

　　我读着信，眼泪不由往下掉，我知道，世事沧桑，爷爷肚子里的许多事不能告诉我，他不能讲啊！春节到了，我又寄去了贺年信。1991年3月，我从报纸上得知将军爷爷恢复了自由，到美国探亲，我高兴极了，我想，将军爷爷可能会回大陆和亲人团聚。

　　20年过去了，可我并没有盼到张学良爷爷与赵一荻奶奶回大陆团聚，这是一个遗憾。如今，他俩都到另一个世界去了，可张学良将军的事迹却永远在我的脑海中闪现。

第二十一编　宗教·宗族·民俗·方言

第一章 宗 教

　　南闸民间信奉的宗教主要有佛教、道教、基督教和天主教。道教产生于东汉时代，东汉以前，中国有道家而没有道教。三国吴赤乌年间，随着君山西麓东岳庙、砂山南麓太清观的建造，道教开始在南闸地区传播。乡间的道士，大多为居家道士，专司诵经礼忏。南朝梁时佛教盛行，境内寺庙众多，代有兴废。南闸地区第一座佛教寺庙芦岐庵（后更名为鸟窠禅院），在秦望山北麓与芦岐山西麓之间，建于唐初。佛教信奉者虽众，但真正出家的僧尼很少，民间只有受过三皈五戒的男女信徒在家修行，男的习称居士，女的习称女居士。天主教和基督教进入江阴地区传播是在光绪年间，迄今只有百余年历史。当时南闸境内的焦山村、西弄湾里建有天主教堂。诸教之中，佛教最盛，寺、庙、观、庵众多。据史载，旧时南闸地区有寺、庙、观、庵60余处，但大都毁于兵灾，特别是咸丰十年（1860）太平军进攻江阴时，更是遭到了大肆破坏。有的因年久失修而废圮，至中华人民共和国成立前夕，境内尚存30余处，多数已破落不堪。中华人民共和国成立后，寺庙房产被收为地方公产，大多改作学校、粮库或政府办公场所及居民住房。神像（菩萨）被毁，僧尼还俗，参加劳动生产，民间信奉渐已减少或停止。"文化大革命"期间，宗教活动被禁止，寺庙被捣毁。1979年，国家宗教政策得到落实，宗教活动逐渐恢复。20世纪90年代初，五灵禅寺在寨里村建成，并慢慢扩建和开放，成为南闸地区主要的宗教活动场所。

第一节 佛 教

　　佛教发源于古印度，两汉之际传入中国。根据《中国古代文化史》记载："在汉代，佛教传入中国不久，它既不适应中国社会，中国社会也不了解它……由于当时朝廷禁止中国人出家，所以汉代僧人（个别例外）都还只是一些外籍（天竺、西域）译师；寺院也少得很。"直到南北朝梁时，随着移民的进入，佛教开始传入南闸地区，并渐渐盛行起来。明代以前主要寺院有芦岐庵、龙墩庵、九莲庵、山居庵、兴国寺等。芦岐庵在秦望山北麓与芦岐山西麓之间，建于唐初，元和年间，高僧鸟窠禅师曾任芦岐庵方丈，香火旺盛，法事不断，名噪江南。唐文宗大和七年（824），鸟窠禅师圆寂后，为纪念他遂将芦岐庵改名鸟窠禅院。晚唐江阴名士魏璞曾有诗《寻鸟窠迹》和《陪皮袭美陆鲁望重过鸟窠迹》。南宋宁宗时，江阴抗金名将丘崇曾亲临鸟窠禅院，写下《螺池记》，文中曰："……询之僧曰'昔唐鸟窠禅师见人家食螺，已截尾，乞放是池，今其留迹'。而院则天圣初敕建也。制颇宏敞，其殿阙虽旧极清静。院旁环山皆植松柏，可千章，云影遍地，涛声布空，诚山僻一佳处也。"可见鸟窠禅院曾遭毁废，至北宋天圣元年（1023）才由朝廷下旨重建。所以丘崇看到的已不是唐初的芦岐庵了。清咸丰十年（1860），鸟窠禅院毁于太平军战火。龙墩庵在观山北麓，为北宋宣和年间，阁学蒋静舍地建造，本名正宗禅寺，元朝末年被毁，明洪武三年（1370）重建，不久又被毁。九莲庵在花山南麓，建于宋初，明崇祯年间扩建，名九莲禅院；清顺治五年（1648），印度高僧别溪通振扩地增建；咸丰十年遭毁，同年七月，僧增涛移广照庵燹余木材修建屋宇；光绪三年（1877），和尚仁庆建殿七楹，名九莲庵，隶属十方云水禅林之下院；光绪十二年（1886）又名九莲禅寺。民国二十六年（1937）11月29日，东北军与日寇激战中，九莲禅寺再次遭毁，仅留下破屋数间和山门前的一对石雕门槛。九莲禅寺最盛时，占地近百亩，庙产数百亩，在江阴乃至江南都算得上是一流寺院。曾和江阴南门的十方庵齐名，被誉为"十方九莲"，20世纪80年代，由妙度、妙珍、妙如等女居士发动民间筹款重建九莲庵。现有山门、天王殿、观音殿、大雄宝殿、千手观音殿、地藏殿、灵官殿、东华殿等，占地两万余平方米。寺内分中、东、西三路，主体建筑在中路中轴线上，东西路则为配殿配房、念佛堂等。山居庵在花山南麓、张衮墓西，据清康熙《江阴县志》载，山居庵历史悠久，宋代即建，后遭废圮。明代崇祯年间，方丈红慈上人在原山居庵旧址上又重建了山居庵。清顺治二年（1645）后，李寄就经常往来并就宿于山居庵。顺治九年（1652）李寄母亲周氏病故后，就葬于山居庵侧。随后，红慈上人在山居庵旁买地建造三间小楼房供李寄读书写文章，李寄自题楼名"秀峰阁"，成为他后半生长居之处，直到去世。被誉为世界第一奇书的《徐霞客游记》，就是李寄晚年花了近十年时间在秀峰阁内悉心整理而成的。咸丰十年，山居庵毁于兵燹。兴国寺在涂镇镇北，建于宋咸淳四年（1268），原名观音院，元朝末年战火中被毁。明洪武九年（1376）重建，更名为兴国寺，占地百亩之多，僧众五十余人，香火旺盛，寺内建有兴国塔一座。日寇占领南闸时，日军曾驻兵涂镇，兴国寺庙宇大多焚毁，仅存五间一侧。中华人民共和国成立时尚有蒋惠德、蒋正明等四名僧人，后蒋正明还俗，被人民政府安排在南闸粮管所工作。五间一侧的庙屋，则在土改时分给了无房农民。中华人民共和国成立后，一度视宗教活动为迷信活动，尤其在"文化大革命"期间，大部分寺庵遭破坏，佛教活动停止。1979年后恢复宗教活动。据统计，2015年，南闸地区有佛教活动场所7处：五灵禅寺、崇圣禅寺、猛将寺、九莲庵、江南弥陀村、万兴庵、三茅道观。这些寺、庵、庙宇供奉释迦牟尼、迦叶、弥勒、药师诸佛、菩提、文殊、地藏、观音、大势至等菩萨、罗汉及佛寺护法神，境内佛教属净土宗。江南弥陀村位于花山南麓，占地350余亩，2002年农历四月初八由中国佛教协会咨询委员会副主席、常州天宁寺方丈松纯大和尚，江阴市佛教协会副会长林华先生及江阴市和南闸镇等领导执锹破土奠基。如今的江南弥陀村环境优美、结构雄伟，客堂宽敞明亮、念佛堂清净庄严、斋堂干净整洁，有现代化的视听图书馆和多媒体控制室。江南弥陀村是江苏省最大的菩提道场。2012年，江南弥陀村开始筹建江南书院，当年建成后即举办全国性"《弟子规》夏令营"活动，连续21天举办了三期。2013—2015年，共举办了两届"江苏省大学生传统文化论坛"以及四期"江南书院幸福人生交流会"。参加者均来自全国各地，通过文化考核取得入院资格后方能参加学习。五灵禅寺在寨里村，1993年由女居士王红梅募捐建造，占地面积20余亩，120余间，建有天王殿、观音殿、大雄宝殿、玉佛殿、地藏殿、城隍殿、五百罗汉殿，有和尚1人，每天有百余名男女居士及信徒前来咏经烧香。崇圣寺在蔡泾八房村，20世纪80年代末由陈加生居士将原来蔡西小学校舍扩建而成，占地3亩，有和尚1人，每天有信徒烧香念佛。

第二节　道　教

　　道教是中国的传统宗教，源于古代巫术。道教产生于东汉时代，东汉以前，中国有道家而没有道教。道学是先秦时期的一个思想派别，创始人李耳，历史上被人尊称为"老子"。道教以《道德经》《正一经》和《太平洞经》为主要经典，奉玉皇大帝为最高主神。道教在三国时传入南闸地区，宋、元、明、清时，境内有城隍庙、烈帝庙、关帝庙、圆通庵、三茅道观、东平庙、武穆庙、猛将庙等。南闸集镇上的城隍庙建于明代，清光绪三十年（1904），泾西蒯家村秀才蒯赞庭在庙内开办私塾，宣统元年（1909）将私塾改建为蔡泾乡育英小学堂，中华人民共和国成立后改为南闸中心小学，最后一廓中的三间屋曾在70年代作为公社文化站站址。2013年，因房产开发商在此建造碧桂园而被拆除。烈帝庙建于清代，民国时被毁，旧址曾为南闸粮管所所有，20世纪70年代建造南闸影剧院。关帝庙建于清代，中华人民共和国成立后曾将庙舍改建为书场，20世纪60年代末改造老街时被拆。圆通庵在泗河村丁果山南麓，建于明代，中华人民共和国成立后成为泗河小学校舍，一部分改建为茧行，20世纪60年代因采石和建造泗河卫生院而被拆除。三茅道观建于明洪武年间，乾隆年修葺时，江阴知县蔡澍题词"威镇北极"。现址位于秦望山的三个山峰上，头茅峰上的为真武殿，殿内塑有真武帝神像，金童玉女捧册端宝站立两边。殿中还塑有圣父圣母（真武大帝之父母）、六丁六甲、青龙白虎、四大护法、三清四御等神像。二茅峰又称中峰，其顶所建道观叫三茅殿。三茅殿供奉的是三茅真君（大茅君茅盈、中茅君茅固、三茅君茅衷，相传为汉代咸阳南关茅氏三兄弟，修道升仙后，总称三茅真君），据乾隆《江阴县志》记载："三茅殿在秦望山中峰，国朝康熙年间，僧正修募造大殿。因工料不敷，于三月十八日真君诞辰，自断其手，进香者顷刻聚钱二百余贯，遂得告成。殿宇至今焕然。乾隆二年，僧永明募建灵宫殿，知县蔡澍题曰'第列仙班'。"三茅峰顶有玉皇殿，建于乾隆五年（1740），供奉的是玉皇大帝。江阴知县蔡澍题词山门："昊天上帝"。三茅道观毁于1958年，木料被运往西石桥建造澄西大会堂。

道教供奉天神、地祇、人鬼。从玉皇大帝到三宝君（元始天尊、灵宝天尊、道德天尊）、城隍、土地，以及历史上声名显赫的关羽、唐睢阳太守许远、坚守睢阳的御史中丞张巡、宋代指挥驱蝗有功的刘锜、刘猛将军等都被道家尊奉为神，立庙建堂受祭祀。旧时每遇蝗虫为害，观西地区的农民就会从泗河口的猛将庙里抬出猛将菩萨；遇到干旱时，则从圆通庵里抬出城隍"老爷"出巡，俗称"出会"。祭祀仪式隆重，出巡声势浩大。队伍浩荡延绵数里，每至一村，万人空巷，方圆十几里，外乡民众也赶来观看。中华人民共和国成立后，道观庙宇作为地方公产，有的被改作学校、粮库，或分给无房村民，或年久失修而废祀。农村时有居家道士单个恢复活动，为死者送葬、为超度亡魂做功德道场。"文化大革命"期间与佛教同时停止。1978年，道教活动开始恢复，道士重操旧业，送葬之风重又复活。南闸地区现有道教活动场所二处，三茅道观在2014年重建于秦望山顶，占地面积6000余平方米，建筑面积3000余平方米，有道士1人。猛将寺在泗河西河南，20世纪90年代在原猛将庙旧址上重建，规模较小，仅三间平房。

第三节　基督教·天主教

基督教是公元1世纪产生于巴勒斯坦的一种信奉耶稣基督为救世主的宗教。它与佛教、伊斯兰教并称为世界三大宗教。基督教又是西方最重要的宗教，对西方各国的历史、政治、思想及文化都产生过巨大的影响。基督教信仰上帝创造并管理世界，耶稣基督为上帝的儿子，以《旧约全书》《新约全书》为圣经。清光绪三十三年（1907），南闸境内始有基督教传播，但信奉者较少。中华人民共和国成立前后，孟岸村有少数教友去武进县焦溪镇的天主教堂参加主领礼拜、传扬福音。

天主教是基督教中的一派（基督教主要包括三大教派，罗马公教——在中国称为天主教；希腊正教——在中国称为东正教；抗议宗教——在中国称为新教或基督教、耶稣教），崇拜天主、耶稣基督和圣母玛利亚。清光绪初传入境内。20世纪初，神父杨德邻，黄大、黄二骑马到观西一带传播天主教，20世纪20年代在焦山村建成5间2院1个马棚的天主教堂，属青阳本堂下属18个小堂之一。教徒每日早晚都要念经、祈祷，求天主保佑。宗教活动有游堂（弥撒）和圣洗、坚振、告解、圣体、婚姻、神品、终傅等圣事。焦山天主堂每月做一次弥撒，遇到耶稣圣诞、耶稣复活、圣神降临、圣母升天等四大瞻礼活动，教徒都到青阳本堂去参加活动。教徒分布在焦山附近的村庄，如茶岐、殳桥、东芦岐、外湾、里湾等村，最多时教徒有1000余人。南闸地区在中华人民共和国成立前，蔡东湾里还有一处天主教堂，教徒100余人，遇到大型活动则去江阴天主堂。1953—1954年，宗教活动暂停。1979年落实政策，恢复宗教活动，南闸地区有教友约500余人，没有成立爱国会小组。每次江阴市召开天主教代表大会，市天主教爱国会都会邀请南闸地区教友代表参加会议。焦山村教友袁岳冠，20世纪50年代曾在上海天主教徐汇总修院文学系学习，1984年起历任无锡市天主教爱国会副秘书长、副主任、秘书长、主任；1995年任江苏省天主教爱国会副秘书长、副主任兼秘书长，江苏省第八、第九、第十届政协委员，政协民族宗教委员、宗教法制委员会委员；退休后，担任江苏省天主教爱国会教务委员会名誉主任。

南闸地区寺庙庵兴废一览

表21-1

名　称	兴建时间	所在地区	概　况
鸟窠禅院	唐贞观年间	秦望山北麓与芦岐山西麓山湾之间	唐时称芦岐庵，宋天圣元年（1023）敕建，称鸟窠禅院，制颇宏敞。元末毁于战乱，明洪武三年（1370）重建，清咸丰十年（1860）毁于太平军战火
资福庵	南宋嘉初	秦望山北麓与芦岐山西麓山湾之间	元朝末年毁于兵燹，明洪武二年（1369）重建，正统五年（1440）、嘉靖二十四年（1545）两次遭毁，仅存僧舍数楹后废
栖云庵	南宋	秦望山北麓与芦岐山西麓山湾之间	毁于元末战乱
关帝庙	南宋	秦望山北麓与芦岐山西麓山湾之间	毁于清咸丰十年太平天国战火
城隍庙	南宋年间	秦望山北麓与芦岐山西麓山湾之间	清咸丰十年被毁
朝阳庵	无考	野山嘴	中华人民共和国成立后改为民宅
圆通庵	明代	丁果山南首	中华人民共和国成立前即改为学校，20世纪50年代为泗河小学校舍，一部分改建茧行，20世纪60年代因采石和建造泗河卫生分院而拆除
猛将庙	明代	泗河口西河南	中华人民共和国成立后由生产队当仓库用，1979年后修缮，现为国家批准的宗教活动场所
真武殿	明洪武间	秦望山头茅峰	与三茅殿、玉皇殿统称三茅道观，又叫头殿，供奉的是真武帝，镇守北方之神。乾隆五年（1740）建造玉皇殿时曾修葺过，江阴知县蔡澎题词"威镇北极"
三茅殿	清康熙间	二茅峰（又称中峰）	三茅殿史称二殿，供奉的是大茅君、二茅君、三茅君兄弟三位真君，知县蔡澎曾题词"位列仙班"。中华人民共和国成立后被拆除
玉皇殿	清乾隆五年（1740）	称三茅峰	玉皇殿又称三殿，供奉的是玉皇大帝。江阴知县蔡澎曾题词"昊天上帝"。20世纪40年代曾修缮过，20世纪50年代中期被拆除，材料被建造澄西区会堂所用

续表21-1

名 称	兴建时间	所在地区	概 况
正宗禅寺	北宋宣和间	观山东麓	蒋静舍地兴建，亦称龙墩庵，元季废。明洪武三年（1370）重建，不久又废
昙裕庵	明代	蔡泾一段	地2分屋9间，地方管理，毁于1937年11月日寇侵占南闸时
烈帝庙	清代	南闸河南街	田5亩屋5间，庙主管理，1937年11月日寇侵占时被烧毁，旧址曾为南闸粮管所场地，20世纪70年代建造南闸影剧院
东平庙	明代	蔡泾四保	田5亩屋8间，庙主管理，中华人民共和国成立后改建为校舍
三官堂	明代	蔡泾四保	田1亩5分，屋3间，中华人民共和国成立后改作民宅
武穆庙	明代	蔡泾五村	屋3间，地方人士管理，借给国术研究社使用，毁于1937年日寇战火
城隍庙	明代	南闸南弄	清光绪三十年（1904）被改建为蔡泾乡育英小学堂，中华人民共和国成立后改为南闸中心小学，原址2013年开发商在此建造商品房
李王庙	无考	蔡泾五村	田1亩屋12间，20世纪20年代调查登记为地方人士管理，中华人民共和国成立后改为民宅
大隐寺	无考	蔡泾六段	20世纪20年代有屋15间，住持僧管理，后废
水墩庵	无考	观山八村	基3亩，屋5间，桑田1亩
东平庙	无考	观山九村	基4分，屋5间，毁于何时无考
观音堂	宋代	观山九村	又名迎隆庵，基3分，屋5间，田2亩，所有权属地方，解放初改建为校舍，20世纪70年代拆除
慈力庵	无考	观山十二村	20世纪30年代民国政府调查庙、寺、庵时，有基1亩3分，屋24间，由住持管理，何时被废无从考证
净渡寺	无考	观山十元村	民国时有基1.5亩，屋29间，由住持管理，中华人民共和国成立后拆除
大王庙	明代	观山十七村	基2分，田1亩，屋三间两侧，20世纪50年代末拆除
蟠龙庙	明代	观山一村	田7亩，屋14间，由道士管理，中华人民共和国成立后被废
九莲禅寺	宋初	花山南麓（花果村）	本名九莲庵，何时修建无考，明崇祯年间扩建，名九连禅院，清顺治五年（1648）增建，咸丰十年遭毁，光绪三年（1877）和尚仁庆建殿7楹，名九莲庵，隶属十方云水禅林之下院，光绪十二年（1886）又名九莲禅寺。1937年11月29日，东北军在花山阻击日寇时，再次遭毁，仅存破屋数间。20世纪80年代，由妙度、妙珍、妙如等女居士募捐在原址重建占地2万余平方米的九莲禅寺。现为国家批准的宗教活动场所
山居庵	宋代	花山南麓（花果村）	山居庵建成后，屡遭废祀。明崇祯年间，方丈红慈上人在原址重建。清顺治二年（1645）后，徐霞客之子李寄在庵内居住数十年，并整理成《徐霞客游记》。清咸丰十年，山居庵毁于兵燹
兴国寺	宋咸淳间	涂镇	原称观音院，原季废，明洪武九年（1376）重建，更名为兴国寺。1937年日寇占领涂镇时被毁，仅存五间一侧，尚有僧人4名，还俗后被安排工作，僧舍在土改时分给村民
五灵禅寺	1993年	寨里	1993年由女居士王红梅募捐建造，占地20余亩，120余间，建有天王殿、观音殿、大雄宝殿、玉佛殿、城隍殿、五百罗汉殿，有1个和尚，为国家批准宗教活动场所
崇圣寺	无考	蔡泾八房村	中华人民共和国成立后为蔡西小学校舍，2世纪80年代扩建，占地3亩，有和尚1人，每天供信徒烧香念佛，为国家批准宗教活动场所

续表21-1

名　称	兴建时间	所在地区	概　况
江南弥陀村	2002年	花山南麓（花果村）	占地350余亩，2002年农历四月八日由常州天宁寺方丈松纯大和尚和江阴市佛教协会副会长林华先生等破土动工，是江苏省最大的菩提道场。2012年开始筹建江南书院，常年举办中国传统文化培训班，来自全国各地的学员通过文化考试入学。江南书院不仅是宗教文化的活动场所，还是中国传统文化传播与传承的活动场所
真武庙	嘉靖十七年（1538）	涂镇	1937年11月日寇占领时被毁，1956年拓宽锡澄运河时，庙址被泥土堆没
普静庵	清代	观山二村	基5分，屋5间，山田4亩，由地方管理，中华人民共和国成立后被拆除
红庙	无考	观山三村	基1分，屋1间，地方管理，1950年代拆除
崇福庵	明代	观山四村	基1亩，屋13间，田5亩，由地方管理，20世纪50年代集体使用，后作他用
城隍庙	清代	观山六村	基5分，屋7间2侧，田5亩，中华人民共和国成立后集体使用
百石庵	清代	观山六村	基3分，屋3间，由地方管理，解放初被拆除
福善庙	清代	观山七村	基1亩8分，田1亩5分，屋5间1侧，地方管理，中华人民共和国成立后集体使用
关帝庙	明代	蔡泾七村	基2分屋3间，有看庙人管理
香山寺	无考	蔡泾七村	地5分屋6间，住持僧曹石仓管理
猛将堂	无考	蔡泾七村	基4分屋6间，住持僧管理，消失年代无考
三官堂	无考	蔡泾十四村	地5分，屋5间，住持僧管理，后毁
东平庙	无考	蔡泾十五村	屋8间，中华人民共和国成立前即为校舍
长松庙	无考	蔡泾三十四村	田1亩，屋14间，20世纪40年代改建为校舍
万兴庵	无考	花山南麓（花果村）	现为国家批准宗教活动场所

注：以上资料大部分选自江阴市档案馆民国二十三年（1934）《江阴社会调查》，另一部分为南闸街道统战科提供

第二章　宗　族

宗族，指父系的亲属，又指同宗的人。《尔雅·释亲》称"父之党为宗族"，宗族也称家族。

中国是有着两千多年封建历史的国家，能够维持如此漫长的封建统治，其主要依靠是宗法制。宗法制是封建社会的基础。而宗法制又以宗族制为核心。在封建制度下，统治者以政权控制社会政治，以族权控制社会基础。宗族是仅次于社会行政组织的社会集团，它作为封建国家的细胞和社会基础，对维护封建秩序起着重要作用。因此，封建统治者历来十分重视宗族制，使宗族成为地方的组织力量，发挥着控制地方的社会功能。故民间素有"皇权不下县，县下惟宗族"之说。

第一节　宗族概况

魏晋唐宋以来，由于战争和朝代更迭等原因，中原大姓氏族先后迁入境内，凝族而居，子孙繁衍，渐成大族，加上域内原有的土著氏族，形成了南闸地区的传统宗族。

南闸传统宗族有两个特征。一是聚集而居，同一姓氏居住在同一地区，有些长村大巷一个宗族即为一个自然村落。据中华人民共和国成立初调查资料显示，南闸地区共有145个自然村，其中以姓氏为村名的占40%以上。一个姓氏在同一自然村超过100户的有20多个；二是具有一整套严密的组织管理系统在维系它的运转。这套系统主要是以族长、族规和祠堂为核心。

从组织结构来说，宗族是由族长、房长以及下面各个分支结构的管理人员组成。族长由族人公开选举产生，一正一副两人；通常推选族内行辈、地位、德望最高，且有权势的人担任，凡三年一替；正族长每年俸米2石，副族长俸米1石。族长总管全族事务，小如家庭纠纷、婚丧喜庆；大如祭祖、祠庙管理等事务。副族长处理族内的日常事务，如收租、筹办祭祀活动等。他们拥有的权力，便是族权。

宗族定有族规。族规是家族自己制定的约束和教化族人的家族法规。族规的名称很多，如家法、家约、家戒、家范、族约、祠规、禁约、规范等。族规与家规原本为宗族规约中的一干双枝，并无明显区别，只是前者更为严格，如敦人伦、笃宗教、课子弟、正闺门、慎交友、勤职业、崇节俭、忍小忿、恤贫苦、睦乡邻等内容。

南闸的传统宗族中，不乏名门望族。名门望族是一个地域社会和文化的标志，也是一个区域的历史缩影。小则可以影响一个地方文化经济的发展，大则可以左右政府的施政决策。具有深远的历史影响。名门望族大多与科举入仕紧密联系，均重视家族教育，拥有独特的氏族文化。南闸的望族大致可分为官宦世家、文化世族和医学世家等类型。

耿家村耿氏。始迁祖耿冕，原籍陕西扶风，宋大中祥符年间迁徙至江阴南闸，后定居于耿家村。至第三世耿与文登宋哲宗绍圣元年（1094）进士，任河南卢氏县令。耿秉，字直之，绍兴三十年

（1160）进士，历官兵部侍郎兼给事中，终焕章阁侍制，历操刚方，律己清俭，所到之处，以"利民为事"。秉子耿羽，字义父，宋孝宗淳熙八年（1181）进士，历官太常博士。羽子耿轸、耿角，以孝闻宗族乡党。耿庆，元英宗时解元。耿勋，字节庵，清康熙年间副贡，列光绪《江阴县志·乡贤传》。勋子耿人龙，字书升，廪贡生，为杨文定所赏拔，著有《韵统图说》30余卷，列光绪《江阴县志·文苑传》。

高家村高氏。始迁祖高彻，字琼台，"靖康之变"随宋高宗南渡，任晋陵令（晋陵即今常州）。明代中期，高彻第十三世孙高相，县庠生，高氏家谱上称其"博通经史，旁涉三教九流诸书，无不兼精"，所生三子，功名显赫。长子高宾（1463—1553），字舜穆。明弘治八年（1495）乡试中举，第二年连捷进士。初授浙江瑞安知县，历南京江西道监察御史，升江西按察司佥事，不久，又以"靖寇功"进布政司右参议。高宾秉性耿直，负才任气，因得罪上司而致仕归乡。次子高贯（1466—1516），字曾唯。与其兄高宾同举弘治八年应天乡试，三年后中弘治十二年（1499）二甲进士，历官工部都水司主事、刑部广东司主事、户部广东司员外郎、浙江司郎中，最后官至浙江按察司副使。嘉靖《江阴县志》称他"天资峭直，居官进法，不少假借，知者谓为严正云"。三子高赟（1472—1507），字天仪，登弘治戊午（1498）科乡榜，中己未会试副榜，历官宁海州学正、河南省乡试分考官、崇安知县。兄弟三人被时人称为"江东三凤"，也有人赞誉高氏"兄弟两进士，一门三清吏"。

陶湾村吴氏。吴德琴，本为乡村塾师，清光绪二十年（1894），南闸地区瘟疫肆虐，死者无数。吴德琴有感于乡村缺医少药，遂弃教学医。光绪二十六年（1900），吴德琴在武进县焦溪镇创办"吴氏医寓"。经过几十年努力，"吴氏医寓"在苏南地区赢得了民众的信赖，吴德琴也成了一代名医。长子吴卓耀，自幼随父学医，后拜无锡石幢晚清名医杜谷云为师继续深造。出师后掌管"吴氏医寓"，20世纪40年代初将医寓迁至常州局前街。60年代初"吴氏医寓"并入常州市第一人民医院，吴卓耀历任该院中医外科主任、院长、南京中医学院研究生导师，20世纪70年代被授予"江苏省名中医"称号。吴德琴的次子吴卓云、三子吴卓澄也终身从事医学工作。陶湾吴氏自吴德琴从医至今，已传承五代，越一百余年。据2015年调查显示，吴氏后裔尚有35人在国内外从事医学工作。

南闸历史上还有陈姓、刘姓、徐姓、金姓、顾姓、许姓等名门望族。晚清至民国时期，社会变动剧烈，民族资产阶级崛起，渐渐出现了商人取代士人进入主流社会的趋势。南闸的传统望族，如蒋家、吴家、高家、袁家等，顺应时代潮流，完成士人为商人的转轨，成了当地工商型新望族。

第二节　祠　堂

"祠堂"这个名称最早出现在汉代，当时祠堂建于墓所，称墓祠。祠堂，还有宗庙、宗祠、家庙、宗堂、享堂、神坛、祠宇等名称，是朝拜祖先、家族议事的场所，在家族中具有非常神圣的地位。

南闸地区的祠堂大多根据朱熹《家礼·祠堂》的设计来进行布局。一、坐北朝南；二、南北长于东西，至少要求地势北高南低，前有开阔明堂。祠堂大殿正中设一正龛，左右两边相对各设一配龛。所谓"龛"，本是附着在墙上的小殿阁，祖先的神主牌位摆在阁中，前面用帷幕掩饰，后来简化成一种特别的长方形木桌，将神主放在桌上。所谓神主，就是嵌在木座上的长方形小木牌，有的白底黑字，有的红底黄字，上面写着某某祖先名讳、生卒年月、原配继配氏姓，子、孙、曾孙名字，每一对祖先（夫妇）一块。正龛放的神主是本家族始祖，左右两边按左昭右穆次序，摆放家族现在的最长辈算起的祢、祖、曾祖、高祖四世的神主。超过四世的则将神主迁到配龛上去，而始祖是不迁的，永居正龛中间。这就是民间所说的"百世不迁"和"五世则迁"。

祠堂的修建是宗族组织化的重要标志，因为修祠堂是有条件的。第一、需要有一个管理组织机构；第二、其中必须有一个非常有影响力的人物，因为修祠堂需要有号召力，还需要大量的资金运作。祠堂最初是宗族祭祀祖先的地方，后来渐渐演变成为族长办公的地方。祠堂在乡村社会里，相当于执行族规、家法的地方，或者是族人们在一起开会议事的地方，所以祠堂在整个宗族组织运行中是一个纽带式或者说是一个中心的所在地。同时，祠堂是一个宗族的实力象征，是宗族的标志。

祠堂都有祀田。建立祠堂、维修祠堂、管理祠堂，特别是每年的春秋祭祖，均需要一定的费用，其来源就是祠堂祀田。祠堂祀田之外，还设有义田、永济仓、学田、兴贤文会田。义田是为赡养家族或救恤家族设立的田产；永济仓是为平时接济贫困家庭和备灾荒而置；学田是为培养家族人才所设学堂平时开展教学活动费用而设；兴贤文会田，是家族为进一步造就"处为家珍、出为国华"的杰出人才，仿古代英才聚会立聚英会之意，专门设立贤文会，文会成员经常聚会，崇尚文学，敦说诗礼，为此，专门设立兴贤文会田，以支撑日常贤文会的活动。

明代以前，祠堂的建制非常严格，以官品的等级决定祠堂的规模，平民不得立祠，直到嘉靖才"许民间联宗立庙"。南闸地区旧时祠堂较多，据考证有30余座。耿姓、吴姓、张姓、王姓、徐姓、陈姓、陆姓、史姓、高姓等大姓望族都在自己聚族而居的村子上建有宗祠。璜村一个村就建有张公祠、吴公祠、何家祠、戴家祠和袁家祠5座祠堂。

所有祠堂都有堂号。所谓堂号，就是祠堂的名称、称号。堂号往往都蕴含着极富教育意义的故事，能使族人缅怀先祖，激励斗志，奋发图强。例如王姓书"三槐堂"，其故事出自《宋史》，说的是宋代大臣王佑手植三棵槐树于庭中，曰："吾之后世，必有为公者"，后来，他的儿子王旦果然做了宰相。文学家苏轼，同王旦之孙王巩是朋友，曾应王巩之请写了一篇《三槐堂铭》，广为流传。谢姓"宝树堂"，出自东晋谢安与堂侄谢玄以少胜多大破秦符坚、扭转东晋危险局势的故事。谢玄曾说："芝兰玉树，生于庭阶"，以喻子弟贤俊。赵姓"半部堂"，出自宋代开国宰相赵普"半部《论语》治天下"的典故。刘姓"明德堂"，缘于刘邦明德治天下的史传。吴氏"三让堂"则出自札子三让王位的历史传说。南闸耿氏的"温清堂"，则出自耿轸、耿角兄弟"色养双亲融融，洩洩称纯孝"的故事。各姓堂号，均有典故。

1951年土地改革时，祠堂的田产、房屋一律收归公有，田产纳入土改中统一分配，房屋部分分给无房户，大部分改作学校、地方行政用房和其他用房。

到1949年中华人民共和国成立前，境内共有祠堂30余座。

进入21世纪，随着续修宗谱的兴起，部分宗族在不违反土地管理的原则下，开始筹建宗祠。至2015年，南闸境内有陆氏、耿氏、沙氏、谭氏、刘氏、金氏先后改建或修建了6座宗祠。

宗祠选介

（一）耿氏宗祠

建于明代弘治年间。光绪元年（1875）由二十四世孙廷显集资重建。民国二十六年（1937），宗祠被日寇烧毁，民国三十四年（1945），日寇投降后，由裔孙梦林、清华、耀明、万清筹资重建。中华人民共和国成立后，宗祠先后被学校、工厂等占用。2015年，耿氏续修宗谱，将部分资金用于重修宗祠。重修后宗祠为五间两侧，前有庭园。

澄江耿氏"温清堂"祠堂图

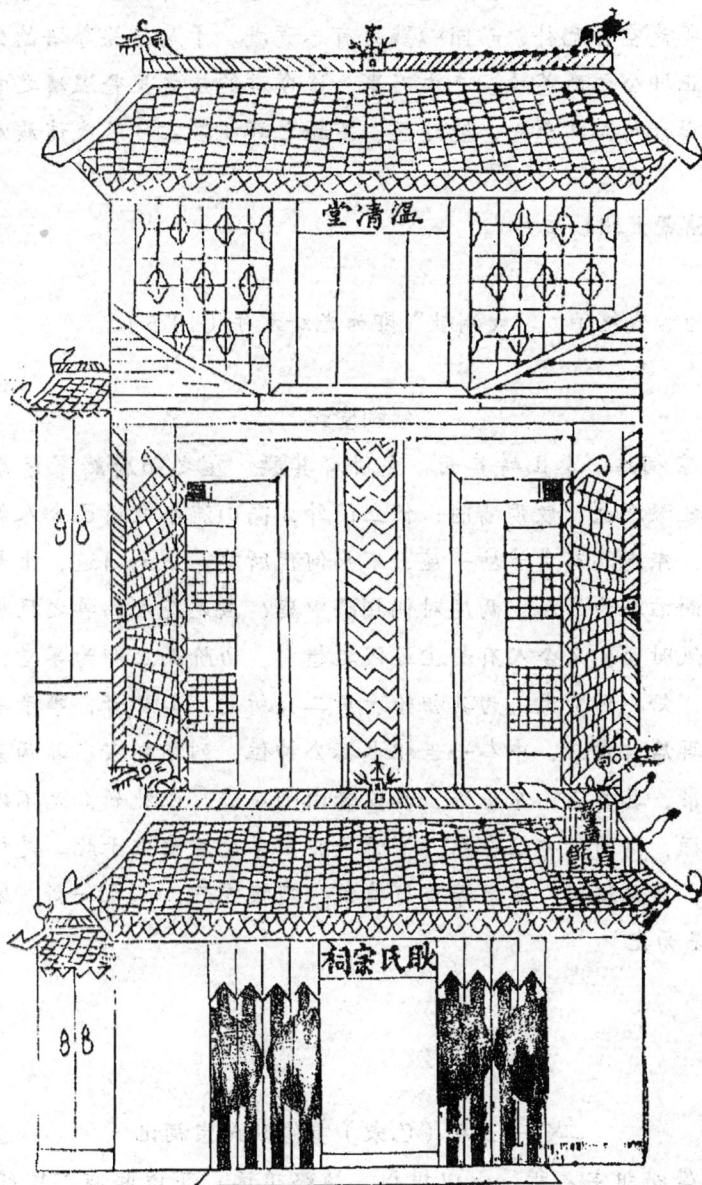

上图前面阔九弓[①]，后沿墙七弓，再后余基阔九弓，靠东长二十八弓有零，靠西亦二十八弓有零，南址靠李姓基为界；东址前进靠李姓屋，后进及余基均靠根寿基为界，北址靠坟为界；西址小屋沿墙靠春林，后炳川，再后靠其和基为界。坐落观山一保学下字七百二十一号，基粮八分正。

二十四世孙世义谨识

注释①：弓，旧时中国农村丈量土地的计量工具，一弓等于1.67米。

耿氏重建祠堂记

耿氏商祖乙之胤也，自水环公占籍澄江，代有显仕，冠组甲一郡。后世子孙承列祖之余恩，凛神灵之如在，爰立家庙永致追远之诚，千秋万世明德惟声，绳绳继继于以相承弗替也。咸丰十年庚申，粤匪滋扰，子姓荡析离居，神庙祠宇安堵者无几，被毁者甚多，曾几何时，高堂大厦几尽为禾黍墟矣。耿氏幸邀天眷，乃祖创造犹存余业，然祖宗创于前，子孙不能载扬前烈巳忝所生，况所存仅几许乎？廷显乃慨然曰：君子将营宫室宗庙，为先生者出作入息居止有常，殁者春露秋霜式凭无所，灵其有知能无恫哉。虽时难年荒空言无补，而同心戮力有志竟成。于是与族尊培德公集诸族人倡捐督办所需，不敷复往松江商于正坤公之裔苍龄，克成乃事。迄今过鲍庄之里登温清之堂，庙貌巍峨，昭穆序次，尊卑定而长幼分，揖让行而礼乐兴，皆廷显、苍龄之尊祖敬宗，耿氏诸族人之不忘其初也。遂书以为人记。

时维光绪纪元岁在旃蒙大渊献阳月^①。

毗陵布衣刘震之谨书

注释①："旃蒙"为古代纪年。"大渊献"即为光绪元年（1875）。

续祠堂记

距余家里许，有耿宗祠焉。秦山峙其面，龙洪环其腰。望之而蔚然深秀者，松柏之青青也，听之而潝然成声者，潮流之滚滚也。散步墙阴，伫立门外，高山流水之情已令人俯仰流连而不忍去矣。前后屋六楹，前进三楹，东南隅有贞节坊一座，不知何代所建。中为门道，上悬匾额曰：耿氏宗祠。入门来向左转为东庑，向右转为西庑，两庑对偶相隔中庭，虽无花木鸟兽之巨观，而庭心砖石整齐有纹不乱，素月满怀，和风时至，又令人有超尘返俗之想焉。历阶而上即为享堂，亦三楹，中悬匾额颜曰：温清堂。询之族人，知先世贤大夫为其祖轸、角二公所题。二公者，事亲不倦，冬温夏清，岁时无间，世以孝称者也。再后神盦三，中奉一世祖水环公神位，列祖列宗在其两旁，春秋二祭，豆羹具备，粢盛丰洁。进酒献帛，其长者由东庑进，其少者由西庑进，以礼始，无不以礼终，雍雍睦睦秩如也。其西南隅有小屋二楹，则厨堂井灶在焉，岁时伏腊烹羊庖羔悉出于此。是祠也，遇粤匪之乱前进几遭兵燹，至光绪年间，裔孙培德、庭显等重行建筑，规模宏厂，气象一新。地之灵者人必杰，然则耿氏之兴其未有艾乎。是为记。

民国戊午年孟冬
清邑庠生沈绍俊撰

二〇一五年（己未）重修耿氏宗祠记

夫祠堂者，乃族亲崇祀祖宗之所。上以报祖，慎终追远；下以联族，民德俗纯。耿氏宗祠古已有之，历史悠久。据载，咸丰十年，粤军之乱，天下祠庙被毁者甚多，而耿氏宗祠幸有天眷，犹有余业。然历经百多年风雨霜雪之侵蚀，祠宇有所毁损，光绪元年裔孙培德、廷显等奋然而起重行建筑，其祠宇较前更加恢弘。一九三七年，日寇侵华，耿氏宗祠被毁于一炬。一九四五年日寇甫降，族裔子孙清华、梦琳、耀明、万清等诸贤戮力同心，将宗祠重新修葺。新中国成立后，宗祠先是改作他用，遇改革开放，兴办工厂，宗祠大部被拆除，惜存前排五间及靠南围墙断垣残壁成为前祠遗址。

去年，《澄江耿氏宗谱》重修，族中有识之士热议，应将宗谱、宗祠一起修列。于是，便挤出修谱之部分资金，用于修建新祠。国萍、禄界、金才等不计报酬，不辞辛苦，鸠工庀材；任劳任怨，尽心尽力，终至宗祠于己未年十月告竣。宗祠虽无原来宗祠之规模，但比原有宗祠更精致、完善。

是祠也，古建格局，占地三百六十多平方米，南北十八米多，东西二十米，正厅五间，坐北朝南，中间三间为飨堂，飨堂正中上方有"温清堂"三字大匾。正厅大门两边高挂楹联一副："祖功宗德昭百世，子孝孙贤胜千秋"。飨堂西边间为族务议事堂，飨堂东边间为族人活动室。正厅前为一个大庭园，庭园南北九米余，东西十八米余。庭园西边为二间坐西朝东之厢房，分别为厨房及卫生用房。庭园之东围墙下有一南北走向之长廊。长廊之西移栽一棵杆径四十多厘米的古银杏，高达十二米许，银杏四周植有佳木与之映衬。庭园南为四米多高的围墙，而正门南围墙中间。正门为古式墙门，上有篆书砖雕"耿氏宗祠"之额，而进正门就有一架遮雨相护。

是祠也，堂屋巍峨，檐牙飞动。雕梁画栋辉映天地，粉墙黛瓦迎送日月。门外鸟语鸣啭悦耳，园内银杏馨香怡人。列祖高居，春秋香烟旺盛，子孙崇祀，长幼警意虔诚。山呈千脉，始朝昆仑；川行万里，终流入海；树高百尺，叶落归根。耿氏后裔，事居各方，同宗一脉，克振其昌。今新祠既成，当焚香礼拜，共仰先灵；兢兢守之，勉勉承之；善继善行，率祖率亲。耿氏世风，晨醒昏定，冬温夏清；家族道德，世间楷模。如是则耿氏之孝可传百世而递万代，耿氏子孙其子息绳绳，事业欣欣矣！

祠修玉成，吾友总编修国萍君嘱余作文以记之。读其谱，见吾始祖朝议郎大夫刘子羽公曾为耿氏先祖太学博士仪父公像、孝子轸公像题写赞语。再者光绪年间重修的耿氏宗祠，为之作记的亦是余刘氏先贤毗陵震之公。由此方知，耿、刘两族世谊甚早。现在，耿氏新祠既成，又有联谊，余思之，耿、刘两族世谊深非寻常，为使族谊延续，于是欣然应允。谨为记。

江阴市十三届政协学习文史委聘任委员

始迁祖刘子羽公三十一世孙云亭毗山刘徐昌

二〇一五年桂月毂旦

（二）高氏宗祠

高氏宗祠创始年代无考。原祠在高家村之后，共三间。后因屡修屡圮，遂由二十二世孙赓华、璹华、陟苍和二十三世孙克昌等于清嘉庆七年（1802）发起筹资重建，直至嘉庆二十五年（1820）方筹足资金。道光元年（1821），族长延祥率各分侄及侄孙在白石山南麓骑龙庵左购地重建，共三间二进，中有庭院。中华人民共和国成立后，高氏宗祠常年闲置，1958年被拆除。

观山高氏"敦睦堂"祠堂图

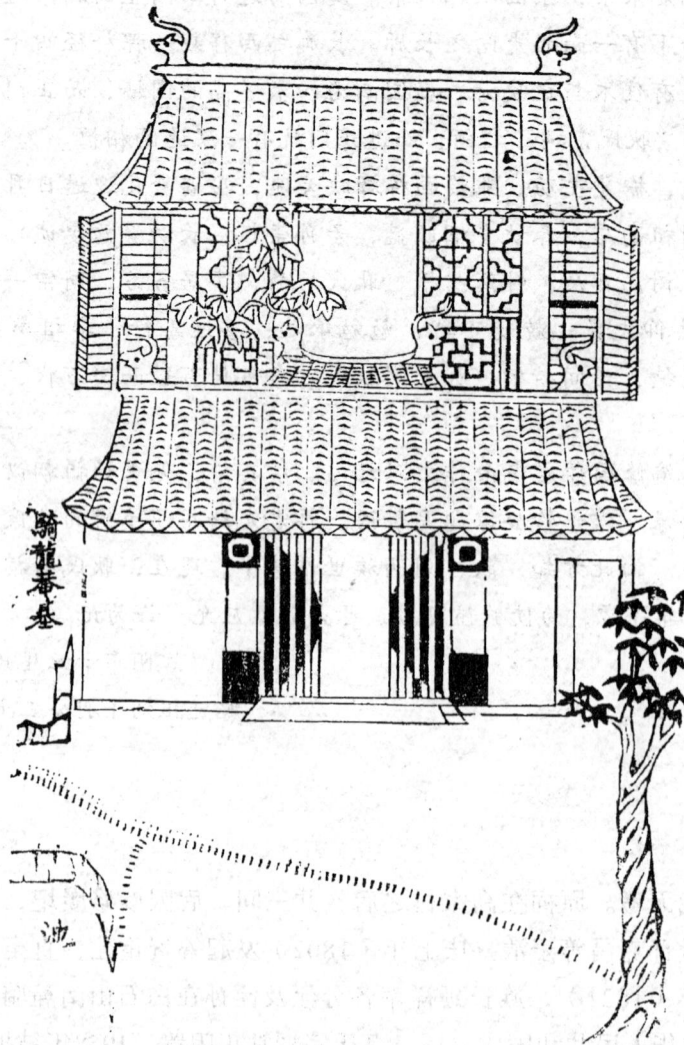

观山祠堂记

堂以祀名，原祭也。古者"春祠夏禴秋尝冬蒸"四时之祭，各有主名，而独取于祠者，非以享祀斯堂绵延勿替，犹之阳春和煦、万物滋生未有艾欤。我观山高氏祠宅，先在村居之后，崎岖山麓，小筑三楹，并无明堂寝室，推求创始谱牒无稽。但及见是祠者，周墙屡修屡圮，柱木愈朽愈卑。每祭时不能多设席面，凡交户交阶诸礼仪，不得不从其略。岂前人不议改作欤，抑为此举之非易也。

自嘉庆七年壬戌，诸父赓华陟苍暨先君璿华、族兄克昌等，肇基运息，至嘉庆末年，约计本利钱共八百余千。道光元年辛巳，族长延祥同各分侄及侄孙等，卜宅于骑龙庵左，契买姚洪勋山地，经之营之，鸠工庀材，筑室两进，第二进为堂，并列三楹。后楣以北筑台供设神主；前楣以南上架通轩，轩下每间置长楹六扇，三共十八扇。长楹之外又架通轩，较楹后之轩略卑，长短花栏各两座，一纵一横，分置东西檐下，阶三级，从士制。阶前之基为天井，纵三弓，广三弓二尺，堂涂墍以砖石。两偏为夹室，以通前后之气。最前三楹中楣前楹亦架轩，下置盘驼石两座，贴石竖振设扉以代屏，檐下置板扇六扇，非岁朝春秋祭期不启；东楹设便户出入，厨灶在焉；西楹以为祭期斋宿之所。祠内之规模大略如是。

若夫祠以外，南则秦望绵亘如步障之陈；北则石岫回环如曲肱之枕；左则有马驼隆然而起，作半面之遮；右则有狮阜昂然而来，作一旗之卫。而且梵宇松风声闻活泼，山池水镜映照玲珑，祖若宗栖息于此，当亦览兹胜概而快然无憾也。所可恨者，草创稍就，坐僧慧宗占基造祠诬衅，构讼连年，耗去分项若干，而墙门诸大款遂力不能举，踵事者因循至今又二十余年矣。

兹届续修宗谱，备述前因，亦以见祠之与谱相为表里，均未可苟焉而已也。礼有曰："君子将营宫室，宗庙为先继。"自今庶几，共体斯言，而终之以肯构也夫。

二十三世孙　飞翰

（三）沙氏宗祠

沙氏宗祠始建于道光十八年（1838），坐落在今江阴城内青果路与南街之间，由四十四孙沙昺历时三年建成。"文化大革命"期间遭毁。2010年4月，坐落于花山南麓的沙氏宗祠破土动工，九月竣工。新祠一廇五间，典雅精巧。

重建"诒福堂"沙氏宗祠记

方今天下，社会和谐、文化繁荣、国家昌盛。宗祠是弘扬宗亲文化、传承华夏文明、凝聚血亲，敬祭先祖之圣殿。我诒福堂沙氏宗祠始建于清道光十八年（1838），坐落于今江阴城内青果路与南街（原大巷）之间，占地九亩余，兼有祠田三百余亩，时由十四世忍堂公（讳昺）历时三载建成。明清风格，宏伟典雅，轮奂华美，为江邑冠。

世移代易，历经战乱及"文化大革命"浩劫，宗祠被占遭毁，这座明清文化瑰宝未能得以传承。至今仅存一大一小两石柱昂然挺立于辅延小学艺体大楼旁南街人行道上。

己丑六月，将军第十九世孙乃成会同建新、邢虎诸君续修宗谱时，族内人士纷纷有易地重建宗祠之议。遂经调研踏勘，广泛征求意见，乃决定另择新址重建宗祠。新祠坐落于大江之滨、花山南麓，此地山泽环抱，树绿松青，风景秀丽，环境幽静，是龙腹脊脉之风水宝地。新宗祠特聘园林专家设计，能工巧匠装修，复由常州天宁寺住持松纯大和尚书颜题额。庚寅四月择吉日破土动工，历时五月工程告竣。新祠坐北朝南，依山而立，堂室五间典雅精巧，影壁一座福临其间，大堂正厅设有六层神台安放先祖牌位，正中悬挂始迁祖原德公像赞，东厅面南设立江南始祖世坚公太守像；两侧内壁排列先祖遗像，镌刻暨阳沙氏世系图表，先世源流考略及功德碑。东西二厢房宁静雅致。新祠前有"敬宗"大道，后有"福延"小园，西有"万泉"小溪，东邻"讲经"佛堂；与佛教圣地——江南弥陀村中华民族万姓先祖纪念堂连为一体，人皆称之。

修谱建祠族中两大盛事，全赖经费支持。所幸我沙氏族人子孝孙贤，一呼百诺，先后有百余人慷慨解囊，踊跃捐资。更得江南弥陀村明静大和尚和王红梅居士暨众多热心人士鼎力相助。功德无量，惠泽千秋，垂示后人，世代敬仰。特勒石永记。

暨阳沙氏宗亲理事会
公元二〇一〇年岁次庚寅金秋吉日

附：祠堂管理条规

太平盛世，续谱建祠，暨阳沙氏诒福堂新祠在诸多族亲戮力同心，鼎力资助下，于2010年金秋竣工落成。让江南沙氏始祖世坚公，江阴始迁祖原德公等历代先祖有了安居之地。

祠堂本系供奉列祖列宗，传承家族历史文化，凝聚族亲族情，弘扬宗族精神之圣地，更是嗣孙后裔敬宗拜祖的神圣殿堂。吾沙氏族人自当珍惜爱护。为之特立条规如下：

一、班子：设暨阳沙氏诒福堂宗祠管理委员会，在"江阴暨阳沙氏宗亲理事会"直属管辖下开展各项工作和活动。祠堂设"主祠"一名，"副主祠"若干名，由理事长和副理事长兼任，全面负责祠堂内外的各项工作；下设办公室"主管""副主管"各一名，具体分管祠内各项事务；另设"协管"四名，由理事会正副秘书长兼任，分别掌管宗祠内祭祖续谱，经费收支，后勤安保，值班卫生等事项。重大事项由理事会领导班子集体研究决定。

二、祭祖：每年定于公历四月二日（清明前三天）为全族大祭之日；届时全族户主代表需按时到场，不应无故缺席，且需衣冠端正，庄重肃穆，服从祠堂统一安排和管理。

诸位族亲单独择吉日或忌日祭祖，需事前与祠内联系确定，携带鲜花、供果、供品等物到场祭拜，禁止燃放爆竹、烟花、烧化纸钱。

农历每月初一、十五和每周星期六、星期天皆可来祠敬宗拜祖、开展活动。每年春节（大年初一）族人自行组织的拜祖敬宗活动，需提前报宗祠办公室同意并按有关规定方可进行。

三、续谱：凡族人男婚女嫁，新生儿出生，三个月内应向祠堂报告新娘女婿或新生儿概况。

族亲有仙逝者，家属也应在三个月内报祠堂登记注册。

如族人移居外地，也需及时告知各支、块负责人，并及时报分管续谱的副主管登记入册归档。

四、立牌：族亲仙逝后，需立牌位于祠堂供奉者，必须事先提出申请，交纳规费，得到主祠批准方可立牌。

牌位由祠堂统一制作提供，并严格遵从祠堂主管安排在规定位置摆放，不得擅自挑拣或自主安放。

五、经费：祠堂所用经费收支与宗亲理事会归同建账，严格费用开支手续，节俭举办各类活动，为确保祠堂管理到位和正常开展祭祀活动，祈希族内孝子贤孙、名贤达贵、志士同仁，慷慨捐助，对捐募者，仍按续谱有关规定记名刊载、刻碑勒石，建立专门功德记录簿。所捐资金，存入专门账户，专人保管，专款专用，并接受族人监督审查，定期公布账目。

六、安保：因祠堂建于风景秀丽的花山南麓，山林防火，责任重于泰山。故此，族人敬宗祭祖，禁带香烛纸钱等物，更不能在山林区吸烟和使用明火。

祠内长年安排专人值班守护，节假日增添人员，确保安全。

以上祠堂管理条规望族亲自觉遵守执行。

暨阳沙氏宗亲理事会
2011年元月

（四）刘氏宗祠

原祠始创无考。位于夏店村内，三间两进两庭园，堂号孝友堂。曾为生产队仓库，后拆除建民房。2015年族众捐资，重建宗祠，2016年竣工。新祠前为工农河，后临闵家村。五间一廊，中间三间为飨堂，东西间为宗亲理事会办公室和族人活动室。

1949年境内宗祠情况一览

表21-2

名 称	坐 落	备 注
史氏宗祠	观西村西芦岐	三间三廊三庭院，曾为粮站仓库、生产队食堂、仓库，20世纪90年代末拆除

续表21-2

名　称	坐　落	备　注
金氏宗祠	泗河村孟岸岩	曾为孟岸小学校舍，后为老年活动室，2014年将其中4间改作祠堂
赵氏宗祠	泗河村泗河口	曾为泗河供销社用房，1958年拓浚黄昌河时被拆除
倪氏宗祠	泗河村泗河口	1958年拓浚黄昌河时被拆除
金氏宗祠	泗河村外湾村	1951年土改分给无房户居住，后建民居
吴氏宗祠	泗河村里湾村	曾为生产队仓库，后拆除
张氏宗祠	观西村殳桥村	曾为生产队仓库，后拆除建民房
徐氏宗祠	观西村查岐村	曾为茶岐小学校舍，尚存三间破旧不堪
陈氏宗祠	观西村璜庄村	曾为小学校舍，后拆除建民房
高氏宗祠	观山村高家村（北高）	常年闲置，1958年拆除
顾氏宗祠	观山村山嘴村	曾为加工厂厂房，后为民营企业厂房
吴氏宗祠	观山村璜村	曾为观山中学校舍，后拆除，建公房
张氏宗祠	观山村璜村	中华人民共和国成立后拆除
戴氏宗祠	观山村璜村	曾为生产队用房，后拆除
何氏宗祠	观山村璜村	曾为生产队用房，后拆除建民房
袁氏宗祠	观山村璜村	曾为生产队仓库，后拆除
刘氏宗祠	龙游村夏店村	曾为生产队用房，后拆除
许氏宗祠	南闸村观庄村	曾为观庄小学校舍，2015年重建宗祠
陆氏宗祠	南闸村陆家沟	常年闲置，2009年由陆镇捐资重建
聂氏宗祠	蔡泾村聂家村	曾为聂家村小学校舍，后拆除
蒯氏宗祠	蔡泾村蒯家村	曾为生产队用房，后拆除
吕氏宗祠	蔡泾村吕家村	曾为生产队用房，后拆除
尤氏宗祠	蔡泾村尤家桥	长期闲置，"文化大革命"期间拆除
蒋氏宗祠	南闸集镇南新社区	曾为南闸中学、南闸中心小学校舍，后拆除建碧桂园
吴氏宗祠	南新村夏村西	曾为商业用房，后拆除建民房
张氏宗祠	谢南村施元场	曾为施元小学校舍，后拆除
谭氏宗祠	花果村南潭村	曾为南潭村小学校舍，2010年拆除重建新祠
陆氏宗祠	观西村东芦岐	部分分给无房户居住，部分为生产队用房，后拆除
顾氏宗祠	龙游村菱塘沟	曾为菱塘小学校舍

第三节　宗族活动

传统宗族活动频繁，诸如祭祖、议事、婚丧喜庆，续修宗谱等。宗族活动一般在祠堂内举行。

祭祖　宗族非常看重祭祖，每年春秋祭祀，全族聚集祠堂，由族长主持，作礼设祭。清明扫墓时，一般先到祠堂祭神主，然后到祖茔祭扫。祭祖的礼仪非常繁杂，包括定祭主、斋戒（祭祖三日前不吃荤，不听音乐，夫妻不同房等）、设位陈器、序立（以尊卑、辈分、年龄按次序站立）、迎神（牌位）、上香、酹酒（以酒洒地而祭）、进毛血等（鸡血、熟肉、饭食）献祭、饮福受胙（祭肉）等十二道仪程。有的宗族还规定，每逢朔望（农历初一、十五），都开祠设祭。

议事　祠堂为族人议事的场所，按照宗祠规矩，每年岁末，必须将本年地租额、清欠及出入细账逐一开明悬牌，邀集族众核算。倘若族长自持尊长、不公不正，族贤聚集评议，扣除俸米，公议另举。族长在处理族内纠纷、处罚违反族规的族人时，都会召集族众参加。宗族中重大事宜，诸如续修家谱、修复祠堂、推选族长、购置坟山义田等，都由族长在祠堂组织族人讨论。

婚丧喜庆 族人遇有婚丧喜庆，族众均会祝贺吊祭，尤其是五服之内的宗亲，更会鼎力相助。男子成年后要在宗祠内举行加冠之礼，一般由受冠者父亲或兄长主持，给受冠者加冠的是事先聘请的朋友宗族中贤而有礼的长者。加冠后，表明受冠者已经成人，取得社会各方面的承认。

编修宗谱 宗谱或称族谱、家谱、世谱、世谍、家乘、支谱、房谱、统谱等。是同宗共祖的血亲群体以规范形式记载本族世系与事迹的各类图籍。宗谱内容通常包括姓氏源流、家族迁徙、世系世表、祖先像赞、皇家诰封、传记形状、族规家训、诗文著作及名人序跋等等。修家谱是个正本溯源的事，也是文化传承的事。所以，历来被各宗族视作族内的头等大事。宋代朱熹认为三代不修谱，是为不孝，因此民间向有"六十年续修宗谱"之说。续修宗谱前，族长主持召开会议，推选出督修、出纳、劝捐、主修、绘图等修谱人员。为了保持宗族的纯洁，防止外姓冒族认宗，宗谱修好后，数量按房、支数目印刷，宗族内部发行，且秘不示人。各房各支按字号签字领取宗谱，对收藏宗谱、及时验谱都有具体规定。收藏宗谱之人应置木箱一只，将谱盛于其内，以防潮湿、虫伤、鼠啮。每年清明前一日，各将原谱送宗祠呈验，如有损坏或无故遗失，轻者罚款，重者逐出宗族，日后续修宗谱，将该支世系迭除不录。

新时代的宗族活动，得到了政府的认可和支持。至2015年，南闸已有沙氏、吴氏、刘氏等宗族建立了宗亲理事会和宗族文化研究基金会。宗亲联谊会和宗族文化研究基金会，是宗族活动常态化的前提。很多宗族依托这一新时代的宗亲组织，开展多种多样的宗族活动。

附：关于同意成立江阴暨阳沙氏宗亲理事会的批复

沙乃成及江阴暨阳沙氏宗亲理事会筹备组：你们发起关于成立江阴暨阳沙氏宗亲理事会的申请材料收悉。依照中华人民共和国国务院第250号令《社会团体登记管理条例》的有关规定，经研究决定：同意你们成立江阴暨阳沙氏宗亲理事会。

江阴暨阳沙氏宗亲理事会成立后，要遵守国家宪法和法律法规，切实按照理事会章程开展活动，发扬中华宗亲文化特色，体现新时代特性和地方文化特点，弘扬爱国爱乡，提倡敬宗睦族、敬老爱幼，把江阴暨阳沙氏宗亲理事会建设成为联谊沙氏宗亲共同创建和谐社会、服务幸福江阴建设的社会团体。

此复。

江阴市民政局

二〇一〇年四月八日

新时代宗族的祭祖礼仪，虽然没有传统祭祖繁杂，却不失庄严隆重，秩序井然有条（见沙氏《祠堂管理条规》第二条"祭祖"）。南闸沙氏、耿氏等宗族每年为族内年满18周岁的子弟举办成人礼。在列祖列宗神像前举行宣誓仪式，教育他们努力学习，不辱宗族优良传统，忠于国家，永不叛国；忠于人民，永不背民；忠于氏族，永不辱族。做一个对国家、社会、宗族有益的人。

2005年，南闸出现了少数续修宗谱的宗族，据2007年调查统计，仅有《陆氏世谱》《高氏家谱》《朱氏宗谱》《刘氏宗谱》《赵氏宗谱》等5部续修宗谱刊印问世。同年7月，江阴市成立谱牒文化研究会，并创办了《谱牒文化研究》期刊，在其指导下，提升了编修宗谱质量。南闸续修宗谱的宗族越来越多，至2015年12月统计，已续修宗谱95部（其中包括与周边地区同姓宗族合修的宗谱）。

2005—2015年南闸街道部分续修宗谱一览

表21-3

村　名	谱　名	堂　号	主　修	卷　数	出版年月
南潭村	谭氏家谱	积善堂	谭永庆	12	2008年
坎家村	坎氏宗谱	积厚堂	编委会	6	2005年
中山村	殷氏宗谱	介春堂	殷惠国	12	2015年
徐家村	梧塍徐氏宗谱南后塍支谱	晴山堂	徐明芳	12	2014年
灰罗圩	吴氏宗谱	至德堂	吴炳春	16	2014年
灰罗圩	金氏宗谱	王贤堂	金复华	20	2015年
南后塍	沈氏家谱	尚德堂	沈冰淇	22	2010年
南后塍	杨氏家谱	四知堂	杨永昌	3	2008年
南后塍	俞氏家谱	善庆堂	俞冠生	8	2014年
南后塍	东沙王氏华塘支谱	三槐堂	王忠良	15	2015年
王庄村	澄江司徒桥王氏宗谱	三槐堂	王同仁	9	2015年
丁家塘	晋陵陈氏宗谱	星聚堂	陈耀东	20	2010年
刘芳村	暨阳刘氏宗谱	五忠堂	刘茂桧	28	2011年
刘芳村	澄江朱氏宗谱	崇恩堂	朱优庭	16	2007年
缪家村	白塔陈氏宗谱	星聚堂	陈明洪	24	2012年
苏家村	吴氏宗谱	至德堂	吴志新	12	2015年
苏家村	邓氏钓台派宗谱	报本堂	邓兴成	12	2007年
张塘村	习礼夏氏宗谱	习礼堂	夏志康	63	2008年
北后塍	居氏宗谱（北后塍支谱）	树德堂	居文兴	1	2012年
丁家塘	居氏宗谱（丁家塘支谱）	树德堂	居和章	1	2012年
施元场	亭子港张氏宗谱	草圣堂	张永增	33	2014年
施元场	考证版（江阴）李氏宗谱	衍庆堂	李煜章	1	2011年
施元场	山观孙氏宗谱	穀贻堂	孙友根	10	2008年
崔家埭	崔氏宗谱	申锡堂	崔金顺	8	2011年
汤天村	周氏家谱	爱莲堂	周志潮	16	2012年
新庄村	青阳谢氏宗谱新庄支谱	宝树堂	谢洪德	12	2012年
沙家村	暨阳沙氏宗谱	诒福堂	沙乃成	20	2010年
寨里村	暨阳许氏宗谱	忠孝堂	许祖伟	16	2012年
寨里村	西沙王氏桐岐宗谱寨里支谱	三槐堂	王才兴	4	2015年
陆家沟	陆氏世谱	仰贤堂	陆德元	4	2006年
邵庄村	澄江耿氏宗谱邵庄支谱	温清堂	耿秉才	16	2009年
观庄村	江阴许氏宗谱	崇德堂	许建中	12	2015年
花家村	花氏家族（南闸支）	含英堂	花建才	12	2009年
夏店村	刘氏宗谱	孝友堂	刘国忠	10	2015年
虞家村	虞氏宗谱	鹿野堂	虞德荣	2	2013年

续表21-3

村　名	谱　名	堂　号	主　修	卷　数	出版年月
龙沟口	吴氏宗谱	叙伦堂	吴松岳	20	2015年
牌楼下	薛氏宗谱	崇仁堂	薛献康	8	2010年
南庄	澄江耿氏宗谱南庄支世谱	温清堂	耿秉洪	3	2009年
耿家村	澄江耿氏宗谱	温清堂	耿国平	18	2015年
上河村	薛氏宗谱（南闸黄岐大房上河支）	崇仁堂	编委会	2	2010年
璜村	吴氏大统宗谱澄江璜村支谱	至德堂	吴　琴	8	2008年
高家村	观山高氏宗谱	敦睦堂	高雅臣	8	2005年
袁家村	袁氏宗谱	世德堂	袁建春	8	2015年
璜村	张氏宗谱	百忍堂	张国兴	10	2015年
南高村	凤凰山高氏宗谱	树德堂	编委会	6	2008年
茶岐村	茶岐薛氏宗谱	三凤堂	薛枚红	5	2010年
殳桥村	澄江张氏宗谱	敦本堂	张晓钟	8	2015年
殳桥村	观山张氏宗谱	百忍堂	张湘勤	6	2015年
东芦岐	陆氏世谱（东芦岐支）	仰贤堂	陆金磊	6	2009年
东河南	赵氏家世	敦仁堂	赵汉瑜	4	1993年
茶岐村	茶岐张氏宗谱	百忍堂	张龙海	10	2015年

第三章　民　俗

第一节　时令习俗

一、春节

农历正月初一　古称元旦、正旦。正月初一还有上日、正朝、三朔、三始等别称，意指正月初一是年、月、日三者的开始。春节又称"过年"，最早叫"稔"，在汉字里把它归在禾部，是稻谷丰稔之意。把"年"定名为"春节"，是辛亥革命时期的事。为了区别农历和公历的两个年，又因一年二十四个节气的"立春"之日是在农历年前后，所以把农历正月初一定为"春节"，公历新年第一日定为"元旦"。1949年9月27日，中国人民政治协商会议决定，在成立中华人民共和国的同时，采用国际通用的公元纪年。把公历1月1日称为"元旦"，农历正月初一正式定名为"春节"，又称"年初一"。清晨起，整肃衣冠，开门燃放爆竹，俗称"开门炮仗"。至灶前上香点烛，摆干果、糕团"斋灶"；中堂悬先辈遗像或宗世图，设香案，供鲜果糕点，长辈率子孙依次跪拜行礼。如有祠堂，应到祠中向祖宗行贺年礼，然后拜家长，长幼递拜，是谓"拜年"。早餐吃糖汤圆，午餐吃馄饨或面条，晚餐吃年夜饭所剩饭菜，寓意为"团圆幸福、长寿安康、年年有余"。孩童都穿新衣、着新鞋，向长辈拜年，长辈给"压岁钱"。商店多数停业，但茶馆、点心、茶食及出售礼品和儿童玩具的商店照常开张。沿街多处设摊，售卖烟火、爆竹、玩具和各类小吃。茶客照例上茶馆喝茶，茶中加放青橄榄，名"元宝茶"，茶资较平日略高，随茶客乐意，付多少收多少，不找余钱。初一尚有不动刀、不扫地、不骂人、都说吉利话、不讨债等习俗。处处响着新春锣鼓，唱春、调龙灯等民间文体活动活跃于村头巷尾。入夜不点灯，一年辛劳，难得睡个早觉。

年初二　初二开始走亲访友，俗称"拜年"。长辈给孩童红包，俗称"拜年钱"。做客拜年在南闸叫"跑亲眷"，可持续到正月十六。民间有云："拜年拜到年十六，鲜鲜团子腌咸肉。"

年初五　民间传说正月初五是财神的生日，过了年初一，最重要的活动就是"接财神"。财神也叫"路头"，是商人的祖师爷赵公明。清人有首《竹枝词》，描绘了江南一带初五接财神的情形："五日财源五日求，一年心愿一时酬。提防别处迎神早，隔夜匆匆抢路头。""抢路头"亦即"迎财神"。是日，家家起早开门放爆竹，"接路头"。商家店主带领伙计祭"路头"，焚香点烛，迎接财神。祭仪后，吃"路头酒"，祈求财源茂盛，生意兴隆。直到正月半，该拜年的亲戚大致拜完，春节即将结束，民间流传"拜年拜到正月半，打开橱门看一看"。意思说菜也吃得差不多了，春节到此为止，春耕开始，百业起步。

新中国成立后，国家规定春节为法定假日，机关、企事业单位放假3天（初一至初三）。2006年，春节放长假7天，2012年，放假8天。随着人们思想观念的变化，以往带有迷信色彩的习俗逐渐消亡；除夕合家团聚，吃年夜饭，给孩童分发压岁钱；燃放烟花爆竹，亲友间贺年做客等习俗如旧；节前开展拥军优属，慰问五保户，救济贫困户，机关团体向烈军属、离退休干部和职工拜年致贺；举行新年晚会、团拜会，党政领导向坚持节日生产的工人慰问等新风尚逐渐形成。春节期间，文化活动中心举办书画展览，棋类、球类比赛，票友们在广场演出锡剧；村头巷尾，每到入夜竞放烟火，夜空中五彩缤纷，美不胜收，充满着热闹、祥和的气息。

二、元宵节

农历正月十五，是元宵节。正月为元月，古人称夜为宵，而十五又是一年中第一个月圆之夜，所以称正月十五为元宵节，又称"上元节""元夕节"，简称"元宵"。至夜，户户焚香点烛，供果斋灶神，接"灶神爷下界"，谓"接灶"。在农村，孩童们到田头用稻草点燃野草，叫"放野火"；大人们则用绑缚芦苇丈许之炬，上面缚缠些红色丝绵，入夜点燃起来，村民们敲锣打鼓，舞火流星，放爆竹，还唱着祈求蚕花丰收的赞词，祈求年丰，名为"烧田财"。焚烧时看火色：红为旱，白为水。承平时期，镇上有灯会，晚上以纸扎的龙、马、鱼、狮、象等各式彩灯举行赛会，俗称"灯会"。有的彩灯上写有谜语，任人猜测，叫"灯谜"。人们观灯会、猜灯谜、吃元宵，合家团聚，其乐融融。是夜街上灯流烛亮，锣鼓丝竹之声不绝。夜半灯熄，延至十八日落灯，旧有"十三上灯，十八落灯"之说。抗日战争后，灯会逐渐消失；中华人民共和国成立后，元宵节逐趋简化。元宵节后，春节结束，农人下地劳动，各业出行谋生。

三、清明节

农历二十四节气之一。春分后十五日为清明，因此时正气清景明，万物皆洁齐，故而得名。常言道："清明断雪，谷雨断霜。"清明一到，气温升高，雨量增多，正是春耕春种的大好时节，故有"清明前后，种瓜点豆""植树造林，莫过清明"的农谚。清明既为节气，亦为传统节日，除叫清明节外，又叫"踏青节""植树节""扫墓节""祭祖节""鬼节"等。它与七月十五的中元节、十月初一的寒衣节（原为十月十五下元节），并称为中国三大"鬼节"。清明节历来有戴柳插柳的风俗。早先是为了纪念教民稼穑耕作的神农氏，之后有了祈福、辟邪之意。每年此日，家家以柳条插于门上，称为明眼。后来女子将柳条戴在头上，以求青春常驻，谚云：清明不戴柳，红颜变皓首。清明前二日为寒食节（也有前一日），旧时这天禁忌烟火，只吃寒食，以示纪念春秋战国时期的忠臣介子推，后寒食与清明就合二为一了。清明有祭祖、扫墓、踏青的习俗。节前家家备酒菜设香案祭祀祖先，焚化纸钱，合家叩头礼拜，以示思亲之诚，谓"祝飨"，习称"过清明"。清明当天或前几天，晚辈就到祖坟扫墓，除草培土，坟顶填两块伞形草垡，压上"飘坟纸"，俗称"填坟"。以前坟墓散落各处时，填坟时还要焚化纸钱冥币，现公墓集中于花山、凤凰山和芦岐山，为防火护林，已禁止墓前焚化，改在指定安全地点烧化，大多已移风易俗用一束鲜花献于墓前。上新坟则备酒菜祭奠，死者妻子或儿女清早即至坟前跪哭，称作"哭新坟"，以寄托哀思。移居外地的家庭或在外工作的人，都会赶回来扫墓，以表孝心。在南闸花山的清明节当天，男女老幼结伴"跑节场"，花山周边处于节场范围的村庄，家家户户都要沽酒买菜，招待亲友，称为"作节"。每年清明节，南闸的机关、团体、学校都会组织祭扫烈士墓活动，敬献花圈，缅怀先烈，进行革命传统教育。2007年12月14日，国务院发布《关于更改〈全国年节及纪念日放假办法〉的决定》，将清明定为法定假日，当日放假一天。

四、端午节

农历五月初五，是中国民间的传统节日——端午节。它是中华民族最古老的节日之一。端午节也称端五、端阳、重五、重午、午日节、浴兰节、女儿节、天中节、夏节等。传说端午节源于纪念屈原。屈原是位伟大的爱国诗人，所以端午节又称诗人节。端午节名称不同，但人们过节的习俗还是多同于异。其内容主要有悬挂菖蒲艾草、挂钟馗像、给孩子涂雄黄、喝雄黄酒、吃咸蛋粽子。男子从订婚起到新婚后数年，每年在端午前备以烟酒、咸鸭蛋、时令水果拜见岳父母，以示孝敬，俗称"张端阳"，结婚当年所送节礼更为丰厚。端午节最早是作为"恶日"来过的。端午日与夏至日临近，这时阳气最盛，蚊子等害虫出现，而且时逢重五，中国传统文化认为阳气极盛的节日不吉利，恶疾痛疫常常泛滥，于是便形成了"躲五（午）"的习俗。后来以讹传讹，成了"端五"。所以挂菖蒲艾草、贴神符、挂钟馗像都是为了辟邪驱鬼、保持健康。时至今日，端午节习俗虽已淡化了许多，但仍被各地民众视为重要的民族民俗节日。法定假日1天。

五、立夏

二十四节气之一，初夏的开始。历书云："斗指东南，维为立夏。"立，建也，始也；夏，假也，大也。万物至此皆长大，故名立夏。此时节，土地宽假万物，助其蓬勃生长。故有立夏见"三鲜"之说。地上"三鲜"为苋菜、蚕豆、蒜苗；水中"三鲜"为鲥鱼、银鱼、黄鱼；树上"三鲜"为梅子、杨梅、枇杷。人们以尝鲜为生活乐趣，现仍有此俗。但水中"三鲜"之鲥鱼现已绝迹，银鱼已成稀物，黄鱼则由人工养殖为主。民间还有以立夏当天的阴与晴，来预卜今后雨水的多少，如"立夏晴，蓑笠满田临；立夏雨，蓑笠挂屋柱"，是说立夏日晴，预示雨水偏多；立夏日雨，预示雨水稀少。

六、夏至

二十四节气之一，芒种后十五日，"斗指午为夏至。此日，日北至，日长之至，日影短至，故曰夏至。至者，极也。"夏至是一年中白昼时间最长的一天，彼时南闸地区有"夏至莫打工"之说，就是指夏至白天时间长，切莫外出打工干活。夏至以后，白昼日渐缩短，故民间又有"吃过夏至面，一天短一线"的说法。是日家家吃苋菜馅馄饨，据说可免"疰夏"；午后为孩童称体重。此时，父母要为新婚女儿"办夏"，置办草席、篾席、蚊帐蒲扇等相送。"办夏"的习俗现在仍沿袭，但内容已有了变化。

七、中元节

农历七月十五日，叫"七月半"，俗称"鬼节"或"送鬼节"。旧时这天晚上有和尚、道士在街上搭台"打醮"、焚纸衣，烧冥楮，并沿河施食，以超度无主孤魂，旧称"盂兰盆会"，俗称"放焰口"。"七月半"是清明节之后又一重要的祭祀时节，家家户户置酒菜、设香案、烧冥纸、祭祀祖先，谓"祝飨"或"过七月半"。所不同的是，旧时清明节一般聚族而祭，"七月半"大多是一家之祭。民国之前，这天要举行庙会，抬城隍庙老爷出巡，叫"出会"。傍晚，在三岔路口或屋角一边敲着金属器物一边化纸箔，以赈济孤魂野鬼，称作"结鬼缘"。

八、中秋节

农历八月十五是我国传统的中秋佳节，俗称"八月半"，民间历来十分重视，在外的人要回家欢度良宵，故又称"团圆节"。早晨吃糖芋头，中午吃蟹腻头，晚上吃团圆饭，同时吃月饼赏月。南闸地区农村各家还自制油酥饼（也叫硬壳饼）、糍团、韭菜饼等。节前，已婚或将婚的女婿，备月饼、烟酒、百合、菱、藕、鱼肉等礼品登门拜见岳父岳母，俗称"张八月半"。新认的寄亲，寄儿寄女也应备礼给寄父母"张八月半"。旧时，大户人家在中庭用纸扎"香斗"，焚香斋月，称为"烧香斗"。2008年开始，中秋节法定假期为1天。

九、重阳节

农历九月九日为重九，古人以"九"为阳数，九月九日，日月并阳，两九相重，故称"重阳节"。重阳节的活动丰富多彩，包括秋游赏景、登高眺远、观赏菊花、遍插茱萸、吃重阳糕、饮菊花酒等民族民俗活动。九九重阳，因为与"久久"同音，九在数字中又是最大数，有长久长寿的含义，而且秋季也是一年收获的黄金季节，因此，重阳佳节寓意深远，人们对此节历来怀有特殊的感情。今天的重阳节，被赋予了新的含义。1989年，国家把九月九日定为老人节，传统与现代巧妙地结合，成为尊老，敬老，爱老，助老的节日。

十、下元节

农历十月十五为下元节，也称"下元日""下元"。下元节的来历与道教有关，道家认为世间有三官：天官、地官、水官。天官赐福，地官赦罪，水官解厄。十月十五是水官的生日，传说是日水官根据考察，启奏天庭，为人解厄。当天，观中皆作法事。民间备丰盛菜肴，飨祭祖先、神灵，以祈福禄。此节在南闸地区原来的来春乡一带非常隆重，现在仍很重视，虽无祭祀活动，但家家做团子、馄饨，晚上"吃十月半夜饭"；而原属太宁乡一带则显得淡化许多。

十一、冬至

农历二十四节气之一，大雪后十五日，斗指子，为冬至。时间在每年的公历12月22日或者23日。古称"日短""日短至"，俗称"冬节""长至节""亚岁"等，是一个重要的传统节日，旧有"冬至大如年""冬三天，年四天，清明要过十二天"之说，意思是说冬至节与清明节和春节一样过得非常隆重。冬至是一年中白昼时间最短、黑夜时间最长的一天，故又有"冬至莫回娘家""冬至莫打更"的谚语。是日，各宗祠有祭祖活动，民间有吃"冬夜饭"之俗。旧时，地主辞退长工亦在这一天，有"冬至夜，有钱的吃一夜，无钱的冻一夜"的民谣。近年来，随着各姓氏修谱风行，销声匿迹多年的祠堂祭祖活动渐又兴起，吃"冬夜饭"习俗则沿袭至今。

十二、腊八

农历十二月初八，即腊月初八，古称"腊日"，俗称"腊八节"。古时候，腊八节是祭祀祖先和神灵、祈求丰收和吉祥的节日。这天，还是佛祖释迦牟尼的得道成佛之日，因此又称"佛成道节"。民间以八样蔬菜、果品煮粥供奉。寺僧以粥施人，以结善缘。百姓之家则在米中掺入干果、豆类、豆制品、蔬菜等煮成咸粥，名谓"腊八粥"。新中国成立后，寺僧施粥消失，吃"腊八粥"依然盛行，经久不衰。

十三、腊月廿四

过了腊月半，过年的景象渐渐呈现。家家要"掸檐尘"，包含除"晦气"迎"新春"之意。腊月廿四"送灶神"，各家用糯米粉、麦芽糖做"斋灶团子"供于灶台，焚香点烛，送灶神上天述职，求其"上天奏好事，下界保平安"。入夜，更夫击柝巡夜，沿门呼喊："寒冬腊月，火烛小心，水缸满满，柴仓洁净，大门关牢，后门撑紧。"中华人民共和国成立后，"掸檐尘"等仍沿袭，送灶逐渐简化。由联防队员巡夜，做好"四防"。

十四、除夕

农历十二月的最后一天晚上，称除夕，亦称"年三十""大年夜"。家家户户忙过年，贴春联，挂年画，办年货，备菜肴。外出者务必在年前赶回家团聚。入夜封井，接灶神，在中堂供奉"路头"（财神）和"年"（传说中的猛兽）的画像。用石灰在门外场上窗前画弓箭，以辟邪；画瓶、戟，以寓"平升三级""平安吉庆"之意。堂前红烛高烧，设丰盛家宴，俗称"年夜饭"。席间，长辈关照孩童讨吉利口彩。年夜饭必须剩饭，表示"年年有余"。然后将米饭盛入筲箕里，整块锅巴反扣其上，再盖红纸剪的如意，上插松柏、冬青、天竺，以示吉祥。关门前放爆竹，谓"关门炮仗"。老幼围炉守岁，坐以待旦，以兆延年。自1980年中央电视台播放春节文艺晚会后，民间一改守岁为看"春晚"。午夜钟响，千门万户鞭炮齐鸣，辞旧迎新。

旧时，年终例行清债，除夕则为极限。至除夕未偿还者，债主提着灯笼上门索讨，灯笼不灭，可至天明。无力还债者只能外出躲债，直到大年初一方敢回家，因旧有新年不讨债的习俗。穷人过年如过关，故称"年关"。

上列传统节日和时令节日，中华人民共和国成立前只有部分家境中等以上人家举办，而劳苦大众虽说过节，但无钱铺张。中华人民共和国成立后，贫富差距日益缩小，特别是改革开放后，人民生活逐年改善，家家户户都能享受节日的欢乐。新中国成立后，国家以公元纪年，先后明文规定了以下新的节日和纪念日：1月1日为元旦、3月8日为国际劳动妇女节、3月12日为植树节、5月1日为国际劳动节、5月4日为青年节、6月1日为国际儿童节、7月1日为中国共产党诞生纪念日、8月1日为中国人民解放军建军节、9月10日为教师节、10月1日为国庆节。每逢这些节日，党政机关、学校、企事业单位根据节日内容，举行多种形式的庆贺活动。

第二节　礼仪习俗

一、婚嫁

男大当婚，女大当嫁，婚嫁是民间大事。旧时男婚女嫁，必须从"父母之命，媒妁之言"（媒妁：婚姻介绍人。男方介绍人称媒，女方介绍人称妁。婚姻不能自己做主。联姻程序至为繁琐，俗称"三茶六礼"。古时婚姻多以茶为礼，取"茶不移本，植必子生"之意。从订婚至结婚，常举行下茶、纳茶、问名、纳吉、纳征、请期、迎亲等各种仪式，"三茶六礼"是这些仪式的总称。具体过程为：先由男方父母央媒求亲，俗称"讨三代八字"。女方应允，即请媒人将庚帖（出生年、月、日、时辰，又叫"年庚八字"）送至男方，称"送口生"。同时，男方亦将庚帖送至女方，这叫换帖子。如双方的"年庚八字"无相克相冲，则择日定亲。定亲不限年龄，有"摇篮亲"，甚至有"指腹为婚"。定亲时，由男方将祖孙三代名字写在庚帖上，连同彩礼（金银首饰和衣物）放在聘礼盒内由媒人送往女方，互换"大帖三代"，俗称"开三代"，女方接受后，择吉日举行婚礼。

迎娶前，男方用红纸写好"日书"，并备"压贴"（礼盒），由媒人送往女方，女方接受后，婚期才算确定。结婚前夕，男方请"全福人"（夫妻双全，有儿有女的妇女）铺新床，称"暖房"。有的人家还需祭祖，祈求祖宗保佑。女方选吉日为女打"和合被"，亦叫"头床被"，并系红绸带，挂发禄袋、万年青、吉祥草，被内塞红蛋五枚，寓意吉祥万年，五子登科。请姐妹、妯娌扮点嫁妆，嫁妆内撒满长生果（花生）、红枣、糕团，贴红纸剪的"如意"头，大红双喜字。

结婚之日，男方备花轿迎亲，女方备妆奁送嫁，双方设筵款待亲友。迎亲时要备有两盏男方姓氏堂号的大红灯笼和一只"旺盆"作前导，后有行官（迎亲队伍中的关键人物，一般都由有一定身份、能说会道、善于随机应变者担任）、媒人、喜娘、伴郎和抬嫁妆人一同到女方家，沿途凡遇村过桥，都得放炮仗致喜。见新女婿到门口，女方的亲友邻舍会关上大门索取"开门封赏"。进门后，女方给迎亲队伍奉茶让座。稍后，女方会提出诸如"庚饭银子""洗尿布钱"等要求。这时，就会凭行官随机应变与女方周旋了。期间，男方不断鸣炮仗催妆，待到双方谈妥，女方鸣炮才能起妆。起妆时，女方父母把"头床被"先抬出来，由未婚男子扛"头床被"，其余嫁妆随后同行。午间，宴请新女婿、伴郎、行官、媒人等陪同。

女儿过门前，父母要请其吃"离娘饭"，女儿须吃点剩点，讨个"有吃有剩"的吉口。待近傍晚，新娘更衣洗脸上"头面"（所谓"凤冠霞帔"，由喜娘提供）。上轿前，女儿要向父母哭别，当然这不是一般的悲伤之哭，一来表示感恩，所谓"一尺三寸抱大"，今天就要与父母分别，难免有依恋之情；二来据传新娘出门前的哭为哭发，俗语有"女哭娘家发，女笑娘家败"之说。新娘上轿后，轿夫起步，一般由新娘父亲手端女儿洗梳用的水泼至轿后，意为"嫁出去的女儿泼出去的水"。轿子到男方门口停下，在爆竹声中点燃花烛，新娘出轿，由喜娘搀扶脚踩布袋（象征传宗接代）、稻柴（象征黄金条）进婆家大门。厅堂正中悬挂大红喜幛，红烛高烧，亲友汇聚一堂，争相观望。新郎新娘举行婚礼，先拜天地，再拜父母，然后夫妻对拜。礼毕，手牵红绿绸带（绸带中间挽成一朵红绿相间的花朵，一端红绸，一端绿绸，新郎在前手挽红绸，新娘在后手挽绿绸）由喜公喜娘挽扶送入洞房，雅称"红绿牵金"送佳人。

新郎新娘进入洞房后，喜宴开始。新郎出来给长辈亲友逐一敬酒，而新娘则默默地独自端坐在喜床上。直到喜宴结束，新郎回到洞房中，用秤杆挑起新娘头上的红方巾，夫妻饮交杯酒，接着闹新房。闹新房不分长幼、亲朋好友、村上人等，都可以进入新房逗新郎新娘乐子，孩童可以在新床上打滚，老人可躺着"直腰"，俗话说："三日呒大小，新床上头辖虎跳。"客散人静后，全家再吃"合家欢"，新娘要把饭菜留在桌上称"留米囤"。之后，新郎新娘在新房里吃枣子桂圆（象征早生贵子）、莲心核桃（象征连心如意）和5只水煮鸡蛋（象征五子登科）。次晨，新娘由婆婆引见长辈敬茶施礼，长辈给红纸包的"见面钿"。这一天，新娘的长辈如祖父母、叔伯、姑婶、外祖父母、舅父母、姨父母等都到男方家中吃"会亲酒"。酒宴上，新娘的父母要为新郎介绍长辈及称呼，长辈们则给新郎"见面钿"。长辈临走时，男方家会送上一份礼品。从此，双方算熟悉，以便日后互相往来。

婚后第三天，由新娘的哥哥或弟弟，即新阿舅上门来领新郎新娘回娘家，谓"双回门"。新婚夫妇必须在当天回家，称作"一月不空房"。有些地方在结婚当天婚宴结束后就"双回门"，新夫妇到家后，稍微吃点东西就返回，因为家人正等着他们回去吃"合家欢"。但不管是当天还是第三天，都必须等天黑了再走，民间有看不见烟囱才能回家的规矩。因为旧时把烟囱称作"黑虎星"，如果回家看到烟囱，那将是"黑虎挡路，非福即祸"，这显然对新婚夫妇不利，力求避免。

满月后，新娘在新郎陪同下回娘家，女儿在娘家小住数日，等待新郎前来相领。娘家会办盒子（内装糕、馒头、粽子等）带回婆家，散发亲友邻里，以结人缘。

旧社会，妇女地位低下，男子可以休妻纳妾，女子受封建礼教"三从四德"束缚，形成了不少婚姻陋习。

指腹婚 胎儿尚在母亲腹中，双方父母就议婚联姻，产后如果是一男一女，即定婚配。这种情况一般发生在双方家长为亲朋好友之间。

童养媳 贫苦家女孩，或家遇不测，或经济十分困难，父母无力将其养大成人，为找一条生路，遂从小送给人家做童养媳。待女孩成年后完婚，称"圆房"。

换门亲 双方家长将女儿交换联姻成亲，俗称"姑娘换阿嫂"。

拖孝亲 婚期内，如遇亲人亡故，便闭丧不举，待完婚三朝后，"脱掉红妆换孝服"，再行丧仪，称"拖孝亲"或"带孝亲"。

冲喜亲 婚约已定，男方久病不愈，要求提前结婚"冲喜"，以期转危为安。如丈夫病故，则指责女子为"丧门星""扫帚星"。

抱牌亲 未婚夫亡故，未婚妻照样到婆家举行婚礼，抱着未婚夫的牌位拜堂、进洞房，这就叫

"抱牌成亲"。待办完"喜事"再办丧事，"新娘"变成新寡，披麻戴孝为夫守灵、送丧，终身守节。此种情况有被双方父母胁迫的，亦有女子受"从一而终"封建礼节毒害而甘愿为之的。

叔接嫂　兄亡后，弟嫂同居为夫妇。此类情况一般发生在贫穷之家。

抢亲　幼年订婚，日后男贫女富，女方有悔婚之意，男方就强行抢亲。寡妇意欲再婚，迫于封建意识，便与意中人约定，择日夜间抢亲，多数公婆默许，并佯装派人追拦，但旋即返回，以此顾及双方脸面，平息社会舆论。抢亲后，当夜拜堂，造成事实婚姻。但也有事前不知情而突然遭抢的姑娘或寡妇，她们曾以死抗拒成婚，却最终被男方胁迫而成为夫妻，这就成了真正的抢亲了。

纳妾　官绅富豪，纳宠娶妾，一夫多妻，正妻称"大房""大老婆"，妾称"小老婆"。也有女过四十不生育的，丈夫可娶妾，称"侧室""偏房"。

辛亥革命后，旧时婚姻制度和婚礼的繁文缛节受到冲击，主张自由恋爱，推行"文明结婚"。镇上偶有举行"文明结婚"，新郎、新娘由男女傧相陪同，举行结婚仪式。双方家长和介绍人出席，并请地方知名人士证婚。仪式有奏乐、唱歌、证婚人宣读结婚证书、新人相对鞠躬、交换饰物等流程。主婚人、介绍人和来宾讲话，以示祝贺勉励。最后新人答谢，仪式热烈隆重。乡村婚礼改变甚少，仍沿袭旧时婚礼习俗。

新中国成立后，1950年国家颁布《婚姻法》，提倡婚姻自主，恋爱自由。有的经亲友介绍，双方通过了解，情投意合，到了法定年龄双方凭单位介绍信到乡政府办理结婚登记手续，领取结婚证。结婚时，双方宴请亲朋好友，介绍人陪同新郎等一行至女方家迎亲，女方则有未婚女青年伴送新娘至男方，散发喜糖、红蛋而礼成。结婚礼节已趋简朴，结婚日期多择国庆、元旦、春节。不过在乡村仍有央媒说合、父母包办、索取彩礼的现象。

20世纪80年代初，随着人民生活水平的逐步提高，结婚礼节渐见繁缛，讲排场、摆阔气之风日趋盛行，陪嫁已有收录机、缝纫机、自行车、沙发等。结婚时新郎由亲友中未婚男子陪同，介绍人手拎脚炉（代"旺盆"）带领迎亲队伍前往女方家迎娶，一路嫁妆列队长行，招摇过市。

进入20世纪90年代，大部分村庄通公路，交通十分便利，婚嫁迎娶以车代步。男方新房布置已渐趋"宾馆化"，地板、吊灯、组合柜、空调、卫生间一应俱全。女方的嫁妆，除一般家电外，有空调、微波炉、摩托车，有的还备红木家具、汽车等。结婚前，进城拍婚纱照。结婚时，女方去美容厅美容、化妆、穿婚纱、戴首饰、捧鲜花。男方扎喜字彩车（轿车），备卡车数辆，前往女方迎娶。男女双方宴请宾朋，多则数十桌。也有进酒家、宾馆举行婚礼的，亲朋好友送礼敬贺。新郎、新娘敬酒、敬烟以致谢意。新娘近在咫尺，也要用小轿车迎接兜风。时尚流行拍照、摄像，制作光盘永久留念。进入21世纪后，男女正式结婚前，嫁妆已安置于新房，婚礼那天，已无行嫁妆的习俗，婚礼或新老结合，或推陈出新，简化而更隆重。

二、丧葬

中华民族及其先民把"生老病死"视为人生的全过程，"死"比"生"更为人们及社会所重视，因为"死"是人生的终结，"生"则仅仅是人生的起点。因此，主张"以礼送死"，故而丧葬礼仪比其他礼仪更为隆重、庄严。

旧时，人亡故后多为棺木土葬，其礼仪习俗以贫富而分简繁。老人弥留之际，子女必围绕床前送终。气绝后，以红纸裹碎银放在死者口中，称"含口银子"。点"床头火"一盏，为亡灵去另一世界照明，合家哭泣举哀，即时燃放爆竹，爆竹只放一个，谓"落魂炮"。在门外焚化纸锭、纸帛，请道士念"冥路经"。卷起床帐丢在门前屋上，称"易箦"。死者的儿媳妇必须回娘家向父母告罪，让自己的父母知道，然后方能回家戴孝，参加丧事。当天天黑后，由儿子们手提灯笼到大王庙或土地庙为死者烧香，消除阳界户籍，报到入冥籍。儿子一边焚烧纸钱，一边喊着"爹爹（或母亲）到大王庙去"，俗称"告大王"。由儿子到河边拜河神，焚纸钱"买水"，为死者洗脸、揩身，由长女梳发。请殡葬夫给死者穿衣，脸盖帛纸。

入殓前，棺木停于中堂，棺内铺用细石灰包、衬纸、"材褥""菱角枕"，放银或铜钿7枚，称"垫背铜钿"。入殓时，先由女儿为死者梳头，梳完后将梳子折断，然后由长子、长孙捧头搭脚把尸体置入棺中，四周塞石灰包填实。覆盖"材被"，富有人家还放金银珠玉配饰等随葬品。盖棺而不落榫。正堂设灵堂，挂白幔、书挽联、设灵台、放死者遗像。立灵位（牌位），供猪头、鱼、鸡"三牲"，果品糕点，点长明灯，燃香烛。讣告亲友，到亲友家报信，人不得入门，主家丢"利市"钱于地，谓"发孝"。出丧前，子女穿丧服寝于棺旁守灵，每天凌晨媳妇、女儿要哭灵，称"闹五更"。亲属戴孝以辈分亲疏有"五服"（斩衰、齐衰、大功、小功、缌麻）之分。子女重孝披麻，头戴草冠，妇女头戴白花，腰部系（反手搓）草绳，穿草制"布鞋"，全身皆白。晚辈戴青帽子，女扎黄花，穿青鞋子，系白"束腰"。曾孙辈戴红帽子。

一般三朝至五朝出殡。是日，请风水先生定向、定位，请帮工挖墓穴，称"开金井"。丧葬（俗称开丧）时请和尚、道士做法事，乐公（吹打）奏哀乐。诸亲友随带"赙礼"（大多为礼金，也有送货财衣物的），俗称"白份"。前来吊孝时，哀乐声起，灵堂孝子以哭声答谢，亲友方可入内。丧家按亲友辈分、亲疏发丧，但只能丢在地上，亲友拾起佩戴。女儿女婿、寄女儿则送锡箔、纸钱、大红蜡烛一对，谓"九斤四两"。开礼时，放爆竹、奏哀乐，亲友依次行跪拜礼。有的富户雇"哀丧婆"代哭。礼毕，亲友环睹死者遗容，然后封漆、盖棺、落榫。子女高喊死者"出来"。出殡时，道士念经，由长房长媳跪泣捡"千年饭"。后两碗对合用青布包好，扎上万年青随葬（亦有用小瓦罐装千年饭的，俗称"杏粮瓶"，"杏"为方言）。放爆竹、奏哀乐，孝子由人搀扶低头手握纸卷青竹（哭竹棒、哭丧棒）跪在门外草垫上，面向停放在门外场上的棺木，棺木头东脚西。起棺时，一人用鳞片（瓦片）在棺盖上碰碎为号，众人着力，齐声喊"起"。时有八人或十六人抬杠，起棺由上首（东面）出村送至墓穴，中途要停三次。

出丧时，由男童擎竹幡引路，"香灵"在后，"香灵"内置灵位、遗像。吹哀乐开道，有钱人家出丧，棺材上盖有绸布制作的龙头凤尾材罩，统称"香灵材罩"。女眷乘坐轿子或独轮车，以示气派。孝子披麻戴孝，手握"哭竹棒"低头前行，媳妇、女儿及近亲低头随棺，不能回头张望，亲友着素服相送，女眷沿途哭泣，途中飘散纸钱，过桥、见村庄鸣炮。棺至墓地，"金井"中须黄纸烧后放入七枚铜钱，呈"北斗星"状。墓穴中不留脚印。鸣炮后放棺入土，"千年饭"（即杏粮瓶）穴内随葬。由孝子领队绕墓三圈，撒把黄土，鸣泣哀悼。由帮工回土立坟，将竹幡、"哭丧棒"插入墓前。鸣炮吹哀乐回丧，灵位及遗像捧回，送葬人进门先跨置在三岔路口的火堆，死者子女还须从搁在门槛的梯子上走进去，吃糖茶、米糕、糖果。脱丧服挂在堂前木梯上，以长者为高，有登高求"发禄"之意。

备筵待客的酒席，名"路头酒"，又称"丧家饭"，有的还专为家中老人盛碗"丧家饭"，谓"喜饭"。筵毕，子女带小糯米团子（俗称"抛坟团子"，死者几岁几粒，再增加8粒或18粒）、酒、菜饭、香烛、纸钱到新坟"上坟"。办丧事时，会经过邻舍隔壁，出棺材后，主家必须到这些人家的门口，用几张纸钱、三支香、三个爆竹，加上三荤三素，焚化祭奠，俗称"烧路头"。至此，丧事方算结束。

从人亡日起至第七天，叫"头七"，依次类推，七七四十九天称"七里"。从头七到终七，逢七必设祭。至五七，出嫁女儿要备酒菜、果品、纸钱、香烛，称"排羹饭"，也谓"做五七"。是日凌晨由长子登上置于大门口屋檐前的木梯上，手拎糖茶壶、笤帚呼唤亡灵："××（父亲或母亲），回来吃糕茶，勿要在外面喝迷魂汤"，这称为"喊糕茶"。边喊边下梯，入室举家哀哭。白天请道士念经拜忏，超度亡灵。是夜，焚化纸钱、冥器（扎库）及死者生前衣物。终七时，子女脱孝，撤灵台，并将牌位供于神龛（家堂）之中。旧时有"五七"之前不理发和守孝三年之俗。当年或来年的农历十月初一，谓"十月朝"，子女须备酒菜、供品、纸箔、香烛到新坟祭奠，叫"哭新坟"（死在清明之前的就在清明"哭新坟"；死在清明之后的，则在十月初一"哭新坟"）；每年清明、七月半、农历年都为忌日，晚辈备酒菜在家中"祝馔"，焚化纸箔，悼念亡灵。

新中国成立之前，贫苦人家遇上丧事仅能草草成殓，有的丧事办完，往往使晚辈负债累累。新中国成立后，丧葬曾一度沿袭旧俗。20世纪70年代开始政府大力宣传移风易俗，进行殡葬改革，全面推行火化。丧葬之日，亲友邻里前往吊唁，送花圈、挽幛及钱物。家庭及亲友臂缠黑纱，戴白帽，系白"束腰"致哀，向遗体告别，随之送至火葬场火化。火化后骨灰装入骨灰盒，埋入公墓，有的骨灰存放于安息堂。葬礼完毕后，主家备酒筵以谢诸亲友。

进入20世纪90年代，葬礼排场趋于讲究。丧家请吹打西洋乐器的哀乐队（民间称"军乐队"）吹打，请"络苏班"唱戏，请道士念经拜忏，为亡灵超度。丧宴渐趋讲究。高龄老人无疾而终，谓"喜丧"。普通人家居家"开丧"为多，富裕人家办丧事在饭店宴请亲友。

三、新生

妇女临产前，为女催生，娘家煮"催生饭"。婴儿生下一昼夜后，向邻家讨乳吃，称"开奶"。开奶有讲究，奶妇必须是别姓，以示成人后向别姓找配偶。生男要讨生女奶妇的奶，生女要讨生男奶妇的奶。初喂母乳时，旧时给婴儿品尝黄连汤，蘸几滴滴于婴儿嘴中，寓"先苦后甜"。产后要带与孩子性别不同的活鸡回娘家"报生"，并换回性别相同的活鸡，取"成对"之意。娘家须为新生儿做四季全套衣服、童帽、童鞋、灰袋、尿布，称"三朝衣"。并备黑杜酒、核桃肉、红糖、益母草等给女儿"送汤"，并为新生儿"洗三朝"。

旧时重男轻女，生男称"弄璋"（璋：玉制的礼器，表示尊贵），生女称"弄瓦"（原始的陶制纺锤，表示轻贱）。生了儿子，邻里亲友称"屋檐高三尺"。亲友前来送礼祝贺，出"压岁钱"。主家为答谢和庆贺，在头月里择日办"三朝酒"。席间发红蛋、喜糖等。婴儿满月要剃胎发，脑门上（俗称"天灵盖"）留一寸多长头发，叫作"孝顺发"。胎发用母乳相伴捏成丸形，有的用彩色丝线串挂在床楣上，有的用红绿绸布缝成鸡心状挂在"摇篝"上，相传可防小儿惊吓。

满月时，要请亲友吃"满月酒"，中午主食为面条，取长寿之意，晚上为酒席。婴儿第一次去外婆家或舅家，须以锅底灰少许涂于眉心，称"涂灶墨"，袖管上要挂"针箍""桃木"，在路上邪气不会浸淫婴儿，回家后也可免除疫病，小住几天后，女婿来接老婆孩子回去。娘家要准备糕馒、粽子让女儿带回，相送族亲近邻。

满周岁时，谓"期到"，要办酒筵待客。旧时为孩子起乳名，亦称"奶名"，一般多用贱名，意为"名贱好养"，如阿狗、阿毛、狗大、阿郎等。有钱人家孩子进私塾时，再由先生起名和字，而旧时农村中的女孩，有些只以诸如"大丫头""二丫头"相呼，没有正式的名讳。

新中国成立后，重男轻女思想有所改变，实行计划生育后，生男生女都一样。只是现在的"三朝酒"基本上不在产后第三天办了，而改为满月、双满月或百日时操办了，名称也改为"满月三朝""双满月三朝"或"百日三朝"了。逢周岁生日时，送生日蛋糕、衣服、玩具物品，制相册留念，中午吃生日面，晚上吃生日喜宴，旧俗更新，极富人情味。

四、庆寿

庆寿俗称"做寿"，老人都很看重。旧时有钱人家自50岁起，逢十为庆寿之年，70岁生日特别隆重，或为"人生七十古来稀"之因。80岁则为大庆，更为隆重。庆寿多在春节。节前女婿和近亲好友备寿面、寿糕、寿桃及长生果（花生）、红枣等干果茶点，向寿翁馈送寿礼。春节期间，寿翁家设寿堂、挂寿幛、供寿星，红烛高烧，"络苏班"吹吹打打之声余音绕梁。寿翁面南而坐，接受晚辈行礼祝福，称"拜寿"。礼毕寿翁给晚辈发红纸包（压岁钱）。办寿酒款待，吃长寿面。一般清贫之家无此排场，仅合家欢聚，吃寿面祝贺。古时，88岁称米寿，条件富裕的家庭也为老人庆寿，且隆重非凡，现已少见。

新中国建立后，庆寿之风一度绝迹。进入80年代，人民生活改善，长寿者增多，庆寿之风又起。一般限于直系亲属范围之内。小辈买些衣料、补品及蛋糕为长辈祝寿，也有的合家团聚，拍"合家欢""全家福"以为纪念，礼仪从简。街道、村领导逢年过节以上门拜望形式，向九十岁、百岁老人祝寿。

五、上梁

起房造屋是人们一生中的大事，旧时须先请"风水"先生选房基、定方位，然后再请算命先生掐算动土。上梁的吉日良辰，才可开工。新建房屋上梁之日，亲戚朋友来贺喜，娘家要送糕团、馒头、粽子、面、团圆装成的盒子和炊事用具。亲友则送喜幛和礼金（俗称"人情"）。上梁前，正梁上贴"福禄寿""福星高照""紫气东来"等横批，柱上贴"上梁喜逢黄道日，竖柱巧遇紫微星"等对联。吉时到，鞭炮齐鸣。木匠作头爬上长木梯将红绿绸被面绕于梁上，正中系发禄袋、万年青。作头一面向上爬，一边口吟吉言："脚踏楼梯步步高，手捧圆盘往上跑。八方神仙分左右，王母娘娘献蟠桃。"吟毕，将主妇事先递给他的糕点、馒头、糖果抛下。宅主夫妇用红绸被面接宝。随即，作头将余下的糕点等抛向四面，四邻男女老少都来抢接，称"抢抛梁"。主家办酒宴请瓦木匠和宾客，谓"吃上梁酒"。现今造屋，请"风水"依旧，请"算命"未必。梁间横批与柱上对联所写内容，有的新旧并用，有的则与时俱进，一式全新。娘家送盒子、送灶具、抛梁、吃上梁面相沿至今，且更为铺张奢靡。

六、乔迁

新屋落成或置房后，搬入新居称"乔迁"。过去乔迁选在晚间，俗有"天不亮，鸡不啼，狗不叫"之说。新房内要烧火盆，爆孛娄，谓"越烧越发，越爆越发"，以示吉利。迁居后，还要设筵请亲友吃"搬家酒"。进入21世纪，购买商品房者在搬入新居时，也要办"搬家酒"。

七、暖灶

子媳成家后独立门户，另建新灶。媳妇娘家要送灶和餐具，称为"暖灶"。现今修造新屋时，"抛梁"和"暖灶"大多一起进行。

第三节　生活习俗

一、主食

向以大米为主，佐以面粉。农村居户夏麦登场多吃面制品，秋谷登场多吃大米和米制品。一日三餐，习惯早粥、中饭、晚泡饭。兼吃杂以青菜、芋头、山芋、蚕豆煮成的咸粥、咸饭、烂面等。农忙时下午3时左右吃点心，有面条、面衣、面饹块、炒麦粉等。馄饨、团子为欢喜物，大多逢节日或待客时吃。西乡常在大米中加麦片、麦粉，煮成麦片饭、麦糊粥。农村青黄不接时，多数人家以瓜菜代粮食。20世纪60年代三年困难时期，用红花草（紫云芙）煮熟切碎后捏成团沾上少许米粉蒸煮，戏称"跃进团子""节约团子"。以山芋、胡萝卜、菜叶掺入极少大米煮成菜饭。也有用豆渣、青糠拌些米粉做成糠饼，聊以充饥。

1978年后，人民生活水平逐步提高，讲究早餐吃饱、中餐吃好、晚餐吃少。随着饮食结构的改变，主食的摄取量逐渐减少，而营养丰富的牛奶、豆浆、面包、蛋糕也上了普通人家的餐桌。中老年仍以大米、面制品为主，佐以南瓜、山芋、玉米、荞麦等杂粮。

二、菜肴

平时佐餐菜肴崇尚俭约，以蔬菜、豆制品、鸡蛋为家常菜。过去，咸黄鱼上市较多，物美价廉，乐为一般人家贮存食用。民间善于腌制"雪里蕻"咸菜，色泽青翠，其味鲜嫩，用来烧豆腐，炒肉丝，佐米粥，风味独特。城乡居民有用面粉、大豆发酵，自制豆面酱、豆瓣酱，用以腌制萝卜、黄瓜、菜瓜等，鲜甜脆嫩。南闸临近长江，每年春季一到，家家都要品尝刀鱼、鲥鱼、河豚。中华人民共和国成立前，劳动人民粗茶淡饭，能求得三餐周全就已算满足，哪里还挑剔得了菜肴？

中华人民共和国成立后，生活逐渐改善。民间宴请，菜肴花色不一，一般农家新年待客，吃传统的"八样头"：扣鸡、扣鸭、扣肉（或糖蹄、红烧肉）、红烧鱼、蛋饺、油面筋嵌肉、百叶卷、炒素，饮家酿酒。婚事用菜，中等人家"5簋、8碟、4热炒"。烹调属于苏式，重用糖、酒、醋，尚酥烂，忌生辣。近年来办喜事，讲排场，冷盆、热炒、甜食、大菜二三十道，都是山珍海味，酒以啤酒、黄酒、葡萄酒为主，五粮液、茅台等高档酒也不足为奇，各种饮料名目繁多。普通人家仍以家酿米酒为主。

三、居住

明清规制，平民限于3间7架，不得违式。旧时，劳动人民生活贫困，即或稍有节余，多用来购置田产，对修建住宅无力顾及。少数仕宦富绅有高厅大宅、风火墙、水磨砖雕门楼，农民住宅往往破旧不堪，大都是三代同居。民国时期所建房屋，囿于迷信"住宅低，能聚财"，造得低矮，多单壁、泥墙、竹椽、冷摊瓦，房屋一般为6米深、3米宽，檐高3米，1门1闼，窗上多用木栅。屋内"前房后灶、明灶暗房"，卧室只有一明瓦天窗，如为3开间，必有1间作柴间和猪、羊舍，中间多直通后门，也有用单壁或木板隔开前边为中堂的。

中华人民共和国成立后，农民住房逐渐更新，把"屋有三间，上有望板，下有地板，前有出晒，后有河滩"作为追求的标准。20世纪70年代提倡统一规划建设新农村，方向朝南，多为1厅3间的平房，85砖，空斗山墙，水泥桁条，望砖瓦面，前后有玻璃窗，3.56米开间，檐高3.5米，前3后4的7架头，式样类同。进入20世纪80年代，农村掀起"建房热"，平房纷纷翻建楼房，短短数年，村庄旧貌已难以辨认。居住面积和结构、装饰超过一般城市居民。但建筑风格划一单调，除外部墙饰颜色有所区别外，仍千屋一面。2009年撤镇建街道后，加快了商品房建设，几年来已建成13个居民小区。三间二层庭院式别墅，环境优美，结构合理，宽敞明亮，功能齐全；高层建筑鳞次栉比，一幢幢，一排排，千姿百态，颇具城市风貌，故有"家住南闸镇，赛过江阴城"之新民谣。

四、服装

民国时期，乡村农民大多数穿自织自染的灰、青色土布，市镇平民则穿厂布（俗称"洋布"），极少人穿西装皮鞋、戴礼帽。公职人员穿中山装，学生穿学生装。普通民众夏装为对襟短衫，春秋冬装为大襟长衫、长袍,裤子为叠腰裤。长袍裤均有单、夹、棉3种。戴绒线帽。乡村妇女穿大袄袄,着搭襻鞋。老年妇女冬天戴黑色蚌壳帽,穿黑色蚌壳棉鞋。

中华人民共和国成立后,长袍、叠裤等旧式服装渐被淘汰。20世纪50年代初,干部、教师、学生盛行穿蓝、灰色列宁装,戴八角鸭舌帽,着跑鞋。继为中山装、青年装、春秋两用衫,戴解放帽、海花绒帽。农民仍有穿土布衣、着旧式裤的。"文化大革命"期间,草绿色军装、军帽成为男女青年争相竞穿的服装。面料一般选用质地较牢的卡其布,款式、色调均较单调。20世纪80年代起,棉毛纺织品充足,服饰变化显著,城乡几无差别。青壮年盛行西装、夹克衫、羽绒服、羊毛衫、牛仔衣裤和猎装,品种多样,四季各异。女子服装更是目不暇接。进入20世纪90年代,服装面料求高档,以精纺毛料、纯棉布、丝绸为上品。款色求新潮,而灰色中山装、两用衫仍为老年所喜爱,也有老人喜穿"唐装",孩童穿着更显时代风采。

五、发型

身体发肤受之父母,头发在古代是不能剃掉的。江阴历史上发生的八十一天抗清斗争,就是因为清兵"留头不留发,留发不留头"而引发的。所以,古代不论男女,都要留长发,男子挽髻藏于帽内,妇女的发髻式样颇多。清代发型,男子剃光头部的前半部分,将后半部分留发编辫,拖在背部。女子满头留发梳辫盘在脑后,有的拖在背部。太平天国时,废辫留长发,被斥"长毛"。辛亥革命(1911年)时实行剪辫。民国时,男性青年理小分头,有对半分梳、三七分梳,也有平头或圆顶。中老年剃光头,孩童剃桃子头。女子成年用线绞去脸部汗毛,称"绞面"。未婚女子为"童花头"或前刘海,打长辫,有单有双。镇上富家女子也有烫发的,老年妇女仍留发髻,罩网巾。民国政府曾规定:"学校男生一律不准蓄长发,发长不过三分,女子发长以齐耳为度。"20世纪50年代中期,妇女逐渐流行烫发。有些中青年男子吹成"波浪式",一般仍以"平头"及"圆顶"为主。"文化大革命"期间,蓄长发或烫发者被视为异端,男女都剪短发,发型简单划一。20世纪80年代后,青年妇女烫发普遍,有云纹式、波浪式、螺旋式,也有理成游泳式的。少数男子蓄长发、留长鬓角、小胡子,中老年和儿童几乎无变化。进入20世纪90年代,青年妇女烫发渐少,多为齐耳短发或长发束"马尾式"于脑后,也有披肩长发,略加染色的。男子则为"平头"或青年式。老年妇女以短发为多。老人、儿童仍以"平头"和"圆顶"为主。近年,在青壮年中,一改以往长发披肩的发型,又流行起了多年不见的"光郎头",真是千姿百态,更显个性。

六、饰物

旧时女孩长到六七岁时,就要穿耳洞,戴耳环(耳垂上的装饰物)。个别男孩也会穿耳戴环,但二者目的不同,女孩是为装饰美容而备,男孩则因避灾祛邪所为,待孩子长大成人后即行摘除。一般男孩穿单耳,女孩为双耳。大多男孩挂"长命富贵"锁片(南闸西乡观西、泗河等地称"卡衣锁"),戴手镯,质地有金有银。妇女大多戴耳环,发髻上插银钗。有钱的戴金银质的项链、手镯、戒指等饰品。孩子戴银锁片(卡衣锁)及带有响铃的手镯和脚镯。中华人民共和国成立后,20世纪50—70年代一度不尚装饰,几乎无人戴首饰,中青年普遍爱戴手表,女孩头上扎玻璃丝花结。20世纪80年代开始,流行金戒指、耳坠、项链等饰物。20世纪90年代后,年轻妇女戴耳环、戒指、项链、手链,还有戴脚链的,质地有金、铂金、钻石、宝石等。以耳环、戒指为主。首饰日趋普遍化,不再是富有的象征。

第四节　行业习俗

一、农业

旧时农历腊月十七、十八，家家打扫庭院，把垃圾送往田头烧掉，称"烧田财旺"，谓火烧得越旺越发。腊月廿四日晚上，大人、小孩扎火把烧田边枯草，称"照田财"（意为招来田财）。年初一，每家户主手拿锄头，敲田园角，称"敲田财"（意为靠田发财）。莳秧开始那天，称"开秧园"。邻里相互伴工，三餐均是干饭，晚饭最为丰盛，咸鸭蛋一切两半朝上，红烧肉块见方朝下，称"仰缸鸭蛋合伏肉"；鲜黄鱼整条上桌，鱼肚只供"秧大手"（俗称头埭手）享用；"锄皮岸"的人，另给鸭蛋2个，称"塞漏洞"。七月间，户主要到田边四角烧纸钱，以祭祀"田公田婆"，祈求人畜平安，农田丰收。

二、手工业

工匠造房前拆旧屋时忌称"拆"，要称"砍旧"。锯下的第一根断木，要用红纸包好放在草窝里，备新房造好后"谢神"用。造屋吉时到来，由屋主"破土"，然后泥工才能动手"穿地垄""排石脚"。在拉线时不慎弄断，忌说"断线"（讳绝后代），要说"伸腰"。造屋中途，主家要办酒待匠，席上主菜，须由作头师傅先动筷。吃鱼称"砍鱼"意为"宽裕"。上梁前，木匠作头在中柱上用斧砍一下（怕冲克自己）；正梁落榫，先要用猪头"斋鲁班"，落榫后，下挂石块为"荡千金"。泥、木工造屋时，还有许多特定用语，如斧头称"大斧"，锯子称"额刀"，绳称"拦龙索"，元钉称"硬腿"，榔头称"兴工"，截木称"和"，斧劈木不慎爆裂称"开典当"，梯称"步步高"，扫帚称"地龙"，施工时忽然下雨称"落涨头"，跑路称"行"，休息称"宽手"。现时建造公房，除保留少数特定用语外，已不使用。但在建造民房时，依然沿用。

三、商业

中华人民共和国成立前，商家过年后一般在正月半前开店营业，开业那天要整鸡、鲤鱼、猪头三牲供斋路头菩萨（财神），称"接路头"。夜晚收店不能说关门，要说"打烊"。忌说"十"，因"十"与"蚀"同音。引火用纸卷忌叫煤（霉）头纸称纸吹。冬至隔夜，请店员和收账人员吃"冬夜饭"，酒筵较为丰盛。主家事先在烧饭时放入锅中数根毛发，吃到者喊"头发"，意为"开年即发"，必有重赏。吃过年夜饭，开始收赊欠在外的店账，收到除夕夜止，旧有大年初一不讨债之俗规。

四、运输业

船只启航，解缆后，要用竹篙顺船头划3下，给"船头神"洗脸，以保船行顺利。歇船时忌靠在庙前、坟旁、桥头、三岔路口、荷塘转角、饮水码头等处。跳板忌横搁船头，以忌拦住"大门"，如位置尴尬，也要带斜。两船相傍，只能用缆绳，忌用锚链，也不能用铁锚互扣。坐在船边，忌两脚依船帮下垂，俗话说"挂帮挂帮，生意不长"。上船时不能手拿铁锅、蔬菜和调味品，要装在篮子里才能过船。吃饭时忌筷插在饭碗里或搁在碗上，以忌搁浅；吃鱼不能翻转鱼身，以忌"翻船"。船头常钉个太平铜钱，飘红布条，表示太平无事。船艄栽"龙爪葱"1盆，中插小红旗1面，传说能避恶风险浪。船壁钉红布1块，这是船民心目中的"神"。每逢初一、十五，焚香点烛供奉，以求航船太平，生意兴隆。

五、渔业

新船下水之日，要在船上办酒，与亲朋共庆。行船时依次列纵队前行，不能抢档，到预定区域才能分散作业。如不慎两船相碰，不能用手推或脚挺。在水里救人时，不能把落水者直接救上船，而是先把人拉出水面，引上河滩，才可救上船。

附：各行各业信奉的祖师

旧时，南闸地区各个行业，都以为本行业由祖师爷开创，并受祖师爷的佑护，祖师爷大多为历史人物。因此，供奉神位（有雕像、塑像、画像）或"立马张"（即纸马，是用木版雕刻印刷而成的祭祀品），多在祖师爷生日或逢年过节时祭祀。

理发业：吕洞宾	裁缝业：轩辕氏	中医业：华　佗
蚕丝业：嫘　祖	造纸业：蔡　伦	国药业：李时珍
染纺业：葛　洪	织布业：黄道婆	典当业：关　帝
木匠业：鲁　班	酿酒业：杜　康	风水业：刘伯温
铁匠业：李老君	豆腐业：乐　毅	占卜业：鬼谷子
竹匠业：泰　山	茶叶业：陆　羽	星相业：柳　庄
商贸业：赵公明	制鞋业：孙　膑	

第五节　其他习俗

一、家庭

古代人提倡大家庭生活，几代人不分家，形成了"四世同堂""五世同堂"，代数越多，越受人敬重。但这些人家不是富豪，即为望族。平常人家，第二代婚配后，父母就将其分出，另起炉灶，独立生活。幼子或独子一般不分家。父母年老，由儿子赡养，儿辈多者，或有儿子们承担赡养费用，或"吃轮番饭"。无儿无女者领养他人之子谓"螟蛉子"，俗称"野鸡（继）头"；由侄儿入嗣称"嗣子"。男子入赘女方家称"招女婿"，所生子女随母姓。招女婿受社会歧视，家中容易产生矛盾，旧有"招女婿、出把戏"之说。丈夫死去，媳妇为照顾儿女不愿离去，经家族和公婆同意，可择夫进门，称"接脚夫"，俗称招"黄泥膀"（周振鹤的《苏州风俗·婚丧礼俗》说："乡间妇女，以己丧所天，而无子息，亦有招婿入赘者，是谓'防儿荒'。"吴音"防儿荒"读作"黄泥膀"）。黄泥膀更受人歧视，民间有云："宁愿做和尚，不当黄泥膀。"男子丧妻再婚，称"续弦"，女称"填房"。中华人民共和国成立后，男女地位平等，婚姻自由。夫妻感情破裂，可离婚，所生子女抚育权及财产分割由司法部门依法判定。离婚后，双方婚嫁互不干涉，子女与原父母关系不变。

二、寄亲

由一种虚拟血缘关系而结成的亲属。寄亲有的是自己或子女攀认他人为寄父母，有的是自己收认他人子女为寄子女。称"寄爹""寄娘"，亦有称"干爹""干妈"的。攀认寄亲的原因很多，一是有子无女或有女无子者，为求得"子女双全"这种精神上的安慰；一是为求得政治上的庇护和物质上的利益；还有一种是孩子体弱多病，听从算命先生所说，找生肖相配的"寄爹""寄娘"以求逢凶化吉；更有一种是父母与寄父母关系原来比较好，为双方关系更加密切而结成亲家。旧时，还有拜观音为寄娘的，这纯粹是为了求菩萨保佑。攀寄亲要举行隆重的仪式，设供桌，供寿星像，父母备礼物带着孩子，在红毡毯上拜过神像，下跪磕头认寄父母。一般的改口称谓就算认亲。旧时男孩认亲后，必须将自己与寄父母的关系写成契约，谓"寄书"，"寄书"由"寄父母"放入红绸布袋（称"寄书袋")内保管，男孩长大后举行婚礼前几天，再到"寄父母"家赎回寄书袋，称"赎寄书"。寄亲之间关系密切，甚至胜过至亲，来往频繁，婚丧喜庆的礼金礼品重于其他亲戚。此俗至今流传。

三、上茶馆

旧时市集上茶馆较多，农村中较大的村庄也有开办茶馆的。老年人有凌晨上茶馆喝早茶的习惯，风雨无阻。茶客们彼此相熟，围坐一桌，品茶聊天，从家长里短到奇闻轶事，无所不谈，以此为乐。上茶馆的还有谈生意的商人、接主顾的作头工匠，也有因发生纠纷约人讲情理、断曲直或赔礼道歉的当事人、调解人等。有些喜欢养鸟雀的老者，每天携鸟笼来茶馆调鸟。鸟儿们也许习惯了这里的环境，在人影晃动和喧闹的声浪中，绝无半点惧色，先是低声啁啾，继而开怀欢唱，老人们则闭目养神欣赏着婉约的歌声。有些规模较大的茶馆，下午还兼营书场。农村中的茶馆下午则变成了赌场。进入21世纪，由于人们忙于生产，加之老年活动室的普及，上茶馆喝茶的人数大为减少，茶馆也想方设法，用棋牌等方式，吸引茶客。

四、分家析产

旧时汉族宗祧风俗，亲兄弟间为继承祖产都要分家。有些兄弟多的家庭，待幼弟成家后即行分家，也有因家庭不和睦而提前分家。所分财产包括房屋、田地、现金及其他生产生活资料。其时间都选在二、八月，以祈公平。民间有"二八月，两中平"之说。分家前，先请娘舅当中人，公亲族长都到场。房屋按规矩哥东弟西，哥南弟北分割好，每人平分。财物按大件细软搭配，各得一份。田产，小户人家平均分配。富户先提出赡老田、长孙田、嫁妆田，然后按兄弟均分。赡老田为父母所得，待去世后再分摊；长孙田归长孙所得；嫁妆田（俗称"随房田"）给女儿出嫁时带走。然后在娘舅和公亲族长的主持下，请代笔写"分关纸"，略陈分家之原因及分家办法，并写明每人主要分得的财产清单。分家由族长担任公正，争持不下的听凭娘舅秉公而断，如再有疑难由父母裁决。后选择吉日，举办"分家酒"，送分家竹，祭祖，燃放爆竹。礼毕，兄弟即在"分关纸"上画押确认。娘舅、公亲族长画押作证，契约一式数份，兄弟各执一份，不得反悔。

新中国成立后，土地归国家和集体所有，析产主要分房屋、实物和现金。国家宪法规定，在处理财产继承权上权利和义务相一致，男女平等。分家时，也有请娘舅和地方干部到场做中人，多数仍行旧俗，亦有通过司法公正的。

五、拜师学手艺

旧时，因家庭经济等情况，孩子年满14岁左右，就要托人介绍拜师学艺，外出当学徒，商业称"学生意"，瓦匠、木匠、铁匠等小手工业称"学手艺"。从师期限一般3年。学徒边学艺，边帮师傅家料理家务杂活，师傅管饭，没有薪金，只在过年时发些压岁钱。期满，商店学徒即为伙计，学手艺的办谢师酒，并随师父帮工3年，领少量工资。俗称"学三年，帮三年"。新中国成立后，乡村拜师学手艺之风仍有，手续从简，从师年限，双方商定，一般为2—3年；无帮工期，满师后办谢师酒，宴请师傅和师门长辈，作为独立工作的开始。企业单位师傅带徒由厂部介绍，签订师徒合同，学徒时期工资按规定发放，学徒期满后，按考核评级发放，师徒关系比较融洽。

六、庙会节场

庙会节场由来已久，昔时带有浓厚的封建迷信色彩。人们为祈求神灵保佑，消灾降福，择定传说中某个菩萨的生日，在庙场演戏酬神，更有迎神赛会，烧香念佛，民间杂耍纷呈，于是商贩云集，买卖兴隆，沿袭成俗。

每年农历三月初一日为秦望山庙会，庙场就设在三茅峰上的玉皇殿内。据说三月初一那天是当年玉皇殿建成时，玉皇大帝的开光之日，又是玉皇大帝的生日。秦望山庙会的范围很大，山南的月城和山北的南闸，有几十个村庄都要留亲朋好友吃饭，俗称"作节"，到作节人家去吃饭或到市场上去游玩买东西，则叫"跑节场"。庙会活动丰富多彩。庙会前几天，玉皇殿内就会举行祝寿道场、诵经礼忏等活动，各地的善男信女就会赶来瞻仰菩萨，许愿了愿，求神拜佛。周边州县的道人也赶来这里，或祭礼，或斋醮，或炼丹药，或卖符箓，坐地论吉凶祸福，分曹谈出师之业，整日间磬钹起伏，道曲盈耳。庙会当天一早，玉皇殿山门之外，道观四周，从山南到山北，从山顶到山麓，再从山麓通往各村庄的道路两侧，小商小贩数以百计，从吃的穿的到看的玩的，从农具家什到南北杂货，无不种类齐全塞满道儿，从早到晚吆喝之声不绝于耳。还有多种趣味性很强、带有迷信色彩的文体活动，庙会也为他们提供了表演的舞台，如"游渡""吊肉香""踩高跷""拜香会""荡湖船""跳茶花担舞"等。还有卖拳头的（卖伤膏药）、玩杂耍的、耍猴子的、甩石锁的、举石担、调龙灯、舞狮子等，真所谓三十六行，行行俱全，五花八门，门门精通。到了夜晚，作节的各个村庄会开展"宣卷"和演"滩簧"。滩簧就是锡剧的前身，一般要演到深夜才结束。

清明时在花山附近村庄有节场。清明节是时令节日，又是传统节日，再加上节场，所以来花山的人特别多，有扫墓踏青的人，有跑节场的人，路上行人如织。清明时节，春回大地，自然界到处呈现出一派生机勃勃的景象，正是郊游的大好时光。因此，江阴城里的文人墨客，特别是妇女，都会结伴来花山一游。古时妇女不能随便出游，清明扫墓是难得的踏青机会，故妇女们在清明节比男人玩得更开心，民间有"女人的清明男人的年"之说。所以清明节场，最突出的是玩。花山西南麓有座建于斜泾河上的横沟庙桥，明正德《江阴县志》载："横沟桥在太宁乡，由里山西（由里山即花山）。"横沟庙桥有桥联，南联为："桥照姁娌千秋壮，人过横涛万载惜。"北联为："郊游揽辔随高下，野眺驱车任往来。"可见明代时，花山就已经是人们郊游的好去处了。

农历三月廿一日，是南闸集镇的节场，每到节场前几天，即有各地的客商到南闸租座，择地画圈设摊。到三月廿一正日那天，方圆几十里内的人，都会来"跑节场"。三月廿一以后不久，农村就要开镰割麦，农事渐多，所以"跑节场"的人除了走亲访友和逛节场外，大多是为了购置农具家什，准备夏收夏种而来。南闸节场从廿一至廿三作节三天，方才结束。

新中国成立后，随着生产力的发展和人民生活水平的提高，人民政府为了活跃农村经济，积极提倡利用各地庙会、节场之日，举办城乡物资交流，买卖商品，走亲访友。并组织文艺演出和体育比赛等健康的文体活动，深受群众欢迎。"文化大革命"期间，庙会节场基本停止。改革开放后，庙会节场，几度兴废，人们除走亲访友外，已无市可逛。2004年后，地方政府禁止外来商贩进镇赶节场，不准设摊交易。节场没有了商贩，"跑节场"只是为了走亲串友。以前作节的习俗已渐趋淡化了。

七、斗蟋蟀

蟋蟀俗称"财积"，又名"促织"，南闸西乡接近焦溪地区称"蟋蟋"，雄性善鸣、好斗。旧时，南闸"斗蟋蟀"颇为盛行。彼时的茶店是斗蟋蟀的主要场所。民间从霜降到白露期间，好事者不分日夜遍寻蟋蟀，选体壮凶猛的用瓦盆盛之静心调养，以备赌博之用。斗蟋蟀前，由主持者先张贴公告，约定日期，架高台，备酒食，参斗者先行登记，然后由中间人（一如今日体育比赛之裁判）约好交锋对象（体重相同），谈好赌价（以纸花做筹码），围观者纷纷压上赌注，登台相斗。斗时中间人引逗两蟋蟀在瓦盆中相咬，直至败者落荒而逃，胜者振翅鸣胜，才算结束。每个斗场，一般要组织10对左右，场主抽获中间费。赌注可观，高达十、廿石米之巨。中华人民共和国成立后被禁绝。

第六节　陈规陋习

一、迷信

算命　盲人居多，俗谓"算命瞎子"，将问卜者的出生年、月、日、时，按天干地支依次排列成"八字"，再用所属五行生克来推断人的命运，如婚娶子息、功名寿禄。算命者边说边算，花言巧语，故弄玄虚，哄瞎撞骗，使人就范不悟，达到其骗人钱财的目的。还有摸骨牌算命和鸟衔牌算命的。

看相　以"柳庄""麻衣"等相书为依据，从被相者的五官四体相貌审察其富贵贫贱、吉凶祸福，预测其妻财子禄，寿夭得失。看相者称为"相士"，平时设摊或转村头，以"善观气色"的招幡吸引顾客。

关亡　装作求者的祖先附身，求者跪拜叩问，巫婆（俗称"关亡婆"）借作鬼神附身，予以解答。所说一般都无法求证，例如儿孙生病是由于某个祖先有所要求，家运不好乃由于某年冲犯阴人之故，等等。

风水　看风水的人，民间称"风水先生"或"阴阳先生"。乡间迷信认为，住宅（俗称"阳宅"）基地和坟墓（俗称"阴宅"）周围的风向水流等环境，会影响主家一家祸福，所以在选择时，十分谨慎，必请风水先生察看，务求择一"好地"，以保"子孙发达""福禄全寿"。中华人民共和国成立后，此习有所收敛。"文化大革命"中作为"四旧"而敛迹。但昔日被人们划入"陈规陋习"的风水，近年来竟变成了现代文明"顺应自然，天人合一"的一门大学问——"勘舆学"，甚至有大学开设了相关的课程。随之应运而生了"风水大师"，深受一些人的推崇。现今，算命、看风水之俗较之以往，其流行之风可谓有过之而无不及。

二、赌博

赌具有牌九、麻将、骰子、花牌、扑克等。昔日多在茶馆公开进行，以推牌九、搓麻将、掷骰子、玩纸牌、打扑克等形式聚赌。有以赌博为业者，抽头聚赌，从中牟利；有的居家聚赌，坐收渔利。春秋农闲季节和新谷登场后尤为兴盛，每逢庙会集场，更是通宵达旦。赌博危害匪浅，倾家荡产、卖儿卖女者，时有耳闻。新中国成立后，政府严令禁止，一度赌风收敛。然屡禁不止。1983年起，政府对赌博进行严厉打击和禁止，但仍有一部分人借娱乐之名进行。时逢盛世，搓麻将已成为家居、茶馆、老年活动室的主要休闲活动之一。多为老年人参加，时有年轻人参与。近年，又利用麻将牌推出"二八杠""牛牛"等新的赌博形式，其输赢之大，令人咋舌，妇女亦多有参与者。此风不刹，社会难以安宁。

三、吸毒

1840年鸦片战争以后，鸦片、吗啡、海洛因等毒品大量输入。旧时，镇上有供吸毒者吞吸鸦片、白粉（海洛因）的场所。亦有居家吸毒，久吸成瘾，不能自持。吸食鸦片毒品而不能自拔的人称为"鸦片鬼"。有倾家荡产、卖妻鬻女的。吸毒成瘾，为筹措毒资，有铤而走险作奸犯科的。民国二十三年（1934）6月，政府颁布《禁毒治罪法》称，制造、运输或贩卖毒品者处死刑。但官吏与贩毒者暗中勾结，明禁暗销；吸毒者我行我素。新中国成立后，政府命令严禁，公开贩毒、吸毒已禁绝。改革开放后，境外毒品时有渗入，虽严厉打击，但以身试法的吸毒者不乏其人。因吸毒致死的人屡见不鲜。

四、祈祷

为祈祷平安，请道士诵经礼忏（俗称"拜忏"），欲求风调雨顺、天下太平。请道士诵经，谓"打醮"。祈求全家平安，请道士诵经做"好事"，称"净宅"。起房造屋动土，为免"冲碰"，请道士诵经，称"镇宅"。家人患病遭灾，请道士诵经消灾谓"谢土"。20世纪90年代以后，遇桥梁竣工、公路通车，百姓自发凑合念"公家佛"，祈求平安的，已不少见。旧时，为祈求老天爷保佑民间风调雨顺、国泰民安、丰衣足食，每年还要举行大老爷"出会"仪式。"出会"也称"出巡""行香会""祭天""斋青苗"。"出会"前要将菩萨整理打扮，出会时抬出"骑头菩萨""城隍老爷""财神老爷"，信徒们一路上举着旗幡，敲锣打鼓、鸣炮，以示大老爷视察民情，每到一村，要搭台供奉香烛果品等祭奠，在道边接驾送驾，仪式过程既热闹隆重又神圣虔诚。每遇久旱或蝗虫肆虐，也会抬出"龙王老爷""猛将菩萨"举行"出会"，祈求龙王降雨，猛将灭蝗。中华人民共和国成立后"出会"即被禁止。

附：缠足

从唐朝起，就有女子以缠足为美的风气。女孩子自四五岁起即用裹脚布紧紧缠住，不让脚长大。缠足后足背弓起，足趾如笋尖，穿绣花鞋，步履艰难，称"三寸金莲"。缠足过程极为痛苦。太平天国及辛亥革命期间，掀起"放足"运动，称"天足"为"文明足"，但不彻底。民国十七年（1928）政府通令严禁缠足，民间缠足之俗始绝。

第七节　忌　讳

造屋大门忌对烟囱、河浜、墙角、大道、弄堂（俗称"尖刀弄"），忌犯"冲"。

正屋前后忌造辅房，俗谓"前拖官司后拖债"。

前排造屋人家不能高于后排人家之屋；一排上造屋墙基、屋脊不能高于左右人家。

入席忌讳关门桌（主席无人坐）、乌龟桌（六人桌，其中对面各1人）

席间向客人敬酒，忌反手倒酒，属不敬。

猪舌叫"赚头"，忌叫舌头，因"舌"与"蚀"同音。

商店晚上收摊关门叫"打烊"，关门与歇业同意，故忌。

商铺的门槛忌坐，怕挡生意，不吉利。

乡间有卖屋不卖门，卖牛不卖绳之忌讳。

民间迁坟、移柩、起树、搬迁粪缸等均需在大寒至立春前，俗称"乱里"，其他时日均犯忌讳。

浇粪时，忌旁人掩鼻说臭，会失肥效。

莳秧时，不能用手接丢来的秧把，"秧"与"殃"同音，有招殃之忌。

身着衣服钉纽扣或缝补时忌说话，不然会被人冤枉做贼。

朋友之间书信往来忌用红笔书写，如用了则意味着绝交。

新婚媳妇或产妇不满月忌串门。

穿孝服忌进他人家门，不然有带晦气给人家之说。

床上张蚊帐，忌开口说话，认为开口后挡不住蚊虫。

民间开丧、出殡忌初一、年初一（因初一、年初一开丧出殡者，必死在上月月底或上年年底，前者称"骑月"，后者意为"一年死到头"）。

父母去世未满"五七"，子女忌理发。在"断七"守孝期内，忌走亲访友，更忌入喜筵、寿堂，否则认为不孝。

老人忌称63岁，因民间有"七九六十三，不死鬼来揽"之说，故多数超前自称"64"岁。81岁有"九九八十一，吃块老百叶"之民谣，故子女应采取避忌讳之举措。

盛饭忌一铲刀，因为祭祀时给祖宗、鬼神等上羹饭才盛一铲刀。

第四章 方 言

　　方言与一个地域的气候、地貌一样，历经千百年，不断被筛选、吸收、同化而形成。这些夹杂着泥土气息的话语，或源于市井生活的寻常琐事，或源于饭后茶余的家长里短，它收纳了民间的智慧，采集了地域的精华，也正是因为这个载体，我们的文化才得以遍地开花，异彩纷呈。

　　南闸属吴语区。由于历史上人口的迁徙流动，外来语言渗入，使本地语言稍有变化。与邻近乡镇接壤区，带有邻近乡镇口音，如东部花果、曙光、新庄等村，带有云亭、峭岐、月城口音；西部泗河、观西则明显有常州口音；其余均为江阴城区口音。但彼此均大同小异，语言差别甚微。新中国成立后，随着普通话的普及和人际交往日益频繁，青年人既会说普通话，又会说本地话，而小孩则说纯正的普通话，基本上不说也不会说方言了。老年人仍用方言交谈。随着时间的流逝，不少方言正逐渐被普通话替代。

第一节 词 汇

一、工商百业

郎中：医生

野郎中：游医

猪郎中：兽医

老娘：接生婆

喜娘：旧时伴娘

脚夫：搬运工人

跑堂：服务员

混堂：浴室

栈房：旅馆

泥水匠：瓦工

木匠：木工

作头：工匠负责人

牮屋：扶正倾斜之屋

捉漏：检修房屋漏水

解板：锯板

鱼摊头：鱼铺

肉墩头：肉铺

赚头：利润

掮客：中间商

二、农事·家具

烂泥：泥土

垩壅：粪便

莳秧：插秧

扎稻、樵稻：割稻

垄田：人工翻地

打水：灌溉

拗田：插秧前给田里上水

开麦三：用铁钯给割去麦子的田翻土

盘篮：竹编圆形晒谷器具

轧米：碾米

掼稻：脱粒

秧沟：水渠

下秧：落谷

搁田：烤田

削麦：麦田松田除草

拷麦：给麦苗壅土

洋撬：铁锹

筒篮：竹片编织的大型篮子

长格篮：旧时上街用以装东西的竹篮，篮格较长，可背在肩上，尤以老人用者较多，又称"上街篮"

叉袋：装粮的口袋

栈条：篾编屯谷用品

挽子：柳条编织筐

三、庄稼·果蔬

麦柱头：麦穗

稻柱头：稻穗

楼麦：元麦

红花浪：紫云英

糖芦苏：甜杆高粱

树米：玉米

长生果：花生

勃桃：葡萄

蒲桃：核桃

洋芋头：马铃薯

山芋：甘薯

番瓜、北瓜：南瓜

番茄：西红柿

秧草头、盘棋头：苜蓿

斜菜：荠菜

莴笋：莴苣

胡葱：大葱

生姜：姜

茭手：茭白

蕈：菌类，又称麻菇

延篱豇：长豆

四、天文·气象

亮月：月亮

天河：银河

扫帚星：彗星

天打：雷击

阵头雨：雷阵雨

阵头响：打雷

霍显：闪电

惑湿热：闷热

惑湿天：闷热天气

濛松雨：毛毛雨

迷露：雾

落雨：下雨

落霜：下霜

落雪：下雪

鲎：虹

凌毒：冰凌

没大水：水淹

发冷讯：寒潮

开烊：冰雪融化

天摇地动：地震

黄沙天：雾霾天

日（读"聂"）头：太阳

五、时间·方位

旧年：去年

开年：明年

先年子：前年

今朝头：今天

明朝头：明天

后朝头：后天

大后朝头：大后天

上昼头：上午

下昼头：下午

空朝头：早晨

夜块头：傍晚

昼心头：正午

谢头：昨天

先夜头：前天

前日子：前天

大前日子：大前天

春三头：春天

夏天头、热天头：夏天

过年：春节

对过：对面

年三夜四：年底

一日天：一整天

一夜天：一整夜

日（聂）里响：白天

日朝：每天

过下头：过去

既下头：现在

辰光：时间

客留、一开头：刚才

八月半：中秋节

端阳：端午节

啥场化：啥地方

上头：上面

下头：下面

前头：前面

后头：后面

外头：外面

里向：里面

过搭：那边

既搭：这边

别搭、别宕：别处

勒高：在这里

半夜三更：半夜里

一歇歇：一会儿

六、称呼·称谓

姑娘：丈夫的姐妹

老小家：泛指男子

丫头家：泛指女子

新倌人、新娘子：新婚夫妇

倪子：儿子

大小姐、大小娘：少女

娘娘们：泛指已结婚的中年妇女

老大小姐、老大小娘：大龄未婚女子

孤身汉：终身未婚男子

寄爹、寄娘：干爹、干妈

蛮娘：后妈、继母

蛮老子：后父、继父

黄泥胖：寡妇招上门的男子，又称"接脚夫"

野老倌：姘夫

野阿嬷：姘妇（泛指"小蜜"、二奶）

亲眷：亲戚

咸伲：我们

喏格：谁

嗲佬：什么

拉格：谁

小倌：男孩

小丫头：小女孩

小伢儿：男性幼儿

小人：小孩

小佬：西乡人称的小孩子、小孩

小把戏：对小孩的一种爱称

末郎头、末脚猪、荡缸头：父母所生最小的孩子

佬小：男孩

小佬小：小男孩，西乡人又称"细佬小"

小头里：小时候

七、人体·相貌

头爿、骷榔头：脑袋

脸结鼓：脸腮

面孔：脸

额角头：额头

颈根：脖子

肩胛：肩膀

胴宫：肛门

脚髈肚子：腿肚子

脚骨浪：小腿

蟹面上：小腿正前面部位

天灵盖：头顶

后得脑：后脑勺

眼仙人：瞳孔

酒潭：酒窝

腰宕：腰部，也叫"腰眼"

嘴唇皮：嘴唇

肋膨骨：肋骨

既手：左手

手节头：手指

脚节头：脚趾

节掐：指甲（脚节掐、手节掐）

大胖度子：大腿

豁嘴：兔唇

斗鸡眼、对鸡眼：一眼或两眼对内斜视

长脚豆芽菜：又高又瘦

手骺子：手腕

膝馒头：膝盖

八、疾病·医疗

三日头：疟疾

猪狗臭：狐臭

盲肠炎：阑尾炎

痾肚：腹泻

溅尿：小便

风症块：荨麻疹

出瘖子：小儿麻症

热节头：夏天由葡萄球菌或链状菌侵入毛囊引起的皮肤病局部充血，红肿，化脓

发汗热：发高烧

受阴：着凉

起瘖：头晕、肠炎等

痨病：肺结核

搭背：背部蜂窝组织炎

紫血：冻疮

走黄：疔疮引起败血症

瘪罗痧：高烧、腹泻引起脱水

疰夏：对夏季不适应所致病症

过人：传染

挑痧：民间针灸疗法

挑鬼箭：民间放血疗法

刮痧：民间推刮疗法

羊牵疯：癫痫病

小肠气：疝气

九、衣帽·服饰

蓑衣：用通草编成的防雨衣

箬帽：斗笠

背搭：背心

头绳衫：毛线衣

小布衫：衬衣

布衫：单衣

司围套：针织绒衣

竹裙：旧时农村男子围在腰际的布

占馋：小孩漏口水围在颈部的布块

被絮：棉胎

大（音：杜）布：自织土布

洋布：机制布

洋袜：袜子

杜布袜：用自织土布缝的袜子

帐子：蚊帐

裤脚管：裤管

衣袖管：衣袖

袋袋：口袋

领头：衣领

抱裙：婴儿用小被头

兜蓬：幼儿用披风

裲裆裤：专指小孩裆里不开口的裤子

环子：耳环

十、房屋·器具

桁条：房梁

屋山头：屋左右外墙的两边

侧厢：厢房

柱礓石：柱基石

空斗墙：空心墙

阶沿：台阶

灶下：厨房

窗盘：窗

吊子：水壶

墩头板：砧板

筲箕：淘米箩

筷住笼：筷笼

料勺：汤匙

薄刀：菜刀

眼线：缝衣针

拗手：有柄木盆

洋煤头：火柴

洋油：煤油

家生：工具、家具

夜壶：男子溺器

灶披间：搭出来的支灶头的小屋，泛指辅房

司不灵锁：弹簧锁

火叉、火钳：烧火用的工具

脚踏车：自行车

洋机：缝纫机

搁排凳：方凳，也叫"骨牌凳"

十一、动物·植物

中性：动物统称

白乌龟：鹅

老丫：乌鸦

水老丫：鱼鹰

丫鹊：喜鹊

财积、蟋蟀：蟋蟀

猪郎：种猪

猪婆：母猪

肉猪：经过阉割的肉用猪

蜒蚰：蜗牛

活狲：猴子

河蚬、曲蟮：蚯蚓

鸡婆：母鸡

老虫：老鼠

土蚕：学名蛴螬，专吃植物根茎的害虫，形状如蚕宝宝

淘米虫：喜欢在水里钻上钻下的小甲虫，旧时在河里淘米时就集中而来，故名。

雄鸡：公鸡

结蛛：蜘蛛

癞团、癞狗包：蟾蜍

田鸡：青蛙

咸毛乌：蝌蚪

百脚：蜈蚣

胡知调：蝉，知了

叫哥哥：蝈蝈

打拳蛆：孑孓

游火虫：萤火虫

络纱娘：纺织娘

蚱子：米麦中的黑小虫

豆狗：豆类中的蛀虫

季鱼：鳜鱼

鲶搭子：鲶鱼

昂公：黄颡鱼

甲鱼：鳖

土婆鱼：塘鳢鱼

野鸡：雉

白头公：白头翁

菜薹：春天菜帮里蹿出的新芽

黄狼、黄鼠狼：黄鼬

叫天子：云雀

布谷鸟：大杜鹃

秃奎蛇：蝮蛇

四脚蛇：蜥蜴

白果：银杏

木樨花：桂花

桑子：桑葚

鸡冠头花：鸡冠花

打官司草：车前子

十二、食品·烹饪

肉龙松：肉糜

油炸桧：油条

肝油：猪肝

干面：面粉

猪赚头：猪舌头

狮子头：肉圆

束粉：粉丝

麻尖糕：大饼

泡饭：用饭烧成的稀饭

垒块：面疙瘩

米糁：饭粒

扎腻头：糊状食品

锅巨：锅巴

糍团：用糯米饭做成的有馅糍粑

茶食：糕点小吃

羹饭：祭祀用的饭菜

晴糖：饴糖

腿精：脚腿心肉

肚里劳曹：动物内脏

厨子：厨师

打生：办酒宴烧菜前准备工作

酒水：酒席

十三、行为·动作

笃、垦：将物抛出去

连：缝

斩：用刀剁

消：人躺在地上乱蹬（消地光），女人撒泼，孩子撒娇，在地上打滚

掀：用手推

舒：用两手抱

掰：用手把东西分开或折断

肉：揉

掸：用掸子拂去尘土等

撩：夹起（撩菜）

唷：将物弄弯或弄直

呼：用鞭类或绳索猛抽

匍：蹲

捩：拧

掐：用指甲使劲按或截断

霍：轻轻接触一下

持：撕、扯、拔（毛发）

字交：摔跤

眼热：眼红

回头：拒绝

演：小孩子好动，顽皮

惹演：讨厌

归：收拾、整理（归东西）

弄送：恶作剧

乖嘴：接吻

统：挪动（统位子）

斋：祭（斋灶）

钝：讽刺挖苦

漏落：遗失

发噱：发笑有趣

坍充：失面子

卖嗲：撒娇

洋盘：充内行

巴细：仔细，谨慎

酷账：准备、打算

打丕：打算、准备

豁边：出格，超出范围

结毒：结怨

穿绷：事情败露

失匹：失算

收稍：即将结束，最后

勿局、勿落局：不好

收作：收拾，整治

厌气：无聊

累堆：难办、厉害

豁铃子：暗示、透露消息

作梗：作难

卷铺盖：辞退、开除

炒鱿鱼：辞退、歇工

嚼白蛆：闲聊、说空话

敲竹杠：敲诈、勒索

打疙论：说话不连贯

寻吼死：寻衅

调枪花：耍花招

牛吃蟹：很粗疏地吃，很浪费；没有能力，硬着头皮上

煨灶猫：精神萎靡

吃生活：挨打

捉落空：抓住空闲时间

眼眼交：刚好、正巧

一篷风：很多人一起行动或长得快

勿作兴：不应该

勿判得：舍不得

勿酷张：没有想到，出乎意料

小扇子：讨好拍马，挑拨离间

讨惹厌：惹人讨厌

触眼睛：讨厌，不要看

别苗头：比高低

骂山门：公然骂人

听壁脚：偷听

弗识相：没有自知之明

翻花头：换花样

梗呛：不吻合，说话不入理

掼纱帽：甩手不干

虚邀：假装邀请，预先邀请

戳壁脚：暗中使坏、说人坏话

尖算：阴损、刁钻

盯盯捉螺蛳：盯住一件事不放，一定要搞个水落石出。比喻办事过分认真

扳皶丝：挑刺儿

毛脸中牲：个性毛糙，做事说话不合常理，不近人情，不讲道理

拆酷：凶、厉害、不讲道理

十四、人事·品性

百人百姓、各人各性：比喻每个人的性格脾气都不同

量气：肚量

横绷（横要用方言读）：不讲理

葛息：为人太计较

孱头：软弱无能，甘愿被人欺辱

激棍：厉害

判得：舍得

促客：刁滑、恶毒

将就：勉强

惑涩：精神不佳，心情不愉快

识相：识时务

上路：通情达理，办事公正

来三：行，可以

笃定：肯定，有把握

眼热：眼红，羡慕

现世：当场出丑

外快：额外收入

下作：下流

搭浆：做人差劲，也指办事马虎

寿头：不通人情世故的人

弄白相：闹着跑，开玩笑

坍台：丢脸，或称"坍冲"

吹牛皮：又称"吹牛"，说大话、夸口、聊天、侃大山

怵（丘）丝缕：刁钻、乖戾、蛮不讲理的人

乱稻草：做事说话不讲道理的人

穷兵滨：也作"穷兵帮"，争斗，拼命

阿曲西：称见识少、容易被人愚弄的人

阿木灵：笨蛋

阿胡卵：骂人的话。指不近人情，不明事理，说话不三不四的人

青壳蟛蜞：生活讲究、挑剔，但本身体力、能力不足的人

半吊子：说话吞吞吐吐，说半句留半句，做事半途而废的人

拆烂污：做事不负责任

吊胃口：故意引人兴趣又不给予满足

拌馊话：搬弄是非

路路泛：指事情大家都在议论

苋搭搭：得意之状见于言表
伸后脚：留退路
人前风：在人门前撒娇
吃豆腐：对女性调戏，故意作弄人
横戳枪：横里戳一枪，猝不及防，节外生枝，干预他人
塌肩胛：不愿承担责任的人
做人家：节约，节俭
呒清头：不懂礼节，荒唐
勿入调：不正经，无规矩
吃勿煞：吃不准，猜不透
别苗头：比高低
天开眼：做了坏事遭报应
定头货：性情固执的人
揩油：从中获利
塌便宜：占小便宜
吃排头：挨批评，受责备
轻骨头：轻浮，不稳重

鸭屎臭：丢脸，出丑
捐木梢：代人受过
娘娘腔：举止如女性，无男子气概
踏沉船：乘人之危
十三点：举止轻浮，言语、思维不正常
一路货：一个样子
温吞水：性格不急不慢，没有火气的人
喇叭腔：事情办糟
白鼻头：奸诈小人
白脚花狸猫：坐不住，欢喜往外跑的人
见好就收：不可贪心不足，要适可而止
翘力货：说话办事总与人意见不一致
搅家精：搬弄是非，搞得家庭或单位不得安宁的人
滑头：圆滑的人；调皮的人
洋盘：傻瓜，外行
焐心：私下里感到很惬意很开心

十五、事物·性状

显：漂亮
俏：指人漂亮，穿戴华丽也指货物销路好
蓬尘：尘土
推板：差、次的意思
蹩脚：质量不好，本领不高
过门：年轻女子嫁到夫家
家当：财产
行头：穿着打扮
奈泥：泥土
适意：舒服
铜钿：泛指钞票
板定：一定
直头：居然，竟然真的
卖相：人或物的外貌
码子：个头
事体：事情
塌塌蒲：太满，要溢出容器
拆天货：一般指破坏性很强的孩子或女人
勒色：垃圾，也指气量小与人斤斤计较

和道兴哄：喜欢凑热闹
和调：开玩笑，不负责任
隙隙薄：很薄
蛮蛮粗：很粗
截截细：很细
束束臭：很臭
笔笔直：很直
辣蓬蓬：辣的适口
毒毒煎：水在锅里沸腾
热同同：温暖舒适
激骨头：非常冷
矮墩墩：矮而壮实
瘦刮刮：清瘦
定样样：目光呆滞，魂不守舍的样子
厚之勒得：死皮赖脸，拎勿清，勿识相
厚皮番瓜：比喻脸皮厚的人
轻骨头：轻浮，不稳重
显颠：唯恐别人不知道而张扬、显摆
急客：穷鬼，穷而无志气，惹人讨厌

急成嚎道：因为急或害怕而不顾自己形态

紧腾腾：紧，严实

烂污货：不自重，行为不检点的女人

贼腔怪调：令人讨厌的样子

说书：吹牛，说大话

贼忒嘻嘻：嬉皮笑脸

说清话：说风凉话

臭脾张：坏脾气，品德低下

热胳：人际交往热乎

贼瘪鬼工：不大方，不坦气，行动鬼鬼祟祟

恶掐：恶毒

十六、娱乐游戏

老鹰捉小鸡：小孩做的集体游戏

悠镰刀：农村孩子割草时，丢镰刀比大小的一种游戏

挑绷绷：两个人用双手把线挑出各种花样的游戏

跳桥：游泳时，从桥上跳到河里，即跳水

摸猫猫：蒙眼找人的游戏

斗蟋蟋：斗蟋蟀

度灰堆：叠罗汉

轧脂油渣：众人靠在墙上互相挤压的游戏

千跟斗：翻筋斗

顶倒跑路：两手着地，双脚朝上，以手代足行走

豁虎跳：侧翻跳

造房子：地面上划好方块格子，提足踢砖块进方格子的游戏。

斗鸡：提腿单足着地，两人互相用腿相撞

赌牌九：用旧纸牌折成模型，放在砖块，比赛的人从远处抛砖头将砖块上的牌九打到地上，即为赢家

放鹞子：放风筝

旋茅针：春天小孩拔了茅针进行比赛的游戏

说书：评弹，评书

唱滩簧：锡剧演出

小热昏：民间说唱，类似上海说唱、相声的形式

唱春：新年或节场时，民间艺人走村串巷以说唱讨取钱物

打弹子：抛击小玻璃球的游戏

第二节　谚　语

一、气象谚语

（一）气象

立春头一天，大雪纷纷是灾年

春天不问路，雨停就好走

立春晴一天，农夫种田不费力

清明断雪，谷雨断霜

两春两端阳，斗米换娇娘

焐春三、冻八九

年内立春春不冷，年后立春冻煞人

二八月乱穿衣

清明难逢三月三，夏至难逢端阳日

百年难逢岁早春

雷打惊蛰前，高山好种田

鲞高日头低，连夜落勿及

芒种火烧天，夏至雨绵连

芒种雨绵连，夏至火烧天

黄梅寒，井底干

莳里寒，没竹竿

春雾阴，夏雾热，秋雾霜，冬雾雪

梅里西风莳里雨，莳里西风顿时雨

发尽桃花水，必是旱黄梅

五月迷露，雨在半路

六月迷露池塘干，七月迷露垒车潭

黄梅迷露，雨在半路；莳里迷露，干断大河

夏至是晴天，有雨在秋边

小暑里温吞，大暑里发滚

小暑里不见日头，大暑里开石头

夏天落雨隔条线，乌鸦飞过湿半边

夏雨隔秋田，水牛湿半肩

小暑头上一声雷，四十五天倒黄梅

一场秋雨一场凉，一场白露一场霜

立秋响雷，百日无霜

立秋雨淋淋，遍地出黄金

处暑里的雨，粮仓里的米

处暑处暑，热煞老鼠

白露白茫茫，无被勿上床

重阳无雨看十三，十三无雨一冬晴

雷打菊花心，米麦赛黄金

霜降无霜，米烂陈仓

立冬晴，一冬凌，立冬阴，一冬温

干净冬至邋遢年，邋遢冬至干净年

大暑不热，五谷不结，大雪不冷，六畜不稳

冬至西南一日阴，半晴半雨到清明

小雪雪满天，来年是丰年

两春夹一冬，无被暖烘烘

伏里西北风，腊里船不通

白露里的雨，到一宕坏一宕

西风腰里硬，东风两头膨

西风夜静

有雨山戴帽，无雨山束腰

麦秀风摇，稻秀雨淋

日没胭脂红，无雨也有风

一场秋雨一场寒

重阳无雨一冬晴

一场冬雪一场财，一场春雪一场灾

春雪一场，狗饿断肠

冬雪如浇，春雪如刀

乌云接日头，夜半雨骤骤

谷雨三朝笋头齐

立夏见三鲜

白露身不露

晴到冬至落到年

立春难见一晴

两春隔一冬，无被暖烘烘

两春两端阳，斗米换娇娘

逢春落雨到清明

春冷下雨，秋暖连阴

冻惊蛰，冷清明

未蛰先蛰，人吃狗食

芒种芒种，样样要种

夏至一滴值千金

朝立秋，阴飕飕，夜立秋，热到头

处暑难得阴，白露难得晴

千浇万浇，不及处暑头上一浇

寒露脚不露

立冬晴，一冬晴；立冬雨，一冬雨

小雪雪满天，来年必丰年

大雪年年有，不是三九是四九

干冬湿年

秋热不长，到夜就凉

立冬小雪麦三寸

雷公先唱歌，有雨也不多

东霍霍，西霍霍，明天必定干剥剥（霍霍指闪电）

一年四季东风雨，唯有夏天东风晴

（二）物候

河蚬（蚯蚓）唱歌，有雨勿多

干苍蝇，水蚊子

鱼抬头，雨兆头

鸡愁风，鸭愁雨

鸡鸭勿进棚，大雨即将降

燕子低飞雨必来

蜻蜓飞屋檐，大雨在眼前

蚊子声音如撞钟，无雨也有风

菜坛泛泡，必有雨到

蜜蜂出窝天放晴

蜜蜂勿出窝、阴雨不会错

蚂蟥打滚，大雨来临

蚂蟥沉，热煞人

蚂蚁筑埂有阵雨

蚂蚁搬家，大雨哗哗

雨中听蝉鸣，预报天要晴

雨天知了叫，晴天马上到

百脚出巡，大雨倾盆

蟋蟀琴，必欠晴

猫吃青草雨将到，狗吃青草天气好

河鱼跳，大雨到

烟囱勿出烟，必定有阴天

久雨雀噪晴，久晴雀噪雨

水底泛青苔，必有大雨来

老鼠搬家蛇过道，不出三天大雨到

青蛙乱叫，大雨将到

基石冒汗雨勿小

鸽子不出门，天天雨淋淋

蜻蜓乱飞，将要大雨

蚯蚓爬出洞，无雨也有风

蚯蚓土里钻，越深越干旱

老人腰酸，老天要变

老伤发痛，老天变脸

青山戴帽，长工困觉

蜘蛛收网，大雨必降

蜘蛛张网，太阳旺旺

蝼蛄叫，晴天到

蜗牛爬房，大雨要降

蚊子扑人面，大雨在眼前

青石板上汗涔涔，三天之内雨蒙蒙

烟筒湿，雨勿歇

盐罐滴水，大雨在眼前

咸肉滴卤，大雨在路

荟棵枯心死，一定大水年

梧桐开花发大水

乌龟看天，天气要变

麻雀洗澡，大雨要到

公鸡叫，日头照；母鸡愁，雨水流

狗吐舌头鸡张嘴，黑云遮天雨水来

黄鳝抬头有大潮，泥鳅打滚来风暴

日没胭脂红，无雨也有风

一叶落而知天下秋

二、农事谚语

三十六行，种田第一行

季节勿等人，一刻值千金

庄稼一枝花，全靠肥当家

十年抢早，难得一年勿好

若要收成好，选种最重要

有收无收在于水，多收少收在于肥

不冷不热，五谷不结

只有懒人，没有懒地

鲜灰宿粪暴河泥

牛尿一勺，勿及羊尿一笃（滴）

人误田一时，田误人一季

开店不离店头，种田不离田头

牛马年，好种田

堆在田里勿算，收到场上一半，进到仓库才算

稻上场，麦进仓，黄豆挑在肩膀上

大麦不过霜降，小麦不过立冬

宁种晚，不抢烂

懒耕懒种，低产祖宗

寸麦耐尺水，尺麦怕寸水

清明沟底白，骚草变成麦

清明白田，还是麦年

人冷穿衣，麦冷盖泥

十月麦，请人踏

冬垩金，春垩银，春肥腊施银变金

惊蛰麦直

清明到，拔麦叫

芒种三朝乱樵麦

处暑不浇苗，到老直苗苗

稻垩立秋，麦垩三九

稻发芽一只角，麦发芽，剩层壳

稻老要养，麦老要抢

蚕老一歇，麦老一日

娘好女好，秧好稻好

宁可秧等田，勿要田等秧

宁可隔宿秧，不莳隔宿田

过了芒种，不要强种

小满两头忙，插秧打麦场

干田晒黄秧，等于死爹娘

莳秧要莳浑水田

一日早，十日赶不到

王法有宽松，季节不饶人

头莳勿抢，二莳勿让，三莳正当

哭勿煞的儿郎，晒勿煞的黄秧

莳秧要莳桅杆秧，勿莳眠水秧

莳秧切记烟筒头，稠埂要泥平

芒种无闲人，夏至无白田

秋前勿搁稻，秋后要懊恼

田边丝毛坼，田中不陷脚

风吹稻叶响，满田白根发（指搁田标准）

清水硬板交交（每次）清，活熟到老好收成

早稴稴草，晚稴稴稻

若要害虫少，除尽田边草

勿怕田瘦，只怕田漏

人在岸上热得跳，稻在田里哈哈笑

立秋种葱，白露排蒜

养稻赛过放债

麦怕清明连夜雨，稻怕寒露一朝霜

寒露吙青稻，霜降一齐倒

吃看田里，穿看匾里

男采桑，女养蚕，四十五天就见钱

家有一亩桑，胜似十亩粮

桑是摇钱树，茧是银元宝

蚕过三眠关，银子用肩担

好蚕勿吃小满叶

一年三熟稻、麦、桑

种竹养鱼千倍利，种桑养蚕当年益

小蚕勿忌露水桑，老蚕勿吃湿桑叶

谷雨三朝蚕白头，小满三朝卖新茧

蚕无夜食不长，马无夜草不壮

种了百棵桑，不怕年成荒

春蚕宜暖、秋蚕宜风（通风）

多吃一口桑，多张一寸丝

清明孵蚕子，立夏见新丝

仙人难测桑叶价

桑树勿要垩，一年环它三铁钯（翻三次土）

桑树勿剪稍，产量不会高

养猪吮窍，圈干食饱

养猪勿赚钱，回头看看田

人勤地生宝，人懒地生草

种子年年选，产量节节高

挨饿受穷，不吃籽种

忙时站一站，秋后少顿饭

三分种，七分管

泥头晒晒白，多吃一熟麦

小熟丰收好种田，大熟丰收好过年

四五六月拔棵草，寒冬腊月吃个饱

春耕早一天，秋收早十天

耕地深一寸，赛过上层粪

栽秧栽得嫩，犹如上道粪

芒种芝麻夏至豆，秋分种麦正时候

田地耕得深，瘦土出黄金

锄田锄得巧，来年收成好

丰收无它巧，一苗二肥三锄草

春锄泥，夏锄皮

三耕六钯九锄田，一季收成抵一年

人靠地养，苗靠肥长

水满塘，谷满仓，塘内无水仓无粮

家前屋后种满竹，三年以后换新屋

钓鱼不离滩头，耕田不离地头

惊蛰麦直，小满麦满

旺麦先熟，薄稻先斫（割）

冬壅金，春壅银，过了清明不留情

秧好半熟稻，种好收成高

冬粪浇条线，春粪浇到边

秋前拔根草，秋后吃一饱

黄秧落地是棵草，种好管好才成宝

三、生活谚语

爱美之心，人皆有之

开门七件事，柴、米、油、盐、酱、醋、茶

吃尽东西盐好，走尽天下娘好

同胞兄弟看娘面，千朵桃花一树生

打虎亲兄弟，上阵父子兵

家和万事兴，家衰吵不停

筷头子上出逆子，棍棒头上出孝子

好男勿吃分家饭，好女勿穿嫁时衣

八成饱健身，十成饱伤身

百金买房，千金买邻

邻舍好，赛金宝

远亲勿如近邻，近邻勿如对门

出门一里，不如家里

金屋银屋，不如家里草屋

出门方知家里好

不怕人老，就怕心老

茶喝多了养性，酒喝多了伤身

长兄如父，长嫂如母

儿不嫌母丑，狗不怨主穷

宁拆十座庙，不拆一个家

乡下夫妻，寸步不离

村中出个好嫂嫂，满村姑娘都学好

打打闹闹，白头到老

知子莫若父

小棒受，大棒走（逃）

当家才知柴米价，养子方晓父母恩

正三年，反三年，补补缝缝又三年

儿大不由娘

儿孙自有儿孙福，莫为儿女当牛马

夫妻安，合家欢

夫妻不和，子孙不旺

父子不和家不旺，邻居不和是非多

遇人且说三分话，不可全抛一片心

害人之心不可有，防人之心不可无

父子无隔宿之仇

隔山隔水不隔亲

见人减岁，见物增值

好话一句三冬暖，恶语伤人六月寒

好话说三遍，聋子也心烦

家有一老，赛过一宝

树欲静而风不止，子欲孝而亲不待

家有三件宝，丑妻薄田破棉袄

久病床前无孝子

酒是穿肠毒药，色是刮骨钢刀

色字头上一把刀

捆绑不成夫妻

瘌痢头儿子自家的好

萝卜青菜，各有所爱

民以食为天，食以安为先

门不当，户不对，日久天长必成灾

妻贤夫祸少，子孝父心宽

人要脸，树要皮

日间勿做亏心事，半夜敲门勿心惊

人情勿起利，一礼还一礼

人情逼如债，锅子当铁卖

富在深山有远亲，穷在闹市无人问

花花轿子人抬人，铜钿银子骗煞人

满饭好吃，满话难说

冷粥冷饭好吃，冷言冷语难受

荒年饿勿煞手艺人

家有两行，必有一荒

性急吃勿得热粥

一只碗勿响，两只碗叮当

说着风就扯篷

勿啬勿富

勿怕勿识货，只要货比货

货比三家勿吃亏

坐得正，立得正，勿怕和尚尼姑合板凳

好汉勿得罪上门客

吃力勿讨好，讨好勿吃力

想发财，穷得快

吃勿穷，穿勿穷，没有算计一世穷

小洞勿补，大洞吃苦

面上笑呵呵，心像毒蛇窝

会捉老鼠的猫勿叫

若要好，大做小

上梁勿正下梁歪

病从口入，祸从口出

拳勿离手，曲勿离口

人怕出名猪怕壮

姑娘嫌嫂丑，空做活冤家

瓜菜半年粮

一个爷娘九种子

十个指头有长短

丈母娘看女婿，越看越欢喜

人要衣装，佛要金装

好死不如赖活

好人多难，好事多磨

好人还得好衣装

生姜老的辣

上床夫妻，下床君子

树大分杈，儿大分家

手背也是肉，手心也是肉

树老招风，人老招贱

立如松，睡如弓，行如风，坐如钟

不是一家人，不进一家门

在家敬父母何必远烧香

嘴上无毛，办事不牢

种田勿着一熟，娶妻不着一世

不听老人言吃亏在眼前

做贼偷葱起

嘴上打过滚，叫人不蚀本

礼多人不怪

吃的盐和米，讲的情和理

河有九曲八弯，人有三回六转

天有不测风云，人有旦夕祸福

祸不单行，福无双至

天冷冷在风里，人穷穷在债里

先苦后甜，富贵万年

亲兄弟，明算账

没有规矩，不成方圆

好话勿出门，坏话传千里

有借有还，再借勿难

勿借一恶，借了千恶万恶

立了借钱，跪了讨债

债多勿愁，虱多勿痒

久病成良医

土方气煞名医

铜钱大的洞，盘篮大的风

船到岸，心勿乱

奈泥萝卜，揩一段吃一段

荒年不荒手艺人

树高千丈，叶落归根

路是弯的，理是直的

歪理几十条，真理只一条

有理不在声高

会走走不过影子，会讲讲不过道理

理字没多重，万人抬不动

有理压倒泰山（有理好打太公）

口说不如身到，耳闻不如目见

不见不识，不做不会

打铁要自己把钳，种地要自己下田

不经三冬，不知春暖

脚正不怕鞋子歪，身正不怕影子斜

见强不怕，见弱不欺

莫学簏箩千个眼，要学灯笼一个心

人直有人合，路直有人行

脸丑怪不得镜子

天燥有雨，人燥有祸

学好千日不足，学歹一日有余

树靠人修，人靠自省

星多天空亮，人多智慧广

智者通情达理，愚者刚愎自用

玉不琢不成器，人不学不知道

学问学问，要学要问

人在世上练，刀在石上磨

虚心的人学十当一，骄傲的人学一当十

富从俭中来，学从勤中得

师傅领进门，修行在自身

邻居失火，不救自危

谷多春出米，人多讲出理

君子之交淡如水，小人之交甜似蜜

不会烧香得罪神，不会讲话得罪人

好绳要长，好话要短

闻音知鸟，闻言知人

喜时之言多失言，怒时之言多失理

聪明的人想了才说，愚蠢的人说了才想

吃人一碗，说话嘴短

果子越吃越少，闲话越搬越多

赌钱叮当起，做贼偷葱起

马到岩头收缰晚，船到江心补漏迟

拿了人家手短，吃了人家嘴软

开场聚赌，赛如杀人放火

相打没好拳，相骂没好言

父子相合家不败，弟兄相合不分家

家有千口，主事一人

秤不离砣，媳不离婆

十年媳妇十年婆，再过十年做太婆

有钱难买子孙贤

有用媳妇两头瞒，无用媳妇两头搬

娘和女最好，红搭绿最俏

子孙有能力，平屋变高楼

子孙无能力，高楼变灰堆

慈母多败儿

心软不治事，面软不治家

好吃还是家常饭，好穿还是粗布衣

吃要饱，着要好，一世讨饭料

毛毛雨落湿衣裳，杯杯酒吃光家当

惜衣有衣穿，惜饭有饭吃

洗浆好，补得好，穿得整齐没人笑

一顿省一口，一年省几斗

一粒粮食一粒汗，粒粒粮食汗珠换

布衣暖，菜根香，瓜菜葫芦半年粮

省吃餐餐有，省穿日日新

梭子两头尖，一歇呒铜钿

三朝锅子勤刮刮，又省功夫又省柴

一天一根线，一年织成缎

一年亏空十年空，十年亏空一世穷

爹有娘有，不及自有

打也惜，骂也惜，儿子大了泪直滴

浇花浇根，教人教心

树小扶直易，树大扳直难

一懒生百病

有病方知健是仙

药方无贵贱，灵者是仙丹

早起活活腰，一天精神好

脑子怕不用，身体怕不动

饮食贵在节，锻炼贵在恒

少吃有滋味，多吃伤脾胃

寒从足起，病从口入

捂捂盖盖脸皮黄，冻冻晒晒身体强

吃得慌，咽得慌，伤了胃口伤了肠

饭后走百步，胜过开药铺

冬吃萝卜夏吃姜，不叫医生开药方

临睡洗洗脚，胜过吃补药

咸菜萝卜汤，吃得像四金刚；桂圆莲心汤，养得像黄鼠狼

常带三分饥，不要请郎中

牙齿不掏不空，耳朵不掏不聋

水停百日生毒，人停百日生病

先苦后甜不算苦，先甜后苦不算甜

家有良田千顷，不如薄艺随身

筷头上出忤逆，棒头上出孝子

六十不借债，七十不借宿

不怕少年苦，只怕老来穷

花无百日红，人无一世穷

染缸里拉不出白布

河底点得着，人心摸不到

宁跟讨饭的娘，不跟做官的爷

家有黄金外有秤

人直不聚财，河直不藏水

富在知足，贵在知退

穷算命，富烧香

不是一家人，不进一家门

在家敬父母，何必远烧香

老牛肉有嚼头，老人话有听头

树多根多，人老识多

香花不一定好看，会说不一定能干

要知父母恩，怀里抱儿孙

一人说话全有理，两人说话见高低

一时强弱在于力，万古胜负在于理

人横有道理，马横有缰绳

不看人亲不亲，要看理顺不顺

天上无云不下雨，天下无理不成事

天下的弓都是弯的，世上的理都是直的

井越掏，水越清，事越摆，理越明

无理心慌，有理胆壮

认理不认人，帮理不帮亲

水不平要流，理不平要说

水退石头在，好人说不坏

以势服人口，以理服人心

让人一寸，得礼一尺

有理说实话，无理说蛮话

有理的想着说，没理的抢着说

有理不可丢，无理不可争

好人争理，坏人争嘴

好茶不怕细品，好事不怕细论

走不完的路，知不完的理

第三节　歇后语

关公卖豆腐——人硬货不硬

木樨花喂牛——忒料重

木匠弹线——张一只眼闭一只眼

木匠打老婆——有尺寸

戏台上的胡子——全是假咯

老母鸡吃黄豆——粒粒下肚

寿星学吹打——寿长气短

六月里穿棉鞋——热脚

哑子吃黄连——有苦说不出

癞痢头撑伞——无法（发）无天

城头上出棺材——远兜远转

黄山桥咯小猪——拎开算

堑滩上截树——吭不蹲身之处

厕所里咯石头——又臭又硬

孔夫子搬家——全是书（输）

棺材里伸手——死要钱

癞蛤蟆（狗宝）勿吃人——生相难看

老太婆搽口红——给点颜色年轻人看看

老和尚敲木鱼——实笃笃

老鸡婆报子——自吹

叫花子唱小调——穷开心

严嵩庆寿——照单全收

乡下人挑粪——前也是屎（死），后也是屎（死）

两个哑子困勒一横头——无话可说

叫花子不留隔宿食——一顿光

顶则石臼做戏——吃力勿讨好

姜太公钓鱼——愿者上钩

狗捉老虫（鼠）——多管闲事

脱裤子放屁——多此一举

阎头王死了——鬼也勿相信

阎头王贴告示——鬼话连篇

西瓜田里走路——左右逢圆（源）

箩里坐巴斗——稳笃笃

三个指头拈田螺——笃定

瞎子吃馄饨——肚里有数

蛮娘咯棒头——早晚一顿

算盘珠珠——拨一拨动一动

瞎子称秤——勿放在心（星）上

嘴上搨石灰——白说白话

戴则箬帽乖嘴——碰勿拢头

泥鳅与黄鳝攀朋友——滑碰滑

水里捞月亮——一场空

水里照镜子——倒过来看

水车叶子——只顾来数不清

水缸里放明矾——澄清

手像蒲扇，脚像钉耙——大手大脚

书桌上咯笔筒——粗中有细

书堆里咯蛀虫——咬文嚼字

依葫芦画瓢——看样学样

寅吃卯粮——预支

梁山兄弟——不打不相识

公公给媳妇拜年——岂有此礼（理）

老和尚念经——照本宣科

榔头对锤子——狠对狠

老大懒老二勤——一不做二不休

郎中先生开棺材店——死活都要钱

癞蛤蟆上楼梯——连蹦带跳

黄鼠狼给鸡拜年——不安好心

猫哭老鼠——假慈悲

蜻蜓吃尾巴——自吃自

弄堂里搬木头——直来直去

擀面杖吹火——一窍不通

猪八戒照镜子——里外不是人

蛇吃黄鳝——活摒煞

小和尚念经——有口无心

秀才碰着兵——有理说不清

外甥提灯笼——照舅（旧）

三婶婶嫁女——心不定

乡下人吃橄榄——回后懊恼

丢掉西瓜捡芝麻——为小失大

竹篮打水——一场空

敲锣卖糖——各值一行

泥菩萨过河——自身难保

猪圈里黄牛——独大

阎头王开饭店——鬼上门

麦柴秆秆吹气——小里小气

大姑娘上轿——第一回

黄连树下弹琴——苦中作乐

中药店里咯揩台布——浑身苦

热锅上蚂蚁——团团转

吊煞鬼搽粉——死要面子

兔子尾巴——长不了

牯牛身上拔根毛——无伤大局

哑子讨老婆——喜不可言

灶家老爷上天——有一说一

麻油拌蒿菜——各人心中爱

刘备借荆州——有借无还

老虎头上拍苍蝇——找死

烧香望和尚——一事两便当

药店里咯甘草——样样有份

鸭吃砻糠——空欢喜

砻糠筑坝——一无用场

丫头当阿妈——熟手

橄榄核垫台脚——活里活络

宜兴夜壶——出张嘴

夜壶里出恭——难得一通

冷水里打浆——面熟陌（麦）生

鹞子断线——杳无音讯

隔年咯蚊子——老口

推开板壁——直讲

旗杆上挂灯笼——高明

肉骨头打鼓——昏（荤）咚咚

石灰船上火着——呒救

门缝里看人——把人看扁

丈二和尚——摸不着头脑

猫捉老鼠——理所当然

猫捉老鼠狗看门——各尽其职

困梦头里讨老婆——想得美

米筛子筛黄豆——格格不入

落井下石——乘人之危

萝卜干当人参——不识货

逢年过生日——双喜临门

木匠的刨子——抱打不平

木匠的凿子，铁匠的锤，裁缝的皮尺，厨子的刀——各有一套

十字路口分手——各奔前程

十字路口贴告示——众所周知

十二月里喝冰水——从头冻到脚

王老虎抢亲——弄巧成拙

王母娘娘下厨房——亲自动手

蚊子落在蜘蛛网上——脱不了身

文火熬蹄髈——慢慢来

乌龟爬门槛——就看此一番

乌龟背石板——硬碰硬

乌龟请客——尽是王八

伍子胥过昭关——一夜愁白头

五句话分两次讲——三言两语

膝馒头上打瞌睡——自靠自

喜事碰上丧事——有哭有笑

张飞审西瓜——粗中有细

第四节 常用俗语

半斤对八两

不见黄河心不死

只有千年做贼，没有千年防贼

成也萧何，败也萧何

行得春风有夏雨

会做贼会防贼

从小偷根线，长大牵头牛

住场好不如肚肠好，坟地好不如心地好

各人自扫门前雪，休管他人瓦上霜

千做万做，蚀本生意勿做

官不贪财，鬼神也怕

害人先害己

好人好报，恶人遭殃

积德有德在

积少成多

家有贤妻，不给男人惹是非

七里缠勒八里，蒲鞋穿勒袜里

见色不迷，见财不贪

贪多嚼不烂

敬神不如敬父母

快刀斩乱麻

村中出个好嫂嫂，一村姑娘都学好，村中出个搅家精，一村人家勿太平

浪子回头金不换

路不平有人铲，事不平有人管

满堂儿女，不如老夫老妻

朋友千千万，知心有几人

贫穷自在，富贵多忧

千里送鹅毛，礼轻情意重

钱财如粪土，仁义值千金

清官手里出良民

人不可貌相，海水不可斗量

人为财死，鸟为食亡

人心不足蛇吞象

三个臭皮匠，顶个诸葛亮

三句话不离本行

三十年河东，四十年河西

晒死的韭菜，气死的葱

世上无难事，只怕有心人

树倒猢狲散

说出去的话，泼出去的水

天要下雨，娘要嫁人

万事俱备，只欠东风

无事不登三宝殿

心病还要心药医

一根筷子容易折，一把筷子折不断

一人得道，鸡犬升天

有缘千里来相会

有志不在年高，无志空长百岁

与人方便，自己方便

宰相肚里好撑船，将军掌上好跑马

长兄比父，长嫂比母

只许州官放火，不许百姓点灯

只要功夫深，铁杵磨成针

猪是猪，羊是羊，猪毛长不到羊身上

天下乌鸦一般黑

东山老虎要吃人，西山老虎也要吃人

一脚勿到，一脚勿了

立勒河里等潮来

冤有头，债有主

逃出虎口，又入狼窝

打开天窗说亮话

人心都是肉做的

十指连心痛

人情薄如纸

众人拾柴火焰高

双拳勿及四手

人穷志短，马瘦毛长

猫多勿捉虫（老鼠）

吃得苦中苦，方为人上人

救了田鸡饿了蛇

吃素碰着月大

男做女工，越做越穷

西瓜小猪，到手为财

只记勒得勿记糖

男子十六，扛车抬轴

女大十八变，连连上轿变三变

会捉老鼠的猫勿叫

杨树叶子落下来怕打破头爿

聪明面孔笨肚肠

情人眼里出西施

疑人勿用用人勿疑

求人不如求己

杀人偿命欠债还钱

一言既出驷马难追

但存方寸地，留于子孙耕

闲时不烧香，急来抱佛脚

强龙斗勿过地头蛇

拼死吃河豚

小洞不补，大洞吃苦

白日不谈人，昏夜不讲鬼

捉贼捉赃，捉奸捉双

皇天不负有心人

花无百日红，人无千日好

若要小儿安，常带三分饥与寒

六月六，猫狗洗冷浴

一客不烦二主

来者不善，善者不来

远水救不得近火

是非只为多开口，烦恼皆由强出头

来说是非者，便是是非人

只知其一，不知其二

福无双至祸不单行

当断不断反受其乱

百闻不如一见

人前莫说人长短

骗上高楼拔短梯

快行无好步

十指有长短，痛惜皆一样

此处不留人，自有留人处

养儿防老，积谷防荒

一个老子养三个儿子，养成米花团子；三个儿子养一个老子，养成糠花驼子（一说"干瘪枣子"）

过河拆桥

常将有日思无日，莫待无时想有时

第五节　亲属称谓

高祖父：太太公

高祖母：太太婆

曾祖父：太公、老爷爷

曾祖母：太婆、老太太

祖父：爷爷、公公、好公

祖母：奶奶、好婆、亲娘

父亲：爸爸、爷、老子、爷老头子、爹爹

母亲：妈妈、娘、姆妈、妈咪

儿子：男小倌、老小、男老小、倪（谐音）子

媳妇：新娘子，或称名字

女儿：囡、囡女、丫头、女女

女婿：大倌人，现今都称名字

子之子女为孙、或孙男、孙女，其配偶称孙媳，孙女婿。孙之子女为曾孙、曾孙女，或重孙、重孙女。曾孙之子女为玄孙、玄孙女，或重重孙、重重孙女。

伯父：伯伯、大爷、老伯伯

伯母：大娘、阿姆娘

叔父：叔叔、阿叔

婶母：婶婶、婶娘

伯叔之子女为堂兄、堂弟、堂姐、堂妹。

姑母：阿伯、伯伯、姑娘

姑父：姑夫、姑爷

姑夫姑母的子女为姑表兄弟姐妹。

丈夫：男人、当家人、老倌、老老头

妻子：家里人、老婆、阿马、女人、老太婆

外祖父：舅公、外公

外祖母：舅婆、外婆

岳父：丈人、伯伯，也称爸爸

岳母：丈姆、姆妈

公公：阿公、爸爸

婆婆：阿婆、姆妈

舅父：舅舅、娘舅、阿舅

舅母：舅姆、舅妈

姨父：姨夫、娘姨夫

姨妈：阿姨

兄弟之间：阿哥、哥哥、阿弟、弟弟、老兄、老弟、弟子

姐妹之间：姐姐、阿姊、姊姊、阿姐、妹妹、小妹、阿妹、妹子

妯娌之间：大娘、阿姆、阿婶

姐妹的丈夫：哥哥、阿哥、姐夫、弟弟、阿弟、妹婿，与他人说时称连襟

丈夫的姐妹：姐姐，阿姐，妹妹，对他人说时称姑娘

妻子的兄弟：哥哥、阿哥、弟弟、阿弟，与他人说时称阿舅

妻子的姐妹：姐姐、阿姐、妹妹，与他人说时称阿姨

南闸志

第二十二编 人 物

第一章 人物传略（一）

第一节 古代人物传略

本节列名：鸟窠禅师、蒋静、耿与文、耿秉、耿羽、耿轸、耿角、耿某、耿庆、耿昆、何澄、李琨、徐晞、华秉彝、高相、高宾、高贯、高赟、蒋瑾、高自卑、耿勋、李寄、吴烜、耿人龙，共24人。

鸟窠禅师（740—824） 原籍浙江富阳，俗名潘香光，法名道林。9岁出家，14岁到河南崇山会善寺学习佛经，21岁在湖北荆州果愿寺受戒，后拜著名佛教改革家百丈淮海法师为师。道林禅师云游浙江杭州时，见西湖北岸的秦望山（与南闸秦望山同名不同地）上有一松树，枝繁叶茂，盘屈如盖，于是就栖身其上诵经修法。其间，有两只喜鹊在他栖身的树枝旁筑巢并繁育后代，禅师主动亲近这对喜鹊，取得了它们的信任，进而驯化它们，使它们具有灵性。有人把这件事编成了"栖松驯鹊"的故事。时任杭州太守的白居易听说后，便亲自来到秦望山，果见一老僧在树上闭目养神，便说："高山高树卧高僧，但当居高思危。"道林禅师微微睁目答道："高职高位冠高名，可知其高更险。"白居易闻言思忖，自己两度遭贬，确实宦海沉浮，难以预料，深感道林禅师不愧为深隐高僧。事后，白居易与道林成为莫逆之交，经常问禅于他。白居易被贬为苏州刺史后，鸟窠禅师也离开杭州，云游至南闸秦望山北麓芦岐庵内当了住持。由于他的声望，小小的芦岐庵经常大师云集，法事繁忙，成了江南一带的名刹。唐长庆四年（824），鸟窠禅师告诉侍从："吾今报尽。"说完，端坐怡然归寂，享年84岁。白居易曾写诗以示纪念，诗曰："形羸瘦骨久修行，一衲麻衣称道情。曾结草庵倚碧树，天涯知有鸟窠名。"从此，人们尊称道林为鸟窠禅师，并将芦岐庵改名为鸟窠禅院。鸟窠禅师在庵内曾挖有一个放生池，将被剪去尾部的螺蛳放入其内，皆活且所生螺蛳都无尾，时人以为禅师法力所致，称为"无尾螺"。鸟窠禅师圆寂后，他的弟子们在放生池旁建造了一座"放螺亭"，白居易为其题额"化螺"。如今，放生池仍在，池内无尾螺历经1300多年，依然代代相传，生生不息。

蒋 静（1054—1125） 字叔明，原籍宜兴，致仕后因夫人为来春乡（今南闸）泗河人，遂入籍江阴。宋元丰二年（1079）进士，任安仁县令。当时，该县民风极差，百姓迷信鬼神，以致生了疾病宁可病死也不肯延医吃药，而情愿花钱请巫医。蒋静上任伊始，就决心矫正陋习，改变民风。首先，他深入民间，把从事巫医的人员调查登记在案，然后大造舆论，列举巫医骗财害人的恶行，宣传有病就该延医用药的道理。接着他发奸摘伏，严惩了几个巫医的头头，最后又把巫医求神占卜所用的土偶、木偶三百余具统统投入江中销毁。从此以后，安仁县再也没有发生过巫医治病的事情。崇宁二年（1103），蒋静被任命为国子司业。崇宁三年（1104），徽宗赵佶驾幸太学，命蒋静讲解《尚书·无逸》篇，当场赐他紫金服，并擢升为国子监祭酒，不久又任命他为中书舍人，敕封显谟阁待制。后调任江宁知府。时有茅山道士刘混康，以歪门邪道得到宋徽宗的宠爱，称为"先生"。他的徒弟们仗势敲诈百姓，一时间把江宁府搞得乌烟瘴气。蒋静到任后，告一个，抓一个；抓一个，治一个。刘混康找蒋静求情，蒋静拒不接见。刘只得赶到京城求皇帝帮忙，昏庸的徽宗答应了他，派太监到江宁传旨，要蒋静"悉数释放"。蒋静连上数道奏折，讲明案情，并称所有案犯"悉抵于法"。徽宗皇帝只得安慰刘混康几句，让他回茅山，不要跟蒋静较劲，就算了事。后蒋静被任命为大司成，封直学士。卒于宣和七年（1125），赠通议大夫。著有《寂昭堂集》。《宋史》有传。

耿与文（生卒年不详） 来春乡（即今南闸）耿家村人，耿氏始迁祖水环公冕之孙。宋哲宗绍圣元年（1094）登毕渐榜进士，出仕河南卢氏县知县，后定居卢氏县。

耿 秉（生卒年不详） 字直之，宋高宗绍兴三十年（1160）进士。自宋孝宗乾道三年（1167）到宋光宗绍熙元年（1190），耿秉当了20多年的地方官。在此期间，他律己清俭，以利民为事。在他当两浙路漕运使时，有一年，江阴军百姓没有足够的绢匹交纳赋税，耿秉在不影响执行朝廷政策的前提下，允许百姓可以用酒等实物代替交纳赋税和偿还贷款，灵活机动地解决了地方和百姓的困难，使国家、地方和老百姓各得其所。他还由此想到其他穷困的府县，便向朝廷写了奏章，为这些府县减免了数以万计的赋税。耿秉当地方官多年，接触平民较多，了解百姓的疾苦。他利用自己兼任给事中可以直接向皇帝反映情况的特权，提出"役法六事"，奏请朝廷推行。临安府的百姓为了感谢他的恩德，建造了美政庙，四季祭祀。淳熙八年（1181），耿秉在安徽广德当知军，是年秋天广德遭遇特大水灾，众多灾民因断粮濒临饥饿致死的地步。耿秉为了抢时间救灾民，冒着被杀头的危险，毅然决定矫旨开常平仓救赈。由于耿秉果断行事，数十万饥民免于饿死。事后，耿秉在写给朝廷的"请罪"奏折中申辩道："动仓谷以广皇仁，非邀誉也。饥民户口皆可考，非肥己也。使上有特恩，坐视各州县之流离死亡而不救，官有余粟，野有饥殍，本道之罪，其可逭乎？……今已擅动仓谷，题参理应顺受，第恐将来山东各官，皆以为戒，视仓谷重、民命轻，害不可言矣。"（《郎潜纪闻三卷》卷十二）宋孝宗赵眘觉得耿秉言之有理，竟没有降罪于他。绍熙元年（1190），耿秉奉诏进京，被任命为秘书监，第二年又擢升为兵部侍郎。耿秉告老还乡后，曾为江阴首刻唐异僧草书《心经碑》，此碑现藏于江阴中山公园碑廊，是省级历史保护文物。耿秉著有《春秋传》20卷、《五代会史》20卷。

耿 羽（生卒年不详） 字仪父，耿秉之子。宋孝宗淳熙八年（1181）登黄甲榜进士，历官太常博士。居官莅政皆取法，清介自守，不避权贵。致仕后利用空余时间，搜辑资料编成首部《澄江耿氏宗谱》。

耿轸、耿角（生卒年不详） 耿轸字静轩，耿羽长子；耿角字诚斋，耿羽次子。二人都是饱学之士、治世之才，尤其是耿角，博古通今，理学经济俱堪名世。宋宁宗赵扩曾下令禁止理学，定理学为伪学，斥逐朱熹等理学家。耿角却赞美程朱之学，认为是继承孔孟的正宗学说，仍旧私下里用程朱理学传授弟子，后来他的学生中很多成了当代名士。宋理宗继位后，开始尊崇理学，屡次下诏征召耿角进京，都被他以父母年事已高，需要奉养为理由而坚辞了。他说："事君之日长，报亲之日短，岂以三公易吾一日之养哉！"耿轸、耿角为了让年迈的父母生活得更舒适，于家中构建一堂，夏则清风徐来，冬则和光溶溶，悬额曰"温清堂"，表达他们对双亲"冬温夏清，晓夕承奉"的承诺。耿轸、耿角的孝行受到了宗族乡党的赞扬，称他们为"耿氏双孝"。很多文人写诗作词，嘉其兄弟懿行。几百年来，他们俩被南闸人民奉为"百善孝为先"的榜样，对南闸的孝道产生了巨大的影响。

耿 某（生卒年不详） 耿轸之子。南宋亡，三日不食，呼号痛泣，几不欲生，继而佯狂于市。

有人问他为什么这样，他回答说，我们耿家世代受恩于宋，现在国破不能尽节，难道还要北面称臣吗？后隐姓埋名，不知所踪。他的五个儿子除最小的一个因年幼留在家中外，其余四子也莫知所在。时人称赞耿某"无文天祥丞相之位，而有文丞相之心"。

耿　庆（生卒年不详）　耿某第五子，明经善文，不屑仕途。元英宗时被友人再三劝说，不得已听之应试，一举高中浙江乡试解元。友人要他一同去礼部参加会试，他坚决不往。人问其因，他说，我的父亲佯狂避世，竟不知所在，我的四个哥哥与父亲都逃走了，我因为年幼留在了家里。父兄都能做忠臣，我就不能做孝子吗？后徜徉山水间，终身不仕元朝。

耿　昷（1415—1482）　字文昭，号半间居士。喜读书，工吟诗，无心仕途，一生没有参加过科考。跟他交往的都是一些高雅之士，他们经常在一起边喝酒边吟诗，通宵达旦，一醉方休。家有孝思楼、云林书屋，尤好收藏，遍求名公诗文以纪之，时置几席间，拨览玩赏，以此取乐。为了族中子弟有一个好的学习环境，他造了一座菊山斋，只要书读得好，孩子不论贫富，都可以进去学习。

何　澄（1370—1469）　字彦泽，南闸龙运牌楼下人。明永乐元年（1403）中举，不久即被朝廷授予礼科给事中的官职。他以汲引人才为务，永乐十一年（1414），向朝廷推荐严本，后严本因处心公正、精通法律，官至大理寺卿，成为大明永乐一朝执法严明的名臣。宣德初（约1428年前后），何澄因"言事忤旨，谪官下诏狱"。出狱回乡后不久，他又被推荐出任江西袁州知府。在袁州任内，何澄主要做了三件事：与民生息、修府学、毁淫祠。何澄不仅是个有作为的政治家，也是个颇有成就的书画家。正统元年（1436），何澄致仕回到老家，在住所周围种满了竹子，在竹林中养了两只白鹤，自号竹鹤老人，以绘画写诗取乐。明嘉靖《江阴县志》记载何澄说："善画，宗高房山家法，气韵苍古，笔势清高。乘兴戏作梧、竹、蒲、石，森秀可爱。今其《云山小景》，东南人家多有之，子孙亦有模拟之者。"《画史会要》《明画录》《无声诗史》《图绘宝鉴》《佩文斋书画谱》和《宋元明清书画家年鉴》等历代中国书画重要参考书籍和工具书中，都有何澄的传记及书画作品记载。其画作《云山墨戏图》现收藏于淮安市楚州博物馆。

李　琨（生卒年不详）　字德嘉，南闸观山人。明成化十一年（1475）进士，授行人，迁监察御史。性格朴实正直，坚持公道，不妄随他人。他十分仰慕汉武帝末年担任直指使者的暴胜之的能干且心胸广阔以及知人善任的品德。李琨奉敕巡抚山东、两广时，考察公事，雷厉风行。当时有个权臣没有勋德却受到恩宠，且善受赂，李琨上本弹劾，要求免去此人的职务。由此，李琨忠直的名声大振。李琨知人善任，非常珍惜人才，有知人之誉。

徐　晞（生卒年不详）　字孟初，南闸马泾小徐家村人。明永乐年间，由县掾吏入仕，初受缮功司都事，历工部郎中。英宗即位，升兵部右侍郎，奉命检查挑选陕西临洮诸卫军士。后以边警，佐宁阳侯陈懋镇甘州。正统初召还，实授右侍郎，镇守凉州庄浪诸要隘，后转南京户部左侍郎。正统六年（1441）镇守云南麓川的边将思任发叛乱，靖远伯王骥率大军15万讨伐，徐晞奉命督运军粮。叛军设法从偏僻小路抄近道劫粮，徐晞训励将士迎战，予以击破，确保粮道畅通。班师凯旋，以功升兵部尚书，充殿试读卷官。英宗天顺元年（1457）告老还乡，迁居江阴城内。死后遣官祭葬。城内恩荣累世坊和大司马坊均为徐晞而立。徐晞宅第所在成为司马街。

华秉彝（生卒年不详）　字天性，今龙运夏店村人。祖籍无锡梅里乡隆亭（即今无锡东亭镇），元末为避战乱，其始祖由锡迁至江阴来春乡夏店村定居。明成化二年（1466）进士，官至礼部郎中。

高　相（1442—1506）　字希庵，南闸观山高家村人。高相一生无意仕途，忙时劳作，闲时课子。培养三个儿子成材后，受到朝廷褒奖，称赞他"读书博涉，孝有惇行，称累世之名家，为一帮之善士"；"训成三子，业世一经，科第联金玉之官"，并封赠其为承德郎工部都水清吏司主事。

高 宾（1462—1553） 高相长子，字舜穆，号一斋，晚号茧翁，观山高家村人。明弘治九年（1496）进士。初任瑞安知县，治邑有良绩，被召选为南京江西道监察御史。其间，高宾奉命巡察上江，因执法宽严有度，处事敏捷有方，受到江西巡抚的赞赏，上本为其请功，擢升为江西按察司佥事，分管东湖。其时，有王浩八者，占据姚源洞聚众作乱，劫掠百姓，扰乱地方，作恶多端，竟使当局束手无策。高宾内筹外应，组织兵力，捍卫地方，继而率领壮士若干和瑶兵，深入贼巢，擒其贼首艾茹七，遂平定了叛乱。本应有功进京朝觐，因高宾平时负才任气，受同僚忌妒，上司蓄怨于他，非但没有受到奖励，反被罢官还乡。第二年，兵部检功罪状，以高宾擒贼有功升迁为江西布政司右参议，但仍未起用。高宾有文才，然恃才傲物。嘉靖十七年（1538），时任首辅的夏言回江西探亲，专程从无锡到江阴观山高家村拜访高宾，高宾事先得知竟避而不见。夏言曾写诗记述此事。高宾生前写过很多文章，流传于世的有弘治《江阴县志》序言，收录于《江上诗钞》中的诗歌和多部家谱中的序、跋、传，以及墓志铭等。高宾卒于嘉靖三十二年（1553），享寿91岁。他的表弟，时任国子监祭酒的张衮在为他写的墓志铭中有这样的叙述："死之日，仓无担粟，库无匹缣，棺殓之具，仓皇措而始就。无他兄弟行辈在，独一老妹邵孺人哭于其旁，残书遗稿数束在箧。"高宾为官清廉，由此可见一斑。

高 贯（1466—1516） 高相次子，字天会，一字曾唯，号恕斋。高贯与其兄高宾同举弘治乙卯（1495）应天乡试。三年后，中二甲进士，被授工部都水司主事，两年后，改刑部广东司主事。在刑部任上，高贯执法不阿，得罪了权阉刘瑾，被逮下诏狱。刘瑾放出风声，只要高贯献上重贿，便可了事。高贯严词拒绝，最后被贬官，外放辽州知州。高贯41岁时，又被升为户部广东司员外郎。一年后，再迁为浙江司郎中。后官至浙江按察司副使。正德十一年（1516），高贯去京师参加完吏部的考察后赶回浙江，于丹阳南数里处得疾不治而卒，终年51岁。其兄高宾迎其归丧，三年后葬于黄山祖茔。高贯急公好义，用俸银在老家购买农田及祖产百亩作为义田，赈穷恤贫，赡养族中孤苦老人及孤儿寡母，时人称其为"善人"。明嘉靖《江阴县志》列其为乡贤。曾著有《恕斋集》，但被毁于乙酉事变（江阴八十一天抗清）中。

高 贽（1472—1507） 高相三子，字天仪，一字孔载。虽然功名不及他的两个哥哥，但也是举人出身，登弘治戊午（1498）科乡榜，中己未会试副榜。初授宁海州学正。身为一州的教官，高贽以身作则，"躬行教率"，使得宁海这个地方"一时人才丕变，科甲联起"。高贽后又当过河南省乡试分考官，他慧眼识英才，"出其门者，皆正人名士"。由于学问渊博，还被推荐去纂修《孝庙实录》。高贽的廉洁能干得到了上司的赏识，被荐举为崇安知县。可惜他年仅35岁就英年早逝，未能大展宏图。高贽与大哥高宾、二哥高贯被人称为"兄弟两进士，一门三清吏"，亦有人赞誉高氏三昆仲为"江东三凤"。

蒋 瑾（生卒年不详） 字钦之，今南闸泗河村人，蒋静后裔。明万历三十五年（1607）进士，授中书舍人，三奉使，有清望。擢升为都水郎中，负责治理长江、淮河。他用旷工扣下来的银子作为河工的工资，弥补了经费的不足。夏镇河使章谟任借用公款数千两派人送给蒋瑾的儿子，他的儿子一两未受退了回去。不久蒋瑾升迁为江西参政，带兵驻守在瑞安。蒋瑾在瑞安减轻徭役、改革吏治、明断审案、革除弊习，使民众安居乐业。天启五年（1625），蒋瑾奉表进京朝见皇帝，因为没有准备重礼送给宦官权贵魏忠贤，被阉党田景新弹劾，诬陷其姻亲是邪党，写诗诽谤朝廷，并假传圣旨，削夺了蒋瑾的官职。蒋瑾回乡后，以种菜灌园为乐，在乡里做些施舍米粥、救济灾民、埋葬无主尸体等善事。崇祯元年（1628），朝廷下诏将蒋瑾官复原职，但他没有上任就病逝了。著有《紫微省》《绿漪轩》《望晓楼》等集。

高自卑（1601—1673） 初讳良弼，字尚矣，号道毖，观山高家村人，郡庠生。才高学博，花千金购书，觉得占了便宜一样高兴。为文奇肆，不拘绳尺，喜欢结交当代名流。明亡后，一改往昔习惯，闭门授徒，专心研究生命之学。生平精于玄书，对冷僻字进行考核音义、订正笔画。他计划写一本《字书纲鉴》，但没有完成。著有《千字文同音通释》若干卷、《狮山诗史》十五种。年七十三，自写墓志铭而卒。

耿 勋（？—1685） 字子鼎，号节庵，南闸耿家村人。清康熙戊午（1678）副榜。品行端正，不屑为词章之学。家甚贫而情操愈厉，知交多显贵者，屡招不就。生前常教诲儿辈当自立，并说："吾及门众多，后或有发者，汝等勿得倚托世谊辄作攀援之计。"康熙二十四年（1685）以镶白旗教习授知县，未到任而卒。

李 寄（1619—1690） 明末江阴隐士。母亲周氏，为著名地理学家、旅行家徐霞客的小妾，因遭正室嫉妒，刚怀孕就被迫嫁到云亭敬山湾旺湾小李家村一李姓人家，故名李寄。又以介两姓、历两朝，取字介立。后李家败落，养父又死，其母则带着李寄移居敬山湾双林庵内。李寄自幼颖异好学，年轻时参加郡试得了第一名，考后他后悔说，怎么能用文字去求取虚荣呢！于是，再也没有去参加过科举考试，而是边读书、坐馆、撰文、写诗，边侍奉母亲。母亲死后，他孤身一人，终身没有结婚。他把母亲安葬后，应好友红慈上人的邀请，移居至花山南麓南闸境内九里禅院西面的山居庵内，过着清贫艰难的生活。红慈上人为了让李寄安心读书，在山居庵后购地建造了一座小楼，李寄题名为秀峰阁。当清军高叫"留头不留发，留发不留头"进入江阴城，江阴义民在陈明遇、阎应元等率领下抗清时，李寄在城东积极组织援助，时时关注战事。在得知江阴义民喋血81天而告失败的消息后，他悲愤至极，绝食于花山顶上，幸被乡人发现救回才免于一死。此后就隐居花山山居庵，取号由里山人，绝意仕进，不受权贵赠遗。他得悉其父的游记手稿因战乱而流失于宜兴，便扶杖徒步专程去求取，最终用了十年的时间，才将《徐霞客游记》整理了出来。李寄72岁时卒于钓台村，由好友夏宝忠葬于山居庵旁其母亲坟边。李寄一生著作颇丰，计有《天香阁文集》15卷、《天香阁外集》1卷、《历代兵鉴》120卷、《兵鉴随笔》16卷、《舆图集要》40卷、《秦志摘录》3卷、《艺圃存稿》6卷、诗歌集24卷。

吴 烜（生卒年不详） 字孔彰，南闸蔡泾人，太学生。他家境贫寒，十分同情劳苦大众，很想为地方兴利。清咸丰末年，南闸地区经战乱后田地荒芜，百姓生活困苦。吴烜见状，毅然放弃科考机会，留心于研究蚕务。同治七年（1868），他游学至浙江湖州，见那里的桑树枝长叶硕，便购买桑秧数百株，带回蔡泾亲自栽种，并将桑秧分送乡邻，为日后养蚕做准备。几年后桑树成园产叶，他又从湖州购得优良蚕种回来，开始试行养蚕缫丝。继而从浙西招聘蚕工、缫师前来指导。他以其多年生产实践的经验，写成《蚕桑捷效书》，自费刊印后分发给乡民。经过多年的试种试育，终于取得了成功。原来大小河流两岸的旱岗及山野陌边的空旷之地，都长满了乌黑阵阵的桑树。据民国《江阴县续志》记载："岁有百十万多或二百余万款散注民间，小民生计实赖利焉。"由于吴烜的不断努力，南闸乃至江阴的蚕桑事业得到了极大的发展，从而活跃了当时江阴的农村经济，许多农民从中得到了实惠。江阴蚕桑业得到发展，成为农家的重要副业，从而揭开了江阴近代蚕桑史新的一页，吴烜倡导之功实不可没。吴烜长于绘画，所作猿猱，栩栩如生，为时人所称道，可惜没有作品流传后世。

耿人龙（生卒年不详） 字书升，号岵云子，耿勋长子，廪贡生。为人淳古朴实，平时不善言谈,然而讲到先儒宗旨,则口若悬河。少与词林赵宸黼、汤大辂、通判王世济、知州王世漪、知府王世清为同窗,他们发迹后,耿人龙即遵父训与之断绝往来。适逢督学胡公向杨文定(即杨名时)询问有否合适人才作幕宾,杨文定以人龙对,遂延之为上宾。陈维崧视学粤东,复邀人龙同往。晚年因沈约《四声韵书》传久多谬误,著《韵统图说》32卷(《四书全库》存目)、《易解》。光绪《江阴县志》有其传。

第二节 近现代人物传略

本节列名:耿孟志、吴煦泉、耿鼎康、居林才、吴德琴、王鼎荣、袁国梁、蒋伊文、李一之、吴福元、耿清华、施祥林、何文浩、袁国琪、吴豪金、吴厚德、苏月坡、孤鸿、蒋贻康、徐荣初、吴越、吴其康、陆镇、张光明、花泽炜、吴惠民、花兴才、陈锡臣、杨祖良、袁鹤冠、计秋枫,共31人。

耿孟志(1858—1906) 字佑启,南闸镇南庄村人。少年饱学,曾立志通过科考进入仕途为国效力。但考中秀才后参加举人考试却屡试不第,于是他选择了教书的职业。不过他教书与别人不一样,不是被人请去坐馆,而是在自己家里设学斋收徒授业。因为并非为了养家糊口,所以所收学生均不收费。耿孟志祖上就很富裕,他花钱出手大方,地方上的公益事业都乐意赞助。每天学生放学以后,他就会到自家的田园里去干活。他种了几千棵桑树,经常亲自翻土耕地,除草施肥,桑树长得干高叶茂。他家里不养蚕,每当养蚕人家缺少桑叶时,就以市价的一半卖给他们。有人问他为什么不乘机把价格卖高一点,他笑笑说,这是我们家里自己种的,只能给人以方便,岂能乘人之危呢?其助人为乐之事可见一斑。他虽然富有,却不贪图享受,为人宽和,与人结交很看重人品,而不注重贫贱。民国元年(1912)耿氏续修家谱时,同乡师范毕业生沈绍初先生为他写传,说他"冬一裘,夏一葛,知有寒暑而不求其华美也;兴来而长吟,事往而不较,知荣辱而不知有贫贱也"。这是耿孟志一生处世为人的真实写照。

吴煦泉(1896—1927) 字云鹏,南闸镇泗河里湾村人,生于上海,少年即主张学以致用、学以报国,树立了以身许国的抱负。南洋大学附中毕业后,他就报考了吴淞海军学校。1915年毕业后,又先后去南京鱼雷学校和烟台枪炮传习所(即烟台海军学校)进行深造。毕业后在北洋海军多艘军舰上任职。1919年,吴煦泉受孙中山先生"新三民主义"思想影响,毅然辞去舰长职务,投奔广州参加民主革命队伍。不久,得到孙中山接见,被任命为海军参谋,在永丰舰效力。1922年6月,陈炯明叛变革命,孙中山避难永丰舰,吴煦泉一面指挥战斗,一面以身掩护孙中山,撤出险境。1923年初,陈炯明被逐出广州,孙中山先生回到广州,吴煦泉因平叛有功,被擢升为少将海军司令部参谋长。1924年11月,冯玉祥发动政变,把贿选总统曹锟赶下了台,并立即致电孙中山先生,邀请北上共商国是。孙中山先生以国家民族为重,答应组团赴北平进行南北议和。吴煦泉作为孙中山先生的随从,随团北上。1925年3月,孙中山先生病逝于北京。丧事完毕后,吴煦泉离京而归,留于广东军中。过了一年有余,因思念领袖,悲伤过度,渐感身体不爽,遂卧床治疗,未几以疾卒,年仅31岁。吴煦泉将军逝世后,国民党护法政府军政要员前往灵堂祭奠,国民党中国国民革命军部追赠他为海军中将。遵照将军临终遗言,其棺木由广州空运至上海,再由老家族人摇船至上海运回里湾村,葬于路东田祖茔之内。

耿鼎康(1895—1937) 字晟昶,出身于南闸镇南庄村的一个书香门第之家。他幼年即在父亲的书斋里读书，智力过人，小小年纪就把"四书五经"熟读并融会贯通，写得一手好字和好文章。清光绪三十一年（1905）科举制度废除后，父亲对他说："古人云，不为良相，便为良医，你去学医生吧。"几年后，他遵照父亲的嘱咐，拜峭岐凤戈庄中医名师朱少鸿先生为师，学成回乡，挂牌行医。耿鼎康不仅继承了师传医术，而且博采众长，对伤寒症积累了丰富的临床经验，治愈了不少垂危病人。20世纪20年代初，耿鼎康开设了私人诊所。他怀着一颗济世之心，非但医治穷苦贫民的病痛，而且送药施救，不计报酬。在他案头上常年竖着一块木牌，上面写着："贫病一律不计。"耿鼎康常言："医道之精，精与辨症，辨症明确，用药始能得当。"他不时告诫门生："病人生命之安危，操之于医者之手，责任何其重大，岂可草率行事？"他以治病为急务，无论远近、昼夜，有请即往，随请随到。1937年，日寇侵华。11月27日傍晚，日军侵占南闸。耿鼎康眼看山河沦陷，无辜百姓惨遭屠杀，家室被焚毁，心怀家事国事，忧愤成疾，一代儒医，含恨病逝，年仅43岁。耿鼎康生前著有《临病随笔》数卷，现已散失无存。又著有《澹菊轩医案》，尚留一部分书稿，由其子耿秋生整理收藏。

居林才（1905—1939）　谢南北后塍村人。幼读私塾，聪颖好学。1926年毕业于江苏省南菁中学初中部，以优异成绩考入无锡师范学校。1929年毕业后应聘东渡日本任中文教师，开始了三年边教边学的留学生活。1932年1月28日，日本进攻上海，他愤然辞职回国。1933年2月，居林才赴广东中山大学附中任教。8月，经同学唐观之介绍至广西兴汉县中学执教。1934年8月，他与广西师范学院毕业生、广西军阀李宗仁堂弟的外甥女徐兴灵结婚。1935年，由锡师同学介绍到镇江师范教书。1937年11月南京失守，镇江沦陷，镇江师范被炸，居林才携妻子和刚出生不久的儿子居志昶逃回家乡。28日上午，侵占南闸的一队日寇包围北后塍村，居林才用日语痛斥日寇的侵略行为，日寇强迫其充当翻译。为逃避日寇的迫害，他藏匿于池塘水中，因此落下哮喘病。随后，居林才带着妻儿，乘轮船从上海经香港至广西梧州，踏上了逃难之路。1939年，居林才被诊断为肺病，咯血不止。年底，终因病入膏肓，救治无效而去世，年仅34岁。1945年9月，徐兴灵遵照居林才临终嘱咐，护送他的骨灰回到北后塍，将他安放在祖茔内的父亲墓旁。居林才著有儿童小说文集《爱华日记》，以及揭露日寇暴行、预言中国共产党将取得革命胜利的《自由日记》。

吴德琴（1876—1965）　字士华，南闸镇陶湾村人。幼年聪慧，好学不厌，苦读经书，弱冠之年在村中设塾授业。1894年，江南一带瘟疫肆虐，死者不断，尸横遍野。公见此惨状，痛心疾首，遂下决心，变卖家产，弃教学医。投师学艺三年，精习岐黄，于1901年在武进焦溪镇东街创办"吴氏医寓"，正式挂牌行医。他为医寓定下行医宗旨："医德至上，急人之急，只为救人，不为医金。"对于一些贫寒的患者，他免收医金。由于他医德高尚、医术精湛，一时声名鹊起，宁沪沿线的患者也慕名前来求医。德琴公一生勤奋，行医之余，笔耕不辍。在他八十高龄时，应南京中医学院之请，将一生所遇疑难杂症的病案记录，以及中医验方秘方汇编成册，无偿赠送给了医学院，作为科研资料和教材，为我国的中医、中药发展作出了杰出的贡献。1965年春，德琴公自感身体衰弱，将不久于人世，遂召集儿孙们在病榻前，吟诗一首，以作遗训："今欲乘鹤莫悲伤，留下遗言儿孙藏。持家苦读圣贤书，真才报国做栋梁。从善济世是正道，忠良门庭德力长……"诗未吟毕，即溘然长逝，享寿八十有九。

王鼎荣（1904—1967）　龙运王家村人，出生于贫苦农民家庭。民国八年（1919）到常熟布厂当学徒。他信守"少壮不努力，老大徒伤悲"的格言，从青年时期开始，就立志勤奋创业。民国二十年（1931），他开始借资经营纱布业，并先后和友人在常熟合资开办裕元丰布厂、恒裕布厂、三泰布厂、虞山纱厂、新泰布号、新生整理拉绒厂、新生布厂、三星袜厂、久丰纱厂等，还在上海设立发行所。产品除内销全国各地外，还远销南洋群岛。常熟从南门至北门，沿途都有他开办的工厂，故有"王半城"之称。抗日战争期间，社会风云变幻，他不仅在夹缝中求得生存，而且不断壮大发展，因而又有"铁算盘"之称。民国三十七年（1948），王鼎荣回乡省亲，经过龙游河上的崇镇桥时，发现桥墩已倒塌，木板桥面也腐烂了，已是一座危桥。进村后，他找到村长，请他出面联络崇镇桥邻近各村的头面人物，商讨重建崇镇桥，并主动提出愿意承担建桥的一切费用。几个月后，一座石结构的新桥就建成了。1949年常熟解放时，他已是常熟纺织业中颇有经济实力的人物。他拥护共产党，在历次运动中都起骨干带头作用，并热心支持社会和家乡的公益事业。1962年，捐资支持创办常熟城内民办中学。1963年，捐资修缮省级文物——方塔。还独资修建家乡王家村小学校舍，得到各级领导和群众的赞誉。王鼎荣是中国民主建国会成员，先后被选为常熟县工商业联合会执行委员、常务委员，常熟县（市）政协委员，常熟县人民代表。1967年因病逝世。

袁国梁（1901—1970） 字达璋，观山袁家村人。民国十四年（1925）毕业于杭州工业大学。先在杭州武林铁工厂工作。后任重庆国民党20军兵工厂工务处处长、24军兵工厂厂长、21军军械处处长等职。抗日战争初，转入工商界，开设重庆川渝漂鬃厂，经营有方，另设大通贸易公司。民国二十九年（1940）起，在重庆又先后开办福民面粉厂、福民碾米厂、福民机器厂、福民毛纺厂，统属福民实业有限公司；租赁江阴利用纱厂，并收买老利用纱厂大部股本；在常州买下鼎泰面粉厂。自任福民、福澄2个实业公司总经理，办事处设在上海江西路广东银行大楼。抗战胜利后，袁国梁曾捐助南菁中学建造重光楼，修建北大街公路，建造江阴卫生院，并在本村购买土地7亩作校基，建造校舍30间，创办私立承先小学。学校校舍宽敞、设备齐全、环境优美，而且教师都是聘请的江阴教育界英才，当时在南闸乃至江阴都算得上是第一流的小学。袁国梁对承先小学很重视也很关心，亲自为承先小学写校歌。他对老师十分尊重，对学生也非常关爱，每年都要回学校视察一次。届时，照例会举行一个授奖大会，所有学生集中在大礼堂里，他与大家一起唱校歌，为优秀师生授奖，鼓励老师认真教学、学生努力学习，把承先小学办成一流的学校，为国家培养栋梁人才。承先小学在新中国成立前后，教育质量一直名列江阴前茅，为国家输送了大量人才。民国三十六年（1947），他在工商界中竞选当上民国政府国大代表。1956年赴台经商，1970年病逝于台湾。袁国梁作为民族资本家的杰出代表，被选入江阴名人馆，被称为"工商巨子"。

蒋伊文（1909—1980） 南闸集镇西弄人。蒋伊文出生在一个充满封建礼教传统的家庭，其父恪守"女子无才便是德"的封建思想。敢于向旧礼教宣战的蒋伊文得到思想开明的三舅父吴棠（吴文藻叔父）的帮助后，就读于上海由犹太人创办的仓圣明智。这个曾经吸引了康有为、陈三立、王国维等大师前来任教的新式学堂，为蒋伊文打开了通往新世界的大门。之后，蒋伊文考入苏州女子师范学校。1924年1月，国共第一次合作，蒋伊文与早已参加中国共产党地下组织的表姐申蕴珍，作为苏州选派的两名骨干代表，奔赴武汉，参加武昌妇女运动培训班的学习。学习期间，蒋伊文遇到了同样对共产主义抱有热忱的滕幻山。1927年，蒋介石发动"四·一二"反革命政变，蒋伊文与滕幻山这对"红色夫妻"被迫隐姓埋名，避居在苏北宝应农村教书。1930年4月，子滕藤出生，从此，蒋伊文承担起教子的责任。1937年，日寇侵华战争全面爆发，蒋伊文带着两子一女踏上了流亡旅程。即使在流亡途中，她也从未放弃对子女的教育。1947年，滕藤考入清华大学，随后全家迁往北京，滕幻山在清华大学附中任高级语文教师，蒋伊文担任清华幼儿园园长。中华人民共和国成立后，蒋伊文仍任清华幼儿园园长，后调至清华大学化工系化学馆任教务员直至去世。蒋伊文是影响滕藤一生的人生导师。滕藤在回忆母亲时曾说："我的成长，上大学前得益于我母亲的言传身教。"

李一之（1921—1983）　乳名焕芳，出生于武进县焦溪乡陈家塄（亦称盛家塄）的一户农民家庭。少年时家境贫困，酷爱读书，曾求学于常武名士吴镛（字卓铭，号白玉山人）先生，攻读古文，有相当扎实的国学基础。民国二十四年（1935），投中医名师吴卓耀（李一之的姨父）学习中医外科。出师后先在家乡行医，民国三十三年（1944）来南闸街上开设诊所。李一之擅长疡科，医术精湛，尤其在流注、疔疖的治疗方面独树一帜。他辨脓精确，手术高超，佐以外敷内服，达到邪去正安，使各种流注疾病"未成指日可散，已成开刀不痛"。他从医40多年，治愈无数疡科病人，而且培养了一大批学生，其弟子遍及江阴城乡地区，还包括常州武进、苏州张家港以及苏北泰兴等地。历任南闸第二联合诊所主任、南闸联合医院副院长，南闸卫生院院长，主治中医师。1979年，被省评定为名中医。李一之一贯支持革命，抗日战争时期就为当时被日伪封锁而物资十分匮乏的新四军提供了中西药品，其中部分是他无偿提供的。"文化大革命"期间，他先后被下放到菱塘大队和涂镇大队劳功改造，但上海、苏州、无锡以及苏北等地的患者仍不断寻踪而来求医。从1953年起，李一之就是江阴县第一至第六届政协常委、江阴县第一至第八届人民代表、南闸乡（公社）第一届至第九届人民代表。1983年9月28日，患脑溢血病逝。出殡那天，当地有两千多人自发参加了他的葬礼，全乡挥泪，老少含悲，真诚的悲痛，寄托了人们对一代名医的尊敬和爱戴。

吴福元（1908—1985）　南闸花果村吴家塄人。从小爱好武术，经常利用民间体育器材如石担、石锁、马鞍石等练习武术。1928年成立吴家塄国术团，自任团长，带领团员坚持操练，并经常到周边地区与国术同行切磋技艺。1934年9月12日至15日，吴福元与同村顾玉才、吴子元、顾宝芳、顾玉琴、黄小荣等六人代表江阴县参加在省立镇江体育场举行的江苏省第四届运动会。在决赛中，吴福元和顾玉才分别勇夺中量级摔跤和轻量级举重冠军，吴子元获重量级摔跤第三名，顾芳宝与黄小荣也分别获得中量级摔跤第四名和轻量级摔跤第四名的好成绩。1936年7月，全国摔跤比赛在南京举行，进入决赛时，吴福元与一位部队里的专业摔跤运动员进行决赛，最后战胜对手夺得冠军。吴福元作为省代表，原本准备参加1937年举行的全国运动会，因"七七"卢沟桥事变，日本发动全面侵华战争，全运会停办，吴福元遗憾没有能够参加全运会的比赛。

耿清华（1899—1986）　又名介，号迈常，南闸龙运耿家村人。曾就读于江阴县立实业学校农科专业、江苏省立第二农业学校附设乡村职业教员养成科（现苏州农业职业技术学院前身）。毕业后被任命为江阴县水利部长，上任不久即辞职回乡担任蔡泾乡国民初级小学教员。1927年，北伐军到达江阴，他参加了国民革命军政治部在江阴东门耶稣教堂主办的农民运动训练班学习，并加入了江阴农民协会，分工负责南闸地区的农运工作。1928年，国共关系破裂，江阴处于国民党反动派的白色恐怖之下，耿清华在时任中共江阴县委书记蒋云的介绍下，加入了中国共产党，成了南闸地区最早的中共党员。耿清华秘密开展宣传活动，组织领导群众开展除奸锄霸、抗丁抗粮、抗租、抗税运动。他同时在家中开办学校，自己出钱聘请教师，免费招收贫家子弟学习文化。耿清华曾两次被国民党反动派通缉，第一次在耿家村被捕，被其父用钱买通关系赎出。出狱后，他仍坚持秘密活动，再次遭到国民党反动派通缉。一天深夜，敌特在捉拿他时，他趁黑逃至邵庄，被一老妇藏匿于柴堆中，才幸免于难。由于共产党员的身份已完全暴露，党组织考虑到耿清华已不适合在本地活动，遂于抗战前夕将其转移至云南昆明。新中国成立后，耿清华在银行系统工作，对于那位营救过他的老妇，耿清华主动承担起了赡养的义务，直至其终老。1986年11月25日，耿清华在重庆儿子家中患脑溢血去世，享年87岁。

施祥林（1938—1986）　南闸观西殳桥村人，中共党员。少贫好学，1956年由武进县三河口中学被保送至中国人民解放军军事工程学院（简称哈军工）空军工程系学习。1962年毕业后被分配至工程兵二总队当兵锻炼；1964年3月至1969年5月在空军后勤部工程设计局任技术员；1969年6月因"文化大革命"受牵连，被下放到吉林电业局劳动；1972年4月被抽调至吉林电力学院当教员。1976年11月平反归队，历任空军后勤部工程设计局工程师、高级工程师，副师级军衔。他胸襟宽广，顾全大局，十年"文化大革命"动乱中，虽受到不公正的待遇，但从未放弃过学习。平反回部队后，施祥林同志更加忘我地为党、为祖国、为人民努力工作，成绩卓著。他先后参加了空军十几个机场及其他工程的勘测和设计工作，在空军旧道面评定和实践中，进行了开创性的工作，成效显著。他多次被评为空军后勤部先进工作者、优秀知识分子，并荣立三等功1次。1986年因医疗事故，不幸英年早逝。

何文浩（1916—1991） 曾用名何铭镛，南闸南新村何家场人。1940年7月参加革命工作，同年9月加入中国共产党。先后担任中共澄武扬三县警卫队队长，阴沙税务处副主任，澄西县货物税主任、营业税主任，武进县财经科科长，苏南四专署财训队队长，镇扬特税局主任，江都镇扬三经会主任，苏南五专署财经处处长，苏中二专署财粮处副处长、粮库主任，两淮市财政局局长，苏州专署财经处处长，苏南专署财委会主任秘书兼计划处处长，苏州市军管会财经部副部长，苏南行署财政处办公室秘书，江苏省财委综合处处长，江苏省统计局副局长，江苏省灌云县县委书记，交通部澄西船厂副总指挥，江苏省统计局局长、党委书记，江苏省第五届政协委员等职。

袁国琪（1917—1991） 南闸观山袁家村人。1947年3月起历任江阴利用纱厂副厂长、厂长。1953年公私合营后任副厂长。1957—1967年担任江阴县第一至第五届政协副主席。在经营企业的同时，他积极参政议政，为发展地方经济建设献计献策。1981年牵头筹建中国民主建国会江阴地方组织，同年7月起任江阴县（市）第八至第十届人大常委会副主任。其间，联络工商界人士与江阴县中合办彩印厂。投产后，为支持教育事业，1983年将该厂脱钩给县中独立经营。1984年创办县经济咨询服务公司。为解决江阴化纤原料紧缺问题，袁国琪不顾年老体弱，走南闯北，千方百计收购原料。1985年牵头恢复县工商业联合会活动。1986年、1989年分别创办"利澄""福澄"两个合资企业并任董事长。1989年创办工商经济开发公司并任总经理。曾任江苏省政协常委、江苏省工商业联合会常委、江阴市工商业联合会主任委员、中国民主建国会江阴支部主任委员。1991年8月7日因病逝世。

吴豪金（1906—1992） 字卓耀，南闸观西陶湾村人。17岁随父学医，出师后，拜无锡石幢的名中医杜云谷为师，尽得其真传精髓。20世纪40年代，他将"吴氏医寓"迁至常州局前街。50年代，"吴氏医寓"改名为"同新联合诊所"。60年代初，并入常州第一人民医院。吴卓耀历任该院中医外科主任、院长，为江苏省中医学院研究生导师。80年代被授予"江苏省名中医"称号，享受国务院特殊津贴待遇。从1956年起，他当选为常州市历届人大代表、政协委员。吴卓耀非常关心家乡的教育事业，新中国成立前曾独资创建陶湾小学。1992年，吴卓耀逝世，终年86岁。

吴厚德（1914—1993） 字载物，南闸镇东弄人。国家一级发明奖获得者，中国造船协会理事，中国民盟委员，上海市政协委员、市政府参议。1930年毕业于南菁中学初中部。1937年毕业于国立吴淞商船专科学校后，曾赴重庆民生轮船公司和兴隆机器厂工作。抗日战争胜利后，在招商局轮船上任轮机员、轮机长。中华人民共和国成立后，在上海轮渡公司任设备工程师。1966年获评六级工程师，1978年被评为高级工程师。同年，上海市成立内河航道局，任总工程师。1959年，吴厚德首创发明了内河平底渡轮"驾机合一"液压操控系统，填补了国内船舶轮机传动项目的空白，在当时世界内河航运中小型船舶轮机中具有领先地位。1964年，经中华人民共和国科学技术委员会鉴定，由国家科委颁布"发明记录"证书，总号0077，分类号65A2-10，荣当国家一级船舶发明奖。

吴厚德于1956年被评为"上海市科学技术普及工作积极分子";1963年被上海市人民委员会评为"上海市五好职工";1977年被评为"上海市技术革新、技术革命积极分子";1978年被评为"上海市先进工作者";1979年被评为"上海市劳动模范",并当选为上海市人大代表。1981年,吴厚德退休后,上海市政府为表彰其对上海内河航运所作的贡献,给他颁发了"特殊贡献人员"终身奖励金。

苏月坡(1904—1996) 南闸集镇人。江阴红十字会总干事,主任医师。江苏省第七届人大代表,江阴县人民委员会委员,江阴县第一届至第九届人民代表大会代表,第一届至第七届政协委员会常委,第二届至第六届政协副主席。1927年毕业于上海南洋医科大学,先后在上海金山浦南医院、水月医院任医师,在上海慈善救灾联合会任医务处副主任,在云南蚕业公司、西南兴业建筑公司医务处任主任。1941年在上海汉口路行医。1942年冬,苏南暴发流行性脑脊髓膜炎,次年霍乱肆虐,其受邀回故里为乡亲们治病,并留在南闸行医。后在江阴北大街设私立公利医院。1945年曾任江阴县立医院院长半年。1952年后任江阴县人民医院内科负责人、副院长、院长。1956年10月晋升内科主任医师,时为江阴首位具有高级技术职称的卫技人员,有丰富的内、外、妇、儿科临床经验,尤其擅长外科、妇产科。1958年冬,域内大新公社流行性脑膜炎盛行,其带领医生、护士赶赴现场设置医疗点。因抢救及时,避免了脑炎的蔓延。1960年5月出席江苏省文体卫群英会并获"先进工作者"称号。1970年后带领医疗队下乡巡回医疗,在艰苦的条件下,不顾体弱多病,指导卫生院业务工作,共同救治危重病人。1979年担任县卫生局副局长后还常应医院之邀为危重病人会诊。行医近60年,在群众中享有较高的声誉,先后培养骨干医生数十人。1996年12月12日因病逝世。

孤 鸿(1916—2000) 原名章漱澜,南闸镇东街人。少年时就读于江阴县中,一年后因经济困难而辍学。17岁时在无锡一家油行当学徒。1937年11月,日寇占领无锡,20岁出头的孤鸿决定投奔延安,参加抗日。孤鸿未经父母同意,先到扬州,本意寻找有志之人结伴同行,终因人地生疏,未能找到同伴,便孤身一人出发了。一路上,所经之处都是沦陷地区,为了应付敌人的盘查,他装扮成乞丐,到后来身上的盘缠用光了,竟真的成了乞丐,且随时都有死亡的危险,但他投奔延安的决心一直没有改变。孤鸿的名字就是在此时改的,寓意为:我这只孤单的大雁,终究会飞到延安,一定会找到革命。1938年年底,孤鸿终于到达延安,随即组织上安排他参加西青救青训班(西北青年救国会)学习。在此期间,他加入了中国共产党。结业后,随中国人民抗日军政大学(简称"抗大")一分校到敌后太行山,在抗大参与刻写校报《战旗》。1943年,孤鸿受党组织调遣,离开抗大到山东负责《大众日报》出版工作。新中国成立后,孤鸿一直在新闻战线上担任领导职务。自1939年入党后,孤鸿历任抗大一分校出版股股长、山东《大众日报》党总支副书记、新华社华东总分社编辑主任、新华社山东分社社长、新华社总社编委、地方部副部长等职。1957年,他在中共党校带职学习期间,因医疗事故,导致四肢瘫痪,不得不离开新闻事业。1969年,党组织依照他本人的意愿将其安置回原籍江阴。孤鸿意志坚强,瘫痪期间,他做到泰山崩于前而色不变,狂风暴雨临之而不惧,正确面对现实,校正人生坐标,凭着顽强信心与超常毅力,与疾病抗争42个年头,在家乡度过了他的后半生。养病期间,孤鸿同志对江阴人民的生活时时密切关注,并对江阴的建设提出过许多有益的建议。2000年7月23日,孤鸿与世长辞,享年84岁。

蒋贻康(1922年生,卒年不详) 南闸集镇大弄人。1951年毕业于江西南昌第二军医大学,先后在江阴澄江医院、卫生技术学校、华士中心卫生院、江阴电厂卫生所从事临床和教学工作。1981年晋升为主治医师,1988年晋升为副主任医师。撰有《对〈十三天新生儿蛔虫症〉一文的意见》《单纯性穿透性针剂治疗肩疑证》（英文稿）、《呃逆与穴压治疗》（英文稿）、《中国拔罐治疗百日咳阵咳疗效卓著》（英文稿）等论文；译文有《腹水循环》《流行性腮腺炎并发胸骨前水肿》《链霉素引起箭毒样副作用》《胎儿阵发性心动过速的宫内狄戈辛治疗》等。

徐荣初（1931—2002） 南闸镇观西村茶岐人。历任南闸观东乡财委、乡长，观山乡党委书记，南闸公社社长、第二书记，昆山大市公社党委书记，申港公社党委书记，月城公社党委书记。徐荣初在担任南闸、申港、月城等地领导工作期间，亲自带领社员开挖18条河，被誉为"开河书记"。1958年带领南闸公社社员开挖黄昌河；1970—1976年在申港公社6年时间为组织开挖了申港大河等8条新河；1976年起在月城公社任党委书记时，带领社员开挖了环山河、团结河、新胜河、华光河、创新河等9条大河。在月城工作期间，还领导建成马家圩和团结圩两个万亩大联圩。1991年华东地区发生特大洪涝灾害时，江阴不少地方受灾严重，而月城全境无洪无灾。因在水利方面有突出贡献，1991年《江阴日报》《无锡日报》《新民晚报》刊登了"开河书记徐荣初"的事迹，省人民政府授其"弘扬水利先进"光荣称号。1983年从月城公社党委书记任上退休。

吴 越（1926—2006） 南闸镇人。著名的物理化学家、催化化学家，吉林省科协第三届、第四届主席。1944年入南通河海工程专科学校学习，后考取国立英士大学化学工程系，1949年5月获学士学位。同年入浙江省干部学校学习，接受马列主义教育。后到东北科学研究所（后改为长春应用化学研究所，简称应用化学所）工作，从事合成汽油研究。1950年服从需要改为研究合成橡胶。其间，撰文系统介绍苏联多项催化理论及其主要方向，并在研究制备合成橡胶单体的基础上开始催化基础性研究。1953年加入中国共产党，任应用化学所学术秘书。1958年10月赴东德进修。先后在《无机和普通化学》杂志发表两篇学术论文（德文），受到导师称赞。1961年回国后承担密闭系统供氢、燃料电池和天然气综合利用等几项科研任务。"文化大革命"开始后研究工作被迫停止。1972年重回应用化学所任催化研究室主任。1978年任该所副所长。此后，深入进行催化基础性研究，由其负责开发的氨氢化制硝酸的非铂稀土催化剂获国家专利和第三届全国发明金牌奖；其参与的"三氟醋酸稀土配合物均相催化剂活性中心结构和催化性能关系"研究获中国科学院自然科学奖二等奖。1980年后任国家学位委员会和自然科学基金委员会委员、全国发明评选委员会化学学科评委会委员、中国稀土学会催化委员会委员、中国化学会理事、中国稀土学会催化专业委员会主任等职，并担任《中国科学》《科学通报》等10余种国家级学术刊物编委、副主编等职。1983年9月任中国科学院长春分院院长、党组成员。1984年被评定为博士生导师。1986年负责"七五"期间国家自然科学基金重大项目"分子筛催化剂和稀土催化剂基础研究"的学术领导工作。1991年起享受国务院政府特殊津贴。1996年由他参与的"类钙钛石型稀土复合氧化物的结构和催化性能关系"项目获中国科学院自然科学奖三等奖。先后出版《催化化学》《现代催化原理》等专著和译著6部，发表论文350余篇，培养研究生30余人。2006年11月24日在长春病逝。

吴其康（1932—2007） 南闸观山璜村人。1950年参加革命工作，1954年加入中国共产党，历任行政村长、乡财委、乡团委书记、公社特派员、宣传委员、文教委员、副业委员、镇司法助理等职。多次被评为江阴市、无锡市先进司法助理员。1988年被评为江苏省司法厅先进个人。1992年荣获司法部授予的银星荣誉奖章，荣立三等功。

陆 镇（1924—2011） 南闸镇南闸村陆家沟人。幼年家境贫寒，从小追随在上海纱厂当工人的母亲生活。7岁时就外出卖报，13岁当学徒。17岁开始经营轴承专业商务，1944年业务已发展到东北、华北地区。1948年去香港，1956年成立锦达五金行。经过几十年的艰苦创业，先后创办了香港大华轴承公司、九龙轴承公司、香港轴承公司、锦达投资（新加坡）有限公司、美国皇冠机械公司、台湾中国轴承有限公司，经营轴承规模越来越大，成为东南亚地区享誉海内外的"轴承大王"。1992年春，陆镇回到了阔别多年的南闸，在镇领导陪同下参观了故乡的山山水水后，主动提出要为家乡办一所职业技术学校，培养技术人才，支持家乡的经济发展。1995年9月10日，由陆镇捐款200万港币，以其父亲名字命名的、复旦大学著名教学家苏步青校长题字的陆金标科技学校正式落成。这是江阴第一所港商创办的农村职业技术学校。1996年春，当他获悉家乡将改建锡澄运河上的南闸大桥的消息后，专程从香港赶回南闸，捐款100万元人民币。南闸镇人民政府为表示南闸人民对陆镇热爱家乡的崇高敬意，经报请上级有关部门批准，将建成的大桥冠名为"南闸陆镇大桥"。2011年3月，陆镇在香港病逝，享年87岁。

张光明（1936—2014）　南闸观西乜桥村人，中共党员。1950年10月参加中国人民解放军，任南京军区后勤部警卫连战士。1952年从部队转业至无锡梅村师范学习，毕业后被分配至南闸从事教育工作。历任观庄小学、曹桥小学、泗河小学、泗河初中教导主任，乜桥小学、茶岐小学、灯塔小学校长。1985年，在全国"创造杯"少先队活动竞赛中，张光明分别获得江苏省和全国"创造杯"少先队活动竞赛辅导奖。其优秀事迹曾在中国《辅导员杂志》和《中国少年报》上刊登。1995年9月，张光明因工作优秀、成绩显著，被江苏省教育委员会、江苏省人事局授予江苏省优秀教育工作者称号。

花泽炜（1950—2014）　生于上海，祖籍南闸龙运花家村。毕业于上海格致中学。1969年回乡务农，先后担任生产队农技员、会计职务。1973—1979年担任南闸公社文化站副站长。在此期间，他创作并演出了大量的文艺作品。如铍子书《活得不耐烦》《我与李采霞》等，独角戏《向前看》《新式婚礼》等，参加县文艺汇演，均获创作、演出一等奖，《新式婚礼》参加了苏州地区为期一个月的巡回演出。他创作并演出的小喜剧《还差得远》，曾代表苏州地区参加江苏省"文化大革命"以后首届小戏汇演，荣获创作、演出二等奖，剧本在上海《文艺轻骑》1978年第六期刊登，并被收入《1949—1979江苏小戏选》。花泽炜对南闸的群众文化工作做出了卓越的贡献。1979年落实知青政策回上海，进上海第五电表厂，担任工会副主席；1985—1990年进上海国泰电影院工作，任宣传科长。1990—1993年进美国协和集团，担任广告部经理；1993—2000年进上海联想国际广告公司，任总经理；2000—2014年，创上海东方罗曼城市景观设计有限公司，担任总经理、创意总监。曾主持策划2000年云南昆明世博会夜景灯光、上海APCE会议（亚太经济合作组织领导人非正式会议）期间外滩"亚太腾飞"大型灯光演示、上海合作组织峰会外滩"和平畅想"大型灯光样式。花泽炜是清华大学建筑系照明设计高级研修班首期学员，曾担任内蒙古满洲里市城区夜景灯光总设计、2010年上海世博会黄浦江夜景灯光设计工作组副组长。2014年7月11日逝世。

吴惠民（1936—2015）　南闸观山璜村人。1964年毕业于北京科技大学，本科学历，高级工程师，中共党员。大学毕业后被分配到上海市冶金局工作，历任上海市冶金局援外处处长、技术质量处处长、科研科科长等职，多次被上海市冶金局评为节材节能管理先进工作者、职工技协先进工作者。1981年组织上海铁合金厂、上海交通大学、上海冶金设计院、上海工艺研究所、上海二厂在上海铁合金厂针对三座高炉联合冶炼中低碳烙铁工艺电耗高，采用氧气转炉顶底复合吹炼工艺替代二座高炉的试验成功，每吨可节电7500度，并用于大批生产，荣获1981年度上海市科委重大科技成果一等奖。在工厂担任厂长期间，针对生产中存在的成本高、耗电高、利润低等问题组织科技攻关，使多项科研项目获上海市科学技术委员会一、二等奖，先后被上海市人民政府评为先进生产工作者、优秀共产党员，被上海警备区评为以劳养武优秀组织者。

花兴才（1927—2016） 南闸龙运村花家桥人。湖北宜昌原棉纺织厂厂长、高级工程师。中国共产党党员。毕业于河南省纺织干部学校，中专毕业后靠自学达到大专文化。16岁起到上海黄发记营造厂、上海正华针织厂、无锡协丰纺织厂工作。1956年，由无锡赴河南省支援郑州国棉四厂工作。1964年支援湖北省宜昌纺织厂，1975年任厂长。先后被评为郑州市工会积极分子、郑州市先进生产者、河南省先进生产者、河南省纺织工业技术革新能手等。历任纺织工程学会宜昌市副理事长、河北省理事，湖北省纺织工程学会顾问、咨询顾问委员会委员，宜昌市退休技术工作者协会副理事长。1985年开始收藏奇石，现存五千余枚，分为文物、景物、动物、图氛、书法、象形、腾陇画七类，多次参加全国性赏石展览并获奖。系中国赏石艺术委员会委员、宜昌珍奇石研究会副会长。因酷爱三峡石艺，潜心石趣，人称"石迷"。先后在《花卉》等杂志、报纸上撰有"石艺"文章多篇，其多件石艺品作为第十一届亚运会观赏石展出，其精心制作的第十一届亚运会吉祥物——熊猫盼盼被评为佳作，在中国湖北三峡艺术节"三峡石"展览会上，受到中外观众高度评价。其作品已被日本和中国香港的一些收藏家收藏。2015年10月，花兴才把2000多块奇石精品捐献给了江阴市博物馆。

陈锡臣（1915—2016） 南闸街道谢南缪家村人，1915年1月6日出生。1939年毕业于浙江大学农学院农艺系，获农学学士学位。毕业后留校任教60年。1956年经教育部批准为部聘教授，1963年开始招收研究生。历任浙江农业大学农学系副主任、主任，浙江农业大学副教务长、副校长兼教务长、顾问等职。曾兼任中国农学会理事，中国作物学会理事，浙江省科学技术协会常务理事、荣誉委员，浙江省农学会副理事长，浙江省作物学会理事长，浙江省农业教育研究会理事长，中国农村致富函授大学浙江省分校校长等职。陈锡臣长期从事农业教学和科研工作，讲授过"农业概论""特用作物""麦作学"和"小麦育种专题"等课程。1940年在贵州湄潭浙江大学农场创建了第一个作物标本区，并为其他农业院校所采用。他先后编写出版了《中国的麻类作物》《小麦》等多部著作和农业科普读物，主编或参编了多部高等农业院校作物栽培学教材和参考书。他指导了众多研究生，其中许多已成为国内外科研和教学机构的学术骨干。陈锡臣长期从事小麦生态、栽培和育种研究，先后发表学术论文几十篇，主持培育的优良小麦新品种"辐32-2""辐32-3""嵊太""浙农大105"等，曾在生产上被大面积推广种植。

杨祖良（1952—2016） 南闸蔡泾杨家村人。中国音乐家协会会员，国家二级作曲家（副高职称），中国民主同盟会会员。1966年（15岁）考入江阴锡剧团任演员，1969年转入乐队并自学作曲，先后担任过竹笛、长笛、小提琴及大提琴等乐器演奏。1979年开始独立担任作曲工作。在从事锡剧音乐创作近40余年的艺术生涯中，杨祖良独立完成了35部大型现代、古装戏和37部现代小戏的音乐创作任务。现代小戏《阿二接妻》获江苏省第一届锡剧节作曲奖；《阿二骂钱》《鸡笼风波》先后获全国第十一届、十三届群星奖作曲金奖；《小辣椒相亲》《杨寡妇骂街》《剪葡萄》《爸爸敬你一杯酒》《今天老师来家访》等现代小戏获江苏省"五星工程奖"作曲金奖；大型戏《双推磨后传》《霞客行》先后获江苏省第六届、第七届锡剧艺术节优秀作曲奖；锡剧戏曲电视剧《红豆魂》由其担纲作曲。曾连续3年获市文化局记功嘉奖。2015年3月1日，江阴电视台在《非常道》栏目播放了杨祖良从事锡剧戏曲音乐创作的生平与业绩。30多年中，杨祖良对本剧种音乐作出了积极的探索和实践，形成了极富个性的创作风格。他的论文《锡剧音乐伴奏风格初探》《锡剧声腔艺术的继承与创新》等在江苏《剧影月报》发表。他善于从苏南民间音乐中汲取营养，巧妙地与锡剧传统唱腔相融合，创作了大量富有新意但又富含锡剧韵味的优美唱腔。他仔细研究了各兄弟剧种的调式、板式和旋律的发展规律，引进改变，为我所用，并大胆运用现代作曲技法，使锡剧音乐产生了新的活力，深得广大新老观众的欢迎和认同。

袁鹤冠（1936—2017） 南闸泗河焦山村人。1955年毕业于南菁中学，同年考入上海天主教徐汇总修院文学系。1957年回乡，当过农民、中学代课教师、社队办厂工人。1984年起历任无锡市天主教爱国会副秘书长、副主任、秘书长、主任，无锡市政协委员。1991年中央社会主义学院学习结业。1995年任江苏省天主教爱国会副秘书长、副主任兼秘书长。江苏省第八届、第九届、第十届政协委员，民族宗教、法制委员会委员。出席中国天主教第七届、第八届代表会议，被选为常委。

计秋枫（1963—2018） 南闸镇人。1979—1983年就读于南京大学历史系。1999年在南京大学获博士学位，长期从事国际关系史、中华关系史、国际法的教学和研究。1997—1998年在美国伊利诺伊州立大学危巴那——香槟分校（UIUC）研修。2007—2008年担任韩国国立首尔大学历史教育科客座研究员。2013年8—12月在美国菲非尔德大学访学。历任南京大学历史系教授、博士生导师、南京大学图书馆馆长、南京大学国际关系研究院副院长、中国国际关系学会理事、江苏省东南亚研究会副会长、《国际关系评论》杂志编委。主要著作有《欧洲的梦想和现实》《英国文化与外交》《漫漫长路：近代国际体系的萌芽与确立》《国际关系史研究导引》等；译著有《帝国斜阳》《中国近代史：1600—2000中国的奋斗（第六版）》《人文通识课》《西方人文读本》和《同床异梦》等；在《中国社会科学》《世界历史》《史学月刊》等刊物发表论文30余篇。曾获第四届国家图书馆文津图书奖，四次获江苏省哲学社科优秀成果奖等。

第三节　革命烈士传略

本节列名：薛兴林、朱胜培、刘贵珍、冯友生、曹荣金、陈荣坤、宋锡初、堵浩金、顾宝洪、朱网根、吴纯、倪伯正、金和生、张金荣、徐林才、徐良初、许松元、陈洪清、缪惠华，共19人。

薛兴林（1916—1940） 南闸观西村茶岐人。从小务农。1940年6月，他在中共澄西县委领导同志的影响下，在武进县焦溪镇参加了中国共产党领导的抗日武装力量——江抗中队。同年8月，他随军过江，不久，部队改编为新四军，他被编入第一纵队一营三连。10月，著名的黄桥战役打响，为了阻击国民党顽固派韩德勤顽军的进攻，薛兴林于10月4日奉命在黄桥北首的八字桥附近伏击顽军89军。在兵分七路猛插分割包围89军时，薛兴林在战斗中光荣牺牲。

朱胜培（1918—1945） 南闸河南街人。1943年参加革命，担任地下联络员。1945年在执行任务时，在青阳镇牺牲。

刘贵珍（1927—1945） 南闸龙运村夏店自然村人。1943年年底，刘贵珍在地主家当长工时受革命影响，随地下党过江参加新四军，在苏北四墩子新四军临时办事处参加学习后，经整训编入六分区第二营二连九班。1945年2月20日，刘所在部队参加在苏北姜堰附近的"三剁"战役。为了打击日寇和汪伪军的嚣张气焰，我新四军集中5个团的兵力，围住了在姜堰大白米、小白米据点日本鬼子一个营和伪和平军特务团，刘所在部队下午3时开始进攻敌人据点，双方展开了殊死的战斗。当时，新四军组成的包围网被日寇和汪伪军冲破了五道防线。下午7时多，刘在冲锋时不幸身亡。1500余名日寇与汪伪和平军全部被歼。

冯友生（1922—1946） 南闸蔡泾蒯家村人。从小务农。1945年3月，冯受本地一批有志青年的影响，过江参加中国共产党领导的新四军。8月日寇投降后，他被编入中国人民解放军华中军区第16旅46团。1946年7月，国民党军队以12万人的兵力进犯苏中，华中军区解放军以3万兵力保卫苏中解放区，著名的苏中战役打响。8月24日，冯所在部队在江苏江都邵伯公路大运河堤旁与国民党军战斗。中午，敌军在飞机大炮的掩护下，倾全力向我军阵地进攻。冯友生在与敌人的白刃格斗中壮烈牺牲。

曹荣金（1922—1948） 南闸龙运闵家村人。1944年8月，在中共澄西县三区区长陈铭，共产党员杨汉明、施友富等同志的影响和教育下，曹荣金参加了澄西三区地下武工队。同年年底，加入中国共产党。1945年7月中旬，为保证新四军主力的顺利北撤，曹荣金带领两名武工队员过长江到苏北，在靖江、泰兴地区地下党组织的支持下，3天内动员和组织了40余条民船来江南，使新四军顺利地撤离至苏北。曹的出色表现受到澄西县委领导张志强的表扬。1945年7月28日，曹荣金随新四军北撤过江整训。1946年11月28日，从苏北过江回到澄西三区领导武工队。当时，正值国民党向苏中解放区大举进攻，为配合解放战争取得胜利，粉碎国民党在地方上的征兵与征粮计划，曹根据澄西县委部署的反征兵、反征粮对策，发动群众，取得了显著的成绩。由于曹的机智勇敢，使国民党在南闸、观山两乡的征兵、征粮计划严重受挫，因而，国民党江阴县政府视曹为大敌，必欲除之而后快。1947年11月，澄西县委任命曹为澄西三区代区长，他肩负领导澄西三区对敌斗争的重任。1948年9月19日上午，曹荣金在南闸蔡西八房村地下联络通讯员宋锡初家召开会议，研究发动群众争取公粮支援解放战争，组织群众反对抽壮丁、反对国民党纳粮等精神。会议结束后，曹与警卫员陈荣坤留宿宋家。深夜1点，国民党南闸镇长郭云鹏获悉曹夜宿宋家，当即报告上级，国民党要塞守备队立即派两个中队，连同南闸自卫队共300余人，分三路包围宋家。深夜1点半，站岗的警卫员被摸索来的国民党士兵抓获，曹发觉后，因手中无枪，仍徒手搏斗，接连击倒站岗士兵数名，冲出大门时高呼："我就是新四军！"当曹向东南方向突围时，腹部被击中，但仍和围上来的敌人搏斗，最后寡不敌众，被两名敌人用刺刀刺死。曹荣金牺牲后，敌人将他的头颅割下，带回江阴，挂在城市桥头和北大街示众三天三夜，以显示"清剿"功绩。曹荣金牺牲时，年仅26岁。

陈荣坤（1924—1949） 南闸蔡泾八房村人。1948年3月，经曹荣金介绍参加了澄西三区地下工作。5月，由周青介绍参加党组织，成为中共候补党员。6月，由王鹏任命其为澄西三区合法通讯员。陈参加革命后，工作积极，后担任澄西三区代区长曹荣金的警卫员。9月19日，陈随曹荣金夜宿蔡西八房村联络员宋锡初家。20日1时30分，他被前来包围宋家的敌人抓获。关押期间，经受了敌人的严刑拷打，从未说出我党地下活动的情况，坚贞不屈。1949年1月4日，被国民党反动派枪杀在南闸菱塘闵家桥南塅。

宋锡初（1904—1948） 南闸街道蔡泾八房村人，中共澄西县地下党的"支点户"。宋为人厚道、勤俭、刚直，家有独宅、5间厅屋，家道小康。日军侵占8年，宋家深受其害，一直盼望打倒日本帝国主义，过上和平安乐的日子。谁知赶走了日本兵，国民党又发动内战，抓壮丁、苛捐杂税不断，民不聊生。因此，他对国民党政权的腐败专横十分愤恨。自曹荣金住宿宋家后，他不断听到并看到共产党真正为人民，武工队的纪律和对老百姓的态度，更加拥护共产党。每当武工队来住宿，他总是一早起身，装作去南闸街上喝茶以探听敌情，向武工队汇报。曹荣金牺牲后，要塞部队把宋锡初和儿子焕宝、儿媳妇杏宝及3岁孙子小强一起抓到江阴驻地，对宋施加种种酷刑，逼他承认"窝匪藏匪"。50多岁的宋锡初义正词严，斥辩道："他们不是匪，住在我家吃饭付钱，没拿我家一针一线。你们的部队一到，把我家猪、羊、牛、一万多斤粮食和所有财物洗劫一空了！"敌人恼羞成怒，把他押解到南闸西街杀害了。

堵浩金（1933—1950）　1933年出生，参加抗美援朝，1950年10月，因战牺牲。

顾宝洪（1926—1948）　南闸龙运村东场人。1945年3月，他在澄武锡（澄西、武进、无锡三县）工委书记张志强、澄西三区武工队曹荣金等同志的教育下，参加了革命队伍，担任中共澄西县三区地下通讯员、武工队队员。1947年11月，曾参加澄西县领导王鹏亲自指挥的镇压观山乡与人民为敌的乡长张廷基的伏击战。他多次成功地完成了澄西三区领导交给他的联络任务。1948年11月上旬，他在武进县芙蓉圩沈家村"支点户"参加澄西县委召开的反征兵会议。之后，他奉命去武进县焦溪镇给澄武锡工委送信，并带回工委的指示。就在顾宝洪早晨离开沈家村去焦溪送信后，有个叫沈定伟的武工队员因违纪私自活动暴露了目标。驻扎在新安鸡笼山的武进保安队陶剑英中队接到密报后，立即包围了沈家村，一面在村要塞道上布置哨兵，一边挨家挨户搜查。顾宝洪不知沈家村情况突变，返回时刚到村口，突然与敌人哨兵遭遇，由于左右都是水田，无法隐蔽，顾宝洪正要掏枪还击，被哨兵乱枪打死。牺牲时年仅23岁。

朱网根（1925—1951）　南闸河西街人。1948年参加中国人民解放军第三野战军，1951年9月于浙江省平湖县牺牲。

吴　纯（1923—1951）　南闸南新村吴家场（今为何家场）人，初中文化，中共党员。1940年，他在上海中国标准陶瓷公司工作时，受上海地下党抗日救国教育的影响，于1942年参加新四军，5月参加作战。1945年9月加入中国共产党，解放战争中随军参战。新中国成立后，他在驻厦门的中国人民解放军某部工作。1950年初参加中国人民志愿军，在后勤部第四分部供给科任科员。1951年9月25日，在朝鲜原道安边部光荣牺牲。在部队时，吴纯历任审计员、班长、管理排长、出纳会计、供给员、经济会计、副股长、科员等职。吴纯牺牲时年仅28岁。

倪伯正（1932—1951）　南闸泗河村人。1951年入华东军政大学学习，同年参加中国人民志愿军，在抗美援朝战争中牺牲。

金和生（1924—1952）　南闸泗河外湾村人。1950年11月，为响应"抗美援朝，保家卫国"的号召，他在夏港区报名参加中国人民志愿军，随即赴朝参战。他被编入中国人民志愿军第六十八军二〇三师六〇八团二连。1952年10月，金和生在行军途中，不幸被美机轰炸袭击而光荣牺牲。

张金荣（1930—1953）　南闸观西村（原灯塔村）殳桥人。1950年3月，张金荣参加夏港区区中队工作。1950年抗美援朝开始后，他随夏港区中队参加了中国人民志愿军。在天津整训后，即编入中国人民志愿军六十八军二〇三师六〇八团九二炮兵营后勤部。1953年夏季，中国人民志愿军在朝鲜战场转入反攻阶段，张金荣当时所在的反坦克连在向前线行军途中，被美军飞机袭击，他中弹后牺牲在朝鲜崖野山附近。

徐林才（1934—1955）　1934年出生于曙光徐家村，从小在家务农。1955年3月，在江阴县兵役局清理废旧炸弹时，因炸弹爆炸不幸当场牺牲。

徐良初（1936—1956）　南闸龙运（原跃进村）南庄人。1953年参加中国人民解放军0210部队为战士。1956年4月牺牲于山东省即墨县。

许松元（1949—1972）　南闸南闸村（原观东村）观庄人。1969年服役于中国人民解放军一三〇五部队坦克连，当年加入中国共产党。在一次反空降演练中，以优异成绩完成了上级布置的抢修坦克和飞机发动机的任务，受到了部队党委的嘉奖并评为"五好战士"。1972年1月14日，部队开展野营训练，在训练途中不幸牺牲，被追认为革命烈士，年仅23岁。

陈洪清（1963—1988）　南闸涂镇人。中专文化。1980年12月应征入伍，历任通讯员、机油员、班长、政治处书记员。1982年9月考入石家庄军械技术学院，学习油机专业。1983年加入中国共产党。1984年7月毕业，回解放军某部高炮旅任防化技术员、油机技师等职。部队接到参加对越自卫反击战命令时，陈洪清正在家乡举办婚礼。新婚三日后，他毅然告别妻子，返回部队。部队首长考虑他刚新婚，命其驻守部队，但他多次向部队党委递交参战申请书，得到首长批准后，随部队赴云南参战。1988年4月11日，在云南前线执行对越防御作战任务时，乘坐的运输车翻入山沟，不幸牺牲。部队追记其二等功，1988年被批准为革命烈士。

缪惠华（1972—1991）　1972年出生，1991年在上海武警中队服役，因公牺牲。

第二章　人物传略（二）

第一节　科　技

本节列名：张圣瑞、王自强、吴汉金、蒋浩征、谢良卿、吕立人、张汉瑞、何本度、蒋云清、宋才生、蒋炳文、陈凯、吴顺端、徐产兴、曹何强、史明、史晓东、居红宇、赵建华、袁益民、六以方、何云柏，共22人。

张圣瑞　1928年1月出生于观山璜村。1947年南菁中学毕业后，考入南通纺织职工学院。1951年由国家统一分配，安排在山东省工业厅，同年调入国营成大纱厂任技术员。1952年被选派到青岛纺织管理局工作大队，分管清花组设备安装、检测等技术工作。在工作实践中不断钻研新理论、新技术，发表研究论文并出版《清花保全工作法》，该工作法在1953年全国保全工作会议上被纳入"全国五三纺织保全工作法"，并在行业内推广。此后调入山东省纺织工学院、青岛大学，历任毛纺织研究室主任、《青岛大学学报》责任主编、编辑部主任，参与全国棉纺学、毛纺学等高校教材的编审。曾担任山东省纺织学会会员、理事，毛纺专业委员会顾问。举办全国棉纺学、市纺织专业学毛纺专业培训班，多次开展全省专业学术交流，多次参加省厅举办的专家为企业解决质量问题的现场会和新产品鉴定会。利用业余时间编写了《粗梳毛纺生产技术》一书，发给相关企业作为技术指导；曾在南闸蝶美集团专门为家乡毛纺织企业举办技术培训班。

王自强　1928年8月出生，南闸村寨里人。1947年毕业于南菁中学。1951年江南大学毕业后在北京对外贸易部工作。后调至无锡开元电厂工作，任技术员。1956年起在冶金部矿山研究所（后更名为中国有色金属公司矿山研究院）工作。1956年被评为工程师，1976年被评为高级工程师，1982年被评为教授级高级工程师。曾获部级科技进步奖二等奖一次，三等奖两次；在部级刊物发表论文5篇，与人合编出版《矿山自动化》，参与编写《矿山手册》和《冶金手册》。曾任矿山研究院学术委员会委员、冶金部《冶金自动化》杂志编委、湖南省有色金属学会和无线电学会理事。

吴汉金　1929年生，南闸观山璜村人，中国纺织大学纺织工程学院教授。1953年加入中国共产党。1954年毕业于华东纺织工学院纺织系。历任华东纺织工学院纺织系副教授、副主任，生产管理处处长兼校办总厂厂长，服装系主任。长期从事运用多元分析数理统计理论进行织物结构与性能研究。发表《机织物内部结构设计原理》《流线物在织物结构区域内的应用》等论文10余篇。参加编写《织物结构与设计》《棉纺织厂设计》等教材。享受国务院政府特殊津贴。

蒋浩征　1931年12月出生，南闸镇河南街人。北京理工大学教授、博士生导师，享受国务院政府特殊津贴。1937年9月至1944年2月就读于江阴县南闸小学，1944年3月至1947年2月就读于江阴县立中学，1947年3月至1950年2月就读于江苏省立南菁中学（高中）。1950年考入华北工学院（现为北京理工大学）汽车工程系。1953年9月提前毕业留校任教，从事机械制造专业教学工作，曾担任系主任助理、实验室主任等职。1960年奉命筹建导弹战斗部新专业，并担任教研室主任。1987年晋升为教授。1990年国务院学位委员会批准担任第五批博士生导师。曾任中国宇航学会无人飞行器学会理事、无人飞行器学会战斗部专业委员会主任等职。蒋浩征是我国弹药战斗部学科的主要奠基人和学术带头人，长期从事专业的教学和科研工作。曾获国家科技进步奖三等奖4项，部级科技进步奖二等奖4项、三等奖4项，著有《优化设计》《火箭战斗部原理》等学术专著，在国内学术期刊物级会议上发表论文65篇。曾赴法国、瑞典、美国等国参加国际会议和访问。培养博士生11名、硕士生15名，其中多数已成为本专业的技术骨干。

谢良卿 1932年2月生于南闸镇河东街。毕业于南京农林学院。曾在华东农业科学研究所、江苏科委农业处、省技术开发研究院所、江苏省科学技术委员会生产力促进中心等单位工作。所撰《江苏省棉花害虫流域综合防治技术研究》获1987年省科技成果一等奖、农牧渔业部科技部科技成果一等奖。高级农艺师，享受政府特殊津贴。

吕立人 1937年4月出生，南闸夏店村人，中国民主同盟会会员。1956年毕业于江阴县中学高中部。1961年毕业于西北工业大学飞机系飞机设计专业。1962年被分配至海军航空兵水上飞机研究所，中尉军衔。1964年从部队转业至航空工业部。1989年从航空工业部第六研究院第六〇五研究所调入江阴船厂，直至退休。先后参加过轰五飞机外翼整体油箱方案设计、强五强击机机型设计、运七飞机设计、水轰五飞机设计、江阴长江公路大桥钢箱梁等重大工程的设计工作。其参与的"水轰五飞机"设计荣获国家科技进步一等奖，并荣立"水轰五飞机"研制二等功。1985—2004年期间先后在国家级、省级专业刊物上发表《SH-5型水上飞机机翼整体油箱的密封设计》《江阴长江公路大桥钢箱梁胎架布置》等学术论文12篇。历任湖北省荆门市东宝区第一届政协副主席，江阴市第九、十届政协常委。1987年2月经航空航天工业部批准，晋升为高级工程师。

张汉瑞 1938年11月25日出生，南闸观山璜村人。1956年毕业于江苏省南菁中学高中。1961年从北京铁道学院（后改名为北京交通大学）毕业后，被分配至西安铁路局电务处工作。1962年被定为技术员，后调宝鸡电务段工作。1979年6月晋升工程师。1983年任宝鸡电务段副段长。1984年加入中国共产党，为电务段党委委员。1986年任电务段总工程师。1987年再次任副段长。1988年6月晋升为高级工程师。张汉瑞长期从事生产第一线的技术工作，写过有关"继电器接点金属迁移"的研究试验报告，提出过"轨道电路"的调整方法及标准，设计制作过20余种继电器测试台，撰写《电气化区段冲击干扰对铁路信号轨道电路的影响》等论文。1976年与人合作编写出版《铁路信号继电器及检修》一书。1978年参加全国铁路科技大会。1979年由铁道部电务局抽调编写《铁路信号维修规则》（技术标准部分）。1988年被选举为宝鸡市第九届人民代表大会代表。1991年被收入《无锡名人辞典》（二编）。

何本度 1938年12月出生，南新何家场人。高级农艺师，中共党员。1959年毕业于苏州农业专科学校，被分配至江阴县农业局工作，任技术员；1962至1966年被调至南闸供销社担任生产资料部负责人。1966年3月至1978年12月担任南闸公社农技站负责人，后调任市农业局担任水利组组长、农服公司副经理。1985年调回南闸任农服公司经理、农科站站长、农服支部书记。在长期推广农业科技工作中，成绩显著，多次获得省、苏州地区、无锡市的奖励。其于1984年发表的《水稻高产栽培开发研究及其应用》一文获江苏省科技进步二等奖。1992年荣获中国农业部先进个人奖，并获得中国农牧渔业部先进个人荣誉证书和奖章。入编《江阴市科技群英谱》《共和国农业专家名人录》《中华优秀人物大典》。

蒋云清 1940年9月出生于苏州，中共党员。1949年随家迁回祖籍江阴县南闸镇。1958年自江苏省南菁高级中学考入清华大学工程物理系。1960年转入工程化学系核燃料后处理专业。1964年毕业后曾在清华大学核能研究院、二机部第二研究设计院任技术员、工程师。1983年调入核工业部（现中国核工业集团公司）核燃料局，任高级工程师、研究员级高级工程师、副总工程师。1995年起兼任中和清远环境工程技术公司总工程师、中核西北放射性废物处置场场长。曾是中国核工业总公司科学技术委员会委员、中国人民解放军总装备部军备控制科学技术专业组和军备控制核查专业组成员、国家核安全局核安全专家委员会委员、国际原子能机构核燃料循环方案国际工作组和乏燃料处理国际顾问组中方专家。2000年退休后，受聘为国防科学技术工业委员会（现国家国防科工局）专家咨询委员会（现科技委）核专业组成员，国家环境保护部（国家核安全局）核安全与环境专家委员会委员，中核清远公司、中国核科技信息与经济研究院专家顾问，继续从事科技审评、咨询和资料审校等工作。早期作为技术骨干，参与我国武器级钚生产核反应堆辐照燃料后处理工艺过程实验室研究以及我国第一座军用后处理中间试验工厂的调试，后参与研究堆、材料试验堆、核潜艇堆、核电站反应堆的乏燃料后处理与核裂变同位素提取工艺技术的调研、科研和工程设计。调至部机关后，主要从事核燃料循环后段（包括乏燃料运输、贮存、后处理及放射性废物处理与处置）、核设施退役的科研与工程项目的技术管理，筹划建立我国的乏燃料运输系统，研拟核电站乏燃料接管处理合同和乏燃料管理基金管理办法；同时参与核科技标准化（核科学技术语和核燃料、辐射防护等专业）以及国际核军备控制、核保障监督等涉外活动。曾在《当代中国的核工业》《核科技发展的回顾与展望》《核电可持续发展—中国工程院论坛》《走过五十年——中国核工业创建五十周年》《中国核工业》等书刊中撰写专文，并编著、翻译、审校大量国外专业文献资料，计数十本（篇）、几百万字，为宣传与推进我国核燃料后处理技术发展作出较大贡献。曾因公32次赴美国、英国、法国、德国、俄罗斯、奥地利、意大利、瑞士、捷克、日本、韩国等国家及中国台湾地区访问或出席会议（含国际原子能机构会议15次，联合国国际裁军大会1次），用英文发表论文16篇。在基层工作时获原国防科工委、二机部（核工业部）颁发的科学进步奖共5项。1992年获中国核工业总公司"优秀科技工作者"称号。1997年获国务院政府特殊津贴。

宋才生 蔡泾八房村人。中共党员、教授、硕士生导师。1969年毕业于南京大学化学系。1992年被国家人事部授予"有突出贡献的中青年专家"称号，享受国务院政府特殊津贴，为江西省"五一劳动奖章"获得者。江西省高校中青年学术带头人、中国化学学会理事、中国化学学会高分子科学委员会委员、生化学化工学会副理事长、国家自然科学基金通讯评委、省科技进步奖评委。现任教多门研究生课程，主持并完成国家自然基金委项目2项、国家"863项目"2项、江西省科技厅项目1项。获国家科技进步三等奖1项、江西科技进步二等奖2项、江西科技进步三等奖1项、江西省教育厅科技进步一等奖1项。在国内外著名刊物上发表具有代表性学术论文35篇。

蒋炳文 1946年7月出生于南新村夏村。1969年毕业于江苏省望亭耕读大学，同年至南闸农技站工作。历任农技员、农技站站长、乡科协副主任、经济委员会副主任、市农业局农试站站长、土壤肥料科技指导站站长等职务。主要科研成果有："稻种资源白叶枯病抗性鉴定和粳稻抗源选定"获江苏省科技成果三等奖，"高浓度复混（合）废料在稻、麦、油作物上的应用技术研究及推广"获第二届江苏省农业技术推广奖三等奖。其他科研成果多次获无锡市、江阴市奖项。另有多篇论文在省级期刊上发表并获奖。1998年获高级农艺师职称。

陈　凯 1955年出生，南闸花果村人。1966年从吴家埭小学毕业后，即因"文化大革命"而中断学业，直到1971年进入花果中学。1975年在南闸中学毕业后回家务农。1976年担任公社农技员。1977

年恢复高考后考取南京农学院。1981年获南京农学院学士学位。1984年获南京农业大学硕士学位。1990年获华中农业大学博士学位。1990年大学毕业后受聘于南京农业大学，参加国家"八五"科技攻关重点项目"南方红黄壤地区农业资源开发和区域治理"。1994年应邀去瑞典、德国、美国和加拿大从事国际合作科研项目。在国际学术刊物上发表学术论文100余篇。曾在国际联合委员会任职。荣获世界银行、欧洲学术理事会、德国研究院、德国学术交流署和波恩大学颁发的国际合作科研奖、加拿大政府颁发的环境保护奖，并被美国政府评选为具有超众才能的国际杰出科学家。曾任加拿大联邦政府环境部高级政策顾问。

吴顺端　1963年5月出生，南闸观山璜村人。1984年7月毕业于武汉钢铁学院化工系焦化学专业，本科学历，高级工程师。大学毕业后被分配至南京第二钢铁厂工作，先后在焦化分厂原料车间、焦化二期工程指挥部、焦化厂回收车间、焦化厂生产部任工艺员、工艺主管等职，从事生产工艺质量管理和技术改造工作。对焦炉煤气净化具有系统的理论知识和丰富的现场实践经验，解决了多项行业技术难题，成为焦化行业专家，享受南钢特殊人才津贴。在国内公开发表论文10余篇，多次荣获厂（公司）"先进工作者"称号，合理化建议二、三等奖。其中"再生渣洗涤工艺及其专用洗涤器"与"硫铵生产小流量泵加酸工艺及其设备"两项发明均获国家知识产权局授予的专利证书。

徐产兴　1963年出生，观西茶岐村人。1980年江苏省南菁高中毕业。1984年南京大学生物系本科毕业（学士）。1984—1986年中国科院上海分院植生所研究生。1986—1996年新西兰梅西大学博士。1992—1994年美国加利福尼亚大学分子生物所博士后。1994—1998年美国哈佛大学遗传学系博士后。1998—2015年，先后担任美国康奈尔大学医学生物研究生院药理系研究生室主任、博士生导师，纽约纪念斯隆·凯特琳癌症中心药理和分子疗法系研究室主任、博士生导师，美国profeinlinks生物技术公司创办人、总裁兼首席科学官，美国内华达癌症研究所药物开发系正教授、高级研究员、实验室主任，美国宝多药物公司创办人兼总裁。徐产兴的新药研发技术处于国际领导地位，发现并命名7个新蛋白质，第一个发现5个新的残粒体内染色结构蛋白；发明新双杂交相互作用的分子技术（有美国与国际专利），被用作麻省理工学院实验教材，被世界各地生物学家所采用；原创型靶向新药研发技术，被世界多家制药公司与大学采用，荣获台湾工业创新奖的抗癌抑制剂就是用徐产兴的这项专利技术研发出来的；第一个发现代谢调控组蛋白修饰（把代谢与表现遗传学第一次结合起来）；第一个提出癌症细胞缺乏葡萄糖理论，对癌变机理及发展、癌症新药开发提供了新的理论依据。

曹何强　1965年12月出生，龙运村菱塘沟人。毕业于重庆建筑工程学院。市政工程博士，重庆大学城市建设与环境工程学院副院长、教授、博士生导师。国际水协（IWA）厌氧处理技术专家组成员、世界环境组织（WEF）成员、中国环境科学学会水环境分会常务理事、中国土木工程学会水工业分会常务理事、"水体污染控制与治理"国家科技重大专项主题专家组成员、全国村镇污水治理专家委员会委员、第四届全国高校给水排水工程专业指导委员会委员、住房和城乡建设部可持续发展与资源环境专家委员会委员、住房和城乡建设部城镇水务专家组成员、住房和城乡建设部绿色建筑评价标识专家组成员、三峡库区生态环境教育部重点实验室副主任、《土木建筑与环境工程》《重庆大学学报》（自科版）《中国给水排水》《给水排水》等期刊编委。2006年入选重庆市"322"重点人才工程计划一、二层次。2008年分别获"中国环境科学学会优秀科技工作者""重庆市优秀专业技术人才""重庆市环境工程学科学术带头人"称号。2010年获国务院政府特殊津贴专家。2013年入选"国家百千万人才工程"，获"国家有突出贡献中青年专家"称号。2017年获2016年度"中国水业人物"教学与科研贡献奖。曹何强教授长期从事水污染控制理论与技术的教学与科研工作，近年围绕小城镇污水、污泥处理经济适用技术研发和应用，山地城市排水管道安全与城市面源污染控制技术研究与应用，绿色建筑与节水技术研发等方面开展了系统研究，取得了一系列重要成果并进行了应用。近五年主持国家水专项项目等国家级和国际合作项目14项，发表论文百余篇，出版专著3部，获权专利30余项。获华夏建设科学技术一等奖1项、重庆市科技进步一等奖1项、华夏建设科学技术二等奖3项、重庆市科技进步二等奖4项。

史 明 1966年6月出生，南闸璜村人。大学本科学历，研究员，中共党员。1986年毕业于北京航空学院自动化系飞行器自动化控制专业。同年7月进入上海航天局第八设计部。从事型号半实物仿真技术研究和应用工作，参与国内首批军工系统微波导仿真实验室建设和近10个战术型号仿真应用，曾获国家科技进步二等奖2项，荣立八院科研型号三等功1次，先后被聘为助理工程师、工程师、高级工程师和研究员，并先后担任型号副主任设计师、主任设计师。2000年起任党支部书记，连续9年被评为先进党支部书记，所在支部曾被八院、上海市经信委评为先进基层党组织。

史晓东 生于1966年12月，观西村西芦岐人。教授、博士生导师。1988年毕业于南京大学，获理学学士学位。1994年毕业于国防科技大学，获博士学位。2002年加盟厦门大学计算机科学系。2008年被聘为博士生导师。现担任厦门大学人工智能研究所所长、智能科学系副主任，兼任中国中文信息学会常务理事、福建省计算机学会理事、中国计算机学会中文信息技术专业委员会委员、《中文信息学报》编委。主要研究方向：自然语言处理、机器翻译。历年主持承担科研项目20余项，其中国家"863项目"10项、国家支撑计划项目1项、国家自然科学基金项目1项、省部级5项，获福建省科技进步三等奖一次，获软件著作权6项。在学术上的主要贡献是对机器翻译理论和技术的研究，在基于规则的机器翻译算法上有独到见解，也是国内较早开展统计机器翻译的学者之一。1994年，在导师陈火旺院士领导下研制Matrix英汉机器翻译系统，在同年的"863"评测中成绩优异，后在国家科委高技术司在深圳的"863"成果转化基地深圳桑夏公司进行成果转化。1999年推出中国第一个英汉即时翻译网站"看世界"，有助于解决数字鸿沟，先后受到国家领导人的关注，并在北京建立桑夏自然语言处理研究院。先后受到国家"863计划"和自然科学基金等多项资助。在机器翻译产业化方面也有一定成果，先后开发了十余种机器翻译及语言处理相关软件。参与研制的辅助翻译系统获2005年福建省科技进步三等奖。目前主要研究方向为云计算环境下新的统计机器翻译模型，并于2014年推出了首个云翻译网站——"云译"。

居红宇 1972年8月生，谢南村北后塍人。大学学历，技师职称，海澜集团有限公司服装技术服务中心服装制版师。居红宇2003年2月供职海澜集团有限公司后，一直从事服装技术工作，精通各种服装结构设计和制作工艺，擅长西服、夹克、休闲服装及大衣的工业制板。制版速度快、结构线条优美流畅、服装细节把握精确，操作技术水平在同行中处于领先。居红宇丰富的工作经验使他在投资立项、产前技术准备、生产工艺与技术标准、生产线技术指导等服装企业关键环节的操作上有着独到的理念，为公司服装生产作出了积极贡献。他充分发挥技术骨干的传、帮、带作用，为公司培养了一批技术人才。2008年10月，居红宇在江苏省劳动和保障厅、省服装协会、省财贸轻纺工会联合举办的全省"晨风杯"服装制作工（制版）职业技能大赛中获第三名，并被评为"江苏省技术能手"和"江苏省五一创新能手"，获技师职业资格证书。是年11月，居红宇在中国纺织工业协会、中国就业培训技术指导中心、中国财贸轻纺烟草工会、中国服装协会等联合举办的2008年全国纺织行业职业技能竞赛"红豆杯"服装制作（制版）决赛中获第三名和最佳样板设计奖，并被评为"全国技术能手"和"全国纺织行业技术能手"。2011年1月，被人力资源和社会保障部、中国纺织工业协会联合评为全国纺织工业劳动模范。2014年4月，居红宇被中华全国总工会授予"全国五一劳动奖章"。

赵建华 南闸泗河村西河南人，南京大学教授。毕业于江苏省南菁中学。1989年参加全国数学竞赛获第一名，物理竞赛获第三名，同年9月进入清华大学计算机系本科学习。1993年获理学学士（计算机软件）学位。1993年9月进入南京大学计算机系研究生学习。1996年获工学硕士（计算机软件与理论）学位。1996年3月师从郑国梁教授攻读南京大学计算机系博士。1999年5月获工学博士学位。1997年9月至1998年10月攻读博士学位期间，在澳门联合国大学国际软件技术研究所（UNU/IIST）参加学习和研究工作。1999年4月进入南京大学计算机系从事教学科研工作。

袁益民 泗河焦山村人。1979年观山中学高中毕业。1980年考入南京师范大学外国语言文学系英语专业。1984年毕业，获文学硕士学位。1985年获华东师范大学教育系教育学专业第二学士学位。1994至2003年在江苏省教育厅（教育委员会）国际合作与交流处（外事处）工作。2003年起任江苏省教育评估院副院长、研究员，美国乔治亚州立大学、马里兰大学访问学者。历任联合国教科文组织国际扫盲奖评审团成员、亚太地区教育改革发展中心（ACEID）会员、教育部课程与教材发展中心国际学校认证专家、常州大学客座教授等社会兼职。独立或合作出版《教育评估的体制创新》《高等学校审核评估的理论与实践》等著作10部，发表教育及评估类专业论文50篇，撰写重要报告10个，主持或参加省级、国家及国际课题10项，代表国家参加国际教育会议6次。

六以方 1947年3月生，江阴澄江街道人。中国民主建国会会员，高中学历，联通实业有限公司董事长兼总经理。六以方以"天行健，君子以自强不息"为人生格言，在多年的企业经营活动中，带领公司全体干部员工艰苦创业、励精图治，不断寻找商机和拓展商务，取得辉煌成绩。六以方多次被评为无锡市优秀厂长（经理），2004年被国务院侨务办公室和中华全国归国华侨联合会评为全国归侨侨眷先进个人。2008年四川汶川大地震发生后，六以方在第一时间携捐助款5万元赶赴重灾区汶川县水磨镇救灾，其投资的四川大洋硅业有限公司600余名员工与当地村民携手并肩组织自救，救出2名孩子，并为村民提供避难场所和食物。是年7月，六以方被中国民主建国会中央委员会评为全国抗震救灾优秀会员。

何云柏 1948年生，南闸南新村何家场人。江苏金三角建材集团总公司董事长。1988年4月，他带领8个农民自筹资金15000多元创建金三角商场。至1995年，销售额年年翻番，建有8个分公司。同年5月，该公司创办的中国金三角装饰城开业，吸引了全国各地500多个厂家及个人入城开店，至年底销售额突破10亿元。1994年11月被国内贸易部批准为国家级市场。何云柏成绩卓著，被国家农业部授予全国乡镇企业优秀供销员称号。

第二节 政治军事

本节列名：滕藤、吴兴焕、张生吉、丁金坤、张生昌、陆杏坤、许明堂、吴挺宝、任兴祥、吴松林、沙乃成、吴正元、吴克平、吴丹娜、袁秋中、陆文杰、戴鹏、谢兴福、花泽飞，共20人。

滕 藤 1930年1月生，南闸镇河西街人。1940年考入重庆中央大学附属中学。1946年先后在上海交通大学和清华大学学习。1948年参加中国共产党，从事学生运动，担任党的外围组织民主青年同盟化工系分部负责人。1951年毕业于清华大学，毕业后留校任教。1957至1969年赴苏联列宁格勒化工学院进修，历任清华大学讲师、副教授、教授、研究生院副院长、副校长。1985年开始历任中国科学院副院长、中国科技大学校长、国家科委副主任、国家教委副主任等职。1993年当选为全国人大常委会委员。1989—1991年任联合国教科文组织副主席。1996—1997年为亚洲社会科学联合会主席。曾获全国科技大会奖、全国科技进步奖和国家自然科学奖多次。主编和出版专著10余部，在国内外刊物发表论文数百篇，内容涉及生态经济、能源政策、可持续发展等学科领域。主要代表作有《中国可持续发展研究》（上、下卷）、《环境与可持续发展展望》。1992年，时任国家教委副主任的滕藤，因工作视察江苏来到江阴，8月23日，在市委书记翟怀新陪同下回老家南闸，视察了南闸中学和金三角建材总公司等单位，并应南闸中学金洪福校长邀请，欣然为南闸中学校名挥笔题字。出版有《滕藤文选》。

吴兴焕 1938年8月出生，观山璜村人。毕业于苏北农学院农学系，本科学历，中共党员。初中毕业后在初级社、高级社、生产大队担任过社长、副大队长职务。担任过苏州地区工作队队长、党支部书记。曾任江阴县革委会秘书、苏州地区革委会政工组秘书。1973年到江苏太湖地区农科所工作到退休。在农科所工作期间，先后担任秘书、科管科科长、办公室主任、党委委员、副所长等职务。在任职期间研究的"光合细菌在农业上的应用""冬牧七〇黑麦在建立草地农业系统中的作用""医用资源转化利用技术"等成果，获得了省、市各大奖项。曾任苏州市老专家协会、老科技工作协会常务副会长，多次获得省、市授予的"献计杯"奖和协作攻关奖。曾两次荣获苏州市科协系统"先进工作者"、江苏省"优秀科技工作者"称号。

张生吉 1938年12月出生于观山村璜村。中共党员，高级农业经济师。1958年7月毕业于南菁中学，同年9月进入苏州农业专科学校农学专业学习。1961年7月毕业后，被分配到江苏省农林局工作。1978年12月调入江苏省委农村工作部工作。1982年9月至1983年7月在中国人民大学农经专业进修。1983年11月起先后担任江苏省委农工部农村财务辅导站站长（正处级）、经营管理处处长、农民负担监督受理处处长和农村集体资产受理处处长。1995年10月被江苏省委农工部、省财政厅、省人事局、省计经委、省监察厅等七个部门评为江苏省减轻农民负担先进工作者。1996年6月被省委省级机关工委评为勤政廉政优秀干部，并多次被江苏省农委分会评为先进个人。1999年9月退休。张生吉曾担任中国农村合作经济管理学会和中国农村珠算协会理事、江苏省珠算协会常务理事、江苏省农经学会理事、江苏省农村会计学会和江苏省农村珠算协会会长等职。退休后参加了江苏省老科技工作者协会，先后担任省老科技农业分会理事、省老科协农委（农林局）分会副理事长。

丁金坤 南闸蔡泾衮落村人。1937年10月出生于一户雇农家庭。少年时即聪颖好学，却因家贫无法实现"读书梦"。10岁时在他苦苦哀求下，父母才应允其进了学堂。别人从小学到高中毕业通常只需12年，丁金坤却经历了辍学、复读、再辍学、再复读的磨难，竟用了比常人多4年的时间。25岁时从南菁高中以优异成绩考进南京大学。辍学期间，丁金坤替人放过牛、喂过猪、抱过孩子、推过磨、打过短工，还当过生产队长。1966年毕业于南京大学中文系，大学期间加入中国共产党。1968年被分配到无锡，先后在无锡日报社、无锡电台、无锡电视台等新闻单位从事新闻、文艺工作，历任记者、编辑、编导、总编室主任、台长助理兼文艺部主任。曾创办深受广大观众喜爱的《观众之友》《文化博览》等文化艺术栏目。1994年，在中央电视台举办的第二届音乐电视大赛中，无锡电视台以地市级电视台身份参赛的由丁金坤导演的《拔根芦柴花》荣获铜奖，并在中央电视台《东西南北中》栏目播放。丁金坤曾任无锡市电影电视艺术家协会副主席、江苏省电视艺术家协会理事。

张生昌 1939年12月出生于观西叕桥村。中共党员，教授级高级工程师。1964年毕业于哈尔滨工业大学自动控制系专业，应征参加中国人民解放军，在总参谋部机密要害局负责加密工作。1971年转业至中国兵器工业部某厂。1982年调入中国兵器工业第五八研究所（四川省绵阳西南自动化研究所）

工作。1999年退休。张生昌长期从事密码、高炮指挥仪、坦克微光夜视特殊器件、导弹、炸药自动化生产线等国家重大课题研究，尤其在密码研究领域有重大突破，曾于1998年荣获中国兵器行业部科技进步二等奖。

陆杏坤 1939年3月出生，观西陶湾村人。1959年1月参加中国人民解放军。1962年加入中国共产党。历任通信兵、警卫员、收发员、保密员、指导员、团宣传股股长、守备营政委、南京军区政治部干事、团政治处副主任、师组织科科长、团政委、武警上海总队后勤部政委。师级，大校军衔，荣记三等功4次。1995年退休。

许明堂 1940年6月出生，南闸观庄村人。1958年在江阴县中学高中毕业，被保送至西北工业大学。1960年10月加入中国共产党。1963年大学毕业后被分配到航空工业部北京青云仪器厂设计科工作，担任飞行仪表的设计工作。1978年，因国家重点工程需要调入中国科学院高能物理研究所，参加了国家重点工程北京政府电子对撞机真空控制系统的初步设计。1987—1993年调入国务院国家重大装备领导小组办公室，主要负责协调北京政府电子对撞机和北京谱仪关键设备的研制工作，先后担任副处长、处长等职。1990年作为该项目成员之一荣获国家科技进步特等奖。1993—2000年调入国家经贸委技术装备司工作，先后担任重大装备处处长、技术装备司助理巡视员等职，主要工作是继续协调国家重大技术装备研制和国家工业性试验项目的工作。2000年在国家经贸委退休。

吴挺宝 1940年10月出生，观山村璜村人。1962年毕业于南京动力专科学校，大专学历，高级经济师。1972年4月加入中国共产党。先后在东北制药总厂、中国医药工业公司工作。1974年1月任东北制药总厂党委常委、副厂长。1974年10月任沈阳市化工局党委副书记、副局长。1981年兼任沈阳轮胎总厂厂长、党委副书记。1990年6月任东北制药集团公司党委书记、沈阳化学制药工业协会会员、中国医药企业管理协会副会长。1993年6月任东北制药集团股份有限公司董事长兼总经理。1997年8月任沈阳医药管理局局长、党委副书记等职务，直至退休。在近40年的工作中，吴挺宝先后被评为全国医药系统先进个人、辽宁省优秀企业家、辽宁省"五一劳动奖章"获得者，连续3年被评为沈阳市劳动模范，为第八届全国人民代表大会代表。

任兴祥 出生于1943年4月，涂镇村任前头人。1960年南闸初中毕业，被挑选为空军飞行员，在中国人民解放军航空学校结业后，服役于武汉军区（即现在的南方战区）空军飞行大队。1970年7月28日凌晨3时42分唐山发生7.8级地震，任兴祥随部队第一时间飞至唐山，参加现场抢救20余天，荣立二等功。1979年参加对越自卫反击战，荣立三等战功。服役期间，多次参加新型飞机的试飞工作，并多次立二、三等功。1999年退役。特级飞行员，大校军衔，副师级职务。

吴松林 1947年10月出生，南闸观山璜村人。1965年9月入中国人民解放军南京海军学校学习，毕业后被分配到中国人民解放军福建海军基地。其间，多次被军校和部队评为"五好学员"和"五好战士"，并在1968年加入中国共产党。1970年退役回苏州后，进入中国航空工业部所属的苏州长风机械总厂工作（此厂为军工企业，厅局级单位，改革开放后改制为苏州长风有限责任公司，后更名为中国航空电子雷达研究院）。在该厂工作的几十年时间里，历任保卫干事、宣传干事、宣传组组长、党委办公室秘书、军品机械加工车间书记、党委办公室主任、党校校长、党委常委、宣传部长兼职业技术培训中心书记等职，多次被授予厂级和市级"先进工作者""先进党员"和"优秀党务工作者"称号。1996年被评为高级政工师职称。

沙乃成 1947年10月出生，南闸沙家村人。中共党员。历任镇长、镇党委书记兼人大主席、市委农工部部长、市委统战部部长、市政协副主席、政协党组成员等职。在其主政月城镇期间，该镇先后获得江苏省经济实力百强乡镇、国家星火密集区、省农村教育综合改革先进集体、省成人教育先进集体、省科技先进镇、省小戏之乡、全国群众体育先进镇、全国中医先进镇、全国亿万农民健身活动先进乡镇等荣誉；在担任市委统战部部长时，连续3年被评为省宗教工作先进集体，连续5年被评为省侨务工作先进集体，2002年统战部被评为省统战工作先进集体。沙乃成在任职期间，因他对人民、对事业的高度负责，尽心尽职，得到了群众的赞扬和上级领导的肯定，多次获得嘉奖，分别被评为江阴市先进工作者、江阴市优秀党委书记、无锡市优秀党务工作者、无锡市优秀党委书记、无锡市劳动模范、江苏省优秀乡镇党委书记、江苏省优秀统战干部。曾连续两届当选为无锡市政协委员，江阴市政协第十一届、第十二届政协副主席。

吴正元 1949年10月生，南闸观山璜村人。毕业于南京航空学院飞机设计系制造专业，1975年毕业，被分配至三机部六三〇研究所工作。1970被评为六三〇所先进工作者。工作期间，参加的"飞机尾旋预测研究"课题获1984年航天部科技成果奖。1981年调江阴机械厂技术科工作。1982年调江阴市档案局（馆）工作，历任科长、副局（馆）长、主任科员职务。多次获得江阴市"先进工作者""先进科技工作者"、无锡市"先进档案工作者"称号。1991年被江苏省人事局、江苏省档案局评为江苏省档案系统先进工作者。为江阴市第十一届、第十二届政协委员。

吴克平 1957年出生，观山璜村人。1996年毕业于苏州大学经济管理专业，大专学历，经济师职称。1979年加入中国共产党。1986年至今，先后担任观山村党支部书记、村主任、总支书记、党委书记等职。2003年开始，吴克平为发展村级经济，通过不懈努力，争取各级支持，终于艰难地创建了东盟科技工业园。10多年来为办好工业园，殚精竭虑，攻坚克难，使园区不断扩大，先后有45个企业入园，集体经济迅速发展，惠及农民。村容村貌焕然一新，村民生活不断提高。集体每年拿出200万元反哺农业，先后拨出300万元新建3个篮球场和健身广场以及一个戏台，丰富了村民的业余文化体育活动，并为老人、学生办理了各种福利补贴。观山村连续6年被评为南闸街道标旗单位。2008年观山村成立了南闸第一个村级党委。吴克平由于工作成绩显著，历年来被评为江阴市优秀基层党组织书记、先进工作者、优秀共产党员、"十佳"党组织书记、"十佳"优秀村干部，并先后被评为无锡市优秀共产党员、无锡市劳动模范、无锡市优秀基层党组织书记。2011年，被授予"江苏省劳动模范"称号。

吴丹娜 女，1957年7月生，泗河里湾村人。中共党员，江阴市澄江纺织机械厂党支部副书记兼工会主席。在做好企业政工工作的同时，她积极参与企业经济工作，配合搞好新产品开发的市场调研，了解信息，积累资料。为这几年企业获得的江苏省科技进步奖、金牛奖、专利金奖及国家星火奖项目做好文字资料工作。参与设计制造的CJFU型废棉处理系统及设备获1992年度国家星火三等奖，被授予国家星火奖证书和银质奖章。

袁秋中 1963年8月生，江阴长寿镇人，中共党员。历任共青团江阴市委书记，南闸镇镇长、党委副书记、书记，江阴市副市长，江阴市委常委、宣传部部长，江阴市委副书记。袁秋中在1985—1990年任江阴团市委书记期间，把"以四化为中心，活跃团工作"作为全市团工作的指导思想，带领全市各级团组织围绕改革和建设开展一系列活动。共举办三届纺织、机械、冶金、建筑等八大行业100多个工种的操作比赛；举办3届乡镇企业优秀青年厂长（经理）竞赛；连年开展青工"五小"竞赛活动，共有"五小"成果8276项，其中2项获全国一等奖，18项获省"五小"成果奖，124项获无锡市"五小"成果奖；开展"争创青年文明岗"竞赛活动，创办750所青年普法学校，牵头完成35万青少年的普法教育任务；帮教转化2000余名后进青年；负责筹建江阴市少年宫。1988年，袁秋中荣获共青团中央授予的中国共青团五四奖章。

陆文杰 1964年8月生，观西东芦岐村人。中共江苏省委党校研究生学历，1983年10月应征入伍。1987年1月加入中国共产党，同年6月提干。历任武警南通市消防支队战士、班长，支队副政委、政委（正团职），公安消防部队南京士官学校政委（副师职），荣立4次三等功。先后当选为南通市第七、八、九届青年联合会常委，南通市崇川区第五届、第六届政协委员，南通市第十届党代会代表，南通市第十三届人大代表。2013年12月转业至中共南通市委、市人民政府农村办公室任副主任。

戴 鹏 1965年出生，观山璜村人，中共党员，大学文化。曾任中国人民解放军总装北京军代局副局长。1987年于合肥炮兵学院导弹工程专业本科毕业。1993年清华大学自动控制理论及应用专业研究生毕业。后至国防科技大学高科技知识培训班、中央党校部队分部班受训。结业后，先后在廊坊炮兵导弹学校训练部、总参军训机关、国防大学训练部、总装陆军装备科订购部机关、北京军代局工作。工作中成绩突出，特别是在负责重点装备的型号研制和订购管理、2009年国庆阅兵华北区军械装备协调保障、"高新工程"军械装备科研生产检验验收等工作中，取得了突出成绩，分别于1997、2007、2009年荣立三等功各一次，2010年荣获国防科技进步二等奖。

谢兴福 1970年出生于谢南张塘村。1992年加入中国共产党。历任村共青团支部书记、农技员、村委主任。1999年调任镇建委副主任、经济开发公司副总经理。21世纪初，镇筹建锦南工业园，他全身心投入开发建园工作，作出了贡献。2004年参加江苏省党校经济管理专业学习，取得了大学本科学历，同年调任施元村党支部书记。2007年起任谢南村（紫金社区）党总支书记。自谢兴福任职以来，谢南村取得了显著成绩，先后被评为江苏省卫生村、江苏省生态村、全国创建学习型家庭示范社区、江苏省综合减灾示范社区、江苏省和谐社区等荣誉称号。2012年起，谢兴福先后当选为无锡市第十五届、第十六届人大代表，2012年被评为无锡市劳动模范。2014年被中共无锡市委组织部评为大学生村官先进个人，2016年被江苏省人民政府授予"劳动模范"称号。

花泽飞 祖籍南闸龙运花家村，上海赴云南西双版纳知青。云南大学研究生毕业，曾任学生会主席，留校任教并担任云南大学团委书记。历任共青团云南省委常委、学校部部长、省学联秘书长、省青联副主席。1992年创办昆明滇池国家旅游度假区，任管委会副主任兼云南民族村总经理。被评为云南省杰出青年企业家。1996—2000年担任昆明市旅游局局长；2000—2002年被选拔为云南世博集团副总经理兼昆明世博园股份有限公司董事长。2002—2009年初，担任云南世博集团总经理、云南省旅游行业协会副会长兼云南省旅游景区协会会长。高级经济师，中国首批注册高级商务策划师，中国高级职业经理人。2007年以来，受北京大学、清华大学邀请，为北京大学文化产业研究生班和清华大学全国卓越企业总裁研修班授课。2009年，担任云南省文化厅党组副书记、副厅长（正厅级），云南大学工商管理与旅游管理学院EMBA客座教授、博士生导师，云南师范大学客座教授，云南财经大学客座教授。

第三节 文教体卫

本节列名：蒯振清、金建华、蒋寿宁、邓秋鸿、仇端珍、张铭瑞、耿志明、顾荣潮、吴清度、张树森、沈金玉、谢洪德、顾云浩、沙仲华、耿国萍、陈惠英、谢浩军、宋建才、金平、陆盛强、刘晔、吴芳萍、顾家烨、顾奇芳、花国定、殷余忠、陆忆良、袁莉、陆幽、许达、张徐芳、张云、季春燕、汤科蓉、陆春龙，共35人。

蒯振清 1924年4月出生，蔡泾袁落村人。1948年南菁高中毕业后考入上海私立大同大学数理专业，1950年辍学。由好友吴越介绍到长春市中国科学院应用化学研究所工作，历任秘书科科员、情报资料科副科长、《中科院应用化学研究所集刊》编辑、《分析化学杂志》编辑、副编审等。1960年编辑出版《全国超体分析汇编》（上、下册）。1969年下放到吉林省柳河县圣水公社"五七"干校。1972年8月被调回原单位工作，负责编辑《分析化学》期刊。1986年被调至沈阳市中国科学院金属腐蚀与防护技术研究所，参与筹办学术刊物《腐蚀科学与防腐技术》。1987年8月，主编《全国环境腐蚀网站通讯》。1990年代被任命为《腐蚀科学与防腐技术》编辑部主任。高级编辑职称。

金建华 又名耀良，1931年出生于泗河村孟岸宕，金氏《百寿图》第三代传承人。20世纪50年代初毕业于无锡洛社师范学校美术专业，毕业后被分配至江阴县月城乡黄桥小学当教师，后担任该校校长职务。20世纪60年代初响应党的号召回乡务农，历任孟岸大队大队长、南闸标牌厂厂长。退休后，金建华潜心研究祖传工艺美术品《百寿图》。经过10多年的不断改进，他不仅在造型上大胆创新，而且在黑白稿上巧妙设色，比祖传原稿更为雍容华贵、内涵丰富、赏心悦目，并在百寿的基础上增创至108个"寿"字。2006年，金建华所绘的《百寿图》参加江苏省文联和无锡市政府联合举办的"吴地风韵"大型历史文物和民间精品展览会，荣获银奖。2010年，金氏《百寿图》被评定为江阴市非物质文化遗产。

蒋寿宁 1932年12月出生，南闸河西街人。1949年9月考入南京中央大学医学院。1954年毕业后被分配至上海市第二军医大学附属长海医院任外科住院部医师。1979年调入上海市虹口区中心医院，再调至上海市中西医结合医院，历任外科医师、主治医师、副主任医师。1987年被上海市虹口区人民政府记大功一次。1995被评为主任医师，获政府特殊津贴。1997年被蚌埠医学院聘任为兼职教授，被评为上海市劳动模范。1999年因研究"脊髓栓系综合征"获上海市科技成果奖。

邓秋鸿 1934年7月出生，南闸镇谢南苏家村人。中共党员，副主任中医师职称。1950年拜江苏省名中医李一之为师。1965年在南京中医学院进修结业。历任板桥联合诊所主任、要塞联合诊所主任、要塞乡中心卫生院院长、江阴市中医院副院长、江阴市医学会常务理事、市中医研究会理事长、市中医学会会长、无锡市中医学会理事、江苏省中医学会理事、中华医学会会员。江阴市（县）人民代表大会第四届、第五届、第八届、第九届、第十届代表，中共江阴市（县）第五、六次代表大会代表，无锡市人民代表大会第九届、第十届代表。从医52年，对中医外科常见的疑难病症有丰富的诊治经验，善用内外合治法治疗疡科，尤其用自制的乳癖丸、瘰疬丸、参制三蛇粉等医治乳房病、流注、瘰疬及蛇咬伤等病，疗效显著。邓秋鸿曾多次担任苏州地区及江阴市的中医培训教育工作。工作之余笔耕不辍，撰有《乳病诊治》《蝮蛇咬伤诊治》《乳癖刍议》《走黄内陷内攻识》《温补脾肾法》《白毛夏枯草汤治疗骨髓炎》等论文十余篇。在全国、省市等专业会议上交流或在医学刊物上发表，获论文证书及优秀论文奖。1975年参加编写《江阴中医学简编》。1992年主编《春申医粹》。组织筹建"江阴中医历史馆"。1985年被评为无锡市卫生先进工作者。

仇端珍 女，1935年6月出生，南闸街道观山璜村人。1951年武进焦溪中学毕业，后被分配到江阴申港梅谢小学任教，该小学为复式教学，她创造了复式教学法。后被提拔为申港牌楼下村小学校长。仇端珍在牌楼下小学任职期间，成绩突出，于1956年先后被评为市优秀教师、优秀青年、优秀妇女、社会主义建设积极分子，同年12月出席江苏省优秀教师代表大会，被评为江苏省优秀教师。1956年当选江阴县（市）人大代表。1982年调江阴市辅延小学任教。一年后调江阴市机关幼儿园任教，任园长。1981年至1984年当选为市政协委员。1990年退休。

张铭瑞　1935年12月出生于观山村璜村。1960年西安交大毕业，被分配到贵州工学院（现已并入贵州大学）工作。在30多年的工作中，一贯认真负责，曾多次获得单位和各级组织的奖励。1994被评为贵州省高教工作委员会优秀党员，1995年，被评为全国优秀教师，1996年被评为贵州省优秀党员。先后荣获贵州省政府科技进步三等奖3次。1996年退休。

耿志明　1936年7月生于龙游耿家村。1963年毕业于徐州医学院，就职于南京大学医学院附属鼓楼医院内科。历任鼓楼医院内科副主任，教科处副处长、处长，内科教研组副主任，江苏省呼吸学会秘书长、常务副主任委员，南京医学会理事，国家肺病联合会会员，《南京医学杂志》常务编委，《医师进修》杂志特邀编委，南京大学医学顾问，南京市医疗事故鉴定委员专家，国家自然科学基金会评审专家，南京市第11届人大代表，中国致公党南京市第一、二次代表大会代表。多次获江苏省卫生厅、江苏省医学会表彰和嘉奖。多年来从事内科及呼吸系统疾病的临床、教学、科研及管理工作。曾先后担任过鼓楼医院卫校、南京市口腔大专班、省肺科进修班、南京医科大学、南京大学医学院临床医学系诊断学、内科学及急诊医学的教学工作，并担任过江苏省农村巡回医疗队队长、南京招飞体检队主检。先后参加国际学术会议3次、全国性学术会议28次，学习班讲座及巡回讲学42次。发表论文80余篇，出版书籍多部。参加美国、加拿大、澳大利亚、日本等国家及中国香港、澳门地区国防学术交流。现为内科教授、主任医师。

顾荣潮　1936年出生于观山山嘴村，中共党员。1958年毕业于宜兴农校。先后在南闸农业高中、南闸中心小学任教，历任小学校长、南闸公社及要塞片农中辅导员。1993年调任南闸成人教育中心学校校长，直至退休。1992年，被江苏省农村妇女"双学双比"竞赛活动领导小组评为"双学双比"服务工作先进个人。1993年，因长期从事乡镇企业职工教育工作，并取得优异成绩，被江苏省乡镇企业管理局、江苏省教育委员会授予"乡镇企业职工教育先进工作者"称号。

吴清度　1942年4月出生，泗河里湾村人，中共党员。1962年12月参加中国人民解放军。1968年12月退伍。作为部队的文艺兵，擅长表演曲艺，并演奏得一手好扬琴。20世纪90年代参加群众文艺演出，他语言风趣幽默、表演朴实逼真。由他主演的小品《一块钱》《卖鸡》《抓阄》《送给妈妈的花篮》《剪彩》，独角戏《称公公》《相亲》《算命》等代表镇参加市文艺汇演，均获一、二等奖。尤其他在《卖鸡》中扮演的老农民，受到省专家的好评。他曾连续多年参加江阴市文化系统组织的送戏进城和送戏下乡活动，被誉为群众喜闻乐见的"江阴赵本山"。吴清度热爱群众文艺，演出一丝不苟，年过七旬还活跃在舞台上，为南闸的群众文化发展作出了卓著贡献。2015年2月，被南闸街道办事处授予"南闸街道文化发展贡献奖"。

张树森　1942年8月出生于观西殳桥村。1970年10月参加群众文化工作，任南闸镇文化站长，至2002年退休。20世纪70年代初开始创作，在省级以上刊物发表文学作品百万余字。小戏《还差得远》（与花泽炜合作）参加江苏省小戏会演，获创作演出二等奖，发表于上海《文艺轻骑》，并被收入《1949—1979江苏小戏选》。中篇故事《蛇女恩仇记》在1986年中国新故事学会首届年会上被评为创作一等奖。短篇故事《钱皮匠告状》收入上海《故事会》"创刊35周年精品故事选"。1995年参加全国故事大王展示演讲获特别荣誉奖。2004年10月，中央电视台摄制了张树森演讲故事专题节目，进行了播放；2008年10月参加上海"长三角地区故事大奖赛"，获金奖。2002年，出版36万字的故事集《酸酸草》（中国文联出版社出版）。2009年，出版40万字的历史散文《千秋南闸》（作家出版社出版）。2010—2012年，担任江阴电视台《老张讲故事》栏目主持人。《南闸志》主编。中国民间文艺家协会会员、中国新故事学会会员、江苏省民间文艺家协会会员、无锡市戏剧家协会会员。2018年入选第二届江阴市"暨阳英才"特色乡土人才（文艺传承类）。

沈金玉 1942年生，中共党员，南闸医院内科副主任中医师。1963年毕业于苏州中医专科学校。曾参加县卫生局组织的西医学习中医班教学工作和《中医学简编》《中医基础》的编写工作。1981年晋升为主治中医师。1988年晋升为副主任中医师。撰有《治疗慢性泄泻的临床体会》等论文。

谢洪德 1945年1月出生，南闸涂镇村前新庄人。1965年5月从教，任代课教师，后转为民办教师。1968年担任新庄小学校长。1994年调任南闸中心小学校长，兼党支部书记。在新庄小学工作期间，谢洪德带领全校师生白手起家创建校办企业，从制作水泥袋到生产纺织配件，从年盈利几百元到几十万元，经过近10年的艰苦经营，他们用校办企业所积聚的资金，投入到学校建设中，终于将简陋落后的乡村小学，建成了一所新型先进的农村完小。1989年新庄小学被评为江阴市一类学校、江阴市文明单位。1993年，谢洪德因成绩卓著，被国家教委、人事部授予"全国教育系统劳动模范"，荣获"人民教师"奖章。

顾云浩 1946年10月生，江阴月城人。中共党员，大专文化，主治医师，江阴市名中医，江阴市南闸医院院长。顾云浩热爱中医事业，毫无保留地把自己积累的验方提供给卫生院开发中药制剂，有12个品种的中药制剂经江苏省药品监督管理局批准生产后广泛应用于临床，"炎可宁""健脾""胃炎灵"等中药制剂疗效显著。同时，他将珍藏多年的秘方开发成"健儿开胃液"制剂，获国家健字号批文后，在全国应用。2000年春，顾云浩根据江阴市委、市政府文件精神，积极推进南闸医院产权制度改革，使该院被批准为江阴卫生系统第一家合作经营改制试点单位。改制10多年来，顾云浩购置先进设备、改善医疗环境、拓展医疗项目、开辟特色专科，并与外地高科技医院进行医疗科技、人才交流合作。2005年，顾云浩积极推进社区卫生服务工作，主持组建11个社区卫生服务站，实现了南闸镇社区卫生服务全覆盖。顾云浩被评为无锡市劳动模范。2006年4月，被江苏省政府评为江苏省先进工作者。

沙仲华 1953年7月出生，南闸集镇河南街人。1972年参加中国人民解放军，历任战士、营部书记、政治部新闻干事、宣传干事、副教导员。1985年转业至苏州市外经委，先后担任党办副主任、劳动人事处处长、外资企业管理处处长等职务。2013年退休。沙仲华热爱摄影艺术，在国内外各级摄影大赛中其有430余幅作品获奖。其中部分作品在美国、澳大利亚、摩洛哥、塞尔维亚等国家以及中国香港、台湾等地区展出。他的代表作中，《爱情协作曲》获第三届美国摄影协会国际摄影展金奖，《重负的母亲》获俄罗斯国际摄影大赛铜奖，《古镇夜雪》《远方的召唤》分别获亚太杯国际摄影大赛铜奖和阿根廷国际摄影展铜奖，《太湖渔港》获"美丽中国、一带一路"全国摄影大赛优秀奖，并获《新华日报》"喜迎十九大，全景看江苏"系列视觉作品大赛佳作奖。沙仲华现为江苏省摄影家协会会员、中国摄影家协会会员、美国摄影家协会（PSA）会员、国际摄影家联盟（GPV）会员。

耿国萍 1957年1月出生，南闸龙运耿家村人。1977年加入中国共产党。1978年苏州地区师范中文科毕业。1986年江苏师范学院中文系函授毕业。1995年起任南闸中学教务主任、工会主席、副校长。2004年任南闸中学校长兼党支部书记。历年来获评江阴市优秀校长、江阴市优秀党支部书记，无锡市"又红又专"先进教师、无锡市优秀教师。2007年被授予"全国文明礼仪教育示范标兵"称号，并应邀赴北京参加人民大会堂的颁奖大会。

陈惠英 女，1958年11月出生，南闸街道涂镇村人。曾当过"赤脚医生"。1982年毕业于苏州医学院医学系。江阴市人民医院眼科主任医师、教授，江阴市眼科医学重点学科带头人。从事眼科临床工作至退休，历任江阴市医学会第五届、第六届理事，五官科学组主任委员，无锡市眼科学会副主任委员。曾获无锡市"十佳女医务工作者",江阴市科技创新"十佳标兵""优秀共产党员"等荣誉称号。近年获江阴科技成果奖5项、双革四新奖10项,在省级以上发表论文16篇。

谢浩军 1962年7月出生于南闸集镇大弄。无锡市非物质文化遗产"谢禾丰"牌马蹄酥传承人。谢浩军原是国营企业职工,1995年辞职接替父亲经营"谢禾丰"副食店。经过十多年的不断研究,他在祖传秘方讲究形、色、香、甜、酥、软六大特色的基础上,增添了具有现代养生理念的食材,使马蹄酥成了既是可口的美食,又是养身健体的佳品。2009年,"谢禾丰"马蹄酥在江阴地区众多的制作单位中脱颖而出,被评为无锡市非物质文化遗产,谢浩军为传承人。2010年,"谢禾丰"马蹄酥被中国烹饪协会评为中国十大名点。2014年,谢浩军经营的"谢禾丰"副食店荣获"无锡市百年老店"名号。

宋建才 1961年12月出生,蔡泾八房村人。1978年高中毕业后,先后就职于南闸标牌厂、南闸文化站、南闸农行、江阴市第三人民医院等单位,2001年进入南闸文化服务中心工作。20世纪80年代开始写小说,1983年在《写作》杂志发表小说《抓阄》,随后又在《青笋报》发表小说《儿子》。此后转写故事,先后在《故事会》《故事林》《上海故事》等杂志发表《正当要求》《不同寻常的钞票》《"艾滋病"之谜》等近百篇共80余万字的故事作品,并于2007年由作家出版社出版了故事集《好梦难圆》。2009年被评为"江阴市十大故事家"。除了写小说和故事外,宋建才还创作了不少戏剧小品,并在江阴市群众文艺汇演中屡屡获奖。宋建才现为江苏省民间文艺家协会会员、江阴市民间文艺家协会理事。

金 平 1962年10月出生,南闸泗河村外湾人。中共党员,江苏省书法家协会会员。所宗以智永体为主,兼有欧阳询、柳公权、赵孟頫风格,笔法精熟,笔画温顺秀劲,结体多取正姿,仪态雅逸大方,气息疏散悠然。金平学习书法较晚,却大器晚成。近年来参加省、市书法比赛屡获佳绩。曾获无锡市"群芳奖"铜奖2次,无锡市首届"乐龄杯"书法比赛二等奖,无锡市首届"书法院"奖及首届书法"临创"比赛入展,江苏省"社区书法"比赛优秀奖。更为可贵的是,金平在刻苦自学书法的同时,担负起了普及书法的任务,由其辅导的南闸实验学校书法班,有多名学生在江苏省、无锡和江阴市少儿书法比赛中多次荣获一、二等奖。仅2018年就有21人次分别在无锡市、江苏省、全国中小学生书法比赛中荣获一等奖,其中糜嘉雯同学荣获江苏省第十二届中小学生书法展示赛特等奖,并得到了省书协原主席尉天池的点赞。金平也分别获得了无锡市、江苏省全国中小学生书法作品指导工作一等奖。在他担任南闸老年学校书法班书法老师后,两年内已有5名学员加入了江阴市书法协会,同时在社会上掀起了学习书法热,他也因此获得了"江苏省优秀书法辅导员"称号。

陆盛强 1963年4月出生,南闸观西村东芦岐人。编审师职称。1982年考入复旦大学,获理学学士和工商管理硕士学位。1986年进入图书出版行业,先后任职于复旦大学出版社和立信会计出版社,历任总编室副主任、主任,编辑室主任、编辑部主任、总编辑助理、副总编辑、副社长、总编辑。编辑出版过100余种图书,管理出版、发行多年,遍历出版社内各工种。发表《计算机图书出版状况浅析》《图书品牌的决策和实施》《中国出版业:加入WTO后的前景》等论文多篇。出版图书《著译者须知》和《完整的现代图书出版》两部。曾组织上海计算机图书编辑沙龙,制定计算机图书编辑规范。在行业内首先提出立体策划概念和图书支持服务概念。获"上海市优秀青年编辑"称号。

刘 晔 女,1964年1月出生,蔡泾东前头人,中共党员。1984年本科毕业于苏州大学中文系,同年被分配至南京艺术学院工作。主要从事艺术理论、文学和美学的教学和研究,在《艺术百家》《美术与设计》等刊物上发表《中国传统诗画交融的理论轨迹》《"和谐"美学思想与中西方绘画特点的形成》《中国古典舞与"中和之美"》等论文近三十篇，主编《高等艺术学院文学教程》，合作主编、参编《中外文学教程》《中国汉代木雕艺术》《文学名著选读》《二十世纪外国美学艺术学名著精义》等5本，合著《丝绸之路与石窟艺术》《守承文化之脉——非物质文化遗产保护特殊性研究》《江苏地域文化概论》《艺术的交响》等著作。曾被评为"江苏省青蓝工程优秀中青年骨干教师"、南京艺术学院优秀共产党员。现任南京艺术学院人文学院副院长、文学教学部主任，艺术学博士、教授、硕士研究生导师。

吴芳萍 女，1964年出生于观西陶湾村，是一位锡剧戏迷奇才，熟练掌握生、旦两唱腔。吴芳萍4岁时患小儿麻痹症，左腿落下残疾。她从小喜爱锡剧，虽然身体条件限制了她在舞台上表演，但她几十年如一日，从收音机、录音机自学名家唱腔，对众多名曲名调均能演唱到位，特别是锡剧"彬彬腔"和"梅派"唱腔，能自拉自唱，一人同时分唱生、旦两行。锡剧大师王彬彬90大寿时，特邀吴芳萍赴宴，并与众多锡剧名家在无锡大剧院参加了"彬彬腔"演唱会。历年来，她多次参加各地残疾人文艺会演，屡屡获得大奖。2007年她参加"江浙沪"三地"尚德杯"残疾人戏迷大赛，一举获得金奖。

顾家烨 1965年2月出生，南闸居民二村人。1987年毕业于南通医学院，在江阴市人民医院从事临床骨科工作。曾赴上海第二医科大学第九人民医院、瑞金医院及上海第六人民医院进修学习，与国内多家知名医院长期技术合作。擅长复杂四肢骨折，尤其对关节周围骨折的微创治疗、股骨头坏死的诊治、髋关节置换及翻修等有丰富临床经验。在中华系列及骨科专业核心期刊发表论文数十篇，曾获江苏省卫生厅新科技引进奖二等奖3项。现任江阴市人民医院骨关节中心主任（兼）、骨外科三科主任、主任医师。

顾奇芳 1970年12月出生，月城镇人。南闸医院党支部书记，主任医师职称。江阴市医学会神经外科学组委员。毕业于扬州大学医学院，本科学历、学士学位。在苏州大学附属医院精修神经外科一年，曾在江阴市人民医院外科神外科工作17年，对复合多发伤、颅脑外伤、脑血管病、脑肿瘤、脊髓损伤引起的各类瘫痪及功能障碍的神经康复治疗有较为丰富的临床经验。在国家级、省级专业期刊上发表有《急性期后交通动脉瘤显微手术治疗》《动脉瘤破裂出血并发急性脑积水32例临床报告》等10余篇学术论文。参加了《硬脑膜网状成形术在重型颅脑外伤外科治疗中的应用》和《超选择性动脉内灌注罂粟碱治疗蛛网膜下腔出血后的严重脑血管痉挛》技术课题研究。曾两次获得江苏省卫生厅颁发的新技术引进二等奖，以及多项江阴市科学技术局"双革四新"奖。

花国定 1966年3月出生，南闸街道涂镇村前新庄人。中共党员。1984年3月参加中国人民解放军，历任侦察连战士、军区政治部电影队放影员，现为江阴市金三角市场家居村管理委员会常务理事。自幼爱好书法，苦练各家书体。在部队军营里，先后参加了中华钢笔书法函授中心和中国现代硬笔书法研究会函授学校的学习。1989年，获全国首届学生钢笔书法大赛成人组一等奖。花国定同时喜爱毛笔和篆刻，楷书结构严谨，刚劲而不失柔美，方正而不失玲珑；隶书端庄秀丽；行书遒劲流畅，具有鲜明的艺术个性。作品多次参加全国重大书赛书展，并获一、二、三等奖。1989年在新疆乌苏市文化馆举办个人书法展，作品被有关部门和专业机构收藏。现为江苏省硬笔书法家协会会员、中国硬笔书法家协会会员。

殷余忠 1968年10月出生，江阴市云亭街道人，中共党员。苏州大学教育硕士毕业，中学物理高级教师。曾任云亭中学副校长，现任南闸实验学校副校长。1996年开始从事学校心理健康教育工作的实践和探索，现为江阴市家庭教育指导中心组组长。著有《雨后彩练舞》等书籍，并参与《再次涌来的幸福》《二孩的春天》《成功的家庭塑造优秀的孩子》等书籍的编写。先后被评为无锡市德育工作带头人、无锡市先进德育工作者。2008年，被中央教育科学研究所授予"全国德育科研工作先进教师"称号。

陆忆良 1971年1月出生于南闸河南街。1981年入选江阴业余体校。1986年参加江苏青年足球队。1989年入江苏加佳队。1994年入江苏舜天队，参加全国职业联赛并担任球队队长。他司职前卫，也可踢前锋及各个位置，号称"万金油"，是中甲联赛中受人尊敬的元老级人物。2004年陆忆良退役后在球队担任助理教练。2007年赴宁波华奥足球队担任主教练。2011年，陆忆良成为中国女足U15集训队的主教练，开始了自己"国字号"的教练生涯。为了备战2014年南京青奥会，中国足协于2012年正式组建U14女足国家少年队，在以主帅陆忆良为首的教练组带领下，经过一年多的集训和比赛，进步明显。2013年6月19日点球战胜朝鲜队，夺得U14女足亚锦赛冠军。陆忆良曾担任国家U14和U13女子足球队及集训队主教练。

袁 莉 又名袁立，1973年7月12日出生于浙江杭州，原籍江苏江阴南闸观西㘵桥村。1992年，袁莉考入北京电影学院表演系。袁莉在校学习期间就接拍了《女人花》《英雄无悔》《绝对情感》等影视剧，开始崭露头角。1997年，由袁莉与柳云龙、朱道娴等主演、吴天明导演的电影《非常爱情》，获第4届中国电影"华表奖"优秀故事片奖，并于1999年入围第23届蒙特利尔国际电影节。1997年与王群合作参加春晚演出，成了中国最受欢迎的影视明星。1998年，袁莉与陆毅、苏瑾等演员合作出演赵宝刚导演的电视连续剧《永不瞑目》，凭借精湛的演技一炮而红。随后的《铁齿铜牙纪晓岚》令袁莉扮演的杜小月家喻户晓。2001年，袁莉凭《绝对情感》而获得第25届大众电影"百花奖"最佳女配角奖。2004年，袁莉出版自传散文集《正午时分》，第一次全面叙述其生活经历和演艺生涯。此书图文并茂，收有袁莉各个时期的照片百余幅，由著名作家海岩作序，给予她很高的评价。2008年袁莉因主演电视连续剧《上海王》而获得15届上海电视节最佳女演员提名。

陆 幽 1973年7月出生，南闸观西村东芦岐人。曾任中央电视台《足球之夜》首席记者。毕业于南菁高中，大学就读北京广播学院（现中国传媒大学）。从学生时代起，陆幽就痴迷足球，她的同学说，很多男生踢球都踢不过她。大学毕业后，陆幽成为一名足球记者，先在厦门电视台《足球沙龙》做主持人，后调至中央电视台《足球之夜》。2010年第19届南非世界杯足球赛时，由于陆幽在采访中精彩的提问，更因为她对现场球赛胜负极富先见性的预测，引起了足球界和同行们的关注，球迷们惊呼其为"陆幽定律"。陆幽是中央电视台体育频道为数不多的独当一面的知识女性，她博文上的球评也文采飞扬，是众多球迷最受欢迎的足球记者。

许 达 1974年4月出生，南闸街道龙运村牌楼下人。中国书法家协会会员。1993年，作为特招生进入南京艺术学院，毕业后担任江阴时代艺校兼职老师。之后，许达放弃绘画而悉心专攻书法，师从书法家许建铭先生学习行草书。2006年，许达拜常州著名书法家陈海良先生为师，书艺与日俱增，终于在中国书坛崭露头角。曾获"乾元杯"全国书法篆刻展最高奖，全国职工书法展最高奖，中国（芮城）永乐宫第二届、第三届国际书画艺术节百家奖等多项中国书协主办的书法比赛大奖。他的作品独辟蹊径、特色鲜明：小字行草以魏晋书风为主，笔法细腻、精致有度；丈八巨制的大字草书作品则厚实旷达、神采飞扬。2008年和2011年两次在江阴举办个人书法展，2014年在江苏省美术馆举办个人书展。2015年，许达荣获全国第十一届书法篆刻展优秀作品奖，该奖项每4年举行一次，是全国最高级别的赛事。这是许达继2014年荣获第五届中国书法"兰亭杯"佳作奖、江苏省艺术成果奖之后，再一次实现了个人历史性的突破。

张徐芳 女，1974年出生，观西茶岐村人。1992年毕业于江苏省南菁中学。1992年9月—1996年6月就读于扬州大学师范学院中文系汉语言文学专业，获学士学位。1996年9月—1999年6月、2002年9月—2006年6月就读于南京大学中文系中国古代文学专业，先后获文学硕士、博士学位。1999年8月—2008年2月，在南京晓庄学院人文学院任教，主讲"中国古代文学史"等课程。2008年调入厦门大学图书馆，从事古籍工作，现为特藏部主管。目前致力于中国古代散文史、古典文献学及图书保护史等方面的研究。作品有《李馥的生卒年问题——基于方志等相关记载递嬗关系的考察》《山川地理与南学北学——从章刘之争看皖派考据学的经典化》等，译有《人间词话》。2016年赴美国哈佛大学访学。

张　云 1980年出生于江阴南闸街道观山璜村。2010年毕业于哈尔滨工业大学电气工程系，获工学博士学位。现为天津大学电气与自动化工程学院副教授、硕士研究生导师。学术兼职有：美国电气与电子工程师学会会员，IEEETransactions on Ponre Electronics、IEEE Transactions on Industrial Electronics等国际顶级期刊审稿专家，国家自然科学基金通讯评审专家。主要从事电机与电力电子功率变换系统及其控制、电动汽车用电力电子拓扑及其运行控制、能源路由器在能源互联网中的应用等教学与科研工作。已发表学术论文12篇，获国家发明专利4项。主持国家自然科学基金项目1项、教育部博士点基金项目1项。2013年获天津大学"北洋学者青年骨干教师"奖励计划。2014年获天津大学"第十届青年教师讲课大赛"三等奖。

季春燕 1980年出生，南新村季家村人。江苏省戏剧院国家一级演员，中国戏剧家协会会员。1992年毕业于南闸中心小学，同年考入江苏省戏剧学校锡剧专科班学习。1998年被分配至江苏省锡剧团，师承著名锡剧表演艺术家倪同芳。曾在《珍珠塔》《玲珑女》《小过关》《双推磨》《吃面条》等20多个大戏、小戏、折子戏中担任主演，多次参加全国、省、市电视台举办的地方戏名家演唱会以及公益演出。中央电视台《曲苑杂坛》《名家名段》为她录制了节目，并远赴韩国等国家和中国香港等地区参加交流演出。分别于2005年和2009年，在南京大学音乐系和中共中央党校函授学院毕业。在2009年南闸庆祝中华人民共和国成立60周年的系列活动中，季春燕于5月24至26日在南闸举办了首次个人锡剧专场演出。演出结束后，南闸出现了锡剧热，锡剧爱好者自发组织了票友协会；南闸中心小学成立了江阴市第一个小锡班。季春燕曾荣获第六、七届江苏省锡剧节优秀表演奖；第二、四届江苏省戏剧"红梅奖"青年演员大赛银奖；第五届"江苏戏曲奖·红梅奖"大赛金奖；第五届江苏省戏曲节优秀表演奖；第四届江苏省小戏小品大赛优秀表演奖；首届中国·江苏文化艺术节"舞台艺术新人奖"。2013年被选为江苏省宣传文化系统首批青年文化人才。

汤科蓉 女，1988年5月出生，南闸街道南新村汤家村人。中共党员，南京体育学院在读生，国家自行车队运动员。在南闸中心小学读书时，汤科蓉就开始展露体育的天赋，每次跑步都是第一名，老师开始让她练体育。11岁时，就离开父母到城区练习田径。1998年就读于江阴体育学校。1999年，无锡射击场业余体校自行车队教练张文武来江阴挑选队员，身体素质不错的汤科蓉成了张文武的弟子。2000年入选无锡市队，2006年入选江苏省队，2008年入选国家自行车队并代表国家队参加各级别比赛。在亚洲自行车锦标赛，全国场地自行车、公路自行车的系列比赛中，多次为国家队、江苏队获得个人赛、团体赛的荣誉。在2009年全运会中为江苏代表队取得一枚金牌。在第30届亚洲自行车锦标赛中获得公路个人赛、公路个人计时赛、团体追逐赛三项第一，并被授予二等功。

陆春龙 1989年4月8日出生，南闸观西村东芦岐人，中国著名蹦床运动员。1994年常州市少年体校教练洪澄海去北环幼儿园选材，一眼就相中了长相清秀、脑子灵活的陆春龙。经过3年的基础体操训练后，陆春龙在1995年他6岁时拿到了属于他的首个成绩——省运会少儿体操丙组鞍马亚军。1997年被选拔入省队练习体操，1998年改练蹦床。2005年进入国家队。先后获得2005年十运会男子网上个人冠军，2006年亚运会男子网上个人亚军，2007年世界杯波兰站和俄罗斯站网上个人冠军。进入2008年后，陆春龙更是发挥稳定，连续取得世界杯蹦床比赛比利时站、日本站、瑞士站和西班牙站4个冠军，从而夺得了中国参加2008年北京奥运会男子蹦床比赛仅有的两个名额中的一席。在2008年8月19日举行的北京奥运会男子蹦床决赛中，陆春龙以41.00的高分夺得金牌，这是中国蹦床项目所获得的第一枚男子奥运会金牌。外国媒体惊呼"中国陆，蹦床世界的新星！"2009年，陆春龙参加世界男子蹦床锦标赛，与队友合作获得团体冠军，个人亚军。2012年伦敦奥运会上，陆春龙获男子蹦床季军。2013年进天津科技大学学习。2018年任共青团南京市委副书记。

第三章 人物表

第一节 先进人物表

　　劳模先进人物表，主要收录中华人民共和国成立以后在南闸地区工作受江苏省委、省政府，无锡市委、市政府以上表彰的先进模范人物和南闸籍在外地工作受到表彰的先进模范人物，共46人。由于时间久隔及人事变迁，有些未能联系取证，遗漏在所难免。

先进模范人物一览

表22-1

姓　名	性别	出生年月	籍　贯	所在单位与职务	获奖情况
陈骏福	男	1923.7	云亭镇	南闸多服公司负责人	1985年被评为无锡市劳动模范
张友良	男	1925.10	观山村	民航103厂设备动力科副科长	1984年被授予四川省劳动模范
吴其康	男	1932	观山村	南闸镇司法助理员	1988年被评为省司法厅先进个人，1992年被司法部授予银星荣誉奖三等功
缪淡林	男	1935.8	蔡泾村	原蝶美集团董事长	1997年被评为无锡市劳动模范
张明瑞	男	1935.12	观山村	贵州大学教师	1994年被贵州省高教委员会评为优秀党员，1995年被评为全国优秀教师
何本度	男	1938.12	南新村	南闸镇农科站站长	1992年获中国农业部先进个人奖，并获中国农牧渔业部先进个人等荣誉证书和奖状
沈荷凤	女	1940.8	观东村	观东村村民	1991年被评为无锡市劳动模范
蒋云清	男	1940.9	河南街	中和清远环境工程技术公司总工程师、中核西北放射性废物处置场场长、中国核工业总公司种子技术委员会委员、国家核安全局核安全专家委员会委员等职	共获得国防科工委、二机部（核工业部）颁发的科学进步奖5项，1992年获中国核工业总公司（部级）优秀科技工作者称号
吴挺宝	男	1940.10	观山村	沈阳医药管理局局长、党委副书记	辽宁省"五一劳动奖章"获得者，1991年被评为全国医疗系统先进个人
陈加生	男	1941	蔡泾村	蔡西小学校长	1991年国家教委、人事部授予全国先进教师
陆新华	男	1942.10	南闸镇	江阴市委宣传部副部长	江苏省宣传部授予1990年党的优秀宣传工作者称号
谢洪德	男	1945.1	涂镇村	南闸中心小学校长兼党支部书记	1993年被国家教委、人事部授予全国教育系统劳动模范，荣获人民教师奖章
缪明发	男	1945.11	谢南村	湖北第二师范学院党委宣传部长	湖北省优秀党务工作者，省优秀教师

续表22-1

姓　名	性别	出生年月	籍　贯	所在单位与职务	获奖情况
袁振宇	男	1946.2	观山村	上海铁路局建设处副主任	1997年被中国铁道部授予"全国铁路优秀知识分子"称号
顾云浩	男	1946.10	月城镇	原南闸医院院长	2005年被评为无锡市劳动模范，2006年被评为江苏省先进工作者
许兴富	男	1948.11	龙运村	原龙运村党支部书记	2000年被评为无锡市劳动模范
何云柏	男	1948.12	南新村	原金三角建材集团公司董事长	1993年被评为无锡市劳动模范
袁康义	男	1950	涂镇村	江阴市建设局副局长	被授予江苏省劳动模范奖状
吴菊琴	女	1950.9	观山村	南闸镇妇联主任	1990年被授予江苏省优秀妇联干部奖状
蒋伟弼	男	1951.1	河东街	江阴市科技协会主席	2004年被省人事厅、省科技协会评为省科技协会系统先进个人
包志平	男	1954	泗河村	青阳中学副校长	江苏省教委授予1991年先进教师、先进教育工作者称号
金佛家	男	1955.7	峭岐镇	阿拉法伐（江阴）设备制造有限公司董事长	1995年被评为无锡市劳动模范
许玉妹	女	1956.9	龙运村	原蝶美集团副总经理	1993年被评为无锡市劳动模范
耿国萍	男	1957.1	龙运村	南闸实验学校校长兼党支部书记	2007年度全国文明礼仪教育示范标兵
吴克平	男	1957.1	观山村	观山村党委书记	2010年被评为无锡市劳动模范，2011年被评为江苏省劳动模范
吴丹娜	女	1957.7	泗河村	江阴澄江纺织机械厂党支部副书记兼工会主席	参与设计制造的CJFU型废棉处理系统及设备获1992年度国家星火三等奖，被授予国家星火奖证书和银质奖章
周建荣	男	1960.1	北漍镇	南闸街道办事处主任	江苏省第六次全国人口普查先进个人
谢彩坤	男	1963.2	涂镇村	江阴市残疾人联合会办公室主任	2007年5月，被中国残疾人联合会和国家体育总局评为2003—2006年度全国残疾人体育工作先进个人
朱一凡	男	1963.3	澄江街道	江阴华特铁合金制品有限公司总经理	1991年被评为无锡市劳动模范
许小英	女	1963.6	观东村	南闸农业普查办公室主任	1996年被江苏省农业普查办公室评为江苏省农业普查先进个人
袁秋中	男	1963.8	长寿镇	江阴市委副书记	1988年获共青团中央授予的中国共青团五四奖章
金顺才	男	1964.2	曙光村	曙光村党总支书记	2013年被评为无锡市先进党务工作者，享受无锡市劳动模范待遇
周　成	男	1964.8	涂镇村	江苏南农高科技股份有限公司董事长	2016年被评为无锡市劳动模范
钱昇贤	男	1965.4	青阳镇	南闸街道办事处副主任	江苏省第六次全国人口普查先进个人
殷建龙	男	1966.4	花果村	花果村会计	江苏省第六次全国人口普查先进个人
谢兴福	男	1970.1	谢南村	谢南村党总支书记	2012年被评为无锡市劳动模范，2016年被评为江苏省劳动模范
吕慧琴	女	1970.6	观山村	南闸街道农经中心主任	2014年度江苏省第三次经济普查先进个人

续表22-1

姓　名	性别	出生年月	籍　贯	所在单位与职务	获奖情况
吴建明	男	1971.1	申港街道	江阴安科瑞电器制造有限公司工会主席	2012年被评为无锡市劳动模范
陈亚萍	女	1971.12	蔡泾村	蔡泾村会计	江苏省第六次全国人口普查先进个人
符君娣	女	1972.3	澄江街道	江苏双宇电工材料有限公司会计	1997年被评为无锡市劳动模范
居红宇	男	1972.8	谢南村	海澜集团有限公司服装技术服务中心服装制版师	2008年被中国服装协会评为"全国技术能手"和"全国纺织系统技术能手"；2011年被人力资源和社会保障部、中国纺织工业协会联合评为全国纺织工业劳动模范；2014年被评中华全国总工会授予五一劳动奖章
徐华英	女	1973.12	曙光村	三联塑胶有限公司会计	1994年被评为无锡市劳动模范
吴　芳	女	1974.11	华西村	南闸街道党工委书记	2007年度江苏省"巾帼建功"标兵
施岳刚	男	1975.4	观西村	观西村会计	江苏省第六次全国人口普查先进个人
袁达成	男	1975.6	涂镇村	涂镇村会计	江苏省第六次全国人口普查先进个人
肖　澄	男	1986.7	澄江街道	江苏南农高科技股份有限公司副董事长	2018年被评为无锡市劳动模范

第二节　知名人士表

　　南闸知名人士主要收录县团级以上干部、教授（副教授）、研究员、主任医师（副主任医师）、高级工程师、中学（中专）高级教师、省级以上文联委员，由于时间久隔及人事变迁，有些未能联系取证，遗漏在所难免。

党、政、军界知名人士一览

表22-2

姓　名	性　别	出生年月	籍　贯	所任（或曾任）主要职务及职称
陈锡臣	男	1915	谢南村	浙江大学副校长
王志刚	男	1926	—	国家纺织工业部机械制造司司长
吕洪发	男	1927	龙运村	上海劳动局医药管理局副局长
周明宝	男	1928	涂镇村	南京市白下区区委书记
滕　藤	男	1930.1	河西街	中国科学院副院长、清华大学副校长、中国科技大学校长，国家教委副主任、中宣部副部长
刘根汝	男	1932	龙运村	无锡市人事局副局长
廉　杰	女	1938.1	观西村	空军后勤部工程设计局高级工程师（技术六级）
丁顺培	男	1933.6	谢南村	北京六机部工程处处长，正团级
张　钧	男	1938.10	涂镇村	空一师飞行员，大连指挥所作训处处长，正团级
吕炳洪	男	1938	龙运村	外交部国家安全局顾问
张泉源	男	1939.2	曙光村	江苏省统计局局长
吴湘芳	男	1939	龙运村	江苏灌云县县委副书记、连云港市烟草专卖局局长

续表22-2

姓 名	性 别	出生年月	籍 贯	所任（或曾任）主要职务及职称
何忠仁	男	1941	南新村	江苏省国税厅厅长
焦金才	男	1941.12	曙光村	湖南省公安厅厅长
陆杏坤	男	1939.3	观西村	武警上海总队后勤部政委，大校军衔，师级
崔协成	男	1940.12	涂镇村	包头市固阳县农业局局长，副县长
许明堂	男	1941.8	南闸村	中国科学院高能物理研究所国家重大装备处处长、国务院经信委司长、国务院重大办公室司长
吴金虎	男	1942.8	曙光村	江阴市史志办主任，正团级
沈仰佑	男	1942	南闸村	江都市人大副主任，党组成员
陆新华	男	1942.10	南闸村	江阴市委宣传部副部长，机关党委书记
任兴祥	男	1943.4	涂镇村	武汉军区特级飞行员，大校军衔，副师级
奚国良	男	1943.11	涂镇村	江阴市委史志办主任，正团级
沙才明	男	1945	南闸村	南京军区司令部管理局工程队党委书记，正团级
曹桂良	男	1946.11	龙运村	上海天文台党组副书记
沙乃成	男	1947.10	南闸村	江阴市委统战部部长，政协副主席
任协成	男	1949	南闸村	苏州市广播电视局副局长
刘建洪	男	1956.4	蔡泾村	江苏省总工会经济部部长
倪颖伟	男	1957.5	泗河村	江阴市副市长、人大常委会副主任
张志泉	男	1964.12	—	江苏省交通规划设计院副院长
薛丽莉	女	1964.4	薛家岗	江阴市委常委、副市长，靖江市常务副市长
许晨	女	1965.7	观山村	江阴市副市长
黄盛	男	1966.9	花果村	江苏省委防范办处长
陈兴初	男	1967	观西村	江阴市政协副主席，教育局局长
陆建龙	男	1970.3	谢南村	上海市闸北区公安分局警长，正团级
吕建平	男	1970	龙运村	公安海警学院教授，大校，师职
高斌	男	1974.11	观西村	中国电子科学研究院副院长，高级工程师

科技界知名人士一览

表22-3

姓 名	性 别	出生年月	籍 贯	所任（或曾任）主要职务及职称
徐中孚	男	1927.5	曙光村	陕西咸阳高级建筑工程师
谢良卿	男	1932.2	南闸大弄	江苏省农业开发部主任高级工程师
吴俊康	男	1932.8	观山村	武汉东风汽车公司处长高级经济师
缪坤荣	男	1932.10	蔡泾村	华东电力设计院高级工程师
严瑞真	男	1933	河西街	上海纺织局工程系高级工程师
徐中正	男	1933.3	曙光村	上海铁路局高级铁路工程师
金锡忠	男	1936.3	孟岸村	新疆巴州果酒厂高级工程师
顾明岐	男	1936.6	龙运村	江阴市供销合作总社高级工程师
周焕斌	男	1936.7	蔡泾村	常州电视机厂高级工程师
许满兴	男	1938	南闸村	北京科技大学研究所高级工程师

续表22-3

姓　名	性　别	出生年月	籍　贯	所任（或曾任）主要职务及职称
张汉瑞	男	1938.11	观山村	西安市铁路局高级工程师
谢祖德	男	1938.11	南闸北弄	上海电机研究所高级工程师
吴祥康	女	1939.7	观山村	上海民用建筑设计院高级工程师
张华瑞	男	1939.7	观山村	苏州市电力工程学院高级工程师
蒋仲涛	男	1940	河南街	镇江市丹徒县科技局局长、高级农艺师
许荣华	男	1940	南闸村	中科院化学研究所高级工程师
许才元	男	1940.8	观西村	南闸镇多服公司高级农艺师
蒋永珍	女	1943.5	河南街	南京大学高级工程师
蒋小君	男	1944	河南街	江苏省水利建设局研究院高级工程师
张昇红	男	1960.3	观山村	常州电视机厂高级工程师
许卫华	男	1960	南闸村	日本欧姆龙自动化有限公司高级工程师
许一峰	男	1962.4	南闸村	加拿大渥太华COGNOS公司高级工程师
沈国坤	男	1962.5	谢南村	江苏北方湖光光电有限公司研究员、高级工程师
吴顺瑞	男	1963.5	观山村	南京钢铁厂高级工程师
吴秋英	女	1963.6	观山村	加拿大温哥华高级软件工程师
许小华	男	1976	南闸村	日本SAP咨询高级工程师
卞建涛	男	1977	龙运村	中科院上海微系统工程信息技术研究院研究员
蒋晓伟	男	1978.11	蔡泾村	江阴市城乡规划设计院高级规划师
居惠红	男	1979.4	谢南村	中船第九设计研究院高级工程师
蒋　婷	女	1981.10	蔡泾村	江阴市住房和城乡建设局高级会计师
徐海华	男	1983.8	泗河村	中科院半导体研究所工学博士、副研究员

教育界知名人士一览

表22-4

姓　名	性　别	出生年月	籍　贯	所任（或曾任）主要职务及职称
严素珍	女	1927	河西街	中科院长春光学精密机械研究所教授
高秉璋	男	1930	河南街	北京地质学院地质研究室主任、教授
缪叙伦	男	1929.10	蔡泾村	原南闸中学教导主任、中学语文高级教师
蒋征浩	男	1931.12	河南街	北京理工大学导弹战斗部教研室主任、无人飞行器学会战斗部专业委员会主任，教授、博士生导师
蒋以忍	男	1935	南弄街	沈阳黎明工学院教授
吴国桢	男	1936.1	泗河村	浙江大学教授
蒋以柳	男	1938	南闸街	北京科学院教授
金鸿福	男	1938.12	泗河村	原南闸中学校长兼党支部书记、中学政治高级教师
刘汝康	男	1940.2	蔡泾村	原南闸中学副校长、中学化学高级教师
吕德人	男	1940	龙运村	江苏淮阴农学院副教授
张春华	女	1940.4	观山村	山东中医大学教研室主任、教授
邱生郎	男	1941.9	南新村	南闸实验学校中学物理高级教师
殷凯平	男	1942.8	无锡	南闸实验学校中学数学高级教师

续表22-4

姓 名	性 别	出生年月	籍 贯	所任（或曾任）主要职务及职称
金圣安	男	1944.10	泗河村	南闸实验学校中学英语高级教师
徐兴华	男	1945.10	曙光村	全国中学语文教育艺术研究会副会长、江南大学副教授
任法度	男	1945.10	涂镇村	陆金标科技学校中专政治高级教师
沈云度	男	1948.10	谢南村	陆金标科技学校中专书法高级教师
王文兴	男	1949.1	谢南村	陆金标科技学校中专数学高级教师
顾汝玉	男	1949.4	观山村	陆金标科技学校副校长、中专政治高级教师
刘文耀	男	1950.11	龙运村	陆金标科技学校校长兼党支部书记、中专政治高级教师
沙哲英	女	1951.8	河南街	陆金标科技学校中专数学高级教师
陆林芳	女	1951	南闸村	苏州大学外语系副教授
王景芝	女	1952.9	黑龙江牡丹江	南闸实验学校中学语文高级教师
缪明才	男	1955	蔡东村	南京师范大学副教授
徐素姣	女	1967.10	涂镇村	南闸中心小学中学高级语文教师
耿国萍	男	1956.12	龙运村	原南闸实验学校校长兼党支部书记、中学语文高级教师
蒋建伟	男	1960	河南街	北京理工大学机械工程学院 教授
张庆真	男	1961.1	黑龙江牡丹江	南闸实验学校中学政治高级教师
宋光林	男	1962.8	山东齐河	南闸实验学校中学物理高级教师
邱 波	男	1962.10	贵州都匀	南闸实验学校中学数学高级教师
谢春秀	女	1963.4	涂镇村	南闸实验学校中学语文高级教师
吴惠英	女	1963.4	观西村	南闸成人教育中心校长、中专语文高级教师
缪汉良	男	1963	谢南村	南京大学教授
陈祥娟	女	1964.4	青阳镇	南闸实验学校副校长、中学语文高级教师
俞敏敏	男	1965.1	江苏江阴	南闸实验学校中学物理高级教师、桥牌国家大师
刘秀娟	女	1965.4	观西村	南闸实验学校中学英语高级教师
蒋亚年	男	1967.11	蔡泾村	南闸实验学校德育主任、中学语文高级教师
许英姿	女	1967.12	南闸村	日本明治大学教授
李新刚	男	1968.2	蔡泾村	南闸实验学校中学历史高级教师
殷余忠	男	1968.10	江阴云亭	南闸实验学校副校长、中学物理高级教师
于新斌	男	1968.11	江苏南通	南闸实验学校、南闸成教中心校长兼党支部书记，中学化学高级教师
陶 忠	男	1969.12	泗河村	南闸实验学校副校长、中学语文高级教师
江立忠	男	1970.4	安徽歙县	南闸中心小学中小学数学高级教师
燕 文	女	1970.10	宁夏	南闸实验学校中学化学高级教师
蒋亚芬	女	1971.2	河西街	南闸实验学校中学语文高级教师
居利峰	男	1971.9	谢南村	南闸实验学校副校长、中学语文高级教师
张少华	男	1972.2	观西村	南闸实验学校中学物理高级教师
张 薇	女	1972.2	观西村	南闸实验学校中学语文高级教师
梅淑华	女	1974.5	安徽	南闸实验学校数学教研组组长、中学数学高级教师
顾海燕	女	1975.8	龙运村	南闸实验学校中学英语高级教师
陈品红	男	1975	谢南村	中国科学院教授

续表22-4

姓　名	性　别	出生年月	籍　贯	所任（或曾任）主要职务及职称
陆　信	男	1976.2	江苏徐州	南闸中心教务处主任、中小学语文高级教师
吕　艳	女	1978.2	南闸龙运	南闸实验学校中学英语高级教师
田步见	男	1978.12	江苏灌云	南闸实验学校中学体育高级教师
丁晓华	男	1979.4	谢南村	南闸中心小学教务处主任、中小学科学高级教师
袁俊科	男	1979.8	江苏泰州	南闸实验学校中学地理高级教师
朱晓平	女	1971.6	湖南双峰	南闸实验学校中学政治高级讲师
衣殿海	男	1964.5	黑龙江齐齐哈尔	南闸实验学校中学化学高级教师
缪恒锋	男	1980.6	蔡泾村	江南大学环境土壤学院教授

文化、体育、卫生界知名人士一览

表22-5

姓　名	性　别	出生年月	籍　贯	所任（或曾任）主要职务及职称
张铭顺	男	1935.3	观山村	乌鲁木齐市文教局体育教研组组长，国家一级裁判员
张生昌	男	1935.9	观西村	吉林省医学会感染分会副会长，享受国务院特殊津贴
高剑寒	男	1936	河南街	云南省第三人民医院副主任医师
吴志丹	男	1942	观山村	门球国家级裁判员
陆金林	男	1948.9	观西村	中华诗词学会会员、中国老年书画协会会员
蒋国祥	男	1950.6	蔡泾村	江苏省老年书画研究会会员
沙仲华	男	1953.7	河南街	中国摄影家协会委员
吴如德	男	1955	观山村	江阴市人民法院副主任法医师
邓文龙	男	1961.11	花果村	国家级高级技能摄影师
金　平	男	1962.10	泗河村	江苏省书法家协会会员
花国定	男	1966.3	涂镇村	中国硬笔书法家协会会员
沙建忠	男	1969.12	河南街	江苏省书法家协会会员
顾奇芳	男	1970.12	月城镇	南闸医院主任医师
张晓东	男	1971	观西村	南闸医院副主任医师
周益民	男	1973.1	江阴西石桥	江苏省书法家协会会员
董美娟	女	1974	江阴利港	南闸医院副主任医师
吴云峰	男	1974.10	观西村	江苏省书法家协会会员
蒋文龙	男	1977.6	蔡泾村	江阴市人民医院心内科副主任医师
金　锋	男	1977.12	泗河村	江苏省书法家协会会员
何丽娟	女	1978	南新村	广州中山大学附属医院博士生导师
史叶珍	女	1978.9	观西村	江苏省书法家协会会员
谭玉玉	女	1981.11	南新村	江苏省书法家协会会员
谢　英	女	1987.1	涂镇村	苏州市评弹团演员徐派传承人
金　晖	男	1987.3	泗河村	江苏省书法家协会会员

第二十三编　艺　文

第一章　歌谣诗文

第一节　歌　谣

　　南闸的民间歌谣种类很多，有劳动山歌、时令节气山歌、爱情山歌、历史传统山歌、长篇叙事山歌等，其中尤以情歌和劳动山歌为多。南闸属吴语地区，水资源丰富，历史上土地以种植水稻、三麦为主，这就决定了其山歌以"麦收""莳秧""耥稻""车水"等劳动为重点内容的特殊形态，被称为"田山歌"。田山歌产生于劳动中，旧时农耕生产为单门独户，一人闷头干活十分枯燥，想跟人聊天又苦于身边无人，于是只能用高声大嗓的歌唱来宣泄自己的所思所想，借以娱乐解闷，长此以往，就形成了山歌。田山歌有独唱、对唱、领唱与和唱等形式。莳秧山歌既可独唱，又可对唱，也可一人领唱，众人合唱（多人在一起莳秧，即可一人领，众人和）。耥稻山歌一般为独唱，但也可你唱一句，他接一句，其他人再往下接，称为"接龙式"；对唱为"问答式"，你问一句，他答一句。车水时人多，一部车上有六个人，为集体劳动，一人领唱，五人和唱。唱车水山歌一般在遭遇水灾排涝时（俗称"车大水"，一条堤岸置有多部水车，唱山歌既能振作精神、解除疲劳，还能计算时间），领唱者嗓音高亢嘹亮不亚于陕北的"信天游"，和唱者人多声雄，气势磅礴，常常引得行人驻足围听。田山歌用方言土腔演唱，南闸几乎村村有山歌，人人唱山歌，其中不乏山歌高手。随着时代的发展和耕作形式的变化，目前基本上已无人在劳动时唱山歌了，且会唱山歌的人已寥寥无几。本志记载的莳秧、耥稻、车水山歌，是2015年根据观西爻桥村85岁的老人张湘勤经过十多天边回忆边演唱录音整理而成的。长篇叙事情歌《杨丘度》，是1987年由泗河外湾村82岁的老人金永宝演唱，民间文艺工作者宋建才整理存记。其余则选自流行于江阴地区（或者说是吴语地区）的大量歌谣中的部分经典歌谣。

一、情歌

1.姐在河滩汰衣裳，隔河看见我情郎。棒头敲在手背上，只怨棒头不怨郎。

2.姐在园里削茄棵，郎在外头唱山歌。声声唱在姐心上，一锄头削脱两三棵。

3.劝郎切莫去偷情，偷情有难无处鸣。又要起早趁半夜，石头上栽花不生根。

4.鸟也不知鱼想水，鱼也不知鸟想林。妹也不知哥想谁，各人想在各人心。

5.天上乌云撵白云，地上麻雀撵鹌鹑。鸳鸯只找鸳鸯伴，小妹只爱有情人。

6.郎在田里唱山歌，姐在房中织绫罗。顺风刮到绣房里，手劲一软掉了梭。

7.深山树林好遮阴，只闻歌声不见人。有情小妹应一声，省得阿哥满巅寻。

8.太阳下山下得快，水下滩头下得忙。若妹拦得滩头水，哥去西山挡太阳。

9.茄子花开球打球，心愿嫁郎不怕穷。只要两人情意好，做来做去天会红。

10.《杨丘度》

一

山歌越唱越高声，读书越读越通文。

陈酒越陈越好吃，亲戚越走越亲近。

且唱——

常州有个杨丘度，家住横山西岸村。

聪明伶俐又勤劳，唇红齿白貌超群。

家贫身寒难度日，流浪东乡谋营生。

来到东乡三日天，桃红柳绿好风景。

流连忘返不想走，不觉红日落西沉。

欲要店上来住宿，可惜身边无半文。

无钱浪子靠西望，肚中饥饿实难忍。

店上无钱难留身，不如借宿进庄村。

二

行行来到赵家庄，数百房屋和厅堂。

前头有棵青松柏，后头绿柳二三行。

杨柳池边歇华船，后花园中翠竹青。

鹊飞雀乱闹喧天，八字墙门闪金光。

牛羊犬马闹盈盈，两廊相对荷花塘。

鸳鸯红楼接青云，楼中女貌超群芳。

年纪不大十八岁，金枝玉叶赵三娘。

三

杨丘度，

流浪他乡声名穷，杂货店内做帮工。

磨坊作场打箩筛，日夜手脚不停工。

自怨身贫受了苦，山歌一只解苦衷。

声声伴郎春到夏，秋风歌声飘入冬。

郎少衣衫怕寒冷，身寒唱歌御朔风。

四

残冬一过又逢春，元宵锣鼓闹盈盈。

赵公堂上摆宴席，合家欢颜看红灯。

房中去请花娇娘，取出好花如玉人。

梅香上楼请三娘，特请三娘看红灯。

三娘开镜忙梳妆，珠钗金针插两鬓。

白绫背搭白绫裙，腰扎红罗花露巾。

三娘移步出闺门，三寸金莲不动裙。

微风吹动牡丹蕊，三娘果然貌仙人。

三娘含笑到厅前，点头奉拜见双亲。

华灯高照满堂红，酒席一桌多丰盛。

嫂嫂提壶来洒酒，三娘接杯启樱唇。

三杯春酒洒姑娘，三娘浑身溢春情。

脸似胭脂点海棠，身如轻纱飘柔形。

赵母开口把女唤，赵公厉声赐教训。

"三从四德"须牢记，描龙绣凤闺房门。

小女自当守安分，自有媒人来说亲。

三娘闻言不作声，爹娘说话少理性。

花开自有蜜蜂采，蜜蜂哪怕高墙门！

别了爹来别了娘，别了哥嫂便起身。

三娘孤身上高楼，忧忧闷闷香房进。

思哥鸳鸯成双对，翻来覆去难以入梦境。

梁上燕子成双对，阿奴独自孤零零。

看看日落大天明，窗外金鸡报晓晨。

一夜不眠心里苦，日高三丈懒涂唇。

五

再唱磨坊杨丘度，冷冷清清度冬春。

只把山歌伴嘴边，句句辛酸句句情。

清风吹落到楼房，三娘顿生断肠情。

不知哪个唱歌郎，歌声唱得清又纯。

唱高好像鹦哥叫，唱低好像凤凰声。

风吹荷叶动奴心，一心要见唱歌人。

三娘当下叫梅香，快把歌郎去觅寻。

梅香悄悄进磨坊，开口便把歌郎请。

你唱山歌能断肠，小姐听得暗伤心。

丘度心中暗生疑，何家高楼女千金？

她是香闺年轻女，别来欺我受苦人。

梅香声声情意切，丘度一时难却情。

今朝夜深不能去，日里人多难出进。

约定明朝夜黄昏，敬请梅香去回音。

六

日落西山夜黄昏，丘度悄声出店门。

一脚来到后院墙，三娘亲身出来迎。

丘度低头来作揖，三娘欠身还礼情。

两人相对痴痴看，转身并肩进院门。

三娘移步上高楼，丘度相随入房门。

红灯高照亮堂堂，两人笑颜来坐定。

梅香前去托茶来，三娘脉脉把茶敬。

接连三杯香蓉茶，酒菜一桌来宴请。

好酒满室香喷喷，咸鱼咸肉全满盆。
咸鸡咸鸭高高堆，胡桃枣子密层层。
丘度坐南对花娇，三娘朝北相陪君。
梅香提壶洒酒来，杯杯满来杯杯清。
两人对饮三杯尽，三娘醉眼来相问。
可有爹来可有娘？姐妹兄弟有几人？
何州何府何名姓？可曾匹配可曾婚？
丘度听罢说分明，常州府里武进人。
身落横山西岸村，丘度大郎姓杨人。
爹娘双亲尚健在，家寒未把妻房迎。
别了爹来别了娘，辗转流落贵乡村。
杂货店内做帮工，打箩推磨过光阴。
蒙你三娘看得起，特来请我进香门。
身贫家寒自低贱，奉劝小姐多思忖。
三娘听说心欢喜，丘度说话好中听。
看来必是良家子，贫寒低贱显才情。
我若和他结成亲，白头到老情意深。
三娘含笑看红灯，灯前仔细看郎君。
轻言细语多礼貌，十分标致动奴心。
情哥偷眼看娇娘，面若桃花体丰盈。
尖尖玉手如春笋，欲要相爱叹贱身。
三娘肚里细思量，含笑带羞丘郎问。
你若不嫌我貌丑，今朝与你结成亲。
丘度哪敢来应允，摇头摆手忙辞情。
三娘起身托郎手，句句意切情更深。
挑动郎心波涛涌，搂住三娘叫几声。
不嫌丘度身贫贱，红罗帐内鸳鸯枕。

七

五更鸡叫大天明，东方日出窗纱映。
丘度别娇要动身，三娘不觉暗伤神。
昨夜还是千金女，今朝不值钱半文。
郎要归家实容易，若要再来难上门。
手捏门闩来挽留，郎君权且伴奴身。
日间奉你三餐食，夜间被中结私情。
三餐食来香薰被，犹如好花不长存。
两人若要同到老，除非同我回家门。
情郎若有真心意，奴家愿做卓文君。
三娘转身开箱柜，先拿十两盘缠银。

丘度移步出房门，三娘将郎拉转身。
日里人多难出逃，出门需得夜黄昏。
看看日落夜黄昏，三娘送郎出院门。
轻轻来把哥哥叫，早摇小船把我迎。
河边来只小篷船，丘度亲自摇橹行。
丘度止橹上岸行，悄悄来到后院门。
三娘梅香来迎接，三娘慌忙行装整。
银子要带三百两，铜钱要带数千文。
丘度急忙来开船，顺风顺水快点行。
东天发白到本乡，一路平安归院门。

八

再唱赵庄赵员外，天明起身上楼亭。
闺房不见花娇女，拍胸顿足叫声凶。
赵母哭得眼睛红，哥哥嫂嫂也伤心。
杂货店里传讯来，店中丘度无踪影。
赵公听说心生疑，丘度定拐女娇容。
杂货店中问分明，立时成状告元凶。
衙役一路去追寻，西岸村上查踪行。
自有光棍告了密，娇女留宿茅草宫。
公差涌入丘度家，把住大门气势汹。
忙将两人来捉拿，绳捆索绑来押送。
常州府内鼓声起，老爷拍桌怒冲冲。
伸手抽签叫喊打，四十杀棍半命送。
丘度三娘说根源，字字句句人心动。
老爷低头暗同情，退堂离座动于衷。
"快快回家光阴度，男耕女织乐无穷。
天塌下来我担当，愿做天下父母公！"
两人共谢老爷恩，欢欢喜喜转家中。
患难夫妻共度日，苦中自有乐融融。
杨丘度与赵三娘，风流故事千古颂。

演唱者：南闸镇泗河村
金永宝（时年82岁）
记录整理：南闸镇文化站
宋建才（时年26岁）
记录时间：1987年10月15日

二、劳动山歌

（一）麦收山歌

1.四月里来大麦黄，农家姑娘打麦忙。打下粒粒黄金样，哪顾太阳如火烫。

2.望望日头望望天，望望烟囱可出烟。出烟过去有饭吃，日头落山有工钿。

望望日头望望天，望望家中不出烟。别人家"家小"喊吃饭，我里娘子勒郎借油盐。

3.甲：我唱山歌勿是老内经，你晓得一亩大麦多少芒？多少长来多少短？多少青来多少黄？

乙：我唱山歌勿是老内经，一亩大麦千千万万芒。除掉长格都是短，扣掉青格都是黄。

（二）莳秧山歌

1.莳秧要唱莳秧歌，两脚弯弯泥里拖。背朝天来面朝水，手捏仙草五六棵。要唱山歌先按方，要养大猪先量糠。要做好酒先发酵，要养花蚕先种桑。

2.领：山歌好唱口难开。和：喂呀喂——扒灰啰。领：樱桃好吃树难栽。和：喂呀喂——扒灰啰。领：白米饭好吃田难种。和：喂呀喂——扒灰啰。领：鲜鱼汤好吃网难抬。和：喂呀喂——扒灰啰。

3.领：只说你死隔块田。和：喂呀喂——扒灰啰。领：带信情哥来种田。和：喂呀喂——扒灰啰。领：去年种田蚀了本。和：喂呀喂——扒灰啰。领：今年种田包赚钱。和：喂呀喂——扒灰啰。

（三）耥稻山歌

1.一把芝麻撒上天，肚里山歌万万千。南京唱到北京城，唱着米麦好种田。

2.山歌好唱口难开，樱桃好吃树难栽。白米饭好吃田难种，鲜鱼汤好吃网难抬。啥人叫山歌好唱口难开？啥人叫樱桃好吃树难栽？啥人叫白米饭好吃田难种？啥人叫鲜鱼汤好吃网难抬？唱歌郎叫山歌好唱口难开，贩桃佬叫樱桃好吃树难栽，种田汉叫白米饭好吃田难种，捉鱼郎叫鲜鱼汤好吃网难抬。哪里看见唱歌郎？哪里看见贩桃佬？哪里看见种田汉？哪里看见捉鱼郎？上山看见唱歌郎，十字街头看见贩桃佬，三岔路口看见种田汉，东海滩头看见捉鱼郎。奈杭样子唱歌郎？奈杭样子贩桃佬？奈杭样子种田汉？奈杭样子捉鱼郎？白面书生唱歌郎，敦敦笃笃贩桃佬，黑铁罗汉种田汉，蓬头赤脚捉鱼郎。买点啥格送给唱歌郎？买点啥格送给贩桃佬？买点啥格送给种田汉？买点啥格送给捉鱼郎？买本唱本送给唱歌郎，买副苗篮送给贩桃佬，买双草鞋送给种田汉，买两生丝送给捉鱼郎。

（四）车水山歌

1.唱起来和起来，山茶花引动百花开。闹钹惊动西天佛，唱歌引出小娘来。唱歌容易和歌难，打铁容易把钳难。释迦牟尼手里难修道，孔夫子手里读书难。唱歌容易和歌难，打铁容易把钳难。张天师手里难学法，秦始皇手里做官难。唱歌容易和歌难，打铁容易把钳难。鲁班手里难学匠，六月黄天种田难。

2.吃仔饭来笃笃笑，杭州华扇手中摇，沿塘十里看花姣。吃仔饭来笃笃笑，前村后巷看花姣，前村后村都看遍，并无一个好花姣。吃仔饭来笃笃笑，杭州华扇手中摇，青丝细发前村有，细皮白肉后巷找。

3.《十二条手巾》

第一条手巾染皮青，开瓣梅花初立春。

雨水交在正月半，排家结彩点红灯。	春分一交天气暖，百花回芽遍地青。
点红灯来话红灯，梁山好汉宋公明。	遍地青来遍地青，唐伯虎出外去游春。
众位弟兄花灯闹，李逵月夜闹东京。	虎丘山遇着秋香姐，三笑姻缘结成亲。
第二条手巾是蓝青，惊蛰交了杏花青。	第三条手巾是白纱，桃红柳绿开白花。

飘油浪子游春去，清明谷雨看山茶。

看山茶来话山茶，王婆街上去卖花。

赵大郎贪花王婆喜，饭店吃酒酒钱花。

四条手巾是绿绫，立夏交来小麦青。

蔷薇花开交小满，农夫种田闹盈盈。

闹盈盈来闹盈盈，鲁智深酒醉打山门。

杨五郎五台当和尚，孟良大汉战番兵。

五条手巾五黑纱，才交芒种石榴花。

夏至难逢端阳日，端阳阿姐寻啥话？

寻啥话来寻啥话，小青厨下托香茶。

杨大郎代皇双龙会，诸葛亮挥泪斩马谡。

六条手巾六尺长，小暑里蒲条正当阳。

大暑交在六月半，知了高叫稻成行。

稻成行来稻成行，王婆药死武大郎。

潘金莲结识西门庆，武松杀嫂梁山上。

七条手巾七尺齐，向日葵开花一簇齐。

自古立秋不动锹，才交处暑勿扒泥。

勿扒泥来勿扒泥，潘巧云结识海日利。

杨雄石秀为兄弟，翠屏山上杀娇妻。

八条手巾八木樨，八月中秋赏木樨。

未交秋分天气冷，白露三朝稻莠齐。

稻莠齐来稻莠齐，王文朝我笑嘻嘻。

刁奴托梦毛龙李，刘氏娘娘骑木驴。

九条手巾一色黄，才交寒露天就凉。

重阳交来天气阴，又交霜降菊花黄。

菊花黄来菊花黄，玉莲小姐去投江。

绣鞋脱在江岸上，将身跳入大长江。

十条手巾姐用功，绣出花来像芙蓉。

交了立冬并小雪，挨家做米要牵砻。

要牵砻来话牵砻，好个军师徐茂公。

尉迟恭相斗秦叔宝，小秦王逃监戏金龙。

十一条手巾姐用心，绣出花来像金灯。

大雪交后交冬至，立冬起九发狂风。

发狂风来发狂风，唐朝缘出小英雄。

单刀独骑秦叔宝，潼关大战魏文通。

十二条手巾唱完全，大寒起了小寒兔。

十二条手巾廿四个节，金盘托出画堂前。

画堂前来画堂前，韩湘子出外去求仙。

扬州阿二为师父，回来遇着吕大仙。

《稻稻山歌》《车水山歌》

演唱者：张湘勤

观西村夌桥村人（时年85岁）

记录者：张湘初

观西夌桥村人（时年74岁）

记录时间：2015年8月8日

（五）其他山歌

1.十二月花名（劝人为善）

正月梅花初立春，劝人及早孝双亲，父是天来母是地，父母恩情海洋深。

二月杏花白盈盈，爷父儿子要同心，上山打虎亲兄弟，出征还要父子兵。

三月桃花正清明，兄弟道里要同心，弟兄协力石成玉，门前泥土变黄金。

四月蔷薇连攀爬，夫妻道里要同心，丈夫不要嫌妻子，妻子不要怨夫君。

五月石榴结心亭，夫妻姻缘前生定，五百年修婚姻配，夫妻恩爱海洋深。

六月荷花结莲心，一点不错半毫分，好命不到穷家去，命穷难进富家门。

七月凤仙叶梗青，姐妹道里要同心，同胞父母看娘面，千朵桃花一树生。

八月木樨香喷喷，乡邻道里勿争论，小孩相打相骂拉拉开，各训儿子转家门。

九月菊花梗上青，不可随便骂别人，大人相打难得好，小人不能结怨恨。

十月芙蓉映小春，有钱人不要笑别人，穷的哪有穷到底，富的哪有富到根。

十一月大雪是金灯，劝人做事要公平，行善总有翻身日，灯笼也能上天庭。

十二月蜡梅唱完成，孝顺媳妇敬大人，巴得公婆大人活千岁，门前大树好遮阴。

2.小黄鱼做亲

清明时节春雷动，江水滔滔浪潮涌。桃花水发鱼汛到，样样鱼儿喜相逢。

"黑鱼"头上七个洞，名震四海武超群。小"刀鱼"本是未婚女，许配"黄鱼"小相公。

黄道吉日已选定，新房做在"蟛蜞"洞。发出请帖几十份，宴会借用水晶宫。

"草鱼""鲫鱼"来贺喜，"鳊鱼""鲤鱼"人情送。"鲶鱼"嘴巴生得阔，吃白食的老祖宗。

"扁鱼"生来顶漂亮，头小尾短背似弓。"白鱼"出门爱清洁，白纺绸长衫舞春风。

"鲤鱼"本去跳龙门，听说贺喜乐融融。"鲥鱼"行动不落后，说着风来就扯篷。

"鲈鱼"打扮顶时髦，黑白背心骆驼绒。"蟛蜞"大螯快剪刀，急忙跑来做裁缝。

老蚌壳壳做轿子，"琴枪头"抬轿一阵风。"鲫鱼"娶亲受欢迎，"河豚鱼"奋勇提灯笼。

"黑鱼"一见喜心中，荣耀祖宗好威风。谁知水中不平静，暗里碰着瞎起哄。

"桥顶头"请帖没接到，头里气得昏咚咚。买通"川条"小流氓，"鲢鱼"跟着做帮凶。

"甲鱼"看了放气球，"乌龟"吐气把讯号送。"横鲹"性格似大炮，横冲直撞满河轰。

"鲶鱼"也来轧闹猛，强行霸道称英雄。"刀鱼"身背刀两把，领了"带鱼"一蓬风。

打翻酒席闯穷祸，滑头"泥鳅"两头攻。"糠虾"吓得"必剥"跳，"土婆鱼"吓得钻桥洞。

"鳗鱼"吓得泥里缩，"鲥鱼"吓得心口痛。"草鱼"急得团团转，"青鱼"急忙去请郎中。

草头郎中叫"昂公"，平时爱把胖子充。全套本领三根针，一根下去命送终。

"昂公"晓得责任重，拍拍屁股影无踪。"金鱼"一旁心事重，"黄鱼"脑袋想噩梦。

"鲳鳊鱼"急得头缩小，"鳑鲏鱼"急得眼发红。办了喜事办丧事，虾兵蟹将齐出动。

"鳗鲤""黄鳝"扛棺材，新坟做在河当中。"灶家鱼"来做厨师傅，"甲鱼""乌龟"充当火头军。

"丫头"娘娘"火眼头"，呼天嚎地比喉咙。"甲鱼"威风全扫尽，七孔生烟火一蓬。

突然间，轰隆隆，河底翻身水震动，水里地震闹"河泛"，全军覆没一场空。

第二节　诗　词

〔唐〕魏璞

寻鸟窠迹

为访名僧迹，言寻小曲阿。

松林春日静，石径晚云多。

道法传驯鹊，禅机显化螺。

空潭山色印，谁与证维摩。

陪皮袭美陆鲁望重过鸟窠迹

重探灵迹到空山，山下茅庵几叩关。

不为白云招客屐，那教清境接人寰。

螺池水色经年静，仙岭松声镇日闲。

拟约高贤同结社，好移竹室住前湾。

〔宋〕袁默

秦望山

海上仙山与凡绝，迢迢弱水不可涉。

鸷膺蜂隼岂不知，长生不死心未灭。

雄伯关中亦一时，并吞六国犹指挥。

自矜功德愚黔黎，驱山塞海疑有之。

吾闻卢生言，辟恶真人至；

又闻徐市言，蓬莱药可得，

愿捕巨鱼连弩射。

史迁记此不及彼，古老相传恐真是。

岷峨一夜失崔嵬，峨耳山从蜀道来。

嗟乎六丁汝狂斐，区区为役长城鬼。

钓鱼台

将相宁有种，屠狗饭牛皆可用。

富贵出长年，勿谓暮途吾倒行。

先君太公望久矣，日老渭阳心以此。

君臣相得渔猎间，廓清八表公名起。

奠鼎扶周卜世长，洋洋齐封二千里。

曹公黄相俱尘埃，至今犹有钓鱼台。

苔侵石剥夕阳里，滚滚寒江潮去来。

〔宋〕蒋静

游白龙山

驻马白龙潭，拂石青松下。

云从潭底生，风向松枝洒。

风云了无心，聊随白龙化。

勿谓云风扰，中含闲暇者。

假寓翠光亭

君山堆翠出危尖，练水浮光照短檐。

夜鹤晓猿同冷淡，胡床尘尾独安恬。

云来画栋休遮眼，月到澄潭任透帘。

还似弃官陶靖节，北窗高卧怕谁嫌。

题毗山

四十年前掉臂游，寺庭荒落易悲秋。

重来气象浑非昔，满院松杉翠欲流。

方外故人惟白骨，壁间陈迹独银钩。

青春只道堪行乐，独倚僧窗万斛愁。

洗心亭睡起偶题

黄粱未熟酒犹浓，一梦南柯事已空。

水绿山青无限好，今来古往不知穷。

龙吟竹笛秋江面，雪糁芦花夜月中。

清景阿谁偏占得，白头波上钓鱼翁。

〔宋〕葛胜仲

依韵和工部兄寻由里山泉眼

葛帔练裙一散仙，亲携畚锸道蒙泉。

滥觞初见开微溜，中准终能作止渊。

栖亩稻秧滋莽莽，入池藕叶泛田田。

道人跬步不知处，未遇高贤名孰传。

观山谒蒋叔明（静）赵邻叔（汝翼）二坟

寒食观山道，佳城隔垄分。

赵公今不武，蒋老去修文。

歌薤犹前日，栽松已插云。

生平各投分，絮酒荐蒿焄。

〔宋〕上官均

题耿氏温清堂

远山终日自清辉，缥缈乔林野气微。

秋菊已开陶令径，春风好舞老莱衣。

溪头钓艇资闲兴，松下归禽伴息机。

吟倚醉登堪自慰，不须怅望白云飞。

〔宋〕满中行

题耿氏温清堂

密牖疏棂次第施，却寒清暑两相宜。

惟知堂上双亲乐，不觉人间四序移。

美酒先春和气满，茂林享午绿阴垂。

闲居就养如君少，无负南陔孝子诗。

〔元〕邱元镇

过蔡泾闸

客行泾口上危桥，北望城闉十里遥。

港汊不容三尺水，舟航全借两番潮。

蚕苗半起桑迷眼，雉子深藏麦到腰。

暮宿前村杨柳渡，买鱼沽酒慰萧条。

秦望山庄寄单子瑞

秦山云外隐君居，礼乐文章总不虚。

种秫有田供酿酒，闭门无事检方书。

后园果熟收红柿，南浦舟回荐白鱼。

我已结庐依郑谷，相期来往命巾车。

还乡

乡间乱后独归来，第宅空遗瓦砾堆。

野外苍头多菇早，水边白骨已生苔。
形容可笑都非旧，故老相逢只漫猜。
苦忆延陵诸仲季，浙江阻绝几时回。

〔元〕朱德润

三山歌

秦望山，秦皇何所望。
卢敖去不返，海水白茫茫。
观山亦何高，山上仙人卧石床。
至今枕头痕，草苦苔自香。
驱之不成羊，炊之不成粮。
白石白石，徒焉彼方。
山灵夜出喷雾花，白石蜿蜒飞白蛇。

〔元〕金铠

妯娌山扫松值雨

出门无奈雨随车，云气浸山水溢渠。
茆店人家鸡唱午，杏花时节燕来初。
边庭战斗方无已，丘垅烝尝幸不虚。
已向招提拌酪酊，何妨更宿赞公庐。

〔元〕陈樵

钓　台

忆昔玄璜上钓钩，鹰扬曾起佐姬周。
台高人在空中立，云静天从水面浮。
石裂犹疑千古雪，风吹不断一丝秋。
政成莲幕多清暇，他日停骖此地游。

〔元〕王逢

游鲤山

乡山三十三，游鲤奠郊南。
嶻然独高大，秀掩东诸岚。
土刚蓄炎精，崖仄削剑镡。
我尝挹飞翠，远在沧江潭。
波涛与伏兴，云雾相吐含。
恍然穆王驾，八骏左右骖。
又如琴高仙，脚踏朝蔚蓝。
久思更徽号，新喜遂幽探。

太白赋九华，后来成美谈。
狂歌继其武，林涧免愧惭。
春风绿瑶草，秋霜红石楠。
行将修月斤，为凿避世龛。
蛟龙正格斗，鲲化谁其堪。

赵氏双珠辞

游鲤山石高孱颜，游鲤溪水清洄湾。
中有峨峨青结鬟，望如春云不可攀。
壬辰仲冬寇蜂起，乳臭将军先披靡。
民人颠连社稷圯，我固当为贞白鬼。
后来小妹复被驱，亦葬鱼腹全其躯。
山高水清几千载，虹月夜贯双骊珠。
夜深鲛宫屏机杼，风吹草寒髑髅语。
何由生长江沱间，及见王雎鼓衣羽。
愿回尧天行化日，女子有家男有室，
地下甘心灯似漆。

白龙洞

开元年中关辅旱，灵岳神祠祷几遍。
少监冯生能画龙，明皇命试新池殿。
落笔蜿蜒势未已，素鬣冰鳞湿如洗。
池波汹涌雷电惊，云气之门白龙起。
吾观冯岂作霖人，画龙能雨疑有神。
深山大泽多窟穴，不应杳眇不似真。
澄江接海连空白，泓深当是神龙宅。
螭虬狡狯非其伦，河伯江妃敢驱役。
霜锁烟关昼不开，时倾膏雨苏民灾。
一炉香火动诚意，风马云车天际来。
吾闻泽国多水患，淮甸地干多苦旱。
愿均神力遍四方，无令水旱常相半。

〔明〕高启

里巫行

里人有病不饮药，神君一来疫鬼却。
走迎老巫夜降神，白羊赤鲤纵横陈。
儿女殷勤案前拜，家贫无肴神勿怪。
老巫击鼓舞且歌，钱纸索索阴风多。

巫言汝寿当止此，神念汝虔赊汝死。
送神上马巫出门，家人登屋啼招魂。

〔明〕何澄

寄梅雪包公谧

孤山漫说六桥边，别有文林花绿仙。
适兴每吟东阁句，乘间还放剡溪船。
香凝书幌琴裁谱，冷沁茶铛鹤舞烟。
遐想故家高致在，欲抛簪组话归田。

题王孟端枯木竹石

不断青青万叠山，高情应共水云间。
他年解组归来后，借我溪边屋半间。

题画雁

芦花瑟瑟水茫茫，落月沉沙夜未央。
离思不禁天外雁，孤舟灯火客三湘。

画浦石

帘幕春寒浥露蕤，一泓泉水浸石矶。
香销宝鸭琴书静，翠影闲看洗砚池。

〔明〕徐经

题何廷济所藏竹鹤老人画卷

袁州太守人中龙，千秋御气游鸿濛。
飘然沧海不复返，尚留遗迹藏崆峒。
素绡咫尺恍瑶圃，万壑云雾生虚空。
悬想当时下笔处，十日解衣盘礴中。
尽超三昧了无事，婆娑九十称仙翁。
流传数世永弗替，神物呵护传无穷。

〔明〕薛章宪

问讯何太守家海棠

袁州宅里海棠树，问道于今已十围。
璎珞垂垂凝露颗，玫瑰蕊蕊散霞霏。
蒙眬眼眩初生缬，仿佛心惊旧赐绯。
愿乞一枝供把玩，不知西府是耶非。

何竹鹤山水

吏部便应同水部，袁州原不减扬州。
何郎异世真连璧，画笔诗篇振古留。

〔明〕卞荣

何竹鹤山水

袁州太守何其贤，鸟中之凤人中仙。
眼空四海胸云梦，悬车早赋归来篇。
锄云自种三径竹，养鹤只买二顷田。
明窗净几拂缣素，兴致落笔生云烟。
杂花幽草各缛丽，苍腾古木相钩连。
云门若耶在纤末，咫尺弱水蓬壶天。
吾乡风流徐孺子，太守下榻三年前。
青丝玉壶送春酒，碧桃花底开琼筵。
醉倾墨汁如流泉，幻出斜川及辋川。
分明孺子卜筑处，牵萝补茅三四椽。
左图右史看不厌，光风霁月心悠然。
逍遥庄叟室虚白，澹泊扬雄草太玄。
蹇子买邻乏百万，所蓄旧物唯青毡。
肩舆数许造竹所，江空岁晏相周旋。

何太守画为蒋朝会题

芙蓉九朵天之表，乾坤浩荡青螺小。
月斧云斤琢不成，自是人工夺天巧。
何侯灵台与天通，墨池暖浸春溶溶。
戏拈秃笔一挥洒，咫尺云烟千万重。
银湾半泓水花净，千古无人藏地镜。
何当借我木兰舟，东风载酒寻香径。

〔明〕陈耘

送何太守彦泽之任袁州

翩翩五马向宜阳，腰带黄金被宠光。
晓捧除书辞华省，夜听更鼓过萍乡。
楝花溪上风初暖，梅子江头雨正黄。
此去要须图报称，白头多少尚为郎。

送别竹鹤兄

莫叹南归道路长，携家此去入仙乡。

行随流水寻花径，间向青山卜草堂。
自有云林成隐逸，尽教儿女乐耕桑。
知君得此恩非浅，惜别何须泪两行。

寄何竹鹤选部

嘉会不可再，离情人所同。
惆怅我与君，萍纵各西东。
我昔游金陵，君时任南楚。
一别十年余，山川两修阻。
去年适邂逅，携手欢经旬。
金龟呼换酒，同醉京华春。
自谓恒相随，那知复离别。
解缆发都门，停云心尚结。
霜鸿又早秋，相见宁暂得。
昨因南来使，传君近消息。
承恩坐华省，官拜尚书郎。
岂惟朋友荣，亦为闾里光。
君才绰有余，忠勤需努力。
何时复相亲，连床话畴昔。

〔明〕徐晞

买臣负薪

终日山前路，经行自负薪。
一朝乘驷马，不是会稽人。

书道士扇二首

坐对月华明，坛前吹凤笙。
夜深骑白鹤，何处步虚声。
观宇临江岸，江深六月寒。
夜深朝斗处，风露湿衣冠。

严陵垂钓

绿柳摇沙渚，清风满钓矶。
故人聊一宿，还向富春归。

黄鹂

黄鹂声百啭，正值艳阳春。
毛羽须珍重，休逢挟弹人。

松壑涛声

倚壑苍虬遍，风来作怒涛。
幽人清不寐，遗响在林皋。

喜朱善继应聘至京得与叙旧

清时游宦似登云，诏起贤良喜及君。
粉署正宜同效力，客窗还许共论文。
暖回土炕春常在，灯烬银钉夜欲分。
自是故乡情恋恋，衔杯不觉到沉醺。

感 怀

十年骑马战龙沙，不道功成两鬓华。
昨夜思乡有归梦，江南春色遍梅花。

〔明〕李宗

晚次蔡泾闸

薄暮萧条野水浔，春风何处觅知音。
看云每动思亲念，梦草空惊忆弟心。
溪暝断烟迷柳色，日斜啼鸟隔花阴。
最怜浪迹天涯远，愁对清樽独自吟。

〔明〕夏言

南还抵无锡买舟访江阴舜穆不果

桥边买得小舟轻，千里南来两月情。
拟向林泉还洒盏，不知旌节尚高城。
百年交谊看前辈，此日行藏骇后生。
咫尺澄江重回首，青山如画白鸥鸣。

寄高少参

鹤发飘萧海上翁，别来二十二春风。
相思日日长安客，东望蓬莱烟雾中。

送高少参·调寄凤凰台上忆吹箫

天末凉风，蒹葭秋水，归人独上兰舟。正长
空雨霁，残暑全收。遥想澄江如练，碧山堂、水
竹深幽。堪乘兴，观澜小阁，曲枕书楼。

难留，冥鸿天远，厌长安尘土，不似沧州。
有大观亭子，海阔云浮。唯念故人千里，同明
月、相望夷犹。知音少，如公有几，大雅风流。

〔明〕高宾

宾石诗为曹君赋

幽居寂无与，时卉亦狼藉。
硁硁负贞姿，屹立有佳石。
棱砺自今古，刚方耻柔僻。
居然师友尊，允矣丈夫匹。
宁为女娲补，不受初平叱。
谁哉七步生，独抱奇章癖。
肃雍置俎豆，敛衽共朝夕。
秒契各无言，心斋成莫逆。
出门严圣训，抠衣见嘉客。
虽无入幕亲，乃有攻玉益。
忘形同物我，耐久后松柏。
擅美尽东南，清风照双壁。

题张末轩

至美不外炫，良贾知深藏。
所以君子心，不见日以章。
吾邦有蕴古，玉质金其相。
百行出人先，顾以末自当。
谦谦准易道，眇眇师周王。
俨然山立躯，自视同针铓。
不满古所贤，卑牧道斯昌。
不见崖岭梅，岁晚余清芳。
末也有深蕴，名微实愈彰。
嗤彼高华人，何啻萤爝光。

追赠缪成章

成章名文盛，洪武间任延平府推官。

荒庐落日照高原，风木萧萧断客魂。
清泪沾林数行雪，悲啼隔岭一声猿。
紫芝若秀堪名里，白兔如驯可表门。
知尔寸心浑不愿，终天难报是亲恩。

代张可斋送王半溪君守入觐

五马翩翩道两旗，朝天今喜际昌期。
九重尧舜方当御，千载龚黄合受知。
湛露定陪清夜宴，望春应费赏花诗。
瑞颂更乞归来早，已料无多借寇时。

〔明〕孙子潫

和茧翁先生咏龙爪扁头

种得灵苗异苦藤，白华蒸似密云腾。
早酣霖雨身何润，老在秋田角更棱。
知味但非熊掌贵，买钱应为野人增。
人间雕尽尤多技，肯念天工驾此棚。

注：高宾晚号茧翁。

〔明〕李梦阳

寄题高子君山别业（两首）

一山背城起，万古号为君。
秀揽江心月，雄吞海面云。
金陵通地脉，玉港发人文。
美彼投簪客，中年卧紫氛。

季札坟边业，春申邑后山。
一江平展镜，两港曲成环。
不雨云烟拥，长春草木斑。
隐君梯万丈，倘许世人攀。

〔明〕顾清

寄高曾唯

千里南河入望赊，美人有约赋皇华。
乡音不远经冬雁，云路常瞻八月槎。
官好水曹清澈底，名高玉树净无瑕。
北堂春日花如锦，时向公余奉小车。

〔明〕何景明

寄杭东卿高曾唯二宪副

旧游俱是吴中俊，相忆遥为越下吟。
他日云霄须比翼，此时金石更同心。
楼船水战江流急，鼓角秋城海日阴。
寇贼两乡今阻绝，北云南树各沾襟。

〔明〕张简

代陈生送孔载典教宁海

庆尔宁海士，乐哉能得师。
尔师卓荦男子奇，书破万卷开群疑。

文章精粹得家法，自少籍籍声名驰。
南畿一捷气乃发，转战而北忽不支。
壮哉宁海海水湄，讲堂宏敞横皋比。
愿君莫道官位卑，典常民则此敷施。
愿君去作仕羽仪，颜孟事业夫何辞。
谓尔宁海士，问学无庸迟。
尔师不久淹青齐，联芳科第有准的。
文战奏凯宁无时，祖筵酒罢恨临岐。
山木摇落百草腓，爱君百变松柏姿。
念君倥偬整骖骓，留君不得牵君衣。
持赠诗歌一订期，铿锵共对白玉墀。
岂唯朋旧相追随，同门庶得生光辉。

注：高赍一字天仪，又字孔载。

挽希庵高先生

闻道儒林失老成，一歌哀些一为情。
功名未遂生前志，行实空留没后名。
华表何年归化鹤，青山有地卜佳城。
贤郎不日登枢要，会见封章贲九京。

题竹次高一斋韵

黄门仙子祥鸾雏，虚中耿耿悬冰壶。
心存康济无表外，那问廊庙并江湖。
王孙墨秒亦奇绝，墨池凝墨如凝酥。
为君援笔扫苍翠，双龙踊跃海水枯。
半空湿云舞幺凤，四郊暖雨啼珊瑚。
黄门自是香案吏，玉皇下谪非其辜。
谒来江城沾膏泽，转念赤子手携扶。
相对此君坐长日，心斋兀兀纤尘无。
清标潇洒足风韵，直节磊砢森廉隅。
矧承家学得真派，扩之四海民应苏。
昌期际遇龙飞运，天人协应云争徂。
迟君大展商霖手，薄海内外咸批敷。
簿书狼藉南山族，彼哉正谓非吾徒。
从今云汉无容歌，泽润斯世真良图。

〔明〕高贯

送薛慎言赴官湘潭

地自分闽广，人无异古今。
山深官自隐，俗美士如林。
雅好身完璧，终当夜却金。
堂中琴一奏，知汝是知音。

入宜兴旧游宜兴

自叹浮生访旧迟，胜游今遍太湖西。
青山路绕香兰渚，绿水船通罨画溪。
仙洞烟霞同载酒，梵王花竹各分题。
不堪故里东回首，野树寒林一鸟啼。

赠凤山野夫蔡师道

抛却人间斗大州，早收完节付沧州。
山中别有能言鸟，乞与闲身作伴游。

〔明〕邓钦文

织蒲扇歌

桃花雨余蒲叶长，江风猎猎春渚香。
渚边小舟绝轻快，竞剪绿云绕村卖。
村庄女郎巧思多，织成花样胜越罗。
湘波一片凝寒碧，应手微风动瑶席。
彩丝双缕缠柄枝，题作鸳鸯寄所思。

〔明〕高拱极

游茅山

笋舆野服谒茅峰，一经逶迤面面重。
泉石奇生宜佛寺，禽鱼乐在薄侯封。
但矜物外镕凡圣，那耐神前絮吉凶。
此日寻山吾愿了，归舟何处度疏钟。

有 约

独对庭花忖白颠，几人百度醉花前。
而今不践蔷薇约，待得花开又一年。

和徐酉望登金山韵

山以江而胜，中流殿阁洄。

不因时贵贱，可谢众沉浮。

夜泊千家火，秋风一叶舟。

金陵恁此镇，芦荻满皇洲。

偶 题

竹榻知阴日数携，梧飘凉吹夕阳西。

枕头勘破邯郸梦，饶有蝉声柳外啼。

黄汇所元夕招饮

拟坐茅斋扫雪烹，筵开叔度喜相迎。

灯花偏共梅花发，玉树相兼火树明。

剧饮寒威三舍避，清歌乐事二更行。

联翩总是梁园客，自讶迂疏偶主盟。

廷 试

得失文章五十年，仅存热血上干天。

未膺簪绂龙门下，旦拜几筵凤沼边。

五色目高天子衮，六经心到圣人篇。

自惭廷对无奇策，博取温纶觊冷毡。

仲秋闻子猷邀登虎丘

秋色岚光拥翠屏，同来登眺值新晴。

亭临峭壁山逾胜，云敛千峰眼倍明。

风送歌声天外落，酒涵桂影座中倾。

多情更有金阊月，夜半依舟伴客行。

登敬亭山用李韵

李白有诗山占尽，千古诗人意自闲。

我醉欲狂诗不句，一拳捶破敬亭山。

千叶榴花

老眼观花五月中，涂林分种溅花丛。

临庖既信无酸味，骂座何堪有怪风。

倒叶嫩侵浮蚁绿，裁葩妒杀舞裙红。

人情此日炎如火，相对毋嘲措大穷。

放 言

偶在人间阅爱憎，文言意气两无凭。

奔忙岁月乌飞织，假合形骸鼠啮藤。

蠹简餐仙犹是客，尘谈悟佛却如僧。

一盘甲子归南极，拙守谁输巧算曾。

雪不止

纪瑞腊有三，叠雪逢人日。

杯酒沥无余，谁润迎阳笔。

〔明〕薛甲

钱侯遇害马卒杨成卫之同殉

良知原不隔，勇烈见杨成。

有役聊从主，无求肯殉身。

英灵回赤日，风雨惨长汀。

千古谁知尔，丹青为纪铭。

倭寇破城被伤而死者百二十余人买地西城葬之因吊以诗

众生生亦死，尔死死犹身。

斜日暨阳道，秋风薤里情。

盖棺时草草，掩骼我惺惺。

知尔余英气，椒浆酹九京。

登茅峰

三峰翠削销苍烟，白首攀跻惜岁月。

朵朵芙蓉增秀色，飘飘鸾鹤下瑶天。

金房晃朗春常驻，玉杖逍遥宿有缘。

仿佛是登三岛路，九华宫里集群仙。

〔明〕沈翰卿

由里山宋妃墓

重见山僧头尽白，一抔荒土记前朝。

麒麟草没春无迹，兰麝香微骨已销。

世上有人传玉柙，山深何处望鸡翘。

残花满地鹃声切，寂寞芳魂不可招。

哭邑侯钱鹤洲先生二首

堕地郎星六月寒，空怜儒将气桓桓。

肘间犹自悬金印，天上那逢降玉棺。

三馆史编濡笔待，百年臣节效公难。
城隅翼翼举新庙，老稚相携泪不干。

已有封章达九天，行颁恤典贲九泉。
长江落木浮归鹢，故国寒花泣杜鹃。
慈母更添新白发，灵帷惟设旧青毡。
重收正气还光岳，张许何须论后先。

〔明〕姚文灏

修圩歌

修圩莫修外，留得草根在。
草积土自坚，不怕风浪喧。
修圩只修内，培得脚根大。
脚大岸自高，不怕东风潮。
教尔筑岸塍，筑得坚如城。
莫作浮土堆，转眼都倾颓。
教尔分小圩，圩小水易除。
废田苦不多，救得千家禾。

吴农开河谣

远堆新土才稀罕，尽露黄泥始罢休。
两岸马槽斜见底，中间水线直通头。

开坝歌

开河容易坝难通，我有良方不费工。
坝里掘潭宽似坝，却疏余土入其中。

〔明〕周忱

账饥诗

萧萧匹马过江干，满目饥民不可看。
十里路埋千百冢，一家人哭两三般。
犬衔骸骨行将朽，鸦啄骷髅血未干。
寄语当朝诸宰辅，铁人闻着也心酸。

艰难百姓实堪悲，大小人民总受饥。
五日不烧三日火，十家常闭九家篱。
只鹅止换三升谷，斗米能求八岁儿。
更有两般堪叹处，地无芳草树无皮。

〔清〕赵翼

秦望山道中

秦望山边路，冬寒水落槽。
蒲编包笼贱，石筑堵墙牢。
过籪船搔背，烧荒地燎毛。
乡村淳朴象，真可隐东皋。

秦望山

秦望山高好驻兵，淮张曾此瞰江城。
乱离未定瞻乌止，盗贼皆思逐鹿争。
赤伏符终归汉主，白驹场枉辟周京。
只余不肯生降处，犹似田横气不平。

〔清〕王士祯

秦望山

黛色连天际，苍苍秦望山。
东巡殊不返，留恨此山间。

〔清〕高慎中

观山僧舍

精舍清幽倚翠微，半岑云气护禅扉。
松林风度山闻语，薜荔霜凝屋挂衣。
小雪僧归农事早，午斋客到贝音稀。
最怜壁立轩窗后，蝙蝠乘秋百丈飞。

腊雪不止和坡公北台壁韵二首

谁剪飞花乱缟纤，鹅池寂静蔡军严。
岂因尘釜愁炊玉，多为军车爱洒盐。
积岁布袍欺病骨，连朝冰齿啮深檐。
模糊倦对江山影，瓦凸灰屯尽起尖。

云衣飘散又涂鸦，滕六分分日斗车。
困压竹枝犹见翠，苦催梅蕊未生花。
一时好语闻三白，十室饥瓢殆九家。
聊和北堂清绝句，中山人老冻成叉。

〔清〕王时林

夏城望三山

水田渺渺乱鸦飞，独倚轻舠望翠微。
近水绿萝藏客店，傍岩红树护僧扉。
采香往事疏烟冷，泛宅人归旧径非。
向晚澄湖烟霭净，三山依约对斜晖。

〔清〕祝纯嘏

秦望山

王气天教属暴秦，咸阳宫阙应时新。
东游莫向关中望，芒砀山中已有人。

钓　台

隔岭弯弯月一钩，丝丝柳线挂清流。
昔人已入非熊梦，雨雨风风护钓丘。

〔清〕戚昂

游秦望山自桃湾归

上山苦行迟，下山苦行速。
迟速分险夷，上下总局促。
家山近可攀，图画日在目。
偶然得兹游，径路犹未熟。
山北松苍苍，山南木濯濯。
一径入桃湾，缘蹬循山麓。
松阴五里深，涛声喧寒绿。
遂忘足力疲，不觉路迂曲。
回首暮烟横，岩际白云宿。

由里道中

宿雨初晴晓气清，堤边新涨野桥平。
数峰青遍澄江上，一路看山直到城。

〔清〕史有光

登秦履山

随意看山去，秋空叫雁群。
振衣凌绝壁，回首送斜曛。
满径落红叶，远峰多白云。
倦游寻石卧，樵语隔林闻。

〔清〕徐裒

赠花山隐者

幽居寂寂掩荆扉，座绕烟云碧四围。
石浅懒分泉脉细，山深喜种药苗肥。
煮茶自扫松楸叶，野服还穿薜荔衣。
长笑五陵裘马客，不如君稳坐苔矶。

〔清〕金止叔

登秦望山歌

春风动怀抱，欣然欲登山。
拄藤拂丁谷，搴裳涉陶湾。
拾级暂舒喘，蹑顶忽开颜。
湖光闪遥绿，海气屯层殷。
高天极空洞，仰首思跻攀。
静与孤云期，倦同鸟飞还。
惜无童冠从，咏歌以消闲。

凤凰山歌

凤凰山，凤凰宿。
凤凰一去不复返，此地空存凤凰麓。
昔闻上有仙人床，石台石凳天成章。
仙人或骑凤凰去，青鸾白鹤相翱翔。
蓬莱宫偶一睡，瑶池酒时一醉。
天上无几时，人间已千岁。
枳棘丛生，樵夫纵横。
白石作砺，碧梧为薪。
日星惨淡风吟清，凤凰归来戛戛鸣。
回看天际何多情？仙山缥缈遥相迎。

〔清〕邓薇山

邮祝舅氏高山寿

硕人词赋重华年，晚岁仍多物外缘。
付鹤书回三月暮，捧觞心到百花前。
星文解识天垂象，金骨行看地有仙。
春酒似渑群从乐，倚歌谁和白云篇。

〔清〕曹禾

邮祝高母汤孺人六十寿

南云漠漠燕鸿高，慈颜寂寞乡心劳。
凤城玉漏念姻戚，忽忆西邻灯再剔。
西邻高母闺中杰，百尺孤松寒压雪。
凋零门户一身持，大家模范共倾折。
绿杨春作两家浓，青灯机杼声相彻。
膝前文史沐儿曹，指头纠组婀弱息。
时逢令节相过从，白头老母多谈说。
一自扶与近紫台，鸾台青鸟信悠哉。
朔烟朔雪无情思，江水江花有梦怀。
记得蓬莱水深浅，累累金粟香方开。
题诗一幅写母诗，云锦五色竹当裁。

〔清〕曹复

新庄馆中

书馆遥通烟水轩，柴扉启处涤嚣烦。
芦洲雨涨三千亩，花径风开廿四番。
野衲谈棋思最幻，邻翁问字话偏繁。
北窗梦觉春情足，攲枕闲听众鸟喧。

〔清〕吴一谔

奉和高霞轩先生六十自寿原韵

夙慕长生益寿如，冰壶月映瘦筋书。
山中甲子除残劫，碧上春秋伴晚渔。
墨涴青衫题玉轴，霜函明镜拂牙梳。
称觥蓉菊年光烂，谩问蓬瀛大小诸。

寥落图书暗旧香，游梁少擅昔时场。
携琴秋雨因都市，弹铗东风上海航。
挟策寻诗吟席帽，逢人说剑想鱼肠。
悠悠莫换渔樵业，服药常年计岂狂。

棋局闲观石暖曛，忘忧旋复念劬勤。
寒冬早卧牛衣雪，旧陇迟封马鬣云。
犹喜林泉栖少恙，更看兰玉茁成群。
相知更进南山祝，真率由来不泛文。

探幽大石卧桃笙，僻字闲谈史漫评。
博士公孙征岁月，漆园庄叟喻蓪楹。
丹经井在逢仙授，乌目山空步履声。
归与布衣犹老辈，诗歌伐木屡春莺。

庄子八千椿岁如，惠施读得五车书。
十年头白图耕馌，一卧春闲坐钓鱼。
竹屋词澜帘动曲，沧州诗兴发垂梳。
庖厨无恙君家事，经艺相传问有诸。

姓氏将居落蜀香，登坛佳句半词场。
巫山晴跨寻诗蹇，拂水宵分听雨航。
秋怨芙蓉愁作骨，春歌杨柳醉为肠。
今从寿席拈公案，米汁偏悭肯放狂。

兀坐操觚对日勋，信天从此啸歌勤。
门唯仲蔚荒三径，书讶郇公灿五云。
兔苑农真公活计，雁池渔亦结同群。
先生他日儒林话，一笑应删漂麦文。

逃名南郭时吹笙，三百竽中耻滥评。
大梦熟眠醒瓦枕，高风偃息憩茅楹。
兴嗟残客尝鲭食，痛忆中宵断杼声。
有道一科容易举，休轻花甲付流莺。

〔清〕高敏

题小蓬莱

欲寻蓬莱，便失蓬莱。
能知蓬莱，曷羡蓬莱。
仙人何必住蓬莱？
幽人何必觅蓬莱？
痴人何自识蓬莱？

〔清〕高宽

喜薛草庐至同宿

寂寞乡居白板门，忽来好友破苔痕。
厨供野菜当珍味，瓮倒村醪对坐论。
有事市朝非尔我，无情花鸟自寒温。

拟将秉烛同游夜，不觉东山月似暾。

蒙和又成一首

避俗炎凉久杜门，天然片石瘦多痕。

相知相见原无几，同德同心别有论。

礼数不拘忘契阔，离愁已解倍存温。

聊为下榻通宵话，犹怼邻鸡报晓暾。

〔清〕高宝

题赠王半隐先生庐墓

九泉无路杳难通，三载居庐傍殡宫。

灯火夜和愁雨白，块苦寒结泪冰红。

狐狸伴卧棠梨月，乌鸟同悲宰木风。

孝行昭然照今古，天书不日见褒崇。

前 题

明王以孝治天下，率化谁如孝子深。

自痛音容归稿址，独移苦块伴孤岑。

春风绿草年年恨，暗雨青灯夜夜心。

题到此衷先自感，不知涕泪满衣襟。

〔清〕高自卑

庚戌元旦七十岁自述

清旦闻鸡报古稀，才知六十九年非。

文章久让蛇神幻，意气空随蝶梦飞。

三代堂前迟白发，两闸局外问朱衣。

穷山野老无他课，尝诵弥陀对夕晖。

和听松轩歌

轩系侄孙颛孙，别构自作长歌，予喜而贺之。

吾家观山五百年，聚族环居白石前。

屋前留得青山在，长松落落犹连绵。

旧日榱题今已易，终傍松林不忍冒。

好风每入松林里，如啸如吼如鸣弦。

俗尘入耳不烦洗，侧听松风即欲仙。

况与读书声相应，尤喜清潭绝世诠。

听之不足再三听，拂尘无非文字禅。

或带轻云凝鹤唳，或来骤雨惊龙眠。

或乱井桐催落叶，或赓茶灶沸新泉。

或挹江涛十里外，或挥雁阵夕阳边。

著书不觉松鳞老，闻声领悟心悠然。

直教听到无声处，兀坐兹轩别有天。

吁嗟兮，山中不争名利事，受用松风不费钱。

更有岩梅与圃竹，岁寒三友相周旋。

春多百花秋多月，呼朋把酒且随缘。

松虽不言以意告，若曰尔我一心焉。

贞操劲节无改变，山为盟主石为坚。

不须再问人间世，若个英雄若个贤。

怀双径山用苏韵

予四十六岁买庵双径山，将以僧隐，因变不果，庵亦遭毁，偶见东坡作有感。

僧隐相期双径山，多事失时叹逝川。

一厘一亩滋仇讼，强从人面学周旋。

昔时酒肉好朋友，下石向我如陨渊。

乾坤局蹐无所往，饿死徒慕首阳颠。

买山不用买薇蕨，只依佛座生青莲。

空山梵呗一声吽，龙吟虎啸皆蝘蜓。

寻常吃饭穿衣事，到处参提竹篦禅。

花香鸟语作供养，何须髡发留金钱。

天且做梦唤不醒，白云来去山僧眠。

身为大患何足惜，拚付蝼蚁与乌鸢。

任他牛马无烦恼，任他水火相熬煎。

入山无粮失伴侣，满肠牢骚只自便。

山深不走功名径，旧居十载非故然。

贫病余生误朝夕，山中草木自长年。

拟谒季子墓分得黄字

片石高风郁古堂，春秋不挂野雌黄。

观潮扬子江又觐，侨冢春申土别香。

丰镐有传新俎豆，荆蛮无改旧冠裳。

让王伯仲真堪季，蜗角乾坤空自忙。

〔清〕李寄

由里山同红慈上人小步

棋罢溪行万虑空，得闲心与远公同。

幽兰非草先春绿，短叶如枫待腊红。
曝背不妨松里日，煮茶自有竹边风。
出山便是风尘客，别梦还应恋此中。

初移居山中

自然无事好，不是与人违。
检点残书在，思量旧事非。
借栽三径竹，自种一园薇。
我入渔樵队，群鸥不退飞。

黄花诗

　　黄花开于夏，类萱花，一名野绿葱。唯山中最多。五月，仲曜访余敬山。从邻家觅得白酒斗许，谋所佐酒，绝无寸蔬。两人出步溪上，黄花灿然林谷，忽忆去岁老僧指此花示我曰："瀹以滚水，盐醋和之，住山清供也。"欣然愿仲曜挈篮出采，篮既满，以衣受其余。如老僧法助之以姜，尝甚爽口。遂移酒坐石上，尽啖之，尽斗而止。是日，两人快甚！或曰：摘其花之未开者，蒸晒藏之，即所谓金针菜也。或曰：性冷滑不可多食。因作黄花诗，以公同好。

夜雨沐青峦，佳客自远至。
溪上两盘桓，烟岚扑口鼻。
邻家得斗酒，下酒无一味。
惜乎击不中，请君读汉史。
黄花灿幽谷，采之盈筐筐。
方法受山僧，调和出新意。
色泽先足佳，尽啖何必试。
携酒坐石上，峰影倒杯里。
清脆沁齿牙，微涩见风致。
颇似豆荚香，鲜欲胜广荔。
侑酒发高歌，此乐刻肺胃。
不必莳与浇，苍翠盈谷是。
不必媚盘飨，把玩易可喜。
作诗贻同人，黄花自我始。

卢山歌

曦光浴出群峰漾，一峰一峰竞朝爽。

香炉秀色落九江，泛舟如出卢山上。
李白已死谁与游，飞流空挂三千丈。

思 亲

　　先慈以去腊归土，今春介即辞墓出游，寒食一杯不能躬临，伤哉何以为心也！

高渚舒长望，东风拥树吟。
白云亲不在，寒食墓谁临。
游楚非由志，安齐岂自心。
终天无限恨，江水未为深。

写 怀

旅思真无定，荒唐试一吟。
长歌酬古昔，万事寄登临。
未静冯骥剑，徒存徐庶心。
衡山如不弃，将隐白云深。

将近江城

二载天涯落魄行，扁舟今夜到乡城。
归来莫道无亲识，明月舟前上下迎。

由里山夜步

独步空山晚色苍，月蹲峰顶客前当。
应声谷响如相答，倒影冈松几倍长。
林外白惊成水路，吟边清觉堕寒霜。
我来暂主闲风月，最是山僧热处忙。

咏怀（十七首存四）

逆旅暂相托，流光去如梳。
梳去还复来，鸟没空挥戈。
夸父恨逐日，精卫悲填河。
眼前常无病，运甓将如何。

君子重立身，贤人戒枉已。
碌碌愿依刘，欣欣甘御李。
超方比高山，暮已同流水。
我身未及贵，所以无贱理。

干直木早伐，泉甘井先竭。
愿为人所弃，用以安吾拙。
愚意良不然，在世须有益。
寂寂一无营，我心岂顽石。

蕉鹿信为梦，棘猴疑是真。
变幻不可测，颠倒安足论。
上者悲苴履，下者伤积薪。
嗟哉徙室人，乃至忘其亲。

〔清〕蔡澍

宿九莲精舍

一径寻兰若，行行入翠微。
青松生暮色，白日闭禅扉。
灯火虚廊阒，钟鱼晚课稀。
此间尘鞅绝，暂息汉阴机。

〔清〕王苏

十七日同人载苦露酒复集由里山房余沉醉

中泠泉酿京口酒，能传酿法惟澄江。
故人寿我异瓮至，巨瓮势若龙文扛。
红泥甫拆香已透，百壶倒泻声汰汰。
色如割漆难照影，不虑弓弩悬窗虚。
锡名苦露实甘露，貌虽黳黑中敦庞。
生平恶醉爱乡酒，愿以醇酎浇空腹。
长安市上一尺雪，迎寒此酒方开缸。
官贫价贵沽少许，糖调枣和滋味哤。
六年河朔作郡守，醒听衙鼓敲逢逢。
人言济止贯南酒，青帘摇曳如旗幢。
悬帜甚高道甚远，兼金可致瓶一双。
尚虞中路或倾侧，安车乘风挂轻笐。
五经到门欲束带，喜若足音空谷跫。
归田三载乐莫乐，千罂百榼来渔矼。
群公况复眄我饮，醉乡宽比晋楚邦。
便当沉缅无所恤，次公狂矣心不悚。
又闻酒已酿千日，元石未酦神先降。
夜台沉冥悲纪叟，空夸肯受戈矛㧬。
堕车不损虎不食，全生闭口宁愚憃。

舟楫未具喜泛海，手足不仁思缘橦。
岂如万事付酩酊，吾戴吾头枕床杠。
醉人乃为醒人恸，醒来水槛明兰缸。
木樨香残缺月上，几杵疏钟远寺撞。

〔清〕高应飞

栗三首

宝玉在璞中，其外亦纯粹。
怪哉隰有栗，形状象刺猬。
怀芳落落时，瞥见殊可畏。
苟非知心人，安知味如蕙。

后宫连果园，嘉果与梨匹。
摭摘由妇人，待士不得一。
田饶无乃馋，涎在口中溢。
嗟我绕树时，引避心战栗。
荒唐蒙在笑，异鹊何敢集。
莫傲千户侯，而逞三寸笔。
荆杞藏乃身，内美复何益。

桔柚冀见食，尔独深自藏。
谁知引杆者，蹂践日相望。
何如学苦李，随意生路旁。
严遵不知此，以礼责汉光。

同孙国华李银澜乌墩看桂花已谢而香甚浓徘徊久之又访汪二翁不遇因题其壁

乌墩桃花开，便有桂花约。
及至八月中，音信反寥廓。
相去无里余，我来践前诺。
座中宾无主，枝头蒂无萼。
因而寻其幽，如鸟度丛薄。
老树何团团，清音自漠漠。
谁复碧筒杯，而张青锦幕。
闻说花开时，纵饮兼纵博。
殊觉天地宽，那怕风露恶。
拨叶还分条，四顾心转愕。
侧想广寒宫，此树曾寄托。

坐久闻浓香，余花时可索。
如人略形骸，如酒去糟粕。
委佩复拖绅，罗珍并列错。
气象虽华赡，精神反郛郭。
所以淡荡人，处世任荣落。
孙公与李君，解事甚清淑。
人生如花开，聚散在转目。
但得根株存，素酝自芬馥。
浩渺尘埃间，心知数人足。
我欲携汪翁，以此言三覆。
叩户问馆人，云往前村塾。
访桂桂飘摇，访人人寂寞。
其迹虽暌违，其意总联络。
自嗟寒索踪，踏遍黄金栗。
晚风生竹林，冷然众音作。

秋皋散步访诸同游

夕阳半秋山，众鸟噪丛竹。
感此羁旅怀，行吟媚幽独。
古树错淡黄，清池浸寒绿。
举目见前村，岂知路盘曲。
言念超世踪，沿溪结茅屋。
浮沉羡濠鱼，得失叹隍鹿。
流水如素心，淡荡时往复。
壮士惜长途，佳人爱空谷。
郁郁百尺松，寥寥数枝菊。
无处挽飘蓬，西风起林麓。

题秦川杨宗濯图

奔涛吼雪空中来，淋漓大笔沧溟开。
鸿蒙正气渺无极，方壶员峤安在哉。
人生底事徒碌碌，与世浮沉累群鹜。
宗山寄迹幽且遐，时向洪波濯双足。
唯恐双足沾红尘，但觉一身漾寒绿。
蓬莱织女裁云衣，余绮化作双凫飞。
寸心磅礴意苍茫，吞吐日月成珠玑。
三间莫赋沧浪曲，一水空受贪汗讥。
乾坤万事等敝履，焉用踟蹰蹈危机。

层峦嵌空何缥缈，欲蹑银汉排天扉。
醉未箕踞松树下，夕阳明灭山之罅。
学书曾疑追锺王，吟诗只许步陶谢。
泛滥鱼龙壁上秋，嘈吰钟鼓屏间夜。
我闻有客乘长风，风涛之险不可穷。
曷不置身图画里，非仙非释非士农。

赠汪振三

清绝汪夫子，经年系远思。
秋风生桂树，春雪点梅枝。
老去书千卷，贫来酒一卮。
金朝慰离索，可许细论诗。

题郑质甫斋中

风雨今年约，高斋畅远襟。
狂夫疏礼法，幽鸟恋山林。
宕往花间句，温和指外音。
何当作良相，广汝活人心。

新阳舟次

小艇长摇荡，人如不系匏。
春愁蚕作茧，晓梦燕寻巢。
澹水浮花片，轻风度柳梢。
玉峰入望处，芥子泛堂坳。

芍 药

虹桥春潋滟，非雨亦非云。
碧染桃花袖，红溅藕叶裙。
丰姿周小史，逸态卓文君。
持赠情何以，凭栏酒半醺。

秦淮水榭口占

人醉青溪梦小姑，闲来重访莫愁湖。
笼中未便谓鹦鹉，席上无端唱鹧鸪。
北里风光秋淡荡，南朝月色夜模糊。
转蓬自恨匆匆别，两度相逢一语无。

秋海棠

薜荔墙阴藓砌边，幽花寂寞倍堪怜。

正逢去燕漂零日，遥忆孤鸿怅望年。

春色已非分手地，秋光原是断肠天。

吾生愿为相思死，化作梅开十月前。

云飞雨散阿谁边，剩粉枣脂总自怜。

西府沉酣非此日，东坡留恋是何年？

秋风蟋蟀凄凉地，晓月婵娟冷淡天。

金属久知抡不到，未曾斗媚百花前。

观牡丹

春风昨夜到金屋，阿娇咳唾生珠玉。

锦瑟重调鸳鸯弦，罗帷细展鸳鸯褥。

长卿之赋不易寻，东皇片刻值千金。

人生富贵偶然尔，惊才绝艳成古今。

秋感寄吴昆如

海上秋山翠几层，壮怀浩荡骨崚嶒。

霜浓艾亦愁芳蕙，风急鸠方笑大鹏。

四野荒荒羁远客，九霄落落望高朋。

元龙豪迈谁能及，莫学佣书班仲升。

江山怀吴昆如钱秋心

天意阴晴无定端，强开眼界到江干。

青春雾气连秋淡，白昼涛声逼暮寒。

孤鹜苍茫思斗酒，双鱼迢递劝加多。

平生意气千金重，肯似鸥群泛泛看。

读程醒斋落花诗有感

西楼漫许教琵琶，往事蹉跎感物华。

曾以闲情寄桃叶，却将清梦托梨花。

三声青眼还投缟，一代红颜忆浣纱。

更莫寻常夸遇台，春波流出便胡麻。

远望简郑质甫

风翻大海入秋高，鹤惊寒天向晚号。

自叹此身无羽翼，谁令当世有波涛。

长途尘垢汗颜色，壮岁霜华点鬓毛。

远望何如归去好，不须恋恋解绨袍。

蕉 扇

青罗剪出露光浮，几费红丝系四周。

梦逐春云孤馆晓，愁连夜雨半林秋。

越藤细绕如肠转，楚竹不分似泪流。

为语扇仙①休怅望，赵家迷阵异隋楼②。

注：①扇仙：芭蕉一名扇仙。

②南汉贵珰赵纬节喜芭蕉，馆宇咸种之，时称蕉迷。

春归曲

欲送春归去，垂杨可奈何。

东风沉醉后，不管别离多。

接花词二首

浒泾口有孟姓者，善接花，虽草本亦能为之，妃红俪白，巧夺天工，诗以纪之。

堂前紫荆花，移枝接常棣。

本非同根生，花发如兄弟。

花奴违造化，草木任摩挲。

松柏接桃李，花开将若何？

孔瑶山以寒香小影图寄题成四绝句

烟月朦胧若有人，小窗残梦认前身。

此君自作梅花伴，冷落空山五十春。

湖海频年惜敝貂，重裘谁向画中描。

相看转觉清寒甚，春在梅花雪未消。

山边城郭水边村，留待孤云浅淡痕。

忆与故人沉醉后，嫩寒春晓看梅花。

风尘应悔读南华，谁解深情练且婍。

我欲化松君化竹，雪中青眼看梅花。

庚子赴都途中感赋

松柏霜雪姿，禀性常夭矫。
错节几十年，乃得企云表。
还顾其根本，形容半枯槁。
嗟我失怙时，时方在襁褓。
大母暨寡母，训义以为宝。
唯恐坠家声，修名立不早。
艰难至成人，堂前皆发皓。
而乃作远游，戒装昏及晓。
怀乡畏简书，行役愁亲老。
临岐强为欢，回肠终日搅。
昨买江南鱼，今看淮北草。
寸草恋春晖，双鱼阻长道。
鸟哺有私情，人而不如鸟。

露筋祠二首

烟雾荒凉草泽中，记曾于此泣途穷。
玉当碎处光愈洁，香到消时气更融。
五夜浮云谁掩月，千秋行露独维风。
征人下马频回首，遥见笄山倚碧空。

淮出黄河万古清，祠前流过倍含情。
夕阳古渡莲花发，春雨灵阶蕙草生。
穷有别途终抱憾，惨无完体独成名。
荒村投宿人何往，未必当年果失贞。

过平原

波靡士习尚纵横，叹息平原礼意诚。
折节乃能容蹴者，处囊犹幸得毛生。
丝如可肖三年绣，饮倘相留十日醒。
莫怪行歌时下泪，鲁连独与保危城。

〔清〕高举

坐月口占

箫卷螭炉未烬香，短檠明灭小楼光。
月如伴我三年照，蛙解喧人万口忙。
驽马有缰羁豆栈，流萤无力傍书囊。
凭栏笑绝他乡味，北斗应难挹酒浆。

〔清〕王懋昭

过涂镇庵

野菁秋风叶乱飞，偶过荒寺叩松扉。
斋钟过后僧无事，闲坐山窗补衲衣。

〔清〕高飞翰

白荷二首

亭亭净植几株莲，绚烂终输雅淡先。
恰好素心人晤对，数来晨夕悟真诠。

不雕不琢补真全，抱质原无别样妍。
借问爱莲周茂叔，此花何似玉堂仙。

鸳鸯绣谱从君看

绣出鸳鸯谱，伊谁巧弄针。
从君多看取，把锦细推寻。
转盼惊红掌，窥破五灵心。
五色机中现，双文眼底侵。
遗山传丽句，拮视义良深。

乞借春阴护海棠十二韵

海棠开欲遍，三月正春阴。
为护芬芳色，因存乞借心。
红云凝酒重，锦障依栏深。
似此妍花簇，何堪皎月侵。
会逢台砌玉，笼贮屋镂金。
既愿常呼友，尤期稍布霖。
卷帘看不厌，烧烛照谁禁。
卫或披鸡翼，传还到鹊音。
总须天爱养，奚止雾遮临。
蜀种分于昔，唐妆说至今。
莫令娇邃睡，相对乐同斟。
着意东皇景，嬉游赴上林。

白云初晴

为征诗典雅，云态协其真。
白卷初晴昼，青披乍暖春。
不同苍狗幻，原异绛衣陈。

恍觉天开画，几疑界现银。
玲珑穿皓宇，缥缈隔红尘。
玉叶容如旧，烟环景又新。
赠宜高隐士，图合艳阳晨。
帝里谁云远，相乘拟共臻。

柳眼

细柳垂条舞不停，分明翠眼斗珑玲。
舒当晓日神偏爽，立向东风睡已醒。
坝岸微窥诗有兴，玉楼遥睇画成形。
春来多少游攀客，目送依依到处青。

麦浪

郊原麦气正初盈，万顷吹来浪未平。
细卷讵因春水溢，遥翻还逐午风生。
潮痕隐映蓑痕淡，涨影频浮笠影青。
一片流青斜似织，漪漪无碍老农耕。

听雨

讵料明朝花卖杏，小楼曾听雨绵绵。
润流础角先期见，声到帝须此候传。
孤馆几回惊旅梦，空江一夜送归船。
更乘风势飘来疾，滴沥分明在耳边。

耕雨

夕阳绣陌一声犁，绿笠青蓑雨际迷。
早信催耕鸠自唤，承时播种锸频携。
杏花灌锦流新圃，蒲叶凝云映野畦。
人事关心春省厚，膏流滑滑正融泥。

〔清〕高景山

上巳日见飞絮有感

庭前无树鸟无声，只见风飞絮舞轻。
闲检诗书窗下静，萧然一老不胜情。

怪世笑痴者

莫恃聪明笑憨呆，须知此辈即婴孩。
浑全不识天然性，盛德如愚学不来。

〔清〕陈粹

花山八景诗步石林卓师韵

佛手长舒

望山深处白云中，接引招提锁翠丛。
总是如来法力大，轻轻托出梵王宫。

钓台烟雨

何代持竿山下台，沧桑不见水潆洄。
夜深风雨烟波合，疑有仙翁把钓来。

鲤鱼石浪

自跃山巅不记年，星移物换总依然。
岂难风雨成龙去，留弄云烟接九天。

丘墓清风

涧际桃花落更红，石麟芳草忆东风。
江淮事业今何在，杜宇声声怨不穷。

石壁流云

岩壑天开数仞墙，清风引出白云长。
老僧带月除残草，手拂藤萝石发香。

江天绝眺

摄衣独上最高巅，滚滚长江水接天。
极目不知身欲堕，行行踏破岭头烟。

冷光涵月

一泓清境可通仙，活水源头好引年。
天际银蟾如有约，夜深高照石池园。

牛眠石梦

空山一卧古今分，芳草青青未有群。
无限藤萝牵不转，终朝吞吐北溪云。

〔清〕沙张白

怀李山人介立

回忆沧江老布衣，万松深处掩柴扉。
人间甲子当春换，天上星辰向晓稀。

燕笋满林村酿薄，河豚出水蕨拳肥。
可能寄我相思字，候雁于今正北飞。

〔清〕金寿岩

打蒲歌

东方欲曙霜皑皑，砰訇剥啄喧如雷。
黑甜乍醒惊人耳，云是邻家打蒲起。
参差蒲叶坚且修，隔宵湿水声飕飕。
千槌万槌不歇手，槌来化作绕指柔。
寒风凛凛肌肤裂，蒲痕犹带斑斑血。
方规圆折密复匀，幼儿孤女泪湿咽。
明晨负荷来街头，市头大贾身重裘。
双眸一瞬即抛去，易钱到手无停留。
东市易柴薪，西市籴米谷。
肩柴囊米归作餐，整理青黄忙碌碌。
君不见去年除夕犹舂杵，元旦逍遥能几许？
终年打蒲勤复勤，世人谁知打蒲苦。

〔清〕高方

都门忆故乡

风尘碌碌竟何之，辇下频年寄一枝。
冀北酒酣啼鸟处，江南人病落花时。
生涯肯为浮名误，云树长牵远首思。
为问蔡泾河畔柳，春来新发几条丝。

〔清〕高政

述 怀

屈指今来五十春，砚田书粟惯安身。
也知陋室无佳况，且善茅庐可养神。
业寄箪瓢恒自足，声传金石未知贫。
敢将鄙见追前哲，富贵浮云一野人。
岂爱乘桴入浩流，随波原是任沉浮。
劈开利锁应无系，割断名缰不用愁。
散逸敢期云外鹤，逍遥聊对水中鸥。

纷纷世虑频消遣，卖却车书买钓舟。

水墩庵观荷

山阴地僻水环洼，一刹中洲选佛家。
翠竹青杨周护荫，红衣绿柄密擎花。
凌波绰约香无限，夹岸芬芳色更赊。
缓步堤边遥指望，却疑龙女散流霞。
欲证莲台谒梵宫，雨花刚散小池中。
香连水曲参差碧，日照波心掩映红。
恍若烟霞飞洛浦，悬知脂粉画难工。
揭来相玩休相亵，漫说空门色相空。

红梅二首

谁占阳春第一枝，靓妆脂粉却同施。
东君似爱倾城色，压尽群芳桃李姿。
孤山日暮话清流，引得师雄上酒楼。
绀姿芳香陪笑饮，也应醉倒卧罗浮。

窗前早梅

玉骨冰姿三两枝，冲寒花放早春时。
暗香侵入窗前笔，特为拈来细写诗。

凤仙二首

丹枫初开似血鲜，芳菲红紫绕阶前。
花飞漫向秦楼去，留与佳人染指便。

瑶台开遍小桃红，倚向朱栏待晓风。
隐隐九苞灵凤彩，分明飞欲上梧桐。

口占周济贫馆菊

比处有周子，既文亦是史。
更有隐逸风，飘飘何所依。

题江阴耿氏温清堂诗和韵

（共200首，选19首）

编者按：南宋理宗年间，江阴来春乡耿家村出了两个孝子，哥哥耿耠，弟弟耿角，被时人誉为"耿氏双孝"。他们的孝行受到了宗族乡党的赞扬，先是宗室决定将耿氏宗祠堂号更名为"温清堂"，接着就有文人墨客、朝廷命官，写诗作词，嘉其懿行。其中上官均、满中行所吟《题江阴耿氏温清堂诗》（见本节），最为闻名，一时传为美谈。清康熙二十四年（1685），耿氏第十八世孙鱼臣，晚年续修宗谱，原计划在耿氏宗祠温清堂举行雅集，因当时耿氏家道衰落，无力举办而改为征集，遍求诸名公和章二百余首。时人对此举不禁感慨万分，称其"从未有之盛世也"。现将部分和韵录之。

传统中国社会是奠基于孝道上的社会，孝道乃是中华文明区别于古希腊、罗马文明和印度文明的重大文化现象之一。清重臣曾国藩曾说："读尽天下书，无非一个孝字。"著名学者黎明说："中国人最主要的生活习俗是孝敬父母。"就连西方的学者也对孝在中国传统文化中的地位进行过充分的描述，黑格尔在研究中国文化时曾做过这样的分析："中国纯粹建筑在这样一种道法结合上，国家的特征便是客观的'家庭孝教'，中国人把自己看作是属于他们家庭的，而同时又是国家的儿女。"（《历史哲学·东方世界·中国》）马克斯·韦伯说过中国人"所有人际关系都以'孝'为原则"。几千年来，孝文化为维系家庭和谐、政治社会稳定、经济发展起到了积极的作用。目前，政府提出了构建和谐社会的目标，在实施这一伟大目标时，孝文化必将起到重要的作用。这就是我们为什么要将《题江阴耿氏温清堂》诗和韵选录的原因。同时，我们还辑录了与耿鱼臣同时代的高沙庠生吴世杰的《温清堂诗序》，以及江阴名士李寄的《温清堂歌》，为阅读《澄江耿氏温清堂诗》及其和韵提供一些历史参考资料。

锡山叶孝基　号梅廊　庠生

云台奕叶著清辉，家学相承望岂微。
一室埙篪怡绿野，千秋伦理仰斑衣。
占从大易观生我，心彻南华杜公机。
欲识燠寒无犯处，松庭反哺有鸟飞。

密意深情岂浪施，高堂色养贵时宜。
寒暄一任天公换，温清唯忧子职移。
但使白头欢意足，敢期青史令名垂。
独惭吾行非纯孝，染翰徒赓二子诗。

夏定远　号省慈　庠生

家声奕奕著清辉，玉诏时颁动翠微。
辞禄岂缘逃赤绂，娱亲常自舞斑衣。
烟和草色蜂翻景，春满枝头鸟息机。
尽日不知时几易，卷帘又见落花飞。

云台昔日姓名施，奕世英贤孝友宜。
年矢每从忙里易，幽怀不向静中移。
阶前兰蕙春风蔼，庭畔松筠绿影垂。
欲识高踪无可问，开篇重读宋人诗。

范光晨　号志和　廪生

家世扶风振德辉，焕章苗裔岂嫌微。
春深棣花留新荫，秋老椿萱试䌽衣。
白发依然甘啜菽，青山无恙笑忘机。
堂前温清知何事，反哺慈乌傍月飞。

不受天朝束帛施，幽栖偏与二人宜。
驱寒草阁熏庐对，却暑松窗茗椀移。
坐见羲文编屡绝，行歌𫐐蔚涕双垂。
高风自是贻谋远，千载名流尚赠诗。

高自卑　字尚矣　庠生

世业遗经并光辉，诗传温厚易精微。
赓歌风雅登清庙，俯仰乾坤老布衣。
但愿力田供子职，况偕同气乐天机。
宅家尺一需贤急，屡下堂前不振飞。

纯孝真堪天下施，宜兄宜弟国人宜。
冬温爱日衾裯展，夏清当风枕簟移。
若向当年问门第，已占先世属工垂。
早知宦味只如此，无负联吟知己诗。

沙一卿　号介臣　太学生

原上双禽款款飞，中庭花萼斗芳菲。
金炉暖气生蓉帐，扇枕凉风透葛衣。
却聘几回辞币帛，吟诗相对垂珠玑。
青箱旧业贤孙继，谁道云礽已式微。

浔暑祁寒雨不知，自来娱老赖佳儿。
堂因教孝名温清，家有传书是礼诗。
并峙两峰临帝阙，双悬列宿照天地。
千秋邑乘贻徽远，念祖分明自得诗。

夏元恩　号承候　贡士　候选主政

扶风家世远垂辉，卜筑江村接翠微。
小摘葵蔬供夕膳，新裁荷叶制秋衣。
吟诗池畔堪娱老，读易林间愿息机。
日落寒郊枫树晚，悠然想见雁双飞。

万石高风德并施，弟昆温清两相宜。
竹间反哺乌声切，树底联翩蝶影移。
二仲才名青史著，千秋孝友白华垂。
恍如堂构依然在，常咏先贤旧日诗。

陆天翰　号静庵　岁贡　候选知县

鲍庄历历聚星辉，秀色苍苍映翠微。
宗代春秋存古传，汉朝青紫至今衣。

花间酒壮筹时略，松下琴深济世机。
试看渊源食报远，君山早见凤凰飞。

有愿识荆尚未施，而今把臂两相宜。
风披每送兰香至，月照常随鹤影移。
百世文章供我读，千秋人物赖君垂。
遥知家史推班笔，难载崔生枫冷诗。

临安　骆钜麟　孝廉　常州知府

翠壁流霞绘远辉，避尘深处午风微。
承欢凭自看慈竹，养志何须列锦衣。
笑对荆花羞捧檄，闲乘兰棹弄支机。
文章世继簪缨旧，反哺无惭乌夜飞。

注：原韵尚缺一首。

浙江　洪图光　号晖吉　进士

云台姓氏久增辉，家史扶风道不微。
江上卜居担古籍，花间酿酒试斑衣。
读书早纵麒麟阁，把钓尝参鸥鸟机。
遥望先贤题赠处，何时不见五云飞。

锡类家风多好施，自知省觐合时宜。
天厨梅鼎羹犹在，官署花砖日未移。
自古忠从孝子出，何人亲与史书垂。
鲤庭世世文章大，应补陔华未补诗。

毗陵　吴光　号野翁　庠生

遥遥华胄久生辉，论定千秋为阐微。
好剂冬温调夏清，不将莱服易朝衣。
一堂乐事辱真赏，三径清风问化机。
诗易传家看淑世，焕章凤诏再衔飞。

扶风门内政由施，聚顺庭闱菽水宜。
冬孝敦伦思不匮，辞征著节性难移。
图书满架天心见，槐柳成阴德庇垂。
五百年来孙继祖，著贤遗韵又赓诗。

附一：

《温清堂诗》序
吴世杰

予年十五，赴试江阴，见其乡里多祀张、许二公者。二公守睢阳，与江阴无涉，此中人何响慕若此耶？

谒先师庙石坊，二插霄立，缕金画碧，乃里人为缪文贞、李忠毅所建。二公当逆党肆虐时，以百折不回之气，摧撄其锋，致命遂志，浩然无恨。余再拜其下不忍去。又闻鼎革时戚、黄诸君子死义不屈，因念江阴一隅地，节烈之风独盛于数十年间，非山川奇兀秀杰之气所钟，必其邑之贤人君子束身砥行、修明忠孝，有以浸淫渐渍感兴于数百年之久，故一时之人心翻然奋起，卓卓能有所就若此。

予时年少，欲访求其遗事不可得。乙丑（即1685年——编者注）夏，遇耿子于京师，出其温清堂诗一编，命予为之序。温清堂为耿子十四世祖角暨其伯氏轸养亲地。两公当宋理宗时隐居教授，讲明忠孝大节，特征不起，以养亲辞。一时名臣上官均、满中行称其孝，各赋诗一章贻之。均、中行立朝正直，上疏讥切时弊，不避权贵，人其所推许若是，即二公可知矣。独是二公，当理宗时，尊崇正学，天下翕然。望治平则义无妨于仕，然其时君子小人杂进朝端，二公以为吾出而仕，必危身犯难，以贻吾亲之忧，而天下又不可以猝治，故宁穷老岩穴，朝夕奉养，以终吾亲之天年，而不敢以其身许人。昔林和靖母曰："吾愿子以善养，不愿子以禄养。"二公殆真以善养者。此由宋迄今，历数百年之久，其流风遗泽犹渐渍感动于人心，而讽咏之无已也。耿子以戊午副车授县尹，行出而仕矣。自伤二亲不得养，而以乃亲《温清堂诗》日夕讽诵，必有戚然于中者。然忠孝一理，因时自尽。使二公立身朝廷，其高风劲节，浩然不屈，必能为文贞、忠毅诸公之所为，则耿子之所以善绳祖武而不愧其乡先达之风者，当自有在。时与耿子同舟南返，因为之序而归。

附二：

温清堂歌有序
李 寄

天下懿德美行不得名公巨卿，虽孝如曾、闵，清如夷、齐，往往淹没不传。后世有贤子孙即欲表彰先德，其道无由。太史公云："非附青云之士，乌能声施后世？"盖以此哉。耿氏为吾邑大族，世居茶岐之阴，鱼臣十三世祖以孝著，辞征聘而奉事二亲，当时上官均、满中行作诗称美之，颜其堂曰"温清"。数百年以来，堂化为凄风，鞠为茂草，独其诗存耳。诗存则堂存，堂存则孝子存。今取其诗读之，堂构若新，斑衣如戏，不俨然亲炙其仪型也哉？鱼臣聿追心厥祖，重登琬琰，世之重禄轻亲绝裾不顾者，读二公之诗，不知如何其汗下矣。《诗》曰："永言孝思，孝思维则。"鱼臣是举不独表彰先德，兼有以讽励末俗也。予既珍鱼臣之意，重洁兄之命，洁主夏兄持温清堂原韵示余，且云索和。不辞潦草，因有歌：

秦望山形如游龙，矫尾厉角摩苍穹。突然中起茶岐峰，下有竹苞松茂幽人宫。隐居事亲，汝南黄宪、彭城姜肱。先世来自秦扶风，勋名炳赫汉西东。宋之南渡绍兴中，待制名与征西同。大志欲继燕然功，两传得尔孝子仲。尤丰嬉戏亲侧孺子容，菽水不美禄万钟。特征不起抱道终，高风飒飒惊王公。世人重禄心憧憧，侈言移孝以作忠。高车驷马意气雄，谁念高堂白发膝下空。潇潇打窗黄叶风，倚闾掬泪数归鸿。二诗琅琅声金镛，翻然一击开群聋。谁非人子无心胸，孝与天地俱无穷。

〔民国〕居林才

江阴沦陷后，不久余家即被倭兵烧毁。仇恨无报，如倭寇不灭，失地一日不复，此心终无畅快之时。愤而吟诗三首，录之以志哀思。许身报国，投笔奋起，勿作寒蝉悲鸣，徒叹毋负也。

一

国破家散心亦碎，满目山河纷纷坠。
偷生只为许报国，儿孙不忘倭奴贼。

二

倭兵逼我太凶狠，掳掠烧杀复奸淫。
灭绝公理丧人道，不灭此类天地憎。

三

强敌夺我好山河，逼我良民做贼奴。
死者凄惨生者辱，此仇不报大汉休。

四

百里村墟尽成灰，人畜尸横鸟不飞。
天地惨淡无天色，四顾茫茫泪双垂。

邵振良

七律·南闸谢氏马蹄酥

咸丰肇始起江南，质味遥遥胜昔前。
四世传薪经霜雪，一酥成业乐甘甜。
嘉名早已蜚苏沪，遗产方今列录编。
有幸马蹄春得意，长风万里再加鞭。

2017年5月12日，江阴市文联领导组织艺指委老同志20多人开展采风活动。是日也，上半日微风飘雨，午后艳阳高照。上午先游南闸狮山湖，艺友相聚，谈笑互候；徜徉山水，勘古怀旧，亦快事也！试制《鹧鸪天》二阕以纪之。

鹧鸪天·游南闸狮山湖

秀水奇山隙地幽，华堂筑在水中洲。
山风驼荡拂春柳，水色清澄映玉楼。
鱼唼喋，鸟啁啾，翩翩蝴蝶舞红榴。
绿茵遍地芳华盛，香径蜿蜒着意游。

陆金林

咏南闸入选"江阴百景"之四景

2014年初，市文广新局、园林旅游局等单位发起"江阴百景"评选活动，南闸有四个景点入选，喜而咏之，以示庆贺。

秦望晓烟

晨阳未露暗穹天，曙色朦胧渐亮鲜。
村寨苍茫河汉处，山峰缥缈雾云间。
新妆禅阁藏姿影，彩染霞光耀陌巅。
偶有清风寻梦去，松涛树海伴轻烟。

狮山映象

春日寻访秦麓前，层峦叠翠隐松烟。
天清气朗风云淡，柳绿桃红燕雀翩。
堤岸花坛宾驻足，堂楼水树客欢筵。
临湖浏览心扉畅，胜赴蓬莱觅诸仙。

九莲禅寺

东南名刹影瞳瞳，傍水依山气势雄。
形若九莲藏福地，声弥十方显禅功。
春临宝殿烟云绕，秋染浮屠钟鼓隆。
自古传闻情脉脉，丹心厚德万年崇。

鹧鸪天·鱼水灰罗圩

浩瀚鸿池水泊庄，古今撒网捕无疆。
轻舟日暮下河去，鲜货黎明上市忙。
奔正道，改沧桑，酸甜苦辣业辉煌。
呼朋寻访牌楼侧，满眼春潮映苑昌。

胡龙英

临江仙·丁果湖山水湿地公园黄昏漫步

暮春蔷薇忙吐艳，怀春绿柳芊芊。
穿林飞鸟影翩翩，莺声鹊语，阆处踏歌欢。
临水浅堤烟翠绕，霞辉鱼跃波涟。
人穿花径赏嫣然，云霞天阔，日日醉湖边。

第三节　文　选

政和河港堰闸记

〔北宋〕蒋　静

惟江阴地广民稠，为毗陵五邑之冠。壤四高中下，而旱干水溢比旁县为鲜，尝窃怪之。已而披按地图，大江横其北，太湖处其东南；而挹北江之潮汐，酾具区之泛滥。为河港以十数，港之中又有港焉。派而为沟洫，众而为亩，遂若身之血脉，失其节宣，则病或乘之。此天禧之崔屯田立，嘉祐之杨都官士彦所以汲汲于横河、市墩、令节、蔡港，以为下军政治之先。而书诸国史，形于褒诏，记之杨蟠之文，民到于今称焉。

盖导江水而南，被其最巨者由黄田港闸。距五卸堰为漕渠，漕渠之东有河曰市墩，又其东曰新河。新河受令节港之水，市墩承蔡港之下流，皆北引大江，南匿代洪港，而震泽之余波暨焉。犹或治而不周，崔乃西起漕渠，中绝蔡港，而东至令节，凿河以贯之，于是从衡络绎，与百渎相为经纬。而田之洼者仰，旱者泽，瘠者腴，而介于江湖之间，暨阳尤为沃野。此士彦所以一理前人之迹而百姓重飨其利也。

由杨距今五十余年，横河故道堙没略辨，市墩、新河、代洪港悉又反壤，而具区之水由无锡而入者，既不得泄，北江之潮由令节、蔡港、黄田闸而注者，又遏而不逝，于是白鹿、化成等十乡之田频苦旱涝。而比岁六年之间，秋赋之捐者五，朝廷信赏必罚，于民功尤重以承流宣化之官，然或苟且岁月，虽欲献议，而部使者沮不得为，而生财之道、裕民之术所以不能仰副朝廷寄委之意者，郡邑外台之罪也。

政和甲午，县丞楚通仕执柔患之，乃行视水道，谓利害之当兴者，莫先崔侯之所凿与杨守之所尝尽力者。然当创闸马师、唐市二桥之旁，而仍堰邑东门之外，以南泄震泽、北节大江，视二水之盈虚而为之启闭，则善无以加。经画既定，乃度地计工，图其状以陈。而郡侯部使者遣官覆视久之，阅岁复涝，乃始得请。遂因农隙且缺食者，取资于官，时贷以常平钱谷，得夫一万四千七百六十七。延袤深广，计夫授步；二河一港，同日皆作。丞躬至其所，察其偷惰，激赏劝工者。而食利之家争出私钱以佐闸费。于是市墩、新河、代洪港环亘七十里，所流逶迤，两闸宏壮。其溉民田以顷而数四千六十。

作始乙未冬十一月辛巳，而毕工十二月庚戌。卜以明年三月己巳将浚横河，会知县事王承奉有来，遂相与戮力。自邑之回塘堰出建寅门，东至石牌港，凡二十三里，皆令之所董；由石牌以达令节凡二十六里，则丞之所部，合四十九里，之所溉，又为田二千三百一十三顷。不逾月工就，而东门之堰亦完。总三河一港而计之，田之沾其泽者凡六千五百七十三顷有畸。而昔之负载于道路，今操筏而运之，一夫可以敌百折。商贩之趋关市径，且免于江涛，而县征滋以致远。故虽积工亡虑四十万，而民亦不以多辞；散缗料亡虑二万二千三百，而官不以费啬。乃知令丞此举不为无补于公私，与夫职为民官而恬不以民为念者，不可同日而语矣。

始丞之议是役，或谓岁方歉，民未可以轻扰，而丞以岁歉之患政，由水利之不修，苟佚道使民，其将劳而不怨。至是邑人果以令丞功利之实，相与砻石以待书。余谓十目所视，不待记而可知。而崔、杨伟绩，不芜没而无考，则或在于是。乃濡笔而识之，俾镵石以示远云。

嘉靖《江阴县志》卷九《河防记第七》

重建黄田闸记

〔北宋〕蒋 静

暨阳城北一里许，有港曰黄田，世传以为楚黄歇开以溉田，而后人以是名之者也。北引大江横贯城中，南出于郭，逶迤曼衍，截蔡泾，过舍镇，至五泻堰，凡七十五里。而距二浙之漕渠，其播为支派，若瓜蔓蚿足，东暨无锡，西交晋陵，缭绕从衡，又不知其几里。而溉田顷以万计，皆资潮汐为膏腴，苟莫制其盈虚，则乍满乍除，虽有机械，不能运之于无所渟滀。故昔人即港口置上闸，启北江之潮。又即蔡泾为下闸，以节制旁浦之水。于是，雨不时至，无涸绝焦枯之忧；霖淫弗节，无羡溢漂垫之患。而昔之茭牧其中，或终古泻卤者，皆稻粱沃野。而富商大贾，长筏巨船，夷玼海错、鱼盐果布之属，辐辏于城中。故居民富饶，井邑繁盛，台门雉堞与列郡等。而今之县令，盖尝守以二千石矣。其流咏诗人，见于荆国王文公与朱明之昌叔赓唱，颇以春申沟港为可疏，而大夸珠犀鱼蟹之富。乃知黄田港为要津，而闸之创置则岁久失传，不可考而知已。……比年以来，港浸反壤，而闸亦破毁漏卮。故旱干水溢，农人疲于畎亩，商旅困于舟航，而粟帛之奉朝廷、租赋之输州县者，往往终日不行。寻常郡县之吏，多苟且岁月，无实为民之心，而监司复靳一时疏导缮完之费，而不知财赋之所由出。故虽功利炳乎目前，犹持议数年不决，可为长太息也。……

大观戊子徐侯申来守毗陵，会令尹徐君充、邑丞于君溥、主簿徐君震、县尉韩君立之踵至。访知县民之瘼无大港闸者，而水利实丞之职，丞乃详究筹画之。虽已取成于心，而有俟时者。会岁事稍登，人乐自效，得钱三百万，以市材，命工遂以庚寅季冬下上闸之良址，于旧基之址百步外为之，而成于明年政和改元之正月。人人知暂劳之为永逸，皆乐事而劝功。增卑而倍，薄其版，筑刚实，规制宏壮。反观旧址，若坐魏阜视培塿焉。乃作亭乎其左，以谨司开关之节；立庙乎其右，以妥安神祇之灵，且使出没于惊澜怒涛之间而望吾闸而济焉者，得亭而少休，而收去干之魂，得庙以恭谒而申更生之祷也。三者备矣。乃更浚上下流之积沙，去支港之游土，复以余材作新下闸。昔人之所经营，于是乎尽。而阖境之民可支数十年食鱼与稻，亡凶岁忧，漕输者亦省卒而功倍矣。

郡侯趣之，为大书其榜，且酌酒劳丞而谓之曰："利源之出管乎是矣，不可使邻弗获其施也。"俾复西导申、利二港，注之晋陵、武进，而两邑之人因相与戮力接疏下流，以达州城之北，使灌浸周于郡境。而风樯万里顺流而纵者，朝江海而夕毗陵也。于是，商贾歌于川途，居民贺于里巷，而耕夫耘叟欢欣鼓舞。愿置刻于康衢，属予以记。予喟然曰："……且欲后之为政者知港闸之惠如此，毋荒忽前人之功，而为行道之所笑，是亦古人所以不用财贿而广施德于无穷也。"

绍定《常州府志》卷十八

开禧重建蔡泾闸记

〔南宋〕戴 溪

暨阳北通大江，其支港与河接者多置水门提阃，视潮汐赢缩，节宣其出入，为旱潦不时之备。今黄田、蔡泾二港皆有之。黄田之水自澄江门外贯于城中，出朝宗门十有五里而近，与蔡泾合，逶迤七十余里，至五泻堰以达于漕渠。然黄田为港狭隘，巨舰艰入，蔡泾水道宽广，荆蜀之舟自江入河者率繇此而进。故蔡泾视黄田抑又有纲运之利焉。二者莫知始置年月，计其所从来久矣。中间极坏而复修者，亦莫知其几也。乾道丙戌有旨，漕臣姜诜按行水利，始与守徐葳修废于蔡泾，去旧益东徙，斥而大之，易木为石。距今四十余年，隄岸鳞隙，波流潄啮，土竭石虚，参差欲脱。已而基下之石横裂中断，至复不可启用，潮汐往来荡无限制，沿江民田始告病矣。开禧丙寅叶延年守郡，士以是为请。

是时疆场之事，暨阳为防守要地，叶侯为大理寺簿推择为守，方讲画防江之策，未暇及也。间遣僚属，询究利害，备得其实，徐且置之。会督视行府，调军食有严，值岁涸，漕舟不通，遣官相视，欲浚五泻河，抵于蔡泾，俾漕循以至京。叶侯言于行府曰："浚河易尔，蔡泾不即治，尽泄五泻堰水，虽浚无益也。厥今基址，去河迫近下流，冲激易坏。自是而西一里有半，地名黄泥，水势较缓，土色坚致，非旧基沙土比，倘即此地改作便。"行府以其事闻于朝，诏从之。官给钱六百万、米三百石，其不足者，漕与郡均备之。至是防江之策亦既有端绪。乃鸠工于丁卯十月丁末，度材评价，市之旁郡，计佣界直，不以扰民。越明年四月庚子讫事，计用工余三万四千，用钱以缗计者万四千三百有奇，米以石计者七百有奇。自官给外，郡为通融，不敢以累漕。计其深广之数，视旧加多，两翼增长者三之一，凡费悉减于旧。视其役者，知县何处博，护戍何拱、邱焕。叶侯以书来告成，求记颠末。溪曩者假守兹土，因陋就简，不能兴起事功，亦尝从事于是役矣。随弊补治，仅求目前，意欲有所改作，俛首愧缩不能也，去郡属耳。叶侯能一新之，土坚材良，利可永久，顾不谓有功于治郡？与事无难易，苟有是心者，无不可为，患在无其材尔。因侯有请，乐为之书，非特以侈侯功，且以遂吾欲为之意。虽自愧也，其为吾暨阳之民喜之而又喜也。是年改元嘉定七月望日，朝请郎、权尚书兵部侍郎兼同修国史实录院同修撰兼太子右庶子戴溪记。朝奉大夫、四川宣谕使司参议官吴笭书。承议郎、权发遣江阴军事叶延年立石。

绍定《常州府志》卷十八

螺池记

〔南宋〕丘 崇

芦岐山之麓，有池一泓，水泠然澈底以清，经冬不涸，中生螺皆无尾。池北有亭，额曰化螺。其西为佛院，询之其僧，曰："昔唐鸟窠禅师见人家食螺，已截尾，乞放是池，今其留迹。"而院则天圣初敕建也。制颇宏敞，其殿闳虽旧，极清静。院旁环山皆植松柏，可千章，云影遍地，涛声布空，诚山僻一佳处也。余因考鸟窠禅师，白文公尝与之游。而世但传其栖松驯鹊及吹毛布授法二事，而是迹独未之及。夫屠家自晋梁以后，侈言灵幻，若塔放五色光、池开千莲叶、天雨舍利、杖化鸩龟听讲之类，大抵皆出自其徒之傅会。而是池之迹，显然有象可求者，乃反遗之，此不可知也。余雅不喜闻浮屠灵幻之说，而独怪池之实而见遗也。因为之记。

《无锡乡土语文读本·江阴篇》

乾道治水记

〔南宋〕章 治

上即位之六年，岁在丙戌，诏遣转运副使姜公诜按视浙西四郡水利，与守臣条具以闻。遂以八月次于江阴，知军事徐公葳相与研究利病，延见父老，审订其说，曰：江阴北临大江，地势洿下；潮汐往来，浮沙停淖；港渎善淤，夏秋淫雨，浙西数郡百川并委，濒港七乡，并湖三山低印之田混为一区。寻丈而增，肤寸而落。十年之间，没溺者一百六十七万余亩，岁蠲秋苗以一二万计，公私病焉。故申港、利港皆宜治。蔡泾之闸西通夏港，大江之潮由之以上下，东连漕渠，五泻之水因之以盈缩，摧废既久，亦宜治。乃并衔上奏。有旨以丁亥岁兴申港二役，己丑岁浚利港，辍为御之资以充经费。

越孟春正日，鸠徒偫工，两役并举。轺车隼旟，联辔于迈，抚勉存问，众说忘劳。迨仲春二十三日讫工。起三河口以西，折抵江地，与毗陵犬牙相错分治，其在吾境者二十九里，深九尺，广六丈。下流之广几倍焉。用工三十六万有奇。

闸之故基距河差远，两翼迫蹙，波流悍急，易以颓坏，乃移基，并东直抵漕渠，斥而大之，易木以石，屹然对峙。长各十有三丈四尺，高一丈八尺；洪之阔二丈三尺。岸之西北汇为过蠡，分杀水怒。土木铁石之工万有九百；费钱以缗计者，三万二千三百有奇；米以石计者，一万一千四百有奇。而二利兴焉，出陂泽为平畴，变沮洳为膏壤。七乡岁入增十余万石，毗陵诸邑固当倍蓰。凡浙西之田阴获利者，又不知其几千万顷也。

盖自嘉祐六年朝廷遣都水监簿相视河渠，郡守都官郎中杨士彦建议开导擦柱等六河，下及申、利二港。厥后水利不讲，且逾百祀，而蔡泾闸坏已二十年矣。至是工役荐兴，徐公曰："动大众，建大利。幸圣君矜吾民，财用许出于官。而郡止一邑，调度不支，且奈何重费大农乎？"

再岁，于此摘奸欺，汰浮冗，铢积寸累，凡得缗钱一十万，非以备之，绝将焉用？建闸浚港，既以是充。且谓利港在毗陵之利多，宜以属之。而江阴所宜增浚漕渠，下通黄田，以防汛滥、绝壅滞。预请于朝，储所赢钱六万八千六百缗，命郡从事王淙掌之，以备他日工役之费。报可。闻者太息，咸谓上不耗国用，下不敛民财，是举也，善之善矣。姑叙颠末，俾来者有考云。

嘉靖《江阴县志》卷九《河防记第七》

故高升之室张氏墓砖

〔元〕高升之

吾妇姓张氏，讳贞娘，邑人张伯成子也。生于至元丙子，适予于至正丙申之冬，时年二十一。明年丁酉春，遭兵乱，相失于道。越三年，庚子之三月三日，垢面髡发，行丐而归。会吾出，不能为家众所容，家奴牵臂而出之。无以自达，乃号恸而去，溺死于北城之隍中。

呜呼！尔之死，固以白此心于我也。恨无力不能求文人为汝传，又不能勒铭金石以昭墓道，奈何？故书诸砖，附遗骸而埋之。

呜呼！是年之三月十一日，良人高升之志。

嘉靖《江阴县志》卷二十一《遗文第十五》

游江阴三山记

〔元〕朱德润

余尝游名山，未尝不稿记其胜。江阴去吴百八十里，不闻佳山秀水之名。至正丁亥冬，十一月既望，因永嘉通守余公德汇，约为京口之行。

余公递舟行速，仆舟迟不能追也，遂自无锡之北门数里大石桥入。过水村鱼浦，野田荒墅，草木枯谢。舟行六十余里，至青阳镇，始见酒帘村市，客舟骈集。又十里，至佗村，岸高丈余，河流弯曲，若蛇蜿之势。始抵江阴州治，晚谒翟仲直州尹，夜宿杜桥岸下。

明日西回，登览高丘，则东瞰长江，南连吴会，复自湾河过佗村而北，皆美田沃壤，斥堠相望，迤逦青山迎棹，樵歌牧唱，相与应答，舟人回牵，沿山前小河而行。村墟相接，岸柳交映。两山之间，浦溆萦带，北通江口，地名石堰。既而舟转岸曲，板桥为梁，即三山坞。其间民居辏集，屋瓦参差，稻秸堆委，连衢比巷，如墉如栉；风俗熙熙，翁呼儿荛，妇饷姑汲；牛羊在山，犬豕在圈，鸟噪于林，鸡登于屋，蔼然太平丰稔之象，若古朱陈村焉。其山皆不甚高峻，而槲篁苍翠，石磴丹垩。或颇然如屋，或顽然如虎，洼然面湫，林然而壁。少焉，却出山坞，有横山在前，野田开豁，水港渐宽，询其地，则常之晋陵县界。于是舟人鼓棹，稚子扣舷，风帆二十里，抵官塘漆市桥而泊焉。

嗟夫！一元之气，融结于亘古，归气于山泽，而有孕灵育秀。僻在荒陬，不经名贤游览，遂寂寥无闻，江阴诸山是矣。余不识温之雁荡，若吴之灵岩，常之惠山，殆不过是，惜不得与德汇辈同为寻幽诗胜之辞而品题之；且舟中傲侃，览之未详，姑书以识岁月。

《千古传世美文》

澄江懒渔说
〔明〕高　启

暨阳之江有隐君子，常渔其上。朝不缗，夕不罭，泛景逐波，漫漫以嬉。人见其不事其业，因命曰"懒渔"。

众渔每得鱼而返，集于浦潊之间，炊鲜漉清，饮唱为乐，视彼独枵然，则相与笑之，且让之曰："夫农不勤则饥，商不勤则匮，百工不勤则无以成其器。今我皆自力，尔独于逸；我皆率常，尔独用荒。不劳尔躬，不勋尔志，则何以厚尔利乎？"

懒渔曰："吾终日渔，而子以为未尝渔，惑哉！《诗》《书》，吾渔之具也；群圣人之学，吾渔之地也；义理之潜，道德之腴，吾渔之所得也。吾渔视子亦大矣，何名为懒乎？"众渔惭而退。

高子闻之，曰："此善渔也！世之习常务得，而不知大人之事者，其众渔之徒哉！"

嘉靖《江阴县志》卷二十一《遗文第十五》

弘治《江阴县志》序
〔明〕高　宾

《江阴县志》一十四卷，总若干万言，故监察御史兰溪黄公傅令是邑时所作也。宏纲巨领，罗络无遗，细目苛条，搜剔罔漏，可谓尽心焉尔矣。去今二十六年，历三四贤令佐，未有能板之者。乃今大令古磁王侯泮视篆之始首谋，及之而适奉明旨遍征于天下郡邑，侯若有先知焉者，亦此志之奇遇也。刻既成，侯乃以叙命宾，宾何言哉！

夫郡邑之必有志也，所以物土方、存故实，观治忽、寓警勉也。何以言之？昔者先王疆里宇内，大邦小邑棋布星罗，知夫风以方殊、俗以习异，不能相一也。于是设官分职，俾均其政于天下，使夫风之浇者于是而同其淳，俗之陋者于是而同其雅。然职有修否，政有疏密，而功化之效，亦因之有浅深矣。故必志以志之，以备一方之故实，使后之君子于是而有考焉，则夫警勉之意亦行乎其间矣。

江阴以宇宙弹丸之地，远自商周之际，已为泰伯至德之乡，又数百年而为季子逊耕之国。自是以来，虽经历代判合无常，而土物人文日进嘉美，故前人谓人秀而文，良有以也。迨我皇明启运，奄有万方，太祖高皇帝定鼎金陵，而江阴实维南服近郊，首被皇仁之地。况承列圣熙洽之化百五十余年于此，是以土俗人风益跻淳美。人皆以奋争为耻，忍让为贤，虽或其间不能无少低昂，亦以时政有激，失其常性焉尔。盖尝因志求之君子之宦游于此若干人矣，而我士庶或则神明之，父母之，在而戴之，去而思之，追以饯之，碑以颂之，及其殁也，俎豆而尸祝之者有焉。或则仇敌以疾之，鸱枭以恶之，令而抗之，呼而逃之，群而噪之，聚而讼之，及其行也，扼吭而哇之者有焉。夫由前言之孝弟之道也，由后言之乱贼之风也，是岂斯土斯人之性，朝陵暮谷，迁变无常，为醉为狂，是非无准如此哉！其必有取之矣。且极敝大坏未有甚于今数年者，而我王侯之来，曾未数月，人已欣欣动色相贺，孝弟之心油然而生矣，岂又一江阴也邪？孔子曰："上好礼，则民莫敢不敬；上好义，则民莫敢不服；上好信，则民莫敢不动情。"又曰："苟子之不欲，虽赏之不窃。"则夫风俗美恶，断系一人。而国家所以法古建官、授事责成之意亦断乎其可识矣。惟昔黄公之来，适承其敝而深有慨焉。是以洗垢吹毛，尽发其隐，严辞正色，直抵其罪。盖惟其忧之也深，故其言之也切，其爱之也笃，故其诲之也详甚，知其非得已也。

志自宋绍定后无续之者，国初贺丞子徽尝一续之，而失之浅；天顺中邑人颜瑄氏又尝一续，而失之驳，且复半为袭美于人。于是黄始大刊其旧而极其辩焉。或曰：黄则辩矣，然攻或过激，求或过深，颂或过誉，取或过隘，亦尽予之乎？宾曰："虽然，亦有说焉。孔子作《春秋》，以寓王法而曰'吾志在春秋'。江阴之志，固亦黄公之寓志尔，岂独为江阴发哉！读者不可不知。"是为序。

光绪《江阴县志》卷首《旧序》

修奎文阁记

〔明〕高 宾

阁何为而有也？圣人之六经、昭代之典章在焉，示不敢亵也。曰奎文者何？言其道之宣著，若奎宿然辉亘于天，人所共仰也。始江阴未有阁，学制未称，识者叹为阙典。正德戊辰，安福刘侯绂始构之，越若干年而阁就以圮。岁庚辰，上党王侯泮至，乃大饰治之。功既成，学谕耿君光与其僚洎若诸士问记于宾，宾将何以为复也？虽然，盖尝闻之矣，夫经者，圣人载道之书也。道，何物也？天所赋于己，以为仁义礼智信之性，发之于用而为喜怒哀乐之情，施之人伦而为父子君臣夫妇长幼朋友之亲义序别信，散之日用而为用舍行藏、辞受取予之宜。用之身而修，用之家而齐，用之国而治，用之天下而平焉者也。是道也，本于天，均于人，备于圣人。圣人之道，存之为德行，用之为礼乐刑政，著之而为经，以垂教于天下后世。故经之所在，道之所在，圣人之所在，天之所在也，而可不知所尊乎？知尊之而徒以占毕为勤，无益于身心，无裨于治理，则于子思之谓"尊德性、道问学"，董子之谓"尊所闻、行所知"其旨异矣。此宜诸士之自考也。阁之制，凡三十楹，高三十六尺有奇，广七十二尺，深四十三尺。户牖洞达，梯衡截然。登而望之，云汉昭回，城外内之胜概尽在俯视矣。阁之后，累土为峰，杂树松、柏，交荫其上，命曰"三台"。助阁之势尊，甚兴学者望道之心，愿治之志跃然矣，率作表彰，刘侯、王侯之力也。愿出私钱，并力成事者，义民黄金与其季父澜也。例得附书。

嘉靖《江阴县志》卷七《学校记第五》

重修蔡泾闸记

〔明〕汤 沐

赐进士出身、前通议大夫、大理卿、侍经筵充读卷官、邑人汤沐撰文，国子生汤世贤书并篆额。

邑南十里许，故有蔡泾闸，考之志籍，咸云莫知创始岁代。宋开禧丙寅曾一重建，元因之。国朝洪武初设官，正统中复新之，则其间以后亟坏而亟修者，又莫知其几也。邑境滨大江，置闸仅二，北则黄田，南则此尔，上下若相对峙者。江之潮汐出入，北由黄田，横贯城堙，迤逦南经于九里而乱于蔡泾；南由夏港抵蔡泾，一则顺经舍镇而过于青阳，一则逆溯九里而与黄田之派合。盖江之支流而切要于邑治者，非若申、蔡、雷、利诸港，地稍远而势颇徐，则有闸固宜然哉。有则视潮汐之盈缩，宣节其出入，不特为四境农耕旱潦之备，而且为吴、浙官漕商贩之济。矧萑寇倭夷乘时窃发，所以为江防者，又未尝不藉是也。第二港南北交流于九里河之次，登接灌逗，沙渣易淤，每以为患。意前人启闭，当有其制奸者，恶防而废阁，今亦无所考而知之尔。嘉靖岁戊子，蔡泾闸岁久寖崩，公私告病。前令张公集具牒于当道，可其役，材力方具，顺冬肇工，未几而征命至矣。明年二月，我侯刘公来，适农作东兴之始□，吏□□之□且江邑□作役人如营远近□□。公乃视为急务，勤相达视，□勾调度，不遑暇豫。既两月，工遂告成。凡官民之借润者，罔不蒙福，而江警亦报息，民特用大悦。总其役，石以块计，仆而起者若干，□而益者若干。木以株计，筑而实入者若干，浮而□者若干。灰计若干，石□计若干，斤两□延袤为丈若干，高下为仞若干，虽曰仍旧而规制复新，斯亦不可不谓之重矣。然民力逾千，而子来□金逾百，而事集非侯佚道之使、□德之制，能致若是耶？抑侯莅政，方期民庸日著，近如筑城浚河、察田省赋，以次枚举，则凡保障之力、湛渥之惠，不直区区一闸而已。贰尹魏君希哲、金君魁、毛君辉、周君大昌，赞幕倪君鹏辈，义均责任，心协寅恭，恐滋久而磨灭也，嘱笔记石，且为先倡。予既诠次如右，且复为之说。曰：二闸之水，尝闻之故老之议，典守当戒期，启闭当限日，则潮汐往来自为一派，而不致若今之淳淤。岂予所谓前人有制者，非□祯□具存，谋而采之，时而宜之，使民见其利而不见其害，正切有□于今日保□□□□□□之石。刘侯嘉靖癸未进士，初补舒城，以贤更华亭。高祖永清，永乐甲申进士，由□□位方伯。祖熙劭，天顺甲申进士，位□□□□。又知侯之为政，风流匪直在□而承家节操，固尚不泯也。勋业所就来□□可量耶，用并书之以俟。若夫勒工□□之姓名，例亦得列于碑阴云。嘉靖庚寅秋七月吉日立。

抄录于南闸所存明代重修蔡泾闸石碑碑文

河渠议

〔明〕姚文灏

旧见《毗陵志》，叙沿江诸港皆自外而内，自下而上，倒置源流。私怪近世作志者不识水道，比于汩陈，不意江阴旧志亦然。

夫三吴水道皆西出于山，中潴于泽，东北注于江海，源流甚明，何乃类云自大江而入，南经某处某处耶？似以诸港皆出于江而流入于漕渠，若荆州沱潜出于江汉之类，悖甚矣！此必前代初作志者见诸港腹里、上源千支万派，交流错注，难为本始，而其入江之处却有头绪，易于识别，遂据彼叙起，不顾其以尾为首。而后来续志者承讹踵谬，莫觉其非也。

然观其初，似亦知诸港之不可以江为源，故于黄田港、夏港犹云"北引江潮而入"，若曰"自江而入者，潮耳，非流水也"。至于石头、蔡港而下遂忘其初意，略去"潮"字，而直云"自大江入矣"，可乎哉？由仆之说，记黄田者当云"东引长河，西至九里河口，折而北，贯城中出黄田闸，北入江"。旧志乃云"北引江潮，贯城南出，折而西，截蔡泾与夏港合流，以达于漕渠"。记夏港者当云"南引五泻堰，过青阳，北至山塘河口，折而东，过舍镇，出蔡泾闸，北入江"。旧志乃云"北引江潮，南出蔡泾，折而西，过舍镇，截山塘，又折而南，历青阳至五泻堰，以达于无锡"。且夏港自西南来，出蔡泾而入江；黄田自东南来，贯县城而入江。二港相距九里，各自入江。昔人于九里之间凿渠以通舟楫，遂以九里名河，是二港自二港，九里自九里也。而旧志之记黄田，乃舍其东南之源，而假以西南之派，且并合九里。又以上下名二闸，若本为一港者，彼岂知三水各有派，而二闸本不相涉乎？此其大者，余可例推也。

由是言之，则前记所叙谬戾多矣。《嘉定开河记》云：暨阳北通大江，其支港与河接者多置水门。语意似谓黄田、夏港皆大江之支港也。又云：导河自城闉，南出黄田，西距五泻。《大观记》亦云：黄田港北引大江，贯城中，南出于郭，逶迤截蔡港。又云：昔人即港口为上闸，又即蔡泾为下闸。夫谓黄田为上闸者，谓水于此来也；谓蔡泾为下闸者，谓水于此去也。又云：导申、利二港注之武进。《政和记》云：导江水而南，彼由黄田港距五泻堰而为漕渠。漕渠果江水之所为乎？若是者，皆为首尾倒置，支派混殽，同归于汩陈。似宜删去，但存其他论议，及废置岁月可也。

最后，得曹宷氏札子，其略云：江阴地势最卑，当运河下流，其水自常州经申港、利港以入于江。又云：丹阳练湖、白鹤诸溪水西自常州而来，入于江阴；其南太湖、梁溪皆溢于运河，自五泻堰奔冲而下申、利等港以出于江。不意诸志舛逆之余，复有深明水道自源而委秩然灿然如曹氏者，贤于人远矣。

嘉靖《江阴县志》卷九《河防记第七》

九里河议
〔明〕姚文灏

东南诸河，惟此易壅。推原其故，盖有三端：一是黄田潮来，自东而西；蔡泾潮来，自西而东，交冲互激，会趋斜泾，涌滚泥沙，积聚腰腹。一是浚起浮土，堆积两崖，风雨淋洗，旋复入河。且河形曲隘，崖势高陡，疏凿既深，黄沙壁立，复水之后，遇浸辄崩；少剥一隅，便壅数丈。一是中吴地势，沿江有山，为之包防，近山土壤，迤逦隆起。山脉别带生气，流通日渐增长，如古书传所谓息壤造化之理，则然不足为怪。坐此三故，人不察除，以致此河最易堙废。

今欲开挑，务图远利，毋规近功，必先凿去两岸积土，使与里田相平；却又凿去两岸本身各一二丈坡陁，其势以渐入河，如马槽状。期以两年功程，成就此事。先年止是修岸，次年方可开河。但农民孱弱，力不任事；官府拘役，心不乐趋；久劳无功，志又怠懈。合无量令该役人夫出办食费钱物，官为收贮；雇倩靖江等处专业土工包办开挑，取具其所必费，而免其所不欲为，还其工夫，自作本业。官省程督，民不失农，两皆便益。再有不敷，查支在官银钱辏助。传议曰削压土田过多，或致寒细失业，惟购贸诸田，以渐为之。而又相度形便，改凿河口，别出蔡泾之南，拒却蔡泾潮流，不使东行以相冲斗，则河可长流不壅。

嘉靖《江阴县志》卷九《河防记第七》

吁旱赋
〔清〕高拱极

乙巳之夏，时维六月。蹇阳肆凶，赤日如血。匪肥遗之降殃，岂木仙之为孽。处凉台而郁蒸，嚼寒冰而燔炙。嗟农夫以治畦，竭胼胝于朝夕。纵桔槔其安施，同鲋鱼之涸辙。既艰食而皇皇，咸拊膺而戚戚。同虚子抱云汉之深忧，仰昊天而披沥，曰：皇穹大德，覆育群生。胡为亢旱，膏泽是屯。三农力穑，尤极苦辛。悯此憔悴，宜亟施仁。风云雷雨，各有司存。一不供职，正以典刑。今兹之厉，果谁之由。我知其端，罪在风尤。帝乃召风而责之，风飘然而来，曰："大块噫气，解郁宜湮。鼓舞则捷，沾濡不能。震动天下而不征诸色，披拂万汇而不睹乎形。雨之未施，云之未兴。不云是咎，胡我见嗔？"帝乃召云而责之，云油然而作曰："倏忽聚散，千态万重。浓如泼墨兮塞长空以蔽日，薄如兰棉兮任飞泊而无从。雷电不章兮孰为震叠？神龙以蛰兮谁与致功？"雷公闻之，乃长跽而陈曰："日出自下地，奋于当空。非风弗发，无云曷从？触之者必碎，犯之者必凶。虽为电光之烨烨，实非零雨之蒙蒙。"雨师闻之，亦俯首而诉是："邦毁其政，吏贼其行。旱魃是惩，万姓是困。风徐徐兮适以解散，云英英兮仅以惨阴。涓埃之望兮徒切，黍苗之槁兮无成。"四司交争，各相抵悟。帝闻其言，吾且赍汝：自兹以往，恪其厥职。毋或推诿，同心协力。但见起苹末兮山鸣而虎啸，遍宇内兮走石而飞蓬。蔽青天兮隔绝乎上下，掩白昼兮迷漫乎西东。雷鞭车兮响振乎川谷，电摇帜兮闪烁乎虬龙。俾滂沱兮见涉波之豕蹢，盈沟浍兮兆滴沥于马鬃。滋黄茂于将槁，润赤土以告丰。仗瑶阶而奏绩，祈见原于帝衷。同虚子趋跄起舞，欢忭无穷。代兹下土，报德化工。雨师不有，归之雷公。雷公不有，归之云风。四者交让，归之太空。太空蒙蒙，余亦何敢有吁天之功。

《观山高氏宗谱》卷十三《赋》

君山望江楼赋
（以 "水光岚烟荡漾几席" 为韵）
〔清〕高飞翰

览胜概于蓉城，有君山之遗址。开天堑于东南，枕江流而屹峙。暮霞扶树，飞阁流丹；轻縠飘空，回汀散紫。聘游兮面面风涛，泛览兮重重烟水。在昔危楼初建，相对江乡。其上也，则有堂名时雨；其旁也，则有亭号翠光。其东也，则有鹅鼻之若灭若没；其西也，则有鸡头之若低若昂。其缭绕于南也，则城楼之巍峨特立；其潆洄于北也，则蜃楼之隐现无常。是皆附君山为保障，非第供游子之瞻望。然而春申迹古，韵地宜谐；江长环带，山晓凝岚。试看碧浪层层，遥映山前山后；因数青峰点点，隐通江北江南。夫岂徒赤壁舟中，快睹清风明月；亦且等洪都阁上，堪吟潦水寒潭。爰见词客寻芳而至，骚人玩景而前，或拂石而坐月，或攀萝而带烟。渔歌与樵歌互答，树影与帆影遥连。方期联步相跻，仿佛顿开云路；不觉层楼更上，依稀别有洞天。盖登斯楼者，但觉山净风高，江清气爽。飘飘兮练影分明，汩汩兮涛声奔放。云鬟飞鸟整整斜斜，沙渚眠鸥三三两两。凝眸而逸兴遄飞，属目而渊襟豪荡。而且旷览幽涯，纵观叠嶂。混吴楚兮难分，指金焦兮相向。承洪流于京口，涨或因潮；束远势于海门，风还挟浪。一泓浩渺，几多鱼尾红翻；万顷苍茫，无数鸭头绿漾。自非缘山楼之凭临，胡得尽洋江之情状。彼夫烟雨楼之迷离，星辰楼之迤逦。浮云齐云之伟观，望仙迎仙之耸起。岂若此高凭山岭，香分涧草岩花；俯瞰江湄，雅按汀兰岸芷。于以效苏子之吟诗，而怀仲宣之隐几。是知胸中丘壑能怡，眼底山川日辟。偏眺夫黄峰青峰，还纪夫大石小石。永资带砺，可稽楚相之留遗；时揽云烟，共仰圣朝之德泽。此来游者所由登楼而醉霞觞，对水而铺苔席哉！

《观山高氏宗谱》卷十三《赋》

（孙远景　陈祥娟　校点）

第二章 故事传说

第一节 地名掌故

千秋南闸

南闸因蔡泾闸而得名。据南宋绍定《常州府志》所载《开禧重建蔡泾闸》说："暨阳北通大江，其支港与河接者多置水门堤阏，视潮汐赢宿，节宣其出入，为旱涝之备。黄田、蔡泾二港皆有之。……莫知始置年月，计其所从来久矣。"开禧重建蔡泾闸，时在公元1206年，而在开禧重建之前的40多年——乾道二年（1166），蔡泾闸也曾修缮过多次。当时有个叫章洽的人，写了篇叫《乾道治水记》的文章，对这次修缮作了详细的记述。我们根据章洽的记述推算，蔡泾闸建造的时间，当在北宋或更早的时候，迄今已近千年。

蔡泾闸名称的最早出现，是在江阴宋志《全境图》上。明正德《江阴县志》"河渠篇"也有关于蔡泾闸的记载，当时的水利主事姚文灏对该闸予以了高度的评价："夏港河、蔡泾闸，江阴百渎之宗。"由此可见，蔡泾闸在明代的水利史上已占有突出的地位。

江阴濒临长江，与长江支港相贯通的河流大都设置水闸，可控制长江潮汐的涨落，亦可灌溉和排涝，作用十分明显。蔡泾闸距江阴县城南12里，位于九里河之西的夏港河口，它的主要作用是节制夏港河，对控制夏港河水位起到了十分重要的作用。

蔡泾闸历史上被称为下闸，与被称为上闸的黄田闸遥相呼应，堪称姐妹闸。姚文灏在《河渠议》中说：黄田港北引大江贯城中，南出于郭，逶迤截蔡港。又云：昔人称港口为上闸，又称蔡泾为下闸。

南闸名称的出现，是在明万历四十三年（1615），江阴因院道驻扎增设南闸、月城、青阳、石幢四铺，而见之于史志。到了清康熙年间，正式将蔡泾闸称为南闸，黄田港同时被称为北闸。

蔡泾闸，为历代地方政府所重视，被视为重要的水利设施，因其不可替代的水利功能，曾屡次重建和修缮，且重建或修缮之间相隔的时间并不长。如南宋乾道二年（1166）重修后，到了开禧二年（1206）重建，中间仅隔40余年。又如正统元年（1436）重建蔡泾闸到嘉靖七年（1528）重修蔡泾闸，也只有90多年。每次重建和修缮，都要动用大量的人力、物力和财力。其中规模较大的一次，是在明正统元年（1436），常州知府莫愚具体指挥，江阴知县王子伦坐镇蔡泾闸现场督建。这次、重建，共用石4500丈、木料2.3万棵、铁1万斤、砖2.2万方、米2900石、匠工百余名、役夫2500名。可见重建蔡泾闸在当时是一项多么浩大的水利工程。

蔡泾闸自建成以来，就屡遭坎坷，历经磨难。嘉靖三十四年（1555）五月三十日，2000多名倭寇因攻打江阴失败，退至蔡泾闸驻扎，骚扰百姓，劫掠民财。六月十三日，江阴知县钱錞率50余名卫士与倭寇激战于蔡泾闸九里河一带，血溅磨盘墩，以身殉国。以后，蔡泾闸几经废置。夏港河因只用不浚，导致河道淤塞，河床改道。蔡泾闸也因年久失修，闸基断裂，两翼倒塌而逐渐失去作用。

1968年，随着拆除夏港桥（即济州桥）的轰然爆炸声，聚集了如此多的人力、物力、财力的蔡泾闸，也同时被毁。至此，曾被古人誉为江阴"百渎之宗"的老夏港河和蔡泾闸，在完成了自己的历史使命后，就永远地从人们的视线中消失了，只留下了一个与日月同存的名字——南闸。

（宋建才）

四易归属的河屯基

落日余晖，铺满了古老的舜河两岸。微风轻吹，晚餐的饭菜香随风飘扬，陶醉了幽静的河屯基村。这座历史悠久的小村庄，位于舜河东岸，与武进县隔河相望，仅有不到50米宽的河面，它是南闸最西端的一个自然村。起名河屯基，与它四周都是河有关，除了西面的舜河，东面是小扁沟河，南面是大扁沟和高塘河，北面是北塘河。"屯"字在汉语中意为聚集，这么多河聚集在它的周围，因此就有了"河屯基"这个怪怪的村名。

说到怪，更怪的事情还有得说呢！河屯基这个只有几十户人家的小村庄，在历史上曾经四易归属，你说怪不怪？

河屯基早先一直属于武进县。清雍正四年（1726），由于常州府首县武进县人口、赋税繁多，被分为武进和阳湖两县，西部为武进县，东部为阳湖县，河屯基属于阳湖县丰东乡。过了186年，即民国元年（1912），国民政府下令撤废阳湖县，仍将其并入武进县。这样一分一并，河屯基就变易了三次归属。变就变吧，老百姓不在乎，在武进是种田过日子，在阳湖也是种田过日子，变与不变都是一码事。

不觉就到了1950年，新中国成立后，当年管辖河屯基的丰东乡改成了焦溪乡，而与河屯基相连的孟岸宕，属于江阴观西乡。有几次县里的干部到观西来检查工作，了解到江阴与武进以舜河为界，舜河以西为武进县，舜河以东为江阴县。有干部就问：为啥这个河屯基，占着武进的籍，却住着江阴的地？回答说：不知道，历史上一直是这样的。

县里的干部回到城里，就向领导建议：江阴的地面上杂进一个武进的村子，看起来总归不舒服，反正江阴跟武进同是一个常州专区，去跟专区领导要求要求，把那个小村子划给江阴吧。专区的领导听了觉得也有道理，去跟武进打招呼，可人家不同意。小归小，也是身上的肉嘛，谁愿割舍？

武进的领导不同意，可河屯基的村民同意，他们愿意划归江阴管辖。你说为何？原来，江阴的地势比武进高，与河屯基阡陌相连的孟岸宕等村庄属低洼区，所以只要夏季一发洪水，乡里的抽水机船就会快速赶来排涝。而河屯基，在江阴也属低洼区，而在焦溪乡还算是高地区，要等别处排涝完了再轮得到它，往往等到抽水机船赶来稻苗已是奄奄一息了，秋季又无好收成，所以老百姓一肚皮意见，巴望划归江阴县。

说来也巧，舜河西边的焦溪街南面，有个叫下塘的地方，是属于江阴观西乡的一个自然村。这就是说，江阴也有一个村子占着江阴的籍，却住着武进的地。下塘的村民去乡政府办事要走七八里地，而如果去焦溪办事花不了一袋烟的功夫。所以，他们也提出要求划归武进县。

江阴、武进两县的领导商议后，决定两地交换，各得其利，请示常州专区领导同意后，于1952年9月达成协议，武进的河屯基划归江阴观西乡，江阴的下塘划归武进焦溪乡。从此，河屯基归属成了江阴的一个自然村。这是它第四次变易归属，也是最后一次。

（陆福和）

牌楼下

历史上，南闸出了个很有名气的画家，名字叫何澄。据史料记载，牌楼下的村名，就因他而来。

何澄是明代人，在永乐元年（1403）考中了举人，不久即被朝廷授予礼科给事的官职。后来到江西袁州去当了几年知府，再后来又到北京去做了十几年京官。退休时，相当于现在中央的副部级干部。

何澄一生爱好画画和书法，在袁州任上，经常扶杖登山写生。告老还乡后，在住处种满了竹子，在竹林里养了两只白鹤，以绘画、写诗取乐，并自称"竹鹤老人"。嘉靖《江阴县志》有何澄小传，说："何澄，号竹鹤老人。善画，宗高房山家法，气韵苍古，笔势清高，乘兴作梧、竹、蒲、石，森秀可爱。今其云山小景，东南人家多有之。"由人民美术出版社出版的《宋元明清画家年表》一书，何澄被收录其中。

何澄高寿99岁，无疾而终。他不仅是个有名的书画家，也是一位卓越的政治家。就在他退休后不久，皇上下旨恩赐地方拨款为他建造一座牌楼，以嘉奖他对朝廷的贡献。因为牌楼在上首，何澄居住的村子在下首，所以就把村名改为了牌楼下。

说起这座牌楼，民间还流传着一则耿御史立马造桥的传说。

历史上南闸曾出过三位御史：耿御史、高御史及何御史。耿御史叫耿秉，耿家村人；高御史叫高宾，石皮场北高人；这何御史就是牌楼下的何澄。

话说耿御史告老还乡后，每天到江阴城里去吃茶，必定要经过牌楼下村。耿御史虽是文人，却因当过兵部侍郎，出门上路喜欢骑马，而每过牌楼时必须下马方能过去，总觉得有点不方便。后来，有人告诉他，这座牌楼是何御史故意把它建造在大路上，而且造得很低，就是因为看不惯他骑着高头大马一副神气的样子，目的是要煞煞他的威风。

这牌楼当路而立，一边是条小河，一边是村人的菜园，这条路是乡民们进城的必经之路，这牌楼一立，路变狭窄了。来来往往的行人难免有磕磕碰碰的事情发生；有时行人不小心踩到路边园地里的蔬菜，主人看见了总要骂上几句。于是，小吵小闹经常不断。这种场景，耿御史也碰到过几次。因此，对牌楼立在当路嘴里不说，心里却有看法。现在听说何御史是为了煞煞自己的威风而立在路口，虽说不完全相信，但心里总感觉不是滋味了。

这年冬天，耿御史看到小河里水位低了，就派人运来造桥的材料，几天之内就在小河上架起了一座小桥。从此以后，路变宽了，耿御史再也不用下马过牌楼了，老百姓也不必再争吵了。由于耿御史是骑着马指挥造桥的，再加上造桥速度快，事后有人编了一则故事，叫《耿御史立马造桥》，口口相传至今。

夋 桥

夋桥，秦望山壁立其前，凤凰山踞肆其后，黄昌河环腰而绕，绿水青山，秀木繁花，是个古老而美丽的山村。夋桥村的"夋"音shū，很多人不识得它，于是就有人说，为啥用这么个冷僻字当村名？原来，夋桥村建村时的先民姓夋，村名原叫夋家村。后来，因为开挖黄昌河，河道把村南和村西的农田隔了开来。为了方便种田和出行，村民们集资在河上造了两顶木桥，村南的叫田桥，村西的叫夋桥。村民们觉得夋桥这个名字很好，决定村桥同名，将夋家村改名为夋桥村。但是，从元朝以后，夋桥村上就没有姓夋的人家了，这是为什么呢？说起来，跟历史上的一场战争有关。

话说元朝末年，由于政治腐败，宫廷奢侈挥霍，再加上水旱灾荒连年不断，民族矛盾日益尖锐，最终激起了全国的农民大起义。历史上的这场战争，就发生在这个时候。至正十六年（1356）三月，朱元璋亲率大军攻克集庆（即今南京）。这时，以平江（今苏州）为国都的另一支起义军头目张士诚，已占领了江阴。至正十七年（1357）张士诚降元。朱元璋分析当时的态势认为，张士诚北有淮海，南有浙西，江阴、长兴二邑皆其要害。江阴枕大江，扼姑苏、通州济渡之处，得江阴，则士诚舟师不敢溯大江、上金焦。于是，朱元璋派吴良、吴祯随大将徐达攻镇江，克常州，守丹阳。是年六月，朱元璋命吴良与赵继祖等夺取江阴，而要夺取江阴，势必先攻占秦望山，消灭秦望山上张士诚的守军，不然，纵然夺取了江阴，亦将腹背受敌。而张士诚的守军也明白，如若秦望山失守，即等于江阴失守，所以势必死守。于是一场争夺战打响了。

吴良锐不可当，兵马一到，即发动进攻。张士诚的将士也不是酒囊饭袋，随即予以还击，刀挡箭射，滚木檑石。双方经过反复较量，终以守军全军覆没告终。《明史·吴良传》记载："张士诚兵据秦望山，良攻夺之，遂克江阴。"史书文字简练，惜墨如金，一场几万人之间的生死战斗，仅用十余字记之。其实这场争夺战，激烈的程度可以用山河失色、日月无光来形容。两军阵前，堆尸如山，秦望山下的北山塘河（即黄昌河）水成了血水，真所谓"凭君莫话封侯事，一将功成万骨枯"。而流传在民间的一个传说，却弥补了史书对兵事记载过于简单的遗憾。

传说吴良带兵来到秦望山前，但见山上旌旗蔽日，壁垒森严。三通战鼓擂过，吴良一马当先，兵士蜂拥而上。但秦望山山高壁峭，一夫当关，万夫莫开。吴良虽然勇猛，却寸步未进，反倒死了好多兵将。只得安营扎寨，派人前往南京，请教军师刘伯温。数日后，使者带回一个锦囊，吴良拆开细看，不觉窃喜，夜间即派兵士悄悄上山按计行事。第二天，吴良率兵发起猛攻，终于全歼守军，占领了秦望山。原来，军师刘伯温在锦囊中告诉吴良，秦望山风水极佳，守军又得到当地百姓的暗中支持，按照天时、地利、人和三大要素，张士诚占有地利、人和两要素，如要取胜，必须破其地脉，断其人和，方可攻而取之，战而胜之。于是，吴良按计一方面连夜派兵潜上芦岐山顶，挖洞破坏地脉，而挖洞时的泥石，堆成了一个墩，当地百姓呼之为仙人墩，今尚存之；另一方面，吴良又探得戽桥村上的村民跟守军关系特别好，于是他下令连夜屠村。一夜之间，戽桥村房屋被烧光，村民们大多被杀，少数人背井离乡逃往他处，再也不敢回来了。

战争给人们带来了灾难，从此，戽桥村上便没有姓戽的人了。但是，后来搬迁来的其他姓氏的村民，却一直把戽桥村村名沿用到了今天。

石皮场

南闸街道去西北约六七里地，有一村庄，萦水枕山，风景如画。村前，龙潭河清波缓流，岸柳成行，烟树迷离；村后，白石山云峦环拱，幽篁苍翠，松涛萧瑟。这就是历史上出了"兄弟两进士，一门三清吏"的高家村。

高家村别名北高，又叫石皮场。别名北高，是相对它南面二里许有个叫南高的村庄而言；至于为啥又叫石皮场，则源于一段真实的历史。

明代成化年间，高家村有位饱学之士，名叫高相，字希庵。高相是位饱学秀才，但他无意仕途，以耕读传家，忙时劳作，闲来课子。在他的精心调教下，三个儿子都出类拔萃，成了国家的有用之材。高相的长子高宾和次子高贯，同年双双考中举人，并在以后的六年中相继进士及第。高宾官至江西按察使右参议；高贯为浙江省布政司副使；老三高赟以乡贡被举荐为县令。高家兄弟三人均为官清廉，政绩斐然，故有"兄弟两进士，一门三清吏"之说，亦有人赞誉高氏昆仲为"江东三凤"。

高家兄弟三人中，尤以高宾人品、学问最为突出。他自幼生活在农村，随父耕作，熟知民间疾苦，所以为官之后，爱民如子，一切举措，都以利民为本，因此深受百姓拥戴。高宾为人忠勇。弘治年间，他在江西担任按察司佥事时，有个叫王浩八的匪首在姚源洞聚众叛乱，劫掠百姓，扰乱地方，百姓流离失所，当局束手无策。当时高宾因处理案件路过该地，当即帮助当局内筹外应，组织兵力，捍卫地方。继而率领壮士身先士卒，深入贼巢，出其不意擒其贼首，一举平定了叛乱。

高宾好义重情谊。正德年间，刘瑾等八个太监结党专权时称"八虎"。浙江、江西等十三道监察御史史良佐等上疏极谏，弹劾"八虎"，结果被"八虎"关的关，杀的杀，罢官的罢官，史称"八虎之乱"。史良佐是江阴人，罢官后，亲友害怕被牵连，视其如同陌路人，一个个避之犹恐不及。唯独高宾，尽管自己已经退休在家，却马上写信给史良佐，请他来高家村，择房安置达二十多年之久。后来，史良佐平反后官至云南副使。史良佐，字禹臣，为了感谢高宾在他最困难时安置他生活，借房子给他住的深情厚谊，将字"禹臣"改为"借山"。

高宾为人正直，心口如一，疾恶如仇，加上平时负才任气，因此受到了小人的妒忌，也得罪了上司，在五十多岁时遭到了罢官的处分。后来虽然有人主持正义，为他申诉，同时也因他当年平定王浩八叛乱的功劳，罢官的处分得到了纠正，但他终究没有再能返回仕途，落了个提早致仕的结局。

直到嘉靖年间，朝廷居然想起了高宾，但这时候他已年近八旬，再起用做官是不可能了，有人建议为高宾建座御史府，以表彰他对国家的贡献。于是嘉靖皇帝下了一道圣旨，恩赐高宾在原籍高家村建造御史厅一座。御史厅共四进，每进十二间厅房。御史厅大墙门前石阶下，用三千多块一尺见方的金山石，铺设成一面长方形的场地，四周用青石镶边，大门对面有御史牌坊一座，牌坊两边安置有上、下马石。

御史厅整个建筑壮丽华美，在偏僻的山村里兀立于低矮破旧的民宅之中，更显得恢宏显赫，真可谓鹤立鸡群。一辈子跟黄土打交道的乡下人，何曾见过如此气派的建筑，一时间，引得四乡八村方圆几十里的人们赶来瞻仰。自此之后，大家便把高家村叫作石皮场北高，或者干脆叫石皮场，反倒把它的本名高家村给忘掉了。

东、西芦岐

东、西芦岐是江阴南闸街道观西村的两个自然村，位于江阴与武进的交界地，离南闸集镇西首10公里。

明朝初年，洪武皇帝朱元璋平定天下以后，因为是农民出身，深知农民没有粮食而逃荒要饭的境况。一日上朝，他与大臣在朝上议事，提倡在农村中大力垦荒扩田，增加粮食生产，众大臣一致赞同。于是便诏告天下，有条件的县可以发动农民易地开荒，免征皇粮三年。江阴东乡手工业比较发达，人多地少，西乡则荒地甚多，知县积极动员东乡农民易地西乡造田种粮。

华士墙东村20多岁的农民陆宏遂，看了朝廷告示后，与妻子商议，一起到西乡开拓荒地，建家立业。洪武三年（1370），陆宏遂告别家人，在父母的张罗下，准备了生活必需品和生产用具，肩挑箩筐，一路晓行夜宿，来到秦望山北麓西段。日近中午，夫妻俩停下箩担，准备生火做饭。因为他俩知道再往西走，就是武进县界了。陆宏遂支好石头叠起的灶头，上山捡些枯柴生火，妻子则动手烧饭。

饭后，宏遂沿山而上，向东西两侧望去，顿时心旷神怡。但见蜿蜒10里的秦望山九峰十三凹风景似画，满山葱绿，马尾松随风摇摆。山下，鸟窠禅院显得雄伟庄严，香火兴旺；远处，芙蓉湖湖水碧波荡漾，正值芦花开放之时，芦苇在湖畔中随风点头，犹如迎接他一家的到来。优美的风景深深吸引了这位年轻的江阴东乡人，他心想，此地是理想的落脚之地。

吃完中饭，妻子问他："我们现在怎么办？"陆宏遂答道："此地还是我们江阴来春乡，再向西就是武进县地界了，隔府隔县事难办，我看此地南山北水，俗话说清水绿水好地方，就在这里落脚吧。"妻子认为他说得有理。

夫妻俩说干就干，砍松伐木，动手建房。经过几天的努力，三间临时住房在山脚下建成。宏遂与妻子静心垦荒拓田。凡是人住的地方总得有个地名，起什么名字呢？陆宏遂从小读过几年私塾，肚里有些墨水，于是琢磨了好几天。他想，北有芙蓉湖的芦苇，南有秦望山延伸下来的支脉，就叫"芦岐"吧！"芦"是芙蓉湖中的芦花，"岐"是指仙人墩由南向北延伸进芙蓉湖中的山脚，"芦岐"名字起得生动贴切。后来，人们干脆把村前的那座山叫作"芦岐山"。过了几年，陆宏遂接连生了两个儿子，一个起名安岐，一个叫作才岐。从此，陆氏后裔在此安居乐业，繁衍生息。至今600多年，这里成了一个拥有250户人家、800多人的长村大巷，其中98%以上的人都姓陆。就在芦岐村建成的同时，在它西面不足半里的地方又建了一个村子。于是，大家就把陆宏遂建的村子叫东芦岐，把西面的村子叫作西芦岐。

（陆福和）

观 山

江阴的山脉大多东西走向，观山也一样，它与秦望山平行对峙，中间有条黄昌河，两山相隔最狭处只有一里多路。观山的高度虽不及秦望山，但长度却几乎相等，横卧于江阴南闸、申港与武进焦溪三镇边界，约12市里左右。

观山东端第一峰叫凤凰山，因其形状宛如一只匍匐着身子引颈长饮黄昌河水的凤凰而得名。古人还吟咏过一首《凤凰山歌》的诗："凤凰山，凤凰宿。凤凰一去不复返，此地空存凤凰麓。昔闻上有仙人床，石台石凳天成章。仙人或骑凤凰去，青鸾白鹤相翱翔……"

与观山相连的舜过山在它的西端，据传舜帝在巡视全国时曾路过此山，后人为了纪念他，就把它命名为舜过山。观山的中段称为野猫山、牛腿山，山下南面有块"圣田"的地方，在泗河花家凹村境内，据说是当年季札耕作过的田地。山顶上有条路，是西乡人上江阴城的必经之路，随高就低，弯弯曲曲，长达十余里，叫"长山路"。

据说观山原来的山名就叫凤凰山，后因吴王游观于此而改名观山。那么，吴王为什么会到凤凰山来游观呢？这就引出了一段历史传说。

吴太伯十九世吴王寿梦第四个儿子，名叫季札，是春秋时期杰出的政治家和外交家。他自幼明礼仪，有德行，才智过人，深受吴王寿梦的器重，想要立他为世子，以便将来能继承王位，而季札坚持不接受父亲的这个决定。吴王临终前，把四个儿子叫到身边，对他们说："如果季札能继承我的王位，将会使吴国很快繁荣昌盛起来，等我死了以后，你们兄弟要依次相传，一定要使季札有朝一日成为吴国的国君。"于是，在吴王寿梦死后的34年间，发生了三位兄长相继要把王位让给弟弟的事情。而季札坚持不受，并且逃走了。这就是历史上有名的"季札三让其国"的故事。

季札因避王位，"弃其室而耕"，他的大哥诸樊继承王位后大为感动，临终前将季札封于延陵。季札的二哥余祭即位后，季札正式受封，人称"延陵季子"。季札的三哥余昧当上吴王后，又要把王位让给弟弟，季札于是逃到了封地延陵。余昧为了表示自己让位的诚意，便带领大臣亲自到延陵来寻找弟弟季札，一路打听，得知季札就在凤凰山西面山下的附近筑室耕作。在乡人的指点下，遂登凤凰山准备经长山路西行寻找季札。待众人登上山巅，已是气喘吁吁。余眛让众人稍事歇息，自己则南眺太湖，北观长江，但见水环峦拱，绿野沃壤，好一片形胜之地，不禁暗暗赞叹四弟季札好眼力，竟然选中这样一个好去处，作为"弃室而耕"之地！元朝文学家朱德润游秦望山、观山与白石山后，曾写下《三山歌》的诗，其中"观山亦何高，山上仙人卧石床。至今枕头痕，草苦苔自香"之句，就是指的这些石床石凳。石床顶端突出一块小石，形状像枕头，中间有凹痕，好像有人睡过后留下的枕头痕。此处的仙人床跟《凤凰山歌》中提到的应该是同一张床。

这次吴王余眛亲临延陵寻访弟弟季札，有没有找到？大概没有，因为季札除了耕作之外，他还会出去游历。再说，即使找到了，季札也绝对不会跟吴王回去的。

但由于吴王余眛"登山游观"，因此留下了观山的山名。

灰墩之谜

灰墩在马泾河之南约3里许，矗立在南闸镇与霞客镇峭岐社区的交界处，它的南面距离峭岐刘家村不足30米。

据明嘉靖《江阴县志》所载，灰墩原名辉墩，不知什么时候改写为灰墩的，也不知道为什么要把辉墩改写成灰墩。灰墩原属凤戈乡，即现在霞客镇的峭岐社区。据《嘉靖县志》记载，凤戈乡辖有3都15图，第18都图地名8个：龚家浜、李庄、黄土村、戴庄、顾村、焦家村、辉墩、权墩。灰墩在清代时划归太宁乡，即现在的南闸镇。灰墩作为地名只是一个总称，其实在它周围有13个村庄，总称"灰墩十三村"，如刘家村、焦家村、马泾村、小徐家村、上村、下村等。这些村的人在自报家门时，总在自己的村名前冠以"灰墩"二字。如有人问焦家村人家住哪里，回答则称："灰墩焦家村。"

灰墩现在墩基东西与南北的长度基本相等，大约有50米左右，高度则不足20米。据离灰墩最近的上村（在北面）、下村（在南面）的老人回忆，他们儿时看到的灰墩，东西、南北长度有200多米，墩高在30米开外。新中国成立前就有人在灰墩北面办土窑烧砖，20世纪六七十年代发展到3只，加上做路，附近人家造屋取土，才把灰墩搞成现在这个样子。现在从远处看灰墩，似乎已成一个高出地面的平台了。

关于灰墩的形成，历来有两种说法。一种说法为自然形成，另一种说法为人工形成。但自从开始取土烧窑后，自然形成之说就被否定了。因这灰墩的土质非常杂乱，既有黏土，又有沙土，颜色也各式各样，显然是从各处运来堆积而成的。

确认了人工形成之说后，又带来了一个疑问：为什么要在这里人工堆积一个这么大的土墩呢？换言之，这个土墩是派什么用场的呢？于是，这又产生了两种猜测。

第一种猜测认为，这是古时代替斥堠（瞭望敌情的城堡）所筑。这种猜测的根据是以嘉靖《江阴县志》的记载为依据的，该志记载："义城在茶镇之东，《南黄志》云：'广明中盗起，诏各处墅落立城，集民兵自保之作，或以此欤？'"该志又说：徐家村，明嘉靖三十一年（1552），该村绅士出资建义城，防倭寇，名后城。因该村不属城市，而'塍'与'城'不仅音同而且意同，故名后塍。村民以徐姓为主，后称徐家村。灰墩在后塍南面二三里处，作为观察南来敌情的瞭望处，还真有可能。但这种假设很快就被推翻了，因为后塍的北面有座花山，它的高度比灰墩不知要高出多少倍，所谓登高望远，为什么不利用现成的，而要花费巨大的人力、财力去另堆一个灰墩呢？再说这样一个浩大的工程，也绝非几个村庄所能完成的。更何况倭寇一般都从长江上岸，站在花山上比站在灰墩上离得更近，看得更清。所以说，人工堆积一个灰墩作为瞭望敌情所用，是绝对没有可能的。

　　另一种猜测认为，灰墩是一处古墓葬。这种猜测有两个依据。灰墩历来有盗墓者，远的不知道，20世纪80年代期间就有过一次。灰墩下村的一个村民（他家离灰墩不足20米）曾告诉笔者，他家在灰墩顶上有一块菜地，当天傍晚他浇菜时还好好的，第二天早晨他去菜地时，就看到菜地上被开了一个大坑，足足有七八米深，显然是有人在夜间盗过"墓"。村民又说，可能是时间仓促，深度没有挖到位，盗墓人害怕天亮后被人发觉，就在天亮前撤走了。最后，他像问自己又像在问我：不是古墓，他们来挖什么呢？

　　盗墓人来灰墩盗墓似乎也是一种试探，在他们没有真正盗到墓的情况下，把灰墩定位为古墓葬，这个依据是不科学的。

　　2008年全国第三次历史文物普查时，市博物馆的专家们曾两次对灰墩进行了考察。他们根据灰墩的地形地貌，以及泥土中发现的断砖残瓦，极为仔细地考证后（但只是目测，没有使用仪器）极为肯定地说：灰墩是一处古墓葬，而且是一处春秋战国时期的古墓葬。这两次来考察的是不同的专家，然而两次的结论却是一致的，这无疑增加了专家所作出的结论的可信度。

　　但笔者认为，专家的结论依然只是一种猜测。相信有一天，灰墩总会有一个真实的、科学的结论的。这种结论，也许会对研究古代南闸乃至江阴地区的政治、经济和文化状况，有着极为重要的意义。

　　老一辈的南闸人大多知道本地有一个灰墩，因此灰墩在南闸很有名。这正好应了一句谚语："物以稀为贵。"因为南闸山很多，墩却只有灰墩一个。

梅阿里

　　梅阿里又名小村上，是原河南大队的一个自然村，现属龙运村，在南闸集镇西面仅1里左右。20世纪二三十年代，小村上仅有5户人家，不足30口人，是个名副其实的小村。它四面环河，只有村东有座小桥方便人们方便人们进出，整个村落掩映在葱茏的树木和青翠的竹林之中，十分隐蔽。早在1927年，梅阿里就成了地下党活动的"支点村"。

　　何谓"支点村"？这要从"支点户"说起。顾名思义，"支点户"是以户为单位的。要成为"支点户"必须具备三个条件：第一，可隐蔽、供膳宿；第二，对外严守秘密，便于来往进出；第三，也是最根本的条件，是必须对革命事业忠心耿耿。因为"支点户"承担着很大的风险，一旦暴露就有倾家荡产、家破人亡的危险，干的是"把脑袋挂在裤腰上"的事情。

　　"支点村"则在"支点户"的基础上发展而来，主要以小自然村为单位。"支点户"和"支点村"有些类似于北方的"堡垒户"和"堡垒村"。例如，电影《铁道游击队》中的芳林嫂家，就是铁道游击队的"支点户"；京剧现代戏《沙家浜》中的沙家浜，即是新四军的"支点村"。

　　梅阿里就是这样的"支点村"。不过它创建的时间更早，可以追溯到1927年7月；坚持的时间也最长，直到1949年南闸解放，长达20多年。

　　据有关史料记载，1927年7月，茅学勤、庄祖方等先后来到南闸从事农运工作。梅阿里是1926—1928年朱杏南、陈忠全、庄祖方等活动的重要地区。

　　另据有关史料记载，1928年春，江阴县委书记蒋云领导县委在江阴西乡及城郊南闸等地继续发展农民协会，宣传抗租、抗债、抗税，当时蒋云就膳宿在梅阿里。南闸地区参加革命活动较早的耿家村人耿清华，就是1928年由蒋云在梅阿里时介绍入党的。

　　原南闸镇河南大队党支部书记耿生洪，是梅阿里人，他在一份回忆材料中说："在1943年到1948年间，地下党陆陆续续在此住过。有一次，地下党的头头是个双枪手，大约是在1943年的时候。又有一次，在1945年，来了5位同志，有位同志只有一只左手，没有右手，看样子是个领导，他对其余4人说：'你们一定要坚持，坚持到底就是我们的胜利。'"

"据我父亲讲，茅学勤也在我家住过。新中国成立后担任江阴县民政局局长的周青，当时名叫周金大，曹荣金牺牲后他接任澄西三区武工队队长，也经常来我家住宿。地下党的同志在我家吃住一般一到两天就要离开的，白天从不出门，吃东西都算账付钱，纪律很好。1948年，观山乡反动乡长张廷基被镇压在孙家村（在梅阿里北约半市里）前面的大路边，当时我家里还住着地下党的三个同志，听到枪声，家里人都很紧张，有个同志说：'听枪声离这里较远，不像是进村的。'后来有人去打听了，才知道是张廷基被武工队打死了。"

"我们梅阿里地势比较安全，北面是淡泾河，西面是陈地河，东面和南面是种田河，只有东面有座小桥方便人们进出，一般很少有陌生人进村。村子又小，只有5户人家，都是一个老祖宗传下来的老实本分的农民，村里来了同志住在哪家，谁都不打听，他们不透露真实姓名，村上人也不多问，都能保守秘密。所以一直到解放，20多年从未间断地下活动，也从未出过事。"

跟梅阿里一样的"支点村"南闸还有一个，就是原来菱塘大队的东场村，现在属于龙运村管辖。

至于"支点户"，南闸有很多家，根据澄西地区烈士陵园管理委员会编写的《澄西风云——解放战争时期澄西地区革命斗争实录》记载，有蔡西大队八房村的宋锡初，陈家村的陈阿南、陈阿桂，赵家村的徐顺康，菱塘大队东场村的顾敖林、顾和林、顾宝洪、曹沈村的沈勇德和灯塔大队殳桥村的刘秉德等家庭。

这些"支点户"与"支点村"，为革命的胜利作出了贡献，有些同志在党的教育下直接参加了革命工作，如顾洪宝、陈阿南、沈勇德等同志，都是澄西三区武工队队员。有些同志则为了革命献出了自己宝贵的生命，如宋锡初，在曹荣金被捕时同时遇害；顾宝洪参加武工队后，于1949年新中国成立前夕在芙蓉圩孙家村一次战斗中英勇牺牲。

第二节　逸闻传说

鸟窠禅师的传说

秦望山主峰三茅峰向西排列着三峰，依次为二茅峰、头茅峰和仙人墩。仙人墩半山腰有一支脉，蜿蜒向北延伸约两里多，叫芦岐山。芦岐山下有座庙，原先叫芦岐庵，后来改名叫鸟窠禅院。为什么会改名呢？说起来跟一个和尚有关。

唐朝元和年间的一天，芦岐庵里来了一个云游的老和尚，每天给众僧讲经论法。短短几天，他对佛家教义的精通和高超的辩论技巧，就折服了众僧，赢得了大家的拥戴。芦岐庵原来的方丈心地善良、胸怀豁达，他与老和尚一见如故，交谈甚深，他觉得老和尚不但佛法精深，而且品德高尚，绝不是一个平常的云游僧人。于是，他对老和尚推心置腹地说，为了芦岐庵香火的兴旺，更为了光大佛法，普度众生，自己甘愿让贤，希望老和尚能留下来当芦岐庵的方丈。老和尚见他情真意诚，便爽快地答应了。

这个老和尚便是佛教史上赫赫有名的一代宗师鸟窠禅师，他在芦岐庵当方丈虽然只有十几年，却留下了很多脍炙人口的传说。

绝妙回答

鸟窠禅师祖籍浙江富阳，俗家姓潘。他的母亲朱氏有一天做了一个梦，梦见一道日光进入了自己口中，然后就怀孕了。等到他生下来的时候，满室飘逸着扑鼻的异香，于是就给他起了一个"香光"的名字。潘香光长到9岁，父亲把他送到离家不远的一座庙里当了和尚。21岁时，潘香光在湖北荆州的果愿寺正式剃度接受戒律，法名道林。为了精研佛法，他长途跋涉来到当时的京城长安，向西明寺复礼法师学习《华严经》《起信论》《真妄颂》等佛家经典。道林学习认真，对知识喜欢追根问源，有一股打破砂锅问到底的傻劲。有一次复礼法师要他修行"禅定"之法，通过静坐敛心，专注一境，久之达到身心"轻安"、观照"明净"的状态。道林反问："最初禅定时应怎样观察，如何用心？"一句话问倒了复礼法师，触犯了礼法，于是道林郑重地行了三礼，向复礼法师辞别。这时候，刚巧余杭径山寺道钦禅师奉皇帝唐代宗的诏令，到皇宫里诵经说法，被封为"国一禅师"，道林就去拜谒道钦禅师，经他悉心传教，终于成了一名造诣很高的法师。

道林禅师学成之后云游四海，一次来到钱塘孤山的永福寺，寺中有一座辟支佛塔。当时，僧侣和居士们正在庄严地举行法会。道林手持锡杖，故意振环作响。僧侣们不高兴地问他："人家在做法会，你为何发出这样的声音？"道林回答说："没有响声，谁能知道在做法会呢？"这句话被当时的高僧们认为是绝妙的回答。

吹布毛授法

鸟窠禅师收了名弟子，法号会通。但是，三年了，会通却一点佛法也没有学到，始终不能开悟。会通暗地埋怨禅师："师父啊，都说您佛法高深，可我跟了您三年，却对佛法一窍不通，亏得您还给我起了法名会通！"

有一天，会通突然向禅师辞行，请求离开。禅师问他到哪里去，会通回答说："我为寻求佛法出家，拜您为师。但是您从来不给我说法，如今我要到其他地方学习佛法。"

鸟窠禅师微微一笑说："若是佛法，我这里也有一点儿。"会通问道："您的佛法是什么？"只见禅师拈起身上的一根纱絮，轻轻地吹向他，会通立即醒悟了，自言自语道："原来佛法不远，就只要在自己心里用功夫！"

从此会通不再求奔他方，后来终成了一位有名的法师。

栖松驯鹊

道林禅师六十多岁时，有一天在西湖北面的山中，看到有一颗古老的松树，枝叶茂盛，盘屈如盖，像一把大雨伞，就满心欢喜地栖宿在上面，诵经修行佛法。过了不久，飞来了两只喜鹊，在道林禅师栖息的树枝旁边筑了个巢，安家落户，繁育起后代来，这样就出现了人鸟同树，相安为邻的奇观。道林禅师是个非常有爱心的高僧，他先是主动亲近它们，取得这对"夫妇"的信任，进而和善地驯化它们，使它们听得懂人语。有人把这件事编成了"栖松驯鹊"的故事，很快就在社会上传播开来了。

那时候，大诗人白居易正在杭州当太守，他听到这个故事后很感兴趣，就亲自来到山中，一来看看"栖松驯鹊"是否确有其事，二来想会会道林这个怪僧。

白居易进山后，找到了那棵古松，看到果真有个老和尚栖息其上，正在全神贯注地诵经。当时道林禅师已年近古稀，那棵古松很高，又长在乱石遍布的陡坡上。白居易不无关切地高声说道："高山高树卧高僧，但当居高思危。"道林禅师闻声微微一笑答道："高职高位冠高名，可知其高更险。"白居易听后暗自思忖，自己原在京中任职，只是言事不慎便两度遭贬，现在还不时遭朋党蜚言，确实宦海沉浮，难料祸福。道林禅师果然是位高僧，他是用佛教的经义在点悟自己。白居易随即问道："敢问大师，何为佛法大意？"道林禅师朗声答道："诸恶莫作，众善奉行。"白居易不解地问：

"这是三岁小孩也懂得的道理，怎么能算佛法大意呢？"道林禅师答道："三岁孩儿虽懂得，百岁老翁却做不得！"白居易一听深为叹服，连忙向道林禅师鞠躬致礼。从此以后，两人经常互访，一起切磋文章，探讨佛法，成了莫逆之交。

一次，白居易跟道林禅师开玩笑说："你住在喜鹊的巢穴旁修行佛法，干脆就叫鸟窠禅师吧。"后来，大家都称道林为鸟窠禅师了。

无尾螺蛳

鸟窠禅师当了芦岐庵的方丈后，各地的僧人都慕名而来，一些当时有名望的高僧也被他邀请到庵内，讲经传道，交流经义；而当地的许多佛事也都在庵内举行。芦岐庵虽小，却成了江南名刹。

有一年春天，鸟窠禅师忙完一场佛事，准备出门访友。他出庵后刚走到一个村口，就看到码头上有几个村妇在淘米洗菜，其中一个村妇的身边放了半篮已经被截去尾巴的螺蛳。鸟窠禅师便向那位村妇请求买下这些螺蛳，得到她的同意后，返身折回庵内，将螺蛳倒入了放生池中。过了一阵，小和尚发现，这些被截去尾巴的螺蛳居然都活了下来，还生下许多小螺蛳。这些小螺蛳跟别处的螺蛳不一样，它们的尾部都像被人剪过而没有后壳。因此，大家就叫它无尾螺蛳。被剪了尾巴的螺蛳能活下来还会生小螺蛳，而且都没有尾部，这可神了。人们认为这是鸟窠禅师的道行所致，所以把它敬为神物，纷纷前来朝拜。当时的地方官把无尾螺蛳作为祥瑞之物上报朝廷，皇帝一高兴，就下了一道圣旨，敕建芦岐庵。从此，芦岐庵就从一座小茅草庵一下子变成了远近闻名的大寺庙。

唐长庆四年（824），一代佛教宗师鸟窠禅师在芦岐庵内圆寂，俗龄八十四岁。为了纪念禅师，后人以他的法号为名，把芦岐庵改称为鸟窠禅院。他的弟子们在大师生前开挖的放生池旁，建造了一座亭子，后来白居易亲临鸟窠禅院祭奠老友，挥笔写下"化螺"两字作为匾额，以彰显鸟窠禅师的无量功德。

鸟窠禅院内的放生池因为有了无尾螺蛳，竟成了圣迹，成了历史上骚人墨客、显宦名流诵咏流连、抒怀尽兴的地方。除了白居易之外，唐代名士魏璞、大诗人陆龟蒙、皮日休，曾多次寻访鸟窠禅院。南宋同知枢密院事江阴人丘崇曾专门到鸟窠禅院考察遗迹，并写下了《螺池记》。后来有位诗人写了一首诗，在诗中写到了"栖松驯鹊""无尾螺蛳"以及白居易挥笔写"化螺"匾额之事："一壑松风引客过，雨花深处访维摩。只缘灵迹看螺尾，始信高僧寄鸟窠。白傅有情遗翰墨，青山无言绕烟萝。千秋衣钵争谁属，落叶疏钟月几多。"

无尾螺蛳的故事流传了千百年，那历经沧桑的放生池还在，更让人感到惊奇的是，那无尾螺蛳既是传说之物，又是真实之物。不信你到南闸来看看，千余年后，它们还兴旺着呢！

徐晞的传说

徐晞是南闸马泾小徐家村人，从小机智聪明，好读书，年轻时曾立志通过科考进入仕途，为国效劳。但屡考屡败，连个秀才都未能考上，科举的大门似乎对他永远紧闭了。他心灰意冷，再也不去参加科考了，后来在县衙里充当了一名办理文书事务的椽吏。再后来，徐晞做到了兵部尚书，为国家和百姓办了很多好事，留下了不少津津乐道的传说。

一粒瓜子壳救了八条人命

徐晞当了椽吏后，虽然职务不高，却体恤民众，爱护百姓，且机智灵巧，精明能干，为老百姓办了很多实事、好事。一次，徐晞在翻阅一份案卷时，发现一件案子：有八个盗贼抢劫了一个豪绅大户，案卷上写着这八个盗贼"大门而进大门而出"。按大明律条抢劫罪是要杀头的。徐晞反复查阅案卷，看出这是个冤案，这八人虽有罪，但罪不至死。于是，徐晞决心要为这八人免去死罪，可怎么免呢？因为案卷已定，无法更改，怎么办呢？他一时沉思起来。据说徐晞平时有个爱好，欢喜嗑西瓜子，嗑着嗑着，正好一片瓜子壳落在了案卷上那个"大"字一横的右上手，竟把一个"大"字变成了一个"犬"字！徐晞一看，不觉心中一喜，喊声"惭愧"，马上提笔将案卷上的两个"大"字各加了一点，变成了"犬门而进犬门而出"。"大门而进大门而出"是抢，抢是强盗，是死罪；而"犬门而进犬门而出"是偷，偷是贼，贼无死罪嘛。

就这样，徐晞靠着一片瓜子壳的提示，救了八条人命。

"不可"先生

明代淞江王锜《寓圃杂记》载，江阴徐晞"虽居八座之尊，清俭自奉，俨若寒士"。是说徐晞虽是大官，却是清廉之官。在明代，逢官长的升迁、寿辰，风行馈赠和送礼，徐晞不能拒绝，但他与众不同，他对每一笔奉赠的财礼，都要奉赠者说明这财礼来自何处，当确认这财礼是奉赠者自己的，他才"十取一二"，等待以后有机会，把这财礼"反以资之"。人们赞赏徐晞的德量。徐晞不光有德量，而且洁身自好。据徐再思的《澄江旧话》记载，徐晞进京，夜宿在山东一个旅邸，有一女子要委身于他，徐晞再三拒绝，女子仍不肯离去。他怕玷污这女子的名声，不敢大声声张，乃坚不上床入寐，以笔粉墙上书"不可"二字。金鸡啼鸣，这女子才无可奈何地离去。事后，徐晞被人称作"不可"先生。

妙联讥秀才

在明代江阴的为官者中，徐晞不是做得最大的，知名度却是最高的。徐晞没有从科举进入仕途，而是从衙门的一个小小的椽吏，一步步升到兵部尚书、殿试阅卷官。一次，徐晞回江阴，没有八人抬的大轿威赫地左右拥护，也没有前后打锣吆喝，只乘了部用四匹劣等马拉的简陋的车子，相当于现在的"卜卜放屁车"。中央大员回乡，江阴县令不敢怠慢，急忙带了衙门里的一套班子和全城秀才们到郊外去迎接。没有见过大世面的秀才们，因为徐晞没有文凭，很是瞧不起他，连最起码的礼节——鞠躬，都是马虎了事。面对这尴尬的场面，县令觉得自己大失面子，想出一个法子，要教训教训这帮酸秀才。进士出身的县令有学问，于是出了一句上联，要秀才们对出下联。

上联是：劈破石榴，红门中许多酸子。

这帮酸秀才搔头摸耳了半天，也没有人能对上。

这时徐晞嘿嘿一笑，说："我来试试看。下联是：咬开杏仁，白衣里一个大仁。"

上联中的"红"字，是"黉"的谐音。古时候的学校称"黉校"，也称"黉门"。"劈开石榴，红门中许多酸子"，是县令在讽刺这些科班出身的秀才们，都是一些酸溜溜的无才之辈，就像石榴中的一粒粒酸子。徐晞的下联则表明：我徐晞虽然不是科班出身，却是一颗真正的大仁。你们瞧不起我徐晞，是你们的事，但我徐晞有自身的尊严，尊严是不可侵犯的。徐晞对的下联，尖刻是尖刻了些，但平心而论，怨不了徐晞，是这些秀才们咎由自取。

白蛇化成的山

元代湖州太守朱德润在至正七年，游览了白石山后，在诗中这样描述它："白石白石，徒移彼方。山灵夜出喷雾花，白石蜿蜒飞白蛇。"他说山灵夜里出来喷出成团如花的雾气，这雾气化成的白石犹如腾飞的白蛇在曲折爬行。后来山灵走了，白石留在那里就成了一座山。朱德润认为在那个地方，不应该有那么一座白石山。因为它只不过是山灵吹出的雾气凝成的白土。

　　这位朱老先生的认识，似乎有失偏颇，君不闻"山不在高，有仙则名"吗？白石山在江阴是一座很有名的山。那么白石山中有哪位神仙呢？说出来尽人皆知，她就是白蛇娘娘白素贞，所以，白石山又叫白蛇山。白蛇娘娘不是被法海压在西湖边上的雷峰塔里了吗？因何又会来到南闸变成了一座山呢？说起来话就长了。

　　话说白蛇娘娘当年被天将韦陀收入钵内压入雷峰塔前，已生下一子名唤仕林。十八年后，许仕林得中状元，衣锦还乡，前去雷峰塔祭拜母亲。守塔神同情他们母子分离十数春，就让他们私下里相会了。许仕林得知母亲被法海加害锁禁雷峰塔的原因后，悲愤交加，立誓要救出母亲。于是，他找到白娘娘的结拜姐妹青蛇仙子小青，请她一起前去救母。此时，小青经过十八年潜心修行，已炼成一把无坚不摧的日月风火扇，就带上许仕林，同时向各处修行成仙的飞禽走兽发出邀请，要他们前来助战，便直奔杭州，打败了法海，扇倒了雷峰塔，救出了白素贞。白娘娘出了塔，抬头见法海站在远处，想到自己被他害得夫死子散，家破人亡，不禁怒火中烧，飞身扑向法海，要报深仇大恨。法海转身就向镇江方向逃窜。此时，小青邀请的一众妖仙均已赶到，白蛇娘娘的人缘好，所以凡是能来的都来了，连高贵的青龙、狮王、凤凰也来了。法海见来了这么多妖仙，一时吓得魂不附体，跌落云头，就地一滚，露出了原形———一只江阴人叫作"赖狗宝"的蛤蟆精。

　　原来法海是西天雷音寺如来佛座下的一只蛤蟆，千年成精，生性乖觉，巧舌如簧，尤善阿谀迎合，深得如来欢喜，赏他来到人间，在镇江金山寺当了方丈。这蛤蟆与蛇是天敌，所以法海要千方百计加害白蛇娘娘。再说雷音寺如来佛祖这一天正在打坐做功课，突然心血来潮，掐指一算，知道法海危在旦夕，便驾起祥云直奔东土。刚到江阴南闸上空，只见小青举起日月风火扇正扇向法海，便放出一道金光直射小青，有道是明枪易躲、暗箭难防，小青受伤挣扎着摇了几摇，从空中跌下，落地化作一座山丘，这便是西郊境内的青山。

　　再说前来助威的众妖仙见如来不分青红皂白如此袒护法海，愤愤不平，各自亮出法宝冲向法海。如来见众怒难犯，又要保住法海性命，情急中使出无量大法，将在场的一众妖仙全部罩定。除老牛精掉下一条牛腿化作牛腿山逃走外，众妖都化作了一座座山丘，狮王化作了狮子山，凤凰变作了凤凰山，鲤鱼变作了游鲤山（花山别名游鲤山），猫精变作了野猫山，鹤仙成了鹤家山，乌龟精化作了乌龟山（秦望山西端焦溪境内），连青龙也化作了卧龙山（秦望山别称）。而白娘娘则化作了白蛇山，后来因为盛产白泥，当地百姓就把它唤作了白石山。

　　在白石山的东山腰里，有一岩洞，名白兔洞，据说那是白蛇娘娘的嘴。入口处为三米高的椭圆形洞穴，越数步，豁然宽敞，大约有六十余平方米的弧形平坦空地。四周怪石峋嶙，高低不平，中间有一个二十多平方米猪腰形的深潭，水清如镜，终年不涸。洞窟迂回向西，逐渐缩小成扁圆形，一开始还能躬身行走，到后来只能匍匐前进。越往深处，顶上檐水，点滴而下，下层藓苔，厚达寸许，偶不留神，顷刻滑倒。栖于石隙中的蝙蝠，稍有声响，即倾巢而出，成群结队，翱翔飞舞，伸手可得。洞深多少，无人测得。每天清晨和傍晚，白兔洞口水气外溢，宛如云雾蒸腾，起伏的峰峦和蓊郁的山林时隐时现，真给人以一种灵山仙境的感觉。

　　白兔洞在抗日战争和解放战争期间，曾长期作为中共地下党工作人员的隐蔽之所。抗战时的"江抗"、解放战争时期的澄西县委，以及三区武工队的领导，曾多次在这里开会研究工作，部署指挥战斗。

　　后来，由于疯狂采石，白兔洞已经被开采殆尽，就连白石山八十五米高的主峰，也已荡然无存了。

　　山灵吹成了一座白石山，人类毁掉了它。这不得不使我们佩服六百多年前那位朱老先生预见的准确性："白石白石，徒移彼方！"

铁拐李盗塔

传说从前青阳悟空寺里的宝塔，是有塔无基的，而涂镇兴国寺里的宝塔，是有基无塔的。这到底是怎么回事呢？细究起来，还跟八仙中的铁拐李有关哩。

涂镇离江阴县城十多里路，唐朝时就已形成集市，到了宋朝时就非常繁华了。南宋时候，镇北修建了一座兴国寺，规模宏大，大到驴驮钥匙马驮锁，骑马关山门呢。寺内有座宝塔，叫兴国塔，造得小巧玲珑，十分美观。

一天，八仙中的铁拐李云游四海，经过涂镇上空，看到此处商贸云集，市场繁荣，就按下云头打算游玩一番。铁拐李欢喜喝酒吃肉，就走进了一家酒楼。他从中午吃到傍晚，偶尔向店外眺望，适巧斜阳夕照，宝塔绚丽夺目。铁拐李看得傻了眼，顿时起了贪心，意欲将宝塔带回东海蓬莱岛洞府，一来可以朝夕观赏，二来亦可在七仙面前炫耀一番。铁拐李拿定主意后，随即起身隐至宝塔下面，待更深夜静之后，悄悄将铁拐一头插入塔内，稍稍用力一撬，顺势放至肩头，便驾着祥云向东南飞驰而去。

铁拐李腾云驾雾不到片刻，就到了青阳悟空寺上空。这时，他老人家忽然酒意大发，头脑发晕，那只瘸脚一个踏空，肩上的铁拐向外一滑，宝塔就从空中落了下来，正巧掉在悟空寺内。

铁拐李原本就贪杯，刚才在涂镇酒楼上喝的是家酿米酒，喝到嘴里甜津津的，又爽又滑，美妙极了，就多喝了几杯。不想这人间的米酒，竟比仙界的仙酒后劲大，所以醉得他头雾晕晕，连盗来的宝贝兴国塔掉落也不知晓，踉踉跄跄只管赶路哩。

第二天，涂镇兴国寺的僧人发现兴国塔的塔身不见了，诧异地搔头摸耳，这回真成了"丈二和尚摸不着头脑"了。后来听说青阳悟空寺内平白无故多了一座宝塔，方丈赶去一看，正是自己寺内不见了的兴国塔塔身。但又没有办法搬回去，只得让其留在了悟空寺内。

所以，悟空寺的宝塔是有塔无基，而兴国寺的宝塔就有基无塔了。

钓台烟雨

据说帮助周文王和周武王建立西周王朝的大功臣姜太公，曾经在花山南麓隐居过，并且在花山上钓过鱼呢。姜太公钓鱼的地方叫钓鱼台，而他隐居的地方则叫钓台村。

当年姜太公隐居花山时，花山之麓还是一片芦苇荡。周文王姬昌为了攻灭商朝的纣王，特地亲自赶到江南来，请姜太公出山当军师。姜太公想试试周文王诚心不诚心，便提出要他背自己到花山顶上看看风景，周文王答应了。他就背起姜太公，朝花山顶上跑，文王每向山上跨一步，姜太公就在他背上数一步。周文王背着姜太公一口气走了八百零八步，脚酸背疼，实在背不动了，就把他放下了，说，让我歇歇气、接接力。姜太公就告诉周文王，他在背上数脚步数，就是替姬姓周朝数坐江山的年数。周文王就问："那我走了多少步了？"姜太公回答说走了八百零八步，也就是说周朝江山可维持八百零八年。周文王一听，心里想，你怎么不早说呢？这可是关系到江山社稷的大事呀。连忙表示要继续背下去，背满一万步，来个江山万代。姜太公摇摇手说："晚了晚了，说穿了就不算数了！"周文王再一想，姬姓能坐八百零八年江山也不错了，于是，便恳求姜太公下山相助。

姜太公对周文王说："别急，别急，你先回去，我还要在这里钓钓鱼，散散心，今后到了你那里，就再也不会有这份闲情逸致了。"周文王不便再催，只好一个人先回去了。

周文王走后，姜太公在花山脚下一块巨石上坐了下来，脚搁在花山上，面朝山下的水荡，钓起鱼来。其实姜太公钓鱼哪里是为了"散心"，他是在苦思冥想攻灭商纣的谋略呢。姜太公是个上知天文，下晓地理，洞察天下形势，胸怀大志，而且能文能武的奇人。他钓鱼也与众不同，人家钓鱼是用的弯钩，他用的是直钩，而且是不挂鱼饵的。他的鱼竿可长可短，据说他人坐在花山上，鱼竿却伸到了太湖里。姜太公钓鱼时，鱼钩离水面三尺高，嘴里自言自语说："不想活命的鱼儿啊，你们愿意的话，就自己上钩来吧！"这就是我们常说的"姜太公钓鱼，愿者上钩"。

不一会，姜太公就钓到两条大鱼，一条是鲤鱼，一条是青鱼。只见他将鱼钩往身后一甩，"哗啦啦"，水花四溅，两条大鱼先后出水，全甩到了花山脚下。由于姜太公用力大，鱼也大，冲击力也大，花山山坡上竟被甩出两道鱼印子，就成了花山上的两个水塘，一只叫鲤鱼塘，一只叫青鱼塘。

姜太公那年已经八十岁了，他把周文王支走，自己留下来钓鱼，一来是想静下来思考攻灭纣王的计谋，二来是想试试自己的力气。一看连甩两条大鱼，力气还不小，于是就离开花山，前往周文王那里担任军师去了。

后来，姜太公辅佐文王姬昌，兴邦立国；继而帮助文王的儿子武王姬发，灭掉了商朝，实现了自己建功立业的愿望。

当地的老百姓为了纪念姜太公，就把他钓鱼时所坐的那块大石头称为"钓鱼台"，把他隐居过的地方叫作钓台村，就是现在霞客镇峭岐社区的钓台村。

葛母坟

葛母坟是南宋宰相葛邲家的祖坟，坟在南闸镇花果村境内的花山南坡的葛家山上，那里被历代风水师公认为是一块难得的风水宝地。葛母死于北宋初年，那时候葛家刚从扬州迁徙到江阴南闸涂镇不久，还是一户普普通通的人家。这山是葛家始迁祖葛涛买来当祖坟用的，所以叫葛家山。

相传当年葛母下葬时，风水师询问葛家孝子说："此地贵不可言，将来你家子孙，希望成为万乘之主呢，还是居于一人之下？可以在点穴时决定。"葛子心想：万乘之主为皇帝，如今大宋江山一统，如若子孙后代要当皇帝就得造反，这是大逆不道之事，弄得不好要被满门抄斩、株连九族的，千万不能的！一人之下就是宰相，做一个太平盛世的宰相，位极人臣，享不尽荣华富贵，且太太平平，何乐而不为？于是回答风水师说："愿居一人之下。"

待点定穴位，开掘金井后，在地下得到鲤鱼三十六条。风水师一一取出放进桶内，要葛家派人马上送到长江边放生。临走时，风水师再三关照说："每次潮来放一条，潮去放一条，慢慢放完，这样，后代子孙可出三斗三升芝麻官。"风水先生说的芝麻官，并不是说官小，而是指的官多，三斗三升芝麻，那是多少个啊！不想葛家派去的两个家人怕苦怕烦，心想一天潮来潮去两次，也就是放两条，三十六条要放十八天呢。于是两人一商量，将三十六条鲤鱼一潮之间就全部倒进长江里了。于是宋朝一代，葛家大发特发，传至葛邲，官居右相，兄弟子侄，皆列朝纲。葛家在宋代三百余年中，进士及第者三十三人，距三十六尾鲤鱼之数仅差三人。如果当时遵照风水师关照，每天潮起潮落时各放一尾，则葛氏每个朝代有两人大发，葛族子弟可历十八朝而后衰，真不知要发到何年何月呢！

南宋末年，葛氏子弟在京做官的，曾参倒了一个权臣，并抄没了权臣的家财。权臣恼怒而死，他的儿子恨之入骨，誓报父仇。他打听到葛氏是靠祖坟而发的，便削发为僧，游方至江阴，勘明了葛母坟龙脉及生克之处。他买通葛家看守坟场之人，只说暂借坟场数旬，作修炼之所，不日即云游他处。守墓人贪图钱财，便答应了。和尚就在葛母坟墓地内搭了一个草棚，白天木鱼清磬，佛号长宣，一到深夜，就在草棚内挖地为井。到了第三天，井已深达数丈，但等到第二天晚上再挖时，井内已涨满积水，不能再往下挖了。和尚苦思冥想，终于想到了一个妙策，将铁锹插于井底，果然井底不再涨水了。几天后，井底有泉水涌出，水赤如血，和尚见龙脉已断，大仇得报，就连夜溜走了。

就在和尚挖断龙脉之后一段辰光，京城葛家当官的弟子遭到奸臣的迫害，全部被皇帝贬斥放逐，富贵就此终结。南宋以后，葛家就再也没有做官的人了。

善有善报

从前，南闸西乡有个穷秀才，年轻时当过私塾先生，后来因为性格耿直，与东家合不来，一气之下，发誓再也不当教书匠了。可是，教书匠可以不当，肚皮可不能不饱啊，何况还有一家老小呢！没有办法，穷秀才向人借了点钱，买了个罗盘，当起风水先生来了。他这一当，还真给他当出点名堂来了，没有几年，他的名气大了，连江阴城里的大户人家造屋看阳宅，死人看阴宅，都派了轿子来抬他去哩。

这风水先生有个怪脾气：穷人请他看风水，给多少拿多少，从不争多嫌少；有钱人请他，开口就要几担米。有钱人明知他要的多，但希望他能给自己看个好地方，风水好了，世世代代能发财，或者出个做官的子孙。因此虽然心里肉痛，却只能忍痛给他。

有一年七月的一天，风水先生到东乡去替一户财主看一个阴宅。按照他的眼光看来，这个阴宅，是他当风水先生十多年来看到的最好的一穴地，主家将来要发大财。因为高兴，他多喝了点酒，因此一路上，口渴得要命，但近处却不见有人家，正自焦急，忽见前面大路旁有间茅草屋，就走了进去，想讨碗水解渴。一进屋，只见地上一块破席子上，躺了个死尸，一个六七十岁的老太，正跪在地上哭泣。刚想开口，那老太听到风水先生的脚步声，就从地上爬了起来。风水先生说："大嫂，我赶路累了，口渴想讨碗水喝，不知你家里有事，实在冒昧得很！"

老太太拍了拍膝盖上的泥灰说："不必客气，赶路的人谁没有个难事，只是我家里只有隔夜茶，先生如不嫌弃，就请将就着喝一碗。"

风水先生心想，隔夜茶肯定阴凉，正好解渴，连声说："再好没有，再好没有。"

老太太端了张小竹凳，请风水先生坐，风水先生趁势指了指地上的死尸问："这位亡故的是老当家吧？天这么热，为啥还不出殡？"

那老太叹了口气说："一来家里穷，连个葬身之地也没有；二来嘛，两个儿子都到东家去修墓地了，要等他们回来后再作打算。"

风水先生一听，连忙说："东家是谁，怎么不讲理，人家父亲死了，还要去帮他家修墓？真是岂有此理！"

老太告诉他说："昨天我对东家求情去了，东家说，死了个穷光蛋，跟死了只猪狗有啥两样，几时不好埋？可别误了我家的好时辰，谁也不能走！"

风水先生打听东家是谁，老太一讲，他又恨又悔，原来就是刚刚请他看风水的那个财主！他恨那财主良心太坏，后悔不该给他看了这么穴好地。但是地已经看好了，再悔也没有用。他看看地上的死尸，忽然心里一动，嗯，我替这家也去看个好地，一来谢她解渴之举，二来也算自己良心上有个平衡。

正在这时，那老太已端来一海碗茶，一边递给他一边说："先生，这茶太凉，你慢慢喝。"

风水先生心想，茶还有太凉的吗，我现在是越凉越好哩！端过来就送到嘴边，正要喝，却见碗里茶面上余着一层麦壳！风水先生心中大怒，在肚里骂道："这个坏女人，我倒同情她，想给她看穴好地，谢谢她，想不到她的心肠比那个财主还坏！这麦壳里有麦芒，吃到嘴里，岂不要我的命！"照他的脾气要把碗一丢，骂个痛快。但人要争气，嘴巴不争气，实在渴不过了，他只得一边小心地吹开茶面上的麦芒，一边小口小口地呷茶，一碗茶足足喝了一袋烟辰光，等到茶喝好，风水先生肚里的主意也打好了。

他故意说了许多千恩万谢的话，最后说："喝了你的茶，我没有什么可谢你的。大嫂，不瞒你说，我是个风水先生，你家的老东当家总得安葬，有道是入土为安，我替你看一个阴宅好了。"

老太摇了摇头说："一碗茶怎说得上谢字，不瞒先生说，我家上无片瓦，下无寸地，哪里有地方给你看？"

风水先生说："自己没有地方，就葬到义冢地上去，那里也有好风水的。"

老太感激万分，陪着风水先生到了义冢地上。风水先生替她看好地，就告别走了。

一晃眼十年过去了，风水先生已经六十多岁了。这时候，风水先生的名气大透了，他也自以为身份高了，每次出去看风水，主家都得用轿子抬他去。

这一年，他又到东乡去看风水，想起十年前老太给他喝茶的事，嘴里"嘿嘿"冷笑了几声，对轿夫说："到了前面大路旁. 请你们歇一歇。"

不一会，轿子歇了下来，风水先生走出轿来，抬头看去，哪里还有当年的茅草屋！他在肚里笑道："嘿，那坏女人一家，恐怕早已死绝啦！"想罢，又钻进轿子。

到了主家，接待他的是一位80多岁的老太太，童颜鹤发，满脸慈祥。风水先生越看越觉得面熟，好像在哪里见过的。正自猜疑，那老太忽然迎着自己倒头便拜，吓得他连喊："折煞我了，折煞我了！"

那老太请风水先生上坐了，这才开口说："先生，真要好好感谢你啊。你替我看了那穴好地，我家才有今天啊！"

风水先生心里一惊，抬头一看，恍然大悟，喔，这不是十年前我看过一穴好地的人家吗？果然我好眼光，这穴地竟十年之内就有了报应！但又一想，不对啊，上次主家的财主是男的，这次怎么变成老太了？

他正猜想，那老太又开口了："先生，你怎么忘记啦？我就是当年给你喝了一碗茶的穷老太啊！"

这句话一出口，风水先生几乎惊呆了！原来，十年前他恼恨老太给他喝麦壳茶，给她看了一穴白虎地，葬了那穴地要断子绝孙的。想不到这老太非但没有断子绝孙，而且变成了大财主。

风水先生定了定神，问道："老太，你怎么住到当年的财主家里来了？"

老太哈哈大笑："我两个儿子，几年来省吃俭用，积了些钱，做起生意来了，不想发了财。当年东家的儿子吃喝嫖赌，一败涂地，这房子要卖，我就买了下来。这都靠你替我家看了穴好地啊！"

风水先生不明白，为啥眼前这个良心不好的坏女人，男人葬了穴白虎地，反而会因祸得福，这不是恶有善报了吗？

他不禁问道："老太，你当年为啥要在茶里放把麦壳呢？"

老太一阵爽朗大笑，笑过，她神情严肃地说："先生，当时我看你渴得厉害，要是把冷茶水一饮而下，生怕你激出毛病来；放了麦壳，你一边吹开茶面上的麦壳，一边小口小口地喝，就不伤胃了。"

风水先生听完，鼻子一酸，两滴眼泪几乎要落下来，心里直后悔自己差点害了个好人！

风水先生在老太太家住了几天，见老太一家虽然发了财，却省吃俭用，经常做好事，接济穷乡邻，两个儿子两房媳妇，都是敬老爱幼，心里十分羡慕。

风水先生回家后，把罗盘砸个粉碎，有人来请看风水，他再也不去了，问他为什么？他告诉请他的人说："风水好坏是小事，关键是良心好坏，善有善报，恶有恶报，有道是住场好不如肚肠好，坟地好不如心地好。风水再好也帮不了忙，你还是回去多做点善事吧。"

（以上除署名外，均为张树森收集整理）

编 后 记

2015年3月18日，南闸街道党工委、办事处下发了《关于成立〈南闸志〉编纂委员会的通知》，即日成立编委会。编委会由街道党工委书记任主任，街道办事处主任任副主任，党工委委员任编委会委员。同时成立镇志办公室，聘请6位同志为编修人员，并明确办公室主任、主编人选，正式启动修志工作。4月21日，召开全街道修志工作会议。会后，编委会与镇志办公室成员即开始组建资料征集工作网络，开展业务培训，落实征集任务。8月，修志工作全面进入初稿撰写阶段。至2017年4月，《南闸志》初稿编纂完成。

《南闸志》设23编、87章、298节。其中：邓兴成编写了《自然环境》《农业》《水利》《政党·人民团体》《政权·政协》；吴菊琴编写了《人口》《公安·司法》《劳动·民政》《人民生活》；陆金林编写了《工业》《建筑业·房地产业》《商贸服务业》《交通运输》；谢洪德编写了《邮政·电信·供电·电信·供水·供气》《金融·财政·税务》《教育》《科技·卫生》；宋建才编写了《大事记》《文化·体育》《编后记》；张树森编写了《总述》《建置·区划》《军事》《宗教·宗族·民俗·方言》《人物》《艺文》。

《南闸志》的编纂，得到了街道党工委、办事处的大力支持。为了编写好志书，党工委、办事处曾多次召开会议，对撰写工作进行具体部署，并在人力、物力、财力等各个方面提供支持。党工委分管领导和党政办负责同志多方协调，使志书的编写能顺利完成。江阴市史志办公室的专业人士，在志书的框架结构和章节的具体安排上给予了指导，并对送审稿进行了逐章逐节的审阅，提出了200多条修改意见，从而确保了志书的质量。对此，我们深表感谢。

在资料收集和撰写过程中，江阴市档案局、图书馆，常州市图书馆，以及南闸街道档案室，为我们提供了不少方便。街道供销社、广电站、派出所、农机站、南闸实验学校、中心小学等相关单位，给予了积极的支持、配合，同时为我们提供了许多资料和确切的数据。我们还到各村（社区）召开了座谈会，许多村干部和老同志都热情地向我们反映情况，提供有价值的线索，弥补了资料的不足。特别是街道老年协会，在会长何伟忠的组织下多次召开座谈会，集思广益，解决了志书中不少疑问。各行政村（社区）和街道机关各部门做了很多艰苦细致的工作，街道历届老领导也热情关心，镇志办和全体编修人员付出了大量心血。大家群策群力，共同为编写《南闸志》这项特殊的地方文化建设事业作出了贡献。

20世纪90年代初，原南闸镇曾组织人员编纂过《南闸镇志》（非正式出版物），我们在编写时对该志的资料进行核实，凡正确的都予以采纳。对于前人付出的劳动成果，不敢掠美，在此说明并表示感谢。2009年，原南闸文化站站长张树森撰写的《千秋南闸》，为志书提供了大量史料，省去了编写中外出采写搜集资料的麻烦，同时节约了时间和资金。《祝塘镇志》的主编李中林先生，在本志编写的全过程中，始终给予了关注和支持，在此表示衷心的感谢！

　　2017年6月，《南闸志》编纂结束后，我们邀请《江阴文艺界》资深主编薛栋成初阅，他为初稿的修改提出了很多有益的建议。2018年3月，送审稿修改意见出来后，张树森、宋建才做了全面的梳理、修改、完善。之后，我们邀请党政现职领导、历任领导、街道机关部门负责人和退休老同志，以召开审稿会、个别交谈等形式，广泛听取意见。我们以高度负责的精神，认真消化各方面的意见和建议，进一步考订资料，对志稿作了必要的修改，并特邀许中新、王景芝、陈祥娟、张薇进行审核，顾丰良对部分章节进行了核对，最后由蒋峰统审定稿。

　　在编修《南闸志》过程中，虽经多方考证，屡易其稿，但由于我们编纂志书毫无经验，加之水平有限，一定存在不少疏误之处，敬请领导、师长、读者批评指正。

编　者
2018年12月